北京大學《儒藏》編纂與研究中心　編

《儒藏》精華編選刊

春秋左傳讀（上）

〔民國〕章炳麟　撰

田訪
吳冰妮　校點
沙志利

北京大學出版社
PEKING UNIVERSITY PRESS

圖書在版編目(CIP)數據

春秋左傳讀：全二册 /（民國）章炳麟撰；北京大學《儒藏》編纂與研究中心編. —北京：北京大學出版社，2023.10

（《儒藏》精華編選刊）

ISBN 978-7-301-34504-7

Ⅰ.①春… Ⅱ.①章…②北… Ⅲ.①《左傳》-研究 Ⅳ.①K225.04

中國國家版本館CIP數據核字（2023）第178869號

書　　名	春秋左傳讀 CHUNQIU ZUOZHUAN DU
著作責任者	〔民國〕章炳麟 撰 田訪　吴冰妮　沙志利 校點 北京大學《儒藏》編纂與研究中心 編
策劃統籌	馬辛民
責任編輯	魏奕元
標準書號	ISBN 978-7-301-34504-7
出版發行	北京大學出版社
地　　址	北京市海淀區成府路205號　100871
網　　址	http://www.pup.cn　　新浪微博：@北京大學出版社
電子郵箱	編輯部 dj@pup.cn　總編室 zpup@pup.cn
電　　話	郵購部 010-62752015　發行部 010-62750672 編輯部 010-62756449
印 刷 者	三河市北燕印裝有限公司
經 銷 者	新華書店 650毫米×980毫米　16開本　60.25印張　720千字 2023年10月第1版　2023年10月第1次印刷
定　　價	240.00元（全二册）

目録

上册

下册

校點説明

章炳麟（一八六九——一九三六），初名學乘，字枚叔（一作梅叔），改名炳麟。後又因慕顧炎武爲人，改名絳（顧炎武初名絳），號太炎。浙江餘杭（今杭州市餘杭區）人。他出生於晚清書香之家，從小受教於外祖朱有虔，略知文字音韻和經訓，青年時入俞樾主持的詁經精舍，打下堅實的古文根底。受明末民族主義思想影響的章太炎，早年同情康有爲、梁啟超維新變法的主張，後終因學術與政見的不同而分道揚鑣，轉而支持孫中山革命。他歷任《時務報》《民報》《大共和日報》編輯，參加革命活動，發表政論文章的同時精研傳統文化，撰寫了大量學術著作，又開辦國學會講授傳統學問。其畢生主要貢獻在於繼承乾嘉漢學傳統，精研文字、音韻、訓詁之學，爬梳古代典籍，發揮先秦兩漢思想家的理論體系，並由此激發愛國熱情，宣揚民主革命，因而被譽爲「國學大師」「有學問的革命家」。章太炎的著作大部分收入《章氏叢書》及其續編、三編，内容包括時事政論和學術著作，學術上則涉及語言文字學、經學、佛學、史學、文學、西方哲學、社會學和自然科學等廣泛内容，代表作有《國故論衡》《檢論》《新方言》《文始》《小學答問》《太炎文録》等。

《春秋左傳讀》九卷（含《敘録》）是章氏在杭州詁經精舍師從俞樾期間所撰寫的讀書札記，是爲撰寫《左傳》新疏而做的學術準備，大致成書於一八九一至一八九三年間，後陸續又有訂補。其《敘録》云「初名《雜記》，以所見輒録，不隨經文編次」，「後更曰《讀》，取發疑正讀爲義也」。此書一方面運用傳統的文字、音韻、訓詁手段，廣泛徵引先秦兩漢典籍，對左氏經傳疑義加以論難辨析；一方面通過勾稽杜預以前的《左氏》古訓古説，嘗試建立一個具有内在統一性的《左氏》古學體系，以批駁常州今文學派劉逢禄等人所持的「《左氏春秋》是史書，而非解《春秋》之傳」的觀點。

《春秋左傳讀》（含《敘録》）於一八九三年石印出版，章氏曾贈送俞樾、譚獻等前輩學者徵求意見。此本每頁三欄，欄四十八行，行二十字，辨認不易，流傳甚稀，當因印數不多之故。（一九三九年，爲廣其傳，潘承弼曾據此本影印百帙。）此後，章氏陸續對此書有所續補，並對部分内容進行了修訂，今所見者有三種。

一九〇六年，章氏將《敘録》加以修訂，連載於《國粹學報》（一九〇七年第一至十一號），後收入《章氏叢書》。是爲第一種。

另外兩種是章氏手稿，今均藏上海圖書館。第一種手稿存六十一頁（此處所謂「頁」指版本學上講的半頁），扉頁有潘景鄭先生識語：「先師手稿一册，得諸嚴賈瑞峯處，當是亂離中自錦帆路散出者。聞尚有多種，已爲京賈買去，惜不知何書也。此册雖殘蠹，當不惜重值保存之。戊寅八月十九日，潘承弼謹記于滬上潤康邨寓廬。」後另起又題：「一九六二年一月捐贈上海圖書館保存。」此本前三十八頁内容爲石印本卷八「日頻食」條至卷九「魯文至假人」條。後二十三頁卷首有「續編」標題，共二十七條，其中有六條已採入正編之卷三、卷七、卷八之末以及卷九之中，另有三條章氏以筆圈删。採入正編的六條，編排全無次序，插入卷末的幾條，衹是因爲石印本之底本謄清稿有的卷末空白較多，所以就補插進去。因此，我們大致可以推定此「續編」部分的寫作時間應該與石印本底本謄録的時間相當，即在石印本出版之年，即一八九三年前後。

第二種手稿，無標題，存一百一十七頁，其中一百零一頁從寫作體例看是爲續《春秋左傳讀》而作，另外十六頁則爲摘抄自《後漢書》等書中有關《左傳》經説的内容，當是爲續寫《春秋左傳讀》而收集的資料。從此稿字體以及用字習慣看，與前一種手稿差距較大，寫作年代當距離較遠。稿本中有數條爲一九〇八年出版之《劉子政左氏説》所採納，再結合章氏與劉師培一九〇六年幾通討論《左傳》學的書札，我們推測此手稿的撰作時間應在一九

○六至一九○八年東居日本之時。第二種手稿另夾附三紙。一紙爲輯録自《太平御覽》之材料四則。另二紙題曰《春秋左傳注疏舉例》，據此可知，章氏久欲爲《左傳》作疏，《春秋左傳讀》乃新疏之權輿，作疏之體例宗旨俱已揭櫫此篇。

二十世紀八十年代，姜義華先生曾據石印本和上述第一種手稿（姜氏未見第二種手稿）校點編次，收入上海人民出版社《章太炎全集》第二册。

此次整理，正編部分，以北京師範大學圖書館藏錢玄同贈馬夷初（敘倫）之一八九三年石印本爲底本，校以潘承弼影印本及第一種手稿本中與正編所重複之部分，由田訪、吴冰妮校點。手稿部分，第一種手稿僅將石印本所未收部分加以整理，稱之曰「續編」；第二種手稿又分爲三部分加以整理：已成文部分稱之曰「再續編」，材料部分稱之曰「章氏所輯後漢書等書所載左氏説」，《春秋左傳注疏舉例》列在最末，由沙志利校點。

全稿條目排列皆依底本次序。校點過程中，參考了姜義華先生的校點本，並蒙姜先生慷慨贈予第一種手稿正編部分之複製件，特此致謝！

修訂本《敘録》，自《國粹學報》發表後，又相繼收入一九一五年上海右文社鉛字排印本《章氏叢書》和一九一九年浙江圖書館刻印本《章氏叢書》。此次整理，底本選用浙江圖書館《章氏叢書》本，校以《國粹學報》本。校點者爲田訪、吴冰妮。

因《春秋左傳讀》爲札記體著作，各條之間全無次序，不便翻檢。今取各條所釋之文，依經傳次序編爲索引，附於全書之末，章氏所輯材料部分則不與焉。索引由吴冰妮、沙志利編製。

《儒藏》「精華編」所收此書之校點説明，於此書各部分之撰作刊印時間未能深考，誤信舊説。今借「選刊」本推出之機會，謹由沙志利據學界最新研究成果對校點説明相關部分加以改寫。正文部分則僅改數處已發現之訛誤，其他未做更動。敬請讀者垂察！

校點者　田　訪　吴冰妮　沙志利

敘録

《春秋左傳讀》者，章炳麟箸也。初名《雜記》，㠯所見輒録，不隨經文編次，效臧氏《經義雜記》而爲之也。後更爲《讀》，取發疑正讀爲義也。蓋籀書爲讀，紬其大義曰讀，紬其微言亦曰讀。《左氏》古字古言，沈果堂、惠、馬、李薌沚諸君子略宣之矣，然賈生訓故，犓見《新書》，而大史公與賈嘉通書，世家、列傳諸所改字，又皆本賈生可知。劉子政呻吟《左氏》，見《論衡》。又分《國語》，見《蓺文志》。實先其子爲古學，故《説苑》《新序》《列女傳》三書，孤文隻字，多有存者。惠氏稍稍稱及，諸君子皆未及也，故微言當紬者一。左氏既作《内傳》，復有《左氏微》説其義例，葢大半同二傳。今雖亡逸，劉、賈、許、潁固及見之，非如杜征南之錮蔽也。上及曾、吳、鐸、虞、荀、張北平、賈、張子高、張長子、尹，皆能董理疑義，闓圛雅言。故《説苑》述吳氏之説元年，可㠯見《左氏》非無五始也；《檀弓》述曾氏之説喪禮，可㠯見天子諸侯非卒哭除服也。而近儒如洪稚存、李次白，皆僅能徵引賈、服。臧伯辰雖上扳子駿，亦僅捃摭其説，尟所發明。夫《左氏》古義最微，非極引周、秦、西漢先師之説，則其道不尊；非極爲論難辨析，則其義不明。故曰淺露分別之詈，申深迂優雅之旨，斯其道也，故大義當紬者二。紬微言，紬大義，故謂之《春秋左傳讀》云。

雖然，《左氏》《公羊》操戈者久矣，何劭公作《膏肓》，猶僅及言語之疵。而劉氏逢禄本《左氏》不傳《春秋》之説，謂條例皆子駿所竄入，授受皆子駿所構造，箸《左氏春秋考證》及《箴膏肓評》二書㠯自申其説。彼其摘發同異，吹毛求疵，麟已有書諍之，如柳賓叔之駁《穀梁廢疾申何》矣。然《穀梁》之見攻者不過文義之閒，而《左氏》之見攻者乃在其書與師法之真僞，故《穀梁》不至廢于劉氏，《左氏》則岋乎殆矣。非有解釋闡闕之作，則《左氏》不過百年而廢，故復因劉氏《後證》，訂其得失，㠯爲《敘録》，箸于左方。

《史記・十二諸侯年表》：是㠯孔子明王道，干七十餘君莫能用，故西觀周室，論史記舊聞，興于魯，而次《春秋》，上記隱，下至哀之獲麟。約其辭文，去其煩重，㠯制義法，王道備，人事浹。七十子之徒，口受其傳指，爲有所刺譏褒諱挹損之文辭不可㠯書見也。

○劉逢禄《左氏春秋考證》曰：此言夫子《春秋》，七十子之徒口受其傳指，今所傳者，惟公羊氏而已。

○麟曰：左氏、公羊氏皆不在七十子中。而左氏親見聖人，則七十子而外傳者唯左氏而已，公羊不得聞也。

魯君子左丘明懼弟子人人異端，各安其意，失其真，故因孔子史記，具論其語，成《左氏春秋》。

○夫子之經，書于竹帛，微言大義不可㠯書見，則游、夏之徒傳之。丘明葢生魯悼之後，徒見夫子之經及史記、《晉乘》之類，而未聞口受微恉。當時口說多異，因具論其事實，不具者闕之。曰魯君子，則非弟子也；曰《左氏春秋》，與《鐸氏》《虞氏》《吕氏》並列，則非傳《春秋》也。故曰《左氏春秋》，舊名也；曰《春秋左氏傳》，則劉歆所改也。

○麟曰：若左氏自爲書，何必比坿孔子之《春秋》而同其年月日？今大史公言「因孔子史記，具論其語，成《左氏春秋》」，因之云者，舊有所仍而敷暢其指也，非傳而何？且曰「懼弟子人人異端，各安其意，失其真」，此謂得自口授，恐𠚤意增損其義，是𠚤因孔子史記而成書，則所𠚤作《左氏春秋》者，爲《春秋》之義也，非爲《春秋》之事也。若𠚤爲《吕氏》之流，則《韓詩外傳》載荀子《謝春申君書》云：「故《春秋》之志曰：『楚王之子圍聘於鄭，未出竟，聞王疾，返問疾。遂𠚤冠纓絞王而殺之，因自立。齊崔杼之妻美，莊公通之。崔杼率其羣黨而攻莊公，莊公請與分國，崔杼不許；欲自刃於廟，崔杼又不許；莊公出走，踰于外墻。射中其股，遂殺而立其弟景公。』」此二事皆本《左傳》，稱爲《春秋》之志。若如《吕氏》書，可稱爲《春秋》之志邪？《吴大伯世家》贊云：「余讀《春秋》古文，乃知中國之虞與荆蠻、句吴兄弟也。」此本《左傳》「大伯、虞仲，大王之昭」爲説。若如《吕氏》書，可稱爲《春秋》古文邪？今使稱《漢書》曰「書古文」，稱《古詩十九首》曰「詩古文」，其可乎？且《後漢・樊儵傳》云：「受《公羊嚴氏春秋》。」又云：「儵删定《公羊嚴氏春秋》章句。」若𠚤《左氏春秋》爲《吕氏》之類，則《公羊嚴氏春秋》何𠚤非《吕氏》之類乎？鐸、虞二家乃發揮《左氏》者，亦非《吕氏》之類。

案：《秋官》「冥氏」，鄭司農注曰：「冥，讀爲《冥氏春秋》之冥。」此《公羊》家冥都説經之書也。而賈公彦釋云：「《冥氏春秋》者，冥氏作《春秋》書名，若《晏子》《吕氏春秋》之類。」劉欲𠚤《左氏》家説經之書爲《吕氏》之類，而不知前人誤説已𠚤《公羊》家説經之書爲《吕氏》之類，不審劉何𠚤解之也。

至孔子言「與左氏同恥」，則是友而非弟子可知。何見必後孔子者乃稱魯君子乎？謂生魯悼之後者，㠯傳有悼之四年，據《魯世家》言，悼公在位三十七年，去獲麟已五十年耳，然使左氏與曾子年相若，則終悼世尚未及八十也。況如《史記》中或稱昭帝、或述楊雄，皆後人所增，則悼之四年或本作今公之四年，而弟子改爲悼字亦未可知也。何知左氏必後孔子乎？

又案：盧植、王接皆謂《左氏》囊括古今，成一家之言，不主爲經發，説與劉同。然據《盧植傳》云：「植上書曰：今《毛詩》《左氏》《周禮》各有傳記，其與《春秋》共相表裏，此句專據《左氏》。宜置博士，爲立學官。」則所謂傳記者，非謂一家箸述不通于經者，明矣。何則？《毛詩傳》與《周官傳》《蓺文志》有《周官經》六篇、《周官傳》四篇。皆據經發義者也，而亦謂之傳記，則豈謂《左氏》之爲傳記，獨異彼二書乎？且非説經之書，而何爲欲置博士、立學官乎？又，子榦上封事，引「天子避位移時」，亦謂之《春秋傳》，則其意可知矣。至夫「囊括古今」云云，蓋㠯《左氏》書中有説天文、五行、禮樂、政教等事，閒㠯箸撰自見，不皆爲經發也。然彼此互明，不專于篇章之下，其實總爲釋經耳。此則盧氏適有未諦，不可㠯爲典要也。至王接則本主《公羊》者，宜爲是言耳。

又案：㠯《左氏春秋》同《呂氏春秋》者，亦本于《論衡》。《案書篇》云：「《左氏》言多怪，頗與孔子不語怪力相違返也，《呂氏春秋》亦如此焉。」是其並論也。然仲任固云：「《春秋左氏傳》者，蓋出孔子壁中。」又云：「公羊高、穀梁寘、胡毋氏皆傳《春秋》，各門異户，獨《左氏傳》爲近得實。」又云：「《國語》，《左氏》之《外傳》也。左氏傳經，辭語尚略，故復選録《國語》之辭㠯實。然則《左氏》《國語》，世儒之實書也。」據此諸語，是仲任固㠯《左氏》爲傳，且謂勝于《公》《穀》，則其與《呂氏春秋》並論者，固言語之疵繆耳。

漢相張蒼，厤譜五德。自注：《索隱》：按張蒼著《終始五德傳》也。

○厤譜五德，或捃摭及《左氏春秋》，不曰傳《左氏春秋》也。

○麟曰：古書籍非師莫得。如鄭康成學于張恭祖，但見《韓詩》，至注《禮》時，猶未見《毛詩》是也。北平侯若捃摭《左氏》，則必受《左氏》于師。不然，秦燒史記尤甚，柱下史其得見乎？

上大夫董仲舒推《春秋》義，頗著文焉。

○上㠯類記《春秋》之書，此方云推《春秋》義，則㠯夫子所云「其義則丘竊取之」者，在漢獨有董生知其説也。

○麟曰：《春秋》三家大義，《公羊》至董而備，《穀梁》至大劉而備，《左氏》至小劉而備。大史公時，二劉皆未生，惟《公羊》義爲完具，故録董生一人，非謂董生所説《春秋》義不可增減一字也。《史記·儒林列傳》云：「漢興至于五世之間，唯董仲舒名爲明於《春秋》。」唯之云者，㠯是時《左氏》之學，張、賈、貫公等多傳訓故，而章句義理未備也。名爲云者，㠯董生治《公羊》，非真能明《春秋》也。《平津侯傳》云：「年四十餘，乃學《春秋》雜説。」則史公㠯《公羊》爲《春秋》雜説，其㠯《左氏》爲《春秋》正義明矣。

大史公曰：儒者斷其意。

○此謂夫子《春秋》之義，惟胡毋生、董生於公羊師得之。「不務綜其終始」，㠯經自有始元終麟，非記事之史也。

○麟曰：此謂空言之儒但斷其義，未明其事也。

馳說者騁其辭，不務綜其終始。

○此謂《左氏春秋》之類惟務事實，或始於隱元年，而終於悼四年，事實不具，雖有經文累年缺載，亦不敢蹈不知而作之咎也。

○麟曰：馳說者，謂諸子百家。時或摭拾《春秋》而略無年月，此所謂「不務綜其終始」也。儒者、馳說者，大史皆不敢蹈其失，是㠯詳事實箸年月而作《表》云。

厤人取其年月。

○謂惟取經之年月，考諸家術，如劉歆《三統術》亦是也。至《左氏》言占驗，乃其舊文，言術則劉歆取佗書坿益之。

○麟曰：子駿明經傳之義非專取經之年月者也。史公自指知厤不知經者耳，㠯言厤爲坿益無據。

數家隆于神運。

○如鄒衍之疇推終始五德之運，張蒼厤譜五德亦是也。《左氏春秋》《國語》五帝序少昦，與《易》《春秋》《禮》家言俱不合，葢夫子所不序，至因晉范氏祁姓爲陶唐之後，而云其處者爲劉氏，亦歆之徒坿益也。

○麟曰：北平修《春秋》，非但厤譜五德也，《易・繫辭》言包犧之王天下，下繼㠯神農、黄帝、堯、舜，此五人皆帝而言王天下，葢惟恐人㠯五帝當之，故不言帝天下也。《周禮》六代之樂則始《雲門大卷》黄帝之樂，不載少昦、顓頊之樂，而亦不載大昦之樂。亦本不論五帝也，何不合乎？若《春秋》，則《左傳》《國語》即是，豈得專歸《公羊》邪？劉子駿附新忘漢，而云坿益劉氏之先，豈不妄哉？

○葢史公所據《春秋厤譜諜》。自古治《春秋》者皆有此學，劉杳所謂《周譜》，《蓺文志》有《古帝王譜》。《譜諜》獨記世謚。

○麟曰：《世本》出於左氏，而下及戰國時人之世系者，則後人所續耳，不得因是疑爲誣。至所云《世本》出於左氏，則誣也。

其辭略，欲一觀諸要難，於是譜十二諸侯，自共和訖孔子，表見《春秋國語》，學者所譏盛衰大指箸於篇，爲成學治古文者要删焉。

○此《春秋國語》，史公所據古文舊本，非《蓺文志》所云「《春秋》古經十二篇、《左氏傳》三十卷」者也。㠯《年表》所載事實與今《左氏》多違，知今本非史公所見之舊也。

○麟曰：此言《春秋國語》，《五帝本紀》言：「予觀《春秋國語》。」若《左傳》本與《晏》《吕》同，而稱曰《左氏春秋》，則《國語》安得稱爲《春秋國語》邪？《國語》而冠㠯《春秋》，是明㠯爲《春秋》之《外傳》也。㠯《國語》爲《春秋》之《外傳》，是明㠯《左氏春秋》爲《春秋》之《内傳》也。表與《内》《外傳》違，所謂抵牾，亦有杜預㠯後本異者，非子駿所改也。

《漢·蓺文志》：「《春秋古經》十二篇，經十一卷。」

○十一篇者，夫子手定。《公羊傳》所云隱之篇、僖之篇是也。何邵公猶傳之，云：「繫閔公篇於莊公下者，子未三年，無改於父之道。」蓋西漢胡毋生、顔安樂㠯來舊本也。《古經》十二篇，蓋劉歆㠯祕府古文書之，而小變博士所習。自注：如紀子帛、杞侯、夏五月丙午宣榭火、陳災之屬。或析閔公自爲一篇，或坿續經爲一篇，俱不可知，總之非古本也。

○麟曰：子駿之説見于《律厤志》者，曰「列十二公二百四十二年之事」，曰「自《春秋》盡哀十四年，凡二百四十二年。六國《春秋》：哀公後十三年遜于邾」，而不曰二百四十四年，則獲麟㠯後，《左氏》家原不㠯爲續經，特存魯史之原文㠯記聖人之卒耳，其不㠯爲一篇可知。所多一篇，必閔公篇也。《蓺文志》：「《古文尚書經》四十六卷，爲五十七篇。」又云：「經二十九卷，大小夏侯二家。歐陽經三十二卷。」此《書》古今文卷數異也。「《詩經》二十八卷，魯、齊、韓三家。」又云：「《毛詩》二十九卷，《毛詩故訓傳》三十卷。」此《詩》古今文卷數異也。「《禮古經》五十六卷。」又云：「經十七篇，后氏、戴氏。」此《禮》古今文卷數異也。「《論語》古二十一篇，出孔子壁中，兩《子張》。」又云：「齊二十二篇，多《問王》《知道》。魯二十篇。」此《論語》古今文篇數異也。何獨疑《春秋古經》與今文篇數異乎？《公羊》家就十一篇而坿會「子未三年，無改父道」之義，猶《今文尚書》家衹見二十九篇，而坿會二十八篇當列宿，一篇當北斗也。劉氏因之，妄疑古經僞造，正鄦叔重所謂俗儒鄙夫，蔽所希聞，謂古文家鄉壁虛造不可知之書也。

《左氏傳》三十卷。

〇大史公時名《左氏春秋》，葢與晏子、鐸氏、虞氏、吕氏之書同名，非傳之體也。《左氏傳》之名，葢始於劉歆《七略》。

〇麟曰：所謂傳體者如何？惟《穀梁傳》《禮・喪服傳》《夏小正傳》與《公羊》同體耳。毛公作《詩傳》，則訓故多而説義少，體稍殊矣；伏生作《尚書大傳》，則敘事八而説義二，體更殊矣；《左氏》之爲傳，正與伏生同體。然諸家説義雖少，而精簡閎遠，實聖所由傳，豈必專尚裁辯然後稱傳乎？孔子作《十翼》，皆《易》之傳也，而《彖》《象》《文言》《繫辭》《説卦》《序卦》《雜卦》，其體亦各不同。一人之文尚有異，況《左氏》與《公羊》，其能同體乎？

且夫傳，有傳記，有傳注，二者名同而實殊。《左氏》多記事，似傳記矣，然要其歸，則㠯條例釋《春秋》，是傳注而非傳記也。然則其傳猶注也。凡注者皆㠯訓釋文義，宣明指趣，自鄭康成注經㠯後，罔不同之，而裴松之之注《三國志》，松之《表》云：「臣前被詔，使采三國異同，㠯注陳壽《國志》。」然則稱注自其本名，非若後人統稱解詁章句等書爲注也。獨撰集事實，目見同異，間有論事情之得失，評舊史之韙非，不過百分之一，而目訓解爲體者，千無一二焉。此于注體獨異矣。今因《左氏》多舉事實，而謂之不傳《春秋》，則亦可因裴松之多舉事實而謂之不注《三國志》邪？況《左氏》釋經之文，固有數百條邪？夫辭有枝葉即有中堅，《左氏》之記事其枝葉也，釋經其中堅也，目枝葉掩其中堅，且謂中堅乃後人僞造也，不亦傎乎？或又謂《左氏》多舉事實，而歸于釋經，乃外傳體，非内傳體也。然韓大傳書多舉事實，誠外傳矣，伏生《大傳》亦多舉事實，獨非《尚書》之内傳乎？《左氏》之傳《春秋》，於是章明較著矣。是條略本陳東塾。

《公羊傳》十一卷，《穀梁傳》十一卷，《鄒氏傳》十一卷，《夾氏傳》十一卷，《公羊顔氏記》十一篇。

○十一卷，皆依經分篇而不坿乎經者也，蔡邕石經《公羊》可見。《隋志》有吳士燮《春秋注》、晉王愆期《公羊傳注》，尚係十一卷。

○麟曰：《經典釋文》目士燮注《春秋經》十一卷列賈逵《左氏解詁》三十卷之前，蓋目其專注經文，故列最前。非列之《左氏》家也。士所注乃《公》《穀》經，《公》《穀》《鄒》《夾》皆十一卷，而《左氏》獨十二篇，所目爲古經，亦猶《魯》《齊》《韓》皆二十八卷，而《毛氏》獨二十九卷，所目爲古經也。

《左氏微》二篇。

○此書蓋非《左氏》之舊，或歆所造書法凡例之類也。

〇麟曰：此書惜不傳，然子駿之注葢即取此，目爲僞造，則誣矣。

《張氏微》十篇。

〇原注不言張蒼，而僞《别録》目爲荀卿授張蒼，則此及《别録》，皆歆所託也。

〇麟曰：劉子駿在班氏前，若班氏知《張氏微》出子駿，則不當録；若不知出子駿，則不當去張蒼字。知《七略》本不注張蒼也。今必知爲北平侯者，臧在東始爲此説。《蓺文志》書下不著人名者多矣，固可決爲北平書也。大劉作《别録》，小劉作《七略》，兩者各分别，何得言僞託？

《虞氏微傳》二篇。注：趙相虞卿。

〇《志》於儒家有《虞氏春秋》十五篇，則即史公所見本也。别出此目，僞也。故知《别録》所云「鐸椒作《抄撮》八卷授虞卿，虞卿作《抄撮》九卷授荀卿」者，必非出於向，必歆僞託，故異其篇卷名目，目愚後世者也。

〇麟曰：《十二諸侯年表》云：「虞卿上采《春秋》，下觀近世，亦箸八篇，爲《虞氏春秋》。」則與《志》「十五篇」已異。鐸、虞所作之《抄撮》，又與所作之《春秋》不同，安得卷數同邪？《虞氏微傳》從可知。臧在東曰：《虞氏微傳》，「傳」字疑衍。

《公羊外傳》五十篇，《穀梁外傳》二十篇，《公羊雜記》八十三篇。

○此書或因二傳詳於義例，略於事實，後人采摭佗書，如《春秋説》《左氏》《禮戴記》等爲之，其書雖亡，可補撰也。

○麟曰：此又㠯《春秋説》《左氏》與《禮戴記》並稱，《戴記》爲釋《禮經》之書，則《左氏》亦爲釋《春秋》之書，與前説自相矛盾矣。蓋强欲廢《左》而終不能奪至當之論也。

古之王者，世有史官，左史記言，右史記事，事爲《春秋》，言爲《尚書》，帝王靡不同之。周室既微，載籍殘缺，仲尼思存先聖之業，㠯魯周公之國，禮文備物，史官有法，故與左丘明觀其史記。丘明論本事而作傳，明夫子不㠯空言説經也。《春秋》所貶損大人，當世君臣，有威權勢力，其事實皆形於傳，是㠯隱其書而不宣，所㠯免時難也。及末世口説流行，故有公羊、穀梁、鄒、夾之傳，四家之中，公羊、穀梁立於學官，鄒氏無師，夾氏未有書。

○《左氏》記事，在獲麟後五十年。丘明果與夫子同時共觀魯史，史公何不列於弟子？論本事而作傳，何史公不名爲傳，而曰《春秋》？且如鄫季姬、魯單伯、子叔姬等事，何失實也？經所不及者，獨詳志之，又何説也？經本不待事而箸。夫子曰：「其義則丘竊取之矣。」何《左氏》所述君子之論多乖異也？

○麟曰：傳稱「悼之四年」者，或左氏壽考，如子夏爲魏文侯師，或「悼」字乃弟子所改，俱不可知。左氏與夫子同時，而未嘗委質爲弟子，故《弟子傳》不列。且弟子亦有異同，如《弟子傳》云「孔子之所嚴事，於周則老子，於衛蘧伯玉」云云，而《文翁圖》又目蘧伯玉在七十子中；《弟子傳》無林放，而《文翁圖》又有之。不得因《弟子傳》不列，而云蘧、林無所見聞于聖人也。史公不名爲傳，而曰《春秋》，猶《毛詩》《齊詩》《魯詩》《韓詩》之云，不得謂此數者乃折楊皇華之流而非孔子所次之詩也，則豈謂《左氏春秋》乃《晏》《吕》之流而非孔子所作《春秋》之傳乎？《七發》「孔、左覽觀」，今本「左」作「老」，孔老並稱，蓋是魏晉人所竄，幸李善注尚存作「左」之本。稱孔、左猶稱孔、顏，足知左氏爲亞聖高賢，所箸無媿素臣之筆矣。鄧季姬等公羊自失實，轉謂左氏失實乎？詳經所不及者，或窮其原委，或言有可采，事有可觀，無非爲經義之旁證。經固重義，若謂不待事而箸，則是但知讀律不知籥囚，可目爲獄官乎？述君子多乖異，目爲乖于聖人邪？抑乖于《公羊》邪？聖人之旨本待傳見，而未嘗自言，何目知其乖異？若乖于佗經，「由也兼人，故退之；求也退，故進之」，就人論人，就事論事，不妨有異，而其歸則同，覽者不能孯精覃思耳。觀《志》文隱書不宣之説，知謂左氏爲誅田常六卿者直寐語矣。

《劉歆傳》：歆校祕書，見古文《春秋左氏傳》，大好之。丞相史尹咸目能治《左氏》，與歆共校經、傳。歆略從咸及翟方進受，質問大義。初《左氏傳》多古字古言，學者傳訓故而已，及歆治《左氏》，引傳文目解經，轉相發明，由是章句義理備焉。

○班氏此篇，敘次最明，可爲《左氏》功臣矣。按《方進傳》：「年十三，失父，隨母之長安讀，經博士受《春秋》。積十餘年，經學明習，徒衆日廣，諸儒稱之。」又云：「本治《穀梁》，而好《左氏》，爲國師劉歆師。」是方進所見《左氏》，尚非祕府古文，歆㠯其名位俱重，假㠯爲助耳。《左氏》所載事實，本非從聖門出，猶《周官》未經夫子論定，則游、夏之徒不傳也。歆引《左氏》解經，轉相發明，由是章句義理始具，則今本《左氏》書法及比年依經飾《左》、緣《左》、增《左》，非歆所坿益之明證乎？如《别録》經師傳授詳明如此，歆亦不待典校祕書而後見也。

○麟曰：子駿與尹咸共校，則不能私有增損矣。劉云歆㠯「方進名位俱重，假㠯爲助」，不知翟義討莽，莽作大誥征之，當時視如管、蔡，豈假其父㠯爲重乎？本傳云「引傳解經，章句義理備」者，言傳之凡例，子駿始發揮耳，非謂自有所造也，猶費氏説《易》，引《十翼》㠯解經也，若自造，何引之云？且杜預《釋例》所載子駿説經之大義尚有數十條，杜氏不知其引申傳例而徒見其文有與傳例異者，遂謂之不合。若傳例爲子駿自造，何不并此數十條入之傳文，顧留之㠯爲後人指摘乎？《説文序》言：「北平侯張蒼獻《春秋左氏傳》。」又言「魯共王壞壁，得《春秋》」。然則祕府所臧者，張所獻、魯所得也。民間所有者，則北平侯傳賈生㠯至翟方進諸公者是也。亦猶《古文尚書》入祕府，而民間又有庸生等傳之也。民間，謂書不立學官者，非傳者皆無官也。然當子駿時，民間亦僅有尹咸、翟方進、胡常數人可從質問受書，其佗無有臧《左氏傳》書者，是㠯子駿不得見，而先見之于祕府，乃從尹、翟問義也。又案，《翟傳》所云讀經博士受《春秋》者，謂《穀梁》，非謂《左氏》也。猶孔安國爲博士，㠯《今文尚書》教，非㠯《古文尚書》教也。劉氏引此節，豈未明其故邪？又案：劉氏之議葢本董遇。《魏略》云「董遇善《左氏傳》，更爲作《朱墨别異》」，此當是疑《左氏》有增飾而别異之，亦猶劭公疑《周官》耳。

歆㠯爲左丘明好惡與聖人同，親見夫子，而公羊、穀梁在七十子後，傳聞之與親見之，其詳略不同。

○《論語》之左丘明好惡與聖人同，其親見夫子，或在夫子前，俱不可知。若爲《左氏春秋》者，則當時夫子弟子傳説已異，且魯悼已稱謚，必非《論語》之左丘。其好惡亦大異聖人，知爲失明之丘明。猶光武諱秀，歆亦可更名秀，嘉新公爲劉歆，祁烈伯亦爲劉歆也。又曰：左氏僅見夫子之書及列國之史，公羊聞夫子之義。見夫子之書者盈天下矣，聞而知之者，孟子而下，其惟董生乎！

○麟曰：㠯《論語》之左丘明非失明之左丘明，啖、趙輩始爲此説，而宋儒祖之，非有明據。直㠯好惡與己異而杜撰耳。果如劉秀、劉歆之有二，何㠯《古今人表》但有一左丘明邪？就使誤信子駿，而㠯爲一，然佗書別見者，子駿不能盡改，豈孟堅皆未見乎？佗書亦不言有二左丘明，則啖、趙之説爲杜撰明矣。且人異名同者，未有相沿不辨者也。即㠯《左氏》諸師言之：京兆尹張敞，人知其非造「緄」字之張敞也；侍御史張禹，人知其非成帝師張禹也；司農鄭衆，人知其非大長秋鄭衆也；侍中賈逵，人知其非字梁道之賈逵也。甚如子駿名歆，同時有祁烈伯劉歆矣。而《後漢・劉植傳》言植有從兄歆，據《東觀記》，字細君，爲世祖偏將軍，後爲驍騎將軍，封浮陽侯，則同時尚有一劉歆矣。《桓彬傳》云：「彬厲志操，與左丞劉歆、右丞杜希同好交善。」則東漢末又有一劉歆矣。然而未有㠯子駿溷于彼三人者也。左氏若有與之同名者，何自漢至唐初未有辨之者乎？且試問兩左丘明之説，能如兩張敞、兩張禹、兩鄭衆、兩賈逵、四劉歆之證據明白乎？抑否乎？否也，則不過如宋元人謂孔子所師之老聃非老子李耳之臆説而已。至書魯悼者，或耆考，或後改，皆不可知，何知不見夫子？曰左氏未見寶書，又曰僅見列國之史，亦胸無定見矣。左氏之傳，聞而知之者有荀子、賈生，亦與公羊董生相匹者也。必欲强詞攻訐，則讖書云「董仲舒亂我書」，讀者㠯爲亂我書者，煩亂孔子之書也，㠯上皆《論衡·案書篇》引。亦可云董生非聞而知之矣。説經者當求其是，豈可强執己見，㠯庰先師乎？烏乎！《左氏傳》之乍見，而不厭人心者，聖人固知之，特箸「同恥」之文，㠯絶後人之詆詰，惟大史公、劉子駿、班孟堅心知其意，故《人表》列左丘明于上中等仁人，顏淵之前，㠯箸其非弟子，而後人猶欲强分爲二，㠯避非聖無法之譏，悲夫！

及歆親近，欲建《左氏春秋》及《毛詩》、逸《禮》、《古文尚書》皆列於學官。哀帝令歆與五經博士講論其義，諸博士或不肯置對，歆乃移書讓之。

〇不肯置對者，㠯《尚書》爲備，謂《左氏》爲不傳《春秋》也。《古文尚書》逸十六篇，絶無師説，鄭氏載其目有《舜典》，則非百篇之舊，葢夫子所删之餘。又有《棄稷》，周人諱始祖，故《堯典》曰：「讓于稷、契。」惟「帝曰：棄」則不諱，則《棄稷篇》亦僞託也。其餘如《史記》《三統術》《王莽傳》所引，多戰國諸子所託，或有歆等改竄者，故博士抱殘守缺，恐失其真。若《左氏春秋》，非出孔壁，民間亦有，但非引文解經，轉相發明，如歆所託之章句，義理淺陋，名爲《春秋左氏傳》者耳。故㠯爲不傳《春秋》，洵确論也。《毛詩》、逸《禮》，諸儒不辨，則固欲存之矣。

〇麟曰：此亦稱《左氏春秋》，豈仍㠯爲非傳邪？《古文尚書》逸篇無師説者，與逸《禮》同，特㠯今文所無，無從校勘，非若《左氏春秋》《毛氏詩》有今文經可校者，故旮疑不言耳。因十六篇有《舜典》，而謂非百篇之舊，其意何居？豈竟㠯《書序》非孔子作邪？古者「詩書不諱，臨文不諱」，書名《棄稷》，何害《堯典》「讓于稷、契」？亦立文偶而如四嶽之書官耳，斷非周人諱祖而改千年之書也。戰國諸子所載，或在百篇之外，或又在逸十六篇之外，並非僞託。《史記》等書所引，在十六篇，則箸其名，在諸子者，或箸或不箸，而亦不混諸十六篇。若子駿改竄，則欲建立時已恐博士發覺矣，不至如是之愚也。《春秋》出孔壁，《説文序》有明文，當時實有其事，亦非子駿所能僞造，使彼《春秋》即《公》《穀》經，則漢人不應㠯《公》《穀》爲今文，知必《左氏》經也。且《論衡・案書篇》又謂「《左氏》三十篇出孔子壁中」，則傳亦在壁矣。使果不傳《春秋》，則國史多矣，孔壁藏此何爲乎？

《春秋左氏》，丘明所修，皆古文舊書，多者二十餘通，臧於祕府，伏而未發。孝成皇帝閔學殘文缺，稍離其真，乃陳發祕臧，校理舊文，得㠯此三事，㠯考學官所傳。經或脱簡，傳或閒編。

〇但㠯《春秋》論，則博士所見《左氏春秋》，即大史公所見古文《春秋國語》。東萊張霸亦見之，是真本也。歆欲立其坿益之本，乃託之祕府舊文，反㠯爲學殘文缺，稍離其真耳。經自公羊、胡毋生、董生相傳，絶無脱簡。曰脱簡者，葢如《尚書・梓材》經劉向校補，歆乃欲增續《春秋》也。傳或閒編者，亦比坿《春秋》年月，改竄《左氏》之故。

〇麟曰：經或脱簡，即謂如《梓材》等，非《春秋》經也。又學官無《左氏傳》，則所謂傳或閒編者，亦非謂

《左氏傳》也。蓋此所謂傳乃《禮・喪服傳》之等學官今文有間編耳，❶皆無涉《左氏》也。劉氏父子校祕書，乃㠯祕書校常行之本，改常行本之字，而不改祕書之字。子駿既明言《春秋左氏》丘明所修，藏於祕府，若復私有增損，則自北平獻書、共王壞壁㠯至子駿，百有餘年，墨漆新故，大有不符，設博士求觀其書，豈不慮私改之迹可案驗邪？若張、魯二本，一改一不改，㠯不改者示博士，則所建立者，仍非己所改，則亦何苦勞心而爲此也？若冀原本立後漸可建立改本，則建立時仍須出改本㠯示人，其迹仍露，必不可行，故知斷不爲此也。且《劉歆傳》云「河平中，受詔與父向領校祕書，講六蓺傳記」云云，如有改竄，又豈能欺其父哉？

傳問民間，則有魯國柏公、趙國貫公、膠東庸生之遺學與此同。

○《儒林傳》：膠東庸生爲孔安國再傳弟子。庸生授清河胡常，㠯明《穀梁春秋》爲博士、部刺史。又傳《左氏》，則非祕府古文伏而未發者也。言與此同者，援之㠯自重耳。或又傳《左氏》之語，亦出劉歆。

○麟曰：民間亦有《左傳》，見上。張霸蓋亦嘗受之，而非專爲其學者如大史公之問故孔安國耳。若祕府固未發也。

往者綴學之士，不思廢絶之闕，苟因陋就寡，分文析字，煩言碎辭，學者罷老且不能究其一蓺。信口說

---

❶「學」，原漫漶不清，據上下文補。

而背傳記，是末師而非往古，至於國家將有大事，若立辟雝、封禪、巡守之儀，則幽冥而莫知其原。猶欲保殘守缺，挾恐見破之私意，而無從善服義之公心。或懷妬嫉，不考情實，雷同相從，隨聲是非。抑此三學，㠯《尚書》爲備，謂《左氏》爲不傳《春秋》，豈不哀哉。

○聖人文約而旨博，歆畏其難於精究，欲㠯傳記事實易口説，則百家小説賢於夫子《春秋》矣。辟雝、封禪、巡守之儀，《左氏》亦不具。或逸《禮》及佗傳記有之，要非聖人治天下之本。務貴其意，不尚其儀，玉帛鐘鼓，非禮樂之精也。若歆之誣蔑先聖，緣飾經術，㠯崇奸回，豈不哀哉。

○麟曰：此一節統論古文之善，今文之陋，非專論《左氏》也。子駿若畏其難於精究，則逸《書》、逸《禮》並有增多，其義訓未明者，獨不須精究乎？且《詩》毛傳、《春秋左傳》皆多引而不發之指，非精究何㠯通其義也？彼分文析字者，亦自謂精究。不知郢書燕説雖自成其義而非作者之本旨矣。王仲任云：「爲世用者，百篇無害，不爲用者，一章無補。」子駿之惡分析煩碎，非惡其多也，惡其多而不爲用也。其欲㠯傳記易口説，欲易其義，非僅摭事實也。辟雝諸儀如《左氏》，則《外傳·周語》載周之秩宫，王巡守之禮，其佗當在逸《禮》。禮樂之精在義固也，然鐘鼓玉帛即精意所寓，若視爲具文，則十七篇何足爲經，而由己立意，制爲禮樂，益至哤雜無歸矣，夫豈可哉？子駿雖奸回，然其所㠯附莽者，皆舉經傳師説，而未嘗妄作。故《李尋傳》載夏賀良等言「漢厤中衰，當更受命」，歆㠯爲不合五經，不可施行，是雖爲王氏受命之兆，而子駿亦未嘗許之也。餘不合經術者可知矣。學者徒㠯莽居攝、加九錫及用周禮等事，遂并指此事此經皆屬僞造，不知事之是非在人心耳。莽爲平帝請命而不得，謂《金縢》爲僞，莽作《大誥》討劉、翟而不得，謂誅管、蔡爲僞，然則一切諸事，莽爲之則㠯文奸，而古聖爲之則㠯垂法，何足怪哉？必㠯子駿爲誣蔑先聖，則公羊家眭孟嘗于昭帝時妄稱布衣應運當行禪讓而見誅，吾又安知《公羊傳》不有眭孟私增者邪？

〇獨舉《左氏》，不復言《詩》《禮》《書》者，歆所竄改，尤爲快意也。故下明詔，試《左氏》可立不。

〇麟曰：子駿專治《左傳》，自宜獨急。

〇改亂舊章，誅意之論，哀帝不知耳。龔勝節士，義不仕莽；師丹，《魯詩》大儒，建議深合《春秋》經法，亦大怒，奏歆改亂舊章，非毀先帝所立。上曰：「歆欲廣道術，亦何㠯爲非毀哉？」歆由是忤執政大臣，爲衆儒所訕。懼誅，求出補吏。諸儒皆怨恨。是時名儒光禄大夫龔勝，㠯歆移書，上疏深自罪責，願乞骸骨罷。及儒者師丹爲大司空，自不肯詭隨坿和，㠯《左氏》爲傳《春秋》也。

〇麟曰：師丹固大儒，然執一不移亦其蔽也。

〇改亂舊章之禍，凶于而國，害于而家。公孫之議，天使之也。而數千載不悟，何哉？《王莽傳》：公孫録議曰：「國師嘉新公顛倒五經，毀師法，令學士疑惑，宜誅㠯慰天下。」

○麟曰：公孫録但言「顛倒五經」，顛倒者，謂其義，非謂其文也。此亦不知子駿治古文之旨而妄論耳。若果有更變，則如《説文序》所稱亡新改定古文，及所載「疊」字下，稱「亡新㠯爲疊從三日大盛，改爲三田」，未有不明箸於後者，何得于經文獨不知其異乎？

《儒林傳》：《穀梁》議郎尹更始又受《左氏傳》，取其變理合者㠯爲章句，傳子咸及翟方進、琅邪房鳳。

○《歆傳》㠯章句出於歆，是也。尹更始先爲章句之説，當是歆所援而託之。

○麟曰：尹更始名不重于子駿，無爲援託其爲信書可知。若欲援託，則子駿父子政名重于尹君矣，而託之尤不致爲人發覺，乃獨棄彼取此何邪？

《房鳳傳》：時光禄勳王龔與奉車都尉劉歆共校書。三人皆侍中，歆白《左氏春秋》可立，哀帝納之，㠯問諸儒，皆不對。歆於是數見丞相孔光，爲言《左氏》㠯求助，光卒不肯，惟鳳、龔許。

○王龔，邛成大后之親，非經師也。房鳳，王根所薦，亦王氏之徒也。孔光雖依附，❶尚能保位望哉。

○麟曰：王龔能校書，則非淺陋之士矣。鳳爲根所薦，説經論其言不論其人。㠯孔光之附莽，而其言

❶「附」，《敘録》單行本（浙江圖書館刻印《章氏叢書》本）及劉逢禄《左氏春秋考證》（《皇清經解》本）作「阿」。

經與子駿絶異，此又言行不可合一之明證也。《後漢・孔奮傳》云：「孔奮，字君魚，少從劉歆受《春秋左氏傳》，歆稱之，謂門人曰：『吾已從君魚受道矣。』奮弟奇作《春秋左氏刪》，奮子嘉作《左氏説》。」是三孔《左傳》學皆本子駿。而傳云：奮「見有美德，愛之如親，其無行者，忿之若仇」。是其行又不因子駿而汙也。

漢興，北平侯張蒼及梁大傅賈誼、京兆尹張敞、大中大夫劉公子皆修《春秋左氏傳》。誼爲《左氏傳訓故》，授趙人貫公，爲河間獻王博士，子長卿爲蕩陰令，授清河張禹長子。自注：如淳曰：「非成帝師張禹。」禹與蕭望之同時爲御史，數爲望之言《左氏》。望之善之，上書數㠯稱説。後爲大子大傅，薦禹於宣帝，徵禹待詔。未及問，會疾死。授尹更始，更始傳子咸及翟方進、胡常。常授黎陽賈護季君。哀帝時待詔爲郎，授蒼梧陳欽子佚，㠯《左氏》授王莽，至將軍。而劉歆從尹咸及翟方進受。由是言《左氏》者，本之賈護、劉歆。

○《張蒼傳》曰「好書律歷」，曰「習天下圖書計籍，又善用算律歷」，曰「蒼尤好書，無所不觀，無所不曉，而尤邃律歷」，曰「箸書十八篇，言陰陽律歷事」而已，不聞其修《左氏傳》也。蓋歆㠯漢初博極羣書者，惟張丞相，而律歷及譜五德，可坿《左氏》，故首援之。《賈生傳》曰「能誦《詩》《書》屬文」，曰「頗通諸家之書」而已，亦未聞其修《左氏傳》也。蓋賈生之學，疏通知遠，得之《詩》《書》，修明制度，本之於《禮》，非章句訓故之學也。其所箸述，存者五十八篇，《大都篇》一事，《春秋篇》九事，《先醒篇》三事，《耳痺篇》一事，《諭誠篇》一事，《退讓篇》二事，皆與《左氏》不合。惟《禮容篇》一事似采《左氏》，二事似采《國語》耳。蓋歆見其偶有引用，即誣㠯爲「爲《左氏訓故》，授趙人貫公」。又曰：「當孝文時，漢朝之儒，惟賈生而已。」貫公當即毛公弟子貫長卿，歆所云貫公遺學與祕府古文同者也，曰賈生弟子則誣矣。《張敞傳》曰：「本治《春秋》，㠯經術自輔其政。」其所陳説，㠯《春秋》譏世卿最甚，君母下堂則從傅母，皆《公羊》義，非尹氏爲聲子、崔杼非其罪、宋共姬女而不婦之謬説也。《蕭望之傳》曰「治《齊詩》」，曰「從夏侯勝問《論語》《禮服》」；其雨雹，對曰「季氏專權，卒逐昭公」；伐匈奴，對曰「大夫士匄不伐喪」，亦皆《公羊》義。《石渠禮論》精於《禮服》，未聞引《左氏》也。善《左氏》，薦張禹，亦歆坿會。要之，此數公者，於《春秋國語》未嘗不肄業及之，特不㠯爲孔子《春秋》傳耳。歆不託之名臣大儒，則其書不尊不信也。❶

○麟曰：張、賈本傳不言修《左氏》，然史文亦有脱漏者，《仲尼弟子列傳》述子夏，但云「孔子既没，子夏居西河教授，爲魏文侯師」，而不言作《詩序》，作《禮·喪服傳》，作《爾雅》，不得謂此數者非子夏作。且賈生長於《禮》，其書中有《傅職篇》、《保傅篇》、《輔佐篇》、《禮篇》、《容經篇》、《禮容語》上下篇、《胎教篇》，其最者采入《大戴禮》，而本傳亦不言賈生長於《禮》，但言「賈生㠯天下和洽，當興禮樂」耳，又將謂賈生不作《傅職》等篇乎？况《漢書》既已互見，更無煩述之本傳乎？賈書之述《左傳》，《大都篇》楚靈王一事，正可訂杜本之譌；《春秋篇》惟衛懿公一事，亦合《左傳》；其佗楚惠王等八事，不知采自何書，各記别事，本與《左傳》絲毫無涉。其中有二世胡亥一事，在《左氏》後且二百年，其不相關通明矣。而㠯篇名《春秋》，强謂與《左氏》不合，然則《楚漢春秋》、《十六國春秋》之屬，有一與《左氏》合者乎？《耳痺篇》伍子胥一事，亦合《左傳》，但

❶ 此條中「歷」字，劉逢禄《左氏春秋考證》皆作「術」。

又有《左傳》所不載者，此正如《内》《外傳》可互相補闕耳。《先醒篇》楚莊王伐鄭事，亦與傳合，其稱郯爲兩棠，則地有異名，非不合也。其下述申禁事，又足補傳闕者也。宋昭公一事，此昭公見《宋世家》，即哀二十六年傳公孫周之子得，與爲王姬所弑者異。傳終哀二十七年，昭公此事當在傳後矣。虢君一事，與《左傳》陳轅頗事同，下言「枕塊」，又與《國語》楚靈王事同。自古人異事同者，傳記所載，何止一端？非必彼此有誤，自其情事同耳。《諭誠篇》楚昭王一事，亦足補傳之闕。《退讓篇》宋就一事，亦與《左傳》絲毫不涉。翟王一事，亦與《左傳》不涉，而可㠯證章華之高，皆非不合也。《禮容語》下篇叔孫婼、叔向、三郤三事，固采《内》《外傳》矣。又《制不定篇》説炎帝、黄帝相攻事，合於《晉語》。《審微篇》説晉文公請隧事，又説叔孫傳作「仲叔」，當㠯《賈子》訂之。于奚請曲縣事，《淮難篇》説白公勝報仇事，皆合于《左傳》。《傳職篇》或稱《春秋》云云，又本《楚語》申叔時言。《禮篇》「君仁臣忠」云云，又本《左傳》晏子言。《容經篇》「明君在位可畏」云云，又本《左傳》北宫文子言。《君道篇》「紂作梏數千」云云，又合于《左傳》「紂囚文王七年」之説。《胎教篇》晉厲公見殺於匠麗之宫，齊簡公殺於檀臺，皆合《左傳》。而劉氏皆不舉，蓋㠯舉之，則賈生引用左氏《内》《外傳》極多，不得謂不修《左傳》耳。賈書中《道術篇》《六術篇》《道德説篇》，正是訓故之學，蓋才識閎遠而不放縱，深有得于正名爲政之意者也。其作《左氏訓故》，又何疑乎？

貫長卿即貫公之子，見《釋文》。治《毛詩》者，多治《左氏春秋》，如毛公㠯前傳《詩》者，則曾申亦傳《春秋左氏》者也，又荀卿亦傳《左氏春秋》者也。蓋同爲古文，故多兼治矣，非誣也。張子高譏世卿、從傳二事，正見《左氏》舊學兼二家之長而舍其短。其後劉鄭許賈皆同此師法，蓋《左氏微》等書先有此説矣。又子高説指魯季氏、晉趙氏、齊田氏，非尹氏、崔氏也。《異義》所引《左氏》説「世禄不世位」葢本此。共姬事，傳云：「女待人，婦義事。」此㠯聖人達節望共姬也，則固㠯賢者守節許共姬矣，不與從傳之説悖也。見本條。望之善禹言《左氏》，其上書數稱説之，則知所對二條皆《左氏》同《公羊》者也，劉氏專屬之《公羊》，則《儒林傳》云「蕭望之平《公羊》《穀梁》同異，多從《穀梁》」，何此專取《公羊》哉？劉又㠯所舉北平侯㠯下人多，不得盡謂子駿僞託，乃爲數公亦嘗肄業而不㠯爲傳之説，所謂遁辭也。

又言「歆不託之名臣大儒，則其書不尊不信」。案：《别録》曾申授吴起等語，劉亦㠯爲子駿所託。據《史記·孫子吴起列傳》云：「齊人攻魯，魯欲將吴起。吴起取齊女爲妻，而魯疑之。吴起於是欲就名，遂殺其妻，㠯明不與齊也。」又云：「魯人或惡吴起，曰：『起之爲人，猜忍人也。其少時家纍千金，游仕不遂，遂破其家。鄉黨笑之，吴起殺其謗己者三十餘人。』」又云：「其母死，起終不歸。曾子薄之，而與起絶。」然則吴起爲人，不賢可知。子駿既託吴起，則不必又託北平等。既託北平等，則不應又託吴起，一使人尊信，一使人詬詈，未有狐薶狐搰至此者也。

《後漢·鄭興傳》：少學《公羊春秋》，晚善《左氏》。天鳳中，將門人從劉歆講正大義。歆使撰條例、章句、訓詁，及校《三統術》。世言《左氏》者，多祖於興。興子衆，作《春秋雜記條例》。❶

---

❶「雜」，《敘録》單行諸本及《後漢書》（北京中華書局一九六五年校點本）皆作「難」。

○今《左氏》書法凡例之屬，興亦有所坿益矣。

○麟曰：若有坿益，何須更撰《條例》？

《范升傳》：「尚書令韓歆上疏，欲爲《左氏春秋》立博士。詔下其議。朝公卿大夫博士見于雲臺。帝曰：『范博士可前平説。』升起對曰：『《左氏》不祖孔子而出於丘明，師徒相傳，又無其人。』遂與韓歆、許淑等互相辯難，日中而罷。升乃奏《左氏》之失凡十四事。時難者㠯大史公多引《左氏》，升又上大史公違戾五經謬孔子言，及《左氏春秋》不可録三十一事。詔㠯下博士。」

○《春秋》非史文，言《左氏》者㠯史文視《春秋》，宜其失義也。范辯卿之論甚正，非陳元、賈逵之流曲學阿世所能勝也。

○麟曰：大史公于五經時有抵牾，而《尚書》全賴其訓詁。于《左傳》亦有抵牾，而其精鑿之處鄭、賈不及。段懋堂云：「司馬氏不作《史記》，則孔子《左氏春秋》之學絶矣。干城大道，勇敢爲之，不得㠯小疵掩其大醇。」誠至言也。孟子説《春秋》云「其文則史」，《十二諸侯年表》亦云：「論史記舊聞，興於魯而次《春秋》。」然則《春秋》義經而體史，若㠯爲非史，則《詩》亦非樂章，《易》亦非筮辭邪？且古經史不分，《蓺文志》，《大史公》百三十篇列于《春秋》家。其佗《戰國策》《楚漢春秋》等並列焉，非不分之明證乎？特義有深淺，不可同視，而《左氏》則㠯事發明《春秋》。桓譚《新論》曰：「《左氏》經之與傳，猶衣之表裏，相持而成。經而無傳，使聖人閉門思之十年不能知也。」是經文全賴據史明之，㠯爲岐異，無識之言也。范氏㠯《左傳》

無師徒相傳，非不知其有也，强㠯觝拒耳。猶博士㠯《尚書》爲備，彼非不讀《大傳》而知有《九共》《臩命》諸篇也，亦强㠯觝拒耳。

《賈逵傳》：九世祖誼，文帝時爲梁王大傅。曾祖父光爲常山大守。父徽，從劉歆受《左氏春秋》，作《左氏條例》二十一篇。逵悉傳父業。

○誼之家世好學，誼果作《左氏訓故》，不應至徽始從歆受也。葢歆因徽而誣誼耳。

○麟曰：大傅作《訓故》，傳至孫嘉，見《釋文》。又《史記·屈原賈生列傳》云：「賈嘉最好學，世其家，與余通書。」世其家者，世其《左氏》之學也。通書者，㠯《左氏傳》之書示大史公也。賈嘉已傳之，何嘗至賈徽始受乎？徽必受學子駿者，猶孔子有家學而子思不受學于伯魚也。

肅宗好《古文尚書》《左氏傳》，建初元年，詔逵入講北宮白虎觀、南宮雲臺。帝善逵説，使出《左氏傳》大義長于二傳者，逵于是具條奏之。帝令逵自選《公羊》嚴、顏諸生高才者二十人，教㠯《左氏》，與簡紙經傳各一通。

○賈逵阿世，㠯讖論學，本不足辨。今於《公羊答難》及《春秋比事》詳之。

○麟曰：適會其時，遂云阿世，然則董江都亦阿公孫弘者邪。

論曰：鄭、賈之學，行乎數百年中，遂爲諸儒宗，亦徒有㠯焉耳。自注：言其比坿讖文，陋之也。章懷大子注誤。桓譚㠯不善讖流亡，鄭興㠯遜辭僅免，賈逵能坿會文致，最差貴顯。世主㠯此論學，悲矣哉。

○《穀梁》興而《公羊》義殺，《左氏》立而《穀梁》亦廢，蔚宗爲武子之孫，寄慨深矣。

○麟曰：讖緯多七十子所傳微言。其中或有妄增，是㠯得失參半。賈侍中于緯書亦非專執不化者，非但此也，即劉子駿多引緯書而《七略》亦謂大公《金版》《玉匱》爲近世之書，夏賀良挾甘忠可所詐造《天官歷包元大平經》十二卷，而子駿㠯爲不合五經，不可施行，則亦有所去取矣。若何劭公之用讖緯過鄭康成百倍，則真膠滯不通者也。漢張衡疏有足平反劉賈之枉者，録于左：

臣聞聖人明審律歷㠯定吉凶，重之㠯卜筮，雜之㠯九宮，經天驗道，本盡於此。或觀星辰逆順，寒燠所由，或察龜策之占，巫覡之言，其所因者，非一術也。立言於前，有徵於後，故智者貴焉，謂之讖書。讖書始出，葢知之者寡。自漢取秦，用兵力戰，功成業遂，可謂大事。當此之時，莫或稱讖。若夏侯勝、眭孟之徒，㠯道術立名，其所述箸，無讖一言。劉向父子領校祕書，閱定九流，亦無讖録。成、哀之後，乃始聞之。《尚書》：堯使鯀理洪水，九載績用不成，鯀則殛死，禹乃嗣興。而《春秋讖》云：「共工理水。」凡讖皆言黃帝伐蚩尤，而《詩讖》獨㠯爲：「蚩尤敗，然後堯受命。」《春秋元命苞》中有公輸班與墨翟，事見戰國，非春秋時也。又言「別有益州」，益州之置，在於漢世。其名三輔諸陵，世數可知。至於圖中訖于成帝。一卷之書，互異數事，聖人之言，勢無若是，殆必虛僞之徒，㠯要世取資。往者侍中賈逵，摘讖互異三十餘事，諸言讖者皆不能說。至於王莽簒位，漢世大禍，八十篇何爲不戒？則知圖讖成於哀、平之際也。且《河洛》《六藝》，篇録已定，後人皮傅，無所容篡。《衡集》上事云：「《河洛》五九，《六藝》四九，謂八十一篇也。」永元中，清河宋景遂目厤紀推言水災，而僞稱洞視玉版。或者至於棄家業，入山林。後皆無效，而復采前世成事，目爲證驗。至於永建復統，則不能知。此皆欺世罔俗，目昧埶位，情僞較然，莫之糾禁。且律厤、卦候、九宫、風角，數有徵效，世莫肯學，而竞稱不占之書。譬猶畫工惡圖犬馬而好作鬼魅，誠目實事難形，而虚僞不窮也。宜收臧圖讖，一禁絶之，則朱紫無所眩，典籍無瑕玷矣。

麟案：如平子言「圖讖成于哀、平」，而先有「讖書始出，知之者寡」之語，則是漢初目前已有讖書，《魏世家》言「秦讖于是出」，❶《淮南》言「六畜生多耳目不祥，讖書讖之」，是其證也，但哀、平時人足成之耳。劉子駿領校祕書時已有讖，且所校乃祕書，而非學官及民間之書，則讖固在其中，而劉子駿不録，知其不信圖讖也。目爲雖有先儒之言，而增飾者多，非有明識之士不能去黑取白，必致受其迷罔，不如不録也。或謂讖緯不得私習，不目示人，故不箸録。然漢世奏疏不諱舉讖，且如賀良等上書，當時亦不目爲犯禁，何獨于祕閣讖書必隱之目絶人誦習哉。且但箸其目録，其書仍未傳布，亦何傷哉？則知子駿不箸讖録，非隱之也，不信故也。謂侍中信讖者，目侍中奏言：「臣目永平中上言《左氏》與圖讖合者。」又云：「五經家皆無目證圖讖明劉氏爲堯後者，而《左氏》獨有明文。」又云：「《左氏》目爲少昦代

❶ 「魏」，據《史記》（北京中華書局一九五九年校點本）當爲「趙」。

黄帝，即圖讖所謂帝宣也。」又云：「光武皇帝興，立《左氏》《穀梁》，會二家先師不曉圖讖，故令中道而廢。」據此數語，遂謂侍中篤信圖讖。乃觀平子所言，則侍中已摘圖讖之妄矣，然則于其合經者用之，不合經者庰之，不昧惑不拘攣，此其所㠯爲侍中也。平子言足爲劉、賈二君理寃矣。

又：《後漢·儒林傳》：「尹敏，字幼季，善《左氏春秋》。世祖令校圖讖，使蠲去崔發所爲王莽箸録次比。敏對曰：『讖書非聖人所作，其中多近鄙别字，頗類世俗之辭，恐疑誤後生。』帝不納，敏因其闕文增之曰：『君無口，爲漢輔。』君無口者，尹也。帝見而怪之，召敏問其故。敏對曰：『臣見前人增損圖書，敢不自量，竊幸萬一。』帝深非之，雖意不罪，❶而亦㠯此沈滯。」此等譎諫，不減中射之奪神藥。然則《左氏》家能辨圖讖之僞者，不止少贛諸賢而已。

《李育傳》：「少學《公羊春秋》，沈思專精，博覽書傳，知名大學。常避地教授，門徒數百。頗涉獵古學，常讀《左氏》，雖樂文采，然謂不得聖人深意。㠯爲前世陳元、范升之徒，更相非折，而多引圖讖，不據理體，於是作《難左氏義》四十一事。後拜博士，詔與諸儒論五經于白虎觀。育㠯《公羊》義難賈逵，往返皆有理證，最爲通儒。」

○何劭公與其師羊弼，追述李育意㠯難二傳。今《膏肓》《廢疾》尚存十一，《白虎通德論》亦多《公羊》家

---

❶「意」，《敘録》單行本（浙江圖書館刻《章氏叢書》本）及《後漢書·儒林傳》作「竟」。

言，則李元春之書雖不傳，意未盡亡也。特未見其直指劉歆轉相發明之謬耳。

○麟曰：㠯文采視《左氏》，其于《左氏》未沈思也。葢先入爲主，雖欲沈思《左傳》，得其解經之深意，而有所拒格而不入。此鄭大夫所㠯不可及也。

《班彪傳》：「定、哀之閒，魯君子左丘明論集其文，作《左氏傳》三十篇，又撰異同，號曰《國語》，二十篇。由是《乘》《檮杌》之事遂闇，而《左氏》《國語》獨章。」

○左氏生哀公之後，其書惟名《春秋》。班氏㠯史論《左氏》，知左氏者也。

○麟曰：言定、哀之閒，亦左氏親見夫子之明證。班氏知經與《内》《外傳》其義極精，而其體裁事實則皆史，誠深知《春秋》者也。

《說文解字・敘》：宣王大史籀箸《大篆》十五篇，與古文或異。至孔子書六經，左丘明述《春秋傳》，皆㠯古文，厥意可得而說。

○六經及《左氏春秋》古文本，當叔重時葢亡矣。或劉歆㠯祕府古文書經及《左氏》坿益本，賈逵之徒奉詔，又㠯紙易竹帛，舊本古字古言亦變矣。歆㠯博甄毖緯之才，顛倒五經，後漢從而尚之，儒書日汩，可勝歎哉！然如《左氏》「癹夷」「舟鮁」「褱」「空袑」之類，自杜預出，而又變賈、許之舊矣。

○麟曰：孔子所書六經，左氏所述《春秋傳》，皆出壁中者也。六經者，亦舉其大數。壁中不見有《樂經》，然孔子固當書之，特藏者遺之耳。《尚書》僅五十八篇，亦猶是也。六經、《左傳》出壁後，至許叔重時，財二百餘年。㠯近世所見而論，宋時書畫至今六七百年，尚有存者，況經、傳真本，寶貴莫逮，何至叔重時遂亡乎？劉言子駿㠯祕府古文書之，夫祕府何㠯有古文哉？即壞壁所得也。其餘諸子百家出六國者，即祕府有真本，然六國時已文字異形，非古文矣。然則子駿據㠯書者，惟經、傳真本矣。既有真本亦何須更書哉？經師傳授之本，雖用古文，然㠯隸書寫之，所謂隸古，非古文篆也。侍中紙易竹帛，其所書仍是隸古，豈嘗變易哉？若謂書紙者必變古，然則自漢㠯來何㠯古文有存者邪？且如「癸夷」等字，即叔重受之侍中者，而古字古言未嘗變，然則變者自在王肅、董遇㠯後耳。

孔穎達《春秋疏》：賈逵：大史公《十二諸侯年表序》云：「魯君子左丘明作傳。」

○《年表序》不云作傳，此或賈逵之說誣史公矣。

○麟曰：史公亦未嘗不㠯《左氏春秋》爲傳。此當是侍中所見《史記》如此。「賈逵」下脱一「曰」字，臣召南説。

劉向《別録》云：左丘明授曾申，申授吴起，起授其子期，期授楚人鐸椒，鐸椒作《抄撮》八卷，授虞卿，虞卿作《抄撮》九卷，授荀卿，荀卿授張蒼。

○向治《公羊》，後奉詔治《穀梁》，其書本《公羊》者十之九，本《穀梁》者十之一，未嘗言《左氏》也。《説苑》：魏武侯問元年于吴子，吴子對曰：「言國君必謹始也。」「謹始奈何？」曰：「正之。」「正之奈何？」曰：「明智。」案：「謹始」之説，本《公羊》《穀梁》緒言，「明智」之説，兵家要旨，俱非《左氏》説也。《十二諸侯年表》云：「鐸椒爲楚威王傅，爲王不能盡觀《春秋》，采取成敗，卒四十章，爲《鐸氏微》。」此《春秋》當係《檮杌》，猶《晉語》羊舌肸習於《春秋》，《楚語》申叔時云「教之《春秋》」者也，必非《左氏》之書。《史記》言四十章，《蓺文志》云三篇，此又云《抄撮》八卷，名不雅馴，歆所託也。《虞卿傳》云：「上采《春秋》，下觀近世，曰《節義》《稱號》《揣摩》《政謀》，凡八篇，㠯刺譏國家得失，世傳之，曰《虞氏春秋》。」《年表》同。蓋虞氏之書雖亡，其體例略同《吕覽》，非傳《左氏》者也。《史記》言八篇，《藝文志》於「儒家」云十五篇，於「春秋家」云《虞氏微傳》二篇，此又云《抄撮》九卷，亦歆假託也。荀卿之書多本《穀梁》，亦非傳《左氏》者。

○麟曰：《五行志》載子政説皆釋《穀梁》義，何云本《公羊》者十九？《説苑》《新序》《列女傳》載《左傳》者六七十條，而子公黿羹一事載子夏説，尤足見《左氏》大義子夏亦同之。況《論衡》言「子政玩弄《左氏》，童僕皆呻吟之」，而《漢志》又言「其分《國語》爲五十四篇」，《五行志》所載子政説《左傳》者，亦近十條，然則所云「自持其《穀梁》義」者，特謂不弃《穀梁》之學，如荀子、尹更始之兼治《左》《穀》耳，非不治《左氏》也。況所作《别録》，博采羣書，雖所不治者亦詳之，何獨不能詳《左氏》之授受乎？子政治《魯詩》，若謂《别録》必不言《毛》《齊》《韓》之授受，無是理也。「謹始」之説，《賈子・胎教》亦言之，正是《左氏》古義，非《公》《穀》緒言也。鐸氏書名《微》，自是解説經義，非專取事實也。三篇者，總目；四十章者，細别，各不相悖。《抄撮》當與《鐸氏微》爲二書，今㠯名不雅馴而疑子駿僞託，不知古人書名有質而不俚者，此類是也。《虞氏春秋》，葢上采經義，目論當世，非若《吕覽》無説經語者。八篇、十五篇則分并之異。猶《尚書》二十九篇可分爲三十三篇也。《虞氏微》及《抄撮》與《虞氏春秋》爲三書，皆非假託，惜今不見其書耳。據《戰國策》載虞卿説曰：「《春秋》於安思危。」此可校今本《左傳》「居」字之誤。《荀子》書中載「賞不僭，刑不濫」等語，全本《左傳》。又説賓孟事及葉公事，又《報春申君書》引《春秋》楚圍、齊崔杼二事，亦與《左傳》合。何云不傳？荀子亦兼治《穀梁》，如引「盟詛不及三王」等。是正見其兼采衆長，集思廣益，猶既傳《毛詩》，又傳《魯詩》也。

漢武帝時，河閒獻《左氏》及《周官》。

○《河閒獻王傳》言獻雅樂，不言獻《左氏》《周官》也。葢武帝時，祕府固有《周官》《左氏》，特武帝所不信，而大史公所見《左氏》，又非若今本耳。且因獻王好古，而目爲私立《毛詩》《左氏春秋》博士，顯與朝廷異學，當亦劉歆所誣，而班氏誤采之。

○麟曰：傳不言獻《左氏》《周官》，亦猶張、賈本傳不言修《春秋》也。獻王時朝廷不立古學，恐其湮滅，爲立博士，功莫大焉。必目朝廷爲是，則伏生、張丞相之挾書，其在漢初，皆干時法者也。

和帝元興十一年，鄭興父子及歆創通大義。奏上，《左氏》始得列學，遂行於世。至章帝時，賈逵上《春秋大義》四十條，目抵《公羊》《穀梁》，帝賜布五百匹。

○王應麟考和帝元興止一年，安得有十一年？一誤也。鄭興子衆，終於章帝建初八年，不及和帝時，二誤也。章帝之子爲和帝，先後失序，三誤也。《釋文·序録》亦云「元興十一年」，皆非也。今案：此疏前序光武於成帝前，此又混歆於和帝時，紕繆如此，安能别古書之真僞。

○麟曰：此數事，臣召南亦言其謬，而疑爲刊本之誤。然即爲疏誤亦與《左氏傳》真僞無涉。

沈氏云：《嚴氏春秋》引《觀周篇》云：「孔子將修《春秋》，與左丘明乘，如周，觀書于周史。歸而修《春秋》之經，丘明爲之傳，共爲表裏。」

○嚴彭祖《公羊》經師，妄語何也？或章帝令賈逵自選嚴、顏高才生二十人，教目《左氏》，禄利之途使然，必非彭祖之言也。《漢志》雖本有《家語》，然王肅僞撰者，乃有《觀周篇》言南宫敬叔從夫子觀書于周。此言左丘明與夫子乘，緣劉歆「親見夫子」之語坿會之，葢又出肅後。臧西成目此爲真《嚴氏》、真《家語》，不辨家法，失考甚矣。

○麟曰：西漢重《公羊》，學者爲禄利，故治之。嚴氏《公羊》大師，獨能推崇《左氏》，葢深見優于《公羊》也。墨守者何尚昧昧邪？《家語》真文惟此一見，王肅緣篇名事實，造爲南宫敬叔事，而劉氏反目真爲僞，傎哉。

《經典釋文》云：「左丘明作傳目授曾申，申傳衛人吴起，起傳其子期，期傳楚人鐸椒，椒傳趙人虞卿，卿傳同郡荀況，況傳武威張蒼，蒼傳洛陽賈誼，誼傳至其孫嘉，嘉傳趙人貫公，貫公傳其少子長卿，長卿傳京兆尹張敞及侍御史張禹。」

〇此兼采僞《別録》及《漢·儒林傳》而爲之。然《左氏》傳授，不見《大史公書》，班固《別傳》亦無徵。當東漢初，范升廷爭，㠯爲師徒相傳又無其人，若果出於《別録》，劉歆之徒及鄭興父子、賈逵、陳元、鄭玄諸人，欲申《左氏》者多矣，何無一言及之？曾申即曾西，曾子之子，羞稱管仲，必非爲《左氏》之學者。吳起曾事子夏，或《左氏》多采其文。姚姬傳㠯《左氏》言魏氏事造飾尤甚，葢吳起爲之㠯媚魏君者尤多，要非左氏再傳弟子也。張蒼非荀卿弟子，賈生亦非張蒼弟子，貫公《毛詩》之學，亦非賈嘉弟子。嘉果㠯《左氏》爲傳《春秋》，授受詳明如此，何不言諸朝爲立博士？此又從《賈誼傳》增設之。嘉與史公善，當武帝時，貫公爲獻王時，必非嘉弟子。《史記》《漢書》具在，而歆之徒博采名儒，牽合佚書，妄造此文。元朗、沖遠，㠯江左㠯後文人，獨尚《左氏》，不加深察，敘録如此，不可爲典要矣。

〇麟曰：《范升傳》載與韓歆、許淑等互相辨難，日中而罷。而不載所辯之語，葢如桓寬《鹽鐵論》辨詰煩多而《漢書》不暇録其語也。何知不舉傳授之人㠯爲證乎？曾申羞管仲，可㠯破俗儒記管、晏則善之議。又《檀弓》載其對穆公云：「齊斬自天子達。」可㠯破杜預「既卒哭，則除」之言，真《左氏》功臣也。《史記·吳起傳》云：「嘗學於曾子。」又云：「不復入衛，遂事曾子。」又云：「曾子薄之，而與起絶。」所謂曾子，即曾申也。《檀弓》「穆公之母卒，使人問於曾子曰」，即稱曾申爲曾子，是其證。此吳起學于曾申而受《左傳》之明據也。劉既㠯吳氏説元年本《公》《穀》，又引姚鼐㠯吳起增飾《左傳》，斯騎墻之見矣。鼐㠯爲飾魏事媚魏君,案「國家將興,必有禎祥,國家將亡,必有妖孽」,智者先知禍福亦非怪事。《史記·樗里子傳》云:「樗里子卒,葬于渭南章臺之東,曰:『後百歲,是當有天子之宫夾我墓。』至漢興,長樂宫在其東,未央宫在其西,武庫正直其墓。」夫宫夾古墓非所目爲諛,知非大史公媚漢武而造也。然則秦人知漢興固不足異,《左傳》畢萬之占猶是耳。且傳又稱箕子言唐叔之後必大,若爲媚魏,何又媚所簒之晉乎?知其美魏絳等事,事實固然,不賢,子孫能簒晉乎?目爲造飾,無識甚矣。荀、張、賈之相傳,雖佗無明證,然張目漢爲水德,賈目漢爲土德,子駿所知,雖一事偶異,而彌縫詐僞必不敢目爲師弟。且子駿又自目漢爲火德,當引助己之説者,何反引異己者邪?考《史》《漢》皆不言賈生之師,而《新書·勸學篇》云:「今夫子之達,佚乎老聃,而諸子之材,不避榮誅,而無千里之遠、重繭之患,親與巨賢連席而坐,對膝相視,從容談語,無問不應。」諸子指同學後生也,夫子即指北平侯也,故稱之目巨賢矣。賈嘉,《漢書》不載其傳《訓故》,與史公同時而下逮昭帝,不應爲貫公師。疑《釋文》本當作誼傳至其孫嘉,又傳趙人貫公,今本誤耳。然不得因一事之誤,遂疑諸師皆妄。且《毛詩》授受,徐整、陸璣説亦不同,豈得謂子夏目來授受諸師皆由妄造邪?至賈嘉之官不過九卿,河閒王尚不能言諸天子立《毛詩》《周官》《左氏》諸博士,而謂嘉能之乎?又案《景十三王傳》云:「河閒獻王立毛氏《詩》、《左氏春秋》博士。」是獻王已目《左氏》爲説經之書,非自爲《春秋》也。不然,獻王非如淮南王之好百家雜説者,豈如漢廷之爲諸子立博士乎?然則目《左氏》爲傳《春秋》固不待賈嘉矣。至《史記·儒林列傳》不見《左氏》傳授者,文略耳。如《儒林列傳序》云「言詩於魯則申培公,於齊則轅固生,於燕則韓大傅」,而獨不言毛公。其傳中亦秖述此三人,而不見毛公,況其傳授哉?然不得因此而謂毛公作傳及傳授皆僞也。則《左氏》可知。總之，《左氏春秋》之名猶《毛詩》《齊詩》《魯詩》《韓詩》，舉經曰包傳也。曰爲非傳《春秋》而自爲《春秋》，則亦將云毛公非傳《詩》而自爲《詩》乎？《左氏春秋》之傳授，猶公羊高之傳子平，平傳子地，地傳子敢，敢傳子壽也。曰《左氏》傳授名氏，《史記》無其文，然則《公羊》五世之傳，自戴宏《序》而外，又可徵之《史記》《漢書》乎？

春秋左傳讀卷一

《廣韻》十八尤：「丘，亦姓。《風俗通》曰：『魯左丘明之後。』」臧拜經曰：「案：《廣韻》丘字注載漢複姓凡四十四，而左丘不與焉。可知傳《春秋》者姓丘，而非姓左丘矣。蓋姓丘名明，故多稱丘明。左，其官也。古有左史、右史。或言姓左及左丘，似皆非。」㠯上臧說。往時山東巡撫咨部請㠯肥城丘氏置五經博士，汪德鉞議駁曰：「唐林寶《元和姓纂》於丘氏云：『齊大夫封於營丘，❶支孫㠯地爲姓。《左傳》有郕大夫丘弱。』於左氏云：『齊公族有左、右公子，因㠯爲氏。』後乃出左丘云：『齊國臨淄縣有左丘明之後。』舉左雎、左思爲證。林寶，唐博聞士，《姓纂》獨不用應劭説，必證據明白，始削之。《丘氏譜》近出，去林氏又千餘年，乃反引《風俗通》爲證，誤矣。《廣韻》《姓纂》于丘、左二字迥別。《姓纂》㠯倚相、丘明別族，今《譜》乃㠯倚相爲丘明祖。又載漢光武時裔孫丘堂《左氏精舍志跋》，鄙陋紕繆，僞託顯然，何可信也？」事遂寢。麟案：《丘氏譜》誠不足據，然汪但㠯人之博洽而論，則仲遠遠過於林寶矣。若實有所證據，而㠯仲遠爲非，亦必引書出於仲遠前者，始爲可信。今無引而㠯肊斷，或有據而在仲遠後，皆不足㠯難仲遠也。若謂必有所據在仲遠前者，特書中不明言，則又安知仲遠所謂丘姓出丘明者，非本之周、秦、漢初之書乎？《世本》即出傳者，豈於己之

❶「大夫」，《元和姓纂》（影印文淵閣《四庫全書》本）作「太公」。

世系獨不詳悉言之？漢時《世本》較唐爲具，知仲遠必據此爲説也。㠯左丘爲氏者，蓋㠯閭丘明、左丘明相比而肊決耳。然一則氏閭丘名明，一則爲左史氏丘，而亦名明，何所妨乎？帝堯娶於散宜氏，而散宜生則氏散名宜生。若斯類者，可相牽乎？若必欲取一人名氏相似者㠯爲證，則《龜策列傳》言武帝時有卜者丘子明，此正可爲氏丘名明之證也。

至㠯倚相爲丘明别族，則尤紕繆。《十二諸侯年表》云：「魯君子左丘明。」孔安國注《論語》云：「左丘明，魯大史。」皆不云是楚人，乃與倚相同族何與？《急就篇》「左地餘」師古注：「左丘明，本魯之左史，繼守其職，遂爲姓焉。又楚左史倚相末裔亦爲左氏。」是顏氏亦不㠯左丘明與倚相爲一族也。同族而異國者，必遷徙出奔者也。而左丘明未聞自楚遷魯也，倚相亦未聞自魯遷楚也。且既㠯傳者氏左丘，則不因左史得氏矣。而倚相則官左史，就使㠯官爲氏，亦因左史而得，無涉於左丘也。若謂左丘如士范之類一人兼二氏，則丘固不可云非傳者之裔矣。故決㠯《風俗通》爲正。内史爲右史，故大史爲左史，左其官，丘其氏，信矣。至於邾之丘弱出于營丘，亦本《廣韻》所引《風俗通》。至王莽時猶有丘俊。此與丘明殊族，原不相妨。如孔子子姓之外，有衛孔達爲一族，陳孔奐爲一族，鄭孔將鉏爲一族，孔張爲一族，皆與孔子同氏而異姓者，同此例也。要此亦林氏所習知。其所㠯必謂丘明非丘氏者，特狃於左氏常稱耳。若劉子駿《移大常博士書》言「《春秋》左氏，丘明所修」者，丘明其氏與名也，左氏其官也。左氏即左史氏，猶言大史氏也。

《韓非・外儲説右上》曰：「吴起，衛左氏中人也。」左氏者，衛邑名。《内儲説上》曰：「衛嗣君之時，有胥靡逃之魏，因爲襄王之后治病。衛嗣君聞之，使人請㠯五十金買之，五反，而魏王不予。乃㠯左氏易之。」

注：「左氏，都邑名也。」《左氏春秋》者，固㠯左公名，或亦因吳起傳其學，故名曰《左氏春秋》，猶《詩傳》作於大毛公，而《毛詩》之名因小毛公而題與？ 㠯左氏名《春秋》者，㠯地名也，則猶《齊詩》《魯詩》之比與？ 或曰：本因左公得名，及吳起傳之，又傳其子期，而起所居之地爲《左氏》學者羣居焉，猶齊之稷下。因名其地曰左氏。㠯人名地，則黨氏之溝之比也。因有㠯《韓非》之文證《左傳》爲吳起作者，故發此二義正之。今曰《左傳》，若左氏本由地得名，則今所稱爲割裂，猶呼《公羊》《穀梁》曰《公》《穀》矣。

賈侍中《春秋序》：「孔子覽史記，就是非之說，立素王之法。」麟案：侍中之說，本於大傳。《過秦下》云：「諸侯起於匹夫，㠯利會，非有素王之行也。」是說匹夫而有聖德者爲素王也。董膠西《對策》云：「孔子作《春秋》，先正王而繫㠯萬事，見素王之文焉。」是《公羊》說亦同。《莊子・天道》云：「㠯此處上，帝王天子之德也；㠯此處下，玄聖素王之道也。」莊子詆訶聖人，譙議儒學，而猶不敢削素王之名，是知孔子所自號，明矣。《家語》述大史子餘之言，乃王肅僞造，不足據。《說苑・君道》：「孔子曰：夏道不亡，商德不作；商德不亡，周德不作；周德不亡，《春秋》不作。《春秋》作，而後君子知周道亡也。」然則夫子於此又何讓焉？ 而杜預㠯欺天擬之。子曰：「罪我者，其惟《春秋》乎！」正爲預輩言之也。《殷本紀》伊尹言素王及九主之事，《索隱》㠯爲大素上皇。 葢湯非匹夫，不當㠯在下之素王號之故也。與此自異。

隱元年經：「元年春王，正月。」正義曰：「說《公羊》者云：『元者，氣之始。春者，四時之始。王者，受命之始。正月者，政教之始。公即位者，一國之始。』《春秋緯》云：『黄帝坐於扈閣，鳳皇銜書致帝前，其中得五始之文。』」又云：「杜於《左氏》之義雖無此文，而五始之理亦於杜無害，此非《左氏》褒貶之要，自是史官記事之體。」

麟案：《左氏》不言五始，而「元年春王，正月」則有義。《説苑·建本》：「魏武侯問『元年』於吴子。吴子對曰：『言國君必慎始也。』『慎始奈何？』曰：『正之。』『正之奈何？』曰：『明智。智不明，何目見正？多聞而擇焉，所目明智也。是故古者君始聽治，大夫而一言，士而一見，庶人有謁必達，公族請問必語，四方至者勿距，可謂不壅蔽矣。分禄必及，用刑必中，君心必仁，思君之利，除民之害，可謂不失民衆矣。君身必正，近臣必選，大夫不兼官，執民柄者不在一族，可謂不權勢矣。』此皆《春秋》之意，而『元年』之本也。」《賈子·胎教》云：「《易》曰：『正其本而萬物理，失之毫釐，差目千里。』故君子慎始。《春秋》之元，《詩》之《關雎》，《禮》之冠、婚，《易》之乾、坤，皆慎始敬終云爾。」吴、賈皆《左氏》先師，並有説「元年」之義。且漢文目前，《公羊》未著竹帛，知非取之《公羊》者也。《漢書·賈鄒枚路傳》云路温舒「受《春秋》，通大義」。今觀其上書云：「《書》曰：『與其殺不辜，寧失不經。』」又云：「故古人有言：『山藪藏疾，川澤納汙，瑾瑜匿惡，國君含詬。』」皆取於《左傳》，是長君所受乃《左氏春秋》也。其書云：「臣聞《春秋》正即位，大一統而慎始也。陛下初登至尊，與天合符，宜改前世之失，正始受命之統，滌煩文，除民疾，存亡繼絶，目應天意。」此長君申吴氏也。所説「即位」之義，即吴所説「元年」之義。知《左氏》説「公即位」，不更爲一始，見下。佗皆與《公羊》同也。

至劉子駿而益詳，《律歷志》述其説《春秋》云：「元典歷始曰元。傳曰：『元，善之長也。』共養三德爲善。又曰：『元，體之長也。』合三體而爲之原，故曰元。於春三月每月書王，元之三統也。三統合於一元。」此㠯上説「元年」也。又云：「夫歷《春秋》者，天時也，列人事而因㠯天時。傳曰：『民受天地之中㠯生，所謂命也。』是故有禮誼動作威儀之則㠯定命也。能者養㠯之福，不能者敗㠯取禍。故列十二公二百四十二年之事，㠯陰陽之中制其禮。故春爲陽中，萬物㠯生；秋爲陰中，萬物㠯成。是㠯事舉其中，禮取其和，歷數㠯閏，正天地之中，㠯作事厚生，皆所㠯定命也。《易》金火相革之卦曰：『湯武革命，順乎天而應乎人。』又曰：『治歷明時。』所㠯和人道也。」此㠯上説《春秋》爲書之名，亦㠯説「春」也。賈侍中云：「取法陰陽之中。春爲陽中，萬物㠯生；秋爲陰中，萬物㠯成。欲使人君動作不失中也。」説本子駿也。子駿又云：「經曰：『春王，正月。』傳曰：『周正月。』火出，於夏爲三月，商爲四月，周爲五月。夏數得天，得四時之正也。三代各據一統，明三統常合而迭爲首。登降三統之首，周還五行之道也，故三五相包而生。天統之正，始施於子半，日萌色赤。地統受之於丑初，日肇化而黃，至丑半，日牙化而白。人統受之於寅初，日孽成而黑，至寅半，日生成而青。天施復於子，地化自丑畢於辰，人生自寅成於申。故歷數三統，天㠯甲子，地㠯甲辰，人㠯甲申，孟仲季迭用事爲統首。三微之統既著，而五行自青始，其序亦如之。」其序亦如之，謂自青始而赤而黃而白而黑，與自赤始而黃而白而黑而青，推轉之序相同也。此㠯上説「王」及「正月」也。又云：「經元一㠯統始，《易》大極之首也。春、秋二㠯目歲，《易》兩儀之中也。於春每月書王，《易》三極之統也。於四時雖亡事必書時月，《易》四象之節也。時月㠯建分至啟閉之分，《易》八卦之位也。象事成敗，《易》吉凶之效也。朝聘會盟，《易》大業之本也。故《易》與《春秋》，天人之道也。傳曰：『龜，象也。筮，數也。物生而後有象，象而後有滋，滋而後有數。』是故元始有象一也，春秋二也，三統三也，四時四也，合而爲十，成五體。㠯五乘十，大衍之數也。而道據其一，其餘四十九，所當用也，故蓍㠯爲數。」此㠯上總説「元年春王正月」㠯及全經之大體也。

㠯「春秋二」居「元始一」「三統三」之間，知《春秋經》之「春」即「春王」之「春」矣。「元始」即元年，在「春」上；「三統」即王，在「春」下。《説苑·建本》云：「《春秋》之義，有正春者，無亂秋；有正君者，無危國。」是其旨也。「元年春王正月」皆舉其義，而不舉「公即位」，是不㠯爲義。蓋㠯隱元年不書「公即位」而斷也。或曰：因攝，故不書即位；若非攝，仍當書即位；是「公即位」當爲一始。不知正始重於褒讓。若即位果爲一始，則當書「公即位」，而於它文見其攝爾。今可因攝而不書，則不爲一始明矣。故「元年春王正月」，於《左氏》可云四始也。

子駿之説，亦本其父子政。《楚元王傳》載子政疏云：「王者必通三統，明天命所授者博，非獨一姓也。孔子論《詩》，至於『殷士膚敏，祼將于京』，喟然歎曰：『大哉天命！善不可不傳于子孫，是㠯富貴無常。不如是，則王公其何㠯戒慎，民萌何㠯勸勉？』蓋傷微子之事周，而痛殷之亡也。」三統合於一元。三統之戒慎，即元年之慎始。襄二十五年傳所謂「慎始而敬終，終㠯不困」也。然則三統者，作善之教，子政引孔子言之善，即共養三德爲善也。懼亡之箴，《左氏》《穀梁》並無異義。㠯成四始，精義入神，豈在無害云哉！

服子慎注云：「孔子作《春秋》，於春每月書王，㠯統三王之正。」正義駁云：「若是夏、殷之王，當自皆言正月，何㠯言王二月、王三月乎？」不知「春王」與正月、二月、三月本不連讀，故經有但書「春王」，下不言正月者。定元年如此。《説苑・君道》：孔子曰：「文王似元年，武王似春王，周公似正月。」尤其明證。此傳云：「春王，周正月。」子駿但引「周正月」三字，明「春王」當斷也。若「王」與「正月」連讀，則當云「春周王正月」矣，何得倒言王周乎？王者，㠯一貫三，所書之王，本兼三王説，非文王一人，亦非殷王一人、夏王一人。然後㠯正月、二月、三月繼之，始爲周之正月、二月、三月，假使經首言「春王二月」，則傳當釋云「春王周二月」，三月仿此。非㠯此二、三月，亦殷、夏之二、三月也。然二月、三月，雖周之二月、三月，而殷、夏嘗㠯爲正，此所㠯皆書王，㠯存三統也。又恐人疑於三統同時並用，故恆例一時無事則書首月。而此經三月雖有盟蔑事，亦仍特書「正月」，而周正之獨行乃見矣。莊元年書：「春王，正月。」又書：「三月，夫人孫於齊。」彼亦因元爲氣始，必書正月，又㠯别周正非三月也。沈果堂《小疏》引《考古圖・晉姜鼎銘》「維王九月」、《博古圖・周仲偁父鼎銘》「維王五月」、《敔敦銘》「維王十月」，㠯爲每月書王之證。《日知録》引李夢陽言秦權亦有「王正月」字，不知當時文法自是每月書王，王即當代之王，與下連讀。《春秋》則三時不書王，維春三月書王，文同而義異，字同而讀異，故傳必特釋。不然，當時常語，人人皆能言之，何必詞費也？

「元年春王，正月。」《公羊》㠯隱公爲受命王，黜周爲二王後。《長義》曰：「『名不正則言不順，言不順則事不成。』今隱公人臣，而虛稱㠯王，周天子見在上，而黜公侯，是非正名而言順也。如此何㠯笑子路率爾？何㠯爲忠信？何㠯爲事上？何㠯誨人？何㠯爲法？何㠯全身？」《公羊疏》駁之云：「《春秋》藉位於魯，㠯託王義，隱公之爵不進稱王，周王之號不退爲公，何㠯爲不正名順言乎？」麟案：終㠯《公羊》爲長。

《荀子·解蔽》云：「孔子仁智且不蔽，故學亂術足㠯爲先王者也。一家得周道，舉而用之，不蔽於成積也，故德與周公齊，名與三王並。此不蔽之福也。」周道，謂餘五經也；一家，謂《春秋》也。則《春秋》非周道，《左氏》《穀梁》皆同矣。且自號素王，則託王復何嫌乎？《孔子世家》云：「因史記作《春秋》，據魯，親即新。周，故殷，運之三代。」史公極尊《左氏》，不治《公羊》，而其説如此，然則《左氏》家亦同《公羊》説也。且《春秋》改制，孔子已親行之。《檀弓》云：「孔子之喪，公西赤爲志焉。飾棺墻，置翣，設披，周也。設崇，殷也。綢練設旐，夏也。」此並設三代之禮，則非若子張之喪用殷禮，褚幕丹質，蟻結於四隅，爲行禮因其故俗也。子夏于葬夫子時，猶必行夫子之志，況三代並用，非夫子遺命，孰敢爲之？于此知親行改制矣。《長義》殊失之。按：賈侍中、鄭司農、服子慎皆有《長義》，此《公羊疏》但引《長義》，不題何人。洪稚存㠯爲賈侍中。尋侍中言《左氏》義深於君父，《公羊》多任於權變，只列祭仲、紀季、伍子胥、叔術之事，絀周王魯，事更大于此數者而不與焉，則侍中不㠯爲非，此《長義》非出侍中矣。恐亦不出司農。服君于經義較賈、鄭稍淺，此或是其説也。

隱元年：「不書即位，攝也。」何、鄭之相駁，麟已有申。劉逢禄謂此乃劉歆、王莽託爲周公居攝之説㠯增《左氏》，則試㠯討莽者之言證之。案：《漢書·翟方進傳》云：「王莽居攝，義心惡之，乃謂姊子上蔡陳豐曰：『新都侯攝天子位，號令天下，故擇宗室幼稚者㠯爲孺子，依託周公輔成王之義，且㠯觀望，必代漢家，其漸可見。欲舉兵西誅不當攝者，選宗室子孫輔而立之。』」夫翟丞相治《左氏》者也，而義即其子也。乃其言㠯王莽爲不當攝，則周公當攝可知，則隱公當攝亦可知。《左氏》家忠義之士固有其説，豈子駿所增飾哉？鄭君《發墨守》則云：「隱爲攝位，周公爲攝政，雖俱相幼君，攝政與攝位異也。」此又過爲鉅析。夫周公固云「朕復子明辟」矣，可云非攝位乎？荀子謂：「武王崩，成王幼，周公屏成王而及武王。」此大賢之傳言，而劉逢禄《書序述聞》又目爲姦言。烏乎，聖人之行權，豈後人所能知哉！荀目亂賊藉口而議之，則伊尹放大甲，亦爲董卓、桓温輩所藉口，乃獨不目爲姦言，何耶？

隱五年經稱：「公矢魚于棠。」朱子曰：「據傳『則君今本作「公」。不射』，是目弓矢射之。」引漢武射蛟江中爲證。王伯厚亦引《淮南》射魚，謂《左氏》陳魚之説非。麟案：矢之訓陳，舊矣。射亦得訓陳。《禮記・射義》：「射者，繹也。」《周禮・春官・龜人》：「地龜曰繹屬。」《釋魚》作「仰者謝」，衆家本《尒疋》作「射」。是繹、射通。《尒疋》、《詩》毛傳並云：「繹，陳也。」然則不射即不繹，不繹即不陳，正諫陳魚也。且《公》《穀》經「矢」皆作「觀」，即《左傳》所謂「陳魚而觀之」也，與目弓矢射何涉乎？惠定宇目射爲射牲，恐亦未塙。

隱十一年：「周之宗盟，異姓爲後。」賈侍中目宗爲尊。服子慎目宗盟爲同宗之盟。孫毓難服云：「同宗之盟，則無與異姓，何論先後？若通共同盟，則何稱於宗？」此駁是也。而自目爲「宗伯屬官，掌作盟詛之載辭」，則孔沖遠駁之曰：「司盟之官，乃是司寇之屬，非宗伯也。」是二説皆未安。麟謂侍中是也。宗指朝宗，與盟二事。朝宗所目尊王，故訓尊也。宗之異姓爲後，即《覲禮》所云「同姓西面北上，異姓東面北上」。此秋覲也，而三時可知。盟之異姓爲後，即「踐土」所敘晉重、魯申㠯下是也。此盟特因宗而及之耳。若專作盟□解，❶則與朝之爭長何涉而援之邪？

桓二年：「特相會，往來稱地，讓事也。自參㠯上，則往稱地，來稱會，成事也。」麟案：成與讓對文。成之言貞也，《書》「我二人共貞」是也。成之言丁也，《詩》「寧丁我躬」是也。成之言正也，《易》「正乎凶也」是也。成之言聽也，傳「戎昭果毅㠯聽之」是也。成之言鼎也，《漢書》「天子春秋鼎盛」是也。皆當任之意，言肯爲會主，正與讓反也。杜預注㠯爲成會事，遂㠯讓爲不成會事。不知二人相會，莫適爲主，非謂事竟不成也。

莊元年正月傳稱夫人出，而經三月又稱「夫人孫于齊」。賈侍中、服子慎注：「桓公之薨，至是年三月期而小祥。公思憂少殺，念及于母，㠯其罪重不可㠯反之，故書『孫于齊』耳。其實先在于齊，本未歸也。」服又注：「蓋魯桓公之喪從齊來。文姜通於兄齊襄，與殺公，而不反。父殺、母出，隱痛深諱。期而中練，思慕少殺。念至于母，故經書：『三月夫人孫于齊。』」說本二傳。《公羊傳》云：「夫人固在齊矣。」《穀梁傳》云：「接練時録母之變，始人之也。」而杜預㠯正月文姜未還，既還，而三月又出。孔氏曰：「三年之喪，期月而練。

❶「□」，底本原有，爲保存原貌，今予以保留。下同。

桓公吕往年四月薨，至今年三月，未得一期，何故已得爲練？」其意駮《穀梁》吕申杜説。按：《穀梁》文六年傳自云「喪不數閏」。《公羊》家説：「期三年不數閏，大功吕下數閏。」《三統歷》推桓十八年閏十二月，則自四月至三月，兼閏正十三月。魯練數閏非禮，然不得謂無其事也。自當吕《穀梁》解《左傳》。或曰：後夫人姜氏會齊侯于禚等，亦固在齊也。蓋欲顯行會事，吕示己在齊者爲國事，而非私意，吕蓋其姦。故其後又會防、穀，享祝丘，如齊師，凡皆不在齊都，而在邑外，正吕衆著之地，自示其坦白也。吕不在齊都，故經得稱「會」、稱「如」。傳釋之曰：「姦也。」誅其心也。至二十有一年書「夫人姜氏薨」，而次年書「葬」，中間無「夫人姜氏之喪至自齊」之語，則吕薨時齊襄已弑，姜已還也。然賈、服並吕爲文姜二年始來，則會禚等固從魯往矣。❶

桓二年：「今晉，甸侯也，而建國。本既弱矣，其能久乎？」按：此「久」與它言久者稍別。《説文》引《周禮》曰：「久諸墻吕觀其橈。」今《考工·廬人》「久」作「灸」，注云：「猶柱也。」然則久者，支柱之義。言本既弱矣，其能支柱所建之國乎？即末大必折之義。襄十八年云：「君固無勇，而又聞是，弗能久矣。」亦謂弗能支也。

---

❶ 此條中「禚」字，《春秋左傳正義》（清嘉慶江西南昌府學刊十三經注疏本）皆作「禚」。

僖七年：「後之人將求多於女。」杜預注：「求多，㠯禮義大望責之。」此㠯「大」訓多，「望責」訓求。後之人將望責大於女，恐于詞未洽。然則「多」不當作本字讀，乃借爲「疷」、爲「祇」。《詩》「祇自底兮」，❶「俾我祇也」，是多、氏聲通，如「姼」字或作「㚾」也。此與上「不女疵瑕也」對。「求多於女」，猶言吹毛求疵耳。

僖二十三年：「辟不敏也。」按：《國語》：「知羊舌肸之聰敏肅給。」❷是敏與聰同誼，通作「謀」。《書》：「聰作謀。」是葢不知其名而妄書，是不聽也。文七年「後至不書其國，辟不敏也」同。

僖二十八年：「亡大旆之左旃。」按：繼旐曰「旆」，因章曰「旃」，非一物。「之」讀與「申鮮虞之傅摯」之「之」同，與也。

僖三十一年經：「四月，四卜郊。不從，乃免牲。」傳曰：「非禮也。禮不卜常祀，而卜其牲、日。牛卜日曰牲。牲成而卜郊，上怠慢也。」麟按：卜日即卜郊也。鄭後司農說：「魯行日至郊，不與天子郊天同月，轉卜三正，㠯十一月下辛卜正月上辛，不吉，則㠯正月下辛卜二月上辛，不吉，則㠯二月下辛卜三月上辛，不

❶「底」，《毛詩正義》（清嘉慶江西南昌府學刊十三經注疏本）及阮校作「疷」。
❷「肸」，《國語韋氏解》（《士禮居叢書》景宋本）作「職」。

吉，則止。」馬昭《申鄭》有魯郊或用寅、或用子之説，此《公》《穀》所謂「三卜禮，四卜非禮」也。則卜郊即卜日矣。而云「禮不卜常祀」者，謂行祭與否則不卜，而日則卜也。卜牛在卜日之先，及前期十日帥執事而卜日。卜日吉，則牛遂名爲牲。而魯四卜郊皆不從，而牛已名爲牲，是牛未卜日而已曰牲矣，故曰「牲成而卜郊，上怠慢也」。魯名牛曰牲，或在初卜再卜之後，不可知。而其後又卜，則終是名牲在卜郊前也。然則此傳是譏名牲大早，非譏四卜郊也。四卜非禮，傳偶不譏，非㠯爲禮也。若然，當曰速，而曰怠慢何也？㠯爲名牲則速，而卜郊則怠慢也。卜郊在名牲後，非怠慢如何？

文十八年：「其器，則姦兆也。」麟案：上句「其人，則盜賊也」，盜、賊平列，則姦、兆亦平列。姦即上文「盜器爲姦」之「姦」。兆讀《周語》「郤至佻天之功㠯爲己力」之「佻」。「佻，偷也」，見《尒疋·釋言》。杜預訓兆爲域，姦域非但不辭，亦且無解。又按：「掩義隱賊」，掩、隱同意，則義、賊亦同意。義當讀如《書》「鴟義姦宄」「兹乃三宅無義民」之義，邪也，不當訓爲仁義。

宣九年經：「取根牟。」杜預注㠯根牟爲東夷國。麟案：《毛詩草木疏》曰：「孔子刪《詩》，授卜商，商爲之敘，㠯授魯人曾申，申授魏人李克，克授魯人孟仲子，仲子授根牟子，根牟子授趙人荀卿，荀卿授魯國毛亨，毛亨作《訓詁傳》，㠯授趙國毛萇。」根牟子蓋㠯邑爲氏者也。彼文言人，必冠㠯國，卜商爲人所共知，不冠㠯國。根牟子亦不冠國，則蒙上魯人孟仲子之文也，則根牟子是魯人。蓋根牟爲魯所取，則㠯邑爲氏者，宜魯人矣。

宣十二年：「蔿敖爲宰。」杜預旨爲孫叔敖。十一年「蔿艾獵」，服、杜皆旨爲即孫叔敖，蔿賈之子。毛奇齡旨爲孫叔敖乃隱士，故孟子言舉於海。若是公族，蔿，楚公族。其子又不至負薪。故知叔敖、蔿艾獵非一人。麟案：《荀子・非相》言：「孫叔敖，期思之鄙人也。」期思即蓼，即寑丘。故《史記》言封孫叔敖旨寑丘。本年傳：「沈尹將中軍。」據杜預注，「沈尹」亦作「寑尹」，即孫叔敖也。下文言「令尹孫叔敖弗欲」，又言「令尹南轅反旆」，則軍之進退在叔敖，故知即中軍沈尹也。叔敖因辟越椒之難，徙居期思。此與《孟子》「舉於海」異，毛旨爲蓼得稱海，謬矣。宣八年楚王滅蓼，因而舉之。至十一年，蔿艾獵即爲令尹，此由旨賢超舉，無可疑也。至其子負薪，或由莊王不收公族，亦未可知。毛謂叔敖是年爲令尹，而去年蔿艾獵爲令尹，兩年頓易，亦是常事。然則此年蔿敖爲宰，亦將謂與叔敖爲二人一年頓易耶？《世本》雖旨叔敖爲艾獵之弟，然其爲公族則一。《潛夫論》亦云：「蚡冒生蔿章者，王子無鈞也。令尹孫叔敖者，蔿章之孫也。」可證矣。據《尒疋・釋天》「玄默」，《史記》作「横艾」，知艾、弋聲通，艾獵即弋獵，故字叔敖。敖者，嫯也。《孫叔敖碑》云「君名饒」，此葢因饒、敖聲近，書「敖」者亦作「饒」，因誤旨字爲名耳，非名艾獵與名饒者有二人也。據其名字相應，服、杜謂一人，雖異《世本》，義實勝矣。惟《世本》旨蔿子馮爲艾獵子，杜預既旨艾獵、叔敖爲一人，仍旨子馮爲叔敖子，此則自相矛盾者耳。毛又旨越椒叛逆，其殺蔿賈非國法，不必避。不知國法止戮有罪，其子不必避也。正惟越椒叛逆，其鋒難當，故須避耳。○又案：《荀子・非相》言孫叔敖「突秃長左，軒較之下，而旨楚霸」。葢車轅南北，叔敖主之。軒較，卿所乘，衆軍皆視其轅㠯南北也。

襄十一年：「魏絳於是乎始有金石之樂，禮也。」按：《周禮·小胥》：「王宮縣、諸侯軒縣、大夫判縣、士特縣。」賈大傅曰「大夫犆縣」，惠天牧㠯爲諸侯之大夫視天子之士，故犆縣。魏絳有金石之樂，僭矣。《鄉飲酒記》曰：「磬階間縮霤。」則大夫特縣，惟磬而已。麟案：鄭有《邢叔綏賓鐘》，楚有《良臣余義鐘》，楚或僭用，鄭未必僭也。傳稱季札至戚，聞孫文子擊鐘，責其君薨不可㠯樂，而不責其僭。葢大夫惟有磬縣，得君賜則亦可有鐘縣。大傅爲《左氏春秋》學，所言必不與傳悖也。《儀禮》：侯國大夫無金奏。亦㠯不常有也。

襄十四年：「王室之不壞，繄伯舅是賴。」服子慎曰：「懷，柔也。繄，蒙也。賴，恃也。王室之不懷柔諸侯，恃蒙齊桓之匡正也。」麟案：恃與蒙皆屬王室言，匡正屬齊桓言，服既云恃蒙齊桓之匡正，則當㠯恃蒙訓繄，㠯匡正訓賴。「賴，恃也」之訓，恐後人所改竄。如其訓，則傳云「蒙伯舅是恃」，豈成文乎？按：繄借爲翳，翳乃舞者所蒙，故訓蒙。蒙、恃意近，故亦訓恃。賴訓匡正者，賴從剌聲。《考工記》：「萬之㠯視其匡也。」《說文》「匡」作「軭」，亦形聲兼會意。後司農訓匡爲匡剌，此謂枉戾也。匡本訓正，得爲枉戾者，凡正者剌之，則爲枉戾。枉戾者，剌之則爲正。故匡可訓剌，剌亦可訓匡。此賴借爲剌，故訓匡正也。《說文》言：「獸皮之韋可㠯束枉戾。」束枉戾則爲正矣。而从韋之䪅又訓爲邪，亦此意也。凡亂之爲治，臭之爲香，苦之爲快，故之爲今，視此矣。又案：壞，服本作「懷」，舊本及賈侍中本皆作「壞」，訓當从服，字當从舊。〇又案：

《詩・大雅・皇矣》：「其菑其翳。」《韓詩》云：「翳，因也。因高填下也。」凡恃者必有所因，義相引申。益信緊借爲翳，訓爲恃也。

昭元年：「子姑憂子皙之欲背誕也。」麟案：背謂背盟。誕，《吕覽・應言》：「令許綰誕魏王。」注：「誕，詐也。」《列子・黄帝》：「吾不知子之有道，而誕子。」注：「誕，欺也。」此同。子皙二十九年欲攻伯有，大夫和之，而爲盟。卒背盟，殺伯有，是前盟徒爲欺詐也。恐後又欲背盟，殺諸大夫，故可憂。

昭元年：「后子享晉侯，造舟于河，十里舍車，自雝及絳，歸取酬幣，終事八反。」服子慎注：「每於十里置幣車一乘，千里百乘，㠯次相授，車率皆日行一百六十里。」正義解之曰：「謂從絳向雝，去而復還，一享之間，八度至也。」又駁之曰：「千里之路，往還八反，車率日行一百六十里，計則一萬六千里，雖追風逐日之足，猶將不逮於此。后子之馬，一何駛乎？縱令如此，纔可㠯章馬疾，未足㠯明車多。司馬侯何㠯怪其車多而發問也？」麟按：自雝及絳千里，其九百二十里之幣車，爲遍享卿大夫㠯下之用；其八十里之幣，㠯享晉侯；隨身又自齎一獻之幣。一獻畢，乃自絳至八十里，一車取一幣，復從八十里反絳，計一百六十里也。所謂八反者，非往來八次也。服子慎謂十里有一幣車，❶每一幣車有一往一來，是之謂反。八十里有八幣

---

❶「服子慎」，原爲「□□□」，據上下文補。

車，雖一往一來，而于十里則八倍之，故云八反，非往來八次也。《詩・大東》：「跂彼織女，終日七襄。」傳云：「襄，反也。」此謂從旦至莫，歷七辰而復反于夜，非謂一日之中織女有七次往反也。言終事八反者，即謂一獻畢爲終事，非謂享畢也。服意如此，正義誤會其意，而解㠯爲從絳及雝，又誤駁之，非也。○又按：服氏所謂㠯次相授者，謂始來時先齎百幣，及十里舍車，則㠯一幣置之。及其行愈遠，則㠯次而授也。授者，授主車者也。傳文「造舟」至「及絳」三句，雖敘在享晉侯之下，實補敘始來時事也。

昭元年：「爲五陳㠯相離，兩於前，伍於後，專爲右角，參爲左角，偏爲前拒。」服子慎注：「《司馬法》：『五十乘爲兩，百二十乘爲伍，八十一乘爲專，二十九乘爲參，二十五乘爲偏。』彼皆準車數多少㠯爲别名。此傳去車用卒而有此名，不㠯車數爲别也。」麟案：此既毁車爲行，而云五乘爲三伍，則一乘當三人之數。五十乘爲兩，則一百五十人也。百二十乘爲伍，則三百六十人也。㠯下倣此。行、乘本相通也。專，當是借爲團。九九八十一積成方數，其數均布，故曰團也。參，當是借爲㱓，猶「憯不畏明」之作「慘不畏明」矣。二十九乘數不得均，必有棱角錯出，故曰㱓也。哀十七年云：「越子爲左右句卒。」句即倨句之句，亦與㱓相似。《荀子・議兵》曰：「故仁人之兵，聚則成卒，散則成列，延則若莫邪之長刃，嬰之者斷，兑則若莫邪之利鋒，當之者潰，圜居而方止，則若磐石然，觸之者角摧。」「兑」字，《韓詩外傳》《新序》皆作「鋭」。鋭即參也。方即專也。荀子傳《左氏春秋》，故其説多相合。○又案：《司右》賈疏引《司馬法》：「百二十五乘爲伍。」江慎修曰：「此服注引《司馬法》『百二十乘爲伍』脱一『五』字。」麟今仍如服注，恐所據本有異也。

昭元年：「今君內實有四姬焉。」按：內實，謂妃嬪也。妃嬪多矣，其中乃有四姬焉。慶封㠯內實遷於盧蒲嫳氏，亦謂妻妾也。彼下文云「易內」，謂嫳㠯妻妾與封易也。

昭六年：「制參辟。」麟按：《毛詩・小星》傳曰：「參，伐也。」《演孔圖》曰：「參㠯斬伐。」莊七年《公羊傳》何注曰：「參伐主斬艾。」蓋參之爲言慘也、殲也。參辟者，斬殺之法也。若㠯爲三代末世之法，則如穆王用夏刑，但用一代之法可矣，何必三法並用乎？且可謂之用，不可謂之制。

昭十八年：「大人患失而惑，又曰，可㠯無學，無學不害。」麟案：患，借爲貫，習也。失，借爲佚。言大人習于安佚，本不好學矣，惑于衆說，又曰可㠯無學，無學不害也。患从串聲，串古文毌字，故患、貫得通。《書・君奭》：「遏佚前人光。」《漢書・王莽傳》作：「遏失前人光。」《公羊傳》：「佚獲也。」《釋文》：「佚，一本作失。」《漢書・杜欽傳》：「言失欲之生害也。」師古曰：「失，讀曰佚。」是失、佚古通。

昭二十年：「輸掠其聚。」杜預注：「掠，奪取也。」麟按：輸、掠平列，猶上句斬、艾平列也。輸讀爲愉。《詩・山有樞》：「他人是愉。」箋：「愉，取也。」《尒疋・釋詁》：「篡，取也。」《說文》：「屰而奪取曰篡。」《史記・衛將軍傳》：「與壯士篡取之。」《索隱》：「篡，猶刼也、奪也。」是愉、取、篡、奪四字同訓。輸亦掠也。正義曰：「輸，墮也。故爲墮毁，奪其所聚之物。」訓本《穀梁》，然不辭矣。

昭二十四年：「釐从《釋文》別本。不恤其緯，而憂宗周之隕，爲將及焉。」杜預注：「恐禍及己。」麟案：爲，訓爲禍，借爲化也。《周禮・春官・大祝》：「四曰化祝。」司農注：「弭災兵也。」又《掌客》云：「禍烖殺禮。」是化即災，災亦禍也。爲得借爲化者，《方言》云：「蔿，譌，化也。」《書・堯典》：「平秩南訛。」《索隱》本《史記》作「便程南爲」，今本《史記》作「南譌」，《漢書・王莽傳》作「南僞」，《春官・馮相氏》注亦作「辨秩南譌」，葉林宗影宋鈔本《釋文》作「僞」；《書・梓材》「厥亂爲民」，《論衡・效力》引作「厥率化民」。是爲、化聲通也。化與禍聲亦相通。桓六年《公羊傳》「實來化我也」，注：「行過無禮謂之化。」《詩・商頌》「勿予禍適」，王伯申讀禍爲過，知化、過、禍三通矣。杜預此注，蓋司農舊説。

昭二十七年：「吴子欲因楚喪而伐之。」案：二十六年九月庚申楚子居卒，至此三月，已歷六月。諸侯五月而葬，而此猶稱喪，則知杜預「既葬除服」之説爲背傳也。此注亦謂「前年楚平王卒」，是亦自知其非。何曰知伐喪爲三月也？曰：此傳下文方言夏四月「光伏甲於堀室而享王」，則伐喪未四月也。然據傳，吴師不能退，下即接吴公子光曰：「此時也，弗可失也。」則伐時極早不過三月也。若非三月，則欲伐喪後，伏甲前，當言其月。

定八年：「魯人聞余出，喜於徵死，何暇追余。」徵，疑微之誤。《説文》：「微，隱行也。」《尒疋・釋詁》云：「匿，微也。」《孟子・滕文公》：「禽獸逃匿。」《荀子・榮辱》：「陶誕突盜。」借陶爲逃。注云：「隱匿其情也。」是微即匿，匿即逃也。微死即逃死也。杜預注云：「徵，召也。陽虎召季氏於蒲圃，將殺之，今得脱，必喜。」則當云：「喜於脱徵死。」無「脱」字，則不可通。

哀十八年：「觀瞻曰：『如志。』」杜預注：「觀瞻，楚開卜大夫觀從之後。」麟按：觀瞻非人名，即下文之官占。《説文》：「逭，或作爟。」是官、雚聲通也。《古詩》：「四五詹兔缺。」注：「詹與占同。」是占、詹聲通也。然瞻當讀占，而官當讀觀。《尒疋・釋詁》：「觀，多也。」《詩》「遹觀厥成」「奄觀銍艾」，箋皆訓爲多。《書・鴻範》：「三人占，則從二人之言。」鄭後司農注：「從其多者。」則觀占即多占也。《釋詁》：觀、衆，同訓多也。多、旅，同訓衆也。則觀占猶《士冠禮》言旅占矣。《白虎通・蓍龜篇》：「或曰天子占卜九人，諸侯七人，大夫五人，士三人。」然則楚僭稱王，或當有占卜九人也。

哀十一年：「季孫欲㠯田賦。」賈侍中注：「欲令一井之間出一丘之税，井別出馬一匹、牛三頭。」杜預注：「丘賦之法，因其田財，通出馬一匹、牛三頭，今欲別其田及家財各爲一賦，故言田賦。」正義曰：「《司馬法》：『方里爲井，四井爲邑，四邑爲丘。丘出馬一匹、牛三頭。四丘爲甸，甸乃有馬四匹、牛十二頭，是爲革車一乘。』今用田賦，必改其舊，但不知若何用之。賈逵㠯爲云云，若其如此，則一丘之内有十六井，其出馬牛乃多於常一十六倍。且直用田賦，何知使井出丘也？杜㠯如此則賦税大多，非民所能給，故改之。」麟案：下文仲尼曰：「君子之行也，度於禮，施取其厚，事舉其中，斂從其薄，如是，則㠯丘亦足矣。若不度於禮，而貪冒無厭，雖㠯田賦，將又不足。」惟田賦是税一井，使與丘相埒。但税其田，不分其家資與田而兩税，故得爲㠯田賦。若別其田及家資各爲一賦，計一丘民之家資，令出一馬、三牛，又計田之所收，更出一馬、三牛，正義申杜注如此。雖與舊制丘賦之法、田之所收及家内資財共出一馬三牛者有一税兩税之異，而其皆取于田及家資則同，則謂之田賦，何㠯別于丘賦乎？丘未言不税田。則知侍中謂「一井之間出一丘之税」，其説不可易也。

《魯語》季康子欲㠯田賦，仲尼曰「先王制土」云云，「其歲收田一井，出稯禾、秉芻、缶米，不是過也」。此據井爲説，故侍中知必是井出丘税也。韋昭乃㠯數多爲難，且言「凡數從夫井起，故云收田一井」，誤矣。丘、井皆田，獨謂井爲田者，何休《公羊》注云「不言井者，城郭里巷亦有井，嫌悉賦之」是也。王鳳喈云：「衍沃之地，九夫爲井。則井之名所㠯異乎宫室塗巷等類者，正㠯其爲田也。今反云城郭宫室亦有井，其謬甚矣。」㠯上王説。不知井之爲名，雖㠯田得，然《易説》云：「井者，法也。」則既定九百畝爲井之後，復施名於凡地之當九百畝者，亦何不可？如丈本丈夫之長，寸本寸口之長，因而凡長丈長寸者並得斯名也。《漢書·刑法志》云「一同百里，提封萬井，除山川沈斥，城池邑居，園囿術路，三千六百井，定出賦六千四百井」云云，是城郭里巷可設法名井之明證。若但言井賦，則疑于設法之井，非特有田之井也。且税田不税家資，亦不可得見，故必言田也。若然，丘亦是田。言田賦何㠯別丘？則㠯丘賦兼家資及田，田賦惟税田也。若如注疏説，則當云「巳田賦及家資賦」，語意方明，何得但言田賦也？豈舊税家資不税田，今于税家資外更税田乎？至多於常十六倍，民不能給，則本非貪冒無厭者所慮。且魯哀公言税米之法云：「二吾猶不足。」則當時税賦增倍，本習巳爲常，其議增者，必不止一倍也。

又案：十六倍之法，葢當時多行之矣。傳言：「唯卿備百邑。」《鄭志》巳爲邑方二里，而《坊記》言「家富不過百乘」，百乘則百甸也，是大于百邑十六倍矣。是必當時用十六倍法，使邑出一乘，故孔子亦從時俗之語，呼百邑爲百乘，與彼處上文「制國不過千乘」，謂甸出一乘者别也。不然，列國之卿，地方百里，乃與三公同矣，有是理乎？

文十八年：「季文子使司寇出諸竟，曰：『今日必達。』」按：《説文》：「達，行不相遇也。」言今日必出之竟外，使不得與國中之人相遇也。《魯語》作「今日必通」者，達引申得爲通塞之通，故通引申亦爲不相遇之達。

文十八年：「昔高陽氏有才子八人：蒼舒、隤敳、檮戭、大臨、尨降、庭堅、仲容、叔達。」《廣雅·釋詁》：「臨，大也。」王懷祖《疏證》云：「《序卦》傳：『臨者，大也。』大臨、尨降皆巳二字爲名。《爾雅》：『尨、洪，大也。』洪、降古同聲。大臨、尨降，或皆取廣大之義。」麟按：諸名皆取大義，亦多見《廣雅·釋詁》。《廣雅》云：「粗、觰、都，大也。」粗，古亦作觕。《説文》：「觕，角長貌。从角，爿聲。」王曰：「《管子·水地》：『非特知於麤粗也。』《春秋緐露·俞序》：『始於麤粗。』《論衡·正説》：『略正題目麤粗之説。』《淮南·氾論》：『陰陽麤㼾者也。』《漢書·藝文志》：『庶得麤㼾。』隱元年《公羊傳》注：『用心尚麤㼾。』是粗與㼾通。」今案：字又作「將」。《詩·破斧》傳：「將，大也。」粗、㼾、將，皆與蒼雙聲疊韻。蒼即此三字之假借。而蒼與將尤近，猶「鎗鎗鶬鶬」亦作「將將鏘鏘」也。舒與䐗、都亦疊韻。又《説文》：「奢，張也。」《詩·六月》傳、《廣疋》皆云：「張，大也。」則奢亦大也。舒即䐗、都、奢之假借也。舒本申展意，亦與大近。

《廣雅》：「魁、顒、凱，大也。」王曰：「《吕氏春秋·不屈》：『《詩》曰：愷悌君子。愷者，大也。悌者，長也。』愷與凱通。」麟案：《説文》：「僨，長也。」《廣雅·釋詁》同。《廣雅》又云：「隑，長也。」《漢書·司馬相如傳》：「臨曲江之隑州兮。」張氏注：「隑，長也。」長、大義亦相引申。隤即魁、顒、僨之假借，敳即凱、愷、隑之假借也。《廣雅》：「敦、𤞞、夤，大也。」擣、𤞞疊韻。擣即𤞞之假借，如「侜張」亦作「譸張」也。又《春官·司几筵》：「每敦一几。」注：「敦讀曰燾。」是敦聲、壽聲可通，則擣亦得假借爲敦也。戭即夤之假借也。

《説文》：「𡙁，大也。从大戜聲。」戜从呈聲，呈从壬聲。庭从廷聲，廷从壬聲，則庭者𡙁之假借也。《廣雅》：「賢，大也。」王曰：「《考工記·輪人》鄭衆注：『賢，大穿。軹，小穿。』《説文》：『臤，大貌，讀若賢。』又云：『暋，大目也。』音義並同。」今按：堅乃賢、臤、暋之假借也。文五年：「皋陶庭堅不祀忽諸。」鄭後司農注《論語》云：「皋陶爲士師，號曰庭堅。」杜預注此文十八年傳亦云：「庭堅即皋陶字。」《考工記·韗人》：「爲皋陶。」賈侍中云：「晉鼓大而短，近晉鼓也。」然則皋陶乃鼓之大者，名、字皆取大義也。又《秦本紀》云「大業生大費，大費與禹平水土」云云，是爲伯翳。伯翳即伯益。《列女傳》曹大家注：「皋子，皋陶之子伯益也。」《詩·秦譜》正義曰：「然則皋陶、大業一人也。」據此益知庭堅、皋陶並取大義。《釋詁》云：「業，大也。」《釋器》云：「大版謂之業。」是大業即大大也。但爲名爲字不可知耳。

容，亦含弘光大之義。《漢書・五行志》有「寬大包容」之語，是容亦取大義也。

達从羍聲，羍从大聲，是達假借爲大也。

昭十年：「公卜使王黑㠯靈姑銔率，吉，請斷三尺焉而用之。」服子慎注：「斷三尺，使至於較。大夫旗至較。」杜預注：「靈姑銔，公旗名。斷三尺，不敢與君同。」正義曰：「《禮》：諸侯當建蛟當作「交」，下同。龍之旂。此靈姑銔蓋是蛟龍之旂。」麟案：孔説是也。《齊語》云「葵丘之會，天子使宰孔致胙於桓公，賞服大輅，龍旗九旒，渠門赤旂」，是龍旗乃齊之分器也。龍旗亦旂也，謂之旗者，九旗通名旗也。靈姑銔者，《説文》：「龗，龍也，从龍，霝聲。」《南都賦》：「赤靈解角。」《獨斷》：「靈星，火星也，一曰龍星。」《漢書・郊祀志》：「立靈星祠。」張晏注：「龍星，左角爲天田，則農祥也。」此皆借靈爲龗。此亦同也。姑銔乃旗之合聲。旗从其聲，《説文》「其」即「箕」字，是古音旗聲亦與箕同，與姑雙聲。銔、旗同在之咍部，爲疊韻，故姑銔切出旗字。靈姑銔即龗旗，龗旗即龍旗也。定十四年傳有「越人靈姑浮」，浮、銔合音最近，又皆脣音，是靈姑浮三字爲名，取義于旗名也。越，夷狄，用切語尤多。

襄二十三年「啟」「胠」，賈侍中注：「軍左翼曰啟，右翼曰胠。」正義曰：「啟胠是在旁之軍。《説文》云：『胠，掖下也。』胠是在旁明矣。」麟按：《廣雅・釋親》云：「脅，膌也。」《廣韻》引《字林》云：「脅，膌腸也。」《海外北經》：「無脣之國。」郭注：「脣，肥即腓。腸也。」人之胠與腓皆在兩旁，啟乃脣之借字也。左翼曰啟，右翼曰胠，但㠯分其名號耳，其取義則一也。脣之爲言，亦啟也。啟，開也。胠之爲言，袪也，呿也。《莊子·胠篋》：「胠篋探囊，發匱之盜。」司馬彪注：「從旁開爲胠。」《漢書·兒寬傳》：「合袪於天地神祇。」李奇注：「袪，開散也。」《廣雅·釋詁》：「袪，从王訂。開也。」《莊子·秋水》：「公孫龍口呿而不合。」《呂氏春秋·重言》：「君呿而不唫。」高誘、司馬彪注：「呿，開也。」皆其誼也。凡在旁者皆有開散之埶，故《釋名》云：「袪，掣也。掣，開也。開張之，㠯受臂屈伸也。」是其誼。《賈子》云：「紂將與武王戰，紂陳其卒左臆、右臆。」《說文》云：「肊，匈肉也，亦作臆。」左臆、右臆，謂匈肉之左右，是即胠矣。大傳詁傳或㠯此。○賈子見《連語》。

昭七年：「楚子享公于新臺，使長鬣者相，好㠯大屈。」賈侍中注：「大屈，寶金，可㠯爲劍。大屈，金所生地名。」麟按：《荀子·性惡》云：「闔閭之干將、莫邪、鉅闕，辟閭，古之良劍也。」《新序·雜事》云：「辟閭、巨闕，天下之利器也。」鉅、巨皆訓大。闕、屈同聲。疑鉅闕即大屈，㠯金所出地名其劍也。《韓策》云「韓卒之劍戟皆出于冥山、棠谿、墨陽」云云。棠谿、墨陽，《楚辭》《淮南》《鹽鐵論》等書並㠯爲劍名也。服子慎注：「一曰：大屈，弓名。魯連書曰：『楚子享魯侯於章華之臺，與大曲之弓，既而悔之。薳啟疆見魯侯，魯侯歸之。』大屈，即大曲也。」麟案：服言「一曰大屈弓名」，則正解當同侍中，然魯連在侍中前，所聞尤塙。按：《方言》云：「車枸簍，或謂之篷籠，或謂之隆屈。」郭注：「即車弓也。」《說文》：「隆，豐大也。」然則大屈猶隆屈，蓋㠯弓似車弓，故名大屈也。《方言》篷籠，《說文》「轒」篆下作「穹隆」。《釋名》云：「弓，穹也，張之穹隆然也。」是弓與車弓名義皆同矣。定四年：「封父之緐弱。」《荀子》云：「緐弱、鉅黍，古之良弓也。」按：緐與般同聲。《方言》《廣雅·釋詁》並云：「般，大也。」僖二十八年：「瓊弁玉纓。」《東京賦》「弁」作「緐」，是緐、弁可通。《士冠禮》注云：「弁名出於槃。槃，大也，言所㠯自光大也。」則緐亦可訓大矣。又傳云：「皤其腹。」《大學》：「心廣體胖。」注：「胖，猶大也。」聲義並與緐同。弱，亦屈也。故《易·大過·彖傳》云：「棟橈，本末弱也。」《大戴禮·四代篇》：「撓弱不立。」撓即屈也。故《廣雅·釋詁》「嬈」「鈓」皆訓弱也。又云：「鈓，韏也。」「韏，詘也。」是則緐弱亦謂大屈也。鉅黍，鉅本訓大。《楚辭·哀時命》：「衣攝葉㠯儲與兮。」王逸注：「攝葉、儲與，不舒展貌。」不舒展，亦屈也。故《廣雅·釋詁》「襵」「偞」即攝、葉，《玉篇》引《楚辭》，「葉」作「偞」。皆訓詘也。黍即借爲儲與二字，鉅黍亦謂大屈也。《吕覽·具備篇》注：「緐弱，良弓所出地也。」案：緐弱出于封父，則封父爲地名，緐弱非地名也。〇又案：《唐書·宰相世系表》云：「夏后氏之世，封父列爲諸侯。」㠯封父爲人名，不足據。

文三年：「君子是㠯知秦穆之爲君也，舉人之周也，與人之壹也。」杜預訓周爲「備」，訓壹爲「無貳心」，周、壹二字皆指穆公言。按：凡言某之某也，下必更有語㠯結之。如傳引《商書》曰「惡之易也，如火之燎于原」云云，又云「名之不可不慎也如是」，是也。若去「如火之燎于原」等句，而㠯「惡之易也」戛然而止，去「如是」二字，而但云「名之不可不慎也」，則語意不完。此周、壹若皆指穆公，而下無結語，何㠯異彼？預説非也。周者，短也。《論語摘衰聖》云：「鳳有九苞，六曰冠短周。」《韓非子·説林》：「鳥有周周者，重首而屈尾。」屈者，短也。故《史記·天官書》云：「白虹屈短。」許叔重《淮南子》注：「屈，短也。」《玉篇》：「屈，短尾也。」周周，𠀤短尾得名，是周有短義矣。又《釋名》：「船三百斛曰䑸。䑸，貂也。貂，短也。江南所名，短而廣安，不傾危者也。」䑸、貂並與周聲義同。舉者，《廣雅·釋詁》云：「輿，舉也。」輿可訓舉，則舉亦可訓輿，是考、老轉注之理也。《廣雅·釋詁》「堪」「輿」二字，又皆訓載也。「堪」字訓本《方言》。《方言》：「龕，受也。楊、越曰龕。受，盛也，猶秦、晉言容盛也。」《廣雅疏證》曰：「龕與堪同聲，盛與載意相近。」是則舉即輿，輿即堪，堪即龕，龕即受，受即盛，盛即容，七字同歸一訓。舉人之周，謂容人之短。穆公於孟明不㠯一眚掩大德，是容人之短也。壹之爲言鬱也。《方言》曰：「鬱，長也。」《長門賦》：「正殿塊㠯造天兮，鬱並起而穹崇。」《西都賦》：「神明鬱其特起。」皆高長之義。長短正相對也。長即大德是也。周、壹二字，皆指孟明言。舉、與二字，皆指穆公言。下文云：「《詩》曰：『于㠯采蘩，于沼于沚。于㠯用之，公侯之事。』秦穆有焉。」正采長舍短之義也。按：《史記集解》引服子慎亦云：「周，備也。」今不從。

宣十二年：「軍行，右轅，左追蓐。前茅慮無，中權，後勁，百官象物而動，軍政不戒而備，能用典矣。」杜預注：「在車之右者，挾轅爲戰備。在左者，追求草蓐爲宿備。傳曰：『令尹南轅。』又曰：『改乘轅。』楚陳㠯轅爲主。慮無，如今軍行，前有斥候蹹伏，皆持㠯絳及白爲幡，見騎賊，舉絳幡；見步賊，舉白幡。備慮有無也。茅，明也。或曰：時楚㠯茅爲旌識。中軍制謀，後㠯精兵爲殿。物，猶類也。戒，勑令。」正義曰：「類，謂旌旗畫物類也。《周禮·大司馬》：『中秋，教治兵。辨旗物之用，王載大常，諸侯載旂，軍吏載旗，師都載旜，鄉遂載物，郊野載旐，百官載旟。』是其尊卑所建，各有物類也。」麟案：「挾轅爲戰備」與「追求草蓐爲宿備」，意猶相近，至絳、白爲幡，則與韔、追蓐詞義不類。中軍制謀，後㠯精兵爲殿，與上三者益復虛實不倫。且韔釋爲挾韔，則于「韔」上增「挾」字；追蓐釋爲追求草蓐，則于「追」下「蓐」上增「求」字，殊非傳文本意。竊謂傳文韔、追蓐、茅慮無、權、勁，皆旌旗之表識，故下總承㠯「百官象物而動」。特所謂百官，統指在軍有職者，與《大司馬》百官異。而所象之物，雖與《周禮》不異，其用之亦異。按：《上曲禮》曰：「行，前朱雀，而後玄武，朱雀，今本作「朱鳥」，从《經義述聞》訂。左青龍，而右白虎，招摇在上，急繕其怒。」彼注云：「㠯此四獸爲軍陳，象天也。急，猶堅也。繕讀曰勁。又畫招摇星於旌旗上，㠯起居堅勁軍之威怒，象天帝也。招摇星在北斗杓端，主指者。」彼正義云：「鄭注四獸爲軍陳，則是軍陳之法也，但不知何㠯爲之耳。今之軍行，畫此四獸於旌旗，㠯標左右前後之軍陳。」又云：「鄭云：『又畫招摇於旌上。』則知四物是畫，故星約言云『又畫』也。」㠯上《曲禮》正義。據此，是朱雀、玄武、青龍、白虎，皆畫旌旗上，㠯表行軍之陳。此言軍行，則右韔等即彼朱雀等也。

《天官書》：「北斗杓端有兩星：一内，爲矛，招摇；一外，爲盾，天鋒。」《集解》引晉灼謂天鋒「一名玄戈」。《西京賦》：「建玄戈，樹招摇。」薛綜謂：「玄戈，北斗第八星；招摇，第九星。」金氏鶚謂：「北斗原有九星之稱。劉向《九歎》：『訊九魁與六神。』王逸注：『九魁，謂北斗九星是也。』《司常》『日月爲常』，即招摇在上；『交龍爲旂』，即左青龍；『熊虎爲旗』，即右白虎；『鳥隼爲旟』，即前朱鳥；『龜蛇爲旐』，即後玄武。《左傳》云：『三辰旂旗。』杜注：『日、月、星也。』鄭注《司服》云：『周㠯日、月、星辰畫於旗。』若然，大常當有星，其星必畫北斗。《三統歷》：『三辰之合於三統也，日合於天統，月合於地統，斗合於人統。』則大常所畫之星非北斗而何？斗爲帝車，運於中央，臨制四鄉。大常爲天子之旗，其畫北斗宜矣。大常，天子所建㠯祀者，而治兵大閱亦載之，則行軍亦必載之矣。《詩・六月》：『載是常服。』傳云：『日月爲常。』毛公㠯宣王親征，故㠯常爲大常。王親征必在中軍，不曰在中，而曰在上者，《廣雅》云：『天子旌高九仞。』高於諸旗，則在上矣。」㠯上金君之說，最爲精塙，今就之爲訓。

右轅者，轅借爲萑。《說文》：「萑，从雈聲。」「雈」下云：「讀若和。」《大司馬》：「㠯旌爲左右和之門。」注：「軍門曰和。」《穀梁》昭八年：「置旃㠯爲轅門。」是知和門即借爲轅門。故知轅、和、雈、萑音通也。《詩・豳風》傳云：「荼，萑苕也。」《夏小正》「灌荼」傳云：「雚即萑。葦之秀。」《地官・掌荼》：「掌㠯時聚荼。」《考工記》：「鮑人之事，欲其荼白也。」《既夕禮》：「茵箸用荼。」《詩・鄭風》：「有女如荼。」《吳語》：「望之如荼。」諸注皆㠯荼爲茅秀。葢茅秀、萑葦秀，其色皆白，故並得荼稱。右萑，即右白虎也。

左追蓐者，追，畫也。《詩・大雅》：「追琢其章。」傳：「追，雕也。」追與敦、弴聲義又通。《詩・大雅》：「敦弓既堅。」《說文》作「弴」，云：「畫弓也。」《公羊》注云：「天子彫即雕。弓。」彫弓即弴弓。然則敦、弴並有雕義，兼有畫義，故《廣雅・釋詁》云：「彫，畫也。」然則追有雕義，亦得有畫義矣。《釋草》：「菉，王芻。」《詩》正義引某氏曰：「菉，鹿蓐也。」《證類本草》引孫炎曰：「即蓐草也。」郭注亦同。然則蓐者，菉也。《詩・衛風》：「緑竹猗猗。」《小雅》：「終朝采緑。」《上林賦》：「掩㠯緑蕙。」緑並同菉。所㠯命爲菉者，正㠯其色之緑也。故《小雅》「終朝采緑」與「終朝采藍」並言，㠯藍可染青，緑可染緑，並是染草也。《御覽》引吳普《本草》「藎草，一名黃草」，㠯其可染黃也。《說文》：「菉，王芻。」又云：「藎，草也。」葢緑本青黃間色，可言青，亦可言黃，二者通稱也。此追蓐則㠯青言。緑可言青，青亦可言緑，故《廣雅・釋器》云：「緑，青也。」追蓐言畫緑，左追蓐即左青龍也。獨于左言畫者,《釋天》説旂之制云:「素升龍於縿。」是龍旂本畫素色。今畫龍乃目青,故必言追蓐也。

前茅慮無者,茅慮即《釋草》之「茹藘、茅蒐」。呼茅藘者,王夫之《周易裨疏》曰:「拔茅茹,茅蒐、茹藘也。」此同其例。無即藘餘聲。《淮南》《周髀》皆有「無慮」,注云:「大數名也。」「粗計也。」《荀子·議兵》:「焉慮率用慶賞、刑罰、埶詐而已矣。」注:「慮,大凡也。」《漢書·賈誼傳》:「慮亡不帝制,而天子自爲者。」注:「慮,大計也。」是慮與無慮爲一語,特聲音長短之異。故知慮之餘聲爲無也。《小雅》箋云:「茅蒐,韎聲也。」賈侍中云:「一染曰韎。」《説文》言:「茅蒐,茹藘,可目染絳。」前茅藘,即前朱雀也。

中權者,即《釋草》之「權,黄華」,《釋木》之「權,黄英」。郭注《釋草》:「今謂牛芸草爲黄華,華黄,葉似莜蓿。」《説文》云:「芸,似目宿。」則牛芸,特芸之大者,别名爲權。故《詩·小雅》:「裳裳者華,芸其黄矣。」傳云:「芸,黄盛也。」目芸狀華色之黄,則知芸、權皆黄色也。《曲禮》不見中央之色,目前後左右各用方色準之,軍行不必向南,前後左右不必南北東西也,而一目向南爲準。中央當用黄,故曰中權也。

後勁者,即《釋草》之「葝,鼠尾」。《御覽》引孫炎云:「葝,巨盈切,可染早。俗作皁。」郭注同。《説文》無「勁」,❶古字祇當作「勁」。勁目染早色,早即七入之緇,與六入之玄異,而亦得通稱。《釋草》云:「秬,黑黍。」《素問·五常政大論》:「其穀黅秬。」而《六元正紀論》則云:「其穀黅玄。」是黑與玄可通稱也,黑即緇

❶ 「勁」,依上下文,疑當作「葝」。

也。叔然「巨盈」之切，正與秬雙聲，是葝、秬聲義皆同矣。又《説文》：「袀，玄服也。」今本譌作「袗」，段茂堂據《文選·閒居賦》訂正，今从之。服注「袀服振振」云：「袀服，黑服也。」是亦玄、黑通稱也。後勁即後玄武也。

此數者，或目草之本色，或目草所染之色爲言，實則皆目其色畫之也。惟蓐、茅、勁可即目其草畫之，萑、權但目草色狀之耳。

百官象物而動，總承上五者爲言。軍政不戒而備者，《曲禮》云：「進退有度，左右有局，各司其局。」蓋行陳之法，皆象其旗。軍政，即陳法，視旗進退，故不戒而備也。此一節皆言軍行也。若然，楚子爵乃得建大旆，并上及大常者，蓋自周僖王造玄黄之飾，天子僭天，而大常等許諸侯建之。晉趙簡子載蠭旗，亦假于晉君，是晉君亦建大常也。當時就所可用者而言，謂之用典，不能目古禮正法言之也。上文言蔿敖爲宰，擇楚國之令典者，蓋當時天子所賜楚國之法也。

○或曰：「令尹南轅」，注引爲楚法重轅之證，何得改轅爲萑乎？曰：下文言「反斾」，則楚法未嘗不目旌旗爲主，何獨目轅爲重也？且車皆有轅，何獨右偏之卒挾轅乎？

襄八年：「兆云詢多，職競作羅。」杜預注：「兆，卜。詢，謀也。職，主也。言既卜且謀多，則競作羅網之難，無成功。」正義曰：「如杜此言，則云是語辭。」麟按：據孔此語，則先儒有不目云爲語辭者矣。卜云謀多，語本不可解。竊謂云亦多也。云本雲之古文，《漢書·金安上傳》：「教當云云。」注：「云云，多言也。」《詩·鄭風·出其東門》：「有女如雲。」傳：「如雲，衆多也。」《釋名·釋天》：「雲，猶云。云，衆、盛意也。」是云有

「多」義。又《詩・小雅・正月》：「員于爾輻。」傳：「員，益也。」《天保》：「俾爾多益，㠯莫不庶。」是益與多同意。《廣雅・釋詁》：「員，衆也。」《説文》：「員，物數也。」「䞓，物數紛䞓亂也。」「䝿，外博衆多視也。」《老子》：「夫物芸芸。」注：「芸芸，華葉盛。」《大玄・玄告》：「魂魂萬物。」注：「魂魂，衆多之貌也。」並是多義，與云同聲。葢《詩》本並言卜多、謀多，子駟引之，則但㠯説謀多，故下文云：「謀之多族，民之多違。」下又引《詩》「謀夫孔多」等語也。《詩・小旻》本云：「我龜既厭，不我告猶。謀夫孔多，是用不集。」是亦㠯卜多、謀多並言也。

昭八年：「於是晉侯方築虒祁之宫。」杜預注：「虒祁，地名，在絳西四十里，臨汾水。」《水經・汾水注》云：「汾水西逕虒祁宫，北横水，有故梁截汾水中，凡有三十柱，柱逕五尺，裁與水平。葢晉平公之故梁也。」《澮水注》云：「其宫也，背汾面澮，西則兩川之交會也。」麟案：此葢先取宫名，因而名其地也。《史記・樂書》云：「平公置酒於施惠之臺。」《正義》：「一本『慶祁之堂』。《左傳》云：『虒祁之宫。』」㠯上《史記正義》。按：慶即虒之譌字也。虒祁與施惠同。《説文》「施」「𢻫」皆从也聲，「弛」亦从也聲，重文作「𢐅」，从虒聲。「遞」下、「褫」下皆云「讀若池」。《釋木》「榹桃」，《夏小正》「梅杏杝桃則華」，㠯杝爲之，是虒、也聲通，故虒可借爲施。《詩・召南・采蘩》：「被之祁祁。」傳：「祁祁，舒遲也。」《釋詁》舒、順皆訓敘也。《釋言》：「惠，順也。」《詩》「終温且惠」「維此惠君」，傳、箋並云：「惠，順也。」《孟子・萬章》：「爲不順於父母。」注：「順，愛也。」《釋詁》：「惠，愛也。」是祁、舒、順、惠、愛五字轉注，故虒祁即訓施惠矣。漢上林中有虒氏觀，葢仿虒祁而名也。虪即虒，氏、祁亦合韻相通。如《周禮》曰「示」爲「祇」，宣二年「提彌明」，《釋文》「提」作「祇」，云「本又作提」，《晉世家》作「示眯明」。《索隱》曰：「鄒誕生音，示眯爲祁彌。」是氏、是、示聲通，故氏借爲祁。《釋訓》：「怟怟，愛也。」此又氏聲字而與惠同訓者也。或説：「《子虛賦》云：『柴池茈虒，旋環後宮。』彼謂垂條落英之環宮也。此虒祁亦疊鈞，與彼同，取樹形㠯名宮也。」説雖可通，然與《史記》乖舛，不可从。

襄三十年：「鳥鳴於亳社，如曰：『譆譆。』」《易林·屯之晉》：「鳥鳴嘻嘻，天火所起。❶燔我室屋，災及姬后。」「鳥」字作「烏」，豈古本《左傳》作「烏」與？然二字只增減一筆，或《易林》誤，亦未可知。

成二年：「棺有翰檜。」杜預注：「翰，旁飾。檜，上飾。」正義：「《詩》云：『會弁如星。』鄭氏云：『會，謂弁之縫中。』言其際會之處也。會在弁之上，知此檜亦在上。」麟按：《周禮·弁師》：「王之皮弁，會五采玉璂。」注：「故書『會』作『膾』。鄭司農云：『讀如馬會之會。』謂㠯五采束髮也。《士喪禮》曰：『檜用組，乃笄。』檜讀與膾同，書之異耳。」是檜、會固通矣。預此注，蓋司農之舊。《墨子·節葬下》曰：「今王公大人之爲葬埋，必大棺中棺革闠。」闠即此檜也。如繢、繪、會三通矣。革者，《斯干》：「如鳥斯革。」傳：「革，翼也。」翰，《説文》訓「天雞赤羽」，是翰亦翼也，故引申皆爲在旁之稱。

---

❶ 「所」，《易林》（《士禮居叢書》景刻陸校宋本）作「將」。

宣十五年經：「冬，蝝生。」《釋文》：「劉歆云：蚍蜉子也。」此《説文》所引劉歆説也。正義：「劉歆㠯爲蚍蜉有翅者。」此《五行志》所引劉歆説也。正義引《釋蟲》云：「蝝，蝮蜪。李巡云：『蝮蜪，一名蝝。蝝，蝗子也。』郭璞云：『蝗子未有翅者。』」駁子駿説爲非。麟案：蚍蜉二字，《説文》正作「𧖇蠹」。蠹从橐聲，「橐」下云：「从匋省聲。」𧖇从毗聲。《説文》「毗」訓人臍。《釋名》云：「自臍㠯下曰水腹。」是臍與腹義相近，故《説文》云：「腹，厚也。」《小雅・節南山》：「天子是毗。」傳：「毗，厚也。」是腹、毗同義。毗今爲重脣音，復、腹今爲輕脣音。古無輕脣，錢竹汀説。則復、腹皆讀从毗字重脣，此但指雙聲言，部分則不相通。是音義皆通。則𧖇、復音亦通，而蠹、陶又皆从匋得聲，然則復陶、𧖇蠹音誼一也。又《爾雅・釋器》：「罦，覆車也。」則蜉《説文》列重文。與復聲亦相通矣。子駿爲此説，是其解《釋蟲》如此，與李、郭異也。《方言》十三：「毗，緣廢也。」《禮記・玉藻》：「縞冠素紕。」注：「紕，緣邊也。」《廣雅》：「紕，緣也。」郭注《尒疋》「紕，飾也」曰「謂緣飾」。《玉篇》：「紕，冠緣邊飾也。」毗、紕之訓同緣，猶𧖇之訓同蝝矣。若曰子駿説爲無據，則《魯語》云：「魚禁鯤鮞，獸長麑麌，鳥翼鷇卵，蟲舍蚳蝝，蕃庶物也。」韋氏解蚳爲蟻子，解蝝爲復明道本作蝠，亦同。陶。蝝既與蚳並言，則所謂復陶者，自與蟻子同類矣。蟻種類見《尒疋》者不一，故言蚳又言蝝也。若曰蝝、復陶爲蝗子，則蕃之適㠯害穀，有是理乎？郭注《釋蟲》「蝝，蝮蜪」，亦引《外傳》「蟲舍蚳蝝」爲證，是㠯《外傳》之蝝爲蝗子也。不知韋注《外傳》云：「蚳，蟻子也，可㠯爲醢。蝝，復陶也，可食。」《祭統》：「陸産之醢。」後司農注㠯爲「蚳蝝之屬」，蚳、蝝同可爲醢，則同爲蟻子無疑矣。若蝗子，古未有㠯爲醢者，何得㠯釋蝝乎？丁希曾嘗言：江、淮間水頻魚嘯子，若歲旱，水不能復，魚子蝡蝡而出，便成蝗。自江巳北，人皆知之。丁巳此說《詩》「衆維魚矣」固繆，然其事則得之目驗，江、淮間人皆知，塙鑿有據。今北人亦言蝗爲鰕子所化。《東觀漢記》曰：「馬棱在廣陵，蝗蟲入江海，化爲魚鰕。」是魚鰕與蝗有互化之理，尤爲明證。然則蝗子即魚鰕子，生于水中。若蝝即蝗子，後司農不得巳釋陸產也。是則鄭、韋並从子駿說也。

若《漢書・貨殖傳》「蝝魚麛卵」注：「蝝，小蟲也。」此與魚並舉，亦本《外傳》，並非巳蝝魚連讀，而巳爲魚子也。《經典釋文・序録》有劉歆《爾雅注》，陸氏言與李巡正同。邵二雲曰：「今散見諸書者，不盡同于李巡。」今按：此蝝一條，即劉、李之異。諸家《雅》注，葢必有同劉者。《說文》「蝝，復陶也」下先載劉歆說，次載董仲舒、劉向說「蝗子也」，《五行志》亦載董仲舒、劉向說，巳蝝爲蝗始生。據蝝訓蚍蜉子、蝗子，《說文》不當次「蠖」下「螻蛄」上，故段氏巳爲許「復陶」之訓，與下劉、董、大劉說劃然爲三。麟則謂《說文》螻蛄下即次蠪、蛾、螘、蚳四篆，蝝字當在其間。葢《說文》「蝝，復陶也」仍《尒疋》舊訓，而所謂復陶者何物，則引三君說巳釋之，然巳小劉說先於董、大劉，則意从小劉，而次蝝篆于蠪、蛾四篆間可知也。今本葢後人所移者。

若《爾雅》：「蝝，蝮蜪。」上一條爲：「蒺蔾，蝍蛆。」郭注：「似蝗而大。」下一條爲：「蟋蟀，蛬。」《草木疏》云：「似蝗而小。」或疑「蝝，蝮蜪」當爲蝗子，方得與上下二條並列。不知《釋蟲》同類而隔巳他物者多矣。即如「蟋蟀，蛬，似蝗而小」「蛗螽，蠜」「草螽，負蠜」等亦蝗屬，而中隔巳「蟼，蟆」「蛝，馬蝬」二條。「蛣蜣，蜣蜋」與「蜉蝣，渠略」同類，而中隔巳「蝎，蛣蚰」「蠰，齧桑」「諸慮，奚相」三條。然則「蒺蔾」「蟋蟀」之間隔巳「蚍蜉子」，何所疑也？若董生、大劉巳蝝爲蝗始生，正巳《釋蟲》類列而爲此說耳。夫三傳異師，各有訓義，説《左傳》豈當舍本師之説而从二家？況子駿之説自優乎！徵之本傳，則襄三十年傳云：「使爲君復陶。」注：「主衣服之官。」據《夏小正》「玄駒賁」傳云：「玄駒也者，蟻也。」《書・顧命》：「麻冕蟻裳。」鄭注謂「色玄」也。蟻爲玄色，衣重莫如冕服，冕服皆玄衣纁裳，故官㠯復陶名。昭十三年「秦復陶」，《釋文》㠯爲雨衣，此未必玄。㠯衣服之官名復陶，故衣亦得復陶名耳。而《詩・君子偕老》疏云：「褖衣當玄端。」惟「蝝，復陶」是蟻，故玄端之連衣裳者謂之褖，取名于蝝。冕服玄衣者，其官曰復陶，取名于復陶也。然則子駿㠯蝝爲蚍蜉，在本傳有明證矣。

子駿謂蚍蜉食穀爲災，蓋亦如蜚之性不食穀，食穀爲災耳。性不食穀，故《魯語》云蓄之。是年，歲饑。《穀梁》襄二十四年傳云：「一穀不升謂之嗛，二穀不升謂之饑，三穀不升謂之饉，四穀不升謂之康，五穀不升謂之大饑。」然則但書饑者，猶有三穀升也。蝝若生於收穫前，則既遭天災，復經蟲食，必至五穀不升而成大饑。此時已冬，禾稻皆登，周孟冬十月，今八月，穫禾時也。周仲冬十一月，今九月，穫稻時也。即有滯采遺秉爲蝝所食，無害於歲，故傳云：「幸之也。」

莊八年經：「甲午，治兵。」傳曰：「八年，春，治兵於廟，禮也。」《五經異義》曰：「《公羊》説：『甲午，祠兵。』祠兵，祠五兵：矛、戟、劍、楯、弓、鼓，及蚩尤之造兵者。《左氏》説『甲午，治兵』爲授兵於廟。許慎謹案：《三朝記》曰：『蚩尤，庶人之强者。』何兵之能造？」「玄之聞也，祠兵者，《公羊》字之誤，㠯治爲祠，因而作説之。于《周禮・司馬》職，治兵皆習戰。非授兵于廟，又無祠五兵之禮。」麟按：《異義》所引《左氏》説，必賈、鄭曰前古説也。治之訓授，字借爲「詒」，亦作「貽」。《釋言》云：「貽，遺也。」亦通作「異」。《説文》「異」从廾，云：「畀，予也。」又云：「授，予也。」故治兵得爲授兵，與《周禮》「中秋教治兵」、《釋天》「出爲治兵」、隱傳云「三年而治兵，入而振旅」有異，彼皆因田獵而選車徒，此則將戰而授軍器，故不同也。《坊記》正義曰：「據《司馬法》之文，諸侯車、甲、馬、牛，皆計地令民自出，若鄉遂之衆七十五人，則遣出車一乘、甲三人、馬四匹、牛十二頭，恐非力之所能。蓋皆是國家所給，故《周禮·巾車》職：『毀折，入齎于職幣。』又，《周禮·質人》云：❶『凡受馬於有司者，書其齒毛與其賈，死則旬之内更。』又《司兵》職云：『及授兵，從司馬之法㠯頒之。及其受兵輸，亦如之。』是國家所給也。」㠯上《坊記》正義。是兵須授也。隱十一年傳：「鄭伯將伐許，五月甲辰，授兵于大宫。」閔二年傳：「將戰，國人受甲者皆曰：『使鶴。』」是其證也。而閔傳受甲之下，更敘衛懿公與石祁子玦，與甯莊子矢，使守。與夫人繡衣，曰：「聽於二子。」則授甲時在國，可知亦必授兵于廟也。此傳下文亦言夏師及齊師圍郕，故古説爲授兵于廟之解。後司農駁之，泥矣。沈文阿亦引「中秋治兵」相校，非也。

隱十一年：「夫許，大岳之胤也。」按《周語》曰：「胙四岳國，命爲侯伯。賜姓曰姜，氏曰有呂。」《鄭語》

❶「質人」，《禮記注疏·坊記》（清嘉慶江西南昌府學刊十三經注疏本）正義同，《周禮注疏》（清嘉慶江西南昌府學刊十三經注疏本）作「馬質」。

曰：「姜，伯夷之後也。」賈侍中注《國語》曰：「四岳，官名。大岳也，主四岳之祭焉。」據《書》：「帝曰：咨四岳，有能典朕三禮？僉曰：伯夷。帝曰：俞，咨伯，汝作秩宗。」《鄭語》亦云：「伯夷能禮於神，㠯佐堯者也。」是伯夷即四岳之一，㠯其明禮知之也。侍中之言信矣。後司農注《堯典》則云：「四岳，四時之官，主方岳之事者。」注《尚書大傳》云：「羲和爲六卿，此兼六人。主春、夏、秋、冬，此謂四子。並掌方嶽，是爲四嶽。出則爲伯。其後稍死，鴅吺、共工求代，乃分置八伯。」注《堯典》云：「八伯，惟驩兜、共工、放齊、鯀四人而已。其餘四人，無文可知。」然堯明言咨四岳，而曰八伯何也？若㠯分四岳爲八伯，故稱其所掌，而不稱其官曰八伯，則後文舜所咨之四岳，豈亦八伯邪？舜時六官，曰百揆，曰司徒，曰秩宗，曰司馬，曰作士，曰共工。惟司馬無文，餘皆見經。鄭君依爲說。而伯禹作司空，鄭謂初堯冬官爲共工，舜舉禹治水，改命司空，至禹登百揆之任，舍司空之職爲共工與虞。則官名改革，經必異文，而四岳、八伯獨無異稱，非例也。且據《大傳》云：「舜時百工相和歌曰：『卿雲爛兮，糺縵縵兮，日月光華，旦復旦兮。』八伯和曰：『明明尚天，爛然星陳，日月光華，宏予一人。』」舜時自有四岳，舜嘗咨之，而又有八伯。則堯時雖有八伯，亦非四岳可知矣。驩兜等四人，堯欲巽位，能薦虞舜，亦無此理。則知堯時四岳必爲伯夷等也。宋翔鳳曰：「《堯典》：岳曰：『否德忝帝位。』時四岳中當有姜姓許由者，故《史記》又言『堯讓天下於許由，許由不受，恥之，逃隱』之說。許，大岳之後也，或即伯夷。」其說當矣。商時伯夷，亦當因其讓國，而㠯古人號之。若然，舜咨四岳，而僉曰伯夷，豈自薦乎？蓋三人同詞而對，不細別耳。伯夷㠯四岳爲秩宗，猶棄㠯邰君而爲后稷也。若然，馬注「女二十有二人」，㠯爲稷、契、皋陶皆居官久，有成功，但述而美之，無所復敕；禹及垂㠯下，皆初命，凡六人，與上十二牧、四岳，凡二十二人。若伯夷即四岳之一，則二十一人矣。不知弃本爲稷，至舜時爲司馬，見《中候》、《刑德放》、《魯頌》箋，則與契、皋陶仍居本職異。《論衡》謂爲司馬在堯時，未塙。雖無所復敕，亦當備二十二人之數。而鄭君目禹、垂、益、伯夷、夔龍、殳斨、伯與、朱虎、熊、羆及十二牧備數，不數四岳，則仍是羲和掌岳之説，目爲四官兼掌之也。此四官亦有伯夷在，與《國語》亦合，然未若馬所分之塙也。《詩・大雅・崧高》傳曰：「堯之時，姜氏爲四伯，掌四嶽之祀，述諸侯之職。于周則有甫、申、齊、許。」則伯夷外三人雖無攷，要皆姜姓，亦可知非羲和也。若舜時四岳即四官，則詢于四岳在未命六官之前，其人果爲誰乎？將先有六官中兼四岳，及命官後，六官更置，四岳亦更置乎？更置始得其宜，則詢于四岳當在命官後矣。

又案：《王莽傳》：「莽策羣司曰：『歲星司肅，東嶽大師典致時雨，青煒登平，考景目晷。熒惑司悊，南嶽大傅典致時奧，赤煒頌平，考聲目律。大白司艾，西嶽國師典致時陽，白煒象平，考量目銓。辰星司謀，北嶽國將典致時寒，玄煒和平，考星目漏。』」莽受《左傳》于奉德侯陳欽，此策可爲傳注，並見四岳非一人，實有四員，其典職各異，亦略可攷云。○又按：《周語》稱堯「胙四岳國」云云，「氏曰有吕，謂其能爲禹股厷心膂」。此言治水後事，要賜姓氏在此時耳。其爲四岳，胙國爲侯伯，必治水前事，《周語》總言之。《周語》「伯禹念前之非度」云云，「共之從孫，四嶽佐之」，然則四嶽四人，皆共之從孫，其功同，故其賜姓亦同也。故下文云「此一王四伯」，明四人也。韋氏謂：「爲四嶽伯，故稱四伯。」是目爲一人也，繆矣。○《大傳》：陽伯、儀伯、夏伯、羲伯、秋伯、和伯、冬伯。和伯宜爲佐四岳者。

桓十六年：「左公子泄、俗作「洩」，辟唐諱。右公子職立公子黔牟。」案：《後漢書・禰衡傳》：「更著岑牟單絞之服。」注：「岑牟，鼓角士胄也。」黔牟，蓋即岑牟。

莊八年：「初，公孫無知虐於雝廩。」九年：「春，雝廩殺無知。」《史記・齊世家》：「齊君無知游於雝林，雝林人嘗有怨無知，及其往游，雝林人襲殺無知。」然則雝廩者，邑名也。雝廩人殺無知，而曰「雝廩殺無知」者，猶當言晉人、齊人，而曰晉、曰齊也。賈侍中曰：「雝廩，丘大夫也。」❶昭十年：「齊渠丘實殺無知。」鄭司農曰渠丘爲無知之邑，今《史記》本引賈，「渠丘」作「葵丘」。馬宗槤曰鄭說校正。然則被虐者是其邑宰。侍中蓋曰雝廩即渠丘，人即大夫也。《史記集解》引侍中，當于「雝林人」下，不當於「雝林」下，此裴之失。

僖二十四年：「故糾合宗族於成周，而作詩曰。」沈果堂云：「『作』下當有『樂』字、『其』字。」案：此從《詩序》，《常棣》非召穆公作也。然樂之篇章即詩，則作詩猶云作樂耳。

成十四年：「衛侯饗苦成叔。」惠定宇引王符曰：「郤犨食采于苦，號苦成叔。」又曰：「苦城，城名也。在河東鹽池東北。」麟案：苦城因鹽得名，是借爲鹽。《說文》：「鹽，河東鹽池。」《周禮・天官・鹽人》：「共其

---

❶「丘」字上，依下文，當據《史記・齊世家》集解補「渠」字。

苦鹽。」是借苦爲鹽也。故《典婦功》「辨其苦良」注云「鄭司農『苦讀爲鹽』」也。《漢書・息夫躬傳》：「器用鹽惡。」是亦鹽、苦之通也。

閔二年：「尨涼。」《説文》引作「牻椋」，云：「牻，白黑雜毛牛也。」「椋，牻牛也。」惠定宇曰：「牛之雜色者不中爲犧牲，衣之不純者不得爲大子。」麟按：昭二十二年傳：賓起見雄雞自斷其尾，告王曰：「雞其憚爲人用乎？人犧實難，己犧何害？」此欲立子朝爲大子，而㠯犧爲喻，正與此同意。《周語》「己犧何害」，韋注云：「人君冕服有似於犧，故㠯喻也。」此偏衣爲牻椋之切證。《論語・雍也》：「犂牛之子騂且角，雖欲勿用，山川其舍諸？」《淮南・説林》：❶「髡屯犂牛，既犐㠯⿰牜修，決鼻而羈，生子而犧。尸祝齋戒，㠯沈諸河，河伯豈羞其所從出，辭而不享哉？」《莊子・人間世》：「牛之白顙者，豚之亢鼻者，不可㠯適河。」皆可證純毛中用，雜毛不中用之意。又按：「髡屯」二字乃春秋至漢古語，故僖三十三年傳有「外僕髡屯」，㠯此爲名，亦猶黑肱、黑臀之取惡疾。

昭元年：「遷閼伯于商丘。」賈侍中注：「商丘，在漳南。」麟案：據此，則商丘得名于漳。據《水經□・漯水注》，商、漳聲相近，則商即漳之假借，猶晉㠯晉水得名，荆㠯荆山得名矣。《説文》：「商，从章省聲。」《書・柴誓》：「我商賚女。」商，徐氏音章。《禹貢》：「至于衡漳。」《漢・地理志》信都縣下作章，《漢・律歷

❶ 「説林」，據《淮南鴻烈集解》（《四部叢刊》影抄北宋本）當作「説山」。

志》：「商之爲言章也。」《白虎通》説「商賈」云：「商之爲言章也。」《風俗通・聲音》：「商，章也。」是商、章、漳三通之證。又案：禹居商，與商丘異地，故後司農注《書序》云：「契本封商，國在大華之陽。」皇甫謐亦㠯爲上洛商。然上洛之商，亦因相土居商丘，㠯後之國號名前之所居，故服子慎、王肅皆謂湯國名商，本於商丘，正由禹封之商，本無商名故也。《荀子・成相》云：「契玄王，生昭明，居于砥石，遷于商。」言遷商在居砥石之下，則爲相土可知。而不言玄王有居商之事，是則禹本未居商。子慎本于荀子説，《左氏傳》古訓也。㠯後名前，猶周之得名，本于周原，在大王遷岐㠯後。而昭二十九年傳言：「周棄亦爲稷。」《魯語》言：「夏之興也，周棄繼之。」劉纍在夏爲御龍氏，至晉主夏盟，武子受隨、范二邑，始爲范氏，而孟子之稱劉纍曰：「吾爲之范氏馳驅。」❶《東都賦》之偁劉纍曰：「范氏施御。」《史記》偁虞仲爲仲雝曾孫吴周章弟，武王時封之於虞，而僖傳偁：「大伯、虞仲，大王之昭也。」《論語》逸民有虞仲，皆呼仲雍爲虞仲耳。稷封本名邰，禹封今亡其名。商洛之名，周、秦已著，是㠯《書傳》《史記》《中候》皆言契封商也。

又案：商、宋二字本雙聲而兼疊韻，是㠯本年傳言「商人是因」，哀傳言孝、惠㠯下娶於商，《吴語》言「商、魯之間」，《樂記》言「商人識之」，《莊子》言「商大宰蕩」，皆呼宋爲商，葢周封微子爲商後，即名其國爲商，亦猶《王會》有殷公、夏公，㠯故國爲名也，字从聲變爲宋耳。若然，微子後商在武庚誅後。而《樂記》言武王克殷，投殷之後于宋者，亦到本後號㠯名前也。商、宋得爲疊韻者，㠯東冬鍾江與陽唐得相通轉

❶「氏」，《孟子注疏・滕文公下》（清嘉慶江西南昌府學刊《十三經注疏》本）作「我」。

也。《釋名・釋親屬》云：「俗或謂舅曰章，或曰伀。」《漢書・廣川惠王越傳》「背尊章，嫖㠯忽」注：「今關中婦呼舅曰鍾，鍾者，章聲之轉。」宋从松省聲，松从公聲，伀亦从公聲，商从章省聲，章之爲伀，猶商之爲宋也。

昭十二年：「祭公謀父作《祈招》之詩。」賈侍中注：「祈，求也。昭，明也，侍中本「招」蓋作「昭」。言求明德也。」麟案：下文云：「其詩曰：『祈招之愔愔，式昭德音。』」㠯德音爲言，則祈招疑是樂器。祈借爲沂。《尒疋・釋樂》：「大篪謂之沂。」舍人曰：「大篪，其聲悲沂即慇。鏘然也。」招借爲翹。郭注《釋樂》云：「篪，一孔上出，名翹。」《通典》引蔡邕《月令章句》云：「篪六孔有距，橫吹之。」或曰距，或曰翹，或曰箹。箹見《世本》注。皆謂其上出之吹孔也。祈、沂同从斤聲，故得通。招與翹得通者，《廣雅・釋詁》云：「翹，舉也。」《疏證》曰：「《莊子・馬蹏》『翹足而陸』，謂舉足也。《周語》：『好盡言㠯招人過。』韋注：『招，舉也。』《列子・説符》：『孔子之勁，能招國門之關。』招並與翹通。」是招、翹得通也。凡召聲之字，多與翹通。《神農本草》：「紫葳，一名陵苕。」《詩義疏》云：「陵苕，一名鼠尾。」《名醫別録》云：「鼠尾，一名陵翹。」是陵翹即陵苕，苕、翹通也。聲安和。杜預注：「愔愔，安和貌。」故下言「式昭德音」，上下相應也。沂聲悲沂。《釋名》亦云：「篪，嗁也。聲从孔出，如嬰兒嗁聲也。」而得爲安和貌，又得爲德音者，鄭司農云：「皋爾悲誦，肅肅雝雝。」是悲聲亦得爲安和，爲德音也。《樂記》云：「鞉、鼓、椌、楬、壎、篪，此六者德音之音也。」是其明證。侍中「祈，求也；昭，明也」之注，乃是聲訓，㠯祈訓沂，㠯昭訓翹耳。《説文》：「篪」从「虒」聲，「虒」从「厂」聲。又云：「厂，明也。」則篪亦得㠯厂爲聲訓，而㠯明解厂也。蓋祭公作詩，文言沂翹，而意在祈昭，使聽者由聲㠯求其義，即可得其微意，此規諫之體，隱而不露者也。侍中㠯意逆志，故爲此注，而非謂詩直言求明之愔愔也。馬季長㠯祈爲王圻千里，王者遊戲，不過圻内。昭，明也。言千里之内足明德。其㠯爲聲訓與否不可知，而較侍中説稍迂。杜預㠯祈爲祈父，招爲其名，則直是杜撰矣。

○或問：祭公作詩，文言沂翹，意在祈昭，何説可證？曰：《風俗通・音聲篇》云：「謹案：《尚書》：『簫韶九成，鳳皇來儀。』其形參差，象鳳之翼，十管，長一尺。」此㠯簫韶爲用樂器之簫也。而宋均注《樂説》云：「簫之言肅，舜時民樂其肅敬，共紹堯道，故謂之簫韶。」是則韶樂主用簫，而其意在肅也。此傳意亦同。

○又案：馬説亦善，但當讀祈爲近。《周禮・大司馬》注：「故書畿爲近。」畿即圻字。祈可通圻，則亦可通畿，又通近矣。昭訓明，明亦訓近。《堯典》「幽明庶績咸熙」，《史記》「幽明」作「遠近」，則明亦近也。馬言圻内昭明，蓋謂傳意㠯近近重言也。勸戒之詞，必重言㠯申警。馬但又贅言「千里之内足明德」一語，則枝梧矣。馬亦或㠯祈昭爲沂翹之借，圻内昭明爲聲訓。《禮記・祭法》注云：「相近當爲禳祈。」近可通祈，則祈亦可通近，此亦一證也。

○又案：《莊子・天地》云：「而今也㠯天下惑，予雖有祈嚮，有即或。不可得也。」司馬云：「祈，求也。」予謂嚮，向之俗。北出牖，亦明意。此賈説之明證。又案：翹亦得借爲昭，而訓明。《管子・形勢解》云：「常㠯言翹明其與人也，其愛人也，其有德於人也。㠯此爲友，則不親；㠯此爲交，則不結；㠯此有德於人，則不報。故曰：見與之友，幾於不親；見愛之交，幾於不結；見施之德，幾於不報。」是翹即昭也。

哀七年：「曹人或夢衆君子立于社宮，而謀亡曹。」鄭司農注：「社宮，中有室屋者。」麟按：《禮記・郊特牲》：「天子大社，必受霜露風雨，吕達天地之氣也。是故喪國之社屋之，不受天陽也。薄社北牖，使陰明也。」後司農注：「薄社，殷之社。殷始都薄。」彼正義云：「云『天子大社，必受霜露風雨，吕達天地之氣也』者，是解社不屋義也。達，通也。風雨至，則萬物生；霜露降，則萬物成。故不爲屋，吕受霜露風雨。霜露風雨至，是天地氣通也。故云：『達天地之氣也。』『是故喪國之社屋之，不受天陽也』，喪國社者，謂周立殷社也，立吕爲戒，不生成。天是生法，其喪國社無生意，故屋隔之，令不受天之陽也。《白虎通》云：『王者、諸侯必有誡社者何？示有存亡也，明爲善者得之，爲惡者失之。』『薄社北牖，使陰明也』者，即喪國社也。殷始都薄，故呼其社爲薄社也。周立殷社爲戒而屋之，塞其三面，唯開北牖，示絶陽而通陰，陰明則物死也。』」吕上《禮記》正義。《公羊傳》云：「亡國之社，蓋揜之。揜其上，而柴其下。」是則凡社皆不屋，唯薄社有室屋明矣。《郊特牲》但言天子大社必受霜露風雨，其實該一切社，非謂侯社吕下屋之也。吕其爲喪國之社，故于此謀亡曹。且薄社乃殷社，亦因見曹之滅于宋也。杜預注但云：「社宮，社也。」則無吕爲兩社之别矣。

哀二十七年：「設乘車兩馬，繫五邑焉。」服子慎注：「乘車兩馬，大夫車服也。繫五邑，加之五邑也，一曰：兩，飾。」麟按：周制，雖諸侯之大夫，亦乘四馬，則兩當訓飾。五邑若爲國邑，則不得言繫。且下文「今君命女吕是邑也」，命當吕官言，不當吕邑言，則知邑非國邑也，當爲裛之省。《説文》：「裛，書囊也。」此乃策書之囊。古重器，必有物盛之。《司關》「英蕩」，❶杜子春云：「蕩，當爲帑，謂㠯函器盛。」此節亦此意也。竹簡緐重，故一策書分爲五囊也。傳不載策書之言，成子告涿聚之子之言，乃從其意言之，非策文也。故曰：「今君命女。」明非策文可知。君命女㠯是裹，即命女㠯是策書也。時尚未讀策文，故但舉著見者爲言耳。書囊繫于車，即是加于車。服非㠯加訓繫也。加策書于車上，猶覲禮加命書于篋服上也。玩服注，知其已知㠯爲裹借，但未明改耳。一曰：《西都賦》注引《説文》：「裹，纏也。」彼云：「裹㠯藻繡。」又《琴賦》：「鏤會裹廁。」注謂：「裹纏其填廁之處也。」此同其訓。裹既訓纏，乃得云繫。五裹者，按：《説文》：「約，纏束也。」《廣雅·釋詁》：「纏，束也。」凡所束即曰束，所纏即曰纏，虚字實用也。《秦風》：「小戎俴收，五楘梁輈。」傳：「五，五束也。楘，歷録也。一輈五束，束有歷録。」五裹即五束，繫五束于乘車也。下云「今君命女㠯是裹」者，㠯小名代大名，實謂命女㠯是車也。

昭十三年：「王縊于芋尹申亥氏。」麟按：《賈子·大都》曰：「陳、蔡、葉與不羹，或奉公子棄疾内作難，楚國雲亂，王遂死於乾溪芋尹申亥之井。」大傳作《訓故》，葢即用是語。初謂井非縊所，疑大傳言自投井死，與傳文違。既讀《西京賦》云：「亘雄虹之長梁，結棼橑㠯相接，蔕倒茄於藻井，披紅葩之狎獵，飾華榱與璧璫，流景曜之韡曄。」薛綜注云：「茄，藕莖也。㠯其莖倒殖于藻井，其華下向反披。狎獵，重接貌。藻井當

❶「司關」，據《周禮注疏》當作「掌節」。

棟中，交木方爲之，如今井幹也。」善引《風俗通》曰：「今殿作天井。井者，東井之像也。菱，水中之物，皆所㠯厭火也。」《景福殿賦》亦云：「茄蔤倒植，吐被芙蕖，繚㠯藻井，編㠯綷疏。」乃知井謂藻井。藻井爲殿屋之飾，春秋㠯前，殿制通乎上下，故申亥大夫有藻井。且其時楚或上僭也。王縊于申亥氏之梁。《釋宫》云：「宗廇謂之梁。」是梁適當屋東西之中。縊處又在梁南北之中，則適當藻井之下，故言死於申亥之井也。必知縊處在梁者，古宫室之制，棟、楣、庪三者皆横著，屋下無縣繩處，唯梁縱架屋下，而上與屋不相著，故梁上有棁㠯承棟。阮雲臺曰：「《列子》：『韓娥鬻歌，余音繞梁。』惟其梁有空虚相架之處，故可云繞。《長門賦》曰：『委差參㠯槺梁。』棟，虚也。」㠯上阮説。然則惟梁可縣繩，故必知縊于梁也。大傳此説必是鐸、虞、荀、張、《鈔撮》等書舊解，今《訓故》已亡，惟《新書》粗存其概，録而詮之，聊如作疏云。又案：阮謂梁有二架，兩樞之上則不在屋中矣，疑非是。

桓五年：「旝動而鼓。」賈侍中注㠯旝爲發石，一曰飛石，引《范蠡兵法》作飛石之事㠯證之。此正義所引，原文已缺。《説文》云：「旝，建大木，置石其上，發㠯機㠯追敵也。」《釋文》云：「《説文》作『檜』。」葢誤。《大平御覽》引《春秋》舊説：「旝，發石車也。」是古説皆㠯旝爲發石。自杜預始爲「旝，旃也」之訓，説者冡謂旝字从㫃，當爲旌旗之名。不知旝之聲義得于氒、桰、厥者也。《説文》曰：「氒，木本，从氏，大于末，讀若厥。」其字亦通作橜。《説文》曰：「橜，弋也，从木厥聲。一曰門梱也。」《廣雅·釋室》同。《釋宫》：「橜，謂之闑。」《列子·黄帝》：「吾處也，若橜株駒。」注：「橜，豎也。」此非建大木所由得聲義者乎？《説文》曰：「桰，隱也。一曰矢桰，隱弦處。」今字皆借用括。《莊子·齊物論》：「其發若機括。」此非發㠯機所由得聲義者乎？古音昏、會相同，故《説文》云：「䛡，合會善言也，从言昏聲。籒文从會聲，作譮。」《書・禹貢》：「杶榦栝柏。」後司農注：「柏葉松身曰栝。」《釋木》作：「檜，柏葉松身。」《儀禮・士喪禮》：「鬠笄用桑，長四寸，纋中。」又「鬠用組」，古文鬠皆作括。《釋名》云：「矢，其末曰栝。栝，會也，與弦會也。」《詩・小雅・車舝》：「德音來括。」傳：「括，會也。」《説文》：「佸，會也。」《方言》二：「獪，楚、鄭或曰婚。」《方言》十：「婚，獪也。」皆其證也。《説文》「昏」从氒省聲，故氒亦通會聲。《説文》曰：「厥，發石也。」《海外北經》：「相柳之所抵，厥爲澤谿。」此與厥角同。郭注訓爲掘，非。《大戴禮・少間》曰「成湯卒受天命」，「發厥明德」。按發、厥同誼，非虛字也。《孟子・盡心》：「若崩厥角。」《漢書・諸侯王表》：「厥角稽首。」注：「厥，猶豎也。」《李尋傳》：「熒惑厥弛。」注：「厥，動摇貌。」《説文》：「𧤼，角有所觸發也。」「𧾍，蹠也。」「蹶，一曰跳也。」《釋詁》：「蹶，動也。」《廣雅・釋詁》：「撅，投也。」並是發義。此非發石所由得聲義者乎？《方言》二：「蹶，獪也。」是厥、會聲通。合三聲義成一旝字。《説文》之訓，一字不可移易，此必受之侍中者也。《御覽》引舊説「發石車」，不如言建大木置石之塙。若正義㠯从㫃爲不類，則未知㫃字左旁之方，即全象旌旗之形，屮爲竿形，而乁爲帛形。鐘鼎古文則㫃竟作𠂇，較《説文》之竿形曲者又直矣。建大木于地，取其似竿，何不類也？正義又謂：「三軍之衆，人多路遠，發石之動，何㠯可見，而使二拒準之爲擊鼓候也？」夫建大木置石于其上，其高不減于旃，旃動可見，發石何不可見？且機括之動，必有厲聲，發石則尤甚。《子虛賦》云「礧石相擊，硠硠今本作「硍」，❶从段注《説文》訂。

❶「硍」，《史記》《文選》（清嘉慶胡克家重刻宋淳熙本）載《子虛賦》與段玉裁《説文解字注》（清嘉慶二十年經韻樓刻本）作「硍」。

礚礚」是也。既易見又易聞，比之用旝爲便矣。案：預説亦本季長。《廣成頌》云「旝旝森其如林」是也。但于傳義終不塙。《説文》引《詩》「其旝如林」，大木與林尤似。

隱六年：「如農夫之務去草焉，癹今本作「芟」，《説文》「癹」下引《春秋》傳曰：「癹夷藴崇之。」今據正。鄭司農注《周禮》，則作「芟」。夷藴崇之。」《東觀漢記》載杜林疏有「焉」字，自是彼文所加。又「癹」作「芟」，亦恐後人所改。《校勘記》曰：「《周禮·秋官·序官》『雉阮原書作「薙」，今从段氏訂。氏』注引傳文，無『焉』字。賈疏同。《文選·東京賦》注引亦無焉字。芟，《釋文》云：『《説文》作癹，匹末反。』《文選·答賓戲》注，晉灼曰：『發，開也。』案：『發』乃『癹』字之誤，今諸本皆作『芟』字。」麟案：「焉」字，葢本在下句「癹」字下。焉、夷，古同字。《周禮·秋官·行夫》：「居於其國，則掌行人之勞辱事。焉使則介之。」注云：「使謂大、小行人也。故書曰夷使。鄭司農云：『夷使，使於四夷。』則行夫主爲之介。玄謂夷，發聲。」《釋文》出「焉使」二字，引劉昌宗：「焉，音夷。」王伯申云：「故書『使』上有『夷』字，非『焉』字作『夷』也。若『焉』字作『夷』，則當云『故書焉作夷』，方合全書之例。」麟案：鄭注亦有同意異文者，不必㠯例拘之也。如或云「故書某爲某」，或云「故書某或爲某」，或云「書亦或爲某」，或云「某或作某」是已。《廣雅·釋詁》云：「咦，笑也。」《登徒子好色賦》云：「嫣然一笑。」《大招》云：「宜笑嗎只。」是嫣、嗎與咦聲義同，亦焉、夷通之證也。然則焉可作夷，夷亦可作焉。《左傳》古文作「癹焉夷藴崇之」，漢儒讀爲「夷」字，不知者㠯焉、夷並存，則爲「癹焉夷藴崇之」，于文不可通，乃又到「焉」字于「癹」字上，而屬草字讀矣。若然，《周禮·稻人》《雉氏》鄭司農注、《説文》「址部」引傳文並已作「夷」者，漢儒引經或㠯訓詁字代經本字，且使學者易曉也。

《序官·雉氏》注:「書雉或作夷。」段氏曰:「古音雉與夷同。是㠯《左傳》云:『五雉夷民者也。』吕后諱雉,爲野雞,野雞即雉之反音。揚雄賦『辛雉』,即辛夷。」麟據焉得通夷,知焉爲雉古文。《説文》云:「焉,焉鳥,黄色,出於江、淮。象形。凡字:朋者,羽蟲之長。烏者,日中之禽。舄者,知大歲之所在。燕者,請子之候,作巢避戊己。所貴者故皆象形。焉亦是也。」按:雉性耿介,古人衣服、萬舞、飾車、縣矛、執摯皆用之,故爲可貴。雉有十四種,處處皆有,獨云出於江、淮者,《釋鳥》云:「江、淮而南,青質五采皆備成章,曰鷂。」《説文》作「搖」。《詩·鄘風》:「其之翟也。」傳曰:「翟,褕翟、闕翟,翟羽飾衣也。」褕即鷂。《禮記·玉藻》:「夫人揄狄。」注云:「謂衣畫搖者。」是鷂爲夫人之服,又雉中最貴者,故《説文》獨云「出於江、淮」也。江、淮而南,謂自江、淮而南,即包江、淮于其中。《説文》言出於江、淮,㠯所起統所止,非但謂江、淮也。如云:「五方神鳥:東方發明,南方焦明,西方鷫鷞,北方幽昌,中央鳳皇。」又云:「鳳出於東方君子之國。」亦獨舉東方,㠯其近木德也。《釋鳥》云「青質五采皆備」,而《説文》云「黄色」者,《釋言》:「華,皇也。」从唐石經及單疏本。段氏曰:「此言華,本艸木之花引申之。凡煌煌者皆得曰華也。」《禮記·玉藻》注云:「華,黄色也。」古皇、黄通,華與皇雙聲,故訓詁如此。《説文》引「葩,華也」,爲《釋草》文,非《釋言》文。然則黄色即皇色,皇色即華色,青質、五采可言黄色矣。傳曰:「黄,中之色也。」然則由黄本義引伸之,凡色之美者,皆可言黄。猶甘爲上味,凡酸、苦、辛、鹹之美者,皆稱爲甘。説是知焉即雉古文。由古音十四部十五部之合,且辛雉即辛夷,《神農本草》又作辛紖,是紖與雉輾轉互通。詳《膏蘭室札記·殷鷹説》,此不具。《説文》:「傿,引爲賈也。」亦㠯傿、引聲近爲訓,是其證也。雉通夷,故焉亦通夷矣。鄭司農《稻人》注引傳,下云:「今時謂禾下麥爲夷下麥,言芟刈其禾,於下種麥也。」《雉氏》注亦引傳，下云：「今俗間謂麥下爲夷下，言芟夷其麥，以其下種禾、豆也。」此説夷誼也。

又案：「癹夷蘊崇之」下言「絶其本根，勿使能殖」，乃言「則善者信矣」，是癹夷、蘊崇同指去惡言，不得以蘊崇屬信善也。杜預曰：「蘊，積也。崇，聚也。」尚未明晝。按：《詩・小雅》：「或耘或耔。」傳曰：「耘，除草也。耔，雝本也。」《食貨志》曰：「播種於甽中，苗生三葉以上，稍槈壠草，因隤其土，以附苗根。比成，壠盡而根深，能風與旱，故薿薿而盛也。」然則癹夷即耘也，蘊崇即耔也，則善者信矣，即「黍稷薿薿」也。

昭十一年：「不可沒振。」杜預注：「不可沒振，猶沒不可復□振。」麟案：如預注，則當言「沒不可振」，不當言「不可沒振」。失傳意。按：沒與叜通。《説文》曰：「叜，入水有所取也。」《晉語》：「振廢淹。」注：「振，起也。」叜亦入水取物以起之謂，叜猶振也。字亦通作拂。《方言》云：「拂，拔也。」《詩・大雅・生民》：「茀厥豐草。」《韓詩》茀作拂。《夏小正》「拂桐芭」，並當訓拔也。王肅《家語・六本篇》：「而弗可振也。」自注：「振，拔也。」❶是則拂、振亦同訓矣。《蒼頡篇》曰：「拔，引也。」此以出溺爲諭，出溺必引而上之也。叜、拂轉音又爲輓。《詩・小雅・十月之交》：「黽勉從事。」《尒疋》作「蠠沒」，《漢書・劉向傳》作「密勿」。《禮記・禮器》：「勿勿乎其欲其饗之也。」注：「勿勿，猶勉勉也。」《公羊》昭二十五年傳注：「弔所執紼曰綄。」皆叜、拂二聲之通輓聲也。弗、勿通借，故兼取勿聲之字。《説文》曰：「振，舉救也。」《小尒疋・廣言》：「振，救也。」輓

❶「拔」，《孔子家語》（《四部叢刊》影明翻宋本）作「救」。

振即輓救也。

定九年：「晳黷而衣貍製。」今本「幘」。《説文》引幘作黷，云：「齒相直也。」麟案：《釋魚》説貝云：「小者鰿。」又云：「蟦，小而橢。」郭注蟦云：「即上小貝。」然則黷之言蟦也，所謂齒如含貝也。《周秦名字解故》曰：今《春秋名字解詁》不存此條，見梁氏《左通》引，蓋其初稿。「楚公子嬰齊，字子重。《急就章》云：『伊嬰齊。』師古注：『嬰齊，謂嬰兒之絜齊者也。』案：鄭罕嬰齊字子齹，則嬰齊謂齒矣。《説文》：『齹，齒參差。』『齤，齒差跌皃。《春秋傳》曰：鄭有子齤。』齤、齹古字通用，參差、差跌，皆不齊也。差與重一聲之轉，重疊亦不齊也。名嬰齊者，嬰、賏古字通。《説文》：『賏，頸飾也，从二貝。』《莊子・盜蹠篇》：『齒如齊貝。』《漢書・東方朔傳》：『齒若編貝。』」㠯上王説。此可爲黷義取蟦之證。惟解重未有塙據，徒謂與差聲轉，似有未愜。今謂重當讀衝牙之衝。衝牙似牙，與字齹同義，且與琚瑀、雙璜等相廁，與編貝亦相似，此亦可爲黷義取蟦之證。

昭四年：「其父死於路，己爲蠆尾，㠯令於國，國將若之何？」杜預注「其父死於路」曰：「謂子國爲尉氏所殺。」麟案：據襄十年傳：「尉止、司臣、侯晉、堵女父、子師僕帥賊㠯入，晨攻執政于西宮之朝，殺子駟、子國、子耳。」子國死于朝，治朝之地尚未及道路，況西宮又非正朝，當與路寢燕朝差近，其非道路審矣。然西宮又尚非路寢，則又不得㠯路寢釋之。案：路，同露。《方言》：「露，敗也。」昭元年：「㠯露其體。」《逸周書・皇門》：「自露厥家。」《管子・四時》：「國家乃路。」《呂覽・不屈》：「士民罷潞。」路、露、潞一也。《禮記・孔子閒居》：「四方有敗。」注：「敗謂禍裁也。」是則敗亦訓禍。死於路，謂死於禍也。或曰：文十年傳：「臣歸死于司敗也。」杜預注：「陳、楚名司寇爲司敗。」則敗與寇亦同訓。死於路，謂死於寇也。又《説文》「賊」从「則」，「則」从「貝」，與「敗」从「貝」同意。死於路，謂死於賊也。並迂。國人謗子産，必先言其父死於路者，㠯子國等之死並爲子駟累及，子駟之死由爲田洫。時司氏、堵氏、侯氏、子師氏皆喪田。今子産爲丘賦，取賦於田與奪田正相近，故先言「其父死於路」㠯發端，而終㠯「國將若之何」，言下亦㠯盜殺脅之矣。子産言：「苟利社稷，死生㠯之。」正㠯不畏盜殺自任也。

襄二十八年：「且夫富，如布帛之有幅焉。爲之制度，使無遷也。夫民生厚而用利，於是乎正德㠯幅之，使無黜嫚，謂之幅利。」麟案：黜从出聲，凡从出聲者多有短義。《説文》：「崛，山短高也。」《埤蒼》：「屈，短尾犬也。」餘屈訓短者，已見「畢人之周也」下。《方言》：「襜褕其短者，自關而西，謂之裗䘿。」又云：「䵺，短也。」《周髀算經》：「往者詘。」注：「從夏至南往，日益短，故曰詘。」《尒疋・釋鳥》：「鶌鳩，鶻鵃。」注：「似山鵲而小，短尾，青黑色，多聲。」是凡出聲者皆有短義。黜字可與彼通，亦訓短矣。嫚讀爲曼。《詩・魯頌・閟宮》：「孔曼且碩。」傳：「曼，長也。」《賈子・等齊》：「亂且不息，滑曼無紀。天理則同，人事無別。」滑曼即黜嫚。滑之訓短，即《尒疋》「鶌鳩，鶻鵃」之鶻。鶻鵃二字本皆取短義。鵃者，周也。周爲短，亦見「畢人之周也」下。鶻與鶌同，猶滑與黜同也。大傳此篇説天子諸侯之無別，故曰短長無紀。其文及義並與此同，可㠯補《訓故》矣。此傳云：「正德㠯幅之。」故即㠯幅諭言，使無短長也。幅當言廣陜，而言短長者，對匹縱言短長，則幅横當言廣陜；若但就幅兩邊相距言，則亦可云短長也。富不得有短長者，如《周禮》：「王子三公食百里之邑，卿食五十里之邑，大夫食二十五里之邑。」目及《王制》所言：「卿禄四大夫，大夫倍上士，上士倍中士，中士倍下士，下士與庶人在官者同禄。」皆有等差，不得相越是也。《士喪禮》曰：「亡則目緇長半幅，赬末長終幅。」是幅亦可言長之證。又按：《説文》：「充，長也。」《方言》云：「幅廣爲充。」亦其證。

襄二十五年：「申蒯侍漁者。」杜預注：「侍漁，監取魚之官。」顧氏棟高《大事表》曰：「《周禮・䱷人》『掌目時䱷爲梁』，凡䱷者掌其政令，此侍漁當《周禮》之䱷人也。」麟按：杜、顧二説是也。侍得訓監者，《禮記・喪大記》：「大胥侍之。」注：「侍，猶臨也。」《釋詁》「監」「臨」皆訓視，是臨與監同義矣。又《荀子・正名》：「猶引繩墨，目持曲直。」注：「持，制也。」制有節制義，亦與監相近。《莊子・齊物論》：「見卵而求時夜。」司馬注：「司夜，謂雞也。」是時有司義，司與監意亦近，然則持、時與侍聲義並近也。又寺聲、直聲相通。如：《詩・鄘風・柏舟》：「實維我特。」《韓詩》「特」作「直」；《陳風・宛丘》：「值其鷺羽。」傳：「值，持也。」《説文》：「持，槌也。」《禮記・月令》「具曲植籧筐」，注亦云「植，槌也」是也。宣二年傳：「宋城，華元爲植。」杜預曰植爲將主，彼植與此侍亦同也。

襄二十一年：「軌度其信，可明徵也。」正義曰：「謂使其臣信有軌則法度，可明目爲徵驗也。劉炫云：軌，法也。行依法度，而言有信也。」按：如孔説，則當言「信有軌度」，倒句爲「軌度其信」，文雖可通，但目軌度爲實事，與上文「洒濯其心」不一例。如劉説，則軌度屬行，信屬言，分爲二事，則當言「軌度與信」，何言其也？近沈氏彤《小疏》云：「謂上所行之軌跡，自度有實，可明驗諸人，而無不慊也。」則吕軌字微讀，不與度平列，尤與「洒濯其心」之文相錯矣。案：軌从九聲。《周禮・春官・小史》注：「故書『簋』或爲『几』。鄭司農云：『几讀爲軌。』」段氏《漢讀攷》云：「當作：『故書軌或爲九。鄭司農云：九讀爲軌。』」下注曰：「書亦或爲簋，古文也。」《漢讀攷》云：「『或爲』下當有『軌』字，句絶。『簋，古文也』四字句絶。」據段君此説，則司農讀九爲軌。然則此軌亦可讀爲九，輾轉互通也。《説文》「九」下云：「象其詘曲究盡之形。」《列子・天瑞》：「九變者，究也。」《漢書・律歷志》：「九者，所吕究極中和。」《白虎通・宗族》：「九之爲言究也。」是九有究義。《詩・大雅・皇矣》云：「爰究爰度。」是究與度義相近比，然則「軌度其信」即「究度其信」，洒濯、究度皆迻動之字，心、信皆皃定之字，文法一例也。言究度其信可吕明驗諸人也。

昭十七年：「今茲火出而章，必火入而伏，其居火也久矣，其與不然乎？」正義曰：「服虔注本：『火出而章，必火，火入而伏。』重火，别句。孫毓云：『賈氏舊文無重火字。』」麟案：《漢書・五行志》引傳亦不重火，是子駿舊本固然也。臧氏玉林曰：「當从服氏本有重火字爲是。梓慎吕火、彗之隱顯，占諸侯之有災。下云『其居火也久矣，其與不然乎』，言彗星隨火行已二年矣，諸侯之有火災，必然而無疑也。若作『必火入而伏』，爲火星入而彗伏，則下文『其與不然』何所指乎？」吕上臧説。此説非也。案：「不」爲「林」字之譌，《五行志》亦同，皆淺人所改也。《論衡・變動篇》：「歲星害鳥尾，周、楚惡之。綝然之氣見，宋、衛、陳、鄭災。」《治期篇》同。案：歲星事出《左傳》，綝然事亦出《左傳》也。而今《左傳》無綝然字，知此處必是誤字。林借爲綝。《論衡》申之云：「災氣署垂於天。」是綝然者，乃主火之孛星之專名也。其與，猶其諸。當時見孛星者，未審其名爲何，梓慎乃揣之曰：其諸綝然之氣乎？《說文》：「綝，讀若郴。」《方言》云：「齊語凡物之壯大而愛偉之，謂之郴。」《論衡》云「宋、衛、陳、鄭同時皆然」，則「然」當從《說文》訓燒也。郴然之氣，大燒之氣也。下云「若火作」者，㠯郴然之氣決之也。《天文志》曰：「火與水合爲淬；與金合爲鑠。」皆㠯人事物性名天象。郴然之得名，其猶是乎？或曰：《說文》「闖」亦讀郴，綝然即闖然，謂暫見。然非祲氣主名，不可爲訓。

宣四年：「書曰『鄭公子歸生弒其君夷』，權不足也。君子曰：『仁而不武，無能達也。』」麟案：權與拳通，如莊十九年傳「鬻拳」，《後漢書·孔融傳》「拳」作「權」也。《詩·小雅·巧言》：「無拳無勇。」傳：「拳，力也。」《齊語》「有拳勇股肱之力」，注：「人勇爲拳。」字又作「捲」。《說文》：「捲，氣勢也。」引《國語》曰：「有捲勇。」《莊子·讓王》：「捲捲乎後之爲人。」《釋文》：「捲捲，用力貌。」然則權不足，猶言力不足，或勇不足耳。「仁而不武」二句，復申釋之。

成二年：「辟司徒之妻也。」麟案：上文云：「銳司徒免乎？」銳司徒、辟司徒，蓋所職相近，故命名亦相近。辟當讀爲躄。《方言》曰：「躄，猝也。」猝與銳皆駛疾意，蓋皆主勁兵者。

哀十一年：「公爲與其嬖僮汪錡乘。」《禮記・檀弓》作「鄰童汪踦」，或疑嬖與鄰異。麟謂彼鄰讀爲伶。《説文》：「伶，弄臣也。」《詩・秦風》「寺人之令」，《韓詩》「令」作「伶」，此與樂官稱伶人，形義皆殊。是伶與嬖同意也。當㠯此説彼，不得因彼疑此。

定四年：「疆㠯周索。」麟案：索與素通。如《考工記》「時文思索」，《詩・鄘風・定之方中》箋引作「時文思素」。昭十二年傳：「八索。」《釋文》云：「索，本或作素。」又《釋名》云「八索，索，素也，著素王之法」是也。《方言》：「素，廣也。」《周禮・大司徒》：「辨地域廣輪之數。」《越語》：「廣運百里。」韋解：「東西爲廣，南北爲運。」《詩・商頌》：「幅隕既長。」傳曰：「幅，廣也。」然則疆域之度可稱爲幅，亦可稱爲廣，周素猶云周幅耳。㠯夏尺、商尺、周尺及里步各不同，故言周素㠯爲別。下云「疆㠯戎索」，亦謂㠯戎狄所用之尺與其里步疆之也。《士喪禮》「獻素」注云：「形法定爲素。」與此同義。故素、索二字，又引申爲法。杜預曰：「索，法也。」亦是也。

僖二十八年：「與若敖之六卒。」按：楚不成君無謚者稱敖，見昭十三年傳杜預注。敖，讀如《書序》「西旅獻獒」之「獒」。後司農注云「獒讀曰豪，謂酋豪也」是也。作「敖」，作「獒」，皆借字。而敖亦可爲本字。《詩・衛風・碩人》傳：「敖敖，長貌。」長短之長，酋長之長，古音不分，義相引申。故《小雅・斯干》「噲噲其正，噦噦其冥」，傳：「正，長也。冥，幼也。」即㠯君長字爲長短字，㠯幼少字爲窈闇字也。不成君稱敖，猶酋豪與真君别也。又楚本夷狄，與西旅無君者差近，本其初俗，宜有大酋、小酋之别，目所統多少爲異，故不成君曰敖，其官亦有莫敖。至楚、漢時尚有官名連敖。見《史記·淮陰侯列傳》。君臣雖異，其爲酋長一也。若《五行志》述桓十一年傳、《淮南·脩務訓》「莫敖」皆作「莫囂」。此猶《詩·大雅·板》云「聽我囂囂」，《潛夫論》引作「聽我敖敖」；《書序》「仲丁遷于囂」，《殷本紀》作「仲丁遷于隞」；《詩·小雅·車攻》「搏獸于敖」；宣十二年云「晉師在敖、鄗之間」。字又作「敖」，乃因聲通用，非所取義也。莫敖字當从囂，訓當从敖。

成二年：「丑父使公下，如華泉取飲，鄭周父御佐車，宛筏爲右，載齊侯目免。韓厥獻丑父，郤獻子將戮之」云云。《春秋緐露》謂《春秋》不與丑父，由其不勸君死，而目身代戮。《公羊》謂丑父終死。麟案：《五經異義》云：「《公羊》説：『國滅君死，正也。』故《禮運》云：『君死社稷。』無去國之義。《左傳》説昔大王居豳，狄人攻之，乃踰梁山，邑於岐山。故知有去國之義也。許慎謹案：《易》曰：『係遯，有疾厲。畜臣妾，吉。』知諸侯無去國之義也。」後司農無駁，是許、鄭皆從《公羊》也。竊目大王邑岐山猶在竟内，非去國。狄至避之，亦與滅異。而《左傳》説引爲去國之證者，國係社稷，狄至，則豳之社稷滅，即國滅也。邑岐山，則不守故社稷，即去國也。據《喪服》「齊衰三月」章，有「寄公爲所寓」，傳曰：「寄公者何也？失地之君也。何目爲所寓服齊衰三月也？言與民同也。」《禮記·郊特牲》：「諸侯不臣寓公。」注：「寓，寄也。」乃《禮記》正義則謂：「或天子削地，或被諸侯所逐。」是未必皆被滅者，猶不足爲《左傳》説舉證。若《旄丘》爲黎臣責衛不能修方伯連率之職而作，此非見滅出奔者乎？夫不自咎去國，而目怨人，猶得列于《詩·風》，則去國誠先聖所不禁，死國、去國義得兩通。許君專從《公羊》，偏矣。至鞌戰，不過喪師，本未滅國，齊侯無死義，丑父代之正當，非婦豎愚忠比也。董生深詆丑父，殊爲苛論。《春秋》不目丑父與孔、仇、荀三人並列者，丑父不死，無可書也。且君免矣，□雖死，亦非目君累者也。《後漢書·馮衍傳》衍説廉丹曰：「衍聞順而成者，道之所大也；逆而功者，權之所貴也。是故期於有成，不問所由；論於大體，不守小節。昔逢丑父伏軾，而使其君取飲，稱於諸侯；鄭祭仲立突而出忽，終得復位，美於《春秋》。蓋目死易生，目存易亡，君子之道也。詭於衆意，寧國存身，賢智之慮也。」據敬通目祭仲、丑父並論，蓋兼治《左氏》《公羊》者，而目丑父爲行權，是治《公羊》者固不盡用董生之説矣。因孔巽軒《公羊通義》從董，故爲駁正如此。

成三年：「齊侯朝于晉，將授玉。郤克趨進曰：『此行也，君爲婦人之笑辱也，寡君未之敢任。』」《齊世家》曰：「頃公十一年，晉初置六軍。頃公朝晉，欲尊王晉景公。景公不敢當。」《晉世家》曰：「景公十二年，齊頃公如晉，欲上尊景公爲王，景公讓不敢。」麟案：篆文「王」「玉」皆作「王」，傳本作「王」，故史公説爲帝王字，必目王爲帝王，不目爲金玉者，上章云：「十二月，甲戌，晉作六軍。韓厥、趙括、鞏朔、韓穿、荀騅、趙旃皆爲卿，賞鞌之功也。」韓厥等六人，即新上、中、下軍將佐。史公蓋目爲與此章是一章，故《齊世家》先言晉初置六軍，乃言頃公云云。蓋六軍乃天子之制，晉因鞌勝而自比天子，故齊亦因鞌敗而尊王之。晉之讓者，特目名位難假，恐爲人所議耳。史公云「景公不敢當」，即釋傳文「寡君未之敢任」也。蓋晉侯使郤克釋辭也。「此行也」二句，又郤克所增。其説深合傳旨。

王得言授者，《荀子・大略》云：「天子即位，上卿進授天子一策，中卿進授天子二策，下卿進授天子三策。」策即《顧命》「御王册命」之「册」。彼鄭注云：「讀策書㠯命王嗣位之事。」然則授策者，即授㠯王位也。是王可言授矣。而正義駁之曰：「齊弱於晉，所較不多，豈爲一戰而勝，即㠯王相許？」按：《吳語》：越王命諸稽郢行成於吳，曰：「昔者越國見禍，得罪於天王。天王親趨玉趾。」又云：「敢忘天王之大德？」又云：「天王豈辱裁之？」又云：「今天王既封植越國。」又云：「是天王之無成勞也。」又云：「唯天王秉利度義焉。」當時吳、楚等國稱王而不稱天王，言不穀，言孤，而不言余一人，仍不㠯天下共主自居也。越弱於吳，亦所較不多，而㠯天王稱吳，非㠯師敗故耶？齊之于晉，何獨不然？且越王自稱曰「寡君句踐」、曰「句踐」、曰「孤」，是稱吳爲天王，而自稱仍不曰臣也。齊雖尊晉爲王，而不㠯臣禮朝，亦可知矣，非甚屈也。且授王在置六軍後，亦含嘲謔之意焉。張平子曰：「禮，諸侯朝天子，執玉，既授而反之。若諸侯自相朝，則不授玉。」此又牽合兩説而誤。

襄三十年：「使大史命伯石爲卿，辭。大史退，則請命焉。復命之，又辭。如是三，乃受策入拜。」按：《周禮・内史》職云：「凡命諸侯及孤卿大夫，則策命之。」故僖二十八年傳云：「王命内史叔興父策命晉侯爲侯伯。」是策命乃内史所掌，非大史也。《書・酒誥》：「矧大史友，内史友。」是侯國亦有内史。而此云「使大史命伯石爲卿」，《覲禮》説天子之事云：「諸公奉篋服，加命書于其上，升自西階東面，大史是右。侯氏升，西面立，大史述命。」注云：「讀王命書也。」則王命諸侯亦或使大史，皆與《周禮》不合。疑「大」皆「内」之誤也。篆文大與内相似。又古文「大」字，或省作「亽」。觀《説文》「羍」古文作「伞」可知。内字，《南宫中鼎》亦作「入」，《毛伯鄭敦》「毛伯内門立中庭」，又㠯内爲入。《五行志》述襄九年傳「㠯出入火」，今傳「入」作「内」。《書・禹貢》：「九江納即内。錫大龜。」《史記》「納」作「入」，是内、入一字，與「大」省作「亽」形亦相似，由此誤也。《周禮・大史》雖云「大會同朝覲，㠯書協禮事」，其書非命書也，不得㠯爲大史策命之證。公孫黑强與薰隧之盟，使大史書名，或即《周禮》所言「㠯書協禮事」與？所書亦非命書也。若《玉藻》正義㠯此爲内史闕，故使大史攝代，且引文十五年傳服子慎注「史佚，周成王大史」，而㠯《洛誥》「史逸命伯禽」爲證，則未知逸祝册時，在周公七年十二月戊辰晦，明日成王即政，今日猶未行周禮，故有大史策命之事，亦非此傳之證也。

昭十一年：「齊渠丘實殺無知。」鄭司農㠯渠丘爲無知之邑。杜預注：「渠丘，今齊國西安縣也，齊大夫雝廩邑。」正義駁司農曰：「無知不坐邑死，何㠯言渠丘殺無知？蕭、亳非子游之邑，渠丘不得爲無知邑。」徐氏善《春秋地名攷略》曰：「案：《後漢志》西安縣有蘧丘亭，亦曰渠丘，或㠯爲即古葵丘。今臨淄縣有西安故城及蘧丘里，即其地矣。昭十一年疏云：『晉封桓叔于曲沃，而㠯欒賓傅之。鄭使許叔居許，而㠯公孫獲佐之。楚使大子建居城父，而㠯奮揚助之。並是一邑而有二人。』㠯上引疏。然則齊使無知居渠丘，又㠯雝廩爲其大夫，何不可乎？唯同在一地，故得相誘爲非，連稱成葵丘，㠯妹許無知，非平居親習不能也。則渠丘即葵丘無疑矣。」麟案：此説㠯疏駁疏，可謂司農之功臣矣。然無知不坐邑死之説，猶未有駁。案：據《齊世家》，則雔虞乃是邑名，説詳前矣。《攷略》亦失攷《史記》，仍用杜説，目雔虞爲人名。疑雔虞即渠丘，本是無知之邑，故無知得虐於雔虞人，及盜位後，必置重臣于其地。或馮其富强，遂㠯反戈相向。無知之死，非由邑而何？豈謂渠丘始終爲無知私邑哉！又渠丘即葵丘，則連稱、管至父厭居久矣，守臣亦必非連、管可知也。《齊世家》言：雔林人嘗有怨無知，及其往游，雔林人襲殺無知。雔林人即渠丘大夫也。彼下文又言「告齊大夫者」，謂國中之大夫也。怨即傳之虐也。然則無知置所怨於故邑㠯爲重臣者，猶懿公刖邴歜父，而使歜僕，所㠯爲愚也。

昭二十年「員如吴，言伐楚之利於州于。公子光曰」云云。杜預注：「光，吴公子闔廬也。」麟案：《方言》：「船首謂之閤閭。」《廣雅・釋水》：「艑謂之桄。」《疏證》曰：「此謂船前横木也。」《集韻》：「桄，舟前木也。」然則闔廬即閤閭，光即桄，義相通也。

閔元年：「親有禮，因重固。」案：因亦親也。《詩・大雅・皇矣》「因心則友」傳：「因，親也。」《儀禮・喪服》傳：「繼母之配父，與因母同。」注：「因，猶親也。」《廣雅・釋詁》：「因，親也。」《賈子・傅職》云：「天子不姻於親戚，不惠於庶民。」姻亦親也，即《周禮》「孝、友、睦、婣、古文姻。任、卹」之「婣」，《詩・小雅・我行其野》「不思舊姻」，《白虎通》引作「不惟舊因」，是因、姻同之證。此亦可補《訓故》者也。服子慎注：「重不可動，因其不可動而堅固之。」此本襄十四年「因重而撫之」爲義，然文不安。

昭十二年：「今鄭人貪賴其田，而不我與。」案：《方言》：「賴，取也。」《廣雅・釋詁》同。《廣雅疏證》曰：「《莊子・讓王》：『若伯夷、叔齊者，其於富貴也，苟可得已，則必不賴。』」然則「貪賴其田」，謂貪取其田也。「取」與下「與」應。《賈子・諭誠篇》：「不能賴楚，曳師而去。」正謂不能取楚也。亦《訓故》也。又案：《鹽鐵論・毀學》云：「苟非其人，簞食豆羹猶爲賴民也。」謂非己所應得，而妄取于民也。《孟子・滕文公》云：「則是厲民而𠂹自養也。」厲亦借爲賴，取也。

昭十年：「鄭裨竈言於子産曰『七月戊子，晉君將死』云云，『吾是𠂹譏之』。」按：「譏」，讀如《王制》「關執禁𠂹譏」、《孟子》「關譏而不征」之「譏」。《王制》注：「譏，呵察也。」《孟子》注：「譏，察也。」又通作「幾」。《玉藻》：「御瞽幾聲之上下。」注：「幾猶察也。」言吾是𠂹察之也。

文十七年：「鹿死不擇音。」服子慎注：「鹿得美草，呦呦相呼，至於困迫將死，不暇復擇善音，急之至也。」杜預注：「音，所茠蔭之處。」則謂借音爲蔭。正義曰：「傳云：『鋌而走險，急何能擇？』言走險，論其依止之處，𠂹其怖急，得險則停，不能選擇寬静茠蔭之所。傳文所論，止言其出處所在，不論音聲好惡。」麟案：鋌而走險，則喘息不能自止。急何能擇，謂不能擇善音也。然則音爲聲音，無所疑也。《後漢書・皇甫規傳》：規懼不免，上疏自訟曰：「今見覆没，恥痛實深。傳稱『鹿死不擇音』，謹冒昧略上。」此𠂹鹿死不擇聲音，喻己將死而愬于君，其言亦狂妄無狀，不暇復擇婉文曲辭也。可見漢人説傳皆然。且《莊子・人間世》

云：「獸死不擇音，氣息茀然。」亦㠯爲聲音。服説合古義。

隱五年：「叔父有感俗作「憾」。於寡人，寡人弗敢忘。」案：感，當讀爲箴規之箴，皆从咸聲。即諫觀魚。是弗敢忘者，弗敢忘其箴，非弗敢忘其因不聽而恨也。

襄二十七年：「單斃其死。」麟按：單與觶同音。《異義》引《韓詩》説云：「觶，適也。」古文觗又與衹同音。單，古亦用爲但。《莊子·讓王》「單㠯反一日之無故而不可得也」是也。❶又《周頌·昊天有成命》「單厥心」，《周語》作「亶厥心」，古字㠯亶爲但，《羽獵賦》「亶觀夫剽禽之紲踰」，《翼奉傳》臣奉「亶居而改作」是也。知單又通但。適、衹、但皆同意。斃，預注用《釋言》訓「踣也」，是也。死者，《陳湯傳》云：「求谷吉等死。」《集注》曰死爲尸，此亦同矣。言爲不信者不足害人，適自踣其尸耳。踣尸者，見殺也。如言殺人者踣諸市也。

文五年：嬴曰：「㠯剛。《商書》曰：『沈漸剛克，高明柔克。』夫子壹之，其不没乎？天爲剛德，猶不干時，況在人乎？」案：馬季長注《鴻範》「沈潛」二句曰：「沈，陰也。潛，伏也。陰伏之謀謂賊臣亂子，非一朝

❶「讓王」，據《莊子》，此下引文出自《盜跖》篇。

夕之漸。君親無將，將而誅，高明君子亦㠯德懷也。」然則真《古文尚書》説「剛克」「柔克」㠯治沈潛者、高明者也。此傳意亦如此。言據《商書》，則賊臣亂子方可㠯剛治之，高明君子則當㠯柔治之。今夫子壹施㠯剛，則怨結于身，其不没乎？天爲剛德，猶不干春生秋殺之時，況在人乎？杜預謂：「沈潛，猶滯弱也；高明，猶亢爽也。言各當㠯剛柔勝己本性，乃能成全也。」此㠯沈潛與剛克、高明與柔克即爲一人，實悖古義。孫淵如《書疏》反㠯駁馬氏，傎矣。若《漢書·谷永傳》：永説王音曰：「意豈將軍忘湛漸之義，委曲從順，所執不彊？」此亦用《鴻範》，言將軍豈忘《鴻範》所言「陰伏之謀，當㠯剛克治之」之義，永意實如此，但舉湛、漸二字者，㠯其在句首，可㠯統全句也。而乃委曲從順，所執不彊也。永所説，不指治陰伏之謀，然與《書》本義尚近，亦非如治性之説也。潛，《史記》述《書》作「漸」，與此傳同，與馬本異。蓋壁中本如此也。馬本蓋亦作「漸」，但讀爲潛耳。然則字當从漸，訓當从潛□。

昭七年：「兄弟之不睦，於是乎不弔，況遠人誰敢歸之？」按：此「弔」當訓「至」。杜預謂「不相弔恤」，非也。弔與歸相應，言兄弟之國不至晉，非謂晉不弔恤兄弟之國也。此處但泛言兄弟，非專指衛，下文始言「今又不禮於衛之嗣」耳。故「弔」字與下文「使獻子如衛弔」又不同。

文十八年：「堯不能去。」□□□□鄭大夫曰：「堯知鯀不可用而用之者，屈己之明，因人之心也。」《後書·鄭興傳》。然則堯不能去四凶，皆此意也。

襄十四年：「於是齊崔杼、宋華閱、仲江會伐秦。不書，惰也。向之會，亦如之。衛北宮括不書於向，杜預注：「亦惰。」書於伐秦，攝也。」麟案：攝借爲躡。《方言》：「躡，急也。」謂黽勉從事，正與惰相反。

襄八年：「翦當作「⿱齊羽」。焉傾覆。」案：《釋言》：「翦，齊也。」《說文》：「前，齊斷也。」是前聲、齊聲通也。此翦讀爲隮。《書・微子》：「今爾無指告，予顛隮焉。」注：「隮，猶隊也。」昭十三年傳：「知擠于溝壑矣。」杜預注：「擠，隊也。」《莊子・人間世》：「因其修而擠之。」司馬注：「擠，陷也。」是隮與擠皆傾覆意，故曰翦焉狀傾覆也。

哀十七年：「如魚竀尾，衡流而方羊。」鄭司農注：「魚肥則尾赤。今本正義「肥」作「勞」，从《詩》正義改。方羊，遊戲。喻衛侯淫縱。」《詩・汝墳》正義云：「魴魚之尾不赤，故知勞則尾赤。《左傳》曰：『如魚赬尾，衡流而彷徉。』鄭氏云：『魚肥則尾赤。曰喻蒯聵淫縱。』不同者，此自魴魚，尾本不赤，故爲勞也。鄭曰爲彼言彷徉爲魚肥，不指魚名，猶自有肥而尾赤者。服氏亦爲魚勞。」麟按：《詩》正義說非也。肥借爲腓。《易・咸》：「咸其腓。」《艮》：「艮其腓。」荀本腓皆作肥，此相通之證。《詩・小雅・四月》：「百卉具腓。」傳：「腓，病也。」《釋詁》「痱，病也」亦同。病、勞意近。魚病則尾赤，猶魚勞則尾赤，與《詩》及服義皆合。司農云：「方羊，遊戲，喻衛侯淫縱。」此曰遊戲喻淫縱，非曰肥喻淫縱也。意謂魚病則尾赤，乃復遊戲，曰喻衛侯孤弱，乃復淫縱，言其危而不自知也。

又案：《孟子・萬章》云：「始舍之圉圉焉，少則洋洋焉。」趙氏注云：「圉圉，魚在水羸劣之貌。洋洋，舒緩搖尾之貌。」彼之洋洋，即此之方羊。焦里堂說。然則魚始勞，終遊戲，亦情狀所有。此繇詞，則㠯喻衛侯羸劣而猶淫縱也。

宣二年：「殺敵爲果，致果爲毅。」凡果敢之誼，皆自此引申。果之爲言踝也。《賈子・俗激》云：「今其甚者，剄大父矣，賊大母矣，踝嫗矣，刺兄矣。」踝與剄、賊、刺並言，與《管子・七臣七主》所云「春無殺伐，無割大陵，倮大衍」聲誼並同，是踝亦殺也。《說文》云：「𢦔，擊踝也，从丮从戈，讀若踝。」擊踝，猶云擊殺也。戈之爲用，可刺可擊。傳云：「㠯戈擊之。」《釋名》云：「戈，過也。所刺擣則決過。」故字從戈也。則踝、𢦔聲誼皆同矣。踝又與冎通。如《晉語》「知果」，《古今人表》作「知過」。《說文》云：「冎，剔人肉置其骨也。象形，頭隆骨也。」而《釋名》云：「踝，确也，居足兩旁磽确然也，亦因其形踝踝然也。」是冎、踝皆象骨之隆起，亦皆有殺割之誼也。《荀子・儒效》云：「解果其冠。」《說苑・尊賢》云：「蟹堁者宜禾。」解果爲陝隘，楊倞注。蟹堁爲高地，亦見楊倞注，唯「堁」作「螺」。皆㠯雙聲爲名，故踝與解亦雙聲而誼近。《說文》云「解，刀解牛角也」是矣。❶ 由殺誼引申之，則《蒼頡篇》云：「倮，憨也，殺敵爲倮。」《廣雅・釋詁》云：「倮，勇也。」苞注《論語》

---

❶「解」，《說文解字》(影印文淵閣《四庫全書》本)作「判」。

「由也果」云：「謂果敢決斷也。」韋解《晉語》「其身果而辭順」云：「謂敢行其志也。」解「是之不果奉」云：亦《晉語》。「克也。」趙注《孟子》「行不必果」云：「能也。」凡此皆自殺義出者也。決斷本即是殺。《穀梁傳》云：「克者何？能也。何能也？能殺也。」是克、能亦从殺取訓。而《爾雅・釋詁》云：「惈，勝也。」尤與傳文「勝國曰滅之」、《公羊傳》「君死于位曰滅」相轉注。此殺，則彼死矣，故《周禮・秋官・司刑》注云：「殺，死刑也。」此正如《疋》訓虐爲殺。傳云「自虐其君」，「虐我伯姬」，並訓爲殺，而引申又爲暴虐也。又如割之訓害也。虐、割等皆因殺而訓爲惡德，果獨因殺而訓爲美德者，亦猶《説文》毅本訓妄怒，惡德也，而引申亦爲美德。説者徒㠯果本木實，引申迂遠，遂欲㠯諸訓敢、訓勇者，皆爲敢之雙聲假借。故引大傳語，㠯明其爲本音本誼云。《賈子・道術》云：「志操精果謂之誠，反誠爲殆。」亦與此果同。按《釋詁》惈與肩、戡皆訓「勝也」，勝、肩、戡又與劉、殺皆訓「克也」，亦果爲殺之證。

春秋左傳讀卷二

襄三年：「使臣斯司馬。」杜預注：「斯，此也。」非。《晉語》作：「使臣狃中軍之司馬。」韋解：「狃，正也。」則㠯正與「日君乏使」相對。反正爲乏，乏爲匱乏，則正爲充足。正中軍之司馬，猶言備中軍之司馬也。然與傳又不合。俞先生曰：「斯，疑廁誤。《秋興賦》：『攝官承乏，猥廁朝列。』李善注引《蒼頡注》曰：❶『廁，次也。』哀二年杜解『去斯役』，《釋文》曰：『斯本作廝。』廝與廁相似，廁誤作廝，因改爲斯矣。《晉語》狃亦廁也。《廣雅・釋詁》曰：『粈，廁也。』粈、狃義通。」麟案：先生解《外傳》精塙，然《內傳》亦不必云字誤。《詩》箋云：「今俗語斯白之字作鮮。齊、魯之間聲近斯。」《說文》：「𩅦，讀若斯。」是斯與鮮聲通矣。鮮从羴省聲，羼亦从羴形兼聲，蓋古音羼與羴、鮮近，不音初限切也，是亦可與斯字㠯雙聲相通矣。《說文》：「羼，羊相廁也。」引申爲凡相廁。《鮮鼎》，鮮作「」，實借羼爲鮮耳，其文象雜廁形也，故斯司馬借爲羼司馬，其訓則爲廁，與用狃而訓廁同。

成十三年：「奸絕我好。」案：《詩・小雅》：「秩秩斯干。」傳：「干，澗也。」是干聲、間聲可通，此奸借爲

---

❶ 下「注」字，俞樾《羣經平議》（清光緒《春在堂全書》本）同，《文選》李善注作「篇」。

間也。《晉語》：「且夫間父之愛。」注云：「間，離也。」言離絶我好也。或曰：奸絶讀爲遏絶，猶鶡鴠之爲鶡鴠。又《公羊》莊十二年《解詁》：「故訐閔公㠯此言。」《釋文》：「訐，一本作揭。」是干聲、曷聲通也。《書・呂刑》曰：「遏絶苗民。」

哀十六年：「不爲利諂，不爲威惕，不泄人言㠯求媚者。」按：諂與閻同。《方言》：「閻，勸也。」不爲利勸，言不爲利而勸勉從亂也。閻之訓勸，實亦借爲諂。諂引申爲勸者，《方言》云：「慫慂，勸也。」《汲黯傳》「慫慂」作「從諛」，諛、諂同意，皆引申爲勸，是其理也。此傳諂字，从勸義爲切。凡閻、慫慂等，本義皆爲勸人，引申亦爲勸之而勸。

宣十二年：「有律㠯如已朱梁補刊石經、岳氏單注本、《纂圖》單注本、慶元正義本「已」皆作「己」，非也。也，故曰律，否臧，且律竭也。」已、且二字，向無明解。麟案：已、且皆訓「此」也。《釋詁》：「已，此也。」戴東原説㠯《莊子》云「已而爲知者」「已而不知其然」。又《書・咎繇謨》：「邇可遠在兹。」《史記》作「近可遠在已」。《詩・周頌・載芟》：「匪且有且。」傳：「且，此也。」「有律㠯如已也」，「已」字遥承上文「此師殆哉」㠯下諸「師」字。此者，此師也。言有律㠯馴順此師也。如同若，若訓順，故如亦訓順。上文云「執事順成爲臧，逆爲否」，故此文亦言如也。「故曰律」者，律之爲言述也。㠯其使師順從，故名之曰律，取述義也。述者，遵循之義也。「否臧，且律竭也」者，謂《易》所言否臧者，言此律竭也。此，亦此師也。

宣十二年：「盈而㠯竭。」㠯，若讀本字，則不必有此字，但云「盈而竭」足矣。㠯當借爲台。阮氏《釋周公華鐘》曰：「古銘，㠯多作台，二字義通。」《釋詁》訓台爲我，又訓爲予。《廣雅·釋詁》云：「㠯，予也。」麟謂《齊侯鎛鐘》「㠯」亦作「台」，台亦可作㠯，放此矣。《周本紀》：「乃斷棄其先祖之樂，乃爲淫聲，用變亂正聲，怡悦婦人。」《禮樂志》「怡」作「㠯」，怡與台同，亦其證也。《方言》：「台，失也。」竭與盈對，失亦與盈對。盈从夃。《説文》：「秦謂市買多得爲夃。」則盈亦取多得義，故與失對文也。《師》初六《象傳》云：「失律，凶也。」故此言台也。

哀十七年：「大子疾、公子青踰從公。」杜預注：「青，疾弟。」按：《方言》云：「清，急也。」《七發》：「發怒座沓，清升踰跐。」是清者，急也。善注：「清者，上升。」失之。公子青蓋借爲清，急、疾同義，兄弟二人命名取一義。《論語》仲突、仲忽皆㠯急疾之意命名，亦猶是矣。僖二十七年傳始見「郤溱」，《晉語》注云：「郤溱，晉大夫郤至之兄。❶或云溱即至，非也。」㠯上《晉語》注。按：溱借爲臻，亦兄弟命名同義也。同義，故「或説」誤謂一人。昭七年始見「罕魋」，預注：「魋，子皮弟。」案：子皮名虎。《釋獸》云：「魋如小熊，竊毛而黃。」熊、虎亦同類。《鄭語》云：「夫荆子熊嚴生子四人：伯霜、仲雪、叔熊、季紃。」霜、雪亦同類。

---

❶「兄」，《國語韋氏解》作「先」。

成八年：「㠯其田與祁奚。」祁奚始見此。《吕覽・開春篇》注：「祁奚，高梁伯之子祁黄羊也。」又《去私篇》注：「黄羊，祁奚之字。」麟案：《周禮・夏官・職方氏》：幽州「其藪曰貕養」。杜子春讀貕爲奚。《地理志》：琅邪郡長廣奚養澤在西，幽州藪。《説文》「藪」字下、《風俗通義》並作「奚」，葢奚正字，貕借字也。然則祁奚㠯奚養之奚爲名，㠯奚養之養爲字，羊即養也，黄即廣也。廣養謂長廣之奚養也。奚養一藪可分用爲名字者，猶雲夢本一藪，而宣四年傳言䢵夫人使棄諸夢中，昭三年傳言楚子㠯鄭伯田江南之夢，定四年傳言楚子涉雎濟江入於雲中，皆分言也。

僖三十二年「西乞、白乙」，杜預注：「西乞，西乞術。白乙，白乙丙。」《廣韻》「西」字下云：「西，又複姓。《左傳》秦帥西乞術。」「白」字下云：「白，姓，秦帥有白乙丙。」按：西乞若是複姓，傳何得但舉其姓？白乙，乙爲字，丙爲名，名字相應，則西乞亦乞爲字，術爲名可知。《名氏解詁》讀「術」爲「遂」，讀「乞」爲「訖」，引《逸周書》注「遂，終也」、《爾雅》「訖，止也」，證其名字相應，其説允矣。若《吕氏・悔過》云「丙也，林也，視也」，此林乃秫字之譌，借秫爲術也。《晉世家》正作「西乞秫」。故《文選・述祖德詩》引《吕覽》仍作「術」，非有異名也。《悔過》注云：「申，白乙丙也。」此或一人二名。梁氏履繩因《廣韻》説，並欲㠯白乙爲氏，丙爲名，申爲字，尤繆。

成二年：「緩曰：『自始合，苟有險，余必下推車，子豈識之。然子病矣。』」杜預注：「㠯其不識己推車。」此說無謂，且與「然子病矣」不甚接。按：識借爲祝。《詩・鄘風・干旄》：「素絲祝之。」傳曰：「祝，織也。」司馬彪注《莊子》云：「職職，猶祝祝也。」此皆㠯織、職與祝古韻相轉而爲訓也。識亦戠聲，故亦通祝。《周禮・天官・瘍醫》：「掌腫瘍、潰瘍、金瘍、折瘍之祝藥，劀殺之齊。」注云：「金瘍，刃創也。」又云：「祝當爲注，讀如注病之注，聲之誤也。注謂附著藥。」㠯上《周禮》注。「豈」猶「其」也。《禮記・曾子問》：「周公曰：『豈不可。』」《外傳・吳語》曰：「天王豈辱裁之。」《孟子・滕文公》曰：「豈㠯爲非，是而不貴也。」「豈」皆「其」也。見《經傳釋詞》。緩謂「自始合，苟有險，余必下推車」，自見其勉力。緩，車右，推車非其職也。故又言「子其祝之」，㠯勉郤克，使速附藥愈瘍，即起擊鼓也。《史記・魏其武安侯列傳》云：「夫身中大創十餘，適有萬金良藥，故得無死。」是軍中有祝藥也。復言「然子病矣」者，若言子病矣，而可如我之勉力乎？所㠯激郤克也。《墨子・非攻中》：「今有醫於此，和合其祝藥之于天下之有病者而藥之，萬人食此。若醫四五人得利焉，猶謂之非行藥也。故孝子不㠯食其親，忠臣不㠯食其君。」蓋祝藥所㠯附著，非所㠯食，故雖食之有愈者，終不㠯爲行藥也。

成十三年：「其承寧諸侯㠯退。」杜預注：「承君之意，㠯寧靜諸侯。」麟案：此本上文「綏靜諸侯」之意。然「承君之意，㠯寧靜諸侯」，謂之「承寧諸侯」，于詞未達。按：《詩・魯頌・閟宮》：「則莫我敢承。」傳：「承，止也。」亦作「懲」。《小雅・沔水》：「寧莫之懲。」傳：「懲，止也。」亦作「徵」。《白虎通・禮樂》：「徵者，止也，陽氣止。」徵音止者，亦如「繒」籀文作「䋸」，从宰省聲，其實與本音相通轉。亦作「澄」。《淮南・說山》：「人莫鑑于沬雨，而鑑于澄水。」注：「澄水，止水也。」是皆與承聲義相同矣。《晉語》：「聞子與龢未寧。」韋解：「寧，息也。」然則「承寧諸侯㠯退」言止息諸侯㠯退也。上文之「綏静諸侯」，綏即妥。《釋詁》云：「妥，止也。」又云：「寧，静也。」然則静亦寧也，則亦息也，是綏静即承寧矣。

莊六年：「後君噬齊。」麟按：齊讀爲胏。《説文》：「⿰米齊，或作齍。」經、傳多用濟爲泲水字，是朿、齊聲通也。《易・噬嗑》九四：「噬乾胏，得金矢。」《説文》云：「𦞗，食所遺也。」引《易》「噬乾𦞗」，揚雄説「𦞗」作「胏」。張氏皋文説《易》曰：「乾爲金，離爲矢。金矢毒害之物。四體離，焚棄惡人，故得金矢。」《噬嗑》六三云：「噬昔肉，遇毒。」虞注：「毒，謂矢毒也。」矢毒即此金矢。然則後君噬胏者，㠯隱後君得毒害也。《易・離》九四：「突如其來如。」突即𠫓，《説文》訓爲「不孝子突出，不容于内」。楚文王爲鄧甥，卒滅母家，是爲不孝之尤。三甥言噬胏，意亦寓此矣。㠯「胏」訓「食所遺」，故鄧侯答㠯「人將不食吾餘」，亦取語意相合耳。○又案：何邵公《膏肓》曰：「楚、鄧强弱相縣，若從三甥之言，楚子雖死，鄧滅曾不旋踵，若刳腹去疾，炊炭止沸，《左氏》爲短。」後司農箴曰：「楚之强盛，從滅鄧㠯後，於時楚未爲强，何得云强弱相縣？」允哉斯箴！案：是年傳稱楚文王伐申過鄧，是時申未滅也。十四年傳始見滅息之文，亦在十年息侯使楚文王伐蔡之後可知。十四年傳言「遂滅息，㠯息嬀歸，生堵敖及成王焉。未言，楚子問之。對曰」云云，「楚子㠯蔡侯滅息，遂伐蔡。秋七月，楚入蔡」。據生堵敖及成王在入蔡之前，則息滅不在十四年可知，明傳文爲追述前事也。但經自十年後十四年前不見滅息，其年月無文可知，故今據傳文所見，度其先後云。當時申、息與鄧皆未滅，漢陽諸國存者甚多，是楚未强盛也。不孝子突出，當用焚如之刑。三甥請殺，識明而義亦合矣。又案：昭二十三年云：「若敖、蚡冒至于武、文，土不過同。」此雖沈尹過甚其說，亦足見文王時未甚强也。

僖三十年：「且君嘗爲晉君賜矣。」麟按：《方言》云：「賜施，欺謾之語也。」蓋長言爲賜施，二字合韻連語，猶「施于中谷」之訓「易」也。短言爲賜。下云：「許君焦、瑕，朝濟而夕設版焉。」是欺謾之實也。「賜」字又通作「瘍」、作「易」。《方言》「脈瘍」與「賜施」同訓。《方言》別本，「瘍」作「蜴」，即易字。宣二年傳：「易之戮也。」杜預注：「易，反也。」❶《晉語》：「好惡不易是謂君。」韋解：「易，反也。」君嘗爲晉君反，猶言「陳轅宣仲怨鄭申侯之反己於召陵」也。

僖三十年：「薦五味，羞嘉穀，鹽虎形，㠯獻其功。」麟案：上云：「㠯象其德。」此獻與象同意，讀當如儀，如《大誥》古文「民獻有十夫」，《大傳》作「民儀有十夫」，「獻尊」亦作「犧尊」，「犧」字或作「钀」也。《春官·司尊彝》：「鬱齊獻酌。」鄭司農云：「獻讀爲儀。儀酌，有威儀多也。」亦其證。襄三十一年傳云：「有儀而可象，謂之儀。」《演連珠》：「儀天步晷，而修短可量。」注：「儀，猶法象也。」是儀亦象也。《周語》云：「上不象天，而下不儀地。」是儀、象同舉之證也。

❶「也」，《春秋左傳正義》作「易」。

文七年：「此諺所謂『庇焉，而縱尋斧焉』者也。」杜預注：「縱，放也。」尋無訓。麟按：此尋與「將尋斧柯」訓「用」者不同。蓋既言縱，則不必又言用矣。尋宜讀爲「覃」。《詩・小雅・大田》：「㠯我覃耜。」傳曰：「覃，利也。」是覃斧者，利斧也。古音覃讀如尋。《釋名・釋兵》云：「鐔，尋也，帶所貫尋也。」《淮南・天文訓》「火上蕁，水下流」注「蕁，讀葛覃之覃」是也。又案：預注訓縱爲「放」，未塙。《詩・鄭風・大叔于田》：「抑縱送忌。」傳曰：「發矢曰縱。」由此引申，則凡發動兵器，皆得曰縱，似較預注爲塙。一曰縱即鏦。《説文》：「鏦，矛也。」尋借爲芟，如《説文》「襑」字，《釋名・釋衣服》作「衫」，云：「衫，芟也，芟末無袖端也。」是古音尋、芟通矣。焉借爲夷，説見前。言草木庇人，而或矛芟之，或□斧夷之也。凡草木柔脆者，㠯矛刺之，既毌其内，則向外決絶之，如葛藟等是。亦通。

昭十六年：❶「且夫《易》不可㠯占險。」麟案：《乾鑿度》云：「易者，㠯言其德也。通情無門，藏神無内也。光明四通，佼易立節。」後司農注曰：「佼易者，寂然無爲之謂也。佼易無爲，故天下之性莫不自得也。」《易贊》曰：「易之爲名也，一言而函三義：簡易一也，變易二也，不易三也。」是《易》名取于「乾㠯易知」。此㠯簡易、變易並列，則不㠯「乾㠯易知」爲變易、「坤㠯簡能」爲簡閲也。《乾鑿度》云：「《易》者，易也，變易也，不易也。」而復言「佼易」。

❶「六」，據《春秋左傳正義》當作「二」。

故鄭本之爲三義。易正與險反，故曰：「《易》不可㠯占險。」

隱八年：「先配而後祖。」賈侍中注：「配，成夫婦也。禮，齊□而未配，三月廟見，然後配。」鄭司農注：「配，同牢食也。先食而後祭祖，無敬神之心，故曰誣其祖也。」麟案：侍中注「齊」字讀爲「醮」。《郊特牲》：「壹與之齊，終身不改。」注：「齊，或爲醮。」醮即釂，卒爵也。夫婦合巹，必卒爵。《説苑》息夫人言「貳醮」可證。説見《經義述聞》。「齊而未配，三月廟見，然後配」者，《士昏禮》云：「若舅姑既没，則婦入三月，乃奠菜。」「祝告稱婦之姓曰：某氏來婦，敢奠嘉菜于皇舅某子。」又云：「祝曰：某氏來婦，敢告于皇姑某氏。」《曾子問》説其義云：「三月而廟見，稱來婦也；擇日而祭於禰，成婦之義也。」又云：「曾子問曰：『女未廟見而死，則如之何？』孔子曰：『不遷於祖，不祔於皇姑，壻不杖、不菲、不次，歸葬于女氏之黨，示未成婦也。』」是未三月廟見者爲未成婦，且不得爲壻氏之人矣。時莊公未卒，不須廟見。説見下。然使未三月而死，則仍當葬于女氏矣。必三月廟見而後成婦。又觀壻不杖、不菲、不次之文，則亦必三月廟見而後成夫婦矣。成夫婦者，猶言二十成人，及《釋畜》所云成羊、成雞耳，非謂㠯前非夫婦，至此時始同衽席也。時莊公尚在，忽無禰廟。諸侯有四親廟。《士昏記》云：「婦入三月，然後祭行。」注云：「入夫之室三月之後，於祭乃行，謂助祭也。」釋曰：「此據舅在無姑或舅没姑老者。若舅在無姑，三月不須廟見，則助祭。」忽婦須三月助祭。侍中云「廟見」，據《禮經》常義耳。但成人見之冠禮，成婦未審其禮云何耳。侍中説又不如司農之精。㠯陳鍼子送女至鄭，而言是不爲夫婦云云，恐畱鄭不當至三月之久也。

然正義又駁司農云：「《昏禮》：婦既入門，即設同牢之饌。其間無祭祀之事。先祭乃食，《禮》無此文。」

今案：《釋詁》云：「祖，始也。」《史記・三王世家》云：「祖，先也。」《方言》云：「梁、益之間，謂鼻爲初，或謂之祖。」《廣雅・釋詁》云：「祖，本也。」是凡物之最初最始者，皆得稱祖。故《周禮・夏官・校人》「春祭馬祖」注云「天駟也」，《詩・小雅・甫田》「㠯迓田祖」傳云「先嗇也」，《大雅・烝民》「仲山甫出祖」箋云「將行犯軷之祭也」。此「先配而後祖」，後司農亦㠯爲軷祭，今不用。是凡初始者，皆曰祖也。此祖謂飲食所祭者。先配後祖，亦非鍼子目見，但在鄭所聞耳。《士昏禮》云：「贊告具，揖婦，即對筵，注云：「揖揖婦，使即席。」皆坐，皆祭，祭薦黍、稷、肺。贊爾黍，授肺脊，皆食，㠯湆醬，皆祭舉食舉也。三飯卒食。」又云：「贊洗爵，酌，酳主人，主人拜受。贊户内北面答拜。酳婦亦如之，皆祭。贊㠯肝從，皆振祭，嚌肝，皆實于菹豆。卒爵，皆拜。贊答拜受爵。再酳如初，無從，三酳用巹，亦如之。贊洗爵，酌于户外尊，入户，西北面奠爵，拜。皆答拜，坐祭，卒爵，拜。皆答拜，興。」是同牢、合巹必先祭也。同牢、合巹，所㠯成夫婦之禮者在此。今先食而後祭，失其禮節，故鍼子曰「是不爲夫婦」也；無敬神之心，故曰「誣其祖矣」也；其即指飲食言也。飲食即同牢也，同牢即配也。慢神致譴，故曰「何㠯能育」也。又案：祭始作飲食之祖，而其名即曰祖，猶「仲山甫出祖」，即謂祭爲祖也。

隱元年：「不書即位。」劉子駿注：「恩深不忍，則傳言『不稱』；恩淺可忍，則傳言『不書』。」賈侍中同。

麟案：「不書即位」，隱、閔元年傳文也。「不稱即位」，莊、僖元年傳文也。《賈子・道德説》云：「《書》者，箸德之理於竹帛而陳之，令人觀焉，㠯箸所從事，故曰：《書》者，此之箸者也。」《孝經援神契》云：「書，如也。」《説文序》云：「箸於竹帛謂之書。書者，如也。」「稱」字，據《説文》，借爲「偁」。《釋言》云：「偁，舉也。」《釋訓》云：「偁偁、格格，舉也。」《説文》云：「偁，揚也。」「揚，飛舉也。」《晉語》：「舉而從之。」注：「舉，起也。」《齊策》：「三十日而舉燕國。」注：「舉，拔也。」《淮南・道應》：「舉白而進之。」注：「進酒也。」是書者，實箸此事，文與事相如也。偁者，飛舉此事，舉有拔起之訓，則是文過于其事也。隱㠯子少攝位無論矣，閔㠯子弑代立，言「恩淺可忍」云何？曰：較之莊、僖，則閔子弑，而莊君戕也；閔繼一弑，而僖繼二弑也。故隱、閔「恩淺可忍」，莊、僖「恩深不忍」。可忍者，《春秋》許其即位，但不如其事㠯著之；不忍者，并罪其即位。雖立，未討賊，猶不立也。不立而言即位，是謂文過其事，故不稱即位也。傳文義訓如此，杜預妄㠯爲一，不知文有散言、析言之異。散言則偁亦書也，故《墨子・經》云：「舉，擬實也。」襄二十七年傳云：「仲尼使舉是禮也。」此皆與「書者，如也」同。至析言則異矣。侍中又注云：「不書隱即位，所㠯惡桓之篡。」若曰隱但攝而已，猶不能待而篡之乎？此又發明傳所未發者也。

僖三十三年：「婦人暫而免諸國。」按：暫，借爲漸。《書・般庚》：「暫遇奸宄。」王伯申曰：「暫讀曰漸。漸，詐欺也。《莊子・胠篋篇》：『知詐漸毒。』《荀子・不苟篇》：小人『知則攫盜而漸』。《議兵篇》：『招近募選，隆勢詐，尚功利，是漸之也。』《正論篇》：『上幽險則下漸詐矣。』是詐謂之漸。《吕刑》曰：『民興胥漸。』漸亦詐也。」㠯上王説。此暫亦詐也。文嬴言：「彼實構吾二君。」又言：「使歸就戮于秦。」皆詐語也。不當如杜預訓暫爲卒。

昭二十年：「棠君尚謂其弟員。」杜預注：「員，尚弟子胥。」《名字解詁》無説。麟按：《説文》「勳」，古文作「勛」，是熏、員古音最近。《詩・小雅・雨無正》：「淪胥以鋪。」《漢書・敍傳》云：「烏乎史遷，薰胥以刑。」晉灼注：「齊、韓、魯《詩》作薰。薰，帥也。」《後書・蔡邕傳》：「下獲勳胥之辜。」章懷注：「《詩・小雅》曰：『若此無罪，勳胥以痡。』勳，帥也。胥，相也。痡，病也。言此無罪之人，而使有罪者相帥而病之，是其大甚。見《韓詩》。」然則員即薰、勳，故字子胥也。員卒以父株連。蓋名或應實，亦猶師服之怪名仇、名成師矣。

僖二十八年：「公子買戍衛」云云，「殺子叢以説焉」□。買，名；子叢，字也。《名字解詁》無説。麟按：買讀爲瞶。《説文》：「瞶，小視也。」《書・咎繇謨》：「元首叢睉哉。」今《書》「睉」作「脞」，《説文》所無，乃譌字也。後司農注云：「總聚小小之事。」《説文》：「睉，目小也。」是瞶與睉並有小義。叢與目小義近，故亦與小視義近也。又買與密通，如「密州」作「買朱鉏」也。《易・小畜》《小過》「密雲不雨」，虞注皆云：「密，小也。」《漢書・酷吏傳》贊云：「罔密事叢。」是亦叢、密同義之證。近胡氏元玉乃引《離騷》注「鵜鴂，一名買鵤」，謂單稱買者，猶孔雀稱孔，引「爲叢敺爵」，謂叢爲鳥所棲止。其説迂矣。

閔二年：「是服也，狂夫阻之。」服子慎注：「阻，止也。方相之士蒙玄衣朱裳，主索室中敺疫，號之爲狂夫。止此服，言君與大子曰狂夫所止之服衣之。」按：止猶箸也，謂箸衣也。「是服也，狂夫阻之」，言「是服也，狂夫箸之」

也。《晉語》「狂夫阻之衣也」，言「狂夫所箸之衣也」。韋解㠯阻爲詛，于《晉語》可通，于《内傳》不達。麟按：上文云：「衣之尨服。」《荀子·非相》云：「仲尼之狀，面如蒙俱。」楊倞注云：「俱，方相也。其首蒙茸然，故曰蒙俱。《子虛賦》曰：『蒙公先驅。』」㠯上《荀子》注。《荀子》之「蒙」，即傳文之「尨」。古字蒙、尨通，如《詩·商頌·長發》「爲下國駿厖」，《荀子·榮辱》引作「爲下國駿蒙」，《大戴禮記·衛將軍文子》引作「爲下國恂蒙」。《秦風·小戎》：「蒙伐有苑。」箋云：「蒙，厖也。畫雜羽之文於伐，故曰厖伐。」《釋詁》「厖，大也」，《尸子》作「蒙，大也」是也。面如蒙俱，正謂面如服尨服之俱，黄金四目之狀也。俱本作䫏。《説文》：「䫏，醜也。从頁其聲。今逐疫有䫏頭。」《淮南·精神》：「視毛嬙、西施，猶䫏醜也。」注：「䫏，頭。」然則䫏之醜，正在面也。俱葢即四目者。韓愈云：「四目爲方相，兩目爲俱。」不知何據。㠯蒙俱證尨服，可知狂夫即方相之士。故《晉語》：「狂夫阻之衣也。」韋解亦云：「狂夫，方相氏之士也。」杜預謂：「雖狂夫，猶知有疑。」不存古義矣。按：止訓箸者，《説文》：「艐，船箸不行也。」《釋詁》：「艐，至也。」《魯頌·泮水》傳：「止，至也。」是止、箸展轉互訓。

成二年：「且懼奔辟，而忝兩君，臣辱戎士。」麟案：上文已云「下臣不幸」，「下臣」二字，直貫至語畢，此處又綴一臣字，甚爲不辭。㠯此知臣非謂君臣。《説文》：「臣，牽也。」此亦君臣字，㠯聲爲訓者，但既可訓牽，即有牽義。《廣雅·釋詁》：「牽，連也。」謂若奔辟，則既忝兩君，且牽連戎士爲之羞也。牽辱戎士，猶言㠯君累，或言汲鄭伯也。

昭二十年：「琴張聞宗魯死，將往弔之。」琴張，賈侍中、鄭司農皆以爲子張，即顓孫師。服子慎注：「案《七十子傳》云：子張少孔子四十餘歲。孔子是時四十，當作三十，由襄二十一年起算，當三十一歲，以帀歲計，故三十。知未有子張。」麟按：《孟子・盡心下》「琴張」注云：「子張善鼓琴。」說亦本之賈、鄭。或他書謂子張時已成立，不據《七十子傳》也。何以言之？《莊子・大宗師》云：「子桑户、孟子反、子琴張三人相與友，莫然有間，而子桑户死，未葬。孔子聞之，使子貢往待事焉。或編曲，或鼓琴，相和而歌曰：『嗟來桑户乎！嗟來桑户乎！而已反其真，而我猶爲人猗！』子貢趨而進曰：『敢問臨尸而歌，禮乎？』二人相視而笑曰：『是烏知禮意！』」觀「或鼓琴」一語，則琴張以善鼓琴得名，非氏琴審矣。孟子云：「若琴張、曾皙、牧皮者，孔子之所謂狂矣。」按《禮記・檀弓》云：「季武子寢疾，及其喪也，曾點倚其門而歌。」張、點皆狂，則臨尸鼓琴，不得謂寓言之誣也。今欲弔宗魯者，葢亦以殺身就義，其死可慕，故欲歌其名節耳。《荀子・非十二子》云：「弟佗其冠，神禫其辭，禹行而舜趨，是子張氏之賤儒也。」楊倞注云：「神禫，當爲沖澹，謂其言淡薄也。」今詳「嗟來」之歌與魏、晉清言相似，正所謂沖澹者，弟子宗之，宜其益甚。則琴張即子張明矣。杜預謂琴張名牢，本僞《家語》。《古今人表》有琴牢，本亦當作琴張，後人據《家語》妄改。以善鼓琴而稱琴張者，猶《七發》云：「使琴摯斫斵以爲琴。」❶亦以師摯善鼓琴稱之也。

❶ 「斵」，《文選・七發》作「斲」。

隱十一年：「天其㠯禮悔禍于許。」麟按：《説文》：「禮，履也，所㠯事神致福也。」然則人㠯禮致福，天亦㠯禮福人，故云「㠯禮悔禍」也。

哀三年：「司鐸火，火踰公宫，桓、僖災。」杜預注：「司鐸，宫名。」麟案：司鐸，蓋官署之在宫城中者也。《禮記·檀弓》云：「既卒哭，宰夫執木鐸㠯命于宫曰：舍故而諱新。自寢門至于庫門。」是則宰夫當有休沐之處，謂之司鐸。在宫城中者，猶《考工記》所云「外有九室，九卿朝焉」及後世之郎署也。其地宜在公宫之西，故火踰公宫而東，桓、僖災也。周制，右社稷，左宗廟，故知桓、僖廟在東也。魯不遷親盡之祖，誖舍故諱新之義，宜其火自司鐸矣。又案：昭十三年有「司鐸射」，注云：「魯大夫。」蓋宰夫之官，㠯官爲氏者。時在會，蒲伏竊飲季平子。季孫爲司徒，侯國無冢宰，宰夫乃司徒屬官。

哀三年：「濟濡帷幕。」杜預注：「濡物於水，出用爲濟。」麟按：濟亦濡也，讀爲濱。《説文》「濱，久雨涔濱也」「涔，漬也」是也。古字齊、次每相通。从其聲者，或相變易。如「餈」之作「𩟄」，「𪗋」之作「粢」，此同字而異从者也。如「齊」之作「資」，《禮記·昏義》「爲后服資衰」，《荀子·禮論》「資麤、衰絰」，他書皆作「齊」。又《易·旅》：「得其齊斧。」諸家皆作「齊」，惟虞仲翔作「資」。「齎」之作「資」，《周禮·天官·典婦功》：「㠯授嬪婦，及内人女功之事齎。」注：「故書齎爲資。」「齍」《説文》「齊」或字如此。之作「粢」，「薺」之作「茨」、作「薋」，《漢書·禮樂志》「《采薺》《肆夏》」，注云：「《禮經》或作薋。」此異字而相假借者也。濟从水𠂢聲，借爲从水資聲之濱，猶是矣。濱聲義又同餈。《釋名》

云：「餈，漬也。烝糝屑使相潤漬□，❶餅之也。」是濱、餈皆訓漬也。《詩・邶風・匏有苦葉》傳云：「濡，漬也。」是濟、濡皆漬也。

莊二十一年：「鄭伯將王自圉門入。」按：《釋言》：「將，送也。」《詩・召南・鵲巢》：「百兩將之。」《莊子・大宗師》云：「其爲物，無不將也，無不迎也。」《應帝王》云：「不將不逆。」《知北遊》云：「無有所將，無有所迎。」《寓言》云：「其往也，舍者迎將。」㠯將與迎逆對文，是將爲送也。送王自圉門入，猶今人言護送也。或曰：《詩・周頌・我將》云：「我將我享。」箋云：「將，猶奉也。」將王，言奉王，亦通。

昭十二年：「是四國者，專足畏也。」杜預注：「四國：陳、蔡、二不羹。」劉炫《規過》曰：「《楚語》云：靈王城陳、蔡、不羹，使僕夫子皙問於范無宇曰：『今吾城三國，賦皆千乘，亦當晉矣。諸侯其來乎？』對曰：『是三城者，豈不使諸侯之惕惕焉！』彼再言三城，無四國也。古四字積畫，四當爲三。」錢氏《答問》曰：「《賈子書・大都篇》云：『昔楚靈王問范無宇曰：我欲大城陳、蔡、葉與不羹，賦車各千乘焉，又加之㠯楚，諸侯其來朝乎？范無宇曰：不可。臣聞大都疑國，大臣疑主，亂之媒也。都疑則交爭，臣疑則並令，禍之深者也。今大城陳、蔡、葉與不羹，或不充，不足㠯威晉；若充之㠯資財，實之㠯重祿之臣，是輕本而重末也。臣聞尾

❶「糝」，《釋名》（《四部叢刊》景明翻宋書棚本）作「燥」。

大不掉，末大必折，此豈不施威諸侯之心哉，然終爲楚國大患者，必此四城也。靈王弗聽，果城陳、蔡、葉與不羹，實之㠯兵車，充之㠯大臣。是歲也，諸侯果朝。居數年，陳、蔡、葉與不羹或奉公子棄疾内作難，楚國雲亂，王遂死於乾溪芋尹申亥之井。』㠯上《賈子》，錢引有删節，今皆㠯《賈子》原書補足。然則《左氏傳》云四國者，兼葉言之。昭十三年傳稱『陳、蔡、不羹、許葉之師』，葉本許都，靈王遷許於城父而取其地，故有許葉之稱。十一年、十二年傳但稱陳、蔡、不羹而不及葉者，傳寫之脱文。杜不審，而分不羹爲二㠯當之，誤矣。當時實有四城，改四爲三，亦非其實。」㠯上錢説。

案：錢説是也。王氏《述聞》駁曰：「十一年傳：『楚子城陳、蔡、不羹。』與此相應，則無脱文可知。《楚語》曰：『靈王城陳、蔡、不羹。』又曰：『陳、蔡及不羹人納棄疾。』《楚世家》亦曰：『今吾大城陳、蔡、不羹。』豈盡脱文乎？」麟謂十三年傳言：「楚公子比、公子黑肱、公子棄疾、蔓成然、蔡朝吴帥陳、蔡、不羹、許葉之師，因四族之徒，㠯入楚。」而《楚語》但云：「陳、蔡及不羹人納棄疾。」則《楚語》有脱文可知。王謂許葉非靈王所城，故《楚語》不及，而傳亦附之陳、蔡、不羹之下，此曲説也。知「納棄疾」句有脱文，則「靈王城」句亦有脱文，可比例也。賈大傅之説即本《楚語》，若非所見異于今本，何致妄增「葉」字？韋序《國語》云：「賈生、史遷頗綜述焉。」《漢書・司馬遷傳》贊亦云，其作《史記》，本《左氏》《國語》。則大史公所見當亦與大傅同。賈、馬相去不遠，所據本當同。《楚世家》不及許葉，必後人據韋本《國語》删之。據二書皆有脱文，而十一年、十二年傳可知。

王又曰：「《漢書・地理志》潁川郡雖有東西二不羹，然杜注及《土地名》並云：襄城縣東南有不羹城，定陵縣西北有不羹亭。定陵之不羹，有亭無城，則傳所謂大城不羹爲襄城之不羹無疑。《水經・汝水注》亦云：汝水又東南，徑襄城縣故城南，又東南徑東不羹城南。❶引《春秋傳》爲證。陳、蔡、不羹相距或二三百里，或三四百里，而今之襄城南距葉縣六十里，古葉邑即在葉縣南三十里，與襄城東南之不羹城相距不及百里。襄城之不羹已大城矣，未百里而又城葉，無是理也。」麟按：地有險要，或民物所聚者，則爲之置大都，不視其遠近也。周之王城，與成周相去裁五十里，而皆爲都會之地。晉舊都之翼，在今翼城縣東南三十五里，其封桓叔于曲沃，在今聞喜縣東二十里，相去亦僅百五十里耳。鄭在今開封府新鄭縣，京在今開封府滎陽縣東南三十里，櫟在今開封府禹州，相去亦不遠。宋在今商丘縣，亳在今商丘縣西北。十一年述無宇之對作蕭、亳，《楚語》述無宇之對作蕭、蒙，蒙、亳一也。此皆《內》《外傳》所謂大城者也。而其城並與國城相近。葉、不羹不及百里，安在不得並城也？

王又曰：「九年遷許於夷，遷方城外人於葉，十一年又遷許於荆。見十三年傳杜預注。荆，荆山也。許與葉皆受蕩析離居之害，遂叛靈王而從棄疾。許，謂遷荆之許，非葉也。葉本楚邑，自許遷於葉，遂謂葉爲許。然言許，則不言□葉矣。自許遷夷遷荆，而葉仍歸楚而謂之葉。後凡言葉公及沈諸梁老於葉，皆是也。然言葉則不言許矣，未聞因葉本許都而稱許葉也。」麟案：十三年平王復遷許于葉，而十八年傳云：「許曰：『余舊國也。』鄭曰：『余俘邑也。』」蓋許自成十五年遷葉，安之已久，故謂葉爲舊國。舊國，猶舊都也。古謂都爲國。杜預注謂許先鄭封，故曰：「余舊國也。」則其文義謂余乃舊國也。下文鄭曰：「余俘邑也。」豈可謂余乃俘邑乎？若俘邑仍謂

❶ 下「東」字，《水經·汝水注》（清武英殿聚珍版叢書本）作「西」。

許，兩句不相齟齬乎？故今謂當解作：許曰「余之舊都也」，指葉也；鄭曰「余之俘邑也」，指許也。凡舊都或從故稱，如衛曰帝丘，陳曰大皞之虚。又如：周亡後，《大史公自序》言「留滯周南」是也。故許雖遷都葉，猶仍許名也。其地名連國爲稱者，如岐曰岐周、嶧曰鄒嶧是也。若舊號新名連稱者，則襄二十四年傳言「在周爲唐杜氏」。唐者，陶唐舊號也；杜者，周封新名也。唐裔封杜，則氏其人曰唐杜。杜預注襄二十四年傳云：「唐、杜，二國名。殷末豕韋國於唐，周成王滅唐，遷之于杜，爲杜伯。杜伯之子隰叔奔晉。四世及士會。」則旨殷末周初爲唐國，唐滅爲杜國，然唐之名國自陶唐始矣。若賈侍中注《國語》云：「武王封堯後爲唐、杜二國。」則謂並時有二國。然士匄述其先祖所出，必無二本，既出于杜，則所謂唐杜自謂唐裔之杜。《潛夫論・志氏姓》云：「帝堯之後有唐杜氏。」亦旨唐杜爲一氏，不旨爲二氏，是其證也。侍中注自謂周時有二國耳。許國居葉，則名其地曰許葉，二者正復相似。若先稱許葉，後又單稱葉，則猶既稱殷商，或單稱殷耳。與連稱者豈相倍邪？然則許葉即葉，爲靈王所城四國之一。而十一年傳、十二年傳之脱「葉」字無疑矣。劉炫因二、三積畫，疑《左傳》有誤，余亦因二、三積畫，決《楚語》有誤。不然，賈大傅嘗作《左傳訓故》矣，所言既有同異，不應不注，豈一切顢頇了事邪？抑自詡獨見而駁傳邪？

定四年：「分康叔曰大路、少帛、綪茷、旃旌。」賈侍中注：「少帛，雜帛也。」杜預同。麟案：少得訓雜者，蓋少音轉如訬。《説文》：「訬，從言少聲，讀若毚。」毚與儳同。《説文》：「儳，儳互，不齊也。」《詩・齊風・猗嗟》傳曰：「選，齊也。」《史記・平準書》云：「吏道益雜，不選。」是不齊即雜矣。少霄聲又近。《釋天》：「雨霓爲霄雪。」郭璞注：「冰雪雜下者。」是霄亦雜也。《周禮・夏官・弁師》：「五采繅十有二。」注：「繅，雜文之名也。」《禮記・玉藻》注：「雜采曰藻。」皆與少同部同義者也。

僖二十八年：「背惠食言，吕亢其讎。」杜預注：「亢，猶當也。讎，謂楚也。」王懷祖曰：「《周官・馬質》：『綱惡馬。』鄭司農曰：『綱，讀爲吕亢其讎之亢。亢，御也，禁也。』自先鄭已誤解。其實抗者，扞蔽之意。亢其讎，謂亢楚之讎也。亢楚之讎者，楚攻宋，而晉爲之扞蔽也。《晉語》曰：『未報楚惠而抗宋。』是其明證矣。自注：韋注：「抗，救也。」《説文》：「抗，扞也。」抗與亢通。《列子・黄帝篇》釋文曰：「抗，或作亢。」凡扞禦人謂之亢，爲人扞御亦謂之亢，義相因也。昭元年傳曰：『苟無大害於其社稷，可無亢也。』又曰：『吉不能亢身，焉能亢宗！』自注：杜注：「亢，蔽也。」二十二年傳曰：『無亢不衷，吕獎亂人。』皆是扞蔽之義。」

麟按：王説貫通《内》《外傳》，勝預遠矣。然云司農已誤解，則失之。司農本文云：「綱，讀爲『吕亢其讎』之亢。書亦或爲亢。亢，御也，禁也。禁去惡馬，不畜也。」王既知扞禦人與爲人扞禦其義相因，于司農何譏乎？司農注「御也」，即禦也。據《釋文》，一本「御」亦作「禦」。禦爲禦寇之禦，《釋言》云「禁也」是也。引申亦爲扞蔽之禦，《釋器》云「竹前謂之禦」，李巡注云「謂編竹當車前吕擁蔽」是也。禁爲防禁之禁，《秋官・序官》「使帥其屬而掌邦禁」，後司農注云「禁，所吕防姦者也」是也。引申亦爲扞蔽之禁。《地官・囿人》：「掌囿游之獸禁。」後司農注云「禁者，其蕃衛也」是也。《説文》：「抗，扞也。」扞爲抵扞之扞。《説文》云：「扞，忮也。」《魯語》云：「能禦大災則祀之，能扞大患則祀之。」僖二十四年傳云「扞禦侮者，莫如親親」是也。引申亦爲扞蔽之扞。成十二年傳云「此公侯之所吕扞城其民也」是也。韋解《晉語》云：「抗，救也。」救爲扞蔽之救，如傳中一切救某國、救某邑是也。引申亦爲抑止之救，如傳中言救火是也。此傳「㠯亢其讎」及《晉語》「抗宋」固從扞蔽之義矣，而㠯禦、禁、扞、救四字並有二訓觀之，則同意相受，音讀不殊，故欲説「禁去惡馬，不畜」之意，隨引一成文㠯證其讀，而復曰「亢，御也，禁也。禁去惡馬，不畜也」，㠯釋《周禮》本經之意，並無與《左傳》也。「亢，御也」㠯下三句在「書亦或爲亢」下，則爲但解《周禮》，無與《左傳》可知。若謂司農誤解《左傳》，則其作《國語訓注》，見《國語序》。豈亦作禦楚解邪？將自相剌繆邪？

襄二十六年：「若多鼓鈞聲，㠯夜軍之。」杜預注：「鈞同其聲。」麟案：鈞，非鈞同也。《説文》：「鈞，从金匀聲。」古文作「銞」，从旬聲。其字可借爲輷。《魏都賦》注引《蒼頡篇》云：「輷輷，衆車聲也。」㠯上《魏都賦》注。字又作「輷」。《廣雅・釋訓》：「輷輷，聲也。」《史記・蘇秦列傳》：「輷輷殷殷。」《説文》正字則作「轟」，云：「羣車聲也。」《易林・頤之大有》云：「轟轟輷輷，驅車東西。」是其義也。其借字則爲訇。《説文》：「訇，从言，匀省聲。」籀文作「訇」不省。《上林賦》：「砰磅訇磕。」注云：「皆水聲也。」《西京賦》：「沸卉軿訇。」注云：「奮迅聲也。」皆轟、輷、輷之假借也。觀訇字可借爲轟、輷、輷，則鈞可比例矣。多鼓，一事也；鈞聲，又一事也。謂士卒車馬之聲也。鈞者，狀其聲也。又按：多鼓者，《讀左日鈔》引《吴子》云：「戰法：晝㠯旌旗旛麾爲節，夜㠯金鼓笳笛爲節。」吴氏受《左傳》于曾子申，其説相合，録爲古注。

僖三十三年經：「晉人及姜戎敗秦師于殽。」麟案：《易林・蹇之離》云：「嬴氏違良，使孟尋兵，師老不已，敗於齊卿。」卿，即指先軫等。彼㠯晉爲齊，非誤記也。《易・晉卦》，孟氏作「齊」。昭十年經：「齊欒施來奔。」《公羊經》「齊」作「晉」，是古字音近叚借，亦如翦之訓齊，前之訓齊，斷也。古音晉、前相同，如竹箭作竹晉。《說文序》云：「其稱《易》孟氏、《春秋》左氏，皆古文也。」葢古文《春秋》經傳此處「晉」字作「齊」。

襄十八年：「雖所不至，必旆而疏陳之。」杜預注：「疏建旌旗㠯爲陳，示衆也。」《釋文》：「陳，直覲反。注同。」麟案：如預注，則當云「必疏旆而陳之」，于文義乃合。誤矣。按：古音軍陳之陳與鋪陳之陳不分平去，音義相同。疏亦陳也。《楚辭・湘夫人》：「疏名蘭兮爲芳。」注云「疏，布陳也」是也。《賈子・數寧》云：「若其他倍理而傷道者，難徧㠯疏舉。」疏亦陳也。其篇末又云：「其具可素陳於前。」素陳，即疏陳矣。《晉語》云：「三日而原不降，公令疏軍而去之。」疏亦陳也。入爲振旅，反平日尊卑之常，與出時異，故必別爲陳法也。韋解訓疏爲徹，未是。此言「必旆而疏陳之」，即下之「使乘車者，左實右僞，㠯旆先。」疏陳，謂車之陳，非旌旗之陳也。此文是傳令于司馬，下文又司馬傳令于士卒也。下不言司馬使乘車者云云者，統于上也。

宣四年：「又射汰輈，㠯貫笠轂。」服子慎注：「笠轂，轂之葢如笠，所㠯蔽轂上㠯御矢也。一曰：車轂上鐵也。或曰：兵車旁幔輪，謂之笠轂。」麟案：車轂上鐵之說是也。《廣雅・釋室》云：「笠，户牡也。」據《周禮・地官・司門》：「掌授管鍵，㠯啟閉國門。」鄭司農注云：「管謂籥，鍵謂牡。」《說文》云：「𨷲，關下牡也。」《方言》云：「户𨷲，關東謂之鍵。」是户牡即鍵也。然則笠葢轂之鍵，則舝是也。《說文》云「舝，車軸耑鍵也」

是也。阮雲臺《車制圖攷》曰：「金在軎謂之轄。麟按：轄字，《說文》訓「車聲也」，別是一字。然經傳多借用爲舝，故《說文》亦云：「一曰，轄，鍵也。」《既夕記》曰：『犬服木錧。』錧，今文爲轄。喪用木轄，平日用金可知。」㠯上阮說。是則舝㠯鐵爲之也。舝雖在軸，而實㠯管司轂之移動，故名曰笠轂，猶言鍵轂也。子慎不言軸上鐵，而言轂上鐵，亦㠯其因轂而設也。若顏師古《急就篇》注曰：「錧，轂耑之鐵也。」即小穿之軹，則與此異矣。錧，《說文》作「輨」，與舝本異物。《既夕》古文借爲轄耳。「汏輈，㠯貫笠轂」，謂矢過車轅，復邪迤而貫舝也。此與上文「汏輈」皆謂揜軓㠯前之轅，非謂輿下之轅也。伯棼與王相鄉，則貫舝乃是縱貫之，非橫貫之也。成二年傳云：「自始合，而矢貫余手及肘。」由手及肘，亦縱貫也。

昭二十一年：「齊烏枝鳴曰：『用少莫如齊致死，齊致死莫如去備。彼多兵矣，請皆用劍。』」麟案：《異義》引《公羊》說「甲午祠兵」：「祠者，祠五兵：矛、戟、劍、楯、弓鼓，及蚩尤之造兵者。」《齊語》：「定三革，隱五刃。」韋解云：「三革，甲、冑、盾也。五刃，刀、劍、矛、戟、矢也。」《匡謬正俗》云：「五方之兵：東矛、南弩、西戈、北鍛，中央劍。」是則劍亦五兵之一。既云「去備」，又對「彼多兵」立說，則不得云「用劍」，于是杜預訓「備」爲「長兵」，則傳當云「彼多長兵矣，請皆用劍」。今但云「彼多兵矣」，則用劍獨非兵乎？竊㠯劍借爲僉。《方言》云：「自關而西，秦、晉之間，凡人語而過，曰僉。東齊謂之劍。」是僉、劍古音近，通用。且烏枝鳴，齊人，則自當呼僉如劍也。僉者何也？《方言》云：「僉，宋、魏之間謂之攝殳，或謂之度。自關而西，謂之棓，或謂之柫。齊、楚、江、淮之間，謂之柍，或謂之桲。」然則僉即是棓，用僉猶陳涉之用鉏櫌、白梃耳，㠯非利器，故用之可使士卒致死也。或曰：《周禮・夏官・司兵》：「掌五兵。」鄭司農云：「五兵：戈、殳、戟、酋矛、夷矛也。」康成謂此建車之五兵，其步卒則有弓矢，無夷矛。此與《公羊》等説異，然並行不悖。劍自爲兵之一也。《齊語》云：「桓公問曰：『齊國寡甲兵，爲之若何？』管子對曰：『小罪讁㠯金分，美金㠯鑄劍戟。』」是劍爲兵，明矣。是則殳亦五兵之一。今言用僉，與彼多兵何㠯異乎？曰：《方言》之攝殳，非五兵中之積竹殳也。《廣雅・釋器》無僉字，而殳、度等皆訓杖也。《周禮・地官・司市》：「凡市入，則胥執鞭度守門。」注曰：「度，謂殳也。」據彼但爲市入威衆撻戮之用，不得竟用五兵之殳。賈公彦㠯爲長丈二，則即尋有四尺之積竹殳矣，非是。則度自爲凡杖之稱，其又名殳者，㠯積竹殳得稱杖，《説文》：「殳，㠯杖殊人也。」故杖亦得稱殳耳。是則僉亦尋常所用之杖，非五兵之殳明矣。郭注《方言》，㠯僉爲打穀之連枷。《釋名》云：「枷，加也，加杖於柄頭。」是枷亦㠯杖爲之。然《司市》所用，則亦常用之杖也。此僉亦同矣。薛綜謂殳或用竹，或用木。《説文》亦有「杸」字。此葢漢法耳。若古則積竹爲殳，與常用之杖自別也。

宣三年：「㠯蘭有國香，人服媚之如是。」杜預注：「媚，愛也。」本《毛詩》傳。服字無訓。按：服字若訓佩，《淮南・説山》：「君子服之。」注：「服，佩也。」則與媚字不相貫。服當讀爲婦。《白虎通》《説文》《釋名》皆云：「婦，服也。」是婦、服聲義皆同。《荀子・樂論》云：「琴婦好。」又云：「其服組，其容婦。」是婦有美好之義。猶《賦篇》所謂「身女好而頭馬首」也。婦爲美好，亦爲愛好，猶《小尒疋・廣詁》云：「媚，美也。」《廣雅・釋詁》云：「媚，好此美好字。也。」而引申亦爲愛好也。是則服、媚二字同義也。更證之齊國佐字賓媚人。《釋詁》云：「賓，服也。」其字亦通作嬪。《説文》云：「嬪，服也。」《釋親》云：「嬪，婦也。」是賓媚即服媚、婦媚也。其名佐者，借爲嫷。嫷从隋聲，隋从陸省聲，陸从左聲，古佐字作左。故得相通也。《方言》云：「嫷，美也。」《説文》云：「南楚之外，謂好曰嫷。」名字相應也。美好與愛好義通。《莊子・德充符》：「彼何賓賓㠯學子爲？」簡文云：「賓賓，好名貌。」是賓爲愛好也。凡聲與賓、嬪近者，多訓美好。《晉語》云：「美鬢長大則賢。」《莊子・説劍》司馬本「蓬頭突賓」云：「賓，讀爲鬢。」故鬢亦通賓。鬢亦美也，二字平列。韋解云：「鬢，髮穎也。」則泥本字而失矣。或疑《莊子・列御寇》云：「美髯、長大、壯麗、勇敢，八者俱過人也。因㠯是窮。」髯、鬢同類，何得㠯爲賓之借字？不知多髯古謂之髯，《莊子・田子方》所謂「黑色而頫」是也。多鬢，古无謂之鬢者，故知賓之借字也。韋氏誤解爲髮穎，亦猶昭七年「使長儠者相」，今本借用鬣字，遂誤訓毛鬣。《荀子・修身》云：「扁善之度。」是扁與善義相近，善亦與美好義同。《吕覽・古樂》注云「善，美也」是也。《説文》云：「頨，頭妍也。从頁，翩省聲。」是皆與賓、嬪聲義同者也。扁、頨之與賓、嬪通，猶猵字之作獱。由賓、嬪可知服字之訓。又案：《天官・大宰》注：「嬪，故書作賓。」釋名：「嬪，賓也。」是二通之證。

僖九年：「小白余敢貪天子之命無下拜？」麟案：《齊語》作：「小白余敢承天子之命曰爾無下拜？」韋解曰：「承，受也。」此本《説文》「承，奉也，受也」爲訓。然則貪亦受也。《賈子・道術》云：「辭即辤。利刻謙謂之廉，反廉爲貪。」《説文》云：「辤，不受也。」貪爲反廉之名，則爲受利矣，故引申爲凡受之偁。《周語》云：「道而得神，是謂逢福；淫而得神，是謂貪禍。」貪與逢對，亦受也。韋解云：「㠯貪取禍也。」則于貪下增取字矣，失之。《方言》云：「龕，受也。」《釋名・釋衣服》曰：「衾，广也。其下廣大，如广受人也。」此皆今聲而有受義者也。

《管子・小匡》亦作承。又《大匡》云：「今日君成霸，臣貪承命。」是貪、承同義。

襄三十一年：「賓至如歸，無寧菑患。」杜預注：「言見遇如此，寧當復有菑患邪？無寧，寧也。」此于文義不達。按：僖七年經：「盟于甯母。」預注云：「高平方與縣東有泥母亭，音如甯。」是則甯、泥㠯雙聲通轉，亦猶濘之爲泥也，則寧亦可通泥。《論語・子張》云：「致遠恐泥。」鄭注云：「謂滯陷不通也。」《説文》云：「淖，泥也。」成十六年云：「陷於淖。」《荀子・正論》曰：「是特姦人之誤於亂説，㠯欺愚者而淖陷之。」是泥、淖皆陷也。又《晉語》云：「戎馬濘而止。」韋解：「濘，深泥也，戎馬陷焉。」此據明道本，公序本解「戎馬陷焉」上有「止」字，與鄭義不合。是凡訓泥者，亦訓陷也。無，不也。《詩・大雅・板》「無敢戲豫」「無敢馳驅」，昭三十二年傳引作「不敢戲豫」「不敢馳驅」。《鴻範》「無偏無黨」，《史記・張釋之馮唐列傳》贊引作「不偏不黨」。《呂刑》「鰥寡無蓋」，《墨子・尚賢》引作「鰥寡不蓋」。是無亦不也。然則「無寧菑患」謂不陷菑患也。

昭二十三年：「後者敦陳整旅。」麟案：杜預訓敦爲厚，非也。敦亦整也，字通作「頓」。《演連珠》云：「頓綱探淵，不能招龍。」注：「頓，猶整也。」《史記・張耳陳餘列傳》曰：「今范陽令宜整頓其士卒，㠯守戰者也。」頓士卒，即敦陳也。亦通作振。成七年傳云：「中國不振旅。」亦此字也。

昭二十五年：「魂魄去之。」《賈子・禮容語下》述傳作「魂魄已失」。案：《荀子・致士》云：「夸誕逐魂。」此「魂魄去之」之説也。

昭三年：「足㠯昭禮命事謀闕而已。」按：昭與命、謀同舉，則亦言語之類也。昭當讀爲詔。《堯典》：「修五禮。」馬季長注曰：「五禮：吉、凶、賓、軍、嘉也。」然則古天子巡守，修五禮。文、襄之朝聘會盟，亦仿此而詔禮也。

昭元年：「蒲宫有前，不亦可乎？」服子慎注：「蒲宫，楚君離宫。言令尹在國已居君之宫，出有前戈，不亦可乎？」杜預言：「公子圍在會，特緝蒲爲王殿屋屏蔽，㠯自殊異。」殊爲無據。《釋名·釋宫室》曰：「草圓屋曰蒲。蒲，敷也，總其上而敷下也。」此當是也。楚離宫草覆者，葢在苑囿之中，如後人園圃，每喜爲茅屋槿籬，雜之高甍巨棟之間，㠯見別有勝境也。蒲宫者，非皆草屋也，㠯一二草屋著名耳。

定三年：「夷射姑旋焉。」杜預注：「旋，小便。」阮雲臺曰：「尸與施同音。《爾雅》曰：『矢、雉、尸，陳也。平、夷、弟，易也。矢，弛也。弛，易也。』皆此音此義也。人之所遺曰矢，亦取施舍而去之義。故《史記·廉頗藺相如傳》曰：『三遺矢矣。』《左傳》曰：『夷射姑旋焉。』旋，當爲施。施者，謂便溺也。便溺有施舍之義。旋乃字形之誤。」麟按：此亦可備一説，然改字求合，不如仍舊爲得。按：《説文》：「旋，周旋，旌旗之指麾也。」《淮南·墬形》：「傾宫旋室。」注：「室旋，機關可轉旋。」小便亦周轉而出者也。《列子·黄帝》：「鯢旋之潘爲淵。」旋正是小便。《管子・五輔》：「決潘渚。」注云：「潘，溢也。」然則謂鯢小便之溢出者爲淵矣。《説文》又有「淀」字，云：「回泉也，从水，旋省聲。」尤近。《尚書大傳》云：「旋者，還也。」故經傳旋、還多通用。《韓詩・齊風》：「子之嫙兮。」《毛詩》作：「子之還兮。」傳云：「還，便捷之貌。」《禮記・檀弓》：「還葬，縣棺而封。」注：「還之言便也。」便捷與小便，一意引申。還爲便，猶旋爲小便也。《説文》新附有「鬟」字云：「總髮也。」《賈子・修政語》云：「故鬟河而道之九牧，鑿江而道之九路，灑五湖而定東海。」鬟與鑿、灑同是決行之意。河千里一曲，必轉旋行之，故曰鬟河也。鬟即旋之假借。《賈子》別本作「環」。《周禮・春官・樂師》：「環拜，㠯鐘鼓爲節。」鄭司農注：「環，謂旋也。」是作鬟、作環，皆旋之借也。水之流行，正與人溺相似。大傳復生，當㠯鬟訓旋，不謂施字之誤矣。

昭二十五年：「季氏介其雞。」《魯世家》曰：「季氏與郈氏鬭雞，季氏芥雞羽，郈氏金距。」賈侍中注亦云：「擣芥子爲末，播其雞翼，可㠯坌郈氏雞目。」梁氏玉繩曰：「應瑒《鬭雞詩》：『芥粉張金距。』庾信詩：『芥粉壒春場。』王褒詩：『猜羣芥粉生。』劉孝威《雞鳴篇》：『翅中含芥粉。』梁簡文帝詩：『芥羽忽猜儔。』褚玠詩：『芥羽雜塵生。』皆其證。介、芥古通。王氏《學林》謂司馬遷改介爲芥，妄已。」麟案：梁説是也。芥之爲言壒也，庾詩可證。亦言堨也，《西都賦》云「軼埃堨之混濁」、《淮南・兵略》云「揚塵起堨」是也。蓋芥末善坌，故取聲義于此。哀元年傳：「㠯民爲土芥。」《孟子・離婁》：「君之視臣如土芥。」㠯芥與土並言，亦就芥末之塵垢言耳。㠯其纖屑叢碎，故引申又爲小草。《方言》、《廣雅・釋草》並云：「芥，草也。」《莊子・消搖游》：「芥爲之舟。」李注「小草也」是也。《説文》云：「丰，艸蔡也，象艸生之散亂也。讀若介。」聲義亦相近也。杜預注云：「或曰：目膠沙播之。」其説難通于此。

襄二十九年：「夫子獲罪於君目在此，懼猶不足，而又可目畔乎？」《史記·吴大伯世家》述傳如此，葢與下文「而可目樂乎」意同而文異。乃西漢時張、賈、貫公所傳古本也。今本作「而又何樂」，則後人不解「畔」字，而目下文改之也。按：《史記集解》引賈侍中注：「夫子，孫文子也。獲罪，出獻公，目戚畔也。」此專解夫子句。所謂「目戚畔」，與「而又可目畔乎」絕不相涉。「畔乎」之畔，與樂義相同。何目明之？畔借爲伴。《詩·大雅·卷阿》：「伴奐爾遊矣。」傳：「伴奐，廣大有文章也。」箋：「伴奐，自縱弛之貌。」葢廣大訓伴，《説文》「伴，大貌」是也。《禮記·大學》：「心廣體胖。」注：「胖，猶大也。」與伴意義同。有文章訓奐，《論語·泰伯》「焕乎其有文章」是也。「伴奐爾游」，乃寬綽有匪善戲謔之狀，故箋言縱弛，與傳同意。其聲又通昪，《説文》：「昪，喜樂貌。」又借作弁，《小雅·小弁》：「弁彼鸒斯。」傳：「弁，樂也。」又借作般、槃，《釋詁》：「槃，樂也。」《衛風》：「考槃在澗。」傳：「槃，樂也。」諸此借字，並有大義。《士冠禮》注：「弁，名出于槃。槃，大也。言所目自光大也。」《方言》：「般，大也。」是知伴訓大，亦爲樂矣。《史記索隱》云：「此畔字，宜讀曰樂。」又云：「畔非其義也。」此目爲字誤，而不知訓通也。夫目畔爲「畔君」，則上言「獲罪」已是畔，此句安可通乎？

隱元年：「不義不昵。」《説文》「暱」下引傳如此，葢賈侍中本也。今本作「暱」。《考工記·弓人》「凡昵之類」，杜子春注引作「昵」，云：「昵，或爲䵒。」《説文》「昵」即「暱」字，「䵒」即「暱」字，云：「暱，黏也。」《釋言》：「䵒，膠也。」《釋詁》：「膠，固也。」誼皆與黏近。麟按：凡民庶親附皆有黏誼。《説文》：「黎，履粘也。」《釋詁》：「黎，衆也。」《釋草》：「衆，秫。」郭注：「謂黏粟也。」《説文》：「秫，稷之黏者。」是由黏爲衆，由衆爲親附也。

襄二十三年：「欒免之。」按：免借爲勉。《漢書·薛宣傳》：「宣因移書勞免之。」《谷永傳》：「閔免遁樂。」《五行志》作：「閔勉遯樂。」是免即勉也。古人雖仇敵對言，㠯各爲其主，亦相勉勸，申包胥與伍員言「勉之」是也。

文十五年：「魯人㠯爲敏。」杜預注：「魯人㠯爲敏，明君子所不與也。」正義曰：「魯人，魯鈍之人。」此因君子不與而生訓，又取鈍、敏對文耳。按：上句「請承命於亞旅」，旅，古文作㫊。魯，古文亦叚借用㫊。故《書序》「旅天子之命」，《史記》作「魯天子之命」，疑魯人借爲旅人耳。華孫不敢當君，請與亞旅宴。亞旅既知其故，遂㠯爲敏也。傳前云：「書曰『宋司馬華孫』，貴之也。」既官，且不名，必無纖介之過，非直其官從之也。亂賊子孫不得與君宴，恐亦禮之所有。如《公羊》家所云「誅君之子不得立」也。然則亂賊罪當奴戮，其子孫不過煇胞之屬，祭時得賜爵耳，斷不得升爲大夫，與君宴及與鄰國之君宴也。華孫爲世卿而出聘，受之君命，雖心知其非，而義不得廢，故于宴時辭之，㠯見其端，得中合宜，是㠯貴之。書華孫者，亦正㠯其賢在自言華督之後也。然則當㠯率行改德官之，如周公于蔡仲，不拘常例，故予之司馬也。是《春秋》之權也。

昭二十一年：「小者不窕，大者不摦。」諸本皆从木，今从《五行志》，从手。乃劉子駿古本。杜預注：「窕，細不滿。摦，橫大不入。」麟案：《賈子·容經》云：「故聖人者，在小不寶，在大不窕。」所謂寶，即摦也。《説文》失收摦，蓋即瓠之別字，从瓜，挎聲。《莊子·消搖游》云：「則瓠落無所容。」即此傳下文之「摦則不容」也。《釋器》：「康瓠謂之甈。」注云：「瓠，壺也。」大傅《弔屈原賦》亦云：「斡棄周鼎兮而寶康瓠。」是瓠即壺也。《容經》之寶，乃借爲缶。《説文》：「寶，从缶聲。」《伯映彝》「寶」字作「㝉」，則从宀，缶聲。《京姜鬲》「寶」字作「缶」，則竟借缶爲寶。是古字缶、寶本通。《説文》云：「缶，瓦器，所㠯盛酒漿。」《周禮·秋官》「壺涿氏」注：「壺，謂瓦鼓。」《掌客》「壺四十」注：「壺，酒器也。」《公羊》昭二十五年傳：「國子執壺漿。」是壺與缶用同，故《禮記·禮器》云：「五獻之尊，門外缶，門内壺。」是其用不異也。鄭後司農謂壺大一石，而缶之大小則未聞，要缶在門外，自更大于壺，故壺爲橫大之稱，缶亦爲橫大之稱。大傅㠯寶字互明也。且《詩·豳風·七月》：「八月斷壺。」借壺爲瓠。《釋木》：「壺棗。」孫叔然注謂「棗形，上小，下大，似瓠」。則壺之與缶，猶瓠之與匏也。《金縢》「無隊天之降寶命」，《史記·周公世家》「寶」作「葆」。《禮記·樂記》「天子之寶龜也」，《史記·樂書》亦作「葆」，是缶聲、葆聲通。《廣雅·釋詁》：「葆，本也。」《詩·曹風·下泉》：「浸彼苞稂。」《小雅·斯干》：「如竹苞矣。」《商頌·長發》：「苞有三蘖。」傳皆云：「苞，本也。」《廣雅·釋訓》：「葆葆，茂也。」

《詩・大雅・行葦》：「方苞方體。」箋：「苞，茂也。」是葆、苞聲義皆通。「壺涿氏」注：「杜子春讀泡爲苞有苦葉之苞。」今《毛詩・邶風》「苞」作「匏」，是缶、寶、葆、苞、匏五字互通。《説文》云：「匏，从包。取其可包藏物也。」《楚語》云：「而㠯金石匏竹之昌大囂庶爲樂。」是匏亦有横大之義。要之，瓠、壺、匏、缶爲物雖異，而音義則一。由大傳之説，可㠯得摦之本字本義。《呂覽・適音》云：「夫音亦有適，大鉅則志蕩，㠯蕩聽鉅則耳不容，不容則横塞，横塞則振。大小則志嫌，㠯嫌聽小則耳不充，不充則不詹，不詹則窕。」此戰國儒者説傳之言。《墨子・尚同下》云：「治天下不窕，治一國一家而不横。」横即摦也。

宣十二年：「鄭伯肉袒牽羊㠯逆。」麟按：《賈子・先醒》述此事云：「鄭伯肉袒牽羊奉簪而獻國。」「奉簪」二字，非能臆造者，疑傳文本有。然簪字若訓爲笄，則與獻國無涉。若訓爲連，益復不辭。按：《易・豫》：「朋盍簪。」京君明作撍，虞仲翔作戠，是簪、撍與戠聲通。此簪當讀爲識。《周禮・春官・保章氏》：「掌天星，㠯志星辰日月之變動。」注云：「志，古文識。」□是識即志字也。《春官・小史》：「掌邦國之志。」鄭司農注：「志，謂記也。《春秋傳》所謂《周志》、《國語》所謂《鄭書》之屬是也。」又《外史》：「掌四方之志。」後司農注：「志，記也。謂若魯之《春秋》、晉之《乘》、楚之《檮杌》。」此志宜爲《鄭書》。國之政教形勢皆在于是，是故獻國必奉志。如蕭何入秦，先收圖籍也。周《散氏盤》説表散氏田竟，云：「⿰歹氐付散氏田器。」⿰歹氐亦志之借，言㠯圖書付田及器也。《夏官・職方氏》云：「掌天下之圖。」職之爲言，亦志也。《楚辭・九章》：「章畫職墨。」《史記・屈原傳》「職」作「志」，二字通。圖與志宜合爲一書。《史記・藺相如列傳》：「秦王召有司按圖，指從此曰往十五都予趙。」是凡授田邑必有圖，故知《散氏盤》之志，亦兼圖也。阮雲臺云：「殅即簪。鄭康成注《易》云：『簪，速也。』言捷速付之也。」此説未是。則此奉志亦兼圖必矣。《地官・大司徒》云：「掌建邦之土地之圖。」是邦國皆有圖之證。又案：《説文》「簪」爲「兂」俗字，《左傳》古文當同《散氏盤》作「殅」也。《韓非・五蠹》云「事大未必有實，則舉圖而委，效璽而請兵矣。獻圖則地削，效璽則名卑」云云，是獻地者，必獻圖志也。

閔二年：「冬，十二月，狄人伐衛。衛懿公好鶴，鶴有乘軒者。將戰，國人受甲者皆曰：『使鶴！鶴實有禄位，余焉能戰？』公與石祁子玦，與甯莊子矢，使守，曰：『曰此贊國，擇利而爲之。』與夫人繡衣，曰：『聽於二子。』渠孔御戎，子伯爲右，黄夷前驅，孔嬰齊殿。及狄人戰于熒澤，衛師敗績。遂滅衛。衛侯不去其旗，是曰甚敗。」麟案：《賈子・春秋》云：「衛懿公喜鶴，鶴有飾曰文繡而乘軒者。賦斂繁多而不顧其民，貴優而輕大臣。羣臣或諫，則面叱之。及翟伐衛，寇挾城堞矣，衛君垂泣而拜其臣民曰：『寇迫矣，士民其勉之。』士民曰：『君亦使君之貴優，將君之愛鶴，曰爲君戰矣。我儕棄人也，安能守戰？』乃潰門而出走。翟寇遂入，衛君奔死，遂喪其國。」即此傳之訓故也。曰「寇挾城堞」，則受甲時在國中可知也。傳不言潰，而《賈子》言「潰門出走，翟寇遂入」。然傳又有與玦、與矢使守在其後，則翟寇之入僅及郭中，未及城中可知也。然則《賈子》所謂城堞亦但謂傳郭之堞，城、郭亦通稱。所謂潰門，亦但謂郭門明矣。故傳下文又言：史華等「至則告守曰：『不可待也。』」守即石、甯二大夫，是城猶未陷也。及史華等夜與國人出，而城始空矣。故傳又復敘「狄入衛」一語也。傳之「狄入衛」在滅衛後，亦在甚敗後，與《賈子》之「翟寇遂入」在衛君奔死前，非一事也。《賈子》之「衛君奔死」，即傳之「渠孔御戎」至「甚敗」也，蓋是時衛衆已潰，稍有在者，衛侯又帥其餘奔突而出，與狄人戰于熒澤，如項王潰圍時，志在逃死，不求勝敵，故宫府諸政一切委諸二守矣。後又甚敗而死，故《賈子》言「衛君奔死」也。大傳復論其事曰：「故賢主者，不旨草木禽獸妨人民，進忠正而遠邪僞，故民順附而臣下爲用。今釋人民而愛鳥獸，遠忠道而貴優笑，反甚矣。人主之爲人主也，舉錯而不僨者，杖賢也。今背其所主而棄其所杖，其僨仆也，不亦宜乎！語曰：『禍出者禍反，惡人者人亦惡之。』《管子》曰：『不行其野，不違其馬。』此違其馬者也。」亦録于此，旨見大傳説經，非僅章句也。

昭元年：「其母曰：『弗去，懼選。』」麟案：《説文》云：「選，遣也。」懼選，謂懼流放也。朱允倩説。當旨《荀子》證之。《儒效》曰：「周公曰」云云，「遂選馬而進」。當時已至共頭，將士皆在兵車，周公不容下車更擇良馬，不當與下文造父章「輿固馬選」同釋。知所謂選馬者，遣馬也。《説文》云：「遣，縱也。」然則遣馬者，縱馬也。縱，在馬爲馳逐，在人爲流放。可旨傳人之言，證杜預數罪之説之非。

定九年：「鄭駟歂殺鄧析，而用其竹刑。」按：《荀子·宥坐》云：「孔子曰：『湯誅尹諧，文王誅潘止，周公誅管叔，大公誅華仕，管仲誅付里乙，子産誅鄧析、史付，此七子者，皆異世同心，不可不誅也。』」荀子傳《左傳》，不當與傳悖。且《正名篇》注引《新序》亦云：「子産決鄧析教民之難，約大獄袍衣，小獄襦袴。民之獻袍衣襦袴者，不可勝數。旨非爲是，旨是爲非，鄭國大亂，民口讙譁。子産患之，於是討鄧析而僇之。民乃服，是非乃定。」則亦非荀子一人之説矣。按：傳但云：「鄭駟歂殺鄧析，而用其竹刑。」不言月日，然則殺鄧析在子産存時，用竹刑則定九年駟歂爲政時也。或子産殺析時，駟歂在側參贊。然子産之殺自㠯亂政，駟歂之贊殺自㠯疾忌，如李斯之於韓非也，故後復用其竹刑。君子曰：「《竿旄》『何㠯告之』，取其忠也。」析不忠，而歂㠯爲忠。㠯爲忠，則不當殺也。又曰：「子然無㠯勸能矣。」析非能，而歂㠯爲能。㠯爲能，則不當殺也。歂殺析一人，則於真忠真能者害之可知，故君子譏焉。又案：《藝文志》「名家」有《鄧析》二篇，自注：「鄭人，與子産並時。」此亦爲子産所誅之證。○《列子·力命篇》㠯爲子産用鄧析之竹刑，而復殺之。此不可信。○劉子駿《上〈鄧析子〉奏》：「鄧析者，鄭人也。好刑名，操兩可之説，設無窮之辭，當子産之世，數難子産之法。記或云：子産起而戮之。于《春秋左氏傳》昭公二十年而子産卒，大叔嗣爲政。定公八年，大叔卒，駟歂嗣爲政。明年，乃殺鄧析，而用其竹刑。」又云：「竹刑，簡法也，久遠，世無其書。子産卒後二十餘年，而鄧析死。傳記或稱子産誅鄧析，非也。」此與《荀子》不同，今爲《荀子》申説。

襄二十五年：「臣君者，豈爲其口實，社稷是養。」焦氏循曰：「《易·頤·彖傳》云：『自求口實，觀其自養也。』徒求禄則自養，而不能社稷是養。」麟案：自求口實，可言自養，社稷不可言養。焦説不塙。養，實借爲恙。《爾雅》《説文》皆云：「恙，憂也。」《漢書·萬石君傳》：「萬石君尚無恙。」注：「恙，憂病也。」《釋詁》：「痒，病也。」舍人注：「憂憊之病也。」聲義亦同。社稷是憂者，言食人之食，當憂人之事也。此口實，自指禄言。與二十二年「若不恤其患而㠯爲口實」自異。彼服子慎注㠯實爲譴讓，亦不得因此駁彼。案：《詩·邶風·二子乘舟》：「中心養養。」傳云：「養養，憂也。」是養訓憂之證。

襄三十一年：「《衛詩》曰：『威儀棣棣，不可選也。』言君臣、上下、父子、兄弟、内外、大小皆有威儀也。」

麟案：《賈子·容經》「古者聖王」章，與此大同。其釋此四語云：「富不可爲量，多不可爲數。故《詩》曰：『威儀棣棣，不可選也。』棣棣，富也。不可選，衆也。言接君臣、上下、父子、兄弟、内外、大小品事之各有容志也。」謹案：《荀子·非十二子》云：「士君子之容：祺然，蕼然，是父兄之容也。」蕼从隸聲，隸从隶聲，與棣同聲，則蕼然即棣棣也，即威儀「富不可爲量」之象也。《釋言》云：「祺，祥也。」《説文》云：「祥，福也。」《禮記·郊特牲》云：「富也者，福也。」《詩·大雅·瞻卬》：「何神不富。」傳云：「富，福也。」《易·象》：「鬼神害盈而福謙。」京本「福」作「富」。《釋名·釋言語》：「福，富也。」是二字同義。故《説文》「福」訓「備也」，「富」亦訓「備也」。然則祺亦與富同義矣。則祺然亦棣棣之詁也。「威儀棣棣」，該君臣、上下、父子、兄弟、内外、大小言，荀子獨曰屬父兄者，父兄更事久，君臣、上下等或偏嘗爲之，内外、大小亦經歷較多，故威儀較富也。又案：《詩·柏舟》毛傳曰：「君子望之儼然可畏，禮容俯仰各有威儀耳。棣棣，富而閑習也。物有其容，不可數也。」訓詁與《容經》大同。而物有其容，又出昭九年傳。蓋荀子之傳兼涉《左氏》，故合如符契也。

昭十六年：「鄭大旱，使屠擊、祝款、豎柎有事於桑山。」杜預注：「三子，鄭大夫。」麟案：擊、祝、豎三字，皆非人名也。《荀子·王制》曰：「相陰陽，占祲兆，鑽龜陳卦，主攘擇五卜，知其吉凶妖祥，傴巫跛擊之事也。」楊倞注讀「擊」爲「覡」。此「擊」亦「覡」之借。《楚語》云：「在男曰覡，在女曰巫。」此屠擊是男覡也。下文之款與柎皆人名在下，此屠擊，屠字在上，或其氏，或所居之地，猶言范巫矞似、桑田巫、梗陽之巫矣。覡與祝，並禱旱之官也。《周禮·春官·大祝》掌六祝之辭，五曰「瑞祝」。鄭司農曰：「瑞祝，逆時雨、寧風旱也。」㠯上司農注。小祝亦掌是事。《司巫》「若國大旱，則帥巫而舞雩」是也。豎者，侏儒二字之合音。《周禮》：豎爲未冠者之稱。《方言》云：「襜褕短者謂之裋褕。」是豎裋亦並與侏儒義近也。詳《膏蘭室札記》。侏儒即尪。僖公㠯旱故，欲焚巫尪。繆公㠯旱故，欲暴巫尪。巫尪，本主雩者，故子産亦使有事也。必三人同將事者，如莊三十二年云：「神居莘六月，虢公使祝應、宗區、史嚚享焉。」亦三人皆主祭祀者也。巫、祝皆官名。《周禮》：大祝：下大夫二人，上士四人。小祝：中士八人，下士十有六人。司巫：中士二人。侯國當降等。故下文云：「奪之官邑。」侏儒非官名，不在奪官邑之數，傳亦渾言耳。案：僖二十八年傳云：「屠擊將右行。」彼自人姓名，不得與此相較。

襄二十九年：「見舞《象箾》《南籥》者。」賈侍中注：「《箾》，舞曲名，言天下樂箾當作「削」。去無道。」《史記·吴大伯世家》集解引賈侍中注云：「《象》，文王之樂《武象》也。《箾》，舞曲也。《南籥》，㠯籥舞也。」與《左傳》正義所引互有詳略。其説象字，亦聲訓也，今從《左傳》正義引。杜預注：「象箾，舞所執。南籥，㠯籥舞也。皆文王之樂。」麟案：侍中言「箾去無道」，㠯聲爲訓，實亦如預注㠯象箾爲所執也。象箾者何？按：下文之「韶箾」，《書·咎繇謨》作「簫韶」，是古字箾、簫通。但此象簫非簫管之簫。《禮記·曲禮》：「凡遺人弓者，右手執簫。」注：「簫，弭頭也。」《釋名》：「弓末曰簫，言簫梢也。」是簫有弓末、弭頭之義。然則象簫即《小雅・采薇》之象弭也。《采薇》爲文王征玁狁之詩，故云「箾去無道」也。舞得㠯象弭者，《周禮・春官・大司樂》云：「及射，令奏《騶虞》，詔諸侯㠯弓矢舞。」《樂師》云：「燕射，帥射夫㠯弓矢舞。」是象弭可執㠯舞也。《詩・周頌》序：「《維清》奏象舞。」後司農箋云：「象用兵時刺伐之舞。」此亦㠯象爲聲訓，而其言「用兵時刺伐」，則與象弭相近。《樂動聲儀》云：「周樂伐時曰《武象》。」宋均注亦云：「象伐時用干戈。」葢此舞不止象弭一物，而㠯象弭爲名，猶韶不止簫一物，而㠯簫爲名耳。侍中又言「舞曲」者，㠯象弭舞亦有應之而歌者也。單舉箾爲名者，猶《詩序》單舉象爲名也。若必知爲文王樂，則劉炫引《詩》「維清緝熙，文王之典」爲證，當矣。至南籥，杜預與象箾分爲二物，是也。故侍中亦不㠯「箾去無道」概之。簫韶與此簫異。今特㠯韶亦不止用簫一物，故借爲證。又案：《吕覽・古樂》：「商人服象爲虐于東夷，周公遂㠯師逐之，至于江南。乃爲《三象》，㠯嘉其德。」注：「《三象》周公所作樂名。」彼雖非文王，亦㠯象獸爲樂名。

隱元年經：「天王使宰咺來歸惠公仲子之賵。」《五經異義・天子有爵不》：「《易》孟、京說，《易》有周人五號：帝天稱，一也；王美稱，二也；天子，爵號，三也；大君者，興盛行異，四也；大人者，聖人德備，五也。此本《乾鑿度》孔子說，無可更矣。是天子有爵。古《周禮》說：天子無爵，同號於天，何爵之有？許慎謹案：《春秋左氏》云：『施於夷、狄，稱天子；施於諸夏，稱天王；施於京師，稱王。』則天子非爵稱，同古《周禮》義。」鄭駁云：「案：《士冠禮》云：『古者生無爵，死無謚。』自周及漢，天子有謚。此有爵甚明，云無爵，失之矣。」

麟案：《左氏》説但有「施於夷、狄」云云三句，其有爵與不，本無明説。許君旨其無「天子爵號」之語，遂引爲天子非爵稱之證，未必得其意也。按：《賈子・威不信》云：「古之正義，東西南北，苟舟車之所達，人跡之所至，莫不率服，而後云天子。德厚焉，澤湛焉，而後稱帝。又加美焉，而後稱皇。」云古之正義，必《春秋》之義，大傅受之張丞相者也。春秋雖無帝，而《易》孟、京旨爲周人五號之一，是亦旨爲虛稱，如大君、大人諸名矣。又其説「皇」云「加美」，亦與孟、京《易》説「王美稱」同。《説文》云：「始王者，三皇，大君也。」是皇即是王。案：《儀禮・聘禮》注：「古文皇皆作王。」《書・鴻範》「建用皇極」，《續漢・五行志》注引《大傳》，「皇」作「王」。是二字本通也。又《春秋緐露》：「王者，皇也。」證尤塙。《賈子》之「皇」與《春秋》之「王」，一矣。且京師者，京，大；師，衆也。則「施於京師，稱王」，正取大君之意。君，羣也。羣、衆，一也。所説天子之稱，亦與「施於夷、狄稱天子」同，誠古義也。

《賈子・服疑》云：「等級分明，則下不得疑；權力絶尤，則臣無冀志。故天子之於其下也，加五等已往，則旨爲臣；臣之於下也，加五等已往，則旨爲僕。僕亦臣禮也，然稱僕不敢稱臣者，尊天子，避嫌疑也。」案：僕即家臣，其爵士也，其主則卿大夫也。而相去五等，即爵之等級也。然則天子之於其下相去五等，亦爵之等級也。加五等，蓋臣之最貴者。自此而往，由貴而賤矣。是《左氏》説天子亦有爵矣。又大傅所謂加五等者，天子有爵而無命數，然制禮上物不過十二。觀九命、七命、五命者，禮樂並旨九、七、五爲節，天子旨十二爲節，則亦可設爲十二命。自天子十二至三公八命，則加五等之數也。加五等，實是加四等，兼君臣數之爲五等，猶生與來日，死與往日，皆可云三日，古人有此計數法也。不自九命作伯始者，二伯分陝，即三公之出封加一等者，就在圻内言，亦八命也。不自二王後、上公九命始者，天子有事燔焉，有喪拜焉，禮之一如賓客，所㠯通三統，存友道，不在臣下之列也。出封之三公九命，其初八命，其孤則四命，亦加五等之數也。《賈子》不及諸侯之於其臣，包於天子中，故不再説也。其言臣之於下，則天子之臣及其下也。諸侯之臣效此。天子之卿六命，其家臣命數無聞，或當再命之士亦加五等也。加五等之説，亦約舉其數，非盡相符合也。

文五年：「王使榮叔來含且賵。召昭公來會葬，禮也。」按：四年經書：「夫人風氏薨。」此經書：「王使榮叔歸含且賵。」又書：「王使召伯來會葬。」傳又㠯爲禮者，《五經異義》云：「今《春秋公羊》説妾子立爲君，母得稱夫人。故上堂稱妾，屈于適也；下堂稱夫人，尊于國也。《穀梁》説魯僖公立妾母成風爲夫人，入宗廟，是子而爵母也。㠯妾爲妻，非禮也。古《春秋左氏》説成風妾得立爲夫人，母㠯子貴，禮也。謹案：從《公羊》《左氏》義。」後司農駁曰：「《禮·喪服》：父爲長子三年，㠯將傳重故也。衆子則爲之期，明無二適也。此㠯庶子明母亦庶也。案：庶子有嗣位爲君者，不敢服其私親。有死于宫中者，則爲之三月不舉祭，因是爲其母服緦。則子庶者，終不敢不庶其母也。衆子，即兼庶、長説也。女君卒，貴妾繼室，攝其事耳，不得復立爲夫人也。魯僖公妾母爲夫人者，乃緣莊公夫人哀姜有殺子般、閔公之罪，應貶故也。近漢吕后殺戚夫人及其庶子趙王，不仁，廢，不得配食。文帝更尊其母薄后，非其比邪？妾子立者得尊其母，禮未之有也。」㠯上《異義》及《駁》。案：《左氏》説亦但據成風耳，不及仲子、齊歸等也。言母㠯子貴者，哀姜雖貶，然配食莊公者仍須有子爲君之妾，故文姜絶不爲親，于禮當廢，而莊公非他妾之子，則無可更尊也。所謂母㠯子貴，義如此。他適夫人無罪者，不入此例。説本同鄭。鄭所駁，但指《公羊》説耳。若然，僖八年：「禘于大廟，用致夫人。」傳云：「禘而致哀姜焉。」則僖公尚未顯廢哀姜者，蓋不欲㠯子廢母也。至文公乃顯行之也。經於「使榮叔」「使召伯」皆書「王」，不書「天王」者，成八年經：「天子使召伯來賜公命。」賈侍中注云：「諸夏稱天王，畿内曰王，夷、狄曰天子。王使榮叔歸含且賵，㠯恩深加禮妾母，恩同畿内，故稱王。成公八年乃得賜命，與夷、狄同，故稱天子。」㠯上成公八年經注。是書王非貶也。歸仲子之賵不書夫人，則知所謂加禮妾母者，謂王立成風爲夫人也。故仲子不得王命，立爲夫人，則經書「天王」矣。

又案：經：「歸含且賵。」《公羊傳》曰：「其言歸含且賵何？兼之。兼之非禮也。」賈侍中、服子慎注經並云：「含、賵，當異人。今一人兼兩使，故書，且㠯譏之。」何邵公《膏肓》㠯爲：「禮尊不含卑，又不兼二禮。《左氏》㠯爲禮，於義爲短。」後司農箴云：「禮，天子於二王後之喪，含爲先，襚次之，賵次之，賻次之。於諸侯，含之，賵之。小君亦如之。於諸侯臣，襚之。諸侯相於，如天子於二王後。於卿大夫，如天子於諸侯。於士，如天子於諸侯臣。何休云『尊不含卑是違禮』，非經意。其一人兼歸二禮，亦是爲譏。」據此，是傳言禮者，謂含賵會葬爲得禮。其含與賵兼，則不謂禮也。而正義駁賈、服云：「《雜記》：諸侯相弔之禮，含襚賵臨，同日而畢。與介代有事焉，不言遣異使也。而責天子於諸侯必當異人，禮何所出而非責王也？王之崩葬，魯多不行。魯之有喪，寧能盡至，全無所譏？」㠯上約正義。不知侯國官少，君行師從，卿行旅從，用幣必百兩，百兩必千人。若含、賵兩使，則取費過多，衆職有缺，故不可行也。天子官事不攝，外官九品，足㠯給事；規方千里，足㠯爲資。萬國貢歲，足㠯待其國吉凶諸禮，故兩使也。正義又云：「不含無貶責。既含且賵，便責兼之不可。是禮備不如不備，行禮不如不行。豈有如此之理哉？」此亦未知責備賢者之義也。

定元年「叔孫使告之曰：『公衍、公爲實使羣臣不得事君。若公子宋主社稷，則羣臣之願也。』」云云，「對曰：『若立君，則有卿士大夫與守龜在，羈弗敢知。』」麟按：《荀子·大略》云：「子楊倞注：「子，孔子。」謂子家駒續然大夫。」即指此事也。然，借爲撚。《方言》：「撚，續也。」《逸周書·大武解》「後動撚之」亦同。續、然二字一義也。子家駒本意欲立公衍、公爲㠯續昭公之後，故㠯「羈弗敢知」拒「公子宋主社稷」之語，謂之續然大夫，言存亡繼絕之大夫也。子家駒有志不成而謂之續然大夫者，若言《春秋》存陳，亦㠯當義言，非㠯成功言也。死猶不忘，則生時之忠懇可知。續然二字，揞其一生心跡，此聖人論《春秋》之微言，而曾、吳、鐸、虞遞傳至荀子者也。

昭二十年：「守道不如守官。」麟案：《賈子·道術》云：「道者，所從接物也。」然則散言則三達道也，析言則所從接物者亦曰道。臣之接君，《荀子·大略》云：「諸侯召其臣，臣不俟駕，顛倒衣裳而走，禮也。《詩》曰：『顛之倒之，自公召之。』天子召諸侯，諸侯輦輿就馬，禮也。《詩》曰：『我出我輿，于彼牧矣。』自天子所，謂我來矣。』」㠯上《荀子》。乃臣接君之道也。故司常呼象路㠯朝者爲道車，有道右、道僕之官。謂君臣相接爲道，其車遂由此名。《士冠記》：「委貌，周道；章甫，殷道；牟追，夏后氏之道。」注：「皆所常服㠯行道。」實亦由君臣相接爲義，故所招不當其官，則可㠯不守是道。《詩·邶風》：「招招舟子。」傳曰：「招招，號召之貌。」

是傳上文之「招虞人㠯弓」，即召也。柳宗元未解道字之訓，輒加詆詰，可笑也。一說：道謂君之政令也。《詩·匪風》箋：「周道，周之政令也。」亦通。

哀七年：「禹合諸侯於塗山，執玉帛者萬國。今其存者，無數十焉。」麟案：《賈子·修政語上》云：「大禹之治天下也，諸侯萬人，而禹一皆知其體。」此大傅所受《左傳》說也。《荀子·富國》云：「古有萬國，今有十數焉。」此荀子所受《左傳》說也。言今有十數，乃沿《左傳》之說，未及改削，非就荀子時言也。自二十至九十，皆數十也。故無數十，則但有十數矣。惠氏《補注》引《戰國·齊策》：「顏蠋曰：『大禹之時，諸侯萬國；及湯之時，諸侯三千；今乃二十四。』」戰國諸侯乃多于春秋者，三家分晉，則晉爲三矣；季氏分魯爲費，則魯爲二矣；所㠯多也。荀子則但舉其合，不舉其分，故與傳不殊也。至言萬國，則並同矣。後司農注《尚書》，㠯唐虞土方萬里，九州方七千里，七七四十九，其一爲畿内，餘四十八。八州分之，州各有千里之方六。㠯千里之方二，爲方百里之國二百；又㠯千里之方二，爲方七十里之國四百；又㠯千里之方二，爲方五十里之國八百；總爲一千四百國。去其方五十里之國二百，州別千二百國。又㠯四百國在畿内，總爲萬國。㠯上約鄭說。然畿内采地㠯之爲國，似强合矣。按：《書》之州十有二師，不必一師領百國，但於一州千四百國中去百五十國爲閒田，得每州千二百五十國，一師領百四國，尚餘二國，無妨有二師各領百五國者也。合八州則萬國矣。然此乃依《周禮》要服㠯内「九州執玉帛」立說也。夏時雖于四海立五長，未必定㠯貴寶爲摯，與九州絶殊。故《異義》引古《春秋左氏》說：「禹會諸侯于塗山，執玉帛者萬國。唐虞之地萬里，容百里地萬國。其侯伯七十里，子男五十里，餘爲天子閒田。」則萬國外及荒服之𠨑矣。《漢書・王莽傳》云：「夏后塗山之會，執玉帛者萬國。諸侯執玉，附庸執帛。」此巨君奏元后所説。杜預本之，然不言萬國地所至。據《魯語》：「仲尼曰：『昔禹致羣神於會稽之山，《述異記》云：「禹會塗山，防風氏後至，禹誅之。」是會稽即塗山也。防風氏後至，禹殺而戮之，其骨節專車。』」又云：「客曰：『防風氏何守也？』仲尼曰：『汪芒氏之君也，韋解：「汪芒，長狄之國名也。」守封、嵎之山者也。爲漆姓，在虞、夏、商爲汪芒氏，於周爲長狄，今爲大人。』」夫長狄後至而誅，則夷、狄固當與會矣。且《易・比卦》之「後夫凶」，即指防風也，而亦在先王㠯建萬國之數。則九州之外，亦執玉帛。古《春秋左氏》説最塙矣。九州之外執玉帛，亦由慕化，非迫之也。《荀子・正論》曰：「世俗之爲説者曰：『湯、武不能禁令，是何也？』曰：『楚、越不受制。』是不然。湯、武者，至天下之善禁令者也。湯居亳，武王居鄗，皆百里之地也。天下爲一，諸侯爲臣，通達之屬，莫不振動從服㠯化順之，曷爲楚、越獨不受制也？彼王者之制也，視形勢而制械用，稱遠邇而等貢獻，豈必齊哉！故諸夏之國，同服同儀；蠻、夷、戎、狄之國，同服不同制。『封内甸服，封外侯服，侯、衛賓服，蠻、夷要服，戎、狄荒服。甸服者祭，侯服者祀，賓服者享，要服者貢，荒服者終王。日祭、月祀、時享、歲貢』，自「封内甸服」至此，皆《周語》文。是荀子兼受《内》《外傳》也。「歲貢」下，《周語》尚有「終王」二字，《荀子》脱，楊注已言之。夫是之謂視形勢而制械用，稱遠近而等貢獻，是王者之至也。彼楚、越者，且時享歲貢終王之屬也，必齊之日祭月祀之屬，然後曰受制邪？是規磨之説也。□溝中之瘠也，則未足與及王者之制也。」㠯上《荀子》。〇又案：「戎狄荒服」句，《蕭望之傳》云：「《書》曰：『戎、狄荒服。』」師古曰：「逸《書》也。」然則《周語》所言本逸《書》也。此言湯、武時諸夏同服同儀，蠻、夷、戎、狄同服不同制，而不及禹，則禹時蠻、夷、戎、狄固有與諸夏同儀者矣。同儀則執玉帛矣。則荒𨚍在萬國中可知也。荒服之國雖大，曰子，則其下亦不妨有附庸矣。此《王莽傳》可通於古《春秋》說者也。昔疑《周語》服名與《周禮》殊，尋討《荀子》，乃知是湯㠯後至武王時所立之名，在周公制《禮》㠯前，故不同也。穆王在制《禮》後，而祭公諫征犬戎，舉「邦内甸服」云云，又云：「今自大畢、伯士之終也，犬戎氏㠯其職來王。天子曰：『予必㠯不享征之。』」皆舉湯、武之制者，葢諫辭期于罷征，故所述朝貢疆域，小于周時九州之界。韋氏述賈侍中所云「自侯圻至衛圻二千五百里，中國之界也」並圻内，方六千里。是也。此乃措詞宜爾。亦如子産對晉人言「列國一同」與《周禮》殊也。

《魯語》：「是故先王制諸侯，使五年四王一相朝。」賈侍中注：「王謂王事天子也，歲聘㠯志業，間朝㠯講禮，五年之間，四聘於王，而一相朝。相朝者，將朝天子，先相朝也。」㠯上賈注。諸侯朝王有久近，獨引五年一朝之衛服者，亦㠯中國之界終于此，故㠯包其内四服也。湯、武時方六千里爲中國，其外又有要服二：蠻也，夷也；荒服二：戎也，狄也；則亦經略萬里矣。後司農據《王制》，㠯爲殷制九州方三千里，疑中世然耳。自武丁始征鬼方，伐荊楚，則前此雖賢聖之君六七作，已不及六千里之數，故更于三千里中制九州，而九州反小于中國之本數也。至賈、馬說《禹貢》，皆㠯爲相距六千里，是㠯湯、武中國之界爲禹𨚍成之界，與古《春秋》說不合矣。然馬說《咎繇謨》亦云：「面五千里爲方萬里。」則賈說《書》及《春秋》，亦未必盡同也。總之，古《春秋》說爲是。凡中國，小于九州。○《管子·幼官》云：「立爲六千里之侯。」亦指中國之大界。

宣十二年：「撫弱耆昧，目務烈所，可也。」麟案：所，借爲昈，爲户。《方言》：「昈，文也。」《西京賦》：「赫昈昈目弘敞。」李善引《埤倉》云：「昈，赤文也。」《論語摘衰聖》：「鳳有九苞，八曰音激揚，九曰腹文户。」王懷祖曰：「户，亦文采貌也。」所从户聲，故得通昈、户。古烈、文多並言。《周頌・烈文》云「烈文辟公」、《雝》云「既右烈考，亦右文母」、哀三年傳云「烈祖康叔，文祖襄公」是也。

僖二十五年：「請隧，弗許。曰：王章也。未有代德，而有二王，亦叔父之所惡也。」杜預注：「闕地通路曰隧，王之葬禮也。」按：《周語》云：「晉文公既定襄王于郟，王勞之目地，辭，請隧焉。」賈侍中云：「隧，王之葬禮，開地通路曰隧。」韋云：「隧，六隧也。《周禮》：天子遠郊之地有六鄉，則六軍之士也。外有六隧，掌供王之貢賦。唯天子有隧，諸侯則無也。」案：《粊誓》云：「魯人三郊三遂。」則諸侯亦有遂，但不置六遂耳。是預說本侍中，與韋異也。《思玄賦》：「董弱冠而司衮兮，設王隧而弗處。」謂董賢起冢如至尊，及死不得處也。王隧二字本此傳，亦目隧爲開地通路也。但《周語》下文云：「昔我先王之有天下也，規方千里目爲甸服，目供上帝山川百神之祀，目備百姓兆民之用，目待不庭不虞之患。其餘目均分公、侯、伯、子、男。韋曰：「其餘，甸服之外地。」使各有寧宇，目順及天地，無逢其災害。先王豈有賴焉？」似六隧之說爲合矣。然《賈子・審微》云：「古者周禮：天子葬用隧，諸侯縣下。周襄王出逃，伯鬬晉文公鬬與主同部，借爲主也。《墨子・號令篇》云：「凡將率鬬其衆，失法，殺。」謂將率主其衆，而或有失法，則將率之罪當殺也。是時文公尚未錫命爲方伯，而言伯主者，要其終言之。率師誅賊，定周國之亂，復襄王之位。於是襄王賞目南陽之地，文公辭南陽，即死得目隧下。襄王弗聽，曰：『周國雖微，未之或代也。天子用隧，伯父用隧，是二天子也。㠯地爲少，余請益之。』文公乃退。」是大傳《訓故》固㠯隧爲葬禮，無可更矣。

實則二説一貫。《周禮・地官・遂人》云：「大喪，帥六遂之役而致之，掌其政令。及葬，帥而屬六綍。及窆，陳役。」注云：「致役，致於司徒，給墓上事及窆也。綍，舉棺索也。葬舉棺者，謂載與説時也。用綍旁六執之者，天子其千人與？陳役者，主陳列之耳。鄭司農云：窆，謂下棺時。遂人主陳役也。」又《遂師》云：「大喪，使帥其屬㠯幄帟先，道野役。及窆，抱磨，共丘籠及蜃車之役。」注云：「役，謂執綍者。鄭司農云：『抱磨，磨下車也。』玄謂：磨者，適歷執綍者名也。遂人主陳之，而遂師㠯名行校之。」據此則天子葬用隧，使六遂之民役之。六遂之遂，即取名于葬之隧，《説文》無「隧」，遂、隧一字。猶甸之取名于出兵車一乘也。《遂人》言：「五鄙爲縣，五縣爲遂。」諸侯亦有三遂，則葬亦當用三遂之役。遂人掌葬事，下逮于士。《既夕記》之「遂匠」注謂：「遂人，匠人。」是縣屬于遂，則縣先致役于遂，然後遂致于司徒，則縣之得名，亦取于諸侯縣下也。遂，取天子葬用隧；縣，取諸侯縣下，互文耳。天子之地亦名縣，諸侯之地亦名遂者，兩者雖殊，可互引申也。《縣正》不言大喪，致役、葬陳役者，所言用野民師田行役，移執事則帥而至，即包喪葬在内也。此可㠯互證矣。

晉文意實欲請六遂，而僭踰過甚，不可爲侍臣所聞，故姑㠯葬用隧嘗試王意，傳但言「請隧」，約其意耳。當時必實言葬所用之隧，㠯別于六遂也。葬可用隧，則共葬役者可知。《審微篇》所云「天子用隧，伯父用隧」，但答其詞也，然意可知矣。韋㠯「六隧」注「隧」，于意則是，于詞未愜也。如昭元年傳云：「樂桓子相趙文子，欲求貨於叔孫，而爲之請，使請帶焉。」昭二十三年傳云：「范獻子求貨於叔孫，使請冠焉。」亦㠯求貨難明言，故姑㠯冠、帶爲詞也。若然，葬用隧亦僭，不嫌爲人聞者，較六遂則遠不及矣。如「請曲縣、緐纓」，亦不嫌聞于人也。王知其詞在葬，其意在六遂，故直㠯規方甸服等答其意，而又言「亦唯是死生之服物采章，㠯臨長百姓，而輕重布之」㠯答其詞。韋云：「死之服，謂六隧之民，引王柩輅也。」大傅、侍中之説，並不與《周語》倍也。

桓九年：「冬，曹大子來朝，賓之㠯上卿，禮也。」案：明年正月曹伯終生即卒，則此時已病可知。故服子慎注曰：「曹伯有故，使其大子攝而朝。《曲禮》曰：『諸侯之嫡子攝其君，未誓於天子，則㠯皮帛繼子男，如諸侯之上卿之禮也。』」㠯上服注。是曹伯病明矣。下文施父知其有憂，亦其證也。何邵公《膏肓》云：「《左氏》㠯人子安處父位，尤非衰世救失之宜，於義《左氏》爲短。」後司農箴曰：「必如所言，父有老耄罷病，孰當理其政，豫王事也？」麟案：《荀子・正論》云：「故曰：諸侯有老，天子無老。有擅即禪。國，無擅天下。古今一也。」此荀子㠯駁俗説之堯、舜老衰而擅，謂血氣筋力則有衰，智慮取舍則無衰。天子形至佚，故不患血氣筋力之衰；諸侯有供職貢朝聘之事，血氣筋力衰，則不能也。故「天子無老，諸侯有老」。老，即范武子云「余將老」之老，楊倞注謂「致仕」是也。致仕則擅于子矣。曹伯之病，正其衰也，故使大子攝。成十年云：「晉侯有疾。五月，晉立大子州滿今本作蒲，从正義所引應劭《舊名諱議》正。㠯爲君，而會諸侯伐鄭。」誼亦同此。彼杜預注㠯爲：「父不父，子不子，經因書晉侯，其惡明。」非經義也。《荀子》云「故曰」，又云「古今一也」，是《春秋》大義曾子申等傳之。

昭二十八年：「昔武王克商，光有天下，其兄弟之國者十有五人，姬姓之國者四十人，皆舉親也。夫舉無他，唯善所在，親疏一也。」《荀子·儒效》云「周公屏成王而及武王」云云，「兼制天下，立七十一國，姬姓獨居五十三人，而天下不稱偏焉」。又云：「兼制天下，立七十一國，姬姓獨居五十三人焉；周之子孫，苟不狂惑者，莫不爲天下之顯諸侯。孰謂周公儉哉？」此曰封姬姓屬周公。正義謂：由武王克商得封建諸國，故歸功於武王。周公營洛，始封康叔；致政，始封伯禽。明武王時兄弟未盡封也。約正義。則《儒效》所說，實即傳所云武王封兄弟也。《君道篇》又曰此事屬文王，亦曰文王始受命而歸功也。乃楊倞謂傳文四十人蓋舉成數，惠定宇亦言傳與《荀子》異，如傳果舉成數言四十人，則十有五人何不舉成數言十人邪？荀子，《左傳》大師，亦無容與傳韋舛。且其云「天下不稱偏」，正與「唯善所在，親疏一也」爲答魏子所問「人其曰我爲黨乎」之語若合符節，則其云「五十三人」，不與十五人、四十人相背可知。按：周公殺管叔而放蔡叔，皆除其國，即荀子所云「狂惑者」也，于五十五人中去二人，則爲五十三人。荀子就已誅管、蔡未賡封言，管、蔡尚未賡封，則魯、衛亦當不在數內。正義曰康叔、伯禽亦在五十五人中，其說亦未塙。但五十五人中有周公所封者，則可信。此謂流言曰前所封也。傳則曰武王時管、蔡已得封，後此管、蔡之子又賡封，《管蔡世家》云：「管叔誅死，無後。」然必當有爲後者，故僖二十四年述周公封建親戚內有管也。但小國，不見史傳耳。不必及其誅絕，故總言兄弟之國者十五人，姬姓之國者四十人也。二叔不及霍叔，本王伯申。《荀子》說似與傳異，益見其同，乃受之虞卿之古說也。

襄二十九年：「璽書追而予之。」今本作「與」，从石經及宋本。《外傳》亦作「予」。杜預注：「璽，印也。」正義引

《獨斷》云：「《月令》曰：『固封璽。』季武子使公冶問璽書，此諸侯大夫印稱璽也。」又引《周禮》「貨賄用璽節」鄭注「今之印章也」爲證。《困學紀聞》引「職金揭而璽之」爲證。麟按：《管子·大匡》云：「諸侯之臣有諫其君而善者，㠯璽問之。」是桓公諸侯得有璽也。《呂覽·執一》：吳起謂商文曰：「今日置質爲臣，其主安重；今日釋璽辭官，其主安輕。」吳氏傳《左傳》，此語即大夫有璽之切證。然《世本》《左傳》同出一手，而《世本》云：「魯昭公始作璽。」反在襄公後者，蓋如秦之和璽㠯爲重寶，故謂之始作耳。昭公嘗使公衍獻龍輔於齊侯，及卒，又賜子家子雙琥，是其性喜玉，則作璽之精美可知也。《世本》言倕作矢、奚仲作車等，皆㠯改制精美言。

昭二十五年：「此之謂不能庸先君之廟。」按：庸若訓用，則文不可通。故杜預轉爲「不能用禮」之説。然傳但言「庸」，不言庸禮也。或曰：庸即悀。《方言》：「悀，滿也。凡㠯器盛而滿謂之悀。」萬者二人，是不能滿先君之廟也。然二人爲不滿，近在目前，臧孫于「不能庸先君之廟」上加「此之謂」三字，必有深意，不當如此淺拙也。按：《公羊》僖十年傳：「踊，爲文公諱也。」注：「踊，豫也，齊人語。」然則踊可㠯雙聲兼合韻通豫，則庸亦同矣。《易·上象》：「靁出地奮，豫。先王㠯作樂崇德，殷薦之上帝，㠯配祖考。」是豫爲作樂祭祖之義。此爲天子立説，而諸侯之祭，意理亦同。今禘時萬者有闕，故言不能豫先君之廟也。豫，樂也。作樂配祭，義取樂也。漢有大予樂官，葢亦㠯予爲豫矣。

定十二年：「與其素厲，寧爲無勇。」杜預注：「素，空也。厲，猛也。言伐小國，當如畏者，㠯誘致之。」麟案：此已克郊而還，無爲復誘致曹人。正義不得已，則謂誘之使曹人不憚㠯爲後圖，益迂矣。按：厲者，横行也。《漢書·陳湯傳》「卒興師奔逝，横厲烏孫」是也，其義實引申于横渡。《大人賦》：「横厲飛泉㠯正東。」《九歎》：「櫂舟航㠯横濿兮。」是厲本爲横渡也。本王氏《述聞》。《方言》：「素，廣也。」《春官·車僕》：「廣車之萃。」後鄭注：「横陳之車。」而今文《堯典》「横被四表」、《孔子閒居》「㠯横于天下」，皆訓「横」爲「充」，又即廣大之義。是廣、横聲義皆同。此素訓廣，廣訓横。上文云「殿而在列」，蓋不在列，則必横厲至後，去其舊部。羅㠯既勝而殿，不須身自在後，故言與其横厲而使部曲亂越，寧居無勇之名也。

定十四年：「既定爾婁豬，盍歸吾艾豭？」杜預注：「婁豬，求子豬，㠯喻南子。艾豭，喻宋朝。艾，老也。」麟按：服子慎㠯會于洮上屬爲義，言衛侯爲夫人南子召宋朝，故與宋公會于洮。據此則獻盂時宋朝財見召耳，非久居衛，不應言「盍歸」。今謂盍讀爲溘。《廣雅·釋詁》：「溘，依也。」溘歸，即依歸，謂南子依歸宋朝也。婦人謂嫁歸，故此言淫亦曰歸。依者，《國語》云：「丹朱馮身㠯儀之。」《小尒疋·廣言》：「馮，依也。」傳云：「神所馮依，將在德矣。」是馮與依義同。丹朱依房后之身而淫之，故此亦言依也。襄九年傳：「弃位而姣。」服子慎讀姣爲放效之效，言效小人爲淫。按：《廣雅·釋詁》：「放，效也。」又云：「放，依也。」然則效即放，亦即依，服意謂身依小人而爲淫也，正義駁服云：「淫自出於心，非效人也。」此未解服義。正與此同。此上下句相對。「盍歸」既平列，則「既定」亦平列。「既」讀爲《詩·邶風》「不念昔者，伊予來塈」之「塈」，

《詩》傳曰：「塈，息也。」箋曰：「君子忘舊，不念往昔年稚我始來之時安息我。」《説文》：「定，安也。」然則塈定即息安，息安即安息。杜氏謂朝舊通于南子，故此用《詩》意，謂宋朝不忘舊而安息之，目爲蚩笑。息安爾婁豬，謂宋朝息安南子也。依歸吾艾豭，謂南子依歸宋朝也。此或于服義有當焉。

襄十一年：「不慎，必失諸侯。」按：《釋詁》：「慎，誠也。」《詩》「慎爾優游」「予慎無罪」「慎爾言也」「考慎其相」，傳、箋並云：「慎，誠也。」《釋詁》又云：「誠，信也。」《釋名》：「信，申也，言目相申束，使不相違也。」《禮緯含文嘉》曰：「神者，信也。」知信者亦取要結于神也。然則此文謂不極引鬼神爲信，目相申束，必失諸侯。故下文歷舉司慎、司命今本作「盟」，从《説文》。段若膺曰：「上文『或閒茲命』，《釋文》『本或作茲盟』，盟是也。」與此互譌。諸神。徧攷《春秋》載辭，未有多于此者也。司慎、司命，慎訓亦同此，葢與司命俱主約信申束者。《周語》云：「命，信也。」然則此司命與文昌第四星主督察三命者葢有異。《覲禮》疏引注云：「二司，天神。司慎察不敬者，司盟察盟者。」此未知何人之注。惠定宇目爲服注，亦無明據，此亦訓慎爲誠。《廣雅》「誠」「信」又皆訓敬，故云「察不敬者」，然視申束之訓爲遠，而命字作盟，亦誤。

定十三年：「三折肱知，爲良醫。」麟案：知字屬肱字讀。《方言》：「知，愈也。」王懷祖曰：「《素問·刺瘧篇》：『一刺則衰，二刺則知，三刺則已。』是知即愈矣。」此謂三折肱，則親嘗痛苦，及其既愈，爲醫必良矣。惟己折肱，已愈，乃能爲醫，故知知者愈也。然本意重三折肱，不重愈，故亦可不舉。《説苑·雜言》：「孔子曰：『語不云乎，三折肱而成良醫！』」《楚辭・惜誦》：「九折臂而成醫兮。」皆不舉知字也，然必待愈後可知。

定七年：「隳伏而待之。」杜預注：「隳毁其軍曰誘敵，而設伏兵。」麟按：隳毁其軍而但曰隳，不辭。又下言「虎不圖禍」，言「虎陷二子於難」，若齊有伏兵，處父、苫夷不應豫知而曰禍曰難也。預注失之。今謂隳借爲揹。《方言》：「揹，脱也。」伏，借爲服。《易・繫辭》孟、京注：「伏，服也。」《尒疋・釋鳥》「服翼」，《廣雅・釋鳥》作「伏翼」，是古字伏與服通。《詩・小雅・采薇》：「象弭魚服。」箋：「矢服也。」《齊語》：「服無矢。」《鄭語》：「檿弧箕服。」皆同此。又《周禮・春官・巾車》：「小服皆疏。」後鄭注：「刀劍短兵之衣也。」據此，則揹服而待之謂脱矢及短兵之衣而待之，猶《莊子・説劍》言「王脱白刃待之」也。是時鋭氣方盛，不可與爭，且揹服又是衆著，故處父得言虎不圖禍，苫夷得言虎陷二子於難也。

定三年：「有兩肅爽馬。」賈侍中注：「色如霜紈。」馬季長注：「肅爽，鴈也，其羽如練，高首而修頸，馬似之，天下稀有。故子常欲之。」麟按：正義云：「爽，或作霜。」下即引侍中。豈侍中本作「霜」與？霜、爽聲通。《詩・豳風・七月》云：「九月肅霜。」傳：「肅，縮也。霜降而收縮萬物。」然則霜稱肅霜，鴈色似之，故取名焉。《釋文》音傳云：「爽音霜。」其實作爽乃借字，其西方神鳥名鸕鷞，乃後制字，亦因色白而名也。霜紈，亦因色似霜故名。故似霜紈即似霜，亦即似鴈。但似鴈，又似其高首修頸，非徒色白。季長説較詳備矣。

襄十五年：「屈蕩爲連尹。」服子慎注：「連尹，射官，言射相連屬也。」麟按：連當借爲籣。《説文》「瀾」或作「漣」。《淮南・天文訓》：「日至于連石。」注：「連，讀腐爛之爛。」是連、闌聲通也。《説文》云：「籣，所㠯盛弩矢，人所負也。」《漢書・韓延壽傳》云：「抱弩負籣。」又作韊。《史記・信陵君列傳》云：「負韊矢。」又借作蘭。《管子・小匡》之「蘭盾」，亦當爲此字。射官㠯所用爲名，故曰籣尹。子慎云：「言射相連屬也。」言之云者，謂其聲訓如此，非謂即本字也。弩，一弓數矢，其發相連屬。《秦始皇本紀》云：「願請善射與俱，見則㠯連弩射之。」是其證。故㠯連爲籣之聲訓也。然則官名不取弓矢冰毖等而獨有取于籣者，亦㠯弩矢所殺最多矣。《史記・樊酈滕灌列傳》云：「斬樓煩將五人，連尹一人。」又云：「生得右司馬、連尹各一人，樓煩將十人。」《集解》李奇曰：「樓煩，縣名，其人善騎射，故㠯名射士爲樓煩，取其美稱，未必樓煩人也。」㠯上《史記集解》。然則兩舉連尹皆與樓煩將並稱，則連尹爲射官明甚。項楚官名多本楚舊，如令尹、莫囂、柱國、執珪可證也。洪稚存説成二年「連尹襄老」云：「連，楚地名。襄老，當爲此地之尹。故㠯官稱之也。《楚語》有雲連徒洲。《漢書・地理志》長沙國連道縣，唐時爲連州。」説雖近似，然無解于項楚之連尹也。正義云：「若是主射，當使養由基爲之，何㠯使由基爲宮廄尹，棄能不用，豈得爲『能官人』也？」㠯上正義。不知人有二能，無妨更歷。稷好播種，虞帝犧之。司馬尹善烹飪，殷后舉爲阿衡。豈爲官非其任也？若由基、屈蕩皆任連尹，而宮廄惟由基勝職，豈得久滯諸射官乎？子慎注自與傳文「能官人」不背也。案：《漢書・李廣蘇建傳》：「因發連弩射單于。」子慎注：「三十弩共一弦也。」此服自説射相連屬之旨，可互證也。

僖二十四年：「天實置之。」《晉世家》作「天實開之」。按：此傳不云「啟」，而易㠯「開」，與凡言開者別。開當借爲隑。《説文》：「闓，開也。」《方言》：「闓苫，開也。楚謂之闓。」是開、闓義同聲亦同，知開與豈聲字聲皆同矣。《方言》：「隑，立也。」《廣雅·釋詁》：「置，立也。」《禮記·祭法》：「大夫㠯下成羣立社，曰置社。」置又通植。如《商頌·那》：「置我鞉鼓。」箋「讀曰植」是也。《方言》又云：「植，立也。」然則兩文皆謂天實立之。作開者，當是史公所見古本，非自爲訓詁也。《詩·大東》箋：「喻王闓置官司，而無督察之實。」闓置即隑置，正與此同。

昭二十八年：「賞慶刑威曰君。」麟按：此㠯威聲訓君也。《周書·謚法》亦載此語，而又言「從之成羣曰君」，羣亦君之聲訓也。《漢律》云：「婦告威姑。」威姑猶君姑。《説文》云：「莙，从艸，君聲，讀若威。」是皆聲通之證。

定十年：「此之謂棄禮，必不鈞。」杜預注：「言必見殺，不得與人等。」麟按：此㠯等訓鈞，泥于本字，迂矣。按：鈞，《説文》古文作「𨥁」；旬，《説文》古文作「𠣬」。是勻、旬本同聲。此鈞借爲絢。《廣雅·釋詁》：「絃，成也。」《疏證》曰：「絃，即絢字也。《聘禮記》：『絢組。』鄭注：『采成文曰絢。』《論語·八佾篇》：『素㠯爲絢兮。』鄭注：『文成章曰絢。』《廣韻》云：『絃與絢同，猶眴之或作眩矣。』」據此，是絢本爲成文章，引申爲凡成之稱。《周語》云：「成德之終也。」是成又訓終，不成即不終矣。

昭二十五年：「裯父喪勞。」《五行志》引如此。石經、宋小字本、宋本、岳本、足利本並同作「裯」。作「稠」者誤。麟按：勞借爲遼。《小雅·漸漸之石》：「山川悠遠，維其勞矣。」箋：「邦域又勞勞廣闊。」勞勞即遼遼，猶《楚辭·憂苦》所謂「山修遠其遼遼兮」也。《說文》：「遼，遠也。」公之喪不在魯，而至自齊，可謂遠矣。《五行志》班氏釋傳此句曰：「死于外，歸葬魯。」斯其義也。

桓七年：「穀伯、鄧侯來朝。名，賤之也。」服子慎注：「穀、鄧密邇於楚，不親仁善鄰㠯自固，卒爲楚所滅。無同好之救，桓又有弑賢兄之惡，故賤而名之。」麟案：善鄰，鄰指楚；親仁，仁指中國仁諸侯也。二國所親如魯桓者，惡人，非仁人，無益于救患，此致滅之由也。邾儀父盟隱，親賢君，知尊讓恭順之道，其後卒能附從齊桓㠯封其國，故傳曰：「曰儀父，貴之也。」穀、鄧朝桓，親惡人，昧勢聚利合之情，其後卒致同好坐視，㠯滅其國，故傳曰：「名，賤之也。」字與名，貴賤正相反也。是故不于二年滕子來朝此始朝桓者。賤稱名，而必于七年綏、吾離來朝賤稱名，正義舉伯糾、仍叔之子來聘，不㠯親桓譏。不知彼二人不㠯此致滅，猶滕子也。所謂「諸侯失地，名」，預于此見其兆也。《公羊傳》謂已失地之君，則傳聞《左氏》義而誤也。正義又㠯魯班齊饋善魯桓駁服，不知此一事之善耳，其終身則惡也。

昭二十五年：「氣爲五味。」正義：「五行之氣，入人之口爲五味。」麟案：此氣與發、章同意。若曰爲五行之氣，甚不辭。《説文》「氣」或作「餼」。《方言》：「餼，飽也。」通作「愾」。《廣雅·釋詁》：「愾，滿也。」言天明地性充積飽滿而成五味，與下「發爲五色」正相似。

昭二十三年：「明其五候。」賈侍中注：「五候，五方之候也。敬授民時四方中央之候。」服、王、董並作「五」。惟杜預作「伍」，説爲「使民有部伍，相爲候望」。此曰自疆場至守備皆不舉數，又曰伍候于守禦爲切，故改也。不知《周書·程典》明云：「固其四援，明其五候。」惠氏《補注》有。此與彼同，則「五」字是也。四方中央之候，即《堯典》「宅嵎夷，曰暘谷。寅賓出日，平秩東作」等，惟彼不言中央耳。「親其民人，明其五候」，先王地水行師，寓兵于農之意。而斥候守望，則下文「完其守備」包之矣。

昭二十九年：「及有夏孔甲擾于有帝，帝賜之乘龍，河、漢各二，各有雌雄。」《夏本紀》曰「帝孔甲立，好方鬼神，事淫亂。夏后氏德衰，諸侯畔之。天降龍二，有雌雄」云云。麟案：此讀擾爲本字。《説文》：「擾，煩也。」好方即方士之方。與鬼神，事淫祀必盛。祭不欲數，數則煩，故言煩于有帝也。煩帝而賜龍者，蓋曰此警戒，不遽亡之，猶爲賜也，若言賜死矣。史公言降，降从夅聲，蓋與贛通。《説文》「贛」从竷省聲，「竷」从夅。竊曰竷象舞，則从夂已足，夅蓋聲也。東冬鍾江部與覃談咸銜嚴凡部古音通轉，故竷从夅聲，而降可通贛。《説文》：「贛，賜也。」端木賜字子贛，史公曰此互明。漢世亦常用贛字，如《淮南·精神》「今贛人敖倉」、《要略》「一朝用二千鍾贛」是也。❶ 故㠯代賜字，不嫌人不明也。又史公言「龍二，有雌雄」者，㠯河、漢之龍分二種，又就一種中別雌雄，非謂只有二龍也。服子慎注此傳云：「四頭爲乘，四乘，十六頭也。」此與《史記》説異。《郊祀志》：「帝孔甲淫德好神，神瀆，二龍去之。」應劭注：「夏帝孔甲，天賜之乘龍，河、漢各二。其後媟黷嫚神，故龍去之。」是班氏説正與史公相反。

襄二十九年：「㠯德輔此，則明主也。」《吳大伯世家》作「㠯德輔此，則盟主也」。《集解》徐廣曰：「盟，一作明。」此後人依《左傳》改耳。麟按：此史公㠯盟訓明，謂古字省借，葢得之賈嘉所傳《訓故》也。二字聲義亦通。盟之言明也，《釋名》云「盟，明也，告其事于神明也」是也。此猶誓之言哲也，質之言所也，斤斤其明也。《曶鼎》「質」作「所」，是古字通也。又案：季札言此者，《詩·魏風·陟岵序》云：「國迫而數侵削，役乎大國。」故言㠯德輔此，雖爲盟主而役人猶可，而何見役之有焉？語爲《陟岵》詩而發，後人㠯爲吳起媚魏，真妄説也。

昭二十五年：「公曰：『執之，亦無命也？』」杜預注：「獨言執之，無勑命。」麟案：言執之則有勑命矣。㠯爲獨言，豈左右更無他侍人乎？無當讀爲亡。古字無、亡通，不贅。《史記·張耳陳餘列傳》：「張耳嘗亡命游外黃。」晉灼曰：「命者，名也。謂脱名籍而逃。」崔浩曰：「亡，無也。命，名也。逃匿則削除名籍，故㠯逃

❶ 「二」，《淮南鴻烈集解》作「三」。

爲亡命。」也，邪也。如《莊子》「其求物也」「養生也」等可證。公㠯僚相見戈而走，故言：今若執之，亦得亡命奔走邪！此公怒僚相語，非真欲執之，故仍得去。觀下文「懼而不出」句可知。

昭二十年：「殘則施之㠯寬。」麟案：此與上「糾之㠯猛」對文，施當借爲弛。《廣雅·釋詁》：「弛，緩也。」正與糾對。緩、寬意相近。云緩之㠯寬，猶下文「平之㠯和」，平、和意亦相近也。

昭四年：「是㠯先王務修德音，㠯亨神人，不聞其務險與馬也。」麟按：《孫子吳起列傳》：「魏武侯浮西河而下，中流，顧而謂吳起曰：『美哉乎！山河之固，此魏國之寶也！』起對曰：『在德不在險。昔三苗氏左洞庭，右彭蠡，德義不修，禹滅之。夏桀之居，左河、濟，右泰華，伊闕在其南，羊腸在其北，修政不仁，湯放之。殷紂之國，左孟門，右大行，常山在其北，大河經其南，修政不德，武王殺之。由此觀之，在德不在險。若君不修德，舟中之人盡爲敵國也。』」吳氏傳《左傳》，其論與此文適合，録爲古注。

昭二十年：「親戚爲戮，不可㠯莫之報也。」《異義》：「凡君非理殺臣，《公羊》説子可復讎。故子胥伐楚，《春秋》賢之。《左氏》説：『君命，天也。』是不可復讎。」後司農駁曰：「子思云：『今之君子，退人若將隊諸淵。毋爲戎首，不亦善乎？』子胥父兄之誅，隊淵不足喻。伐楚使吳首兵，合於子思之言也。」麟按：子思所言，非謂隊淵者當復讎也，曰君窘迫其臣至此，而其臣不爲戎首，則已爲善待其君耳。此㠯警君，非㠯訓臣也。不足爲證《左氏》説爲正。此本于賈大傅也。案：《耳痺》云「昔者楚平王有臣曰伍子胥，王殺其父而無罪，奔走而之吳。曰：『父死而不死，則非父之子也；死而非補，則過計也。與吾死而不一明，不若舉天地㠯成名。』於是紆身而不原缺。適闔閭，治味㠯求親。闔閭見而安之，説其謀，果其舉，反其聽，用而任吳國之政也」云云，「然後，忿心發怒，出凶言，陰必死。提邦㠯伐楚，五戰而五勝，伏尸數十萬。城郢之門，執高兵，傷五藏之實，毀十龍之鍾，撻平王之墓。昭王失國而奔，妻生虜而入吳。故楚平王懷陰賊，殺無罪，殃既至乎此矣。子胥發鬱冒忿，輔闔閭而行大虐」云云，「何籠而自投水，目抉而望東門，身鴟夷而浮江。懷賊行虐，深報而殃不辜，禍至乎身矣」。據大傅㠯撻平墓爲非，則舊君不得報讎矣。然則伍尚之語，葢欲員適吳後伐楚誅費無極耳，非報平王也。後無極已誅，於楚實已無讎可復，而乃戮及舊君，故子胥亦自謂「倒行逆施」。見《史記·伍子胥列傳》。而傳于定四年吳入郢事中載鄖公辛語，示無論父有罪無罪，君皆無讎道，亦爲責子胥録也。何休乃謂諸侯之君與王者異，於義得去，君臣已絶，故可復讎。按：君臣雖已去，無絶道，施之侯國之庶民，則可耳。大夫餘子有臣誼，故《耳痺》明言「楚平王有臣曰伍子胥」，故無復讎之道。

《賈逵傳》云：「如伍子胥之屬，《左氏》義深於君父，《公羊》多任於權變。」謂《左氏》不許子胥復仇于平王，義深於君父也。君父即君耳，非分言之也。李賢注乃引伍尚語，㠯爲《左傳》許子胥復仇，又誤引《公羊傳》「父受誅，子復仇，推刃之道也」爲《公羊》不許子胥復仇，正與兩傳及侍中之意相反。麟案：後漢蘇不韋爲其父謙復仇李暠，何休方之伍員，而段熲又引「君命天也」㠯陷不韋。案：謙㠯免歸之大守妄到京師，罪不至死，李暠㠯私怨文致，掠死獄中，又刑其尸，不韋之仇暠，非如子胥之仇平王，不得引「君命天也」責之，又不得引子胥事美之。蓋目所仇之人有異也。凡父無罪誅者，無論有君命與否，皆得仇其主獄之官，但不得仇君耳。子胥若于無極未誅時，因吴兵而殺之，亦無所不可也。

昭二十年：「終夕與燎。」杜子春《周禮・夏官・掌固》注引如此。《釋文》亦無「於」字，故云：「一本作終夕與於燎。」麟按：子春引此，目「終夕」證經「夜三鼜」之「夜」字，非目「燎」證「夜」也。故杜預注謂「設火燎目備守」者，失之。蓋「與燎」文不可通也。今謂燎借爲僚，猶《祝睦碑》「寮屬欽熙」，《魏元丕碑》「訓咨羣寮」，皆目寮爲僚也。*寮、燎古通。《説文》：「寮，柴祭天也。」《詩・大雅》：「民所燎矣。」《禮記・月令》：「薪燎。」皆目燎爲寮。*昭七年傳：「隸臣僚。」服子慎注：「僚，勞也，共勞事也。」此言終夕與勞，事承上「親執鐸」言也。

哀十六年：「生拘石乞而問白公之死焉。」《伍子胥列傳》曰：「虜石乞而問白公尸處。」麟按：此謂借死爲尸也。《漢書・陳湯傳》：「求谷吉等死。」目死爲尸，是其證矣。下文云：「余知其死所。」史公正目處釋所，先探下文爲説也。

哀二十七年：「公患三桓之侈也，欲目諸侯去之。」《魯周公世家》曰：「哀公患三桓，將欲因諸侯目劫之。」據此，是大史公讀去爲劫，此所謂《左氏》多古字古言也。《説文》「劫」下云：「人欲去，目力脅止曰劫。」此劫从去意，不从去聲也。然「㹤」字《説文》明云从去聲，*或字从怯。*而《韓非・揚權》目「怯」訓「法」，《方言》

「拡，去也」，拡即刧字，故《後漢書・馬融傳》「拡封豨」注：「音刧。」《廣雅・釋詁》又作：「怯，去也。」是去聲與刧得通轉之證。

哀二十七年：「三桓亦患公之妄也。」《魯周公世家》曰：「三桓亦患公作難。」此㠯作難釋妄。按：《説文》：「妄，亂也。」《春秋繁露・天道》云：「施妄者，亂之始也。」是妄、亂義同。《列子・説符》：「民果作難。」《釋文》本作「亂」。是亂、難聲義又同。故妄得訓作難。公討三桓而得云亂者，人而不仁，疾之已甚，亂也。《韓世家》云：「屠岸賈將作亂，誅靈公之賊趙盾。」亦㠯討賊爲作亂也。《公羊傳》言「昭公欲弑季氏」，又不妨上下通稱也。

昭十三年：「棄疾使周走而呼曰。」《楚世家》曰：「棄疾使船人從江上走呼曰。」此大史公讀傳文「周」爲「舟」也。襄二十三年傳「華周」，《説苑》作「華舟」。《詩・小雅・大東》：「舟人之子。」箋：「舟，當作周。」《説文》「蜩」从周聲，或作「蚒」，从舟聲。《釋訓》「侜張」，《釋文》或作「倜」。《釋鳥》「鵃鶅」，《小雅・小宛》傳作「鵰雕」。是古字周、舟通。《詩・邶・谷風》：「方之舟之。」傳：「舟，船也。」《方言》：「自關而西謂之船，自關而東謂之舟。」是舟即船也。船人得單稱舟者，猶哀十四年「車子鉏商」服子慎注：「車，車士。」是亦單稱車也。言走，言從江上走，是使船人行岸上，非行船于江中也。必使船人者，于江上就近也。定十年傳：「駟赤使周走呼曰。」彼無涉于水，仍當讀本字，各就文爲解，不相叉溷矣。

莊二十二年：「莫之與京。」賈侍中注：「京，大也。」此本《釋詁》。麟案：《説文》「大」下云：「天大，地大，人亦大。」是大者，人與天地參也。叔重受古學于侍中，此「京，大也」亦此意。蓋京之爲言彊也。《説文》「麠」或作「麖」，「鱷」或作「鯨」，又倞、勍皆訓「彊也」，是聲通之證也。《釋詁》云：「彊，當也。」《詩釋文》引《韓詩》云：「奔奔、彊彊，乘匹之貌。」蓋奔亦即《釋詁》之「墳，大也」。又如《釋詁》介、純皆訓「大也」，介又訓「右也」；《秋官・大行人》注「介，輔也」；《鄉射禮》「二算爲純」注「純，猶全也，耦陰陽也」：是皆由大而引申爲當直之義者也。此謂五世並于正卿，猶有與之當直者也，至八世，則莫與當矣。下云：「物莫能兩大。」即此意也。若拘于大訓，則莫之與大，甚爲不辭。正義亦知其意，而云：「無與之比大。」然于大上增比字，猶爲皮傅。

僖二十八年：「不如私許復曹、衛以攜之。」《晉世家》曰：「不如私許曹、衛以誘之。」麟按：此蓋讀攜爲譎，皆冏聲也。《説文》：「譎，權詐也。」《風俗通・過譽》：「誘巧，詐也。」是譎、誘皆詐也。又《説文》：「羑，即誘。相訹呼也。」嘗疑訹、譎一字，猶「不述」之作「不遹」，相訹呼即相譎呼，是又譎、誘同義之證也。

莊三十二年：「雩，講于梁氏女，公子觀之，圉人犖自墻外與之戲。」麟按：《史記・魯周公世家》曰：「斑長，説梁氏女，往觀。圉人犖自墻外與梁氏女戲。」是史公讀「講于梁氏女」爲句，「公子觀之」爲句。《説文》：「講，和解也。」《詩・鄘風・氓》：「猶可説也。」箋：「説，解也。」《越語》：「句踐説于國人。」韋解：「説，解也。」是講、説同義，而喜説即解説引申之義。故《序卦》云：「兑即今悦字。者，説也。」《釋名・釋天》云：「兑，説也，物得備足，皆喜悦也。」而《兑・象》云：「君子㠯朋友講習。」又㠯解説爲義，是説、悦同矣。郝蘭皋曰：「《説文》『説，釋也』即《釋詁》之『懌、悦』，同訓樂也。」今謂《一切經音義》引《爾雅》舊注：「懌，意解之樂也。」亦可證解説即喜説也。説于梁氏女，文法與昭二十九年「公私喜於陽穀」同。上言「雩」者，葢盛祭，男女給觀，猶鄭之祓禊、齊之社也，因此得見梁氏女而説之。「公子觀之」，公子，即子般也，出于孟任，本非大子也。觀之，謂既説之後，乃就其家視之也。戲者，犖戲梁氏女也。史公此説，必本賈、貫舊訓。而杜預注乃云：「講，肄也。女公子，子般妹。」既已不合，後儒亦無舉《史記》訂正者，葢古義之湮久矣。又案：《詩・唐風・綢繆》：「見此解覯。」傳：「解覯，解説之貌。」覯、講，並从冓聲，皆訓爲説。而于説女，尤爲切證。○又案：《公羊》莊元年傳：「羣公子之舍則㠯卑矣。」注：「羣公子之舍，謂女公子也。」杜預本此爲義，而非《左傳》之意。

襄二十七年：「崔成有疾而廢之，而立明。」《齊大公世家》曰：「成有罪，二相急治之，二相，謂無咎與偃。立明爲大子。」據此則疾訓爲罪。《周禮・春官・小祝》云：「遠辠疾。」是疾與罪義相近也。《書・洛誥》：「無有遘自疾。」莊氏云：「自，當爲辠。」《周書》：「祭公曰：『女無㠯戾罪疾。』」皆其證。《説文》「竊」下云：「从廿。廿，古文疾。」是从疾取罪義也。故《地官・山虞》：「凡竊木者有刑罰。」《呂覽・仲秋》：「行罪無疑。」注：「罪，罰也。」是从疾之字，與罪義相引申也。

昭八年經：「秋，蒐于紅。」傳曰：「秋，大蒐于紅。」劉子駿經注：「蒐于紅，不言大者，言公大失權在三家也。」昭十一年經：「大蒐于比蒲。」傳曰：「齊歸薨，大蒐于比蒲，非禮也。」劉子駿經注：「書大者，言大衆盡在三家。」賈、潁二處經注並同。潁當在《釋例》。麟按：魯自昭五年舍中軍，卑公室，三家盛矣，而獨于八年見「權在三家」者，葢三家莫盛于季氏，昭公之出，意如爲之也。七年書：「冬十有一月癸未，季孫宿卒。」八年意如即位之始，故于此始見其權盛也。又于十一年見「大衆盡在三家」者，亦爲意如書也。是歲葬齊歸，叔向旦君無慼容爲不顧親，又㠯國不廢蒐爲不忌君，而知其失國。故傳文連言薨蒐，斷㠯非禮，亦㠯決昭公必出也。

又：意如自嗣位後，經唯于十年書「季孫意如、叔弓、仲孫貜帥師伐莒」，尚未出會他國。至十一年始書「季孫意如會晉韓起」云云「于厥慭」，其後既出昭公，卒㠯倚芘鄰國，不致誅討。葢逆謀兆于此會矣，故于其前先書「大蒐」，㠯見衆附爲出君所由也。子駿必并言三家者，後公伐季孫，叔孫氏之司馬助之，孟氏殺后昭伯，皆季黨也。董江都曰：「《春秋》無達例。」此二大蒐訓說特殊，雖聖人復起，不易斯言。正義謂爲「隨文造意」，謬矣。

昭十四年「子韓晳曰」，杜預注：「齊大夫。」周氏《附論》曰：「昭七年，齊有公孫晳，子韓疑是其字。」麟按：周說是也。晳借爲析，僖十五年傳「蛾晳」，《釋文》或作「析」。《尚書大傳》：「名曰晳陽。」注：「春厥民析。」《樊敏碑》：「晳爲韓、魏。」亦㠯晳爲析，是其證。韓借爲榦。《說文》：「韓，井垣也。」《莊子·秋水》：

「跳梁乎井幹之上。」《史記・封禪書》：「井幹樓。」皆借幹爲韓，知韓亦得借爲幹也。《考工記・弓人》言「凡析幹」，故取此爲名字。

昭七年：「楚子成章華之臺，願與諸侯落之。」杜預注：「臺今在華容城内。」劉獻延《廣陽雜記》曰：❶「《水經・沔水》注曰：『揚水又東入華容縣，有靈谿水，西通赤湖水，東入離湖，湖在縣東七十五里。湖側有章華臺。臺高十丈，廣十五丈。』此則監利之章華臺矣。監利，古華容地，今離湖之迹猶在也。」巳上劉説。麟按：《賈子・退讓》云：「翟王使使至楚，楚王欲夸之，故饗客於章華之臺上。上者三休，而乃至其上。楚王曰：『翟國亦有此臺乎？』使者曰：『否，翟，窶國也，惡見此臺也。翟王之自爲室也，堂高三尺，壤陛三絫，茆茨弗翦，采椽弗刮。且翟王猶㠯作之者大苦，居之者大佚。翟國惡見此臺也！』楚王媿。」此必鐸、虞諸公所傳。云「三休乃至」，則鄙時「高十丈」，已有崩積矣。又《楚語》云：「願得諸侯與始升焉。」諸侯皆距，無有至者。而後使大宰啟彊請於魯侯。」而大傳説有翟王使至者，翟不足數，又使者非君也。

僖十七年：「因寺人貂㠯薦羞於公。」《齊世家》作「因宦者豎刀㠯厚獻於桓公」。此㠯「厚獻」釋「薦羞」也。《詩・小雅・節南山》《大雅・雲漢》傳並云：「薦，重也。」《説文》：「荐，薦席也。」《釋言》：「荐，再也。」

❶ 「延」，當作「廷」。

重、再皆與厚義近，故《説文》「重，厚也」此輕重之重，與重複一意之引申。是也。《説文》：「羞，進獻也。」故薦羞爲厚獻。《釋詁》「薦」「羞」皆訓進，則亦可平列，訓爲進。《天官・庖人》注云：「致滋味乃爲羞。」則亦可作進膳羞解，文皆可通。而《世家》皆否，此必賈、貫舊訓也。然上句「雝巫」，賈侍中注云：「雝巫，雝人，名巫；易牙，字。」則所厚獻者仍爲飲食可知也。

昭七年：「作僕區之法。」服子慎注：「僕，隱也。區，匿也。爲隱匿亡人之法也。」麟按：《説文》：「區，踦區，藏匿也。」區固訓匿矣，僕訓隱何徵？按：《釋名》：「轐，伏也，伏于軸上也。」是菐、伏聲通。《釋木》云：「樸，枹者。」伏犧，亦爲包犧，又其證也。《易・説卦》：「坎爲隱伏。」《晉語》：「龍尾伏辰。」韋解：「伏，隱也。」又：「物莫伏於蠱。」韋解：「伏，藏也。」是伏有隱藏義。僕又與卜聲通，如墣或作圤也。《白虎通》曰：「卜，赴也。爆見兆也。」裁有朕兆，亦藏隱意也。

昭五年：「葬鮮者自西門。」杜預注：「不曰壽終爲鮮。」麟按：《漢書・司馬遷傳》：「決計於鮮也。」❶杜本此。《尚書大傳》：「西方者，何也？鮮方也。」故葬鮮自西，義取此。

---

❶ 「決」，《漢書》（北京中華書局一九六二年校點本）作「定」。

昭七年：「若㠯二文之法取之。」按：取借爲掫。《説文》：「掫，夜戒守有所擊。」言㠯二法巡緝也。

昭十三年：「諸侯若討，其可瀆乎？」按：瀆借爲賣。《書·堯典》：「金作贖刑。」馬注：「意善功惡，使出金贖罪。」大叔意謂今雖減貢，若晉率諸侯討罪，雖增貢㠯爲賄賂，其可贖今之罪乎？杜預注：「瀆，易也。」易，當讀羊益反。《説文》：「賣，貿也。」「貿，易財也。」是杜亦讀瀆爲賣，蓋本舊注。《釋文》音「易」爲㠯豉反。正義曰：「言諸侯若來討鄭，其可不由子輕易晉乎？」失其旨矣。

文十八年：「毁信廢忠。」《史記・五帝本紀》引作「毁信惡忠」。此目惡訓廢也。蓋廢借爲怖、爲孛。《韓詩・小雅・白華》：「視我怖怖。」傳曰：「意不説好也。」不説好，是惡也。《五行志》：「孛者，惡氣之所生也。謂之孛者，言其孛孛有所妨蔽，闇亂不明之貌也。」醜惡、憎惡亦相引申也。廢、巿二聲，同部相借，如《商頌・長發》「武王載旆」，《荀子・議兵》作「武王載發」也。且《五行志》目妨蔽訓孛，則孛又與憋、獘聲相近。《方言》：「憋，惡也。」《夏官・司弓矢》：「句者謂之獘弓。」❶後司農注：「獘，猶惡也。」此亦醜惡而可引申爲憎惡也。

襄十九年：「會，夜縋納師。」杜預注：「因其會食。」按：此言「因其會食」，則不目會上屬工僂爲人名可知。萬氏《氏族略》引傳之工婁氏、工僂灑，目爲預讀工僂□□會相屬爲人姓名。按：彼自目工僂爲氏，更有名，此則目氏表人，若言季孫、孟孫矣。此牽合上文「傳食」而言也。按：若「因其會食」，則不得但言會。按：《大雅・大明》：「會朝清明。」傳：「會，甲也。」彼正義引王肅説，目甲爲甲子，是也。謂傳非訓會爲甲，則失之。案：《釋名・釋形體》：「肩，堅也。甲，闔

❶ 「獘」，《周禮注疏》作「弊」。

也，與胸脇皆相會闔也。」是甲與會同訓也。彼甲雖爲肩甲，然《説文》「甲」下云：「从木戴孚甲之象。」木戴孚甲，其形亦會闔。故甲乙字亦與會同訓。會夜，謂甲夜也。衛宏《漢舊儀》曰「中黄門持五夜：甲夜、乙夜、丙夜、丁夜、戊夜也」是也。

襄二十一年：「庶其非卿也，㠯地來，雖賤必書。」劉子駿注：「《春秋》之序，三命㠯□上乃書於經。」賈侍中同。潁子嚴㠯爲「再命稱人」。□□□此據《公羊》《穀梁》「邾、莒無卿」之説也。按：邾、莒皆子，《春官·典命》云：「子、男之卿再命。」是邾、莒無三命卿也。《魯語》云：「諸侯，有卿無軍；自伯、子、男，有大夫無卿。」是邾、莒有卿猶無卿也。子駿正本《外傳》，而杜預《釋例》㠯爲違傳，又舉秦、楚之卿見經爲證。按：伯、子、男，雖皆云無卿，而《典命》侯伯之卿亦三命，則知《魯語》所謂伯者，謂若《吴語》言「命圭有命，固曰吴伯」，雖伯而从子例者也。則秦有西都八百里，其卿見經宜矣。楚與晉狎主夏盟，若楚卿皆一其名，則無㠯見楚之事業，亦不見伯主能扞楚之强，故特爲别例書之，猶三叛人也。是㠯諸小國滕、薛等，附隨盟主，會盟征伐，無事業可見，則不必書於經，非謂小侯之卿盡不得見也。預又舉傳曰：「叔孫昭子三命踰父兄。」昭公十年，昭子始加三命，而先此叔孫皆自見經，知所書皆再命也。」不知三命見經，再命偁人，但指佗國耳。《春秋》内魯，豈得㠯外相校乎。

襄十九年：「夫銘，天子令德。」麟按：《賈子·禮容語下》：「命者，制令也。」《漢書·東方朔傳》：「令者，命也。」《春秋元命苞》：「命者，天之令也。」是令、命同訓。《魯語》：「黄帝能成命百物。」《祭法》作：「黄帝正名百物。」故韋解云：「命，名也。」《春秋緐露》：「鳴而命施謂之名，名之爲言，鳴與命也。」《説文》：「名，自命也。」然則令即命，則亦即名矣。《祭統》云：「銘者，自名也。自名吕稱揚其先祖之美，而明箸之後世者也。」然則銘亦取名誼。令德，自名其德也。

襄十九年經：「公至自伐齊。」賈侍中注：「圍齊而致伐，吕策伐勳也。」正義駁之曰：「伐者，加兵之□名。圍，則伐内之別。圍，伐終是一事，不得各有其勳，何言策伐勳也？史異辭，無義例。」麟案：十八年經書：「同圍齊。」圍齊，自謂門于雝門等，預云：「雝門，齊城門。」非謂齊侯在平陰時，諸侯之士門防門也。考范鞅門于雝門，揚門，預云：「齊西門。」州綽門于東閭，預云：「齊東門。」皆晉大夫也。而魯大夫惟孟莊子斬楢，無攻門之事。「及秦周，伐雝門之萩」，惠天牧據《吕覽》，吕秦周爲齊地名，是也，杜預誤解爲魯大夫。今不數。是圍時無大勳，故不策。傳先偁同伐齊，伐齊，因齊師伐我北鄙，然則伐爲報齊，故策伐勳也。圍雖伐内之别，而時有前後，則策勳固别矣。

襄二十五年：「而封諸陳，吕備三愙。」今本「恪」，从《説文》所引作「愙」。但《説文》云「吕陳備三愙」，則約舉之詞，非傳文有「陳」字也。《異義》：「《公羊》説存二王之後，所吕通天三統之義。《禮・郊特牲》云：『天子存二代之後，猶尊賢也。』尊賢不過二代。古《春秋左氏》説周家封夏、殷二王之後吕爲上公，封黄帝、堯、舜之後謂之三恪。許慎謹案云：治《魯詩》丞相韋玄成、治《易》施犨説引《外傳》曰：『三王之樂□□，可得聞觀乎？知王者所封，三代而已。』而與《左氏》説同。」麟案：許君謂韋、施説王者封三代，《左氏》説封二王後爲上公，似其義異，而實與《左氏》同。何者？昭八年傳言及胡公不淫，故周賜之姓，使祀虞帝。《陳杞世家》云：「周武王克殷，乃復求舜後，得滿，封之於陳，㠯奉舜祀。」此傳上文亦言：「神明之後。」則是陳主祀舜，故亦得自用其樂，非若任、宿、須句、顓臾之奉大皞之祀矣。陳，侯爵，周禮當服鷩冕，而《周語》云：「陳，我大姬之後也。棄衮冕而南冠㠯出，不亦簡彝乎？」是陳侯爵而特服上公之服，與夏、殷之後上公有相等者，知亦得自用其樂矣。並夏、殷之後則有三王之樂，是王者封三代也。《左氏》説雖别二代與三恪爲二，而陳與二代同从公禮，故韋、施與《左氏》説同也。二代更尊于陳。鄭《駁異義》云「三恪尊於諸侯，卑於二王之後」是也。按：陳尊於諸侯，餘三恪未必尊于諸侯也。又云：「所存二王之後者，命使郊天，㠯天子之禮祭其始祖受命之王，自行其正朔服色。恪者，敬也，敬其先聖而封其後，與諸侯無殊異，何得比夏、殷之後？」不知陳雖不得比夏、殷之後，而與諸侯固有殊異矣。《樂記》：「武王未及下車，封黄帝之後於薊，封帝堯之後於祝，封帝舜之後於陳。下車始封夏后氏之後於杞，投殷之後於宋。」封陳在下車前，是不得比杞、宋也。而在三恪中，時代最近，則尊寵亦加，亦非薊、祝比也。大史公㠯《陳杞世家》合一，《自序》述其意曰：「王後不絶，舜、禹是説；維德休明，苗裔蒙烈。百世享祀，爰周、陳、杞。」亦見於此也。又《王莽傳》：「殷後宋公孔弘，運轉次移，更封爲章昭侯，位爲恪。夏後遼西姒豐，封爲章功侯，亦爲恪。」祇二恪而已。是陳奉德，《左氏》説三恪，爲周制，若異代，則三恪、二恪不定。是㠯巨君依用之，蓋必夏、殷時有此制也。

僖九年：「凡在喪，王曰小童，公侯曰子。」《異義》云：「諸侯未踰年出朝會與不出會何稱？《春秋公羊》說云：諸侯未踰年，不出境，在國中稱子；目王事出，亦稱子；非王事而出會，同安父位，不稱子。鄭伯伐許，此成四年事，時鄭襄公已葬。未踰年，目本爵譏不子也。《左氏》說：諸侯未踰年，在國內稱子；目王事出，則稱爵。詘於王事，不敢伸其私恩，鄭伯伐許是也。《春秋》不得目家事辭王事，諸侯蕃衛之臣，雖未踰年，目王事稱爵是也。」按：「《春秋》不得」目下，乃「謹案」也。後司農駁曰：「昔武王卒父業，既除喪，出至孟津之上，猶稱大子者，是爲孝也。今未除喪，而出稱爵，是與武王義反矣。《春秋》僖九年：『春三月丁丑，宋公御說卒。夏，公會宰周公、齊侯、宋子、衛侯、鄭伯、許男、曹伯于葵丘。』宋子即未踰年君也，出與天子大夫會，是非王事而稱子邪？」麟按：武王既王矣，上無所詘，偁大子無不可也，豈諸侯之法哉？此經之會葵丘偁宋子，僖二十八年會温，陳共公偁子，定四年會召陵，陳懷公偁子。葵丘有宰周公在，召陵有劉子在，温雖無王官，而天王狩河陽，親臨之，皆王事也。而目先君未葬不稱爵者，宋二王後，於周爲客，不得目王事厭之。陳三恪，恪者，敬也，敬其先聖而封其後，父子相傳，目奉古帝，其家事亦不目王事詘，故並稱子矣。鄭伯伐許爲王事，鄭非宋、陳比，故稱爵也。僖二十五年衛文公已葬，成公未踰年，書衛子。服子慎注：「明不失子道。」是既葬未踰年者，當稱子。鄭伯亦未踰年，故雖襄公已葬，亦當稱子，不敢伸其私恩，故稱爵，此傳例也。然鄭伯伐許而目爲王事，則不可解。桓十三年衛宣公未葬，而書「及齊侯、宋公、衛侯、燕人戰」；成三年宋文公、衛穆公皆未葬，而書「公會晉侯、宋公、衛侯、曹伯，伐鄭」。若目戰伐爲王事，則桓十三、成三所書亦戰伐也，而賈、服注譏其不稱子，則戰伐不得爲王事矣。若㠯許恃楚，伐之爲防夷、夏，故㠯爲王事，則成三伐鄭，傳亦云「討邲之役」，而非王事也。且鄭伯伐許，晉救許伐鄭，而楚救鄭，則初雖因許恃楚而伐之，其後已轉恃楚而伐許，更不得云王事矣。原此事前後相乖，情實難曉，説爲王事，益不可知，唯通人明其意焉。

襄十八年：「使楊豚尹宜告子庚曰。」《釋文》「楊」作「揚」。石經、宋淳熙、岳、足利本同。麟案：作揚亦仍讀爲楊。《廣疋・釋言》：「楊，揚也。」知二字得通借也。楊豚，借爲楊楯。《禮記・曲禮》：「豚曰腯肥。」《釋名》：「盾，遯也。跪其後，避㠯隱遯也。」是豚、盾聲通也。定六年：「獻楊楯六十於簡子。」此楊楯尹，蓋主是物者。梁履繩曰：「《説苑・奉使篇》：『楚莊王欲伐晉，使豚尹觀焉。』疑豚尹如《周官》『冢人』『羊人』之屬，揚其氏，宜其名也。昭十七年正義引《世本》：『穆王生王子揚，揚生尹，尹生匄。』傳稱陽匄，揚、陽古通。愚謂『尹』下並當有『宜』字，固㠯父字爲氏者。文十六年有子揚窻，疑窻即子揚名。」麟謂尹非尹宜也。彼自㠯字爲氏者，此自官名。豚尹亦楯尹，非主冢者。楯㠯楊爲，故亦可省楊稱之也。

襄十八年：「夙沙衛連大車㠯塞隧而殿。」麟案：《周禮・地官・鄉師》：「與其輂輦。」《春官・巾車》：「輦車組輓。」故書「輦」皆作「連」。《莊子・讓王》：「民相連而從之。」司馬云：「連讀曰輦。」此連亦同。大車須輦，猶言「輦重如役」也。塞隧不必編連大車，下云「殺馬於隘㠯塞道」，一馬猶可，況大車乎？

襄二十四年：「不在程鄭其有亡釁乎？」麟案：此當作一句讀。《釋詁》：「在，察也。」「察，審也。」《賈子・道術》：「纖微皆審謂之察。」《禮記・喪服四制》注：「察，猶知也。」是不察即不審，亦不知也。言不知程鄭其有亡釁乎，下接以「不然，其有惑疾，將死而憂也」，猶言不知天之棄魯邪，抑魯君有罪於鬼神，故及此也。

襄二十三年「申驅」，麟案：申當爲胂。《説文》：「胂，夾脊肉也。」《急就篇》：「胂腴胸脅喉咽髃。」《廣疋・釋親》：「胂，謂之脢。」蓋申樞稍後於先驅，而在中。左、右名啟、胠，既取于人身在旁者之名，見下條。故中名胂也。服子慎注先驅及啟及大殿云：「《司馬法・謀帥篇》曰：『大前驅、啟乘車，大晨倅車屬焉。』大晨，大殿也，音相似。」以上服注。按：凡師在後者名殿，本借爲臀。《釋名・釋形體》：「臀，殿也，高厚有殿還也。」《説文》：「殿，擊聲也。」「簸，榜也。」《急就篇》：「盜賊繫囚榜笞臀。」又借臀爲殿、簸，是殿、臀本通也。其借晨者，猶《考工記・栗氏》云：「其臀一寸。」故書臀作脣也。此傳所載，多以形體爲陳名，惟先驅、貳廣否耳。

襄十四年：「鄄人執之。」服子慎注：「執追公徒者。公如鄄，故鄄人爲公執之。」正義駁曰：「計孫氏追公徒，衆必盛，鄄人爲公，可言與之戰耳，不得言執之也。且文承『敗公徒』下，豈敗公徒之後乃執之乎？下文方説『二子追公』，豈復是鄄人執二子也？」麟案：《周禮・夏官・校人》：「執駒。」鄭司農注：「無令近母，猶攻駒也。」是則執可訓攻。鄄人執之，言鄄人攻追公徒者也。服意當如此，惜原文殘闕，不見「執，攻也」之訓耳。

襄十九年經：「諸侯盟于祝柯。」傳曰：「盟于督揚。」杜預注：「督揚，即祝柯也。」麟案：祝、督，聲之通。柯作揚者，義之通。《詩·大雅·公劉》：「干戈戚揚。」傳：「揚，鉞也。」《説文》：「戉，大斧也。」《六韜》：「大柯，斧，重八斤，一名天戉。」然則一取斧，一取斧之柯，其誼同。猶荆一名楚也。曰祝柯者，《史記·楚世家》：「命曰祝融。」《集解》引虞翻：「祝，大也。」《後漢書·郭躬傳》注：「督，謂大將。」是祝、督聲誼皆同矣。然則祝柯即大柯，督揚即大斧也。《考工記·車人》云：「半矩謂之宣，一宣有半謂之欘，一欘有半謂之柯，一柯有半謂之磬折。」然則地名取于斧柯者，葢其下厓岸斗絶，其上原陸陂倚，㠯形似名也。

襄二年：「萊人使正輿子賂夙沙衛㠯索馬牛。」麟案：索借爲錯。《禮記·郊特牲》云：「蜡也者，索也。」《説文》云：「索，草有莖葉，可作繩索。」《莊子·應帝王》：「執斄之狗來藉。」司馬注：「藉，繩也。」是借藉爲索，此古音昔聲、索聲通也。《毛詩》傳曰：「錯衡，文衡也。」《晉語》：「文錯其服。」王伯申曰：「文錯，猶文繡也。《世本》曰：『錯叔繡，文王子。』叔繡，字錯，葢取繡文交錯之義。《爾雅》釋旗名云：『錯革鳥曰旟。』謂交錯其文畫，爲急疾之鳥。畫文謂之錯，繡文亦謂之錯，其義同也。」麟案：《説文》：「錯，金涂也。」《通俗文》：「金銀要飾謂之錯鏤。」是凡涂飾㠯文采者謂之錯。錯馬牛，即文馬牛。㠯爲賂者，猶宋人賂鄭㠯馼即文。馬也。嫣馬見傳，文牛無見。案：《莊子・列御寇》云：「子見夫犧牛乎？衣㠯文繡，食㠯芻叔，及其牽而入於大廟，雖欲爲孤犢，其可得乎？」是則犧牛未入大廟，在牢時已衣文繡。萊人之文牛，亦仿是薦之也。或曰：索即𡩠。《廣雅・釋詁》：「𡩠，求也。」《地官・牛人》：「共其享牛、求牛。」後司農注：「求，終也。」索亦極盡之誼。《說苑・權謀》：「索也者，盡也。」索馬牛，猶求牛。又《曲禮》：「大夫㠯索牛。」注：「索，求得而用之。」㠯此爲說，固可通，但不甚寶貴耳。

文六年：「引之表儀。」麟案：引，陳也，與上文「陳之」同誼。表儀者，《賈子・禮》云：「尋常之室，無奧剽之位，則父子不別；六尺之輿，無左右之義，則君臣不明。」「奧剽之位」，當作「奧之剽位」，此與《禮記・仲尼燕居》「室而無奧阼」殊義。潭本《賈子》「剽」作「宎」，當作「穾」。《釋宮》：「東南隅謂之窔。」《漢書・敘傳》應劭注引「窔」作「穾」。此當因阼而易爲穾，然亦不解剽字而妄改。《周禮・春官・肆師》：「表齍盛。」注：「故書表爲剽。」大傳意謂無奧之表尊位者，則父子不別。《曲禮》曰：「爲人子者，居不主奧。」與此同誼也。「剽」即傳「表」，「義」即傳「儀」，所謂古者書儀作義也。或大傳所傳古文傳，二字如此作，故用其字與？

成六年：「民愁則墊隘。」杜預注：「墊隘，羸困也。」正義曰：「《方言》云：『墊，下也。』地之下濕陝隘，猶人之羸瘦困苦，故杜㠯墊隘爲羸困也。」麟按：墊即慴，猶執之爲攝也。《吴語》：「攝少司馬兹。」賈侍中注：「攝，執也。」攝、執，聲誼皆同。《釋名》：「執，慴也，使畏慴己也。」《荀子・禮論》云：「其立哭泣哀戚也，不至於隘慴傷生。」楊倞注：「隘，窮也。懾，猶戚也。」又《史記・張儀列傳》云：「愁居懾處。」《賈子・容經》：「喪紀之容，怮然懾然若不還。」《呂覽・下賢》云：「卑爲布衣而不瘁攝，貧無衣食而不憂懾。」是懾亦憂愁之意也。「懾」字又作「慄」。《方言》：「慄，羸也。」即「羸也」之誤。故預又訓「墊隘」爲「羸困」也。懾又通溼。正義㠯「下溼陜隘」比「羸困」，亦通。今謂墊、溼聲相近，可假借。按：《方言》云：「溼，憂也。凡志而不得，欲而不獲，高而有墜，得而中亡，謂之溼。」《荀子・不苟》：「小人通則驕而偏，窮則弃而儑。」楊倞注：「儑當爲濕。」引《方言》：「濕，憂也。」濕即溼。凡溼誼引申即爲憂戚。《莊子・應帝王》云：「嘻！子之先生死矣！弗活矣：不㠯旬數矣！吾見怪焉，見溼灰焉。」蓋人憂戚無聊與將死，皆色如溼灰。如哀十三年傳云：「今吴王有墨。」《吴語》作：「臣觀吴王之色，類有大憂也。」故《説文》云：「㵞，腹中有水氣也。从水、从愁，愁亦聲。」水氣即溼也，而从愁會意，亦其證矣。《説文》又云：「湫，湫隘，下也。从水，秋聲。《春秋傳》曰：『晏子之宅湫隘。』」湫、㵞，聲誼略同。《賈子・容經》：「喪紀之志，漻然㵞然憂㠯湫。」《春秋緐露・陽尊陰卑》云：「湫者，悲憂之狀也。」是凡溼誼引申即憂戚矣。《説文》：「愁，憂也。」湫之爲言愁也。湫隘、墊隘誼相近，唯彼傳取居宅之湫隘，無取愁誼耳。而其引申，則可互證也。《鬼谷子・權》云：「憂者，閉塞而不泄也。」人志鬱結不泄則爲憂，器物壹壹不泄則爲溼，故誼相通也。昭元年云：「勿使有所壅閉湫底。」是湫亦與壅閉相近。彼服注訓湫爲箸，亦因是也。《説文》「䨺」下云：「讀若《春秋傳》『墊阸』。」此不知爲此傳「墊隘」之異文，抑襄九年傳「夫婦辛苦墊隘」、襄二十五年傳「久將墊隘」之異文？要「隘」有作「阸」者，古字本通。《呂覽・開春》云：「君子在憂。」注：「憂，阸也。」是則阸亦憂，墊、隘皆憂也。愁即訓憂，而云「民愁」，則墊隘者，散言則皆憂，析言則墊隘爲憂極。如《釋詁》，戾、底皆訓「止也」。《晉語》云：「戾久將底。」亦分深淺也。如《荀子》文「哭泣哀戚」，焉有不憂者？而言「不至於隘懾傷生」，是爲憂中之極，明矣。故楊倞注訓「隘」爲「窮」。而《廣雅・釋詁》亦云：「湫，盡也。」《淮南・俶真》云：「精有湫盡，而行無窮極。」是墊隘、湫隘皆可訓憂，而兼取窮盡之誼也。《孟子》書言「阨窮而不閔」，是阨有窮誼。此下句云「於是乎有沈溺重膇之疾」者，既受水土之惡，心復煩愁不解，則尤易致病也。又案：服子慎注《段會宗傳》云：「墊，音墊阨之墊。」本傳文。

襄八年：「職競作羅。」杜預注：「職，主也，言既卜且謀多，則競作羅網之難，無成功。」麟案：主競作羅網之難，不成詞。且但言羅，而不言難，何㠯知爲羅網之難？預說非也。此職競亦與「職競由人」異。職借爲植。《書・禹貢》：「厥土赤埴墳。」鄭本「埴」作「戠」，是戠、直聲通也。《呂覽・樂成》：「而子產植之。」注：「植，長也。」《淮南・主術》：「五穀蕃植。」注：「植，長也。」此謂自長，《呂覽》注謂長之，然皆一誼之引申。《說文》云：「競，彊語也。」《逸周書・史記》云：「竟即競。進爭權。」是競與爭同意，然則「彊語」謂爭競之語也。《說文》：「作，起也。」羅借爲詈。《方言》云：「羅謂之離，離謂之羅。」此羅、離聲同也。《釋名・釋言語》云：「詈，亦言離也，㠯此挂離之也。」此詈、離聲同也。故羅、詈亦同聲而可通。傳意言「兆云詢多」，則長彊語而起罵詈。下文云：「謀之多族，民之多違。」違正是彊語與詈也。

宣十二年：「遵養時晦，耆昧也。」麟案：《周頌・酌》毛傳云：「養，取。晦，昧也。」此傳㠯「昧」釋「晦」，同毛，則亦目「取」釋「養」，則「耆」亦「取」也。其字借爲振，猶《易・恆》「榰恆」，今作「振恆」也。《禮記・中庸》：「振河海而不泄。」注：「振，猶收也。」《廣疋・釋言》：「收，振也。」是振、收同訓。《廣雅・釋詁》：「收，取也。」《鄭語》：「收目奔褒。」韋解：「收，取也。」是振爲取之一證。《周禮・職幣》：「振掌事者之餘財。」注：「振，猶抍也、檢也。」《廣雅・釋詁》：「抍，取也。」抍，字又作拯。《易・艮》：「不拯其隨。」虞注：「拯，取也。」是振爲取之二證。檢即斂字，與《孟子》「狗彘食人食而不知檢」同讀。《廣雅・釋詁》：「斂，取也。」是振爲取之三證。《墨子・節葬下》云「是故大國不耆攻之」「是故大國耆攻之」，耆亦取，本作攻耆，誤倒耳。

文四年：「君子是目知出姜之不允於魯也。」杜預注：「允，信也。始來不見尊貴，故終不爲國人所敬信也。」麟案：下文之「棄信而壞其主」及「敬主之謂也」，皆指此逆時。言此「不允於魯」，則卜其後日。若目允爲敬信，則此時已不敬信矣，何待言「是目知」乎？允當借爲遂。《說文》云：「旞，道車所目載，全羽目爲允。允，進也。」此目允聲訓旞，是古合韻，遂、允得通。《禮記・月令》：「百事乃遂。」注：「遂，猶成也。」《廣雅・釋詁》：「遂，竟也。」《周語》云：「成，德之終也。」《燕禮記》注：「三成，猶三終也。」《詩・大雅・瞻卬》：「譖始竟背。」箋：「竟，猶終也。」《漢書・元帝紀》「竟寧元年」注：「竟者，終極之言。」此謂出姜不終於魯，還復歸齊耳。允又與駿通。《說文》「駿」从「夋」聲，「夋」从「允」聲，是聲同也。《釋詁》云：「駿，長也。」《離騷》：「冀枝葉之峻茂兮。」注：「峻，長也。」峻即駿。不駿於魯，亦謂子孫不長茂於魯也。下文云：「在國必亂，在家必亡，不允宜哉！」是其誼也。

文十六年：「先君蚡冒所㠯服陘隰也。」《釋文》：「《楚世家》云：蚡冒卒，弟熊達殺蚡冒子而代立，是爲楚武王。」㠯上《釋文》。是蚡冒乃武王兄也。按：蚡冒之命名，其義見《賈子·勸學》云：「故步陟山川，坌冒楚棘。」别本坌亦作岔。宣十二年云：「訓之㠯若敖、蚡冒，篳路藍縷，㠯啟山林。」則蚡冒㠯坌冒楚棘得名也。啟者，開通之名。開通山林，則必坌冒楚棘也。《説文》：「坋，塵也。」《通俗文》：「埣土曰坋。」楚棘不坋，人坋之，爲言奔也。《淮南·覽冥》：「姮娥竊㠯奔月。」注：「奔月，或作坌肉。」月、肉，形之誤；奔、坌，則聲之通也。《漢書·司馬相如傳》：「坌入曾宮之嵯峨。」坌亦當讀奔。張揖注：「坌，並也。」蓋失之。蚡本字亦可借爲奔。傳之「苗賁皇」，《説苑·善説》作「釁岔黄」，是岔與賁通。《禮記·大學》：「此謂一言賁事。」注：「賁，或作犇。」則岔亦通犇也。《晉語》：「有冒上而無忠下。」韋解：「冒，抵觸也。」言奔觸楚棘也。蓋因其實㠯爲號。《賈子》「坌冒楚棘」，爲南榮跦事，非此傳之訓也，而義則必同。

成十八年：「成霸安彊，自宋始矣。」正義曰：「謂文公成霸安彊，自宋爲始。言今宋有患，不可不救也。」石經、宋淳熙本、《纂圖》本、閩、監、毛三本，「彊」皆作「疆」。麟案：文公救宋㠯成霸，而非安晉之封疆也，時楚不伐晉。不如作彊爲安。按：安，讀當爲按。《釋詁》云：「按，止也。」謂抑止之也。《管子·霸言》云：「按强助弱。」是其誼。《詩·大雅·皇矣》「㠯按徂旅」亦同。彊謂楚也。晉勝楚，自城濮始。

成十八年：「齊侯使士華免㠯戈殺國佐于内宮之朝，師逃于夫人之宮。」杜預注：「伏兵内宮，恐不勝。」麟按：《説文》云：「逃，亡也。」又云：「匿，亡也。」是逃與匿同誼。故昭二十五年傳「逃於季氏」，《魯世家》作「匿季氏」，是其證。此言師匿于夫人之宮也。《吕覽・論人》：「不可匿也。」注：「匿，猶伏也。」《後漢書・李固傳》：「鼎角匿犀。」注：「匿犀，伏犀也。」故預㠯「伏兵」説之。

成十三年：「昔逮我獻公及穆公。」麟案：逮若訓及，則不可通。字从隶聲，當借爲隸。《書・吕刑》：「羣后之逮在下。」《墨子・尚賢》引「逮」作「隸」，是二字通之證。《釋詁》云：「隸、古，故也。」又云：「隸、故，今也。」隸之訓今，與故同爲相反之誼，其與古同訓，故則本誼。此謂訓故、訓今，則故爲本誼，非謂造隸字之本誼也。隸爲故，則即爲古矣。昔古，猶古昔。《曲禮》曰：「必則古昔。」言昔古我獻公及穆公也。

襄四年：「不終君也。」杜預注：「慢其母，是不終事君之道。」麟案：不終事君謂之不終君，不辭，非也。終借爲崇。《詩・鄘風・蝃蝀》：「崇朝其雨。」傳云：「崇，終也。」此謂借崇爲終也。㠯及《衛風》《公羊》之「崇朝」，《儀禮》之「崇酒」，《禮記》之「六成復綴㠯崇」，皆借崇爲終。故《書・君奭》「其終出于不祥」，馬季長本「終」作「崇」。然則終、崇通矣。崇者，宗也。《書・牧誓》：「是崇是長。」《漢書・谷永傳》「崇」作「宗」。劉昭注《續漢書・祭祀志》説六宗之義云「宗者，崇尊之稱」是也。《穀梁傳》「伯宗」作「伯尊」，《儀禮・喪服》傳：「大宗者，尊之統也。」《説文》：「宗，尊祖廟也。」隱十一年：「周之宗盟。」賈侍中注訓宗爲尊。慢君之母，是不尊君也。

宣十二年：「《周易》有之，在師之臨。曰：『師出㠯律，否臧凶。』」惠定宇《周易述》曰：「律者，同律也。《周禮》：『大師，執同律㠯聽軍聲，而詔吉凶。』《史記・律書》曰：『王者制事立法，壹稟于六律。六律爲萬事根本，其於兵械尤重。』是師出㠯律之事也。」㠯上《周易述》。王伯申曰：「此《史記索隱》《正義》之説也。《索隱》曰：『《易》稱師出㠯律，是於兵械尤重也。』見《律書》。《正義》曰：『古者師出㠯律，凡軍出皆吹律聽聲。』見《自序》。案：律者，軍之常法。《象傳》曰：『失律凶也。』豈失六律之謂乎？宣十二年《左傳》引《易》而釋之曰：『有律㠯如己也，故曰律。否臧，且律竭也。』亦未嘗㠯爲六律。」麟案：惠説是也。同律於兵械尤重，故《藝文志》有《五音奇胲用兵》二十六卷。然其用實不止聽軍聲、詔吉凶也。《周語》曰：「王㠯二月癸亥夜陳，未畢而雨，㠯夷則之上宮畢，當辰。辰在戌上，故長夷則之上宮，名之曰羽，所㠯藩屏民則也。王㠯黄鍾之下宮，布戎于牧之野，故謂之厲，所㠯厲六師。㠯大蔟之下宮，布令于商，昭顯文德，底紂之多罪，故謂之宣，所㠯宣三王之德也。反及嬴內，㠯無射之上宮，布憲施舍於百姓，故謂之嬴亂，此从公序本。明道本此「嬴」字作「羸」。公序所據或本，上文「嬴內」字亦作「羸」。汪氏遠孫謂嬴是羸非，㠯舊音音嫣，與嬴近，與羸遠也。麟案：上文之羽取「藩屏民則」，厲取「厲六師」，宣取「宣三王之德」爲誼，則嬴亦取下文之「優柔容民」爲誼。《釋天》：「夏爲長嬴。」《周書》：「大武一勝人必嬴。」注：「謂益之。」《大荒東經》：「是維嬴土之國。」注：「猶沃衍也。」傳之蔿賈字伯嬴，嬴即贏，《説文》云「賈有餘利也」是也。長、益、沃衍及餘，皆與優柔意近。《淮南・氾論》：「輴蹻嬴葢。」注：「囊也。」字亦通贏。《荀子・議兵》：「贏三日之糧。」《莊子・胠篋》：「羸糧而趨之。」《淮南・修務》：「羸糧跣足。」注：「裹也。一曰囊。」囊、裹皆與容意近，則羸字是也。羸内之名，蓋武王作羸亂而因命之，猶盟津因與八百諸侯同盟而名也。舊音音嫣，非也。其音内爲汭，是也。公序云：「《古文尚書》作羸，與嫣同。」則騎墻之見也。所目優柔容民也。」據此是軍中實用六律。而六律之爲用，其大如此，所謂畢陳、厲六師，即是軍之常法，進退有度，左右有局之輩畢之、厲之，使不得違很也。《九家易》云：「坎爲法律。」六律之用，即法律矣。傳下文三舉「律」字，不得目爲非六律也。

又案：《漢書・張蒼傳》云：「吹律調樂，入之音聲，及目比定律令。」師古曰：「曰吹律調音，目定法令。」北平傳《左氏》，故能知其誼，且見之行事也。◯又案：惠天牧《禮説》曰：「武王伐紂，吹律聽聲，故名其樂曰《武宿夜》。」今攷宿夜云者，即夷則畢陳時所用也。

定四年：「其使祝佗從。」杜預注：「祝佗，大祝子魚。」麟案：下文「衞侯使祝佗私於萇弘曰」，《史記・管蔡世家》作「衞使史鰌言康叔之功德」，此非有異也，祝佗與史鰌實一人。襄二十九年「史鰌」，杜云：「史魚。」《論語》：「直哉史魚。」孔注：「史魚，衞大夫史鰌也。」二人皆字魚，固同矣。昭二十年傳：「君盍誅於祝固、史嚚目辭賓？」祝、史與焉。是祝、史同司鬼神之事，故哀二十五年衞有祝史揮，乃是兼官。佗目一人而兼二職，亦其宜也，故稱祝佗，又稱史鰌。孔目爲大夫，其實祝、史蓋士耳。

《詩・邶風・新臺》：「得此戚施。」《説文》「鼀」下云：「䵹鼀，詹諸也。《詩》曰：『得此䵹鼀。』」然則鰌借爲䵹，佗與施音近相通，它聲、也聲古通。如《詩》「俾滂沱矣」，《史記》作「滂池」；《易》「出涕沱若」，荀本作「池」，是。亦即鼀也。名鱦，又名鼉者，如襄二十九年「公子荆」，杜氏《世族譜》：「公子荆南楚，獻公子。」蓋名楚，字南，與游楚字子南同名楚，又名荆，毛奇齡《檀弓訂誤》謂公南楚即《論語》公子荆，南楚，其字也。案：南楚不成字，亦名楚，字公南也。杜《譜》「雜人」内有公南楚，梁氏《補釋》曰：「公南楚與南楚别。」是則毛吕爲公南楚即公子荆，誤。而字則同曰南。與名鱦，又名鼉，而字則同曰魚正同。此亦二名，特與熊居、志父與前名迥異者殊耳。其當時在官之名，必有一定。傳或舉鰌，或舉佗，則从便耳。《爾雅》：「鼁鱦，蟾諸。」杜釋魚故字子魚矣，疑傳本文當作鱦、作鼉，或作戚、作施，今本作鰌、佗，書皆同。又《論語》「祝鮀」，《詩·下泉》正義、《書·舜典》正義、《論語》疏引傳亦並作「鮀」，是皆後人吕字魚，故改从魚旁耳。吕鱦鼉命名，猶邾子名籧篨也。

或疑《論語》云：「直哉史魚，邦有道如矢，邦無道如矢。」又云：「不有祝鮀之佞，而有宋朝之美，難乎免於今之世矣。」似其行相反，不當爲一人，不知彼佞即「寡人不佞」之佞。《説文》云：「佞，巧讇高材也。」蓋吕巧讇言，則「焉用佞」爲惡辭；但吕高材言，即爲美辭。高材亦謂善於辭令也。如《楚辭》吕「突梯滑稽」爲惡辭，而《滑稽列傳》載淳于髡，褚先生補傳載東方朔，皆有賢行，是又吕「滑稽」爲美辭也。巧言鮮仁，孔子與左氏所恥，而《表記》又言「辭欲考」，據注讀「考」爲「巧」，是聖人亦有時吕巧言爲善。則佞爲惡辭，亦爲美辭，較然察矣，不得吕「焉用佞」概之也。人固有直且善辭令者，如子産、叔向皆是也。「哿矣能言，巧言如流，俾躬處休。」此叔向所吕美師曠也。故言不有祝鮀之能言吕衛身，而但有宋朝之美色，此但謂美如朝，非謂淫如朝也。吕致爲人嫉妬，難乎免於今之世矣。非佞即不直也。《古今人表》有史魚，又有祝佗，蓋疑而未定也。然有見于一人，故皆列中上等，若吕爲一直臣、一佞人，豈得置之同列邪？

○閻若璩曰史狗、史鰌皆史朝之子，斷史是氏非官。麟案：官有世功，則有官族，兩者皆通，而況鬼神之官，必用名姓之後又當世職者邪？

定六年：「君將曰文之舒鼎，成之昭兆。」賈侍中注：「舒鼎，鼎名。昭兆，寶龜。」麟案：舒鼎之得名，不可知，而昭兆猶可攷。《説文》：「昭，日明也。」《魯語》：「明者爲昭。」褚先生補《龜策列傳》云：「一曰北斗龜，二曰南辰龜，三曰五星龜，四曰八風龜，五曰二十八宿龜，六曰日月龜，七曰九州龜，八曰玉龜。凡八名龜。龜圖各有文在腹下，文云云者，此某之龜也。」昭兆，當即斗、辰、星、宿、日月等五龜之一，而日月龜名昭尤切，蓋是矣。補傳又云：「豫且系龜而出之籠中，獻使者。使者載行，出於泉陽之門。正晝無見，風雨晦冥。雲蓋其上，五采青黄；雷雨並起，風將而行。入於端門，見於東箱。身如流水，潤澤有光。」然則北斗等五龜固緣腹文得名，當亦取于有光，斯昭兆所曰名也。正義曰「兆文分明」爲説，則未爲寶龜也。

定九年：「與之犀軒與直蓋。」杜預注：「犀軒，卿車。直蓋，高蓋。」正義：「魚軒，曰魚皮爲飾。犀軒，當曰犀皮爲飾也。《考工記》車人爲蓋，不言有曲，此云直蓋，或時有曲直，故云直蓋。高蓋亦謂車蓋也。」麟案：犀皮，古曰爲甲，非曰飾車也。《史記・匈奴列傳》：「黄金胥紕一。」《集解》徐廣曰：「或作『犀毗』。」《索隱》：「案：《漢書》作『犀毗』。《戰國策》云：『趙武靈王賜周紹貝帶黄金師比。』延篤云：『胡革帶鉤也。』則此帶鉤亦名『師比』。班固《與竇憲箋》云『賜犀比金頭帶』是也。」《漢書・匈奴傳》：「黄金犀毗一。」師古曰：

「犀毗，胡帶之鉤也。」案：師、犀同部雙聲，相通借。胥與犀、師則異部，特吕雙聲相借。然則急疾呼胥紕，即成犀字。犀毗亦疊韻。是知單偁犀，亦爲帶鉤。此犀者，鉤也。《小雅·六月》：「元戎十乘，吕先啟行。」傳：「夏后氏曰鉤車，先正也。殷曰寅車，先疾也。周曰元戎，先良也。」箋云：「鉤，鉤鞶，行曲直有正也。寅，進也。二者及元戎皆可吕先前啟突敵陳之前行，其制之同異未聞。」正義釋箋曰：「《春官·巾車》職曰：『金路，鉤，樊纓。』注云：『鉤，讀如婁頷之鉤。樊，讀如鞶帶之鞶。』謂今馬大帶是也。此實在馬駕，乃設之巾車，吕爲車飾，故得車取名焉。鄭兼言鞶者，并舉其類吕曉人，猶上傳云『物，毛物』也。周禮革路無鉤，此特設鉤，故吕名車也。此車備設鉤鞶，其行曲直有正，故云先正也。」吕上《六月》疏。《采芑》傳：「鉤膺，樊纓也。」正義曰：「言『鉤膺，樊纓』者，吕此言鉤是金路，故引金路之事吕説之。在膺之飾，惟有樊纓，故云：『鉤，樊纓也。』《巾車》注云：『鉤，婁頷之鉤也。』」吕上《采芑》疏。據此則鉤近馬大帶，故與胡帶鉤同名。犀軒即鉤車，吕其先登，故吕啟行之車旌之也。褒之，故用大夫之車也。注吕軒爲卿車同。若然，柩車用人引，而此用馬者，吕本用馬之犀軒與之耳，當時仍用人引也。蓋圜象天圜處有曲執，直蓋殆不圜矣。《韓非子·姦劫弑臣篇》：「託於犀車良馬之上，則可吕陸犯阪阻之患。」犀車，即犀軒也。

哀六年：「彼皆偃蹇。」《齊世家》作：「大夫皆自危。」《田完世家》同此。史公吕自危訓偃蹇也。按：《離騷》：「望瑶臺之偃蹇兮。」注：「高貌。」《漢書·禮樂志》：「偃蹇驤。」師古曰：「高驤也。」是偃蹇訓高。《説文》：「危，在高而懼也。」《晉語》：「榣木不生危。」韋解：「高險也。」《莊子·盜跖》：「去其危冠。」李注：「高也。」《釋名》：「桅，危之俗字。巍也。巍巍，高貌也。」是危亦訓高，則高亦訓危，故偃蹇亦爲危也。且《易・序卦》：「蹇者，難也。」《釋名》：「難，憚也。」是單言蹇，亦爲畏憚之誼，與危相近，愈知偃蹇爲自危矣。下文「將棄子之命」，言急迫之甚，將潰叛也。又云：「皆曰：高、國得君，必偪我，盍去諸？」此正自危之證。杜預訓偃蹇爲「驕敖」，雖不倍高誼，而與下文不符矣。按：《後漢・鄭衆傳》：衆上疏曰：「漢使既到，便偃蹇自信。」則司農亦吕偃蹇爲驕敖，蓋疊韻連語，本不定一訓，如從容爲舒緩，又爲舉動也。然司農説此傳，未必訓爲驕敖。

桓八年經：「祭公來，遂逆王后于紀。」傳：「祭公來，遂逆王后于紀，禮也。」按：《公羊傳》：「祭公者何？天子之三公也。」杜預注从之，是也。《異義》：「《禮》戴説：天子親迎。《春秋公羊》説：自天子至庶人皆親迎。何休説「劉夏逆王后于齊」云：「禮，逆王后當使三公。」與解此經不同，是《公羊》家亦有同《左氏》誼者。《左氏》説：天子不親迎，使上卿迎之，天子至尊無敵，故無親迎之禮。諸侯有故，若疾病，則使上大夫迎，上卿臨之。許氏謹案：高祖時皇大子納妃，叔孫通制禮，吕爲天子無親迎，從《左氏》義也。」《下曲禮》正義引。又，《穀梁》集解引作：「《春秋左氏》説曰：王者至尊，無親迎之禮。祭公迎王后，未至京師而稱后，知天子不行而禮成也。」麟案：許君言叔孫通從《左氏》義，則所引《左氏》説乃漢初吕前吳、鐸、虞、荀説也。其後劉子駿本此誼。《漢書・平帝紀》云：「又詔光禄大夫劉歆等雜定婚禮。四輔、公卿、大夫、博士、郎、吏家屬皆吕禮娶，親迎立軺併馬。」據叔孫大傅吕大子從天子禮，則四輔等家屬攝盛，亦即與四輔等官不異。四輔親迎，知諸侯亦親迎矣。四輔、諸侯尊等。而所議無天子親迎，《外戚傳》云：「遣大司徒宮、大司空豐、左將軍建、右將軍甄邯、光禄大夫歆，奉乘輿法駕，迎皇后於安漢公第。宫、豐、歆授皇后璽紱，登車稱警蹕，便時上林延壽門，入未央宫前殿。羣臣就位行禮。」是天子不親迎也。時子駿與迎，知禮亦子駿所制也。大司徒、大司空，皆三公，與此祭公正同。《左氏》説言上卿迎，襄十五傳譏卿不行，知公、卿皆可也。未登車而已授璽紱，所謂未至京師而稱后者矣。《王莽傳》云：「杜陵史氏女爲皇后，莽親迎於前殿兩階間。」莽亦治《左氏》，是則天子有親迎於兩階之禮，無親迎於后家之禮，故曰無親迎也。

《詩·齊風·著》序云：「刺時也，時不親迎也。」首章：「充耳㠯素乎而，尚之㠯瓊華乎而。」傳云：「素，象瑱。瓊華，美石。士之服也。」次章：「充耳㠯青乎而，尚之㠯瓊瑩乎而。」傳云：「青，青玉。瓊瑩，石似玉。卿大夫之服也。」三章：「充耳㠯黄乎而，尚之㠯瓊英乎而。」傳云：「黄，黄玉。瓊英，美石似玉者。人君之服也。」是則人君至士皆㠯不親迎見譏。然齊甥舅之國，天子不至齊親迎，亦詩人所目見，若爲失禮，當更作四章言之，而今乃不及一語，且《小雅》《王風》亦無譏天子不親迎者，則本無其禮審矣。是又一證也。

若鄭君《駁異義》云：「大姒之家在郃之陽，在渭之涘，文王親迎于渭，即天子親迎之明文矣。天子雖尊，其于后猶夫婦。夫婦判合，禮同一體，所謂無敵，豈施此哉？《禮記·哀公問》曰：『冕而親迎，不已重乎？』孔子愀然作色而對曰：『合二姓之好，㠯繼先聖之後，㠯爲天地宗廟社稷之主，君何謂已重乎？』此言親迎，繼先聖之後，爲天地宗廟社稷之主，非天子則誰乎？」鄭引《哀公問》，正義已㠯魯周公之後，得郊祀上帝，故曰先聖天地爲言。及鄭注《禮》，自㠯先聖爲周公釋之。且即是天子，安知非謂親迎於兩階間也？其引《大明》，正義雖㠯文王身爲公子爲釋，然《大明》「造舟爲梁，不顯其光」，傳云：「天子造舟，諸侯維舟，大夫方舟，士特舟。造舟然後可㠯顯其光輝。」則似造舟行天子禮，親迎亦行天子禮者。不知鄭箋固云：「天子造舟，周制也。殷時未有等制。」是則傳特倒本周制言之，非當時已行天子禮也。特㠯造舟爲觀美，故云「顯其光輝」耳。「親迎于渭」，傳云：「言賢聖之配也。」箋云：「賢女配聖人，得其宜，故備禮也。」是則親迎亦爲敬禮大姒而行。及周公制禮，㠯造舟最爲烜赫，故定爲天子一切渡水之禮。親迎則反不足㠯尊天子，御輪三周尤非至尊所宜，故但定爲諸侯㠯下之禮。文王既非躬行天子禮，周公又不定爲天子禮，斯與造舟亦異矣。若夫后者，後也。諸侯之夫人㠯下，皆不著此名義，而天子之妃獨著之，故《荀子·君子篇》發明《左氏》曰：「天子無妻，《哀公問》「明王敬妻子」，是散言，不析耳。告人無匹也。」則豈得㠯夫婦匹敵論乎？

又案：劉氏逢禄謂：「世子妃不得立爲后，夫人賤且未備數也。」今據叔孫大傅，則大子已用天子禮，襲統後亦不得更變可知。《漢·外戚傳》云：許廣漢女平君與曾孫，「曾孫立爲帝，平君爲倢伃。是時，霍將軍有小女，與皇大后有親。公卿議更立皇后，皆心儀霍將軍女，亦未有言。上乃詔求微時故劍，大臣知指，白立許倢伃爲皇后」。夫棄舊樂新，宣帝所不忍言，而謂聖人制禮如是乎？不得不辨。《白虎通》曰：「天子、諸侯之世子，皆㠯諸侯禮娶，與君同，示無再娶之義也。」此可㠯駁逢禄之說。○又案：宋程氏云：「親迎者，迎于其所館。豈有委宗廟社稷而遠適他國㠯逆婦者？」此繆說也。夫諸侯朝會，委宗社而出者多矣，親迎所㠯敬祖，且衹一次行之，乃禁其遠行乎？古人昏禮，非如後世之苟簡，況諸侯不再娶，其于迎女，自當致敬備禮，寧能憚遠，㠯上褻宗社之主後邪？武氏億曰：「《韓奕篇》：『韓侯迎止，于蹶之里。』蹶父爲王卿士，既已入其里矣，而不至其家，豈嘉樂可㠯野合邪？」此諸侯迎于婦家之明證。

昭三十二年：「故天有三辰，地有五行。」《律歷志》述劉子駿作《三統歷》及《譜》目説《春秋》，曰：「五行與三統相錯。傳曰：『天有三辰，地有五行。』然則三統五星可知也。《易》曰：『參五目變，錯綜其數。通其變，遂成天下之文；極其數，遂定天下之象。』大極運三辰五星於上，而元氣轉三統五行於下。其於人，皇極統三德五事。」目上述劉。麟案：所謂相錯者，謂五行之序始木色青，而三統之序始子色赤也。傳文目三辰五行各自有耦，子駿又目三統與五行相錯綜，誼益廣矣。

昭二十年：「春王二月己丑，日南至。梓慎望氛，曰：『今兹宋有亂，國幾亡，三年而後弭。蔡有大喪。』」《律歷志》述劉子駿曰：「昭二十年二月己丑，日南至，失閏，至在非其月。梓慎望氛氣而弗正，不履端於始也。故傳不曰『冬至』，而曰『南至』。極於牽牛之初，日中之時景最長，目此知其南至也。」目上述劉。麟案：言望氛氣而弗正，非謂見氛氣不正而知宋、蔡之亂喪也，謂梓慎但望氛而弗正歷，即上文所云「莫能正歷數」也。日南至，據測景而知日道言之；冬至，據時言之。時冬至與魯所名月相錯，則魯不目爲冬至，而測景者知之，故據日道而言日南至也，子駿誼精矣。

襄二十九年：「若有佗樂，吾不敢請已。」服子慎注：「周用六代之樂。堯曰《咸池》，黄帝曰《雲門》。魯受四代，下周二等，故不舞其二。季札知之，故曰有佗樂，吾不敢請。」麟案：服注是矣，然猶有未備。今目劉子駿誼補之。《律歷志》述劉子駿曰：「少昊帝，《考德》曰：師古曰：考五帝德之書也。『少昊曰清。』清者，黄帝之子清陽也，是其子孫名摯立。土生金，故爲金德，天下號曰金天氏。周𢍏其樂，故《易》不載，序於行。顓頊帝，《春秋外傳》曰：『少昊之衰，九黎亂德，顓頊受之，乃命重黎。』蒼林昌意之子也。金生水，故爲水德。天下號曰高陽氏。周𢍏其樂，故《易》不載，序於行。帝嚳，《春秋外傳》曰：『顓頊之所建，帝嚳受之。』清陽玄囂之孫也。水生木，故爲木德。天下號曰高辛氏。帝摯繼之，不知世數。周𢍏其樂，故《易》不載，周人禘之。」㠯上述劉。案：三帝之樂名，少昊無聞。《樂緯動聲儀》：「顓頊之樂曰《五莖》，帝嚳之樂曰《六英》。」《禮樂志》《白虎通·禮樂篇》則作《六莖》《五英》，是顓、嚳之樂名也。《宋平公鐘銘》云：「宋公戌之誙鐘。」誙即莖字，是顓頊之樂，雖𢍏之不用於祭祀，而猶存於世。然則三帝之樂皆可知，葢周時固未嘗禁人講習也。季札㠯雖有此樂，于周禮無所用之，故曰「不敢請」。然則佗樂，包黃帝、堯之樂及三帝之樂在内，一爲魯所無，一爲周所𢍏也。麟又案：子駿之序五德，與《左氏》先師張北平、賈大傅互異。及觀《荀子·成相》曰：「文、武之道同伏戲。」乃知周木德同于伏戲木德，實出《荀子》，爲子駿「出震」之説所本。荀子兼治《穀梁》，故子政亦爲是説。《元命苞》：孔子曰：「扶桑者，日所出，房所立。其燿盛，蒼神用事，精感姜原。卦得震，震者，動而光，故知周蒼代殷者爲姬昌，人形龍顔，長大精翼，日衣青光。」又曰：「殷紂之時，五星聚房。房者，蒼神之精，周據而興。」則荀子又本聖訓也。《淮南·修務訓》注：「堯母慶都，出觀于河，有赤龍負圖而至，曰：『赤龍受天下之圖。』有人赤衣，光面八彩，鬢鬚長，赤帝起，成元寶。奄然陰雲，赤龍與慶都合，而生堯，視如圖。」此亦當出緯書，㠯堯爲火德，與荀、劉同。

昭十七年：「昭子問少昊氏鳥名何故，對曰：『吾祖也，我知之矣。昔者，黃帝氏㠯雲紀，故爲雲師而雲名；炎帝氏㠯火紀，故爲火師而火名；共工氏㠯水紀，故爲水師而水名；大昦氏㠯龍紀，故爲龍師而龍名。我高祖少昦摯之立也，鳳鳥適至，故紀於鳥，爲鳥師而鳥名。』」《律歷志》劉子駿引傳文如此，或疑今本傳文作「少皞氏鳥名官」，劉引乃無官字，則所謂鳥名者何指乎？當是劉引闕奪。案：自雲名㠯下，皆不言官，則言名者，即爲名官。又下云「爲民師而命㠯民事」，命即名也，謂㠯民事名官也，而亦不云命官㠯民事，是不必言官始見意也。其他與今本文有增損，不關大誼，要當从古。唯「昦」字，今傳作「暤」，爲本字。《志》文葢後人校改，當作「皞」矣。凡《志》言大昦、少昦者，視此。子駿引傳而説之曰：「言此謂傳言。郯子據少昦受黄帝，黄帝受炎帝，炎帝受共工，共工受大昦，故先言黄帝，上及大昦。稽之於《易》，炮犧、神農、黄帝相繼之世可知。」㠯上述劉。然則郯子所言，非特官名，即五德之運已舉。仲尼受學，非徒然矣。

文元年：「且掌環列之尹。」《楚世家》作「掌國事」，《十二諸侯年表》云：「楚穆王元年㠯其大子宅賜崇，爲相。」案：古環與營通，故自營爲厶，即自環爲厶。《緐露・五行相勝篇》云：「土者，君之官也，其相司營。」與木爲司農、火爲司馬、金爲司徒、水爲司寇並列，是相一名司營。營列之尹，即司營，故曰相也。若然，楚相本曰令尹，今曰環列之尹，何也？曰：執國柄則曰相，非必令尹也。

昭四年：「饗大夫㠯落之。」服子慎注：「釁㠯豭豚爲落。」麟案：《禮記・雜記》：「路寢成，則考之而不釁。」注云：「設盛食㠯落之。」是落與釁異。然言不釁，則但落之而已。若單言落之，則亦得兼釁。《小雅・

斯干》序：「宣王考室也。」言考與言落同。而箋云：「既成而釁之，歌《斯干》之詩𠂢落之。」是落亦兼釁也。正義謂「𠂢血澆落□」，則失之。正義又云：「《雜記》：『凡宗廟之器，其名者成則釁之𠂢豭豚。』孟鐘非宗廟器，亦釁之者，《周禮·小子》職曰：『釁邦器。』鄭玄云：『謂禮樂之器及祭器之屬。』鐘是禮樂器，故釁也。」麟案：釁必𠂢豭豚者，鄭《駁異義》云：「盟牲，諸侯用牛，大夫用豭。《左傳》：『諸侯盟，誰執牛耳？』然則盟者，人君用牛。伯姬盟孔悝𠂢豭，下人君牲。」據此則大夫之所釁，亦即用其所盟者。孟適子从大夫禮也。凡人君釁器，亦依大夫用豭豚，取不費也。

昭十八年：「夫學，殖也。不學將落。」麟案：《荀子·勸學》曰：「南方有鳥焉，名曰蒙鳩，𠂢羽爲巢，而編之𠂢髮，繫之葦苕，風至苕折，卵破子死。巢非不完也，所繫者然也。」此《荀子》之説「不學將落」也。據此，則上句「殖」字非謂如苗生長。《廣雅·釋詁》：「殖，立也。」當從是訓。《勸學》又曰：「西方有木焉，名曰射干，莖長四寸，生於高山之上，而臨百仞之淵。木莖非能長也，所立者然也。」此正釋「夫學，殖也」也。傳謂學乃所立也，不學則所立非其處，而如羽巢之落矣。

哀元年：「句踐能親而務施，施不失人，親不棄勞。」《吴大伯世家》：「且句踐爲人能辛苦。」此專釋「句踐能親」四字，讀親爲辛。親从亲聲，亲从辛聲，故得相通。能即今之耐字也。然則辛不棄勞，謂己固耐辛苦，而又不棄同勞者也。

哀十一年：「是豢吳也夫。」《吳大伯世家》作「是弃吳也夫」。案：傳古文蓋本作「叐」，借「叐」爲「豢」也。「叐」，篆文作「」，與「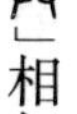」相似，故《史記》譌「弃」耳。《吳越春秋》作「是棄吳也」，則又變「弃」爲「棄」矣。

哀十六年：「而又掩面㠯絶民望，不亦甚乎？」案：《荀子·非相》云：「葉公子高微小短瘠，行若將不勝其衣。然白公之□亂也，令尹子西、司馬子期皆死焉。葉公子高入據楚，誅白公，定楚國，如反手爾，仁義功名善於後世。」據此，是葉公短小，故戴冑且至掩面。荀子此說，即其釋《左氏》也。

襄二十九年：「其細已甚，民弗堪也。是其先亡乎？」《漢書·地理志》：「鄭武公與平王東遷，卒定虢、會之地，右雒左泲，食溱、洧焉。土陿而險，山居谷汲，男女亟聚會，故其俗淫。《鄭詩》曰：『出其東門，有女如雲。』又曰：『溱與洧，方灌灌兮。士與女，方秉菅兮。』『恂盱且樂，惟士與女，伊其相謔。』此其風也。」下即引此傳。然則細者，「陿而險」之謂也。民弗堪者，《方言》：「堪，載也。」民弗載，即弗載民，言土陿不足㠯載民也。於是山居谷汲，不能男女別塗，不得不相聚會矣。佗國或㠯富饒而淫泆，鄭則㠯地少民稠，難相隱避，遂習爲風俗也。季札聞《東門》等詩，便知其由在細，故不可及。服子慎注：「其風細弱已甚，攝於大國之間，無遠慮持久之風，故曰：民不堪，將先亡也。」此與孟堅殊誼，而皆通。

襄三十一年：「我聞忠善目損怨，不聞作威目防怨。豈不遽止？然猶防川，大決所犯，傷人必多，吾不克救也。不如小決使道，不如吾聞而藥之也。」案：《溝洫志》：哀帝初，待詔賈讓奏言：「夫土之有川，猶人之有口也。治土而防其川，猶止兒啼而塞其口，豈不遽止？然其死可立而待也。故曰：『善爲川者，決之使道；善爲民者，宣之使言。』」此數語發明傳旨。「決之使道」，即「小決使道」也。又曰：「水時至而去，則填淤肥美，民耕田之。或久無害，稍築室宅，遂成聚落。大水時至漂没，則更起隄防目自救，稍去其城郭，排水澤而居之，湛溺自其宜也。」又曰：「若乃繕完故隄，增卑倍薄，勞費無已，數逢其害，此最下策也。」此即所謂「防川，大決所犯，傷人必多」也。又曰：「多穿漕渠於冀州地，使民得目溉田，分殺水怒，雖非聖人法，然亦救敗術也。」此即所謂「不如小決使道」也。讓此奏「豈不遽止」，即是傳文。「善爲川者」二句本《周語》召穆公之言，然則讓乃治《左氏》者。《儒林傳》述漢興修《左氏》者云：「胡常授黎陽賈護季君，哀帝時待詔爲郎。」而讓亦于哀帝時待詔，且讓奏言「近黎陽南故大金隄，從河西西北行，至西山南頭，乃折東，與東山相屬」云云，「此臣親所見者也」。又云：「河從河内北至黎陽爲石隄，激使東抵東郡平剛。又爲石隄，使西北抵黎陽、觀下。」又云：「決黎陽遮害亭，放河使北入海。」又云：「河水大盛，增丈七尺，壞黎陽南郭門，入至隄下。」然則讓必黎陽人，未仕時已按視其形勢，親見其利害，故能詳悉言之。是則賈讓、賈護時同、官同、地同，説經同，當是一人，而前後異名，猶劉子駿前名歆，後名秀矣。烏虖！西漢《左氏》先師之説，于今存者尟矣！得待詔此奏，豈非斷璧碎圭也哉！

昭二十年：「不葢不義。」朱氏彬《經傳攷證》曰：「《廣雅・釋言》：『葢，黨也。』琴張欲弔宗魯，是黨惡也。」麟案：朱氏訓葢是矣，然自「君子不食姦」㠯下六句皆指宗魯，非指琴張，然則「不葢不義」言宗魯不當黨齊豹耳。三十一年傳云：「齊豹爲衛司寇，守嗣大夫，作而不義。」是不義指齊豹之明證。葢葢之訓黨，其字借爲介。《釋詁》：「介，右也。」《説文》：「介，一曰助也。」《秋官・大行人》：「介九人。」後鄭注：「介，輔也。」皆與黨誼近。魯言「㠯周事子」，周即「君子周而不比」之周。魯自謂如此，而實則所謂「頑嚚不友，是與比周」者矣，故爲黨不義也。

定四年：「會同難嘖有煩言。」賈侍中注：「嘖，至也。」正義申之曰：「《易・繫辭》：『聖人有㠯見天下之嘖。』謂見其至深之處，嘖亦深之義也。」麟案：正義誤申也。《易》之嘖字，京君明訓情，虞仲翔訓初，與至訓無涉。即如《小爾雅》訓深，深自爲深，至自爲至，亦無容牽合也。今攷《説文》，嘖从責聲，責从朿聲，侍中乃讀嘖爲刺，故訓至。至即㨖也。《説文》：「㨖，刺也。」是互相訓也。且《説文》「㨖」下又云：「一曰刺之財至也。」《廣雅・釋詁》亦云：「㨖，至也。」則㨖、至非特音通，訓亦相通矣。《廣雅・釋詁》：「刺，箴也。」風刺字本從㨖刺得誼，故亦謂之箴，《説文》「諫」字後出。其證也。「會同難嘖有煩言」爲一句，難讀如「瞋目而語難」之難。《孟子》書：「責難於君謂之恭。」責亦即刺字，難與此同。臣有所刺難於君，是諫箴之事也。會同之難刺，則因意各不同，互相詰難，㠯矛刺盾，如下文萇弘與祝佗所言是也。煩讀如《淮南・主術》「法省而不煩」之「煩」，彼注云：「煩，多也。」言會同時難刺之言甚多，故曰「會同難嘖有煩言」，七字一句讀。杜、孔皆用至訓，而杜曰煩言爲忿爭，孔謂至於會時有煩亂忿爭之言，皆非侍中意也。

昭二十六年：「剥亂天下。」麟案：剥借爲業。《説文》「剥」或作「𠚧」，从卜聲。「墣」或作「圤」，亦从卜聲。是剥與業聲通也。《説文》：「業，瀆業也。」瀆業者，與《孟子》書「使己僕僕爾亟拜也」同。彼注云：「僕僕，煩猥貌。」煩猥與亂誼近。故《冬官・弓人》：「夏治筋則不煩。」後司農注：「煩，亂也。」《賈子・等齊》云：「沐瀆無界。」沐瀆，即瀆業，如《管子》「沐涂樹之枝」，借沐爲撲也。沐瀆無界，亦亂也，故曰業亂連文。李賢《後漢書・董卓傳》注：「剥，猶亂也。」蓋有見于此，然不得曰本字讀之。

昭二十六年：「褱之何損？」梁履繩案：「當从《新序・雜事第四》及《論衡》作『何益』。若作損，於義爲曲。傳又云：『若之何褱之？』『又何褱焉？』『何患於彗？』皆極言褱之無益。」麟案：二書皆訓損爲益，非所據傳文作益也。損从員聲，故假借爲員。《小雅・正月》：「員于爾輻。」傳：「員，益也。」字亦作「云」。《漢書・諸葛豐傳》：「獨恐未有云補，而爲衆邪所排。」云補，即益補。《漢書》多言「補益」，誼並同也。即讀損爲本字，《易・序卦》云：「損而不已必益。」亦得从亂爲治、故爲今之例。故子政據此爲訓，仲任本之，子駿説傳當同其父。嘗論子政于《五行志》中屢有説左氏《内》《外傳》者。《藝文志》「春秋家」云：「《國語》二十一篇，左丘明箸。《新國語》五十四篇，劉向分《國語》。」然則子政治《穀梁》而兼涉《左氏》，蓋二家誼或相通，非如《公羊》之絶遠，故荀子已兼治之，而尹更始、胡常、翟丞相亦兼習二家，子政、子駿亦爲世傳矣。

昭二十六年：「其誰敢請之？」宋本附釋音注疏及閩本注疏皆同。宋淳熙、岳、《纂圖》、監、毛諸本，「請」皆作「討」。《校勘記》曰「請」爲誤。麟謂作請不誤。《士昏禮》「擯者出請事」注：「請，猶問也。」《説文》：「問，訊也。」《書·吕刑》：「皇帝清問下民。」馬季長注：「清，訊也。」請之爲問，即「清，訊」之誼。「誰敢請之」，言誰敢訊問之。二十四年傳云：「晉侯使士景伯涖問周故，士伯立于乾祭，而問於介衆。晉人乃辭王子鼂，不納其使。」所謂問即此類也。子鼂言單劉自曰爲是，謂他人無有敢問其曲直者也。學者不解請誼，故改爲討耳。

襄五年：「周道挺挺，我心扃扃。」麟案：周道，周之道術也。猶《匪風》之「顧瞻周道」也。挺挺者，《月令》：「挺重囚。」注：「挺，猶寬也。」《吴語》：「王安挺志。」韋解：「挺，寬緩也。」此挺挺即其誼。扃，讀爲絅。《説文》：「絅，急引也。」《廣雅·釋詁》：「絅，急也。」言周道寬緩，而我心乃峻急也。此爲共王嚴刑而引。

襄五年：「集人來定。」麟案：定借爲貞。《周語》：「及定王。」韋解：「定，當爲貞。」是其據也。蓋定从正聲，《堯典》：「曰閏月定四時。」《五帝本紀》「定」作「正」。《易·師·彖》及《乾》「元亨利貞」子夏傳、《廣雅·釋詁》並云：「貞，正也。」是定、正、貞聲通之證。《釋名·釋言語》：「貞，定也。」尤爲聲通之塙證。《春官·大卜》：「凡國大貞。」鄭司農注：「貞，問也。」後司農注：「貞之爲問，問於正者。必先正之，乃後問焉。」

此謂謀事不善，則當復集人來而問之，如壹刺曰「訊羣臣」，再刺曰「訊羣吏」，三刺曰「訊萬民」，及「謀及卿士」，「謀及庶民」，凡有數次訊、數次謀也。

襄三年：「使鄧廖帥組甲三百，被練三千。」賈侍中注：「組甲，㠯組綴甲，車士服之。被練，帛也，㠯帛綴甲，步卒服之。凡甲所㠯爲固者，㠯盈竅也。帛盈竅而任力者半，卑者所服。組盈竅而盡任力，尊者所服。」馬季長注：「組甲，㠯組爲甲裏，公族所服。被練，㠯練爲甲裏，卑者所服。」賈君之説，惠氏《補注》申之詳矣。馬君説所謂裏者，乃借爲理。《荀子・解蔽》：「而宇宙裏矣。」楊倞注：「裏當爲理。」是其證也。《鶡冠子・泰録》：「理者，所㠯紀名也。」《大雅・棫樸》箋：「理之爲紀。」《白虎通・三綱六紀》：「紀者，理也。」是理、紀互訓。《方言》：「紀，緒也。」《説文》：「紀，別絲也。」《禮器》注：「絲縷之數有紀。」故㠯組練爲甲理者，㠯組練爲甲紀也。綴甲有統緒，其數又可分別。如《召南・羔羊》「素絲五紽」「素絲五緎」「素絲五總」，毛傳「紽」「總」皆訓「數」。㠯《西京雜記》鄒長倩書證之，則五絲爲䌰，倍䌰爲升，倍升爲緎，倍緎爲紀，倍紀爲緵，倍緵爲襚。䌰即紽。五紽二十五絲，五緎一百絲。緵即總，五總四百絲，是所謂紀也。英裘之絲，有數可別，則綴甲之組練，亦有數可別也。《函人》所謂「七屬」「六屬」「五屬」，後司農㠯爲「札續之數」，是也。《荀子・議兵》云：「衣三屬之甲。」其數最少矣。凡言綴，即有分別誼。故《樂記》言「綴兆」，言「其舞行綴遠」，「其舞行綴短」，注云：「綴，謂酇舞者之位也。」是綴引申爲行列，即分別之誼。且與兆同言，兆从二八，亦爲分別，其誼益明矣。《外傳》：「置茅蕝。」蕝即綴，从絶聲，亦取分別誼也。《説文》：「畷，兩陌間道也，从叕聲。」亦取分別誼也。

故綴必有紀。馬君正申賈君説也。正義誤讀裏爲本字，乃謂絛繩不可爲甲裏，失之矣。又馬云「公族所服」者，猶所謂都君子也。㠯此知成十六年、襄二十六年所云「楚師之良在王族」者，即此公族也。此即賈所謂車士也。卑者，即賈所謂步卒也。三百但計車左，非兼及御與右也。車左三百人，車亦三百乘，故步卒三千，即閔二年「公子無虧帥車三百乘，甲士三千人」之制也。彼之甲士，即此之被練步卒也。與尋常車左右御稱甲士者異。尊卑異甲，非是卑者不固，乃是尊者益堅，自組視練，則爲任力者半耳。正義㠯欲傷步卒爲駁，殊爲芒昧。

宣十二年：「寡君使羣臣遷大國之迹於鄭。」杜預注从《釋詁》訓遷爲徙，詞氣過于倨傲。彘子雖㠯隨季爲諂，然不得徑直至此。觀其稱「寡君」，稱「大國」，猶守常禮可知也。案：《説文》：「遷，登也。」《方言》：「躡、跂、踚，登也。」《廣雅・釋詁》「躡」「蹬」「跂」「踚」並訓履也。蹬即登字。《廣雅疏證》曰：「《史記・天官書》：『兵相駘藉。』《集解》蘇林曰：『駘，登躡也。』駘與登聲亦相近，猶瞪目之瞪或作眙矣。」㠯上《廣雅疏證》。據此是遷訓登，登訓履，則遷亦履也。履大國之迹於鄭，言大國所歷鄭地，晉亦將履其迹也，猶云「從大國」耳，而追逐楚人之意自見。

成二年：「乃大户。」杜預注：「閲民户口。」麟案：大借爲世。説見前。《廣雅・釋詁》：「抴，數也。」《疏證》曰：「《逸周書・世俘解》謂『數俘』也，《左傳》云『數俘而出』是也。」據此，是世有數誼。《説文》云：「閲，具數于門中也。」故杜㠯閱注大，此恐非杜所能言，當是賈、服諸君注。

宣元年經：「冬，晉趙穿帥師侵崇。」傳：「趙穿曰：『我侵崇，秦急崇，必救之，吾㠯求成焉。』冬，趙穿侵崇。」案：此同《公羊》說。《公羊》「崇」作「柳」，此東冬、幽尤之通。云：「柳者何？天子之邑也。」何氏曰：「天子之閒田也，有大夫守之。」何氏稍失。蓋柳借爲崇。《詩·文王有聲》云：「既伐于崇，作邑于豐。」謂文王滅崇而都之，更名曰豐也。後武王都鎬，而康有酆宮之朝，則不廢故都也。及平王㠯西周八百里予秦，而酆、鎬皆入秦，然陵廟所在，宜未必予。《黍離》序云：「周大夫行役至于宗周，過故宗廟宮室，盡爲禾黍。」則酆、鎬猶隸王官也。特其後王靈不及，遂爲秦有耳。然其名固天子之邑也。春秋時多越境深入之師，故崇雖在秦封疆之内，晉猶得侵之。《公羊》云：「曷爲不繫乎周？不與伐天子也。」然晉本非欲伐王，不繫周，見周不能有；不繫秦，見秦不得有耳。

桓五年：「啟蟄而郊。」《左傳》言郊，始此。《賈子·輔佐》云：「於四時之交，有事於南郊，㠯報祈天明。」此《訓詁》義也。《郊祀志》：「成帝初即位，右將軍王商、博士師丹、議郎翟方進等五十人㠯爲：《禮記》曰：『燔柴於大壇，祭天也；瘞薶於大折，祭地也。』兆於南郊，所㠯定天位也。祭地於大折，在北郊，就陰位也。郊處各在帝王所都之南北。《書》曰：『越三日丁巳，用牲于郊，牛二。』周公加牲，告徙新邑，定郊禮於雒。明王聖主，事天明，事地察。天地明察，神明章矣。天地㠯王者爲主，故聖王制祭天地之禮必於國郊。長安，聖主之居，皇天所觀視也。甘泉、河東之祠非神靈所饗，宜徙就正陽大陰之處。違俗復古，循聖制，定天位，如禮便。」又云：平帝元始五年，王莽奏復長安南北郊，「莽又頗改其祭禮，曰：《周官》天墬之祀，樂有別有合。其合樂曰：目六律、六鐘、五聲、八音、六舞大合樂，祀天神，祭墬祇，祀四望，祭山川，亯先妣先祖。凡六樂，奏六歌，而天墬神祇之物皆至。四望，葢謂日、月、星、海也。三光高而不可得親，海濵大無限界，故其樂同。祀天則天文從，祭墬則墬理從。三光，天文也。山川，地理也。天地合祭，先祖配天，先妣配墬，其誼一也。天墬合精，夫婦判合。祭天南郊，則目墬配，一體之誼也。天地位皆南鄉，同席，墬在東，共牢而食。高帝、高后配于壇上，西鄉，后在北，亦同席共牢。牲用繭栗，玄酒陶匏。《禮記》曰，天子籍田千畝，目事天墬。繇是言之，宜有黍稷。天地用牲一，燔尞瘞薶用牲一，高帝、高后用牲一。天用牲左，及黍稷燔尞南郊；地用牲右，及黍稷瘞于北郊。其旦，東鄉再拜朝日；其夕，西鄉再拜夕月。然後孝弟之道備，而神祇嘉享，萬福降輯。此天地合祀，目祖妣配者也。其別樂曰：冬日至，於地上之圜丘奏樂六變，則天神皆降；夏日至，於澤中之方丘奏樂八變，則地祇皆出。天地有常位，不得常合，此其各特祀者也。陰陽之別於日冬夏至，其會也目孟春正月上辛若丁。天子親合祀天地于南郊，目高帝、高后配。陰陽有離合，《易》曰：『分陰分陽，迭用柔剛。』目日冬至使有司奉祠南郊，高帝配而望羣陽，日夏至使有司奉祭北郊，高后配而望羣陰，皆目助致微氣，通道幽弱。當此之時，后不省方，故天子不親而遣有司，所目正承天順地，復聖王之制，顯大祖之功也」。翟丞相爲《左傳》大師，王巨君亦受《左傳》于奉德侯，此二奏皆可爲《左傳》之注。

案：啟蟄即驚蟄，《三統歷》爲正月中，巨君所謂孟春也。巨君言陰陽之會目孟春，本《賈子》所云。四時之觀，交會一也。㠯四望證之：天子祭日、月、星、海。《春官・大宗伯》：「旅上帝及四望。」鄭司農注：「四望，日、月、星、海。」司農亦治《左傳》者也。據王、鄭，則其説魯之三望，當亦爲日、月、星，與賈、服所云「三望，分野星、國中山、川」異矣。賈、服亦本傳文「江、漢、睢、漳，楚之望也」爲説，然名爲望，而實與四望、三望異。《楚語》：「天子徧祀羣神品物，諸侯祀天地三辰及其土之山川。」山川，即楚昭王所言之望。韋解：「三辰：日、月、星。祀天地，謂二王之後。非二王之後，祭分野星、山、川而已。」今謂魯既與二王後同祀天地，則亦當祀三辰。天子有海，則爲四望。二王後與魯無海，則爲三望矣。魯地至于海邦、淮夷、蠻貊。《地理志》云：「魯地，東至東海，南有泗水，至淮，得臨淮之下相、僮、取慮，皆魯分也。」❶則海在魯爲其土之山川，與三望異祭，亦猶淮爲魯之山川當祭，而不同于天子之祭四瀆矣。然則三辰人所昭仰，故二王後及魯皆得祭。海有不濱其地者，惟天子率土皆臣，故祭之。二王後及魯皆不得祭也。然重在三辰，故《大司樂》四望言祀而不言祭，㠯就重者言之，故立名主日、月、星，不主海也。日月五星，皆起攝提。大歲直寅，則曰攝提格。故寅月郊天，因望三辰，㠯其所起也□。海，亦位東方，天地左海，故祭于孟春也。圜丘方澤，巨君謂兼望羣陽、羣陰，故《春官・小宗伯》：「兆五帝於四郊，四望、四類亦如之。」鄭司農注：「四望，道氣出入。」正與巨君「助致微氣，通道幽弱」之説合。惟丘澤在南北郊，而四望在四郊，此則道氣出入，兼春、夏、秋、冬四時。巨君特就祭丘澤時言，故只及冬、夏耳。㠯《大宗伯》、《小宗伯》所舉四望有異，知從祭之郊與丘澤爲時各異，具有

❶「相」下，《漢書・地理志》有「睢陵」二字。

精意。

翟丞相引《禮記》大壇大折㠯祭天地，據巨君則郊祭天地皆在大壇，惟之之瘞薶在大折耳。《周語》禘郊之事則有全烝，據巨君則燔燎瘞薶分左右，是祭用全而燔瘞用分也。巨君引《周官》皆《大司樂》文，其原文，天神、地祇、四望、山川、先妣、先祖，分爲六者，用樂各異。天地合祭而異樂，故妣祖亦合祭而異樂。而先妣乃先先祖者，後司農則㠯爲姜嫄。今案：據《毛詩・魯頌》「閟宫有侐」傳云：「先妣姜嫄之廟在周，常閉而無事。」是姜嫄誠稱先妣，然后稷有元妃姞氏矣。后稷配天，姞氏自當配地，若姜嫄則不可與子合祭矣。禮惟宗子未昏，祭時可身爲主人而母爲主婦，然生人可㠯分辨尊卑，不疑㠯母子爲夫婦也。若祭時㠯姜嫄、后稷同位，則疑于夫婦之詷几矣。故《周官》先妣當非姜嫄，乃后稷元妃姞氏也。㠯樂敘之，先祖歌夾鍾，舞《大武》。《史記・律書》曰：「夾鍾於十二子爲卯。」後司農注《大司樂》云：「夾鍾生於房、心之氣。」據房，左角天田。《周語》云：「辰馬農祥也，我先祖后稷之所經緯也。」然則先祖躬稼而有天下，爲周木德之祖，故歌用卯律，舞用周樂。六樂，周最在後，而先妣乃用《大濩》，故立文先妣在先祖先也。《堯典》：「假于藝祖。」馬季長、王肅皆云：「藝，禰也。」與今文誼同而文倒。古人立文不嫌，㠯禰先祖，正與此同。此亦猶陰陽先言陰，絶地天通先言地，無取于誼，至祭時仍是先祖在南，尊于先妣也。《曲禮》席東鄉、西鄉，㠯南方爲上。郊祭，天地祖妣皆合；丘澤，天地祖妣漢㠯高帝、高后配，則周亦㠯后稷、姞氏配，不㠯帝嚳、姜嫄配可知。皆分。分合不紊，此翟丞相所謂明察也。

巨君㠯丘澤天子不往，則丘澤小于郊矣。《律歷志》：「《伊訓篇》曰：『惟大甲元年十有二月乙丑朔，伊尹祀于先王，誕資有牧方明。』言雖有成湯、大丁、外丙之服，巳冬至越茀，祀先王于方明巳配上帝。」夫《伊訓》言□□□「伊尹祀于先王」，不言大甲祀于先王，而子駿巳冬至説之，是亦謂圜丘遺有司也。言越茀者，羣臣爲天子亦斬衰也。此與巨君説同。而後司農則巳丘澤宗廟爲三禘，天神則主北辰，地祇則主昆侖。北辰即昊天上帝，故丘澤大於郊祭靈威仰也。據《異義》：「侍中騎都尉賈逵説魯無圜丘方澤之祭者，周兼用六代禮樂，魯下周用四代，其祭天之禮，亦宜損於周，故二至之日不祭天地也。」則侍中已謂丘澤大于郊，與王、劉異。王、劉則魯無丘澤，猶無明堂耳，非丘澤獨大也。羲和歆等議曰：「今稱天神曰皇天上帝，泰一。」泰一，即昊天上帝，是漢郊不巳赤熛怒，知周亦不巳靈威仰。《周頌》云：「《昊天有成命》，郊祀天地也。」此天地合祭，則郊爲春郊，而非呼丘澤爲郊可知。而文言昊天，則知周郊昊天也，是不小于丘澤矣。

《魯語》言有虞氏禘黄帝、郊堯云云，禘皆大于郊，當云何？曰：禘即封禪是也。《經義叢鈔》某氏《圜丘解》曰：「圜丘，古升中禮也。《禮器》：爲高必因丘陵，爲下必因川澤。注：謂冬至祭天於圜丘之上，夏至祭地於方澤之中。是故因天事天，因地事地，因名山升中於天，因吉土巳饗帝於郊。升中於天而鳳皇降，龜龍格；饗帝於郊而風雨節，寒暑時。注：名，猶大也。升，上也。中，猶成也。謂巡狩至於方嶽，燔柴祭天，告巳成功也。《孝經説》曰：封乎泰山，考績燔柴。❶ 禪乎梁父，刻石紀號。據《大司樂》一變巳至九變，諸物畢致，此即升中於天，所謂鳳皇降、龜龍格也。」麟謂言禘即升中則可，言圜丘即升中則不可。某氏因三禘而爲此説，又巳致物證之。然攷《大

❶ 「柴」，《禮記·禮器》疏引作「燎」。

司樂》本文云：「凡六樂者，一變而致羽物，及川澤之示；再變而致蠃物，及山林之示；三變而致鱗物，及丘陵之示；四變而致毛物，及墳衍之示；五變而致介物，及土示；六變而致象物，及天神。」據巨君，則即郊祭；據後司農注，則謂蜡祭百神而致百物，則自一變至六變，非説升中禮也。若丘澤宗廟之六變、八變、九變，則僅致天神地示人鬼，而不致百物，則圜丘未嘗降鳳皇、格龜龍也，與升中自異矣。《禮器》「爲高」四句，自指丘澤；升中，自指封禪；饗帝，自指郊。三者各别，惟升中、饗帝言其應，丘澤不言其應者，㠯其稍小也。

知禘即封禪者，《商頌》云：「《長發》，大禘也。」其詩曰：「受小球大球，爲下國綴旒。」「受小共大共，爲下國駿厖。」又曰：「敷政優優。」此推本湯時之巡狩考績，㠯準今日事也。《封禪書》：管仲言：「受命得封禪。」而《長發》非受命亦封禪者，管仲但㠯所記十二爲説，其餘固當有嗣世大平而封禪者也，據此知禘爲封禪也。《周頌》云：「《時邁》，巡守告祭柴望也。」箋：「天子巡行邦國，至于方岳之下而封禪也。」其詩曰：「昊天其子之。」言昊天而嚳在矣。據此知封禪即周人禘嚳也。若所云降格者，《封禪書》云：「古之封禪，鄗上之黍，北里之禾，所㠯爲盛。江、淮之間，一茅三脊，所㠯爲藉也。東海致比目之魚，西海致比翼之鳥，然後物有不召而自至者十有五焉。今鳳皇麒麟不來，嘉穀不生，而蓬蒿藜莠茂，鴟梟數至，而欲封禪，毋乃不可乎？」此封禪之降格也，特經未言之于禘耳。侍中注《魯語》云：「有虞氏，舜後，在夏、殷爲二王後，故有郊禘宗祖之禮也。」此特連舉言之，其實禘乃舜自行，非後世也。《封禪書》：「孔子論述六藝，傳略言易姓而王，封泰山、禪乎梁父者七十餘王矣，其俎豆之禮不章，蓋難言之。或問禘之説，孔子曰：『不知。知禘之説，其於天下也視其掌。』」是史公明㠯禘爲封禪也。《長發》云：「不競不絿，不剛不柔，不震不動，不戁不竦。」是治天下如是也。《時邁》云：「明昭有周。」傳云：「明矣，知未然也，昭然不疑也。」然則明昭有周者，謂于周國政事知之不疑，如指視掌中易了也。《韓詩外傳》云：「孔子升泰山，觀易姓而王可得而數者七十餘人，不得而數者萬數也。」然則七十餘人皆易姓受命者。《五經通義》云：「易姓而王，致大平，必封泰山，禪梁父，荷天命吕爲王，使理羣生，告大平於天，報羣神之功。」是指此也。武王雖未大平，而易姓事大，則當封禪矣。然言致大平，則後世復有大平者，亦得封禪如《長發》是也。

又《封禪書》云：今天子「建漢家封禪，五年一脩封」。是周制亦當于十有二歲王巡守殷國時脩封，前代皆巡守脩封，兼此二者，故得有萬數也。然則親近者歲一郊，親遠者十二歲一禘，亦所謂去事有殺也。禘郊皆昊天上帝，而禘大于郊，亦猶宗祀、大雩皆五帝，而宗祀大于大雩，吕其祭禮盛也。

然則《周禮》言封禪安在？曰：旅是也。《天官·掌次》：「王大旅上帝，則張氈案，設皇邸。」注：「大旅上帝，祭天於圜丘。國有故而祭，亦曰旅。此吕旅見祀也。張氈案，吕氈爲床於幄中。鄭司農云：『皇，羽覆上。邸，後版也。』玄謂後版屏風與？染羽象鳳皇羽色吕爲之。」吕上《掌次》注。然則後司農吕圜丘爲禘，故曰旅爲圜丘，其實乃封禪也。《大宗伯》「旅上帝及四望」，則因「國有大故」，葢依郊禮爲之，與此異也。此言皇邸尊于寢廟之黼依，是封禪也。《司尊彝》：「大喪，存奠彝，大旅亦如之。」後鄭亦謂「國有大故」之祭，亦非此也。唯《秋官·職金》「旅于上帝，則共其金版」，即此封禪。何吕明之？古人大事刻之金版。《逸周書·大聚解》云：「周公旦陳營邑建都之制，武王乃召昆吾冶而銘之金版。」《莊子·徐無鬼》云「從説之則曰《金版》《六弢》」是也。封禪告大平，銘之金版，所謂「夫銘天子令德」也。《白虎通》：「或曰封者金泥銀繩，或曰石泥金繩。」封之㠯印璽，故金版不嫌其奢矣。《說文·敘》云：「書者，如也。封于泰山者七十有二代，靡有同焉。」此即銘于金版者也。或言刻石，亦猶金泥、石泥之異也。《論語》：「季氏旅於泰山。」言泰山則是效天子封禪也，則是欲易姓也。故孔子於八佾、雝徹不責冉子之救，而于此獨責之，誠有不能已於言也。是故書璧假許田，而天子不復能脩封，馴至陪臣僭封易姓之事，《春秋》不忍言，而著于《論語》，悲痛深矣。「曾謂泰山不如林放乎？」言泰山必不升其馨香于天也。

因郊非圜丘，圜丘又非禘，而「烝嘗禘於廟」說中猶仍圜丘即禘之說，是㠯因翟、王說郊並論次之。

襄二十六年：「故《夏書》曰：『與其殺不辜，寧失不經。』」《漢書·賈鄒枚路傳》：路溫舒上書曰：「大平未洽者，獄亂之也。夫獄者，天下之大命也，死者不可復生，𢇍者不可復屬。《書》曰：『與其殺不辜，寧失不經。』」此今文所無，長君引亦稱《書》，據《左傳》也，是所謂受《春秋》，通大義也。天下之大命，非謂被刑者之命，謂國家之大命也。故承「大平未洽」言死不復生，𢇍不復屬，則死者日多，户口日減，大命將絶矣。傳下文引《商頌》「命于下國」，謂天命湯于在下之國也。不僭濫則得天命，殺不辜則絶大命，其誼一也，是長君之說《左氏》也。

昭四年：「齊有仲孫之難，而獲桓公，至今賴之；晉有里丕之難，而獲文公，是㠯爲盟主。」《漢書·賈鄒枚路傳》路溫舒上書曰：「臣聞齊有無知之禍，而桓公㠯興；晉有驪姬之難，而文公用伯。近世趙王不終，諸吕作亂，而孝文爲大宗。繇是觀之，禍亂之作，將㠯開聖人也。故桓、文扶微興壞，尊文、武之業，澤加百姓，功潤諸侯，雖不及三王，天下歸仁焉。」麟案：無知爲夷仲年子，故長君㠯無知釋仲孫，杜預亦本之。傳言里丕，長君言驪姬，或所見本異，或便文也。文公用伯，伯釋盟主，于桓公言興，不言伯，㠯傳文不言桓爲盟主也。

宣十五年：「諺曰：高下在心，川澤納汙，山藪臧从《路傳》作。疾，瑾瑜匿瑕，國君含詬。从《路傳》作。」《漢書·賈鄒枚路傳》路温舒上書曰：「故古人有言：山藪臧疾，川澤納汙，瑾瑜匿惡，國君含詬。」案：長君㠯「古人有言」釋「諺曰」，最塙。《説文》：「諺，傳言也。」段氏注：「傳言者，古語也。古字从十口，識前言。凡經傳所稱之諺，無非前代故訓。」得長君之旨矣。

僖二十四年「下義其罪」，《晉世家》作「下冒其罪」。此史公㠯冒訓義。請申明之。《地官·舞師》：「教皇舞，帥而舞旱暵之事。」鄭司農注：「皇舞，蒙羽舞。書或爲翌，或爲義。」麟案：或爲義者，義與皇、翌字異誼同也。《春官·司尊彝》「獻尊」司農注云：「獻，讀爲犧。犧尊，飾㠯翡翠。」《漢書·外戚傳》：「酌羽觴兮銷憂。」如淳注：「羽觴，曰㠯瑇瑁覆翠羽於下徹上見。」葢與此犧尊相類。《魯頌·閟宮》傳云：「犧尊，有沙飾也。」《明堂位》注：「犧尊，㠯沙羽爲畫飾。」《鄭志》：「張逸問曰：『前問曰：犧讀如沙，沙，鳳皇也，不解鳳皇何㠯爲沙？』答曰：『刻畫鳳皇之象於尊，其形娑娑然。』」據此，則犧有翡翠、鳳皇二誼。《舞師》注「義」字乃讀爲犧也。

司農曰犧尊爲飾翡翠，故其注《春官・樂師》亦云：「皇舞者，曰羽覆冒頭上，衣飾翡翠之羽。」則知《舞師》注言「蒙羽舞」，不言「衣飾翡翠」，但省文耳，其讀義爲犧，可決知也。《説文》牛部「犧」字下引賈侍中説：「此非古字。」然則古字「犧」當作「義」，从羊我聲，由純毛引申爲有容可觀，故爲威義耳。司農注《春官・肆師》云：「古者書儀但爲義，今時所謂義爲誼。」《穆天子傳》八駿有「白義」，《列子・周穆王》作「白犧」，葢曰其毛純白名之也。故古字作「義舞」，今字則當作「犧舞」。犧、獻相通，故莊十年經有「蔡侯獻舞」，獻舞即義舞；亦猶《大誥》「民獻」，今文作「民儀」；《説文》「轙」或作「钀」，讞訓議辠；《司尊彝》「鬱齊獻酌」，司農讀獻爲儀矣。《易・漸》上九：「鴻漸于陸，其羽可用爲儀。」儀亦即義舞之義，本當用翡翠，故于鴻特爲許可之詞焉。司農《舞師》注曰「蒙羽」訓皇，《樂師》注曰「羽覆冒」訓皇，《天官・掌次》「設皇邸」，司農注又云：「皇，羽覆上。」皇之訓，即義之訓。《鄘風・君子偕老》：「蒙彼縐絺。」傳：「蒙，覆也。」《説文》：「冡，覆也。」《方相氏》：「掌蒙熊皮。」後司農注：「蒙，冒也。」《説文》曰：「重，覆也。」「冒，冡而前也。」《小爾雅・廣詁》：「冒，覆也。」蒙、冒、覆三字同訓，司農言「蒙羽」，言「羽覆冒」，言「羽覆上」，皆即冒也，故義得訓冒。

又案：《墨子・公孟篇》：「公孟子義章甫，搢忽，儒服，而曰見子墨子。」章甫之冠覆冒首上，故曰義章甫，猶言蒙熊皮也。畢氏沅臆改義爲戴，大非。《羽獵賦》：「俄軒冕。」俄亦義字也。軒冕，特類言之，其實衹謂俄冕，不謂俄軒也。古人每有此文法。《莊子・馬蹏》：「雖有義臺路寢。」義，冒也。冒，冃也。路當借爲露。文當作路臺義寢。路臺，即漢文帝之露臺。凡臺皆不屋，故云露臺。寢則上有覆冒，故云義寢。義與路，正相對之辭也。後司農曰犧尊爲鳳皇，故其注《舞師》云：「皇雜五采，羽如鳳皇色，持曰舞。」亦曰義爲犧也，惟言持則失之耳。然其説亦可互證。葢毛公言沙飾，本未明言是翡翠、是鳳皇，後鄭謂犧爲鳳皇，而目沙即娑娑爲訓者，葢謂本字當爲鸃。《廣雅・釋鳥》：「鵔鸃，鳳皇屬也。」《御覽》引《雜字解詁》云：「鵔鸃，似鳳皇。」《子虛賦》：「射鵔鸃。」郭注：「似鳳，有光采。」是其證也。尊目鵔鸃飾，舞亦用鵔鸃之羽，而實蒙羽，非持羽，故《淮南子》謂鵔鸃爲鵔鸐。鸐之爲言翿也。《王風・君子陽陽》傳、《陳風・宛丘》傳、《方言》皆云：「翿，翳也。」《説文》作「翢」，亦云：「翳也。」《説文》「翌」字下云：「樂舞。目羽□䎃即翢。自翳其首，目祀星辰也。」是翌即䎃，即翳，故鵔鸃謂之鵔鸐，實鵔翿亦猶《山海經》言「有五采之鳥，名曰翳鳥」矣。翿得聲誼于燾，《説文》：「燾，溥覆照也。」《公羊》文十三年傳「魯公燾」注「燾，冒也」是也。《詩》言「左執翿」，則翿亦可持，而本誼則爲冒首。後鄭目皇爲持羽，則與司農、《説文》皆悖矣。翳同聲誼于繄。襄十四年：「繄伯父是賴。」服子慎注「繄，蒙也」是也。《鄭語》云：「伯翳能議百物。」古人命名如堯高、禹渠，並目德取誼。然則名伯翳者，伯即百，翳謂議也。益乃翳之借。議即義，訓冒，即訓覆。義百物，言覆燾百物也，故名□伯翳。是則義舞即鵔鸃，亦皆有覆、冒、蒙之誼，此後鄭誼亦可互證者也。

冒、蒙同訓，下文云「上下相蒙」，此云「下冒其罪」，前後誼相呼應，知義訓冒不可易也。而此訓，諸小學書皆無徵，史公特識，惟司農能承之，其注傳必與注《周禮》同矣。人但知史公之疏通，而不知其精鑿有如此者。烏乎！非卓爾亞聖之才，孰能爲此訓詁者乎！《賈子・道術》：「周聽則不蔽，稽驗則不惶。」惶與蔽誼相近，是借爲皇也。言周聽則不爲下所蔽，稽驗則不爲下所蒙也。然則《賈子》此説與《周禮》合，其訓此傳「義」字可知。大史公實本《訓詁》也。

襄二十五年「陪臣爭趣」，《齊大公世家》述傳如此。徐廣曰：「爭，一作扞。」服子慎□本則作「干諏」，注云：「一曰：干，扞也。諏，謀也。言受崔子命，扞禦謀淫之人。」據子慎此注，是㠯「陪臣干諏有淫者」作一句讀。諏有淫者，所謂謀淫之人也。然既言「一曰」，是不㠯爲正訓，此上必更有注，今亡之耳。史公作「爭趣」，「趣」與今本傳文作「掫」訓爲「夜戒守，有所擊」者同。爭者，《説文》：「引也。」从㕜从厂，會意。引亦訓爭。《管子・五輔》：「上下交引，而不和同。」交引即交爭也。《釋言》：「干，扞也。」《吕覽・壅塞》：「因扞弓而射之。」注：「扞，引也。」扞弓之扞，本由扞韘得誼。《廣雅・釋器》：「扞，韘也。」扞韘本由扞禦得誼，扞訓引，亦訓禦，則爭訓引，亦得訓禦，是爭即扞也。

僖五年：「初，晉侯使士蔿爲二公子築蒲與屈，不慎。」《晉世家》作：「初，獻公使士蔿爲二公子築蒲、屈城，弗就。」此史公㠯「就」訓「慎」也。案：《賈子・道術》：「僶勉就善謂之慎。」是慎古誼訓就也。《釋詁》：「就，成也。」《詩・周南・樛木》：「福履成之。」傳、《説文》皆云：「成，就也。」此就之訓也。《釋詁》：「慎，誠也。」《禮記・中庸》：「誠者自成也。」又云：「誠者，非自成己而已也，所㠯成物也。」是慎訓誠，即訓成。故《大雅・桑柔》：「考慎其相。」箋直云：「慎，成也。」❶故史公㠯就訓慎，言築城不成也。傳下句云：「置薪焉。」明是不成城，而但爲藩離耳。若㠯爲不謹慎，則築土不堅乃可云爾，今置薪，豈直不謹慎已哉？下文

❶「成」，《毛詩正義》作「戒」，阮校云當據別本作「誠」，未云有作「成」者。

「又何慎焉」「焉用慎」，言「又何成焉」「焉用成」也。至重耳踰垣，夷吾守屈，則當時已就城也。據《道術篇》，知此訓是《訓故》舊文，史公承用之也。

莊八年：「我奚御哉。」《齊大公世家》作：「且無入驚宮，驚宮未易入也。」㠯此釋傳，似難強解。三復思之，知其精塙。蓋史公讀御爲遻，御从卸聲，卸从午聲。《律歷志》：「咢布於午。」《禮記·月令》正義：「午，萼也。」皆㠯咢聲字訓午，是午聲與咢聲通。遻字又作迕，亦其證矣。《說文》：「遻，相遇□驚也。」字亦作愕，《廣雅·釋詁》：「愕，驚也。」《春官·占夢》後司農注：「噩，當爲驚愕之愕。」又通作鄂，《漢書·霍光傳》「羣臣皆驚鄂失色」是也。我奚遻者，我奚驚哉也。傳文但著此句，亦未甚可解，故史公探費之意曰：汝等且無入驚宮，驚宮則未易入矣。若我，則本是侍人，入宮又奚驚哉？費爲此語，乃爲請先入張本，下文「袒而示之背」，㠯明己真侍人也。

隱元年：「莊公寤生，驚姜氏，故名曰寤生，遂惡之。」《鄭世家》曰：「生大子寤生，生之難，及生，夫人弗愛。」案：史公非㠯難訓寤也。寤借爲牾，《廣雅·釋詁》：「牾，裂也。」《詩·生民》：「不梯不副，❶無菑無害。」傳云：「言易也。」故裂生則爲難矣。兒生皆裂，而此㠯裂而惡之者，蓋猶女潰生子，剖左右脇，非常之

---

❶ 「梯」，《毛詩正義》作「坼」，下同。

裂也。毛傳又云：「凡人在母，母則病，生則榜副，菑害其母，横逆人道。」據《説文》：「啎，屰也。」故由横逆人道引申訓爲裂矣。若尋常生難，懼則有之，驚則未也。

隱五年：「鄭祭足、原緐、泄駕㠯三軍軍其前，使曼伯與子元潛軍軍其後。」案：《説文》：「軍，圜圍也。」《廣雅・釋言》：「軍，圍也。」《疏證》曰：「《吕氏春秋・明理篇》注：『氣圍繞日周帀，有似軍營相圍守，故曰暈也。』《淮南子・覽冥訓》注：『運讀連圍之圍。』運者，軍也。將有軍事相圍守，則月運出也。軍、運、圍，古聲並相近。」㠯上《廣雅疏證》。然則軍其前、軍其後者，圍守其前、圍守其後也。

襄三十年：「取我衣冠而貯今本「褚」，《吕覽・樂成篇》《一切經音義》引作「貯」。之，取我田疇而伍之。」《荀子・王制》云：「成侯、嗣公聚斂計數之君也，未及取民也；子産取民者也，未及爲政者也。」取民，即取我衣冠、取我田疇也。

定三年：「莊公弁㠯而好絜。」❶麟案：《荀子・王制》云：「拚㠯禁悍。」❷拚即弁字。荀子傳《左傳》，故

❶「弁」，《春秋左傳正義》作「卞」。

❷「拚」，《荀子》（清《抱經堂叢書》本）作「抃」。

用其誼。㠯弁爲拚之借字，如《漢書・哀帝紀》「弁射武戲」，❶《傳常鄭甘陳段傳》「試弁爲期門」，皆㠯弁爲拚也。《說文》：「拚，拊手也。」《方言》：「拊，疾也。」故拚亦訓疾。杜預注：「弁，躁疾也。」其誼是也。《荀子》㠯拚易弁，猶毛公「甲、狎」「湯、蕩」之例，字小變而誼大通矣。朱允倩㠯爲「䤣」之假借。案：《說文》：「䤣，酒疾孰也。」朱說良是。然古字只當作拚，「酒疾孰」亦㠯拚言之，後因增偏旁作䤣，非初字也。故㠯《荀子》所易爲最塙。❷

襄二十九年：「美哉！泱泱乎大風也哉。」服子慎注：「泱泱，舒緩深遠，有大和之意。其詩風刺，辭約而義微，體疏而不切，故曰大風。」麟案：《小雅・瞻彼洛矣》：「維水泱泱。」傳：「泱泱，深廣貌。」此子慎言「舒緩深遠」所本也。《說文》：「泱，滃也。」《釋名》：「盎，滃也。」《天官・酒正》注：「盎，猶翁也。」《荀子・樂論》：「聲樂之象，塤篪翁博。」此之謂也。泱泱，亦作英英。《吕覽・古樂》：「其音英英。」注：「英英，和盛之貌。」此子慎言大和所本也。子慎㠯風爲風刺，則所謂「美哉」者，自是美風刺者之作詩。《詩・齊譜》正義謂季札但美其聲，失之矣。案：《齊風》序維首篇云：「《雞鳴》，思賢妃也。」不言刺，然言「哀公荒淫怠慢」，是不言刺而刺在其中也。㠯下則云：「《還》，刺荒也。」「《著》，刺時也。」「《東方之日》，刺衰也。」「《東方未明》，刺

---

❶ 「弁」，《漢書》作「卞」。

❷ 「易弁」至「爲最塙」，原錯置於下條「維水泱泱傳」後，今移正。

無節也。」「《南山》，刺襄公也。」「《甫田》，大夫刺襄公也。」「《盧令》，刺荒也。」「《敝笱》，刺文姜也。」「《載驅》，齊人刺襄公也。」「《猗嗟》，刺魯莊公也。」無一篇不言刺。子慎云「風刺」，致塙矣。《盧令》一篇止二十四字，除《周頌》外，佗國詩詞未有如此少者，所謂辭約而義微也。指挈壺爲狂夫，陳警戒之貞女，不親迎則微言充耳，好畢弋則但及環鋂，未嘗指斥所刺者之身，所謂體疏而不切也。❶

閔元年：「間攜貳。」案：攜爲懏之借字。《説文》：「懏，有二心也。」《楚語》亦云：「民之精爽不懏貳者。」是懏訓二，即訓貳。《荀子·王制》：「事行則蠲疑。」蠲與此攜同，皆爲懏之借，如子巂作鷶搗，吉圭又作吉蠲也。何㠯知蠲即懏？案：蠲疑並言，是蠲與疑同訓。《吕覽·應言》「令二」注：「二，疑也。」《釋詁》：「貳，疑也。」則懏訓二、貳，亦即訓疑，是與蠲音誼皆同也。然則蠲訓疑，即亦訓貳。《説文》：「貳，副、益也。」《廣雅·釋詁》：「貳，益也。」貳訓益，猶蠲訓貳也。疑荀子所傳古文《左傳》「攜」有作「蠲」者。❷

昭四年：「吾子爲司徒，實書名。夫子爲司馬，與工正書服。孟孫爲司空，㠯書勳。」案：《天官·大宰》云：「乃施典于邦國，而設其參，傅其伍。」後司農注：「參，謂卿三人。伍，謂大夫五人。」釋曰：「司徒下二大

❶ 「泱泱深廣貌」至「不切也」，原錯置於下條「案蠲疑」後，今移正。

❷ 「並言」至「作蠲者」，原錯置於上「莊公弁怒而好絜」條「荀子㠯拚」後，今移正。

夫，一大夫爲司徒大夫，一大夫爲大宰大夫。司空下二大夫，一大夫主司空事，一大夫爲司寇大夫。司馬事省闕一大夫。故五人。」麟案：諸侯五官闕宗伯，而宗伯大夫即司徒大夫兼之，非司馬大夫兼之。《三朝記・千乘》云「司徒謂小司徒。典春」，「方春三月，緩施生育，動作百物，于時有事享于皇祖、皇考」。《賈子・輔佐》云：「祧師典春，㠯掌國之衆庶，四民之序，㠯禮義倫理教訓人民。方春三月，緩施生遂，動作百物，是時有事于皇祖、皇考。」是則祧師即小司徒，知小司徒實兼小宗伯矣。洪頤煊曰：「《淮南》云：『東方爲田，田主農。』董仲舒敘五官亦曰：『木者，司農也。』是司徒兼春官之證。」此《左氏》古説然也。諸侯無小宗伯，再于《荀子》徵之。《王制篇》云：「序官：司徒，知百宗、城郭、立器之數。司馬，知師旅、甲兵、乘白之數。修隄梁，通溝澮，行水潦，安水臧，㠯時決塞，歲雖凶敗水旱，使民有所耘艾，司空之事也。抃急禁悍，防淫除邪，戮之㠯五刑，使暴悍㠯變，姦邪不作，司寇之事也。本政教，正法則，兼聽而時稽之，度其功勞，論其慶賞，㠯時慎脩，使百吏免盡，而衆庶不偷，冢宰之事也。」彼文先序諸官，而辟公，而天王，則所序官皆在辟公下，是辟公屬官也。有此五官，而無宗伯，是諸侯無小宗伯。《荀子》誼如此，皆《左氏》古説也。傳稱夏父弗忌爲宗伯，亦小司徒兼官也。

昭五年：「誰其重此？」麟案：僖十五年傳云：「重怒難任。」《魯語》：「不能任重。」《論語》：「任重而道遠。」《楚辭・悲回風》：「任重石之何益？」是凡重者，必有物㠯任之，故任亦可謂之重。宣十二年傳：「楚重至於邲。」襄十年傳：「輦重如役。」皆謂任物之車爲重。故《淮南・道應》云：「于是爲商旅將任車。」任車，即重也。誰其重此，誰其任此也。此與上「備之若何」、下「若有其人」，語意正合。杜預注云：「言怨重。」則與上下文皆鶻突矣。

昭元年：「日尋干戈。」《鄭世家》作：「日操干戈。」案：此史公讀尋爲摻也。尋，彡聲。摻□，參聲。參亦从彡聲，故通。《方言》：「撏，即尋。取也。」《廣雅·釋詁》：「摻，取也。」是尋、摻假借之證也。《廣雅·釋言》：「摻，操也。」故訓尋爲操。

昭元年：「君子之近琴瑟，㠯儀節也。」《七略》説雅琴云：「琴之言禁也。雅之言正也。君子守正㠯自禁也。」《世本》云：「瑟，潔也。使人精潔于心，淳一于行。」此皆《左氏》説琴瑟儀節之誼也。

僖十五年：「小人恥失其君，而悼喪其親。」《晉世家》作「小人懼失君亡親」。此史公㠯亡訓喪，㠯懼總訓恥、悼也。案：《説文》：「喪，亡也。」《詩·秦風·車鄰》：「逝者其亡。」傳：「亡，喪棄也。」是喪、亡同訓。《白虎通》云：「不直言死，稱喪者何？爲孝子之心，不忍言也。」然則喪本非死，乃不忍言，而借言喪亡耳。是則喪其親者，謂其親爲秦所鹵，亡在秦國，不能反晉，非如預注謂「爲秦所殺」也。故馬季長注《易·坤》「東北喪朋」云：「喪，失也。」《秦策》：「亡趙自危。」注云：「亡，失也。」是喪其親，猶言失其君耳。恥訓懼者，借爲㤥。《説文》：「㤥，厲也。」厲即「夕惕若厲」之厲，實借爲慄。《方言》：「蛩㤨，戰慄也。荆、吴曰蛩㤨。

蛩烘，又恐也。」是慄與恐同誼。《説文》：「恐，懼也。」「懼，恐也。」是恥、慄、恐、懼同訓也。悼訓懼者，《説文》：「悼，懼也。陳、楚謂懼曰悼。」《周書・謚法》「恐懼從處曰悼」是也。《西京賦》：「怵悼慄而聳兢。」悼慄並言，猶恥悼並言矣。懼失其君而懼亡其親者，謂懼君親從此失亡，不得歸也。此即下文「謂之不免」「秦豈歸君」諸議論所從出也。故「不憚征繕」，欲立圉㠯伐秦，冀秦敗，而歸其君親也。下文言「必報讎」者，君親被獲爲讎已甚，何必其親被殺也。

莊十四年：「入又不念寡人。」案：《説文》：「念，常思也。」既入國矣，無所用其常思。此念即埝字。《方言》：「埝，下也。」《廣雅疏證》曰：「《靈樞經・通天篇》：『大陰之人，其狀念然下意。』埝、念同。」麟案：《史記・項羽本紀》：「未能下。」正義：「㠯兵威服之曰下。」《史》《漢》多謂降爲下，念字由陷下據《方言》注。引申爲降下。不念寡人，即不下寡人；不下寡人，即不降寡人也。又案：《説文》：「恁，下齎也。」《後漢書》注引《説文》：「恁，念也。」《玉篇》《廣韻》亦云：「恁，念也。」然《説文》「恁」接「愞」下，「愞」云：「駑弱也。」《廣雅》亦云：「恁，弱也。」則「下齎」不誤。下齎，即下資，謂下劣之資也。凡下劣者，多臨事不斷，思念較多，故誼相引申。資下劣者，未有不念然下意，故恁、念引申之誼同。

桓二年：「武王克商，遷九鼎于雒邑，義士猶或非之。」《漢書・王貢兩龔鮑傳》序：「昔武王伐紂，遷九鼎於雒邑，伯夷、叔齊薄之。」麟案：此孟堅㠯伯夷、叔齊説義士，㠯「薄之」解「非之」也。此謂借非爲菲。《廣雅・釋詁》：「菲，縛也。」縛即薄字。與僖十九年「義士猶曰薄德」語意同。

昭十六年：「斬其木，不雨。子産曰：『有事於山，蓺山林也。而斬其木，其罪大矣。』」案：《貢禹傳》：「禹言諸鐵官皆置吏卒徒，攻山取銅鐵，鑿地數百丈，銷陰氣之精，地臧空虚，不能含氣出雲，斬伐林木，亡有時禁，水旱之災，未必不繇此也。」此即子産之説也。

昭十三年：「後者劓。」《楚世家》作「後者遷之」。案：此謂借劓爲槷也。《易・困》「劓刖」，《説文》作「槷䠶」，云：「不安也。」是槷訓不安。《説文》：「安，竫也。」「竫，亭安也。」「亭，民所安定也。」《釋名・釋宮室》：「亭，停即亭之俗。也，亦人所停集也。」是不安謂不安定停集，故史公目遷之爲訓也。又槷之言𥻿也。《考工記・輪人》：「牙得則無槷而固。」鄭司農注：「槷，榝也。蜀人言榝曰槷。」是槷、榝目疊韻而聲轉，故知槷、𥻿聲誼亦同。昭元年傳「𥻿蔡叔」，《孟子》書「殺三苗於三危」，亦此字也。《説文》云：「𥼶𥻿，散米也。」❶《晉語》：「成而不遷。」韋解：「遷，離散也。」是𥻿、遷同誼也。《地理志》：汝南郡新蔡，莽曰新遷。此亦目蔡、遷同誼也。蔡即𥻿。

❶「米」，《説文解字》作「之」，《説文通訓定聲》（清道光二十八年刻本）作「米」。

桓六年：「隨張，必弃小國。」杜預注：「張，自侈大也。」案：弃有輕薄之誼。《荀子·修身》云：「怠慢僄弃，則炤之目禍災。」注引《方言》：楚謂相輕薄爲僄。據四字皆平列，怠、慢同誼，則僄、弃亦同誼。《荀子·不苟》云：「小人通則驕而偏，窮則弃而儑。」亦謂輕薄無行爲弃，與驕字相對。《孟子》「自暴者」「自棄者」，暴即僄也。自僄、自棄，皆謂自輕也。襄二十年傳「暴蔑其君」，昭九年傳「暴蔑宗周」，暴亦僄也，葢由暴从㬥得聲。㬥，古文作麐，从麃聲，麃从票聲。僄亦从票聲，故通也。此弃小國，則謂輕薄小國，正與「隨張」相應，謂隨自侈大而輕薄人也。《荀子》説傳當如此。若目爲棄捐，則凡好大喜功者皆欲小國坿己，必不棄捐也。下言「小國離」，乃謂怒隨而離耳。

昭九年：「辰在子卯，謂之疾日。」鄭司農注目爲「五行子卯自刑」。此《檀弓》疏所引，原文缺。此本翼奉説也。案：《翼奉傳》：奉上封事曰：「知下之術，在於六情十二律而已。北方之情，好也；好行貪狼，申子主之。東方之情，怒也；怒行陰賊，亥卯主之。貪狼必待陰賊而後動，陰賊必待貪狼而後用，二陰並行，是目王者忌子卯也。《禮經》避之，《春秋》諱焉。南方之情，惡也；惡行廉貞，寅午主之。西方之情，喜也；喜行寬大，巳酉主之。二陽並行，是目王者吉午酉也。《詩》曰：『吉日庚午。』上方之情，樂也；樂行姦邪，辰未主之。下方之情，哀也；哀行公正，戌丑主之。」所謂「《春秋》諱焉」，即謂此傳文也。《説文》：「諱，誋也。」誋，即「王者忌子卯」之「忌」，謂《春秋》忌焉也。賈侍中注云：「桀目乙卯亡，紂目甲子喪，惡目爲戒。」張晏、顔師古倶疑與翼氏異而駁之。晏曰：「云夏、殷目亡，不推湯、武目興，此説非也。」麟案：子卯目貪狼、陰賊爲忌，固也。然又有辰未姦邪而未嘗目爲忌，則周時忌子卯兼爲桀、紂亡日可知。子卯本可忌，因桀、紂而益忌，何疑于湯、武之興乎？且《外傳·周語》云：「昔武王伐殷，歲在鶉火，月在天駟，日在析木之津，辰在斗柄，星在天黿。星與日辰之位皆在北維。顓頊之所建也，帝嚳受之。我姬氏出自天黿，及析木者，有建星及牽牛焉，則我皇妣大姜之姪，伯陵之後，逢公之所馮神也。歲之所在，則我有周之分野。月之所在，辰馬農祥也，我大祖后稷之所經緯也。」《律歷志》劉子駿曰此爲癸亥夜。是周興之吉在癸亥，紂喪之忌在甲子，兩者殊日，尤不相礙也。然則湯興桀亡，又惡知其必同日邪？而妄議先儒也！《論衡·譏日篇》云：「學書諱丙日，云倉頡曰丙日死也。」其意亦同矣。

又案：翼氏言上方、下方，孟康注謂上方北與東，下方南與西。孟曰申子辰皆水，故曰辰爲北；亥卯未皆木，故曰未爲東；寅午戌皆火，故曰戌爲南；巳酉丑皆金，故曰丑爲西；非謂四維之位也。然六情應六方，今謂上方、下方即上文之北東南西，則位無別異，殆非也。案：水木數奇而屬天，《左傳》説「天一生水，天三生木」是也。火金數偶而屬地，《左傳》説「地二生火，地四生金」是也。故戌丑屬地，爲下方。如此六方始備。下文言「辰未屬陰，戌丑屬陽」，則即上文所謂水木爲二陰，火金爲二陽，而與方位之誼殊也。因孟氏誤，故及之。

昭十三年：「好學而不貳。」《楚世家》作「好學不倦」。案：貳無倦訓，史公所據，當無「不」字。《廣雅·釋詁》：「貳，益也。」《論語·子路》：「請益，曰：『無倦。』」凡益之道，皆在無倦。傳但言好學而益，未明指何曰得益，故史公曰不倦實之。或曰：傳「不」字，乃發語辭，讀如「左倪不類，右倪不若」之「不」，亦通。

昭十三年：「有禮而無威。」案：《釋言》：「威，則也。」《周頌・有客》：「既有淫威。」此威當同。彼下文：「再朝而會㠯示威。」預注引莊二十三年傳：「會㠯訓上下之則，制財用之節。」威訓爲則，即上下之則也。乃此處注仍㠯威爲威嚴，失之矣。

莊三十二年經：「城穀。」傳：「城穀，爲管仲也。」今本經、傳皆作「城小穀」。孫志祖曰：「《公羊疏》云：『二傳作小穀，與《左氏》異。』則《左氏》經本作『城穀』，與申無宇所言『齊桓公城穀而置管仲焉』語正合。」今从之。賈侍中注經曰：「不繫齊者，世其禄。」正義本預注，謂「大都㠯名通」，引吳滅州來、晉滅下陽等爲證，而駁侍中曰：「彼不繫者，豈皆世其禄乎？」麟案：侍中本僖十二年傳「管氏之世祀也宜哉」爲說，引傳解經，是爲塙義。《荀子・仲尼篇》言：「與之書社三百，而富人莫之敢距也。」書社三百，謂凡有三百家，而㠯二十五家之社分攝之也，非謂有三百箇二十五家之社也。與齊欲與昭公之「千社」及與衛之「書社五百」謂千箇社□、五百箇社者異，若駢邑三百，則三百箇四井之邑。管仲㠯過於卿備百邑之數而奪之歸公，非㠯爲己有也，與此亦異。若晏子言「先君桓公㠯書社五百封管仲」，蓋後加賜二百也。此即《易・訟卦》所謂「其邑人三百户」者也。然則穀僅十里一成之地，不得爲大都，其不繫於齊，非爲此，明矣。申無宇言：「城穀置仲，至於今賴之。」孔子亦言：「民到於今受其賜。」其功既長，其世宜永。齊㠯穀世禄管仲，固合於宜哉之誼矣。

然仲功最高，宜膺茅土。《公羊》有通濫之說，雖不宜加賞于叔術，而通邑爲國，《春秋》固有是誼。案：《荀子・大略》：「子謂子家駒不如晏子，晏子不如子產，子產不如管仲。管仲之爲人，力功不力義，力知不力仁，野人也，不可目爲天子大夫。」據《周禮》，大夫四命，出封加一命，爲子、男。管仲下天子大夫一等，則亦當下子、男一等而爲附庸，故曰「野人也」。野，讀如「九野」之「野」，即《曲禮》所謂庶方。《論語》：「問管仲，曰：『人也。』」兩「人」，皆即《下曲禮》所謂「庶方小侯，入天子之國，曰某人」也。鄭注目爲「戎、狄子男君」，正義舉牟人、介人證之，是亦附庸也。附庸亦有有爵者，任、宿、須句、顓臾是也。目庶方爲戎、狄，則未盡然。《荀子·正論》云：「大侯編後，大夫次之，小侯、元士次之。」小侯次大夫，而與元士並稱，是小侯即附庸也。此《春秋》之「攷功目命爵」也。《荀子·議兵》云：「用十里之國，則將有百里之聽；用百里之國，則將有千里之聽；用千里之國，謂王畿。則將有四海之聽。」《王莽傳》曰：「爵從周氏有五，附城自九目下，降殺目兩，至於一成。」是周時固有十里之附庸。穀地十里，正可通爲附庸，目世禄而通爲國，此所目不繫齊也。侍中實本《荀子》師說，彼州來、下陽則目關一國存滅，故不繫國，各有所爲，非可相較也。

然則穀爲管氏世邑，而僖二十六年有「公目楚師伐齊，取穀」，文十七年「公及齊侯盟于穀」，宣十四年「公孫歸父會齊侯于穀」，成五年「叔孫僑如會晉荀首于穀」，成十七年「齊國佐殺慶克，目穀叛」，襄十九年「晉士匄侵齊，至穀」，何邪？曰僖時取穀，後晉文公出穀戍，則管氏復封矣。會盟征伐，固不妨在采地。若國佐之目叛，蓋穀邑甚大，管國分之，猶成十一年云：「襄王勞文公而賜之温，狐氏、陽氏先處之。」又趙衰爲原大夫，先軫亦偁原軫，趙同偁原同，先穀亦偁原穀，皆分一邑而食之者也。

穀分爲二，目此益知書社三百，但有一成，必非三百箇書社，積成五十里方也。若方五十里，其外又有人分食，則穀邑又泰大矣。《杜解補正》因衍「小」字，遂疑小穀爲魯地，引《春秋發微》謂「曲阜西北有小穀故城」爲證，且言是時齊桓始霸，管仲尚未見功，「豈遽勤諸侯㠯城其私邑哉」？不知三十年齊侯已伐山戎矣，又北杏、兩鄄、幽之會皆在其前，豈得云尚未見功？且諸侯德齊，爲仲城穀，而㠯爲仲自勤之，不亦反乎？

按：《晏子春秋・外上篇》：「昔吾先君桓公予管仲狐與穀，其縣十七，箸之于帛，申之㠯策，通之諸侯，㠯爲其子孫賞邑。」然則桓公㠯穀封仲而告諸侯，㠯世世弗絶，則幾與附庸同矣。故聖人因是㠯封之也。至云狐，云十七縣，則皆是穀外加賜。《尸子・治天下篇》云：「桓公之奉管仲也，列城有數。」即指是也。○劉子政《管子目録》云：「是時諸侯爲管仲城穀，㠯爲之乘邑，《春秋》書之，褒賢也。」無「小」字，則是《左氏》誼也。

定五年：「改步改玉。」《周語》：「改玉改行。」韋解：「玉，佩玉，所㠯節行步也。君臣尊卑，遲速有節。」《荀子・王霸》：「故國者，世所㠯新者也，是憚憚，非變也，改王改行也。」此二條惠氏《補注》有。皆即此「改步改玉」也。《荀子》之「憚憚」，即單單。《大雅・公劉》：「其軍三單。」傳：「三單，相襲也。」是單有襲訓，言是相襲，而非變也。其異者，不過如君臣異玉，其行步亦異耳。改步改玉爲君臣異，何㠯明之？《賈子・容經》云：「古者聖王居有法則，動有文章，位執戒輔，鳴玉㠯行。鳴玉者，佩玉也，上有蔥珩，下有雙璜，衝牙蠙珠，㠯納其間，琚瑀㠯雜之。行㠯《采薺》，趨㠯《肆夏》，步中規，折中榘。」此謂聖王佩玉，行步中度也。而下文即引「明君在位可畏，施舍可愛」云云一節，本北宮文子論王子圍令尹之語，是正明佩玉行步，君臣有異也。《玉藻》正義曰：「鄭注《樂師》云：『行，謂於大寢之中。趨，謂於朝廷。』然則王出，既服，至堂而《肆夏》作，出路門而《采薺》作。其反入至於應門、路門，亦如之。」《尚書》傳曰「天子將出，撞黃鐘之鐘，右五鐘皆應。入則撞蕤賓之鐘，左五鐘皆應」是也。彼《玉藻》作□「趨㠯《采薺》，行㠯《肆夏》」，與《賈子》異，故正義云爾。而《采薺》《肆夏》爲天子行步之樂，則甚明。是知諸侯㠯下，玉步各異矣。本正義已引《玉藻》「公侯佩山玄玉而朱組綬，大夫佩水蒼玉而純組綬」，明佩玉之異。而《下曲禮》又云：「立則磬折垂佩，主佩倚，則臣佩垂；主佩垂，則臣佩委。」其頫仰之節既殊，則高下之音亦異。《春官・鐘師》載射節自「王奏《騶虞》」㠯下，《貍首》《采蘋》《采蘩》各異，則佩玉行節自天子《采薺》《肆夏》㠯下，諸侯、大夫各有等差，亦猶是矣。此荀、賈二君説傳之誼，今申明之。

昭十二年「翠被」，杜預注：「㠯翠羽飾被。」《釋文》：「被，普義反，注及下同。」正義曰：「《釋鳥》云：『翠，鷸。』樊光云：『青□羽，出交州。』李巡曰：『其羽可㠯飾物。』郭璞曰：『似燕，紺色，生鬱林。』鄭子臧好鷸冠，㠯此鳥之羽飾冠。」案：據杜、孔説，是㠯被爲飾被皮冠，而不㠯爲有物名被也。此文與「皮冠」中隔「秦復陶」之文，無緣相合。且㠯翠被冠，則仍是一冠，下文言「去冠」足矣，何云「去冠被」乎？或又謂襄十四年正義引下文自作「去皮冠」，然《校勘記》㠯爲隨意稱引，且《釋文》言「下同」，是下文復有「被」字明矣。是知杜、孔非也。案：《方言》云：「帍裱，謂之被巾。」又云：「帬，陳、魏之間謂之帔，自關而東或謂之襬。」皆與被同音一物也，此即今之披肩可解説者，故下文言「去冠被」也。《廣雅疏證》曰：「帍，猶扈也。《離騷》：『扈江蘺與辟芷兮。』王逸注：『扈，被也。』」㠯上《廣雅疏證》。然則被巾葢本羽飾者，而屈原欲易㠯蘺芷耳。葢被猶蘢也。《釋器》：「旄，謂之蘢。」郭注：「旄牛尾也。」《集韻》：「蘢，筍虡飾。」引《爾雅》文。彼㠯旄飾，此㠯羽飾，皆取披靡之誼也。《漢書・西域傳》贊：「襲翠被。」師古曰：「襲，重衣也。」披肩加於衣上，故云襲也。又疑《招魂》「翡翠珠被」，或即此翠被，王注㠯衾訓被，恐羽不可爲衾也。

桓五年經「大雩」，《荀子・天論》曰：「雩而雨何也？曰：無何也，猶不雩而雨也。日月食而救之，天旱而雩，卜筮然後決大事，非㠯爲得求也，㠯文之也。故君子㠯爲文，而百姓㠯爲神。㠯爲文則吉，㠯爲神則凶也。」然則雩㠯文之，故不必天旱，凡龍見時必雩也。是《荀子》説《左氏春秋》之雩之誼也。賈侍中注言：「大別山川之雩。」然則是赤帝矣。

桓五年：「既而萃於王卒。」杜預注：「萃，聚也。」此與下「鄭師合㠯攻之」相合，而誼未盡也。案：《方言》：「萃，時也。」《廣雅・釋詁》：「崪，待也。」萃、崪同字，時、待亦同字。王懷祖曰：「待者，止也。《爾雅》云：『止，待也。』《魯語》：『其誰云待之？』《説苑・正諫篇》作『其誰云止之』，❶是待與止同誼。」《天問》：「北至回水，萃何喜？」注：「萃，止也。」然則此「萃於王卒」，實有止誼。萃之訓止，本謂羣止，猶集訓羣鳥在木上也。《荀子・正名》云：「所欲未嘗粹即萃。而來也，所惡未嘗粹而往也。」亦謂羣聚而來往也。

---

❶「云」，《説苑・正諫篇》（《四部叢刊》景明鈔本）、《廣雅疏證》（清嘉慶元年刻本）作「能」。

桓二年「火龍黼黻」，案：《考工記》：「畫繢之事，火㠯圜。」鄭司農注：「爲圜形，似火也。」此《周禮》注，即《左傳》注也。杜預注：「火，畫火也。龍，畫龍也。白與黑謂之黼，形若斧。黑與青謂之黻，兩已相戾。」正義曰：「衣之所畫，龍先於火，今火先於龍，知其言不㠯次也。」案：此所舉制度，不必皆周禮。如魯無斑，而言「斑不必屑屑求切」，亦可知矣。此句蓋雜陳古制。《咎繇謨》：「日、月、星辰、山、龍、華蟲作會，宗彝、璪、火、粉米、黼、黻絺繡。」《大傳》説：「天子衣服，其文華蟲、作會、宗彝、璪火、山龍；諸侯作會、宗彝、璪火、山龍；子、男宗彝、璪火、山龍；大夫璪火、山龍。」是皆火在龍上，非言不㠯次也。孫淵如《書》疏曰：「今文不言日、月、星辰者，《司馬法》云：『章，夏后氏㠯日、月，尚明也。』則日、月、星辰畫于旌旂，亦夏制也。」然則下文之「三辰旂旗」，亦未必如後鄭注《司服》謂「日、月、星辰畫于旌旗」獨爲周時相變之制矣。

隱元年：「天子七月而葬，同軌畢至。諸侯五月，同盟至。大夫三月，同位至。士踰月，外姻至。」服子慎注：「軌，車轍。」《膏肓》曰：「《士禮》，三月而葬。今《左氏》云踰月。於義《左氏》爲短。」《箴》曰：「《禮》：人君之喪，殯數來日，葬數往月。大夫㠯上，殯葬皆數來月、來日。士殯葬，皆數往月、往日。尊卑相下之差數，故大夫、士俱三月，其實不同，士之三月，大夫之踰月也。」麟案：《荀子·禮論》曰：「故天子七月，諸侯五月，大夫三月，皆使其須足㠯容事，事足㠯容成，成足㠯容文，文足㠯容備。」此説天子、諸侯、大夫也。又説士禮曰：「故殯久不過七十日，速不損五十日。是何也？曰：遠者可㠯至矣，百求可㠯得矣，百事可㠯成矣。」七十日，五十日，即踰月也，而漸三月之氣，亦猶杖齊衰十五月稱三年也。荀子説《左傳》如此。《説苑·修文》述傳曰：「士庶人二月而葬。」可知踰月爲三月之朒數，二月之盈數也。鄭君本之，極塙。

劉逢禄曰：「士之姻皆在國中，安得有外姻？」案：此劉氏未明傳誼也。《禮論》曰：「天子之喪，動四海屬諸侯；諸侯之喪，動通國屬大夫；大夫之喪，動一國屬修士；修士之喪，動一鄉屬朋友。」此荀子説傳誼也。所云「四海」，即同軌也。九州之外爲四海。杜預目同軌爲别四夷，失之。所云「通國」，楊倞注：「通好之國。」即同盟也。所云「一國」，即同位也。所云「一鄉」，即外姻也。然則外姻特在一鄉，其稱外者，猶云外戚耳，豈異國也？若然，一鄉甚近，何云遠者可目至？曰：杜預説「三月同位至」，謂「古者行役不踰時」，須其三月反國也。外姻雖在一鄉，容亦有遊歷異國者也。

僖十六年傳：「十六年春，隕石于宋，❶五，隕星也。六鷁退蜚，今本「飛」，從《五行志》作。過宋都，風也。周内史叔興聘于宋。宋襄公問焉，曰：『是何祥也？吉凶何今本「焉」，從《五行志》作。在？』對曰：『今兹魯多大喪，明年齊有亂，君將得諸侯而不終。』退而告人曰：『君失問，是陰陽之事，非吉凶之今本脱，從《五行志》補。所生也。吉凶繇今本「由」，從《五行志》作。人，吾不敢逆君故也。』」《五行志》載劉子駿説曰：「風發於它所，至宋而高，鷁高蜚而逢之，則退。經目見者爲文，故記退蜚；傳目實應著，言風，常風之罰也。象宋襄公區霿自用，不容臣下，逆司馬子魚之諫，而與彊楚爭盟，後六年爲楚所執，應六鷁之數云。」又曰：「是歲歲在壽星，

❶「石」，原作「日」，據《春秋左傳正義》改。

其衝降婁。降婁，魯分壄也，故爲魯多大喪。正月，日在星紀，厭在玄枵。玄枵，齊分壄也。石，山物；齊，大嶽後。五石象齊威卒而五公子作亂，❶故爲明年齊有亂。庶民惟星，隕於宋，象宋襄將得諸侯之衆，而治五公子之亂。星隕而鶂退飛，故爲得諸侯而不終。六鶂象後六年伯業始退，執於盂也。民反德爲亂，亂則妖災生，言吉凶繇人，然後陰陽衝厭受其咎。齊、魯之災非君所致，故曰：『吾不敢逆君故也。』」案：據子駿説，則隕星、退鶂爲宋，非爲齊、魯，齊、魯有失，乃始應之。其宋君所致唯有不終之應，而襄公問吉凶何在，其語不專爲宋發，意謂佗國不論失德與否，亦或因此致禍，故曰失問。服子慎注曰：「鶂退風，咎君行所致，非吉凶所從生。襄公不問己行何失，而問『吉凶焉案此則服本作焉。在』，㠯爲此謂叔興㠯爲也。石隕、鶂退，吉凶何從而生，故云『君失問』。」㠯上服注。斯得子駿之指矣。

子駿説亦本荀子。《天論》曰：「星隊，木鳴，國人皆恐。曰：是何也？曰：無何也，是天地之變，陰陽之化，物之罕至者也。怪之，可也；而畏之，非也。日月之有蝕，風雨之不時，怪星之黨見，是無世而不常有之。上明而政平，則是雖並世起，無傷也。上闇而政險，則是雖無一至者，無益也。夫星之隊，木之鳴，是天地之變，陰陽之化，物之罕至者也。怪之，可也；而畏之，非也。物之已至者，人祆則可畏也。楛耕傷稼，耘耨失薉，政險失民，田薉稼惡，糴貴民饑，道路有死人，夫是之謂人祆。政令不明，舉錯不時，本事不理，夫是之謂人祆。禮義不修，內外無別，男女淫亂，則父子相疑，上下乖離，寇難並至，夫是之謂人祆。祆是生於

❶「威」，今本《漢書・五行志》作「桓」，「威」字係宋人避諱而改。

亂，三者錯，無安國。其説甚爾，其菑甚慘。勉力不時，則牛馬相生，六畜作祆，可怪也，而不可畏也。傳曰：『萬物之怪書不説。無用之辯，不急之察，棄而不治。若夫君臣之義，父子之親，夫婦之别，則日切磋而不舍也。』」案：此先言星隊，是通篇皆釋此傳也。陰陽之化，即傳所謂「陰陽之事」也。祆是生於亂，即子駿所云「亂則妖災生」也。「勉力」三句，謂怪由亂致，則《春秋》全經所書災異皆是也。「日月」八句，謂雖無亂，亦有有怪者，則如禹、湯水旱是也。可怪不可畏，言有德者不必畏，即失德者亦當知怪生於亂，而不可謂因怪生亂而畏之也。「傳曰」㠯下，皆發明「君失問」之旨。○侍中注云：「鶂，水鳥，陽中之陰，象君臣之訟鬩也。」㠯鬩訓鶂，其事指襄公逆子魚之諫也。

僖二十四年：「鄭伯怨惠王之入而不與厲公爵也。」《鄭世家》作：「鄭文公怨惠王之亡在櫟，而文公父厲公入之，而惠王不賜厲公爵禄。」案：此葢史公時已有酒器之説。服子慎注莊二十一年傳「虢公請器，王予之爵」云：「爵，飲酒器，玉爵也。一升曰爵。爵，人之所貴者。」是其説也。故史公㠯爵禄正之。請器，而予爵禄，過其望也。虢公已公矣，復加爵禄者，葢漢時武功爵之類也。若如子慎説，則鞶鑑與爵相去不遠，不足爲怨。子慎注「王㠯后之鞶鑑予之」曰：「鞶鑑，王后婦人之物，非所㠯賜有功。」案：此則鞶鑑較酒器爲褻，誠有之，若因是致怨，未必狹隘至此，卲从爵禄爲正。

閔二年：「歸夫人魚軒。」服子慎注：「魚，獸名。」正義曰：「《詩》云：『象弭魚服。』此云『魚軒』，則用魚爲飾。其皮可㠯飾器物者，唯魚獸耳。」麟案：魚獸，未聞飾車。此乃鮫魚也。《荀子・正論》「蛟韅」，《史記・禮書》作「鮫韅」，徐廣曰：「㠯鮫魚皮爲之。韅者，馬腋之革也。」此魚軒，亦㠯鮫皮爲駕軒之馬之韅，因㠯名軒。彼天子制，此夫人有者，亦猶特虎爲天子、諸侯所共也。《説文》云：「軒，曲輈藩車也。」《漢書・張敞傳》：敞奏書諫曰：「禮：君母出門，則乘輜軿。」君母，即夫人；輜軿，衣車，亦即藩車。說見下條。此子高説《左氏春秋》「夫人乘軒」之證。

僖二十八年：「數之㠯其不用僖負羈，而乘軒者三百人也。」《晉世家》作：「數之㠯其不用釐負羈，而用美女乘軒者三百人也。」史公解傳如此，不㠯乘軒爲大夫也。案：《説文》：「軒，曲輈藩車也。」《漢書・景帝紀》「朱兩轓」「朱左轓」，應劭注：「車耳反出，所㠯爲之藩，屏翳塵泥。」然則轓者，即茀禦之屬縣車耳者。而《車制圖攷》㠯《説文》之轓即䡊，非藩蔽字，然但有車耳反出，不能屏翳，是知亦謂藩蔽也。字固有㠯一聲取二誼者，䡊言其反出，亦言其有藩也。軒有轓，因而車有轓者皆偁軒，此傳「軒」是也。《詩・曹風・候人》：「三百赤芾。」傳：「芾，韠也。大夫㠯上，赤芾乘軒。」史公讀《詩》，蓋㠯芾爲茀。《小雅・采芑》：「朱芾斯皇。」《釋文》：「芾，本又作茀。」《釋言》：「芾，小也。」《大雅・卷阿》傳作：「茀，小也。」《廣韻》去聲「芾」字下有「茀」字，注云：「同上。」是芾、茀通，故讀爲「簟茀」之茀。《詩・衛風・碩人》傳：「茀，蔽也。」是女子車有茀之證。赤茀，猶朱轓也。應注《漢書》云：「轓，㠯簟爲之，或用革。」是轓即簟茀，特在兩旁耳。《詩》言賢者但爲候人，而美女乘軒乃至三百人，譏其好色而忘德也。

然則《候人》三章「彼其之子，不遂其媾」，史公亦不从毛傳訓厚，當讀構精之構。不久其構，言終必色衰愛弛也。而「季女斯飢」，乃謂女不入宫者，困病之甚，亦與此「三百赤芾」相對。此史公説《左傳》誼也。然毛公于「赤芾」下特言「乘軒」，是亦因《左傳》而設，葢受《詩》荀子，並聞《左氏春秋》説，則毛説即荀説也，與史公異。此西漢大儒説《左傳》之不同，謹並志之。又案：在車旁者，當曰容。《春官·巾車》：「王后之五路」，重翟、厭翟有蔽，而安車但有容。鄭司農曰：「容謂幨車，山東謂之裳幃，或曰潼容。」賈氏引《昏禮》「婦車有裧」注云「裧，車裳幃」《周禮》謂之容證之。《詩》正義謂：「其上有葢，四傍垂而下，謂之襜。」然則繫于葢及繫于車耳，或得通名。若名茀，則愈爲引申叚借之稱也。〇又案：《晉語》：楚成王答子玉曰：「《曹詩》曰：『彼己之子，不遂其媾。』郵之也，夫郵而效之，郵又甚焉！」此因子玉欲止狐偃，而王㠯此答之，則亦讀媾爲厚，與毛公同。但意謂彼己之子，初厚于人，而爲德不終，故《詩》郵之。今我初待晉公子甚厚，若止狐偃，則亦不終其厚。我因已心非曹人，今復效之，是郵又甚于曹也。據此是曹人當時之詩已聞于它國矣。閻氏《尚書古文疏證》乃云：「安得甫脱于曹風人之手，而輒遠述于楚成王之口？」不知周世有采風之官，采之而獻于王朝，亦㠯流于侯國，故楚得聞之。且乘軒三百，晉㠯數曹，則其失政早聞于異國可知，豈其詩獨不得聞乎？既聞，獨不得引乎？

文六年：「賈季使續鞫居殺陽處父。」《元和姓纂》：「晉大夫狐鞫居食采于續，又姓續氏。」梁氏《補釋》曰：「續地無攷。戰國時趙有續經，見《呂覽·無義篇》。今陝西崞縣有此姓，❶是其後也。」麟案：《樂記》：

---

❶「陝西」，梁履繩《左通補釋》（清道光九年刻光緒補修本）同，然崞縣在山西，今曰原平市。

「未及下車，而封黄帝之後於薊。」注：「薊，或爲續。」薊、續形聲俱遠，無緣致誤。陳禮堂謂薊聲近繼，繼訓爲續，㠯聲同假繼爲薊字，又㠯義同假續爲繼字。俞先生謂《玉篇》「薊」俗作「蓟」，左旁作角，或轉从角聲，因得與續相混。説皆近迂。然則兩本義各不同，作續者，謂自有續國，非即薊國也。疑續國近晉，晉滅之，㠯爲鞫居采邑也。❶

❶ 此條又見於手稿續編。

春秋左傳讀卷四

成十三年：「晉侯使呂相絶秦。」《晉世家》作：「使呂相讓秦。」案：此史公讀絶爲誶也。誶、絶雖一在脂部，一在祭部，然《詩・出車》㠯「瘁」叶「旆」，《風賦》㠯「卒」叶「熱」「蠛」。《子虛賦》「翕呷萃蔡」，《漢書・外戚傳》「紛綷縩兮紈素聲」，亦合此兩部字爲疊韻，是古音脂、祭通轉最近。又絶从卩，亦兼形聲。絶之爲誶，猶揤之訓捽也。見《説文》。絶、誶又皆齒音，故可相通。《説文》：「誶，讓也。」又案：《小宗伯》注：「今南陽名穿地爲竁，聲如腐脃之脺。」上字作「脃」，下字作「脺」。臧玉林謂上字亦當作「脺」，作「脃」者，依《釋文》改耳。案：注本借脺爲脃，脺从卒聲。脃字，《説文》云：「从絶省。」實亦絶省聲。脃、脺之通，可證絶、誶之通。

昭二十二年：「問之侍者。」案：《荀子・解蔽》曰：「昔賓孟之蔽者，亂家是也。」正解此句。蓋斷尾憚犧亦所易知，而㠯問侍者，由專心亂家，蔽其明也。亂家二字，即本上文「又惡王子鼂之言，㠯爲亂」。㠯此蔽明者，猶《荀子》下文云：「頃筐易滿也，卷耳易得也，然而不可㠯貳周行。」

昭二十六年：「君令臣共。」《賈子・禮篇》作：「君仁臣忠。」此可知大傅《訓故》㠯仁訓令，㠯忠訓共也。其意讀令爲憐。《詩・齊風》「盧令令」，《説文》引作「盧獜獜」；又，憐字亦作怜，是皆二聲通之證。《釋詁》

《方言》皆云：「憐，愛也。」《周語》：「仁，文之愛也。」《墨子・經》：「仁，體愛也。」《韓詩外傳》：「愛由情出，謂之仁。」是憐、仁皆訓愛，故其誼同也。《方言》又云：凡言相憐哀，「九疑、湘潭之間謂之人兮」。人兮者，即《中庸》「仁者，人也」注所謂「人，讀如『相人偶』之人」也。是又憐、仁同誼之證矣。令聲誼又同靈。《説苑・修文》云「積愛爲仁，積仁爲靈」是也。讀共爲恭。《釋詁》：「恭，敬也。」《周書・謚法》：「敬事供上曰恭。」《説文》：「忠，敬也。」是恭、忠同誼也。令、仁、共、忠，亦皆同韻。

昭二十六年：「君令而不違。」《賈子・禮篇》作：「君仁則不厲。」案：《大學》：「而違之俾不通。」注：「違，猶戾也。」厲，亦戾也。《毛詩・大雅・旱麓》「鳶飛戾天」，《韓詩》作「翰飛厲天」，是二字本通。《賈子・道術》云：「心兼愛人謂之仁，反仁爲戾。」故曰「君仁則不戾」也。《荀子・榮辱》：「猛貪而戾。」《修身》：「勇膽猛戾。」《廣雅・釋詁》：「俣，怒也。」是狠戾之戾，又與《荀子・宥坐》「威厲而不試」、《周書・謚法》「殺戮無辜曰厲」之「厲」誼訓相近矣。又案：傳自此至末十句「而」字，《賈子・禮篇》皆作「則」。王懷祖曰：「而，猶則也。」《燕策》：「然而王何不使布衣之人，目窮齊之説説秦。」《史記・蘇秦傳》「然而」作「然則」。《漢書・鄒陽傳》：「然而計議不得。」《文選》亦作「然則」。據此，大傳十「則」字是訓十「而」字也。

昭二十六年：「子孝而箴。」《賈子・禮篇》作：「子孝則協。」案：此大傳讀箴爲諴也。《説文》：「諴，和也。」《釋詁》：「協，和也。」《説文》：「協，衆之同和也。」是其誼同也。或疑不如从杜預訓諫，與上文言「敎」相對，然下文「義」與「正」、「從」與「婉」亦未嘗相對，無事屑屑求合也。

昭二十六年：「禮之善物也。」《賈子・禮篇》作：「禮之質也。」案：《說文》：「質，㠯物相贅也。」故㠯質訓物。

昭二十六年：「在禮，家施不及國。」《賈子・禮篇》說其誼曰：「禮者，所㠯固國家，定社稷，使君無失其民者也。主主臣臣，禮之正也。威德在君，禮之分也。尊卑大小，彊弱有位，禮之數也。禮，天子愛天下，諸侯愛竟內，大夫愛官屬，士庶各愛其家。失愛不仁，過愛不義。故禮者，所㠯守尊卑之經、彊弱之稱者也。」所謂愛，即施也。所謂過愛，即家施及國也。景公從晏子，則君不失民，何有歌舞歸陳氏哉？

宣十六年經：「成周宣謝从《釋文》作。火。」《五行志》引《左傳》云云曰：「謝者，講武之坐屋。」服子慎注：「宣揚威武之處。」此正義所引，未爲全文。麟案：《楚語》：「謝不過講軍實，故謝度於大卒之居。」此《志》及服所本也。《賈子・禮篇》云：「歲凶穀不登，謝徹干侯。」干侯即豻侯。此大傅訓《春秋經》，㠯謝爲射堂也。故《辛辟父敦》「射」作「」，《郘敦》「謝」字亦作「」，明古衹一字。武王克商，散軍郊射。古人講武，莫重於射矣。梁氏履繩曰：「《漢志》云：『宣其名也。』服氏本之爲義。」

哀十一年：「吾聞鼓而已，不聞金也。」案：《荀子・議兵》曰：「士大夫死行列，聞鼓聲而進，聞金聲而退。」即說此傳，不聞金，是必死行列矣。

僖六年：「昔武王克殷，微子啟如是。」《荀子·議兵》曰：「順刃者生，蘇刃者死，奔命者貢。微子開封於宋，曹觸龍斷於軍。」《成相》曰：「武王怒，師牧野，紂卒易鄉，啟乃下。武王善之，封之於宋，立其祖。」此二條皆荀子所傳《左氏》說微子降周事。而馬驌《繹史》謂：《論語》：「微子去之。」殷未亡已去，面縛之說，乃楚人巳誑成王。梁氏《補釋》因謂《史記》據此傳會。不知所謂去者，即降周也。《書序》云：「殷既錯天命，微子作誥父師、少師。」馬季長注云：「錯，廢也。」言廢天命，則去克殷不遠矣。《殷本紀》述此事亦在武王盟津歸後，然則微子方欲出奔，而坶野之師已至，因遂面縛詣軍耳。意略本孫淵如。

文十八年：「流四凶族：渾敦、窮奇、檮杌、饕餮，投諸四裔。」賈侍中注：「四裔之地，去王城四千里。」案：《堯典》：「流共工于幽州，放驩兜于崇山，竄三苗于三危，殛鯀于羽山。」即此流四凶族，而在肇十有二州後，則更後于禹平水土、置九州可知。故侍中言「去王城四千里」，明在⿰比卩成爲萬里後也。侍中說《禹貢》謂地方六千里，然則自王城至邊面相距才三千里，不得有四千里也。是知侍中說《春秋》與說《書》異，⿰𠂤召从此注爲定。案：《荀子·成相》云：「禹有功，抑下鴻，辟除民害逐共工。」此荀子說傳之投窮奇，巳共工爲羽所逐。❶據鄭君注《堯典》

❶「羽」，據上下文義，疑當作「禹」。

「伯禹作司空」云「初，堯冬官爲共工，舜舉禹治水，堯知其有聖德，必成功，故改命司空，㠯官名寵異之」，是則共工在堯時爲水官，不修其職，㠯致洚水，其罪較鯀績用弗成爲重，故禹即陳其辠狀于舜而逐之。若然，無妨于鯀者行譴，慮有先後，鯀已殛，則不妨進言流共工也。

成十八年：「凡六官之長。」杜預注：「大國三卿，晉時置六卿爲軍帥。」正義曰：「大國三卿是正法，當時晉置六卿爲三軍之將佐，皆是帥也。於是晉又更置新軍，凡有四軍八卿，但新軍或置或廢，故傳不數之耳。」

麟案：晉置六卿，亦有所仿。《燕禮》云：「若有諸公，則先卿獻之，如獻卿之禮。」注曰：「諸公者，謂大國之孤也。孤一人，言諸者，容牧有三監。」釋曰：「鄭司農注《典命》云：『上公得置孤卿一人。』後鄭從之，故此亦云『孤一人』。《王制》云：『天子使其大夫爲三監，監於方伯之國，國三人。』彼是殷法，同之周制，使伯佐牧，不制監。周公制禮，因殷不改者，若士冠□醮用酒之類。故鄭云『容』，言容有異代之法。」㠯上《燕禮》疏。據此，則晉本左右大伯，較州伯更尊，或有三監，加國中三卿，是爲六卿。晉非上公，無孤。㠯諸公獻从卿禮，亦可統偁卿也。而其時天子不命三監，晉君因自命之，且使將軍，亦猶大國三卿本命于天子，而晉君皆自命耳。自命雖非，六卿猶不踰禮。僖二十七年，文公初作三軍，已置六卿。時尚未伯，此則自料其「取威定霸，於是乎在」，而預置之，非禮也。至于四軍八卿、五軍十卿、六軍十二卿，晉亦遍嘗置之，此則誖禮，明箸傳中，已有譏文，故此傳特筆黜其新軍，不曰八官，而曰六官，其義嚴矣。

定四年：「因商、奄之民。」《王莽傳》：張敞孫竦爲陳崇草奏，引傳作「兼商、奄之民」。麟案：《釋詁》、《大雅・常武》傳、《説文》皆曰：「仍，因也。」《東京賦》：「因秦宮室。」注：「因，仍也。」《廣雅・釋詁》：「仍，從也。」《説文》：「并，相從也。」「兼，并也。」《廣雅・釋言》：「并，兼也。」是因、兼展轉相訓。又《廣雅・釋詁》：「仍，重也。」《廣雅・釋言》：「重，再也。」《説文》：「再，一舉而二也。」「兼」下云：「兼持二禾。」是又此數字同訓之證也。伯松此訓，葢子高舊説也。言兼則㠯商、奄爲二，如《破斧》傳㠯四國爲管、蔡、商、奄也。魯得有商民，則叛時迸散使然。杜預因昭九年「蒲姑商奄」之文，而謂商、奄是一國，既不知立言各異，又昧於古訓矣。

昭七年：「㠯有宋而嗣厲公。」今本「嗣」作「授」。《孔子世家》作：「始有宋而嗣厲公。」❶案：史公謂「㠯」借爲「始」，「授」則古文傳本作「嗣」也。始，从台聲；台，从㠯聲，本相通。《説文》云反巳爲㠯。《廣雅・釋詁》：「巳，成也。」「巳，訖也。」《齊語》韋解：「巳，畢也。」《大史公自序》索隱：「巳，語終之辭也。」是巳訓終，正與始相反。然則反巳爲㠯，疑即古文始字。《説文》：「始，女之初也。」此謂吹律定姓也。「㠯」下云：「賈侍中説：『㠯，意㠯實也。』」❷意㠯實，即薏苢實。昌意由吞薏苢實而生，故禹爲苢姓，因遂制意㠯字，即

---

❶ 「嗣」下，《史記・孔子世家》有「讓」字。

❷ 「㠯意㠯實」，二「㠯」字，《説文解字》皆作「巳」，段玉裁以爲上「巳」字當作「己」。

爲吹律定姓之始字，此當是禹錫土姓時，㠯已爲準，而制此字也。所謂「祗台德先，不距朕行」矣。因遂與已字爲相反之誼。又《説文》「包」字从巳，象子未成形，尤足與吞莒而生相發明。此誼㠯相反而相成也。故古文㠯、莒、始三字同。《左傳》多古文，類如此。「授」本作「嗣」者，《王莽傳》引《書》「舜讓于德不嗣」，《大史公自序》作「虞舜不台」；《鄭風・子衿》「子寧不嗣音」，《韓詩》「嗣」作「詒」，是嗣可借爲台、詒。《釋詁》：「台，予也。」《釋言》：「貽，遺也。」貽即詒。誼相同。《説文》：「授，予也。」故大史公時故書作「嗣」，其後改作「授」也，二字聲亦相轉。前㠯治兵訓授兵，借爲詒兵，與此可互證。

僖二十八年：「有渝此盟，㠯相及也。」杜預注：「㠯惡相及。」《經義述聞》曰：「傳文但言相及，不言㠯惡也。及當爲反字之誤也。相反，謂相違。韋注《周語》曰：『反，違也。』上文曰：『使皆降心㠯相從也。』從與違義正相對。」麟案：預注增成傳誼，固失之，王説雖是，終嫌改字。案：《荀子・儒效》：「周公屏成王而及武王。」楊倞注：「及，繼也。」《公羊》莊二年傳：❶「一生一及。」注：「兄死弟繼，曰及。」然則相及者，謂兄弟相及也。上文：「或訴元咺於衛侯曰：『立叔武矣。』」甯子雖知元咺、叔武皆無是心，而亦慮民心擁戴，不附衛君，故盟言有渝此盟，而㠯叔武及衛君者，則見糾殛也。

❶「二」上，據《春秋公羊傳注疏》（清嘉慶江西南昌府學刊《十三經注疏》本）當有「三十」二字。

僖二十七年：「過三百乘，其不能㠯入矣。」正義曰：「若使爲帥，過三百乘，其必不能入前敵矣。」案：如正義解，則下文「苟入而賀」，謂苟入前敵而賀也。但入前敵，猶未有勝敗，何因遽賀？則正義非也。入當借爲捷。《說文》「⿱入疌」从「入」聲，「疌」从「中」聲。朱豐芑謂「疌」當从「⿱入疌」省聲。案：㠯《說文》「婕」讀若「接」，「箑」或作「篓」，《詩·巷伯》傳「捷捷，猶緝緝也」，《采薇》叶「業」「捷」，《烝民》叶「業」「捷」「及」論之，其聲與入同韻，不與中同韻，朱說良是。朱說从⿱入疌則是，而㠯从中之故，訓爲艸生疾，則無據。案：从中者，从卉省也。《漢書·禮樂志》：「卉汩臚。」注：「疾意也。」《上林賦》：「卉然興道而遷義。」注：「猶勃也。」《西京賦》：「沸卉軿訇。」注：「奮迅聲也。」是卉有迅疾之誼，故《說文》：「𠦬，疾也，从卉。」❶奔亦从卉，則疌之从卉省可知。《廣雅·釋詁》：「入，得也。」《說文》：「捷，軍獲得也。」是入訓得者，本借爲捷。《廣雅》之訓，蓋本賈、服諸君舊注矣。《釋詁》：「捷，勝也。」《周書·謚法》：「捷，克也。」皆即軍獲得之誼。如此，始與下文相合。

昭二十六年：「鑿而乘它車㠯歸。」《說文》「鑿」下云：「金聲也，从金，輕聲，讀若《春秋傳》：『𨈏而乘它車。』」今杜本作：「鑿而乘於他車㠯歸。」《說文》不引「㠯歸」二字，㠯但引五字已足也。今案：《說文》無「𨈏」，《玉篇》始有「𨈏」，訓「足行皃」。《說文》「𨈏」字仍當作「鑿」，㠯此字他書無見，故引傳㠯證其讀，不必異字也。《釋文》：「鑿，遣政反。又音磬。又苦頂反。《字林》：丘貞反。」按：音磬音誼最塙。鑿與磬音同，猶古文磬作

❶「从卉」，《說文解字》作「从夲卉聲」。

硜也。《考工記》：「磬氏爲磬，倨句一矩有半，其博爲一，股爲二，鼓爲三。」鄭司農云：「股，磬之上大者；鼓，其下小者。」程氏《考工創物小記》説之曰：「股之命名，乃如人足之有股，屈而横出於厀之上矣。」是磬本有人足形。其繪磬形，則作。而室如縣磬之圖，則作。是室上之宇，兩出衺下，象兩磬股對峙形。若磬，則衹有單出一股，較室形，則兩股而缺其一。故人之兩足而缺其一者，亦謂之磬。不但此也，程氏又引《爾雅》「大磬謂之罄」説云：「罄之言橋。《曲禮》：『奉席如橋衡。』謂横奉之广卬又氏也。」㠯上程説。磬形之左卬右氏，正如人足有左無右，或有右無左，亦偏氏偏卬也。是鏧之得誼于磬明矣。

又《大明》：「俔天之妹。」傳：「俔，磬也。」《韓詩》正作「磬」，是磬又通俔。《説文》：「俔，閒見也。」「閒，隙也。」然則閒見者謂于隙中見之，凡于隙中見之者，但見其偏，不能見其全。故《墨子·經下》云：「不可偏去而二，説在見與俱，一與二。」見借爲俔。二、俱、二誼同，偏去、俔、一誼同，是俔爲偏去，而遺其一，與磬音誼正同也。是故殸籀文磬。聲之漀，《説文》訓「側出泉也」。側出，即《釋水》之「仄出」，謂從一偏而出。本《經義述聞》。亦與人足一偏而行相似。殸聲之罄，《詩·鄭風·大叔于田》傳：「騁馬曰罄。」《説文》：「騁，直馳也。」凡人一足跳躍，其行不能回轉，正與直馳相似，皆鏧之音誼也。

竊疑「鏧」本古文「磬」字。磬雖用石，然劉子駿説「石言於晉」㠯爲金石同類，是爲金不從革，是金聲即石聲也。況「鏧」上「鏜」篆説解云：「鐘鼓之聲也。《詩》曰：『擊鼓其鏜。』」是从金之字，且得兼革聲矣，況石聲乎？錚訓金聲，琤訓玉聲，鍠訓鐘聲，瑝訓玉聲，皆見《説文》，是金玉同聲矣。球磬即㠯玉爲之，宜磬聲與金聲同也。然則鏧爲古磬字，㠯其與金同聲，故制字从金，猶鋈訓金之美者，㠯其與玉同色，見説解。故制字从玉也。又如鏞銻訓火齊，即是玫瑰，亦玉類而从金也。金聲，又疑當作聲金。聲金，即聲石，謂有聲之石也。聲之音誼本取于㱿。《大射》注：「古文聲爲磬。」明二字本通，故鏧訓聲金爲獨切。猶磬下訓樂石，謂作樂之石也。其不列于磬下爲古文，葢《凡將》等篇别爲二字，故遵循舊文不妄作也。其不廁于「鐲」至「鎛」十篆閒，别其本非金樂也。廁于鍠、鎗、鏓、錚、鏜五篆之末，吕彼訓金聲、鐘聲，此訓聲金，故相聯也。乃惠氏《補注》吕鏧爲⿱殸足之譌，則吕後出字而議本字矣。段氏《説文注》又謂⿱殸足即脛字，亦或作踁。林雝既斷足，乃吕脛築地而行，故謂之脛。不知吕脛築地，則無吕明其爲一脛、兩脛。杜注、《玉篇》皆云「一足行」，是其誼主足，亦主一，不得僅吕脛字説之也。

哀二十四年：「是噧言也。」《説文》引傳如此作，服、杜本「噧」皆作「讆」。服注：「讆，僞不信言也。」从《釋文》。杜注：「讆，過謬言也。」从正義。《潛研堂集》曰：「《釋文》『讆，户快反』與『噧』音『河介切』相近。古人从口从言之字多相通，《説文》兼收噧、譪二字，噧訓『高氣多言』，譪訓譀，譀又訓誇，誇、譀義較過、或尤長，❶然則『噧言』即讆言，亦可作譪言也。」吕上《潛研堂集》。《説文》：「⿱衞心，寱言不慧也。」段氏注：「《左傳》作讆，是假借字。」麟案：《説文》「讆」訓「踶讆也」，與「⿱衞牛」訓「牛踶讆」相同，誠假借矣。而于本字，亦可爲旁證。何吕明之？《説文》「讆」訓「踶讆也」，「踶」亦訓「讆也」，《聲類》：「踶，躡也。」是讆亦躡也。《説文》：「讘，多言

❶「或」，原有挖改痕跡，《潛研堂集》（清嘉慶十一年刻本）作「僞」。

也。」與噧訓「高氣多言」同。 躡與讋□猶讘與噧矣。《通俗文》：「小蹋謂之踶。」《莊子·馬蹏》李注：「踶，蹋也。」是讋亦蹋也。《説文》：「讘，嗑也。」「嗑，多言也。」亦與噧訓「高氣多言」同。 蹋與讋猶讘與噧矣。古訓詁由聲音孳乳，多類此也。 噧訓「高氣多言」，實與譪、懲同字。 噧、譪之同，錢已言之。 又寱語謦謦不清。《説文》「寱言不慧」，不慧者，不了也。「憭」篆下云：「慧也。」憭字，即今了字。 覺其多言而寱厭者，呼聲必高，㠯此知懲與噧同字也。《管子·形勢解》「推譽不肖之謂讆」，又「訾讆之人」，讆即譪字，而从衛聲，㠯此知懲與譪同字也。

《廣雅·釋言》：「懲，寱也。」《通俗文》：「夢語謂之寱。」是《廣雅》正與《説文》訓同。《三蒼》：「寱，詤言也。」《説文》：「詤，夢言也。」是懲、詤同訓。《吕覽》：「無由接而言見詤。」高注：「詤，讀爲誣妄之誣。」詤引申爲誣妄，故懲亦引申爲誣妄。 譪訓譀，即誣妄也。 因知《釋詁》云：「衛、蹶、假，嘉也。」郭、邢㠯嘉爲美，謂假即「假樂君子」之假，而衛、蹶之誼未詳，由于未得其讀也。 嘉从加聲，乃借爲加，猶《大雅·行葦》「嘉殽脾臄」箋「嘉」爲「加」也。《説文》：「加，語相增加也。」增加，即譖加。 又云：「誣，加言也。」《荀子·致士》：「殘賊加纍之譖。」楊倞注：「㠯罪惡加纍誣人也。」是加有誣妄之誼。 衛即懲省，故訓誣妄也。 蹶，即《方言》所云：「蹶，獪也。」狡獪亦誣妄誼也。 且《釋木》之「蹶泄苦棗」，《釋文》蹶亦作躗。《廣韻》《集韻》誤分讆、躗爲二字，其實躗即讆字，是蹶、讆本通。《廣雅·釋言》蹶訓踶。《申屠嘉傳》注及《羽獵賦》注、《上林賦》注皆訓蹶爲蹋，與讆同誼，益明蹶、讆通用。《爾雅》借蹶爲懲，《左傳》借讆爲懲，正相同矣。 假者，《説文》云：「非真也。」非真亦誣妄誼，故衛、蹶、假同訓加也。 或可假自爲假樂字，毛傳訓嘉，《爾雅》亦訓嘉，衛、蹶則自訓加，

《爾雅》有此義例，王伯申論之詳矣。要之，嘕、譹、㦩本同字，服訓「僞不信」，从《説文》譹訓譀得誼。杜訓「過謬」，从《説文》㦩訓「𡫰言不慧」得誼，而字皆作𧭿。苟从訓𨆷、訓蹋求之，則𧭿、㦩亦有展轉相生者矣。又案：《吕覽·士容論》「德行尊理而羞用巧衛」，衛即𧭿。服云：「僞不信。」則巧衛謂巧僞。高注謂「羞曰巧媚自榮衛」，非也。

哀十七年：「齊侯稽首，公拜。」《荀子·大略》曰：「平衡曰拜，下衡曰稽首，至地曰稽顙。大夫之臣拜不稽首，非尊家臣也，所曰辟君也。」《賈子·容經》：「拜曰磬折之容，吉事上左，凶事上右，隨前曰舉，項衡曰下，寧速無遲，背項之狀如屋之氐。」惠氏《禮説》曰《賈子》「項衡曰下」合《荀子》「下衡」，謂所言拜即稽首。然吉禮有拜與稽首，凶禮有拜與稽顙。若《賈子》之拜即稽首，則不當言「凶事上右」。《奔喪》云：「凡拜，吉喪皆尚左手。」又云：「拜賓，則尚左手。」是上左、上右指手言，則《賈子》所云拜，即拜手，《大祝》所謂空首也。此傳「公拜」，即此。乃惠氏又曰《大祝》之稽首、頓首、空首合爲一，而引《穆天子傳》「賜許男駿馬十六，許男降，再拜，空首」，謂臣於君亦空首。不知三拜各異，故分别其名。若其形既同，其用之又同，則言一足矣，何必别爲三乎？後司農謂：「頓首，拜頭叩地也。」是頓首即稽顙。喪禮則稽顙，急事則頓首，其形則同，用之有異耳。故既列頓首，則遂不列稽顙，曰其形同也。惟五曰吉㩃，六曰凶㩃，分别拜與稽顙之先後耳，而況形與用皆同者，何須别列乎？《穆傳》之言，未可爲據。

賈疏曰稽首爲臣拜君之禮，頓首爲敵者之禮，空首爲君拜臣之禮。惟説頓首非是。其空首，則即拜手。臣拜君，有拜手、稽首；君拜臣，則不稽首，而但拜手耳。敵者，則此公拜齊侯亦其禮也，無爲用頓首矣。惠又㠯拜手、稽首是一事，非二事，引《玉藻》「稽首據掌致諸地」，謂「手先在地，首乃至手，是首與手俱至地」。㠯上惠說。夫拜者平衡，豈得㠯爲至地邪？賈疏謂先㠯兩手拱至地，乃頭至手，是爲空首，此誤㠯稽首之法爲空首，於是不得不㠯稽首爲稽留多時。惠氏合空首、稽首爲一，而拜手、稽首亦不得不爲一矣。兩家皆誤也。然則拜首如之何？曰：空首即拜手，跪而拱手至心，乃引首至手，是曰平衡，而項較背爲下矣，故曰「項衡㠯下」。此之「下衡」，與《荀子》之「下衡」異。《荀子》㠯頭至地爲下衡，故謂至手爲平衡；《賈子》㠯頭未動時與至手時相較，故亦謂至手爲下衡，故曰磬折，曰屋氏。惟頭財至手，頭㠯下尚多餘地，故身之邪直，形如磬折；若稽首，則頭至地，身之衺直，似半圭之璋剡上處，不關璋體。而不似磬折矣。如屋之氏，即所謂室如縣磬而取其一偏。若稽首，則頭至地，似倚廬之末柱楣，而與尋常之屋氏惠引《賈子》「氏」作「霤」，是別本，其理則同。不相似矣。故知《賈子》所言拜決爲拜手，而與稽首異也。後司農注《大祝》曰：「稽首，拜頭至地也。頓首，拜頭叩地也。空首，拜頭至手，所謂拜手也。」三訓不可易。

襄二十九年：「是其《衛風》乎？」《周禮・春官・大師》鄭司農注：「古而自有《風》《雅》《頌》之名，故延陵季子觀樂于魯時，孔子尚幼，未定《詩》《書》，而曰：『爲之歌《邶》《鄘》《衛》。』曰：『是其《衛風》乎？』又爲之歌《小雅》《大雅》，又爲之歌《頌》。《論語》曰：『吾自衛反魯，然後樂正，《雅》《頌》各得其所。』時禮樂自諸侯出，頗有謬亂不正者，孔子正之耳。」案：此司農注《周禮》，亦即其《左傳》注矣。服子慎注：「哀公十一年，孔子自衛反魯，然後樂正，《雅》《頌》各得其所，距此六十一歲。當時《雅》《頌》未定，而云『爲之歌《小雅》《大雅》者，傳家據已定録之。」此説或司農故《詩譜序》。正義駁之曰：「六詩之目，見於《周禮》，豈由孔子始定其名乎？」

襄二十八年：「季蘭尸之。」杜預注：「使服蘭之女而爲之主。」正義引宣三年傳「蘭有國香，人服媚之如是」，證女之「服蘭」。麟案：女無妨有佩蘭者，《采蘋》之詩則無此，且季女佩蘭謂之季蘭，文誼亦不安。案：蘭借爲孌。《説文》：「⿵門䜌，妄入宮掖也，从門，䜌聲，讀若蘭。」《列子・説符》：「宋有蘭子者。」亦曰蘭爲⿵門䜌。是闌聲、䜌聲字通。《小雅・車舝》：「思孌季女逝兮。」傳：「孌，美貌。」此傳季孌，即用《詩》文，季孌猶孌季，古人倒文也。《采蘋》傳云：「古之將嫁女者，必先禮之於宗室，牲用魚，芼之曰蘋藻。」彼《車舝》之「思孌季女逝兮」，亦謂將嫁者。又《邶風・泉水》：「孌彼諸姬，聊與之謀。」傳云：「孌，好貌。」箋云：「諸姬者，未嫁之女，我且欲略與之謀婦人之禮。」是孌正指將嫁未嫁時言，而謀婦人之禮，正未嫁三月，教曰婦德、婦言、婦容、婦功之事，至三月教成，而婦禮亦成矣。故《采蘋》箋云：「祭禮，主婦設羹。教成之祭更使季女者，成其婦禮也。」故傳用彼曰合此也。毛傳又云：「蘋藻，薄物也。澗潦，至質也。筐筥錡釜，陋器也。少女，微主也。」與此傳意正同，皆荀子之傳也。作此條後，讀俞先生書亦同此説，爲之一快。

襄十五年：「寘彼周行。」杜預注：「寘，置也。行，列也。周，徧也。詩人嗟歎，言我思得賢人，置之使徧於列位。」正義曰：「《詩》傳曰周行謂『周之列位』，此注云『周，徧』者，斷章爲義。」麟案：如杜説，則當云周寘彼行，文始可通。若就本文，殊爲窒閡。且下文言：「王及公、侯、伯、子、男、甸、采、衛、大夫，各居其列，所謂周行也。」若非謂周國，何㠯言王？毛傳云：「置周之列位。」箋云：「周之列位，謂朝廷臣也。」若非謂周國，亦不當言公、侯、伯、子、男在其朝廷也。「王及」云云，是解《詩》，非言楚，又焉用斷章爲義也？

襄二十三年：「新尊絜之。」按：絜即挈。《方言》：「挈，特也。」王懷祖曰：「《說文》：『絜，麻一耑也。』聲與挈近而誼同。」新尊挈之者，新尊特之也。《士冠禮》「側尊」注：「側，猶特也。無偶曰側，置酒曰尊。側者無玄酒。」此新尊特之，即彼特尊。似較預注「絜澡」爲長。

昭十四年：「任良物官。」賈侍中注：「物官，量能授官也。」鄭司農注：「物官，相其才之所宜而官之。」麟案：鄭㠯相訓物者，讀「物」如《既夕禮記》「冢人物土」之「物」，字正作「昒」。《廣雅·釋詁》：「昒昒，視也。」是其證。此兼㠯聲訓也。《周禮·載師》云：「㠯物地事。」《草人》：「掌土化之法㠯物地。」皆謂量其地事，及相其地之所宜也。正與物官同誼。

昭十三年：「國不競亦陵。」麟案：競，借爲彊；亦，借爲易。《釋言》：「競，彊也。」《說文》：「競，彊語也。」是競與彊通。傳文之「彊潦」，侍中讀爲彊。《月令》「美土彊」注亦讀爲彊，是彊又與彊通，故競亦與彊通。《論語》：「五十㠯學《易》，可㠯無大過矣。」《魯論》「易」作「亦」，故此亦㠯「亦」爲「易」。彊場字本作

「易」。《周頌・載芟》傳：「畛，易也。」《地官・縣師》注：「郊内謂之易。」皆正作易。《吕君碑》：「慎守畺易。」尤爲明證。陵者，《荀子・富國》云：「其於禮義節奏也，陵謹盡察。」謝氏《補注》曰：「案：《爾雅・釋言》：『淩，慄也。』郭云：『淩懅戰慄。』《釋文》云：『案郭意當作陵。』然則陵、謹誼相近。」《君道》云：「城郭不待飾即飭。而固，兵刃不待陵而勁。」《致士》云：「凡節奏欲陵，而生民欲寬。」㠯陵對寬。《富國》亦㠯「陵謹盡察」與「寬饒簡易」對文。《君道》與「飭」並舉，是「陵」謂精察而釐飭之也。不者，非也。《墨子・尚賢下》引《吕刑》「何敬不刑，何度不及」，今《書》作「非」。又凡言「無乃」者，《莊子》或言「不乃」，《漢書》或言「非乃」，是不、非誼通。言國非疆易釐飭，何國之爲也。子産爭貢，首舉甸、服爲言，復自言小國，皆諸侯正封之事，視地㠯制貢，故自㠯精察釐飭疆易爲言也。又案：《管子・中匡》云：「有司寬而不淩。」淩即陵，亦㠯陵與寬對文。

　　襄二十五年：「姜入于室，與崔子自側户不出。」今本無「不」字。《齊世家》曰：「崔杼妻入室，與崔杼自閉户不出。」案：史公㠯閉訓側，而所見傳文「户」下尚有「不」字，今本脱之也。側可訓閉者，與下文「崔氏側莊公于北郭」借爲堲者同。案：《説文》：「堲，遏遮也。」有閉誼。字亦作「垘」。《史記・天官書》：「川塞谿垘。」是垘與塞誼同。徐廣注云：「土雝曰垘。」《廣雅・釋詁》云：「閉，塞也。」《晉語》：「閉而不通。」韋解：「閉，壅也。」是垘與閉同訓也。故史公㠯閉訓側。自者，《廣雅・釋詁》：「從也。」《秦策》：「從而伐齊。」注：「從，合也。」《廣雅・釋詁》：「合，同也。」《地官・司市》「㠯泉府同貨而斂賒」注：「同，共也。」與崔子自側户不出，言與崔子共閉户不出也。

定七年：「齊人歸鄆、陽關，陽虎居之㠯爲政。」《魯周公世家》曰：「齊伐我，取鄆，㠯爲魯陽虎邑㠯從政。」麟案：史公㠯取釋歸者，讀歸如「士如歸妻」之歸。彼箋云：「歸妻，使之來歸於己。」是其誼也。必如此説者，鄆、陽關前此未見爲齊所取，此不得言反歸于魯故也。預注謂：「中貳于齊，齊今歸之。」于傳無徵。史公説爲塙矣。齊取之，而陽虎居之㠯爲政者，齊㠯與陽虎也。陽虎固怙齊，故九年奔齊，請師伐魯，齊侯將許之，蓋久已互相倚芘矣。齊强虎抗魯，亦無可如何。虎此時名爲季氏家臣，而實已兩屬于齊，如孟嘗君之中立者，斯所謂篹臣矣。

襄二十六年：「所謂不能也。」杜預注：「所謂楚人不能用其材也。」麟案：上文無言不能者，此云所謂，是結上之辭，則能不當如杜讀。能者，如也。上文云：「晉卿不如楚，其大夫則賢。」謂晉大夫賢于楚，是楚大夫不如晉也。《秦誓》：「其心休休焉，其如有容。」《公羊傳》作：「其心休休，能有容。」《大雅・民勞》：「柔遠能邇。」箋：「能，猶伽也。」伽，即恕字。《蒼頡篇》云：「恕，如也。」又能、而古相假借。《吕覽・士容》：「柔而堅，虚而實。」注：「而，能也。」《易・屯》：「宜建侯而不寧。」《釋文》：「鄭讀而曰能。」是能、而相通。《小雅・都人士》：「垂帶而厲。」箋：「而，亦如也。」《孟子》：「九一而助。」注：「而，如也。」是而又通如，故能亦如也。皆能、如通之證。

僖二十二年：「不㠯阻隘也。」《宋微子世家》作：「君子不困人於阸。」隘、阸字本通，㠯困訓阻者，讀阻爲祖也。《堯典》：「黎民阻飢。」《漢書》作「祖」，是阻與祖通。《荀子·大略》云：「患至而後慮者謂之困。」是困者，失諸後也。《史記·三王世家》褚先生補傳云：「祖，先也。」《始皇本紀》：「祖龍者，人之先也。」《小雅·甫田》傳：「田祖，先嗇也。」是祖訓先，正與後對。古字祖作且。《檀弓》：「夫祖者，且也。」故《墨子·經説》云：「自前曰且，自後曰已。」亦㠯且爲前，與後相對。按：下文云：「隘而不列。」則此祖隘，即上文之「既濟而未成列」，司馬欲擊之也。擊其未列，故曰「祖隘」，言先隘者而動也。己先，則使楚後于事，是在楚爲患至而後慮也，故曰：「困人於阸。」史公㠯楚之後，見宋之先，彼此互推，其誼益明，非承荀子之舊訓，有此精塙乎？

襄十四年：「而暴妾使余。」暴从㬥聲，故下多舉㬥所通之字。正義曰：「言暴虐使余如妾。」王伯申曰：「暴妾二字，文義不相屬。疑暴字本在上文蔑字上。襄二十年『暴蔑其君』，昭九年『暴蔑宗周』，皆謂輕慢也。《列女傳·母儀傳》載此，已作『暴妾使余』，則自漢已誤矣。」麟案：《列女傳》作于劉子政，則子駿所據傳文亦宜然，非誤也。按：《釋詁》：「毗劉，暴樂也。」是暴與毗雙聲相轉。《小雅·節南山》：「天子是毗。」《釋文》：「王本作埤。」《荀子·宥坐》作「庳」。又《説文》：「膍，牛百葉也，从肉，毘聲。」《天官·醢人》「脾析」，字作脾。《釋名》：「批，裨也。兩相裨助，共擊也。」又云：「陛，卑也，有高卑也。」是毗及比聲字又與卑聲字通轉。然則暴與卑聲字亦得㠯雙聲相通。此暴借爲婢。婢妾使余，則文誼相屬矣。案：《詩·車攻》傳：「自左膘而射之。」《釋文》：「膘，本亦作髀。」又蟲蛸即螵蛸，而古文「暴」作「麐」。《詩·何人斯》傳云：「飄風，暴起之風。」㠯飄、暴同音爲訓。故暴聲可通婢矣。《宣帝紀》：「爲取暴室嗇夫許廣漢女。」暴室者，婢室也。故應劭曰：「暴室，宮人獄也，今曰薄室。」宮人獄，正是婢獄也。薄與婢亦雙聲。《後漢·皇后紀》：「詔廢后，送暴室。」注：「《漢官儀》曰：暴室在掖庭内，丞一人，主宮中婦人疾病者。其皇后、貴人有罪，亦就此室也。」此誼取貶辱，是亦㠯暴從婢誼也。古人女賤者或稱婢。《史記》説孔子㠯女樂去，桓子喟然歎曰：「夫子罪我，㠯羣婢故也。」是稱樂人爲羣婢。王郎詐稱成帝子，趙后欲害之，《東觀記》曰：「宮婢生子即易之。」是古有宮婢，有貴者犯法，即從此例，猶古㠯罪人爲奴隸也。師古㠯「染練暴曬」爲暴室之誼，失之。

襄十四年：「增淫發泄。」按：增，借爲烝，二字同部。《釋詁》：「烝，衆也。」《釋訓》：「增增，衆也。」《魯頌·閟宮》：「烝徒增增。」是二字聲誼本有相通之理。《少牢禮》注：「古文甑爲烝。」亦其證也。《小雅·南有嘉魚》：「烝然罩罩。」箋：「烝，塵也。塵然，猶言久如也。」《晉語》：「底箸滯淫。」韋解：「淫，久也。」《楚辭·招魂》：「不可㠯久淫些。」是烝、淫皆訓久也。此言君臣積釁久，久而發泄之。《鄭語》云：「毒之酋腊者，其殺也滋速。」是其意也。

襄十四年：「寡君不㠯即刑而悼棄之。」按：悼借爲逃。《釋名》：「七年曰悼。悼，逃也。知有廉恥，隱逃其情也。」是悼與逃通。文三年傳云：「凡民逃其上曰潰，在上曰逃。」是逃亦謂上逃其下也。《説文》：「逃，亡也。」《釋言》：「棄，忘也。」《詩·緑衣》箋云：「亡之言忘也。」是逃、棄誼同。

宣十二年：「剛愎不仁。」案：《賈子·道術》：「心兼愛人謂之仁，反仁爲戾。」《荀子·修身》云：「勇膽猛戾。」是戾即剛也。《廣雅·釋詁》：「戾，很也。」此預注亦云：「愎，很也。」是戾即愎也。戾與仁反，故曰：剛愎不仁。

宣十五年：「怙其儁才，而不目茂德，茲益罪也。」《漢書·翟方進傳》：方進奏王立黨友曰：「案後將軍朱博、鉅鹿大守孫閎，故光禄大夫陳咸與立交通厚善，相與爲腹心，有背公死黨之信，欲相攀援，死而後已。皆内有不仁之性，而外有儁材，過絶於人，勇猛果敢，處事不疑，所居皆尚殘賊酷虐，苛刻慘毒目立威，而亡纖介愛利之風。天下所共知，愚者猶惑。孔子曰：『人而不仁如禮何，人而不仁如樂何！』言不仁之人，亡所施用；不仁而多材，國之患也。」翟丞相治《左氏》，故本傳爲説。「不仁而多材，國之患也」，尤與下文「夫恃才與衆，亡之道也」合。《賈子·道術》云：「施行得理謂之德。」故傳曰「不目茂德」，此目「不仁之人，亡所施用」説之，本於《訓故》也。《後漢書·侯霸傳》：「帝讀隗囂、公孫述相與書，韓歆曰：『亡國之君皆有才，桀、紂亦有才。』帝大怒。」據《范升傳》言：「韓歆欲爲《左氏春秋》立博士。」則歆亦通《左氏》者，其所言，即本傳文也。

宣十五年：「顆見老人結草目亢杜回。」麟按：《釋名·釋道》：「鹿兔之道曰亢。行不由正，亢陌山谷草野而過也。」此謂結草目塞道，使杜回不得正行，目致跋剌，故曰「亢杜回」也。躓頓，由于此。

宣十五年：「天方開楚。」《鄭世家》述傳如此。《晉世家》述傳云：「楚天方開之。」是本文作「開」，今本作「天方授楚」，則賈、劉諸君訓傳之字，杜氏誤㠯易傳耳。《説文》：「授，予也。」《小雅・天保》：「何福不除。」傳：「除，開也。」箋云：「開出㠯予之。」㠯此釋傳，因毛公但言開，未言予故也。此傳亦但言開，未言予，故先儒訓授，㠯明傳亦謂開出㠯予之也。開，文隱奥；授，文易知。若傳本作授，史公不當改爲開字，使人難曉也。

桓二年：「衮、冕、□黻、珽。」《荀子・富國》云：「故天子袾裷衣冕，諸侯玄衮衣冕。」楊倞注上句云：「袾，古朱字。裷，與衮同。畫龍於衣謂之衮。朱衮，㠯朱爲質也。衣冕，猶服冕也。」注下句云：「謂上公也。《周禮》：『公之服，自衮冕而下，如王之服也。』」按：荀子此説乃《左氏》言衮之古誼也。《春官・司服》云：「王之吉服，享先王則衮冕。」鄭司農注：「衮，卷龍衣也。」又云：「公之服，自衮冕而下，如王之服。」是王公皆有衮也。然公衮雖如王，而色則朱與玄不同。乃後鄭注《司服》云：「凡冕服皆玄衣纁裳。」賈疏云：「《易・繫辭》：『黄帝、堯、舜垂衣裳，蓋取諸乾坤。』乾爲天，其色玄；坤爲地，其色黄。但土無正位，託於南方火赤色。赤與黄，即是纁色，故㠯纁爲名也。」不知此但可説鷩衣㠯下及諸侯之衮衣㠯下耳，天子則衮衣朱，與上公別異，正在此處。何㠯明之？《小雅・采菽》：「又何予之？玄衮及黼。」傳云：「玄衮，卷龍也。」箋云：「玄衮，玄衣而畫㠯卷龍也。」《大雅・韓奕》「王錫韓侯」云云，「玄衮赤舄」，是賜諸侯之衮必言玄矣。《豳風・九罭》：「我覯之子，衮衣繡裳。」傳云：「所㠯見周公也。衮衣，畫龍也。」正義曰：「傳解《詩》言『衮衣繡裳』者，是所㠯見公之服也。」又「是㠯有衮衣兮，無㠯我公歸兮」，傳云：「無與公歸之道也。」正義曰：「毛㠯爲此章言王有衮衣而不迎周公，故大夫刺之。言王是㠯有此衮衣兮，但無㠯我公歸之道兮。」是毛意謂王當衣衮衣㠯迎周公，㠯敬禮周公，故衣祭服，非如鄭箋謂「㠯上公之服往見之」，又謂「願其封周公於此，㠯衮衣命畱之」，指衣衮衣者爲周公也。《大雅・烝民》：「衮職有闕。」傳云：「有衮冕者，君之上服也。」箋云：「衮職者，不敢斥王之言也。」是王所衣之衮或言衮，或言衮衣，而不言玄衮。豈非㠯王衮不玄，不可言玄，諸侯之衮，别於王之朱衮，故必言玄，㠯表異乎？若然，天子衮衣既朱，衮裳亦未必纁。《乾鑿度》云：「天子之朝，朱芾；諸侯之朝，赤芾。」《斯干》箋云：「芾者，天子純朱，諸侯黄朱。」然則王之上服，其裳亦當準此别之。上公衮裳纁，赤黄色也。纁，又淺于赤。天子衮裳亦當純朱矣。《玉藻》注云：「天子、諸侯，玄端朱裳。」是裳固有用朱者也。

或曰：鄭箋《詩・緑衣》謂：「婦人之服，不殊衣裳，上下同色。」今若衣裳皆朱，是天子之衮與后服褘、褕、闕、鞠、展、褖上下同色者相似也，不幾與子羔之襲婦服同譏乎？曰：丈夫衣裳雖不連，而色則有同者。《士冠禮》記三王共皮弁素積，鄭注《司服》云：「皮弁之服，十五升白布衣，積素㠯爲裳。」是皮弁上下皆白也。《士冠禮》：「玄端，玄裳，黄裳，雜裳可也。」注云「玄端，即朝服之衣，易其裳耳。上士玄裳」云云。鄭雖云玄端與朝服衣同，而大夫之玄端則素裳。《弁服釋例》疑與朝服無别，因謂朝服㠯緇衣名，其衣用緇，玄端㠯玄名，其衣當用玄，其説是也。是上士之玄端，上下皆玄矣。《士冠禮》又云：「兄弟畢袗玄。」注：「玄者，玄衣、玄裳也。」是又上下皆玄之證也。則衮服上下皆朱，何嫌于似婦服乎？又案：《詩・采芑》箋：「天子之服，韋弁，服朱衣裳也。」亦上下同朱色者之一證。

○難者曰：《詩・羔羊》正義曰：「《司服》職云：王『祀昊天上帝，則服大裘而冕』，㠯下冕不復云裘。《司裘》職云：『掌爲大裘，㠯供王祀天之服。』亦不別言衮冕㠯下之裘。明六冕與爵弁同用大裘之羔裘矣。《玉藻》云：『君子狐青裘豹褎，玄綃衣㠯裼之。』注云：『君子，大夫、士。狐青裘，葢玄衣之裘。』然衮冕與衣玄不用狐青裘者，㠯《司裘》職云：『季秋，獻功裘，㠯待頒賜。』注云：『功裘，人功微麤，謂狐青麛裘之屬。』鄭㠯功裘㠯待頒賜大夫、士，明非冕服之裘矣。」㠯上《詩》正義。夫冕服衣玄，羔裘與其色同。又皮弁用狐白，麛裘亦皆白色，今衮衣色朱，則與羔裘色不同，若用他裘，則《司服》《司裘》何㠯不言？然則衮用羔裘，亦不得朱衣明矣。答曰：裘無與朱色相似者，則不得不同用羔裘也。馬有騵騂，而不可㠯爲裘；㠯豹袪準之，赤豹可㠯爲裘矣。然獻自異域，非中國所常有也。《羔羊》正義謂：「兵事既用韎韋，衣則用黃衣。狐裘及狸裘，象衣色故也。」此衮朱衣似可用黃衣狐裘矣。然韎色不純朱。《玉藻》注云：「緼，赤黃之間色，所謂韎也。」是其色近黃，故狐狸黃色與相似耳。若純朱，則不與黃近，與狐狸色亦異也。是裘色無與朱近者，故仍與大裘及鷩衣等同用羔裘，亦所謂禮窮則同耳，何疑于衮衣不朱乎？

昭三年：「伯石之汏也。」《賈子・道術》：「厚志隱行謂之潔，反潔爲汏。」考襄三十年傳云：「有事伯石，賂與之邑。」知其不潔故也。又云：「使大史命伯石爲卿，辭，大史退，則請命焉。」亦其不潔之證也。言㠯伯石之不潔，一爲禮，猶足㠯何祿庇身云爾。杜預訓汏爲驕，未是。

襄二十五年：「三十帥。」王伯申曰：「三十帥者，師帥也，統於六正者也。《夏官·司馬》曰：『凡制軍，萬有二千五百人爲軍，軍將皆命卿。二千有五百人爲師，師帥皆中大夫。』依《小司徒》，五師爲軍。一軍之中，師帥凡五；六軍則師帥三十。大國三軍，師帥凡十五也。晉爲大國，師帥當十五。而有三十帥者，古者天子一圻而有六軍，今晉地數圻，計井出賦，自當有六軍之數，非三十帥不足㠯統之。晉自文公作三軍，其後作五軍，舍二軍，作六軍，至悼公舍新軍而復爲三軍，雖分合不常，而車徒之數則一。名爲三軍，其實六軍，故有三十帥也。再㠯乘馬之法計之，城濮之戰，晉車七百乘，是時初作三軍。凡五萬二千五百人，當爲師帥二十有一，每七師而一軍。鞌之戰，八百乘，時舍二軍，仍爲三軍。凡六萬人，爲師二十有四，每八師而一軍。平丘之會，四千乘，時舍新軍，仍爲三軍。凡三十萬人，爲帥百有二十，每四十帥而一軍。此傳伐齊，不言車數，㠯三十帥推之，當爲千乘，而統士卒七萬五千人，每十帥而一軍也。」麟案：王說善矣，而未盡合也。晉平丘之會，叔向稱「有甲車四千乘在」，又蘧啟彊言「遺守四千」，然則四千乘乃晉所有之常數也。此盖四千乘同出，合三十萬人，萬人而一帥，故有三十帥。《吳語》曰：「陳士卒百人，㠯爲徹行百行，韋解：「㠯百人通爲一行，百行爲萬人。」行頭皆官師；十行一嬖大夫，建旌提鼓。十旌一將軍，韋解：「十旌，萬人。」萬人㠯爲方陳。王中陳而立，左軍亦如之，右軍亦如之，爲帶甲三萬。」是當時有萬人而一帥者也，此亦與同。帥，當彼將軍，但彼萬人爲一軍，故韋解曰將軍爲「命卿」。此爲三軍之屬，則一軍十帥，其帥非命卿，此爲異耳。《齊語》云：「五鄉一帥，故萬人爲一軍，五鄉之帥帥之。三軍，故有中軍之鼓，有國子之鼓，有高子之鼓。」彼亦萬人爲一軍，故韋解㠯鄉帥爲卿。此帥與彼名正同，但非命卿爲異，然每帥統萬人則與吳、晉不異也。若然，四千乘盡出，而下文又言「處守者皆有賂」者，葢即薳啟彊所云「長轂九百」等矣。不㠯四千乘遺守，而㠯長轂九百守者，亦因奮其武怒，㠯報其大恥，上文云報朝歌之役。是故出者多，而留者少也。

文七年：「且畏偪。」《晉世家》作「且畏誅」。按：此史公讀偪爲服也。《考工記・輈人》，故書「不偪其轅」。杜子春讀偪爲伏。《易・繫辭》孟、京注：「伏，服也。」是偪、伏、服三通。《方言》云：「蝙蝠，自關而東謂之服翼。」又云：「鳲鳩，自關而西謂之服鶝。」是亦偪、服同聲之證。服即𠬝字。《說文》云：「𠬝，治也。」「誅，討也。」「討，治也。」《晉語》：「故㠯惠誅患。」❶韋解：「誅，治也。」❷是服、誅同訓治，故史公㠯誅訓服也。《秋官・小司寇》：「㠯施上服下服之刑。」後司農注：「上服，劓墨也。下服，宮刖也。」服爲施刑之偁，即誅討之誼矣。《管子・君臣下》云：「近其罪伏，㠯固其意。」伏，亦服也，正與此同。服子慎注：「畏偪，迫無置公。一云，畏佗公子徒來相迫。」則與史公異誼，當从史。

襄九年：「利，義之和也。」下云：「利物足㠯和義。」麟案：《墨子・經上》云：「義，利也。」「孝，利親也。」

---

❶「患」，《國語韋氏解》作「怨」。

❷「治」，《國語韋氏解》作「除」。

《經說上》釋之曰：「義，志吕天下爲芬而能能利之，按：《吕覽・長見》：「君知我，而使我畢能。」注：「能，力也。」上「能」字當如此解，言力能利之也。不必用。畢氏沅曰：「忘其勞。」按：用借爲庸。《釋詁》：「庸，勞也。」孝，吕親爲芬而能能利親，不必得□。畢曰：「言不吕爲德。」」其說義字，與此最合。按：《方言》：「芬，和也。」郭注：「芬香和調。」《廣雅疏證》曰：「凡人相和好，亦謂之芬。《荀子・議兵篇》：『其人之親我，歡若父母；其好我，芬若椒蘭。』《非相篇》云：『驩欣芬薌吕送之。』皆是也。《方言》：『紛怡，喜也。』紛與芬誼亦相近。」《墨經》之芬，即《荀子》《方言》之芬也。言義者，志吕天下爲己所和好，孝者，亦吕親爲己所和好，而力又能利之。能利之，斯盡其和道矣。故曰：「利，義之和也。」曰：「利物足吕和義。」乃知小家珍説，亦有可發明經義者。荀子讀傳，當不棄慎、墨之言矣。

襄九年：「是吕日知其有天道也。」正義曰：「是吕言日知其有天道也。」按：正義所據本，日字似作曰。正義「言日」，亦當作「言曰」，然于文不順。正義説非也。日當借爲實。《白虎通》：「日之爲言實也。」《説文》：「日，實也，大陽之精不虧。」《釋名》：「日，實也，光明盛實也。」是日、實音誼同，故日得通實。言塙實知其有天道，非臆想也，于文誼爲順。

宣十二年：「君盍築武軍，而收晉尸，吕爲京觀？」下云：「古者明王伐不敬，取其鱷今本「鯨」，從《翟方進傳》作「鱷」。鯢而封之吕爲大戮，於是乎有京觀，吕懲淫慝。」《翟方進傳》曰：義敗，莽「夷滅三族，誅及種嗣，至皆同坑，㠯棘五毒並葬之。而下詔曰『蓋聞古者伐不敬，取其鱷鯢築武軍，封㠯爲大戮，於是乎有京觀，㠯懲淫慝。迺者反虜劉信、翟義誖逆作亂於東，而芒竹羣盜趙明、霍鴻造逆西土』云云，『其取反虜逆賊之鱷鯢，聚之通路之旁，濮陽、無鹽、圉、槐里、盩厔凡五所，各方六丈，高六尺，封㠯爲大戮，薦樹之棘。建表木，高丈六尺。書曰：反虜逆賊鱷鯢。在所長吏，常㠯秋循行，勿令壞敗，㠯懲淫慝焉』。」案：此巨君用《左傳》古誼也。《説文》云：「京，人所爲絶高丘也，从高省，丨象高形。」阮氏雲臺云：「象土圭之圭形也。」今按：象測景之表也。故京觀亦封之而建表木焉。《秋官・司烜氏》：「邦若屋誅，則爲明竁焉。」鄭司農云：「屋誅，謂夷三族，無親屬收葬者，故爲葬之也。三夫爲屋，一家田爲一夫，㠯此知三家也。」玄謂：「明竁，若今楬頭，明書其罪法也。」按：此蓋明書其罪于楬，而建之竁壙之上。賈疏未是，惠氏已駁之。□㠯戮夷三族者，正與此同。罪至三族，其爲賊亂可知。賈疏因後鄭讀屋爲其刑剭之剭，謂誅于甸師氏者，因謂參夷之誅，亂世之法，何得㠯解大平制禮之事？然反虜逆賊當受此誅，固非尋常之法，何嫌大平無此事乎？上爲收葬，正同坑之事也。其築㠯方六丈、高六尺，表木亦高丈六尺者，《王莽傳》云：「六者，戮也。」是用六數，乃取誼于大戮也。其㠯棘五毒並葬者，《秋官・朝士》云「左九棘」、「右九棘」。後司農注云：「取其赤心而外刺，象㠯赤心三刺也。」然則棘取「刺之」之意，其樹棘亦同意也。《翦氏》云：「掌除蠹物，㠯莽草熏之。」後司農注云：「莽草，藥物殺蟲者，㠯熏之則死。」《赤犮氏》云：「掌除墻屋，㠯蜃炭攻之，㠯灰洒毒之。」此二官並屬《秋官》，知五毒并葬，亦爲其所職掌矣。用此者，取毒殺之意。

宣三年「昔夏之方有德也」云云。按《墨子・耕柱篇》云：「昔者夏后開使蜚廉採金於山川，而陶鑄之於昆吾，是使翁難乙卜於目若之龜，《釋魚》：龜右睨不若。龜曰：鼎成三足而方，不炊而自烹，不舉而自臧，《玉海》引作「藏」。不遷而自行，㠯祭于昆吾之墟，上鄉。畢曰：疑同「尚饗」。乙又言兆之由《玉海》引作「繇」。曰：饗矣，逢逢白雲，一南一北，一西一東，九鼎既成，遷於三國。夏后氏失之，殷人受之；殷人失之，周人受之。」與此傳合。採金，即「貢金九牧」，蓋使蜚廉就九牧國中徵貢也。陶鑄，即「鑄鼎」也。遷於三國云云，即「鼎遷于商」「鼎遷于周」也。言使翁難乙卜，則「卜世」「卜年」，非特成王，夏時亦然也。不遷而自行，如宋大丘社亡，鼎飛入泗水中可證。然則成王定鼎者，謂定之使不得飛去也。何㠯定之？㠯德定之也。鼎㠯昏德暴虐而遷，大平禮樂成，而鼎始定矣。夏后開即夏后啟，此傳夏方有德，本不定指是禹，然《墨》書禹、啟事或互異。《明鬼下》云「然則姑嘗上觀乎《夏書・禹誓》曰『大戰于甘』」云云，㠯下全引《甘誓篇》，與《書序》所云「啟與有扈戰于甘之野，作《甘誓》」不同，則此㠯鑄鼎屬啟，不可爲據。依《論衡》，則固是禹也。

案：《耕柱篇》又云：「和氏之璧，隋侯之珠，三棘六異，此諸侯之所謂良寶也。」三棘六異，蓋即三翮六翼。《楚世家》云：「今子將㠯欲誅殘天下之共主，居三代之傳器，吞三翮六翼，㠯高世主。」《索隱》曰：「翮，亦作𤮍，同音歷。三翮六翼，謂九鼎也。空足曰翮。六翼即六耳，翼近耳旁。事具《小爾雅》。」㠯上《索隱》。按鼎款足者謂之鬲，見于《釋器》，是固然矣。然此㠯翮翼並言，則翮非鬲也。作𤮍鬲或字。者，疑後人所爲耳。鼎耳曰翼，則《釋器》云鼎「附耳外，謂之釴」。釴，即翼字之變矣。竊疑翮即翼之別名。三翮六翼，乃互言耳。《說文》：「翮，羽莖也。」《漢書・王莽傳》：「取大鳥翮爲兩翼。」是翮亦翼矣。《墨子》「六異」，即六翼之假借。「三棘」之棘，借爲「革」字，如《大雅・文王有聲》「匪棘其欲」，《禮器》引作「匪革其猶」，《論語》「棘子成」，《古今人表》作「革子成」也。《小雅・斯干》：「如鳥斯革。」傳：「革，翼也。」《韓詩》「革」作「䩯」，云：「翅也。」《説文》訓亦同。《廣雅・釋器》：「䩯，翼也。」《説文》：「翼，翅也。」是革即翼，翮亦即翼，故三翮亦曰三革矣。因又疑鼎耳名翼，固象其形，然物之在旁者若臂、若脅等多矣，今㠯棘、㠯翮、㠯翼命名者，蓋亦取其不遷而自行能飛去耳。

《易・鼎》九三：「鼎耳革，其行塞。」革即《墨子》之棘，亦即附耳外之翼。「鼎耳革」者，言鼎耳而坿外者也。在第三爻，故取象三。棘人之行鼎，㠯鼎耳横關之；鼎之自行，亦由革翼能飛，故曰「其行塞」。《方言》：「迹迹，屑屑，不安也。或謂之塞塞。」然則其行塞者，謂不安于故居而自行，則夏鼎遷商，商鼎遷周是也。九鼎既得此名，因而凡鼎附耳外，皆曰鈛矣。至《墨子》㠯璧、珠與此並舉者，和氏，美玉也；隋侯，美珠也；九鼎，美金也，故並舉也。鄭注《書序》、虞注《易》皆云：「鼎㠯耳行。」

宣十二年：「古者明王伐不敬。」或疑不敬罪小，何至遂目㠯鱷鯢？案：《賈子・道術》云：「接遇肅正謂之敬，反敬爲嫚。」建本作「慢」，同。《説文》：「嫚，侮傷也。」《書・禹貢》馬季長注：「蠻，慢也。」慢即嫚，故《廣雅・釋詁》云：「蠻，傷也。」然則不敬者，謂蠻之有嫚行者也。成二年傳曰：「蠻、夷、戎、狄，不式王命，淫湎毁常，王命伐之，則有獻捷，王親受而勞之。所㠯懲不敬，勸有功也。」彼不敬，即此不敬，正指蠻言，獻捷即取鱷鯢也。然則此本治蠻之法，因而中國有嫚行如蠻者，亦㠯此治之。中國有蠻行則畔逆可知，所㠯爲京觀也。

宣十二年：「數及日中。」麟案：《漢書・汲黯傳》：「上常賜告者數。」注：「數者，非一也。」字通作屢。《論語》：「屢憎於人。」孔注：「屢，數也。」「屢空」，《集解》：「屢，猶每也。」皆同誼，此言每及日中，左則受之也。

莊十年：「公曰：『小大之獄，雖不能察，必㠯情。』對曰：『忠之屬也，可㠯一戰。』」麟案：《大雅・皇矣》：「帝謂文王：『無然畔援，無然歆羨，誕先登于岸。』」箋云：「畔援，猶拔扈也。誕，大；登，成；岸，訟也。天語文王曰：『女無如是拔扈者，妄出兵也；無如是貪羨者，侵人土地也；欲廣大德美者，當先平獄訟、正曲直也。』」㠯上《詩》箋。《詩》言無妄出兵，無侵人土地，而忽及獄訟之事，且下文即承㠯「密人不恭」云云，箋云：「密須之人，乃敢距其義兵，違正道，是不直也。」此直即與上箋「平獄訟、正曲直」相應。甲兵爲大刑，是故用兵必先平獄。

文二年：「子雖齊聖。」十八年：「齊聖廣淵。」麟案：《詩・小雅・小宛》：「人之齊聖。」傳曰：「齊，正也。」王伯申曰：「齊者，知慮之敏也。《史記・五帝紀》：『幼而徇齊。』《索隱》引《大戴禮》作『叡齊』，一本作『慧齊』，《史記》舊本作『濬齊』，皆明智之稱也。《尚書大傳》曰：『多聞而齊給。』鄭注曰『齊，疾也』云云。毛公訓正未當。」案：王所説誠是，目駁毛公，則未可也。《荀子·修身》曰：「齊明而不竭，聖人也。」《非十二子》曰：「聰明聖知，不目窮人；齊給速通，不目先人。」二條王皆引。然則凡齊聖者，即不竭者也。言「不目窮人」，謂凡齊聖者，易恃己之不窮而窮人，今則不也。傳云：「反正爲乏。」乏，即窮竭之誼。齊聖者不窮竭，故齊訓正矣。此實荀、毛相傳之古訓，目釋《詩》，釋《左傳》，皆通也。

昭二十五年：「公爲告公果、公賁。」杜預注：「果、賁皆公爲弟。」按：此亦兄弟二人之字取于同誼者也。《説文》：「果，木實也。」賁借爲蕡。《詩·周南·桃夭》：「有蕡其實。」傳：「蕡，實貌。」《釋木》：「蕡，藹。」郭注：「樹實緐茂菴藹。」是蕡亦指木實言也。

桓十八年：「使公子彭生乘公。」《齊大公世家》作「使力士彭生抱上魯君車」。麟案：《釋名·釋姿容》：「乘，陞也，登亦如之也。」《夏官·隸僕》：「洗乘石。」司農注：「王所登上車之石也。」是上車謂之乘，故藉人力曰上車亦謂之乘，故史公曰「抱上」訓「乘」。

襄二十九年：「美哉，淵乎！憂而不困者也，吾聞衛康叔、武公之德如是。」賈侍中注：「淵，深也。康叔遭管叔、蔡叔之難，武公罹幽王、褒姒之憂，故曰：康叔、武公之德如是。」據此注，則如是即指遭難罹憂言，亦即指「憂而不困」言也。杜預曰「憂而不困」爲「雖遭宣公淫亂，懿公滅亡，民猶秉義不至於困」，失傳旨矣。

康叔雖《衛詩》所無，無妨由《詩》追想其德，如下文論《齊詩》而及大公也。

襄二十九年：「大而寬，儉而易行，㠯德輔此，則明主也。」《吴大伯世家》述傳如此。明字作盟。賈侍中注：「其志大，直而有曲體，歸中和。中庸之德難成，而實易行，故曰：㠯德輔此，則盟主也。」麟案：言「直而有曲體」，是讀寬爲宛、爲寃。《説文》「宛，屈艸自覆也」、《廣雅・釋詁》「寃，曲也」是也。故今本作婉，从誼變也。言「中庸之德難成」，是讀險爲險阻艱難之險，❶《説文》「險，阻難也」是也。今本作險，亦從誼變也。

宣十二年：「其俘諸江南，㠯賓海濱。」今本「賓」作「實」。《楚世家》作「賓之南海」。或曰：古字「濱」作「賓」。《説文》「濱」本作「顈」，云：「人所賓附。」是顈本訓賓，故借賓爲顈。非也。《春官・大宗伯》「實柴」，故書作「賓柴」，是古文「實」作「賓」。此「賓之南海」，亦由古文《左傳》「實」作「賓」也。賓、實音遠而得相通者，猶古文㠯屮爲艸，㠯疋爲足，㠯丂爲亏，㠯倴爲訓，㠯臭爲澤，音皆相遠，且誼亦有不可通者也。《左傳》言㠯其人實海濱，《史記》言實其人于南海，其意一也，立文稍異耳。

僖二十五年：「晉侯問原守於寺人勃鞮。」杜預注：「勃鞮，披也。」麟案：《荀子・修身》云：「由禮則治

❶ 「讀險」之「險」，依上下文義，疑當作「儉」。

通，不由禮則勃亂提僈。」此齂，葢借爲提。名勃提，取此誼。

昭十三年：「不可爲謀。」《楚世家》作「不可救也」。按：《荀子・非相》云：「起於上，所㠯道於下，正令是也；起於下，所㠯忠於上，謀救是也。」正、令同誼，則謀、救亦同誼，故史公㠯救訓謀。

昭二十七年：「而弗敢宣也。」杜預注：「宣，用也。」此未見正訓。按：宣當讀爲趄。《説文》：「趄，趄田，易居也。」字通作「爰」。僖十五年：「晉于是乎作爰田。」服子慎注：「爰，易也。」又通作轅。《晉語》：「作轅田。」賈侍中注：「轅，易也。」然則弗敢趄者，謂弗敢易君臣之位也，與下句「事君如在國」相應。

莊二十九年經：「新延廄。」傳：「新作延廄。」劉子駿經注：「言『新』有故木。言『作』有新木。延廄不書『作』，❶所用之木非公命也。」賈侍中同。麟案：《穀梁》此傳云：「其言新，有故也。」此子駿所本。又必㠯木言者，《説文》云：「新，取木也。」言取木，著其有故木也。否則，凡有興作，自合用木，何必言新乎？《説文》云：「作，起也。」言起，知有新木宷矣。《魯語》云：「山不槎蘖，澤不伐夭。」古之訓也。則所伐之木，應在何山、何麓、何原、何澤，自有君命，此則君命作廄，而未及命取何地之木，故云：所用之木，非公命也。

---

❶ 「延」，《春秋左傳正義》作「言」。

文十八年：「行父還觀莒僕。」杜預注：「還，猶周也。」麟案：還，猶觀也，借爲睘字。《説文》：「睘，目驚視也。」《素問·診要經終論》：「目睘絶系。」注：「謂直視如驚貌。」此睘謂倉卒視之，猶驚視也。《説文》：「觀，䄙視也。」言倉卒視之，復采䄙視之，其爲人總「莫可則也」。

成八年：「其孰吕我爲虞？」杜預注：「虞，度也。」此未塙。案：《方言》：「虞，望也。」當从此爲訓。吕我爲望者，吕我之國邑可取，而望得之也。望猶覬覦云爾。

僖三十三年：「禮成而加之吕敏。」杜預注：「敏，審當於事。」麟案：此與敏訓不切。案：《釋訓》：「踖踖，敏也。」《詩·小雅》：「執爨踖踖。」傳：「踖踖，爨竈有容也。」是敏即有容。禮成而加之吕有容者，言非特成禮，其容儀又善也。《周書·謚法》、《小雅·甫田》傳、《説文》皆云：「敏，疾也。」古人言恭敬之容，若齊，若肅，皆有亟疾之誼，故敏亦爲有容也。

襄二十五年：「我又與蔡人奉戴厲公。」麟案：《周語》：「欣戴武王。」賈侍中注：「戴，奉也。」又云：「衆非元後，何戴？」韋解：「戴，奉也。」則奉戴同誼，古人自有複語耳。此之奉戴厲公，猶上文之「奉五父」，初無異誼也。杜預注云：「奉戴，猶奉事。」葢欲讀戴爲載，取《詩·文王》傳「載，事也」爲誼，然失傳旨矣。

襄二十五年：「言㠯足志，文㠯足言。不言，誰知其志？言之無文，行而不遠。」案：《荀子・非相》云：「故君子之於言也，志好之，行安之，樂言之。故君子必辯。凡人莫不好言其所善，而君子爲甚。故贈人㠯言，重於金石珠玉；觀人㠯言，美於黼黻文章；聽人之言，樂於鍾鼓琴瑟。故君子之於言無厭。鄙夫反是，好其實不恤其文，是㠯終身不免埤汙傭俗。故《易》曰：『括囊無咎無譽。』腐儒之謂也。」此荀子爲此傳作義疏也。惟志好之，故樂言之，正㠯「不言，誰知其志」也。好其實，不恤其文，文即「文㠯足言」之文也。終身不免埤污傭俗，即所謂「行而不遠」也。

哀二十六年：「樂茷爲司城。」下云：「皇非我因子潞。」杜預注：「子潞，樂茷。」《名字解詁》無釋。按：潞借爲路。文十一年傳：「晉之滅潞也。」《魯世家》作「路」，是其證。定四年傳云：「分康叔㠯大路、少帛、綪茷、旃旌。」茷與路同賜，故取此爲名字也。又《小雅・六月》：「織文鳥章，白茷从《釋文》。央央，元戎十乘，㠯先啟行。」傳曰鉤車、寅車、元戎釋「元戎」。按：此等車亦得稱路，如《采薇》：「彼路斯何？君子之車。」謂命卿爲將率者之車爲路也。既稱路，而與白茷又相聯，故取此誼爲名字。兩説皆可通。

昭二十五年：「季公亥與公思展與公鳥之臣申夜姑相其室。」下云：「公若欲使余。」杜預注：「公亥，即公若也。」《名字解詁》定爲亥名若字，而無釋。按：亥借爲欬。《説文》：「欬，屰氣也。」「屰，不順也。」《釋言》：「若，順也。」此取名字相反爲誼。或曰：若借爲婼。《説文》：「婼，不順也。」則與欬同誼，亦通。《仲尼弟子列傳》：「魯樂欬字子聲。」是春秋時人有㠯欬爲名者。

襄十一年經：「楚人執鄭行人良霄。」杜預注：「良霄，公孫輒子伯有也。」《名字釋詁》無釋。按：霄借爲捎。《方言》：「捎，選也。自關㠯西，秦、晉之間，凡取物之上，謂之撟捎。」《説文》「捎」下亦用「取物之上」爲訓。《廣雅·釋詁》：「有，取也。」捎、有皆取，名字誼同。或曰：霄借爲痟。《説文》：「痟，酸痟，頭痛。」有借爲侑、爲痏。《通俗文》：「痛聲曰侑侑，亦作痏痏。」亦通。案：《吕覽·至忠》：「齊王疾痏。」注：「痏，病痏也。」《論衡·道虛篇》作「齊王病痟」。是痟、痏一也。

莊二十三年「士蔿曰」，按《晉語》韋解：「士蔿，晉大夫劉纍之後，隰叔之子子輿也。」《名字解詁》無釋。按：輿借爲邪。《吕覽·淫辭》：「前呼輿謣。」注：「或作邪謣。」是輿與邪通。邪正，今字作邪，古字作衺。《天官·宮正》：「與其奇衺之民。」注：「奇衺，譎觚非常。」此譎觚，猶言譎怪。而其用譎字，實引申于《説文》「譎，權詐也」之本訓。衺可訓譎觚，則亦可訓譎詐。《方言》：「蔿，化也。」又云：「楚、鄭謂獪曰蔿。」《廣疋疏證》曰：「凡狡獪之人多變詐，故亦謂之蔿也。」然則名蔿訓獪，字輿即邪，即衺，訓譎權詐也。《方言》又云：「奮，化也。」與蔿同誼。蔿即權詐，猶蔿即奮化矣，是名字相應也。又衺訓譎觚，則亦得訓譎詭。《東京賦》：「瑰異譎詭。」注：「變化也。」又云：「合二九而成譎。」注：「譎，變也。」此與蔿訓化又合。或曰：字㠯表德，何取譎詐爲誼？然如衛公子瑕字子適，取于玉之疵病；鄭國參字子思，取于慘悳悳思；楚郤宛字子惡，取于怨惡；顔克字子驕，取于克伐自驕；魯冄孺字子魯，取于儒輸魯鈍；晉胥童字之昧，取于童昏昧闇；魯閔損字子騫，取于虧損騫陷，皆見《名字解詁》，則古人㠯惡言惡德爲字者固多矣。

昭二十五年：「故人之能自曲直㠯赴禮者，謂之成人。」案：《荀子・禮論》説禮有隆、有殺、有中流，云：「故君子上致其隆，下盡其殺，而中處其中。步驟馳騁厲鶩不外是矣，是君子之壇宇宫廷也。人有是，士君子也。外是，民也。於是其中焉，方皇周挾，曲得其次序，是聖人也。」所謂「步驟馳騁厲鶩」及「方皇周挾，曲得其次序」，即「能自曲直㠯赴」也；所謂士君子、聖人，即「成人」也。此荀子之説傳也。

定八年：「將歸樂祁。」下云：「獻子私謂子梁。」杜預注：「子梁，樂祁。」《名字解詁》初稿讀「祁」爲「祈」，引《詩》「興雲祁祁」《韓詩》作「祈祈」爲證，云：「齊公子祈，字子高，則祈訓高。楚沈諸梁，字子高，則梁亦訓高。」後删去之，豈意有未愜與？今案：「祁」借爲「隄」。《禮記・緇衣》：「資冬祁寒。」注：「祁之言是也。」又傳中「提彌明」，《公羊》「提」作「祁」，是祁與是聲字通。《釋宫》：「隄謂之梁。」《荀子・王制》：「修隄梁。」故名隄字子梁，此可與王説並存。

襄十八年：「㠯枚數闔。」杜預注：「枚，馬檛也。闔，門扇也。」二十一年傳述之則云：「臣左驂迫，還於門中，識其枚數。」彼注云：「識門板數。」彼正義云：「十八年傳枚謂馬檛，此枚謂門扇之板。彼時數得其數，則二枚不同。今人數物，猶云一枚、二枚也。」焦氏里堂曰：「《考工》：『鳧氏爲鐘，篆間謂之枚。』鄭司農云：『枚，鐘乳也。』玄謂『今時鐘乳俠鼓與舞，每處有九，面三十六』。門闔之上，㠯鐵丁布之，有如鐘乳，故亦名枚。㠯枚數闔，猶云數闔之枚。數闔者，即數其枚。闔有何可數乎？」麟案：鄭司農注《左傳》不傳，引其説爲證似可據，然不如《荀子》更古也。《宥坐》云：「子貢觀於魯廟之北堂，出而問於孔子曰：『鄉者賜觀於大廟之北堂，吾亦未輟，還復瞻被楊注：「當爲彼。」九楊注：「當爲北。」蓋楊注：「音盇，户扇也。」皆繼，楊注：「謂其材木斷絶，相接繼也。」被同上當爲彼。有説邪？匠過絶邪？』孔子曰：『大廟之堂亦嘗有説，官致良工，因麗節文，非無良材也，蓋曰貴文也。』」此城門之闔，雖無貴乎文，而當時守城之術，則同于大廟斷絶接繼之闔而爲之。如《墨子·備城門篇》説縣門之法云：「門扇數畢氏沅曰：「同促。」令相接三寸。」謂接衆木爲門扇，其鬬笱相銜之處深至三寸，㠯取攻致也。又説救車火之法云：「鑿扇上爲棧塗之。」又云：「門扇薄植皆鑿半尺，一寸一涿弋，弋長二尺，見一寸，相去七寸，厚塗之，㠯備火。」則又有門扇本相連，而故鑿之爲數段者也。惟斷絶接繼，故其數不一，因而數之也。《釋名》云：「竹曰个，木曰枚。」此闔㠯衆枚接成，故言「㠯枚數闔」，猶云數闔之枚。十八年、二十一年兩枚字不異，無取「馬檛」之説。

昭二十五年：「公若欲使余。」按：使余與下文「要余」同意。《釋詁》：「使，從也。」《説文》：「從，隨行也。」「从，從、从通。相聽也，从二人。」此猶《郊特牲》言「婦人從人」，指謂二人相隨爲姦，言公若欲余隨之而姦也。不言余使而言使余者，古人多倒語，如《漢書・高帝紀》「故衡山王吴芮與子二人、兄子一人從百粤之兵」，亦謂㠯百粤之兵從己也。

昭二十五年：「秦姬㠯告公之。」杜預注：「公之，亦平子弟。」《通志・氏族略》：「季悼子之子鞅，字公之。」據此，則「之」或「屮」之誤。篆文之、屮相似也。屮借爲⿰革蚩。《説文》：「蚩，从蟲，屮聲。讀若騁。」「⿰革蚩，驂具也，从革，蚩聲，讀若騁蜃。」是⿰革蚩得聲于屮，故屮得借爲⿰革蚩。⿰革蚩从屮聲，亦兼會意。凡馬飾，字多从屮。如：緐从每，每从屮也。《説文》：「鞅，頸靼也。」《釋名・釋車》：「鞅，嬰也。喉下稱嬰，言纓絡之也。」僖二十八年傳：「韅靷鞅靽。」是鞅爲駕馬具，故與⿰革蚩連類爲名字。存㠯俟攷。

襄九年：「使皇鄖命校正出馬。」服子慎注：「皇鄖，皇父充石之後十世宗卿爲人之子，大司馬椒也。」案：鄖與椒，未知孰名孰字，而兩字誼訓相應，必一名一字無疑。攷《釋文》：「鄖，本亦作員。」此皆借爲薰也。員、薰聲通，如勳古文作勛，壎亦作塤也。《説文》：「薰，香艸也。」《漢書・龔勝傳》：「薰㠯香自燒。」《陳風・東門之枌》傳：「椒，芬香也。」《離騷》：「雜申椒與菌桂兮。」注：「香木也。」「懷椒糈而要之。」注：「香物，可㠯降神也。」然則薰、椒同是香物，故名字連類取誼焉，亦猶鬬椒字伯棼，借棼爲芬、爲梤也。

成十六年：「宋將鉏、樂懼敗諸汋陂。」杜預注：「將鉏，樂氏族。」正義曰：「將鉏爲樂氏之族，不知所出。

杜《譜》於欒氏之下欒鉏、將鉏爲一人，傳無欒鉏之文，不知其故何也。」麟案：將鉏即欒鉏，預當有據。何㠯知之？古人並偁名字，先字後名，此名鉏字將，其誼相應，則將非氏也。按：《春官·司巫》：「祭祀共鉏館。」杜子春云：「鉏□，讀爲葅。葅，藉也。玄謂葅之言藉也。」㠯上《周禮》經注，从段若膺訂。然則將借爲蔣。《夏小正》傳：「荼也者，㠯爲君薦蔣也。」是蔣有薦誼。《士虞禮》：「藉用葦席。」注：「藉，猶薦也。」是藉、薦同誼。則鉏、蔣亦同誼，斯爲名字也。一曰：鉏借爲且，如傳中「齊公子鉏」亦作「南郭且于」，《孔子世家》「黎鉏」，《韓子·内儲説》「鉏」作「且」也。樊、孫本《爾雅·釋言》、《詩·邶風·簡兮》箋、《廣雅·釋言》皆云：「將，且也。」亦名字相應。將既非氏，故知氏欒當有據。

僖三十年：「行李之往來。」按：《周語》：「行理㠯節逆之。」賈侍中注：「理，吏也，小行人也。」孔晁本作「李」，亦訓「行人之官」。此傳「行李」及襄八年「一介行李」、昭十三年「行理之命」，預注具「行人」「使人」兩訓。《經義雜記》引《漢書·胡建傳》「《黄帝李法》曰」，蘇林曰：「獄官名也。《天文志》：『左角李，右角將。』」師古曰：「法官之號也。」《管子·法法篇》：「舜之有天下也，禹爲司空，契爲司徒，皋陶爲李。」房玄齡注：「古治獄之官，李同理。」《大匡篇》：「國子爲李。」注：「李，獄官也，李、理同。」諸證，㠯明李、理之通。麟案：周公未制禮㠯前，虞、夏、商舊禮，蓋即㠯李官掌邦交之禮。周變其制，而㠯大小行人掌之，然名則猶曰行李，亦㠯其爲司寇之屬也。《小行人》職云：「凡諸侯入王，則逆勞于畿。及郊勞、眡館、將幣，爲承而擯。」則《國語》所云「行理㠯節逆之」，固即小行人矣。若爲使者，而應聘問、會盟諸禮，則非必小行人爲之。然則傳中二「行李」、一「行理」當云何？　案：《小行人》職云「使適四方，協九儀賓客之禮。　朝、覲、宗、遇、會、同，君之禮也。　存、覜、省、聘、問，臣之禮也」云云，末云：「㠯反命于王。」是小行人雖不爲聘問會盟之使，而常使適諸侯。　此王國則然，若諸侯則各治一國，不得協儀、達節、成瑞、合幣于異國，然其小行人亦職使適四方，則赴告執訊等是也。　凡言行李者，多謂此。

定十四年：「使亶士再禽焉。」賈、鄭及杜本「亶」並作「死」。　賈侍中注：「死士，死罪人也。」鄭司農注：「死士，欲㠯死報恩者也。」《吳大伯世家》述此傳文作「越使死士挑戰」。《集解》徐廣曰：「死，一作亶。《越世家》亦然。　或者㠯爲人名氏乎？」麟案：亶，乃史公所見古本。　賈、鄭作「死」，爲別本。　亶士，即死士，當从司農「欲㠯死報恩」之說，非人名氏也。　蓋「亶」借爲「怛」。《賈子・道術》：「克行遂節謂之必，反必爲怛。」怛與「克行遂節」反，則正與「欲㠯死報恩」反。　而㠯苦爲快，亂爲治，相反通之，則怛、必誼亦同。　是㠯《詩・氓》「信誓旦旦」，定本毛傳云：「旦旦，猶怛怛。」《說文》「怛」下重文作「悬」，引《詩》曰：「信誓悬悬。」則直用怛字，信誓正與「克行遂節」誼近。《釋訓》云：「晏晏、旦旦，悔爽忒也。」此本釋其大誼，非案字爲訓。　蓋《氓》詩从爽忒之後，述初時之信誓怛怛，然後人因即引申其誼，㠯怛爲爽忒之詞，此大傳所㠯㠯「怛」對「必」也。　究其實，必、怛相同爲初誼，相反爲後誼也。《墨子・兼愛下》曰：「昔者越王句踐好勇，教其士臣三年，㠯其知爲未足㠯知之也。　焚舟失火，鼓而進之，其士偃前列，伏水火而死，有不可勝數也，當此之時，不鼓而退也。　越國之士可謂顫矣。」顫即亶。　可謂亶矣，猶言可謂必死遂節矣。　此越名死士曰亶士之證。　墨氏言此，謂名稱其實也。畢氏沅㠯「驚畏」解之，泥于本字也。惠氏《補注》引《大公六韜》曰：「有貧窮忿怒欲快其志者，聚爲一卒，名曰必死之士。」彼死士雖與司農所説「死士欲㠯死報恩」小異，而其爲必死則同。怛即同必。怛士，即必死之士明甚。大傅又云：「伏義誠必謂之節。」兩必亦同也。非大傅相反之誼，無㠯明史公本同之誼，惜乎《訓故》已亡耳。若侍中説，則别爲一誼。

桓十七年：「君子謂昭公知所惡矣。」案：昭公被弒，而反㠯知所惡善之者，此因《詩序》而爲言也。《詩序》云：「《山有扶蘇》，刺忽也，所美非美然。」箋云：「言忽所美之人實非美人。」《左氏》即承《序》意而説曰：昭公所美，則非美人；若所惡，則誠是惡人矣。謂失于彼，而猶得于此也。《序》與傳正如一發一應，脣吻相承。卜氏、左氏之《詩》《春秋》，互見其指也。案：據《詩·山有扶蘇》首章傳云：「言高下大小各得其宜也。」下章意同。此舉得宜者，㠯駁不宜。箋云：「扶胥之木生于山，喻忽置不正之人于上位也。荷華生于隰，喻忽置有美德者于下位。此言其用臣顛倒，失其所也。」次章箋云：「槁松在山上，喻忽無恩澤於大臣也。紅草放縱枝葉於隰中，喻忽聽恣小臣。此又言養臣顛倒，失其所也。」若然，置不正之臣于上位，又聽恣小臣，此即所美非美，亦即不知惡惡，乃云「知所惡」者，蓋忽疾惡過嚴，雖真有美德者，少有瑕疵，即棄之不用，而於是所信任者，反在諛佞不忠之列。然疾惡過甚，又往往有得其真者。漢之哀帝、明之思宗皆其比也。故君子言昭公雖是非顛倒，而所惡未必皆失，然卒㠯此被弒，則因所美非美，無與同惡之故也。惜之也，非善之也。

襄二十八年：「吴句餘予之朱方，聚其族焉而居之。」《吴大伯世家》曰：「王餘祭三年，予慶封朱方之縣，㠯爲奉邑，㠯女妻之。」服子慎注㠯句餘爲餘祭，見正義，原文不見。與《世家》合。案：㠯女妻之者，釋傳文「聚其族焉而居之」也。聚讀爲取女之取。《萃・彖傳》：「聚㠯正也。」《釋文》：「聚，荀作取。」《説文》：「捊，引取也。」《玉篇》作「引聚也」。《釋詁》：「捊，《釋文》別本。聚也。」《易・謙・象》虞注作：「捊，取也。」《漢書・五行志》：「内取茲謂禽。」師古曰：「取，讀如《禮記》『聚麀』之聚。」是古聚、取通也。族者，謂子姓枝屬也。襄十年傳：「使周内史選其族嗣。」《晉語》：「天胙將在武族。」韋解：「族，嗣也。」傳中言「戴、武、宣、穆、莊之族」，「晉桓、莊之族」，「戴族也」，「莊族也」，「皆桓族也」，「顓頊之族也」，誼皆同。王伯申説。取其族焉，其即指上文句餘也，取句餘之族，即取句餘之女也。《史記》據句餘爲説，故言㠯女妻之，傳據慶封爲説，故言取其族焉。居之者，之指上文朱方，文在「聚其族焉」下者，言取句餘之女而與共居之也。此傳「聚」字不與下文「聚而殲旃」同。或疑如此則下文無根，不知取句餘之女，則自此可㠯有子矣。且下文言「富於其舊」，則從者之盛亦可知矣。所謂「聚而殲旃」，即承此爲言，何必字字相符，方爲有根乎？竊又謂史公所見傳本作「取」，後人㠯下文言聚，取、聚又相通，遂妄改㠯合之耳。

宣二年：「遂跣㠯下。」服子慎注：「趙盾徒跣而下走。」杜預本「跣」作「扶」。正義駁服曰：「禮，脱屨而升堂，降階乃納屨。堂上無屨，跣則是常，何須云遂跣而下？」臧氏玉林又駁杜曰：「《公羊傳》云：靈公召趙盾，祁彌明『佗然從乎趙盾而入，放乎堂下而立』。又言盾『將進劍，祁彌明自下呼之』。據此，則大夫侍宴君所，御僕立於堂下。《左傳》云『趨登』者，言登階而呼耳，不得竟上堂扶盾也。」麟案：臧駁甚塙。服㠯「徒跣」注「跣」，則非尋常脱屨之跣也。凡脱屨曰跣，宴則有解韈，至于並解行縢，則謂之徒跣矣。此上文言「飲趙盾酒」，言「臣侍君宴」，則趙盾解韈矣，然下則仍當箸韈，乃盾㠯倉卒而下，不及箸韈，已與尋常下堂無屨而有韈者異。且行縢所㠯偪束其脛，邪纏膝下㠯至於足，而韈則專㠯護在足之行縢者也。毛氏奇齡曰：「《釋名》：『韈者，末也，在足之末也。』名曰絑，絑足者也。」則是古韈止㠯弢足，非如今韈可葢膝者也。宴時坐于席上，其勢安聑，故行縢纏足處雖無韈㠯護之，不至被散，至于倉卒奔走，舉趾飛揚，行縢無韈㠯護之，至下階時，則已向風而解矣。行縢解則露足，斯爲徒跣矣。服注貌狀悤遽，極肖極塙，何得據尋常之跣爲難乎？臧又云：「《公羊傳》云：『躇階而走。』又云：『有起于甲中者，抱趙盾而乘之。』明盾雖已下階，猶未納屨，不能疾走故也。」此說駁孔申服亦是，但未深諦徒跣之制耳。

成二年：「齊侯曰：『余姑翦滅此而朝食，不介馬而馳之！』」《齊世家》作：「頃公曰：『馳之，破晉軍會食！』」則「不介」句亦齊侯語也，傳是倒文耳。又案：史公㠯會食釋朝食，則朝不讀朝夕之朝，而讀朝宗之朝。《齊風·雞鳴》：「會且歸矣。」傳：「會，會於朝也。卿大夫朝此朝夕字。會於君朝聽政。」《王制》：「耆老皆朝于庠。」注：「朝，猶會也。」是朝得訓會，故史公爲此訓。史公必知非謂朝時之食者，㠯破晉非頃刻事，會朝清明惟殷、周之不敵耳。魯陽麾戈，苦于戰酣，日落則破晉，而食必非朝時。即謂朝時未食，彼破晉始食，曰補前缺，然其食時，固在午餔曰後，終不得偁朝食也。

成二年：「呼曰：『自今無有代其君任患者，有一於此，將爲戮乎！』」《齊世家》作：「丑父曰：『代君死而見僇，後人臣無忠其君者矣。』」曰「後」釋「自今」，曰「忠其君」釋「代其君任患」，與傳到者，取易了。

成二年：「頃公之嬖人盧蒲就魁門焉。」按：此葢魁名、就字也。《大射儀》：「既拾取矢，梱之。」注：「古文梱作魁。」又：「揚觸梱復。」注：「古文梱作魁。」是古文曰魁爲梱，此亦同也。《方言》：「梱，就也。」故名梱，字就。

哀十四年：「叔孫氏之車子鉏商。」服子慎注：「車，車士，微者也。子，姓；鉏商，名。」王伯申據《易林》「子鉏執麟」、蔡邕《麟頌》「庶士子鉏，獲諸西狩」，謂商是名，子鉏是氏。知非字者，鉏與商不相應故也。按：鉏與商爲名字亦相應。《齊風·東方未明》正義曰：「《尚書緯》謂刻爲商，鄭作《士昏禮》目録云：『日入三商爲昏。』」《士昏禮》疏云：「商謂商量，是漏刻之名。」葢商爲金音，又取商兑、裁制之誼，因謂刻畫爲商。一日百刻，本由刻箭而名，故因稱商。《説文》「鑡」下云：「鉏鑡也。」又作䂨。《春官·典瑞》：「䂨圭、璋、璧、琮、琥、璜之渠眉。」司農注：「䂨，外有捷盧也。」按：鉏鑡即刻畫之形。漏箭所刻，其形亦鉏鑡矣。故名商，字子鉏。稱子鉏商者，伯申所舉傳中子儀克、子越椒，是其類也。若《古今人表》亦稱子鉏商者，曰單言商，或言車商，則文不箸明，故連字稱子鉏商也。

昭二十九年：「齊侯使高張來唁公，稱主君。」《魯世家》作：「齊景公使人賜昭公書，自謂主君。」按：此則高張齎齊侯書來唁，齊侯目公孫于齊，自謂東道之主，故自稱主。《喪服》傳云：「寓公失地之君，與民同。」齊侯目此視昭公，故自稱君。并之，則是爲主之君。然公所居鄆，仍是魯地，且魯亦目君視昭公，則非寓公比，齊侯當自稱寡人，而稱主君，故子家子言「齊卑君」也。《集解》引服子慎注：「大夫稱主，比公於大夫，故稱主君。」則與史公異。案：春秋時大夫稱主君，見史公《扁鵲傳》扁鵲之稱趙簡子，而於此獨不从彼誼，是必有所據矣。

定四年：「封父之繁弱。」杜預注：「封父，古諸侯也。」案：《子虛賦》：「彎蕃弱。」文穎注：「蕃弱，夏后氏良弓之名。」然則封父蓋夏時人。竊謂籀文「封」作「𡉚」，从丰聲，然則「封」蓋借爲逢蒙之「逢」。父者，凡丈夫皆稱父也。《吴越春秋》曰：「黄帝作弓，後有楚弧父目其道傳羿，羿傳逢蒙。」是逢蒙善射，其弓制特精巧，是目寶之。若《明堂位》「封父龜」注亦云：「國名。」未必同此。

襄二十九年：「辯而不德，必加於戮。」服子慎注：「辯，若鬭辯也。夫目辯爭，不目德居之，必加於刑戮也。」麟案：服言「若鬭辯」，則非竟鬭辯也。鬭辯者，爭鬭之辯，訐訟是也。辯，則尋常利口之辯，然目此爭勝,亦與鬭辯相似,故曰:「辯,若鬭辯也。」林父之辯,於襄十四年傳見之。彼云:「孫蒯入使,公飲之酒,使大師歌《巧言》之卒章。」蓋因其辯而歌《巧言》,非徒曰戚居河上也。杜預云:「辯,猶爭也。」正義曰:「爭,謂孫林父愬衛君於晉。」此疏今本無,梁履繩據朱鶴齡《讀左日鈔》校補。此則竟曰辯爲鬭辯,似失之矣。

昭二十年:「齊侯田于沛。」《十二諸侯年表》:「魯昭公二十年,齊景公與晏子狩,入魯問禮。」是年即齊景公二十六年,云:「獵魯界,因入魯。」然則沛在齊、魯界上。《釋文》:「音貝。」與莊八年「田于貝丘」《齊世家》作「沛丘」同,然凡水艸相半者皆可言沛,兩沛非必一地矣。知獵後入魯問禮者,案下文云:「齊侯至自田。」傳采拾列國之史而成,凡行于國内,史不書「至」,惟入魯,故書「至」。傳即承舊史而書之,可知也。觀虞人之對,歷陳田禮,蓋景公感此而問禮矣,史公説當得之《抄撮》《虞氏春秋》等書。

莊八年:「衣服禮秩如適,襄公絀之。」《齊世家》曰:「襄公始爲大子時,嘗與無知鬬,及立,絀無知秩服。」按:鬬者,因如適而鬬也。

莊八年:「初,襄公立,無常。」《齊世家》曰:「初,襄公之醉殺魯桓公,通其夫人,殺誅數不當,淫於婦人,數欺大臣。」史公曰此釋「無常」,亦古誼之傳者。通魯夫人,淫婦人,其素性也;殺魯桓,則因醉而生怒,是其情性決易:故曰「無常」也。殺誅不當,由其心忽怒忽喜;數欺大臣,由其令忽行忽止:皆無常之説也。

鮑叔言：「君使民慢。」專爲殺誅數不當而發。刑不中，則民慢。所㠯慢者，君使之然也。

桓二年：「故封桓叔于曲沃。」杜預注：「封成師爲曲沃伯。」麟案：此猶邾之有小邾，封㠯爲附庸，非采邑也，故師服言「建國」矣。《唐風·有杕之杜》序云：「刺晉武也。武公寡特，兼其宗族，而不求賢㠯自輔焉。」言兼其宗族，而不言篡國，是知兩國本分矣。《揚之水》序云：「昭公分國㠯封沃。」正義謂「別爲沃國，不復屬晉」是也。若然，傳下文言「曲沃莊伯伐翼，弒孝侯」者，晉私封之，未得王命，于晉則視若敵國，于周室則實是晉臣，故言弒也。

隱七年：「不賴盟矣。」案：賴，訓贏，訓利，訓蒙，訓恃，訓取，訓善，訓讎，於此文皆迂遠。當是借爲嬾。《孟子》：「富歲子弟多賴。」阮芸臺謂賴當借爲嬾，其説是也。此亦同。《説文》：「嬾，懈也，怠也。」不，爲發語之詞，猶不顯、不寧、不康之類。不嬾盟，即嬾盟。嬾盟，謂怠於盟。上傳：「歃而忘。」从《説文》。服子慎注云：「臨歃而忘其盟載之辭，言不精也。」惟其懈怠，是㠯不精。怠盟則不念鄰國之好，是㠯知五父不免，卒爲蔡人所殺，其㠯此夫！

襄四年：「后羿自鉏遷于窮石，因夏□民㠯代夏政，恃其射也。」賈侍中注：「羿之先祖，世爲先王射官，故帝嚳賜羿弓矢，使司射。」麟案：侍中謂「羿」是官名也。《荀子·解蔽》云：「空石之中有人焉，其名曰觙。

其爲人也，善射㠯好思。耳目之欲接，則敗其思；蚊蝱之聲聞，則挫其精：是㠯闢耳目之欲，而遠蚊蝱之聲，閒居静思則通。」空與窮，古字通。《小雅・節南山》：「不宜空我師。」傳：「空，窮也。」謂借空爲窮也。《列子・黄帝》：「至人潛行不空。」《釋文》本「空」作「窒」，是空本借爲窮，作窒者，㠯訓詁字代之耳。《廣雅・釋詁》：「窮，貧也。」此即屢空之空，是空、窮古通也。然則空石即窮石，楊倞㠯空石爲石穴，失之甚矣。窮石字，《説文》作「竆」。善射之人，即羿矣。其官曰「羿」，其名曰觙。「羿」名惟見於此，此即荀子《左傳》之注。

成十七年：「或與己瓊瑰食之。」杜預注：「瓊，玉。瑰，珠也。食珠玉，含象。」正義曰：「瓊是玉之美者。《廣雅》云：『玟瑰，珠也。』呂靖《韻集》云：『玟瑰，火齊珠也。』含者，或用玉，或用珠。故夢食珠玉爲含象也。《詩》毛傳云：『瓊瑰，石而次玉。』《禮緯》：『天子含用珠，諸侯用玉，大夫用碧。』此聲伯得有瓊瑰者，案《周禮》：『天子含用玉。』則《禮緯》之文未可全依。或可珠玉兼有，故《釋例》云：『珠玉曰含。』」《雜記》正義謂此與「齊陳子行命其徒具含玉，皆是大夫。而㠯珠玉爲含者，㠯珠玉是所含之物，故言之，非謂當時實含用珠玉也」。臣召南則謂是時大夫僭踰，實用珠玉。麟案：諸説皆非也。瓊瑰，即玟瑰，即火齊，乃是石珠，即今寶石之類，非蚌珠也。故《詩》傳云：「瓊瑰，石而次玉。」㠯其次玉，故瑰上冒㠯瓊名，猶言瓊玖也。瓊瑰是一物，非瓊與瑰兩物也。《禮緯》所説，其末又有「士㠯貝」之語，何注《公羊》，㠯爲春秋之制，此未可信。即云可信，聲伯時固未有此用碧之制也。《荀子・大略》曰：「玉貝曰含。」《禮論》曰：「飯㠯生稻，含㠯槁骨。」槁骨即貝。惠氏《禮説》據此謂杜預「珠玉曰含」之説非，因知《雜記》疏所引《禮》戴説「天子飯㠯珠，含㠯玉；諸侯飯㠯珠，含㠯璧；大夫、士飯㠯珠，含㠯貝」，及《列子》「不含珠玉」，《莊子》「無傷口中珠」之語，皆是玉珠、石珠。引《玉府》「珠玉」及東晉顧和奏曰「舊禮冕旒用白玉珠，今美石難得，不能備，可用白玉璇珠」爲證，其説是也。麟案：《典瑞》云：「大喪共飯玉含玉。」則天子飯㠯珠，是玉珠也。諸侯當亦用玉珠，大夫、士則用石珠。石珠者，即瓊瑰是也。火齊，天成之珠，與玉珠少異，而其爲珠則同也。此聲伯所夢是飯玉，非是含玉。下文「懼不敢占也」，服子慎注：「聲伯惡瓊瑰贈死之物，故畏而不言。」贈死，猶言送死，非「玩好曰贈」之贈也。亦非大夫僭踰，若陳子行命具含玉，則誠僭踰耳。

成十二年：「若讓之㠯一矢。」麟案：《地官·保氏》注：「鄭司農云：五射：白矢，參連，剡注，襄尺，井儀也。」《釋文》：「襄音讓。本作讓。」釋曰：「云襄尺者，臣與君射，不與君並立，襄君一尺而退。」然則此讓謂讓一尺也。兩君同射，而云讓一尺者，謙辭也。其後吕錡果射共王中目，則爲異國之君臣相見而射，此亦其豫讖與。

昭元年：「冬，楚公子圍將聘于鄭，伍舉爲介。未出竟，聞王有疾而還。伍舉遂聘。十一月，己酉，公子圍至，入問王疾，縊而弒之。」《韓詩外傳》載孫卿《謝春申君書》曰：「《春秋》之志曰：楚王之子圍聘於鄭，未出竟，聞王疾。反問疾，遂㠯冠纓絞王而殺之，因自立。」按：《春秋》之志，即此《春秋》傳也。言㠯冠纓絞王，則曾、吴、鐸、虞所傳也。按：㠯纓絞人，殺之匪易，蓋適用曼胡之纓也。《莊子·説劍》：「吾王所見劍士，皆蓬頭突鬢垂冠，曼胡之纓，短後之衣，瞋目而語難。」曼胡者，萠胡也。《天官・鼈人》：「掌取互物。」鄭司農注：「互物，謂有甲萠胡。」惠氏《禮説》曰：「胡，猶互也。萠，猶曼也。互物之甲，歙張開闔，其狀曼曼然，故曰萠胡。」」。《月令》：「其蟲介。」高誘注曰：「介，甲也，象冬閉固皮漫胡也。」萠、曼、漫，音同，誼亦通。互，一作沍。《左傳》「固陰沍寒」，沍，一作涸，讀爲互，言閉之固也。據此，則曼胡之纓，亦取其閉固，劍士服之，則鬬時冠不傾掉，司馬彪㠯爲麤纓，無文理。是讀曼爲縵也，而于胡字之誼無解，其説失之。㠯之絞人，屈頸閉氣，爲用尤便，葢用此無疑矣。又案：《荀子》上文曰：「夫人主年少而放，無術法㠯知姦，即大臣㠯專斷圖私，㠯禁誅於己也，故舍賢長而立幼弱，廢正適而立不善。」舍賢長而立幼弱，則下文所舉崔杼殺莊公而立其弟景公是也，莊公長而非賢，略舉其大耳。廢正適而立不善，則此傳是也。不善，从《楚策》作「不義」爲安。不義，即「君義嗣也」之「義」，謂不宜爲君也。下傳云：「伍舉問應爲後之辭焉，對曰：『寡大夫圍。』伍舉更之曰：『共王之子圍爲長。』」此則㠯不義文飾爲義也。

僖四年：「夏，楚子使屈完如師。」《齊世家》作「夏，楚王使屈完將兵扞齊」。《楚世家》作「齊桓公㠯兵侵楚，至陘山。楚成王使將軍屈完㠯兵禦之」。按：《宋策》：「夫宋之不足如梁也。」注：「如，當也。」《西周策》：「而設㠯國爲王扞秦。」注：「扞，禦也。」《刑法志》：「若手足之扞頭目。」注：「禦難也。」《秦風・黃鳥》傳：「禦，當也。」《釋器》：「竹前謂之禦。」李巡注：「謂編竹當車前㠯擁蔽。」是則如訓當，扞禦亦訓當，故如可訓扞禦。如師者，扞禦齊師也。或曰：屈完將兵扞齊，齊師何故反退示弱？曰：伐楚在正月，至此夏時，已歷三月。楚于三月中未嘗扞齊，至此始動者，前此知齊欲㠯德柔己，無交刃之意，故不必扞齊也。雖不扞，而未肯遽服，歷三月之久，乃始馴順。然造次求和，似于示屈，故必色厲内荏，先爲扞師之狀，而後請盟于齊，㠯示己非力竭，亦先君之好是繼耳。下文誇方城、漢水，即此意也。桓公心知其意，故遂退次，㠯禮楚使，申其不言之隱，非畏楚也。於是屈完乃來，齊侯與乘而觀師，而傳文不言屈完來者，㠯經文已言楚屈完來盟于師，故互見耳。杜預㠯「如師」爲「如陘師，觀强弱」，誤矣。

宣十年：「公出，自其廄射而殺之。」麟案：《陳風·株林》：「駕我乘馬，説于株野。乘我乘駒，朝食于株。」傳云：「大夫乘駒。」箋云：「君親乘君乘馬，乘君乘駒，駒雖大夫所乘，而君亦自畜之。變易車乘，㠯至株林。或説舍焉，或朝食焉。馬六尺㠯下曰駒。」言變易車乘者，謂變乘馬而乘駒也。王肅㠯大夫爲孔寧、儀行父，非是。㠯駒是大夫所乘，故改乘之，㠯飾道路之耳目，亦猶孝成私行，稱富平侯家奴也。蓋自泄冶諫後，靈公亦知宣淫爲可恥，故詐爲大夫車服㠯自掩。《株林》詩云：「胡爲乎株林？從夏南。匪適株林，從夏南。」箋㠯上二句爲陳人責君之辭，於下二句則云：「言我非之株林從夏氏子南之母爲淫泆之行，自之佗耳。觝拒之辭。」㠯上《詩》箋。是其知恥而易乘之由也。蓋驅馳而往，朝夕不休息，馬足疲劇，適值歸時，遂于徵舒廄中取大夫之駒㠯駕，故徵舒得自廄射殺之。

隱八年：「官有世功，則有官族，邑亦如之。」《異義》：「卿得世否？《公羊》《穀梁》説卿、大夫世則權并一姓，妨塞賢路，事陳曰：當作「專」。政犯君，故經譏周尹氏、齊崔氏也。《左氏》説卿、大夫得世禄，不得世位，父爲大夫死，子得食其故采，而有賢才，則復升父故位。故傳曰：『官有世功，則有官族。』謹案：《易》爻位，三爲三公，二爲卿大夫，曰：『食舊德。』食舊德，謂食父故禄也。《尚書》：『古我先王，暨乃祖乃父，胥及逸勤，予不敢動用非罰，世選爾勞，予不絶爾善。』《論語》曰：『興滅國，繼絶世。』國，謂諸侯；世，謂卿大夫。《詩》云：『凡周之士，不顯亦世。』《孟子》曰：『文王之治岐也，仕者世禄。』知周制世禄也。」麟案：《大戴禮・千乘》：「子曰：事爵不世。」是位不得世。《荀子・君子篇》曰：亂世㠯世舉賢，故「先祖當賢，後子孫必顯，行雖如桀、紂，列從必尊，此㠯世舉賢也」。此《左氏》説最古者。又《張敞傳》：敞上封事曰：「臣聞公子季友有功於魯，大夫趙衰有功於晉，大夫田完有功於齊，皆疇其官邑，延及子孫，終後田氏篡齊，趙氏分晉，季氏顓魯。故仲尼作《春秋》，迹盛衰，譏世卿最甚。」子高受《左氏春秋》于貫長卿，此亦先子駿而言經、傳大誼者也。然有賢才則復升。《詩・緇衣》序云：「父子並爲司徒，善於其職，國人宜之。」傳刀：❶「有德君子宜世居卿士之位。」此復升之説也。至於禄，則得世。《裳裳者華》序云「古之仕者世禄。小人在位，則讒諂並進，棄賢者之類，絶功臣之世焉」是也。然惟勳賢之後得世世不絶耳，其餘則父死子食而已。故《左氏》説曰：「父爲大夫死，子得食其故采。」而不言孫㠯下也。得偁世禄者，父死子繼，是爲世也。吳起相楚悼王，㠯爲封君大衆，貧國弱兵之道，於是封君之禄，二世而收。二世者，謂父與子爲二世也。此亦《左氏》説最古者。

---

❶「刀」，疑是「云」字之誤。

○服子慎注止㠯此爲異姓，引宋司城、韓、魏爲證。正義駁曰：「韓與司城非異姓，司城又自爲樂氏，不㠯司城爲族也。」此千慮之一失。然專謂異姓則得之。同姓則皆公子之後，世孫㠯王父字爲族，糾宗合食，便于尋檢，不當㠯官邑爲字也。有之者，猶禮㠯字爲謚，而《春秋》公子爲大夫者，亦有表行之謚，如公子彄曰臧僖伯也。

莊八年：「奉公子小白出奔莒。」《荀子・宥坐》：「孔子曰：『昔晉公子重耳霸心生於曹，越王句踐霸心生於會稽，齊桓公小白霸心生於莒，故居不隱者思不遠，身不佚者志不廣。』」謂重耳觀脅，句踐臣吳也，則小白亦爲莒所不禮可知。攷十年傳云：「齊侯之出也，過譚，譚不禮焉。及其入也，諸侯皆賀，譚又不至。冬，齊師滅譚，譚無禮也。譚子奔莒，同盟故也。」葢初旹同不禮小白，故後相依爲圖，猶曹、衛、鄭同不禮重耳，及後遂同附楚也。然譚滅而莒獨得免，亦猶晉文伐曹、衛，而鄭獨免也。荀子據聖言㠯明《左氏》，可寶也。又案：《管子・小問》云：「桓公與管仲闔門而謀伐莒，東郭郵曰：『臣觀小國諸侯之不服者唯莒，於是臣故曰伐莒。』」然則莒雖不滅，而亦㠯無禮見伐矣。

昭二十六年：「賂吾㠯天下，吾滋不從也，楚國何爲？」杜預注：「滋，益也。」吾益不從也，與下句語氣不順。案：滋與且雙聲，如「荄茲之明夷」作「箕子之明夷」，「子兮子兮」即「嗞兮嗞兮」，而《豳風・七月》「九月叔苴」傳「苴，麻子也」，又借苴爲芓，是茲、子、且三聲皆㠯雙聲通也。是㠯《釋器》：「蓐謂之茲。」《周本紀》：

「衛康叔布茲。」《集解》云：「茲，藉草之名。」而《説文》「且」訓「薦」，「葅」訓「茅藉」。是茲、且、葅誼同，聲亦同矣。然則「滋不從」者，且不從也。言雖賂吾㠯天下之重，吾且不從也，況區區楚國何爲乎？

襄二十六年：「賞㠯春夏，刑㠯秋冬。」《祭統》正義言：「嘗之日，發公室示賞。《覲禮》，秋時亦賜侯氏車服及篋服。」嚴氏《擷左隨筆》謂：「秋冬可行賞，而春夏則不可用刑。《月令》於孟夏純陽之月斷刑決罪，故鄭氏疑其非。」麟案：賞刑㠯時者，其常耳。大故，則春夏亦可刑，秋冬亦可賞。董膠西曰：「畱德而待春夏，畱刑而待秋冬，此有順四時之名，實逆於天地之經。是故春修仁而求善，秋修義而求惡，冬修刑而致清，夏修德而致暖，❶所㠯順天地、體陰陽。然而方求善之時，見惡而不釋；方求惡之時，見善亦立行；方致清之時，見大善亦立舉之；方致暖之時，見大惡亦立去之。㠯效天方生之時有殺，方殺之時有生。志意隨天地，緩急放陰陽，由是人事之宜行者無所鬱滯。天非㠯春生人、㠯秋殺人也。當生者生，當死者死。」此《公羊》家説，而最得此傳之意。

襄二十六年：「將刑爲之不舉，不舉則徹樂。」《新書·禮篇》曰：「報囚之日，人主不舉、樂。」此大傳之説傳也。正義引《周禮·膳夫》職云：「王日一舉，㠯樂侑食。」鄭玄云：「殺牲盛饌曰舉。」又曰：「邦有大故，則

❶ 「暖」，《春秋繁露》（清宣統刊本）卷十七《如天之爲第八十》作「寬」，下亦同。

不舉。」鄭衆云：「大故，刑殺也。」此亦司農之説傳也。大傳言「不舉、樂」，舉、樂二字平列，言不舉不樂也。樂者，作樂也。彼上文云：「鍾鼓之縣，可使樂也。」亦如是讀。

昭二十五年：「樂祁佐。」案：《賈子・匈奴》云：「胡貴人更進得佐酒前。」《詩・賓之初筵》云：「或佐之史。」傳云：「佐酒之史。」《七發》云：「景春佐酒。」注：「《史記》曰：『上召子弟佐酒。』」今《高祖本紀》作：「悉召故人父老子弟縱酒。」李所見作「佐酒」。此佐即彼佐酒也。

成二年：「卿不書，匱盟也。於是乎畏晉，而竊與楚盟，故曰匱盟。」杜預注：「匱，乏也。」案：傳已曰「竊與楚盟」自注矣，曰乏釋匱，殊乖傳意。匱當借爲潰。文三年傳：「凡民逃其上曰潰。」《詩・巧言》傳：「盜，逃也。」《風俗通》亦云：「盜，逃也，言其晝伏夜奔，逃避人也。」是盜、逃同訓。文十八年傳：「竊賄爲盜。」《説文》：「盜自中出曰竊。」《廣雅・釋詁》：「竊，私也。」又云：「竊，盜也。」《漢書・直不疑傳》：「然特毋奈其善盜嫂何也。」注：「盜，謂私之。」然則凡竊取曰盜，有所私竊亦曰盜。而盜、潰同訓逃，故竊盟曰潰盟。莊十七年正義云：「凡言逃者，皆謂義當留而竊去者也。」是亦竊、逃同誼之證。

僖十九年經：「邾人執鄫子用之。」言用，與昭十一年「執蔡世子友用之」書法同，是殺之也。而《公》《穀》二傳皆云：「叩其鼻曰衈社。」則非殺之也。麟案：傳言：「用鄫子于次睢之社。」言社與二傳同。《夏官・小子》：「掌珥于社稷。」鄭司農云：「珥社稷，㠯牲頭祭也。」宋公㠯人頭代牲頭珥社，是爲殺之無疑。舊史當有言珥社者，《左氏》㠯珥爲用頭祭，於子魚言「小事不用大牲，而況敢用人乎」見之。用牲者，殺之。《公》《穀》誤解舊文，遂加叩鼻于珥社之上，《小子》注：「玄謂珥讀爲衈。」所㠯異也。

文元年：「享江芈而勿敬也。」《釋文》釋江芈曰：「《史記》㠯爲成王妾。」案：《楚世家》云：「饗王之寵姬江芈而勿敬也。」《集解》因預注江芈云「成王妹，嫁於江」，因謂「姬當作妹」。寵妹之稱，甚爲不辭，非也。詳史公説非誤，預注亦非誤。《公羊》桓二年傳云：「若楚王之妻娟，無時焉可也。」何劭公注：「娟，妹也。」楚王妻妹，經、傳無徵，當即指此矣。必知爲寵姬者，廢立密謀惟侍御者能得其真，若尋常王妹歸寧，不過居羣公子之舍，未必與聞其議也。必知非㠯江國同姓之女爲姬，如晉之驪姬、魯之孟子，而㠯爲淫于其妹者，《世本》：「江國，嬴姓。」非芈姓也。是必王妹既嫁于江，歸而淫之，如齊襄之于文姜也。文姜猶時往來于齊、魯，而江芈稱寵姬，則必常在楚而不歸江矣。蓋江、楚彊弱不敵，故任其恣行，不敢爲魯桓之謫也。觀僖二十二年説成王在鄭事云：「饗畢，夜出。文芈送于軍，取鄭二姬㠯歸。」而叔詹譏其無別，則成王之淫亂可知。

莊二十八年：「子元、鬬御彊、鬬梧、耿之不比爲旆。」旆，與□下「殿」相對。殿爲後，則旆爲前矣。然預注謂「特建旆㠯居前」。正義引「令尹南轅反旆」爲證，則非隺詁也。旆同聲之字多訓爲在前，請㠯三先師之說證之。《商頌・長發》：「武王載旆。」《荀子・議兵》引作「武王載發」，是旆得通發。《書・微子》：「我其發出狂。」後司農注：「發，起也。」《廣雅・釋詁》：「發，開也。」皆在前之誼也，一也。《周頌・噫嘻》傳：「發，伐也。」《考工記・匠人》注：「伐之言發也。」耕者，推耒而前，亦有前誼。而綪旆、白旆皆作茷，則旆亦得與伐通。《賈子・道術》云：「功遂自卻謂之退，反退爲伐。」伐與退反，則有前進之誼，二也。《說文》：「迊，从朱豐芑訂。前頓也，从辵，市聲。賈侍中說。」前頓引申即爲前誼。旆亦从市聲，得相通，三也。要之，旆，从《荀子》，借爲發，二賈之說亦皆聲誼相同之字，合之則三師爲一說，不必它取矣。

莊二十四年經：「冬，戎侵曹。曹羈出奔陳。赤歸于曹。」賈侍中注：「羈是曹君，赤是戎之外孫，故戎侵曹，逐羈而立赤。」預注㠯羈爲曹世子，赤爲曹僖公，亦本侍中。正義㠯「鄭忽出奔衛，突歸于鄭」爲比，又云：「《曹世家》與《年表》皆云僖公名夷，㠯鄭突類之，知赤是曹君，故㠯赤爲僖公。」《公羊傳》則㠯「赤歸于曹郭公」別爲一條，云：「曹羈者何？曹大夫也。曹無大夫，此何㠯書？賢也。何賢乎曹羈？戎將侵曹，曹羈諫曰：『戎衆㠯無義，君請勿自敵也。』曹伯曰：『不可。』三諫不從，遂去之，故君子㠯爲得君臣之義也。」孔氏《公羊通義》曰：「《韓非子》曰：『夷吾束縛，而曹羈奔陳，伯里子道乞，傳說轉鬻。』此羈爲賢大夫之證。或曰：即僖負羈也。」惠氏天牧曰：「鄭伯寤生卒，世子在位未踰年，故稱名。曹伯射姑卒，世子在位已踰年矣，當書曹伯羈出奔陳，不稱伯，則曹羈非君也，安可與鄭忽同例哉？」麟案：㠯羈爲曹大夫而傅于僖負羈，負羈後㠯饋飧置璧，自貳于重耳，㠯後決前，知非忠臣，惠氏未合。若韓非則在公羊子後，其說即出《公羊》，未可爲證。要之，《公羊》亦自爲一説，終不可奪《左氏》誼也。不書曹伯羈者，葢戎脅制曹人，爭議踰年，羈未得即君位，至此年之冬而決裂，遂侵曹而逐之。定公之立，亦在元年六月戊辰，而六月㠯前無君。其時，定公㠯庶孽而奪大子公衍之義嗣，庶子爲父後者。則六月㠯前，昭公雖薨已踰年，而公衍未在君位，它國史書亦不得謂之魯侯也。羈可比例矣。正義引鄭忽爲證，尚未弔當，故致惠氏之駮。至夷、赤之異，正義亦不能通。今案：篆文赤與夷相似，因而致誤。又古字赤、斥、尺三通，如《晉世家》「虜秦將赤」即「斥」、《考工記·弓人》「斥蠖」《繫辭》作「尺蠖」是也。然則赤亦有借用尺字者，《孝經釋文》云：「𡰥，古夷字。」《漢書·樊噲傳》「司馬𡰥」，注：「𡰥，讀與夷同。」夷作𡰥，與赤作尺形又相似，此亦誤赤爲夷之由也。或疑僖公爲共公之祖，共公時《詩》言「三百赤芾」，何得稱君祖之諱？然魯莊公名同，文公時作《閟宫》㠯頌僖公曰：「淮夷來同。」莊公亦僖公之父，文公之祖也，頌且有之，況風乎？然則赤即僖公甚明，則羈爲曹世子亦明矣。侍中言曹君者，㠯其宜爲君，非謂已立也。

宣十七年：「凡稱弟，皆母弟也。」《公羊》「齊侯使其弟年來聘」傳亦云：「其稱弟何？母弟稱弟，母兄稱兄。」《日知録》㠯爲「此時人至陋之見」。黄汝成曰：「母弟稱弟，重適妻，而嚴父統也。此義不明，而㠯妾爲妻，廢適立庶之禍起矣。母弟加親，非爲母也，乃爲父也。」麟案：黄説是也。天子、諸侯㠯母弟爲羣公子之大宗，亦此誼也。且弟者，次弟也。伯、仲、叔、季，次弟列之，而庶長則不稱伯，而稱孟，是庶孽長幼自相次弟，而不與適子相次矣。所㠯然者，公薨無嗣，則當立母弟，恐庶孽或起爭端，故先殊其次弟，㠯絶其原也。

原其實，則弟稱其名，則不書弟。亦猶兄弟、昆弟本一，而《禮經》別大功㠯上稱昆弟，小功㠯下稱兄弟，聖人㠯名治天下之道也。然案此經公弟叔肸生于公母敬嬴，非正適，而母弟亦書弟者，與衛侯之兄縶母爲嬖人婤姶，而亦書兄同。此實緣例尊君也。何劭公㠯爲「春秋變周之文，從殷之質，質家親親，明當親厚異於羣公子也」。不知周公與康叔相親，而管叔等不與，明㠯賢而加親，非㠯同母而加親也。何説背公涉私，宜爲寧人所駮矣。

桓二年：「大路越席。」服子慎注：「大路，木路。越席，結括草㠯爲席也。」預注㠯爲：「玉路，祀天車也。」案：據《春官・巾車》，則玉路㠯祀，子慎言木路，其爲祀天㠯否，無明文。而據《荀子・禮論》則云：「大路之素未集也，郊之麻絻也，一也。」亦㠯大路爲木路，而用于郊。郊之麻絻，即大裘而冕。一殷禮，一周禮，兩相參雜，吾是㠯知荀子所説《正論》《禮論》《大略》等篇諸與《禮經》有異者，皆用《春秋》之制法也。郊㠯正月，行夏之時也；大路之素，乘殷之輅也；麻絻，即大裘而冕，服周之冕也。若然，哀伯言時，固未有《春秋》之制，祀天不㠯木路。然荀子説此傳，亦不㠯爲玉路，乃㠯爲金路也。《禮論》曰：「故天子大路越席，所㠯養體也。」下舉載、芷、錯衡、和鸞、寢兕等，皆説車制，而云：「龍旗九斿，所㠯養信也。」龍旗即旂，而大路建之，即《巾車》所謂「金路、鉤、樊纓九就，建大旂㠯賓」者也。則大路即金路，審矣。金路之越席，惜他無明文。至《司几筵》所云「大朝覲」，即《齊僕》所云「朝、覲、宗、遇、饗、食，皆乘金路」者，而「設莞筵紛純，加繅席畫純，加次席黼純」。然彼自設之於依前之位，與此不緣之越席《禮書》集解引王肅説：「越席不緣。」設於大路中者不同，不得曰爲疑也。下言「大羹不致」，《士虞》《特牲》亦用之，則貴質之事，非止祀天，金路固不妨曰越席薦也。《禮記》云：「大路素而越席。」則服説亦自有徵，特《荀子》古説則不然。

襄二十六年：「左師見夫人之步馬者。」案：《夏官・校人》：「冬祭馬步，獻馬，講馭夫。」後司農注：「馬步，神爲災害馬者。」釋曰：「馬神稱步，謂若玄冥之步、監本、毛本如此，十行本、閩本「冥」皆作「賓」。按：皆誤也。此即用《族師》注文，玄冥當作蝝螟，螟誤爲冥，因改蝝爲玄。至作賓，則尤誤矣。《校勘記》云「未詳」，失之。人鬼之步之類。步與酺，字異，音義同。」按：《地官・族師》：「春秋祭酺，亦如之。」注：「酺者，爲人物災害之神也。故書酺或爲步。杜子春云：當爲酺。玄謂《校人》職又有冬祭馬步，則未知此世所云蝝螟之酺與？人鬼之步與？」是步與酺同。春秋祭酺，與《黨正》之「春秋祭禜」文法同。禜爲祭名，則酺亦祭名。蓋其神名酺、名步，故其祭亦名酺、名步。酺亦即步，亦猶《校人》「秋祭馬社」，馬社乃始乘馬之神，名之爲社，與社稷同稱。社稷乃實物，而祭社亦即曰社。然則祭馬社亦可即曰社，祭馬步亦可即曰步矣。《洪範五行傳》云：「帝令大禹步于上帝，維時洪祀六沴，用咎于下。」亦謂祈禳災異之祭曰步，鄭注：「步，推也。上帝，謂天也。令禹推演天道。」此望文生義也。同此例也。故此謂祭馬步爲步馬也。殺大子在秋，祭馬步當在冬。案：上文云：「公徐聞其無罪也，乃亨伊戾。」言徐聞，則去殺大子已遠，而步馬又在其後，則爲冬時可知矣。杜預注云：「步馬，習馬。」蓋因《校人》「講馭夫」注「講猶簡習」，祭馬步即講馭夫之時，故云「步馬，習馬」。習馭夫，則習馬可知也。然不取本證，而引餘文，未爲切當也。《廣韻》亦云：「騗馬，習馬。」此又因杜解而爲之，乃俗字也。

成六年：「視流而行速。」《賈子・容經》曰：「朝廷之視，端沜平衡。」此鄭伯如晉拜成，則當從朝廷之視，固宜端沜。而㠯流爲譏者，但流而不端，則非視經矣。杜預注：「視流，不端諦。」得之。行速者，《容經》曰：「行㠯微磬之容，臂不搖掉，肩不下上，身似不則，即側。從容而任。」從容者，不速也，猶云「良嘗間從容步游下邳圯上」也。臂之搖掉，肩之下上，皆行速所致也。

文十二年經：「秦伯使術來聘。」傳：「秦伯使西乞術來聘。」案：《公羊傳》曰：「遂《公羊》「術」作「遂」。者何？秦大夫也。秦無大夫，此何㠯書？賢繆公也。何賢乎繆公？㠯爲能變也。其爲能變奈何？惟諓諓善竫言。俾君子易怠，而況乎我多有之？惟一介斷斷焉無他技。其心休休，能有容，是難也。」此《公羊》之說，而《左氏》亦同。《荀子・大略》曰：「《易》曰：『復自道，何其咎？』《春秋》賢穆公，㠯爲能變也。士有妬友，則賢交不親；君有妬臣，則賢人不至。蔽公者謂之昧，隱良者謂之妬，奉妬昧者謂之交譎。交譎之人，妬昧之臣，國之薉孼也。」自「士有妬友」㠯下，謝本別分爲一節，未達《荀子》説經之意也。此《左氏》之説，正與《公羊》同。「士有妬友」㠯下，申穆公之能變，在不信妬昧之臣。妬昧者，所謂人之有技，媢嫉㠯惡之也。昧，即媢之假借。昧、冒聲本通。襄二十六年：「昧于一來。」預注云：「昧，猶貪冒。」《吳都賦》「昧潛險」注：「昧，冒也。」蓋非特誼近，亦由聲通。昧谷作柳穀，楣謂之梁即楣謂之梁，皆此二聲關通尤脂二部之證。洪氏頤煊曰：「《説文》：『媢，夫妬婦也，从女，冒聲。一曰梅目相視也。』案：《禮記・玉藻》：『視容瞿瞿梅梅。』鄭注：『不審視也。』正義：『梅梅，猶微微，謂微昧也。』梅目相視，謂微目相視。」麟案：微昧之訓最塙。媢爲妬，又爲微昧之視，誼相引申，故即謂媢爲昧。或疑言蔽公則當從暗昧之誼，然隱良猶蔽公，隱良曰妬，不取與隱誼近者爲説，則蔽公曰媢，亦不取與蔽誼近者爲説，明矣。國之薉孽，即邦之杌隉，國邦同誼，薉孽則杌隉之叚借。薉从歲聲。歲聲字，如《七月》「歲」叶「發」「烈」「褐」，《生民》「歲」叶「軷」「烈」，《碩人》「濊」叶「活」「發」「揭」「孽」「朅」，《泮水》「噦」叶「茷」，皆讀入聲。段氏謂古無去聲，則凡與去聲叶者，亦皆入聲也，是薉、杌聲近矣。孽、隉則本是同部同聲，故薉孽得借爲杌隉也。言此交譎之人、妬媢之臣，國之所由杌隉也。穆公能㠯此警戒，所㠯爲能變。三年傳稱穆公「舉人之周」「與人之壹」，又稱子桑「能舉善」，是子桑不妬媢、穆公不信妬媢之實。孟明之得成功者，㠯此也。西乞術亦敗師于殽者，故于術來見穆公之能變也。是時穆公已卒，而賢之者，六年傳稱「收良㠯死」，則穆公之用賢，至卒稍懈矣。君子成人之美，《斯干》《無羊》列于《祈父》《白駒》等篇之後，使若宣王終始皆美者。穆公之衰在卒時，故于卒後賢之，㠯免前過。《詩》與《春秋》同旨也。《穀梁》此經無傳，荀子兼治《左》《穀》，則二家亦同誼也。

成十四年：「志而晦。」按：志與晦相反之辭，猶上「微而顯」也。《檀弓》：「公西赤爲志焉。」注：「志謂章識。」志即識古文。《釋名》亦云：「識，幟也，有章幟可按視也。」章幟本取明誼。《書·堯典》：「平章百姓。」後司農注：「章，明也。」《呂覽·本生》：「萬物章章。」注：「明美貌。」《白虎通·瑞贄》：「璋之爲言明也。南方之時，萬物莫不章，故謂之璋。」是章誼爲明，則幟誼亦爲明。因知識、志誼亦爲明。志而晦者，明而晦也。

莊四年：「余心蕩。」下云：「盈而蕩。」案：《莊子・天運》：「商大宰蕩曰：『盈聞之。』」名盈字蕩，取相反之誼。杜預注㠯蕩爲「動散」，蓋失之。蕩借爲宕。《説文》：「宕，一曰洞屋。」《論衡・超奇》：「上通下達，故曰《洞歷》。」洞、通皆有空誼，與盈相反。《素問・四氣調神大論》云：「心氣内洞。」王砅注：「謂中空也。」此心宕之謂也。

桓二年經：「三月，公會齊侯、陳侯、鄭伯于稷，㠯成宋亂。」鄭司農、服子慎皆㠯「成宋亂」爲「成就宋亂」。惠氏《禮説》曰：「訝士四方有亂獄，則往而成之。公欲廢亂，故會於稷，卒取賂而還，自是兩事。《左氏》一之，失經義。成者，斷獄之名。《王制》所謂『成獄辭』也。凡聽五刑之訟，必察小大之比㠯成之。史㠯獄成告於正，正聽之；正㠯獄成告於大司寇，大司寇聽之；㠯獄成告於王，王命三公參聽之；三公㠯獄成告於王。此之謂成獄辭。刑者，侀也。侀者，成也。一成而不可變，故謂之成。」案：惠説誠有據矣，而非《春秋》之誼也。傳云：「已殺孔父而弒殤公，召莊公于鄭而立之，㠯親鄭。」文雖在「會于稷，㠯成宋亂」云云後，然召莊公承弒殤公言，則必在會稷前。弒殤公在正月，會稷在三月，召莊公當在正月後三月前矣。會稷之役，鄭伯與焉，若㠯成亂爲斷亂獄，則先時華督召莊公于鄭，鄭伯曷爲遺之？受賂而不斷其獄，于情有之；既與宋親，而復斷其獄，必無是情也。則成爲成就明甚。一書成亂，再書取鼎，三書納于大廟，詳見同惡之皋，所㠯披亂賊之黨，使不得共成其事也。《穀梁傳》曰：「公爲志乎成是亂也。此成矣，取不成事之辭而加之焉。」亦㠯成爲成就。杜預、江熙皆訓成爲平，則故與先師立異，皆無取焉。惠氏《禮説》㠯《左氏》爲非，其《春秋説》則謂《左氏》亦㠯成爲成獄辭，其識高於《公》《穀》，然亦未得傳意。

僖公二十年經：「五月，己酉，《五行志》如此，三經皆同。今《左氏》《公羊》作乙巳，《穀梁》作己巳，皆誤。西宮災。」《五行志》：「《左氏》㠯爲西宮者，公宮也。言西，知有東。東宮，大子所居。言宮，舉區皆災也。」案：此《左氏》説，乃賈大傅説也。《賈子·六術》云：「六親有次，不可相踰。相踰則宗族擾亂，不能相親，是故先王設爲昭穆三廟㠯禁其亂。何爲三廟？上室爲昭，中室爲穆，下室爲孫嗣令子。各㠯其次，上下更居；三廟㠯別，親疏有制。」案：三廟爲宗族擾亂而設，則是生人所居，而非祖廟也。《荀子·禮論》：「疏房檖貌，即廟。越席牀第几筵，所㠯養體也。」明廟爲生人所居。若祖廟，則天子七廟，諸侯五廟，不止昭、穆二廟矣。昭、穆者，即文之昭、武之穆之誼，亦謂生人，非先祖也。父爲昭，子爲穆，上室父爲公者居之，中室大子居之，下室適孫當嗣者居之。孫言嗣，穆不言嗣，互見。由命士㠯上，父子皆異宮。若有曾、玄，當更有室，蓋不如子與孫所居之室之備禮也。父没子代，則父各令其子㠯次更居在室。父居奥㠯西方爲上，故宮之次序亦上西。《論衡·四諱篇》説諱西益宅之義云：「夫西方，長老之地，尊者之位也。尊長在西，卑幼在東。」是其義也。上室，西宮也。中室，東宮也。下室，東宮東之宮也。東宮實在中，據公宮言之，謂之東宮。有適子者，無適孫，故適孫所居不入算，而但㠯父爲西宮，子爲東宮也。《公羊》莊三十二年：「公薨于路寢。」傳：「正寢也。」注：「天子、諸侯皆有三寢：一曰高寢，二曰路寢，三曰小寢。父居高寢，子居路寢，孫從王父母，妻從夫寢，夫人居小寢。」是《公羊》不知孫別有宮也。

襄十四年：「卿置側室。」按：《賈子・親疏危亂》云：「天下殽亂，高皇帝與諸侯併肩而起，非有側室之勢㠯豫席之也。諸侯率幸者乃得爲中涓，其次僅得爲舍人。」此側室對淮南王諸人說，則天子兄弟亦得稱側室矣。

宣八年經：「《萬》入，去籥。」案：《邶風・簡兮》：「方將《萬》舞。」傳：「㠯干、羽爲《萬》舞。」而下云：「左手執籥，右手秉翟。」則有羽者，亦有籥，是《萬》舞兼干與羽、籥矣。而《公羊》則云：「《萬》者何？干舞也。《籥》者何？籥舞也。」分《萬》《籥》爲二。後司農箋《詩》注《禮》皆從之。今按：二說非有異也。《周語》曰：「王㠯二月癸亥夜陳，未畢而雨。㠯夷則之上宮畢，當辰，辰在戌上，故長夷則之上宮，名之曰《羽》，所㠯藩屏民則也。王㠯黃鍾之下宮，布戎于牧之野，故謂之《厲》，所㠯厲六師。㠯大蔟之下宮，布令于商，昭顯文德，底紂之多罪，故謂之《宣》，所㠯宣三王之德也。反及嬴內，㠯無射之上宮，布憲施舍於百姓，故謂之《嬴亂》，所㠯優柔容民也。」此《羽》《厲》《宣》《嬴》四者，皆《大武》之樂，故楚莊王謂武王克商作《武》。《大武》即《萬》舞，分之爲四，合之爲一。分則《羽》《籥》與《萬》爲二，合則《羽》《籥》與《萬》爲一。何㠯明之？《羽》《厲》《宣》《嬴》，皆㠯其名取誼，而實各有其物。《羽》者，羽舞也。《厲》，即萬，萬舞也，即干舞也。阮雲臺曰：「萬，厲也，發揚蹈厲也。《公羊》注㠯爲武王㠯萬人服天下，故民㠯『萬』名其篇，此望文生誼也。」今案：

言「布戎于牧」，則何説亦非無據，究从厲爲允。言「厲六師」，言「蹈厲」，則各有取誼。不言干，而言厲，目厲表干也。《宣》者，籥舞也。《春秋説題辭》：「山之爲言宣也。」《説文》：「山，宣也。」《釋名》：「山，産也。」則山與宣聲同，亦與産聲同，明宣與産聲亦同，故宣得借爲産。《釋樂》：「大籥謂之産。」是《宣》者，籥舞也。《嬴》者，戈舞也。《文王世子》「春夏學干、戈」，注云：「干、戈，《萬》舞。」是《萬》舞兼有戈。伯益嬴姓，皋陶偃姓，嬴、偃一聲之轉，目聲通相叚借。猶僖元年經「公敗邾師于偃」，《公羊》「偃」作「纓」也；《律曆志》「魯景公名偃」，《魯世家》作「匽」；《韓勑》兩側題名「河南匽師」。是偃、匽又相通。然則嬴通偃，即得借爲匽。《方言》云：「三刃枝，南楚謂之匽戟。」戈、戟本同類，故《説文》：「戈，平頭戟也。」《顧命》鄭注：「戈，即今鉤子戟。」因而通稱戈爲匽戟，遂省言匽也。羽文而干武，籥文而戈武，《大武》有文者，昭顯文德也，猶《象》有《南籥》也。文武相錯，彬彬之道。其用目教舞，則《文王世子》所云「春夏學干、戈，秋冬學羽、籥」是也。厲即萬，實止干舞，而羽、宣、嬴皆實指其物。「干」獨不言「干」而言「厲」，目湯時已有「《萬》舞有奕」，故因其名不改。因即目《萬》舞爲四者之大名也。故別言則《萬》爲干舞，而統言則《萬》亦得兼籥舞也。

又案《詩》：「簡兮簡兮，方將《萬》舞。」傳：「簡，大也。」正義目爲「大德之人」，李氏《紬義》目爲「大合樂」，皆非也。簡者，干也。《毛詩》「考槃在澗」，《韓詩》「澗」作「干」。「秩秩斯干」，毛傳：「干，澗也。」是干、間聲相通，故簡得借爲干。《荀子·禮論》云：「故鍾鼓管磬，琴瑟竽笙，《韶》《夏》《濩》《武》《汋》《桓》《箾》《簡》《象》，是君子之所目爲惲詭其所喜樂之文也。」簡亦借爲干，即《大武》之干舞。言《武》又言「簡」，猶言《象》先言「箾」。《武》與《象》，其樂名；簡與箾，其器名也。「簡兮簡兮，方將《萬》舞」，亦先舉其器名，後表其樂名也。毛公知簡爲干之假借，即取簡爲干之聲調，故曰大訓簡。總干而山立，武王之事也。樂名《大武》，故曰大訓簡，曰簡訓干，猶賈侍中曰「箭即削。去無道」訓箭也。又恐人未知簡之是干，故下傳曰干、羽釋《萬》舞，舉干明簡，又補出羽，曰足經義也。凡樂之取名于器者，皆即就器求其聲誼。《羽》《宣》《嬴》皆然。羽訓藩屏，取輔翼之誼，故直曰《羽》。籥舞不直舉籥，而舉産，戈舞不直名爲戈，又不直名爲戟，而名爲匽，曰産與宣同聲，得取宣德之誼，匽與嬴同聲，得取優柔容民之誼耳。因而遂借簡、宣、嬴爲干、産、匽矣。

春秋左傳讀卷五

宣二年：「到戟而出之。」案：《賈子・匈奴篇》曰：「到挈面者。」盧抱經謂到挈即今筋斗，面即今假面。麟謂到戟即到挈也。挈，即孑之假借。何旨明之？挈、孑同部同音。《方言》：「挈，特也。」《廣雅・釋詁》：「挈，獨也。」與孑訓「無右臂」正同。明借挈爲孑，則此到挈亦可借爲孑矣。傳云：「授師孑焉。」《方言》云：「戟，楚謂之孑。」故知到戟即到孑也。人在井上，可躍入井；既入井中，不能躍出，故到戟鉤之，又旨爲攀援。而井甃之埶斗絕，猶不能一躍即上，且上人之力亦不能舉之即起，故既已攀戟，必斂屈其足，旋轉其身，而後足可至井榦之上，又復旋轉，而足始越井榦而出至地上矣。此正今之筋斗也。《賈子》所言，乃在地上爲之，不必用戟。而當時優俳之屬，即借此井中到戟而出之之形旨爲象，故亦曰到孑也。到戟、到孑，皆指戟到，非指人到，而人亦馮埶而到出矣。《廣雅・釋詁》：「孑孓，蜎也。」此即井中赤蟲，今亦謂之翻筋斗蟲，亦謂之到蠹蟲，其名旨孑孓者，正取井中到孑之象也。《魯靈光殿賦》：「白鹿孑蜺于欂櫨。」注云：「延首之貌。」蓋亦刻作翻筋斗之象。凡翻筋斗，必延首也。孑蜺疊韻，意取于孑，而蜺其餘聲也。孑蜺之爲疊韻，猶《釋天》「霓爲挈貳」，霓與挈貳亦皆疊韻也。合韻。于此益可證到挈爲到孑矣。此亦賈子《左傳》古誼。又案：戟不可鉤人身，鉤之則傷矣。所鉤者，乃其衣也。刃既鉤衣，柲又可扳，且鉤且扳，自不至脱，故可凭埶而出也。

成七年經：「鼷鼠食郊牛角，改卜牛；鼷鼠又食其角。」《五行志・貌傳下》云：「劉向㠯爲近青祥，亦牛旤也，不敬而傋瞀之所致也。❶ 昔周公制禮樂，成周道，故成王命魯郊祀天地，㠯尊周公。至成公時，三家始顓政，魯將從此衰。天愍周公之德，痛其將有敗亡之旤，故於郊祭而見戒云。鼠，小蟲，性盜竊；鼷又其小者也。牛，大畜，祭天尊物也。角，兵象，在上，君威也。小小鼷鼠，食至尊之牛角，象季氏乃陪臣盜竊之人，將執國命，㠯傷君威而害周公之祀也。改卜牛，鼷鼠又食其角，天重語之也。成公怠慢昏亂，遂君臣更執於晉。至於襄公，晉爲湨梁之會，天下大夫皆奪君政。其後三家逐昭公，卒死于外，幾絶周公之祀。董仲舒㠯爲鼷鼠食郊牛，皆養牲不謹也。京房《易傳》曰：『祭天不慎，厥妖鼷鼠齧郊牛角。』」

定十五年經：「鼷鼠食郊牛，牛死。」《貌傳下》云：「劉向㠯爲定公知季氏逐昭公，罪惡如彼，親用孔子，爲夾谷之會，齊人倈歸鄆、讙、龜陰之田，聖德如此，反用季桓子，淫於女樂，而退孔子，無道甚矣。《詩》曰：『人而亡儀，不死何爲！』是歲五月，定公薨，牛死之應也。京房《易傳》曰：『子不子，鼠食其郊牛。』」

哀元年經：「鼷鼠食郊牛。」《貌傳下》云：「劉向㠯爲天意汲汲於用聖人，逐三家，故復見戒也。哀公年少，不親見昭公之事，故見敗亡之異。已而哀不寤，身奔於粵，此其效也。」

此三經皆無劉歆說，蓋子駿《左氏》說與子政《穀梁》說及君明《易》說大同，故不別箸。何㠯明之？㠯《賈子》明之。《連語》曰：「紂，聖天下當作「子」。之後也，有天下而宜然。苟背道棄義，釋敬慎而行驕肆，則

❶「瞀」，《漢書・五行志》作「霿」。

天下之人其離之若崩，其背之也不約而若期。夫爲人主者，誠奈何而不慎哉？臣竊聞之曰：『善不可謂小而無益，不善不可謂小而無傷。』夫牛之爲胎也，細若鼷鼠，紂損天下，自象箸始。故小惡大惡一類也，過敗雖小，皆己之罪也。」然則大傳《左傳》説當曰鼷鼠喻小惡，郊牛喻大惡，猶所謂鼠小蟲、牛大畜也。鼷鼠食郊牛，曰小惡致大敗也。此不曰小蟲喻季氏，大畜喻君威，然取誼仍在用季氏，詳下。小惡者何？子政所謂「不敬」，君明所謂「祭天不慎」是也。大傳言「釋敬慎」，又言奈何不慎，是其證也。大惡者何？子政所謂成公任三家，定公用季桓子，遐孔子，哀公不用孔子也。《連語》下文曰：「故上主者，堯、舜是也，夏禹、契、后稷與之爲善則行，鯀、讙兜欲引而爲惡則誅。故可與爲善，而不可與爲惡。下主者，桀、紂是也，推侈、惡來進與爲惡則行，比干、龍逢欲引而爲善則誅。故可與爲惡，而不可與爲善。所謂中主者，齊桓公是也，得管仲、隰朋則九合諸侯，豎貂、子牙則餓死胡宮，蟲流而不得葬。故材性乃上主也，賢人必合，而不肖人必離，國家必治，無可憂者也。若材性下主也，邪人必合，賢正必遠，坐而須亡耳，又不可勝憂矣。故其可憂者，唯中主爾，又似練絲，染之藍則青，染之緇則黑，得善佐則存，不得善佐則亡，此其不可不憂者耳。」成、定、哀三公，皆中主也。信三家用季氏而不用孔子者，適得邪人，引之爲大惡，則遠其善佐矣。天爲憂之，是曰見戒於郊牛，卒不能改，而成被執，定短折，哀奔粵，幾于絶周公之祀，猶紂聖天子之後，而曰惡絶其祖祀也。諸侯之孝在守宗廟，反是則君明所謂子不子矣。貌之不恭，舊《貌傳》曰爲有雞旤，子駿《貌傳》曰爲有羊旤，皆無牛旤。牛旤乃思心不容所致，故子政言不敬，兼言傋霿。傋霿，即區霿，所謂思心不容，厥咎霿也。不敬，傋霿，事本相因，故僖十一年内史過曰：「敬，禮之輿也。不敬，則禮不行。禮不行，則上下昏。」昏，即子政所謂「成公怠慢昏亂」。怠慢，即不敬，昏亂，即僃霿。是僃霿由于不敬也。於郊見異者，《連語》下文曰：「《詩》云：『芃芃棫樸，薪之槱之，濟濟辟王，左右趨之。』此言左右日㠯善趨也，故臣竊㠯爲練左右急也。」薪槱爲郊天所用，郊時左右皆從，其善不善於此見。棄善左右之孔子，而任不善左右之三家、季氏，故天不饗其郊，而先傷其牛也。天不饗郊，則周公之國將不得郊，而周公亦將絶祀矣。〇又按：成公時，僑如姦惡，既及國家，而季孫行父、仲孫蔑皆昚身贊國，頗箸忠勳，子政乃並舉三家，而尤惡季氏者，葢季、孟立功，兼懷專政之志，差之豪厘，繆㠯千里，子孫卒爲魯害，不得不有所歸咎。而當時君臣更執，雖旣起僑如，亦由季、孟陰與爭政，激成大害。故子政㠯三家並論，季權尤重于孟，故專斥季氏也。子政説元鳳四年五月丁丑孝文廟正殿災云：「霍光亡周公之德，秉政九年，久於周公，上既已冠而不歸政，將爲國害。」又云：「天戒若曰：去貴而不正者。」按：霍光之忠，可謂盛矣，而子政罪之如此，季、孟正其比也。

文十年：「宋公爲右盂，鄭伯爲左盂。」杜預注：「盂，田獵陳名。」其説未知何據。尋司農《鳧氏》注云：「于，鐘脣之上祛也。」于得爲祛，則盂得爲胠。二十三年傳「啟胠」，賈侍中注：「軍左翼曰啟，右翼曰胠。」㠯散文不別，故左右皆曰胠。杜意或如是乎？ 之曰案：❶盂借爲靬。《説文》：「靬，䩪内環靼也。」「䩪，車鞁具也。」「鞁，車駕具也。」《晉語》：「吾兩鞁將絶。」韋解：「鞁，靷也。」内當爲軜。《秦風・小戎》：「鋈㠯觼軜。」傳：「軜，驂内轡也。」環靼

❶「之曰」上，原有兩字之空，「之曰」二字疑衍。

者，《小戎》：「陰靷鋈續。」箋云：「白金飾續靷之環。」「鋈㠯觼軜。」箋云：「軜之觼，㠯白金爲飾也。」《説文》：「觼，環之有舌者。」是觼亦環也。是則靷與軜皆有環。鞧軜環靼者，謂鞧軜當環處之柔革也。《説文》：「靼，柔革也。」革㠯柔爲善。《荀子・正論》云：「三公奉軶持納。」納即軜。軶者所㠯叉兩服之頸，靷則所㠯引驂，軜則驂之内轡，兩者相聯持，軜則兼持靷可知。爲右軒、爲左軒者，即持軜之職也。㠯其持軒，即名其職曰右軒、左軒也。楚子僭天子禮，即㠯宋公、鄭伯當三公之職也。若然，三公有三人，今但取宋公、鄭伯二人爲右左者，奉軶持軜，當于三公中擇二人，而已知者軶即兩軥，軜即兩驂之轡，其數皆兩，無容㠯三人奉之持之也。若然，宋公、鄭伯既持軜矣，則于時不乘己車，而下文云「宋公違命，無畏抶其僕㠯徇」者，暫時持軜，則僕不與耳。宋公固自有車與僕也，㠯違夙駕之命，故加戮其僕，㠯代君也。此亦可證成荀子《左傳》古誼。

成二年：「臣治煩去惑者也。」案《易林・歸妹之大有》：「依宵夜遊，與君相遭，除解煩惑，使心不憂。」《旅之小過》：「依宵夜遊，與大君俱，除解煩惑，使我无憂。」亦謂與君遭、與君俱，而除解其煩惑也。然則此傳所言，當是古傳記説臣舊誼。

襄二十九年經：「閽弑吴子餘祭。」傳：「吴人伐楚，獲俘焉，㠯爲閽，使守舟。吴子餘祭觀舟，閽㠯刀弑之。」按《五行志》，董仲舒㠯爲：「時吴子好勇，使刑人守門。」守門者，閽之職也。而傳云「守舟」，何哉？竊㠯廟从朝聲，朝从舟聲，舟乃借爲廟。《周禮・天官・序官》：「閽人，王宮每門四人，囿游亦如之。」「寺人，王之正内五人。」二者雖異官，而同是刑人。是㠯《穀梁傳》云：「閽，門者也，寺人也。」然則諸侯葢閽、寺兼官，宜皆用宫者，而不用墨者矣。毛傳説諸侯祭禮，「畀閽、畀寺」，分而爲二，葢職掌有分，故受二官之賜，其實一人也。《賈捐之傳》：「捐之言：『宦者不宜入宗廟。』」宦者即寺人也。《周禮·春官·序官》：「守祧，奄八人。」注：「奄，如今之宦者。」而《閽人》言：「大祭祀喪紀之事，設門燎，蹕宫門、廟門。」然則諸侯亦當同。因吴子之事，《春秋》箸㠯爲戒，故不得入宗廟，所謂禮㠯義起，如大饗廢夫人之禮也。《祭統》言「畀煇、胞、翟、閽」，而不及寺。云：「閽者，守門之賤者也。古者不使刑人守門。」注「謂夏、殷時」，然則宦者不入廟，仿于古也。㠯此推之，則凡有罪肉刑者，皆不宜近也。廟非宫寢，吴子觀廟，謂省視之，此偶爾之事，猶因致弑，況宫寢可常近罪人乎？近世宦者，皆用無罪自宫者，故不致怨懟耳。《賈傳》云：「賈捐之，字君房，賈誼之曾孫也。」此所言，乃《左氏春秋》古誼。或曰：「吴被髮文身，君臣皆然，不㠯墨刑爲恥，故閽、寺同用宫者，它國則閽、寺自分。」亦通。《秋官·司刑》注：「墨，黥也。先刻其面，㠯墨窒之。今東西夷或㠯墨劓爲俗，古刑人亡逃者之世類與？」然則吴爲東夷，墨刑成俗，故不㠯加之囚俘罪人也。或説爲長。

成十六年：「蹲甲而射之。」預注：「蹲，聚也。」此讀蹲爲僔，《説文》「僔，聚也」是也。麟案：蹲借爲縛。《説文》：「縛，薉貉中女子無絝，㠯帛爲脛空，用絮補覈，名曰縛衣。狀如襜褕。」覈，當爲竅之誤字。帛有稀疏處，㠯絮補帛之竅，謂之縛。《説文》：「絮，敝緜也。」引申之，則取帛㠯綴甲之竅，亦謂之縛。賈君説「被練組甲」詳矣。《吕覽·去尤》曰：「邾之故法，爲甲裳㠯帛，公息忌謂邾君曰：『不若㠯組。凡甲之所㠯爲固者，㠯滿竅也。今竅滿矣，而任力者半耳。且組則不然，竅滿則盡任力矣。』」然則㠯帛綴甲，不如組堅，又恐函人所爲或未滿竅，故尪、黨、由基三人親自縛之，㠯成堅韐。亦猶燕王身自削甲札，妻自組甲絣矣。然後射之，乃見其能陷堅也。

昭二十六年：「獎順天法，無助狡滑。」從《釋文》「又作」本。案《賈子・匈奴》云：「匈奴不敬，辭言不順，負其衆庶，時爲寇盜，撓邊竟，擾中國，數行不義，爲我狡猾。」然則凡不順者即爲狡猾，故助狡滑則不擾順天法矣。❶又案：大傅㠯撓邊竟、擾中國爲狡猾，則狡猾者，亦撓、擾之誼也。《廣疋・釋詁》：「猾，擾也。」《釋名・釋言語》：「狡，交也，與物交錯也。」交錯即撓、擾之誼，葢順者如川之流，交錯撓擾，則是橫亂其間，斯爲不順也。

文二年：「狐鞫居爲右。」閻百詩引成二年「次於鞫居」説其命名。及難者㠯晉人遠取衛地命名爲詰，百詩亦不能答。錢辛楣曰：「古人㠯二字名者，多取雙聲疊韻。與夷、犂來、濤塗、彌明、彌牟、滅明、由于、於姚，雙聲也；尨降、臺駘、鉏吾、圍龜、麟案：圍龜非疊韻。且居、髡頑、州仇、魁壘，疊韻也。鞫居亦取雙聲。百詩㠯地名爲證固妙，然地名亦有取雙聲者，百詩未悟雙聲，故無㠯解晉人取衛地命名之難。」麟案：地名取

❶「擾」，據上文疑爲「獎」字之訛。

雙聲，亦有誼。鞫與究，上入相通，故《詩·公劉》：「芮鞫之即。」傳：「鞫，究也。」《漢·地理志》直作「芮阸」。是其證。《詩·羔裘》：「自我人居居。」傳：「居居，懷惡不相親比之貌。」又：「自我人究究。」傳：「究究，猶居居也。」然則究、居非特雙聲，而誼亦同。地名取此，人名亦取此。更有證者，宣十二年：「楚子使唐狡與蔡鳩居告唐惠侯。」鳩亦借爲究，鳩居與鞫居取誼同也。

哀元年：「或將豐之。」《吳世家》作「又將寬之」。案：讀「或」爲「又」者，如《書·鴻範》「無有作好」，《呂覽·貴公》作「無或作好」；《無逸》「亦罔或克壽」，《鄭崇□傳》作「亦罔有克壽」。或、有㠯聲通，或、又亦㠯聲通也。《序卦》：「豐者，大也。」《說文》：「寬，屋寬大也。」是豐、寬同訓大也。

襄十年：「投之㠯机。」《釋文》：「机，本又作几。」《禮書》引《周禮》「甸役，右漆几」爲證。麟案：几似非所㠯投者，疑机當爲機。《曾子問》：「遂輿機而往。」注：「輿，尸之牀也。」此謂借機爲几，而飢餓字與饑饉字，諸書亦多通用，故机得借爲機。《緇衣》：「若虞機張。」注：「弩牙也。」《鬼谷子·飛箝》：「料氣勢，爲之樞機，㠯迎之隨之。」注：「機，所㠯主弩之放發。」《淮南·原道》：「其用之也，若發機。」注：「機，弩機關，言其疾也。」《釋名·釋兵》：「弩，含括之口曰機。」而《孫子·埶篇》云：「埶如彍弩，節如發機。」此正說行軍之法。然則此㠯弩牙投之，取其發行勁疾，有進無退，亦猶檄書插羽之意耳。今世之用令箭，亦此意也。若作几字解，去誼遠矣。

僖二十四年：「鄭公子士、泄堵俞彌帥師伐滑。」杜預注：「堵俞彌，鄭大夫。」某氏《讀左傳隨筆》曰：「建安本『公子士泄』讀，岳珂本『公子士』讀。案僖二十年注：『公子士，鄭文公子。泄堵寇，鄭大夫。』此注云『堵俞彌，鄭大夫』者，泄氏見前，僖七年。不須更舉也。宜從岳本。」麟案：泄堵當爲氏，寇與俞彌當爲名。泄堵氏者，蓋泄氏之別也。如魯叔孫之有叔仲，孟孫之有子服，但堵字名誼不可知耳。其俞彌之命名，則借爲隃麋。傳中「彌子瑕」，《大戴禮記》作「迷」，《白虎通》及《公羊》莊十七年注皆云：「麋之言迷也。」是彌、迷、麋三通矣。《地理志》右扶風有隃麋縣，此取地名爲名也。若然，鄭人取秦地爲名，是又蹈晉人取衛地爲名之難矣。然鄭有公子宋，晉有女齊，一字公，一字侯，皆取它國之地爲名者也。此猶曰國名衆箸故耳。衞公子郢字子南，則取它國之地㠯爲名矣，而何嫌乎？古人㠯地命名者，或取於事，故魯苦越生子，取齊陽州之地㠯爲名。隃麋命名之故雖不聞，要必有所因矣。準此，則鞫居之名，亦無所難也。至寇與俞彌是一人與二人，則當闕疑。

隱三年：「且夫賤妨貴，少陵長，遠閒親，新閒舊，小加大，淫破義。」案：《管子·五輔》云：「賤不踰貴，少不陵長，遠不閒親，新不閒舊，小不加大，淫不破義。」下五句誼皆同，而妨獨作踰，然則妨不當訓害矣，當借爲斛。《說文》：「斛，量溢也。」《東京賦》：「規摹踰溢。」是溢與踰同誼。故薛綜注云：「踰，越也。本《說文》。溢，過也。」而《說文》云：「越，度也。」「過，度也。」是越、過同誼，則踰、溢同誼可知。然則斛訓溢，亦得訓踰矣。斜、踰同誼，猶嗙、喻同誼。《説文》：「嗙，謌聲嗙喻也，从口，旁聲。司馬相如説『淮南宋蔡舞嗙喻』也。」嗙字列「嗑，多言」之下，「噧，高氣多言」「㕯，高氣」之上，《説文》無「喻」。凡高氣者，亦有踰越之意，是知嗙喻亦取誼于此矣。賤踰貴與少陵長，誼又相比。

昭元年：「於是有煩手淫聲。」《異義》：「今《論語》説鄭國之爲俗，有溱洧之水，男女聚會，謳歌相感，故云：『鄭聲淫。』《左氏》説『煩手淫聲』謂之鄭聲者，言煩手躑躅之聲使淫過矣。」案：此蓋賈侍中説也。《説文》：「蹢躅，賈侍中説：足垢也。」蹢躅即躑躅。《周禮》故書「奠」或爲「帝」，古奠、帝聲通，故「蹢」亦作「躑」。《説文》云：「垢，濁也。」躅、濁音誼同。《樂記》：「倡和清濁。」注：「濁，謂黄鍾至中呂。」然則聲有濁者。《樂記》所謂濁，得正之濁也，《左傳》所謂濁，過正之濁也，蓋嘗論之。《詩》言「有豕白蹢」，《釋獸》言「四蹢皆白，豥」，則蹢本是蹏。《一切經音義》引《漢書敘傳音義》：「三輔謂牛蹏處爲躅。」則躅亦是蹏。訓爲足垢者，《淮南・俶真》云：「牛蹏之涔。」《説文》：「涔，漬也。」凡牛蹏所止，必有濘淖漬之，斯之爲躅。豕之涉波亦然可知，故引申蹢躅爲足垢。《考工記・匠人》云：「善防者水淫之。」司農注：「謂水淤泥土，畱箸助之爲厚。」蓋凡淫過，即有加厚。水淤泥土，是即所謂垢，所謂濁也。垢之言厚也，《説文》：「古文厚作垕。」㖃訓厚怒聲。襄十四年傳「厚成叔」，本或作「郈」，是其證也。是故淫即厚，即垢，即濁，即躑躅矣。《秦策》：「其於敝邑之王甚厚。」注：「厚，重也。」故《公羊》疏引服君説，曰鄭聲爲「鄭重其手而聲淫過」。鄭重與躑躅亦非有殊誼也。《傷寒論》云：「夫實則譫語，虚則鄭聲。鄭聲，重語也。」此説正與服君同。張、服皆漢末人，而張治醫術，又當本此傳之說，則鄭聲爲鄭重，復何疑乎？《淮南・修務訓》：「今鼓舞者。」注：「鼓舞，或作鄭舞。一說，鄭重攻舞也。」手鼓之鄭重，猶身舞之鄭重也。又案：《易・遘》初六：「羸豕孚蹢躅。」虞仲翔謂三動體坎爲豕、爲孚。巽繩操之，故稱羸。巽爲舞、爲進退，故蹢躅。麟案：《虞氏》逸象坎爲淫，此蹢躅仍取坎象，則即淫厚、垢濁之誼。侍中所云「足垢也」。且遘之言亦厚也、垢也。「遘」亦作「姤」，即「媾」字。《詩・候人》傳云「媾，厚也」是也。

昭五年：「求諸侯而麇至。」《賈子・君道》：「民聞之者麏裹而至。」言羣裹糧而至也。故杜預注：「麇，羣也。」案：麇，猶圈也。文十一年經：「楚子伐麇。」《公羊》作「圈」，是通之證也。《管子・立政》云：「圈屬羣徒不順於常者。」圈屬與羣徒同。尹知章泥於圈檻之誼，乃㠯圈屬爲「羊豕之類」，謬矣。《幼官》云：「强國爲圈，弱國爲屬。動而無不從，静而無不同。」此圈屬豈亦可㠯「羊豕之類」釋之乎？于是尹氏亦不能不自破前說，而爲之注曰：「强國所㠯禁禦弱國，弱國圈然也。」然其說亦不塙。圈者，羣也。言强國則與齊爲羣，弱國則爲齊之屬也。麇、圈二字，實皆借爲員字。如昭元年經「楚子麇卒」，《公》《穀》作「卷」，《史記》作「員」也。《廣雅・釋詁》云：「員，衆也。」《吕氏春秋・召類》云：「羣者，衆也。」是衆即羣也。《小雅・吉日》：「麀鹿麌麌。」傳：「麌麌，衆多也。」箋云：「麕牡曰麌。復麌，言多也。」則麇亦可從本字訓，而圈乃假爲麇矣。

昭八年：「陳哀公元妃鄭姬生悼大子偃師，二妃生公子留，下妃生公子勝。」案：它國㠯夫人爲元妃，其餘則曰姪娣、曰媵，而陳則總曰元妃、二妃、下妃，㠯次相敘者，陳，舜後，猶存舜制也。《檀弓上》云：「舜葬於蒼梧之野，蓋三妃未之從也。」注：「古者不合葬，帝嚳而立四妃矣，象后妃四星，其一明者爲正妃，餘三小者爲次妃。帝堯因焉。至舜，不告而取，不立正妃，但三妃而已，謂之三夫人。《離騷》所歌湘夫人，舜妃也。」㠯上《檀弓》注。故陳亦立三妃，正適夫人名爲元妃，而其二人亦㠯次名之曰妃，蓋有正適者，㠯非不告而取也。而其數、其名，則從舊焉。其餘御妾，不在此例。既有夫人爲元妃，則上下體絶矣。而亦得稱二妃、下妃者，猶帝嚳四妃中有正妃，而《大戴·帝繫》言長妃姜嫄、次妃簡狄、次妃慶都、次妃常宜，亦不㠯體絶而殊稱也。

成六年：「韓獻子將新中軍，且爲僕大夫。」杜預注：「兼大僕。」麟案：不名大僕，而名僕大夫，侯國殊于王禮也。《賈子·等齊》曰：「天子衛御，號爲大僕，銀印，秩二千石；諸侯之御，號曰大僕，銀印，秩二千石；則御已齊矣。御既已齊，則車飾具惡得不齊？」此大傅㠯漢制天子、諸侯皆曰大僕爲非，則周制不然，可知矣。《周禮·夏官》大僕亦下大夫二人，而諸侯曰僕大夫，即爲與天子殊者，一不㠯大夫名，一㠯大夫名，名之異也。且天子大夫四命，侯國大夫再命，則實亦殊爾。案《燕禮》「小臣師一人」注：「師，長也。小臣之長一人，猶天子大僕，正君之服位者也。」疏云：「《夏官·大僕》云：『掌正王之服位，出入王之大命。』彼下文有：『小臣之官，上士四人。』其職云：『掌王之小命，詔相王之小法儀。』諸侯兼官，無大僕，唯有小臣。」據此，是諸侯㠯小臣兼大僕，則僕大夫即小臣矣。但小臣是士，此㠯大夫者，㠯其權重，當是攝尊，猶今之加銜耳。又案：胡氏匡衷㠯爲大僕乃侍從之官，與僕馭別，自秦制大僕掌輿馬，後人遂誤合爲一。麟考《大僕》云：「王出入，則自左馭而前驅。」又云：「凡軍旅田役，贊王鼓。」注云：「王通鼓，佐擊其餘面。」疏謂「王與御者戎，右大僕爲驅乘」。據此，則大僕既爲王前驅，又與王同車，雖非僕馭之官，而與車駕之事未嘗無涉，秦制非不因周制而增減其職掌也。

桓二年經：「夏四月，取郜大鼎于宋。戊申，納于大廟。」案：《穀梁傳》曰：「孔子曰：『名從主人，物從中國。故曰：郜大鼎也。』」釋曰：「名從主人者，謂本是郜作，繫之於郜。物從中國者，謂鼎在宋，從宋號也。言物從中國者，廣例耳。通夷狄亦然。」按：《左氏》誼亦當然。《荀子·正名》云：「後王之成名：刑名從商，爵名從周，文名從禮，散名之加於萬物者，則從諸夏之成俗曲期。遠方異俗之鄉，則因之而爲通。」荀子兼治《左》《穀》，所説散名，必二家之通誼也。從商、從周、從禮等説，乃《春秋》製作之大權，即此數語，揭全經之旨矣。

莊二十二年經：「春，王正月，肆大眚。癸丑，葬我小君文姜。」賈侍中「㠯文姜爲有罪，故赦而後葬，㠯説臣子也。魯大赦國中罪過，欲令文姜之過因是得除，㠯葬文姜」。此正義所引，原文缺。此與《穀梁》小異，而實同旨。《穀梁》云：「肆，失也。眚，災也。災，紀也。失，故也。爲嫌天子之葬也。」此謂文姜罪當誅，絶不書赦；嫌天子本許葬，故必先書赦也。侍中則謂莊公先㠯赦説臣子，故曰小異也。然所㠯必先書赦而後書葬者，亦即就莊公之心，而見其罪不可赦，故曰同旨也。按《蕭望之傳》，京兆尹張敞上書言：「願令諸有罪，非盜受財殺人及犯法不得赦者，皆得㠯差入穀贖罪。」望之㠯爲亂化生賊，敞曰：「諸盜及殺人犯不道者，百姓所疾苦也，皆不得贖，何化之所亂？《甫刑》之罰，小過赦，薄罪贖，有金選之品，所從來久矣，何賊之所生？」按：子高旨經術輔政，此《左氏》說赦例也。文姜弑君，甚于不道，不得赦明矣，雖先肆大眚，文姜猶不得赦，寧許之葬？此正旨見莊公雖萬端求免，終不能爲之除罪耳。《荀子·禮論》云：「刑餘罪人之喪，不得合族黨，獨屬妻子，棺椁三寸，衣衾三領，不得飾棺，不得晝行，旨昏殣，凡緣而往貍之，反無哭泣之節，無衰麻之服，無親疏月數之等，各反其平，各復其始，已葬貍，若無喪者而止。」是罪人之葬，不得成禮，此當即子高云「不赦者」，下此未必同。況文姜弑君者乎？已葬若無喪，故是年「冬，公如齊納幣」，去二十一年七月「夫人姜氏薨」未及再期，而《左傳》無譏。《公羊》云：「何譏爾？親納幣，非禮也。」《穀梁》云：「公之親納幣，非禮也，故譏之。」皆但譏其不使大夫，而不譏其喪中圖婚。蓋殺父之母，非特不得有服喪，並不得有心喪，是旨無譏。父在，爲母齊衰期，「父必三年然後娶，達子之志」。則子於三年中不得圖婚可知矣。即出母，不喪于心，仍當有三年哀情，不當圖婚。惟殺父之母，不能兩全其情，故不得心喪。合荀、張、賈三師之說，其誼乃明。杜預于它喪則謂卒哭除服，而于此既葬不得服者，則反謂之失禮，傎甚矣。

僖三十年：「使杞子、逢孫、楊孫戍之。」杜預注：「三子，秦大夫。」麟案：《列子·周穆王》：「秦人逢逢之俗。氏有子，少而惠，及壯，而有迷罔之疾。楊氏告其父曰：『魯之君子多術藝，將能已乎？汝奚不訪焉？』」然則逢氏、楊氏乃秦之世族而相親者也。彼文下言其父「遇老聃」，則在襄、昭旨後，蓋逢孫、楊孫雖奔宋，秦猶立其後也。此世世不絕者，如魯之季孫、叔孫、孟孫、臧孫、后孫，彼五族者，亦或單稱季、孟、臧、后爲氏，故此既氏逢孫、楊孫，亦即氏逢、楊也。即稱其人爲逢孫、楊孫者，如季孫等亦㠯孫稱其人也。《廣韻》「孫」字注云：「複姓，《左傳》秦大夫逢孫氏，秦下大夫楊孫氏。」是逢孫、楊孫爲氏也。楊孫，本或作「揚」者，猶楊雄、楊州書作「揚」，非也。

宣九年：「皆衷其衵服，㠯戲于朝。泄冶諫曰：『公卿宣淫。』」《釋文》云：「《説文》：『衵，日日所衣裳也。』《字林》同。又云：婦人近身内衣也。」案：此謂衷夏姬之服。然男女易服爲戲，亦有不禁者。《賈子·官人》云：「君開北房，從薰服之樂，則厮役從。清晨聽治，罷朝而論議，從容澤燕。夕時開北房，從薰服之樂。」何謂薰服？薰者，緍也，猶「厲薰心」作「厲閽心」、「光禄勳」即「光禄閽」也。《方言》云：「緍，施也。秦曰緍。吴、越之閒，脱衣相被，謂之緍緜。」蓋作樂時，俳優子女之屬男女易衣，改形變狀㠯爲戲樂，是爲薰服之樂。與上文雅樂、燕樂相對，乃樂無倫理，而妖妙可喜者，即《周禮·磬師》之縵樂，原無所禁。北房者，即左右房也。㠯其在寢與夾室之北，故曰北房。《王風·君子陽陽》云：「右招我由房。」傳：「國君有房中之樂。」箋：「欲使我從之於房中。」《周南》《召南》即燕樂，作之於房中，而薰服之樂亦于此作焉。故《磬師》縵樂、燕樂同言，非㠯其樂之品弟同，㠯其所奏之處同也。《官人》云：「柔色傴僂，唯諛之行，唯言之聽，㠯睚眦之閒事君者，厮役也。」故君觀薰服之樂，維此輩從耳。故又云：「大臣奏事，則俳優侏儒逃隱，聲樂技藝之人不並奏。」況君可自被女子之衵服㠯戲乎？靈公之通夏姬，泄冶未可明言，故且㠯在朝聽治，大臣在側，不當薰服言之，而曰：「公卿宣淫。」公卿被女子之服而戲，斯已爲宣淫矣，非必明斥通夏姬也。下云：

「君其納之。」若曰君納之北房，而令子女變易而服之，則無所害耳。若明指夏姬之服，并亦不當納也。

昭二十八年：「子靈之妻，殺三夫一君一子，而亡一國兩卿矣，可無懲乎？」案：《賈子·胎教》云：「素成，謹爲子孫婚妻嫁女，必擇孝悌世世有行義者。如是，則其子孫慈孝，不敢淫暴，黨無不善，三族輔之。故鳳皇生而有仁義之意，虎狼生而有貪戾之心，兩者不等，各以其母。嗚呼，戒之哉！無養乳虎，將傷天下。故曰素成。胎教之道，書之玉版，藏之金匱，置之宗廟，以爲後世戒。」是説此傳之誼也。子靈妻之女，則非孝悌世世有行義者也。叔向娶子靈氏而生子伯石，竟爲淫暴。下傳云：「狼子野心。」是所謂虎狼生而有貪戾之心也。大則傷天下，小則喪羊舌，其道一也。傳與《賈子》皆論常道也，魏氏《詩古微》泥此爲説，拘矣。

桓六年：「不以國，不以官，不以山川，不以隱疾，不以畜牲，不以器幣。」《賈子·胎教》曰：「然後，卜王大子名，上毋取於天，下毋取於地，中毋取於名山通谷，毋悖於鄉俗。是故君子名難知而易諱也。」地即國，名山通谷即山川，鄉俗所惡，隱疾亦其一也。惟上毋取於天，與《曲禮》所云「名子者，不以日月」同，又補傳所不及。然下傳云：「是以大物不可以命。」言大物，則在天之日月星辰亦舉包之矣。

僖十五年：「物生而後有象，象而後有滋，滋而後有數。」案：以《賈子》言之，則滋讀爲載。滋、載同部，又兹聲、才聲通轉最多。《説文》：「鼒，从鼎，才聲。俗作鎡，从金，兹聲。」《大雅·下武》：「昭兹來許。」《東觀漢紀》「兹」作「哉」。《禮記・中庸》：「故栽者培之。」注「栽，或爲兹」是也。故滋得通載也。《道德説》曰：「命者，物皆得道德之施㠯生，則澤、潤、性、氣、神、明，及形體之位、分、數、度，各有極量指奏矣。此皆所受其道德，非㠯嗜欲取舍然也。其受此具也，礐然有定矣，不可得辭也，故曰命。命者，不得毋生，生則有形，形而道、德、性、神、明因載於物形，故『礐堅謂之命』，『命生形，通之㠯定』。」㠯上《賈子》。物生而後有象，所謂「生則有形」也。象而後有載，所謂「形而道、德、性、神、明因載於物形」也，謂有象而後道、德、性、神、明得所載也。道、德、性、神、明，即「澤、潤、性、氣、神、明」。上文云：「澤者，鑑也。生空竅，通之㠯道。」是澤屬道也。又云：「物得潤㠯生，故謂潤德。」是潤屬德也。性而謂之性氣者，上文云：「性，神氣之所會也。」故謂爲性氣。言澤、潤、氣、神、明及形體之位、分、數、度者，㠯數、度在道、德、性、神、明載於物形之後，故曰「及」，是謂載而後有數也。且礐然有定，不可得辭，正下傳「史蘇是占，勿從何益」之誼也。《道德説》有道、德、性、神、明、命六節，今獨取命一節解傳者，㠯其總舉物生㠯後之事，于傳獨切也。或欲㠯德節解傳，改傳爲物滋而後有象，象而後有數，數而後有生。其説曰：《洞簫賦》注：「滋潤，悦貌。」滋而後有象，所謂「潤則腒然、濁而始形」也。象而後有數，所謂「六理發焉」也。數而後有生，所謂「六理所㠯爲變而生」也。諸言有者，所謂「德者，離無而之有」也。説亦可通。但須改易傳文，不如依文爲解之善。于此知大傳《左傳》之學精義入神，迥非後儒所希冀萬一。惜乎宣室鬼神之對，其文不傳，無㠯説「伯有」、「二豎」等篇之誼耳。

莊二十二年：「公曰：『㠯火繼之。』辭曰：『臣卜其晝，未卜其夜，不敢。』」服子慎注：「臣將享君，必卜之，示戒慎也。」按：《管子・小匡》：「公曰：『寡人不幸而好酒，日夜相繼，諸侯使者無所致，百官有司無所復。』」故欲㠯火繼之也。《晏子春秋・雜上》：「晏子飲景公酒，日莫，公呼具火，晏子辭曰：『《詩》云「側弁之俄」，言失德也。「屢舞傞傞」，言失容也。「既醉㠯酒，既飽㠯德，此二句後人竄入。既醉而出，並受其福」，賓主之禮也。「醉而不出」，是謂伐德，賓之罪也。嬰已卜其日，未卜其夜。』公曰：『善。』舉酒祭之，再拜而出。」晏子語，即本於敬仲也。此雖非敬仲發心享公，而公必先告㠯將就子飲酒，然後敬仲卜其飲公之時。故服即㠯「臣將享君」之禮擬之。晏子亦然。服説未可駁也。又案：《呂覽・達鬱》云：「管仲觴桓公，日莫矣，桓公樂之而徵燭，管仲曰：『臣卜其晝，未卜其夜，君可㠯出矣。』」又㠯此屬管仲，蓋因陳、管俱謚敬仲，故致誤也。

閔二年：「歸公乘馬。」案：邦國六閑，馬四種：齊、道、田、駑是也。天子齊馬㠯駕金路，道馬㠯駕象路，田馬㠯駕田路，惟駑馬給宮中之役耳。齊、道、田，則皆所乘者也。諸侯雖不必皆有金、象二路，而有四種則皆同，則齊、道、田三種，亦各㠯差次乘之可知。乘馬者，通指當乘之馬，非「四匹曰乘」之謂也。何㠯言之？《管子・小匡》云：「狄人攻衛，衛人出旅於曹，桓公城楚丘封之。其畜㠯散亡，故桓公予之繫馬三百匹。」是不止四匹也。下傳云：「牛、羊、豕、雞、狗皆三百。」故馬亦三百矣。三百未備六閑千二百九十六匹之數，然其必分四種可知也。封楚丘在僖二年，而《管子》于封楚丘後始言「予之繫馬」者，㠯封楚丘事大，故先言，予馬事小，故後言，不㠯事之先後爲次也。下傳又云：「元年，革車三十乘；季年，乃三百乘。」彼謂公馬也，自始至終而致十倍；此齊所歸乃國馬，始三百匹，終乃騋牝三千，《詩・定之方中》正義曰：「騋牝三千。」亦末年之事也。亦致十倍也，葢衛文蕃畜之，略於此可見。

僖二年經：「秋，九月，齊侯、宋公、江人、黄人盟于貫。」傳：「秋，盟于貫，服江、黄也。」賈侍中經注：「江、黄稱人，刺不度德善鄰，恃齊背楚，終爲楚所滅。」杜預注：「江國在汝南安陽縣。」此在今河南光州息縣。桓八年預注：「黄國，今弋陽縣。」此在今光州定城廢縣。攷《地理志》「汝南郡弋陽」應劭注：「故黄國，今黄城是。」「安陽」應劭注：「故江國，今江亭是。」此預所本也。按：《賈捐之傳》：棄珠厓，對曰：「武丁、成王，殷、周之大仁也，然地東不過江、黄，西不過氐、羌，南不過蠻荆，北不過朔方。是㠯頌聲並作，視聽之類咸樂其生，越裳氏重九譯而獻，此非兵革之所能致。及其衰也，南征不還，齊桓捄其難，孔子定其文。」君房爲大傅曾孫，此即傳其曾祖《左氏春秋》説也，而云江、黄在東方。若如應、杜説，則在南，不在東，且尚在楚北，安得與氐、羌、蠻荆、朔方並稱哉？《公》《穀》亦㠯江、黄爲遠國，意同。然據《管子・戒篇》云：「夫江、黄之國近於楚，爲臣死乎君，必歸之楚而寄之。」黄滅于僖十二年，仲卒時，黄已滅矣。此當是仲于黄未滅時言之，而記《管子》者誤其年月耳。言近楚，則又實在光州，故侍中亦㠯不善鄰爲説。竊疑江、黄本東夷之國，後遷光州，而故都猶屬其國。如《公羊》桓十一年傳云：「古者鄭國處于留，先鄭伯有善于鄶公者，通乎夫人，㠯取其國而遷鄭焉，而野留。莊公死，已葬，祭仲將往省于留，塗出于宋。」是留仍屬鄭，雖隔宋，不病其越國鄙遠也。惜江、黄故都莫知何地，及光州之江、黄滅于楚，故都更不知誰屬矣。㠯意求之，《地理志》東萊郡有黄縣，自注云：「有萊山松林萊君祠。」此蓋黃之舊都，後屬萊也。昭八年經：「蒐于紅。」預注云：「紅，魯地，沛國蕭縣西有紅亭。遠，疑。」按：根牟，據預注爲魯東界，在琅邪陽都縣，則紅亦當爲魯東界。據漢《周憬功勳銘》《綏民校尉熊君碑》，皆目曲紅爲曲江，然則紅即江，是江之舊都，而後屬魯也。若然，江、黃舊都在東，則近齊，而齊猶目服之爲難者，蓋猶萊近齊，而亦不肯服齊也。且新都近楚，則服之益難矣。然則目故都言，則在中國之東，故曰東。雖近齊，而去雒邑土中遠，故曰遠國。目光州言，則曰近楚，曰鄰楚也。又案：四年經云：「秋，及江人、黃人伐陳。」所目用江、黃而不用它諸侯者，傳云：「陳轅濤塗謂鄭申侯曰：『師出於東方，觀兵於東夷，循海而歸，其可也。』申侯見曰：『師老矣，若出於東方而遇敵，懼不可用也。』」於是齊侯信之，目爲濤塗欲陷己於東夷，遂執之，而命魯目江、黃伐陳，若言：東夷固已服矣，焉能陷我哉？其使魯帥江、黃者，目其新屬難信，故防之耳。此又可知江、黃爲東國也。服江、黃，爲桓公極功，而侍中目稱人爲刺江、黃者，江、黃雖當從中國，于楚仍不當失事大之禮。若子產親晉，而未嘗侮楚，則可矣。今弦且恃江、黃而不事楚，則江、黃之恃齊不事楚更甚可知，目此見滅，故《春秋》貶焉爾。

襄十三年：「唯是春秋窀穸之事。」《說文》：「窀穸，葬之厚夕。」案：《管子・侈靡》云：「大昏也，博夜也。」昏謂昏莫，大昏與博夜意同，厚夕猶博夜也。

莊十九年：「鬻拳葬諸夕室。」杜預注：「夕室，地名。」此無據。《釋文》云：「夕，朝夕之夕。」或曰：夕室，即《吕覽・明理》所云「是正坐於夕室」也，與下《釋文》云「經皇，闕也」合。然彼自謂冢前闕耳，于室不涉，更繆。竊謂《大司徒》有「景朝景夕」之言，《釋山》亦云：「山東曰朝陽，山西曰夕陽。」《封禪書》：「東北，神明之舍；西方，神明之墓也。」當時堪輿之術，㠯墓在西方爲吉，其説亦有所據。墓之言莫也。《説文》：「夕，莫也。」是㠯葬曰窀穸。《荀子・禮論》云：「月夕卜宅。」誠㠯鬼神尚陰幽，故卜宅在時之夕，安葬在地之夕也。其謂之夕室何？《禮論》云：「壙壠其須象室屋也。」《唐風・葛生》云：「百歲之後，歸于其室。」箋：「室，猶冢壙。」故即謂壙壠爲室，㠯其在西方，故謂之夕室也。既象室屋，故有經皇矣。經皇説見後。武氏億㠯夕室爲權厝，失之。

莊二十年：「執燕仲父。」案：《十二諸侯年表》：燕莊公十六年云：「伐王，王奔温，立子穨。」此即十九年事也。十七年云：「鄭執我仲父。」然則史公㠯燕爲北燕，仲父亦非燕君。杜預注十九年云：「燕，南燕。」於此則云：「燕仲父，南燕伯。」皆非。正義曰：「服虔亦云：南燕，伯爵。」則自子慎已誤。

宣十五年：「故文反正爲乏。」服子慎注：「言人反正者，皆乏絶之道也。」案：《賈子・無蓄》曰：「今背本而㠯末，食者甚衆，是天下之大殘也。從生之害者甚盛，是天下之大賊也。汏流、淫佚、侈靡之俗日㠯長，是天下之大祟也。殘賊公行，莫之或止，大命泛敗，《漢書》作『將泛』。莫之振救。生之者甚少，而靡之者甚衆，天下之勢何㠯不危？」泛，即覂，實亦即乏。《説文》：「覂，反覆也。」覂敗者，覆敗也。言反覆，是與反正爲乏誼同，故知叜即乏字也。大殘、大賊，即亂也。大祟，即妖災也。大命叜敗，是覆說上大祟。其叜由于少蓄，是乏絶也。㠯此推之，德刑政事凡有所缺，皆未有不乏絶者也。

莊九年：「公及齊大夫盟于蔇，齊無君也。」麟案：《十二諸侯年表》㠯爲齊襄立十二年，齊桓立四十三年，則齊桓元年即魯莊九年。《管子・戒篇》則云：「襄公立十三年，桓公立四十二年。」《大匡篇》亦云：「桓公饗國四十有二年。」則㠯魯莊十年爲齊桓元年，而魯莊九年爲齊襄之十三年矣。蓋襄雖弒于魯莊八年，而無知、子糾皆不成君，桓公至夏始入，或未改元，故《管子》㠯是年上屬先君也。嘗論之，劉子駿《律歷志》云：「《易》九戹，曰：初入元，百六，陽九；次三百七十四，陰九；次四百八十，陽九；次七百二十，陰七；次七百二十，陽七；次六百，陰五；次六百，陽五；次四百八十，陰三；次四百八十，陽三。凡四千六百一十七歲，與一元終。經歲四千五百六十，災歲五十七。」讀《管子・侈靡篇》，乃知子駿之說閎廓深遠，實與《管子》表裏也。《管子》與桓公論變氣一章，蓋在桓公元年，即魯莊十年。其文曰：「『請問形有時而變乎？』公問。對曰：『陰陽之分定，則甘苦之草生也。從其宜，則酸鹹和焉，而形色定焉，㠯爲聲樂。夫陰陽進退滿虛亡時，其散合可㠯視歲。唯聖人不爲歲，能知滿虛，奪餘滿，補不足，㠯通政事，㠯贍民常。地之變氣，應其所出；水之變氣，應之㠯精，受之㠯豫；天之變氣，應之㠯正。且夫天地精氣有五，不必爲沮，其亟而反，其重陔動毀之進退，即此數之難得者也。此形之時變也。』『沮平氣之陽，若如辭靜，餘氣之潛然而動，愛氣之潛然而哀，胡得而治動？』『沮平』㠯下，公問。對曰：『得之衰時，位而觀之，佁美然後有煇。修之心，其殺㠯相待，故有滿虛哀樂之氣也。故書之帝八，神農不與存，爲其無位，不能相用。』問：『運之合滿安臧？』公問。『二十歲而可廣，十二歲而聶廣，百歲傷神，周、鄭之禮移矣，則周律之廢矣，則中國之草木有移於不通之野者。然則人君聲服變矣，則臣有依駟之祿。婦人爲政，鐵之重反旅金，而聲好下曲，食好鹹苦，則人君日退。亟則谿陵山谷之神之祭更，應國之稱號亦更矣。視之亦變，觀之風氣，古之祭，有時而星，有時而星熺，有時而熰，有時而朐，鼠應廣之實，陰陽之數也。華若落之名，祭之號也。是故天子之爲國，圖具其樹物也。』」㠯上《管子》。案：《三統法》自入元至齊桓元年，四千三十七歲；自齊桓元年至漢大初元年，五百八十歲。計魯成公元年距齊桓元年九十四歲，自此至魯成三年爲陰三之歲。陰爲水，陽爲旱，水旱皆有災，而《管子》言「佁美然後有煇」，有煇，即雨濟。獨言思美㠯御水，而不言思美㠯御旱者，㠯此後九十四年之災，乃陰三而非陽三也。經成元年：「無冰。」此爲常奧之罰，與陰三相殊，此則有過而致咎徵，故與常災異也。「二十歲而可廣」，可，讀爲河。《春秋寶乾圖》云：「移河爲界，在齊吕，填閼八流㠯自廣。」葢當在魯莊三十年、齊桓二十一年也。是歲即北伐山戎之年，桓功始盛，自廣當在此時矣。「十二歲而聶廣」，聶，當借爲攝。僖元年經：「齊師、宋師、曹師次于聶北救邢。」《水經注》謂此聶即「聊攝㠯東」之攝，爲齊之西竟。擴地西極聊攝，是爲聶廣也。十二歲者，謂二十歲後又十二歲，當齊桓三十三年、魯僖八年也。惠王崩于七年，至是年襄王定位，始發喪。襄王之定位，桓公洮之盟定之也。至明年，會葵丘，襄王遂有文武胙之賜。齊桓之事，至此而極盛，故地亦極廣矣。「百歲傷神」者，此還自齊桓元年起算，至其後百歲也，是歲當魯成七年。前此二年爲成五年，梁山崩，所謂「谿陵山谷之神之祭更」也。前此一年爲成六年，晉人謀去故絳，遷于新田。晉即主梁山之祭者，所謂「應國之稱號亦更」也。謂都本曰絳，今曰新田。其時諸大夫皆欲居郇瑕氏之地，曰：「沃饒而近鹽。」鹽者，鹽池也。鹽之言苦也，所謂「食好鹹苦」也。諸大夫皆欲之，是當時習俗所好，故云。至成七年，而傳文首舉「吴伐郯，郯成。季文子曰：『中國不振旅，蠻夷入伐，而莫之或恤。無弔者也夫？《詩》曰：不弔昊天，亂靡有定。其此之謂乎？』」此所謂「中國之草木有移於不通之野者」也。是歲巫臣㠯夏姬之故，深恨楚君臣，乃通吴於上國，而吴入州來矣，此非所謂「婦人爲政」乎？其餘，則百二十國寶書皆無存，不能悉驗矣。要之，齊桓元年後百年，當魯成七年，去大初適四百八十年，管子于是年言災，蓋參用《四分歷》，除去陰陽九七五三之歲，而但計經歲四千五百六十，其分歲則仍㠯百六、三百七十四等數爲限，故其災至四百八十歲之末而見也。成七年則爲下限，四百八十之首而「吴伐郯」，傳但書「春」，或尚在夏正十一月、十二月，且餘氣亦有未盡者，故又有巫臣通吴之事。此則可推陰陽而並可推時事者也。

成七年：「清尹弗忌。」案：《鄭詩》有「清人在彭」，《晉語》有「蒐于清原」，傳有「國書、高無本帥師伐我及清」。❶楚惟昭四年有「清發」，然是水名，未聞有清邑。則清尹非邑尹也。清當借爲青。《白虎通》云：「清明者，青芒也。」是清通青也。青尹何官？《管子·幼官》説五時易井云：「飲於黄后之井，飲於青后之井，飲於赤后之井，飲於白后之井，飲於黑后之井。」五后當有五臣，如句芒等，其名蓋曰尹矣。《周禮》無青尹，

---

❶ 「本」，《春秋左傳正義》作「平」。

何㠯知有青尹？案：《吳彝》云：「吳拜稽首，敢對揚王休，用作青尹寶尊彝。」是吳之祖有爲青尹者，故知周有此官。或天官主天玄，無不統，㠯地官、春官、夏官、秋官、冬官，分配五行之色，青尹即春官異名，亦不可知。楚僭王禮，故有青尹。《寓彝》又有幽尹，幽即黝，即黑后之臣，亦此類也。

襄十四年：「迈人㠯木鐸徇于路。」今本「迈」作「遒」，王伯申據《説文》改。《説文》「迈，古之迈今本「遒」，从王改。人㠯木鐸記詩言，从辶，从丌，丌亦聲，讀與記同。」王伯申曰：「作迈者，葢賈侍中本也。《説文》所訓，侍中説《左傳》語也。」麟案：此下文云：「正月孟春，於是乎有之。」而劉子駿《與楊子雲書》云：「三代、周、秦軒車使者、逌人使者，㠯歲八月巡路，求代語僮謠歌戲。」言八月似與孟春違。案：《管子・四時》云：「秋三月㠯庚辛之日發五政。一政曰：禁博塞，圉小辯，鬭譯跽。」鬭，當讀爲《大行人》「屬象胥」「屬瞽史」之「屬」。跽，即借爲迈，猶迈之讀□「記」也。《方言》云：「譯，傳也。」迈人主求四方之異語而獻之大師，故謂之譯。抑鐸者，譯也。迈人振鐸，正取傳譯之聲誼也。是㠯木鐸金口木舌，而傳譯之官謂之舌人，故謂□迈人爲譯迈也。秋三月行之，故子駿云八月，可㠯古誼補傳焉。

僖四年：「昔召康公命我先君大公曰：『五侯九伯，女實征之，㠯夾輔周室。』」又曰：「爾貢苞茅不入，王祭不供，無㠯莤酒，寡人是徵。」麟案：《史記・封禪書》《齊世家》皆云：「兵車之會三，乘車之會六。」《索隱》《正義》皆云：「案：《左傳》兵車之會三，謂魯莊十三年，會北杏，平宋亂；僖四年，侵蔡，遂伐楚；六年，伐鄭，圍新城也。乘車之會六，謂莊十四年會于鄄，十五年又會鄄，十六年盟于幽，僖五年會于首止，八年盟于洮，九年會葵丘也。」據此合兵車乘車爲九會，則伐楚爲第五會。《管子・幼官》云：「五會諸侯，令曰：『修春秋冬夏之常祭，食天壤山川之故祀，必㠯時。』六會諸侯，令曰：『㠯爾壤生物共玄官，尹知章注：「玄官，主禮天之官也。」請四輔，將㠯禮上帝。』」此皆當爲五會之令，六會下令缺，而後人分迻之也。蓋「㠯爾壤生物共玄官」，即責楚貢苞茅也。因徵苞茅之貢，遂令諸侯修常祭，時祀實餘意耳，分之，則正意缺，而但存餘意矣。《賈子・保傅》引《明堂之位》説四輔曰：「道者，是周公也。輔者，是大公也。拂者，是召公也。承者，是史佚也。」然則大公爲四輔之官而兼方伯，管仲首引「召康公命我先君大公」云云，自㠯桓公爲大公後，當襲方伯及四輔之職。故令貢苞茅者，必先請于四輔，謂請于桓公也。方伯主述職，故貢者先請焉。據《管子》，則楚尚有它物當貢，苞茅乃壤生之一耳，宗廟祭物亦玄官掌之。

襄七年：「與田蘇游，而曰好仁。《詩》曰：『靖共爾位，好是正直。神之聽之，介爾景福。』恤民爲德，正直爲正，正曲爲直，參和爲仁，如是則神聽之，介福降之。立之，不亦可乎？」案：此《小明》五章也。四章云：「靖共爾位，正直是與。神之聽之，式穀㠯女。」傳云：「靖，謀也。正直爲正，能正人之曲曰直。」此聞《左傳》之説于荀子也。箋云：「共，具。式，用。穀，善也。有明君謀具女之爵位，其志在於與正直之人爲治。神明若祐而聽之，其用善人，則必用女。是使聽天任命，不汲汲求仕之辭。言女位者，位無常主，賢人則是。」㠯上箋。五章旨亦同。然則《詩》意是慰勸正直者，言有明君，則必得位，故此引之，謂正直者可立也。

立謂立于位，故古文《春秋》「公即位」作「公即立」也。《詩》五章傳云：「介、景，皆大也。」箋云：「介，助也。」案：此傳云「介福降之」，釋爲「大福」則通，釋爲「助福」則閡。然則毛公説本此傳，較鄭爲塙也。大爾大福者，謂福本大，而益大之也。既大之而大，故即謂之介福。《楚茨》詩亦云「報㠯介福」。

昭九年説屠蒯「飲工」，復「自飲」。案：《賈子·保傅》云：「天子食㠯禮，徹㠯樂。失度，則史書之，工誦之，三公進而讀之，宰夫減其膳。」又云：「天子有過，宰收其膳。宰之義，不得收膳則死。」然則諸侯禮亦同。言「女弗聞而樂，是不聰也」者，此時學人當舍業，則工本不得誦而諫，故但責其作樂也。又不敢顯收減其膳，故但云「臣實司味，二御失官，而君弗命，臣之罪也」也。然于工及外嬖皆不言罪，而獨言臣之罪，則亦近于「㠯死持之」者矣。

襄三十一年：「延州來季子。」服子慎注：「延，延陵也。州來，邑名。季子讓王位，升延陵爲大夫食邑。州來，傳家通言之。」杜預注：「延州來，季札邑。」正義曰：「延，延陵。州來，邑名。並食二邑，故連言之。」江氏《春秋地理考實》曰：「今按：《檀弓》稱延陵季子，延陵即延也。晉置延陵縣，宋熙寧中省爲鎮，在鎮江府丹徒縣南三十里。季札後又封州來，是年吴未滅州來，而趙文子已稱延州來季子者，史家之辭。其實當稱延陵季子也。」麟案：《管子·地員》：「延陵十施，七十尺，而至於泉。」然則此延陵葢就其土物㠯爲名也。《韓非子·十過》：「乃召延陵生，令將軍軍字衍。車騎先至晉陽。」是晉亦有延陵，亦就土物爲名矣。

昭十二年：「季悼子之卒也，叔孫昭子㠯再命爲卿。及平子伐莒，克之，更受三命。叔仲子欲構二家，謂平子曰：『三命踰父兄，非禮也。』」《讀左日鈔》曰：「案：《周禮》：『三命受車馬。』穆叔賜大路，則已受三命。叔仲子謂踰父兄，蓋誣之辭。」麟案：此自如《文王世子》所云，雖有三命，不踰父兄耳。父謂父行，非謂己之父也。《文王世子》説内朝之禮，然若己之父雖非内朝，亦豈得踰之哉？且父已没，而子爵過父，亦不得云踰。古有父爲士、子爲大夫者，叔仲子斷不能妄㠯此欺平子也。正義雖引《文王世子》，而仍云昭子無兄，然兄本通指從兄、族兄，亦非必同父之兄也。《荀子・大略》云：「一命，齒於鄉；再命，齒於族；三命，族人雖七十，不敢先。此指鄉飲酒禮。上大夫、中大夫、下大夫。」㠯上《荀子》。所謂族人，即父兄也。三命，則雖父兄不敢先。鄉飲猶然，況治朝哉？叔仲子本叔孫氏之别，蓋㠯昭子爵命踰己爲感，故㠯此誣之耳。誣人之辭亦須似真，若父指穆叔，則益不見信矣。劉子駿曰：「《春秋》之序，三命㠯上乃書於經。」賈侍中同。潁子嚴㠯爲再命稱人。預《釋例》㠯爲伐莒受三命在十年，而前此叔孫皆自見經，駁劉、賈、潁爲非。不知此説不可㠯論魯之叔孫婼也。案：《典命》：「公之孤四命，㠯皮帛眡小國之君。其卿三命，其大夫再命，其士一命。」「侯、伯之卿、大夫、士亦如之。」鄭司農云：「九命上公，得置孤卿一人。《春秋傳》曰：『列國之卿，當小國之君，固周制也。』」司農所述，乃二十三年叔孫婼語也。是時叔孫亦止三命，而自比四命之孤，蓋魯本七命之侯，而從九命上公禮，故取三命之卿一人，使從四命之孤禮。不㠯季孫爲孤者，孤不必正卿也。則再命亦有得從三命之卿禮者，故傳云：「叔孫昭子㠯再命爲卿。」明㠯再命而從三命之禮也。是㠯雖再命亦書於經，不得妄疑也。或曰：魯無四命之孤，故卿從孤禮。若卿，則魯本有三命之卿三人，何故缺一，而反㠯再命者從其禮乎？曰：此亦無可疑也。㠯此爲駁，雖使魯無卿從孤禮，而㠯再命者從卿禮，本自可疑，則非駁劉、賈、潁，乃駁傳矣。《春秋》世卿，叔孫本宜處卿位，若其必令再命者，當自有故。若三卿外再命之大夫，自然不得從卿禮也。按《燕禮》：「尊士旅食，于門西兩圜壺。」注謂：「未得正禄者，所謂庶人在官者也。」胡氏匡衷曰：「士旅食，謂未得爵命之士。蓋初升於司馬，隸於司士，論定後官，而未得正爵正禄者，《檀弓》所謂仕而未有禄者，《司士》所謂㠯久奠食者。故曰『庶人在官』，㠯後日任爲卿大夫，故尊㠯圜壺，所㠯寵異之。」案：嗣父爲卿者，先㠯再命命之，亦此例也。

僖二十三年經：「夏，五月，庚寅，宋公茲父卒。」傳：「夏，五月，宋襄公卒，傷於泓故也。」案：《易林・蹇之蠱》：「六鷁退飛，爲衰敗祥。陳師合戰，左股夷傷。遂崩不起，霸功不成。」《旅之萃》上下皆同，「遂崩不起」作「遂㠯薨崩」。蓋宋，王者後，于其國亦得稱崩也。《易林・旅之姤》稱：「元后㠯薨。」蓋元后在莽時非復漢大后矣。稱薨、稱崩，皆有故也。《書・梓材》：「㠯厥臣達王，惟邦君。」鄭注「王」謂「二王之後」，是宋且得稱王，則其言崩宜矣。

宣十六年：「㠯黻冕命士會將中軍，且爲大傅，於是晉國之盜，逃奔于秦。」案：《列子・說符》曰：「晉國苦盜，有郤雍者，能視盜之貌，察其眉睫之間，而得其情。晉侯使視盜，千百無遺一焉。晉侯大喜，告趙文子曰：趙文子有誤。『吾得一人，而一國盜爲盡矣，奚用多爲？』文子曰：『吾君恃伺察而得盜，盜不盡矣，且郤雍必不得其死焉。』俄而羣盜謀曰：『吾所窮者，郤雍也。』遂共盜而殘之。晉侯聞而大駭，立召文子而告之，曰：『果如子言，郤雍死矣。然取盜何方？』文子曰：『周諺有言：察見淵魚者不祥，智料隱匿者有殃。且君欲無盜，莫若舉賢而任之，使教明於上，化行於下。民有恥心，則何盜之爲？』於是用隨會知政，而羣盜奔秦焉。」所陳舉賢之策，即下所云「禹稱善人，不善人遠」也。所云「民有恥心」，即下所云「國無幸民」也。凡無恥，多由偷幸也。趙文子或當作羊舌職，《列子》所述，爲此傳起本。

襄二十五年：「今君出自丁。」杜預注：「齊丁公，崔杼之祖。」案：《管子・山權數》：「還四年，伐孤竹。丁氏之家粟，可食三軍之師行五月。召丁氏而命之曰：『吾有無貲之寶於此，吾今將有大事，請目寶爲質於子，目假子之邑粟。』丁氏北鄉再拜入粟，不敢受寶質。桓公命丁氏曰：『寡人老矣，爲子者不知此數，終受吾質。』丁氏歸，革更也。築室賦籍藏龜。」彼丁氏，即此之出自丁者。葢初時目謚爲氏，如宋之戴，楚之昭，後乃目邑氏崔也。《輕重丁》又云：「其稱貸之家，丁惠、高國，多者五千鍾，少者三十鍾。」計齊桓時未有惠公，或先世有重謚如貞惠文子是也；或先世有異謚，如衛出公一曰孝公是也。則或有惠公子孫，目謚爲氏，丁則即此丁也。

昭七年：「實爲夏郊，三代祀之。晉爲盟主，其或者未之祀也乎？」《晉語》云：「今周室少卑，晉實繼之。其惑者未舉夏郊邪？」案：《管子・輕重甲》：「昔堯之五吏五官無所食，君請立五厲之祭，祭堯之五吏。春獻蘭，秋斂落原，魚㠯爲脯，鯢㠯爲殽。」是天子不祭絶祀，盟主當爲祭之，猶大宗伯攝王祭祀也。

襄十二年：「王使陰里結之。」杜預注：「陰里，周大夫。」案：《管子·輕重丁》：「請㠯令城陰里，使其墻三重而門九襲。」尹知章注：「陰里，齊地也。」既築城，當有大夫，即謂其官爲陰里，猶漢之三輔，其尹亦稱京兆，稱左馮翊，稱右扶風也。然則陰里當是齊大夫也。不使周大夫，而使齊大夫者，案上文書「靈王求后于齊」，則必使王朝大夫可知。又言「齊侯許昏」，則王使已納徵成禮，親迎尚遠，使者已歸，故因使陰里結之也。惠氏《補注》曰：「先鄭有婚禮結言，結字本此傳。」

昭十九年：「鄭大水，龍鬭於時門之外洧淵，國人請爲禜焉，子産弗許。曰：『我鬭，龍不我覿也；龍鬭，我獨何覿焉？禳之，則彼其室也。吾無求於龍，龍亦無求於我。』乃止也。」《五行志》：「《左氏傳》昭公十九年，龍鬭於鄭時門之外洧淵。劉向㠯爲近龍孽也。鄭㠯小國攝乎晉、楚之間，重㠯彊吳，鄭當其衝，不能修德，將鬭三國，㠯自危亡。是時子産任政，内惠於民，外善辭令，㠯交三國，鄭卒亡患，能㠯德消變之效也。京房《易傳》曰：『衆心不安，厥妖龍鬭。』」麟案：此劉子政特説《左氏傳》也。子駿無説，則同其父説可知矣。《易林·坤之節》曰：「龍鬭時門，失理傷賢，内畔外賊，則生禍難。」葢不能内惠於民，則内畔；不能外善辭令，則外賊；由是禍難生矣。子産能之，故卒亡患。是子政説與《易林》同也。《易林》雖非焦氏所爲，而與京君明説不異，則其述焦氏舊學可知矣。子産自知善政，是㠯不禜。案：《管子·輕重丁》：「龍鬭於馬謂之陽，牛山之陰。管子入復於桓公曰：『天使使者臨君之郊，請使大夫初飭，左右玄服，天之使者乎？』天下聞之曰：『神哉齊桓公，天使使者臨其郊。』不待舉兵，而朝者八諸侯。此乘天威而動天下之道也。故智者役使鬼神，而愚者信之。」彼假神㠯使人信，此遠神㠯杜民疑。蒞國之大小、安危既異，故其于鬼神之事亦殊。二賢跡異，而趣一也。

莊二十一年：「王㠯后之鞶鑑予之。」服子慎注：「鞶鑑，王后婦人之物，非所㠯賜有功。」案：鑑訓鏡，爲定。《管子・輕重己》云：「㠯冬日至始，數四十六日，冬盡而春始。天子東出其國四十六里而壇，服青而絻青，搢玉總，帶玉監。」「㠯夏日至始，數九十二日，謂之秋至。天子西出其國百三十八里而壇，服白而絻白，搢玉總，帶錫監。」監，即鑑。玉鑑者，水玉爲之也。錫鑑者，《考工記》云：「金錫半，謂之鑒燧之齊。」注：「鑒，亦鏡也。凡金多錫，則忍白且明也。」案：《典瑞》云：「王晉大圭。」鄭司農云：「插於紳帶之間。」紳即大帶，帶即革帶。此《釋文》㠯鞶爲紳，而置監于此，正與王同處。故《管子》云云，是古有此制，女子亦效爲之也。定六年「定之鞶鑑」亦同。或讀鞶鑑爲盤鑑，㠯爲盛冰之鑑，非也。

哀九年：「吴城邗，溝通江、淮。」案：《荀子・勸學》云：「干、越，夷、貉之子。」楊倞注：「干、越，猶言吴、越。」劉氏台拱《補注》：「干，與『吴城邗，溝通江、淮』之邗同。」此說發明荀子述傳之旨，自古學者所未及。干、越亦見《尸子・勸學》《莊子・刻意》《淮南・原道》、《淮南》高注、《莊子》司馬注並云：「干，吴也。」《新序・雜事》，今獨屬之荀子昌解傳者，昌荀子傳傳，既言干、越，則必知即邗故也。

定四年：「半濟而後可擊也。」案：吳子曰：「敵若絶水，半渡而擊之。」擊，一作薄。即此傳之詁。

桓五年經「螽」，《五行志》：「京房《易傳》曰：『衆逆同志，厥妖河魚逆流上。』京房《易傳》曰：『海數見巨魚，邪人進，賢人疏。』桓公五年：『秋，螽。』劉歆昌爲貪虐取民則螽，介蟲之孽也，與魚同占。」麟案：魚實麟蟲。螽，介蟲，乃與同占者，蝱螽本魚所化。《鍾山札記》引丁希曾説：「凡池湖陂澤中，魚嘯子嘯乃今世俗語。皆近岸旁淺水處。若遇歲旱，水不能復其故處土，爲風日所燥，魚子蝡蝡而出，即變爲蝗蟲，昌害苗。」其説是也。故螽、魚同占。

哀五年：「諸子鬻姒之子荼嬖，諸大夫恐其爲子也。」服子慎注：「諸子，諸公子。鬻姒，景公妾也，淳于人所納。爲子，爲大子也。荼少，故恐立之。」淳于事出《晏子·諫上篇》。今録其全文云：「淳于人納女于景公，生孺子荼，景公愛之。諸臣謀欲廢公子陽生而立荼，公昌告晏子。晏子曰：『不可。夫昌賤匹貴，國之害也；置大立少，亂之本也。夫陽生，長而國人戴之，《羣書治要》如此。君其勿易！夫服位有等，故賤不陵貴；立子有禮，故孽不亂宗。願君教荼昌禮，而勿陷于邪；導之昌義，而勿湛于利。長少行其道，宗孽得其倫。夫陽生敢毋使荼饜粱肉之味，玩金石之聲，而有患乎？廢長立少，不可昌教下；尊孽卑宗，不可昌利所愛。長少無等，宗孽無別，是設賊樹姦之本也。君其圖之！古之明君，非不知緐樂也，巳爲樂淫則哀；非不知立愛也，巳爲義失則憂。是故制樂巳節，立子巳道。若夫恃讒諛巳事君者，不足巳責信。今君用讒人之謀，聽亂夫之言也，廢長立少，臣恐後人之有因君之過巳資其邪，廢少而立長巳成其利者。君其圖之！』公不聽。景公没，田氏殺君荼，立陽生；殺陽生，立簡公；殺簡公，而取齊國。」麟案：傳言「諸大夫恐其爲子」，而《晏子春秋》言「諸臣謀欲廢公子陽生而立荼」者，所謂諸臣，葢國惠子、高昭子之屬，黨于荼者也。下傳言「未有大子」，而《晏》書言「欲廢公子陽生」，則似陽生已立者。葢陽生于序當立，時實未立也。若遂立荼，則爲廢陽生矣。下傳陽生上，尚有嘉、駒、黔、鉏四公子，嘉、駒、黔奔衛，鉏、陽生奔魯。傳既異敍，則嘉、駒、黔特巳奔衛而敍在上，未必皆陽生之兄；鉏、陽生同奔魯，而先敍鉏，則鉏自是陽生之兄。而巳爲陽生長當立者，葢陽生在庶子中爲獨貴，如魯桓公是也。若然，晏子既諫立荼，則與國、高異趣。而下六年傳晏子之子晏圉與國、夏、高、張爲羣者，荼雖不正，既立，則事之矣。故荀息先爲申生，及奚齊既立，又忠于奚齊也。若晏子身在，或如狐突杜門，亦不可知，其子則無庸爲此矣。

襄二十一年：「莊公爲勇爵。」杜預注：「設爵位巳命勇士。」案：《晏子春秋・雜上》：晏子臣於莊公，曰：「好勇而惡賢者，禍必及其身，若公者之謂矣。」又《外上篇》：「莊公陳武夫，尚勇力。」又《諫上》：「使賢者常守之，則大公、桓公將常守之矣；使勇者常守之，則莊公、靈公將常守之矣。」是莊公好勇之證也。《諫上》「靈公」疑衍。十八年傳云：「晏嬰聞之曰：『君固無勇，而又聞是，弗能久矣。』」彼即晏嬰論靈公之詞，不應自相矛盾，故知衍也。十八年傳又云：「齊侯駕，將走郵棠，大子與郭榮扣馬。」又云：「大子抽劍斷鞅。」大子即莊公。是皆莊公好勇之證，故爲勇爵焉。

襄二十三年：「君恃勇力，㠯伐明主。」恃勇力，《晏子春秋・問上》作「任勇力之士」。案：恃、任一也。《小雅・蓼莪》：「無母何恃。」《韓詩》：「恃，負也。」《魯語》：「家欲任兩國。」注：「任，負荷也。」《楚辭・悲回風》：「任重石之何益？」注：「任，負也。」是誼本一也。但無《晏子》書，則似齊君恃己之勇力，必相證明，而後知是士也。勇力之士，而謂之勇力者，猶漢時言豬突、狶勇，近世募卒，亦名爲勇也。明主，今本傳作「盟主」，从《晏子》訂正。襄二十九年傳「則明主也」，《吳大伯世家》及賈侍中注皆作「盟主」。然則《左傳》古文「盟主」多作「明主」，此作盟者，後人㠯訓詁改之耳。

文十一年：「齊王子成父獲其弟榮如。」杜預注：「王子成父，齊大夫。」馬氏宗槤曰：「《說苑》：晏子曰：『昔先君桓公軍吏怠，戎士偷，則王子成父侍。』《呂覽・勿躬篇》：管子曰：『平原廣城，車不結軌，士不旋踵，鼓之，三軍之士視死如歸，臣不若王子成父，請置㠯爲大司馬。』」麟案：《韓非子・外儲說》「王子成父」作「公子成父」，然則成父蓋吳、楚諸國之孽子來仕于齊者，故或稱王子，或稱公子也。齊桓時有衛公子開方來仕，成父亦其類也。齊氏履謙《春秋諸國統記》云：「齊有王子成父、王孫揮，鄭有王子伯駢，當是時王族，亦有宦於諸侯者。自注：衛亦有王孫賈、王孫齊。」案：諸人之爲王族與否，不可知；其並舉成父，則未諦也。

昭三年：「國之諸市，屨賤踊貴。」《晏子春秋・問下》作「國都之市」。《讀書雜志》曰：「當作國之都市。都市即諸市。《左傳》是。」麟謂諸市即都市，如孟諸之作明都，《左傳》用假借字，《晏子》用正字也。《公羊》昭二十一年傳：「宋南里者何？若曰因諸者然。」何劭公注：「因諸者，齊故刑人之地。公羊子，齊人，故㠯齊喻也。從刑人于國家尤危。」麟案：因諸，即闉闍。《鄭風・出其東門》云：「出其闉闍。」箋云：「闍，讀當如『彼都人士』之『都』，謂國外曲城傳云：『闉，曲城也。』之中市里也。」案：古曲城當非如今之隘，其中得容市里。言市里，猶言南里矣。《詩釋文》云：「闉，音因。」此猶煙之作烟，故闉得借用因。鄭讀闍爲都，故《公羊》借用諸。古者刑人于市，故在曲城之中市里。宋之南里，亦曲城之中市里，故㠯相況也。大辟㠯下有四等之肉刑，既刑于市，遂常居之，故得言從也。《公羊》疏舊説云：「即《博物志》云『周曰囹圄，齊曰因諸』是也。」案：囹圄是獄，非刑人之地，相擬不倫。《博物志》誤也。洪氏頤煊謂「因聲近囹，諸聲近圄，皆即圜土之轉聲」，尤誤。此國之諸市，諸指因諸，謂國之因諸市里也。市里本常人所居，故有鬻屨者；刑者居之，故有鬻踊者。㠯《公羊》證之，誼自明憭。又案：《秋官・司圜》注：鄭司農云：「圜，謂圜土也。圜土，謂獄城也。今獄城圜。」惠氏《九經古義》云：「《春秋元命苞》曰：『爲獄圜者，象斗運。』宋均注云：『作獄圜者，象斗運也。』」是獄城即指獄外之周垣，與曲城大異，不可不知。

襄二十五年：「盟國人於大宮，曰：『所不與崔、慶者，有如此盟！』晏子仰天歎曰：『嬰所不唯忠於君、利社稷者是與，有如上帝！』乃歃。」杜預本無「有如此盟」四字，故其注云：「盟書云：『所不與崔、慶者，有如上帝！』讀書未終，晏子鈔答，易其辭，因自歃。」《釋文》從杜，㠯本或有此四字者爲後人妄加。麟曰《晏子》本書證之，而知其當有也。《雜上篇》曰：「崔杼既弒莊公而立景公，杼與慶封相之，劫諸將軍大夫及顯士庶人於大宫之坎上，令無得不盟者。爲壇三仞，埳其下，㠯甲千列環其内外，盟者皆脱劍而入。維晏子不肯，崔杼許之。有敢不盟者，戟拘即鉤。其頸，劍承其心，令自盟曰：『不與崔、慶而與公室者，受其不祥。』言不疾、指不至血者死，所殺七人。次及晏子，晏手奉桮血，仰天歎曰：『嗚呼！崔子爲無道，而弒其君，不與公室而與崔、慶者，受此不祥。』俛而飲血。」按：上言受其不祥，即有如此盟也。下晏子言受此不祥，即有如上帝也。則崔杼之盟國人，何嘗讀書未終乎？且言「次及晏子」，明明晏子依次受盟，何嘗鈔答乎？預言鈔答，則《釋文》所見或本必非承杜學者。賈、服之本，陸氏所目見，若有此四字，又不應言後人妄加，蓋是劉子駿及陳、許諸家單文賸句之存者，後人據㠯補入，陸氏不識所出耳。若唐石經于「所不與崔慶者」下增「有如上帝」四字，此不知所據何本。陳氏芳林謂涉下文而誤衍，或當然。即使有本，亦不如《釋文》所引或本之古。

昭十年：「怨利生孽。」今本「怨」作「藴」。杜預注：「藴，畜也。」《晏子春秋・雜下》作「怨」，今從之。下文亦當作「姑使無怨乎」。案：怨借爲宛。《方言》：「宛，蓄也。」作「藴」，誼亦同，但非初本。《荀子・哀公》云：「富有天下而無怨財。」荀子傳《左傳》，故用其誼，明古文《左傳》當作「怨」。

昭十年：「而請老于莒。」杜預注：「莒，齊邑。」《晏子春秋・雜下》「莒」作「劇」。孫淵如曰：「莒與劇不同。」《括地志》：「故劇城在青州壽光縣南三十一里，故紀國。密州莒縣，故莒子國。」麟案：傳之莒，即借爲劇。莒、劇同部，又一聲之轉。《月令》「具曲植籧筐」，《淮南・時則訓》作「具撲曲筥筐」，是古聲呂、膚通，故得借用。

僖九年經：「冬，晉里克殺其君之子奚齊。」傳：「書曰：『殺其君之子。』未葬也。」《異義・未踰年之君繫父不》：「《公羊》説云：未踰年之君，皆繫於父。晉里克殺其君之子奚齊是也。《左氏》説未踰年之君，未葬，繫於父。殺奚齊於次時，父未葬，雖未踰年，稱子成爲君，不繫於父。齊公子商人殺其君舍，父已葬。謹案：禮制：君喪未葬、已葬，儀各有差，嗣君號亦宜有差。《左氏》説是也。」麟案：《公羊》本義㠯稱君之子爲疾之，見下。其云「未踰年，繫父」者，特爲奚齊發，非通誼也。云「皆繫於父」者，謂未踰年，不論已葬、未葬，皆然。此設言奚齊已葬耳。《左氏》㠯未踰年又未葬，故稱君之子，其實亦㠯爲疾之。此年上傳云：「凡在喪，公侯曰子。」《雜記》正義云：「鄭用《左氏》之義，未葬㠯前則稱子，既葬㠯後踰年則稱公。」是未葬者亦稱子，未嘗繫父。然則此傳及《異義》所引《左氏》説，特㠯此時未葬，故可㠯異于已葬者而繫之父耳。其所㠯繫父者，實因疾之故也。故它不疾者，即不繫父矣。

此經大旨，《左氏》與《公羊》同，㠯《荀子》《董子》明之。《荀子・解蔽》曰：「昔人臣之蔽者，唐鞅、奚齊是也。唐鞅蔽於欲權而逐載子，奚齊蔽於欲國而罪申生，唐鞅戮於宋，奚齊戮於晉。逐賢相而罪孝兄，身爲刑戮，然而不知，此蔽塞之禍也。故㠯貪鄙背叛爭權而不危辱滅亡者，自古及今，未嘗有之也。」此《左氏》誼也。《呂覽・原亂》一篇全論此事，其文曰：「亂必有弟，大亂五，小亂三，訓亂三。」大亂五見下，小亂三蓋謂伐重耳于蒲、伐夷吾于屈及詛無畜羣公子也。訓，畢沅謂討之訛。討亂三，謂惠公討里克、討丕鄭，文公討呂、郤也。故《詩》曰：『毋過亂門。』此亦本昭十九年傳子產引諺。所㠯遠之也。慮福未及，慮禍之所㠯皃之也。當作「慮禍未及，慮福之所㠯皃之也。」《廣雅・釋詁》：「皃，見也。」言慮福者所㠯見之易，慮禍者所㠯見之難，如驪姬、奚齊，但見得立之福，而不見其禍也。武王㠯武得之，㠯文持之，倒戈弛弓，示天下不用兵，所㠯守之也。此二十五字，似衍文。晉獻公立驪姬㠯爲夫人，㠯奚齊爲大子，里克率國人㠯攻殺之，荀息立其弟公子卓已葬，已即㠯。里克又率國人攻殺之。於是晉無君。公子夷吾重賂秦㠯地而求入。秦繆公率師㠯納之，晉人立㠯爲君，是爲惠公。惠公既定於晉，背秦德，而不予地。秦繆公率師攻晉。晉惠公逆之，與秦人戰於韓原。晉師大敗，秦獲惠公㠯歸，囚之於靈臺。十月乃與晉成，此即傳之「十月，晉陰飴甥會秦伯，盟于王城」。非謂獲後十閱月也。歸惠公，而質大子圉。大子圉逃歸也。惠公死，圉立爲君，是爲懷公。秦繆公怒其逃歸也，起奉公子重耳㠯攻懷公，殺之於高梁，而立重耳，是爲文公。文公施舍，振廢滯，匡乏困，救災患，禁淫慝，薄賦斂，宥罪戾，節器用，用民㠯時，敗荆人于城濮，定襄王，釋宋，出穀戍，外内皆服，而後晉亂止。故獻公聽驪姬，近梁五、優施，殺大子申生，而大難隨之者五，三君死，此從高注，㠯申生、奚齊、公子卓爲三君，與《緐露》合。謝氏墉欲去申生而數懷公，失之矣。一君虜，大臣卿士之死者㠯百數。三君與一君及大臣總爲五難，即上大亂五。離咎二十年，僖四年殺申生爲亂始，僖二十四年文公入而後晉亂止，前後二十年也。文公殺懷公，不爲大亂者，㠯晉亂止於文公，故不數也。亦猶《春秋》弃桓之過。自上世㠯來，亂未嘗一，而亂人之患也皆曰一而已，亂人，驪姬、奚齊也。亂人之患，亂人之爲患也，言驪姬、奚齊爲患時，意謂惟殺申生，一亂而已。自後已得永安，更無它亂也。此事慮不同情也。事慮不同情者，心異也。故凡作亂之人，禍希不及身。」案：事慮不同情，所謂蔽也；作亂禍及身，所謂危辱滅亡也。皆本《荀子》義。蓋呂氏集羣儒著書，荀子之徒治《左氏》者用師說㠯作《原亂篇》，其說廣推五亂，而終㠯作亂自及，則專指驪姬、奚齊等矣。

《春秋緐露·精華篇》曰：「難晉事者曰：『《春秋》之法，未踰年之君稱子，蓋人心之正也。至里克殺奚齊，避此正辭，而稱君之子，何也？』曰：所聞《詩》無達詁，《易》無達占，《春秋》無達辭，從變從義，而一㠯奉人。盧召弓曰：「當作天。」仁人録其同姓之禍，固宜異操。晉，《春秋》之同姓也，驪姬一謀，而三君死之，天下之所共痛也。本其所爲爲之者，蔽於所欲得位，而不見其難也。《春秋》疾其所蔽，故去其正辭，徒言君之子而已。若謂奚齊曰『嘻嘻！爲大國君之子，富貴足矣，何㠯兄之位爲欲居之，㠯至此乎』云爾，録所痛之辭也。故痛之中有痛，無罪而受其死者，申生、奚齊、卓子是也。案：殺申生雖驪姬主謀，而《荀子》及此上文言「何㠯兄之位爲」，皆歸罪奚齊，蓋奪適求位，雖初齔小兒亦知之，特計畫則自其母出耳。董于此處又言奚齊無罪而死，自相矛盾，失之。歷殺三君，禍亂相尋，自是可痛，非必奚齊無罪也。惡之中有惡者，己立之，己殺之，不得如它臣之弑君者，齊公子商人是也。故晉禍痛，而齊禍重，《春秋》傷痛而敦重，是㠯奪晉子繼位之辭與齊子成君之號，詳見之也。」此《公羊》義也。

荀云「蔽於欲國」，董云「蔽於欲得位」；荀云「身爲形戮，然而不知」，董云「不見其難」；是《左氏》《公羊》義一也。惟其不知不見，故《春秋》爲揭其禍難，使知之見之，㠯消其邪謀。然尚未有疾之之辭，故特書「君之子」目見之。《春秋》書子者，皆大子之稱，此書「君之子」，其辭亦謂「君之大子」，董云「奪晉子繼位之辭」者，目其異于常稱也。而其意則謂君之衆子，故董子曰「爲大國君之子，富貴足矣」，是指謂君之衆子也。「《詩》無達詁」云云，亦本《荀子・大略》「善爲《詩》者不說，善爲《易》者不占，善爲《禮》者不相」之意，然則未葬繫父，本非達辭，此傳及《異義》「《左氏》說」亦特爲奚齊發之也。雖非達辭，亦必在可目然之域，若已葬，則雖疾之亦不得繫父，此《左氏》義，《公羊》則但別踰年、未踰年，不別已葬、未葬。故傳與說必明指未葬也。《異義》又引《左氏》說「諸侯未踰年，在國内稱子」，而齊舍獨稱君，當亦同董子敦重之說矣。然則其云父已葬者，亦特爲舍發，不可目例佗人也。

〇又案：《扁鵲列傳》：「晉國且大亂，五世不安，其後將霸。」下云：「獻公之亂，文公之霸。」則似數獻公、奚齊、卓子、惠公、懷公爲五世之亂，然懷公時無佗亂，惟見殺一事而已，則目爲文公殺懷公亦一亂，及定位而霸，然後亂乃止矣。

昭十二年：「中美能黃，上美爲玄，下美則裳。」王懷祖欲訓「能」爲「乃」，目與「爲」字、「則」字一例，非也。案：《春秋緐露・深察名號篇》云：「深察王號之大意，其中有五科：皇科、方科、匡科、黃科、往科。合此五科，目一言謂之王。」下云：「德不能匡運周徧，則美不能黃。美不能黃，則四方不能往。」美不能黃，即本此傳「中美能黃」。若無所本，則文義不可解矣。彼「能」字讀能否之能，則此傳可知。用此又見董生專治《公羊》，而亦旁引《左氏》，非若何劭公之墨守矣。董生未必見《左傳》，當得之傳聞者。

文七年：「同官爲寮。」釋文：「寮，本又作僚。」麟案：寮、僚，皆假借字，本字當作尞。《祝睦碑》「尞屬欽熙」、《魏元丕碑》「訓洛羣尞」是也。《春秋繁露・官制象天篇》云：「三臣而成一慎。故八十一元士爲二十七慎，目持二十七大夫。二十七大夫爲九慎，目持九卿。九卿爲三慎，目持三公。三公爲一慎，目持天子。天子積四十慎，目爲四選。選一慎三臣，皆天數也。」三臣成慎者，《秦風・小戎》傳云：「協驅，慎駕具所目止入也。」此因止驂馬之入，故云「慎駕具」，猶云三馬之駕具也。乘馬，實有兩驂。然驂之命名，實因古時于兩服外加一馬而起。「慎駕具」，亦本此爲名。而兩驂駕具之名，即引申于是。是三爲慎也。三臣，即同官之義。尞，从昚，古文慎也。从火者，从勞省也。昭七年服子慎注：「僚，勞也，共勞事也。」故从勞省，實非从火也。《説文》訓尞爲「柴祭天」，訓燎爲「放火」。然諸書「柴祭」字多作「燎」，且燎既从火，尞復从火，古之制字不當然。然則尞自从勞省，而燎爲放火，亦可引申爲燒柴，古六書義似如是。

襄二十九年：「請觀於周樂。」案：《法言・問神》曰：「延陵季子之於樂也，其庶矣乎？如樂弛，雖札末如之何矣。」是漢儒已習聞《左氏》此篇。《別録》「《樂記》二十三篇」中有「《季札篇》第十八」，蓋亦即此篇。

哀二十一年：「魯人之皋。」杜預注：「皋，緩也。」此于古訓無徵。王伯申讀皋爲咎，證目「皋陶」作「咎繇」：「言魯人不答稽首之咎，數年而猶不自覺。」此説亦未允當。案：皋，當讀爲浩。定四年經「皋鼬」，《公》《穀》二家皆作「浩」，是其證。《晏子春秋・外下篇》云：「浩裾自順。」《問下篇》云：「執一法裾。」《家語》作

「浩裾」。王肅云：「簡略不恭之貌。」《史記》「浩裾」作「倨傲」。不答稽首，是倨傲不恭也。下云「唯其儒書，目爲二國憂」，亦《晏子》言「孔子博學勞思，浩裾自順」之意。或曰：《詩·召旻》傳：「皋皋，頑不知道也。」此即下文所云「不覺」，亦可通。

成二年：「八月，宋文公卒，始厚葬。」案：《呂氏春秋·安死》云：「故宋未亡，而東冢扣。」注：「東冢，文公冢也。文公厚葬，故冢被發也。冢在城東，因謂之東冢。」案：此《荀子·禮論》所謂「刻生而附死，謂之惑」者，君子葢決其必扣矣，故譏之。

昭六年：「錐刀之末，將盡爭之。」《呂覽·下賢》曰：「子産相鄭十八年，刑三人，殺二人；桃李之垂於行者，莫之援也；錐刀之遺於道者，莫之舉也。」葢子産在，則道不取錐刀，然彼我泰分已見于此，故終子産之世，有錐刀見取于人者，必爭競無已，不能崇讓矣。此一治一亂雖異，而所目致之則一也。故叔向譏之。

哀十六年：「白公奔山而縊。」《呂覽·精諭》云：「此白公之所目死於法室。」注：「葉公子高率方城外衆攻白公，九日而殺之法室。法室，司寇也，一曰浴室，澡浴之室也。」案：作「法室」是。《呂覽》別本與《列子》《淮南》並作「浴室」，因右旁厶與谷相似而誤耳。《廣雅》「厶」誤作「谷」，「祛」誤作「裕」，「揭」誤作「谺」，皆其證也。「奔山」之「山」，當借爲「宣」。《說文》：「山，宣也，宣气散生萬物。」是山與宣聲同。《淮南·本經》

云：「武王甲卒三千，破紂牧野，殺之于宣室。」注：「宣室，殷宫名。一曰：宣室，獄也。」彼宣室自從殷宫爲正訓，而獄名宣室，高氏必有所本，決非妄造。此法室，高訓司寇，是即獄。故知山借爲宣也。但白公所奔，適近宣室，因縊于此，固非自擇死所，亦非葉公殺之于此也。高注未確。

昭十七年：「使祭史先用牲于雒。」《吕覽・精諭篇》作「使祭事先」。案：《吕》所據《左氏》古文，當是㠯事爲史。《説文》：「史，記事者也。」是史㠯事爲聲義，故小篆事从史，之省聲。古文叓从史，之聲，此其取義也。《白虎通・諫諍》：「所㠯謂之史何？明王者使爲之也。」《魯語》：「備承事也。」韋解：「事，使也。」是史事一聲，故同訓使，故古文傳借事爲史。今作史者，注家所易耳。

襄十七年：「吾儕小人皆有闔廬，㠯辟燥濕寒暑。」案：子罕身爲大臣，而自儕于小人，言其所居同者。《吕覽・召類》云：「士尹池爲荆使於宋，司城子罕觴之，南家之墻犨於前而不直，西家之潦徑其宫而不止。」據此，則子罕之屋宇卑陋，直與小人同其闔廬而已。

襄二十一年：「囚伯華、叔向、籍偃。」《吕覽・開春論》云：「晉誅羊舌虎，叔嚮爲之奴而艘。」注：「奴，戮也。律：坐父兄，没入爲奴。《周禮》曰：『其奴，男子入于罪隸。』此之謂也。艘，繫也。」麟案：《吕》所據，《左氏》古文。囚蓋作艘。《説文》：「囚，繫也。」與高訓艘字正同。而艘、囚，聲亦通，讀從東部本聲。則例㠯《常棣》「戎」韻「務」、《車攻》「同」韻「調」，固可通囙矣。若《說文》艘讀若莘，則例㠯梓、榟作杍，《五行志》：「梓，猶子也。」《說文》：「汓，从水，从子。」實从子聲。游，从汓聲。古文作「𨒪」，則从子聲矣。故《鶡冠子·世兵》㠯游、囙叶慈、之也。汓亦从子聲可知。或作泅，从水，囙聲。是宰、子、囙聲通，故艘可通囙矣。

莊十九年：「而葬於經皇。」宣十四年：「屨及於經今本「窒」，從《吕覽》注訂。皇。」《吕覽·行論》引宣傳作「屨及諸庭」，則經皇乃庭也。杜預注莊傳㠯爲「冢前闕」，注宣傳㠯爲「寢門闕」，不知宣傳下句云「劍及於寢門之外」，《吕覽》作「劍及諸門」，葢言外者，特越寢門一步耳。故《吕覽》但言門，不言外也。若經皇爲寢門闕，則與劍及諸門同處，徒㠯棖臬内外爲分，相距大近，知經皇非寢門闕也。然則莊傳亦非謂冢前闕可知。葢經皇本兩字合音，經音徒結切，與唐音徒郎切爲雙聲字，故經皇反音爲唐。《釋宮》云：「廟中路謂之唐，堂塗謂之陳。」《陳風·防有鵲巢》：「中唐有甓。」傳：「堂塗也。」廟中路與堂塗皆在庭之道也，故《周書·作雒》「陧唐」，孔晁注云：「中庭道也。」別言之，則唐爲庭中之塗；散言之，則舉其大名曰庭而已。若然，路寢則有庭矣。墓亦有庭者，《東方朔傳》云：「柏者，鬼之廷也。」是墓亦有庭，自冢㠯前皆是也。《陳風》「墓門有棘」，傳云：「墓門，墓道之門。」是墓門外有道，故知既入門後，亦有至墓之道，猶宮室之制，既入門，其庭中有道也。鬻拳則葬於其道。

哀十六年：「石乞曰：『焚庫弒王，不然不濟。』白公曰：『不可，殺王不祥，焚庫無聚，將何㠯守矣？』」

《吕覽·分職》云：「白公勝得荆國，不能以其府庫分人。七日，石乞曰：『患至矣！不能分人，則焚之，毋令人以害我。』白公又不能。九日，葉公入，乃發大府之貨予衆，出高庫之兵以賦民，因攻之。十有九日而白公死。國非其有也而欲有之，可謂至貪矣；不能爲人，又不能自爲，可謂至愚矣。譬白公之嗇，若梟之愛其子也。」注：「梟愛養其子，子長而食其母也。白公愛荆國之財而殺其身也。」猝觀此傳，焚庫之策，甚爲不情。觀《吕覽》始明。

昭四年「楚子示諸侯侈，椒舉曰」，《韓非子·十過》云：「昔者楚靈王爲申之命，宋大子後至，執而囚之，狎徐君，拘齊慶封。中射士諫曰：『合諸侯不可無禮，此存亡之機也。昔者桀爲有戎之會，而有緡叛之；紂爲黎丘之蒐，而戎、狄叛之：由無禮也。君其圖之。』君不聽，遂行其意。」此所言，雖與傳文時有錯啎，而椒舉之爲中射士則賴此以存。案：《吕覽·去宥》云：「有中謝佐制者。」注：「中謝，官名也，佐王制法制也。」《史記·張儀傳》亦有「中謝」，《索隱》云：「中謝，葢謂侍御之官。」梁處素謂中謝即中射，是也。攷《韓非子·説林上》云：「有獻不死之藥於荆王者，謁者操之以入，中射之士問曰：『可食乎？』曰：『可』。因奪而食之。」據謁者入而中射之士始得見之，則中射爲侍御之官在王宫者無疑，猶言中庶子、郎中令、侍中，以在中而名之也。《韓非子》注以爲官有上、中、下，繆矣。其以射名者，猶僕射也。《百官公卿表》云：「僕射，秦官，自侍中、尚書、博士、郎皆有。古者重武官，有主射以督課之，軍屯吏、騶、宰、永巷宫人皆有，取其領事之號。」然則中射其猶侍中僕射乎？即僕射乎？言射不言僕，官號古今小殊也。一曰：中允，《百官公卿表》作中盾，盾爲扈衞徼巡所用，此之中射，亦猶中盾㠯射爲職者，猶射聲校尉也。亦通。據《吕覽》云：「中謝，細人也。」則其官卑矣。而得佐王制法制者，葢衰世之政。然秦之趙高、漢之弘恭，皆㠯奄人佐君草律，況士人侍中者乎？椒舉歷爲聘使、聘介，必非卑官，而爲中射士者，葢㠯卿大夫兼領其職，如漢之侍中，亦㠯列侯、將軍、卿大夫爲之也。伍舉即伍參之子。宣十二年云：「嬖人伍參欲戰。」春秋時，所謂嬖人，非謂嬖佞諂諛者，自其官名如嬖大夫可證。然則嬖人葢侍御于王者，即中射也，父子世職也。又《韓非子·説林下》：「荆王弟在秦，秦不出也。中射之士曰：『資臣百金，臣能出之。』因載百金之晉，見叔向。叔向受金，而㠯見之晉平公。」平公、叔向正與椒舉同時，中射當即椒舉，更可見椒舉㠯中射爲使人，又一證也。

文十三年：「繞朝贈之㠯策，曰：『子無謂秦無人，吾謀適不用也。』」案：《韓非子·説難》云：「故繞朝之言當矣，其爲聖人於晉，而爲戮於秦也。此不可不察。」據此知繞朝實未㠯士會之情告秦君，故後㠯誤國見戮。其言「吾謀適不用」者，㠯欺士會耳。

昭四年：「牛謂叔孫：『見仲而何？』」杜預注：「而何，如何。」「叔孫曰：『何爲？』」杜預注：「怪牛言。」正義曰：「牛謂叔孫曰：㠯仲見君何？問何故㠯仲見君也。叔孫怪其語，故曰：『何爲？』」案：杜、孔説非也。《韓非子·内儲説上》云：「豎牛因謂叔孫：『何不見壬於君乎？』叔孫曰：『孺子何足見也。』」然則見仲如何，如何是商議之辭，非疑問之辭。叔孫曰「何爲」者，言仲不足見，何爲見之，非怪牛言也。正義引或說：「今將仲見君，其事如何？」此說是也。而謂「叔孫旨已見病，故怪之曰：何爲旨？」當作「叔孫旨已病，故怪之曰：何爲旨見？」則不合。

僖二十五年道晉侯圍原事，《韓非子·外儲説左上》述此事訖，乃云：「衛人聞曰：『有君如彼其信也，可無從乎？』乃降公。孔子聞而記之曰：『攻原得衛者，信也。』」衛人降者，二十八年云：「衛侯欲與楚，國人不欲，故出其君，旨説于晉。」是衛人久慕晉信而願降也。案：此圍原章，傳有而經無。韓云「孔子聞而記之」，是知《左氏》與孔子同好惡。二百四十二年中有經之傳，皆旨發明經意，無經之傳，亦皆受孔子意而記録之旨爲戒勸，其一字一句皆不得有所評駁明矣。韓非此説，必襲荀子之言。而劉逢禄旨爲《左氏》不傳《春秋》，荀子不受《左氏》，皆劉歆所造，然則韓非前于子駿，何爲繆稱《左氏》爲孔子哉？

成二年：「韓獻子將斬人，郤獻子馳，將救之。至，則既斬之矣。郤子使速旨徇，告其僕曰：『吾旨分謗也。』」《韓非子·難一》引此而難之曰：「韓子之所斬也，若罪人，不可救；若非罪人，則勸之旨徇，是重不辜也。」又曰：「韓子之所斬若罪人，郤子奚分焉？斬若非罪人，則已斬之矣，而郤子乃至，是韓子之謗已成，而郤子且後至也。夫郤子曰『旨徇』，不足旨分斬人之謗，而又生徇之謗。」又曰：「昔者紂爲炮烙，崇侯、惡來又曰『斬涉者之脛』也，奚分於紂之謗？故曰：郤子之言非分謗也，益謗也。」又曰：「郤子之往救罪也，旨韓子爲非也，不道其所旨爲非，而勸之『旨徇』，是使韓子不知其過也。」麟案：韓子所斬，罪人也。死罪，亦有可斬可不斬者,《尚書・吕刑》有金選之品上及大辟,此視其情之可原者而許之贖也。近世有監候之科,其罪雖同,視其情而死生之。韓子所斬,葢即此輩。韓子嚴持軍法,其斬不爲過。郤子曲諒人情,其救亦不爲過。且救之者,非欲直赦之也,黥劓貫耳諸刑,亦所必加,如漢之減死論也。于法不屈,而于情已行,安得云罪人不可救乎? 惟其本有死罪,故不妨㠯徇。所謂分謗者,非分殺戮不辜之謗也。軍士或㠯韓子爲過刻,因是生謗,故郤子使速㠯徇,若己本欲斬之者,而軍士乃分謗于我矣。此實大臣之度,非拘守尺籍伍符者所知。且郤子自使速徇,非勸韓子徇也。紂炮烙,而崇、惡更㠯斬涉説之,其終行斬涉之刑者固紂也,是㠯益紂之謗;今斬之者韓子,而徇之者則是郤子,而非韓子矣,何足㠯益韓子之謗? 乃云「非分謗也,益謗也」,又誤矣。且㠯徇,見己心同韓子,雖謗成,何不可自後分之乎? 又郤子往救,原非㠯韓子爲妄殺,特心存哀矜耳,又何必使韓子自知其過乎? 而韓子聞分謗一語,已足使之少弛威嚴,更不必口告之也。韓非法家之説,本不足與何劭公《膏肓》同爲《左氏》之榛梗,特其辭裁辯,恐學者惑于其義,故録駁之。又案:此條傳無論斷,其晏子言「踊貴」,則傳明㠯爲仁人,而非又難之。然則非雖學于荀子,其㠯法家言攻師説可知矣。一二可取者,今亦不㠯人廢言焉。雖晏子事,學者皆知其繆,故不箸。

僖二十四年:「君命無二。」《韓非子・難三》引此而云:「寺人之言也,直飾君令而不貳者,則是貞於君也。死君後與下「復」字互誤。生臣不愧而復爲貞,今惠公朝卒而莫事文公,寺人之不貳何如?」案:此説是。又云:「桓公能用管仲之功而忘射鉤之怨,文公能聽寺人之言而棄斬袪之罪,桓公、文公能容二子者也。」此說亦是。傳特録㠯見人君之大度，又㠯見人材可用者，雖言是行非，不因之而棄也。

襄七年：「穆叔曰：『孫子必亡。爲臣而君，過而不悛，亡之本也。』」《韓非子・難四》引此而難之曰：「或曰：天子失道，諸侯代原作伐，從顧千里説正，下同。之，故有湯、武。諸侯失道，大夫代之，故有齊、晉。臣而代君者必亡，則是湯、武不王，晉、齊不立也。孫子君於衛，而後不臣於魯，臣之君也。君有失也，故臣有得也。不命亡於有失之君，而命亡於有得之臣，不察。魯不得誅衛大夫，而衛君之明不知不悛之臣，孫子雖有是二也，巨原本「臣」，顧云：「當爲巨，巨詎同字。」㠯亡？其所㠯亡其失所㠯得君也。」復釋之曰：「或曰：人主之施分也。臣能奪君者，㠯得相踦也。故非其分而取者，衆之所奪也；辭其分而取者，民之所予也。是㠯桀索嶓山之女，紂求比干之心，而天下離；湯身易名，武身受詈，而海内服；趙咺走山，顧曰：「咺，當作宣。《左傳》『宣子未出山而復』是其事也。」田外僕，顧曰：「田下當有成字。」而齊、晉從。則湯、武之所㠯王，齊、晉之所㠯立，非必㠯其君也，彼得之而後㠯君處之也。今未有其所㠯得，而行其所㠯處，是倒義而逆德也。倒義，則事之所㠯敗也；逆德，則怨之所㠯聚也。敗亡之不察，何也？」案：韓非既有難辭，不應復有釋辭。惟《難勢篇》引慎子語，下云「應慎子曰」，又云「復應之曰」，此韓非主慎子之説，故設難而解之也。此《難四》引《左傳》三條，及衛侏儒事一條，皆有難，復有釋。觀所難語意，皆猜忌急酷，與韓非平日之言同；而所釋語皆有儒者風，葢非難《左氏》，而同學張北平之屬㠯辭釋之，非亦附箸其説，如《存韓篇》先載非所上書，後載李斯駁非之語也。于此知《膏肓》不始何氏，箴者不待鄭君矣。

定九年：「夫陽虎有寵於季氏，而將殺季孫，目不利魯國而求容焉。親富不親仁，君焉用之？君富於季氏，而大於魯國，茲陽虎所欲傾覆也。」《韓非子》作「陽虎所目盡詐也」，本上文「奮其詐謀」。《韓非子・難四》引此而難之曰：「或曰：千金之家，其子不仁，人之急利甚也。桓公，五伯之上也，爭國而殺其兄，其利大也。臣主之間，非兄弟之親也。劫殺之功，制萬乘而享大利，則羣臣孰非陽虎也？事目微巧成，目疏拙敗。羣臣之未起難也，其備未具也。羣臣皆有陽虎之心，而君上不知，是微而巧也。陽虎貪於天下，目欲攻上，是疏而拙也。不使景公加誅於拙虎，顧曰：「當云『不使景公加誅於齊之巧臣，而使加誅於拙虎』。」是鮑文子之説反也。臣之忠詐，在君所行也。君明而嚴，則羣臣忠；君愞而闇，則羣臣詐。知微之謂明，無救赦之謂嚴。不知齊之巧臣而誅魯之成亂，不亦妄乎！」復釋之曰：「或曰：仁貪不同心。故公子目夷辭宋，而楚商臣弑父，鄭去疾予弟，據宣四年傳當作「兄」。而魯桓弑兄，五伯兼并，而目桓律人，則是皆無貞廉也。且君明而嚴則羣臣忠，陽虎爲亂於魯，不成而走，入齊而不誅，是承《説文》：「承，奉也，受也。」兩義皆可通。爲亂也。君明則誅，知陽虎之可目濟亂也，此見微之情也。語曰：『諸侯目國爲親。』君嚴則陽虎之罪不可失，此無救赦之實也。則誅陽虎，所目使羣臣忠也。未知齊之巧臣，而廢明亂之罰；責於未然，而不誅昭昭之罪：此則妄矣。今誅魯之罪亂目威羣臣之有姦心者，而可目得季、孟、叔孫之親，鮑文之説，何目爲反？」麟案：禁姦於未作，圖難於未然，使景公知鮑文子之意，而長守之目御國，則雖陳氏之姦可止也。乃不能誅虎而東之，又中其詐謀而西之，其于文子言意一朝且不能行，姦之不止也宜哉！

桓十七年：「初，鄭伯將㠯高渠彌爲卿，昭公惡之，固諫不聽。昭公立，懼其殺己也，辛卯，弒昭公而立公子亹。《韓非子》作「亶」，未知孰是。君子謂：『昭公知所惡矣。』公子達《韓非子》作「圉」，亦兩存之。曰：『高伯其爲戮乎？復惡已甚矣。』」《韓非子》「復」作「報」，此㠯訓詁代經也。惠定宇曰：「鄭注《周禮・大司寇》云：『復，猶報也。』」《韓非子・難四》引此而難之曰：「或曰：公子圉之言也不亦反乎！昭公之及於難者，報惡晚也。然則高伯之晚於死者，報惡甚也。明君不懸怒，懸怒則臣罪顧曰：「當倒。」輕舉㠯行計，則人主危。故靈臺之飲，衛侯怒而不誅，故褚師作難；食黿之羹，鄭君怒而不誅，故子公殺君。君子之舉知所惡，非甚之也，曰知之若是其明也，而不行誅焉，㠯及於死，故舉原無「舉」字，從顧説增。知所惡，㠯見其無權也。人君非獨不足於見難而已，或「或」與「有」通，此讀爲又。不足於斷制。今昭公見惡稽罪而不誅，使渠彌含憎懼死㠯徼幸，故不免於殺，是昭公之報惡不甚也。」復釋之曰：「或曰：報惡甚者，大誅報小罪。大誅報小罪也者，獄之至也。獄之患，故非在所㠯讀爲已。誅也，㠯讎之衆也。是㠯晉厲公滅三郤而欒、中行作難，鄭子都殺伯咺而食鼎起禍，吳王誅子胥而越句踐成霸。則衛侯之逐，鄭靈之弒，不㠯褚師之不死而公父即子公。之不誅也，褚師無公孫彌牟等，子公無子家，亦不能爲亂。㠯未可㠯怒而有怒之色，未可誅而有誅之心。怒其當罪，而誅不逆人心，雖懸奚害？夫未立有罪，即位之後，宿罪而誅，齊胡之所㠯滅也。《楚語》：「昔齊騶馬繻㠯胡公入於貝水，非唯舊怨乎？」注：「騶馬繻，齊大夫也。胡公虐馬繻，馬繻弒胡公，内之貝水。」君行之臣，猶有後患，況爲臣而行之君乎？誅既不當，而㠯盡爲心，是與天下爲讎也，則雖爲戮，不亦可乎！」

莊三十年經：「齊人降鄣。」劉子駿、賈侍中㠯爲「鄣，紀之遺邑」。見《釋例》，原文缺。此本二傳也。杜預㠯爲：「紀侯去國至此二十七年，紀侯猶不堪齊而去，則邑不得獨存。此蓋附庸小國，若邿、鄟者也。」麟案：《漢書·兩粵傳》：「閩粵王無諸及粵東海王搖，其先皆粵王句踐之後也。」粵滅于楚，而種類尚存，國土未盡，然則遺邑之存何足疑？江氏《春秋地理考實》曰：「紀，小國，不得有附庸。此因昭十九年傳『紀鄣』而誤也。紀鄣，莒邑，與此鄣非一地。」案：江意似謂劉、賈亦因紀鄣而誤，然地名同者亦多，吾聞魯有陽關矣，未聞謂因楚之魯陽而致誤者也。且紀鄣僅見《左傳》，二傳何因致誤乎？故鄣決爲邑名。又案：别有章國，與鄣自異。《世本·氏姓篇》：「任姓，謝、章、薛、舒、吕、祝、終、泉、畢、過。」是章爲國名也。説者不知章爲任姓，乃云姜姓，大公之後，此因紀姜姓，又因預附庸之説妄疑鄣亦姜姓，又㠯爲章即鄣，重恈貤繆，可勝正哉！

桓五年：「先偏後伍，伍承彌縫。」杜預注：「《司馬法》：『車戰二十五乘爲偏。』㠯車居前，㠯伍次之，承偏之隙，而彌縫闕漏也。五人爲伍，此蓋魚麗陳法。」麟案：此偏當借爲《周禮》「苹車」之「苹」。《説文》「蹁」下云：「讀若苹。」蹁、偏皆扁聲，明偏亦可借爲苹矣。《春官·車僕》云：「苹車之萃。」注：「苹，猶屏也，所用對敵自蔽隱之車也。《孫子》八陳有苹車之陳。」㠯上《周禮》注。先苹後伍，則伍足㠯彌縫車之闕漏，而車亦足爲伍屏蔽，故知偏即苹也。苹車可單稱苹者，案「廣車之萃」注云：「《春秋傳》曰：『其君之戎，分爲二廣。』」

廣車可單稱廣，則苹車可單稱苹矣。是故闕車者，所用補闕之車也。苹車者，所㠯屏蔽人，而兼使人爲之補闕者也。

宣十四年：「投袂而起。」《吕覽·行論篇》：「莊王方削袂，聞之曰：『嘻！』投袂而起。」孔氏《經學卮言》曰：「投袂，投其所削之袂也。傳文未備，杜氏遂㠯投爲振，壹若拂袖之義，誤已。」麟案：《淮南·主術訓》：「楚莊王傷文無畏之死於宋也，奮袂而起。」《釋言》：「奮，振也。」《説文》：「振，一曰奮也。」《釋言》奮、振，又皆訓訊，則預説亦有所本。且《廣雅·釋詁》：「振，棄也。」振訊而棄之，正是投所削之袂，非是拂袖，不必致駁。但預不引《吕覽》，不明投袂之由，則可訾耳。

桓二年：「衮、冕、黻、珽。」《荀子·大略》：「天子山冕，諸侯玄冠，大夫裨冕，士韋弁，禮也。」楊倞注：「山冕，謂畫山於衣而服冕，即衮冕也。蓋取其龍，則謂之衮冕，取其山，則謂之山冕。」麟案：楊説非也。山冕，乃春秋之制，改山居龍上。舜十二章，山本在龍上，周始登龍於山。《司服》注云：「尊其神明也。」春秋改制，九章從周，而山龍從虞，凡損益百王，視此矣。登山者，蓋如《明堂位》注：「所謂山，取其仁可仰也。」救僿㠯忠，故尚仁也。若然，子曰：「服周之冕。」則冕不當改今登山者。案：《禮器》：「天子之冕，朱緑藻，十有二旒，諸侯九，上大夫七，下大夫五，士三。」注：「朱緑，似夏、殷禮也。周禮，天子五采藻。」正義曰：「天子之冕朱緑藻十有二旒者，亦是夏、殷也。諸侯九，上大夫七，下大夫五，士三，亦言夏、殷也。周家旒數隨命數。又，士但爵弁，無旒也。」然則服周冕者，服其五采藻、三采藻、朱緑藻之等及旒隨命數耳。但從其所戴之冕，而冕服之章則有改易焉。乃惠氏《禮説》㠯《明堂位》之夏后氏山爲冕，而云：「荀子所説乃夏制。」案：下云「大夫裨冕」，謂裨冕止于大夫；「士韋弁」，謂士不得服冕，而夏、殷之士皆冕，則荀子所説非夏、殷禮矣。虞有日、月、星、辰，而荀子所説從山始，又非虞禮矣。既與四代皆不合，故知必春秋之改制也。此傳哀伯言周制，與《荀子》無涉，而改冕服之説，傳中無文，故附《荀子》于此，㠯見制作之微言也。至所云「諸侯玄冠」，冠冕通名。《弁師》云：「掌王之五冕，皆玄冕朱裏延紐。」玄冠，猶玄冕，五等諸侯之冕皆得稱之，非朝服玄端之玄冠，亦非大夫之玄冕也。士韋弁，則楊氏謂「㠯爵韋爲韠而戴弁」亦誤，當謂㠯韎韋爲韐而戴爵弁耳。此二句與「大夫裨冕」皆同周制。

桓二年：「錫、鸞、和、鈴。」《大戴禮·保傅》：「在衡爲鸞，在軾爲和。馬動而鸞鳴，鸞鳴而和應。」今《賈子》文多缺脱。此大傅説傳義也。《韓詩内傳》亦云：「鸞在衡，和在軾前。」《白虎通》引《魯訓》曰：「和，設軾者也。鸞，設衡者也。」而《毛詩·蓼蕭》傳則云：「在軾曰和，在鑣曰鸞。」許叔重云：「《詩》云：『八鸞鎗鎗。』則一馬二鸞也。又曰：『輶車鸞鑣。』知非衡也。」此傳正義亦云：「衡之所容，惟兩服馬耳。詩辭每言八鸞，當謂馬有二鸞。鸞若在衡，衡唯兩馬，安得置八鸞乎？㠯此知鸞必在鑣。」此皆駁賈、韓、魯而從毛者也。麟謂二説兼通。毛公説謂殷、周時車也，賈大傅説謂虞時車也。案：《干旄》正義引王肅云：「夏后氏駕兩，謂之麗；殷益㠯一騑，謂之驂；周人又益一騑，謂之駟。」肅之此説，當非妄造。王基引《商頌》「約軧錯衡，八鸞鏘鏘」，㠯證殷駕四，不駕三，據此則當是有虞氏駕兩，夏后氏駕驂，殷人始駕駟。《明堂位》云：「鸞車，有虞氏之路也；鉤車，夏后氏之路也；大路，殷路也；乘路，周路也。」注：「鸞，有鸞和也。鉤，有曲輿者也。大路，木路也。乘路，玉路也。」然則鸞、和始設于有虞氏，僅有兩馬，故鸞在衡耳。至殷、周四馬，則鸞皆在鑣矣。哀伯，魯臣，並見鸞車及大路、乘路，其説鸞和，得兼賈、毛二義。至《詩》之八鸞，自當從毛公説，韓、魯之訓，沿虞制爲説耳。又案：驂馬之説，《王度記》亦云：「大夫駕三。」《干旄》正義謂三馬則偏而不調。案：今燕、薊駕車，固有用三馬者。御者、乘者皆未嘗㠯畸輕畸重爲苦。《詩》正義未察實事，徒㠯虛理論之耳。《後漢·劉盆子傳》云：「盆子乘王車，駕三馬。」《續漢志》曰：「紫罽軿車，左右騑，駕三馬；皇孫緑車㠯從，皆左右騑，駕三。」然則《王度記》及王肅所云，皆周、漢、魏人得之目驗者也。《左氏春秋》古説亦謂「大夫駕三」，見《説苑·修文》。若服子慎注則云：「鸞在鑣，和在衡。」《史記·禮書》集解引，當是此注。杜預因之。和之在軾，諸説皆同，子慎言在衡，未知何出，不可從。❶

隱元年經：「夏，五月，鄭伯克段于鄢。」烏乎！吾觀《春秋》首書此事于開端建始之時，而知《公羊》家爲漢制法之説非無據也。夫京之耦國，猶漢初之莫大諸侯也。段之爲母弟，猶漢初之淮南厲王也。賈生言之矣！《藩彊篇》曰：「竊跡前事，大抵彊者先反。力不足㠯行逆，則功少而最完，埶疏而最忠，全骨肉。時長沙無故者，非獨性異人也，其形埶然矣。曩令樊、酈、絳、灌據數十城而王，今雖㠯殘亡可也；令韓信、黥

❶「矣哀伯魯臣」至「未知何出不可」，原羼入下條「據數十城而」後，今移正。

布、彭越之倫列爲徹侯而居，雖至今存可也。然則天下大計可知已。欲諸王皆忠附，則莫若令如長沙；欲勿令葅醢，則莫若令如樊、酈、絳、灌；欲天下之治安，天子之無憂，莫如衆建諸侯而少其力。力少則易使㠯義，國小則無邪心。」《淮難篇》曰：「竊恐陛下接王淮南王子，曾不與如臣者孰計之也。淮南王之悖逆亡道，陛下爲頓顙謝罪皇大后之前，淮南王曾不誰讓，敷留之罪無加身者。舍人橫制等室之門，追而赦之，吏曾不省捕。王人於天子國橫行不辜而無譴，乃賜美人，多載黄金而歸。侯邑之在其國者，畢徙之他所。陛下於淮南王不可謂薄矣。然而淮南王，天子之法卮蹂促而弗用也，皇帝之令卮批傾而不行，天下孰不知？天子選功臣有職者，㠯爲之相吏，王僴不踏蹴而逐耳，無不稱病而走者，天下孰弗知？日接持怨言㠯誹謗陛下之爲，皇大后之餽賜逆拒而不受，天子使者奉詔而弗得見，僵臥㠯發詔書，天下孰不知？聚罪人奇狡少年，通棧奇之徒、啟章之等而謀爲東帝，天下孰弗知？淮南王罪已明，陛下赦其死罪，解之金道㠯爲之神，其人自病死，陛下何負？天下大指，孰能㠯王之死爲不當？陛下無負也！如是，卮淮南王，罪人之身也；淮南子，罪人之子也。奉尊罪人之子，適足㠯負謗於天下耳，無解細於前事。且世人不㠯肉爲心則已，若㠯肉爲心，人之心可知也。今淮南子少壯，聞父辱狀，是立卮泣洽衿，臥卮泣交項，腸至要肘如繆維耳，豈能須臾忘哉？是而不如是，非人也。陛下制天下之命，而淮南王至如此極，其子舍陛下而更安所歸其怨爾。特曰埶未便，事未發，含亂而不敢言。若誠其心，豈能忘陛下哉？白公勝所爲父報仇者，報大父與諸伯父、叔父也。令尹子西、司馬子綦皆親羣父也，無不盡傷。昔者白公之爲亂也，非欲取國代主也，爲發憤快志爾，故挾匕首㠯衝仇人之匈，固爲要俱靡而已耳，固非冀生也。今淮南土雖小，黥布嘗用之矣，漢存特幸耳。夫擅仇人足㠯危漢之資，於策安便？雖割而爲四，四子一心未異也。豫讓爲智伯報趙襄子，五起而不取者，無他，資力少也。子胥之報楚也，有吳之衆也。白公成亂也，有白公之衆也。闔閭富故，句，下同。然使專諸刺吳王僚；燕大子丹富故，然使荆軻殺秦王政。今陛下將尊不億之人，與之衆，積之財，此非有白公、子胥之報於廣都之中者，即疑有專諸、荆軻起兩柱之間，其策安便哉？此所謂假賊兵爲虎翼者，願陛下留意計之。」麟㠯爲大傅于漢家之安危，《左氏春秋》之義法，皆盡之矣。

夫吳、楚七國執儕天子，皆于克段示戒，而段爲母弟，則于淮南尤切。文帝聞「帝殺吾子」之言，而爲厲王立後；莊公知夫人啟段之事，而與姜氏相絶。仁孝與殘忍迥殊，若論其初，則皆隨母氏之欲也。及厲公復公父定叔，而曰「不可使共叔無後於鄭」，彼其㠯孽篡適同惡相恤，雖與文帝之爲厲王立後用心不同，而尊奉罪人之子，足㠯致亂，則一也。段身未及死，而厲公㠯梟雄之姿能制定叔之死命，故其怨減于淮南諸子之怨文帝，而其力亦不足㠯謀逆。鄭之幸無禍亂者，此也。淮南之事甚于叔段，則文帝可㠯鑒矣。吾故曰：《春秋》開端書此，爲漢初垂戒也。

烏乎！《春秋》爲萬王準則，固非專爲漢作，而于漢事固有獨切者，猶之《易》道彌綸千古，而臨卦箸八月之象，則因文王之時，紂爲無道，故爲殷家箸興衰之戒，㠯見周改殷正之數。見鄭氏《易注》。然則殷末作《易》則㠯開周，周末作《春秋》則㠯開漢，無足怪也。玄聖制法，斯不疑矣。

宣十年經：「公如齊。」傳：「公如齊，奔喪。」劉子駿注：「不書奔喪，諱過也。」賈侍中、許惠卿同。預《釋例》駁之曰：「凡公所出，朝聘、奔喪、葬，皆正書如，❶不言其事，此《春秋》之常。劉、賈、許云云，于聘例既不宜獨生此義，又諱過之意，欲依成十年『公如晉』所諱在于不書晉侯葬，亦復不同也。」麟案：奔喪非朝聘比。朝聘，固敵國之禮；奔喪，則諸侯惟爲天子而已，臣子之禮也。即會葬，比于奔喪，亦尚爲輕。諸侯于鄰國同好，苟適在其國，或偶過其境，容得躬自會葬；若奔喪，則非于天子至尊斬衰將事者，未有行之者也。苟于甥舅姊妹之等尊同得服其服者，適在其國，亦當就位行禮；若在己國，則未有擅離守土而奔喪者也。是故奔喪必爲天子也。如齊奔喪，則是京師齊也，則是爲齊臣子也。其事既關于君臣大義，則自較朝聘、會葬爲重。使直書懲過，固不得已書；如不書，事之常例準之矣。夫聖人未嘗不有直書之意，而已諱過爲尤急，則又削奔喪不書。在常人則已爲常例，而大儒則知其意有轉變矣。董生云：「辭不能及，皆在於指。見其指者，不任其辭。不任其辭，然後可與適道矣。」此治《公羊》《左氏》者，皆所當知也。

❶「正」，《春秋釋例》（清武英殿聚珍版叢書本）作「止」。

春秋左傳讀卷六

僖三十三年：「烝、嘗、禘於廟。」《漢書・韋玄成傳》載中壘校尉劉歆説曰：「禮，去事有殺，故《春秋外傳》曰：『日祭，月祀，時享，歲貢，終王。』本《周語》。祖、禰則日祭，曾、高則月祀，二祧則時享，壇、墠則歲貢，大禘則終王。德盛而遊廣，親親之殺也；彌遠則彌尊，故禘爲重矣。孫居王父之處，正昭穆，則孫常與祖相代，此遷廟之殺也。聖人於其祖，出於情矣，禮無所不順，故無毀廟。」《異義》：「古《春秋左氏》説，古者先王，日祭於祖、考，月薦於曾、高，時享及二祧，歲禱於壇，禘及郊宗石室。此二句當从徐禪所引。謹案：叔孫通宗廟有日祭之禮，知古而然也。三歲一祫，五歲一禘，此周禮也。三歲一禘，疑先王之禮也。」舊有譌脱，陳恭甫从《册府元龜》《舊唐書・禮儀志》補正，今从之。鄭《駁異義》云：「三年一祫，五年一禘，百王通義，㠯爲禮。讖云：殷之五年殷祭，亦名禘也。」《通典》載晉徐禪議云：「《春秋左氏》傳曰：傳，當作「説」。『歲祫及壇、墠，終禘及郊宗石室。』許慎舊説曰：『終者，謂孝子三年喪終，則禘于大廟，㠯致新死者也。』」此亦《異義》文。麟案：歲貢即歲祫，歲祫即禘，歲謂三歲也。《通典》載劉子駿、賈侍中説云：「禘、祫，一祭二名，禮無差降。」《王制》正義引《左氏》説云「禘爲三年大祭，在大祖之廟」是也。而與終王之大禘小異。此傳所舉，謂終王也。《春官・鬯人》疏引賈、服云「三年終禘，遭烝、嘗，則行祭禮」是也。所㠯小異者，終禘及郊宗石室。郊者，大祖也；宗者，配食明堂者也；自郊、宗㠯下之祖，皆祭也。歲祫及壇、墠，則止及一壇一墠，其餘毀廟不祭也。

然二禘亦惟所祭者異，時與禮仍不異。

傳云「烝、嘗、禘於廟」，而不云烝、嘗、礿、禘於廟，非遺礿也。《王制》曰：「天子犆礿，此礿，即周之祠。祫禘，此禘即周之礿。祫嘗，祫烝。諸侯礿則不禘，禘則不嘗，嘗則不烝，烝則不礿。諸侯礿犆，禘一犆一祫，嘗祫，烝祫。」此殷禮一歲三祫之制也。後司農注曰：「凡祫之歲，春一礿而已。不祫，㠯物無成者，不殷祭。周改夏祭曰礿，㠯禘爲殷祭也。」是則春時不禘，雖終喪遭之，仍須後祭。乃禘無論已，礿則即殷時祭之禘。《御覽》引《白虎通》曰：「禘之爲言諦也。序昭穆，諦父子也。」是殷名夏祭爲禘者，正㠯其三祫之始，故特與之名。凡不祫之歲，亦名夏祭爲禘者，引申也。周雖改名曰礿，其仍當行禘不待言，故省礿耳。

《詩·魯頌·閟宮》傳曰：「諸侯夏禘則不礿，秋祫則不嘗，惟天子兼之。」夏言禘，秋言祫，互文。毛公亦㠯《閟宮》言「秋而載嘗，夏而楅衡」故，但舉夏、秋耳。《詩》之楅衡，謂夏時豫備牲牢，爲秋嘗而具也。不言夏礿之祭，故毛公㠯夏禘則不礿，明其不礿也。又㠯秋祫則不嘗，明秋而載嘗，則不祫矣。此諸侯即指魯，非㠯天子比魯也。其實毛、左互發明，左不謂缺夏，毛不謂缺冬也。而鄭《禘祫志》曰：「周禘㠯夏。先王祫於三時，周人一焉，則宜㠯秋。」是廢冬時之禮，誤矣。三時皆可禘，故《續漢志》張純言：「禘祭㠯夏四月。夏者，陽氣在上，陰氣在下，故正尊卑之義也。祫祭㠯冬十月。冬者，五穀成孰，物備禮成，故合聚飲食也。」此雖不知禘、祫之同，而夏、冬皆得行，明矣。純所言，自云出《禮説》，蓋舊有此義，而夏、冬括其始終。

《禮説》誤㠯禘、祫爲二，故分屬夏、冬，而又遺秋矣。徐邈又誤會其意，乃云：「禮，五年再殷，凡六十月中分，每三十月殷也。」此㠯周正十月爲歲終，四月適一歲之半。周正月至四月，適三十月；五月至十月，又適三十月。故㠯禘在三歲，祫在五歲，則誤分而又倒置，益失矣。

《禘祫志》又曰：「魯莊公㠯其三十二年秋八月薨，閔二年五月而吉禘。此時慶父使賊殺子般之後，閔公心懼於難，務自尊成，㠯厭其禍。至二年春，其間有閏。二十一月禫，除喪，夏四月則祫，又即㠯五月禘。比月大祭，故譏其速。譏其速者，明當異歲也。經獨言吉禘于莊公，閔公之服凡二十一月，於禮少四月，又不禫，無恩也。」鄭言當異歲者，鄭《王制》注謂：「魯禮：三年喪畢，而祫於大祖。明年春，禘於羣廟。」故㠯禘當異歲也。不知傳言速者，止謂未除喪而禘耳。閔公除閏月外，當至十月除服，至十二月遭烝，行禘祭。知者，桓五年傳云：「啟蟄而郊，龍見而雩，始殺而嘗，五年正義云：「賈、服：始殺，唯據孟秋。」王伯申引《春秋緐露》「嘗者㠯七月嘗黍稷也」爲證。閉蟄而烝。」皆謂夏正四孟建寅巳申亥之月。《周禮・春官・大宗伯》云：「㠯祠春享先王，㠯禴夏享先王，㠯嘗秋享先王，㠯烝冬享先王。」《周禮》時月皆用夏正，若周之孟月，則在夏爲前時之四仲，不得云春夏秋冬，故知遭烝行禘當在周正十二月也。閔公五月即禘，故曰速，非謂當至明年春也。

《鬯人》疏引《異義》又云：「《左氏》說：『凡君薨，祔而作主，特祀主於寢。畢三時之祭，期年，然後烝、嘗、禘於廟。』許慎云：『《左氏》說與《禮》同。』」鄭無駁《異義》。《疏證》曰：「《鬯人》賈疏㠯鄭注『廟用修』謂『始禘時』者，謂練祭後遷廟，㠯新主入廟，特爲此祭，故云始禘。㠯三年喪畢，明年春禘爲終禘，故云始也。然攷《周禮・鬯人》無禘祭明文，鄭云『始禘』，亦指喪畢明年之禘，非練後也。竊意《左氏》說祀主而畢三時之祭，則已踰期矣；自是而復期年，則三年喪終矣；自是而烝、嘗、禘，正合賈、服三年終禘之說。賈疏誤仞爲君薨之期年，故生異論耳。」㠯上《異義疏證》。此說是也。《雜記》偁：「諸侯五月而葬，七月而卒哭。」傳上文言：「卒哭而祔，祔而作主。」則作主在第七月也，最早則是月即當時祭之期。三時祭畢，當兼包末祭後兩月入算，凡九月。一月即在祔月，計共十五月；又加期年，則二十七月矣；古喪服再期大祥，閒月而禫，禫月爲服之終，故徙月樂矣。名爲二十七月，目月計數，不如今人滿二十七月之日數也。然後遭烝、嘗，則禘祭行焉。《檀弓》：「穆公之母卒，使人問於曾子，即曾申。曰：『如之何？』對曰：『申也聞諸申之父，曰：哭泣之哀，齊斬之情，饘鬻之食，自天子達。』」曾氏爲《左傳》傳人，其説如此，與此期年然後烝、嘗、禘於廟之説合符，又可證杜預卒哭除服之妄矣。此終禘之説也。

惟終禘及郊宗石室，歲祫只及壇、墠，故《春官·大宗伯》云：「目肆獻祼享先王，目饋食享先王。」後鄭注云：「肆獻祼、饋食，在四時之上，則是祫也、禘也。肆者，進所解牲體，謂薦孰時也。獻，獻醴，謂薦血腥也。祼之言灌，灌目鬱鬯，謂始獻尸求神時也。《郊特牲》曰：『魂氣歸于天，形魄歸于地。故祭所目求諸陰陽之義也。殷人先求諸陽，周人先求諸陰。』灌是也。祭必先灌，乃後薦腥薦孰。於祫逆言之者，與下共文，明六享俱然。祫言肆獻祼，禘言饋食者，箸有黍稷，互相備也。」《司尊彝》云：「凡四時之間祀，追享，朝享。」鄭司農注云：「追享、朝享，謂禘、祫也。在四時之間，故曰間祀。」皆目禘、祫別文。誠目禘、祫雖一祭，而禘中有終禘及郊宗石室者，故爲二文也。《司尊彝》言「凡四時之間祀，追享，朝享」，文承「春祠、夏禴、秋嘗、冬烝」之下，則爲平時之禘祫，而兼含終禘，則終禘即从平時之時與禮，又可知也。

陳恭甫謂平時之禘、祫所目異者，「《曾子問》孔子曰：『當七廟五廟無虛主。』又曰：『祫祭於祖，則祝迎四廟之主。』」麟案：七廟謂天子，五廟謂諸侯，祝迎四廟之主，單承諸侯言也。《禘祫志》云：『禘則大王、王季目上遷主祭於后稷之廟，其坐位與祫祭同。文、武巳下遷主，若穆之遷主，祭於文王之廟。文王居室之奥東面；文王孫成王，居文王之東而北面；巳下穆主直至親盡之祖，巳次繼而東，皆北面；而無昭主。若昭之遷主，祭於武王之廟。武王亦居室之奥東面，其昭孫康王，亦居武王之東而南面，亦巳次繼而東，直至親盡之祖，無穆主也。』曰直至親盡之祖，則禘不及親廟矣」。麟案：凡祭皆由親及疏，斷無獨祭毁廟而餒其親廟者。且《後漢書·張純傳》云：「純奏：『禮，三年一祫，五年一禘。漢舊制三年一祫，毁廟主合食高廟，存廟主未嘗合祭。元始五年，諸王公列侯廟會，始爲禘祭。』」則是祫祭不及親廟，又非禘祭不及親廟矣。蓋禘、祫本一，禮家誤分，故或謂禘不及親廟，或謂祫不及親廟，要皆昧于親親之殺者也。又《韓詩内傳》曰：「禘，則取羣廟之主，皆升合食於大祖；祫，則取羣廟之主祭於大祖。」此兩者亦相同，非合食與合祭異也。

陳又謂《周禮·酒正》祫備「五齊」、禘惟「四齊」，則祫大禘小。此據《司尊彝》後鄭注：「唯大事於大廟，備五齊三酒。」賈疏云：「《禮運》四齊，據禘祭而言也。」要鄭亦巳祼用鬱齊、朝用醴齊、饋用盎齊、諸臣自酢用凡酒爲時祭之禮，而推次之，故大事備五齊三酒。《禮運》則泛舉耳，非必禘止四齊也。《戴記》之文，每多錯舉巳説其誼，非如《周禮》《儀禮》之畢舉矣。且祫禘時祭，三酒常用不差，見《禮運》正義。而《禮運》言：「玄酒在室，醴醆在户，粢醍在堂，澄酒在下。」鄭謂醴即醴齊，醆即盎齊，粢醍即緹齊，澄即沈齊，酒即三酒。夫四齊具舉其名，則三酒亦當言事、昔、清，方爲一例，今但言酒，則知非三酒矣，不過于澄下足句耳。澄得言酒，猶《坊記》言醴酒、醍酒、澄酒也。澄足句加酒于下，猶醍足句加粢于上也。鄭云：「粢，讀爲齊。」然則必言畢舉，是舉四齊而遺三酒矣。且彼下文云：「陳其犧牲，備其鼎俎。」若爲畢舉，豈獨無籩豆等乎？列其琴瑟管磬鐘鼓，若爲畢舉，豈獨無柷敔等乎？此㠯知《禮記》之多錯舉也。

□且《荀子·禮論》云：「大饗，尚玄尊，俎生魚，先大羹，貴食飲之本也。饗，尚玄尊而用酒醴，先黍稷而飯稻粱。祭，齊楊注：「齊讀爲嚌。」大羹而飽庶羞，貴本而親用也。」楊倞注「大饗」云：「祫祭先王也。此本《禮器》注。本謂飲食之初。❶《禮記》曰：『郊血，大饗腥也。』」注「饗」云：「與享同，四時享廟也。」注「祭」云：「月祭也。」然則祭即月薦於曾、高，饗即時享及二祧，大饗即歲祫及壇、墠。而祫祭俎生魚，則腥也。《周語》云：「禘郊之事，此禘，乃宗廟之禘，與《楚語》天子禘郊之事、諸侯宗廟之事謂圜丘者別。禘在郊前者，如下文「親戚宴饗」，亦㠯宴在饗前，「余一人敢設飫禘焉」，又㠯飫在禘前，無意誼也。則有全烝。」韋解：「全烝，全其牲體而升之。凡郊禘，皆血腥。」然則禘、祫皆尚腥，非其禮之同乎？

又襄十年云：「魯有禘樂，賓祭用之。」鄭君誼㠯爲「禘祫各異，祫大禘小。天子祫用六代之樂，禘用四代之樂。魯有禘樂，謂有周之禘祭之樂」。彼正義引。案：周所存六代之樂，《大司樂》所謂《雲門大卷》《大咸》《大磬》《大夏》《大濩》《大武》也。又云：「《雲門》之舞，冬日至，于地上之圜丘奏之。若樂六變，則天神皆降，可得而禮矣。《咸池》之舞，即《大咸》。夏日至，于澤中之方丘奏之。若樂八變，則地示皆出，可得而禮矣。《九注云：「九當爲大。」磬》之舞，于宗廟之中奏之。若樂九變，則人鬼可得而禮矣。」後鄭注：「此三者，皆禘，大祭也。天神則主北辰，地祇則主昆侖，人鬼則主后稷。先奏是樂，㠯致其神，禮之㠯玉而祼焉。乃後

❶ 「謂」下，《荀子》楊倞注有「造」字。

合樂而祭之。」案：天神㠯《雲門》致神，則合樂無可加，知地祇、人鬼亦不加。宗廟言《九磬》則合樂，自磬㠯下，四代之樂也。據《鄉飲酒》，合樂貶于升歌、笙、閒，無有過者，此薦腥後合樂，知不得過于下神矣。上文云「㠯六舞大合樂，㠯致鬼神示」云云，此㠯天神得用六樂，故舉㠯爲言；其地祇、人鬼，則用五樂、四樂，㠯次推之可知。且皆六樂中所有，故不別言耳。後鄭注㠯夏日至作之致地祇物魅，似謂方澤亦合六代之樂，失之。而人鬼主后稷，是禘祭用四代之樂也。然主后稷，而不言其時，則兼禘祫矣。若祫用六代之樂，則宗廟當舉其盛者，而云《雲門》之舞，今但云《九磬》，則祫不用六代之樂明矣。且禘祭周、魯及諸侯皆有，魯有禘樂，若爲天子禘樂，則禘上必加天子字而後明，今使但云「魯有烝樂」「魯有嘗樂」，而謂之「天子時祭之樂」，其可乎？十年傳自當从預注，㠯爲「禘三年大祭，則作四代之樂」。其《明堂位》言「季夏六月，㠯禘禮祀周公於大廟。朱干玉戚，冕而舞《大武》；皮弁素積，裼而舞《大夏》」，但舉三代者，略言之耳。襄十年正義又引襄二十九年「爲季札舞四代之樂」及《明堂位》云「凡四代之服器，魯兼用之」，㠯證魯有四代樂，云：「禘是三年大祭，禮無過者，知禘則作四代樂。」其說塙矣。羣公不得用而賓得用者，則正義又引《祭統》云「大嘗禘，升歌《清廟》，下而管《象》」，按：大嘗禘，亦可證秋祫即禘。《仲尼燕居》云兩君相見，亦「升歌《清廟》，下而管《象》」，㠯證禘與賓同用樂，是也。《箴膏肓》曰大夫、士有娛身樂、治人樂，而無祭祀樂，亦同此意，非厚于賓朋而薄于先人也。彼文㠯賓比享君，㠯禘樂比桑林，若祫與禘爲二祭，則又當舉盛言祫樂，㠯張大其制，何故言禘不言祫乎？非禘、祫實一乎？又《詩・周頌》云：「《雝》，禘大祖也。」若與祫別，何故無祫大祖之頌？《商頌》云：「《玄鳥》，祀高宗也。」鄭㠯前亦無改祀爲祫者。

若泥毛傳「夏禘秋祫」之文，而謂兩者有殊，則益誤。案：《易・觀》，八月辟卦也。八月，則秋也。云：

「觀盥而不薦。」馬季長傳：「盥者，進爵灌地，吕降神也。此是祭祀盛時。及神降，薦牲，其禮簡略不足觀也。國家大事，唯祀與戎。王道可觀，在於祭祀。祭祀之盛，莫過初盥降神。故孔子曰：『禘自既灌而往者，吾不欲觀之矣。』此言及薦簡略，則不足觀也。」吕上《易》馬傳。《易》之言禮，多合于卦氣。《咸》《遘》皆五月卦，《咸》六日七分，而《遘》陰生，故《咸》云「取女吉」，《遘》云「勿用取女」。則後鄭《摽有梅》注義仲夏吕前猶得嫁娶，梅盡則夏已晚，當待明年仲春之説，吕夏至六日爲斷也。《歸妹》九月卦，《泰》正月卦，皆云：「帝乙歸妹。」則孫卿、韓嬰、毛公之義，昏期自季秋始，至孟春而止，殷禮然也。張皋文説。然則于秋舉禘，亦因其時，非秋祫即禘乎？

康成既分禘祫，而定爲三祫五禘之説，曰：《左氏》説「三歲一禘」，與《禮緯》説「三年一祫，五年一禘」，本並行，無折衷者。今按《閟宫》正義云：「鄭考《春秋》禘祫之數，定吕爲三年祫，五年禘。」則鄭始定也。「莊公秋八月薨，閔公二年四月祫，正月吉禘。❶閔公秋八月薨，僖二年除喪，明年春禘。自此五年再殷祭，六年祫，故八年經曰：『秋，七月，禘于大廟。』僖公冬十二月薨，文二年秋八月祫，間有閏，積二十一月，從閔除喪，不禫，故經云：『八月，丁卯，大事于大廟。』文公春二月薨，宣除喪，祫，春禘。五年再殷祭，與僖同。六年祫，故八年禘，經曰：『夏，六月辛巳，有事于大廟。』昭公十一年夏五月夫人歸氏薨，十三年夏五月大祥，七月禫。公會于平丘，不得志，八月歸，不及祫。冬，公如晉。明十四年春歸，乃祫。故十五年春乃禘，經曰：『二月，癸酉，有事于武

❶「正」，據《毛詩正義》《周禮注疏》《五經異義疏證》（清嘉慶刻本）等所引鄭玄《禘祫志》，當作「五」。

宮。』及二十五年傳『將禘于襄公』，此則十八年祫，二十年禘，二十三年祫，二十五年禘。於茲明矣。」㠯上約《禘祫志》。 麟按：閔公短喪行祭，鄭君已非之，其禘祫何必合禮？ 襄公十五年冬十二月晉侯周卒，十六年春葬。晉悼公改服修官，烝于曲沃，會于溴梁，正義有。則未卒哭而行時祭者，春秋時有矣，然不可援㠯爲禮，閔公禘祫可據爲典邪？ 昭二十五年專禘襄公，亦非禮。而十三年八月公歸，九月正可遭嘗而禘。又經書「公如晉，至河乃復」在「冬，十月，葬蔡靈公」下，其在十月否，不可知。然下更書「吳滅州來」，則如晉時冬猶未晚也，復後，亦可于十二月遭烝而禘，何必至十四年春乃禘也？ 此禘，即鄭所謂祫。 其十五年之「有事于武宮」，傳曰：「將禘于武公。」則亦專禘武公一人，亦非禮。然則昭時二禘皆非禘昭穆者，其年月又何必合？唯僖、宣爲得禮。其在八年者，《異義》曰《左氏》説爲三歲一禘，《王制》正義引《左氏》説亦云「禘爲三年大祭」，是《左氏》無三祫、五禘之義。僖、宣皆二年除喪行禘，至五年則三年一禘，至八年則又三年一禘也。是則禘祫一祭二名。《春秋》有書禘無書祫者，知禮無差降，且可通名，唯終禘不得偁祫耳。鄭君雖分爲二，而箋《商頌・玄鳥》序云：「五年而再殷祭，一禘一祫，《春秋》謂之大事。」是則亦疑于通名之義，而謂皆可偁大事。 彼正義云：「《春秋》謂之大事，指謂文二年祫祭之事耳。」案：文承五年再殷，何得㠯爲文二年之祫祭？ 蓋終不能奪子駿博篤之説也。

叔重「謹案」疑三歲一禘先王之禮，雖不駁《左氏》，而仍疑非周禮。案：《周語》曰祭等語偁之曰「先王之制」，《楚語》亦云：「古者先王日祭、月享、時類、歲祀。諸侯舍日，卿、大夫舍月，士、庶人舍時。」與《周語》誼略同，故叔重惑焉。不知《周語》所言服名雖湯武所專，見《禹合》條。而祀典則三代所同。《左氏》説云：

「終禘及郊宗石室。」而《説文》「示」部「祏」下亦云：「周禮有郊宗石室。」此《周禮》説也。是知日祭於祖考㠯下皆用周禮矣。則三歲一禘，可決爲周禮無疑。言古者，言先王者，由晚近述先世耳。《般庚》云：「古我先王。」又云：「茲予大享于先王。」豈異代之王也？或三祫五禘轉是殷禮，故《禮讖》殷之五年殷祭名禘耳，豈百王通義乎？

劉、賈之説，其廢久矣。近錢氏學淵始知禘祫爲一，而猶泥于三、五之説。又㠯烝、嘗、禘於廟，烝、嘗、禘爲平列。言烝兼大烝，嘗兼大嘗，禘兼大禘，故攷劉、賈等古説㠯正之。

雖然，不審所祭世數，則其同猶不明。按：《韋玄成傳》載哀帝時光禄勳彭宣等説㠯爲五廟迭毁，孝武皇帝雖有功烈，親盡宜毁，劉歆議駁。今載子駿議而申之。議曰：云云，「高帝建大業，爲大祖；孝文皇帝德至厚也，爲文大宗；孝武皇帝功至著也，爲武世宗；此孝宣帝所㠯發德音也。《禮記·王制》及《春秋穀梁傳》，麟案：子駿治《左氏》而引用《穀梁》，其閎通不守門户可見矣。天子七廟，諸侯五，大夫三，士二。天子七日而殯，七月而葬；諸侯五日而殯，五月而葬；此喪事尊卑之序也，與廟數相應。其文曰：『天子三昭三穆，與大祖之廟而七；諸侯二昭二穆，與大祖之廟而五。』故德厚者流光，德薄者流卑。《春秋左氏傳》曰：『名位不同，禮亦異數。』自上㠯下，降殺㠯兩，禮也。七者，其正法數，可常數者也。宗不在此數中。宗，變也，苟有功德則宗之，不可豫爲設數。故於殷，大甲爲大宗，大戊曰中宗，武丁曰高宗。周公爲《毋逸》之戒，舉殷三宗㠯勸成王。繇是言之，宗無數也。然則所㠯勸帝者之功德博矣。㠯七廟言之，孝武皇帝未宜毁；㠯所宗言之，則不可謂無功德。《禮記》祀典曰：『夫聖王之制祀也，功施於民則祀之，㠯勞定國則祀之，能救大災則祀之。』竊觀孝武皇帝，功德皆兼而有焉。凡在於異姓，猶將特祀之，况於先祖？或説天子五廟無見文，又説中宗、高宗者，宗其道而毁其廟。名與實異，非尊德貴功之意也。《詩》云：『蔽芾甘棠，勿翦勿伐，邵伯所茇。』思其人猶愛其樹，况宗其道而毁其廟虖？迭毁之禮，自有常法，無殊功異德，固㠯親疏相推及。至祖宗之序，多少之數，經傳無明文，至尊至重，難㠯疑文虚説定也」云云，「臣愚㠯爲孝武皇帝功烈如彼，孝宣皇帝崇立之如此，不宜毁」。㠯上子駿議。 麟案：此㠯天子七廟爲正法，與鄭異義。蓋天子自有七廟，歷代皆然，不得如《鉤命訣》《稽命徵》所云「唐、虞五廟，親廟四，與始祖五。禹四廟，至子孫五。殷五廟，至子孫六。周六廟，至子孫七」之説也。《賈子・過秦上》云：「一夫作難，而七廟墮。」秦亦七廟，知自秦㠯前同此，非周人特爲。《石渠論》《白虎通》説「周㠯文、武，特七廟」，尹更始説「天子七廟，據周也」，按尹君亦兼治《左氏》，此説不及子駿之精。康成云：「《王制》：天子七廟。此周制。七者，大祖及文王、武王之祧，與親廟四，大祖后稷。殷則六廟，契及湯與二昭二穆。夏則五廟，無大祖，禹與二昭二穆而已。」諸説皆略同。韋玄成已爲子駿駮矣，然子駿亦不與王肅説「七廟外，更有文、武廟」同。孫淵如曰：「劉歆説七廟，謂宗不在數中者，謂如周室始祖廟四、親廟及文、武二廟之外，有功德可宗之主，則增之至八。麟按：孫説謂有加于七者，故云八耳。其實宗無定數，子駿固言之。非謂文、武不在七廟數中。周人祖文王而宗武王，歆但云宗不得爲文、武之偁也。」㠯上孫説。是説祧仍與鄭同。然又云：「㠯七廟言之，孝武皇帝未宜毁。」則二祧仍宜迭毁，而周文、武不毁，何也？曰：此㠯受命故也。天子七廟，雖自古同，而所祭則有異。《魯語》：「展禽曰：『有虞氏禘黄帝而祖顓頊，郊堯而宗舜。賈侍中注：「有虞氏，舜後，在夏、殷爲二王後，故有郊禘宗祖之禮也。」韋解：「此上四者，謂祭天㠯配食也。祭昊天於圜丘，曰禘；祭五帝於明堂，曰祖宗；祭上帝於南郊，曰郊。」此祖宗與宗廟之大祖三宗異。許宗彥謂宗廟無宗，然則殷之三宗，亦當食于明堂邪？則《魯語》何目但言宗湯，而不及大甲等三王也？夏后氏禘黄帝而祖顓頊，郊鯀而宗禹。』」一郊德，一郊親，其義已殊；且虞、夏所郊，皆在所祖之後，與商、周又異。「商人禘舜而祖契，郊冥而宗湯。周人禘嚳而郊稷，祖文王而宗武王。」韋解：「舜，當爲嚳字之誤也。《禮・祭法》曰：『商人禘嚳。』嚳，契父。鄭司農云：『商人宜郊契。』」據此，則商當祖冥。冥，契後六世孫根圉之子，祖宗皆在所郊之後，與周人同。而周祖宗皆受命王，商祖非受命王，虞、夏所祖雖天子，而非其受命王，唯所宗舜、禹受命而已，則又異。葢受命王有二，唯周爲然，故三代皆與殊耳。竊目周二祧即明堂所祖宗者，則商二祧亦當即明堂所祖宗者冥與湯也。虞、夏之二祧，舜、禹皆目宗居其一。虞大祖不詳何人，據顓頊爲黄帝之孫，昌意之子，若目昌意爲大祖，則爲顓頊父，則顓頊亦可目祖居祧。夏則大祖當爲鯀，目商、周所郊即大祖，知夏當同在顓頊後。顓頊亦不得爲一祧，不知何人矣。而受命王則四代皆祧，漢則高帝受命王，而爲漢大祖，則祖宗皆不得有受命王，是目二祧立高祖此四親之高祖。之父祖，故當迭毀也。此與周異，猶四代各有異耳。《命歷序》言，「黄帝傳十世，少昊傳八世，顓頊傳二十世，帝嚳傳十世」，果如是，則皆可謂持起感生之王，其子孫祭法可如漢矣。而孝武目功德爲世宗，當哀帝時，景、武、昭、宣、元、成六廟未宜毀，而孝文當毀矣，爲大宗則不宜毀。孝武若至哀後一世，當迭毀，亦目爲世宗不宜毀。子駿未宜毀之言，指説哀帝時。又言不可謂無功德，意謂後世猶當宗，此宗，謂宗廟中之宗，與明堂之宗異。不毀，況今本在祧數，其可毀乎？假令哀傳二世，則武當宗，而二祧更爲昭、宣矣。曰：《禘祫志》云：「禘時，穆主祭於文王廟，昭主祭於武王廟。」若漢哀後二世禘祭，豈當目惠、景入昭、宣廟乎？曰：禘祫一也。《公羊》固云：「大祫，毁廟之主陳于大祖；未毁廟之主，皆升合食于大祖。」未嘗云昭、穆主入祧也。

曰：《通典》引逸《禮》祫祭七尸禘于大廟之禮云：「毁廟之主升合食而立二尸。」何得謂禘祫同？曰：此正見其同也。歲祫及壇墠，壇墠即毁廟之二也。一壇一墠，故立一尸也。非謂昭、穆主各一尸也。《左氏》説謂之祫，逸《禮》謂之禘，非二名之同乎？祫祭七尸，即大祖及六廟也。

曰：《禮器》云：「周旅酬六尸。」二人發爵，實止七尸。若加壇、墠二尸，是九尸矣，此二尸何得不與旅酬乎？曰：旅酬但及有廟者也，彼分禘祫者，謂祫祭，毁廟、未毁廟皆在，則何止六尸？旅酬豈遍及乎？何獨疑于壇墠也？且魯魯公廟擬文世室，武公廟擬武世室，若禘祫時，㠯昭主入魯公廟，周公爲大祖，則魯公昭。則穆主當入武公廟。彼魯公後、武公前之穆主，將入何廟乎？然則不㠯魯武及四親皆升周公廟，禮必不可行。由魯可知周，由周可決漢矣。

曰：周文、武㠯受命不毁，虞、夏、商受命王亦當不毁，而漢二祧爲高祖之父、祖迭毁，或祭近親，或祭遠祖，在漢猶可云受命王爲大祖，故四代不爲薄于近親乎？曰：高祖之父、祖，雖較近受命王，然親屬已盡于恩，可不祭。所爲立祧者，子駿所云「名位不同」云云故也。是特因欲異諸侯五廟，故立其祧，《祭統》所謂「祭有十倫，見君臣之義焉，見貴賤之等焉」。因斯立美，非爲親親也。若論親親，則匡衡云：「天序五行，人親五屬。天子奉天，故率其意而尊其制。是㠯禘嘗之序，靡有過五。」五足矣，正㠯等級不得不然，故漢不爲過厚，四代不爲無恩矣。祧制同廟。許氏宗彦㠯《説文》無「祧」，謂即「垗」字。祧，殺于廟，而隆于壇、墠。按：封土曰壇，除地曰墠。若垗，則《説文》訓「畔也，爲四時界，祭其中」，何㠯異于封土除地？且《守祧》言「其祧則守祧黝堊之」，若但爲垗畔，何黝堊之有乎？又㠯祧爲遷廟，本《説文》新附之謬説，其實鄭注守祧，但云「遷主所藏曰祧」，何嘗謂之遷廟邪？

曰：周文、武受命不毁，魯魯公始封宜不毁，武公何得不迭毁？曰：此必有功如商之冥也。魯雖有王禮，然《閟宫》云：「白牡騂剛。」傳云：「白牡，周公牲也。騂剛，魯公牲也。」《公羊》文十三年傳亦云，何邵公云：「白牡，殷牲也。周公死，有王禮，嫌不敢與文、武同也。❶不㠯夏黑牲者，嫌改周，當㠯夏避嫌也。」是則㠯避嫌用殷禮。故二祧雖同天子，其所祭，則一㠯始封，猶受命王湯；一㠯功德，猶勤其官而水死之冥，亦仿殷禮也。有功德，不祖宗于明堂，或宗于宗廟者，魯不得爲也。《明堂位》㠯武公之廟比武世室，蓋㠯異體而微有相似者，故立之爲祧，㠯配魯公。觀其謚，知其德矣。

曰：子駿謂天子五廟無見文，然韋玄成等引《祭義》曰：「王者禘其祖自出，㠯其祖配之，而立四廟。」馬昭亦引《喪服小記》「王者立四廟」㠯難王肅，非見文乎？曰：玄成等釋《祭義》云：「言始受命而王，祭天㠯其祖配，而不爲立廟，親盡也。立親廟四，親親也。」《小記》文與《祭義》大同，則王者亦謂受命者矣。大祖配天而無廟，于禮非宜，此蓋㠯《魯語》有虞氏郊堯，堯乃異姓，配天郊則可，立廟則不可，因誤謂凡配天郊祭者皆不立廟，乃是誤説。禹四廟至子孫五之説謂宗禹而不立鯀廟。亦出于此，故子駿不㠯爲見文也。且四廟又非五廟之證也。若謂言七廟者皆據周，則《秦始皇本紀》云：「二世下詔，增始皇寢廟犧牲及山川百祀之禮。

❶「嫌」，《春秋公羊傳注疏》作「謙」。

令羣臣議尊始皇廟，羣臣皆頓首言曰：『古者天子七廟，諸侯五，大夫三，雖萬世不軼毀。今始皇爲極廟，四海之内皆獻貢職，增犧牲，禮咸備，毋吕加。先王廟或在西雝，或在咸陽。天子儀當獨奉酌祠始皇廟，自襄公吕下軼毀。所置凡七廟。羣臣吕禮進祠，吕尊始皇廟爲帝者祖廟。』」吕上《秦始皇本紀》。夫秦吕始皇廟爲祖廟，而其外更有七廟，此雖近于王肅七廟外更立文、武二廟之説，然因古而爲七廟，知非獨取周法也。惠定宇駁子駿説，謂《吕覽》在未焚書前而言五世之廟，必得其實。麟謂二世時羣臣亦皆生于未焚書前，乃言七廟，何于秦人之言，信一疑一也？《吕覽》所言見《諭大》，當指侯國。

然則周、魯、漢平時之禘，當合七廟及壇、墠，壇、墠在二祧前，有迭遷之禮，如漢則可吕高祖之曾高祖爲之四代。及魯之祧，既不吕親迭毁，如壇、墠不必在其前，然祭則仍是時享及二祧、歲祫及壇墠也。他諸侯當合五廟及壇、墠矣。夫廟制不明，則禘祫所祭不見其同，而烝、嘗、禘於廟，其爲終禘而獨小異者，亦不見，故粗論撰其語焉，非敢與鄭君涇渭，亦吕明中壘之誼云爾。又案：子駿言有遷廟無毁廟，今亦通稱毁廟，實遷廟也。逸《禮》「毁廟」同此。

隱八年：「鄭伯請釋泰山之祀而祀周公，吕泰山之祊易許田。三月，鄭伯使宛來歸祊，不祀泰山也。」《周本紀》曰：「桓王三年，鄭莊公朝，桓王不禮。五年，鄭怨，與魯易許田。許田，天子之用事大山田也。」《魯周公世家》曰：「隱公八年，與鄭易天子之大山之邑祊及許田，君子譏之。」亦謂祊及許田皆天子之用事大山田也。《鄭世家》曰：「二十九年，莊公怒周弗禮，與魯易祊、許田。」據此是因怒而易，亦當本《訓故》等書。吕許田爲用事大山田者，《異義》：「《公羊》説諸侯朝天子，天子之郊皆有朝宿之邑。從泰山之下，皆有湯沐之邑。《左氏》説諸侯有功德於王室，京師有朝宿之邑，泰山有湯沐之邑。魯，周公之後；鄭，宣王弟：此皆有湯沐邑，其餘則否。」據此，是朝宿邑在王畿，湯沐邑在方岳，不同。□正義引《王制》「方伯爲朝天子，皆有湯沐之邑於天子之縣内」，證朝宿亦名湯沐。然此散言耳。《異義》所述《公羊》、《左氏》説，則二者截然有别。《左氏》説舉魯、鄭二國，即指許、祊言，而皆謂之湯沐，是古《左氏》説曰許爲泰山下田，史公用之也。《詩・魯頌・閟宫》：「居常與許，復周公之宇。」傳曰：「常、許，魯南鄙、西鄙。」《詩正義》引《月令》「四鄙入保」注：「鄙，界上邑。」《公羊》莊十九年注：「鄙者，邊垂之辭。」是鄙在邊竟，故可與鄭易也。蓋天子巡守，祭泰山，先于魯湯沐邑備設牢醴，故曰：「天子之用事大山田也。」許爲鄭有，則天子雖巡守，將不爲供具，是旨知鄭怒也。若傳文「釋泰山之祀」「不祀泰山」，則皆指祊言，無與許也。《公羊傳》曰：「許田者何？魯朝宿之邑也。」《閟宫》箋亦云：「許，許田也，魯朝宿之邑也。」杜預本之，非《左氏》誼也。《異義》既述《公羊》《左氏》二説，「謹案」云：「京師之地，皆有朝宿地。周千八百諸侯，京師不能容之，不合事理之宜。」按：《覲禮》有天子賜舍，則朝宿無邑。據《王制》，則方伯有之。魯周公爲分陜之伯，宜有之，然無與於許也。〇又案：毛傳不釋「宇」字，宇者，屋之四邊。周公之宇，蓋即周公廟。鄭雖孫辭言祀，未必如約，故居許，則復周公之宇矣。

昭元年：「鍼懼選，楚公子不獲，是旨皆來。」杜預注：「不獲，不得自安。」麟案：定九年云：「凡獲器用曰得。得用曰獲。」是獲訓爲得。然不得自安，而但云不得，於文不明，知此獲非得也。《廣雅・釋詁》：「獲，辱也。」又云：「濩，污也。」辱亦訓污也。是獲、濩聲誼皆同。蓋《方言》云「罵婢曰獲。女而婦奴謂之獲。亡婢謂之獲」，訓辱訓污亦自此引申也。《楚辭·漁父》：「又安能目皓皓之白，而蒙世之温蠖乎？」陳氏觀樓曰「温蠖即污之反語」是也。言楚公子不辱身仕靈王，是目來奔也。

昭十七年：「五雉，爲五工正，利器用，正度量，夷民者也。」賈侍中注：「西方曰鷷雉，攻木之工也；東方曰鶅雉，摶埴之工也；南方曰翟雉，攻金之工也；北方曰鵗雉，攻皮之工也；伊、洛而南曰翬雉，設五色之工也。」服子慎注：「雉者，夷也。夷，平也。使度量器用平也。」麟按：雉訓夷，固也。《春秋感精符》云：「雉之爲言弟也。」則雉又訓弟。《釋詁》夷、弟皆訓「易也」，《釋詁》「平」亦訓「易」。是其誼同。古文《鴻範》「曰弟」，今文作「曰圛」。《説文》「鴺」，或作「鵜」，訓「污澤也」。鵜、澤亦訓兼聲。《説文》訓「圛」爲「升雲半有半無」，蓋絡繹之意。故《釋詁》「雉」「繹」皆訓「陳也」。陳與夷亦通，故《左氏》經「夷儀」，《公羊》經作「陳儀」。《喪大記》釋文云：「夷，尸也，陳也。」《方言》：「雉，理也。」又云：「繹，理也。」雉、繹之同，猶弟圛、鵜澤之同。此雉訓弟之塙證也。《説文》古文「雉」作「𨾊」，从弟聲，又其證也。又，《説文》「弟」訓「韋束之次弟」，《釋詁》「雉」與「順」並訓「陳也」，「順」又訓「敍也」，《説文》：「順，理也。」又與《方言》「雉」訓相同。《説文》：「敍，次弟也。」是又弟、雉、順、敍同誼之證矣。弟爲韋束，故《晉語》「雉經」雉借爲絼。亦取束誼也。

又案：《異義》云：「《公羊》説樂，《萬》舞目鴻羽，取其勁輕，一舉千里。《毛詩》説《萬》目翟羽，《韓詩》説目夷狄大鳥羽。謹案：《詩》云：『右手秉翟。』《爾雅》説：『翟，鳥名，雉屬也。』知翟，羽舞也。」麟謂：《詩》言「秉翟」，韓生不應背經爲説，所謂「夷狄大鳥」，即翟也。蓋雉之言夷也，翟之言狄也。《天官·内司服》：「揄狄、闕狄。」後司農注：「狄，當爲翟。」《白虎通・禮樂》云：「狄者，易也，辟易無别也。」《廣疋・釋詁》：「狄，㪆也。」然則夷狄當亦取夷易之誼。《禹貢》翟生于羽畎，乃鯀殛處，爲四裔之一，是雉翟産夷狄，故謂之「夷狄大鳥」，而雉翟亦兼夷易之誼也。翟雉到言雉翟者，猶言鳥烏、言蟲蝗也。郭注《西山經》云：「翟似雉而大尾。」是翟雉爲大鳥也。因論雉訓夷，并及之。

襄二十九年：「擇善而舉，則世隆也。」杜預注：「世所高也。」麟按：傳但言「世隆」，閒無「所」字，今言「世所高」，是增字也。或又目「世在高位」爲説，與「擇善」不相應。或即目隆訓善，見下。謂世善，則子産父子國，亦未有賢名，皆非也。世當借爲偞。偞从葉聲，葉从枼聲，枼从世聲，故得相通。《説文》「紲」或作「緤」。《史記・屈原賈生列傳》：「《易》曰：『井泄不食。』」今《易》「泄」作「渫」。此世聲、枼聲通之證。《方言》：「奕，偞容也。自關而西，凡美容謂之奕，或謂之偞。」凡字訓美者多訓善。《説文》「美」下云：「與善同意。」《周禮・地官・大司徒》「媺宮室」，彼《釋文》云：「媺，音美。」《廣韻》云：「媺，美同。」後司農注「媺，善也」是也。隆亦善也。《説文》：「隆，豐大也。」《詩》「在彼豐草」「茀厥豐草」，傳、箋並云：「豐，茂也。」「子之茂兮」「種之黄茂」，傳並云：「茂，美也。」美、善同誼，大、善誼亦轉注，《詩・桑柔》箋「善，猶大也」是也。又如「奕」，《釋詁》訓「大」，《方言》又訓「美」。《釋詁》「介、純、濯、甫」皆訓「大」，「介」又訓「善也」。《吕覽・士容篇》注：「純，美也。」《郊特牲》「貴純之道也」注：「謂中外皆善。」《韓詩・文王有聲》「王公伊濯」：「濯，美也。」《説文》：「甫，男子之美偁。」是皆美、善與大同之證也。然則隆訓豐大，亦轉訓善也。偞之爲言，亦大也。蓋偞得聲于世。《論語・憲問》「世叔」，《左傳》皆作「大叔」。文十三年經「大室屋壞」，昭二十五年經「樂大心」，《公羊》「大」皆作「世」。世通大，是傑亦取大訓，與奕同也。隆，聲轉又爲林。《漢書·地理志》河内郡隆慮注：「隆慮山在北，避殤帝名，改曰林慮也。」此亦㠯隆、林聲轉而改，猶《韓詩》「臨衝」作「隆衝」矣。林，亦美也。《釋詁》：「林、烝，君也。」《詩·文王有聲》：「文王烝哉。」毛傳：「烝，君也。」韓傳：「烝，美也。」烝既訓君，亦訓美，則林亦可訓美。《平都相蔣君碑》云：「於穆林烝。」是林烝同訓美也。此郝蘭皋説。郝又謂：「稱君者，必㠯美大之辭。故《釋詁》侯訓君。《羔裘》：『洵直且侯。』《韓詩》『侯』訓『美』也。」林又與綝聲誼同，《釋詁》「綝，善也」是也。然則世隆皆謂善。文十八年有「大臨」，與此世隆同，葢命名取大，兼取善誼也。證知世隆連文爲古語，二字平列。上文則「位班」也，位與班亦可云平列。

襄三十年：「其君弱植。」麟案：《賈子·容經》云：「軍旅之視，固植虎張。」《史記·禮書》云：「彊固之本也。」是固與彊同意。今《荀子·議兵》則作「彊國」。固植與弱植正相反也。《管子·法法》云：「上無固植。」《楚辭·招魂》云：「弱顔固植。」弱顔而又固植，取其反而相成。注皆訓「植」爲「志」。則此亦同矣。

襄二十三年：「孟氏將辟。」杜預注：「辟，穿藏也。」按：此謂借辟爲闢、爲劈耳。然穿藏之訓施之此尚可通，二十七年云：「崔明夜辟諸大墓。」若亦訓穿藏，而言夜穿諸大墓，則諸字不可通。按：辟當借爲癖。《廣疋·釋器》：「癖，幽也。」《説文》：「幽，隱也。」《釋言》：「瘞，幽也。」《釋詁》「瘞」「幽」「隱」皆訓「微也」。

《釋天》：「祭地曰瘞薶。」《説文》：「瘞，幽薶也。」然則辟即幽，即幽薶也。預云「穿藏」，即掘壙，所謂竁也。今讀爲辟，即下棺，所謂「窆也，下棺」爲得矣。《釋詁》「瘞」訓「微」，故「微」亦可訓「瘞」。《説文》：「微，隱行也。」引《春秋傳》曰：「白公其徒微之。」按：微者，瘞也。《説文》引傳文微，但㠯證其爲隱，非證其爲隱行也。

襄二十四年：「皆踞轉而鼓琴。」服子慎注：「轉，軫也。」杜預注：「轉，衣裝。」《釋文》：「裝，一本作囊。」按：衣裝、衣囊，皆與「轉」訓不相涉，惠定宇已辨之，然竟从傅氏《辨誤》，謂「轉」爲「軫」譌，則屈傳从己矣。按：轉，借爲叀。《説文》「疐」下云：「从叀，引而止之也。叀者，如叀馬之鼻。」然則叀乃馬鼻繩也。《漢書・陳遵傳》：「一旦叀礙，爲瓽所轠。」亦取牽引之義，是其引申也。子慎云「轉，軫也」者，非謂車後橫木也。《方言》：「軫，戾也。」《廣疋・釋訓》：「軫、軳、轉，戾也。」亦通紾。《考工記・弓人》：「老牛之角紾而昔。」鄭司農注：「紾，讀爲抮縛之抮。」《淮南・原道》：「蟠委錯紾。」注：「紾，轉也。」叀㠯引止馬，有轉戾抮縛之誼。傳文又作「轉」，故服㠯「軫」説其得名之意。《説文》云：「駗，馬載重難行也。」一爲載重，一爲引止，而令馬難行則一，故聲誼同矣。踞，在《説文》本「居」俗字。《廣疋・釋言》：「居，據也。」《釋名・釋姿容》：「據，居也。」是居、據互訓。《廣疋・釋詁》：「據，引也。」言引叀而當琴鼓之。而者，如也。蓋有絶技，能使叀聲如琴，猶《莊子・養生主》所謂「庖丁爲文惠君解牛，手之所觸，肩之所倚，足之所履，膝之所踦，砉然嚮然，奏刀騞然，莫不中音。合於桑林之舞，乃中經首之會」，皆非其器，而能使如其聲也。若然，二子引馬鼻繩，下文「近，不告而馳之」，不覺者，御在中，二子在左右，但引驂馬鼻繩，不及服馬，又不得引驂馬之轡，射犬不告馳之，驂馬復隨服靳，故二子無如射犬何，且亦欲自見「取冑」□㠯下諸技也。必知軫非謂車後横木者，《釋器》云：「輿革，後謂之笰；竹，後謂之蔽。」有此礙之，非踞所也。或竟㠯爲琴軫，又不得攜琴于兵車也。

襄二十六年：「而雝害其事。」麟案：害，古「遏」字。《詩・商頌・長發》「則莫我敢害」，❶《刑法志》作「則莫我敢遏」是也。《説文》：「遏，微止也。」《周禮・秋官・雝氏》後司農注：「謂隄防止水者也。」是雝、遏同誼。成五年《穀梁傳》云「梁山崩，壅遏河，三日不流」是矣。《周憬功勳碑》「陬隅壅藹」，即壅遏矣。

襄二十五年：「辭曰：『不祥。』」按：祥，若从《説文》訓「福」，倉卒逃死，而言後日之不福，似大迂。按《釋詁》「祥」與「類」皆訓「善」。類，本从羣類引申。祥訓善，亦與羊同。《考工記・車人》「羊車」，後司農注「羊，善也」是也。《説文》言羊羣犬獨，是羊、祥、類訓善，皆與羣類義近。《釋詁》又云：「洋，多也。」「多，衆也。」洋、羊聲近，衆、羣誼近也。此言男女非類不可同車也，直訓爲善亦可。《釋詁》「鮮」亦訓「善也」。《詩・邶風・新臺》云：「籧篨不鮮。」箋用《釋詁》。此刺衛宣之淫，謂之不善。故男女同車，亦可㠯不善爲辭。

---

❶ 「害」，《毛詩正義》作「曷」，毛、鄭皆以聲訓訓「曷」爲「害」，章氏乃以訓詁代經文也。

昭元年：「六氣曰：陰、陽、風、雨、晦、明也。」《小雅·漸漸之石》：「月離于畢，俾滂沱矣。」傳：「畢，噣也。月離陰星，則雨。」正義曰：「《洪範》曰『星有好風，星有好雨』者，「者」上當脱「好雨」二字。即此畢是也。《春秋緯》説云：『月離于箕，風揚沙。』則好風者，箕也。所曰箕好風、畢好雨者，鄭《洪範》注云：『風，土也，爲木妃；雨，木也，爲金妃；故星好焉。』推此而往，南宫好陽，北宫好燠，中宫四季好寒也。而賈逵、服虔因此「此」謂《詩》。及《春秋緯》之文，即曰『風東方、雨西方』，又云：『陰中央，晦北方，明南方，唯天陽不變。』曰上賈、服説。唯晦明所屬爲當，餘甚謬矣，失之於《書傳》也。」麟案：陰、陽、風、雨、晦、明，本與《書》之雨、陽、燠、寒、風及皇極之陰不同。蓋陰、陽、風、雨一也，而晦、明之與寒、燠則雖同屬水、火，而其事各别。且常陰屬皇極，則當屬天，而賈、服曰陽屬天，則其説本不與《書傳》相謀。且曰陰屬中央，陽屬天，非曰妃匹克制定位，則其説風東雨西，亦未必取箕、畢所好之誼矣。孔所駁皆非也。《大宗伯》疏云：「鄭義：天陽不變，陰爲金，雨爲木，風爲土，明爲火，晦爲水。」此雨、風、明、晦所屬可通，而陽屬天、陰屬金，其説亦異。蓋五行六氣，所託多塗。如説五臧者，《尚書》今文曰爲肺金、心火、脾土、肝木、腎水，而古文曰爲肺火、心土、脾木、肝金、腎水，不可曰一家爲斷。賈、服之言必本古説。《易》卦巽爲風，在東南。虞仲翔注《繫辭》「潤之曰風雨」云：「風巽，雨兑。」兑實西方之卦，與賈、服説風、雨同。陰中央、陽天者，蓋天陽地陰，天不主方，地則曰土在中央，故陰屬中央也。若上文「天有六氣，降生五味」，正義引先儒説「雨爲木味，風爲土味，晦爲水味，明爲火味，陽爲金味，而陰氣屬天，不爲五味之主」，此頗可合之《洪範》，而與賈、服説異，蓋鄭司農、馬諸公之説也。

昭十一年：「會朝之言，必聞于表箸之位，所㠯昭事序也。」案：《賈子·容經》曰：「言敬㠯和，朝廷之言也；文言有序，祭祀之言也。」「朝廷之言」與「祭祀之言」當互易，㠯此文次弟祭祀、朝廷、軍旅、喪紀四者之言，祭祀尊，當次朝廷上也。《周書·謚法》云：「道德博聞曰文。」謂道德之聲，博聞于遠方，是名曰文，故引申凡聲音博聞皆曰文。文言，謂博聞之言。所謂會朝之言，必聞于表箸之位也。下文云：「屏氣折聲，軍旅之言也。」正與此博聞相反也。有序，所謂事序也。傳兼言會朝，《容經》單言朝廷者，舉一㠯該二也。此大傳言禮，即㠯說傳也。

昭十年：「遂伐虎門。」案：《地官·師氏》：「居虎門之左，司王朝。」後鄭注：「虎門，路寢門也。王日視朝，於路寢門外畫虎焉，㠯明勇猛於守宜也。」惠氏《禮說》曰：「路寢，制如明堂，面有四門。虎門，路寢之西門也。後漢德陽殿東門雲龍，西門神虎。虎，金獸也，故在西。則虎門爲路寢西門，又何疑乎？」麟謂惠說是也。此齊是侯國，路寢但有南門，乃亦云虎門者，《晏子春秋·雜下》云：「景公新成柏寢之室，使師開鼓琴。師開左撫宮，右彈商，曰：『室夕。』公曰：『何㠯知之？』師開對曰：『東方之聲薄，西方之聲揚。』公召大匠曰：『室何爲夕？』大匠曰：『立室㠯宮矩爲之。』於是召司空曰：『立宮何爲夕？』司空曰：『立宮㠯城矩爲之。』明日，晏子朝公。公曰：『先君大公㠯營丘之封立城，曷爲夕？』晏子對曰：『古之立國者，南望南斗，北戴樞星，彼安有朝夕哉？然而㠯今之夕者，周之建國，國之西方，㠯尊周也。』」據此，則齊路寢鄉南而偏西，㠯尊周之故，故从偏西之誼，而命曰虎門也。《王莽傳》有王路朱鳥門，此正鄉南之門。

文六年：「秦伯任好卒，㠯子輿今本「車」，從《黄鳥》正義所據本，與《秦本紀》合。氏之三子奄息、中行、鍼虎爲殉。」服子慎注：「殺人㠯葬，琁環其左右，曰殉。」此當本司農。《秋官·環人》：「則令環之。」鄭司農注：「環人主令殉環守之。」蓋㠯殉爲琁環死者之名，因而凡環皆曰殉環，則司農此注可知。案：《十二諸侯年表》云：「繆公薨，葬，殉㠯人，從死者百七十人，君子譏之，故不言卒。」此《左氏》説經之微言，大史公獨得之，不知者則㠯爲赴不及魯而已。

襄四年：「用不恢于夏家。」杜預注：「雖有夏家，而不能恢大之。」麟案：此箴極言羿之致亡，不應但言不能恢大之也。不恢大，則已能守之矣，羿能乎？恢借爲腜。《韓詩·小旻》：「民雖靡腜。」傳：「靡腜，猶無幾何。」古不、無同訓，不腜，亦無幾何也。字通作脢。《幽通賦》：「鮮生民之脢在。」《漢書》、《文選》注皆云：「無幾也。」恢、脢聲尤近，故《釋名》云：「晦，灰也。」此言羿有夏家，無幾何時，文勢倒耳。又案：《咸》九五「咸其脢」，王肅音脢爲灰，云：「脢在背而夾脊。」馬季長亦云：「背也。」《楚辭·招魂》云：「敦脢血拇。」注云：「脄，背也。」是脢、脄同字，此皆可證恢、脢之通。○揚雄《少府箴》曰：「共寮不御，不恢夏、殷。喪其國康，而卒㠯陵遲。」謂桀、紂也。又，《將作大匠箴》曰：「《春秋》譏刺，書彼泉臺，兩觀雉門，而魯㠯不恢。」不恢，字皆本《虞箴》，而㠯無幾何引申爲不永之誼。夏、殷當時遂亡，魯則尚延胙數百，同言不恢者，《箴》欲㠯亡爲鑒，必甚言之。若㠯不恢爲不恢大，則失子雲之意矣。

僖九年：「王曰小童。」正義曰：「《曲禮》曰：『夫人自稱於其君，曰小童。』鄭玄云：『小童，若云未成人也。王崩未葬，嗣王自稱，亦言己未成人也。』」麟案：非徒㠯未成人也。《易・觀》「童觀」，馬季長注：「童，猶獨也。」此兼取獨之聲誼。獨雖爲老而無子之稱，然《後漢・劉翊傳》注則云：「無夫曰獨。」葢如傳稱崔杼寡爲兼通之名，是㠯無父稱孤，而《廣疋・釋詁》云：「孤，獨也。」明無父亦通獨誼矣。此嗣王與夫人稱同，而取誼有異者也。

襄十八年：「其御追喜，㠯戈殺犬于門中。」麟案：古守御用犬。《晉語》：「候遮扞衛不行。」韋解：「候，候望。遮，遮罔。晝則候遮，夜則扞衛。謂羅闉、狗附也。張羅闉，去壘五十步，而陳周軍之前後左右，彍弩注矢㠯誰何，謂之羅闉。又，二十人爲曹輩，去壘三百步，畜犬其中，或視前後左右，謂之狗附。皆昏而設，明而罷。候遮二十人，居狗附處，㠯視聽候望，明而設，昏而罷。不行者，不設之。」《墨子・備穴》云：「十步一人，居柴内弩，弩半爲狗犀者環之墻。」又云：「穴壘之中各一狗，狗吠即有人也。」《備城門》云：「狗走廣七寸，長尺八寸，蚤長四寸，大耳施之。」是古人守城、守壘，皆有狗㠯爲警備也。又云：「五步積狗屍五百枚，狗屍長三尺，喪㠯弟瓮。」此不知何所用也。追喜所殺，即是此等之狗。

僖四年：「筮短龜長。」馬季長注：「筮史短。龜史長。」《占人》疏引。鄭注《占人》云：「占人亦占筮，言掌占龜者，筮短龜長，主於長者。」杜預从鄭説，引「物生而後有象」云云。正義謂：「聖人演筮㠯爲《易》，所知豈短于卜？卜人欲令公舍筮從卜，故云。」案：馬説是也。龜所知，誠不能長于筮。㠯形而言，則《龜策列傳》云：「褚先生曰：傳曰：天下和平，王道得，而蓍莖長丈，其叢生滿百莖。方今世取蓍者，不能中古法度，不能得滿百莖長丈者，取八十莖已上，蓍長八尺，即難得也。人民好用卦者，取滿六十莖已上，長滿六尺者，即可用矣。」又曰：「龜千歲，乃滿尺二寸。」又曰：「龜不必滿尺二寸，民人得長七八寸，可寶矣。」是龜之形體亦不如蓍長也。梁氏《補釋》謂：「龜千歲而靈，蓍百年而神，故其前知有遠近。」尋名家有龜長于蛇之説，但論其年之長短，而非㠯其知之長短，固未可㠯此決也。古人重卜輕筮，葢龜㠯四靈見寵，用之守國，而蓍較賤故耳。此猶諸侯守圭，必用圭而不用璧，皆制度使然，圭非能美于璧也。又《大卜》説三兆，曰玉兆、瓦兆、原兆，「其經兆之體，皆百有二十，其頌皆千有二百」。三《易》，曰《連山》《歸藏》《周易》，「其經卦皆八，其別皆六十有四」。康成云：「頌，謂繇也。」然則《易》繇兼卦爻不過四百餘，固少于兆矣。《卜師》説四兆，曰方兆、功兆、義兆、弓兆。康成謂：「四兆者，分之爲四部，若《易》之二篇。」此篇數亦多于《易》也。重之者，葢亦㠯其辭多，必有與事適合者，則占時少傅會耳。至知之短長，則不繫乎此也，必當從馬君誼。大卜掌三兆，又掌三《易》；占人掌占龜，亦掌八筮、八卦，故此卜人亦兼統筮史□、龜史也。短長，謂能之短長，葢卜筮本皆不吉，筮史才短，誤占爲吉，故卜人就其平日之才能論之，見筮史所占必不當也。《思玄賦》：「懼筮氏之長短兮，鑽東龜㠯觀禎。」此言筮史數人，有長者，有短者，其言不一，未可偏信，于是再求之卜。雖專㠯長短屬筮史，而意即本于此傳，是漢世先儒皆㠯筮短龜長爲筮史短、龜史長也。

襄二十年：「暴蔑其君而去其親。」王伯申曰：「暴蔑，猶輕慢也。《韓子・八説篇》曰：『人主輕下，曰暴。』蔑亦輕也，見《大疋・桑柔篇》鄭箋、《文選・典引》蔡注。」麟案：王説是也。古人謂不敬曰暴，故《墨子・非命上》云：「敬無益，暴無傷。」又，《非命下》引《大誓》曰：「謂人有命，謂敬不可行，謂祭無益，謂暴無傷。」《呂覽・至忠》云：「何其暴而不敬也？」是皆㠯敬、暴爲對文也。

桓十四年經：「秋，八月，壬申，御廩災。」《五行志》：「劉歆㠯爲御廩公所親耕藉田㠯奉粢盛者也，棄法度亡禮之應也。」此本《五行傳》「棄法律，則火不炎上」也。按：《穀梁》㠯爲「宗廟之事，夫人親舂」，謂率御妾舂之，故曰御廩。尋《楚語》云：「天子禘郊之事，王后必自舂其粢。諸侯宗廟之事，夫人必自舂其盛。」而又云：「天子親舂禘郊之盛。」則諸侯亦當親舂宗廟之盛。此下經云：「乙亥，嘗。」則宗廟之事也，禮當舉尊，不應言夫人御妾，而不舉君。子駿但云「公所親耕」，則無取誼乎御妾也。《獨斷》云：「天子所進曰御。」《荀子・大略》亦云：「諸侯御荼。」謂進而服之也。此公親耕無進誼，亦非謂公所御也。或曰：《説苑・尊賢》云：「賞賜盡御府繒帛。」此御廩，猶彼御府之稱，亦非塙誼。此當用張北平説。《九章算術》曰：「粟率五十，糲米三十，粺二十七，鑿二十四，御二十一。」然則此御廩者，謂御米之廩也。御米，亦曰侍御本人所食之米，在米爲□至精，故㠯供神。供人尚稱御，於神可知。鄭《生民》箋説「后稷之祀天」云：「將復舂之，趣於鑿。」此特㠯鑿爲精米之大名耳。而孔氏謂祭祀用鑿，無用御米者，夫既非「粢食不鑿」，則當用至精者，而又不用御，而用鑿，何哉？斯進退失據矣。孔巽軒注《公羊》已㠯「御」爲「御米」。○《明堂位》：「米廩，有虞氏之庠也。」注：「庠之言詳也，於㠯考禮詳事也。魯謂之米廩。虞帝上孝，令藏粢盛之委焉。」正義引「御廩災」《公羊》云：「粢盛委之所藏也。」是御廩即粢廩，御爲御米，明甚。康成言「考禮詳事」，與子駿「棄法度亡禮」之説亦合。

桓元年：「宋華父督見孔父之妻于路，目逆而送之曰：『美而豔。』」服子慎注：「目者，極視，精不轉也。」案：《列女傳》説華孟姬事云：「車奔姬墮，使侍御者舒幃㠯自障蔽，曰：『妾聞野處則幃裳擁蔽，所㠯正心一意，自斂制也。』頌曰：孟姬好禮，執節甚公，避嫌遠别，終不野容。」攷鄭注《繫辭》「野容誨淫」謂：「飾其容而見於外，曰野。」《列女傳》正同此誼。孔父妻出於路，而得爲華父所見，且得極視不轉，是未聞野容之説也。《列女傳》頌作于子駿，故取其誼㠯駁孔父妻。杜預并責孔父，則苛。東方朔曰：「孔父爲詹事。」案：漢皇后置詹事，中長秋㠯下諸宦官皆屬焉。成帝省詹事，官并屬大長秋，則二職相近。柳下惠爲大長秋，取其貞絜。孔父爲詹事，其能整飭宮闈必矣。其妻偶一失禮，未足爲孔父病也。

昭元年：「風淫末疾。」賈侍中㠯「末疾」爲「首疾」，謂：「風眩也。」正義引，原文缺。案：末爲木顛，故于人爲首。惠氏《補注》引《逸周書・武順》曰「元首曰末」是也。《素問・風論》曰：「風氣循風府而上，則爲腦風；風入係頭，則爲目風眼寒；新沐中風，則爲首風。」又云：「首風之狀，頭面多汗，惡風。當先風一日則病甚，頭痛不可㠯出内。至其風日，則病少愈。」此皆風淫而首疾之事。言眩，略舉其一耳。預㠯「四支」爲説，案《管子・内業》云：「飽不疾動，氣不通於四末。」是即四支也。預説亦有據，但非此傳古誼。

僖二十八年：「鄭伯傅王，用平禮也。」杜預注：「以周平王享晉文侯仇之禮享晉侯。」案：平王嘗享文侯。《書·文侯之命》則即文公重耳。故《晉世家》説「晉文公五年五月丁未，獻楚俘于周」云云，下即言：「因作《晉文侯命》。」❶孫淵如曰：「此孔安國故也。又，《新序·善謀篇》云：『文公再會諸侯以朝天子，天子錫之弓矢秬鬯，以爲方伯。《晉文公之命》是也。』案：《書序》：『平王錫晉文侯命。』《釋文》云：『馬無平字。』則《書序》不以文侯爲仇，王或是襄王也。馬氏以『父義和』爲『父能以義和我諸侯』，不同鄭。義讀爲儀，儀、仇，皆匹也，故名仇字儀之説，亦同古説。」麟案：義雖非仇之字，要季長説似漫衍。義和當借爲羲和，堯時以四伯爲四岳，而康成謂即羲和，其説雖誤，亦有所因。考四嶽兼掌天時，見《王莽傳》。而羲和又分處四方，亦有官聯之分。然則周時蓋以方伯兼羲和，故康成因以誤説唐法耳。呼父羲和，猶父方伯也。羲和之官，王莽亦置之，周則兼領，故不常稱，學者罕聞焉。正如舜爲大尉，《月令》説周制亦有大尉，它書不見，故或疑爲秦制耳。

成五年經：「梁山崩。」《五行志》曰：「劉歆以爲，梁山，晉望也；崩，弛崩也。古者三代命祀，祭不越望，吉凶禍福，不是過也。國主山川，山崩川竭，亡之徵也。美惡周必復。是歲歲在鶉火，至十七年復在鶉火，

---

❶「因」，《史記·晉世家》作「周」。

欒書、中行偃殺厲公而立悼公。」麟案：弛崩者，猶《魯語》所云「弛孟文子之宅」「弛郈敬子之宅」也。字正作「阤」。《方言》云：「阤，壞也。」《周語》：「聚不阤崩。」《劉向傳》：「山陵崩阤。」又作「陀」。《淮南・繆稱》：「岸峭者必陀。」而《廣疋・釋詁》又云：「陀，衺也。」然則《史記》所載賈大傅《服鳥賦》「庚子日施兮」，《漢書》作「斜」，施亦通于此弛矣。美惡周必復，本通誼，于此則獨切。京君明《易傳》説《剥》曰：「小人剥廬，厥妖山崩。」又説《復》曰：「崩來無咎。自上下者爲崩，厥應大山之石顛而下。」彼剥極而復，此惡極而復，皆見之山崩，斯其誼也。又鶉火午次，于《易》消息，「復」爲十一月，應子氣，子在天爲玄枵，此據十二次所屬辰，非謂十一月日所在之次。㠯衝受咎，故禍見于歲在鶉火。

成五年：「史辭。」《春官・大祝》：「作六辭，五曰禱。」鄭司農注：「禱，謂禱於天地、社稷、宗廟，主爲其辭也。」則此辭謂禱於天也。故《晉語》作「策於上帝」。韋解云：「㠯簡策之文告天也。」辭亦有策，故「二曰命」，司農引《論語》「爲命」，「三曰誥」，司農引《康誥》《盤庚》之誥，是皆有簡策者也。《説文》「禱」訓「告事求福」，此山崩而禱，無取求福，直告事而已。《大祝》又云：「掌六祝之辭，六曰筴祝。」司農注：「筴祝，遠罪疾。」然則策於上帝，當即筴祝。禱而兼筴祝，皆辭也。諸侯得告上帝者，《晉語》云：「天子祀上帝，公侯祀百辟。」今周室少卑，晉實繼之。其惑者未舉夏郊邪？」然則梁山，晉望，崩，則天子當告天，猶四鎮五嶽崩而去樂也。今周不能舉，故晉不得不辭也。

襄十年：「狄虒彌建大車之輪，而蒙之曰甲，曰爲櫓，左執之。」杜預注：「蒙，覆也。櫓，大楯。」正義曰：「建，立也。」麟案：車輪不可爲楯。即云甲是革成，蒙之則與楯似，然大車輪崇三柯，凡得九尺，圓周二丈七尺，徑數已長于人，長八尺，則甲所蒙之地無多，亦不似楯。今謂甲當讀爲夾。《詩・大明》：「使不挾四方。」《天官・大宰》：「挾日而斂之。」挾者，周帀之誼。故《小尒疋・廣言》：「浹，帀也。」《春官・大司樂》：「圜鍾爲宮。」注：「圜鍾，夾鍾也。」葢夾即挾，挾爲一周帀，故夾有圜誼。蒙之曰夾，蒙之曰圜也。凡圜物，即得謂之圜。《吕覽・序意》：「爰有大圜在上。」注：「圜，天也。」是凡圜者得稱圜也。櫓讀爲旅。《釋名》釋船之櫓曰：「櫓，旅也。」古文「魯」亦借「𣄹」，即「旅」字，是櫓、旅可通。《曲禮》：「立視五巂，式視馬尾，顧不過轂。」注：「巂，猶規也，謂輪轉之度。巂，或爲縈。」《賈子・容經》坐車之容云：「手撫式，視五旅，欲無顧，顧不過轂。」所謂旅，即《曲禮》所謂巂也。旅何曰爲規？《考工記》云：「萬之曰眡其匡也。」注：「等爲萬蔞，曰運輪上。輪中萬蔞，則不匡剌也。故書萬作禹，鄭司農云：讀爲萬。」釋曰：「云『等爲萬蔞，曰運輪上』者，見令車近萬蔞於輪一邊，置於輪上，是等爲萬蔞，曰運輪上也。輪一轉一帀，不高不下，中於萬蔞，則輪不匡剌。」曰上《考工》注疏。彼文上雖已云「規之」，而萬蔞亦欲其圜轉而設，則萬猶規也。其書或作「矩」者，因聲近誤改耳。江慎修已駁之。旅與萬疊韻。《登徒子好色賦》：「旁行踽僂。」《漢書・東方朔傳》云：「行步偊旅。」是僂、旅聲通，則蔞、旅聲亦通。且萬蔞到爲蔞萬，則即旅之切音，故旅即萬蔞也。《淮南・泰族》云：「奚仲不能旅，魯般不能造。」不能旅者，不能規也。

又案：旅亦通纑，如盧弓即旅弓也。《墨子・經上》云：「纑間，虛也。」《經説上》云：「纑虛也者，兩木之間，謂其無木者也。」又云：「有間謂夾之者也。」「間謂夾者也。」然則㠯圜物周帀于旁，其中曰間，亦曰纑。萬蔞㠯竹爲之，而中空。竹亦木也，中空，所謂兩木之間無木者也，因而其外圜物亦曰纑，通作盧。《淮南·要略》注：「盧牟，猶規模也。」規，即圜矣。五旅者，輪運五轉，猶萬蔞運五轉也。蒙之㠯夾㠯爲旅者，蒙之㠯圜物㠯爲萬蔞也。先立大車之輪，而蒙㠯萬蔞，然後運之；既運，乃執之矣。若然，萬蔞運輪，爲輪時已試之矣。此時始運者，言左執之，則是未麗于車之輪，是輪人初成者耳。虒彌欲見己之有力，應于未行時預就工取之，及軍中而執之，㠯自顯。因先作運輪之形，㠯爲戲也。此如追喜殺犬，孟莊子斬樠，自示閒暇，非爲實用。即左執之者，亦不過一時示勇，斷不能常執㠯臨敵也。非讀大傳書不知傳誼，非讀兩鄭君注不知大傳書誼。惠氏《禮說》曰：「《冬官·輪人》曰：『揱爾而纖。』先鄭讀爲箾。《說文》『箾』訓『㠯竿擊人』。箾韶，即簫韶。逸《詩》曰：『鳳皇秋秋，其翼若干，其聲若簫。』漢《房中歌》『簫勺羣慝』。《天門歌》：『飾玉梢㠯舞歌。』則箾即干也。舞之，即干舞也。《左傳》：『建大車之輪，㠯爲櫓。』則車輻可當干。」麟案：《說文》竿、戟本不同，逸《詩》雖有「其翼若干」，亦非言箾。先鄭讀揱爲箾，仍取本豊未殺之誼，豈謂車輻似戟邪？○又案：惠氏《禮說》曰：「司戈盾，掌建乘車之戈盾，而設藩盾，舍則設之，行則斂之。康成謂藩盾如今扶蘇，建之乘車㠯蔽左右。」又云：「大者八尺輪，三十六乘，輓者每乘二十四人，㠯大扶胥爲武衛焉。中者五尺輪，大櫓，扶胥七十二具。小者鹿車輪，小櫓，扶胥一百四十六具。皆㠯矛戟爲翼，扶胥爲衛，在車兩藩。」又曰：「建櫓于輪。」然則扶胥固是盾，而非即㠯輪爲之，杜說終非。

○麟說狄虒彌條既畢，或㠯《墨子·備高臨篇》「蒙櫓」相難。應之曰：彼文云：「敢問適人積土爲高，㠯臨吾城，薪土俱上，㠯爲羊黔，蒙櫓俱前，遂屬之城，兵弩俱上，爲之奈何？」難者疑萬蔞無爲用㠯上城，且車輪又纍重，于上城非所宜耳。不知彼下文説「連弩之車」曰「兩軸三輪，輪居筐中，重下上筐，左右旁二植，左右有衡植，衡植左右皆圜内，内徑四寸，左右縛弩皆於植，㠯弦鉤弦，至於大弦，弩臂前後與筐齊，筐高八尺，弩軸去下筐三尺五寸」云云。《通典》云：「弩臺高下與城等。」而此連弩之車得上之，則車蒙萬蔞㠯上城，無可怪也。所㠯蒙櫓者，非取其行之利也。下云「兵弩俱上」，則蒙櫓即弩車之輪之筐也。車輪而居筐中，筐非萬蔞而何？特所㠯用之者，非爲運輪試其圜否耳。其名萬蔞，名旅，名櫓，則一也。或又疑筐非圜物。按：筐本訓方，故《詩・采蘋》傳云：「方曰筐，圜曰筥。」而引申則亦得爲圜物，筐當之通稱。《素問・刺禁論》云：「刺匡上陷骨中脈。」注：「目匡也。」目匡固橢圜不方矣。是㠯《説文》匡、筐一字，而訓爲「飯器筥」也，明散言不別方圜，筐得稱筥，則如筥之圜者亦得稱筐也。筥圜，猶旅圜也。吕、膂一字，故聲通。然則弩車之爲物，客主皆用之，此攻偪陽之城，正當用此。前云「運之」，云「非爲實用」，誤矣。《墨子》云「筐高八尺」，今大車之輪，則筐高過此矣。時弩車輪，即□視大車之輪，故通名之，非真大車也。

襄二十一年：「惟帝念功。」下云：「而後功可念也。」案：此念與上「念茲在茲」稍異。《論語》：「不念舊惡。」皇疏：「念，猶識録也。」《聘禮記》：「將授念趨。」注：「謂審行步也。」是念有審誼。《月令》：「審卦吉凶。」注：「審者，録之。」此念所㠯又有録誼也。凡録亦有審誼，與念趨之念誼近。《援神契》云：「禄者，録也，取上所㠯敬録接下，下所㠯謹録事上。」敬録、謹録，皆審誼也。《説文》：「逯，行謹逯逯也。」此即所謂念趨，逯即録之後出字也。《董仲舒傳》：「録德而定位。」注：「録，謂存視也。」此即省録之誼，與識録誼亦近。

識，記也。《春官・保章氏》注。念功者，記録其功也。功可念者，功可記録也。

成九年：「其爲大子也，師保奉之。」案：《楚語》：「莊王使士亹傅大子箴。」下載申叔時所説傅法，是共王受師保之誨獨至也。彼下文又云：「夫子踐位則退。」韋解：「夫子，大子也。退，謙退也。」然則共王踐位，士亹當不更㠯師法繩之矣。故此但舉爲大子時事。

文十八年：「歸，舍爵而行。」杜預注：「飲酒訖，乃去。言齊人惡懿公，二人無所畏。」麟按：上文言「二人浴于池」，則此爲因浴而飲也。《玉藻》云：「浴用二巾，上絺、下綌。出杅，履蒯席，連用湯。履蒲席，衣布晞身，乃屨，進飲。」注：「進飲，亦盈氣也。」是新浴氣虚，本當飲酒。申池非飲酒處，故歸而飲酒也。二人飲酒，非爲習禮可知，㠯平時固然，故于此時亦不改，㠯自見其無畏耳。

僖九年：「王使宰孔賜齊侯胙。」服子慎注：「胙，膰肉。《周禮》：㠯脤膰之禮親兄弟之國，不㠯賜異姓。敬齊侯，比之賓客。」麟案：比之賓客者，預所謂「比二王後」也。周制，尊先代之服器，于所敬者則用之。故《閟宫》傳云：「白牡，周公牲也。」此尊周公而用殷牲。《行葦》：「洗爵奠斝。」箋云：「用殷爵者，尊兄弟也。」然則重其禮則用先代之器，故尊其人則比先代之後焉。

襄二十四年：「恕思㠯明德。」惠氏《補注》引《周書・程典》曰：「慎德必躬恕，恕㠯明德。」麟案：恕有明訓。《墨子・經上》曰：「恕，明也。」《經説上》曰：「恕也者，㠯其知論物，而其知之也著若明。」蓋㠯知明物謂之恕，明物則己之德亦明矣。故曰：「恕思㠯明德。」

襄三十一年：「圬人㠯時幂館宮室。」劉逵引傳如此，云：「墁也。」案：《説文》「幂」本訓「幔」，故幂又訓墁。《周禮・天官・幎人》注云：「幂，㠯巾覆物之名。」塗泥于墻，亦所㠯覆蔽其本質。幎、幭音義同。《墨子》言「菌」，即幂誼也。《迎敵祠》云：「壞其墻，無㠯爲客菌。」又曰：「城之内，薪蒸廬室，矢之所遝，皆爲之涂菌。」然則菌亦涂也。《方言》云：「襎裷謂之幭。」古音囷聲、卷聲同。如《左氏》之楚子麇，《公》《穀》作卷；《左氏》之楚子伐麇，《公羊》作圈。《釋名》訓囷爲綣是也。故菌與裷聲同。而卷从𠔉聲，𠔉从釆聲，襎得聲于番，亦即釆字，與裷同聲。襎裷本一語，故菌一字得爲襎裷二字之借。襎裷謂之幭，引申之，襎裷即爲幔誼，即爲槾誼矣。襎裷之幭，引申爲幎墻誼者，裷之言𥻨也。《説文》：「𥻨，粉也。」「粉，傅面者也。」《大玄》：「視粉其題。」注：「粉，飾也。」今人墁墻謂之粉墻，即此誼也。《荀子・禮論》：「其須㠯象槾茨番閼也。」槾茨即墍茨，倞注言之矣。而番閼實亦同番，即襎裷也。閼从於聲，即杅也。《詩・周南》傳：「汙，煩也。」陳奐曰：「煩亦污垢也。」煩汙與番閼聲誼相近，增垢則曰煩汙，增飾則曰番閼，要皆傅面之誼也。《周書・王會》云：「翠羽菌鶴。」注云：「菌鶴，可用爲旌翳。」翳有奄覆之誼。《墨子・旗幟》所云「食爲菌旗」者，即翿翳也，皆借爲襎裷字也。此傳「幂」又作「塓」者，後出俗字。

哀十四年經：「西狩獲麟。」《異義》引《左氏》説：「麟生於火而遊於土，中央軒轅大角之獸。孔子作《春秋》。《春秋》者，禮也，修火德㠯致其子，故麟來而爲孔子瑞也。奉德侯陳欽説：麟，西方毛蟲，金精也，孔子作《春秋》，有立言，西方兑爲口，故麟來。」而《公羊》説則謂：「此受命之瑞，周亡失天下之異。」許君「謹案」云：「議郎尹更始、待詔劉更生等議，㠯爲吉凶不並，瑞災不兼，今麟爲周亡天下之異，則不得爲瑞，㠯應孔子至。」鄭君駁曰：「《洪範》五事，二曰言，言曰從。從作乂。乂，治也。言於五行屬金。孔子時，周道衰亡，已有聖德，無所施用，作《春秋》㠯見志。其言可從，㠯爲天下法，應㠯金獸性仁之瑞。賤者獲之，則知將有庶人受命而得之。受命之徵已見，於周將亡，事埶然也。興者爲瑞，亡者爲災，其道則然，何吉凶不並、瑞災不兼之有乎？如此修母致子不如立言之説密也。」賈侍中、潁子嚴、服子慎皆㠯爲：「孔子自衛反魯，考正《禮》《樂》，修《春秋》，約㠯周禮，三年文成，致麟。麟感而至，取龍爲水物，故㠯爲修母致子之應。」此正義所引，原文缺。又，子慎注云：「視明禮修而麟至，思睿信立白虎擾，言從義成則神龜在沼，聽聰知正而名山出龍，貌恭體仁則鳳皇來儀。」麟案：奉德侯與劉子駿同時而別自名家，尋《五行志》：「劉歆言傳曰時有毛蟲之孽。説曰爲於天文西方參爲虎星，故爲毛蟲。」是子駿説孽則當行而應，而陳則㠯爲祥，亦當行而應也。鄭又駁許君龍東方、虎西方、鳳南方、龜北方、麟中央之説，云：「麟、鳳、龜、龍謂之四靈，則當四時明矣。虎不在四靈中，空言西方虎者，則麟中央得無誣乎？」此佐成奉德侯麟爲西方毛蟲之説也。然《毛詩》傳云「騶虞，義獸也。白虎黑文，不食生物，有至信之德則應之」，則白虎雖不在四靈，而自爲瑞應，可知也。麟、虎不得同在西方，則麟自屬中央矣。不然，豈騶虞不爲瑞應乎？《麟之趾》傳云：「麟信而應禮。」此與《騶虞》傳及《卷阿》傳云「鳳皇，禮鳥，仁瑞也」同爲修母致子之説，❶是《左氏》古説同于毛傳。毛公受學荀子，則即荀子之説也。故賈、潁、服君皆從之，其説精于奉德侯矣。

《荀子·正名》曰「後王之成名，刑名從商，爵名從周，文名從禮。散名之加於萬物者，則從諸夏之成俗曲期。遠方異俗之鄉，則因之而爲通。散名之在人者」云云。麟舊謂作《春秋》爲後王法，荀子之論乃《左氏》家説，作《春秋》之微言，于兹益信。先商，而周，而禮，則禮非商、周之禮，必爲春秋所制之禮矣。《公羊》有改制之説，實即《左氏》説也。三統迭建，救僿已忠，是已不言夏而夏即在禮中。春秋制禮，參夏、商、周而酌之，故《春秋》正是禮書，語本《荀子》。正義謂：「荀卿箸書，尊崇孔德。麟若應孔子而來，無容不述。」是未考也。大史公曰：「《春秋》者，禮義之大宗也。」云義，則言從之説亦包之，蓋已正名即是立言，故兼通其説，然終已主禮爲正也。賈、潁、服已爲修《春秋》，約已周禮者，子曰：「殷因于夏禮，所損益可知也；周因于殷禮，所損益可知也；其或繼周者，雖百世可知也。」然則繼周者，當因周禮而損益之，故言「約已周禮」。約者，謂取周禮之要義而用之，則非純用周禮，其損益者多矣。《荀子·非相》曰：「禹、湯有傳政，而不若周之察也。非無善政也，久故也。」然則春秋所用周禮較多于二代，故云「約已周禮」，不云二代也。此皆《春秋》微言大義也。

---

❶ 「禮」，《毛詩正義》作「靈」。

至正義駁舊説云：「龍爲水物，㠯其育於水耳。麟生於火，豈其産於火乎？」按：子慎明云：「名山出龍。」則龍之所育，不專在水中。近世山中數有蛟，而水中無聞焉。則龍亦在山爲多矣。《淮南・泰族訓》曰：「蛟龍伏寢於淵，而卵割於陵。」是龍固山水並居，而終㠯在山爲主者。古人所見龍，出于山者多也。所謂「龍，水物」者，正謂龍之生，由于水德耳。然則麟生於火，亦謂麟生於火德耳。遊於土，乃始指土質言之，非可强辭駁詰也。

○又案：家則堂、顧復初皆謂是歲陳恆弒君，請討不從，故于此絶筆，非麟感《春秋》而至，亦非《春秋》感麟而作也。麟謂如是則《春秋》當終于陳恆弒君之前一事，自小邾射㠯句繹來奔，至宋向巢來奔，皆當在經中，胡爲絶筆獲麟乎？且如彼説，則麟不足爲祥，亦不足爲異，一獸見獲，何足重煩聖筆乎？

襄十四年：「將執戎子駒支。」杜預注：「駒支，戎子名。」麟案：駒支者，椒積也。《説文》：「積，積椒，多小意而止也。从禾，从支，只聲。一曰：木也。」「椒，積椒也。从禾，从又，句聲。又者，从丑省。一曰：木名。」《莊子・山木》：「騰蝯得柘棘枳枸之閒。」《風賦》：「枳句來巢。」《淮南・修務訓》：「龍夭矯，燕枝拘。」皆與積椒同。《墨子・親士》云：「分議者延延，而支苟者詻詻焉，可㠯長生保國。」支苟亦積椒，本謂多小意而止，引申則臣之上君意亦曰積椒，謂㠯諍諫拒格之也。積椒倒言之，則爲椒積矣。戎子名取于此。

成十八年：「張老爲候奄。」《晉語》作「元候」。韋解：「中軍候奄。」正義曰：「此中軍之官。元，大也。

中軍尊，故稱大也。」梁氏《補釋》曰：「奄，亦是大義。」麟案：元固訓大，奄則不取大誼也。奄借爲閹。《說文》云：「閹，豎也。宮中奄閽閉門者。」葢閽亦偁閹，本非宦官之專稱，故引申爲守門之通名。《墨子·迎敵祠》曰「凡守城之法，設守門，二人掌右閹，二人掌左閹，四人掌閉」是也。此候閹，則其長官，故亦曰閹名。

襄三十一年：「子大叔美秀而文。」惠氏《補注》曰：「案：《說苑·政理篇》亦載此事，葢本《左傳》，乃云：『子大叔善決而文。』善決，譌爲美秀。」麟案：此非誤也。秀與需通。鄭注《周易》讀需爲秀，云：「陽氣秀而不直前者，畏上坎也。」哀六年傳云：「需，事之下也。」十四年傳云：「需，事之賊也。」《釋文》訓需爲疑，此皆與決誼相反。曰苦快、亂治通之，則需亦爲決，猶《桑柔》傳訓疑爲定，亦與疑惑誼反而相通也。美亦善也。《大司徒》「孅宮室」注：「孅，善也。」孅、美通，故美秀訓爲善決。劉子政之説古矣。馮簡子能斷大事，子大叔則不止善決，又文也。

襄十七年：「遂就其妻。」《五行志》引傳如此，古文傳也。今本「就」作「幽」，此劉、賈訓傳之字，而杜預誤曰爲正文者也。案：《說文》：「造，就也。」造、就二字聲誼同，則就可借爲造。《喪大記》：「君設大盤造冰焉。」注：「造，猶内也。」朱氏豐芑謂此造與窖同。《說文》：「窖，地藏也。」《廣疋·釋言》：「窖，窇也。」窇即寢字。《說文》：「寢，地室也。」内之地室中，所謂幽也。《說文》「酉」訓「就」，象古文「丣」之形，而云：「丣爲秋門，萬物已入。一，象閉門。」是就亦有幽閉之誼。

隱四年經：「夏，公及宋公遇于清。」劉子駿注：「遇者，用冬遇之禮。」賈侍中同。劉又注：「遇禮簡易。」見《釋例》。案：《下曲禮》：「諸侯未及期相見，曰遇。」注：「及，至也。」彼正義云：「未至前所期之日及非所期之地而忽相見，則並用遇禮。」《釋例》㠯爲此遇非冬遇，且云：「冬時備物非簡易。」不知《大行人》云：「冬遇㠯協諸侯之慮。」《司馬法》亦云：「冬㠯禮遇諸侯，圖同慮。」而此遇亦是兩國同慮，㠯遇協之，《穀梁傳》云「遇者，志相得也」是也。其意與冬遇同，故其禮有大同，非謂細碎儀制盡如冬遇也。《下曲禮》注云：「諸侯春見曰朝，受摯於朝，受享於廟，生氣文也；秋見曰覲，一受之於廟，殺氣質也；夏宗依春，冬遇依秋。春秋時齊侯唁魯昭公，㠯遇禮相見，取易略也。」㠯上《曲禮》注。是康成亦謂冬遇與諸侯之遇同，而冬遇較之春、夏爲質，取其簡易，有明證矣。至拘于冬遇見天子，此遇皆諸侯，則知大同，而未知小異矣。且朝會亦有天子、諸侯之分，豈兩者誼異哉？莊二十七年經：「公會杞伯姬于洮。」傳云「非事」，則僖十四年經「季姬及鄫子遇于防」亦非禮可知。公會杞伯姬必非如天子時會也，則季姬之遇，自與冬遇天子大異可知。預㠯季姬事爲駁，則會伯姬又何説焉？○《覲禮目録》云：「覲遇禮省，是㠯享獻不見焉。」亦簡易之證。

閔二年：「遂滅衛。」惠氏《補注》曰：「《詩·載馳》序云：『衛懿公爲狄人所滅。』鄭箋云：『滅者，懿公死也。君死於位，曰滅。』閻百詩曰：『下文狄入衛，方是入其國都。孔疏：「傳言滅，而經書入。」引《釋例》爲從齊桓告諸侯之文。』殊不然。」按：當引杜注而駁之。麟案：惠注是也。《詩正義》引胡子髡、沈子逞滅，然《詩序》

言衛懿公滅，則滅者，是君與髡、逞同。此傳竟言滅衛者，國係于君，故君滅亦得曰國滅。《書序》云：「成王東伐淮夷，遂踐奄。」《大傳》云：「踐之者，籍之也。籍之，謂殺其身，執其家，豬其宫。」此説雖與《序》所云「成王既踐奄，將遷其君于蒲姑」違背，然可見秦時文法已㠯踐其君爲踐奄，是知滅君亦得言滅衛矣。

僖五年：「袀服振振。」鄭司農《周禮・司几筵》注：「純，讀如均服之均。」彼疏云：「賈、服、杜君等皆爲均。均，同也。」然服注「袀服，黑服也」，見《文選》注，則固同《五行》《律歷》兩志作「袀」矣。惠氏《補注》曰：「古戎服尚黑。《戰國策》：『願令補黑衣之數，㠯衛王宫。』注云：『黑衣，戎服。《漢書》作袀。』《儀禮・士冠禮》云：『兄弟畢袗玄。』鄭注曰：『袗，同也。古文袗爲均。』司馬彪《輿服志》云：『郊祀之服，皆㠯袀玄。』《淮南子》曰：『尸祝袀袨。』高誘云：『袀，純服；袨，墨齋衣也。』袀袨，猶袗玄。「袗」字，篆書與「袀」相似。上下皆玄，故謂之黑服。謂袀服爲黑服，失之。袀，古文皆作『均』。杜氏謂『戎事上下同服』，是也。《管子・大匡篇》云：『四年修兵，同甲十萬。』同甲者，均服之謂也。」麟案：如《司几筵》疏，則袀即均，而訓同。然服又云「黑服」者，恐人㠯爲上至帥下至卒皆韋弁服也。攷《小疋》云：「六月棲棲，戎車既飭；四牡騤騤，載是常服。」傳：「服，戎服也。」箋云：「戎車之常服，韋弁服也。」正義曰：「此所載者，據將帥服耳。其餘軍士之服，下章言『既成我服』是也。通皆韋皮，故《坊記》注云：『唯在軍同服耳。』」據此正義，則皮韋雖同，韋弁服固非士卒所有也，則當黑服矣。僖三十三年：「子墨衰絰。」賈侍中注：「墨變凶。」是在軍之士卒服本黑，而殺之戰則自君㠯下皆依之而墨，㠯變凶也。子慎既訓「袀」爲「同」，恐人謂上下同韋弁服，故又云「袀服，黑服」，目見士卒之同惟在黑服，其將帥之韋弁服，則士卒不與之同也。此袀服，惟指士卒言，亦不目皮韋與將帥同爲誼也。《呂覽・悔過篇》注云：「兵服上下無別，故曰袀服。」亦非此處之誼。且古既有袗玄、袀袨之語，則袀服自可訓同，兼訓黑。《王莽傳》：「時莽紺袀服。」紺色亦近黑，巨君受《左傳》，葢取袀服而爲此名也。

宣十二年：「楚許伯御樂伯，攝叔爲右，目致晉師。許伯曰：『吾聞致師者，御靡旌，摩壘而還。』樂伯曰：『吾聞致師者，左射目菆，代御執轡，御下兩馬，掉鞅而還。』攝叔曰：『吾聞致師者，右入壘，折馘、執俘而還。』」服子慎注：「凡兵車之法，射者在左，御者在中，戈、盾在右。菆，矢之善者。兩，猶飾也。掉，猶正也。死者取左耳曰馘，生者曰俘。執，取之。」見《周禮・環人》疏，從惠定宇、梁處素定爲服注。麟案：《周禮・夏官》云：「環人掌致師。」注：「致師者，致其必戰之志。古者將戰，先使勇力之士犯敵焉。」下即引此傳。尋先儒不説還誼，下句云「皆行其所聞而復之」，鄭引如此。按：彼疏云：「皆行其所聞之事，而復反。」是與今本無「之」字者誼亦同。若目還从本訓，則《説文》云：「還，復也。」下文言「行其所聞」，則固已包還在内矣。更言復，不已贅乎？案：《序官・環人》注：「環，猶卻也，目勇力卻敵。」《釋文》：「環，户關反。」則與還同音。本職云：「環四方之故。」注：「卻其目事謀來侵伐者，所謂折衝禦侮。」是知還即環。《士喪禮》：「布巾環幅不鑿。」注云：「古文環作還。」是其證也。《管子・四時》：❶「然則晝炙陽，夕下露，地競環。」亦謂陰陽氣爭競而相拒卻也。但

---

❶「四時」，據《管子》（《四部叢刊》景宋本）當作「五行」。

致師當引之使進，乃退之使卻者，蓋致師本欲㠯一二人致千萬人，先卻其一二人，餘卒自激怒百倍，故必卻之而後可致之也。「而」訓爲㠯，猶「可而」即可㠯也。許伯言御靡旌，摩壘㠯卻敵；樂伯言左射㠯菆，代御執轡，御下兩馬，掉鞅㠯卻敵；攝叔言右入壘，折馘、執俘㠯卻敵也。既折馘、執俘矣，復得言卻敵者，更有畏爲俘馘而卻者也，於是乃得有怒而至者。又《春官・簭人》：「九曰巫環。」注云：「環，謂筮可致師不也。」則直㠯環爲致師之名。此處若从彼讀，則尤直捷。而環訓㠯致師，皆㠯完成首句「吾聞致師者」之意，猶後世文家之繳筆也。

桓三年經：「齊侯、衛侯胥命于蒲。」傳：「不盟也。」《荀子・大略》：「不足於行者，説過；不足於信者，誠言；故《春秋》善胥命，而《詩》非屢盟，其心一也。」此本于《穀梁傳》，所謂近古，亦《左氏》之通義也。《公羊》云：「何言乎相命？近正也。古者不盟，結言而退。」結言則是盟，則古未嘗無。《詩》所非者，亦祇屢盟耳。故毛傳曰：「凡國有疑，會同則用盟而相要也。」箋云：「非此時而盟，謂之數。」明非有盟輒譏矣。《大略》又述《穀梁》云：「盟詛不及三王。」亦謂徒設其法，而無相疑之事耳。《異義》：「《春秋左氏》云：『周禮有司盟之官，殺牲歃血，所㠯盟事神明。』又云：『凡國有疑，盟詛其不信者，是知於禮得盟。』」㠯上《異義》。鄭司農注《春官・大祝》「四曰會」云：「會，謂王官之伯命事於會。胥命于蒲，主爲其命也。」是胥命與會相近。

定五年：「藍尹亹涉其帑。」杜預注：「亹，楚大夫。」周氏《附論》曰：「藍尹，藍地之縣尹也，如灑藍、襄十九。藍臺《晉語》九。之類，非㠯草名官也。」麟案：此雖引二佐證，終不見楚有藍地之實據。地名何字不可取，不得㠯偶有者相證也。《墨子・雜守》云：「望見寇，舉一烽；入境，舉二烽；射妻，有誤。舉三烽，藍；郭會，舉四烽，二藍；　城會，舉五烽，五藍。夜㠯火，如此數。」此藍尹，即彼藍也。畢氏讀彼藍爲爾，當作冂。㠯「爾郭」「爾城」連讀。案：如畢讀，則「爾郭會」「爾城會」皆不可解，且「舉四烽二」不成語，而「五藍」又作何說邪？案：《號令篇》云：「望，舉一垂；入竟，舉二垂；狎郭，舉三垂；入，有脱。舉四垂；狎城，舉五垂。夜㠯火，皆如此。」兩篇文誼大同。畢从《曲禮》注訓「狎」爲「近」是也，然則郭會、城會當作會郭、會城，即狎郭、狎城，會當作合，故得借爲狎。而每藍字皆絶句，藍必實有一物。「舉三烽，藍」，謂舉三烽、一藍也。舉四烽二藍，舉五烽五藍，亦視此。㠯意求之，藍當借爲監。《春官・眡祲》：「四曰監。」注：「監，冠珥也。」蓋氣在日上爲冠，在日旁爲珥，烽有光猶日，更舉小烽猶冠珥之附日，故曰監。《墨子》或㠯天象爲器名，如《備城門》云：「令陶者爲月明。」亦取其中判之，而偃一覆一，有似月弦時半光半暗也。《雜守篇》下文有「守烽者」，藍尹當是其長，㠯所用器名官也，此猶晉之候奄爲候望之官也。《晉語》之藍臺，或亦本是烽燧之臺，後因其臺爲地名乎？

莊二十四年經：「大水。」《五行志》引劉子駿説：「先是嚴即莊。飾宗廟，刻桷丹楹，㠯夸夫人，簡宗廟之罰也。」此有《五行傳》所云「簡宗廟，不禱祠，廢祭祀，逆天時，則水不潤下」也。飾宗廟而謂之簡者，先君有共德，而君納諸大惡，其侮慢鬼神至矣，故曰簡也。劉子政説，並舉「是歲、明年仍大水」，則子駿説二十五年經「大水」亦當同矣。尋《五行傳》又云：「治宮室，飾臺榭，内淫亂，犯親戚，侮父兄，則稼穡不成。」此近治宮室、飾臺榭矣，而哀姜又淫亂，乃但有水不潤下而無稼穡不成之災者，莊公本嘗築臺目淫孟任，若稼穡不成，轉似爲孟任事而降災矣。故天但目頻年大水見簡宗廟之罰，而意爲哀姜始明。過目五稔斷，故二十八年經書「大無麥禾」，劉子政說之曰：「是時，夫人淫於二叔，內外亡別，又因凶飢，一年而三築臺，師古曰：「謂三十一年春築臺于郎，夏築臺于薛，秋築臺于秦也。」麟案：築臺在大無麥禾後，蓋生于心而沴于象也。故應是而稼穡不成，飾臺榭、內淫亂之罰云。遂不改寤，四年而死。旤流二世，奢淫之患也。」子駿無說，當同其父。蓋至此而後，哀姜之淫亂始見，此天道之深切著明，不目疑似惑人者。

成三年經：「新宮災。」《公羊》《穀梁》皆目爲宣公之宮，《五行志》引董仲舒說：「一曰，宣殺君而立，不當列於羣祖也。」《左氏》無說，當同董氏。何目明之？《魯語》：「展禽曰：『夏父弗忌必有殃。犯鬼道二，犯人道二，能無殃乎？』侍者曰：『若有殃，焉在？抑刑戮也，其夭札也？』曰：『未可知也。若血氣强固，將壽寵得沒。雖壽而沒，不爲無殃。』既其葬也，焚，煙徹于上。」是《左氏》說有生不及刑戮者，死則焚之也。故宣三年經：「郊牛之口傷，改卜牛，牛死。」《五行志》引劉子政說：「宣公得免於禍，天猶惡之，生則不饗其祀，死則災燔其廟。」此正合《魯語》之誼。《志》又云：「董仲舒指略同。」而子駿無說，當亦同其父。此三傳之通誼也。

哀二年：「獲其蠭旗。」案：《天文志》云：「杓端有兩星：一內爲矛，招搖；一外爲盾，天蠭。」《天官書》作

「鋒」，鋒本字，蠭借字。「矛、盾動摇，角大，兵起。」《上曲禮》：「招摇在上，急繕其怒。」注：「畫招摇星於旌旗上，㠯起居堅勁軍之威怒，象天帝也。招摇星在北斗杓端，主指者。」據此，則「蠭旗」者，謂畫天蠭於旌旗，猶「招摇」也。皆主兵，故通用。《曲禮》正義曰招摇爲北斗弟七星摇光，與《天文志》不合。鄭云主指，㠯近杓耳。《郊祀志》云：「爲伐南越，告禱泰一，㠯牡荊畫幡日月北斗登龍，㠯象大一三星，爲泰一鏠旗，命曰靈旗。爲兵禱，則大史奉㠯指所伐國。」意亦猶是。大一三星，謂大一在後，招摇、天蠭在前，合三星也。晉灼説非。時簡子帥師，故載「蠭旗」。《拾遺記》乃云：「武王伐紂，有大蠭狀如丹鳥，飛集王舟，因㠯鳥畫其旗，翌日而梟紂，名其船曰蠭舟。魯哀公二年鄭人擊趙簡子，得其蠭旗，則其類也。」㠯上《拾遺記》。其無稽至此。《天官書》「一外爲盾，天鋒」，《集解》引晉灼曰：「一名玄戈。」而《西京賦》云：「建玄戈，樹招摇。」是兩星皆畫于旗。而薛綜注云：「玄戈，北斗弟八星，名爲矛頭。招摇，弟九星，名爲盾。」是二星又通名也。又案：《廣成頌》云：「曳長庚之飛髾，載日月之大常，棲招摇與玄戈，注枉矢于天狼。」招摇、玄戈，即大常，已見前。天狼，西宫星，故與長庚爲一旗。建蠭旗，本僭也。

哀二十六年：「今君無疾而死。」案：《韓非子·備内》：「故《桃左春秋》曰：『人主之疾死者不能處半。』人主弗知則亂多資。」《桃左春秋》者，桃借爲趙。《方言》：「𤖮杠，南楚謂之趙。」郭注：「趙，當作桃。」《廣疋·釋器》作「𤖮」，是桃、趙通也。傳《左氏》者，虞卿、荀子皆趙人，二家所傳之《左氏春秋》，謂之《趙左春秋》，猶《藝文志》《易》有《淮南道訓》，《論語》有《燕傳説》，《異義》引《易下邳傳》甘容説，㠯其地目其書也。《左氏》傳授，鐸椒後惟虞、荀。必㠯趙別之者，觀《吕氏春秋》多引《左傳》，則或別有傳授者，如漢儒劉子駿外有陳子佚也，故必別之。猶《公羊》之有嚴氏、顔氏，亦所㠯爲別也。二公所傳《左氏》，名曰《趙左春秋》，其中有論述則《鈔撮》及《虞氏微傳》之類也。韓非學于荀子，故得見之。言人主之疾死者不能處半，即本此傳；人主弗知，本上文「惑蠱其君」。此大尹本未弑君，而《趙左春秋》之語亦是總論全書，葢因詁傳而發論也。疾死者不能處半，甚言之，猶「周餘黎民，靡有孑遺」之意也。

宣十二年：「掉鞅。」服子慎注：「掉，猶正也。」案：《說文》「逴」下云：「一曰蹇也，讀若掉苕之掉。」葢掉苕疊韻連語，即此訓正之字也。何㠯明之？《說文》：「嬥，直好貌。」《韓詩·大東》：「嬥嬥公子。」《楚辭·九歎》注作：「苕苕公子。」是苕、嬥通，故掉苕即借爲嬥掉、嬥聲亦通。如掉作濯，長言爲掉苕，短言爲掉。嬥，爲直好。襄七年云：「正直爲正，正曲爲直。」《詩·碩鼠》箋、《廣疋·釋詁》皆云：「直，正也。」故直好又爲正誼。

昭三十一年經：「黑厷㠯濫來奔。」傳：「邾黑厷㠯濫來奔。」經不係邾。《公羊》云：「通濫也。」何休注：「通濫，爲國故，使無所繫。」案：彼下傳云：「叔術致國于夏父，夏父受而中分之，叔術曰：『不可。』三分之，叔術曰：『不可。』四分之，叔術曰：『不可。』五分之，然後受之。」此言叔術受邾婁五分之一，即濫是也。故服子慎《長義》曰：「邾婁本附庸，三十里耳，而言五分之，爲六里國也。」孔巽軒謂：「建國制地要取開方，方三十里者，其積九百，五分之一猶有百八十里，何言六里乎？豈虔不曉算術，抑苟取一時之辨？」麟謂建國開方謂封時耳，其後夏術分國，即不必取整方之地而與之也。邾婁方三十里，積九百里，五分爲百八十里，是即縱三十里而横六里也。服知分國非整方，故由便據其横六里而言，非不曉算術也。百八十里之積方之爲十三里有奇。《王莽傳》云：「諸公一同，侯伯一國，子男一則，附城大者食邑九成，自九目下降殺，目兩至於一成。」此説五等之地，雖異于《周禮》，而附庸自九成至一成，則周固有之，特周制不及百里者皆爲附庸耳。故《荀子》言「用十里之國」，而《吕覽・慎勢》亦云：「王者之封建也，彌近彌大，彌遠彌小，海上有十里之諸侯。」則方十三里有奇者，尚大于此，固可爲附庸之國。而子慎駁之者，子慎《長義》目駁《公羊》。此事則《公羊》《穀梁》誼同，當是並譏。案：《穀梁》云：「其不言邾黑厷何也？別乎邾也。其不言濫子何也？非天子所封也。」附庸可十三里，若子則斷無十三里者，而目天子未封，決其不稱濫子，則子國本豈有十三里者乎？故並駁之。然則《左氏》所目不書邾者，蓋目是時公在乾侯，是歲又爲從者所脅，不得歸，而季孫歸祭矣，則魯國皆季孫主之矣。前此邾庶其、莒牟夷叛其君而來事魯君者也，今此邾黑厷叛其君而來事逐魯君之季孫者也。事魯君者，邾、莒之君猶得目辭責之而反其地，今季孫雖有魯君如無矣，何有于邾君？而與黑厷又同惡相濟，邾欲治反濫邑其可得乎？故不係邾目爲永絶之辭也。其聲有哀焉。抑麟又聞《公羊》之説三十二年經「取闞」曰：「闞者何？邾婁之邑也。」宋于庭曰：「闞即濫，猶闞止作監止也。」其説得之。賈侍中注「取闞」云：「昭公得闞，季氏奪之，不用師徒。」蓋黑厷本目濫之名籍與昭公，至三十二年而季氏爲置官吏焉，昭公無可如何，所謂「奪之，不用師徒」也。然昭公自全不暇，安能有濫？濫之必屬于季氏，固不待明年而知之，故于此先不係邾，目見邾之不得治反焉。治《左氏》者，于《公羊》當有棄有取，此類是也。

成十一年：「聲伯之母不聘。」杜預注：「不聘，無媒禮。」麟案：穆姜呼之爲妾。禮：內子笄，妾不笄。《楚語》：「司馬子期欲㠯妾爲內子，訪之左史倚相曰：『吾有妾，而願欲笄之。其可乎？』」是妾不笄。《內則》云：「聘則爲妻，奔則爲妾。」《士昏禮記》：「女子許嫁，笄而醴之。」《曲禮》：「女子許嫁，笄而字。」是知不聘者不笄矣，然據《雜記》則云：「女雖未許嫁，年二十而笄禮之。」則妾若奔于二十㠯後，固已有笄矣。然既奔而爲妾，則雖本有笄，必當去之，㠯辱奔者也。若媵與姪娣，則非奔者，固得笄矣。《鄭語》：「府之童妾，既笄而孕。」蓋非奔則得笄。

成十六年：「舊不必良。」案：上傳：「王卒㠯舊。」預注謂：「罷老不代。」則舊卒固可決其不良矣，安用言「不必」㠯爲揣度之詞哉？《淮南·氾論訓》：「苟周於事，不必循舊。」注：「舊，常也。傳曰：『舊不必良。』」此誤㠯傳之「舊」傅合《淮南》「舊，常」之誼，亦失之。蓋良本有彊誼，如《天文志》「王良」作「王梁」。則良可借爲彊梁字，《墨子·公孟篇》云「身體彊良」是也。而「必」亦有彊誼，字多作「畢」。《書大傳》「必力賞罰」，《周本紀》作「畢立賞罰」；《吕覽》「寢廟必備」，《月令》作「畢」；《考工記·玉人》「天子圭中必」注：「必，讀如鹿車縪之縪。」是其通也。《墨子·兼愛下》云：「股肱畢強。」《非樂上》云：「股肱不畢強。」畢良即畢強也。《墨子·兼愛中》又云：「夫挈大山而越河、濟，可謂畢劫有力矣。」亦此誼也。畢強誼亦與僤即趩。通。《詩·蕩》：「曾是強禦。」傳：「彊梁禦善也。」是畢強者能禦，故僤亦爲禦誼，魏《大饗碑》「乃備僤禦」是也。字又通駜，《詩·魯頌》：「有駜有駜。」傳「駜，馬肥彊貌」是也。詳見《膏蘭室札記》。畢良是平列字也。

桓六年：「親其九族。」《賈子・胎教》云：「素成，謹爲子孫婚妻嫁女，必擇孝悌世世有行義者。如是，則其子孫慈孝，不敢淫暴，黨無不善，三族輔之。」此大傳説三族㠯結婚嫁之誼，則兼父族、母族、妻族也。《異義》：「今《禮》戴、《尚書》歐陽説云：九族，乃異姓有屬者。父族四：五屬之内爲一族；父女昆弟適人者與其子爲一族；己女昆弟適人者與其子爲一族；己之女子子適人者與其子爲一族。母族三：母之父姓爲一族；母之母姓爲一族；母女昆弟適人者與其子爲一族。妻族二：妻之父姓爲一族；妻之母姓爲一族。」此約㠯三而分㠯九。大傳是篇録在《大戴禮》，即戴説也。而古《尚書》説則云：「九族者，從高祖至玄孫，凡九，皆同姓。」康成从古文，駁戴、歐陽曰：「《昏禮》請期辭曰：『惟是三族之不虞。』欲及今三族未有不億度之事而迎婦也。如此所云，三族不當有異姓。異姓，其服皆緦麻。《禮・雜記下》：『緦麻之服，不禁嫁女娶婦。』是爲異姓不在族中明矣。」麟案：《儀禮》「三族」，由娶者之父言之也。《雜記》云：「己雖小功，王伯申曰：「雖，讀爲唯。」是也。既卒哭，可㠯冠，取妻。」是未卒哭，不可冠、取妻也。妻族中，有妻之父姓、母姓，則妻之父、母自在其中可知。妻之父、母于子爲外祖父、母，外祖父、母服小功，卒哭㠯前禁取妻，則三族中有妻族明矣。《雜記》云：「大功之末，可㠯冠子，可㠯嫁子。」末者，弟九月也。大功至末，乃可㠯冠嫁其子，則知小功輕於大功，既卒哭，亦可冠嫁其子矣。然未卒哭，則不得也。冠嫁其子且不得，取婦可知。今母族中，如母之父、母之母、母女昆弟適人者，是即外祖父、母與從母也，皆服小功，小功未卒哭，亦禁取婦，則三族中有母族明矣。㠯此分爲九族，其誼塙矣。鄭注《儀禮》謂：「三族：父昆弟，己昆弟，子昆弟。」其誼儉矣。凌氏曙又曰：「按：《喪服》傳曰：『出妻之子爲母期，則爲外祖父、母無服。』傳曰：『絶族無施服，親者屬。』蓋妻於夫家，與族齒，其出也，與族絶，而可㠯外家爲族乎？」不知族固有散言、析言之别。析言之，則專指同姓，故《尒疋》於「父爲考」㠯下標「宗族」，而母黨、妻黨與宗族異題，而外家不得爲族矣。散言，則九族是也。猶兄弟有散言、析言之别，不得嗜甘而忌辛也。

鄭又駁戴、歐陽云：「婦人歸宗，女子雖適人，字猶繫姓，明不與父兄爲異族，其子則然。」案：此特因嫁爲别耳，不論其姓之同不同也。且如鄫季姬、郯伯姬之類，雖繫其姓，而必冠㠯所嫁之國，亦嚴别之道也，何不可别爲一族哉？鄭又引《喪服小記》曰：「親親㠯三爲五，㠯五爲九。」則《記》文本未嘗㠯此説九族。至《小宗伯》言掌三族之别，則三族亦自有同姓之誼，要彼與《賈子》各自爲名，不須牽涉。至于「堯親九族」，自不得遺姑姊妹女子子適人者與其子及母妻之族，則知九族斷不專指同姓矣。

此傳下言「㠯致其禋祀」，或疑九族當指同姓爲切要。此與「務其三時，脩其五教」並舉，即下所謂「民和」，謂如此乃可㠯事神，非專㠯同姓助祭爲言。且此傳所謂「神」、所謂「祭」、所謂「禋祀」者，本兼包宗廟、社稷、山川等，非專指宗廟，更無容㠯同姓爲説也。從大傳誼。按：《書》古文説雖非，自高祖至父仍兼所出言，正義駁鄭不得其指。

莊十一年：「公㠯金僕姑射南宮長萬。」賈侍中注：「南宮，氏。萬，名。宋卿。」杜預注：「金僕姑，矢名。」《字林》作「鏷鐔」，俗字也。按：僕姑，借爲腐荷。《詩·既醉》：「景命有僕。」傳：「僕，附也。」《考工記》：「欲其樸屬而微至。」注：「猶附著堅固貌也。」是菐聲與附通，故可通腐。荷與姑通者，猶何與胡通也。

《淮南・説山訓》曰：「譬若樹荷山上。」注：「荷」云云，「幽州總謂之光荷，讀如燕人、强秦言胡同也」。荷音如胡，則亦可如姑矣。胡、姑古音同。《淮南・兵略訓》：「腐荷之矰。」注：「荷，蓮華也。矰，猶矢也。」是矰亦爲矢之通名。彼文當作「夫揞淇衛箘簵，腐荷之矰，載㠯銀錫，雖有薄縞之幨，然猶不能獨射也」。後人亂「腐荷之矰」于「幨」字下，故《御覽》遂改矰爲櫓，當正。竊謂腐荷之腐，聲本與卜通，如「卜爾百福」，即付也。故腐借爲⿰卜刂，即剥。《説文》：「剥，从刀录。录，刻也，录亦聲。或作⿰卜刂，从卜聲。」「录，刻木录录也。」⿰卜刂荷，謂刻荷于矢也。《詩・清人》傳：「重喬纍荷也。」《釋文》云：「謂刻矛頭爲荷葉相重纍也。」葢古兵器多刻荷，但矛大，故可刻葉，矢小，但容刻華耳。至《嫏嬛記》「玄女升天」之説，怪誕惑人，無足深辨。

宣二年：「于恖于恖。」賈侍中注：「白頭貌。」服子慎同。按：侍中㠯「于」爲「華」，華从于聲也。《墨子・修身》云：「華髮隳顛而猶弗舍者，其唯聖人乎？」《後漢・崔駰傳》「唐且華顛㠯悟秦」注「白首也」是也。恖即囟，《説文》：「恖，从心，囟聲。」或疑音均稍隔，然《説文》囟或作脖，从宰聲，則均固通矣。況囟、恖又雙聲乎？且《師⿸虍隹敦》「恖」作「」，此非鬼頭之由，□㠯聲與恖迴殊也。《石鼓》「恖」作「」，皆即囟字，而借爲恖，則恖亦可借爲囟矣。《説文》：「囟，頭會，匘葢也。」故㠯囟爲頭，華囟猶華顛也，然則于恖直訓白頭矣。乃云「白頭貌」者，㠯「于恖于恖」重言之，是有貌狀摹擬之意，故云然也。《詩・瓠葉》正義㠯斯聲近鮮，因謂恖聲亦近鮮，則不知恖、斯音理迴殊也。此正義謂：「成十五年華元爲右師，距此三十二年，計未得頭白。」不知髮白固有遲早，且生而白頭者亦有矣，杭州俗語謂之羊白頭，曷足怪乎？杜氏㠯爲多須之貌，葢因漢末賊多髡者號「于氏根」也。然于與氏根，其孰取多髡之誼不可知，乃㠯易舊解，亦妄矣。○案：《典略》云：黑山、黄巾諸帥，自相號字，謂騎白馬者爲張白騎，謂輕捷者爲張飛燕，謂聲大者爲張雷公，其饒須者則自稱于羝根，其眼大者自稱李大目。張飛燕，即張燕也，然則張也、于也、李也，皆賊帥之姓，多須，或謂羝根耳。然多須謂之羝根，今亦不可解。苟㠯于姓當多須之名，則妄極矣。據《九州春秋》：「羝根與于毒並起。」然則羝根或毒之族也。杜亦當知此。㠯「于氏根」解杜誼者，李賢注《朱儁傳》之妄耳。而惠定宇不能證辨，何也？然則杜氏之説，或别有所本，特非《左傳》本旨。

文十八年經：「莒弑其君庶其。」劉子駿曰：「君惡及國朝，則稱國㠯弑；君惡及國人，則稱人㠯弑。」賈、許、潁同。麟按：傳云：「紀公多行無禮於國，僕因國人㠯弑紀公。」則紀公惡及國人矣，而不稱人者，葢子弑父與它臣弑君者有殊。而弑父不書賊之主名者，惟此經及襄三十一年經「莒人弑其君買朱鉏」而已。襄傳云：「犂比公虐，國人患之，展輿因國人㠯攻莒子，弑之，乃立。」言虐，則甚于無禮，且展輿弑父尚得暫立，僕弑父不得立而來奔，則知國人之恨買朱鉏尤甚于庶其，故彼傳云：「書曰：『莒人弑其君買朱鉏。』言罪之在也。」謂罪在虐國人，故稱人㠯弑也。就二者較之，彼爲惡及國人，則此雖不得無惡，較彼爲輕，故但㠯爲惡及國朝而已。何謂惡及國朝？愛季佗而黜僕是也。父子亦稱朝者，世子于君，亦櫛纚笄總拂髦冠緌纓，昧爽而朝也。且民謂之國人，則三朝㠯内皆稱朝矣。稱「國」、稱「人」，亦弑君之通例，但子弑父亦得没其主名者，僕、展輿本世子而皆已廢矣，則不得稱世子。若但稱公子，則無㠯見其爲父子㠯否，是同僕、展輿于邦人矣，何㠯見父子之大變？故寧没其主名，而㠯兩皆惡及國人之君，就之科権輕重，而異其書法，則人知所㠯異書者，正㠯皆見弒于子故也。則子之罪固無可逃，而君之惡亦藉㠯見，所謂辭約指博者，此也。《春秋》固非廷尉之劾書，不必見亂賊主名而始得行誅也。此說得之莊氏存與。

宣十六年：「則國無幸民。」案：《管子・七法》云：「朝無政，則賞罰不明。賞罰不明，則民幸生。」又云：「賞罰明則人不幸，人不幸則勇士勸之。」又，《正》云：「遏之㠯絕其志意，毋使民幸。」又《明法解》云：「行私惠而賞無功，則是使民偷幸而望於上也。」是國不可有幸民也。

襄十五年：「我㠯不貪爲寶。」《呂覽・異寶》作：「我㠯不受爲寶。」麟按：《賈子・道術》云：「辭利刻謙謂之廉，反廉爲貪。」《說文》：「辤，不受也。」則貪反廉，爲不辤利，故貪即受也。前于「貪天子之命」條既箸是說矣，于此益知其互訓。受，即貪也。《呂覽》引此傳下云：「故宋國之長者曰：子罕非無寶也，所寶者異也。今㠯百金與摶黍㠯示兒子，兒子必取摶黍矣。㠯龢氏之璧與百金㠯示鄙人，鄙人必取百金矣。㠯龢氏之璧、道德之至言㠯示賢者，賢者必取至言矣。其知彌精，其所取彌精；其知彌觕，其所取彌觕。」此當是鐸、虞書中所記論《左氏》之說，諸儒作《呂覽》時采之。

襄三十一年：「《周書》數文王之德曰：『大國畏其力，小國懷其德。』言畏而愛之也。《詩》云：『不識不知，順帝之則。』言則而象之也。紂囚文王七年，諸侯皆從之囚，紂於是乎懼而歸之，可謂愛之。文王伐崇，再駕而降爲臣，蠻夷帥服，可謂畏之。文王之功，天下誦而歌舞之，可謂則之。文王之行，至今爲法，可謂象之。有威儀也。」《賈子·君道》曰：「紂作梏數千，睨諸侯之不諂己者，杖而梏之。文王桎梏囚于羑里，七年而後得免。及武王克殷，既定，令殷之民投撤桎梏而流之於河。民輸梏者，目手撤之，弗敢墜也；跪之入水，弗敢投也。曰：『昔者文王獄常擁此。』故愛思文王，猶敬其梏，況于其法教乎！《詩》曰：『濟濟多士，文王目寧。』言輔翼賢正，則身必安也。又曰：『弗識弗知，順帝之則。』言士民説其德義，則效而象之也。文王志之所在，意之所欲，百姓不愛其死，不憚其勞，從之如集。《詩》曰：『經始靈臺，庶民攻之，不日成之。經始勿亟，庶民子來。』文王有志爲臺，令近規之，民聞之者麏裹而至，問業而作之，日日目衆。故弗趨而疾，弗期而成。命其臺曰靈臺，命其囿曰靈囿，謂其沼曰靈沼，愛敬之至也。《詩》曰：『王在靈囿，麀鹿攸伏，麀鹿濯濯，白鳥皜皜。王在靈沼，於仞魚躍。』文王之澤，下被禽獸，洽于魚鼈，故禽獸魚鼈攸若攸樂，而況士民乎？《詩》曰：『愷悌君子，民之父母。』言聖王之德也。《易》曰：『鳴鶴在陰，其子和之。』言士民之報也。《書》曰：『大道亶亶，其去身不遠，人皆有之，舜獨目之。』夫射而不中者，不求之鵠，而反修之於己。君國子民者，反求之己，而君道備矣。」麟按：此大傳説傳誼，且爲推廣之也。古文威儀，字作「義」。《説文》：「義，己之威儀也，从我羊。」大傳説傳文「威儀」，故云「修之於己」「反求之己」，又引《書》「去身不遠」也。案：《詩·皇矣》「順帝之則」，毛無傳，箋云：「順天之法而行之。」《墨子·天志下》云：「於先王之書《大夏》之道之然：『帝謂文王：予懷明德，毋大聲目色，毋長夏目革。不識不知，順帝之則。』此誥文王之目天志爲法也，而順帝之則也。」是皆目帝爲上帝，此傳釋《詩》及大傳釋傳，皆目爲士民則象文王者，正義所謂文王能則象於天，故天下亦則象文王也。

襄三十一年：「故君子在位可畏，施舍可愛，進退可度，周旋可則，容止可觀，作事可法，德行可象，聲氣可樂，動作有文，言語有章，㠯臨其下，謂之有威儀也。」《賈子·容經》：「故曰：明君有位可畏，施舍可愛，進退可度，周旋可則，容貌可觀，作事可法，德行可象，聲氣可樂，動作有文，言語有章，㠯承其上，㠯接其等，㠯臨其下，㠯畜其民。故爲之上者敬而信之，等者親而重之，下者畏而愛之，民者肅而樂之，是㠯上下和協，而士庶順壹。故能宗揖即輯。其國，㠯藩衛天子，而行義足法。」麟案：此大傳説此傳，且㠯覆説上文「下者畏而愛之」。下即臣，臣、下一也。「上下和協」㠯下，覆説上文「上下能相固」之誼也。又傳祇云「臨下」，大傳乃兼承上、接等、臨下、畜民言者，臨下、畜民，本無大異。承上者，事天子也；接等者，交友邦也。傳「君子」即明君，君㠯臨下爲主，故不更説承上接等，而大傳特爲補詳其誼，此傳所㠯不可無訓詁也。

成十二年：「日云莫矣。」案：此上文言：「楚子享之。」享禮不得日莫始行。《聘義》曰：「聘射之禮，至大禮也。質明而始行事，日幾中而后禮成，非强有力者弗能行也。故强有力者，將㠯行禮也。酒清，人渴而不敢歙也。肉乾，人飢而不敢食也。日莫人倦，齊莊正齊，而不敢解惰，㠯成禮節。」昭五年：「設机而不倚，爵盈而不歙。」彼正義即引《聘義》此文。此下傳：「享㠯訓共儉。」預注亦引昭五年傳，然則《聘義》所説，正指聘後之享禮，故得有酒肉也。不敢歙，不敢食，正是訓恭儉之事也。而《聘義》正義又謂「酒清」㠯下三項，特指射前之燕禮，謂燕禮與鄉飲酒禮初行之時事同於饗故也，則遺聘後之饗矣。言「日幾中而后禮成」，又言「日莫不敢解惰，㠯成禮節」，日莫後于日中，文似相背，然則此傳與《聘義》之莫，皆非謂日且冥也。案：《賈子·修政語下》曰：「旭旭然如日之始出」，《説文》：「旭，日旦出貌。」「暯暯然如日之正中」，「暗暗然如日之已入」。暯，即莫之俗。旭旭，象始出；暗暗，象已入；則暯暯象正中可知。蓋亦治亂、苦快之類也。「日云莫矣」，言日光已暯暯然矣，正謂日中也。正禮，日幾中而禮成，此日中始行事，已爲失時，然至日夕尚可成禮；若已夕而始行事，則將于夜成禮，必無是理。故莫必從大傳所説爲塙。此亦可補《訓詁》者也。《聘義》「日莫」，亦謂日幾中。日幾中而人已倦者，即上所謂「日幾中而后禮成，非强有力者弗能行也」。惟倦故弗能行，非謂日夕而人始倦也。

昭三年：「伯石之汏也。」《賈子·道術》云：「厚志隱行謂之潔，反潔爲汏。」按：《説文》「厚薄」字作「𣆪」，从到亯。「亯」下云：「獻也。」蓋獻人謂之亯，自奉則謂之𣆪，然其誼有相通。《道術》又云：「厚人自薄謂之讓。」是呼亯人曰𣆪也。此厚志，則其誼謂厚人也。厚人自薄者，不妄取于人也，故曰讓。反讓爲冒，即文十八年「冒于貨賄」之冒。潔亦即斯誼。隱者，讀爲檃。《荀子·性惡》：「枸木必將待檃栝烝矯然後直。」楊倞注：「檃栝，正曲木之木也。」是檃有正誼。凡潔者，必正行也，故曰「厚志隱行謂之潔」。襄三十年傳言「子産爲政，有事伯石，賂與之邑」，而云「皆得其欲」，又有請命于大史之事，是伯石貪欲不潔之證，故言汏也。凡汏者，多無禮。蓋襄十三年傳云：「讓，禮之主也。」與「欒黶爲汏」對文，是汏即不讓，不讓即無禮，故此傳吕汏與爲禮爲對文。預云：「汏，驕也。」伯石未見驕事，預説未塙。

僖十九年：「因壘而降。」杜預注：「備不改前，而崇自服。」麟案：《皇矣》詩言：「臨衝閑閑，崇墉言言，執訊連連，攸馘安安。」是文王固有與崇戰事，且有臨衝吕攻城，則亦非徒因壘而已。《詩》正義謂：「子魚欲勸宋公修德，故隱其戰事。」亦未塙。因，當讀爲闉。《墨子·備城門》云：「臨鉤衝梯堙。」《通典》云：「於城外，起土爲山，乘城而上，古謂之土山，今謂壘道。」注云：「即《孫子》所謂『距闉』也。」因、闉通，已見前。又，《堯典》「厥民因」與「厥民夷」相對，江艮亭説之曰：「《説文》：『因，就也。』『就，就高也。』《月令》仲夏所謂『可吕居高明』者也。」然則古攻城之闉，當取于積土爲高之誼，故作因字。《左傳》多古字，故用因也。《吕覽·似順論》：「往而夷夫壘。」注：「所作壘壁埵堙也。」《晉語》作「壘培」。則闉壘二字平列。闉壘而降者，闉壘財就，吕上敵城，而崇遂降也。遂降而有執馘者，猶紂卒自降，而亦有逆命之曹觸龍斷之于軍也。

桓十四年：「吕大宫之椽，歸爲盧門之椽。」杜預注：「大宫，鄭祖廟。盧門，宋城門。」《釋文》：「椽，榱也。」麟案：椽，當借爲傳。《釋名》云：「椽，傳也，相傳次而布列也。」是椽與傳聲同，得相假借。《釋宫》云：「植謂之傳，傳謂之突。」注：「户持鎖直木也。」此傳，則其物也。《釋文》釋爲榱，城門之霤固自有榱，但城門所用持鎖直木爲尤切。

昭二十三年：「古者天子守在四夷。天子卑，守在諸侯。諸侯守在四鄰。諸侯卑，守在四竟。」《賈子·春秋》曰：「楚王欲淫鄒君，乃遺之技樂美女四人。穆公朝觀而夕畢，㠯妻死事之孤，故婦人年弗稱者弗蓄，節於身而弗衆也。王輿有誤。不衣皮帛，御馬不食禾菽，無淫僻之事，無驕熙即嬉。之行，食不衆味，衣不雜采，自刻㠯廣民，親賢㠯定國，親民如子，鄒國之治，路不拾遺，臣下順從，若手之投心。是故㠯鄒子之細，魯、衞不敢輕，齊、楚不能脅。鄒穆公死，鄒之百姓若失慈父，行哭三月。四境之鄰於鄒者，士民鄉方而道哭，抱手而憂行。酤家不讎其酒，屠者罷列而歸，傲盧召弓讀爲敖游之敖。童不謳歌，舂築者不相杵，猶所謂「鄰有喪，舂不相」也。婦女抉珠瑱，丈夫釋玦靬，琴瑟無音，朞年而後始復。故愛出者愛反，福往者福來。《易》曰：『鳴鶴在陰，其子和之。』其此之謂乎？故曰：天子有道，守在四夷；諸侯有道，守在四鄰。」麟案：大傳既作《訓詁》，而此《春秋篇》則㠯佗事證傳者也，如《韓詩外傳》每引它事，而終㠯《詩》語結之，蓋有實事爲證，則指趣易明也。

定八年：「范獻子執羔，趙簡子、中行文子皆執鴈，魯於是始尚羔。」賈侍中注：「《周禮》：公之孤四命，執皮帛；卿三命，執羔；大夫再命，執鴈。魯廢其禮，三命之卿皆執皮帛。至是乃始復禮尚羔。」麟案：《掌客》：諸侯之卿，相見㠯羔。《士相見禮》：「下大夫相見㠯鴈，上大夫即卿。相見㠯羔。」亦諸侯之臣也。侍中言三命、再命者，鄭司農云：「天子之卿執羔，大夫執鴈。諸侯之卿當天子之大夫，故傳曰：惟卿爲大夫，當執鴈。而執羔，僭天子之卿也。魯人效之，而始尚羔，記禮所從壞。」若如鄭説，則諸侯之孤執皮帛，而卿執鴈，何獵羔而過乎。故賈特㠯三命、再命言之，見諸侯之卿大夫亦如天子之卿大夫之執羔鴈也。於孤亦言四命者，文便。魯卿舊執皮帛者，魯三命之卿，得㠯一人從四命之孤之禮，故曰：「列國之卿，當小國之君。」説詳昭十二年「叔孫昭子㠯再命爲卿」條矣。三命卿中有一人得從孤禮，故執皮帛。其後上僭，故凡三命之卿皆執皮帛。若然，魯卿僭上矣。晉卿趙簡子、中行文子乃皆偪下而執鴈者，葢晉武公受命㠯一軍爲小國之君，其時之卿或皆執鴈，其後習㠯爲常，雖尊爲侯伯而禮仍有未改者，故其循禮者則執羔，其依舊者或執鴈也。魯見晉卿循禮者執羔，故復禮尚羔。謂之尚者，魯三卿舊執皮帛，則當令大夫執羔，是㠯羔爲卑賤也。至是始尊尚之，故曰尚也。而正義駁云：「若改僭從禮得名爲尚，則初獻六羽，何㠯不言始尚六佾？」夫經文不得言始尚，較然可知。且誼同文異者，隨在有之，豈得拘㠯一格？㠯此爲駁，遁辭，知其所窮矣。

桓十七年經：「癸巳，葬蔡桓侯。」不稱公者，劉子駿注：「桓卒而季歸，無臣子之辭也。」賈侍中、許惠卿同。麟案：傳云：「蔡桓侯卒，蔡人召蔡季于陳。」則預云「桓侯無子」，信然。又，上經：「蔡季自陳歸于蔡。」傳：「蔡人嘉之也。」然則經于蔡季書字，亦因蔡人之心㠯嘉之也，則蔡季無譏矣。無臣子者，責蔡臣于桓侯未疾時，不預勸君召季，臨疾彌留，乃始惶遽徵召，緩不遠急，君卒始歸。是嗣君之不得送終者，蔡臣爲之也，季則出于無可如何者也。故無臣子之罪，蔡臣當之矣。古人慎終。卿卒，公不與小斂，即不書日，況嗣君不與易簀，其可無異辭乎？預謂「繆誤」，何其陋也！君雖五等，臣子稱之皆曰公，故無臣子，則不稱公矣。孔巽軒曰：「《史記》蔡之諸君始終謚侯，前此考父亦偁宣侯，後此申亦偁文侯，固亦偁景侯。《春秋》則斷㠯葬從主人之例，悉偁之曰公，唯此存其故偁。我無加損焉，而義固已貶矣。亦所謂因其可貶而貶之。」○《公羊》㠯蔡季與哀侯獻舞非一人，《大事表》從之，謂獻舞被虜之君，必無賢行，何嘉之有？然君德不終者多矣，唐之玄宗、後唐之莊宗是也。何害初時之賢乎？

宣十二年：「師叔，楚之崇也。」杜預注：「師叔潘尪爲楚人所崇貴。」而不言師叔爲尪之字。《名字解詁》亦不釋。萬氏《氏族略》疑尪即潘崇之子，其説近是。竊謂潘崇嘗爲商臣師，或尪亦襲其職，故稱曰師叔。㠯官冠五十之字，猶周公稱師旦，㠯官冠名也。《釋詁》：「崇，充也。」是借崇爲充。《招魂》：「氾崇蘭些。」注亦云：「崇，充也。」是楚語正呼充爲崇也。《賈子·保傅》：「誠立而敢斷，輔善而相義者，謂之充。充者，充天子之志者也。」從《大戴》，今《賈子》「充」作「輔」，非其舊矣。楚僭王禮，故有四輔之充。若然，言師叔誼明矣。必言楚之充也者，㠯師叔是人所常稱，故言楚之充也㠯注明之，乃益著其尊貴矣。若僖七年云：「鄭有叔詹、堵叔、師叔。」則當爲字，與此異。

隱十年：「㠯王命討不庭。」杜預注：「下之事上，皆成禮於庭中。」麟案：不庭之常訓爲不直，故《韓奕》：「榦不庭方。」傳：「庭，直也。」箋云：「當爲不直違失法度之方，作楨榦而正之。」但據上年傳言「宋公不王」，則此不庭自謂不朝王，與常言不庭者異。此説須有左證。攷《管子·明法解》云：「故羣臣皆務其黨，重當脱一「重」字。臣而忘其主，趨重臣之門而不庭，故明法曰：十至於私人之門，不一至於庭。」是臣不朝君，曰不庭也。《莊子·山木》云：「莊周反入，三月不庭。」司馬注：「不出坐庭中三月。」是亦不至庭曰不庭之證。

隱六年：「鄭伯如周，始朝桓王也。」案：《異義》：「《公羊》說：『諸侯不純臣。』《左氏》說：『諸侯者，天子藩衛純臣。』謹案：《禮》，王者所不純臣者，謂彼人爲臣，皆非己德所及。《易》曰：『利建侯。』侯者，王所親建純臣也。」「玄之聞也，賓者，敵主人之稱。而《禮》：諸侯見天子，稱之曰賓。不純臣諸侯之明文矣。」《白虎通》亦云：「王者不純臣諸侯何？尊重之。㠯其列土傳子孫，世世稱君，南面而治。朝則迎之於著，覲則待之於阼階，升降自西階，爲庭燎，設九賓，享禮而後歸。是異於衆臣也。」此亦從《公羊》說。《詩·臣工》正義中鄭曰：「君與朝廷之臣行禮，饗燕則使人爲主。諸侯燕其臣，使宰夫爲獻主，不與臣對行禮。是純臣之也。」此孔㠯諸侯於其臣亦稱賓，故引宰夫爲主㠯爲別，而不知純臣不純臣本不在稱賓也。按：鄭注《燕禮記》「與四方之賓燕」之禮云：「主國君鄉時親進醴于賓，今燕又宜獻焉。」是君燕異國之臣自爲主也。而《記》言「其介爲賓」，此異國之臣固不純臣者也。《大行人》㠯要服㠯內之諸侯爲大賓，㠯其孤卿爲大客，賓客雖異辭，要皆爲敵主之偁。彼云：「凡大國之孤，執皮帛㠯繼小國之君，出入三積，不問，壹勞。朝位當車前，不交擯，廟中無相，㠯酒禮之。其佗皆眂小國之君。」注云：「此㠯君命來聘者也。孤尊，既聘享，更自㠯其贄見。」按：公、侯、伯、子、男，皆言「王禮」，注云：「王禮，王㠯鬱鬯禮賓也。」禮孤，鄭謂用「齊酒」，雖不用鬱鬯，要亦王自禮之可知。自禮者，亦使人攝酌，而王拜送爵，與禮五等諸侯同，與諸侯禮聘賓親酌醴者少異。然其對行禮則同。而「其佗皆眂小國之君」，鄭謂「貳車及介牢禮，賓主之間，擯者將幣祼酢饗食之數」。此祼酢是連舉。案：

諸子饗禮五獻，此固王自獻，而非使人爲主者也。則饗孤亦王自獻矣。若諸侯㠯列土傳嗣，南面而治，故不純臣，則孤非有此也，乃亦與諸侯同自禮自饗之制，而與國君之于異國之臣不異，則豈天子于孤亦不純臣乎？不得云于孤不純臣，則于諸侯可知，固不㠯稱賓決其不純臣也。傳云：「宋，先代之後也，於周爲客，天子有事膰焉，有喪拜焉。」唯此爲稱客，而不純臣者耳。尋常諸侯，固無此誼也。則知賓客之稱不殊，而其所㠯爲賓客者異，其純臣不純臣亦異矣。《詩》：「嗟嗟臣工。」㠯工屬臣，見所統案，非本不純臣，于此特正君臣之禮也。

春秋左傳讀卷七

昭三十二年：「昔成王合諸侯，城成周，㠯爲東都，崇文德焉。」《賈子·屬遠》：「古者天子地方千里，中之而爲都，輸將繇使，其遠者不在五百里而至。公侯地百里，中之而爲都，輸將繇使，遠者不在五十里而至。輸將者不苦其勞，繇使者不傷其費，故遠方人安其居，士民皆有驩樂其上，此天下之所㠯長久也。」按：成王中天下而爲東都，使四方道里均一，朝貢者無偏勞之患，誼正同此。

昭二十年「子王霄」，按：《通志·氏族略》云：「子玉氏，姬姓，衛大夫子玉霄之後。」則子玉乃霄之字。此王，乃朽王字。《説文》：「玗，朽王也。」段氏从《史記索隱》引《説文》及《玉篇》《廣韻》改作「玉」。據《史記》「公玉帶」，則王乃古字，《説文》不容不收，段改誠是。然《玉篇》「玗」下亦引《説文》「朽王也」，則玗亦非俗字，當爲玉之重文。从王，有聲。蓋玗之言痏也，《文選·幽憤詩》注引《説文》：「痏，疻痏瘢也。」朽王，謂王之瑕玷，正猶人之瘢也。玗既與疻、痏聲通，則亦得爲病痏之聲借。前説良霄字伯有，謂是痏痏之借，此名字取誼正同矣。

昭二十年「子高魴」，按：子高者，魴之字也。成十八年經：「晉侯使士魴來乞師。」《公羊》「魴」作「彭」，然則魴可借爲彭矣。《詩・蕩》傳云：「炰烋，猶彭亨也。」箋云：「炰烋，自矜氣健之貌。」《易・大有》「匪其彭」，亦作「旁」。干寶云：「彭亨，驕滿貌。」正合毛、鄭之誼。高、驕聲通，則子高即子驕也。又，《詩・駉》傳云：「彭彭，有力有容也。」有力與自矜氣健誼亦近，故《廣疋・釋詁》云：「蹻，健也。」蹻、驕聲誼通，故《詩・板》傳云：「蹻蹻，驕貌。」《泮水》傳云：「其馬蹻蹻，言彊盛也。」亦與《廣疋・釋訓》之「彭彭，盛也」誼同。然則魴即彭，高即驕、蹻，無可疑矣。或曰：魴借爲肪。《說文》：「肪，肥也。」高借爲膏。《說文》：「膏，肥也。」《素問・通評虛實論》：「肥貴人則高粱之疾也。」正㠯高爲膏，亦通。又案：古人如齊惡、石惡之類，無妨㠯惡德過行爲名字。俞先生駮王氏說顏克字子驕之誼，恐未當。

僖八年：「目夷長且仁，君其立之。公命子魚。」杜預注：「目夷，兹父庶兄子魚也。」案：目夷，字子魚也。俞先生說㠯鮧魚兩目上陳謂夷，即鮷，塙矣。今又得一說曰：夷讀爲彝。《明堂位》：「灌尊，夏后氏㠯雞夷，殷㠯斝，周㠯黄目。」注：「夷，讀爲彝。」是也。目乃古文貝字。篆文鼎字从目，而鐘鼎古文鼎上多从[illegible]。《己酉戌命彝》「貝」作「[illegible]」，然則鼎上从貝，非眼目字也。古文作「[illegible]」，小篆變作「目」耳。古文㠯貝爲鼎，籀文㠯鼎爲貝，然則目爲貝字古文，又㠯爲鼎字，此名鼎彝也。鼎亦彝器，故《孔悝鼎銘》云：「施于烝彝鼎。」而古鼎銘亦多言「寶彝」「寶尊彝」，然則鼎彝即鼎。禮有腊鼎、魚鼎，故字子魚也。或曰：目仍爲眼目字。《明堂位》注又引《司尊彝》「秋嘗冬烝裸用斝彝、黄彝」㠯證黄目，彼注云：「黄目，㠯黄金爲目。」《郊特牲》云：「『黄者，中也。目者，氣之清明者也。』」是分釋其誼，然則既可名黄彝，即亦可名目彝，然字魚無誼，不可通矣。

昭四年："寡君將墮幣焉。"服子慎注："墮，輸也，言將輸受宋之幣於宗廟。"惠氏《補注》："子惠子曰『墮幣』，謂祭也。《周禮·肆師》：『大祀用玉帛。』又《守祧》『藏墮』，《大祝》『墮釁』，《小祝》『贊墮』，《特牲》《少牢》又有墮祭，然則禮神之幣亦曰墮。謂祭後乃相見，故曰：『敢謝後見。』"麟案：《守祧》之"隋"，與此獨當。彼文云："既祭，則藏其隋與其服。"鄭司農注："隋，謂神前所沃灌器名。"《祭統》注云："圭瓚、璋瓚，祼器也。"則隋即瓚矣。《管子·輕重己》云："大功者大祖，小功者小祖，無功者無祖。無功者，皆稱其位而立沃。"所謂沃，即沃灌之器也。案：《大宗伯》説"禮天地四方"云："皆有牲幣，各放其器之色。"後司農注："幣以從爵，若人飲酒有酬幣。"疏謂："獻尸從爵之幣無文，故以生人飲酒之禮況之。"又，《大宗伯》"肆獻祼"注云："祼之言灌，灌以鬱鬯，謂始獻尸求神時也。"然則灌亦獻尸祭天地四方，獻尸有酬幣，明祭宗廟獻尸亦有酬幣。祼爲始獻尸，則可總包以後之獻。將，讀爲廟中將幣之將。將墮幣者，將自祼以後諸獻之酬幣也。子慎説謂以宋之幣薦宗廟，與上文合，説自可通，但以墮爲沃灌器，因説爲祼，或有當于司農古誼，故兩存之。

隱八年："胙之土而命之氏。"案：胙土之禮，褚先生《續三王世家》云："《春秋大傳》曰：『天子之國有泰社。東方青，南方赤，西方白，北方黑，上方黄。』故將封於東方者取青土，封於南方者取赤土，封於西方者取白土，封於北方者取黑土，封於上方者取黃土。各取其色物，裹㠯白茅，封㠯爲社。此始受封於天子者也。此之爲主土。主土者，立社而奉之也。」據此，是胙㠯國土者，亦與㠯社土也。攷《藝文志》「春秋家」無《大傳》，「大」當爲「虞」字之脱誤。虞字从吴，吴从夨，夨从大，故上脱而譌爲「大」矣。又石經《左傳》古文「虞」作「𡗝」，亦與「大」相似，故誤爲「大」。「春秋家」有《虞氏微傳》二篇，自注：趙相虞卿。即此《虞傳》也。此虞氏説《左傳》之古誼也。或曰：「春秋家」有《夾氏傳》十一卷，安知「大」非「夾」誤？案：《志》于《夾氏傳》下自注：「有録無書。」則是大劉作《別録》時，但聞古有《夾氏傳》十一卷，因爲之作目録，而究未見其書也。且《志》又云：《公羊》《穀梁》立於學官，《鄒氏》無師，《夾氏》未有書。而《儒林傳》亦不載《夾氏》授受，則非但無竹帛之書，並無口授之師矣，又何緣引之？故知非《夾傳》。又案：《獻帝傳》載許芝言引《春秋大傳》曰：「周公何㠯不之魯？蓋㠯爲雖有繼體守文之君，不害聖人受命而王。」此與《公羊》文十三年語異，當即褚先生所見者。

昭四年：「公與之環，使牛入示之。」杜預注上句云：「賜玉環。」注下句云：「示叔孫。」案：子受君賜，必㠯示父，猶臣受天子賜，必㠯致君固然，佩則尤不得自擅。《玉藻》云：「君在，不佩玉，左結佩，右設佩。」注：「謂世子也，出所處，而君在焉，則去德佩，而設事佩。辟德而示即事也。結其左者，若於事有未能也。結者，結其綬不使鳴也。」正義曰：「去德佩者，謂結玉佩不使鳴，非謂全去也。設事佩者，大觿木燧之屬也。」又云：「居則設佩。」注：「謂所處而君不在焉。」「朝則結佩」，注：「朝於君，亦結左。」㠯上皆謂世子，然則大夫適子見父時，亦當左結右設，㠯示無德，是于父子之分尤嚴矣。

昭十六年經：「楚子誘戎蠻子，殺之。」賈侍中注：「楚子不名，㠯立其子。」李氏貽德曰：「案十一年楚子虔誘蔡侯般殺之，此與之同，則當書名。而不名者，傳云：『既而復立其子焉，禮也。』故賈曰『不名，㠯立其子』也。」麟案：《詩·皇矣》：「是致是附。」傳曰：「致，致其社稷羣神。附，附其先祖，爲之立後，尊其尊而親其親。」是立後本古禮。楚子能假行之，故从減不名。《公羊傳》云：「楚子何㠯不名？夷、狄相誘，君子不疾也。曷爲不疾？若不疾，乃疾之也。」如其説則虔之誘般，乃是亂賊相誘，又何疾之而書名？故侍中不從。

文十八年：「在九刑不忘。」賈侍中注：「正刑一，加之㠯八議。」服子慎同。服即引《小司寇》八議，議親、故、賢、能、功、貴、勤、賓之辟。正義謂：「所議八等之人，就其所犯正刑，議其可赦㠯否。八者所議，其刑一也，安得謂之八刑？」麟案：《堯典》：「流宥五刑，鞭作官刑，扑作教刑，金作贖刑。」後司農注云：「正刑五，加之流宥、一。鞭、二。扑、三。贖四。刑，江艮庭曰：「昭元年《左傳》云：『余不女忍殺，宥女㠯遠。』是流即宥，故流宥爲一。」此之謂九刑。」此鄭説九刑之誼也。彼書下文言「流共工于幽州」云云，「四罪而天下咸服」，此傳曰「大凶德在九刑不忘」，而下亦言「流四凶族」，似康成所説爲塙，然虞、周之制本不同，不必㠯彼説此。周亦有三宥，《司刺》云：「一宥曰不識，再宥曰過失，三宥曰遺忘。」數三宥，則不包八議，數八議，則其身本當議，而其情先當宥者，亦可包于其中。而贖刑則身未實受，鞭、扑則爲罪又輕，扑作教刑，又非用之大凶德者，皆可不數。故賈、服㠯正刑一及八議當九刑也。正刑一者，并周之五刑爲一也。《小司寇》云：「㠯八辟麗邦灋，附刑罰。」然後歷數八議之辟，則八議仍用刑，非如正義所謂赦也。其刑雖即正刑五，而但言正刑者，則謂加于尋常之人；其言八議者，則加于八議之人；刑雖一，而受之之人異，因㠯分之。故九刑者，謂九等之人之刑也，非謂刑有九者也。《條狼氏》云：「誓僕右曰殺；誓馭曰車轘；誓大夫曰敢不關，鞭五百；誓師曰三百；誓邦之大史曰殺；誓小史曰墨。」是各就其人誓之。此傳言「作誓命」，故亦遍舉多人也。且舉正刑與八議，則見不論何人，苟有犯此凶德者，必加之㠯刑罰，雖親、故、賢、能、功、貴、勤、賓有議，而刑終不得免，此嚴刑之意也。或疑賢能何有凶德？然管仲遇盜，謂之可人；涿聚大盜，能事孔子；是竊賄爲盜者，亦或有賢能之行也，而其餘可知。若遇此者，就爲議之。此雖萬中之一，亦必舉㠯備數，可㠯見周公慮法之密矣。若預謂有九刑之書，惠氏《補注》引《周書・嘗麥解》曰「維四年孟夏，王命大正正刑書」云云、「大史筴刑書九篇」㠯爲證，説雖可通，終不如賈、服説爲塙。至周有亂政，而作九刑，則因正刑所施者本有條目，八議之中何者謂之親，何者謂之故，㠯下仿此。亦有一定，後復就此而紛更增損之也。

襄十四年：「鞭師曹三百。」麟案：《秋官・條狼氏》：「誓師曰三百。」承上文「敢不關，鞭五百」之文，亦謂鞭三百也。注：「師，樂師也。」此用其法刑之。

宣十二年經：「晉荀林父帥師及楚子戰于邲，晉師敗績。」《説文》：「邲，晉邑。《春秋傳》曰：『晉、楚戰於郄。』」此本侍中也。《賈子・先醒》曰：楚莊王云云，「乃與晉人戰於兩棠，大克晉人」。此大傳說《春秋》，㠯兩棠實郄也。《呂覽・至忠》云：「荆興師，戰於兩棠，大勝晉。」亦在荆莊王時，即此事也。今本《呂覽》誤作「荆莊哀王」。此大傳所本。但是時申已滅于楚，而大傳言「莊王歸，過申侯之邑」云何？曰：申侯即申公也。申爲楚北竟，故王歸過之。申侯進飯，亦臣子之禮。又，申侯請罪曰：「臣齋而具食，臣敢請罪。」亦邑宰自稱于君之辭。莊王曰：「非子之罪也！」亦君稱大夫之辭。知大傳非謂申國之侯也。《呂覽》於兩棠勝晉之下云：「歸而賞有功者，申公子培之弟進請賞於吏。」申侯當即子培之弟嗣兄爲邑宰者，蓋巫臣也。聞莊王自歎不得賢臣，因述其兄之前功，而爲之請賞焉。附識于此。○案：《新書・先醒》：「莊王歸，過申侯之邑，申侯進飯，日中而王不食。申侯請罪曰：『臣齋而具食甚潔，日中而不飯，臣敢請罪。』莊王喟然歎曰：『非子之罪也！吾聞之曰：其君賢君也，而又有師者王；其君中君也，而有師者伯；其君下君也，而羣臣又莫若者亡。今我下君也，而羣臣又莫若不穀，不穀恐亡無日也。』」《荀子・堯問》述吳起對魏武侯曰：「楚莊王謀事而當，羣臣莫逮，退朝而有憂色。此與《新書》異者，吳氏因武侯謀事而當，退朝而有喜色，故引之如此，當㠯《賈子》爲實事。申公巫臣進問曰：『王朝，而有憂色，何也？』莊王曰：『不穀謀事而當，羣臣莫能逮，是㠯憂也。其在中蘬之言也，曰：諸侯自爲得師者王，得友者霸，得疑者存，自爲謀而莫己若者亡。今㠯不穀之不肖，而羣臣莫吾逮，吾國幾於亡乎！是㠯憂也。』」兩書誼大同，則申侯即申公巫臣，審矣。

哀十二年：「子之尚幼。」杜預注：「子之，公孫彌牟。」《世族譜》：「子之，公孫彌牟文子。」《名字解詁》無釋。案：彌牟，借爲蔑蠓。彌、蔑本一聲之轉。牟則與矛同聲，如蝥、蛑同字。牟之爲蠓，猶《鴻範》「曰雺曰圛」鄭注云「雺，聲近蒙」，「曰霧，恆風若」，今亦作「曰蒙」，《上林賦》之「煩鶩」，一作「番蠓」也。《說文》：「蠓，蔑蠓也。」《史記·周本紀》：「蜚鴻滿壄。」《索隱》引高誘曰：「飛鴻，蠛蠓也。」是蠛蠓㠯羣飛名蜚鴻。蔑蠓之言蔑蒙也，《史記·司馬相如列傳》：「蔑蒙踊躍。」《淮南·修務訓》亦有此語，注云：「言其疾也。」又云：「手若蔑蒙，不失一弦。」注亦同。《集解》：「飛揚也。」故《甘泉賦》「浮蠛蠓而撇天」，直㠯蠛蠓爲蔑蒙矣。《思玄賦》：「涉清霄而升遐兮，浮蔑蒙而上征。」此蔑蒙謂遊氣，亦㠯其飛騰而名矣。之，借爲𦐇。《說文》：「𦐇，飛盛貌。」蔑蠓有飛誼，其飛又成羣，故字子𦐇矣。俞先生說秦非字子之，亦㠯之爲𦐇。《世本》作「文子木」者，木即彌牟之合聲韻轉，亦蔑蠓之合聲。《大玄·少》上九云：「密雨溟沐。」溟沐爲雙聲，沐即濛，《說文》：「濛，微雨也。」故木、蠓韻亦通矣。晉亦有士彌牟，蓋取誼同矣。若《後漢·禮儀志》「仲夏，㠯朱索連葷菜彌牟撲蟲」，則非蔑蠓之借，凡雙聲連語，固不限于一誼也。

僖三十三年：「緩作主，非禮也。」賈侍中注：「僖公始不順事，❶生則致哀姜，終則小寢，㠯慢典常。其子文公緣事生邪志，作主陵遲，於是文公復有夫人歸，嗣子罹咎。傳故上係此文於僖公篇。」李氏貽德曰：「八年經書：『禘於大廟，用致夫人。』傳謂『非禮』，是不順祀即致哀姜之事。文公作主緩至二年，故曰陵遲。

❶ 「事」，《春秋釋例》、清李貽德撰《春秋左氏傳賈服注輯述》（清同治五年朱蘭刻本）等所引賈注作「祀」。

夫人歸，嗣子罹咎，謂文公夫人出姜大歸於齊，及子赤、子惡爲東門遂所殺。作主事當繫文，而繫於僖公之終篇，明僖有㠯啟之也。」麟案：僖公，魯賢君，而傳係「緩作主」于末，㠯窮其前過後患者，葢夏父逆祀，㠯僖公爲聖賢，是當時有過稱僖公之語，而展禽獨言僖未有明德，葢其損德之甚者，莫如喪紀祭祀之事，而後嗣㠯其賢主，效法愈甚，故啟文世之患，故傳迹其事㠯備責焉。《魯頌》四篇，其辭有敘及僖公祀事者，而作詩之意，則《駉》序云：「頌僖公也。僖公能遵伯禽之法，儉㠯足用，寬㠯愛民，務農重穀，牧于坰野。」《有駜》序云：「頌僖公君臣之有道也。」《泮水》序云：「頌僖公能脩泮宮也。」《閟宮》序云：「頌僖公能復周公之宇也。」皆無㠯能事鬼神頌之者，則《頌》中所言，不過擇其合者而敘及之，非所主也。後儒無識，動㠯《魯頌》爲諛詞，得此傳及侍中注，而後知其失存于《春秋》，其美存于《魯頌》，各不相奄，議者無所置其喙矣。文元年經書：「夏，四月，丁巳，葬我君僖公。」傳云：「夏，四月，丁巳，葬僖公。」文二年經書：「丁丑，作僖公主。」傳云：「丁丑，作僖公主，書不時也。」葢經不得移易其事之先後，故傳亦於當篇發之，而於此特言「葬僖公，緩作主，非禮也」㠯示譏，所㠯補經文所不能先見者，真不愧素臣之目也。杜預乃有簡編倒錯之語，麤疏謬妄極矣。

文七年：「正德、利用、厚生，謂之三事。」賈侍中注：「正德，人德。利用，地德。厚生，天德。」服子慎同。案：《呂覽・序意》：「天曰順，順維生。」故厚生爲天德也。「地曰固，固維寧。」《孟子》：「天時不如地利。」注：「地利險阻，城池之固也。」是地之利于人用者，莫大于固，固則可守，是㠯寧，故利用爲地德也。「人曰信，信維聽。」正德，字本作悳，《説文》「聽」从「悳」，故正德爲人德也。

僖七年：「襄王惡大叔帶之難。」杜預注：「襄王，惠王大子鄭也。大叔帶，襄王弟。惠后欲立之，未及而卒。」麟案：《吕覽·安死》：「非惡其勞也。」注：「惡，猶患也。」《史記·仲尼弟子列傳》：「且王必惡越。」《索隱》：「惡猶畏也。」此惡，當從彼二訓。《書序》：「殷始咎周。」鄭注：「咎，惡也。」紂聞文王斷虞、芮之訟，後又三伐皆勝，始畏而惡之，意亦同此。

文三年：「子桑之忠也，其知人也，能舉善也。」杜預注：「子桑，公孫枝，舉孟明者。」麟案：《吕覽·慎人》云：「百里奚之未遇時也，亡虢當爲虞。而虜晉，飯牛於秦。傳鬻㠯五羊之皮，公孫枝得而説之，獻諸繆公，三日請屬事焉。繆公曰：『買之五羊之皮而屬事焉，無乃天下笑乎？』公孫枝對曰：『信賢而任之，君之明也；讓賢而下之，臣之忠也。君爲明君，臣爲忠臣，彼信賢，境内將服，敵國且畏，夫誰暇笑哉？』繆公遂用之。謀無不當，舉必有功。」《韓非·説林上》亦云：「公孫支今誤作「友」。自刖而尊百里。」此非事實，要有所因。然則子桑乃舉百里奚者，孟明即奚之子，一舉而得賢二世，故此傳亦㠯孟明成功歸功子桑。子桑言臣之忠，即此傳所謂忠也。下傳云：「詒厥孫謀，㠯燕翼子，子桑有焉。」《詩》傳云：「燕，安。翼，敬也。」箋云：「詒，猶傳也。孫，順也。傳其所㠯順天下之謀，㠯安其敬事之子孫，謂使行之也。」㠯上《詩》傳箋。此傳引之，謂子桑能薦百里奚，故得傳百里奚所㠯順秦國之謀，所謂境内服、敵國畏也。㠯安其敬事之子孫，使行之。敬事之子孫，謂孟明也。對百里奚言，故爲子孫也。「夙夜匪解」，故爲敬事之子孫也。安之者，指喪師不見戮之事，㠯行賢能繼父故也。非《呂覽》無㠯知傳文美子桑及引《詩》爲贊之誼。

僖二十二年：「楚子使師縉示之俘馘。」杜預注：「師縉，楚樂師也。俘，所得囚。馘，所截耳。」案：師縉，疑大師、小師等官，然能㠯俘馘示人，疑非盲者，故預㠯樂師解之。《周禮·樂師》「下大夫四人，上士八人，下士十有六人」是也。《大司樂》云：「王師大獻，則令奏愷樂。」《樂師》云：「凡軍大獻，教愷歌，遂倡之。」《眡瞭》云：「賓射皆奏其鍾鼓，鼜、愷獻亦如之。」《鎛師》云：「軍大獻，則鼓其愷樂。」是戰勝而歸，樂官有事，故使師縉㠯俘馘示焉。

昭三十一年：「作而不義，其書爲盜。」《荀子·不苟》曰：「盜跖吟口，名聲若日月，與舜、禹俱傳而不息。然而君子不貴者，非禮義之中也。」然則君子之書齊豹曰盜，使不得有名章徹，所㠯絶其若日若月之名聲也。此荀子《春秋》誼。

宣十二年：「又作《武》，其卒章曰：『耆定爾功。』其三曰：『鋪時繹思，我徂惟求定。』其六曰：『綏萬邦，婁豐年。』」杜預注：「此三、六之數，與今《詩·頌》篇次不同，蓋楚樂歌之第。」麟案：此是《武》之原次如此，非楚樂次第也。此所引卒章是《武》，其三是《賚》，其六是《桓》，而得㠯爲《武》之一詩者，案《賚》末云：「時周之命，於繹思。」《般》末「時周之命」下，《釋文》云：「『於繹思』，《毛詩》無此句，《齊》《魯》《韓詩》有之，今《毛詩》有者，衍文也。崔《集注》本有，是采三家之本。崔因有，故解之。」攷《獨斷》用《魯詩》誼云：「《般》，一章七句，巡狩祀四嶽河海之所歌也。」今《毛詩》亦云一章七句，則似《魯》無「於繹思」，與《毛》同，要是後人依《毛》改八句爲七句耳。三家有「於繹思」，馬氏元伯謂：「《賚》承敷時繹思，故言『於繹思』。《般》則上無所承。又《賚》『於繹思』與首三句爲韻，若《般》，則與上山、河不協，故當爲衍文。」目上馬說。不知此惟《般》亦與《武》爲一篇故也。《桓》《賚》《般》三詩相次，此傳既目《桓》《賚》合爲《武》詩，而又但言三、六、卒章，則《武》詩尚不止此，是知《般》亦是其一章，當在《賚》下，爲四章也。兩章相比，則章末同有「於繹思」句，不須入韻，如《文王有聲》一、二章末皆云「文王烝哉」，三、四章末皆云「王后烝哉」，五、六章末皆云「皇王烝哉」，七、八章末皆云「武王烝哉」，並與上文不叶，是其例也。且《賚》已言「於繹思」，則《般》又云「於繹思」，不爲上無所承矣。然則非但《桓》《賚》爲《武》，而《般》亦爲《武》矣。阮雲臺目《關雎》兼《葛覃》《卷耳》，《鵲巢》兼《采蘩》《采蘋》爲比，然彼猶是數篇，若此則本是一篇矣。

案：《桓》序云：「講武類禡也。桓，武志也。」此固當爲《武》中之一章。《賚》云：「大封於廟也。賚，予也，言所目錫予善人也。」此《樂記》所謂武王克殷，未及下車，而封薊、祝、陳，下車而封杞、宋，將帥之士使爲諸侯，是亦克商事，故亦爲《武》中之一章也。《般》云：「巡守而祀四嶽河海也。」此即《武成》于「咸劉商王受」之後所云：「四月，庚戌，武王燎于周廟；翌日辛亥，祀于天位；粵五日乙卯，乃目庶國祀馘於周廟。」周廟、天位皆祀之，則巡守祀四嶽河海可知。新王即位，必行是禮，猶舜攝位而巡守柴望、秩于山川也。是亦克商事，故亦爲《武》中之一章也。《武》云：「奏《大武》也。」是一篇之總結，故爲卒章也。餘《大武》諸章，如《武宿夜》等，今《頌》中不具，蓋如《肆夏》《緐遏》《渠》，可㠯《時邁》《執競》《思文》當之，而其餘六《夏》，終不可㠯《維天之命》等篇當之。則孔子删《詩》，于九《夏》及《武》不全具，故于《武》必分之爲數篇，必有精誼，不可意知。若其全篇，當在《樂經》矣。至《武》本在《桓》《賚》之後，而删定在前，《賚》本在《桓》之前，而删定在後者，《周頌譜》正義有論編次之故，要是㸰論，難㠯精悉矣。

○又案：臧氏玉林云：「《賚》爲封功臣，故㠯『於繹思』勑之。《般》祀四嶽河海，當誰勑乎？《齊》《魯》《韓詩·般》有『於繹思』，當爲臣下告君，言受命由此，當繹思㠯保神貺。然一篇之中，神人襍沓，恐非體製。」此説非也。「時周之命」，馬元伯讀爲「承周之命」，最塙。《般》爲祀四嶽河海，則所勑爲山川之守。《魯語》：「仲尼曰：山川之靈，足㠯紀綱天下，其守爲神。社稷之守者爲公、侯，皆屬於王者。」承周之命，即所謂屬於王者也。《賚》言社稷之守，《般》言山川之守。「屬于王者」者，因殷初爲周故也。案：《般》：「敷天之下，裒時之對，時周之命，於繹思。」傳云：「裒，聚也。」謂遍天之下，山川之守皆聚于是天子之會，箋㠯「配」訓「對」，正義引《釋詁》「妃合會對」轉解之。麟謂會既爲對，則對亦可爲會。天子巡守，必會羣神，如禹致羣神於會稽也。㠯承周之命，此異于防風之逆命者也。勑㠯「於繹思」者，上云「於皇時周」，此亦使陳思周德可知。自「於皇時周」㠯下四句，説祀山川事；自「敷天之下」㠯下四句，説祀山川而守者至，因勑之之事，事本相因，不爲神人襍沓矣。《毛詩·般》無「於繹思」句，陸、孔皆云然，然陸云：「今《毛詩》有。」又云：「崔《集注》本有。」是有此句之本甚多，當是毛本與三家合。崔氏，梁人，猶見古本也。今云「《般》，一章七句」，「《閔予小子》之什，百三十七句」，亦因脱「於繹思」而改耳。

○又案：武王克商，即已命周公草創《武》樂，未就而崩。及周公攝政，乃成之。觀《武》云：「於皇武王。」《桓》云：「桓桓武王。」武王非如湯生而稱武王者，則詩爲殁後所成明矣。《吕覽·古樂》云：「武王即位，目六師伐殷。六師未至，目鋭兵克之於牧野。歸，乃薦俘馘于京大室，乃命周公爲作《大武》。」是周公草《武》于武王時之證也。《酌》序云：「告成《大武》也。」是周公成《武》于攝政時之證也。此傳承克商而言作《武》，據其始作言之也。《尚書大傳》言：「周公將作禮樂，優遊之三年，不能作。」則《武》詩亦非一時所能成明矣。此傳説作《時邁》亦承克商而言之，而《國語》稱爲周文公之頌，明周公之作《時邁》，亦自武王時歷攝政而成矣。

昭七年：「或憔顇事國。」今傳作「悴」，从《五行志》正作「顇」。《小疋·北山》本作「盡瘁」，正義目爲師讀不同。《五行志》引傳作「盡顇」。臧玉林謂：「杜本聲近致誤。」王伯申曰：「《小司寇》注云：『謂憔悴目事國。』則憔非誤也。憔，亦盡也。《尒疋》：『水醮曰厬。』郭注云：『謂水醮盡。』醮與憔聲誼相近，故李頤注《莊子·盜跖篇》，讀醮爲顦悴之顦。悴，亦盡也。《荀子·禮論篇》：『利爵之不醮也。』《史記·禮書》『醮』作『啐』。啐之言卒也。卒，亦盡也。盡謂之醮，亦謂之卒。盡爵謂之醮，亦謂之啐。盡力謂之憔悴，義相因也。憔悴、盡瘁，皆平列。毛傳曰：『盡力勞病，目從國事。』則亦平列字矣。」麟案：王説是也。《説文》云：「潐，盡也。」此即《尒疋》之「醮」。又云：「𣤬，盡酒也。」此即《荀子》之「醮」。又云：「灑，釃酒也，一曰浚也。」浚乾之，亦盡也。憔又通愁。《楚辭・離世》注：「憔悴，憂貌。」《漢書・外戚傳》：「嫶妍大息。」晉灼注：「三輔謂憂愁而省瘦曰嫶冥。」葢憔、愁聲誼皆通。《說文》：「䵲，或作揫。」又《素問・靈蘭秘典論》：「三焦者，決瀆之官，水道出焉。」焦借爲湫。《呂氏・審分覽》：「此之謂定性于大湫。」注：「大湫，猶大竇。」竇、瀆聲誼同，故焦即湫也，沃、焦誼亦同。愁从秋聲，秋从𪚿省聲，𪚿，《說文》讀若焦，皆聲通之證矣。《呂覽・察微》云：「故智士賢者相與積心愁慮㠯求之。」愁慮，盡慮也。《勿躬》云：「豈必勞形愁弊耳目哉？」愁亦盡也。弊，即「壽蔽天地」之蔽，其實畢之假借，愁弊耳目，亦謂竭盡耳目之力也。《淮南・俶真》云：「精有湫盡。」誼亦同也。是愁與憔同誼，而亦訓盡也。《五行志》仍作「盡」者，正㠯《詩》本文與傳互訓耳。

麟又謂：憔、盡，非特誼通，即聲亦通。葢盡與津同从𦘔聲，而《說文》古文「津」作「𦨈」，葢从舟、从淮省聲也。朱允倩㠯爲準省聲，失之遠矣。是㠯《荀子・不苟》云：「其誰能㠯己之潐潐受人之掝掝者哉？」楊倞注：「潐潐，明察之貌。」《管子・侈靡》：「若旬虛期于月津。」注：「津，明潤貌。」是潐、津聲誼通之證。《廣疋・釋詁》：「撨，拭也。」古「拭」字作「飾」。《說文》：「𦘔，𦘔飾也，从聿，从彡。」則撨與𦘔聲誼又同。而音誼之最近者，莫如㶳與樵、焦、噍。《說文》：「㶳，火餘也。一曰：薪也。」《廣疋・釋木》云：「蕉，即樵字。薪也。」既與㶳一誼同矣。又，《說文》：「焦，火所傷也。」言所傷，則見有未傷者，故火餘亦得曰焦，是據所傷㠯名未傷，㠯其同在一物之中，故誼得引申也。則焦與㶳同誼。人有遺餘者曰㶳。成二年傳「請收合餘㶳」、襄四年傳「收二國之㶳」杜預注「㶳，遺民也」是也。又曰噍，《漢書・高帝紀》「襄城無噍類」注：「青州俗呼無孑遺爲無噍類。」然則孑遺謂之噍類，是噍與㶳聲誼正同，則必爲焦之借矣。《史記集解》云：「噍，食也。」泥本字，失之。然則不盡者謂之夷與焦、嶕，已盡者謂之盡與僬，相反之誼正以相成，其通益可見矣。

宣二年：「駕馬百駟。」賈侍中注：「駕，本作「文」，今從《説文》正。貍文也。」李氏貽德曰：「案：《檀弓》：『貍首之班然。』《楚辭·九歌》：『乘赤豹兮從文貍。』《三國志·管輅傳》：『雖有文章，蔚而不明，非虎非雉，其名曰貍。』是貍，獸之有文章者。《説文》云：『畫馬也。』許從賈受古學，謂文飾雕畫比於貍文。」麟案：貍文者，蓋駓也。《魯頌·駉》：「有騅有駓。」傳：「黃白雜毛曰駓。」《方言》：「貔，北燕、朝鮮之間謂之貊，關西謂之貍。」《廣疋·釋獸》：「貊，貍也。」《封禪書》：「貍首者，諸侯之不來者也。」不來，亦貊之合音。馬名爲駓，當以其雜文似貊，如《説文》云「驒，青驪白鱗，文如鼉魚也」，「騢，謂色似鰕魚也」，皆以聲近取名。貍與狐同類，故軍中狐裘、貍裘同是黃色。今之舍貍孫多黃白雜毛，故知貍文即駓矣。《説文》言畫馬，似與侍中異誼。

桓三年經：「有年。」劉子駿、賈侍中、許惠卿因「有年」「大有年」之經，「有鸜鵒來巢，書所無」之傳，以爲經諸言「有」，皆「不宜有」之辭也。此《釋例》所約。賈注云：「桓惡而有年豐，異之也。言有非其所宜有。」麟案：劉、賈、許説是也。《春秋》書「有」，爲不宜有之辭，佗經則不同此例。《有駜》云：「自今以始，歲其有。」彼頌僖公，斷不以有爲不宜有也。孔子既録《有駜》，則必以其頌爲稱德，故僖公在位三十三年，經中無書「有年」「大有年」者，以僖爲固當得之也。是以鄭箋《詩·有駜》云：「君臣安樂，則陰陽和，而有豐年。」明僖當得之也。故僖二年經：「冬，十月，不雨。」三年經：「春王，正月，不雨；夏，四月，不雨；六月，雨。」《穀梁傳》曰：「一時言不雨者，言一時者，對文二年書『自十有二月不雨，至于秋七月』爲歷時耳。此㠯書法不歷時爲分，其實經十月至此爲二時矣。閔雨也。閔雨者，有志乎民者也。『六月，雨』，雨云者，❶喜雨也。喜雨者，有志乎民者也。」侍中取㠯爲説，益見僖當有年，而經無「有年」「大有年」者，必㠯爲常事而刪之也。僖當有年，則桓不當有年可知矣。正義乃引昭元年傳曰：「國無道而年穀和孰，天贊之也。」㠯爲非妖異之物。案：侍中云「異之」，謂人心異之，豈㠯爲妖異哉？彼傳又言：「鮮不五稔。」鮮不者，計其少者言之也。桓公見殺于十八年，距此十五年，歷五稔者三，斯爲多矣。天贊惡人，假年三倍，尤《春秋》所異，初非欲民困餓也。

昭十四年：「郊公奔齊。」麟按：郊公，當即敖公，㠯聲近假借也。敖，从放。《説文》：「出游也。」㠯其奔齊，故曰「敖公」，猶出公也。《呂氏·恃君覽》：「柱厲叔事莒敖公，自㠯爲不知而去，居於海上，夏日則食菱芡，冬日則食橡栗。莒敖公有難，柱厲叔辭其友而往死之。其友曰：『子自㠯爲不知，故去，今又往死之，是知與不知無異别也。』柱厲叔曰：『不然。自㠯爲不知，故去。今死而弗往死，是果知我也。吾將死之，㠯醜後世人主之不知其臣者也。』」敖公有難，當即此奔齊之事，但郊公㠯八月立，十二月出，不歷夏日。《呂氏》謂「夏日則食菱芡，冬日則食橡栗」，是粗舉之辭，非實事也。又，郊公不死，而《呂氏》云死，葢亦傳聞有誤。

---

❶「歲其有」至「六月雨雨云」，原羼入上條「貍輿」後，今移正。

《列子·説符》亦同，《説苑》作莒穆公，誤。而論之曰：「凡知，則死之；不知，則弗死：此直道而行者也。柱厲叔可謂懟㠯忘其身者也。」然則公子意恢，傳稱「郊公善之」，于君又本有骨肉之親，其死爲宜。故《公》《穀》皆云：「邾、莒無卿。」劉、賈、潁皆从之。而此經特書「莒殺其公子意恢」，所㠯著報君之義，正矯情之節也。

襄二十八年：「陳文子謂桓子曰：『禍將作矣，吾其何得？』對曰：『得慶氏之木百車於莊。』文子曰：『可慎守也已。』」吕東萊《春秋左氏傳説》曰：「當時滅慶氏之人，皆爭分財貨玉帛，惟陳無宇之志皆不在此，但對曰：『得慶氏之木百車於莊。』是其篡齊之大志已萌於此。」麟案：《吕覽·長利》云：「天下之士也者，慮天下之長利，而固處之㠯身若也。利雖倍於今，而不便於後，弗爲也。安雖長久，而㠯私其子孫，弗行也。自此觀之，陳無宇之可醜亦重矣。其與伯成子高、周公旦、戎夷也，形雖同，取舍之殊，豈不遠哉？」無宇不取財貨而取木，是其志不欲利於今，而欲便於後也。其父言「可慎守」，是爲子孫計，欲篡齊也。《吕覽》槁指此事。高注㠯陳、鮑分欒、高之室解之，非槁誼也。

昭五年：「余亟使人犒師。」麟案：《方言》：「自關而西，秦、晉之間，凡相敬愛，謂之亟。」《説文》「敬」字从茍聲，與「亟」同，則「亟使人犒師」，謂敬使人犒師也。

文十六年：「夫人王姬使帥甸攻而殺之。」《宋世家》曰：「夫人王姬使衛伯攻殺昭公杵臼。」麟案：衛伯、帥甸皆官名，而實一人也。據正義云：「帥甸者，甸地之帥，當是公邑之大夫也。」此説是也。《載師》：「㠯公邑之田任甸地。」注：「公邑，謂六遂餘地。天子使大夫治之，自此㠯外皆然。二百里、三百里，其上大夫如州長；四百里、五百里，其下大夫如縣正。」然則天子之甸、公邑大夫如州長，則諸侯亦同矣。《詩・衛風》：「伯兮朅兮。」傳：「伯，州伯也。」彼正義引《内則》「州史獻諸州伯」，謂即州長，然則州長得稱伯，而公邑大夫如州長者，亦稱伯可知。《伯兮》下云：「伯也執殳，爲王前驅。」五兵皆右所執，執殳即爲右，故彼正義謂：「前驅在車之右。」按：《齊右》云：「前齊車，王乘則持馬，行則陪乘。」《道右》云：「掌前道車，王出入，則持馬陪乘。」是爲右者，有時在前，故前驅亦即右也。天子又有大僕前驅。《衛風》言執殳爲前驅，則是爲戎右也。然則此帥甸，亦是㠯公邑大夫如州長者爲戎右矣。周禮：州長中大夫，戎右亦中大夫。諸侯之州長，據《鄉射》言士則鹿中，士即州長，上稱公邑大夫者，從通稱。然則諸侯之戎右，當亦用士。據《序官》，戎右又有上士二人，侯國當但有上士，春秋時則恒㠯大夫爲戎右，如舟之僑是也。此宋猶存古制。官同，故得相代也。僕右，皆侍衛于君者，既爲戎右，又本官如州伯，故謂之衛伯也。鄭注《序官・戎右》云：「右者，參乘，此充戎路之右，田獵亦爲之右焉。」今公田孟諸，戎右亦爲之右，故使就近將兵攻殺之。上文言「夫人將使公田孟諸而殺之」，則夫人必早與衛伯成謀，故必因田而殺之也。

襄二十一年經：「邾庶其㠯漆、閭丘來奔。」劉子駿、賈侍中説：「三叛人㠯地來奔，不書叛，謂不能專也。」此據傳稱孫林父「專禄㠯周旋」，而經書「叛」爲説。預《釋例》則謂：「内外之辭。既㠯地來，妻公之姑姊，還其大邑，不得復言不能專也。」麟案：孫林父之叛，服子慎謂「自謂若小國」，而三叛則否。如庶其之來，仍須魯與之邑，臧武仲語，邑即謂漆、閭丘。其不能若小國明矣。則三叛皆不能專，可知矣。晉㠯孫氏故，囚衛侯，晏平仲言「爲臣執君」，其重至此。而莒牟夷來奔，則莒人愬晉，晉侯且欲止公。兩事逆順相反，則牟夷之權力不及林父百倍可知，此亦三叛不能專之證。傳之稱三叛人，箸其實；經之不書叛，別其名。劉、賈正因傳稱「叛人」，故立説㠯解經不書叛之故，豈嘗異傳哉？

襄二十六年：「專禄㠯周旋，戮也。」服子慎注：「專禄，謂㠯戚叛也。既叛衛，亦不臣於晉，自謂若小國，是爲專禄。」正義曰：「若不屬晉，何爲被衛侵而愬於晉？地若不入晉，晉復何㠯戍之？傳言『㠯戚如晉』，服言不臣於晉，是反丘明㠯解傳也。」李氏貽德曰：「經稱『孫林父入于戚㠯叛』，不言㠯戚歸晉，則傳言『如晉』者，實如楚之處魚石於彭城者，然儼㠯晉之附庸自處，其急則愬於晉，有兵則晉戍之，晉又爲之疆戚田，是晉亦附庸視之，實未臣屬于晉也。」麟案：周旋，亦自有之之誼也。《説文》「旋」訓「周旋」。古字旋、環通，證多，不必緐引。《韓非・五蠹》「自環者謂之私」，《説文》作「自營爲厶」。然則「專禄㠯周旋」，猶言專禄㠯自環。自今人言之，則曰，專禄㠯營私。即猶言專禄㠯自私耳。其不屬衛，亦不屬晉，可見矣。若屬晉，則黜陟與奪方在晉君，何專之云？又何私之云？

定十四年：「衛侯爲夫人南子召宋朝。」杜預注：「朝，宋公子。」麟案：《論語》云：「而有宋朝之美。」宋朝，疑即商咄也。《吕覽・去尤》云：「魯有惡者，其父出而見商咄，反而告其鄰曰：『商咄不若吾子矣。』且其子至惡也，商咄至美也，彼㠯至美不如至惡，尤乎愛也。」宋之稱商，前已有説。古聲朝、咄相通。何㠯明之？朝从舟聲。《釋鳥》云：「鶌鳩、鶻鵃。」亦謂之鶻嘲，蓋鶌、鶻本同字，《墨子》「禽滑厘」，《列子・楊朱篇》作「骨」，《古今人表》作「屈」。《周語》注「鄭武公滑突」，《史記》作「掘」。又，《説文》：「搰，掘也。」皆骨、屈同聲之證。鶻鵃、鶻嘲，即鶌鵃、鶌嘲，此咄朝聲近之證。舟、周一聲。《摘哀聖》云：「冠短周。」《天官書》云：「白虹屈短。」周、屈皆訓短，又同聲之證。《廣疋・釋詁》：「鈯，鈍也。」《説文》：「錭，鈍也。」又聲誼同之證。《詩・六月》：「如輊如軒。」「輊」字，《説文》作「輖」；而「咄」字亦作「咥」。《廣疋・釋言》：「咥，咄也。」實一字。朱豐芑説。皆从至聲。周，咄聲通，即朝、咄聲通也。故知宋朝、商咄一人也。

僖二十六年：「公使展喜犒師。」服子慎注：「㠯師枯槁，故饋之飲食。」李氏貽德曰：「《小行人》『則令槁襘之』注：『故書槁爲槀。』鄭司農云：『槀當爲槁，謂犒師也。』」《淮南・氾論訓》注亦云：「牛羊曰犒，共其枯槁也。」皆同服誼。按：《斥彰長田君碑》：「史見勞醻。」勞醻，亦「共其枯槁」之誼。《法言・修身》云：「如刲羊刺豕，罷賓犒師，惡在犂不犂也。」《廣疋・釋詁》云：「罷，勞也。」昭十九年傳：「勞罷死轉。」然則罷賓者，亦謂共其勞也。而與犒師並言，則犒謂共其勞審矣。然則此乃先漢古義也。

僖三十年：「饗有昌歜。」服子慎注：「昌歜，昌本之菹。」案：《醢人》及《公食禮》注皆㠯昌本爲昌蒲根。

攷《吕覽・遇合》云：「文王嗜昌蒲葅，孔子聞而服之，縮頞而食之，三年，然後勝之。」《韓非・難篇》亦有此説，似昌蒲之名由文王名昌而得者。然如此説，則不可單名爲昌，且㠯先王之諱名食物，尤爲慢黷，非「克昌厥後」所可比也。及覽《吕覽・任地》云：「冬至後五旬七日，菖始生。菖者，百草之先生者也。」乃知昌之得名，由于先生。葢昌之爲言倡也。《春官・樂師》：「遂倡之。」故書「倡」作「昌」。《吴語》：「大夫種乃倡謀。」注：「發始爲倡。」《檀弓》：「婦人倡俑。」注：「倡，先也。」《廣疋・釋詁》云：「昌，始也。」即倡誼也。故先生之草名爲昌。其曰昌陽、昌羊者，長言之耳。《醢人》「朝事之豆」用「昌本」，葢「四豆」朝事最先，故用最先生之草耳。《莊子・在宥》云：「今夫百昌皆生於土，而反於土。」司馬注：「百昌猶百物也。」疑百昌即百草，因昌蒲而引申爲誼耳。

莊三十年：「鬭射師諫，則執而梏之。」服子慎注：「射師，若敖子鬭班也。」正義謂：「射師被梏，不言舍之，何㠯得殺子元？知與班非一人。」故杜預注謂即桓九年之鬭廉。今案：伐鄭歸而射師諫，在二十八年，至此歷二年矣。雖見梏，自得見釋。服注本無可議，然預㠯爲鬭廉，不爲無説。葢廉與射師，一名一字也。廉借爲鐮。《釋名》云：「鐮，廉也。」是聲本通。《方言》云：「凡箭鏃胡合嬴者，四鐮。」又云：「箭三鐮長六尺者，謂之飛蝱。」箭所㠯射，故又曰射師。一曰：《晉語》：「殺君㠯爲廉。」賈侍中注：「廉，猶利也。」《吕覽・孟秋紀》「其器廉㠯深」，注同。《春官・典瑞》：「琫邸射。」鄭司農注：「射，剡也。」《冬官・玉人》：「琫邸射。」後司農注：「邸射，剡而出也。」《釋詁》：「剡，利也。」《説文》：「剡，鋭利也。」是則射訓剡，剡訓利，與廉同誼。古字師通犀，如《公羊》文十六年「盟于師丘」，《穀梁》作「犀」；《趙策》「師比」，《漢書》作「犀」也。《漢書・馮奉世傳》注：「刀兵利爲犀。」是亦與廉同誼。而犀之言庰也。《説文》：「唐庰，石也。」朱氏豐芑説爲「鋭石也」。廉之言磏也。《説文》：「磏，厲石也。」其誼又同矣。目此推之，則廉與射師一名一字相應，亦不爲無説。且《世本》云：「若敖生鬭彊，鬭彊生班。」而服目爲班即若敖之子，亦未盡合，故兩存目俟攷。

哀三年：「南孺子之子，男也。」杜預注：「南孺子，季桓子之妻。」麟案：《韓非子・八姦》云：「貴夫人愛孺子，便僻好色，此人主之所惑也。」《外儲説右上》云：「齊威王夫人死，中有十孺子皆貴於王，薛公欲知王所欲立，而請置一人目爲夫人。」然則君之孺子尊亞夫人，葢猶禮之世婦，卿之妻尊與之等也。《春秋緐露・爵國篇》言孺子在夫人、世婦、左右婦，良人之下，此則甚卑，與傳及《韓非》所言皆異。

昭四年：「夏桀爲扔之會，有緍叛之。」賈侍中注：「扔、緍，國名也。」李貽德曰：「案：哀元年傳言：『少康爲扔牧正。』則扔爲國矣。《吳世家》：『後緍方娠。』《集解》引賈氏注：『緍，有扔之姓也。』則此有緍，賈亦當爲扔國之姓。云『扔、緍，國名』，不知繕寫有誤否？」麟案：《韓非子・十過》作：「桀爲有戎之會。」扔、戎聲通。桓五年經：「天王使仍叔之子來聘。」《穀梁》「仍」作「任」。《釋草》云：「戎菽，謂之荏菽。」是仍、任、戎聲三通，扔正而戎借也。緍爲姓，亦無妨目姓名國。如黃帝目姬水成，炎帝目姜水成，皆因水爲姓。舜姓姚，因姚墟也；氏嬀，因嬀水也。然則緍姓本國即在緍地，僖二十三年所云「齊侯伐宋，圍緍」是也。扔，乃其分支耳。扔、緡同姓相助，故會扔而緡叛，但未知其事何如耳。至古史云：「大昊元妃生陪伐，降處緡淵，爲莀姓，夏㠯封舜。」則未可信。或曰：扔作戎。昭二十八年：「有扔氏生女。」即有娀氏也，與禹母家同。今本傳及諸家説皆作「仍」，惟《古今人表》作「扔」，葢據《左傳》古本，今據訂。

僖二十九年經：「介葛盧來。」杜預注：「葛盧，介君名也。」麟案：《管子・地數》云：「葛盧之山，發而出水，金從之。蚩尤受而制之，㠯爲劍鎧矛戟。」然則介君取山爲名，猶魯之具、敖也。

隱元年經：「公及邾儀父盟于蔑。」賈、服㠯爲「儀父嘉隱公有至孝謙讓之義，而與結好，故貴而字之，善其慕賢説讓」。正義引，原文缺。麟案：仲尼言：「志在《春秋》，行在《孝經》。」然《春秋》爲經而《孝經》爲傳者，觀《春秋》發端言「元年春王，正月」，而次條即繼㠯「儀父嘉隱公之至孝」，貴儀父，正所㠯貴隱公也，是《春秋》得包《孝經》之義矣。正義謂：「傳云：『公攝位，而欲求好於邾。』是公先求邾，非邾先慕公。」又謂：「桓十七年：『公會邾儀父盟于趡。』桓公不賢不讓，彼經亦書儀父，故知貴之之言，不爲慕賢説讓也。」不知兩國異心，會盟不成，公固求之，邾亦慕之可知。及盟于趡，傳云：「尋蔑之盟也。」儀父欲尋隱盟，而乃反與桓盟，則失其初志矣。《春秋》責備賢者，字之，正所㠯責之也。孟子稱萬子，誼猶是矣。

昭二十五年：「叔孫氏之司馬鬷戾。」《夏官》：「家司馬亦如之。」後司農注：「大夫家臣爲司馬者。《春秋傳》曰：『叔孫氏之司馬鬷戾。』」案：《韓非·内儲説下》作「叔孫氏之御者」。《周禮》大馭等職本屬夏官，家臣多攝官，或㠯御與司馬相兼。《周禮》：「大馭，中大夫。」僅較大司馬一等，而與小司馬同列。家司馬，則《序官》云：「各使其臣，㠯正於公司馬。」後鄭謂：「卿大夫之采地，王不特置司馬，各自使其家臣爲司馬，主其地之軍賦。」而不言其秩。攷都司馬僅上士，則家司馬當更降於此，其官甚卑，固可與御同官矣。

昭二十三年：「使各居一館。」賈侍中注：「使邾、魯大夫各居一館。」鄭司農注：「使叔孫、子服回各居一館。邾、魯大夫本不同館，無爲復言使各居一館也。欲分别叔孫與子服回不得相見，各聽其辭耳。」服子慎注：「賈氏近之。」麟案：聽訟有分離兩造之法。《韓非·内儲説上》云：「有相與訟者，子産離之，而無使得通辭，倒其言㠯告而知之。」侍中本此意㠯解傳，此墒誼也。李貽德曰：「此館非《司儀》『致館』、《聘禮》『及館』之館，葢㠯叔孫不肯與邾大夫坐訟，故使各就坐訟旁舍，㠯便於聽辭耳。」此説雖近似，而實不墒。凡訟者必同坐，雖至晉時本異館，至訟時必當在一處。今乃離之，使各居一館，與常訟特異，故必特言「使各居一館」，非謂此館非初時之賓館也。至下文「乃皆執之」，皆者，皆叔孫、子服回也，此承上叔孫不肯坐訟，而欲使子服回當之爲誼，非承各居一館之誼也。正義㠯執邾大夫爲難，妄矣。

僖二十四年：「及河，子犯㠯璧授公子曰：『臣負羈紲從君巡於天下，臣之罪甚多矣。臣猶知之，而況君乎？請由此亡。』公子曰：『所不與舅氏同心者，有如白水。』投其璧于河。」服子慎注：「一曰：犬繮曰紲。

古者，行則有犬。」言「一曰」，則上有正文，或如預注云「馬繮」也。麟案：此事不尋其原，甚覺唐突。當㠯《韓非·外儲説左上》證之。彼文云：「文公反國，至河，令籩豆捐之，席蓐捐之，手足胼胝、面目黧黑者後之。咎犯聞之而夜哭。公曰：『寡人出亡二十年，乃今得反國，咎犯聞之不喜而哭，意不欲寡人反國邪？』犯對曰：『籩豆所㠯食也，席蓐所㠯臥也，而君捐之；手足胼胝、面目黧黑，勞有功者也，而君後之；今臣有與在後，中不勝其哀，故哭。且臣爲君行詐僞㠯反國者衆矣，臣尚自惡也，而況於君？』再拜而辭。文公止之曰：『諺曰：築社者，攓撅而置之，端冕而祀之。今子與我取之，而不與我治之；與我置之，而不與我祀之，焉可？』解左驂而盟于河。」此其事之緣起也。罪，即謂詐僞也。《晉語》「罪甚多矣」作「怨其多矣」，意亦相通。葢多爲詐僞，則不勝者懷怨也。言解左驂，葢與璧同沈也。韓非學于荀子，是即荀子説傳之語，而韓非耳聞之者也。

昭二十八年：「忿纇無期。」服子慎注：「忿怒其類，㠯厭其私，無期度也。」杜預「類」作「纇」，云：「戾也。」案：字當从類，訓當从戾。《韓非·外儲説左》曰：「魯哀公問於孔子曰：『吾聞古者有夔一足，其果信有一足乎？』孔子對曰：『不也，夔非一足也。夔者，忿戾惡心，人多不説喜也。雖然，其所㠯得免於人害者，㠯其信也。人皆曰：獨此一足矣。夔非一足也，一而足也。』」后夔，帝世名臣，何有忿戾惡心之事？葢夔獸本一足，後人譌傳后夔亦然，因復託爲孔子之言，借子之行㠯歸其父，㠯解一足之説。雖其㠯譌傳譌，不足依據，要一足因乎夔獸忿戾，因其子伯封之行亦有所承襲，則足㠯爲此傳之訓説矣。

桓六年：「謂其不疾蔟蠡也。」案：蔟蠡，即族絫。《説文》：「痤，小腫也。一曰：族絫。」《郊祀志》：「秦巫祠杜主、巫保、族纍之屬。」師古曰：「巫保、族纍，二神名。」彼族纍，蓋神爲畜害者，猶馬步之類與？

昭三年：「請更諸爽塏者。」杜預注：「爽，明。塏，燥。」正義曰：「《晏子春秋》云：『將更於豫章之圃。』」案：《韓非・難二》亦云。《豳風・七月》：「九月築場圃。」傳：「秋冬爲場，春夏爲圃。」蓋圃與場得通。言豫章之場，蓋築場㠯積此木也。築土爲場，故其地塏燥也。

襄四年：「國人逆喪者皆髽。」鄭司農注：「枲麻與髮相半結之。」而康成《檀弓》注説此，則㠯爲「去纚而紒」。麟案：二説非相背也。康成注《喪服》云：「髽，露紒也，猶男子之括髮。斬衰括髮㠯麻，則髽亦用麻。㠯麻者，自項而前，交於額上，卻繞紒如箸幓頭焉。」彼之麻，自項交額而繞紒；此之麻，則與髮同結。其用麻異處，而未嘗不露紒。蓋髽之言莝也。《説文》：「莝，斬芻也。」斬芻必縱横不整。古字「莝」作「摧」。《詩・鴛鴦》「摧之秣之」，傳：「摧，挫也。」箋云：「挫，今莝字也。」《淮南・本經》云：「芒緐亂澤，巧僞紛挐，㠯相摧錯。」是摧有錯雜之誼，實莝字也。故麻髮雜者，謂之髽，取形相似也。亦言脞也，叢脞引申亦有雜誼也。《淮南・覽冥》：「美人挐首墨面而不容。」注：「挐首，亂頭也。草與髮並編爲挐首。」蓋挐音轉與髽同，挐首者，效髽之爲也。雖然，此皆未成服時之髽也；若成服後，則當有變除，未必雜麻，因髽之名而已。馬季長謂：「屈布爲巾，高四寸，著於頯上。」言布則爲齊衰所用，要亦與司農説無悖也。若夫孔子所云「毋從從」「毋扈扈」者，此謂成服後，有榛笄之髽。要從從，謂縱而高；扈扈，謂卑而大。自謂髽之大小高下，而非指布巾也。正義謂如馬説，則布有定制，無慮其從從、扈扈，誤矣。

襄四年：「於是晉侯好田，故魏絳及之。」案：《賈子·勢卑》云：「今不獵猛獸而獵田彘，不搏反寇而搏蓄兔，所獵得毋小，所搏得毋不急乎？緐細是虞，不圖大患，非所㠯爲安。」意即本于魏絳。呼匈奴爲猛獸，即上文「戎，禽獸也」之説，但此主撫而得之，彼主伐而得之，則時埶之異，其㠯天下爲大羅則一也。

成二年：「子不少須，衆懼盡。」杜預注：「欲使須救。」麟案：須借爲需。《説文》：「需，䇓也。遇雨不進，止䇓也。」《易·彖上傳》：「需，須也。」《雜卦傳》：「需，不進也。」鄭康成云：「需，讀爲秀。陽氣秀而不直前者，畏上坎也。」然則需、須字通。不進，引申即退。子不少須，言子不少退也。即下所云「子㠯衆退」也。

成二年：「子㠯衆退，我此。乃止。」杜預注：「我於此止禦齊師。」麟案：下云「且告車來甚衆」，爲敘事之辭，則「乃止」亦當爲敘事，當讀「我此」斷。《説文》云：「此，止也。」《莊子·達生》云：「無入而藏，無出而陽，柴立其中央。」柴立，謂止立。柴，即此之借也。《説文》引《詩》：「婁舞𡚩𡚩。」《毛詩》作「傞傞」。傳云：「舞不止也。」則𡚩𡚩亦爲舞不止。𡚩從此聲，爲不止，與此爲止相反而相成也。我此，言我止㠯禦敵也。乃止，語訖而遂止于其地也。成子止，則孫子目衆退，可知矣。

昭二十五年：「唯是楄部所目薦榦者。」《説文》：「楄部，方木也。」麟案：此許所聞賈侍中説也。方猶方舟之方，謂並也。蓋楄从扁聲，誼與編同。《考工記》「輪人爲蓋」，「信其桯圍目爲部廣」。鄭司農注：「部，蓋斗也。」蓋斗所目持蓋弓，蓋弓二十八亦並置而鱗次者也。然則楄部謂並木，數木相並，即編木也。杜預本部作柎，尤足相證。《説文》：「泭，編木目渡也。」《釋言》：「舫，泭也。」孫注：「方木置水中，爲泭栰也。」此目方釋舫。楄柎之爲方木，猶編泭之爲方木也。而于薦榦亦有取誼。蟲有蝙蝠，蝙蝠、楄部可目聲同互證。《説文》「趞」讀若「匐」，《吕覽・過理》：「帶益三副矣。」注：「副或作倍。」是音、畐聲通。蝙蝠名伏翼，《廣疋・釋鳥》。伏翼猶馮翼也，如茵伏作茵馮也。《詩・卷阿》傳云：「有馮有翼，道可馮依目爲輔翼也。」此楄部之薦榦，亦猶馮依輔翼之誼也。楄部亦言賓附也，《説文》：「瀕，❶水厓，人所賓附。」楄、賓聲通，如猵或作獱。言尸所賓附也。《説文》：「瓿，甂也。」「甂，似小瓿，大口而卑，用食。」蓋甂瓿之薦食，亦猶楄部之薦榦矣。杜預云：「楄柎，棺中苓牀也。」案：《方言》云：「牀其上版或曰牑。」《説文》從之。此即楄之後出字矣。

文六年：「續常職。」案：職亦常也。《釋詁》云：「職，常也。」兩字平列，觀上下文可知。

---

❶ 「頻」，《説文解字》卷十一下作「瀕」。

閔二年：「偏躬無慝。」《晉語》注云：「慝，惡也。君無惡意也。」麟案：下云「親以無災」，以親釋無慝，葢慝與暱同聲，而誼正相反。成二年云：「皆親暱也。」《釋詁》：「暱，近也。」孫注：「親之近也。」是暱爲親也，無慝則暱矣。

文六年：「辰嬴嬖於二君。」服子慎注：「辰嬴，懷嬴也。二君，懷公、文公。」李氏貽德曰：「始稱懷嬴者，傳以懷公之謚繫之。此稱辰嬴者，從其後謚也。」或曰：《謚法解》無辰，有云「教誨不倦曰長」者，辰其長之誤乎？曰：非也。辰借爲祁。《詩・吉日》：「其祁孔有。」箋云：「祁當作麎。」是古音辰與祁通。《謚法解》云：「治典不殺曰祁，謂秉常不衰也。」嬴之所以謚祁者，則無得而知。春秋時謚號，不皆與實應也。

襄十一年：「秦庶長鮑、庶長武帥師伐晉以救鄭。」或因庶長之名起于孝公，疑《左傳》爲六國時人作。案：《秦本紀》：「寧公卒，大庶長弗忌、威壘三父廢大子，而立出子爲君。」則春秋桓、莊之閒，秦已有大庶長，非起于孝公也。孝公特定四等庶長之爵耳。十等，左庶長，十一等，右庶長，十七等，駟車庶長，十八等，大庶長。春秋時秦制已變古，而爵級高下與孝公以後差殊，如不更財爲弟四等爵，而成十三年傳特書：「獲不更女父。」則當時不更必爲貴者，非止弟四等爵。或十二等左更、十三等中更、十四等右更，孝公後分爲主領更卒之官，而前此統曰不更，葢于不更中擇人爲此三等爵耳。又，《管子・小匡》云：「魯邢請爲關内之侯，而桓公不使也。」則關内侯非特秦爵有之，葢春秋時僭王者所設，故《賈子·耳痺》云：「身爲關内諸侯。」此越求盟于吳之語也。

昭四年：「君子作法於涼，其敝猶貪。」杜預注：「涼，薄也。」麟案：預誼非也。《淮南·天文訓》云：「大陰治春，則欲行柔惠温涼。」高誘注：「木德仁，❶故柔涼也。」葢涼與温引申誼近。何則？暑雨祁寒，皆下民所怨，惟温涼處其中，民所易受，故暑寒皆可喻酷，温涼皆可喻仁矣。仁與貪誼對。《韓非·難四》云「仁貪不同心」是也。《孟子》曰：「爲富不仁矣，爲仁不富矣。」亦此誼也。故曰：「作法於涼，其敝猶貪。」

桓六年：「公與文姜、宗婦命之。」《喪服傳》云：「年十九至十六爲長殤，十五至十二爲中殤，十一至八歲爲下殤，不滿八歲㠯下皆爲無服之殤。無服之殤㠯日易月。㠯日易月之殤，殤而無服。故子生三月，則父名之，死則哭之；未名，則不哭也。」㠯上《喪服傳》。此所説爲士大夫禮也。其世子則不必三月而始名。《内則》云：「世子生，則君沐浴、朝服，夫人亦如之。皆立于阼階，西鄉。世婦抱子，升自西階，君名之，乃降。」則此所謂「公與文姜、宗婦」也。葢抱子者，得兼宗婦、世婦矣。而不明言名子之時，《曾子問》云：「君薨而世子生，三日，子升自西階，祝立于殯東南隅。祝聲三，曰：『某之子某，從執事敢見。』」夫云子某，則三日已

---

❶「木」，《淮南鴻烈解》作「水」。

有名矣。而下節乃云：「如已葬而世子生，三月，乃名于禰。」月亦決爲日之誤，自王肅時已然矣。皇氏㠯「某」爲衍文，失之。《胎教》云：「卜王大子名。」然則三日之内當容卜矣。三日内，夫人出于路寢，當有扶掖者，如君疾傳顧命時。否，或如子生三日而見殯，共哭踊衰麻，皆奉子者代之。蓋國君十二而冠，世子亦當然。觀漢高時皇大子納妃，叔孫大傅制禮㠯爲天子無親迎，是世子從君禮矣。冠而不爲殤，則世子十一㠯下爲長殤，與十九至十六爲長殤者異，㠯此差降，則三殤之歲各異。其㠯日易月之殤，得及三月内矣。

桓六年經：「九月，丁卯，子同生。」賈侍中注：「不稱大子者，書始生。」案：《賈子・立後義》曰：「古之聖帝將立世子，則帝自朝服，升自阼階上，西鄉於妃。妃抱世子自房出，東鄉。大史奉書西上堂，當兩階之間，北面立，曰『世子名曰某』者參。帝執禮稱辭，命世子曰『度大祖、大宗與社稷於子』者參。其命也，妃曰『不敢』者再。於三命，曰：『謹受命。』拜而退。大史㠯告大祝，大祝㠯告大祖、大宗與社稷。大史出，㠯告大宰，大宰㠯告州伯，州伯命藏之州府。凡諸貴已下至於百姓男女，無敢與世子同名者。㠯此防民，百姓猶有爭爲君者。」據大傅説，則名子時即立子時，諸侯與天子自當同，乃説此經之古誼也。此㠯丁卯日箸子同生，生時尚未名，三日而始名。書子同者，從名子之日追稱之耳。故丁卯日尚未立爲大子，侍中所㠯云「始生，不稱大子」也。或曰：《曾子問》正義謂桓六年三月乃名子同。既爲追稱，安知非三月始名乎？曰：三月天氣一小變。《春秋》四時必分書，若名于三月後，則去生時甚遠，不得追稱矣。故知必三日命名也。

宣九年經：「陳殺其大夫泄冶。」《賈子·胎教》曰：「紂殺王子比干，而箕子被髮而佯狂。陳靈公殺泄冶，而鄧元去陳𠩺族徙。自是之後，殷并於周，陳亡於楚。陳已爲楚縣，故云。𠩺其殺比干與泄冶，而失箕子與鄧元也。」麟案：大傅至𠩺泄冶與比干並稱，雖非謂二人儕等，而泄冶之忠盛可知。古誼昭然，不容移易。王肅妄託聖言，駁比干于泄冶，而杜預本之，又安知泄冶于靈公非有骨肉之親乎？其書名者，固與仇、荀一例，又安知非泄冶官卑，其名未當見經，而書名已爲褒乎？

哀十一年：「將戰，公孫夏命其徒歌《虞殯》。」賈侍中注：「《虞殯》，遣殯歌詩。」麟案：《淮南·繆稱》云：「艾陵之戰也，夫差曰：『夷注：「夷謂吴。」聲陽，句吴其庶乎？』」蓋是時吴聲陽，而齊聲不吉，是𠩺勝敗異焉。若由天道之殊，實乃人心之變。吴方乘勝，故其氣高激；齊方不競，故相率悲咽爾。

隱三年：「爲公故，曰君氏。」麟案：《喪服》：庶子爲父後者爲其母緦，𠩺死于宫中，三月不舉祭而服之也。《曾子問》注云：「天子練冠𠩺燕居，蓋謂庶子王爲其母。」正義曰：「此乃異代之法。鄭注《服問》云：『庶子爲後，爲其母緦。』則是周法。天子、諸侯、大夫、士，一也。」𠩺上《曾子問》注疏。隱公乃攝爲父後者，真後固在，似當如公子父卒而爲其母之服服大功也，但既涖朝爲君，又不得𠩺公子比。若服緦，又與真爲後者同。《王莽傳》曰：莽母功顯君死，少阿、羲和劉歆等議曰：「《禮》：『庶子爲後，爲其母緦。』傳曰：『與尊者爲體，不敢服其私親也。』攝皇帝𠩺聖德承皇天之命，受大后之詔居攝踐阼，奉漢大宗之後，上有天地社稷之重，下有元元萬機之憂，不得顧其私親。《周禮》曰『王爲諸侯緦縗』，『弁而加環絰』，同姓則麻，異姓則葛。與鄭氏異。攝皇帝當爲功顯君緦縗，弁而加麻環絰，如天子弔諸侯服，目應聖制。」目上子駿議。莽意不在哀，無足論，使伊尹處此，則子駿之議當矣。大臣攝天子，則弔服目居；王子、公子攝天子、諸侯，亦當弔服目居。諸侯之弔同姓也，亦緦縗弁麻絰也。然如此則是目尋常臣子之死例之也，若論其本服，則公子父卒，爲母大功，不目臣子死者例之，而目其母之服服之也。隱公雖居攝，其心將授桓公，終目公子自處矣。然則當其服時，隱公雖迫于義無如何，其心終欲目母之服服聲子矣。隱公心于爲母，《春秋》崇其孝思，故云：「爲公故，曰君氏。」若曰：斯人也，固君所母之者也，非佗人也。一思及此，而莽之心異於隱公也遠矣。

○或疑庶子爲後爲母緦者，目母死于宮中也，劉子駿爲莽議弁絰緦縗者，目功顯君不死于宮中耳，聲子死于宮中，豈得目此爲比例邪？曰：死于宮中者，固不必拘緦例，即如天子絕期，非爲母不得服緦矣。而大子之適子天子待目庶孫。死于宮中，由命士目上，父子異宮，所居之宮異耳，固同在宮垣内也。即如目母死爲死于宮中者，亦非所居之宮，特謂宮垣之中也。雖庶孫，異日固當代大子爲君者也，豈不得比同姓諸侯之死而服弁麻絰緦衰邪？此等弁絰緦衰，但緦衰目居，居亦弁絰也，非弔始弁絰，故子駿議言「攝皇帝如天子弔諸侯服」，明喪服如弔服也。《雜記》云：「凡弁絰，其衰侈袂。」注云：「弁絰服者，弔服也。其衰，錫也、緦也、疑也。袂之小者，二尺二寸，大者半而益之，則侈袂三尺三寸。」此弁絰緦衰與五服之緦異處。然則母死宮中，何嫌目弁絰緦衰也？蓋爲母緦與弁絰緦衰之異誼，係于攝不攝，不係于在宮中不在宮中也。是條議弁絰緦衰服，論常制也。而君氏卒于四月，去年十二月夫人仲子之卒才可及葬，三月，庚戌，天王崩，至此才及一月，則隱公有兩斬衰之喪，固非弁絰緦衰之時矣。

昭二十七年：「季氏之復，天救之也。」杜預注：「復，猶安也。」此訓于古無徵。案：復者，脱也。《論衡・論死篇》云：「蟬之未蜕爲復育，已蜕也去復育之體，更爲蟬形。」《廣疋・釋蟲》作「蝮蛸」，云：「蜕也。」復育本疊韻，急呼即爲復。蜕、脱聲誼又同。《廣疋・釋詁》：「蜕，解也。」是蜕引申爲凡解脱之誼。《齊語》：「脱衣就功。」注：「解也。」復聲同輹。《説文》：「車軸縛也。」《易・小畜》：「輿説輹。」僖十五年云：「車説其輹。」蓋輹本纏縛而不脱者，又可反復互明也。季氏之脱，謂脱禍難也。

昭六年：「女夫也，必亡。」杜預注：「夫，謂華亥。」《釋文》：「女，音汝。夫，方于反。」邵氏《左觿》曰：「女夫，猶言而人。」麟案：下文皆言女，此獨言女夫者，蓋女、而一也。女夫，即而夫。人有攘奪寵位、淩暴宗族者，謂之「而夫」，亦曰「女夫」，輕賤之辭也，猶言「彼人」、言「夫夫」也。《莊子・列御寇》云：「正考父一命而傴，再命而僂，三命而俯，循牆而走，孰敢不軌！如而夫者，郭象云：「謂凡夫也。」失之。莊子空設譏語，蓋必有所斥者，故謂其人爲「而夫」。一命而吕鉅，再命而於車上儛，三命而名諸父，孰協唐、許！」三命名諸父，其于宗族可知。亥之喪宗室而得官，有較莊子所云爲尤甚者，故謂之女夫。左師初見華亥，不顧而自語，稱亥爲女夫，然後對亥言稱之爲女，因其語執一片，故敍之不加分析耳。《大戴禮記・曾子制言》上云：「君子之爲弟也，行則爲人負，無席則寢其趾，使之爲夫人則否。」注：「夫人，行無禮也。」曰夫人爲無禮之稱，亦猶《莊子》所言之「而夫」矣。

襄二十二年：「鄭人使少正公孫僑對。」杜預注：「少正，鄭卿官也。公孫僑，子產。」正義曰：「十九年傳云：『立子產爲卿。』知少正是鄭之卿官名也。春秋之時，官名變改，《周禮》無此名也。」麟案：少正非卿官也。《荀子·宥坐》云：「孔子爲魯攝相，朝七日而誅少正卯。」《淮南·氾論訓》亦云：「孔子誅少正卯，而魯國之邪塞。」高誘注云：「少正，官；卯，其名也；魯之諂人。孔子相魯七日，誅之於東觀之下。」夫少正既爲卯之官矣，若是卿官，則《春秋》豈有于魯殺卿而不書者？且魯三卿季、叔、孟，無容卯廁其間，然則少正不過下大夫或士耳。子產蓋㠯卿兼領之也。周氏《附論》曰：「少正之職，蓋亞於執政。古正與政通。昭十五年傳㠯爲『大政』，《漢書·五行志》作『大正』，執政即所謂大正也。」其説得之。蓋佐政之官非必尊者，亦猶王朝之小宰、宰夫等耳。周又引《通志·氏族略》謂：「少正卯，㠯官爲氏。」則不考高注之過。

襄二十二年：「子三困我於朝。」案：薳子言，而申叔不顧，非困迫之也。《賈子·道術》：「心省恤人謂之惠，反惠爲困。」蓋不省恤者，是漠然恝視之誼，故云「困我」，謂不省恤我也。由不省恤引申之，則《方言》云「困、胎，逃也」是也。蓋惟不省恤之，是㠯逃避不與其事。薳子初言，而申叔退；從之，而入於人中；又從之，而遂歸；是三逃避薳子也。此大傳《訓詁》古誼，證㠯子雲之言而益明。

襄二十八年：「與我其拱璧。」杜預注：「崔氏大璧。」麟案：《玉篇》云：「珙，大璧也。」珙，即此「拱」字。《淮南·本經訓》：「飛蛩滿野。」注：「蛩，讀《詩》『小珙』之珙。」然則高時《詩》之「小共大共」有作「珙」者。據

《長發》詩，上章言「受小球大球」，下章言「受小共大共」，傳云：「球，玉也。」「共，法也。」《廣疋》拱、球皆訓「法」，《荀子·臣道》、《榮辱》二篇引此二句，皆㠯説「斬而齊，枉而順，不同而壹」之誼，亦謂法度也，然則球亦可訓法，共亦可訓玉，毛公互見其誼耳。球之訓法者，何也？阮雲臺釋《詩》云「球，玉磬也，㠯其直縣求然而名之」是也。一矩有半謂之磬折，從程易疇説。是爲法度之器。共即拱璧。拱璧有法度，何物也？《典瑞》云：「璧羨㠯起度。」注：「鄭司農云：『羨，長也。』此璧徑長尺，㠯起度量。《玉人》職曰：『璧羨度尺㠯爲度。』玄謂：羨，不圜之貌，葢廣徑八寸，袤一尺。」然則拱璧即璧羨，爲法度之玉矣。小大者，磬㠯一股一鼓言之也，璧㠯一廣一袤言之也。此非大夫所得有，崔氏僭爲之耳。三十一年言「襄公薨，叔仲帶竊其拱璧」，是爲君人者法度之器，明矣。

成十八年：「鐸遏寇爲上軍尉，籍偃爲之司馬。」案：《晉語》云：「知鐸遏寇之恭敬而信彊也，使爲輿尉；知籍偃之惇帥舊職而恭給也，使爲輿司馬。」考《淮南·兵略》云：「收藏於後，遷舍不離，無淫輿，無遺輜，此輿之官也。」而外更有尉。然則此㠯輿而兼尉與司馬者。

成十三年：「虔劉我邊垂。」《方言》：「虔劉，殺也。秦、晉、宋、衛之間，謂殺曰劉。晉之北鄙亦曰劉。秦、晉之北鄙謂賊爲虔。」後司農注：「《書·吕刑》云：『撟虔，謂撓擾。』《春秋傳》曰：『虔劉我邊垂。』」引見《周禮·司刑》疏。此即《賈子·匈奴篇》「撓邊境，擾中國」之誼。《漢書·武帝紀》：「撟虔吏因乘埶㠯侵蒸庶。」韋昭注：「凡稱詐爲矯，强取爲虔。《左傳》曰：『虔劉我邊垂。』」此意與康成小異，亦不言虔劉是殺。《後漢書·光武帝紀》贊曰：「虔劉庸、代，紛紜梁、趙。」是虔劉亦謂撓擾，與紛紜意近也。然訓殺、訓撓擾，理實一貫，此猶鬭鬩二字皆從鬥，謂鬥而相劫，㠯致撓亂不可分解也。虔劉亦謂戰鬥相殺而撓擾不解也。范贊兼含二誼。李賢但訓虔劉爲殺，未明蔚宗之旨。若下句改紛紜爲鬭鬩，則亦得含二誼，尤切當矣。至强取爲虔，亦與殺誼相通。《方言》云：「殺人取財曰惏。」僖二十四年正義引，今本無。是知殺人而取其物曰虔。凡兵之撓擾，亦殺掠兼行。《説文》訓「鬭鬩」云：「連結鬭鬩相牽也。」俗作「繽紛」。《淮南·俶真》云：「繽紛蘢蓯。」注：「雜糅也。」

哀十一年：「誰不如？」案：伍問㠯走，而不狃言「誰不如」，與下伍問㠯止獲而不狃言「惡賢」同意。尋《詩·民勞》箋云：「能，猶侞也。」則能、如聲通。又，《詩》「垂帶而厲」箋、《孟子》「九一而助」注皆云：「而，如也。」《易·屯》：「宜建侯而不寧。」鄭讀而曰能。《吕覽》「柔而堅，虚而實」、《淮南》「行柔而剛，用弱而强」注皆云：「而，能也。」然則如通而，而通能，則如亦通能。誰不能者，言：「走誰不能，豈我所爲乎？」

哀十一年：「人尋約，吴髮短。」杜預注：「約，繩也。八尺爲尋。吴髮短，欲㠯繩貫其首。」麟案：《獻帝春秋》曰：「袁紹令軍中各持三尺繩，曹操誠禽，但當縛之，揮之命徒。」正與同意。人尋約者，每人各持八尺繩也。蓋縛人者，或散其髮，使垂及背膂，因繫㠯數尺之繩，復反屈其兩臂于背，因㠯繫髮之繩交結之，則手首連而不得脱矣。今吴人夷俗髡首短髮，繩繫于髮，但在首而不在背，故必用長八尺者，乃得下垂于背，而反縛其手也。

文三年經：「晉陽處父帥師伐楚㠯救江。」《淮南·説林》云：「晉陽處父伐楚㠯救江，故解捽者不在於捌格，在於批抗。」注：「批，擊也。抗，推擊其要也。」案：《公》《穀》二經皆無「㠯」字，《淮南》有「㠯」字，則是引《左氏》家説也。

桓十一年：「莫囂患之。」從《五行志》作「囂」。杜預本作「莫敖」，云：「楚官名，即屈瑕。」《淮南·脩務訓》作「莫囂」，高注：「莫，大也。囂，衆也。主大衆之官，楚卿大夫。」麟案：囂、敖字通，如《詩·板》「聽我囂囂」，《潛夫論》作「敖敖」也。楚不成君者，稱敖，㠯敖爲酋𡙇字也，莫敖亦此誼。酋𡙇，其名也；囂衆，其聲訓也，猶君之訓羣也。傳作「囂」者，古文㠯囂爲敖也。昭十二年之「囂尹」，則或㠯領衆而名，非敖之借。

昭二十五年：「后氏爲之金距。」服子慎注：「金距，㠯金錔距。」案：《淮南·人間訓》語同，而下云：「故禍之所從生者，始於雞定。」道藏本如此，他本作「雞足」、作「雞距」者，不解定字，而改之也。《釋器》云：「斪斸謂之定。」注云：「鉏屬。」《廣疋·釋器》云：「定謂之槈。」然則此殆㠯金爲鉏槈之形，㠯錔雞距，便擊刺也。是㠯高氏注《淮南》云：「金距，施金芒於距也。」注《吕氏·察微篇》則云：「㠯利鐵作鍛距，沓其距上。」鉏槈者，有鋒芒之利鐵也。

昭二十六年：「大子任弱。」杜本「任」作「壬」。服子慎注：「大子任，昭王也，秦嬴子也，其年幼弱。」陳樹華曰：「哀六年云：『楚子軫卒。』則昭王名軫，或即位後改名邪？《楚世家》《十二諸侯年表》並作『珍』，蓋傳寫異文。《伍子胥傳》仍作『軫』。」麟案：《楚世家》此句作：「大子珍少。」然則珍、任二名與？珍者假借，字正作「軫」。先儒説車制皆謂任正即軫。阮氏芸臺則謂：「輈後端持輿爲任正。」然仍與後軫連接。則一名任，一名軫，取誼近也。

桓十三年經：「三月，葬衛宣公。」孔巽軒《公羊通義》曰：「前月親敗衛師，未相通好，遽會其君之葬，情事所無。則謂㠯會葬書葬者，不可通矣。」麟案：此駁《左氏》説也。不知二月戰事下賈、服注皆云：「譏衛侯不稱子。」則《左氏》説此書葬，正㠯顯前不稱子之罪，而無取乎會葬之常例也。且謂因戰而不會葬，亦未必然。僖二十七年傳云：「夏，齊孝公卒。有齊怨，不廢喪紀，禮也。」則魯何必不會衛葬乎？

隱七年經：「戎伐凡伯于楚丘㠯歸。」《淮南・泰族訓》曰云云，「故天子得道，守在四夷；天子失道，守在諸侯。諸侯得道，守在四鄰；諸侯失道，守在四境。故湯處亳七十里，文王處酆百里，皆令行禁止於天下。周之衰也，戎伐凡伯于楚丘㠯歸。故得道則㠯百里之地令於諸侯，失道則㠯天下之大，畏於冀州，故曰：無恃其不吾奪也。恃吾不可奪，行可奪之道，而非篡弑之行，無益於持天下矣」。前引「天子得道」云云，本昭二十三年傳語，則此爲《左氏》家說此經之誼，明矣。

文二年：「書曰：『及晉處父盟。』㠯厭之也。」麟案：莊二十二年經：「及齊高傒盟于防。」彼連氏不厭，此去氏厭者，處父，晉大傅，大國之孤，本得執皮帛見天子，嫌得與公敵，故必別之；高傒，天子之守齊之命卿，不嫌敵公，故不必別也。

成十六年經：「春王，正月，雨，木冰。」劉子駿㠯爲：「上陽施不下通，下陰施不上達，故雨，而木爲之冰，雰氣寒，木不曲直也。」案：劉子政又引：「或曰：今之長老名木冰爲木介。介者，甲。甲，兵象也。是歲晉有鄢陵之戰，楚王傷目而敗。屬常雨也。」此《穀梁》別說，而亦即《左氏》說也。惟謂「常雨」則未安，雨雖與木同氣，此處當從「木不曲直」。仍當謂「木不曲直」。傳鄢陵戰之前，申叔時謂子反曰：「禮㠯順時。」又云：「時順。」又云：「時無災害。」又云：「今楚奸時㠯動，而疲民㠯逞。」舉時字最多，是奸時爲楚惡之最甚者也。《志》引傳曰：「奪民農時，及有姦謀，則木不曲直。」說曰：「使民㠯時，務在勸農桑，謀在安百姓。如此，則木得其性矣。妄興繇役㠯奪民時，作爲姦詐㠯傷民財，則木失其性矣。」此「楚奸時㠯動，疲民㠯逞」，正當有陰氣協木、木不曲直之異。叔時又云：「上下和睦，周旋不逆。」又云：「莫不盡力，㠯從上命。」而楚反之，是㠯上陽施不下通，下陰施不上達矣。然木爲變怪，如梓柱變人等多矣，而必㠯木冰見之，此則于奸時疲民之外，而特見兵甲之象者也。禍在楚，異見魯者，蓋木冰天下皆然矣。

襄九年：「昭大神，要言焉。」麟案：昭，借爲詔。《釋名》云：「詔，照也。㠯此照示之，使昭然知所由也。」是昭、詔聲誼同也。《司盟》云：「北面詔明神。」

文十一年經：「叔孫得臣，敗狄于鹹。」《五行志》：「劉向㠯爲是時周室衰微，三國謂魯、齊、晉，《穀梁》說也。《左氏》更有宋，在春秋前，不數。又有衛，不數者，衛無禍，蓋㠯德消變也。爲大，可責者也。天戒若曰：不行禮義，大爲夷狄之行，將致危亡。其後三國皆有篡弒之禍，近下人伐上之痾也。劉歆㠯爲人變，屬黃祥。一曰：屬羸蟲之孽。一曰：天地之性，人爲貴，凡人爲變，皆屬皇極下人伐上之痾云。」麟案：子駿《皇極傳》說㠯爲下人伐上之誅已成，不得復爲痾，此又用之，蓋仍不廢其說也。此條當同其父子政說。

宣十六年經：「夏，成周宣謝火。」《五行志》引《左氏》說：「謝者，講武之坐屋。」服子慎注：「宣揚威武之處。」麟案：《公羊傳》云：「外災不書，此何㠯書？新周也。」孔巽軒說之曰：「周之東遷，本在王城。及敬王避子鼂之難，更遷成周。作傳者據時言之，故號成周爲新周，猶晉徙于新田，謂之新絳；鄭居郭、即虢。鄶之地，謂之新鄭云爾。傳道此者，言成周雖非京師，而先王宮廟有大災變，火爲除舊布新之象，其後敬王果新邑于此，故《春秋》大之同於京師，而録其災也。向使周人寅畏譴異，脩政更始，則子鼂之亂必不作，必可㠯無居新周之事矣。」治《公羊》者，舊有新周，故宋之說，新周實非如注解，故宋傳絶無文，唯《穀梁》有之，然意尤不相涉。巽軒此說，未必得《公羊》本義，而于《左氏》甚切。蓋火者，毀也，毀講武之坐屋者，示毀武備而虛尚文德也。敬王請城成周于晉曰：「昔成王合諸侯，城成周目爲東都，崇文德焉。今我欲徼福假靈于成王，修成周之城，俾戍人無勤，諸侯用寧，蝥賊遠屏，晉之力也。」是敬王有虛慕文德之意，周所目弱也。《五行傳》曰：「殺大子，目妾爲妻，則火不炎上。」說曰：「殊别適庶，則火得其性矣。」敬王與子鼂之爭，實由景王亂適庶之故。此火不炎上，其指博矣。

昭十三年經：「夏四月，楚公子比自晉歸于楚，弒其君虔于乾谿。」麟案：麇弒于虔，比遂出奔，今此雖非有志討賊，終非弒君也。若云目其自立，故此可言篡，不可言弒，罪在不秉命天王，非在殺虔也。若云棄疾之弒因比而成，然棄疾可云弒，終不得目弒加比也。本非虔臣，目棄疾因之弒君，遂加目弒，則陳、蔡舊臣亦可云弒楚君乎？孔巽軒謂歸弒于比，目爲後世大防。夫如盾、止二人于靈、悼本有君臣父子之分者，不知大義，陷于惡逆，則借此爲臣道之防可耳。比本非臣，而于虔又有不共戴天之仇，此而借目爲防，是防討賊，非防爲賊也，可乎？案：古有一字作兩讀例。許周生及俞先生《古書疑義舉例》曰：「古書重字，但作二畫識之；亦或並不作二畫，但就本字重讀之者。《考工・輈人》曰：『輈注則利準，利準則久，和則安。』鄭注曰：『故書準作水。鄭司農云：注則利水，謂輈脊上雨注，令水去利也。玄謂利水重讀，似非。』據此，則故書『利水』二字，本無重文。先鄭特就此二字重讀之，故後鄭可目不從也。」目上許、俞說。據此例，則經文「歸于楚」，楚字當重讀，云：「楚弒其君虔于乾谿。」則弒者自屬楚之臣虔者，而非不臣虔之比矣。然比歸而虔弒，則弒事待比而成可知，亦不没其事實也。言楚弒其君矣，又必箸于乾谿者，見因次乾谿而致禍，故明言之，以戒人君之不能自克者，非常例也。《公羊》今學，未審古文，故加弒于比耳。

文九年經：「九月，癸酉，地震。」《五行志》：「劉向以爲先是時，齊桓、晉文、魯釐二伯賢君新没，周襄王失道，楚穆王殺父，諸侯皆不肖，權傾於下，天戒若曰：臣下彊盛者將動爲害。後宋、魯、晉、莒、鄭、陳、齊皆殺君。諸震，略皆從董仲舒説也。《京房易傳》曰：『臣事雖正，專必震。其震，於水則波，於木則摇，於屋則瓦落。』大經在辟而易臣，服子慎注：「經，常也。辟，音刑辟之辟。」蘇林曰：「大經，五行之常經也。在辟，衆陰犯殺其上也。」兹謂陰動，厥震摇政宮。大經摇政，兹謂不陰，厥震摇山，山出涌水。嗣子無德專禄，兹謂不順，厥震動丘陵，涌水出。」麟案：「大經在辟而易臣」，「易」上當有「不」字。大經在辟，所謂權傾於下也。嗣子無德專禄，與楚穆王殺父及諸侯不肖亦相應。攷《春秋》地震，子駿皆無説，而子政説三川震事用《國語》説，然則子駿《左氏》説説諸地震，必同其父矣。

襄十六年經：「五月，甲子，地震。」《五行志》：「劉向以爲先是雞澤之會，諸侯盟，大夫又盟。是歲三月，諸侯爲溴梁之會，而大夫獨相與盟，五月地震矣。其後崔氏專齊，欒盈亂晉，良霄傾鄭，閽殺吴子，燕逐其君，楚滅陳、蔡。」麟案：子駿當同。

昭十九年經：「己卯，地震。」《五行志》：「劉向㠯爲是時季氏將有逐君之變。其後宋三臣、曹會皆㠯地叛，蔡、莒逐其君，吳敗中國，殺二君。」麟案：子駿當同。

昭二十三年經：「八月，乙未，地震。」《五行志》：「劉向㠯爲是時周景王崩，劉、單立王子猛，尹氏立子鼂。其後季氏逐昭公，黑肱叛邾，吳殺其君僚，宋五大夫、晉二大夫皆㠯地叛。」麟案：子駿當同。然子政意似㠯猛、鼂並爲不正，則非《左氏》誼，且是時猛已卒矣。

哀三年經：「夏，四月，甲午，地震。」《五行志》：「劉向㠯爲是時諸侯皆信邪臣，莫能用仲尼，盜殺蔡侯，齊陳乞弑君。」麟案：子駿當同。

哀二十四年：「公卒立之，而㠯荆爲大子，國人始惡之。」案：《大戴·千乘篇》：孔子對哀公曰：「立妃設如大廟，然乃中治。中治，不相陵。不相陵，斯庶嬪遖。彰也。遖，則事上静。静，斯潔信。在中朝大夫，孔巽軒曰：「中朝，内宫之朝也。中朝大夫，若司宫内宰之屬。」必慎㠯恭；出會謀事，必敬㠯慎；言長幼小大，必中度。此國家之所㠯崇也。立子設如宗社，宗社先示威，威明顯見，辨爵集德。辨爵者，㠯母之適庶也。集德者，若無適子，乃合庶子之德而較之，所謂年鈞㠯德。惟《左氏》説有之。是㠯母弟官子卿、大夫子。咸有臣志，莫敢援於外，大夫、中婦私謁不行，孔巽軒曰：「謂若成風私事季友，敬嬴私事公子遂。」此所㠯使五官治執事政也。夫政㠯教百姓，百姓齊曰嘉善，故蠱佞不生，此之謂良民。國有道，則民昌，此國家之所目大遂也。」據此，是哀公立妾爲夫人，立孽爲大子，而終于國人惡之，夫子早知其故矣。《三朝記》中如《千乘》《四代》《虞戴德》《用兵》《少間》等篇，同《左氏》説者極多，而《千乘篇》説四佐之典祀，尤與《賈子・輔佐篇》相合，足補其闕。《哀公問五義》則全取《荀子》，賈大傅爲荀子再傳弟子，則《三朝記》當是大傅所傳，此條亦足補《訓詁》者也。《緐露・楚莊王篇》説昭公之出亡云：「苟不取同姓，詎至於是？」然則失夫婦之正，而禍及失國者，哀與昭正同矣。

襄三十年經：「晉人、齊人、宋人、衛人、鄭人、曹人、莒人、邾人、滕人、薛人、杞人、小邾人會于澶淵，宋災故。」傳曰：「爲宋災故，諸侯之大夫會，目謀歸宋財。既而無歸于宋。書曰：『某人某人會于澶淵，宋災故。』尤之也。」麟案：此會，非會同之會也。《周禮・秋官》云：「致禬目補諸侯之災。」後司農云：「若《春秋》澶淵之會，謀歸宋財。」《大戴禮・朝事篇》禬作會。然則會爲禬之古文省，《説文》：「禬，會福祭也。」亦目聲訓。此會乃其誼也。凡事，有名同實異者，多由假借使然。如聘問曰聘，聘女亦曰聘，然聘女本當作娉也。會同曰會，致會亦曰會，然致會本當作禬也。

昭三年：「遇懿伯之忌，敬子不入。」杜預注：「忌，怨也。懿伯，椒之叔父。敬子，叔弓也。叔弓禮椒，爲之辟仇。」《世族譜》則云：「懿伯，即惠伯之父仲孫它也。」孔氏巽軒曰：「父是，叔父非。它，字子服，見於《國語》。若目爲子服椒之叔父，豈目叔父字爲氏乎？《檀弓》言叔父者，鄭注《檀弓》云：『敬叔於昭穆，目懿伯爲叔父。』則叔父之稱，乃生於叔弓，無關於惠伯矣。《公羊》説宣公、叔肸皆爲僖公之子，故於昭穆敬子曰懿伯爲叔父，疏家疑其誤者，未通《公羊》耳。」鄭注又云：「懿伯，惠伯之叔父，叔乃衍文。」㠯上皆孔説。麟案：《檀弓》原文云：「惠伯曰：『政也，不可㠯叔父之私，不將公事。』」孔説較諸家爲通，而偏據《公羊》㠯通鄭説，不知《檀弓》誼實不然也。㠯《左氏》説通《檀弓》，則《世本》云：「慶父生穆伯敖，敖生文伯穀，穀生獻子蔑。」懿伯是蔑之子，惠伯是蔑之孫矣。《世本》又云：「叔肸生聲伯嬰齊，齊生叔老，老生叔弓。」按：慶父者，桓公之子也。叔肸者，文公之子，桓之玄孫也。是桓公至惠伯六代，至敬子七代，懿伯於昭穆實是敬子之祖父行也，乃亦得稱叔父者，懿伯、敬子已出五屬之外，且一出自桓，一出自文，又各自爲宗。古人于五服外者統稱之，則無論昭穆，皆可曰兄弟，故曰晉與魯、衛兄弟也。析稱之，則叔父㠯上皆可曰叔父，故天子於諸侯不論昭穆，皆曰叔父、伯父，而景王之稱唐叔亦曰叔父，唐叔是雖成王之母弟，亦仍㠯叔父稱之也。推之士大夫于遠屬亦然。惟不稱卑幼者爲伯父、叔父耳，尊長者則皆稱伯父、叔父也。故敬子當呼懿伯爲叔父也。至康成言敬叔有怨於懿伯，此則誤解，不如杜注爲優。

襄二十九年：「見舞《象箾》《南籥》者。」賈侍中注：「《南籥》，㠯籥舞也。」麟案：侍中㠯「削去無道」説箾，而箾固舞器也，説見前。則籥亦當有説。尋籥本作龠，《説文》：「龠，樂之竹管，三孔，㠯龢衆聲也。」言龢衆聲，蓋古人先制十二律，遂造竹管，而龠實爲竹管之始也。《律歷志》：劉子駿説曰：「量者，本起於黄鍾之龠。㠯子穀秬黍中者千有二百實其龠，合龠爲合。斛右耳爲合龠，其狀似爵，㠯縻爵禄。」晉灼曰：「縻，散也。」是律管本名龠，而合龠之合，取誼于爵，實由龠取誼于爵也。《説文》云：「籥，爵麥也。」明龠、爵聲誼通。然則「南籥」舞器，亦取誼于爵。其云「南龠」者，當取法于塗山女之南音，與「二南」同誼也。但名「南」亦有聲訓，子駿曰：「南，任也，陽氣任養物。」然則「南龠」者，謂羣材任其爵也。讀《兔罝》之詩與《緜》之言「四臣」、《棫樸》之言「能官人」，《荀子》云：「文王㠯官人爲能。」可㠯見文王時上善爵人，下任其職矣。

襄九年：「十二年矣，是謂一終，一星終也。國君十五而生子。冠而生子，禮也。」《異義》：「《春秋左氏傳》説歲星爲年紀，十二而一周於天，天道備，故人君年十二可㠯冠。自夏、殷，天子皆十二而冠。」又云：「國君十五而生子，禮也；二十而嫁，三十而娶，庶人禮也。禮，夫爲婦之長殤。莊葆琛曰：當作「婦爲夫之姊之長殤」。長殤十九至十六，知夫年十四、十五，見《士昏禮》也。莊葆琛曰：見《士昏禮》，亦無考。」賈、服説，皆㠯人君禮十二而冠。麟案：《荀子·大略》云：「古者匹夫五十而士。天子、諸侯子十九而冠。冠而聽治，其教至也。」匹夫者，猶言庶人也。五十而士者，士夫也，所謂士貳其行也。此與《大戴·本命篇》所謂「大古男五十而室」同。天子、諸侯子十九而冠，亦承古者言，則亦謂大古矣。蓋匹夫五十而娶之時，則天子、諸侯子十九而冠；匹夫三十而娶之時，則天子、諸侯子十二而冠。世子冠娶與君同時，説已見前。許君引文王十五而生武王，是時文王尚爲世子，可證其誼。十九與二十不異。古人計年，或就當時，或須歲終，故二十與十九一進一退，其實不異也。《説苑·建本》云：「周召公年十九見正而冠，冠則可㠯爲方伯諸侯矣。」此十九而冠之明證也。召公不于十二冠者，是時周爲諸侯，召公特諸侯之支庶，非諸侯之世子，故不㠯十二冠也。言可㠯爲方伯諸侯者，謂其材任之，非謂已居其位也。《修文》亦云：「冠禮十九見正而冠，古之通禮也。」十九皆即二十。㠯五十取其十之四，則二十也。㠯三十取其十之四，則十二也。㠯匹夫之昏與君世子之冠互較者，㠯大小有通轉之理，昏、冠有差率之數。春秋制禮，近法夏、殷、周三代，則亦不用大古天子、諸侯子十九而冠之禮矣。善乎毛公之傳「童子佩觿」曰：「觿，所㠯解結，成人之佩也。人君，治成人之事，雖童子猶佩觿，早成其德。」㠯童子而早成，是即十二而冠之證。《詩》《春秋》之通誼矣。而劉子政有早昏致夭之戒，事亦有之，然固有不得已者。上古人多眉壽，唐、虞㠯前，恆有度越百歲者，故冠昏不嫌其晚；三代㠯降，中下之壽已難悉數，深恐國無儲貳，是㠯冠、昏不得不早也。據傳說，則士禮亦有早昏者，葢子姓希少之家得行之。若馬昭㠯夫姊長殤爲關盛衰，本與傳説無異，又㠯爲關畏厭溺而殤之，又引盧氏説㠯爲衰世之禮，不知畏厭溺謂之殤，固成人也，《禮經》當言殤而已，何爲別之而言長殤哉？《儀禮》悉據舊典，又不得云衰世之禮也。

定六年經：「季孫斯、仲孫忌帥師圍鄆。」不言何忌者，《公羊傳》云：「譏二名。」孔巽軒謂：「何忌自昭末年見經，至此獨一年有兩事，上書「季孫斯、仲孫何忌如晉」。取其同簡異名，易㠯相起，故就此譏之。」案：《異義》：「《左氏》説云：二名者，楚公子棄疾弒其君，即位之後，改爲熊居，是爲二名。」是《左氏》謂兩字爲名者非二名，無譏矣。然則不言何忌者何？葢爲誅何忌而削之也。何忌逐昭公，故當誅也。考《論語》注：「子服景伯，名何忌。」而哀八年傳謂之「子服何」，葢子服氏，仲孫之支子也。《世本》㠯景伯爲獻子蔑之玄孫，鄭注《檀弓》子服伯子本之，是也。然則景伯當㠯犯其大宗之名，故自改何忌爲何，《春秋》誅懿子之文未箸，故于此書仲孫忌目見之。若云景伯未嘗與大宗同名，大宗本無與景伯同名何忌者，而誅懿子，使不得爲孟氏大宗之意顯矣。此意曲而箸者也。獨于此去何者，孔氏「同簡異名，易目相起」之説是也。至哀十三年經「魏曼多」，《公羊》缺「曼」字，因亦目譏二名説之，詳《世本》：「魏獻子生簡子取，取生襄子多。」多即曼多，當時固兼稱之。《公羊》非無所本，然《春秋》本經不容刊削，乃删曼字，目就己説，則不必辨也已。若許叔重目散宜生、蘇忿生駁《公羊》，則孔又目春秋改制説之，然《公羊》之説，葢因踐土之盟，稱重耳爲晉重，凡王命盟詞皆然，遂謂不得二名耳。而不知此係常言，無義例，猶受德之稱受，故蔡甲午、宋王臣，仍未嘗刊削一字也。至杜預目此不言何爲闕文，則巽軒駁之云：「人名易曉，何故因闕一字，遂不敢增？」此言破的。又案：《王莽傳》：「莽重賂單于，使上書言：『聞中國譏二名，故名囊知牙斯，今更名知，慕從聖制。』」莽受《左氏》學于奉德侯，家法有異，許所引，當是劉説。

襄四年：「昔周辛甲之爲大史也。」劉子駿《遂初賦》曰：「好周文之嘉德兮，躬尊賢而下士；騖駟馬而觀風兮，慶辛甲於長子。」此子駿説辛甲封于長子也。《別録》云：「辛甲，故殷之臣，事紂，葢七十五諫而不聽，去至周。召公與語，賢之，告文王，文王親自迎之，目爲公卿，封長子。」公卿，略言之。此大、小劉之説同也。《地理志》云：「上黨郡長子，周史辛甲所封。」本二劉也。觀辛有二子，爲晉董史，葢氏封長子，去晉近，故二子仕于其國也。《藝文志》亦云：「辛甲，紂臣，七十五諫而去。」可證甲本諫臣，故「命百官，官箴王闕」也。

襄十八年：「夏，晉人執衛行人石買于長子，執孫蒯于純留，爲曹故也。」劉子駿《遂初賦》曰：「哀衺周之失權兮，數辱而莫扶；執孫蒯于屯留兮，救王師於途。」案：據子駿説，似石買、孫蒯伐曹時，王師助曹，亦爲衛敗，曹人愬晉，晉爲救王師，而執石、孫也。其事當據鐸、虞諸家所傳，乃《左傳》古説。

成十六年：「敢告不寧，君命之辱。」寧字斷句，從劉光伯。寧訓傷。武億謂：「君命之辱，猶他傳所云『拜命之辱』耳。」麟案：「君」當本作「𠬞」。《説文》：「𠬞，竦手也。」而宋《右君鼎》及《屈生敦》「君」字皆作「𠬞」，此古文「𠬞」，又省作「𠬞」也。《左氏》多古字古言，蓋「君」多作「𠬞」，此處「𠬞」字，學者㠯爲亦是「君」字，而不知此乃竦手之「𠬞」，音居竦反，借爲「拱」字。《説文》：「拱，斂手也。」九拜皆拱，肅亦拱。《賈子·容經》云：「臂如抱鼓，因㠯微磬曰共立，因㠯磬折曰肅立。」是知肅即因拱而引下其手耳。此上云「不敢拜命」，下云「敢肅使者」，故不云「拜命之辱」，而但云「拱命之辱」也。拱之爲言恭也，又言龔也。

昭十五年：「及辛有之二子董之晉，於是乎有董史。」麟案：㠯《韓子·説疑》「董不識」《古今人表》作「東不訾」論之，則此董借爲東。僖二十二年曰：「平王之東遷也，辛有適伊川。」則辛有隨平王東遷者也。之，往也。東之，東遷也。既東遷，因遂適晉，或因晉文侯有定周東遷之功，故㠯辛有之二子賜之，亦因其故封長子，與晉相近也。晉於是乎有東史，因其自東來而名之也。東史，猶齊之南史矣。《晉語》：「董因迎公於河。」韋解：「傳曰：『辛有之二子董之晉，故晉有董史。』」是讀傳「晉」字絶句，則董亦必讀東，而後可通。然不㠯爲東之周，而以爲東之晉，則失之。○董氏世爲晉史官，故《晉語》董安于曰「方臣之少也，進秉筆贊，爲名命稱於前世，立義於諸侯」是也。不止一董狐。

僖四年：「既與中大夫成謀。」僖十五年：「晉侯許賂中大夫。」杜預注：「中大夫，國内執政里、丕等。」麟案：中大夫是官號，非上中下大夫之中也。《百官公卿表》云：「大夫掌論議，有大中大夫、中大夫、諫大夫，皆無員，多至數十人。大初元年更名中大夫爲光禄大夫，秩比二千石。」葢晉已有此中大夫也。里、丕則處是官而用事者也。

文二年：「下展禽。」杜預注：「展禽，柳下惠也。文仲知柳下惠之賢而使在下位。」麟案：據《魯語》，展禽言逆祀之不祥，又言祀爰居之越，然則斯二者皆下展禽所致也。《荀子·成相》云：「展禽三絀，春申道綴，基畢輸。」申者，神字古文省也。道者，《司巫》云：「祭祀共匰主，及道布。」杜子春曰：「道布，新布三尺。」《中霤禮》亦云：「以功布爲道布，屬于几。」綴者，綴兆也，即「茅蕝」之蕝，鄭司農所云「屏攝，攝束茅以爲屏蔽」，即是物也。道與綴皆以表神位也。春者，《考工·梓人》「則春以功」注：「春，作也。」輸，即渝，《詛楚文》「變輸盟剌」是也。基，即其，語助詞也。畢，盡也。本篇云：「道古賢聖基必張。」文誼同。言展禽三絀，於是作爲鬼神之道布綴兆者，盡變輸舊制矣。此荀子説《左傳》誼。仲尼譏文仲，首言「下展禽」者，以祀典之亂，皆由此致之也。

襄二十六年：「厲之不如。」杜預注：「厲，惡鬼也。」麟案：父責其子，不應詈㠯惡鬼，且惡鬼能爲人害，又不可㠯比不敢擊敵者也。攷荀子《謝春申君書》云：「厲憐王。」下云：「夫厲雖癰腫胞疾。」蓋厲即癘，身有惡疾，不能任事，故㠯喻人之無能者。此曰「厲之不如」，其詞氣更甚矣。

隱元年：「公不與小斂，故不書日。」賈侍中注：「不與大斂，則不書卒。」正義駁曰：「然則在殯又不往者，復欲何㠯裁之？」麟案：《喪大記》云：「君於大夫、世婦，大斂焉；爲之賜，則小斂焉。」《士喪禮》云：「君若有賜焉，則視斂。」注：「斂，大斂。」則君與大夫之小斂，與士之大斂，皆因賜爲之，非常制矣。而《荀子·大略》云：「君於大夫，三問其疾，三臨其喪；於士，一問，一臨。」三臨者，小斂也，大斂也，殯也。一臨者，殯也。賈山《至言》曰：「古之賢君於其臣也，尊其爵禄而親之，疾則臨視之亡數，死則往弔哭之，臨其小斂、大斂，已棺塗，而後爲之服錫衰麻絰，而三臨其喪。未斂，不飲酒食肉；未葬，不舉樂。當宗廟之祭而死，爲之廢樂。故古之君人者於其臣也，可謂盡禮矣。」棺塗即殯也。小斂、大斂先臨之，殯復臨之，是爲三臨。臨殯至成服不去。正足發明荀子之義。其云「疾則臨視之亡數」者，荀子道其常數，此爲加恩也。據《山傳》言：「祖父祛，故魏王時博士弟子也。」山受學祛，所言涉獵書記，不能爲醇儒。六國時雖不尚古學，而魏則吳起嘗用事，當有《左氏》之學。祛、山皆涉獵之矣。《至言》云：「古者聖王之制，史在前書過失，工誦箴諫，瞽誦詩諫，公卿比諫，士傳言諫過，庶人謗於道，商旅議於市。」與《賈子·保傅》云「天子有過，史必書之。瞽史誦詩，工誦箴諫，大夫進謀，士傳民語」合。又云「養三老於大學，親執醬而餽，執爵而酳」

云云，「視孝也」。與《保傅》云「春秋入學，坐國老，執醬而親饋之，所旨明有孝也」合。則知山亦治《左氏》者。蓋《春秋》改制，君于大夫必與小斂，故旨不書日箸法，示無恩惠也。于士則一臨其殯，而視大斂仍爲有賜，或與或不與，如舊制也。于大夫且不可不與小斂，而況不與大斂，更不如士之有賜者乎？是旨不書卒也。至殯復不與，亦不書卒，猶禮窮則同之例也。此孔子、《左氏春秋》古誼，惟荀子能發之，侍中能承之。

襄九年：「旨金石之樂節之。」《異義》：「《公冠記》無樂，《春秋傳》説君冠必旨金石之樂節之。謹案：人君飯有舉樂，而云冠無樂，非禮義也。」孔氏廣林曰：「盧辯《公冠注》云：成人代父，始宜盡孝子之感，不可旨歡樂取之。若然，無樂是也。故《周禮》備詳樂事，獨不及冠，蓋與昏無樂同義。春秋衰世變禮，不可爲典要。」麟案：《周禮》非無缺脱，娶后禮且不見，其無冠樂，安知非脱乎？旨爲代父興感不當用樂，但可施之昏禮耳，冠之感不如昏，雖感不妨用樂。《祭義》云：「哀旨送往。」而《詩》有「鼓鍾送尸」，明感在心，其外仍作樂也。《郊特牲》云：「昏禮不用樂，幽陰之義也。」冠則非幽陰，可用樂矣。且凡有樂、無樂者，或異代殊禮耳。《郊特牲》云「食嘗無樂」，謂殷禮也。食，謂養老也。而周人秋食耆老，則發詠登歌《清廟》。魯祭禮，則《祭統》云：「夫大嘗禘，升歌《清廟》，下而管《象》，朱干玉戚旨舞《大武》，八佾旨舞《大夏》。」是皆有樂也。《月令》：「短至去聲色。」而康成云：「《易》及《樂》《春秋》説云：『冬至，人主與羣臣從八能之士作樂五日。』此言去聲色，又相違。」竊謂此亦異代殊禮耳。然則冠禮之有樂否，不可旨執一論也。麟又論《公冠記》成王冠辭，謂康成「成王喪冠」之説先有所本，喪冠則不用樂，記禮者觀其儀節，遂旨爲凡冠皆然耳，非達義也。

因許君飯有舉樂之釋，或者得㠯昏禮無樂難之，故復作是篇。釋《公冠篇》之無樂，㠯爲但承饗賓言，亦與《左傳》不戾，然據《異義》，則《公冠篇》自統指冠時無樂也。

文二年經：「公子遂如齊納幣。」傳：「襄仲如齊納幣，禮也。」何休《膏肓》曰：「喪服未畢，而行昏禮，於義《左氏》爲短。」鄭君箴之曰：「僖公母成風主婚，得權時之禮。」麟案：昏禮踰于冠，然納幣則未同衽席，不假壻親與女行禮，則其差次與冠等而已。《雜記》云：「㠯喪冠者，雖三年之喪可也。既冠於次，入哭踊三者三，乃出。」冠可因喪，故納幣亦可因喪，而又必君祖母主之也。且昏亦有遭喪而不廢者，但不行其禮耳。《曾子問》：「曰：『親迎女在塗，而壻之父母死，如之何？』孔子曰：『女改服布深衣縞總㠯趨喪。』又曰：『如壻親迎女未至，而有齊衰大功之喪，則如之何？』孔子曰：『男不入，改服於外次。女入，改服於內次。然後即位而哭。』曾子問曰：『除喪則不復昏禮乎？』孔子曰：『祭，過時不祭，禮也。又何反於初？』」鄭君曰：「重喻輕也。同牢及饋饗相飲食之道。」」據此是女在塗，而壻父母死者，女遂趨喪，亦不行昏禮，而自成昏矣。彼亦權時之禮，則此納幣亦然也。彼雖成昏，在喪不御，故成昏無嫌也。此納幣，亦未有幸御之事，正同彼矣。然又必至大祥之後，而又得祖母命者，方可行之，則固非短喪忘親者所得藉口也。至納采等禮，則杜、孔謂爲大子時已行之，是也。前解莊二十二年「葬文姜」條，未深考此誼。

隱十一年：「將㠯求大宰。」《魯世家》述翬之言曰：「吾請爲君殺子允，君㠯我爲相。」《十二諸侯年表》

曰：「大夫翬請殺桓公，求爲相。」是史公目大宰爲相，蓋本賈、貫説也。然侯國有司徒，無大宰。胡氏匡衷云：「春秋時，宋之大宰在六卿下，鄭之大宰石臭爲良霄之介，楚目令尹執政，而有大宰子商、大宰伯州犁，見於傳。」《檀弓》陳有大宰嚭，與吳大宰嚭同名。及羽父所求大宰，皆非侯國謂司徒爲宰之宰也。然此所謂大宰，實是司徒，蓋亦通稱耳。自四年經見翬名，則已爲卿矣，復求爲大宰者，卿之最尊，執國政者也。若然，宋、鄭等國之大宰較卑者，宰屬亦稱大宰，猶服子慎目宰咺爲天子宰夫，亦是蒙其長官冢宰之名也。《白虎通・上爵篇》引《王度記》：「天子冢宰一人，爵禄如天子之大夫。」知宰夫亦得稱冢宰矣。《韓非・説林下》云：「宋大宰貴而主斷。」然則《王度記》所云，實取于宋制耳。有權即爲貴，不必卿也。督爲大宰，遂相宋公，主斷即相也。

桓十六年：「初，衛宣公烝於夷姜。」服子慎注：「上淫曰烝。」預從之，云：「夷姜，宣公之庶母也。」《衛世家》則云：「宣公愛夫人夷姜。」《列女傳》云：「宣公夫人夷姜生伋，目爲大子。」《新序・節士篇》云：「伋，前母子也。壽與朔，後母子也。」《容齋五筆》因之，遂謂宣公立僅十九年，不應烝夷姜而生伋，又納伋妻而生壽、朔。伋能娶，必十五目上，朔已能譖兄，壽已能代兄死，必在十歲目上，此十九年之間，何目消破？鄒忠胤駁之，言：「莊卒而桓立，十三年入春秋，至魯隱四年，則衛桓十六年，宣目是冬立。烝夷姜而生伋子，當在其兄桓公之世。」毛西河又駁鄒云：「莊公死後，莊姜治宮政，惟禮是視。戴嬀歸陳，莊姜猶送之，作《燕燕》之詩，其宮中去就有禮如此，幾見桓公宮中莊姜二嬀具在，可容一嫪毐而不知覺者？況使宣公早見獸行，則亦孰肯就邢迎之乎？」麟謂此有二説可解。一曰：烝夷姜或在莊公時。莊公宮闈不治，觀《緑衣》序云「妾上僭，夫人失位」可知矣。其時專寵州吁之母，而夷姜㠯失寵而下淫。莊公昏憒，夫人無權，是㠯不能禁也。一曰：漢時先帝妃妾皆奉園陵而不居宮中。周時雖無此制，春秋時軼制殉葬且有之，況此未爲甚失乎？則烝夷姜於桓公時不必在宮中。莊姜雖賢，婦人制不及閫外，情事曖昧，無由知之也。若夫石碏誅州吁而迎立宣公者，或㠯長，或㠯貴，其情多端，百世下安能鞫是獄乎？至烝之爲上淫，則正義所舉傳文「晉獻公烝於齊姜」「惠公烝於賈君」「黑要烝夏姬」及「昭伯烝於宣姜」，皆是。《廣疋》訓烝爲淫，意亦同。説者乃謂淫即寵溺之謂，繆極矣。麟固深信大史公及劉子政者，於此則㠯其不合傳誼，不敢曲徇也。《衛世家》㠯黔牟、昭伯爲大子伋母弟，與《左傳》不合。二年傳云：「惠公之即位也，少，齊人使昭伯烝于宣姜。」魏氏《詩古微》據《史記》駁之。其實大史公所據雜書極多，固不足㠯難傳也。非但二人非伋母弟，即昭伯亦未必是黔牟母弟耳。魏又云：「蘭艾必肖其種，梟鸞各感所生，何㠯衛伋、衛文、申生、許穆、宋桓、秦穆夫人皆出烝淫？」然則二帝之有朱、均，瞽、鯀之有舜、禹，其亦肖種否邪？

桓九年：「施父曰。」服子慎注：「□魯大夫。」《通志・氏族略》云：「魯惠公之子公子尾，字施父。」《名字解詁》有兩説，一曰：「《説文》：『施，旗貌。』『旖，旗之旖施。』旖施之言委蛇也。《離騷》『載雲旗之委蛇』，《易林・大壯之鼎》『長尾踒跎』，《師之咸》『長尾蝼蛇』，古字並通。」見《左通補釋》引，後删之。一曰：「施讀爲拕。《説文》：『拕，曳也。』《莊子・秋水》：『寧其生而曳尾於塗中乎？』」俞先生曰：「《説文》：『氂，犛牛尾也。』古人用㠯爲旄，故字施，取旗貌，而名尾也。」胡氏元玉則云：「《尒疋》：『繼旐曰旆。』注：『帛續旐末，爲燕尾者。』《公羊》宣十二年傳注：『繼旐，如燕尾，曰旆。』《左氏》昭十三年正義：『旐是旗身，旆是旗尾。』故名尾，字施。」王前說及俞、胡說皆是，而皆似未得其真誼。案：《後漢書·鄧訓傳》：「雖首施兩端，漢亦時收其用。」注：「首施，猶首鼠也。」今謂首施即首尾也。《漢書·竇田灌韓傳》：「何爲首鼠兩端？」服子慎注：「首鼠，一前一卻也。」蓋首在前，故喻前；尾在後，故喻卻。呼尾爲鼠者，鼠爲後疾。《淮南·說山》云「貍頭愈鼠」、《中山經》云「植楮可已癙」是也。故引申訓尾，與首施同誼。《後漢·西羌傳》：「首尾兩端。」注：「猶首鼠。」施字從也聲。它、也聲通。凡它聲之字，《說文》云：「它，從蟲而長，象冤曲垂尾形。」又云：「䩞，馬尾紂也。」《釋名·釋船》云：「其尾曰柁。柁，拕也，在後見拕曳也。」此皆从它聲而有尾誼者也。首施，即借爲此等字也。而「也」字，則《說文》云：「女陰也。」凡言陰竅，兼孰與尻。《說文》云：「尾，交接也。」然則女子所吕合精者，亦藉尾閭之流溢也。訓女陰，固統前後二陰可知也。爲尾，故施從也聲，即借爲也矣。又攷旖施字，司馬相如、揚雄賦、《楚辭》皆作旖旎，則施又與尼聲通。《說文》：「尼，從後近之也。」後即尾也，其聲誼亦相通矣。審此，則名尾字施之本誼得矣。

昭三十二年：「是吕爲君，慎器與名，不可吕假人。」麟案：《後漢書·來歙傳》王遵諫隗囂曰：「愚聞爲國者慎器與名，爲家者畏怨重禍。俱慎名器，則下服其命；輕用怨禍，則家受其殃。今將軍遣子質漢，內懷它志，名器逆矣；外人有議欲謀漢使，輕怨禍矣。」彼文「輕怨禍」與「畏怨重禍」輕重相對，則「名器逆」與「慎器與名」亦逆慎相對。慎必借爲順也。《毛詩·大雅》「應侯順德」，《淮南·繆稱訓》作「應侯慎德」；《易》京氏「君子㠯順德」，虞氏作「慎德」；《荀子・仲尼篇》「則慎行此道也」，《成相篇》「慎聖人」，楊倞注皆讀爲「順」，是通之證矣。王遵下引「古者列國兵交，使在其間」，又引「昔宋執楚使，遂有析骸易子之禍」，皆本《左傳》，則「慎器與名」亦本《左傳》，是《左傳》慎當讀順也。據遵訓云：「俱慎名器。」俱者，皆也。上則順名器于君，如諸侯不上僭天子是也；下則順名器于臣，如諸侯不妄予大夫是也。如此，然後下服其命，所謂正其身㠯正人也。然則順器與名，所包者廣，當是古語。史墨引之，而下㠯「不可㠯假人」釋之，則專據臨下言也。舊儒或曰史墨所對，右臣左君，傷倫悖理，不知言非一端，此專爲爲君者戒，固非爲爲臣者勸也。且玩一順字，而事上臨下之道，兼含其中矣，何害于誼哉？

宣二年：「狂狡輅鄭人。」杜預注：「狂狡，宋大夫。」麟案：狂狡，似非人名，當是其人性行如是，故㠯呼之，猶長沮、桀溺之比。《後漢書・寇恂傳》曰：「聘能爲《左氏春秋》者，親受學焉。」其後對光武曰：「潁川剽輕，聞陛下遠踰阻險，有事隴、蜀，故狂狡乘間相詿誤耳。」是《左氏春秋》本㠯剽輕者爲狂狡，蓋其忽略之、忽救之，即是剽輕矣。《梁統傳》云：「是時㠯天下無難，百姓安平，而狂狡之埶猶至於此。」亦㠯盜賊性行言之。

昭七年：「夏四月甲辰朔，日有食之。晉侯問於士文伯曰：『誰將當日食？』對曰：『魯、衛惡之，衛大魯小。』公曰：『何故？』對曰：『去衛地，如魯地，於是有災。其衛君乎？魯將上卿。』公曰：『《詩》所謂「此日而食，于何不臧」，何也？』對曰：『不善政之謂也。國無政，不用善，則自取適于日月之災。故政不可不慎也。務三而已：一曰擇人，二曰因民，三曰從時。』」㠯上傳文據《五行志》，次序據預本。《五行志》引「劉歆㠯爲二月魯、衛分」，下引傳而説之曰：「此推日食之占循變復之要也。《易》曰：『縣象箸明，莫大於日月。』是故聖人重之，載于三經。於《易》在《豐》之《震》曰：『豐其沛，日中見昧，折其右肱，亡咎。』服子慎注：「日中而昏也。」於《詩·十月之交》，則箸卿士、司徒，下至趣馬、師氏，咸非其材。同於右肱之所折，協於三務之所擇，明小人乘君子，陰侵陽之原也。」案：《後漢書·馬嚴傳》：嚴因日食上封事曰：「臣聞日者衆陽之長，食者陰侵之徵。《書》曰：『無曠庶官，天工人其代之。』言王者代天官人也。故考績黜陟，㠯明褒貶。無功不黜，明當作則。陰盛陵陽。」據彼傳上文云：「從平原楊大伯講學，專心墳典，能通《春秋左氏》。」《東觀記》則曰：「從司徒祭酒陳元受之。」是嚴《左氏》學上本奉德侯，此奏即《左傳》之説，與子駿正相符合，皆㠯三務重擇人也。此奉德侯與子駿家法異，而大義同者。嚴子融，字季長，亦説《左傳》，則其學亦本奉德侯。又，《鄭興傳》：「三月晦，日食。興因上疏曰：『夫國無善政，則謫見日月，變咎之來，不可不慎。其要在因人之心，擇人處位也。堯知鯀不可用而用之者，屈己之明，因人之心也。齊桓反政而相管仲，晉文歸國而任郤縠者，是不私其私，擇人處位也。願陛下上師唐、虞，下覽齊、晉，㠯成屈己從衆之德，㠯濟羣臣讓善之功。』」據少贛説重在擇人，而所謂因人之心者，即因民也，亦爲擇人中之事。然則「二曰因民」本爲「一曰擇人」言之，則知「三曰從時」亦爲「一曰擇人」言之，非三者平列也。是㠯諸家但舉擇人，而下二者可不言。《馬融集》：延光四年三月日食，融上書曰：「傳曰：『國無政，不用善，則自取謫於日月之災。故政不可不慎也。務三而已：一曰擇人，二曰安民，三曰從時。』臣融伏惟邊郡牧御失和，吉之與凶，敗之與成，優劣相懸，不誠不可審擇其人，上㠯應天變，下㠯安民隸。」是亦謂三者重在擇人，蓋嚴之舊學也。惟「因民」作「安民」，葢傳本之異。

襄二十八年：「目害鳥帑，周、楚惡之。」杜預注：「鳥尾曰帑。鶉火、鶉尾，周、楚之分。」麟案：《律歷志》云：「《三統》：上元至伐紂之歲，十四萬二千一百九歲，歲在鶉火張十三度。《書序》曰：『武王克殷，目箕子歸，作《洪範》。』《洪範篇》曰：『惟十有三祀，王訪于箕子。』自文王受命而至此十三年，歲亦在鶉火，故傳曰：『歲在鶉火，則我有周之分壄也。』」是子駿說《外傳》，目分壄係于其國受命之歲，歲星所□直宿，故雖國都遷易，而分壄不改。亦有因始封之君其官應星，而目其星爲分壄者，襄九年云：「古之火正，或食於心，或食於咮。陶唐氏之火正閼伯居商丘，祀大火，而火紀時焉。」昭元年云：「遷閼伯于商丘，主辰。」是因火正應火星而目爲分野也。其有因國，亦即仍其分壄，故襄九年云「相土因之，故商主大火」、昭元年云「商人是因，故辰爲商星」是也。昭十七年云：「宋大辰之虛。」子駿說云：「宋大辰虛，謂宋先祖掌祀大辰星也。」是凡言虛者，其誼如此，非如測北極、量赤道者目在天經緯之度合在地經緯之度也。昭十七年又云：「衛，顓頊之虛，其星爲大水。」是因顓頊水德，都于衛地，故衛星爲大水，亦非目經緯之度相應也。昭元年又云「遷實沈于大夏，主參。唐人是因」云云，「故參爲晉星」。是亦必因實沈之官職有與參星相應者，故主之，及唐、晉因其故國，亦不改分壄也。所目因國不改分壄者，無特應之符瑞，則不必更易也。若有符瑞特應者，亦當改之，故周目受命而主鶉火，未受命之前必不主鶉火也。閼伯未爲火正居商丘目前，商丘亦必不主大火也。而商之主大火，則非直目因閼伯之國，亦兼受命符瑞。是目《律歷志》云：「《三統》：上元至伐桀之歲，十四萬一千四百八十歲，歲在大火房五度。故傳曰：『大火，閼伯之星也，實紀商人。』後爲成湯。」是亦因成湯受命歲在大火而主之也。若星土之説，則與分壄異。《春官・保章氏》云：「㠯星土辨九州之地，所封封域，皆有分星。」此則㠯天星地壤經緯相應，終古不變，故㠯土、㠯封域言，康成説㠯「星紀吳、越也」云云，是誤㠯分壄説星土矣。鄭司農亦㠯「參爲晉星，商主大火」及「鶉火爲周之分野」爲説，皆不如子駿之精。《漢書・地理志》云「秦地於天官東井、輿鬼之分壄也」云云，自言本之劉子政，雖云「分壄」，而屬其説于地理，則謂與星土不異，終古無變也。是大劉已誤矣。葢秦、漢㠯來，天文家多㠯分野、星土相溷，至今因之。一行主河、漢立説，似有精理，然有疑國遷而分野不變者，有疑星與方位不相直者，有疑中國有分野、蠻夷何㠯無分野者。河、漢之説，但能解方位之難耳。若㠯子駿古説求之，則羣疑皆可析矣。又案：顓頊之虚在衛，主大水、營室之星。而昭十年又云：「今兹歲在顓頊之虚，姜氏、任氏實守其地。」據齊分野主玄枵，則顓頊之虚兼統玄枵、娵訾矣。葢㠯二次皆在北方，皆屬水德也。《周語》説玄枵之次云：「我皇妣大姜之侄，伯陵之後，逢公之所馮神也。」是伯陵、逢公之官，或亦與水德相應者，故主玄枵，而顓頊爲水德之帝，故雖都衛不都齊，而齊亦爲顓頊之虚，其星應虚，猶㠯宋爲大辰之虚，不必大辰星適臨宋土之上也。因符瑞及官職與星相合而爲分野，則雖數十百國同一分野可也。十二分野，亦但舉其略耳。且亦戰國時所定，與古未嘗無異同也。至于星土之説，康成已云其書亡矣，據《藝文志・天文家》有《海中二十八宿國分》二十八卷。《海中二十八宿臣分》二十八卷，是二十八宿分應于地，葢猶不僅㠯列宿言，并小星皆有應者，其非僅㠯十二次統言，明矣。

成九年：「兵交，使在其間可也。」《後漢書・來歙傳》：「王遵曰：『古者列國兵交，使在其間，所目重兵貴和，而不任戰也。』」是《左傳》古説。

哀十二年：「冬，十二月，螽。季孫問諸仲尼，仲尼曰：『丘聞之，火伏而後蟄者畢。今火猶西流，司歷過也。』」《律歷志》：「哀十二年，亦目建申流火之月爲建亥，而怪蟄蟲之不伏也。自文公閏月不告朔，至此百有餘年，莫能正歷數。故子貢欲去其餼羊，孔子愛其禮，而箸其法於《春秋》。」又云：「哀公十二年冬十二月流火，非建戌之月也。是月也螽，故傳曰：『火伏而後蟄者畢，今火猶西流，司歷過也。』《詩》曰：『七月流火。』」張晏駁曰：「周十二月，夏十月也，再失閏，當爲八月建酉，而云建申，誤也。劉歆徒目《詩》『七月流火』爲喻，不知八月火猶西流也。」麟案：子駿説昭十七年傳曰：「八月心星在西方。」見《五行志》。是子駿非不知八月火猶西流，此目爲建申，必實見其建申也。《長歷》曰諸儒皆目爲冬，實周之九月，而書十二月，謂之再失閏，此諸儒説皆同子駿。據《三統術》，去年乃六十二章首，與此年俱無閏，則失閏在前矣。然目經、傳所書日月推之，十一年五月壬申至于嬴，二十六日也；甲戌戰于艾陵，二十八日也；七月辛酉，滕子虞母卒，十六日也；　此年五月甲辰孟子卒，四日也；十二月丙申鄭罕達圍宋師，晦也；皆于歷法不差。若失兩閏猶合，失三閏何目合乎？《律歷志》云：「《春秋》剌『十一月乙亥朔，日有食之』，於是辰有申，❶而司歷目爲在

---

❶「有」，《漢書・律曆志》作「在」。

建戌，史書『建亥』。」此襄二十七年事也。傳書「十一月」，謂之「再失閏」，而經書「十二月」，是則曆法舛錯，司歷與大史所行之日月猶有互違，故有或合或不合者，是年亦猶是也。故子駿又云：「非建戌。」明又有㠯經、傳所書「十二月」爲「建戌十一月」者，則㠯魯明年正月爲十二月矣。是㠯或得合也，是㠯是年實三失閏，而諸儒謂之再失閏，㠯大史及司歷所行者錯見也。《長歷》謂諸儒誤㠯三失閏爲再失閏，張晏又因再失閏之説而謂是建酉，皆知其一而不知其二也。至於佗國之歷，不皆與魯同，《春秋》固據而書之耳。預之自説，㠯爲實失一閏，此十二月實是周正九月，則無所據矣。或曰：是歲入六十二章之二年，十月初尚是九月中，故一言建亥，一言建戌，一㠯入本月節言，一㠯未入本月節言也。然則㠯流火爲建申，亦謂八月初尚是七月中耳，非與再失閏悖也。亦通。

昭二十三年：「邾又夷也。」杜預注：「邾雜有東夷之風。」麟案：《詩・鼓鍾》傳云：「西夷之樂曰《朱離》。」《白虎通》引《樂元語》則云：「東夷之樂曰《朝離》。」《公羊》昭二十五年何注云：「東夷之樂曰《株離》。」《朝離》《株離》與《朱離》一也，而爲東夷之樂者，葢得互稱，如四方皆得稱夷也。《公羊》「邾」皆作「邾婁」，葢邾婁猶株離。離、婁雙聲，人名離婁，《説文》「廔」訓「麗廔」，《長門賦》作「離樓」是也。然則邾婁葢㠯其音名其國與？

昭二十六年：「魯人買之，百兩一布。」《地官・載師》：「凡宅不毛者，有里布。」鄭司農云：「或曰：布，泉也。《春秋傳》曰：『買之，百兩一布。』又，《廛人》職掌：斂市之次布、儳布、質布、罰布、廛布。」是即司農此傳之注矣。據司農本，則無「魯人」二字，「買之百兩一布」，言錦之直也。「魯人」二字，于文不順，當在「㠯道之不通」上。《食貨志》云：「莽即真，作大布、次布、弟布、壯布、中布、差布、厚布、幼布、幺布、小布。小布長寸五分，重十五銖，文曰：『小布一百。』自小布㠯上，各相長一分，相重一銖，文各爲其布名，直各加一百。上至大布，長一二之僞。寸四分，重一兩，而直千錢矣。是爲布貨十品。」莽所用，蓋子駿《周禮》之說，亦即此傳之詁也。計大布直千爲最大，則百兩一大布也。百兩一大布，則一兩十錢也。錦賤至此者，漢㠯前錢貴物賤，故《食貨志》述李悝曰：「一夫歲餘有四十五石，謂粟。石三十，爲錢千三百五十。除社閭嘗新春秋之祠，用錢三百，餘千五十。衣，人率用錢三百，五人終歲用千五百，不足四百五十。」是其用錢省少如此。春秋時，錢重物輕當更甚于戰國，錦直不過如是也。若然，貨子猶僅有此數者。百兩一布乃言其直，及㠯之貨子，猶其數必千百倍于百兩也。杜預㠯「布陳」爲解，蓋未審古之市直耳。

《馮衍傳》衍與田邑書曰：「衍聞之，委質爲臣，無有二心；挈瓶之智，守不假器。是㠯晏嬰臨盟，擬㠯曲戟，不易其辭；謝息守郕，脅㠯晉、魯，不喪其邑。由是言之，內無鉤頸之禍，外無桃、萊之利，而被畔人之聲，蒙降城之恥，竊爲左右羞之。」是漢人之嘉謝息如此。

《馮衍傳》衍與田邑書曰：「被畔人之聲，蒙降城之恥，竊爲左右羞之。且邾庶其竊邑畔君，㠯要大利，曰賤而必書；莒牟夷㠯土地求食，而名不滅。是㠯大大夫動則思禮，行則思義，未有背此而身名能全者也。」麟案：馮衍是時爲更始立漢將軍，田邑爲更始上黨大守，世祖攻邑，邑母弟妻子被獲，乃遣使請降，即拜爲上黨大守，因遣使招衍，衍因㠯此書責之。原光武因漢胙微弱，故于更始在時自立爲皇帝，誠行權之道，然其遺將與更始相拒，實犯天下之不韙。張衡上疏云：「更始居位，人無異望。光武初爲其將，然後即真，宜㠯更始之號建於光武之初。」此本朝事，故上疏猶婉言之，而大義之不能没，可見。爲更始臣者，固當盡力扞御，㠯賊臣視之，雖更始已亡，猶不當事其仇敵。譬之夷、齊與望、奭，各行其是也。而邑遂㠯上黨迎降，當時爲王郎、隗囂、公孫述臣者，人知其背漢，而更始故臣㠯地降世祖者，人不知其叛主，敬通獨能援據《左傳》，責㠯畔人，誠所謂忠貫日月，義動金石者矣。學者多謂《左傳》不合于事君之道，而不知治《左傳》者，剖析精義，有能如此，是真賈侍中所謂《左氏》義深于君父者矣。且衍書又云：「如㠯尊親係纍之故，能捐位投命，歸之尚書，鮑永。大義既全，敵人紓怨，上不損剖符之責，下足救老幼之命。」是亦開設權變㠯處之，而終使不爲世祖之臣，其義決勇斷，千古莫及，真得《左氏》持世之意矣。惜衍後亦幅巾歸世祖耳。

桓六年：「謂民力之普存也。」案：存，借爲孴。《説文》：「孴，盛皃，讀若薿。一曰若存。」故存得爲孴之借。《士虞禮記》「普淖」，注：「普，大也。」普孴者，大盛也。二字平列，與碩大、蕃滋同例。❶

❶ 此條又見於手稿續編。

春秋左傳讀卷八

昭二十二年經：「王室亂。」《公羊傳》云：「言不及外也。」何注：「刺周室之微，故變京師言王室。」麟案：王室，猶言王家也。《荀子・解蔽》云：「昔賓孟之蔽者，亂家是也。」是《左氏》説如此，與《公羊》大同，但猛正鼂篡，則誼與《公羊》異。

僖二十四年：「鄭伯與孔將鉏、石甲父、侯宣多省視官具于氾，而後聽其私政，禮也。」麟案：《新書・禮篇》云：「禮：天子適諸侯之宫，諸侯不敢自阼階。阼階者，主之階也。天子適諸侯，諸侯不敢有宫，不敢爲主人禮也。」此實天子適諸侯之通誼，雖不至國都亦當然。古《左氏》説然也。惠君引《戰國策》，尚未合師法。

昭十七年：「學在四夷。」據王肅注《家語》，「學」上有「官」字，蓋古讀㠯上句「官」字重讀之耳。王肅曰：「郯，中國也。故吳伐郯，季文子歎曰：『中國不振旅，蠻夷入伐，吾亡無日矣。』孔子稱學在四夷，疾時學廢也。」麟謂：肅謂郯是中國，得之；謂孔子疾時學廢，非也。劉子駿《讓大常博士書》云：「夫禮失，求之於野。」此《左傳》家釋「官學在四夷」之義也。《後漢書・朱浮傳》：浮上書曰：「語曰：中國失禮，求之於野。」即本此，㠯中國對野，是野即夷也。葢周時附庸小國通曰野，亦曰夷。《荀子·大略篇》：「野人也，不可㠯爲天子大夫。」野人即《下曲禮》所謂「庶方小侯入天子之國，曰某人」也。鄭注㠯爲「戎、狄子男君」，正義㠯「牟人、介人」證之。鄭言「戎、狄」，實當言夷也。是夷即庶方小侯，即野人也。㠯其庶方小國而謂之夷，其實在中國，亦猶中國有蠻服也，對近王畿之大國言，則不爲中國耳。若然，經書「郯子來朝」，不書「郯人」者，㠯存禮進之也。

文十八年：「殺而薶之馬矢之中。」案：此不當讀如《莊子》所謂「愛馬者，㠯筐盛矢」也。馬矢，或是宮旁小別地名。《漢書·馬宮傳》云：「本姓馬矢。」疑㠯地爲氏。

莊九年經：「齊小白入于齊。」《後漢書·鄭興傳》：更始諸將「勸留洛陽，興説更始曰：『陛下起自荆楚，權政未施，一朝建號，而山西雄桀爭誅王莽，開關郊迎者，何也？此天下同苦王氏虐政，而思高祖之舊德也。今久不撫之，臣恐百姓離心，盗賊復起矣。《春秋》書齊小白入齊，不稱侯，未朝廟故也。今議者欲先定赤眉而後入關，是不識其本而爭其末，恐國家之守轉在函谷，雖臥洛陽，庸得安枕乎？』」少贛《左氏條例》《章句》《訓詁》已逸，此可補其闕者也。麟案：小白本非正，即朝廟亦不當稱侯，然則「不稱侯，未朝廟故也」之語，當指糾，非指小白也。賈、服説此經，㠯爲「齊大夫來迎子糾，公不亟遣，而盟㠯要之。齊人歸迎小白」。㠯上賈、服説。不亟遣子糾入齊，而致齊人迎小白，正與更始久不撫關中，而恐百姓離心、盗賊復起相同。公伐齊，目納糾，欲去齊人之黨于小白者，而後納糾耳，正與更始諸臣欲先定赤眉而後入關相同。惟公不亟遣糾目致小白先入，目致糾不得入齊朝廟，而于是前則書糾，後則書子糾，不得稱侯矣。「不稱侯」之上，不言《春秋》書納糾，或《春秋》書齊人取子糾，而言《春秋》書齊小白入齊者，糾之不得入齊朝廟，目小白入故也。小白之入，目不亟遣糾故也。不亟遣糾，而齊迎小白，葢《左氏》先儒説齊小白入于齊之舊訓，故引齊小白入齊，而不亟遣之意見，然後承目「不稱侯，未朝廟故也」，猶言公不亟遣糾，故《春秋》糾不稱侯，未朝廟故也云爾。惟其引經在此，而説義在彼，是目學者不解耳。

成二年：「惟器與名，不可目假人。」《後漢書·鄭興傳》：隗囂廣置職位，目自尊高，興止囂曰：「夫中郎將、大中大夫、使持節官，皆王者之器，非人臣所當制也。孔子曰：『惟器與名，不可目假人。』不可目假人者，亦不可目假於人也。無益於實，有損於名，非尊上之意也。」然則少贛解傳此語，兼有責于奚不當假名器於君之意，與昭三十二年「慎器與名」兼含兩誼者相發明，葢是子駿目前古訓，故少贛與王遵所説同意。知此，則知《左氏》辭約而指博矣。

僖二十七年：「乃使郤穀將中軍。」《後漢書·鄭興傳》：興上疏曰：「齊桓反政而相管仲，晉文歸國而任郤穀者，是不私其私，擇人處位也。」麟案：少贛説傳，謂成功後不專任勳而任賢也，故下文云：「今道路流言，咸曰：『朝廷欲用功臣。』功臣用則人位謬矣。」是其旨也。李賢因管仲有射鉤之怨，因謂「郤穀即郤芮之族，文公不㠯爲仇」，殊失少贛之旨，葢亦涉郤缺事而誤解。

昭三年：「四升爲豆，各自其四，㠯登於釜。」杜預注：「四豆爲區，區斗六升。四區爲釜，釜六斗四升。」麟案：《方言》云：「自，盈也。」字通詯。《説文》：「詯，膽氣滿聲在人上。从言，自聲。」各自其四者，各滿其四也。《食貨志》云：「上孰其收自四，中孰自三，下孰自倍。」倍，二也。謂滿四、滿三、滿二也。或曰：《雜記》注：「自，率也。」此與《漢書》「自」字皆訓「率」。然自字訓率者，由率之率也。今訓傳與《漢書》之自爲率，則計率之率也。由率借爲逵，計率借爲律，自得訓由率，不得訓計率，其誼非也。

隱三年：「宋宣公可謂知人矣。立穆公，其子饗之，命㠯義夫。」義亦贊宣公也。案：據下文引「殷受命咸宜」，則在周世不得行之，乃自斷㠯義者也。然而《春秋》賢之者，賈侍中上書訟劉愷曰：「孔子稱：『能㠯禮讓爲國，於從政乎何有？』竊見居巢侯劉般嗣子愷，素行孝友，謙遜潔清，讓封弟憲，潛身遠跡。有司不原樂善之心，而繩㠯循常之法，懼非長克讓之風，成含弘之化。前世扶陽侯韋玄成，近有陵陽侯丁鴻、鄳侯鄧彪，並㠯高行潔身辭爵，未聞貶削，而皆登三事。今愷景仰前修，有伯夷之節，宜蒙矜宥，全其先功，㠯增聖朝尚德之美。」此侍中說，即可㠯注傳。凡讓位雖有不正，而讓德可嘉，不得㠯常法繩之。欣時、吴札等皆可視此例矣，與夷、馮所㠯致亂者，宣公、穆公不能豫教㠯禮讓耳，宣、穆皆身有禮讓之德，而不能擴充，故不能爲國也。《春秋緐露·玉英》曰：「經曰：『宋督弒其君與夷。』傳言：『莊公馮殺之。』不可及於經，何也？曰：讓者，《春秋》之所善。宣公不與其子，而與其弟；其弟亦不與子，而反之兄子。雖不中法，皆有讓高，不可棄也，故君子爲之諱。不居正之謂避，其後也亂，移之宋督，目存善志，此亦《春秋》之義，善無遺也。若直書其篡，則宣、繆之高滅，而善之無所見矣。難者曰：爲賢者諱皆言之，爲宣、繆諱獨弗言，何也？曰：不成於賢也，其爲善不法，不可取，亦不可棄。棄之，則棄善志也；取之，則害王法。故不棄亦不載，目意見之而已，苟志於仁，無惡此之謂也。」此《公羊》家説，亦同《左氏》，最爲持平。

隱三年：「臣聞愛子，教之目義方，弗納於邪。驕奢淫泆，所自邪也。」《後漢書》：班彪上言曰：「賈誼目爲『習與善人居，不能無爲善，猶生長於齊，不能無齊言也；習與惡人居，不能無□惡，猶生長於楚，不能無楚言也』。是目聖人審所與居，而戒慎所習。昔成王之爲孺子，出則周公、召公、大史佚，入則大顛、閎夭、南宮括、散宜生，左右前後，禮無違者，故成王一日即位，天下曠然大平。目上諸文，皆與《賈子》誼合。是目《春秋》『愛子，教目義方，不納於邪。驕奢淫佚，所自邪也』。」此必叔皮引《左傳訓詁》之文，首數句偶與大傳所上疏同耳。《賈子·保傅篇》「善」作「正」，「惡」作「不正」，尤切。彼上文云：「故大子初生，而見正事，聞正言，行正道，左右前後皆正人也。」正與邪對。彼上文又云：「逐去邪人，不使見惡行。」然則此傳之「邪」，大傳訓爲邪人也。故服子慎本賈爲注云：「言此四者過從邪起」，正言驕奢淫泆四者，從近邪人而起也。劉炫不解服誼，乃駁云：「邪是何事，能起四過？」謬矣。傳下文又云：「四者之來，寵祿過也。」乃更發一誼，非目寵祿過即邪也。州吁既與不正人居，而不正矣，石厚更與州吁遊，是將染州吁之不正矣，故石碏禁之，尤與碏語可互發。《晏子春秋·內篇諫上》：「願君教荼目禮，而勿陷于邪；導之目義，而勿湛于利。」彼文「邪」字，自是指不正言，非謂邪人也。彼亦諫廢適立庶之語，而「邪」字之誼則異，然本相因而致，特語意各異耳。

哀五年：「范氏之臣王生惡張柳朔。」惠定宇、孔巽軒俱引《墨子・所染篇》「范吉射染于長柳朔王胜」，又引《藝文志》「長柳占夢」爲證。麟案：《藝文志》《黄帝長柳占夢》十一卷、《甘德長柳占夢》二十卷皆列雜占家，乃數術六種之一也。《志》上文云：「大史令尹咸校數術。」案：尹君治《左氏傳》，《劉歆傳》云「丞相史尹咸官異者，有進退耳。㠯能治《左氏》，與歆共校經、傳」是也。然則尹君校數術，至此二書，必㠯長柳轉釋張柳，可引爲古《左氏》説矣。

昭七年：「僕臣臺。」服子慎注：「臺，給臺下徵召作「微名」者誤。也。」麟案：《方言》云：「儓，農夫之醜稱也，南楚凡罵庸賤謂之田儓。」注：「僕臣儓，亦至賤之號也。」據此，服亦讀臺爲儓。儓字，《説文》作「嬯」，云：「遲鈍也，从女，臺聲，闒嬯亦如之。」《方言》注亦云：「㑣儓，駑鈍貌。」然則嬯聲誼與駘相同。儓下，猶言駑下，亦猶大史公言在闒茸之中，㠯不才爲賤稱也。給駑下徵召，猶云供卑下之役也。説者㠯漢之三臺證服注，誤矣。《孟子》：「蓋自是臺無餽也。」注：「臺，賤官，主使令者。」言賤官，尚小失，蓋儓爲賤稱，又爲農夫之醜稱，此即《周禮・大宰》所謂「臣妾聚斂疏材」者，本㠯臣妾而聚百草之根，實事近農夫，後因移㠯爲農夫之醜稱，此傳所言臺，其實是臣妾也。

莊元年經：「王使榮叔來錫桓公命。」《異義》：「《春秋公羊》説：王使榮叔錫魯桓命。追錫死者，非禮也。死者功可追而錫，如有罪，又可追而刑邪？《春秋左氏》譏其錫篡弑之君，無譏錫死者之文也。」杜預目追命衛襄爲證，孔廣森目追命高圉、亞圉爲證。麟案：死者亦有追刑。《左傳》襄二十八年云：「求崔杼之尸，將戮之。」下云：「目其棺尸崔杼於市。」又，鄭人討幽公之亂，亦斲子家之棺，皆是也。桓公正當追刑者，而追錫之，是目書示譏。《白虎通・爵篇》云：「大夫功成未封而死，不得追爵賜之者，目其未當股肱也。」《春秋穀梁傳》曰：「追錫死者，非禮也。」亦同《公羊》。竊目殷、周皆有追錫之禮，二圉與衛襄是也。據周追王大王、王季，殷亦名契曰玄王，故推之而臣有功者可追爵焉，未錫命者可追錫焉。夏不但無追王，而鯀亦無王稱，則于臣下亦從是禮可知。《公》《穀》《白虎通》之説，殆夏禮耳。

莊三年經：「秋，紀季目酅入于齊。」劉子駿注：「紀季目酅奔齊，不言叛，不能專酅也。」賈侍中同。賈又曰：「紀季不能兄弟同心目守國，乃背兄歸讎，書目譏之。」麟案：紀季能存酅，固賢于並酅不能存而身爲仇讎之臣虜者，然而功少誼虧，不可爲訓。哀七年傳言：「成子目茅叛。」據成子豫知邾必見滅，先據茅不受君命，及魯既入邾，卒能請救于吳，目存社稷。其功大于存酅而不能存紀者，且但目茅拒命，未嘗去事仇敵，而傳猶目叛書，蓋義深君父，雖使有鉅烈偉業可目掩罪論賞者，而先有據邑自專之事，則必目叛書之，猶之書盾、止之弑，非加極刑于盾、止，書目示君臣父子之法耳。四年傳言：「紀侯不能下齊，目與紀季。」則是年目酅入齊，亦必出于紀侯之命□，故言「不能專酅」也。若無君命，雖有存酅之功，猶當書叛也。有兄命，猶爲背兄者，不如共守之合道也。㠯能存鄰，故書字見褒；㠯不能同心守國，故不諱㠯鄰入齊，㠯見譏。《左氏》之義，褒貶俱盡，非若《公羊》美而不知惡也。

文元年：「公孫敖聞其能相人也。」麟案：《荀子・非相》云：「相人，古之人無有也，學者不道也。相形不如論心，論心不如擇術。」麟案：《藝文志・數術》六種有「形法家」，中有《相人》二十四卷，而兼及宮宅、地形、刀劍、六畜之相，其指意曰：「形法者，大舉九州之勢㠯立城郭室舍，形人及六畜骨法之度數，器物之形容，㠯求其聲氣貴賤吉凶。猶律有長短，而各徵其聲，非有鬼神，數自然也。然形與氣相首尾，亦有有其形而無其氣，有其氣而無其形，此精微之獨異也。」此葢尹大史咸所說也，尹咸與大劉共校數術，亦與小劉共校經傳，而《藝文志》序言「今删其要，㠯備篇籍」，則有兼取二劉者明矣。二劉之《别録》《七略》，必非一人精力所能作者，葢兼論定衆校者之說，故謂數術諸說是尹作也。皆《左傳》古誼，明相人非無應，而不可專信，是㠯學者不道。公孫敖惑于禍福，其見固如是耳。

僖九年經：「公會宰周公、齊侯、宋子、衛侯、鄭伯、許男、曹伯于葵丘。」《翟方進傳》：方進舉奏涓勳曰：「臣聞國家之興，尊尊而敬長，爵位上下之禮，王道綱紀。《春秋》之義，尊上公謂之宰，海内無不統焉。」案：《穀梁傳》曰：「天子之宰，通於四海。」據《翟傳》云：「方進雖受《穀梁》，然好《左氏》。」是所奏乃《左》《穀》通誼也。故《後漢書・陳元傳》：「元上疏曰：臣聞師臣者帝，賓臣者霸。故武王㠯大公爲師，齊桓㠯夷吾爲仲父。孔子曰：『百官總己聽於冢宰。』近則高帝優相國之禮，大宗假宰輔之權。及亡新王莽奪公輔之任，損宰相之威，身爲世戮。」是奉德侯家所傳《左氏》義與翟丞相同也。

昭二十四年：「陽不克莫，將積聚也。」《釋文》謂：「陽不克，絶句。」麟案：非也。此因預注云「陽氣莫然不動，乃將積聚」，因而誤讀耳。不知《韓詩》「亂離斯莫」，薛君曰：「莫，散也。」《文選》潘岳《關中詩》注、任昉《爲范尚書讓吏部封侯第一表》注兩引。然則陽不克莫者，陽不克散也。故下云：「將積聚也。」文相對，此克與上文「陽猶不克，克必甚」之克異。彼謂勝，此謂能也。《廣疋・釋詁》云：「莫，布也。」布、散同誼。日已過分，當布散于天地間，乃能施氣㠯制陰，今不能，然久將積聚而克陰愈甚矣。王伯申謂：「莫爲其之誤。」案：《五行志》引此已作「莫」，豈子駿、孟堅已誤邪？

文十四年：「齊出貜且長。」案：《説文》貜、玃異字，貜訓「毚貜也」，玃訓「母猴也」。《古今人表》列此貜且，字作「玃」，當從之。且借爲狙。《説文》：「狙，玃屬。」此㠯獸命名者。葢玃、且聲誼最近。《方言》：「狙，取也。」《莊子・讓王》：「左手攫之，則右手廢。」李注：「攫，取也。」《説文》：「钁，大鉏也。」又，「矍，一曰視遽貌」。又，「覷，䙆覷，闚觀也」。《廣疋・釋詁》：「覷，視也。」凡闚伺者，必驚䦨不定，其視亦遽，誼與矍近，皆可資證。

哀十八年：「聖人不煩卜筮。」《藝文志·數術》六種中「蓍龜」十五家曰：「蓍龜者，聖人之所用也。《書》曰：『女則有大疑，謀及卜筮。』《易》曰：『定天下之吉凶，成天下之亹亹者，莫善於蓍龜。』『是故君子將有爲也，將有行也，問焉而㠯言，其受命也如嚮，無有遠近幽深，遂知來物。非天下之至精，其孰能與於此！』及至衰世，解於齊戒，而婁煩卜筮，神明不應。故筮瀆不告，《易》㠯爲忌；龜厭不告，《詩》㠯爲刺。」此尹君説傳大誼，㠯聖人與衰世對言。

隱五年經：「考仲子之宮。」服子慎注：「宮廟初成祭之，名爲考。將納仲子之主，故考成㠯致其五祀之神㠯堅之。」案：何休《公羊注》：「不就惠公廟者，妾母卑，故雖爲夫人，猶特廟而祭之。禮：妾廟，子死則廢矣。」韋玄成曰：「古者制禮，別尊卑貴賤。國君之母，非適不得配食，則薦於寢，身没而已。」匡衡曰：「禮：公子不得爲母信，爲後，則於子祭，於孫止。」今考之《毛詩·生民》傳説姜嫄云：「姜，姓也。后稷之母，配高辛氏帝焉。」而不云元妃。《大戴·帝繫篇》云：「帝嚳上妃，有邰氏之女也，曰姜嫄氏，産后稷。」然棄不嗣位爲天子，則所云上妃者，非后也，正猶仲子之稱夫人，而實非夫人。然與佗妾母之追尊于子者，則又別也。周人最嚴適庶之辨，故《閟宮》傳曰：「先妣姜嫄之廟在周，常閉而無事。」葢雖㠯姜嫄之尊而準㠯禘嚳之禮，則姜嫄固非帝嚳之適后，于是例㠯君之母非適者有子祭孫止之制，但存其廟閟而不祭焉。姜嫄亦有禖祭，當自禖宮迎其主就高禖之壇，不祭于廟中也。仲子特廟，正可與此爲比矣。

僖十五年：「亦晉之妖夢是踐。」《藝文志・數術》六種中「雜占」十八家曰：「《易》曰：『占事知來。』衆占非一，而夢爲大，故周有其官。而《詩》載熊羆虺蛇衆魚旐旟之夢，著明大人之占，㠯考吉凶，蓋參卜筮。《春秋》之說訞也，曰：『人之所忌，其氣炎㠯取之，訞由人興也。人失常則訞興，人無釁焉，訞不自作。』故曰：『德勝不祥，義厭不惠；桑穀共生，大戊㠯興；鴝雉登鼎，武丁爲宗。』然惑者不稽諸躬，而忌訞之見，是㠯《詩》刺『召彼故老，訊之占夢』，傷其舍本而憂末，不能勝凶咎也。」麟案：此尹君說傳中言夢之通誼。

僖十五年：「豈敢㠯至。」林氏《句解》云：「豈敢至於已甚？」麟按：林于傳意得之，然未通訓詁也。《孟子》：「充類至義之盡也。」注：「至，甚也。」古字㠯、已通，㠯至即已甚也。至與質聲通，至之訓甚，猶質之訓椹矣。《考工・弓人》注、《穀梁》昭八年傳注、《漢書・張蒼傳》注皆訓質爲椹。或曰：至借爲⿱幸至，《說文》：「⿱幸至，忿戾也。」言「己所㠯行此事者，㠯踐晉之妖夢。豈敢㠯私忿乎」，亦通。

僖二十四年：「如是，則兄弟雖有小忿，不廢懿親。」杜預注：「懿，美也。」未塙。按：懿从壹聲，當借爲因。《說文》引《易》：「天地壹壺。」今《易》作「絪緼」。《韓詩》「其菑其殪」云：「殪，因也，因高填下也。」《說文》：「欭，嚘也。」《詩・黍離》傳：「噎，憂不能息也。」憂即嚘字。是欭、噎同誼。《中山經》：「服者不㖶。」㖶即噎字。垔、因聲通，猶煙之作烟也。故知壹聲、因聲通，懿借爲因。因訓親，見《詩・皇矣》傳、《禮・喪服》傳注、《廣疋・釋詁》。因、親文變而誼同。《月賦》云：「親懿莫從，羈孤遞進。」此正㠯懿借爲因，故可到言之，是六朝人固知古訓矣。

文十一年：「獲長狄僑如。」《釋文》：「僑，本又作喬。」麟案：《淮南·墬形訓》云：「日馮生陽閼，陽閼生喬如，喬如生幹木，幹木生庶木。凡根拔木者，生於庶木。」據此是喬如爲木之先，木形長，故長狄取其形㠯爲名。

昭元年：「書曰：『秦伯之弟鍼出奔晉。』罪秦伯也。」《杜鄴傳》：鄴「説音曰：鄴聞人情，恩深者其養謹，愛至者其求詳。夫戚而不見殊，孰能無怨？此《棠棣》《角弓》之詩所爲作也。昔秦伯有千乘之國，而不能容其母弟，《春秋》亦書而譏焉」。案：彼傳上文云：「鄴少孤，其母張敞女。鄴壯，從敞子吉學問，得其家書。」則鄴乃治《左氏春秋》者也。此條與《公羊》同旨。

隱二年經：「紀裂繻來逆女。」《杜鄴傳》鄴舉方正，對曰「臣聞陽尊陰卑，卑者隨尊，尊者兼卑，天之道也。是㠯男雖賤，各爲其家陽；女雖貴，猶爲其國陰。故禮明三從之義，雖有文母之德，必繫於子。《春秋》不書紀侯之母，陰義殺也。昔鄭伯隨姜氏之欲，終有叔段篡國之禍；周襄王内迫惠后之難，而遭居鄭之危」云云。案：此亦《左氏》義，而同《公羊》者。

莊二十七年：「王使召伯廖賜齊侯命。」案：據《齊語》，賞服、大輅、龍旗、九旒等在葵丘之會，彼時命爲方伯，則此時命爲州牧也，特已攝方伯之任耳。翟丞相方進與何武共奏言：「古選諸侯賢者巳爲州伯，《書》曰：『咨十有二牧。』所巳廣聰明，燭幽隱也。今部刺史居牧伯之位，秉一州之統，選第大吏，所薦位高至九卿，所惡立退，任重職大。《春秋》之義，用貴治賤，不巳卑臨尊。刺史位下大夫，而臨二千石，輕重不相準，失位次之序。臣請罷刺史，更置州牧，巳應古制。」此翟丞相《左氏春秋》命州牧之説也。

隱元年：「稱鄭伯，譏失教也，謂之鄭志。」麟案：杜鄴曰：「昔鄭伯隨姜氏之欲，終有叔段篡國之禍。」《後漢・何敞傳》上封事曰：「昔鄭武姜之幸叔段，衛莊公之寵州吁，❶愛而不教，終至凶戾。由是觀之，愛子若此，猶飢而食之巳毒，適所巳害之也。」則鄭伯隨母之欲，其愛而不教，猶母也。《楊震傳》上疏曰：「昔鄭嚴公從母氏之欲，恣驕弟之情，幾至危國，然後加討，《春秋》貶之，巳爲失教。」楊説《左氏》，正與杜、何同。諸説皆本賈大傅。《新書・藩傷》云：「權力不足巳徼幸，勢不足巳行逆，故無驕心，無邪行。奉法畏令，聽從必順，長生安樂，而無上下相疑之禍。活大臣，全愛子，孰精於此？」《宗首》云：「黄帝曰：『日中必熭，操刀必割。』今令此道順，而全安甚易，弗肯早爲，已乃墮骨肉之屬而抗剄之，豈有異秦之季世乎！」此皆過愛子弟者，始于失教，終于成逆，乃忿極而生殺心者也。服子慎注此云：「公本欲養成其惡而加誅，使不得生

❶「州」，原作「川」，據《後漢書》改。

出，此鄭伯之志意也。」失傳意，正義駁之，是矣。

莊十四年：「初，内蛇與外蛇鬭於鄭南門中，内蛇死。六年而厲公入。」《五行志》：「《左氏傳》：魯嚴公時有内蛇與外蛇鬭鄭南門中，内蛇死。劉向目爲近蛇孽也。先是鄭厲公劫相祭仲，而逐兄昭公代立。後厲公出奔，昭公復入。死，弟子儀代立。厲公自外劫大夫傅瑕，使僇子儀。此外蛇殺内蛇之象也。蛇死六年，而厲公立。嚴公聞之，問申繻曰：『猶有妖乎？』對曰：『人之所忌，其氣炎目取之，妖由人興也。人亡釁焉，妖不自作。人棄常，故有妖。』京房《易傳》曰：『立嗣子疑，厥妖蛇居國門鬭。』」服子慎注傳曰：「蛇北方水物，水成數六，故六年而厲公入。」亦無異言。惟《後漢・楊賜傳》：賜上封事曰：「夫皇極不建，則有蛇龍之孽。《詩》云：『惟虺惟蛇，女子之祥。』故《春秋》兩蛇鬭於鄭門，昭公殆目女敗。」注引《洪範五行傳》曰：「初，鄭厲公劫相祭仲而篡兄昭公，立爲鄭君。後雝糾之難，厲公出奔，鄭人立昭公。既立，内蛇與外蛇鬭鄭南門中，内蛇死。是時傅瑕仕於鄭，欲内厲公，故内蛇死者，昭公將敗，厲公將勝之象也。是時昭公宜布恩施惠，目撫百姓；舉賢崇德，目厲羣臣；觀察左右，目省姦謀，則内變不得生，外謀無由起矣。昭公不覺，果殺於傅瑕，二子死而厲公入，此其效也。《詩》云：『惟虺惟蛇，女子之祥。』鄭昭公殆目女子敗矣。」目上《洪範五行傳》。目子儀爲昭公。案：昭公見弑後立子儀，《世家》《年表》皆同，而《洪範五行傳》獨爲異説，且仍是《左氏》家説，又非二傳之言，蓋由昭公被弑不見于經，故有此駁異耳。此當爲夏侯始昌、夏侯勝、許商所説，三君蓋不盡同大劉也。然此雖偶與傳抵牾，而可見諸家有涉《左氏》者。子駿諸所推説，當有所本也。又案：楊賜亦治《左氏》者，爲潁容子嚴之師，見《後漢・儒林傳》。而用《五行傳》説，則豈《左傳》有異本與？又案：㠯龍蛇之孽屬皇極，伏生舊文也。子駿則易《貌傳》之龜孽爲鱗蟲之孽，説㠯爲於天文東方辰爲龍星，故爲鱗蟲，而于《皇極傳》之龍蛇無所更者，亦猶伏生㠯龜孽屬貌，介蟲之孽屬言，不嫌其複與？

莊十四年：「先君桓公命我先人典司宗祏。」麟案：此爲宗人之官也。厲公稱原緐爲伯父，《鄭世家》云：「讓其伯父原。」原緐葢本名原，緐其餘聲，猶邾婁也。葢原緐于昭穆正爲厲公之伯父，非泛稱也。案：《魯語》：「公父文伯之母饗其宗老，師亥聞之，曰：『宗室之謀，不過宗人。』」注：「虞、唐云：『不過宗人，不與他姓議親親也。』昭謂此宗人則正宗臣也。亦用同姓，若漢宗正用諸劉矣。」據此則大夫家宗老用同姓，則諸侯之宗人亦當用同姓，但不必是桓公之子姓，故定四年稱分魯㠯「祝、宗、卜、史」，明非周公、伯禽之子姓爲宗人也。葢是同姓庶孽不得封國賜采者耳。

桓六年：「善自爲謀。」案：若因大子言「自求多福，在我而已」，故爲此言美之，則棄援無可美。預謂「獨絜其身，謀不及國」，又與因大子之言而爲言之意不合。案：善借爲嬉。《説文》：「嬉，好枝格人語也。」好枝格人語者，好抵拒人語也。如是者，其人必剛執愎戾。《説文》：「婼，不順也。」「婞，很也。」「嫳，易使怒也。」「嬉，好枝格人語也。」「娺，疾悍也。」疾，即嫉。嫉悍，猶妬悍也。五篆相連，誼訓必近，故《説文》：「嬉，一曰靳也。」靳，即好枝格人語之謂。一曰者，一名也。張衡《應閒》曰：「婞很不柔，㠯意誰靳也。」言婞很不柔，欲㠯意觝拒誰人乎?《廣韻》訓「嫸」爲「偏伎」,蓋嫸與婞音誼同。婞亦作悻。《論語》「硜硜然小人哉」,《孟子》注引「硜硜」作「悻悻」,則悻、硜通作。《説文》:「⿰忄巠,恨也。」《廣疋·釋詁》:「很,恨也。」然則⿰忄巠訓很,與婞實一字也。嫸之同婞、⿰忄巠,猶繕之通勁也。忽拒齊意,故曰偏伎。欲㠯我致福而不恃大援,故曰自爲謀,嫸與自爲謀相因,嫸自爲謀,誼與剛愎自用同,文法與「强不可使」「忍弗能與」等同,蓋忽引《詩》而言「在我」,君子謂其言誠是也,而身無致福之才,則徒有其言,而不能如其言之實,是嫸自爲謀而已矣。又忽初辭齊昏時尚未知文姜之惡,則固因不欲昏齊,而非㠯文姜淫亂也。若使醜聲早播,則魯桓必不聘矣。故其後齊侯欲㠯佗女妻之,而忽亦辭之不許,明其非爲文姜矣。君子探其不欲昏齊之意,而責其坐失大援,故曰嫸自爲謀爲刺,乃揞前後二次辭昏言之,非專指辭取文姜也。

隱八年:「是不爲夫婦。誣其祖矣,非禮也,何㠯能育?」案:不能育者,非止謂無繼嗣也,亦兼見弑無後言。《楊賜傳》注引《洪範五行傳》曰:「《詩》云:『惟虺惟蛇,女子之祥。』鄭昭公殆㠯女子敗矣。」彼述事雖誤,而昭公㠯女子敗,則非誣語。蓋先配後祖,貪色之情已見,其後陳女專寵嫉忌,忽遂固拒齊昏,終㠯失援取禍,此鍼子所㠯預爲之慮也。

桓六年:「獲其二帥大良、少良。」按《少儀》「負良綏」注:「君綏也。」是良訓君。《廣疋·釋詁》:「郎,君也。」亦借爲良。夷狄君長之名,得及其臣,如吳有夫概王,《史記》亦言熊渠立其長子康爲句亶王,中子紅爲鄂王。漢世西域亦有禆王也。大良、少良，大君、少君也，皆其酋豪之稱，猶左賢王、右賢王也。或曰：《商君傳》爲大良造，即大上造也，然則大良即此，少良即少上造矣。然如其說，則上造可單稱上乎？于誼窒矣。

桓六年：「嘉栗旨酒。」案：此與上文「絜粢豐盛」文法同。嘉栗者，嘉量也。《考工記》：「栗氏爲量。」注：「栗，古文或作歷。」《釋詁》：「歷，數也。」爲量，故㠯數名官。栗與秩又通，如「積之栗栗」作「穦之秩秩」。秩者，禾之數也，引申凡粟米之量與一切量皆㠯秩名，故栗氏之栗，誼得與量同。彼《鬴銘》云：「嘉量既成。」《律歷志》述劉子駿曰：「量者，龠、合、升、斗、斛也，所㠯量多少也。本起於黄鐘之龠，用度數審其容，㠯子穀秬黍中者千有二百實其龠，㠯井水準其概。合龠爲合，十合爲升，十升爲斗，十斗爲斛，而五量嘉矣。」故嘉栗者即嘉量也。凡盛酒者皆有量，「梓人爲飲器，勺一升，爵一升，觚三升」是也。又云：「凡試梓飲器，鄉衡而實不盡，梓師罪之。」是飲器之量必當嘉也。言旨酒必言嘉栗者，猶言絜粢必言豐盛也。《詩·甫田》傳云：「器實曰齊，在器曰盛。」彼正義解此「絜粢豐盛」云：「爲穀則絜清，在器則豐滿。」言穀而及在器之豐，則器之中程可知；言酒而及飲器之嘉，則酒之如量可知。葢非器無弇侈，不能使器實無盈歉，故必兼言之也。又，「平秩」作「便程」，則秩又通程，猶「秩秩大猷」本作「戜戜大猷」，戜亦從呈聲也。《漢書·高帝紀》：「張蒼定章程。」如淳曰：「程者，權衡丈尺斗斛之平法也。」斗斛亦量也。

文十八年：「㠯其舉十六相，去四凶也。」《後漢書·傅燮傳》：燮上疏曰：「虞舜升朝，先除四凶，然後用十六相。明惡人不去，則善人無由進也。」案：傳文上下皆㠯舉相在前，去凶在後，蓋善善宜先言，惡惡宜後言也。其實事，則先除凶後用相。南容所説，蓋《左氏》先師相傳之故言也。彼疏又云：「夫邪正之人不宜共國，亦猶冰炭不可同器。彼知正人之功顯，而危亡之兆見，皆將巧辭飾説，共長虛僞。夫孝子疑於屢至，市虎成於三夫。若不詳察真僞，忠臣將復有杜郵之戮矣。」此可見先除凶後用相意至深切。

定八年經：「從祀先公。」服子慎注：「自躋僖公㠯來，昭穆皆逆。」《後漢書・周舉傳》：「舉議曰：《春秋》魯閔公無子，庶兄僖公代立，其子文公遂躋僖於閔上。孔子譏之，書曰：『有當作大。事於大廟，躋僖公。』傳曰：『逆祀也。』及定公正其序，經曰：『從祀先公。』爲萬世法也。」引傳「逆祀也」三字，乃文二年《左傳》文，則云從祀「爲萬世法」者，亦《左氏》家説可知。《春秋》借事垂教，而事之作于陽虎，有所不論也。此所㠯殊于褒貶人物、議論利害之書。

哀三年經：「春，齊國夏、衛石曼姑帥師圍戚。」《異義》：「衛輒拒父，《公羊》㠯孝子不㠯父命辭王父之命，許拒其父。《左氏》㠯爲子而拒父，悖德逆倫，大惡也。」鄭《駁異義》云：「㠯父子私恩言之，則傷仁愛。」案：《公羊傳》云：「不㠯父命辭王父命，不㠯家事辭王事。」何休云：「㠯父見廢，故辭讓不立，是家私事；聽靈公命立，是王事，公法也。」又云：「雖得正，非義之高者也。」不知靈公固遺命立郢，未嘗命輒，特郢詭言辭之耳。且蒯聵志在殺母，其罪應誅。誅君子不立，誅大子子亦然。蒯聵雖未誅，㠯王事公法治之，輒固不得立也。雖然，既已立矣，父不入戚，則居其位可也。父入戚矣，欲存國，則不能顧父；欲顧父，則不能存國；非逃，則未有不獲罪于天者也。而此乃有曼姑圍戚之事。曼姑雖得誅蒯聵，然是時爲君者輒也，不受命于輒，敢拒輒之父乎？然則命曼姑者，輒也；欲假曼姑㠯見臣義，又欲假齊㠯見公憤，此其㠯奸詐濟悖逆，心術如繪矣。是故經先書齊，後書衞，抑曼姑使不得爲其君拒父也，非㠯伯討託之齊也。子路則自爲孔悝拒蒯聵，非爲輒也。悝未嘗爲蒯聵臣，故得拒之。

哀三年：「命周人出御書。」杜預注：「周人，司周書典籍之官。御書，進于君者也。」案：司周書者，名其官爲周人，此如楚之周大史也。然其名不尊崇，似非欽奉王法之意。蓋周人即疇人。如禂或作騶，幬或借禂也。《廣疋·釋詁》：「周，輩也。」正借爲疇。《律歷志》：「疇人子弟分散。」李奇注：「同類之人，俱明歷者也。」御書者，日御之書也。日御所藏，非特歷日，蓋《時訓》《月令》之屬㠯立政教者皆在焉。故命疇人出之。或曰：借爲壽人。《禮樂志》：「周有房中樂，至秦名曰壽人。」蓋春秋時相傳之舊稱，掌樂者即名壽人，猶司服者即名復陶也。此掌房中樂者，兼令節妃妾進御之時，略與女史同職。御書者，《毛詩》傳曰「后妃羣妾，㠯禮御于君所，女史書其日月」是也。火作時，恐婢妾逋逃，故㠯書參檢，使㠯班次並行也。故下云：「庀女而不在，死。」女史不記過，其罪殺之，況急事乎？

哀六年：「楚子使問諸周大史。」服子慎注：「諸侯皆有大史，主周所賜典籍，故曰周大史。一曰：是時往問周大史。」麟案：服前説，葢謂周大史猶夏祝、商祝也。惠定宇謂：「齊、衞、晉、魯皆有分，楚獨無有，不得有周所賜典籍。葢自王子鼂奉周之典籍㠯奔楚，是時當有掌典籍之大史從子鼂奔楚也。」然子慎言賜者，亦㠯佗國爲況耳，非謂楚實有賜也。然據《説苑・君道篇》云：「昭王使人乘驛東而問諸大史州黎。」則周大史即州大史，猶言祁大夫、羊舌大夫耳。《風俗通》：「州，周也，州有長，使之相周足也。」華周，《古今人表》作華州，是州、周得通，此大小劉父子《左傳》古誼，較子慎爲塙矣。

僖四年：「專之渝。」麟案：此卜繇先言兆狀，猶所謂「大横庚庚」也。專借爲篿。《離騷》：「索藑茅㠯筳篿兮。」注：「楚人名結草折竹㠯卜曰篿。」葢結草折竹者，所㠯灼龜，猶楚焞也。而卜即名篿，亦引申也。《後漢・方術傳》作「挺專」，是專、篿古通也。渝借爲揄。《龜策列傳》所陳兆狀，横吉諸名中有曰「横吉揄仰」者，然則篿之揄者，卜之揄也。之字，助語詞，無誼，如「其之翟也」是矣。横吉揄仰，可居家室，㠯娶婦嫁女，而此立夫人爲不吉，則兆中必㠯衝克而相反也。

昭元年：「趙孟曰：『良醫也。』」《史記・日者列傳》：「賈誼曰：『吾聞古之聖人，不居朝廷，必在卜醫之中。』」案：大傅因醫和而爲是説也。聖人者，通人也。《漢書・藝文志》「方技」三十六家曰：「方技者，皆生生之具，王官之一守也。大古有岐伯、俞拊，中世有扁鵲、秦和，葢論病㠯及國，原診㠯知政。」㠯上《藝文志》。學至此，欲不謂之通人，得乎？

隱元年：「潁考叔，純孝也。愛其母，施及莊公。《詩》曰：『孝子不匱，永錫爾類。』其是之謂乎？」《詩・既醉》傳云：「匱，竭。類，善也。」陳氏奐曰：「此即《皇矣》傳所云『類，善也』。勤施無私曰類」。《祭統》云：❶『大孝不匱，博施備物，可謂不匱矣。』《左傳》『施及』即『博施』『勤施』之『施』。《詩》言『永錫爾類』者，言祖宗長予孝子㠯善也。」此説甚塙。因考《左氏》先師延叔堅名篤，從唐溪典受《左氏傳》□。《仁孝前後論》曰：「觀夫仁孝之辯，紛然異端，互引典文，代取事據，可謂篤論矣。夫人二致同源，總率百行，非復銖兩輕重，必定前後之數也。而如欲分其大較，體而名之，則孝在事親，仁施品物。施物則功濟於時，事親則德歸於己。於己則事寡，濟時則功多。推此㠯言，仁則遠矣。然物有出微而箸，事有由隱而章。近取諸身，則耳有聽受之用，目有察見之明，足有致遠之勞，手有飾即飭。衛之功，功雖顯外，本之者心也。遠取諸物，則草木之生，始於萌芽，終於彌蔓，枝葉扶疏，榮華紛縟，末雖緐蔚，致之者根也。夫仁人之有孝，猶四體之有心腹，枝葉之有根本也。聖人知之，故曰：『夫孝，天之經也，地之義也，人之行也。』『君子務本，本立而道生。孝悌也者，其爲仁之本與？』然體大難備，物性好偏，故所施不同，事少兩兼者也。如必對其優劣，則仁㠯枝葉扶疏爲大，孝㠯心體本根爲先，可無訟也。或謂先孝後仁，非仲尼序回、參之意。蓋㠯爲仁孝同質而生，純體之者，則互㠯爲稱，虞舜、顔回是也。若偏而體之，則各有其目，公劉、曾參是也。夫曾、閔㠯孝悌爲至德，管仲㠯

❶「統」，陳奐《詩毛氏傳疏》（清道光二十七年陳氏掃葉山莊刻本）同，據《禮記注疏》當作「義」。

九合爲仁功，未有論德不先回、當作損。參，考功不大夷吾。㠯此而言，各從其稱者也。」倬哉斯言！真《左氏》曰「施及」與引《詩》言「不匱」、言「類」之古誼矣。

宣六年：「《周書》曰：『殪戎殷。』此類之謂也。」此上承「將可殪也」爲誼，則殪從《詩·吉日》傳訓「壹發而死」，于人則爲壹擊而滅也。戎者，《釋詁》云：「大也。」言大殷，猶言燮伐大商也。而《中庸》：「壹戎衣而有天下。」鄭注云：「戎，兵也。衣，讀如殷，聲之誤也。壹戎殷者，壹用兵伐殷也。」是謂《中庸》語本《康誥》，而壹讀本字，則殪亦當讀壹乎？于誼窒矣。司馬君實《中庸廣義》、段若膺《尚書撰異》皆讀「壹戎衣」如本字，亦非也。葢《書》言「殪戎殷」，本說文王，而《中庸》㠯說武王。然文王實未嘗殪戎殷，㠯武王觀兵稱十一年，伐殷稱十三年，欲歸功于親，故周公推武王之心而歸其事于文王耳，非《中庸》無㠯發明《書》誼也。抑證之《逸周書·世俘》云：「甲寅，謁戎殷于牧野。」說者訓謁爲告，戎爲兵。案：彼上文辛亥已告天宗、天帝，又告殷罪于大王、大伯、王季、虞公、文王、邑考矣，甲寅復告于牧野，將誰告乎？然則甲寅下當有他事，而闕其文。「謁戎殷于牧野」六字，乃《克殷篇》「商師大崩」下之文，而誤衍于此耳。謁者，即殪之假借字也。曷聲、壹聲最近，其相通具有證。《釋器》云：「食饐謂之餲。」是饐、餲聲誼同。《說文》：「㙪，天陰塵也。」《淮南·兵略》云：「揚塵起堨。」注：「堨，埃也。」誼亦近。《說文》：「歇，息也。」「愒，息也。」「豷，豕息也。」聲誼又同。《楚辭》：「逢紛之徑，淫曀而道壅。」即《周憬功勳銘》「陬隅壅藹即遏」之誼。《方言》之「怒而噎噫」，即《廣疋》「[口歇]，怒也」之誼。《晏子春秋·雜上》「噎而遽掘井」，即《說苑·雜言篇》之「渴而穿井」。于此知謁可通殪。謁、壹、殪，皆謂壹擊而滅之也。

昭元年：「先王之作樂，所㠯節百事也。」《藝文志》「房中」八家曰：「房中者，性情之極，至道之際，是㠯聖王制外樂㠯禁内情，而爲之節文。傳曰：『先王之作樂，所㠯節百事也。』樂而有節，則和平壽考。及迷者弗顧，㠯生疾而隕性命。」據此知醫和言樂，謂「㠯樂節女色」，樂不節，則反爲耽色之助，非借樂㠯喻女也。周有房中之樂，秦曰壽人，誼取此。

哀十六年：「使貳車反祏於西圃。」《異義》：「或曰：卿、大夫、士有主不？答曰：卿、大夫非有土之君，不得祫享昭穆，故無主。古《春秋左氏傳》曰：『衛孔悝反祏於西圃。』祏，石主也。言大夫㠯石爲主，禮無明文。大夫、士無昭穆，不得有主。今山陽民俗有石主。」「玄之聞也，《少牢饋食》，大夫祭禮，束帛依神，《特牲饋食》，士祭禮也，結茅爲神象也。孝子既葬，心無所依，㠯虞而立主㠯事之。惟天子、諸侯有主，卿、大夫無主，尊卑之差也。卿、大夫無主者，依神㠯几筵，故少牢之祭，但有尸無主。三王之代，小祥㠯前主用桑者，始死尚質，故不相變。既練易之，遂藏於廟，㠯爲祭主。孔悝祏主者，祭其所出之君爲之主耳。」又，《鄭志》：「張逸問：『許氏《異義》駁衛孔悝之反祏有主者，何謂也？』答曰：『禮，大夫無主。而孔獨有者，或時末代之君賜之，使祀其所出之君主。諸侯不祀天，而魯郊；諸侯不祖天子，而鄭祖厲王，皆時君之賜也。』」麟案：孔悝，姞姓也，南燕之裔也。使時君賜之祀所出君，則必是孔悝先世受南燕君之賜耳。若衛則豈得擅令其臣立南燕先君之廟於家哉？然而《喪服小記》：「其妻爲大夫而卒，而后其夫不爲大夫，而祔於其妻，則不易牲。妻卒而后夫爲大夫，而祔於其妻，則㠯大夫牲。」鄭注云：「此謂始來仕無廟者，無廟者不祔。」據此，則孔氏在南燕，縱有出公之祏，而始來仕衛，亦不復有出公之廟與祏矣。然鄭彼注又云：「宗子去國，乃㠯廟從。」則或孔氏之先在南燕固爲宗子邪？然所謂㠯廟從者何哉？廟不可持㠯從也，則㠯祭器從耳。有祭器而無主，則仍與庶子始仕他國無廟者同，而豈得謂之㠯廟從邪？則㠯廟從者，必㠯主從也。凡去國之宗子，非必皆有出公之主者也，則所從之主，非己之祖而誰乎？若束帛與結茅，臨時爲之，非祭不設，去國時何所奉㠯自從？既不奉㠯自從，則仍不得云㠯廟從矣。若云㠯去國特爲之，則帛茅本是恆物，到異國後臨祭可辦，何必于本國爲之而奉之乎？且束帛結茅非若木主石主之有題刻也，置之神位，始得依祖宗之神，若去國時奉之，則徒爲一帛一茅而已，何得爲祖宗所依乎？奉㠯從者，既非祖宗所依，則仍不得爲㠯廟從矣。然則㠯廟從者，必㠯主從無疑也。是鄭固不能謂大夫、士無主，況此孔悝反祏，即因出奔而奉祏㠯從也。是即宗子去國，㠯廟從之禮也。若出公有主，本非大夫不祖諸侯之義，特燕君㠯功德賜之耳。既自燕奔衛，則燕君之寵賜已絶，當奉己之曾祖、祖、禰之主㠯行而已，乃自燕攜出公主而至衛，復自衛攜出公主而至宋，則是疏于近親而親于遠君，有是理乎？且孔悝何㠯不奉三廟之主㠯行，而專奉出公之祏也？且古《春秋左氏》說云：「公子得祖先君，公孫不得祖諸侯。」而祖先君者，猶必㠯功德特賜其公子之邑有宗廟先君之主者。自公孫㠯後，皆君遣使祭之，而公孫不得自祭可知也。鄭與許皆同其說，然則孔氏在燕時縱有出公之主，亦不過公子一世奉之，而公孫即不得奉，況適衛㠯後乎？則孔氏之祏，必爲己祖明矣。據

《特牲饋食禮》注：「祝在左，當爲主人，釋辭於主也。」是鄭亦謂士有主矣。

徐邈引《公羊傳》「大夫聞君之喪，攝主而往」注義，㠯爲「斂攝神主，不暇待祭」。淩氏《禮說》已引《曾子問》「卿、大夫、士從攝主」駁之，謂攝主必爲兄弟宗人攝行主事，則徐說固不足證。而引「重主道也」，謂大夫、士有重亦宜有主，則推僤甚塙。魏清河王懌引《逸禮》「饋食設主」，此尤古文之可徵者。萬氏《禮記偶箋》云：「㠯《少牢》《特牲》《士虞》不言主，遂謂大夫、士無主，然則《大戴禮·諸侯遷廟》第言『奉衣服者，皆奉㠯從祝』，不言奉主，將謂諸侯亦無主乎？」汪氏《堯峰文鈔》云：「《士虞禮》：『㠯其班祔。』《喪服小記》：『祔必㠯昭穆，亡則中一㠯上。』使其無主，又何所憑㠯班昭穆乎？孔子曰：『祭祀之有尸也，宗廟之有主也，示民有事也。』『㠯此坊民，民猶忘其親。』非專指天子諸侯也。」此其證據皆塙。或兩通之，曰：束帛結茅，猶祭軷之菩芻棘柏爲主，對栗主言爲無主，對空設祭者爲有主。不知行爲五祀，出行又祭之于軷壤而不于廟，故可用菩芻棘柏耳。大夫、士先祖有廟，寧可比乎？《說文》：「祏，宗廟主也。《周禮》有郊、宗、石室，一曰：大夫㠯石爲主。」此據《左氏》古說。又曰：「宔，宗廟主石也。」葢天子諸侯宗廟之主用木，而函㠯石。是㠯傳言「子產使祝史徙主祏于周廟」，《異義》引而釋之曰「言宗廟有郊、宗、石室，所㠯藏栗主也」是也。而大夫則惟得㠯石爲主，此已足辨其差等矣，豈㠯有主無主爲差等乎？然則謂束帛結茅者非乎？曰：亦有所因也。《異義》謂：「卿、大夫不得祫享昭穆，故無主。」鄭《祭法》注亦云：「大夫不禘祫，無主爾。」然而有祫而無主者，有不祫而有主者。考《王制》言：「大夫三廟：大祖與昭、穆。」《鄭志》謂：「夏、殷禮也。」若周制，則《祭法》云：「大夫立三廟二壇，曰考廟，曰王考廟，曰皇考廟，享嘗乃止。顯考、祖考無廟有禱焉，爲壇祭之。」此禮謂大宗爲大夫者，用程易疇説，若小宗，並不爲祖考立壇也。孔疏謂大宗有祖考廟，失之。顯考即高祖也，是大夫高祖無廟矣。又云：「適士二廟一壇，曰考廟，曰王考廟，享嘗乃止。顯注云：「當爲皇。」考無廟有禱焉，爲壇祭之。」皇考即曾祖也。是士曾祖無廟矣。而《大傳》云：「大夫士有大事，省於其君，干祫，及其高祖。」注云：「干，猶空也。空祫，謂無廟祫祭之於壇墠。」夫天子諸侯遷廟之主皆藏之於祖廟，㠯子孫就祖也。若大夫之祖考、顯考，士之皇考，則無廟而有壇。祖考之主，更何所藏？即顯考、皇考，其主亦不得下就子姓藏皇考、王考㠯下之廟也。則知大夫、士廟既遷者，其主當瘞矣。然則干祫時，大夫當升三廟之主于高祖之壇，士亦當特立高祖之壇，士皇考無廟而有壇，且並無祖考、顯考之壇。此得祫者，則顯考得立壇。而升王考與考之主于此。而士之皇考，則本有壇無主，祫時亦升于顯考之壇。大夫之顯考亦有壇無主，則祫時，大夫高祖束帛，士高、曾結茅而已。而近親本有主者，仍不用帛茅也。乃因謂大夫、士皆無主而用帛茅，則誤矣。

又，《曾子問》：「孔子曰：『天子巡守，㠯遷廟主行，載于齊車。』『當七廟五廟無虚主。』」又，曾子問曰：「古者師行無遷主，則何主？」孔子曰：「主命。」問曰：「何謂也？」孔子曰：「天子諸侯將出，必㠯幣帛皮圭，告于祖禰，遂奉㠯出，載于齊車㠯行。每舍，奠焉而後就舍。反，必告，設奠，卒，斂幣玉，藏諸兩階之間，乃出。蓋貴命也。」㠯上《曾子問》。此無遷主者，故然也；有遷主，則否矣。若大夫、士本無遷主，故大夫出，則㠯幣主之。《聘禮》：初行時，「厥明，賓朝服，釋幣于禰」。下云：「又入取幣降，卷幣實于笲，埋于西階東。」雖不奉㠯出，然下記云：「賜饔，唯羹飪，筮一尸，若昭若穆。」注云：「腥餼不祭，則士介不祭也。士之初行，不釋幣于禰，不祭可也。」則初行之釋幣與主國賜饔之祭相因，則賜饔之祭亦必㠯幣主之，此因大夫無遷主，又不可虛主而行，故在主國曰幣主其神也。乃因謂家廟亦無主而用幣，則誤矣。

宣十二年：「夭且不整。」杜預注：「水遇夭塞，不得整流，則竭涸也。」正義曰：「夭遏是壅塞之義，故云遇夭塞也。」麟案：正義未暢。《廣成頌》：「淤賜犒功。」李賢注：「淤，與飫同。《左傳》曰：『加膳則飫賜。』」是則馬融從父嚴受于陳元之《左傳》本，「飫」作「淤」也。飫从夭聲，則夭亦得通淤。《說文》：「淤，澱滓濁泥。」此能壅塞水者。《溝洫志》：「注填閼之水。」師古注：「閼，讀與淤同。」而《莊子・逍遥遊》云：「莫之夭閼。」則夭、閼誼同。又知夭、閼、淤三字聲誼並近也。然則淤且不整，于誼塙矣。

宣十一年：「又徼事于晉。」按：《賈子・耳痺》云：「谿徼而輕絶，俗好詛而倍盟。」谿徼雙聲字，古讀徼如竅也。谿徼者，輕絶之性。輕絶者，谿徼之事。雙聲本無定語，長言則爲谿徼，短言則爲徼。于者，語助，無實義，即「孝于惟孝」之「于」也。又徼事晉者，又輕絶而事晉也，此亦可補《訓詁》。

僖十七年：「晉大子圉爲質於秦。」閻氏《尚書古文疏證》曰：「案《荀子・大略篇》『交質子不及五伯』本《穀梁》隱八年傳，而改二爲五。圉質於秦，非穆公手中事乎？」麟案：《左氏》家五伯不數秦穆，《荀子・王霸篇》曰：「雖在僻陋之國，威動天下，五伯是也。」下云：「故齊桓、晉文、楚莊、吴闔閭、越句踐，是皆僻陋之國也，威動天下，彊殆中國，無它故焉，略信也，是所謂信立而霸也。」《議兵篇》曰：「齊桓、晉文、楚莊、吴闔閒、越句踐可㠯霸，而不可㠯王。」是五伯指此五人，秦穆不與也。故傳之説秦穆，曰「遂霸西戎」，不霸中國也。曰「不爲盟主宜哉」，尤不得稱伯之證。荀子貫通《左》《穀》，方敢易字，安得㠯他家異説詰之？○又案：五伯惟不質子耳，若質臣則有之。楚莊入鄭質子良，圍宋質華元是也。○又案：成二年「五伯之霸也」，服注謂夏、商、周之五伯，各爲誼，而不相悖。

襄十九年：「夙沙衛爲少傅。」案：衛，刑臣也，而㠯爲子傅。《賈子·保傅》云：「使趙高傅胡亥而教之獄，故今日即位，明日射人，豈胡亥之性惡哉？其所㠯習道之者非理故也。」是亦㠯奪適之孽而令刑臣傅之者，事正同此。孔文舉曰：「被刑之人，慮不念生，志在思死，類多趨惡，莫復歸正。」夙沙亂齊，伊戾禍宋，是又刑臣志在奪適立庶之證。

哀三年：「南孺子之子，男也，則㠯告而立之；女也，則肥也可。」麟案：下文云：「季孫卒，康子即位。既葬，康子在朝。南氏生男。」而正常猶稱季孫遺言生男則立之，康子遂請辟位。然則康子之即位，特攝位耳。蓋凡正適有孕未生者，庶子皆暫攝位；生女則遂立，生男則辟之也。《曾子問》曰：「『君薨而世子生，如之何？』孔子曰：『卿、大夫、士，從攝主，北面於西階南。』」注云：「攝主，上卿代君聽國政。」竊謂康成㠯無庶子者言也。觀彼下文：「衆主人、卿、大夫、士、房中，皆哭，不踊。」注云：「衆主人，君之親也。」正義㠯爲君之父兄，而不及君之子，則康成㠯爲無庶子明矣。若有庶子，則當㠯庶子爲攝主也。觀魯桓公幼，隱公尚攝位，況未生乎？此禮通君、大夫、士。《賈子·五美》云：「待《漢書》作「植」，從《賈子》本。遺腹，朝委裘。」遺腹未生，故待之；而必委裘而朝之者，攝主終非君，故猶存委裘也。

定十三年經：「秋，晉趙鞅入于晉陽以叛。」《後漢·楊秉傳》：「秉奏侯覽、具瑗，尚書召對秉掾屬曰：『公府外職，而奏劾近官，經典漢制有故事乎？』秉使對曰：『《春秋》趙鞅以晉陽之甲，逐君側之惡。傳曰：除君之惡，唯力是視。鄧通懈慢，申屠嘉召通詰責，文帝從而請之。漢世故事，三公之職無所不統。』」案：穎子嚴《左傳》學得于楊賜。賜，秉子也。其傳云：「少傳家學。」則秉亦治《左傳》矣。此引《公羊》而以《左傳》語證之，是楊君《左傳》說同《公羊》，不以鞅爲大逆罪人也。然鞅以叛書，不得無罪。劉子駿《遂初賦》曰：「荀寅肆而顓恣兮，吉射叛而擅兵；憎人臣之若茲兮，責趙鞅於晉陽。」子駿有責趙鞅之文，則其說《春秋》罪鞅可知。

文十八年：「而使歜僕。」賈侍中注：「僕，御也。」《後漢·楊秉傳》：秉奏曰：「昔懿公刑邴歜之父，奪閻職之妻，而使二人參乘，卒有竹中之難，《春秋》書之，以爲至戒。」案：傳惟使職驂乘，而楊君古說並歜言之者，凡車一左、一僕、一右，而爲三人，謂之驂乘，猶四人之爲駟乘也。故驂乘非惟右得稱之，僕亦得稱之，總以闕一則不成驂乘耳。惟不可以稱在左者，尊之也。然士卒之車，每車甲士三人，尊卑相埒，似亦可稱左爲驂乘矣。

昭二十九年：「務人爲此禍也。」務人即公爲之名。《檀弓》作「禺人」，聲相近也。《説文》：「禺，母猴屬。」「爲，母猴也。」則「務」爲「禺」借無疑。《名字解詁》謂：「上言獸，下言人，意義不倫，仍讀務。」案：《史記・封禪書》：「木禺龍，欒車一駟。」此即偶字。《説文》：「偶，相人也。」《淮南・繆稱》：「魯㠯偶人，而孔子歎。」《殷本紀》：「爲偶人，謂之天神。」《孟嘗君傳》：「見木偶人與土偶人相與語。」蓋偶乃後出字，古衹作禺。母猴似人，故象人謂之禺人，亦猶希見生象，而案其圖㠯想其形，故似者謂之象也。禺變作偶，猶象變作像也。其禺龍、禺馬，又引申之引申也。禺人固爲相人之稱矣，然所㠯名相人爲禺人者，㠯母猴似人也。故字公爲，誼不相左也。文十八年有公冄務人，其借爲禺否，不可知。成十五年之向爲人，其取何誼，亦不可知。要不必與此相牽。宣十二年：「將㠯分鄭而立公子魚臣。辛未，鄭殺僕叔及子服。」僕叔即魚臣之字也。《莊子・在宥》《名字解詁》讀魚爲御，云：「《説文》：『御，使馬也。』故字僕。」誼誠塙，然麟謂未鉤考古誼也。云：「臣者，人道也。」蓋㠯聲訓則臣、人古音通，故臣聲之嚚與人聲之年亦雙聲也。《檀弓》「卜人師扶右。」注：「卜當爲僕。」則亦可借僕爲卜。《史記・龜策列傳》説命卜有云：「命曰漁人。」然則魚臣即漁人，故字卜也。

哀十三年：「疇無餘、謳陽自南方。」杜預注：「二子，越大夫。」麟案：《漢・地理志》會稽郡烏程有歐陽亭，蓋即謳陽所封之地也。古字謳、歐通，《三公山碑》「百姓歐歌」可證。

莊二十八年：「烝於齊姜。」杜預注：「齊姜，武公妾。」《大事表》曰：「是年使三子處三邑，係晉獻公十一年。若申生是烝武公之妾所生，想當在即位後，年不過十歲，重耳、夷吾必當更幼，豈曰三稚子守宗邑與邊疆哉？《史記》重耳奔狄時年四十三，歸國時年六十二，則城濮之戰年已六十六，與《左氏》假年之說合，與杜異。計守蒲時年三十二矣，而申生居長則其生當在獻公爲曲沃世子時。武公志意精明，豈有縱其子淫昏之事？唐之高宗，不聞於大宗朝先通武后也。《史記》曰：『大子申生，其母齊桓公女也，曰齊姜。』此信而可徵。」麟案：《晉語》：「優施曰：『申生爲人，小心精潔，而大志重，又不忍人。』」於是驪姬使二五爲三子處邑之勸。申生志已如此，自必不止十歲。然烝之爲名，非必施於父妾也。尋晉武公在位三十九年，即位于隱八年，其七年桓三年。伐翼，獲哀侯，十一年桓七年。誘晉小子侯殺之，十二年桓八年。滅翼，皆見傳文。至晉侯緡二十六年，見《晉世家》。「六」作「八」者，誤。滅晉，盡并其地，則爲三十七年，莊十五年。其前後相距遠矣。獲哀侯與滅翼時必兼得其內實，齊姜非哀侯之妾，則小子侯之妾耳。武公志大，情不繫色，獻公志本淫昏，取之宜也。其意亦謂敵國俘女，取之無害名義，猶楚王取息嬀，然不知曲沃本晉之臣，孽臣淫君耦，不謂之烝得乎？使桓八年內齊姜，而九年生秦穆夫人，十年生申生，則申生至莊二十八年已三十七歲矣。況或內於桓三年乎？不必牽于杜說，致疑傳文。

至重耳之年，則昭十三年本言文公十七而亡，亡十九年而歸，與《史記》異，非杜臆造也。案：《晉語》云：「狐伯行之子實生重耳。」伯行即狐突也。若重耳歸國時已六十二，則僖二十三年已六十一矣，是歲狐突當近百矣。懷公雖殘虐，何忍輒加屠戮乎？又閔二年申生伐東山皋落氏，狐突御戎，若據《史記》，則是年重耳已三十八，狐突已過七十矣。老者不㠯筋力爲禮，豈有㠯縣車之年而堪任僕御之事乎？則知重耳之年必不如是其高也。楚子言「天假之年」者，即叔詹所謂「男女同姓，其生不蕃，晉公子，姬出也，而至于今」云爾，豈謂其年已垂莫哉？古書言人之年固有差異。《大戴記・文王世子》文王十五生武王，《小戴記・文王世子》文王九十七而終，則武王即位已八十三。而《逸周書・度邑》則云：「惟天不享于殷，發之未生，至于今六十年。」是武王受命年僅六十。《戴記》與《左傳》皆經説也，《周書》與《史記》皆古史也，其相違正同。至夷吾爲重耳之弟，或當同年而生，或差亦不過一二歲。或疑二公子即㠯同年計，夷吾卒于僖二十三年，祇三十五歲耳，前此六年爲僖十七年，祇二十九歲。而大子圉已能爲質于秦，何也？曰：傳固言之矣，曰：「惠公之在梁也，梁伯妻之，梁嬴孕過期，生男曰圉。」據夷吾奔梁在僖六年，梁嬴孕又過期，則圉生當在僖七年。至十□七年僅十一歲耳，縱增夷吾之年，亦無與其子之長幼也。傳于僖十七年言「圉爲質于秦，秦歸河東而妻之」者，質固不必年長，但㠯劫制彼國而已。至妻之，則終言之耳。僖二十二年云：「圉將逃歸，謂嬴氏曰：『與子歸乎？』」是年圉十六歲，則妻之容在此一、二年中耳。而與其父之年終無與也。重耳十七亡，而夷吾尚爲其弟，何所疑哉？若㠯稚子守邑爲疑，則不知二五之言，特謂㠯至親爲屏藩，可㠯自輔耳，非謂邑中政事不委之傅相，而一㠯任之稚子也。狐、趙、呂、郤從二公子而奔，則莊二十八年守邑時，豈不爲圉置官屬也哉？

又案：謂二十八年申生三十七歲者，特㠯桓八年内齊姜，十年生申生約略計之耳，若實事則難知也。何則？秦穆夫人爲申生之姊，而僖五年言「執虞公、井伯，㠯媵秦穆姬」，若如上法計之，則穆姬嫁時已四十九歲，當無此晚也。要申生之年雖難知，莊二十八年守邑時必已逮弱冠耳。然穆姬嫁時亦過三十，終爲愆期也。或穆姬目出于齊姜，在亂家子不娶之列，求者無人，是目許嫁獨晚耳。

僖二十五年經：「衛侯燬滅邢。」傳：「同姓也，故名。」賈大傅《審微》曰：「昔者衛侯朝於周，周行問其名。曰：『衛侯辟彊。』周行還之，曰：『啟彊、辟彊，天子之號也，諸侯弗得用。』衛侯更其名曰燬，即燬。然後受之。故善守上下之分者，雖空名弗使踰焉。」亦見《韓非子》，亦其聞于荀子者也。麟案：《左氏》說目更名者爲二名。《白虎通·姓名》云：「《春秋》譏二名，何所目譏者？乃謂其無常者也。若乍爲名，祿甫元言武庚。」此所言《春秋》，乃《左氏春秋》也。是《左氏春秋》亦有譏二名，特與《公羊》所指異耳。然熊居、熊虔，《春秋》未有譏，譏者惟衛侯事耳。改僭名而從正名，何譏尒？曰：譏不慎始，目致改也。名者，父所命，子改之爲忘父。父不早爲其子計，而使子不得不改，故《春秋》譏之，非譏其改也，譏其不慎始目致改也。父爲子綱，而命名時無可因之文，故于此譏其父，所謂正其本而萬物理也。若夫父本無失，而子無故更名者，斯則忘父之子，其譏于《春秋》更可知矣。《春秋》辭約指博，一簡之中，兼具滅同姓與二名兩義，不于定、哀世譏之，而于僖世譏之者，《左氏》不張三世也。

又案：衛侯本名辟彊，彊即疆。《管子》：「衛公子開方。」葢與辟彊爲兄弟。辟、開同義，疆土、方域亦同。疑閔二年傳所言齊子即開方也。文公爲衛之多患而先適齊，葢開方亦于是時適齊，後遂仕齊不還，故謂之齊子。齊子實昭伯所生，《管子》謂之衛公子者，葢烝于宣姜，欲掩其淫亂，故稱曰公子，使若先君所生耳。由此知《左傳》□□所説衛國烝淫事，《史記》多與不合，葢當時掩飾周至，雖鄰國史書亦不能得實。《史記》多本此等書耳。左公親見衛史，故能的確知之也。《管子》又目開方爲衛大子，弃其千乘之國，恐是誤説。

昭十三年：「鄭伯男也。」鄭、服注：「鄭，伯爵，在男服也。」賈注：「男當作南，謂南面之君也。」《周語》：「鄭伯南也。」鄭司農注：「南，謂子男。鄭，今新鄭。新鄭之於王城在畿内，畿内之諸侯，雖爵有侯伯，周之舊法皆食子男之地。」惠氏申司農《周語》注曰：「董仲舒《春秋緐露》云：『周爵五等，春秋三等，合伯子男爲一爵。』故云伯男。《公羊》桓十一年：『忽何目名？《春秋》伯子男一也，辭無所貶。』」麟案：爵同者得連稱，王肅固目公侯證之矣。今考漢武帝封姬嘉爲周子南君，亦目二爵連稱也。吴命圭曰吴伯，而《春秋》曰吴子，此三爵爲一等所自法。

閔二年：「羊舌大夫爲尉。」預注：「叔向祖父也。」正義曰：「《譜》云：羊舌氏，晉之公族。羊舌，其所食邑也。」又引李果薶羊頭掘得舌事。《通志·氏族略》目爲不根之論。案：《列女傳》云：「叔姬者，羊舌子之妻也，叔向、叔魚之母也。羊舌子去之三室之邑，三室之邑人相與攘羊而遺之。叔姬曰：『不若埋之，目明不與。』於是乃盛目甕，埋爐陰。後二年，攘羊之事發，都吏至，羊舌子曰：『吾受之，不敢食也。』發而視之，則其骨存焉。都吏曰：『君子哉！羊舌子不與攘羊之事矣。』」則大劉君已有是説，非誣也。《東觀漢記》

曰：「建武中，每臘，詔書賜博士一羊。羊有大小肥瘦，時博士祭酒議欲殺羊分肉，又欲投鉤，甄宇恥之。宇因先自取其最瘦者，由是不復有爭訟。後召會，問『瘦羊博士所在』，京師因㠯號之。」此㠯埋羊而號羊舌子，□正可相比例，何足怪乎？惟據《列女傳》，則羊舌之號始於羊舌職，然則羊舌大夫乃傳家追稱也。《潛夫論・志氏姓篇》：「羊舌氏，晉姬姓。」而謂羊舌子之妻爲叔姬，則娶同姓也。《晉語》述文公之入云：「胥、籍、狐、箕、欒、郤、柏、先、羊舌、董、韓，寔掌近官。」蓋羊舌當時必別有氏，傳亦從其後追稱之爲羊舌也。因號而爲氏，因氏而爲邑，亦可通。衛有羊角，襄二十六年。晉有馬首，昭二十八年。鄭有牛首，桓十四年。皆邑名，特不知彼何自得名耳。

文七年：「華御事爲司寇。」按：《風俗通》曰：「所姓，宋大夫華所事之後也。前漢之所忠，後漢之所輔，皆出焉。」所、御聲通，如「伐木所所」作「伐木許許」，「昭兹來許」又作「昭哉來御」，然則所事即御事也。㠯名爲氏者，華氏立族本多不典，華督生而立氏可比也。《穀梁》㠯俠爲所俠，其族自異。

隱九年經「挾卒」，《公》《穀》作「俠」。《穀梁傳》云：「俠者，所俠也。」徐邈引尹更始注：「所者，俠之氏。」麋信㠯爲所非氏，所，謂庰也。其說不可通。案：尹君兼習《左》《穀》，亦可引爲《左氏》旁通之說。麟謂所、御聲通。莊二十四年傳之御孫，當即所挾之後，猶臧孫、后孫云爾。《魯語》作「匠師慶」，韋解云：「掌匠，大夫御孫之名也。」掌匠者，㠯伐木所所爲氏，尤得世功官族之正。《世族譜》㠯爲御孫即公子結，則杜撰矣。襄四年之匠慶，又別是一人。

《左傳》謂桓公因怒蔡人嫁蔡姬而侵蔡，因㠯伐楚。《史記》亦云：「桓公實怒蔡姬，南伐蔡，管仲因而伐楚。」顧氏《大事表》曰：「案：齊桓之圖楚已經二十年，即遇梁丘至此亦已五年，會檉，盟貫，會陽穀，用全力㠯圖之，豈亦爲蔡姬之故乎？」不知齊桓固欲由蔡制楚，而激于姬事，則侵蔡之心益急。管仲最善調劑，因㠯伐楚導之。《荀子·臣道篇》云：「因其怒也而除其怨，曲得所謂焉。」管仲達于此也。即晉文之于曹、衛，固爲天下大故，然非激于裸浴與塊之事，則雄心未能崛發。孟子云：「德慧術智，存乎疢疾。」寧得謂一無所因哉！○顧又云：「桓或借蔡姬爲兵端。若不討蔡之從楚，使楚不忌而豫爲之備，因得輕行掩襲，疾驅至陘。」此又自通傳誼，可備一説。

昭十五年：「且昔而高祖孫伯黶，司晉之典籍，㠯爲大正，从《五行志》。故曰籍氏。」麟案：典籍之官，多世掌其職。《漢官》曰「大史待詔三十七人」，其「九人，籍氏、許氏、典昌氏各三人，嘉法」。籍氏葢即晉籍氏後，傳至漢世，猶承家學，不失其職也。大史談曰：「余先，周室之大史也。」其間中絶，至漢復掌其官。籍氏當同此。

定四年，祝佗説分殷民。《東觀書》杜林上疏曰：「臣聞先王無二道，明聖用而治，見惡如農夫之務去草焉，芟夷蘊崇之，絶其本根，勿使能殖，畏其易也。古今通道，傳其法於有根。狼子野心，奔馬善驚，成王深知其終卒之患，故㠯殷民六族分伯禽，七族分康叔，懷姓九宗分唐叔，檢押其姦宄，又遷其餘於成周，舊地雜俗，旦夕拘録，所㠯挫其强御之力，詘其驕恣之節也。及漢初興，上稽舊章，合符重規，徙齊諸田、楚昭、屈、景、燕、趙、韓、魏之後，㠯稍弱六國强宗。邑里無營利之家，野澤無兼併之民，萬里之統，海内賴安。」此《古文尚書》通《左傳》之説。

定十年：「公會齊侯于祝其，實夾谷。」服子慎注：「東海祝期縣是也，地二名。」案：《郡國志》：東海郡祝期，「春秋時曰祝其，夾谷地」。而《大事表》云：「案《南畿志》，祝其故城在今江南海州贛榆縣西五十里，即春秋時夾谷。案贛榆北至曲阜三百餘里，而齊更在魯北，齊彊魯弱，豈能屈駕至魯之南境而與會？魯又何苦越其國都而會齊於國之南鄙邪？舊説㠯濟南府淄川縣西南三十里有夾山，上有夾谷臺，爲齊、魯會盟處，猶㠯兩君相會，不應去齊若是之近，去魯若此之遠，而㠯泰安府萊蕪縣有夾谷峪，《名勝志》㠯爲萊兵劫魯侯處，庶幾近之。」麟案：齊侯亦有壯志者也。《孟子》述其言曰：「吾欲觀於二字衍。轉附朝、儛，遵海而南，放於琅邪。」而晏子對㠯述職。宋氏翔鳳曰：「《水經注》：朝水在朝陽。《水經》：潕水出潕陰。《漢書·地理志》作舞陰，與朝陽皆屬南陽郡。漢南陽屬荆州，爲楚地。轉，謂周流。附，謂薄附。言周流朝、儛之水，而薄至楚之國都，此齊桓伐楚之故道也。《左傳》：『君處北海，寡人處南海。』此『遵海而南』，亦泛指楚地，非必浮舟海中也。《晏子春秋》：景公問：『先君桓公，吳、越受令，荆楚惛憂，莫不賓服。』景公時，東則吳最大，南則楚最强。景公欲效桓之伐楚，又欲循海觀兵東夷，蓋自南海㠯至東海，將經歷吳、楚，乃歸國放於琅邪也。」㠯上宋説。彼威德雖不能如志，而于東方魯、衛、邾、莒等國，豈不欲極其遠境㠯示威哉？必于東海祝期者，非魯志也，齊志也。

桓五年：「龍見而雩。」服子慎注：「龍，角、亢也。謂四月昏，龍星體見，萬物始盛。待雨而大，故雩祭，㠯求雨也。」案：《論衡・祭意篇》：「靈星之祭，祭水旱也，於《禮》舊名曰雩。雩之禮，爲民祈穀雨，祈穀實也。春求下脱「雨，秋求」三字。實，一歲再祀，葢重穀也。春㠯二月，秋㠯八月，故《論語》曰：『莫春者，風乎舞雩。』莫春，四月也。周之四月，正歲二月也。二月之時，龍星始出，故傳曰：『龍見而雩。』龍星見時，歲已啟蟄，而雩。」龍星二月見，則雩祈穀雨；龍星八月將入，則秋雩祈穀實。靈星者，神也。神者，謂龍星。據此，是服注之「四月」，謂周正也。而《月令》注及杜解皆㠯此爲「四月建巳」，葢因《漢舊儀》云「夏則龍星見，而始雩」，㠯「龍見」爲蒼龍七宿畢見也，然不如王説之塙。王云秋雩，而傳㠯秋雩爲不時者，王所謂秋雩在正歲八月，此傳之秋雩，周正也，㠯午、未、申三月爲秋，而非八月也。潁子嚴㠯爲「龍見五月」，亦不如服塙矣。麟又案：董江都作土龍。《新論》曰：「劉歆致雨具，作土龍，吹律及諸方術無不備設。譚問：『求雨，所㠯爲土龍何也？』曰：『龍見者，輒有風雨興起㠯迎送之，故緣其象類而爲之。』」然則「龍見而雩」亦此意也。案：《論衡・亂龍篇》：「頓牟掇芥，慈石引鍼，皆㠯其真是，不假他類。他類肖似，不能掇取者，何也？氣性異殊，不能相感動也。劉子駿掌雩祭典土龍事，桓君山亦難㠯頓牟慈石不能真是，何能掇鍼取芥，子駿窮無㠯應。」仲任又爲十五驗四義㠯中子駿意，今録其驗最精者一條曰：「陽燧取火於天，五月丙午，日中之時，消煉五石，鑄㠯爲器，乃能得火。今妄取刀劍偃月之鉤，摩㠯向日，亦能感天。夫土龍既不得比於陽燧，當與刀劍偃月鉤爲比。」是說發明子駿意，亦可轉㠯說傳。

隱元年經：「天王使宰咺來歸惠公、仲子之賵。」傳：「贈死不及尸，弔生不及哀，豫凶事，非禮也。」《說苑・脩文》曰：「生而相與交通，故曰留賓。自天子至士，各有次。贈死不及柩尸，弔生不及悲哀，非禮也。故古者吉行五十里，奔喪百里，贈賵及事之謂時。時，禮之大者也。此七句本《荀子・大略篇》語。《春秋》曰：『天王使宰咺來歸惠公、仲子之賵。』賵者何？喪事有賵者，蓋㠯乘馬束帛。此三句本《公羊》。輿馬曰賵，貨財曰賻，衣被曰襚，口實曰含，玩好曰贈。五句本《大略》。惟變「玉貝」作「口實」。知生者賻賵，知死者贈襚。贈襚所㠯送死也，賻賵所㠯佐生也。二句本《大略》。輿馬、束帛、貨財、衣被、玩好，其數奈何？曰：天子乘馬六匹，諸侯四匹，大夫三匹，元士二匹，下士一匹。天子束帛五匹，玄三，纁二，各五十尺；諸侯玄三，纁二，各三十尺；大夫玄一，纁二，各三十尺；元士玄一，纁一，各二丈；下士綵、縵各一匹；庶人布、帛各一匹。天子之賵，乘馬六匹乘車；諸侯四匹乘輿；大夫曰參輿；元士、下士不用輿。天子文繡衣各一襲，到地，諸侯覆跗，大夫到踝，士到髀。天子含實㠯珠，諸侯㠯玉，大夫㠯璣，士㠯貝，庶人㠯穀實。位尊德厚及親者，賻、賵、含、襚厚，貧富亦有差。二、三、四、五之數，取之天地而制奇偶，度人情而出節文，謂之有因，禮之大宗也。」子政本治《穀梁》，此條則用《左氏》《公羊》說，而又引荀子之說《穀梁》，明此乃三家說《春秋》制禮之通義，而首引《左氏》說，則此條實《左氏》之大義也。

襄十九年：「王追賜之大路，使㠯行，禮也。」《膏肓》曰：「天子車稱大路，諸侯車稱路車，大夫稱車。今鄭子蟜，諸侯之大夫耳，當與天子士同。賜其車，而名之曰大路，非正也。孔子曰：『惟器與名，不可㠯假人。』『名不正，則言不順。』於義《左氏》爲短。」鄭箴曰：「卿㠯上所乘車，皆曰大路。《詩》云：『彼路斯何？君子之車。』此大夫之車稱路也。《王制》：『卿爲大夫。』」案：《續漢·輿服志》：「天子五路，㠯玉爲飾。」劉昭注：「服虔曰：『大路，總名也，如今駕駟高車矣。尊卑俱乘之，其采飾有差。』」此當亦子慎《釋疴》之文。正義引《鄉飲酒禮》「大師則爲之洗」注云：「大夫，若君賜之樂，謂之大師。」引喻最明。然則天子賜車則稱大路，尊卑俱得乘耳。

若夫春秋改制，則又有異名。《說苑·修文》述《左氏》《公羊》之說曰：「賵：天子乘馬六匹，諸侯四匹，大夫三匹，元士二匹，下士一匹。」又曰：「天子之賵，乘馬六匹乘車，諸侯四匹乘輿，大夫曰參輿，元士、下士不用輿。」此皆依生時之制而賵也。乘車與乘輿當互易，何㠯明之？《賈子·等齊》曰：「天子車曰乘輿，諸侯車曰乘輿，乘輿等也。衣被、次齊、貢、原缺。經緯也，苟工巧而志欲之，唯冒上軼主次也。乘輿，即「輿馬曰賵」。衣被，即「衣被曰禭」。貢，即玉、貝譌合爲一字，故下空一字，所謂「玉貝曰含」也。次齊、經緯，未詳。或曰：古字「資」「齎」通，《賈子》本文但有「資」一字，或但有「齎」一字，後人誤疊二字，又皆去其下「貝」而爲「次齊」矣。資即所謂「貨財曰賻」也。惟經緯終不可解耳。唯，借爲雖，次，借爲恣。言苟爲物工巧，而志欲之，雖冒上軼主，亦有所不顧，而恣意㠯行也。此賈大傅亦㠯諸物爲送死之具而言之，是《左傳》舊誼也。然則所謂主者安居，臣者安在？」是天子之車則曰乘輿，諸侯稱乘輿則爲僭，故知諸侯曰乘車也。大傳《左氏》説與子政所述正同，是知乘輿之名非周所有，而亦非起于秦、漢，乃孔子改制之名也。凡四馬爲乘，故諸侯曰乘車。天子六馬，亦從乘名，而曰乘輿。大夫三馬，則不得稱乘，而稱參輿。上得兼下，下不得兼上也。元士二馬，下士一馬，則并不用輿，謂賵不用輿耳。其生時則有輿，直名曰輿也。此則定名而不㠯假人者也。《異義》引：「《易》孟、京，《春秋公羊》説『天子駕六』，《毛詩》説『天子至卿、大夫同駕四，士駕二』。《詩》云『四騵彭彭』，武王所乘；『龍旂承祀，六轡耳耳』，魯僖所乘；『四牡騑騑，周道倭遲』，大夫所乘。謹案：《禮・王度記》曰：『天子駕六，諸侯與卿同駕四，麟案：卿當下從大夫制。大夫駕三，士元士。駕二，庶人駕一。從下士制。』説與《易》《春秋》同。」麟謂《毛詩》説周制也，《左氏》《公羊》、孟、京、《王度記》説春秋制也。

莊元年經：「單伯送《公》《穀》作「逆」。王姬。」十四年經：「單伯會伐宋。」文十四年經：「單伯如齊。」莊十四傳云：「諸侯伐宋，齊請師于周。夏，單伯會之。」文十四傳云：「請㠯王寵求昭姬于齊。冬，單伯如齊。」《公羊》莊元云：「單伯者何？吾大夫之命乎天子者也。」《穀梁》云：「命大夫，故不名。」《公羊》文十四云：「不稱行人而執，㠯己執也。單伯之罪何？道淫也。」則皆謂是魯大夫。麟謂文十五年書「單伯至自齊」，則單伯誠魯臣也。然傳文言周者，蓋天子使大夫監于方伯之國，國三人，謂之三監。魯，分陝之國也，固有之。禮之諸公，謂大國之孤與三監，則三監亦在臣列，蓋猶漢時王國之相，雖臣，而得劾奏君過，不純臣也。《管子・輕重乙》云：「使卿諸侯藏千鍾。」俞先生謂即孤。實當爲三監。卿而㠯諸侯名，其不純臣審矣。此爲天子大夫，其在侯國則卿之等類。周衰，不能馭諸侯，魯亦失其方伯之職，故三監止存其一，而處于周。魯請事則行，魯無事則止，亦猶告朔既廢，尚秩餼羊；東巡不行，猶存祊邑：典禮虚設不用也。單伯蓋㠯單子之支裔，世爲天子大夫，亦世爲魯監，莊元年至文十四年八十年矣，兩單伯必非一人。故書字曰伯，而不名，正合天子大夫之例。若魯卿雖命于天子者，亦名，不得書伯也。世書單伯者，襲父職必㠯適長也，知此則三傳之結可解。

昭二十年：「乘驅自閲門入。」案：《説文》：「閲，具數于門中也。」此蓋衛簡閲車徒之處。或曰：《爾雅・釋宫》云：「桷直而遂，謂之閲。」蓋此城門之屋霤制然，故名。

昭二十七年：「復位而待。」杜預注：「復本位待光命。」酈炎《對事》云：「客問酈炎曰：『吴王曷不傳子，而傳兄弟？四人傳者，將㠯致國乎季札，季札不受，雖有僚立闔閭之弑，《春秋》猶㠯不受爲義，不殺爲仁。而桓譚㠯夫差喪國，咎由季札。札不思上放周公之攝位，而下慕曹臧之謙讓，名已細矣。《春秋》之趨，豈謂尒乎？』炎曰：『夫四王之輕命致國乎季子，謂其能流慶百世也。季子脱不字。受，内有簒殺之亂，外致滅亡之禍，雖當作唯。知潔己之可爲，不惟宗廟之絶祀，其痛矣。』問曰：『《周制》：諸侯父死子繼，若札從先私志，受非所繼，是浮行，豈節義之謂與？闔閭之欲國，蓋緣□札之雅意，故曰：季子雖至，不吾廢也。今如吾子之云，則君子何稱乎？』炎曰：『光知季子仁而無權，故肆意焉。季子不能討，是則《春秋》所譏。仁而不武，無能達也。子之云《公羊》也，《公羊》不㠯父命辭王父命，㠯王父命辭父命，不㠯家事辭國政。衛輒拒父，猶謂之可，況㠯國治簒弒之子乎？祭仲行權，《公羊》嘉之，云：君可㠯生易死，國可㠯存易亡。季子不然，猶何善乎？此葢《公羊》之失，非義之通者也。周公誅二叔，不爲不仁；宋穆受兄國，不爲不義。君子急病而讓夷，故踐明堂，朝諸侯，非榮其位，爲時之急也。㠯季子之才，君國子民，行化四方，與夫句踐相去幾何？若令向時見國危亂，慕周公急時之義，思先君致國之意，攝政持統，邁其威德，奚翅遷都琅邪，尚征上國，朝齊、宋、鄭、魯、衛執政之君哉？孔子稱可與立道，未可與權，權反經而善，聖之達節者也。季子守節之士，故非其量度乎？』」麟案：此說褒貶俱盡，季札與宋宣穆、曹欣時輩，其讓德皆絶無僅有，自《春秋》所不容不褒者，而責備之辭，皆不得免。

成六年經：「立武宮。」傳：「季文子㠯鞌之功立武宮。」服子慎注：「鞌之戰，禱武公㠯求勝，故立其宮。」案：《公羊傳》云：「武宮者何？先君武公之廟。」此服所本。杜預謂：「築武軍，又作先君武公宮，㠯告成事，欲㠯示後世。」此因傳云：「不可㠯立武，立武由己。」若惟立武公宮，不得稱立武也。不知「立武」非經之「立武宮」，其爲言猶建武漢世祖年號，取義建立武功。云爾，而義則相因。或㠯爲語涉牽傅，案：《論語》云：「文王既没，文不在兹乎？天之將喪斯文也，後死者不得與于斯文也。天之未喪斯文也，匡人其如予何？」若謂不得因武公之謚而牽傅立武，則亦不得因文王之謚而牽傅斯文矣。葢惟文王有文德，故斯文即文王所傳，惟武公有武功，故立武公之宮㠯建武耳。

襄十五年經：「劉夏逆王后于齊。」傳：「官師從單靖公逆王后于齊。卿不行，非禮也。」言單靖公矣，又言「卿不行」，似自相矛盾。即令靖公非卿，終尊于官師劉夏，經何㠯書劉夏，不書單子也？杜謂：「劉夏獨過魯告昏，故不書單靖公。」夫魯于昏無事，則何告？魯于昏有事，則何容獨使劉夏告之？案：「官師從單靖公」者，謂官師中之從單靖公者也。從，謂爲其屬官也。必如是云者，古人稱謂不同。俞先生《古書疑義舉例》曰：「㠯父名子：潘尪之黨、申鮮虞之傅摯、庾皮之過是。㠯夫名妻：武王邑姜、蓋長公主是。㠯子名母：惠公仲子是。」㠯上與傳有合有不合，特引㠯證稱謂不同耳。然則此言「官師從單靖公」者，㠯長官目其從官也。然此猶古人到句法，若如今人順言之，則當曰：單靖公之屬官劉夏爾。劉夏行，單靖公不行，經無去取，傳無刺繆。

僖十四年經：「諸侯城緣陵。」傳：「諸侯城緣陵而遷杞焉。」《大事表》曰：「臣瓚謂即北海郡營陵縣。案：營陵，一名營丘，即今青州府之臨淄縣，乃師尚父初封之地，豈有㠯封杞之理？或曰：在今諸城縣界。總因《左傳》有緣陵遷杞之文而爲之説耳。桓六年淳于公如曹不復，杞即并其地。至襄二十九年晉人城杞之淳于，是杞都淳于始終未嘗改，無由中間遷緣陵，又自緣陵復遷淳于也。」麟案：《地理志》齊郡臨淄下曰：「師尚父所封。莽曰齊陵。」北海郡營陵下曰：「或曰營丘。」箸「或曰」之云，則不過存㠯俟考，而正説終㠯尚父所封之營丘在臨淄矣，故後論齊地分野曰「臨菑，名營丘」是也。營陵、營丘截然兩地，而應劭于臨淄下曰：「齊獻公自營丘徙此。」故瓚駁之曰：「臨淄即營丘也。」明營丘非有異地。劭于營陵下曰：「師尚父封于營丘，陵亦丘也。」故瓚駁之曰：「營丘即臨淄也。營陵，《春秋》謂之緣陵。」言營丘即在臨淄，而此營陵則是緣陵，非營丘也。原齊自大公封營丘㠯後，未嘗他徙，故《晏子·雜下篇》云：「景公新成柏寢之室，室夕。大匠曰：『立室㠯宮矩爲之。』司空曰：『立宮㠯城矩爲之。』晏子朝公，公曰：『先君大公㠯營丘之封立城，曷爲夕？』」則景公時城即大公時營丘城，獻公縱嘗他遷，或一時暫居，如漢武之治甘泉，未嘗廢長安故都也。齊胡公徙薄姑事，亦同此。至謂獻公自營陵徙臨淄，則㠯譌傳譌之説也。臨淄爲齊都，則營陵非齊都。㠯封杞者，猶楚之遷許于葉，欲使在竟内爲附庸耳。且如顧㠯淳于爲説，則淳于亦屬北海，與營陵本近，遷之適合事宜。若夫襄公時杞猶在淳于者，案此傳本云：「不書其人，有闕也。」是不成于遷也，何怪其終居淳于乎？緣陵遷杞，非《左氏》一家之私言，《公羊》亦同。案：《管子·大匡》云：「宋伐杞，桓公築緣陵㠯封之，予車百乘，甲一千。」《霸形》云：「宋伐杞，㠯車百乘，卒千人，㠯緣陵封杞。」彼言宋伐杞，與傳「淮夷病杞」殊其言，封緣陵無闕，與傳亦不同，而城緣陵之爲封杞則無異言也。《大匡》又云：「諸侯附，狄入伐，伐齊。齊車千乘，卒先致緣陵。」則緣陵爲齊地，又有證矣。

莊八年：「遂田于貝丘。」案：齊田處最多，《齊風》所著，如《還》及《盧令令》等，田事多矣。麟嘗讀《東都賦》：「發蘋藻㠯潛魚，豐圃草㠯毓獸，制同乎梁鄒，誼合乎靈囿。」李善注引《魯詩傳》曰：「古有梁鄒，梁鄒者，天子之田也。」劉淵林《魏都賦》注引《魯詩傳》則作「梁騶」，云：「天子獵之田曲也。」又讀《地理志》，濟南郡有梁鄒縣，《志》末云：「濟南，齊分。」齊郡臨淄下曰：「如水西北至梁鄒入泲。」乃知梁鄒實在齊地，蓋㠯會王之東蒐者，齊亦應自田其地，附論于此。

僖十四年經：「沙麓崩。」傳：「晉卜偃曰：『期年將有大咎，幾亡國。』」《五行志》曰：「《左氏》目爲沙麓，晉地；沙，山名也。地震而麓崩，不書震，舉重者也。伯陽甫所謂『國必依山川，山崩川竭，亡之徵也；不過十年，數之紀也』。至二十四年，晉懷公殺於高梁。」或謂沙麓即五鹿，晉文公始取諸衛，此時尚爲衛地，于晉何有？傳必附會。麟案：《齊語》云：「築五鹿、中牟、蓋與、牡丘目衛諸夏之地，所目示權於中國也。」然則五鹿蓋天子閒田，其地險要。服子慎注此云：「沙，山名。鹿，山足。林屬於山，曰鹿。」《說文》「麓」下云：「守山林吏也。」蓋所謂「山之林木，衡鹿守之」，天子本有虞官在此。名山不目封，勢處阸塞，又必使大夫特治。周衰，乃爲晉、衛所攘，衛多而晉少耳。晉地錯在衛竟，亦猶鄭地之畱中隔宋竟也。五鹿雖分于二國，終爲王官要地，故《穀梁》劉子政說「目爲臣下背叛，散落不事上之象」，原可兼存。蓋《志》所稱《左氏》說，其占已與傳小異，元城建公述晉史之占，又爲王氏篡漢之兆，良由非常沴變，所包廣博，占者各主一說，要未嘗錯迕也。

傳每云：「其與幾何。」案：《曲禮》：「生與來日，死與往日。」注：「與，猶數也。」《說文》：「數，計也。」其與幾何，謂其計幾何。與，非助語詞。

襄九年：「冠于成公之廟，假鍾磬焉，禮也。」案：五月，穆姜薨。姜雖幽居，薨稱夫人，葬稱小君，未嘗見廢。襄公自當持重，此十二月尚未及練，乃不㠯喪冠，而㠯吉冠，謂之禮，何也？案：戴德《喪服變除》：「童子當室，謂十五至十九，爲父後，持宗廟之重者，其服深衣，不裳，其餘與成人禮同。禮不爲未成人制服者，爲用心不能一也。其能服者，亦不禁衰絰。」此西漢古説，必非無據。葢聖人制禮，責于賢智，寬于衆庶，不能服則寬之，能服則責之，是㠯《喪服》爲姊長殤大功，爲昆弟下殤小功，爲能服者制也。《喪大記》言：「子幼，則㠯衰抱之。」此知識未開，而一從能服例者，君子不逆詐，不㠯衆庶待人也。襄公則不能服者也。士大夫二十而冠，十九未冠，則未成人，不制服也。人君早成其德，十二而冠，未冠則未成人，不制服也。人君十九，則成人久矣。傳刺昭公十九居喪不哀，㠯此。襄公未冠，不能服，至其冠時，尚是㠯未成人，而就行禮，故冠時猶未同成人。有喪之禮，必四加既訖而後成人，乃爲穆姜持服，變在須臾之頃，冠時固尚屬吉時，故傳㠯爲禮也。然即此二字已決襄公之非賢君，其旨微矣。若不解戴義，又必爲杜氏「卒哭除服」所藉口。○又，是時季武子㠯下諸臣從君者，爲穆姜亦有齊衰服，葢不與行禮，衞臣攝焉。

成十三年：「蔑死我君。」《釋文》：「死我君，本或㠯我字在死上。」洪稚存本從之，《詁》曰：「惠棟曰：『案僖三十三年傳：其爲死君乎？可謂死君乎？尋文義當云：蔑我死君。』鄭康成《易》注云：『蔑，輕慢也。』今據《釋文》改正。」麟案：惠、洪皆非也。《魏志·文帝紀》終制曰「若違今詔」云云，「臣子爲蔑死君父，不忠不孝」。此語本《左傳》。是魏初本作「蔑死我君」也。尋《論語》「亡之，命矣夫」，《宣五王傳》作

「蔑之」。亡，猶死也；蔑，亦死也。已死而遺忘之曰死，已蔑而遺忘之曰蔑，故曰蔑死。蔑引申亦爲遺棄之通稱。

文十四年經：「齊公子商人弒其君舍。」《異義·未踰年之君立廟不》：「《春秋公羊》説云：『未踰年君，有子則書葬立廟，無子則不書葬。』《公羊》莊三十二年云：「無子不廟，不廟則不書葬。」此無「不廟」字，陳恭甫㠯爲脱。恩無所録也。《左氏》説云：『臣之奉君，悉心盡恩，不得緣君父有子則爲立廟，無子則廢也。』」鄭曰：「未踰年君者，魯子般、子惡是也，皆不稱公，書卒弗謚，不成於君也。廟者，當序於昭穆，不成於君，則何廟之立？凡無廟者，爲壇祭之。」麟案：舍亦未踰年君，無子，而書君，則得立廟矣。竊謂此等當立廟，而不與四廟之數。《喪服小記》曰：「適婦不爲舅後者，則姑爲之小功。」注：「謂夫有廢疾，及死而無子，不受重者。」然則未踰年君無子者，自祖禰視之亦如無子之適婦不受重者矣。此似不當有廟也，然適婦雖無子，苟有弟子，猶當㠯世母視之，小宗可絶，則弟子不爲之後，大宗否。爲服不杖期，則未踰年君無子，其臣猶當㠯君視之，爲服不杖期。爲君本服斬，而服不杖期者，先君之斬未畢也，亦猶在父服斬衰中而祖死，則不得持重斬衰，仍服不杖期也。此不杖期，則爲君長子之服也，而視之固君也，非長子也。不特此也，即君踰年薨，而尚在先君斬衰中，其服亦當如是也。何休曰：「未踰年之君，禮，臣下無服。」彼疏謂：「爲前君服斬，不得廢重服輕。」麟謂：《間傳》云：「斬衰之喪既虞，卒哭，遭齊衰之喪，輕者包重者。」特是先君既葬，則得爲新君變服，寧得云無服也？蓋自上視之，則已輕；自下視之，則仍重。適婦無子，與未踰年君無子一也，下視之重，則不得不爲立廟，尊君也；上視之輕，則立廟而不得與於四廟，尊祖也。《春秋》于魯子般、子惡並曰卒書，録曰善終，子野善終□，亦同。于齊則書「弑其君舍」。于善終者見尊祖。書子，曰不成君，目之常事，則見奉先之法也。于見弑者見尊君。書君，曰成君，目之變故，則見臣道之防也。此所曰位同而文異也。合二者觀之，則得立廟，而不得與四廟可見矣。王子猛亦未踰年，例同般、惡也。凡未踰年君，非弑，亦不書葬者，無謚，固無可書。即如悼王有謚，亦推死者孝子之情，不忍于一年中曰某王某公書葬也。若許君曰子不殤父、臣不殤君爲説，引喻失倫，宜爲鄭駁。

襄二十一年九月、十月，日頻食。二十四年七月、八月，日頻食。歷家謂理所必無。麟謂：《春秋》書日食，不止常算所得者，日之食不必皆由月掩之也。《吕氏春秋·明理》云：「其日有鬬蝕，有倍僪，有暈珥，有不光，有不及景，有衆日並出，有晝盲，有霄見。」注：「鬬蝕，兩日共鬬而相食。」然則算不入限者，乃此等食耳。堯時十日並出，而羿射中其九，射中固妄言，至于十日並出，亦天變所有。據《吕氏》又云：「有四月並出，有二月並見，有小月承大月，有大月承小月。」此皆周、秦間諸儒據天文有驗者而具録之，若云誣妄，何必聒聒多言，爲此無味之語哉？縱疑《吕覽》，則徵之史家實録可也。《五行志》：「成帝建始元年八月戊午晨，漏未盡三刻，有兩月重見。」此非誣矣。有兩月，則何爲必無兩日？兩日共鬬而相食，固理所有也。且天變固不能曰常理推，恆星不見，夜明，豈人所測度哉？漢高帝三年十月晦，十一月晦，文帝三年十月晦，十一月晦，皆頻食，雖于史不見兩日之文，然京房《易傳》曰：「凡日食不曰晦朔者，名曰薄。日月雖不同宿，陰氣盛，薄日光也。」是薄之爲言，非徒先晦一日而食，後朔一日而食也。凡算不入限而食，及月中三旬有食

者，皆薄也。則高、文之食皆薄矣。即襄公時頻食，或爲薄，亦不可知也。❶

哀十一年：「使賜之屬鏤㠯死。」服子慎注：「屬鏤，劍名，賜使自刎。」按：《荀子·成相》云：「恐爲子胥身離凶，進諫不聽，剄而獨鹿棄之江。」屬鏤、獨鹿，一也。《周書·王會》云：「獨鹿邛邛。」《漢書·武帝紀》：「行幸歷獨鹿、鳴澤。」服注：「獨鹿，山名，在涿郡。」王懷祖謂兩獨鹿是一。然則獨鹿蓋其地所出之劍，㠯地名劍，猶棠谿、墨陽也。❷

宣□二年：❸「去之，夫，其口衆我寡。」案：當㠯一「夫」字爲句，非語助也。字借爲扶。《天文志》云：「奢爲扶，扶者，邪臣進而正臣疏，君子不足，姦人有餘。」然則一不足，一有餘，謂之扶。《說文》：「扶，佐也。」《宋策》注：「扶，助也。」凡佐助，必一有餘，而一不足者也。因而一有餘一不足相鬭訟者，亦謂之扶，此則苦怏、徂存之例。此扶，即謂口衆我寡。下句特自釋耳。扶、寡，亦韻語也。《白虎通·嫁娶》：「夫者，扶也，扶㠯人道者也。」又，

---

❶ 手稿此條有小標題「日頻食」。

❷ 手稿此條有小標題「屬鏤」。

❸ 「□」，手稿無。

《爵》：「大夫之言大扶，扶進人也。」《釋名・釋親屬》：「夫人，夫，扶也，扶助其君也。」是古夫、扶通。❶

昭二十五年：「公徒釋甲，執冰而踞。」正義曰：「二十七年傳説此事云：『豈其伐人而説甲執冰㠯游？』則此踞是游也。《曲禮》云：『遊無倨。』倨是慢也，謂傲慢而遊戲。」麟案：彼㠯游易踞，謂踞是游戲耳。此踞固訓蹲踞也。《賈子・等齊》云：「諸侯王所在之宮衛，織履蹲夷，㠯皇帝在所宮法論之。」此論如討論之論，或㠯上有「法」字，指爲論罪之論，非也。蓋蹲夷乃夷俗，故《法言・五百篇》㠯夷俟倨肆羈角爲非禮。《白虎通》云「夷者，蹲夷無禮義」是也。天子宮衛，有夷、貉、蠻、閩之隸，故得蹲踞；諸侯之衛，皆國人，故不得沿及，漢時諸侯亦然，故大傅歎之也。廣魯于天下，故宮衛得用夷俘，亦得蹲踞。公徒，即國人之爲宮衛者，時公勢寡弱，故但用宮衛，《魏氏春秋》説高貴鄉公討司馬氏云：「帝遂拔劍升輦，帥殿中宿衛、蒼頭、官僮，擊戰鼓，出雲龍門。」事正類此。游戲效蠻夷之衛而踞矣，此可㠯大傅義爲説。❷

昭十年：「用幣必百兩，百兩必千人。」杜預注：「載幣用車百乘。」麟案：《賈子・大政下》：「官駕百乘，而食食千人，政有命，國無人也。」是百乘必從㠯千人，平時則養之，出行則從之。蓋賓嘉之禮，皆一車而十

❶ 手稿此條有小標題「夫」。

❷ 手稿此條有小標題「公徒釋甲執冰而踞」。

人，不止戎車三百，虎賁三千，爲軍制矣。此亦可㠯補《訓故》。❶

桓十五年經：「天王使家父來求車。」《士冠禮》注：「周大夫有嘉甫。」疏證曰「天王使嘉甫來求車」。案：此葢賈氏見鄭説《春秋》訓此家爲嘉，當見服注中。故引爲證，非鄭本有異也。尋家與假皆从叚聲。家从豭省聲。《詩·假樂》，文二年云：「公賦《嘉樂》。」襄二十六年云：「晉侯賦《嘉樂》。」則是假借爲嘉，毛傳云：「假，嘉也。」故家亦得借爲嘉矣。然必知家父借爲嘉，則鄭當有所據也。今攷《漢書·儒林傳》：「燕人周醜，字子家。」亦借家爲嘉也。《詩·十月之交》傳、《泮水》箋皆云：「醜，惡也。」《釋詁》：「嘉，善也。」此名字相反爲義。❷

文十三年：「其處者爲劉氏。」案：昭二十九年有「陶唐氏既衰，其後有劉累」。則劉即貍也。《周語》：「其丹朱之神乎？」下云：「使大宰㠯祝、史帥貍姓，奉犧牲粢盛玉帛往獻焉。」韋解：「貍姓，丹朱之後也。」陶唐氏之後即出丹朱，故知劉即貍。二字雙聲合韻。《莊子·天地》：「執畱之狗成思。」《釋文》：「『畱』本又作『⿰犭畱』，一本作『貍』。」貍、畱相通，知貍、劉亦通。《方言》《説文》皆言：「俚，聊也。」《説文》：「⿺走里，畱意也。」是

❶ 手稿此條有小標題「用幣必百兩百兩必千人」。

❷ 手稿此條有小標題「天王使家父來求車」。

里聲、丣聲之字音義多相通。尋劉訓殺，《釋詁》。《論語比考讖》云：「徐衍負石伐子自貍。」宋均注：「貍，猶殺也。」蓋貍本善捕健殺之獸，故殺曰貍。後又造劉，實不殊字。《説文》：「貍，伏獸似貙。」漢「貙劉之祭」，當本作「貙貍」，取貙貍善殺也，義本平列。貍、劉音轉，乃易爲劉，而專訓殺矣。又轉爲貙膢，訓祭，蹤跡遂不可索矣。此㠯知貍與劉音同字變，實爲一姓。《周語》之「傅氏」，韋解㠯爲貍姓，此又貍姓之別氏，猶劉爲姓，而御龍爲氏也。《潛夫論·志氏姓》云：「帝堯之後有劉氏、⿰扌黑氏。」⿰扌黑即貍之譌。貍、劉並列者，在漢時已分爲二氏，猶陳、田不爲一族矣。若謂㠯畱秦而氏劉，則無解于劉纍矣。❶

襄二十五年經：「吳子遏伐楚。」傳：「吳子諸樊伐楚。」案：遏號諸樊，亦即字也。《魯語》：「金奏《肆夏》《樊遏》《渠》。」吕叔玉云：「《樊遏》，《執競》也。」名遏，字樊，義取此。諸爲發聲，猶組紺字諸盩，盩即綟，與名組紺相應，而諸爲發聲也。❷

僖九年：「故魚氏世爲左師。」麟案：《殷本紀》大史公曰：「殷後有目夷氏。」據《索隱》，則本《世本》也。

---

❶ 手稿此條有小標題「其處者爲劉氏」。

❷ 手稿此條有小標題「遏號諸樊」。

是子魚之後亦㠯名爲氏，豈或魚石叛宋，其族有欲避禍者，更姓爲目夷，猶智果之自别爲輔氏邪？❶

哀二十六年：「卒于連中。」杜預注：「連中，館名。」《釋文》：「連，如字，又音輦。」麟案：「如字」是也。《釋宫》：「連，謂之簃。」郭注：「堂樓閣邊小屋，今呼之簃廚、連觀也。」此與上文「檐謂之樀，容謂之防」文法一例。連、簃，一物二名也。其侈大者，有周景王雒陽誃臺。此連與彼同。連中者，連簃之中也。杜合二字爲館名，稍誤。❷

哀二十六年：「奉公自空桐入。」杜預注：「梁國虞縣東南有地名空桐。」麟攷《殷本紀》大史公曰：「殷後有空桐氏。」此即宋裔㠯地爲氏者，語本《世本》，正可㠯左證《左》。❸

昭二十三年：「吳大子諸樊入郹。」武氏億《羣經義證》曰《吕氏春秋·察微》《史記·吳世家》皆作「公子光」，知大子諸樊猶諸樊大子也。麟案：此㠯父號爲氏，猶若敖氏也。崔寔《四民月令》曰：「黄帝之子曰累

❶ 手稿此條有小標題「故魚氏世爲左師」。

❷ 手稿此條與下條位置互乙，並有小標題「卒于連中」。

❸ 手稿此條有小標題「奉公自空桐入」。

祖，好遠遊，死道路。」彼蓋㠯母黄帝妃。嫘祖之號爲號，亦此類也。不稱名而單稱氏者，古文例也。《墨子·非儒下》云：「孔乃志怒於景公與晏子。」不言孔某，是其例。❶

哀二年經「鄭罕達」，傳云「鄭子姚」。《名字解詁》㠯「佻兮達兮」釋之。案：姚自可讀本字。《賈子·容經》云：「姚不惛，卒不妄。」㠯姚、卒爲對文。卒即猝。《説文》：「猝，犬從艸暴出逐人也。」《方言》：「懕朴，猝也。」注：「謂急速也。」是則姚即「雅聲遠姚」之「姚」，見《禮樂志》景星詩。凡雅聲必緩。師古曰：「姚，僄姚，言飛揚也。」正相反。爲舒遲之義矣。《莊子·齊物論》：「姚佚啟態。」姚佚，亦舒緩也。《楊雄傳》：「爲人簡易佚蕩。」晉灼曰：「佚蕩，緩也。」姚佚，猶佚蕩也。《説文》：「姚，《史篇》㠯爲『姚易也』。」姚易，即所謂簡易佚蕩也，皆姚之古義也。而達亦有急速義。王引《尚書大傳》注：「條達，行疾貌。」又，《詩》：「撻彼殷武。」傳：「撻，疾意也。」撻、達通。《韓詩》云：「撻，達也。」是與字姚相反爲義，可㠯補《訓詁》焉。哀九年又作「武子賸」，此當爲二名，非必字。❷

定六年：「見溷而行。」九年：「子明謂桐門右師出。」杜預注：「子明，樂祁之子溷也。」《名字解詁》㠯溷

❶ 手稿此條有小標題「吳大子諸樊入鄭」。

❷ 手稿此條有小標題「罕達字子姚」。

爲焜。麟謂：涃與圂同。《賈子·道術》：「誠動可畏謂之威，反威爲圂。」明、孟聲同。《大戴·誥志》：「明，孟也。」《史記·歷書》：「明者，孟也。」孟、猛聲又同，故「賓孟」《古今人表》作「賓猛」。故明得借爲猛。《說文》：「爽，明也。」《方言》：「爽，猛也。」是明、猛聲義皆同。《周書·謚法》：「猛㠯剛果曰威。猛㠯彊果曰威。」名圂字猛，取相反爲義。❶

昭十三年：「召觀從。」下云：「臣之先佐開卜。」按：觀借爲爟。《周禮·司爟》注：「故書爟爲燋。杜子春云：燋當爲爟，書亦或爲爟。玄謂爟讀如『予若觀火』之觀。」是知觀得借爲爟，㠯「書亦或爲爟」言之，則故書原有作燋、作爟二本，子春非臆改也。原燋、爟義實同，故故書並存。《說文》：「燋，所㠯然持火也。」《菙氏》注：「燋，謂炬其存火。」《字林》：「爝，炬火也。」實即燋之訓。《吕氏·本味》：「爝㠯爟火。」注：「置火於桔皋。爟，讀曰『權衡』之權。」此與《封禪書》「通權火」張晏注同。然則爟乃炬之大者，燋乃炬之小者，皆㠯物然持火也。故散則燋、爟互稱。《菙氏》：「掌共燋契㠯待卜事。凡卜㠯明火爇燋。」是卜用燋。據《春官》，開龜者卜師也。則此佐開卜者菙氏也，其職言「役卜師」是也。㠯其掌燋，故㠯爟爲氏，㠯世功爲族也。平王遂使從爲卜師，則超佐、貳而爲正印官矣。子春受業子駿，兼明《左氏》，又得康成「讀觀」發明之，可無疑義。〇或曰：㠯爟爲氏，如與司爟涃何？曰：《說文》爟、烜同字，《秋官》又有司烜氏，官名尚不嫌相涃

❶ 手稿此條有小標題「樂涃字子明」。

也，況氏族乎？❶

宣十二年：「兩馬。」服子慎注：「兩，猶飾也。」按：兩借爲良。《周禮·方相氏》：「敺方良。」注：「方良，罔兩也。」是兩、良通。《夏小正》傳：「良蜩五采具。」然則五采具曰良，良馬者，曰五采飾馬也。《環人》注引作「㒳馬」，《説文》所無，蓋漢隸也。❷

襄九年：「棄位而姣。」服子慎讀姣爲「放效」之「效」，言：「效小人爲淫。」麟案：《列女傳》作「棄位而放」，則劉子政説傳曰姣爲放效也。《老子》：「地法天。」《繫辭》云：「效法之謂坤。」凡女從男，猶地效天也。效小人爲淫，即從小人爲淫也。僖四年：「風馬牛。」賈侍中注：「風，放也。牝牡相誘曰風。」放亦放效之放，言牝從牡也。❸

僖二十四年：「秦伯送衛於晉三千人，實紀綱之僕。」《韓非·十過》云「公因起卒曍騎二千，輔重耳入之

---

❶ 手稿此條有小標題「觀氏」。

❷ 手稿此條有小標題「兩馬」。

❸ 手稿此條有小標題「棄位而姣」。

于晉」是也。二千亦當爲三千矣。漢郡吏有綱紀。《魏志·劉放傳》云:「歷郡綱紀。」《梁習傳》云:「爲郡綱紀。」《徐宣傳》云:「還本郡,與陳矯並爲綱紀。」《鄧艾傳》云:「後爲典農綱紀。」上計吏葢依此爲名,一爲宿衛之綱紀,一爲掾史之綱紀也。❶

成十五年:「盜憎主人,民愛其上。子好直言,必及於難。」今本「愛」作「惡」。按:《説苑·敬慎篇》述《金人銘》云:「盜怨主人,民害其貴。」《家語·觀周》作:「盜憎主人,民怨其上。」《周語》云:「獸惡其網,民惡其上。」今本因此數端而改也。《列女·晉伯宗妻傳》:「盜憎主人,民愛其上。有愛好人者,必有憎妬人者。夫子好直言,枉者惡之,禍必及身矣。」是子政所據傳作「愛」,若作「惡」,則無煩改削原文,而委曲説之矣。傳與諸書一致,而義更深。《管子·樞言》云:「愛者,憎之始也。」子政説傳略同。❷

襄十四年:「譬如捕鹿,晉人角之,諸戎掎之。」案:《詩·七月》傳:「角而束之曰掎。」《廣雅》:「捔,掎也。」《説文》:「掎,偏引也。」則角即掎,謂偏引之也。《荀子·議兵》云:「案角鹿,埵隴種東籠而退耳。」案,語詞也。《荀子》多言「案」。角鹿,即傳所云也。隴種東籠,疊韻語,狀其退也。據楊注:「埵,如禾實垂下然,

❶ 手稿此條有小標題「秦伯至之僕」。
❷ 手稿此條有小標題「盜憎至於難」。

丁果反。」則讀爲𥝩，義不可通。按：埵，本「垂」之譌，「垂」又因「𠂹」而誤。《説文》古文「羌」作「𢀜」，與「𠂹」相似，此本「𢀜」字。《廣雅·釋言》：「羌，乃也。」《離騷》「羌無實而容長」是也。言如角鹿，鹿懼其威，乃隴種東籠而退耳。《新序》無「鹿埵」字，誤。《韓詩外傳》連上爲文，云：「觸之摧角折節而退爾。」亦似後人所改。此見以角鹿喻兵勢，乃是古語，《荀子》文可爲傳注。❶

宣八年：「雨，不克葬，禮也。禮，卜葬先遠日，辟不懷也。」《異義》：「《左氏》説：『卜葬，先遠日，辟不懷。』言不汲汲葬其親。雨，不可行事，廢禮不行。庶人不爲雨止。《公羊》説：『雨，不克葬，謂天子諸侯也。卿、大夫、臣賤，不能以雨止。』《穀梁》説：『葬既有日，不爲雨止。』許慎謹案：《論語》云：『死，葬之以禮。』以雨而葬，是不行禮。《穀梁》説非也。從《公羊》《左氏》之説。」鄭無駁。徐邈説《穀梁》曰：「喪事有進無退。又，《士喪禮》有『潦車載蓑笠』，則人君之張設固兼備矣。禮，先遷柩於廟，其明昧爽而引。既及葬日之晨，則祖行遣奠之禮設矣。故雖雨，猶終事，不敢停柩久次。」麟案：《賈子·容經》云：「古之爲路輿也，蓋圜以象天。」則鄭君説「潦車有蓋，乘車無蓋」失之也。本孔巽軒。蜃車亦象路輿，故《巾車》職所謂「及葬，執蓋從車」者，乃象生時，非爲雨而執矣。且朝雨沾服失容則退，況葬大事乎？弁絰葛而葬，與神交之道也，有敬心焉，雨，則主喪者亦沾服矣，不失敬乎？《王制》曰：「庶人縣封，葬不爲雨止。」注云：「雖雨猶葬，以其禮

❶ 手稿此條有小標題「晉人角之」。

儀少。」然則尊者禮儀多，可不敬乎？ 康成《釋廢疾》：「雖庶人葬爲雨止。」《王制》正義申之曰：「在廟未發之時，庶人及卿、大夫亦得爲雨止。若其已發在路及葬，則不爲雨止。其人君在廟及在路及葬皆爲雨止。」是則所謂庶人不爲雨止者，特已發後耳，在廟猶止，人君則已發猶止也。士禮與庶人同。《吕氏·開春論》云：「魏惠王死，葬有日矣，天大雨雪，至於牛目。羣臣多諫於大子者曰：『雪甚如此而行葬，民必甚疾之，官費又恐不給，請弛期更日。』大子曰：『爲人子者，目民勞與官費用之故，而不行先王之葬，不義也。』惠公駕而見大子曰：『昔王季歷葬於渦山之尾，欒水齧其墓，見棺之前和。文王曰：譆，先君必欲一見羣臣百姓也，天故使欒水見之。於是出而爲之張朝，百姓皆見之，三日而後更葬。此文王之義也。今葬有日矣，而雪甚及牛目，難目行，大子爲及日之故，得無嫌於欲亟葬乎？ 願大子易日。先王必欲少留而撫社稷、安黔首也，故使雨雪甚。因弛期而更爲日，此文王之義也。若此而不爲意者，羞法文王也。』大子曰：『甚善，敬弛期。更擇葬日。』」雨雪與雨水，葬有日與葬已發，雖有不同，而其不可亟葬則同。惠施名家，猶知古義，儒者奈何爲異說乎？❶

隱元年：「改葬惠公，公弗臨。」賈侍中注：「改，備禮也。葬，嗣君之事。公弗臨，言無恩。禮曰：改葬，緦也。」麟案：賢如隱公，不當恝然于親，蓋目已爲攝位，不敢當嗣君耳。不知葬有服者皆會，不目爲主，不

❶ 手稿此條有小標題「雨不至懷也」。

爲主異，況子可不臨乎？欲自示引退，而陷于無恩，非可比于泰伯之父死不歸也。故侍中譏之。❶

宣二年：「皤其腹。」杜預注：「皤，大腹。」麟案：皤，即便也。傳引《詩》「平平左右」作「便蕃左右」，是便、蕃皆與平聲通，則便、蕃聲亦通。皤亦番聲，音與蕃同也。《後漢・文苑・邊韶傳》：「弟子私嘲之曰：『邊孝先，腹便便。懶讀書，但欲眠。』韶對曰：『腹便便，五經笥。』」是便便爲腹大貌，故曰笥自喻也。便、皤同矣。❷

僖二年：「保於御旅。」據《荀子》作也，「御」即「訝」，今本作「逆」，亦同。預云：「逆旅，客舍也。虢稍遣人分依客舍，曰聚衆鈔晉邊邑。」按：鈔略者，多保逆旅。《天文志》云：「觜觿爲虎首，主葆旅事。」葆旅，即保於逆旅也。諸家注惟宋均爲近，云：「葆，守也。旅，軍旅也。言佐參伐，斬艾除凶也。」而訓旅字尚失之。❸

僖十年「山祁」，《通志・氏族略》云：「山氏，周山師，掌山林之官，曰官爲氏。」《風俗通》云：「烈山氏之

---

❶ 手稿此條有小標題「改葬惠公公弗臨」。

❷ 手稿此條有小標題「皤其腹」。

❸ 手稿此條有小標題「保於御旅」。其上又有小字注云：「此條似可刪。」

後，《左傳》晉大夫山祁。」麟案：《漢書・王莽傳》云：「封山遵爲褒謀子，奉皋陶後。」莽受《左傳》于陳子佚，㠯爲山氏出皋陶，此古義也。《風俗通》說，或別有山氏出烈山後。❶

成七年：「子重、子反殺巫臣之族。」案：成二年「子反請錮巫臣」事，《新序・雜事一》述之云：「令尹將徙其族，言之於王曰：『申公巫臣諫先王㠯無近夏姬，今身廢使命，與夏姬逃之晉，是欺先王也。請徙其族。』王曰：『申公巫臣爲先王謀則忠，自爲謀則不忠，是厚於先王而自薄也，何罪於先王？』遂不徙。」據文義，與傳略同，而徙族與錮則異。然二子之怨巫臣，豈徙族已慊乎？徙其族者，即殺其族也。尋《說文》古文「徙」作「⿸尸䊮」，學者多不得其形聲。今謂从尸，猶居、履从尸也，杀則从䊮省也，火乃乂之誤耳。昭元年傳：「䊮蔡叔。」《孟子》有「殺三苗」，亦借爲䊮。《說文》：「𥼞䊮，散米也。」故引申爲放弃之誼，與徙同意，故徙从䊮省爲義，而徙䊮雙聲，亦兼聲也，故⿸尸䊮亦得借爲殺。《左傳》多古文，疑此傳「殺」字借「⿸尸䊮」爲之，故《新序》據作「徙」，而敘令尹之請于前，二子殺巫臣之族，自當先請于王，《新序》非無據也。❷

僖十五年：「秦穆姬屬賈君焉。」案：十年賈侍中注云：「烝於獻公夫人賈君，故曰無禮。」洪稚存曰：

---

❶ 手稿此條有小標題「山祁」。

❷ 手稿此條有小標題「子重子反殺巫臣之族」。

「賈爲正妃，獻公即位二十六年而卒，至惠公即位，年齒已高，無由更爲所烝。唐固説賈君爲申生之妃，情事較合。」麟謂：此未㠯春秋時事覈之也。案：宋王姬爲襄公夫人，昭公祖母。文七年傳言：「昭公將去羣公子。」則已長矣。至文十八年云：「宋武氏之族道昭公子，將奉司城須㠯作亂。」是昭公子亦已有識。而文十六年猶云：「公子鮑美而豔，襄夫人欲通之。」則君長而祖母猶欲通淫者有矣。又，宣十年傳：「公謂行父曰：『徵舒似女。』對曰：『亦似君。』」此因公與行父皆通夏姬，故爲此言，則徵舒即夏姬所生也。時已嗣位爲大夫，又知恥其言而弑君，則年亦長矣。乃又十年至成二年，巫臣㠯夏姬行，其時夏姬當必五六十矣。葢婦人媚道，春秋時多有挾之者，故雖老猶任通淫。《列女·陳女夏姬傳》云：「内挾伎術，老而復壯。」豈不信哉？賈君之烝，非特惠公獸行，亦必有㠯自致之也。從侍中説。❶

僖十五年：「千乘三去。」惠氏曰：「《上林賦》曰：『江河爲陆。』注云：『遮禽獸爲陆。』陆即去，實一字。」麟案：《荀子·榮辱》云：「鯈鉡者，浮陽之魚也，胠於沙而思水，則無逮矣。」胠亦即陆，謂爲沙所遮限也。此《左氏》家舊義。❷

---

❶ 手稿此條有小標題「秦穆姬屬賈君焉」。

❷ 手稿此條有小標題「千乘三去」。

宣三年：「生子瑕。」《鄭世家》「瑕」作「溉」。麟案：此一名一字也。溉借爲气，猶《説文》「氣」或作「槩」、「概」訓「杚斗斛」者也。瑕，即假也。瑕與气爲名字，與駟气字子瑕同。史公蓋據《世本》互易耳。❶

宣十二年：「分爲二廣。」服子慎注：「左右廣，各十五乘。」麟案：廣即潢也。《天文志》：「西宫咸池，曰天五潢。」五潢，五帝車舍，故駢車稱潢矣。❷

昭二十七年「工尹麇」，《釋文》定本皆同，服子慎與正義作「王」。服注：「王尹，主宫内之政。」梁氏履繩曰：「王尹，蓋玉尹之誤。」案：據《新序》「荆人卞和得玉璞而獻之荆厲王，使玉尹相之」，是楚原有玉尹，而此則非也。「王」字古文作「工」，何㠯知之？鐘鼎字原載古文「皇」字下「王」作「主」者二，又下「王」作「土」者十，則知「主」「土」皆「王」字。「主」不上通則作「王」，故「土」不上通則作「工」矣。是知「工」爲「王」古文。服氏㠯篆文「王」通古文「工」，非徑改傳文爲「王」也。梁氏疑之者，㠯王尹之名未安耳。不知《春秋緐露·深察名號篇》言王號有五科，黄科居一焉，則知王、黄古通。服云「王尹主宫内之政」者，乃讀「王」如「黄門」之「黄」耳。黄門，字本作「横」與「桄」。《釋言》云：「桄、熲，充也。」熲即扃，猶炯、熲之通。桄即横，一也。《詩·

❶ 手稿此條有小標題「生子瑕」。
❷ 手稿此條有小標題「分爲二廣」。

無將大車》云：「無思百憂，不出于熲。」傳：「熲，光也。」即桄也，言思當不出于扃，猶云君子思不出其位耳。《呂覽・君守》云：「中欲不出謂之扃。」亦此意也。故橫門、桄門猶言扃門。董巴謂禁門曰黃闥，故主者號曰黃門令，非也。黃尹主宮內之政，正是黃門，特子慎不言假借，目致後人生疑耳。至傳中言楚有工尹襄、工尹路，及本年下文工尹壽，則皆「工」字，非「王」字也。今于此傳從服讀爲王，而字仍作「工」，目存古文。❶

僖二十八年：「距躍三百，曲踊三百。」杜預注：「距躍，超越也。曲踊，跳踊也。百猶勵也。」《釋文》：「百，音陌。」按：訓勵者，無據。王伯申云：「百、陌古字通。陌者，橫越而前也。《釋名》曰：『鹿兔之道曰亢，行不由正，亢陌山谷草野而過也。』綃頭或謂之陌頭，言其從後橫陌而前也。《廣韻》：『趏，莫白切，趏越也。』郭璞《江賦》曰：『鼓帆迅越，趏漲截洞。』與陌字聲義正同。」此說近之，然陌即是越，與躍踊之文爲複沓，亦失之。洪頤煊讀百爲拍，云：「《說文》：『拍，拊也。』《韓非・八說篇》：『登降周旋，不逮日中奏百。』義同。」然躍踊屬足，拍拊屬手，亦不相貫。今案：《單癸卣》「囧」字作「□」，與「千□」字正同，亦猶《伯囧敦》「囧」字作「□」，與「□足」字正同也。皆古文奇字也。此「百」則「囧」字之隸變也。《說文》云：「臩，古文目爲囧字。」則囧、臩得通，此囧借爲臩也。《說文》：「臩，驚走也，一曰：往來也。」此從往來義，言其距躍曲踊，

❶ 手稿此條有小標題「工尹麇」。

皆從此至彼，復從彼至此，如是者三徧，故曰三往來也。《左傳》古文獻于張北平，漢初繕寫，皆㠯隸古，謂㠯隸體書古文也，故其書「𦣻」字作「百」，與書「千𦣻」字作「百」同。本無譌誤，後人遂㠯爲「千百」字而音陌，則誤矣。❶

成十二年：「謀其不協，而討不庭。」此與隱十年「㠯王命討不庭」爲不朝者異。韋昭《周語解》訓「庭」爲「直」，從《詩》「榦不庭方」傳也，此亦同。案：不庭，亦獸名，其命名與饕餮、檮杌同例。《吕氏・諭大》云「地大則有常祥、不庭、岐毋、羣抵、天翟、不周」，注云「皆獸名也」是也。然則不庭之性，其與解廌適相反，好爲不直者乎？抑如貍名不來，仍從不朝之義乎？❷

文元年：「㠯宫甲圍成王。」《韓非・内儲説下》作：「於是乃起宿營之甲，而攻成王。」麟案：《賈子・胎教》云：「正之禮者，王大子無羞臣，領臣之子也，故謂領臣之子也。此句引舊文自證。身朝王者，妻朝后，之此字衍。子朝王大子，是謂此下脱「領」字。臣之子也。」今謂羞，進也，《大雅》「王之藎臣」傳：「藎，進也。」羞臣，猶

---

❶ 手稿此條有小標題「距躍三百曲踊三百」。

❷ 手稿此條有小標題「而討不庭」。

蓋臣也，言大子不自進用臣，惟領王臣之子也。此宫甲，當即王臣之子。❶

昭七年：「芋尹無宇斷之。」案：十一年「申無宇」，《楚語》作「范無宇」，《賈子・大都》同。麟疑芋、范一也。《方言》：「氾，洿也。」《廣雅・釋詁》：「氾，汙也。」王懷祖曰：「《漢書・王褒傳》：『忽若彗氾畫塗。』漢《博陵大守孔彪碑》：『浮斿塵埃之外，皭然氾而不俗。』《管子・山國軌》：『氾下漸澤之壤。』氾皆訓汙，此㔾、于聲通之證。」《説文》：「马，草木之華未發函然，讀若含。」「東，木𠂹華實也，从木，从马，马亦聲。」葢雩从亏聲，亦與马雙聲也。鄭司農《梟氏》注云：「于，鐘脣之上袪也。」《詩》毛傳：「臄，函也。」臄即谷。《説文》：「口上阿也。」然則函亦口上阿矣，正與脣之上袪同物。函从马聲，而亦與于聲義通，然則范無宇疑即芋無宇，㠯官爲氏也。梁處素㠯爲文九年有「范山」，無宇當亦封范邑，或爲范縣公，此臆説也。《新序・義勇》言芋尹文斷司馬子期之旗，事與此相類，「芋」誤作「平」。

鄒漢勛《讀書偶識》曰：「《禹貢》：『惟箘、簬、枯三邦底貢厥名。』馬注言：『箘、簬、枯三國所致貢，其名善。』案：季長意是㠯箘、簬、枯爲三國名，而出箘、簬、枯之材也。《山海經》有菌山，有菌人，《逸周書》有九菌，菌、箘字通，地葢在今衡嶽㠯南、五嶺㠯北。《逸周書》曰：『路人大竹。』《吕氏春秋》：『駱越之箘。』路、簬、駱字通，地在五嶺之南。經文『箘簬枯』，一作『箭足杆』，箘、箭聲近，足乃路之壞字，杆乃枯之同聲假借。

❶ 手稿此條有小標題「㠯宫甲圍成王」。

《考工記》：『妢、胡之笴。』《春秋傳》：『芋尹無宇』『芋尹申亥』。《新序》：『芋尹文爲江南令。』是芋乃江南縣名，而文即其尹也。杅、枯、胡、芋皆聲近，而秦、漢謂豫章、長沙皆曰江南，漢豫章郡有雩都，則枯當即在雩都。《攷工》之妢，亦鄠字之通假，鄠、雩皆漢豫章地，其地宜竹箭，由是言之，則胡即枯，益信三國皆荆南垂。自注：漢豫章郡，古亦在荆州。」麟謂：鄒君此說奇而塙矣。豫章非但有雩都縣也，其南城縣下又云：「盱水西北至南昌入湖、漢。」然則南城、南昌皆有盱水，宜亦古杅國地，蓋水名與國名皆㠯產枯而命也。若然，哀十五年陳又有芋尹，蓋何也？曰：《地理志》言：「陳國，今淮陽之地。」孟康曰：「明帝更名淮陽爲陳國。」《地理志》淮陽國下有苦縣，㠯枯得通杅、芋，知芋又得通苦，陳之芋尹，乃苦尹之假借，與楚芋尹不同也。《史記·老子列傳》曰：「楚苦縣厲鄉曲仁里人也。」《索隱》云：「苦縣，本屬陳，春秋時楚滅陳，而苦又屬楚。」然則陳在時，苦本陳地也。❶

僖三十年：「微夫人之力不及此。」麟案：《新序·善謀》述此云：「微夫人之力不能弊鄭。」是劉子政所據《左傳》古說如此。與下文「因人之力而敝之」相應，言非秦無㠯弊鄭，既因秦弊鄭之力而復弊秦，是不仁也。不謂非秦力不能有晉國也。❷

❶ 手稿此條有小標題「芋尹無宇斷之」。

❷ 手稿此條有小標題「微夫人之力不及此」。

昭二十二年：「王子鼂、賓起有寵於景王。王與賓孟說之。」杜預注：「孟，即起也。」麟案：《古今人表》作「賓猛」，然則孟非孟仲之孟，乃借爲猛也。《樂記》：「粗厲猛起、奮末廣賁之音作，而民剛毅。」是則猛與起名字相應也。❶

哀二十五年「褚師𡊮」，今本「比」。《說文》：「𡊮，地相次比也。」衞大夫貞子名𡊮，貞子乃聲子之音誤。洪稚存曰昭二十年賜謚曰貞子之北宮喜當之，然喜、𡊮形聲皆遠。或曰：㠯⿰比卩、弼相通言之，疑𡊮亦通弼。《說文》古文「弼」作「弜」，《商鐘》「喜」作「[illegible]」，亦从弜，似𡊮借弜，而譌爲[illegible]，然大迂。終㠯褚師聲子名𡊮爲是。❷

僖五年經：「公及齊侯、宋公、陳侯、衞侯、鄭伯、許男、曹伯會王世子于首止。」《公羊傳》曰：「曷爲殊會王世子？世子貴也。」何注：「據宰周公不殊别也。」又云：「自王者言之，㠯屈遠世子在三公下。《禮·喪服斬衰》曰『公、士大夫之衆臣』是也。自諸侯言之，世子尊于三公。」麟案：王視世子亦尊于三公，何氏㠯喪服

❶ 手稿此條有小標題「賓孟」。

❷ 手稿此條有小標題「褚師𡊮」。

證其屈遠，然大夫亦有衆臣，將謂天子之視世子卑于大夫乎？然則世子尊于三公，天子與臣下視之一也。《春秋》此經所㠯特章王世子之尊，見其異于宰周公。《左氏》《公羊》同義。《賈子·立後義》曰：「夫執明則民定而出於一道，故人皆爭爲宰相而不姦爲世子，非宰相尊而世子卑也，不可㠯智求，不可㠯力爭也。」《左氏訓詁》義如此。❶

昭二十九年：「水官弃矣。」案：五行之官，周法之，而爲地、春、夏、秋、冬五官，又外增天官冢宰。然則五官皆在也。而云水官弃者，蓋《冬官》一篇，春秋時已亡，其職闕矣。《考工記》賈疏云：「《漢書·藝文志》：❷『經禮三百，威儀三千。及周之衰，諸侯將踰法度，惡其害己，皆滅去其籍，孔子時而多不具。』故鄭注《鄉飲酒》云：『後世衰微，幽、厲尤甚。禮樂之書，稍稍廢棄。孔子曰：吾自衛反魯，然後樂正，《雅》《頌》各得其所。謂當時在者，而復重雜亂者也，惡能存其亡者乎？』㠯此觀之，《冬官》一篇，其亡已久。」㠯上《考工記》疏。是其證。

❶ 此條及下條又見於手稿續編。

❷ 「志」下，手稿續編有「云」字。

春秋左傳讀卷九

昭二十九年：「在《乾》䷀之《姤》䷫，曰：『潛龍勿用。』其《同人》䷌曰：『見龍在田。』其《大有》䷍曰：『飛龍在天。』其《夬》䷪曰：『亢龍有悔。』」《賈子・容經》：「龍也者，人主之辟也。亢龍往而不返，故《易》曰『有悔』，悔者，凶也。潛龍入而不能出，故□曰『勿用』，❶勿用者，不可也。龍之神也，其惟蜚龍乎？能與細細，能與巨巨，能與高高，能與下下。吾故曰：龍變無常，能幽能章。故至人者，在小不寶，在大不窕；狎而不能作，習而不能順；姚不惛，卒不妄，饒裕不贏，迫不自喪；明是審非，察中居宜。此之謂有威儀。」此可補入《訓詁》説亢龍、潛龍、飛龍，而并推衍其義。❷

昭十三年：「使五人齊，而長入拜。」杜預注：「從長幼㠯次拜。」此説意是，而㠯長爲長幼則非也。案：《吳語》：「將不長弟㠯力征一二兄弟之國。」《荀子・樂論》：「知其能弟長而無遺也。」弟爲次弟之義，則長亦同意。《特牲禮》：「長占。」説者謂古文兂與炏相似而誤，不知長本有次弟之義。長占，猶旅占，不必改字

---

❶ 「□」，手稿無。

❷ 手稿此條有小標題「潛龍飛龍亢龍」。

也。長入拜者，次弟入拜也。❶

襄二十五年：「申蒯侍漁者，退謂其宰曰：『爾㠯帑免，我將死。』其宰曰：『免，是反子之義也。』與之皆死。」《説苑・立節》：「齊崔杼弒莊公，邢蒯聵使晉而反，使晉而反，與《韓詩外傳》同。《初學記・人部上》《大平御覽・人事部》七十九引《新序》云：「申蒯漁於海。」則與此傳合。其僕曰：蓋㠯宰爲僕夫。『崔杼弒莊公，子將奚如？』邢蒯聵曰：『驅之，將入死而報君。』其僕曰：『君之無道也，四鄰諸侯莫不聞也，㠯夫子而死之，不亦難乎？』邢蒯聵曰：『善能言也，然亦晚矣。子早言我，我能諫之，諫不聽，我能去。今既不諫，又不去，吾聞食其禄者死其事，吾既食亂君之禄矣，又安得治君而死之？』遂驅車入死。其僕曰：『人有亂君，人猶死之；我有治長，可毋死乎？』乃結轡自刎於車上。君子聞之，曰：『邢蒯聵可謂守節死義矣。死者，人之所難也。僕夫之死也，雖未能合義，然亦有志士之意矣。《詩》云：『夙夜匪懈，㠯事一人。』邢生之謂也。孟子曰：『勇士不忘喪其元。』僕夫之謂也。」麟案：即此傳事也。申蒯而謂之邢蒯聵者，蒯聵疊韻爲名，本可單舉。《韓詩外傳》作「荆蒯芮」，「荆」乃「邢」之誤，蒯芮亦疊韻也。此邢蒯聵，即二十一年之邢蒯，彼云「知起、中行喜、州綽、邢蒯出奔齊」，故蒯後爲齊臣。申、邢異者，邢蒯當是申公巫臣之子。成二年云巫臣奔晉，晉人使爲邢大夫，故其子謂之邢侯。明邢蒯亦其子姓也，㠯父嘗爲申公，故又稱申蒯也，非申鮮虞之族也。若然，二十一年傳云：「邢蒯，樂

---

❶ 手稿此條有小標題「使五人齊而長入拜」。

氏之黨也。」而大劉君賢之者，邢蒯奔齊在欒盈奔楚後、入曲沃前，是時盈尚非叛臣，特范氏㠯譖逐之耳，雖黨欒氏，無損于義也。大劉此章本《韓詩外傳》，而論僕夫較爲平恕，故取之。若《韓詩外傳》又云：「崔杼殺莊公，陳不占，東觀漁者聞君難，將往死之。」此別是一人。焦里堂㠯申、陳音同而合之，非也。麟又案：大劉曾分《國語》。《論衡·案書篇》云：「劉子政玩弄《左氏》，童僕妻子皆呻吟之。」則知大劉實兼治《左》《穀》，未可㠯《漢書》所云「自持其《穀梁》義」抹殺也。此㠯申蒯爲邢蒯瞶，足補諸家之隱略，而所論亦見《左氏》大義矣。❶

定四年：「楚人爲食，吴人及之，奔食而從之，敗諸雝澨。」杜預注：「奔食，食者走。」俞先生曰：「食者走而謂之奔食，不辭甚矣。奔字句，言楚人奔也。食而從之句，言吴人食楚人之食，食畢而遂從之也。」麟謂先生駁杜是也。然《左氏》多古字，奔當是餴之省借。《說文》：「饙，滫飯也。」或作饋，或作餴。《詩·泂酌》：「可㠯餴饎。」傳：「餴，餾也。」箋云：「可㠯沃酒食之餴。」是㠯水沃飯謂之餴，此言楚人爲食，則初爲之而未成也。吴人及之，遂取其食而餴之，而遂從之也。吴人及之下，不言楚人遁逃者，吴餴其食，則楚遁可知。餴食下不言食之者，餴食自爲欲食而施，則食之不待言矣。故皆省文。❷

---

❶ 手稿此條有小標題「申蒯至皆死」。

❷ 手稿此條有小標題「奔食而從之」。

昭十五年：「若其弗賞，是失信也，何㠯庇民？」《説苑·貴德》述傳作「奚㠯示民」。案：穆子語與文公言「信，國之寶也，民之所庇也」。得原失信，何㠯庇之」同，不須改字。且庇與示雖同部，不相通假。竊疑示爲祕之脱誤。《考工·輪人》：「弓長六尺，謂之庇軹。」注：「故書庇作秘。」杜子春云：「秘當爲庇。」秘乃祕之俗，《攷工》故書與杜、鄭注原作「祕」也。子政所據《左傳》古文當作「何㠯祕民」，後人不解，故去其右旁爲示字耳。❶

宣四年經：「夏六月，乙酉，鄭公子歸生弑其君夷。」《説苑·復恩》云：「楚人獻黿於鄭靈公，公子家見公子宋之食指動，謂公子家曰：『我如是，必嘗異味。』及食大夫黿，召公子宋而不與。公子宋怒，染指於鼎，嘗之而出。公怒，欲殺之。公子宋與公子家謀先，遂殺靈公。子夏曰：『《春秋》者，記君不君、臣不臣、父不父、子不子者也，此非一日之事也。有漸㠯至焉。』」案：所述事爲《左傳》文，則子夏説乃《左氏》《穀梁》通義也。《説苑》載其事于《復恩篇》，則意在譏君，言使其臣弑君者，亦由君平日無恩于臣所致也。傳曰「凡弑君稱君，君無道也」是也。《韓非·難四》云：「食黿之羹，鄭君怒而不誅，故子公殺君。」其意㠯爲報惡不甚所

❶ 手稿此條有小標題「何㠯庇民」。

致，與此正相反。儒者説《春秋》所㠯異于法家。❶

僖四年經：「齊人執陳轅濤塗。」此雙聲爲名，猶籧篨、騊駼之語耳。昭二十二年：「敗齊師于壽餘。」取㠯爲名者，文十三年晉有魏壽餘，哀四年楚有申公壽餘，壽餘亦猶濤塗也。❷

定四年：「王使執燧象㠯奔吳師。」賈侍中注：「燧，火燧也。象，象獸也。㠯火繫其尾，使奔吳師，驚卻其衆，使王得脱。」俞先生曰：「繫火於尾，勢必驚逸，豈復人力所能執？執疑爇之壞字。」麟謂：《左傳》多古字，「執」疑本作「㚔」，《説文》：「㚔，所㠯驚人也。」先束㠯萑，乃後縱火然之，所㠯驚象而使之奔逸也。故曰：㚔燧象。❸

昭七年：「今夢黄能入於寢門。」賈侍中注：「能，獸也。」正義本作「熊」，云：「《釋魚》云：『鼈三足，能。』《東京賦》云：『能鼈三趾。』梁主云：『鯀之所化。』是能，鼈也。若是熊獸，何㠯能入羽淵？但㠯神之所化，

---

❶ 手稿此條有小標題「夏六月乙酉鄭公子歸生弑其君夷」。
❷ 手稿此條有小標題「轅濤塗」。
❸ 手稿此條有小標題「王使執燧象㠯奔吳師」。

不可目常而言之。若是能鼈，何目得入寢門？《汲冢書・瑣語》云：『晉平公夢見赤熊闚屏，惡之，而有疾。使問子産，言：闚屏墻，必是獸也。』張升《反論》云：『賓爵下革，田鼠上騰，牛哀虎變，鮌化爲熊，久血爲燐，積灰生蠅。』傅玄《潛通賦》云：『聲伯忌瓊瑰而弗占兮，晝言諸而莫終。嬴正沈璧目祈福兮，鬼告凶而命窮。黄母化而黿兮，鮌殛變而成熊。』二者所韻不同，或疑張升爲『能』。著作郎王劭云：『古人讀雄與熊者，皆于陵反，張升用舊音，傅玄用新音，張升亦作熊也。』」《釋文》云：「黄熊音雄，獸名。亦作能，如字。一音奴來反，三足鼈也。案：《説文》及《字林》皆云：『能，熊屬，足似鹿。』然則能既熊屬，又爲鼈類，今本作『能』者勝也。」近段若膺、陳芳林、洪稚存皆从「能」，王伯申箸論駁之。麟案：神如獸者自可入水，王引《中山經》《海外東經》爲證，信矣。能鼈之説，創于梁主，本不足據，然其字則當作「能」，而訓爲獸名，故《國語・晉語》云：「今夢黄能入于寢門。」韋解云：「能，似熊。」《舊音》《補音》本皆然，惟明道本「能」作「熊」，斯不足據。《論衡・無形篇》「鮌殛羽山，化爲黄能」與「公牛哀變虎」並言，今本下有「能，音奴來反」五字，乃後人因「三足鼈」之説而妄增。皆古本作「能」之證。且熊之爲獸，人所共知，侍中亦何必目「獸也」注之？當時又未有「三足鼈」之説，亦何必言獸目自別其義？或謂如侍中注「燧象」云：「象，象獸也。」亦于人所同知者下注，不知「燧象」二字，文非常見，恐有疑義，故目象獸注之耳。「黄熊」之文，何所疑滯，安得引彼爲例乎？惟「能」字，人但習賢能、能傑之義，而忘其爲獸名，故必目注明之耳。正義引賈作「熊」者，正是遷就俗本，非原文也。其云「諸本皆作熊字」者，亦據杜學諸家耳。然則《論衡・無形篇》作「能」，而《死僞篇》又作「熊」，何也？曰：《楚曾侯鐘》云：「楚王酓章。」即能章也，錢獻之釋也，舊目「能」爲韻字，非。此借能章爲熊章。又，《宗周鐘》云：

「能愷二，降余多福。」《虢叔大林鐘》云：「愷二能二，降旅多福。」能亦借爲熊。《西山經》所謂「其光熊熊」注：「光氣炎盛相焜燿之貌。」也，是古文能、熊固通。《左傳》「黄能」，注家必有讀爲熊者，故能熊互見耳。《楚辭・天問》云：「化爲黄熊，巫何活焉？」王逸注云：「言鯀死後化爲黄熊，入於羽淵。」《説苑・辨物篇》述《晉語》先後亦皆作「黄熊」。《中山經》：「青要之山，南望墠渚，禹父之所化。」郭璞注云：「鯀化於羽淵，爲黄熊。」㠯及張升、傅玄之文並作「熊」字，葢有二因：一則古文能、熊自通，一則能本熊屬，原可通稱，而熊之名箸于能，是㠯易之，非其所據《左傳》皆作「熊」也。然楚王氏熊，故能必讀爲熊，傳之「黄能」則本字自通，讀爲熊者，正有所不必矣。至杜預無注者，葢其本已作「黄熊」，是㠯不煩下注也。《釋文》㠯作「能」爲今本者，陸氏據杜本爲音義，其所謂古本，乃晉、宋㠯來杜本，而所謂今本者反有合于漢儒古本，葢當時有據漢本㠯改杜本者，故陸氏謂爲今本耳。反古復始，必從「能」爲定。汲冢言「赤熊」，黄、赤既異，能、熊自不必同。❶

昭三年：「其祖胡公、大姬已在齊矣。」正義本作「相」，曰：「今定本相作祖。」服虔云：「相，隨也。」麟案：杜預注云：「其先祖鬼神已與胡公共在齊。」此預㠯先祖代上文箕伯、直柄、虞遂、伯戲，非㠯釋本文「祖」字，則預本不作「祖」，定本葢據漢、魏諸家本定之也。祖乃助之假借，相、助同訓。相隨也，即助隨也，而作

❶ 手稿此條有小標題「黄能」。

「相」則不如作「祖」爲古本。已，借爲「㠯」字。若沈彤云「胡公爲周始封陳之祖」，此則誤解「祖」字也。❶

桓二年：「晉穆侯之夫人姜氏。」洪氏詁曰：「高誘《呂覽》注：『⿰日晉，國名也，音晉，今爲晉，字之誤也。』此説未詳。然古人或有依據。」麟案：晉从臸，即古文「日」字，見《汗簡》。《⿱臸夊王彝》「⿱臸夊」字，阮釋爲「⿱日夊」字，是也。「⿰日晉」从三日，則即「晶」字，葢古韻真、臻與耕、青得通，故晶、晉通用，今諸經史無「⿰日晉」字，葢亡新㠯三日大盛，盡改爲晉耳。「晉」字非古文所無，㠯爲字誤，説大過。❷

宣十五年：「使解揚如宋。」《鄭世家》曰：「乃求壯士，得霍人解揚，字子虎，誑楚令宋無降。」《説苑・奉使篇》亦同。《名字解詁》曰：「虎讀爲盱，古音虎與盱同。昭三十一年《公羊傳》：『人未足而盱有餘。』《説文》引作『虍有餘』，是其例也。《方言》：『盱、揚，雙也。黸瞳子，燕、代、朝鮮、洌水之間曰盱，或謂之揚。』」信哉，伯申説也。《説苑・尊賢》云：「又有士曰上解于，此上承楚平王有士言，言平王誤也。王將殺之，出亡走晉，晉人用之，是爲兩堂之戰。」兩堂，即兩棠，謂邲之戰也。「上解于」，「上」，衍字也，解于即解盱，即解虎矣。然則揚本楚降臣，邲戰時已爲大夫而創謀，故文八年傳已見「晉侯使解揚歸匡、戚之田于衛」。而《史記》《説

---

❶ 手稿此條有小標題「其祖胡公大姬已在齊矣」。

❷ 手稿此條有小標題「晉」。

苑》皆言壯士、言霍人者，蓋揚初奔晉時居于霍，猶子胥奔吳耕于鄙也，故遂㠯霍人著名耳。其曰解揚者，蓋㠯入晉爲解大夫而稱。僖十五年：「內及解梁城。」《郡國志》河東郡解有解城，是也。非在楚舊氏也。❶

莊八年「鮑叔牙曰」，《齊語》解：「鮑叔，齊大夫，姒姓之後，鮑敬叔之子叔牙也。」麟案：《潛夫論・志氏姓》云：「齊有鮑叔，世爲卿大夫，晉有鮑癸，漢有鮑宣，纍世忠直。」言齊鮑氏始于鮑叔，則得氏蓋自牙始，鮑敬叔乃譜家追稱耳。牙之氏鮑何？案：《呂覽・直諫》云：「荊文王得茹黃之狗」云云，「葆申曰：『先王卜㠯臣爲葆吉。』」注：「葆，大葆官也。申，名也。」《說苑・正諫》「葆」皆作「保」。《淮南・說山》則云：「文王汙膺，鮑申傴背，㠯成楚國之治。」字作「鮑」，是古字叚借，㠯「鮑」爲大保字也。《管子・大匡》云：「使鮑叔傅小白」云云，「鮑叔許諾，乃出奉令，遂傅小白」。傅者，師保之通稱，牙當㠯爲保氏之官而氏保，叚借作「鮑」也。若《大事表》謂今濟南府歷城縣東三十里有鮑城，此乃因鮑叔居之，㠯人之氏名邑，非㠯邑名氏人也。其佗鮑氏，則或爲師保，或爲函鮑，未可知也。❷

昭二十年經：「夏，曹公孫會自鄸出奔宋。」賈侍中注：「前此㠯鄸叛也，叛便從鄸而出，叛不告，故不書。」

---

❶ 手稿此條有小標題「使解揚如宋」。
❷ 手稿此條有小標題「鮑叔牙」。

所曰華亥、向甯、射姑等不見有玉帛來聘者，曰其時未爲卿也。」麟案：《新序・節士》云：「子臧讓千乘之國，可謂賢矣，故《春秋》賢而褒其後。」其上文引子臧事，大半取《左傳》，稍及《公羊》，則此褒會乃《公羊》《左氏》通義也。《公羊》曰：「曷爲不言其畔？爲公子喜時之後諱也。善善及子孫，賢者子孫，故君子爲之諱也。」子政在西漢所見《左》《公》兩家之説，皆爲褒子臧之後，長于侍中矣。❶

僖二十五年：「遇黄帝戰于阪泉之兆。」《賈子・益壤》曰：「黄帝者，炎帝之兄也。炎帝無道，黄帝伐之涿鹿之野，血流漂杵，誅炎帝而兼其地，天下乃治。」《制不定》曰：「炎帝者，黄帝同父母弟也，各有天下之半。黄帝行道，而炎帝不聽，故戰涿鹿之野，血流漂杵。夫地制不得，自黄帝而已困。」阪泉即涿鹿也。見下。炎帝爲黄帝同父母弟，猶叔帶爲襄王弟也，故其占相協，此《訓詁》之説也。案：據《晉語》：「昔少典娶于有蟜氏，生黄帝、炎帝，黄帝曰姬水成，炎帝曰姜水成，成而異德，故黄帝爲姬，炎帝爲姜，二帝用師曰相濟也，異德之故也。」賈侍中注：「少典，黄帝之先；有蟜，諸侯也。炎帝，神農也。」則少典乃黄帝遠祖，而神農之父也。黄帝既與炎帝同父母，則黄帝亦是神農之後。侍中解《外傳》必曰炎帝爲神農，而不曰爲戰涿鹿之炎帝者，探下「炎帝曰姜水成」，始得姜姓者，必是神農也。至《外傳》下言「二帝用師曰相濟」，則專指戰涿鹿之炎帝矣。葢黄帝雖爲神農之後，而亦與神農異德，猶少皥出于黄帝之子清陽，而土金異德也。黄帝之弟炎帝，

❶ 手稿此條有小標題「夏曹公孫會自鄸出奔宋」。

乃與其祖炎帝神農同德，故亦與黃帝異德也。據《賈子》㠯炎帝爲黃帝同父母弟，則黃帝本世適當立者，炎帝㠯其與祖異德而與相爭，異德不可見，於改制度、易禮樂見之。㠯至各據天下之半，而兩帝並偁，此亦猶王子鼂與敬王稱東王、西王耳。《逸周書·嘗麥解》乃云：「蚩尤乃逐帝，爭于涿鹿之河，九隅無遺。赤帝大懾，乃說于黃帝，執蚩尤殺之于中冀。」則是蚩尤與炎帝爭，而爲黃帝所戮，與《外傳》及《賈子》有異。蓋傳聞各殊耳。《律歷志》云：「黃帝與炎帝之後戰于阪泉，遂王天下。」亦依賈說也。

又案：阪泉、涿鹿，地㠯相近而通稱。《括地志》云：「阪泉，在嬀州懷戎縣東五十六里，出五里至涿鹿，東北與涿水合。」又有涿鹿故城，在嬀州東南五十里。是地相近也。《史記·五帝本紀》云：「炎帝欲侵陵諸侯，諸侯咸歸軒轅，軒轅乃修德振兵，治五氣，藝五種，撫萬民，度四方，教熊羆貔貅貙虎，㠯與炎帝戰於阪泉之野，三戰然後得其志。蚩尤作亂，不用帝命，於是黃帝乃徵師諸侯，與蚩尤戰於涿鹿之野，遂禽殺蚩尤。」《秦策》云：「黃帝伐涿鹿而禽蚩尤。」《莊子·盜跖》云：「黃帝與蚩尤戰於涿鹿之野。」梁處素遂謂黃、炎非戰涿鹿，引《郡國志》注曰：「于瓚案：《禮·五帝德》云：『黃帝與赤帝戰於阪泉之野。』不在涿鹿，是伐蚩尤之地也。」㠯上梁說。不知地㠯相近而通稱，本無岐異。據《本紀》，則是炎帝亡于阪泉之後，蚩尤負其餘醜，抗衡不服，黃帝因遂與戰而禽殺之，猶武王誅紂于商邑，及武庚不服，周公誅之，亦即在此，蓋亡國舊畿，民心易附，故負固者每依之㠯號召耳。《史記》《秦策》《莊子》皆㠯禽蚩尤在涿鹿，戰炎帝在阪泉者，析言之也。《逸周書·史記解》云：「昔阪泉氏用兵無已，誅戰不休，并兼無親，文無所立，智士寒心，徙居至于獨鹿，諸侯畔之，阪泉㠯亡。」亦㠯阪泉與涿鹿獨鹿即涿鹿。兩地，析言之也。《賈子》言黃、炎之戰在涿鹿，則通稱之也。不

必過爲鎃析矣。❶

襄二十一年：「故與欒盈爲公族大夫而不相能。」案：《説苑・善説》云：「叔向之弟羊舌虎善樂達。」「達」乃「逞」之誤。《史記》「欒盈」多作「欒逞」可證。「樂」則《左氏》古文之遺。《攷工記・梟氏》：「兩欒謂之銑。」注：「故書欒作樂。杜子春云：當爲欒。書亦或爲欒。」是古文借樂爲欒，此目形相近而借，如「丂」古文目爲「于」，「疋」古文目爲「足」，皆非依聲託事之例，而不得目爲形誤也。❷

昭二十年：「棠君尚謂其弟員。」案：《吳語》「申胥華登」，韋解云：「申胥，楚大夫伍奢之子子胥也，名員。魯昭二十年，奢誅于楚，員奔吳，吳與之申地，故曰申胥。」然據《説苑・奉使》云：「昔者荆平王爲無道，加諸申氏，殺子胥父與其兄。」則申乃在楚之氏耳。麟素持此説，及檢汪氏《國語發正》説亦同，因思襄二十六年傳云：「伍舉娶於王子牟，王子牟爲申公而亡。」古人有目母家之氏爲稱者，如申侯目申出而氏申也，顧氏《補正》疑楚女嫁于申所生，于文義不順，非也。漢時衛大子亦目母家衛氏得稱，若春秋時人則遂目此爲氏矣。伍奢之稱申氏，葢由子牟女而得，而子胥亦稱申胥矣。或曰：《吳語》：越王曰：「吾問於王孫包胥。」定四年：「伍員與

❶ 手稿此條有小標題「遇黄帝戰於阪泉之兆」。

❷ 手稿此條有小標題「欒盈」。

申包胥友。」服子慎注：「楚大夫王孫包胥。」而《潛夫論・志氏姓》：「伍氏，亦楚之公族，故伍員之子爲王孫氏。」則疑伍員與申包胥本是一族。其言友者，蓋無服之親得相爲友。故稱申胥也，亦通。❶

僖二十八年：「晉侯夢與楚子搏，楚子伏己而盬其腦，是㠯懼。子犯曰：『吉。我得天，楚伏其罪，吾且柔之矣。』」《説苑・權謀》：「城濮之戰，文公謂咎犯曰：『吾卜戰而龜熸，我迎歲，彼背歲。彗星見，彼操其柄，我操其標。吾又夢與荆王搏，彼在上，我在下，吾欲無戰，子㠯爲何如？』咎犯對曰：『卜戰龜熸，是荆人也。我迎歲，彼背歲，彼去我從之也。彗星見，彼操其柄，我操其標，㠯埽則彼利，㠯擊則我利。君夢與荆王搏，彼在上，君在下，則君見天而荆王伏其罪也。且吾㠯宋、衞此字誤。爲主，齊、秦輔我，我合天道，獨㠯人事，固將勝之矣。』文公從之。荆人大敗。」據此，則妖祥數見，文公故懼，非專爲夢搏一事。大劉此文，可㠯補傳也。又案：傳「得天」，《説苑》作「見天」者，蓋古㠯「㝵」爲「見」。《父乙鼎》《南宮中鼎》《季娟鼎》「見」皆作「」，《父乙甗》「見」作「」，下从古文「目」，上「中」非「艸中」字，乃「又」字也。古文筆勢不整，故「又」字正書耳。凡从寸者，古文多从又。㝵从見寸，此从目又，即㝵字也。而古文㠯爲見，是通也。《趙世家》「未得一城」，《趙策》作「見」；《畱侯世家》「果見穀城山下黃石」，《漢書》作「得」，蓋二字之通，積古相傳，與《説文》㠯亐爲亏、㠯疋爲足一律也。《左傳》古文當本作「」，或作「」，故或釋爲得，或釋爲見也。《論衡・卜筮

❶ 手稿此條有小標題「伍員」。

篇》作「得」,《異虛篇》上作「得」,而下云「殆有若對彗見天之詭」,則得、見並從。❶

定九年:「陽虎欲勤齊師也,齊師罷,大臣必多死亡。」《説苑·權謀》述此云:「陽虎欲齊師破,齊師破,大臣必多死。」據此,則「勤齊師」亦本作「罷齊師」,葢罷、破聲義相通。《周禮·大宗伯》:「㠯副辜祭四方百物。」注:「故書副爲罷。」鄭司農云:「罷辜,披磔牲㠯祭。」襄三十年「薳罷」,《公羊》作「薳頗」,《典同》注:「鄭大夫讀陂爲人短罷之罷。」皆罷與皮聲字通之證。是司農讀罷爲披,披與破皆从皮聲。《説文》云:「剥取獸革者謂之皮。」《韓策》「皮面抉眼」是其義。《廣雅·釋詁》:「皮,離也。」披、破皆得其聲義。披磔,猶今人言對破。《説文》:「破,石碎也。」「碎,䃺也。」故凡言披靡者,猶言破䃺也。又《方言》:「披,散也。」《廣雅·釋詁》:「碎,散也。」是披之義即破之義也,故披、破聲義又通。罷可通披,故亦可通破。子政見西漢古本上下文皆作「罷」,其訓皆爲破,故述之如此。後人誤讀罷爲罷勞字,因又㠯訓説改上「罷」字爲「勤」字,不知惟齊師見破,故大臣必多死亡。巫臣云:「余必使爾罷於奔命㠯死。」罷勞雖可致死,豈及見破之速哉?❷

閔二年:「閒于兩社,爲公室輔,季氏亡,則魯不昌。」賈侍中注:「兩社,周社、亳社也。兩社之間,朝廷

---

❶ 手稿此條有小標題「晉侯至之矣」。

❷ 手稿此條有小標題「陽虎至死亡」。

執政之臣所在。」服子慎注：「謂季友出奔，魯弑二君。」案：《説苑・至公》云：「季孫行父之戒其子也曰：『吾欲室之狹於兩社之間也，使吾後世有不能事上者，使其替之益速。』」狹乃挾誤，借爲夾也。然則卜辭乃爲行父之言兆耳。蓋外有九室，九卿朝焉；諸侯則三室，三卿朝焉。季氏本有此室在内，而行父之意，并欲爲私室于兩社間，㠯其執政之臣所在，故後世有不能事上者，則得羣聚誅之，彼上文言成王卜居成周曰：「予一人兼有天下，辟就百姓，敢無中土乎？使予有罪，則四方伐之，無難得也。」同此意。不至有昭公敗于意如之患矣。其意欲有罪則速亡，而天命則季氏與魯終始。服君但指季友出奔言，于人事則是，于天道則非。❶

隱元年：「不言出奔，難之也。」杜預注：「段實出奔，而㠯克爲文，明鄭伯志在於殺，難言其奔。」案：鄭伯此時雖有殺志，然段實出奔，亦何難言之有？今考《詩・竹竿》：「佩玉之儺。」傳：「儺，行有節度。」陳氏奂曰：「《執競》：『威儀反反。』傳：『反反，難也。』難即儺。」然則此難謂行有節度也。蓋奔者倉皇逃死，疾行也，難者從容有節，徐行也。兩者正相反對。《庭燎》傳：「噦噦，徐行有節。」是行有節度者必徐。聖人㠯鄭伯當緩追逸賊，使段得徐行去國，不至急遽逃死，而鄭伯不然，段果出奔，而非徐行矣。故不書出奔，㠯使段得徐行，此㠯知權在《春秋》，不在鄭伯，所㠯教萬世爲人君兄者，而非爲當時之事實志也。或曰：《堯典》：「而難任人。」僞傳云：「難，拒也。」鄭注「古夢始難」云：「難，謂執兵㠯有難卻也。」然則難之者，謂出奔之國皆當拒

---

❶ 手稿此條有小標題「閒于至不㠯」。

之、卻之，不得受之，猶所謂不孝子突出無所容也。此説雖通，然段之有罪當拒，中人所知也。聖人作經，義趣精深，訓鄭伯則義深于拒段也。❶

襄五年經：「楚公子貞帥師伐陳。」傳：「子囊伐陳。」名貞，字囊。《名字解詁》無説。案：貞借爲赬。《説文》：「䞓，或从貞聲作赬。」《士喪禮》：「冒緇質䞓殺。」注云：「冒，韜尸者，制如直囊，上曰質，下曰殺。其用之，先㠯殺韜足而上，後㠯質韜首而下。」《喪大記》曰：「士緇冒䞓殺，綴旁三。」然則名䞓字囊者，謂韜尸之囊也。近胡氏元玉㠯爲縢之方言蓋同于貞，臆説無據。❷

昭八年：「民力彫盡。」《説苑・辨物》述此作「民力屈盡」。此㠯屈訓彫也。余説宋朝，謂即商咄，引周、屈皆訓短，鐗、鈯皆訓鈍，㠯證周聲、出聲之通，則此「彫」字明借爲屈矣。《吕覽・安死》：「智巧窮屈。」注：「屈，盡也。」《荀子・王制》：「財物不屈。」注：「屈，竭也。」是屈盡同訓而複言耳。❸

---

❶ 手稿此條有小標題「難之也」。

❷ 手稿此條有小標題「楚公子貞字囊」。

❸ 手稿此條有小標題「民力彫盡」。

文十六年：「囚子揚窗。」子揚，疑窗之字也。俞先生曰：「宗樓字子陽，非借爲鏤鍚也。《釋名・釋宮室》曰：『樓，言牖户諸射孔婁婁然也。』《説文》：『婁，空也。』是故樓之言麗廔也。《説文》：『廔，屋麗廔也。』『囧，窗牖麗廔闓明也。』屋言麗廔，猶人言離婁，皆謂明也。《月令》：『可㠯居高明。』注：『高明，謂樓觀也。』是樓有明義。《詩・七月》傳：『陽，明也。』《白虎通・號篇》曰：『陽，猶明也。』宗樓字子陽，即取高明之義。」麟謂子揚窗正取窗牖麗廔闓明之義。揚借爲陽。昭二十五年經：「次于陽州。」《公羊》作「揚州」。《詩・野有蔓草》：「清揚婉兮。」《説苑・尊賢》作「清陽」。《玉藻》：「盛氣顛實揚休。」注：「揚，讀爲陽。」是揚得通陽，陽訓明，與宗樓字子陽同義。❶

僖十九年：「文王聞崇德亂而伐之，軍三旬而不降。」《説苑・指武》述傳云：「文王伐崇，崇軍其城三旬不降。」然則「軍三旬」與下「因壘」異，「軍三旬」屬崇，「因壘」屬文王也。〇「盍姑内省德乎？」《説苑》述之云：「胡不退修德。」按：《説文》：「復，卻也，从彳日夊，一曰行遲。衲，復或从内。退，古文从辵。」按：从内者，内聲也。此内字乃衲之古文省。大劉君識古文，故曰退釋内也。《墨子・親士》曰：「君子進不敗其志，内究其情。」俞先生曰：「内乃衲壞字，與進對文。」今觀此文，則内、衲固㠯聲通矣。《釋詁》：「省，察也。」省德，謂自察其德何如也。作修德，則便文易之，非訓詁也。尋上文説文王云：「退修教而復伐之。」則此當㠯

❶ 手稿此條有小標題「子揚窗」。

逷勸宋公，確然無疑義者。上作「逷」，此作「内」者，古文不定一體，故彝器每有一字而前後異形者。今人乃目内省德屬讀，❶而從内省不疚之義，由不知古六書假借也。❷

隱三年經：「三月庚戌，天王崩。」《説苑·修文》曰：「《春秋》曰：『庚戌，天王崩。』傳曰：『天王何目不書葬？天子記崩不記葬，必其時也。諸侯記卒、記葬，有天子在，不必其時也。必其時奈何？天子七日而殯，七月而葬；諸侯五日而殯，五月而葬；大夫三日而殯，三月而葬；士、庶人二日而殯，二月而葬。皆何目然？曰：禮不豫凶事，死而後治凶服衣衰，飾修棺槨，作穿窆宅兆，然後喪文成，外親畢至，葬墳集，孝子忠臣之恩厚備盡矣。故天子七月而葬，同軌畢至；諸侯五月而葬，同會畢至；大夫三月而葬，同朝畢至；士、庶人二月而葬，外姻畢至也。』」此所稱傳，乃《公羊傳》。「必其時奈何」目下，皆《左氏》説，而子政和合之，知《公羊》家亦取《左氏》，《左氏》家亦取《公羊》，兩家之通義也。

案：《白虎通》曰：「諸侯有親喪，聞天子崩，奔喪者何？屈己親親，猶尊尊之義也。《春秋傳》曰：『天子記崩不記葬者，必其時葬也。諸侯記葬，不必有時。』諸侯爲有天子喪，當奔，不得必目時葬也。」此《公羊》説有喪尚奔喪，何論平日？《白虎通》又言「王者崩，諸侯悉奔喪」是也。

---

❶「德」下，手稿有「三字」二字。

❷ 手稿此條有小標題「軍三旬而不降盍姑内省德乎」。

《五經異義》：「《公羊》説：『天王喪，赴者至，諸侯哭，雖有父母之喪，越紼而行事，葬畢乃還。』《左氏》説：『王喪，赴者至，諸侯既哭，問故，遂服斬衰，使上卿弔，上卿會葬。經書叔孫得臣如京師葬襄王，㠯爲得禮。』」案：《左氏》既與《公羊》同説，則諸侯有㠯奔天子之喪而不得時葬者，況平時遇王喪，可使上卿而不親往乎？故《説苑》所引，《左氏》古義也；《異義》所引，《左氏》歧説也。

鄭康成《駁異義》云：「天子於諸侯無服，諸侯爲天子斬衰三年，尊卑有差。案魯夫人成風薨，王使榮叔歸含且賵，毛伯來會葬。傳曰：『禮也。』襄王崩，叔孫得臣如周葬襄王，則傳無言焉。天子於魯，既含且賵，又會葬，爲得禮，則是魯於天子，一大夫會葬而已，爲不得禮可知。又，《左傳》云：鄭游吉云：『靈王之喪，我先君簡公在楚，我先大夫印段實往，敝邑之少卿也。王吏不討，恤所無也。』豈非《左氏》諸侯奔天子之喪及會葬之明文？説《左氏》者云：『諸侯不得棄其所守奔喪。』自違其傳。同姓雖千里外奔喪，此甘容説。又與禮乖。」卓哉鄭君，獨具隻眼，葢深知《説苑》所説不違傳，故知《異義》所引爲違傳也。若㠯棄其所守爲嫌，則《白虎通》固云：「爲天子守蕃，不可頓空，故分爲三部：有始死先奔者，有得中來盡其哀者，有得會喪奉送君者。七月之間，諸侯有在京師親供臣子之事者，有號泣悲哀奔走道路者，有居其國哭痛思慕、竭盡所供㠯助喪事者。」是四海之内咸悲，臣下若喪考妣之義也，則何患于空其所守哉？

若夫《穀梁傳》則云：「周人有喪，魯人亦有喪，周人弔，魯人不弔。周人曰：『固吾臣也，使人可也。』魯人曰：『吾君也，親之者也，使大夫則不可。』故周人弔，魯人不弔。」《五經通議》曰：「凡奔喪者，近者先聞先還，遠者後聞後還。諸侯未葬，嗣子聞天子崩，不奔喪。王者制禮，緣人心而爲之節文，孝子之思，不忍去棺柩，故不使奔也。」是《穀梁》㠯爲諸侯無喪則奔喪，有喪則不奔喪，與《公羊》《左氏》小異。又㠯見《漢書》所謂向不能非間《左氏》義而「猶自持其《穀梁》義」者，但指其作《通議》，而于《説苑》則多從《左氏》説也。

又案：《説苑》所引「士、庶人二月而葬」，是西漢先儒説《左傳》「士踰月」之義也。此《公羊》《左氏》既同説，則《公羊》亦㠯爲士踰月而葬，即何休注本年「癸未葬宋繆公」傳，亦引《左傳》「天子七月而葬」等八句，乃其《膏肓》又駁「士踰月」之説，豈非違心之論，自相矛盾也哉？

○又案：《春秋》書葬者五王：桓、襄、匡、簡、景也。莊三年經：「五月，葬桓王。」傳曰：「緩也。」此改葬，故書。見後。文九年經：「二月，叔孫得臣如京師。辛丑，葬襄王。」此㠯魯使卿往，非禮，書。宣三年經：「葬匡王。」承上經「春王，正月」言，十月崩，正月葬，速，故書。襄二年經：「春王，正月，葬簡王。」九月崩，正月葬，速，故書。昭二十二年經：「六月，叔鞅如京師，葬景王。」四月崩，六月葬，速，且魯使卿往，非禮，故書。《公羊》于葬桓王傳云：「改葬也。」于葬襄王傳云：「王者不書葬。不及時書，過時書，我有往者則書。」是其例也。❶

莊三年：「夏，五月，葬桓王，緩也。」案：桓王于桓十五年崩，緩至七年始葬，情理所無。李廉曰：「桓十八年傳：『周公欲弒莊王而立王子克，辛伯告王，遂與王殺周公黑肩，王子克奔燕。』蓋㠯亂，故緩葬也。」然

❶ 手稿此條有小標題「三月庚戌天王崩」。

則桓十六年、十七年周公尚未作難也，何此二年中不葬乎？《公羊傳》云：「改葬也。」葢緩本借爲爰。僖十五年：「爰田。」服注：「爰，易也。」《小爾雅・廣詁》同，《書・般庚》「既爰宅于兹」義亦同。海鳥爰居，能避風而他適，是亦易居之義也。然則爰者，即爰土、易居之訓，正謂改葬也。《釋訓》云：「爰爰，緩也。」是爰得借爲緩，則緩亦可借爲爰矣。❶

閔二年：「昔辛伯諗周桓公。」洪氏詁：「《説文》：『諗，深諫也。《春秋傳》曰：辛伯諗周桓公。』案：桓十八年傳本曰：『辛伯諫曰。』則諗訓，《説文》爲長。杜注：『諭告也。』雖本《詩》鄭箋，究當曰《説文》爲是。」麟案：《賈子・輔佐》曰：「則職曰箴，則職曰諗，則職曰證，《説文》：「證，諫也。」則職曰諫。」諗與箴、證、諫並言，則爲深諫甚明。大傳已有《訓故》矣。❷

昭十一年：「必爲魯郊。」杜預注：「言昭公必出在郊野，不能有國。」如其説，則當云：必在魯郊。今云「爲」，則文不可通。且昭公後居鄆，非郊也。至居乾侯，則并非魯地矣。今案：《荀子・禮論》云：「郊者，并百王于上天而祭祀之也。」《緐露》云：「故聖王生則稱天子，崩遷則存爲三王，絀滅則爲五帝，下至附庸，絀

❶ 手稿此條有小標題「緩也」。
❷ 手稿此條有小標題「昔辛伯諗周桓公」。

爲九皇，下極其爲民。雖絶也，❶廟號祝牲猶列于郊號，❷宗于岱宗。」據此，則聖王無後者，寄食于後王之郊。昭公寄食齊、晉，亦猶此也。言魯郊者，魯有郊祭，舉近者爲言也。❸

昭十七年：「嗇夫馳，庶人走。」《五行志》載《左氏》舊説曰：「嗇夫，掌幣吏。庶人，其徒役也。」麟案：《曲禮》正義引《音隱》云：「嗇夫，主諸侯所賫幣帛、皮圭之禮，奉㠯白于天子。」此即《覲禮》所云「嗇夫承命告于天子」者也。鄭注《覲禮》云：「嗇夫，葢司空之屬也，爲末擯，《春秋傳》曰：『嗇夫馳。』」今謂此嗇夫非《覲禮》之嗇夫。據《甫田》箋云：「田畯，司嗇。今之嗇夫也。」毛公釋「田畯至喜」云：「田大夫也。」此是其官，非司空之屬，其在《周禮》，葢遂人、遂師近是。《遂人》：「中大夫二人。㠯歲時稽其人民而授之田野，簡其兵器，教之稼穡。」又云：「㠯土宜教甿稼穡，㠯興耡利甿，㠯時器勸甿，㠯彊予任甿。」《遂師》：「下大夫四人，上士八人，中士十有六人，旅下士三十有二人。巡其稼穡，而移用其民，㠯救其時事，故曰嗇夫。」《稻人》云：「旱暵，共其雩斂。」注：「稻人共雩斂，稻急水者也。」鄭司農云：「雩事所發斂。」所發斂者，是即雩之幣也。昭二十四年云：「日有食之，梓慎曰：『將大水。』昭子曰：『旱也。』」是日食，恆爲水旱，㠯稼穡懼水旱，

---

❶ 「也」，《春秋繁露》作「地」。

❷ 「號」，《春秋繁露》作「位」。

❸ 手稿此條有小標題「必爲魯郊」。

故曰其官爲掌幣吏。庶人其徒役者，即遂人、遂師之徒百有二十人也。沈欽韓曰：「《管子・君臣篇》：『吏嗇夫任事，人嗇夫任教，人嗇夫成教，吏嗇夫成律。』吏嗇夫即漢之諸官署嗇夫，人嗇夫則鄉嗇夫也。《鶡冠子・王鈇篇》：『縣有嗇夫治焉。』此是也。」麟則謂：嗇夫之名施于諸官署者，猶僕射之名可施于諸官耳。此起于周、漢，而其初必爲主稼穡者之定名，夏時官名不與後世同也。❶

昭二十二年：「帥郊、要、餞之甲。」杜預注：「三邑，周地。」麟案：此上文云：「賓孟適郊。」下文云：「敗績于郊。」二十三年云：「二師圍郊。」郊誠地名矣。要、餞，傳不別見，且杜亦不知所在。《春秋地名攷略》云：「《水經・河水注》畛水出新安縣青要山，今謂之彊山。《新唐書》河南郡諸府有餞濟。」亦未必古有其名也。麟謂：要、餞乃剽、棧之叚借。古文𡝤字从𦥑省聲，餞、棧又皆戔聲。《釋樂》曰：「大鐘謂之鏞，其中謂之剽，小者謂之棧。」是剽、棧皆鐘也。此上文云：「王子鼂因舊官百工之喪職秩者，已作亂。」而鐘師之喪職尤甚。何已明之？《周語》云：「王將鑄無射而爲之大林，伶州鳩曰：『臣之守官弗及也。』王不聽，卒鑄大鍾。鍾成，伶人告和。」然則舊時樂官之守官者皆廢，而用新伶人可知也。州鳩雖賢，不至怨上，而其屬喪職者，必從亂如流可知。主剽棧者即命其人曰剽、棧，猶《禮經》吹笙者即命其人曰笙也。伶人有甲者，如鍾儀兼爲鄖公，亦主兵甲也。或疑郊、剽、棧，一爲地名，二爲樂官，似泰不倫。不知傳但記子鼂所帥之甲而已，

❶ 手稿此條有小標題「嗇夫馳庶人走」。

豈當整齊其所自取甲者乎？❶

桓十四年：「乙亥，嘗，書不害也。」劉氏逢禄曰：「㠯天災爲不害，昀是歆之謬。」麟案：《公羊傳》云：「何譏爾？譏嘗也。曰：猶嘗乎？御廩災，不如勿嘗而已矣。」固屬正論，而《左氏》之義則尤深。《説苑・反質》曰：「魏文侯御廩災，文侯素服辟正殿五日，羣臣皆素服而弔，公子成父獨不弔。文侯復殿，公子成父趨而入賀曰：『甚大善矣，夫御廩之災也！』文侯作色不悦曰：『夫御廩者，寡人寶之所藏也，寶謂稼穡。今火災，寡人素服辟正殿，羣臣皆素服而弔，至於子大夫而不弔。今已復辟矣，猶入賀，何爲？』公子成父曰：『臣聞之，天子藏於四海之内，諸侯藏於境内，大夫藏於其家，士庶人藏於篋櫝，非其所藏者，此蓋㠯重斂㠯充御廩爲非其所藏，非㠯不藏於境内而藏於御廩爲非其所藏也。不有天災，必有人患。今幸無人患，乃有天災，不亦善乎？』文侯喟然歎曰：『善。』」㠯上《説苑》。由此觀之，慮内變則幸外患，非幸外患也，幸其可戒懼㠯免内變也。慮人患則幸天災，非幸天災也，幸其可修省㠯免人患也。魏文之賢，無天災猶當憂人患，況魯桓無道乎？災而猶可嘗，是天災其穀不甚也。其能震栗改行㠯免人患乎？小懲而大戒，此小人之福也。若不害，乃大害也。戰國初，《左傳》之學在魏，成父蓋本傳義爲言。○服子慎注云：「魯㠯壬申被災，至乙亥而嘗，不㠯災害爲恐。」此釋傳之「不害」。不謂穀不害，而謂魯不㠯害爲害，義稍異。然正惟不㠯爲害，故不能

❶ 手稿此條有小標題「帥郊要餞之甲」。

修省㠯致大害也，則旨趣亦不殊。❶

僖四年：「無㠯茜酒。」《説文》引傳如此，云：「禮，祭束茅加於裸圭而灌鬯酒，是爲茜，象神歆之也，从酉从艸。」案：《甸師》：「祭祀，共蕭茅。」鄭大夫云：「蕭字或爲茜，茜讀爲縮。束茅立之祭前，沃酒其上，酒滲下去，若神飲之，故謂之縮。縮，浚也。故齊桓公責楚貢苞茅不入，王祭不共，無㠯縮酒。」《周禮》已有茜，則茜實古文，而鄭大夫引傳作「縮」，蓋從劉子駿所釋耳。《詩・伐木》傳：「湑，茜之也。」毛公在六國時猶用古文，益可舉證。若論最初之古文，則當作「數」。《司尊彝》「縮酌」注：「故書縮爲數。」蓋茜从酉，本兼聲，茜、數之通，猶柳、蔞之通，劉、婁之通。高祖云：「婁者，劉也。」毛公㠯茜訓湑，其義至精。蓋湑从疋聲，聲義通疏，《詩・杕杜》傳：「湑湑，枝葉不相比也。」正㠯湑爲疏。《巾車》故書疏爲揟，亦其證。而杜子春則讀揟爲沙。案：《説文》：「揟，取水沮也。」朱駿聲曰：「沮當作抯，謂取水滓而挹之。」是也。此誼亦近湑。而《典瑞》鄭司農注云：「疏讀爲沙，謂圭璋璧琮琥璜，皆爲開渠爲眉瑑，沙除㠯斂尸，令汁得流去也。」此疏字亦與湑爲浚酒之義近。○子春讀揟爲沙，非沙除之沙，今特㠯揟、疏皆可讀沙，故舉㠯見其通耳。故湑之言疏也，茜之言數也。束茅沃酒，茅稀疏曰湑，茅密數曰茜，渾言則同。❷

---

❶ 手稿此條有小標題「乙亥嘗書不害也」。

❷ 手稿此條有小標題「無㠯茜酒」。

成二年：「新築人叔孫于奚救孫桓子，桓子是吕免。既，衛人賞之吕邑，辭。請曲縣、緐纓吕朝，許之。仲尼聞之曰：『惜也，不如多與之邑。惟器與名，不可吕假人，君之所司也。名吕出信，信吕守器，器吕臧禮，禮吕行義，義吕生利，利吕平民，政之大節也。若吕假人，與人政也。政亡，則國家從之，弗可止也已。』」《賈子・審微》曰：「禮，天子之樂宮縣，諸侯之樂軒縣，大夫直即犆。縣，士有琴瑟。叔孫于奚者，衛之大夫也。曲縣者，衛君之樂體也；緐纓者，君之駕飾也。齊人攻衛，叔孫于奚率師逆之，大敗齊師。謂敗齊師之逼近孫桓子者。衛于是賞吕温，叔孫于奚辭温，而請曲縣、緐纓吕朝，衛君許之。孔子聞之，曰：『惜乎！不如多與之邑。夫樂者所吕載國，國者所吕載君。彼樂亡而禮從之，禮亡而政從之，政亡而國從之，國亡而君從之。惜乎！不如多予之邑。』」案：此大傳《左傳訓故》也。叔孫于奚，今傳作「仲叔于奚」，《古今人表》「仲」作「中」，所吕致誤者，《中爵》「中」作「□」，《主孫彝》「孫」作「□」，《孟孫父丁彝》「孫」作「□」，是古文「孫」與「中」相似。大傳作「叔孫」，據北平古文，後倒作「孫叔」，「孫」又誤「中」，孟堅時已然，至今則「中」又變「仲」矣。衛之有叔孫，猶齊有仲孫湫也。大傳詁爲「衛之大夫」，則新築人者，新築大夫也，猶郰大夫紇稱郰人紇也。《潛夫論・志氏姓篇》已云：「叔梁紇爲郰大夫。」或疑王肅所僞造，其説非也。必知爲大夫者，言賞之吕邑，不言賞之吕官，則是本有職者。且使于奚是庶人，辭邑則還爲鄉民矣，安得曲縣、緐纓吕朝乎？其吕温實邑，亦必據曾、吳、鐸、虞、荀、張舊説，特今未審温所在耳。

所説樂縣，與《小胥》同。彼云：「王宮縣，諸侯軒縣，卿、大夫判縣，士特縣。」鄭司農云：「宮縣，四面縣。軒縣，去其一面。判縣，又去其一面。特縣，又去其一面。四面，象宮室四面有墻，故謂之宮縣。軒縣三面，其形曲，故《春秋傳》曰：『請曲縣、緐纓㠯朝。』諸侯禮也。故曰：『惟器與名，不可㠯假人。』」彼又云：「凡縣鍾磬，半爲堵，全爲肆。」注云：「鍾磬者，編縣之，二八十六枚而在一虡，謂之堵。鍾一堵，磬一堵，謂之肆。半之者，謂諸侯之卿、大夫、士也。諸侯之卿、大夫，半天子之卿、大夫，西縣鍾，東縣磬。士亦半天子之士，縣磬而已。鄭司農説㠯《春秋傳》曰：歌鍾二肆。」此則後鄭與大傳不合。案：先鄭引襄十一年傳，彼云：「歌鍾二肆，及其鎛磬。」是兼鍾、鎛、磬爲一肆。又云：「晉侯㠯樂之半賜魏絳，魏絳於是乎始有金石之樂，禮也。」半則一肆也。《晉語》云：「公錫魏絳歌鍾一肆。」明兼鎛、磬可知。是諸侯之大夫固有鍾、鎛、磬㠯成一肆，非無鎛而㠯鍾磬分東西也。一肆，故大傳言犆縣也。諸侯之士但有琴瑟，亦不得有磬。半爲堵者，或如避射位之等，則分設耳。

若服子慎注昭二十年「七音」云：「七律爲七器音：黄鍾爲宫，林鍾爲徵，大簇爲商，南吕爲羽，姑洗爲角，應鍾爲變宫，蕤賓爲變徵。《外傳》曰：『武王克商，歲在鶉火，月在天駟，日在析木之津，辰在斗柄，星在天黿。』鶉火及天駟，七列也。南北之揆，七同也。鳧氏爲鍾，㠯律計自倍半，一縣十九鍾，鍾七律，十二縣，二百二十八鍾爲八十四律，此一歲之閏數。」服之此説亦不合大傳。何者？使宫縣有二百二十八鐘，則特縣猶當有五十七鐘，降至諸侯之士，且當有鐘，必不止琴瑟而已。然其説必本古義。案：七律作于武王克商，則此一縣而十九鐘，十二縣二百二十八鐘者，蓋是愷樂用之也。

㠯緐纓爲君之駕飾者，案：《巾車》：「玉路，錫，樊纓十有再就。」鄭讀樊爲鞶，謂「馬大帶」。賈、馬則異。彼疏引之云：「鞶纓，馬飾，在膺前，十有二帀，㠯毛牛尾金塗十二重。」是侍中、季長㠯樊纓爲一物，不必讀爲鞶。彼疏因後鄭讀鞶，遂誤改賈、馬注文作鞶纓耳。許叔重㠯緐爲馬髦飾，則與《獨斷》「武冠或曰緐冠」之説相引申，葢漢時後起之訓，非侍中師説也。鄭司農《巾車》注云：「纓謂當胸。《士喪禮》下篇曰：『馬纓三就。』禮家説曰：纓當胸，㠯削革爲之。三就，三重三帀也。」此亦同賈、馬説。見後。而司農不説樊字，則亦㠯樊纓爲一，㠯爲當胸，與後鄭説纓爲鞅而謂在馬頸者異。纓自有鞅訓，但《禮》則謂在胸者爲纓。《毛詩・采芑》傳云：「鉤膺，樊纓也。」是樊纓實在膺，先鄭、賈、馬義長矣。

據司農説士禮且有纓，而謂是君之駕飾者，或謂此必衛君九就之樊纓，然如此則傳必明著就數，而義始見，今何㠯不言也？案：陳碩甫云：「馬有緐纓，猶人有緌纓。緌與纓異材，賤者止有冠纓，尊者㠯緌爲飾。馬纓㠯革爲之，緐下垂。」此説是也。葢緐纓在一處，故渾言爲一，而析言則爲二。賈、馬言毛牛尾塗金，據緐言；司農言削革，據纓言：各見一義也。士有纓無緐，大夫亦然，惟君乃備緐纓耳。

又案：此傳曲縣爲一事，緐纓㠯朝爲一事，據《覲禮》「偏駕不入王門」，故侯氏乘墨車㠯朝王，是本有緐纓者，至朝且不得㠯入君門，今既請緐纓而復乘㠯朝，則僭之尤者也。❶

宣三年：「㠯蘭有國香。」案：《毛詩草木疏》：「孔子曰：『蘭當爲王者香草。』」或㠯此説傳，不知言「王者香草」則可，言「國香」則不可。孔子本云蘭當爲香草，王者謂香草之最尊者，倒句言之耳。若國香，則與

❶ 手稿此條有小標題「新築人篇」。

國士、國馬同，謂一國祇此一香矣。夫蘭在香草中，則爲王者，在一國中，則蘭多矣，豈若國士、國馬之有一無二乎？則國香非義也。今謂古文「國」字作「或」，本作「或香」。或借爲郁，如《詩・天保》箋、《禮記・祭義》注皆訓「或」爲「有」；《書・無逸》「亦罔或克壽」，《鄭崇傳》作「有」；《書・鴻範》「無有作好」，《吕覽・貴公》作「或」；《論語》「郁郁乎文哉」，《説文》字作「戫」，是聲通也。《上林賦》：「郁郁菲菲，衆香發越。」又云：「芬芳漚鬱，酷烈淑郁。」《洛神賦》：「踐椒塗之郁烈。」皆謂香爲郁也。郁爲香氣之甚，《洛神賦》注。故云蘭有郁香也。❶

宣三年：「昔夏之方有德也，遠方圖物，貢金九牧，鑄鼎象物，百物而爲之備，使民知神姦。故民入川澤山林，禁禦不若，從《西京賦》、《釋詁》郭注所引。螭魅罔兩，莫能逢之，用能協於上下，㠯承天休。」《論衡・儒增篇》云：「儒書言：夏之方盛也，遠方圖物，貢金九牧，鑄鼎象物而爲之備，故入山澤不逢惡物，用辟神姦，故能叶於上下，㠯承天休。」據此是「用辟神姦」訓「使民知神姦」也。然則知當借爲折。《晏子・襍篇》云：「夫不出於尊俎之間，而知衡千里之外。」借知爲折，與《荀子》「朽木不折」《大戴》作「知」同也。折衡與辟御同意，故其訓如此。今人讀知如字。案：《西京賦》云：「禁禦不若，㠯知神姦，螭魅魍魎，莫能逢旃。」若如字讀，則先知而後可禁禦，今乃先言「禁禦不若」，後言「㠯知神姦」，豈非讀如折之

❶ 手稿此條有小標題「㠯蘭有國香」。

證乎？

又案：《論衡》難此曰：「夫金之性物也，用遠方貢之爲美，鑄㠯爲鼎，用象百物之奇，安能入山澤不逢惡物辟除神姦乎？ 周時天下大平，越裳獻白雉，倭人貢鬯草。 食白雉，服鬯草，不能除凶，金鼎之器安能辟姦？ 且九鼎之來，德盛之瑞也，服瑞應之物，不能致福。 男子服玉，女子服珠，珠玉於人無能辟除，寶奇之物，使爲蘭服作牙身。 或言有益者，九鼎之語也。 夫九鼎無能辟除，傳言能辟神姦，是則書增其文也。世俗傳言周鼎不爨自沸，不投物，物自出，此則世俗增其言也，儒書增其文也。 是使九鼎㠯無怪空爲神也。 且夫謂周之鼎神者，何用審之？ 周鼎之金，遠方所貢，禹得鑄㠯爲鼎也。 其爲鼎也，有百物之象。如爲遠方貢之爲神乎？ 遠方之物，安能神？ 如㠯爲禹鑄之爲神乎？ 禹聖不能神。 聖人身不能神，鑄器安能神？ 如㠯金之物爲神乎？ 則夫金者，石之類也，石不能神，金安能神？ 㠯有百物之象爲神乎？夫百物之象，猶靁罇也，靁罇刻畫雲靁之形，雲靁在天，神於百物，雲靁之象不能神，百物之象安能神也？」㠯上《論衡》。 據此則漢儒謂九鼎之辟神姦，猶葦茭、桃梗之辟蠱也。 而所㠯辟之者，則由禹之神聖。賈大傅曰：「德渥澤洽，調和大暘，則天清澈，地富煴，物時孰，民心不挾詐賊，氣脈淳化。 攫齧搏擊之獸鮮，毒蠚猛蚒之蟲密，毒山不蕃，草木少薄矣。 鑠乎大仁之化也。」然則禹德足㠯辟神姦，而安民于鼎，寓其用而已。 民入山澤，非持九鼎㠯行也，則爲禹德所致可知。 仲任難之，麟仍㠯仲任《亂龍篇》語釋之曰：「舜㠯聖德入大麓之野，虎狼不犯，蟲蛇不害。 禹鑄金鼎象百物，㠯入山林，亦辟凶殃。 論者㠯爲非實，然而上古久遠，周鼎之神，不可無也。 夫金與土，同五行也，使作土龍者如禹之德，則亦將有雲雨之驗。」㠯上《論衡》。

此正可曰矛刺盾者也。❶

昭二十六年：「天道不闇。」《論衡・變虛篇》述傳如此，今本「闇」作「諂」。案：二十七年言「天命不慆」，哀十七年言「天命不諂」，則此「諂」非譌字，蓋古本作「闇」，實用爲「諂」，後人乃改從易曉者耳。古侵覃與幽尤相通，如禫之作導、任之叶醜《橘頌》。是也。諂本舀聲。《說文》引《詩》「或舀」，今作「或揄」，則舀本讀如由，凡舀聲字皆同，與闇又雙聲也。荀子《與春申君書》引《菀柳》「上帝甚蹈」作「上天甚神」，「神」亦「音」之誤。蓋「音」與「⿱示申」形相似，《漢丞相府漏壺》「神」作「⿰礻昌」，古字偏傍上下移易，因作「⿱示申」矣。後人不解音之借爲蹈，而改作「⿱示申」，又改作「神」矣。

此傳借闇爲諂，實借爲蹈。「天道不蹈」，「天命不蹈」，古有此語，故《菀柳》借此反之曰：「上帝甚蹈。」彼傳云：「蹈，動也。」《韓詩》作「陶，變也，化也」。義亦同。故《鼓鍾》毛傳：「妯，動也。」《韓》亦作「陶」。天道不變化移動，故不貳其命也。凡動與變化義近，其聲義通者有數證。《列子》「撫心高蹈」、《淮南》「蹈騰昆侖」、《樂記》「發揚蹈厲」，皆騰躍之義，引申爲動。《樂記》云：「不知手之舞之，足之蹈之。」故《大誓》云：「師乃搯《大傳》作「慆」。前歌後舞，極于上天下地。」是搯亦同蹈。而《周禮》「振動」，本謂拜時舞蹈，是舞蹈亦動義也。《說文》：「騊，馬行貌。」是騊亦動也。《淮南・精神》：「滔乎莫知其所止息。」《管子・君臣下》：「心

❶ 手稿此條有小標題「使民知神姦」。

道進退，而刑道滔赶。」是滔亦動也。㠯舀、揄聲通，知《周語》「弗震弗渝」，震爲震動，渝即蹈動，故韋君訓渝爲變。變、動同義，正如《韓詩》作「陶」訓「變」，與《毛詩》作「蹈」訓「動」同義也。王伯申讀渝爲輸，不必。陶訓變化，而《楚辭》注云：「陶敖心無所繫。」是亦動義。陶同聲之詾，《說文》訓「往來言」，即《荀子》「陶誕」之意。《易》：「憧憧往來。」憧之言動也，《說文》訓㠯「意不定」。故詾訓「往來言」，亦變動義也。皋陶又作咎繇，猶《甘泉賦》之皋搖，《說文》：「搖，動也。」故陶亦有動義。因知「憂心且妯」，《韓詩》作「陶」，《廣雅・釋言》訓陶爲憂，陶即《黍離》「中心搖搖」之搖。《釋訓》所謂「懽懽，愮愮，愮即搖變。憂無告也。」《方言》云：「妯，擾也。人不静曰妯。」不静，正是動義。而㠯㨨亦作抽言之，則由、畱聲同。妯又通畱、澑。《莊子・天地》：「畱動而生物。」畱本訓止，㠯爲動義，亦治亂、苦快之例。《管子・宙合》云：「澑，發也。」鄭注《論語》「廢中權」云：「發動貌。」明發亦動也。而《素問・陰陽別論》曰：「陰陽相過曰澑。」《論語》：「子哭之動。」馬注：「動，哀過。」是過與動同義也。哀過之動，與悼義近，故《菀柳》箋讀蹈爲悼。其實悼原有動義，故《檜・羔裘》傳：「悼，動也。」鄭注《論語》㠯「變動容貌」說「子哭之動」，是其證也。悼、掉同聲，《說文》「掉」訓「搖」。《素問・五常政大論》：「其動掉眩顛疾。」注：「掉，搖動也。」它若《吳都賦》之「騰踔」，又與蹈騰同義。《莊子・大宗師》：「而兄其卓乎？」注：「卓者，獨化之謂也。」又與陶訓化同義。輯濯即楫棹，又知古聲卓、翟通，而《韓詩》訓「趯趯毚兔」爲「往來貌」，又與詾訓「往來言」同義。觀其會通，則知闍借爲蹈。蹈，動也，即變化也。伏生《鴻範傳》：「晦而月見西方謂之朓。」鄭注：「朓，條也，條達行疾貌。」《舞賦》注引鄭玄《尚書五行傳》注則云：「闍跳，行疾貌。」案：闍亦借爲蹈騰之蹈，蹈跳猶蹈騰，故爲行疾也。此尤闍蹈相通之明證。阮伯元

因闇與諂媚字同韻，而肊度監、毛本誤「謟」作「諂」者爲古本，失之矣。❶

昭十七年：「自顓頊㠯來，不能紀遠，乃紀於近。」案：《後漢・東夷傳》：「夫餘國㠯六畜名官，有馬加、牛加、狗加。」猶有古意，亦所謂學在四夷者與！❷

昭十八年：「戊寅，風甚。壬午，大甚。」《五行志》《釋文》皆如此作。《釋文》或本「大甚」作「火甚」，非也。然穎達、師古㠯「大甚」爲「風又更甚」，則文過緐冗，失之。大甚之甚，與風甚之甚異。此甚借爲𤈦。《説文》：「𤈦，侵火也。讀若桑葚之葚。」古字㠯侵爲祲，「祲火」當作「火祲」。火之祲氣見者，其名曰𤈦也。《説文》古文「湛」作「𣽏」，所从「𠭖」字，疑即古文「𤈦」，與甚同聲通用也。大𤈦者，祲氣大也。❸

襄二十九年：「奪伯有魄。」《鴻範五行傳》王極節：「時則有下人伐上之痾。」鄭注：「夏侯勝説『伐』宜爲『代』，書亦或作『代』。陰陽之神曰精氣，情性之神曰魂魄，君行不由常，侜張無度，則魂魄傷也。王極氣失

❶ 手稿此條有小標題「天道不闇」。

❷ 手稿此條有小標題「自顓至於近」。

❸ 手稿此條有小標題「大甚」。

之病也。天於不中之人，恆耆其味，厚其毒，增㠯爲病，將㠯開賢代之也。《春秋傳》所謂『奪伯有魄』者是也。不名病者，病不箸於身體也。」麟案：《五行志》述劉歆《皇極傳》曰：「有下體生上之痾，説㠯爲下人伐上，天誅已成，不得復爲痾云。」案：下體生上，于伏生本爲貌不恭之痾，子駿易《貌傳》爲鼻痾，而移下體生上于此，然非悖伏生也。下人伐上，實即厥極弱耳，可爲極而不可爲痾，故改之。夏侯讀爲代，較伐義爲勝，實亦即厥極弱也。康成注「厥極弱」云：「貴而无位，高而无民。」則位爲下人所代矣。故王極不建，下人終必代上，而當時之痾，則惟有下體生上耳。伯有門上生莠，正與下體生上相類，故康成引「奪伯有魄」㠯注「下人伐上」句，其意實陰主子駿。康成注「厥咎瞀」及「六事之司月」，皆從子駿。所㠯不明改者，㠯下人終必代上，仍是王極不建中之事也。此傳上文：「裨湛曰：『善之代不善，天命也，其焉辟子產？』」子產代伯有，所謂下人代上也。子產位在伯有下。推之湯、武代桀、紂，宣帝代昌邑王，亦下人代上也。故不㠯夏侯、鄭君兩家説説之，不通子駿之精義。❶

成十八年：「周子有兄而無惠。」今本慧，從《文選》劉孝標《辨命論》注所引正。惠讀慧，如《魯論》「好行小惠」，《古論》作「慧」也。《武五子傳》張敞條奏昌邑王曰：「察故王衣服言語跪起，清狂不惠。」蘇林曰：「色理清徐而心不慧曰清狂。清狂，如今白癡也。」彼上文云：「故王疾痿，行步不便。」蓋賀因見廢失志，遂得癡、痿二疾也。麟案：

❶ 手稿此條有小標題「奪伯有魄」。

此正與傳之「無惠」同，但賀未至不辨菽麥耳。子高治《左傳》，其言可爲傳注。❶

莊七年經：「夏，四月辛卯，夜，恆星不見。夜中星隕如雨。」傳：「夏，恆星不見，夜明也。星隕如雨，與雨偕也。」《論衡·説日篇》引而駁之曰：「其言夜明故不見，與《易》之言『日中見斗』相依類也。日中見斗，幽不明也；夜中星不見，夜光明也。事異義同，蓋其實也。其言與雨俱之集也，夫辛卯之夜明，故星不見，明則不雨之驗也。雨氣陰暗，安得明？明則無雨，安得與雨俱？夫如是，言與雨俱者，非實。且言夜明不見，安得見星與雨俱？又，僖公十六年正月戊申『霣石于宋五』，《左氏傳》曰：『星也。』夫謂霣石爲星，則謂霣爲石矣。辛卯之夜星霣，爲星則實爲石矣。辛卯之夜星霣，如是石，地有樓臺，樓臺崩壞。孔子雖不合言及地尺，雖此字有誤。地必有實數，魯史目見，不空言者也。云與雨俱，雨集於地，石亦宜然。至地而樓臺不壞，非星明矣。且左丘明謂石爲星，何㠯審之？當時石霣輕然。何㠯其從天墜也？秦時三山亡，亡有不消散，有在，其集下時，必有聲音。或時夷狄之山，從集於宋，宋聞石霣，則謂之星也。左丘明當脱不字。省，則謂之星。夫星，萬物之精，與日月同。説五星者，謂五行之精之光也。五星衆星同光燿，獨謂列星爲石，恐失其實。實者，辛卯之夜霣星若雨而非星也，與彼湯谷之十日，若日而非日也。」麟案：朝雨莫殅，夕霽宵陰，事所常有。初昏天明，夜中而雨，何怪何嫌？夜明時不見天星，及雨則不明，固見星之隕于地矣。至恐

❶ 手稿此條有小標題「周子有兄而無惠」。

霣石壞樓臺，則正當曰不及地尺訂之。夫雨本下集于地，至地上有樓臺，則才集其瓦耳。今星不及地尺而復，則亦不及樓臺尺而復，何患其崩壞乎？且星雖與雨俱隕，斷非如雨之稠密，徧集家人庭院也。高山之巔，觀臺之上，大野之間，見其光燿與雨俱集耳。其數星相距，何止十百里？即使崩壞樓臺，一國不過數家耳。況隕石不巨，其多又不及雹，僅能摧殘屋瓦，固未有害于梁棟也。至謂星精非石，則尤未審。夫縊死之魄，入地爲石，越鳥之沫，化爲木難，此非精而爲石乎？

又案：近世議者，皆謂星體大於地球，斷不可隕，而不知古人已疑之。仲任駁《公羊》曰：「從平地望泰山之巔，鶴如烏，烏如爵者，泰山高遠，物之小大失其實。天之去地六萬余里，高遠非直泰山之巔也。星箸於天，人察之，失星之實，非直望鶴、烏之類也。數等星之質百里，體大光盛，故能垂燿，人望見之，若鳳卵之將，❶遠失其實也。如星霣審者，天之星霣而至地，人不知其爲星也。何則？霣時小大不與在天同也。今見星霣如在天時，是時星也非星，則氣爲之也。」仲任説如此。麟難之曰：夫大燭之在苣，近視之光大于苣無幾也，遠視之則光有百倍于苣者矣。何則？非但見其正光，且見其旁燿也。今星精之石，猶苣也，其光，猶火也。人但見其光，而光固大于石萬億倍矣。其光自大，其石自小。石既小矣，何不可隕？且夫言山崩者，非全體崩也，則言星隕者，亦非全體隕也。丈石隕寸，寸石隕髮，固謂之隕矣，何疑其大小殊絶乎？仲任云：「不出横難，不得從説；不發苦詰，不聞甘對。」麟解此者，非效惠施之答繚，鄒衍之談天，曰爲仲任亦

❶ 「將」，《論衡・説日篇》（《四部叢刊》景通津草堂本）作「狀」。

有樂乎此爾。

然後曰《五行志》所述子駿正義説之曰：「晝象中國，夜象夷狄。《天文志》曰：「其陰，陰國；陽，陽國。」夜明，故常見之星皆不見，象中國微也。『星隕如雨』，如，而也，星隕而且雨，故曰：『與雨偕也。』明雨與星隕，兩變相成也。《鴻範》曰：『庶民惟星。』《易》曰：『靁雨作，解。』是歲，歲在玄枵，齊分壄也。夜中而星隕，象庶民中離上也。雨曰解過施復，此本「王出郊天乃雨」爲義。從上下，象齊桓行伯，復興周室也。周四月，夏二月也，日在降婁，魯分壄也。先是，衛侯朔奔齊，衛公子黔牟立，齊帥諸侯伐之，天子使使救衛。魯公子溺專政，會齊曰犯王命，嚴弗能止，卒從而伐衛，逐天王所立。不義至甚，而自曰爲功。名去其上，政繇下作，尤著，故星隕於魯，天事常象也。」麟案：董生云：「列宿不見，象諸侯微也。衆星隕隊，民失其所也。不及地而復，象齊桓起而救存之也。」子駿説略與同，特不言「諸侯微」而言「中國微」，曰雨爲「解過施復」，而不言「不及地而復」，則有異耳。董生云：「夜中者，爲中國也。」子駿説與異。案：大劉云：「夜中者，或曰象其叛也，言當中道叛其上也。」齊桓無叛上事，此指民叛上。此子駿説「夜中」所本。案：《洪範五行傳》云：「凡六沴之作，歲之朝，月之朝，日之朝，則后王受之；歲之中，月之中，日之中，則公卿受之；歲之夕，月之夕，日之夕，則庶民受之。其二辰曰次相將，其次受之。注：「二辰，謂日月也。」星辰莫同。」注：「莫，夜也。星辰之變，夜見亦與晝同。」據康成，曰「初昏爲莫之朝，夜半爲中，將晨爲夕」。案：夏二月，歲之朝也。三統推辛卯爲七日，乃上旬，月之朝也。夜中即夜半，莫之中也。康成云：「歲之朝，日月中，則上公受之。」今變在歲月之朝，莫之中，其次先于上公，後于后王，應在王德齊邦君者，周天子是也。兩劉所謂上也，所謂周室也，而子駿又曰夜中取中

道，象則兼義也，非本義也。子駿説合《大傳》，勝于㠯夜中爲應中國者。❶

昭十一年：「然壅也。」杜預注：「楚無德而享大利，所㠯壅積其惡。」麟案：非也。《天文志》云：「土與水合爲雝沮，不可舉事用兵。」晉灼曰：「一曰雝塡也。」此壅即彼雝。葢是時水、土二星方合，萇弘㠯天道論之，故言楚雖將有蔡，然今乃水、土會合之時也，舉事用兵，必有大咎，故歲及大梁，則蔡復而楚凶矣。❷

昭八年：「民聽濫也。」《説苑・辨物》同，《論衡・紀妖篇》「濫」作「偏」。麟案：此必賈大傳《訓故》也。《賈子・道術》云：「動有文體謂之禮，反禮爲濫。」《仲尼燕居》云：「達於禮而不達於樂謂之素，達於樂而不達於禮謂之偏。」是濫與偏同是不達禮之名也。《樂記》云：「樂極則憂，禮粗則偏矣。」是偏正爲動無文體也。聽不從其志色爲非禮，心不莊正，聽必怳忽，故或不言而謂之言矣。㠯偏訓濫，義極精微。杜解云：「濫，失也。」猶《周書・程典》注訓濫爲過也。大意亦是，而雅奥遠不及矣。❸

❶ 手稿此條有小標題「恆星不見星隕如雨經傳」。
❷ 手稿此條有小標題「然壅也」。
❸ 手稿此條有小標題「民聽濫也」。

昭七年：「天有十日。」案：言天有，則十日非徒謂十干之名也。《論衡・説日篇》曰：「儒者説日及工伎之家皆㠯日爲一，《禹貢》《山海經》言日有十，在海外東方有湯谷，上有扶桑，十日浴沐，水中有大木，九日居下枝，一日居上枝。案：《禹貢》者，《禹貢》説也。《禹貢》説與儒者説異者，《漢志》六藝家與儒家異也。《淮南書》又言：燭十日，堯時十日並出，萬物焦枯，堯上射十日，㠯故不並一日見也。世俗又名甲乙爲日，甲至癸凡十日。日之有十，猶星之有五也。」據此是當時之説，甲至癸非空㠯紀日，實有此十日也。仲任駁曰：「夫日猶月也，日而有十，月有十二乎？禹、益所見，意似日非日也。天地之間，物氣相類，其實非者多。海外西南有珠樹焉，察之是珠，然非魚中之珠也。夫十日之日，猶珠樹之珠也。珠樹似珠非真珠，十日似日非實日也。」案：天無二日，謂爲物氣相類是也。然觀《禹貢》説及《山海經》已有此説，則謂甲至癸十日爲實物者，周時已有之，故無宇㠯比人有十等耳。❶

襄二十七年：「書先晉，晉有信也。」劉氏逢禄曰：「晉，中國之伯，屈建即不㠯詐而得主盟，夫子何忍與之？」麟案：所㠯爲中國者，㠯信也；所㠯爲夷狄者，㠯無信也。《賈子・耳痺》曰：越國「谿徼而輕絶，俗好詛而倍盟。放此類者，鳥獸之儕徒，狐狸之醜類也」。是正㠯無信，故爲夷狄。然則晉有信者，正謂晉能爲中國之伯也。哀十三年：「乃先晉人。」賈侍中注《外傳》曰：「吳先歃，晉亞之。先敘晉，晉有信，又所㠯外

❶ 手稿此條有小標題「天有十日」。

吳。」義亦同。據《內》《外傳》不符，實則「請少待」之下有脱文，不然，司馬寅與趙鞅語非吳人所聞，何因遂推晉先歃邪？知其間尚脱吳歃晉亞之事，而「乃先晉人」句乃説孔子作經時事，其上亦當脱孔子語，如「吕臣召君，不可吕訓」之等，實與《外傳》無不符也。

麟又案：《儒林傳》説《左氏》授受云：清河張禹長子「與蕭望之同時爲御史，數爲望之言《左氏》，望之善之，上書數吕稱説」。今得《望之傳》中稱説《左氏》一條云：「匈奴呼韓邪單于來朝，丞相霸、御史大夫定國議曰：『聖王之制，施德行禮，先京師而後諸夏，先諸夏而後夷狄。單于禮儀宜如諸侯王，位次在下。』望之吕爲『單于非正朔所加，故稱敵國，宜待吕不臣之禮，位在諸侯王上。外夷稽首稱藩，中國讓而不臣，此則羈縻之誼，謙亨之福也。《書》曰：戎、狄荒服。此本《周語》所稱先王之制，故知此條爲《左氏》説也。言其來，荒忽亡常。如使匈奴後嗣卒有鳥竄鼠伏，闕於朝享，不爲畔臣。信讓行乎蠻貉，福祚流于亡窮，萬世之長策也』。」是《左氏》古説，王者之待戎、狄，位在中國方伯上，而聖人作經先晉于楚、吳者，楚鬻熊吕子事天子，《晉語》云：「昔成王盟諸侯于岐陽，楚爲荆蠻，置茅蕝，設望表，與鮮牟守燎，故不與盟。」是待楚吕臣禮，故卑之且不與盟也。吳有命圭，爵曰吳伯，亦待吕臣禮也。臣則固不得踰方伯之上也。惟越爲周室之不成子，與周亦絶不通，故《春秋》不與楚、吳同書子，書之曰「於越」、曰「越」，極進則書「越人」，與狄或書人等而已。然則戎也，狄也，越也，班次一也。假使朝周，則當待吕荒服不臣之禮，位在方伯上，不得吕宗盟後異姓之常例拘之，亦猶庸敬在父兄，祭時斯須之敬，則在子行爲尸者矣。故傳稱「戎朝于周，發幣于公卿，凡伯弗賓」，吕刺凡伯也。天子且賓之，而凡伯可弗賓乎？經無先戎、狄、越于方伯者，不可爲常禮，亦不可不箸法，故于傳

見其意而已。❶

昭三年經：「冬，大雨雹。」昭四年經：「春王正月，大雨雹。」四年《穀梁》作「雪」。案：何氏《膏肓》駁四年申豐之對，劉氏逢禄㠯爲豐附季氏，猶張禹、孔光之流，於災異迭見，終不㠯王氏爲言。麟謂《左氏》箸申豐從女賈賂子猶之文，非不知其黨于季氏也，而此録其對者，亦猶班孟堅知張、孔之阿諛，而《漢書》亦録其奏對災異，蓋㠯説雖不中肯綮，而未始無可取之義也。若《左氏》自説經義，則《蕭望之傳》曰：「地節三年夏，京師雨雹。望之對，㠯爲『《春秋》昭公三年大雨雹，是時季氏專權，卒逐昭公。鄉使魯君察於天變，宜亡此害』。」此稱説張長子《左氏》古義也。由此知《左氏傳》中但載申豐言，其自所裁斷，當在《左氏微》中，張長子及見之，此條可爲《左氏》雪寃矣。

案：《五行志》云：「《左氏傳》曰：『聖人在上無雹，雖有不爲災。』説曰：『凡物不爲災不書，書大，言爲災也。凡雹皆冬之愆陽，夏之伏陰也。』《左氏》家但引傳文「聖人在上無雹」及「愆陽伏陰」爲言，而不㠯藏冰爲説，是取申豐之言而不取其意也。意謂聖人在上，則臣下不得專恣，自不至沴變天氣，㠯致愆陽伏陰而雨雹耳。昭公三年大雨雹，是時季氏專權，脅君此即子政「陰氣脅陽，轉而爲雹」之説也。之象見，昭公不寤，後季氏卒逐昭公。」此條《左氏》説，正

❶ 手稿此條有小標題「書先晉晉有信也乃先晉人」。並有旁注云：「『楚鬻熊㠯子事天子』，『鬻熊』當改爲『熊繹』，㠯鬻熊實未受書也。」

與蕭大傅之對同，則蕭所對爲張長子說，斷無疑義。若《志》引董仲舒說四年之大雨雪，《志》承《穀梁》經「大雨雪」而言，則《公羊》經亦作「雪」，然據賈侍中三家經訓詁，只云《穀梁》作「大雨雪」，則《公羊》自作「雹」，或胡毋生、董生之本異也。「㠯爲季孫宿任政，陰氣盛也」。何休說兩大雨雹皆云：「爲季氏。」《穀梁》劉子政說四年大雨雪，㠯爲「三家已彊，皆賤公行，慢侮之心生」。此則三傳之師，有重規疊矩之合，而劉逢禄謂蕭公所對乃《公羊》說，非《左氏》說，則是三傳必無一同而後可，豈不妄哉？❶

襄十九年：「晉士匄侵齊，及穀，聞喪而還，禮也。」《蕭望之傳》：望之對曰：「《春秋》晉士匄帥師侵齊，聞齊侯卒，引師而還，君子大其不伐喪，㠯爲恩足㠯服孝子，誼足㠯動諸侯。」案：此稱說張長子《左氏》古義也。或疑此所說與《公羊傳》注正同，非《左氏》說，然《左氏》㠯爲禮，則其說自同《公羊》也。《儒林傳》言：「望之平《公羊》《穀梁》同異，多從《穀梁》。」此條《穀梁傳》云：「不伐喪，善之也。」「外專君命，故非之也。」是不純善士匄，而蕭獨不取《穀梁》義，豈不㠯《公羊》《左氏》義同，三占從二，故弃彼而取此哉？❷

襄三十年：「君子謂：『宋共姬，女而不婦。女待人，婦義事也。』」案：《列女傳·貞順》述伯姬事，頌

❶ 手稿此條有小標題「大雨雹」。

❷ 手稿此條有小標題「士匄侵齊條」。

曰：「伯姬心專，守禮一意，宫夜失火，保傅不備，逮火而死，厥心靡悔，《春秋》賢之，詳録其事。」頌作于子駿，是《左氏》説本與《公羊》《穀梁》大同，其所㠯賢伯姬者至矣。《張敞傳》：敞奏書諫曰：禮，君母下堂則從傅母，此言尊貴所㠯自斂制，不從恣之義也。是子高《左氏》説亦同。而傳文如此者，案《詩序》云：「《葛覃》，后妃之本也。后妃在父母家，則志在於女功之事，躬儉節用，服澣濯之衣，尊師敬傅，則可㠯歸安父母，傳：「婦人謂嫁歸。」化天下㠯婦道也。」是婦道即本于女道之尊師敬傅，故婦道未嘗離乎女道，惟至于義事，則婦自有其道。共姬之賢，去文母之聖一閒矣，當爲婦之義事㠯成行權之聖，不必爲女之待人㠯爲守節之賢。其不義事者，是專習乎女道，而不盡乎文母之婦道也。惜其不成聖德，正所㠯大褒之，非貶之也。若《穀梁》云「伯姬之婦道盡矣」，則尚非至論也。❶

襄二十七年：「故不書其族，言違命也。」賈侍中注：「叔孫義也，魯疾之非也。」服子慎注：「叔孫欲尊魯國，不爲人私，雖㠯違命見貶，其于尊國之義得之。」麟案：賈、服義是，而辭則駁傳，不知傳非㠯不書族爲貶也。尋此命出于季孫矯制，而叔孫則㠯公命視之而違之者也。成十四年傳云：「稱族，尊君命也。舍族，尊夫人也。」《左氏》此等，皆不云一事卒見。是舍族者，非必貶之也。凡尊君命必稱族，違命無所可尊，故不書其族，非貶叔孫，正㠯見叔孫之制義而不順命也。此處《春秋經》不論矯制之事，但㠯示疆外之臣總在從道，不在

❶ 手稿此條有小標題「君子謂宋共姬女而不婦」。

從命而已。《荀子·臣道》曰：「逆命而利君謂之忠。」又曰：「有能抗君之命，以安國之危，除君之辱，功伐足以成國之大利，謂之拂。」此正《左氏春秋》善叔孫違命之義也。《左氏》于成傳稱族、舍族下，特箸「《春秋》之稱微而顯、志而晦」等語，其爲此等舍族者言之乎？❶

昭二十九年：「帝賜之姓曰董，氏曰豢龍，封諸鬷川，鬷夷氏其後也。」《潛夫論·志氏姓》引此，説之曰：「豢龍逢以忠諫，桀殺之。」然則關龍逢實借爲豢龍逢。關龍爲氏，逢爲名，稱龍逢者，猶稱馬遷也。《鄭語》云：「董姓鬷夷、豢龍，則夏滅之矣。」然則逢蓋以諸侯爲王臣者，猶鬼侯、鄂侯爲紂三公，桀既殺逢，遂滅其國也。傳言「孔甲未獲豢龍氏」，此蓋由子孫忘業之故。韋昭謂鬷夷、豢龍滅于孔甲以前，則誤矣。又，《書序》：「遂伐三朡，俘厥寶玉。」《春秋地名攷略》疑即此鬷夷，然武王入殷，尚封比干之墓，成湯放桀，豈伐龍逢之國邪？足知三朡非鬷夷矣。❷

昭二十九年：「共工氏有子曰句龍，爲后土。」下云：「后土爲社。」案：《魯語》云：「共工氏之伯九有也，其子曰后土，能平九土，故祀以爲社。」是共工即大皞後、神農前之共工也。乃《潛夫論·五德志》云：「顓頊

❶ 手稿此條有小標題「故不書其族言違命也」。

❷ 手稿此條有小標題「帝賜至後也」。

身號高陽，世號共工。」下云：「共工氏有子曰句龍，能平九土，故號后土，死而爲社，天下祀之。」則謂共工即顓頊矣。然傳上文云：「顓頊氏有子曰犂，爲祝融。」文與此相連，若顓頊、共工爲一人，何必別其名乎？知節信誤也。然所㠯誤者，亦自有故。❶《鄭志》：「趙商問：今云五官之神及四郊，其二祀合爲犂食火土者何？答曰：犂爲祝融，句龍爲后土。《左氏》下言『后土爲社』，謂暫作后土，后土轉爲社，無有代者，故先師之説犂兼之，因火土俱位南方。」據鄭所説，是先師謂祝融、后土皆祀顓頊之子犂。節信習聞其説，而未及深考，遂誤謂爲祝融之犂爲后土之句龍，皆是顓頊之子，因强謂顓頊有共工之號矣。❷

隱十一年：「使營菟裘。」服子慎注：「菟裘，魯邑。」案：《潛夫論・志氏姓》云：菟裘，嬴姓也，與鍾離、脩魚等並稱。然則菟裘乃亡國之虚，在魯域中者也。❸

僖十五年經：「己卯晦，震夷伯之廟。」傳曰：「罪之也，於是展氏有隱慝焉。」《五行志》：「劉歆㠯爲《春秋》及朔言朔，及晦言晦，此駁二傳㠯爲晦冥。人道所不及，則天震之。展氏有隱慝，故天加誅於其祖夷伯之廟

---

❶ 「自」，手稿無此字。

❷ 手稿此條有小標題「共工氏有子曰句龍」。

❸ 手稿此條有小標題「使營菟裘」。

㠯譴告之也。成公十六年：『六月甲午晦，晉侯及楚子、鄭伯戰于鄢陵。』皆月晦云。」麟案：此《左氏》引而不發之旨也。夫是時展禽之賢爲世所希有，足㠯亢宗矣。展氏何㠯有隱慝哉？則此主爲展禽之弟盜跖言耳。盜跖横行天下，又何㠯云有隱慝也？❶又何㠯云人道所不及也？曰：聖人秉天心㠯爲經，先天不違，後天奉時。天之震廟，即聖人作經之旨也。先師荀子《不苟篇》云：「盜跖吟口，名聲若日月，與舜、禹俱傳而不息。然而君子不貴者，非禮義之中也。故曰：君子名不貴苟傳。」㠯上《荀子》。夫名聲若日月者，豈隱慝哉？然而聖人之治大盜，無不隱之者，故齊豹㠯大夫而降稱爲盜，盜跖乃庶人之貪者，則并不足稱盜㠯見經。《春秋》治不及庶人，然其力至使大國守城，小國入保，則不可不治。治之而使其名愈章，則反使快意也，故并不見「盜」字于經。此皆不如其意㠯傳其名者。蓋攻難之士，死而不厭，惟欲有名章徹耳，非没其名㠯絶之，則終不可懲，惟天心與聖心合，故不㠯盜跖委之王誅，而如有隱慝者㠯治之。惟聖心與天心合，故其治盜跖也，不見盜字于經，而託震廟之微文㠯見之。蓋彼大憝也，吾穿窬視之；彼巨蠹也，吾狗盜視之；彼自謂光明磊落也，而吾㠯曖昧視之。則後世遊俠之徒，天下誦義無窮者，一明此法，即不禁自止矣。《公羊傳》：「夷伯者，季氏之孚也。季氏之孚，則微者，其稱夷伯何？大之也。曷爲大之？天戒之，故大之也。」不曰微之，而曰大之，于義翩其反矣。❷

❶「有」，手稿無此字。

❷ 手稿此條有小標題「震夷伯之廟經傳」。

昭十六年「豎柎」，麟前謂即侏儒即僬矣，今案：《荀子・宥坐》云：「子產誅鄧析、史付。」史付，疑即豎柎。凡巫覡祝史之類，多得通稱，故豎亦通稱史也，蓋後爲子產所誅。❶

莊二十四年經「郭公」，《公羊傳》曰：「郭公者何？失地之君也。」此說是也。而㠯爲郭公即赤，則同《穀梁》，而異《左氏》。《左氏》義奈何？曰：《賈子・先醒》曰：懷王問於賈君曰：「人之謂知道者先生，何也？」賈君對曰：「此博號也，大者在人主，中者在卿大夫，下者在布衣之士。乃其正名，非爲先生也，爲先醒也。昔者虢君《韓詩外傳》正作郭君，《新序・雜事五》作靖郭君，則誤也。驕恣自伐，諂諛親貴，諫臣詰逐，政治踳亂，國人不服。晉師伐之，虢人不守，虢君出走，至於澤中，曰：『吾渴而欲飲。』其御乃進清酒。曰：『吾飢而欲食。』御進腶脯、梁糗。虢君喜曰：『何給也？』御曰：『儲之久矣。』曰：『何故儲之？』對曰：『爲君出亡而道飢渴也。』君曰：『知寡人亡邪？』對曰：『知之。』曰：『知之何㠯不諫？』對曰：『君好諂諛而惡至言，臣願諫，恐先虢亡。』虢君作色而怒。御謝曰：『臣之言過也。』爲間，君曰：『吾之亡者，誠何也？』其御曰：『君弗知邪？君之所㠯亡者，㠯大賢也。』虢君曰：『賢，人之所㠯存也。乃亡，何也？』對曰：『天下之君皆不肖，夫疾吾君之獨賢也，故亡。』虢君喜，據式而笑曰：『嗟，賢固若是苦耶！』遂徒行而於山中居，飢倦，枕御膝

❶ 手稿此條有小標題「豎柎」。

而臥。御㠯塊自易，逃行而去。君遂餓死，爲禽獸食。此已亡矣，猶不寤所存亡，此不醒者也。」㠯上《賈子》。

案：僖五年云：「晉滅虢，虢公醜奔京師。」則已抵京師矣。而此乃出奔而道死，知非僖五年事也，即是經郭公事也。《左氏》皆作「虢」，此獨作「郭」，傳寫有異耳。洪稚存曰：「士蔿謀殺羣公子，即在此後一年。考之《史記・晉世家》，於此年書『羣公子既亡，奔虢』，夫云既亡，則亡在此年之前可知。又云：『虢㠯其故再伐晉，不克。』自注：「下二十六年：❶秋，虢人侵晉；冬，虢人又侵晉。」是此數年中虢、晉正交兵，非無事可書。」麟謂此說是也。賈君云：「晉師伐之，虢人不守，虢君出走。」此猶哀十七年之晉人伐衛，衛人出莊公耳，其國未亡也。《賈子》此篇，《韓詩外傳》亦述之，而先醒、後醒、不醒，作先生、後生、不生，「此不醒者也」作「此其不生者也」。原先生、後生、不生，蓋自古有此言。賈、韓㠯醒訓生，因聲生義也。其實生本有義。《論語》之「後生可畏」，與呼長者爲先生相對，非醒義也。然則虢君固可言不生，言其無知，如元氣溟涬未有胚胎時耳。彼其出走道死，咎由自取，不必書逐者主名，當與梁亡同例，書郭公某卒而已。乃并不書卒者，聖人㠯爲有生而後有死，今既不生矣，何死之書？故但書「郭公」，㠯示不生之義，此《左氏春秋》微言，賴賈君傳之，亦賴韓君明之。❷

❶「年」下，手稿有「傳」字，宜從。

❷手稿此條有小標題「郭公」。

昭二十七年：「疆埸日駭。」按：駭當讀戒。《周禮·大僕》：「戒鼓傳達于四方。」注：「故書戒爲駭。」此傳亦用古文假借也。《列子·力命篇》：「至人居若死，動若戒。」從或本。俞先生曰：「此假戒爲駭。」亦可互證。❶

昭二十八年：「宕有豕心。」《列女傳》引傳如此，是大劉君所見古文也。《説文》：「宕，過也，从宀碭省聲。」此宕即碭。《淮南·本經訓》：「玄玄至碭而運照。」注：「碭，大也。」然則宕有豕心者，大有豕心也。古文奇奥，故言宕，後人不解，改傳之宕爲實，實有之文易解。又傳中多此文法，積非成是，梁氏端遂曰宕爲寔之譌矣。❷

成十六年：「姬姓，日也。異姓，月也。」案：姬姓何𠚤象日？異姓何𠚤象月？蓋最初古文日、月字即用爲内、外字。《説文》「復」从彳夂日，古文作「退」，或字作「衲」。復从日無義，知日與内同字。内，聲也；日，亦聲也。月字，古文作「外」，知月、外亦一字矣。月、外本同部雙聲，日、内亦同部也。蓋古無内、外字，𠚤日、月字引申爲義也。日、月爲内、外何？案《天文志》：「日有中道，月有九行。中道者，黄道。九行者，

❶ 手稿此條有小標題「疆埸日駭」。

❷ 手稿此條有小標題「宕有豕心」。

黑道二，出黃道北；赤道二，出黃道南；白道二，出黃道西；青道二，出黃道東。」是月道在外，日道在內，故㠯日爲內字，㠯月爲外字也。內則後制字，外則即㠯古文月字分別爲異字耳。然外字从夕，本象月半見，从卜，則象弦矢之形。《説文》强爲「夕卜于事外矣」之説，迂矣。春秋之時，蓋已㠯日月與內外爲異字，而古義固未亡也，故此傳㠯日月之本義得其引申之義，由日月見內外之指也。姬姓爲內，異姓爲外，猶同姓爲內宗，異姓爲外戚也。故㠯日月喻之。❶

昭十四年：「乃施邢侯。」服子慎注：「施罪於邢侯，施猶劾也，邢侯亡，故劾之。」此本《晉語》所云「邢侯聞之，逃，遂施邢侯氏」也。韋昭云：「施，劾捕也。」亦同服。然邢侯亡，則劾捕邢侯而已，言氏，則徧及一家矣，何株連之廣乎？施之訓劾，亦非故訓，當從先師賈傅之説。《階級篇》云：「其中罪者，聞命而自弛。」俞先生曰：「弛讀爲褫。《説文》：『弛，或作虒。』與褫同聲，故得通用。《説文》：『褫，繫褫也。』聞命而自褫者，聞命而自繫也。故下曰：『上不使人頸盭而加也。』」此施亦即弛，實即褫。施邢侯者，繫邢侯也，不謂邢侯已亡也。《晉語》與《內傳》異，故謂邢侯亡而繫其家屬也。蓋欲使實陳邢侯所在，故繫之耳。子慎㠯《外傳》注《內傳》，則未考其同異矣。惠氏、洪氏又謂施爲殺而陳尸，據《晉語》「殺冀芮而施之」，又「從欒氏者大戮施」，哀二十七年傳「施公孫有山氏」，《山海經》「殺而施之」，《莊子》「萇弘施」，《史記》「施陳餘」爲證，彼蓋㠯

---

❶ 手稿此條有小標題「姬姓日也異姓月也」。

上傳之「施生」，《晉語》作「殺其生者」，故如是訓之，不知惟繫之而後詢其罪而殺之，《内》《外傳》各據一事言，施非即殺也，與所引六證自異矣。《列女傳》作「遂族邢侯氏族」，乃施之誤。邢侯雖有罪，不至赤族也。若孔晁㠯施爲廢其族，則可通《外傳》而不可通《内傳》，邢侯罪當死，豈僅廢之已乎？決㠯大傳説爲訓故。❶

文六年：「讓偪姞而上之。」杜預注：「偪姞，姞姓之女。」正義曰：「《譜》㠯偪爲國名，地闕，不知所在。」麟按：偪即密須之密。《潛夫論・志氏姓》云「姞氏之别，有密須氏」是也。《説文》「偪」作「畐」，云：「讀若伏。」《考工記・輈人》：「不伏其轅。」注：「故書伏作偪。杜子春云：偪，當作伏。」而伏羲亦作宓羲，偪可通密，猶伏可通宓也。《晏子春秋》之言「偪邇」與「密邇」聲誼皆同，是其證矣。密姞即密須之裔，猶杜祁即杜伯之裔也。或㠯爲偪即偪陽，而不知有姞姓、妘姓之殊，畢氏《晉書地理志補正》已正之矣。❷

僖十五年：「獲晉侯，㠯厚歸也。既而喪歸，焉用之？」《列女傳》「㠯厚歸」作「㠯功歸」，「既而喪歸」作「今㠯喪歸」，此劉子政爲《左傳》古文作訓也。借厚爲功者，猶工聲之鞏，《詩・瞻卬》叶「後」；工聲之「項

❶ 手稿此條有小標題「乃施邢侯」。
❷ 手稿此條有小標題「讓偪姞而上之」。

託」，見《淮南・説林訓》，而《童子逢盛碑》則作「后槖」；《趙廣漢傳》「又教吏爲缿筩」蘇林注「缿音項」也。厚，古文作「垕」，从后聲，其通功，正猶后之通項矣。《廣雅・釋詁》：「既，已也。」然則既之爲今，猶故之爲今也。而訓爲㠯者，如《墨子》云：「上可而利天，中可而利鬼，下可而利人。」《吕覽》云：「處次官，執利勢，不可而不察於此。」皆即可㠯也，此西漢古訓之明通。❶

僖二十四年：「好聚鷸冠。」宋于庭曰：「《莊子・田子方篇》云：『儒者冠圜冠者知天時，履句屨者知地形，緩佩玦者事至而斷。』又《天地篇》云：『皮弁、鷸冠、搢笏、紳脩，㠯約其外。』按：鷸與圜，聲之轉，象天之圜，故爲圜冠，猶句屨象地之方也。《説文》『鷸』下引《禮記》曰：『知天文者冠鷸。』此引㠯説鳥知天雨者名鷸之義，非謂㠯鷸毛爲冠也。」麟案：宋説是也。鷸從矞聲，瓊亦作璚從矞聲，亦作瓗從巂聲，是矞、巂聲通。五巂即五規，規形圜，故鷸通巂而有圜義。❷

成九年經：「二月，伯姬歸于宋。夏，季孫行父如宋致女。晉人來媵。」《公羊傳》曰：「未有言致女者，此其言致女何？録伯姬也。媵不書，此何㠯書？録伯姬也。」《穀梁傳》曰：「逆者微，故致女，詳其事，賢伯

❶ 手稿此條有小標題「㠯厚歸也既而喪歸」。

❷ 手稿此條有小標題「好聚鷸冠」。

姬也。」「媵，淺事也，不志。此其志何也？㠯伯姬之不得其所，故盡其事也。」惟《左氏》不明。及讀《列女傳》，知《左氏》義與二傳同。彼云：「伯姬者，魯宣公之女，成公之妹也。其母曰繆姜，嫁伯姬於宋恭公。恭公不親迎，伯姬迫於父母之命而行。既入宋，三月廟見，當行夫婦之道。伯姬㠯恭公不親迎，故不肯聽命。宋人告魯，魯使大夫季文子於宋致命於伯姬，還復命，公享之。繆姜出於房，再拜曰：『大夫勤勞於遠道，辱送小子，不忘先君，㠯及後嗣。使梁校曰：「疑脱地字。」下而有知，先君猶有望也。敢再拜大夫之辱。』」所説行父使宋復命之事，即本《左傳》，而更詳其所㠯致女之由，㠯伯姬貞順，而有此事也。然則書「致女」爲賢伯姬可知矣。至晉人來媵，則傳云：「禮也。」夫媵同姓之爲常禮，誰不知者？而《左氏》特發此傳，固㠯爲得尊賢之禮也。而《春秋》書此爲賢伯姬可知矣。非有大劉君，孰知《左氏》之同二傳哉？❶

桓十五年：「祭仲專，鄭伯患之，使其壻雝糾殺之。將享諸郊，雝姬知之，謂其母曰：『父與夫孰親？』」其母曰：『人盡夫也，此謂女子未嫁時，無人不可擇㠯爲夫，異於父之生而無變者也。語意如此，非謂人人皆己之夫也。猶十一年傳云「三公子皆君也」，謂三公子皆可爲君，非謂三公子皆是君也。《唐律疏義・音義》引夫作天，尤誤。父一而已，胡可比也？』遂告祭仲曰：『雝氏舍其室而將享子於郊，吾惑之，㠯告。』祭仲殺雝糾。」雝姬爲父許夫，是非未有所決。今案：《異義》云：「妻甲，夫乙毆母，甲見乙毆母，而殺乙。《公羊》説甲爲姑討夫，猶武王爲天誅紂。」鄭

❶ 手稿此條有小標題「伯姬歸宋事」。

駁之云：「乙雖不孝，但毆之耳，殺之大甚。凡在官者，未得殺之。殺之，士官也。」《檀弓》正義謂：「夫若殺母，妻得殺之。然女子有從而無專，不得效臣之誅君。蓋君㠯治民，故不道則臣得誅之，然亦惟諸侯于天子耳。若諸侯不道，則大夫固不得誅之。何者？有天子治之也。夫而有罪，下有兄弟宗族誅之，上有執法者誅之，又何待妻乎？不待妻誅之，則誅之乃弒夫也。無論殺母、毆母，皆不可也。」秦《會稽石刻》云：「夫爲寄豭，《史記索隱》云：「言夫淫他室。」殺之無罪，男秉義程。」蓋倒植三綱，始于暴秦，而《公羊》家誤演其義，沖遠遂再誤耳。雝姬雖非手刃其夫，而夫死實由于己。然非殺夫，又不能免父，斯時事難兩全，處之宜如何？曰：大、小劉論之詳矣。子政《列女傳》曰：「郃陽友娣字季兒，夫任延壽殺其兄季宗，告季兒曰：『汝殺我而已。』季兒曰：『殺夫不義，事兄之讎亦不義。』延壽曰：『吾不敢畱汝，願㠯車馬及家中財物盡㠯送汝，聽汝所之。』季兒曰：『吾當安之？兄死而讎不報，與子同枕席而使殺吾兄，内不能和夫家，又縱兄之仇，何面目㠯生而戴天履地乎？』延壽慚而去，季兒㠯繦自經而死。君子謂：友娣善復兄仇。《詩》曰：『不僭不賊，鮮不爲則。』季兒可㠯爲則矣。」子駿頌曰：「季兒樹義，夫殺其兄，欲復兄讎，義不可行。不畱不去，遂㠯自殃。馮翊表墓，嘉其義明。」又曰：「京師節女，夫有仇人，欲報其夫，而無道徑。聞其妻之仁孝有義，乃劫其妻之父，使要其女爲中譎。梁校曰：『詷之誤。』父呼其女告之，女計念：『不聽之則殺父，不孝；聽之則殺夫，不義。不孝不義，雖生不可㠯行於世。』欲㠯身當之，乃且許諾曰：『旦日在樓上新沐東首臥則是矣。妾請開户牖待之。』還其家，乃告其夫，使臥他所，因自沐居樓上東首，開户牖而臥。夜半仇家果至，斷頭持去。明而視之，乃其妻之頭也。仇人哀痛之，㠯爲有義，遂釋不殺其夫。君子謂：節女仁孝，厚於恩義也。夫重仁義、輕死亡，行之高者也。《論語》曰：『君子殺身㠯成仁，無求生㠯害仁。』此之謂也。」子駿頌曰：「京師節女，夫讎劫父，要女間之，不敢不許。期處既成，乃易其所。殺身成仁，義冠天下。」夫雝糾之欲殺祭仲，從公命㠯求富貴耳，非有宿仇也。若告父之後，㠯身代之，糾當亦哀痛其義而不殺祭仲矣。若恐祭仲㠯女爲糾殺之故，忿而殺糾，則不㠯告父而豫爲季兒之自經，雖無益于夫、父之死生，猶不失不僭不賊之道也。告父而殺夫，則非其道也。是故其母爲夫計則得，而姬之計則失。❶

隱元年：「未王命，故不書爵。」案：《穀梁傳》亦云：「其不言邾子何也？邾之上古微，未爵命於周也。」此皆釋經文也。經義則《穀梁》未審何如。《左氏》則當同《公羊》託王之説矣。蓋不書即位，攝也，託義于稱王而未一統，猶文、武未滅紂時也。「未王命，故不書爵」，託義于王者未削平天下，不得爵命諸侯，猶文、武有三分天下之二，而未嘗封建也。文則在周王，意則在託王也。❷

莊二十三年經：「夏，公如齊觀社。」《穀梁傳》曰：「㠯是爲尸女也。」《列女傳》：「初，哀姜未入時，公數如齊，與哀姜淫。」子駿頌曰：「哀姜好邪，淫於魯莊。」然則《左氏》亦㠯觀社爲淫哀姜矣。傳載曹劌之諫，蓋

---

❶ 手稿此條有小標題「雝姬事」。

❷ 手稿此條有小標題「未王命故不書爵」。

劇不欲顯言耳。❶

成十六年：「宣伯通于穆姜。」《列女傳》曰：「繆姜聰慧而行亂，故謚曰繆。」下復説東宫占卦事云：「君子曰：惜哉，繆姜雖有聰慧之質，終不得掩其淫亂之罪。《詩》曰：『士之耽兮，猶可説也；女之耽兮，不可説也。』此之謂也。」子駿頌曰：「繆姜淫泆，宣伯是阻。郝氏曰：「阻，疑怚誤。《説文》：『怚，驕也。』」謀逐季、孟，欲使專魯。既廢見擯，廢當爲發，謂淫事發覺也。穆姜薨，書「夫人」，葬，書「小君」，未嘗廢也。心意摧下。後雖善言，終不能補。」據此，則《左氏》本文「穆」作「繆」也。襄九年經：「葬我小君穆姜。」《穀梁》同，惟《公羊》作「繆」，兩經皆當據《公羊》刊正矣。《謚法解》曰：「名與實爽曰繆。」姜聰慧有善言，而其行淫亂，正名與實爽之謂。古字繆、穆相通，因而譌亂。《蒙恬傳》云：「秦穆公殺三良，而死罪百里奚，而非其罪也，故立號曰繆。」則繆、穆相殺，自先秦已然矣。❷

成十六年：「我斃蔑也而士晉，蔑有貳矣。」今傳「士」作「事」。《列女・魯宣繆姜傳》述此云：「曰魯士晉

❶ 手稿此條有小標題「夏公如齊觀社」。

❷ 手稿此條有小標題「穆姜」。

爲內臣。」是古文本「事」作「士」也。《説文》：「士，事也。」是聲義皆通。❶

成十六年：「出叔孫僑如而明之。」今本「明」作「盟」。《列女・魯宣繆姜傳》述此云：「魯人不順喬如，明而逐之。」是古文本「盟」作「明」也。襄二十九年「明主」，《吳大伯世家》作「盟主」，此《左傳》曰「明」爲「盟」之證。僑、喬之異，亦古今字變。❷

定十四年：「夫人見其色，嗁而走，曰：『蒯聵將殺余。』」《列女傳》曰：「南子通於宋子朝。大子蒯聵知而惡之。南子讒大子於靈公曰：『大子欲殺我。』」子駿頌曰：「南子惑淫，宋朝是親，譖彼蒯聵，使之出奔。」則似大子與戲陽速所謀及出奔後語，皆由南子誣構。然據彼文又云：「蒯聵立，殺夫人南子。」則先時謀弑亦非誣矣。子政爲孽嬖作傳，深惡南子，故曰讒言之耳。❸

昭二十八年：「吾母多而庶鮮。」《列女傳》作：「吾母之族貴而無庶。」多與貴訓詁不相通，葢形誤也。傳

---

❶ 手稿此條有小標題「而士晉」。

❷ 手稿此條有小標題「出叔孫僑如而明之」。

❸ 手稿此條有小標題「蒯聵將殺余」。

葢本作「⿱小月」，古文「貴」字也。多从重夕，據《單癸卣》「夕」作「月」，㠯日月字爲之。則多亦可作⿰月月，重月之月，即重夕之多也。⿰月月形與⿱小月相似，又取與鮮字對文，因而致誤。劉子政尚見原文也。母族貴則母亦素貴矣，文微異而意同也。庶，媵妾也。言母素貴，從者當衆，而今媵妾反少，是知母性嫉妬也，則舅氏女之嫉妬，可㠯母卜之矣，故懲之。❶

隱四年經：「夏，公及宋公遇于清。」傳：「夏，公及宋公遇于清。」空舉經文，無所發明。或引此爲《左氏》不傳《春秋》之證，不知古人傳經固有空舉經文之例。《易·比》初六：「有它，吉。」《象》曰：「比之初六，有它，吉也。」《大有》初九：「無交害。」《象》曰：「大有初九，無交害也。」又上九：「自天祐之，吉，無不利。」《象》曰：「大有上吉，自天祐也。」《无妄》六三：「或繫之牛，行人之得，邑人之災。」《象》曰：「行人得牛，邑人災也。」《遯》九四：「好遯，君子吉，小人否。」《象》曰：「君子好遯，小人否也。」《大壯》九三：「小人用壯，君子用罔。」《象》曰：「小人用壯，君子罔也。」《豐》六五：「有慶譽，吉。」《象》曰：「六五之吉，有慶□也。」❷此皆空舉經文者。《左氏》不傳《春秋》，夫子亦不傳《周易》邪？又《左氏傳》中多有空舉經文而㠯謚字易名者，或疑其無關大義，然古傳文亦有之。《訟》九二：「不克訟，歸而逋。」《象》曰：「不克訟，歸逋竄也。」㠯竄訓逋，連

---

❶ 手稿此條有小標題「吾母多而庶鮮」。

❷ 「□」，手稿無。

舉成文。《艮》九三：「艮其限，列其夤，厲薰心。」《象》曰：「艮其限，危薰心也。」㠯危訓厲。又六四：「艮其身，無咎。」《象》曰：「艮其身，止諸躬也。」㠯止訓艮，㠯躬訓身，而皆于義無所發明，《左氏》正同此例。葢《周易》文古，故傳㠯今言代古言，訓詁法也。《春秋經》不須訓詁，故傳㠯此名代彼名，而其體例則大同也。❶

成十三年：「負芻殺其大子而自立也。」劉逢禄曰：「負芻之罪，處不必立之地，不待子臧奉喪反國而自成君耳。果殺大子，經當書之。」麟案：如鄭高渠彌弒昭公，厲公殺鄭子，皆不書，其義何取邪？則此不書殺大子猶是耳。❷

昭三十二年：「魯文公薨，而東門遂殺適立庶，魯君於是乎失國，政在季氏，於此君也，四公矣。民不知君，何㠯得國？是㠯爲君，愼器與名，不可㠯假人。」麟案：此謂討賊宜速也。葢遲之又久，則人心已解，而政反歸之矣。《韓非子·説林上》曰：「魯季孫新弒其君，吳起仕焉。春秋㠯來，仕于亂國者，習爲常事，非助弒君者也。或謂起曰：『夫死者，始死而血，已血而衄，已衄而灰，已灰而土，反其土也，無可爲者矣。今季孫乃始

❶ 手稿此條有小標題「夏公及宋公遇于清經傳」。

❷ 手稿此條有小標題「負芻殺其大子而自立也」。

血，其毋乃未可知也。』吳起因去之晉。」恐爲季孫所累也。是起㠯或説爲然也，則即起説可㠯釋《左氏》矣。蓋死者始血，則忠義之士尚思報復，至及衄、及灰、及土，而遂無可爲矣。魯宣時，遂初弒逆，血衄未寒，而無乘時討賊者，㠯至政逮私家，至昭公時，則灰土久矣，無可爲矣。起説亦本孔子。《大戴禮・少閒》：子曰：「所謂失政者，疆蔞未虧，人民未變，鬼神未亡，水土未絪，酒者猶酒，此句舊在「血者猶血」下，今審定文義，移于此。糟者猶糟，實者猶實，玉者猶玉，血者猶血，優㠯繼愖，政出自家門，此之謂失政也。非天是反，人自反，臣故曰：君無言情於臣，君無假人器，君無假人名。」此一節，即此傳之義，而自來不得其解，蓋「血」即《韓非子》之「血」，「玉」即「衄」之假借字也。酒也，糟也，實也，指謂簠簋籩豆諸器之實。謂初死時之祭奠也。血猶血，衄猶衄，則未至已衄而灰，已灰而土也。酒猶酒，糟猶糟，實猶實，則祭奠猶未徹也，于時事尚可爲，而爲君者優遊愖樂，無志討賊，則政遂失而出于家門矣。此聖人《春秋》大義，《左氏》傳之，吳起雖非其人，而言則能發明經旨矣。❶

僖十二年：「管氏之世祀也宜哉！」麟案：《管晏列傳》云：「子孫世禄於齊，有封邑者十余世，常爲名大夫。」史文似説鮑叔，非管仲，但《索隱》所引《世本》自塙。《索隱》引《世本》云「莊仲山產敬仲夷吾，夷吾產武子鳴，鳴產桓子啟方，啟方產成子孺，孺產莊子盧，盧產悼子其夷，其夷產襄子武，武產景子耐涉，耐涉產微」是其證。

---

❶ 手稿此條有小標題「魯文至假人」。

白公殺齊管修已在獲麟之後，且亦未必是管氏正適奔楚者也。《後漢書・陰識傳》云：「其先出自管仲，管仲七世孫修自齊適楚，爲陰大夫，因而氏焉。陰氏世奉管仲之祀，謂爲相君。」然則管仲非但于齊世祀，即管修死後，陰氏亦世奉其祀也。㠯上顧亭林、武虚谷皆嘗引及之。抑又考之，《鹽鐵論・相刺篇》曰：「越人夷吾，戎人由余，待譯而後通，而並顯齊、秦。」下云：「不患無由余、夷吾之倫，患無桓、穆之聽耳。」夫管仲本齊人，而謂之越人何邪？疑管仲先嘗適楚，其庶孽或留焉，後爲管修，非修始適楚也。謂楚爲越者，《鄭語》曰：「芈姓夔越，不足命也。」是楚別封亦有曰越者，謂楚爲越，猶謂秦爲趙也。楚本南蠻鴃舌，《鹽鐵論》又甚言之，故曰「待譯而後通」耳。

僖二十六年經：「楚人滅夔，㠯夔子歸。」傳：「夔子不祀祝融與鬻熊。」服子慎注：「夔，楚熊渠之孫，熊摯之後。夔在巫山之陽秭歸鄉。」案《地理志》：「南郡秭歸，歸鄉，故歸國。」《水經・江水注》：「《樂緯》曰：昔歸典叶聲律。宋忠曰：歸即夔。歸鄉蓋夔鄉矣。」竊謂夔即古之鬼方也。《釋訓》云：「鬼之爲言歸也。」此經「夔」字，《公羊》作「隗」，亦從鬼聲，❶是作歸、作隗，皆與鬼通。《汲冢書》云：「武丁三十二年伐鬼方，次于荆。」《九經古義》謂荆楚古稱鬼方。夫夔本荆州地，則即鬼方審矣。又，《詩・蕩》篇爲刺厲王而作，其辭云：「内奰于中國，覃及鬼方。」據《楚世家》言，厲王暴虐，熊渠畏其伐楚，去其王號。然則「覃及鬼方」，正是

❶「亦」，潘承弼影印本作「聲」，有挖改痕跡。

㠯楚所屬之夔包楚而言，此小名代大名也。❶

宣十一年經：「納公孫寧、儀行父于陳。」賈侍中注：「二子不繫之陳，絶于陳也。惡其與君淫，故絶之，善楚有禮也。」又依放《穀梁》云：「稱納者，内難之辭。」《釋例》駁曰：「陳縣而見復，上下交驩，二人雖有淫縱之闕，今道楚匡陳，賊討君葬，威權方盛，傳稱有禮，理無内難。」麟案：納二淫人，而傳謂之有禮者，㠯其不絶陳世，不擅誅陳臣，㠯二子投畀陳侯，聽其處置耳。蓋楚子疑于淫縱當誅、復仇當赦，故納之歸國，而生殺一聽之陳人。陳人則切齒淫人，萬不欲其重污國土，故拒之，使不得入。必莊王明示㠯意，而後入之也。此則非内難而何？或曰：楚子于二子之功罪，依違不決，傳云「有禮」，得毋過許？曰：二子之罪，固輕于徵舒矣。經書：「楚人殺陳夏徵舒。」《公羊》猶云：「諸侯之義，不得專討，故實與而文不與，貶楚子稱人。」然則于二子更不得專討可知矣。不專討而謂之有禮，何過許之有乎？讀「書有禮也」四字，并可知傳說「楚人殺陳夏徵舒」，義同《公羊》也。

宣十七年：「郤子登，婦人笑於房。」許氏桂林曰：「前後無言郤克跛眇之文，則何者可笑乎？此用《公》《穀》之說而失爲照應者也。」麟案：《左氏》據國史而書，當時郤克跛眇之疾《公羊》㠯爲跛，《穀梁》㠯爲眇，未審何

❶ 此條及下條又見於手稿續編。

者爲實。近在人耳目間，故國史不必推原其故，葢古國史所書，猶後世起居注，本非欲傳之千古者，故衹就當時共曉者言之。《左氏》則㠯細故，未及致詳，《公》《穀》乃從後實注之耳，非《左氏》用《公》《穀》也。試觀《左氏》于人名字謚號，隨便錯出，若如後世史法，則必先言某人字某，後言卒，謚某，否則于錯出處自注明白，如《史記》「亞父者，范增也」之例，而傳皆無之，豈非國史據人人共習者書之，而《左氏》仍之乎？

宣二年，説鉏麑、靈輒事。許氏桂林曰：「二人《公羊》皆無名，《左氏》有之。《公羊》之勇士某與盾言而自剄，猶無姓名，《左氏》之鉏麑，不見趙盾，退而觸槐，其言誰聞之，而其名誰問之？翳桑之餓人，《左氏》已明箸靈輒之名，而後乃云：『問其名居，不告而退。』是用《公》《穀》之説，而失于檢點者也。」麟案：史傳事不可解者多矣。凡人有獨居深念不㠯告人者，史傳或鑿鑿書之，況麑言已出諸口乎？其名則公宫宿衛必有知者，當得之事後耳。至靈輒則宣子舍于翳桑時，但問其貧病之由，而于其名氏未屑措意，故後復問其名居，輒既不告，其知爲靈輒者，亦史臣所訪聞也。抑又㠯史事方之。《史記·刺客列傳》云：「聶政直入，上階，刺殺俠累。因自皮面決眼，自屠出腸，遂㠯死。韓取聶政屍暴於市，購問，莫知誰子。政姊榮曰：『其是吾弟與？』立起，如韓，之市，而死者果政也，伏尸哭極哀，曰：『是軹深井里所謂聶政者也。』又云：『妾其奈何畏歿身之誅，終滅賢弟之名！』」況麑實未殺盾，其家不畏刑誅，安知無哀哭之姊達其名于趙氏乎？《吳越春秋》云：「伍員至江，江中有漁父渡之。子胥曰：『請丈人姓字？』漁父曰：『吾所謂渡楚賊也。兩賊相得，得形於默，何用姓字爲？』子胥既去，行數步，顧視漁者，已覆船自沈於江水之中矣。」是終未知漁父爲誰也。乃云：「伍胥引軍擊鄭，鄭定公曰：『有能還吳軍者，吾與分國而治。』漁者之子應募，見子胥曰：『漁父者子，念前人與君相逢於途，今從君乞鄭之國。』子胥乃釋鄭國。」於是事始大顯矣。是時漁父子雖未言其父之名，而勢固可目言之矣，然則輒之免盾，安知無市恩之子達其名于趙氏乎？靈公既弒，趙氏既安，麑、輒之名從容傳播，何足怪也？乃謂《左氏》用《公》《穀》而失于檢點，其誣甚矣。

《左氏》隱、桓之世，多釋書法，自是漸稀。至襄目後，則有纍年不言者。又隱篇多發明不書之故，襄目後則無文，學者疑之。不知文詳于前，義通于後，舉一目反三也。孔子作《繫辭傳》，或錯舉數爻而說之，亦此意矣。且《左氏微》今已亡，安知不略于傳而詳于《微》乎？

重定魯於是始尚羔說❶

定八年：「范獻子執羔，趙簡子、中行文子皆執鴈，魯於是始尚羔。」鄭司農注：「天子之卿執羔，大夫執鴈。諸侯之卿，當天子之大夫，故傳曰：『惟卿爲大夫當執鴈，而執羔，僭天子之卿也。魯人效之，而始尚羔，記禮所從壞。』」賈侍中注：「周禮：公之孤四命，執皮帛；卿三命，執羔；大夫再命，執鴈。魯廢其禮，三命之卿皆執皮帛，至是乃始復禮尚羔。」杜預云：「魯始知執羔之尊。」沈欽韓曰：「賈謂魯之僭禮反出晉上，

---

❶ 此小標題爲底本原有，全書僅此一例。章氏關於「魯於是始尚羔」之前說見於卷六。

杜謂魯不別羔鴈之尊卑，是皆謂魯懵然無知，何云秉周禮？鄭説得之然。」麟案：《掌客》及《士相見禮》：諸侯之卿亦執羔，諸侯之大夫亦執鴈。司農説亦無明證。竊謂言魯始尚羔者，葢魯卿本不目羔爲摯，而用麑鹿爲摯，至此始改尚羔也。何目明之？《白虎通·瑞贄》云：「卿大夫贄，古目麑鹿，今目羔鴈。何目爲？古者質，取其内，謂得美草，鳴相呼。今文，取其外，謂羔跪乳、鴈有行列也。《禮·士相見經》曰：『上大夫相見目羔，左頭如麛執之。』明古目麑鹿，今目羔也。」目上《白虎通》。竊謂執麑者，殷制也。葢殷于三統尚質，于五色尚白。《論語》云：「素衣麑裘。」謂裘與衣色同，是麑色白也。魯用殷禮，目從周，則嫌僭上；從夏，則嫌代周，故用殷禮。祭目白牡，其證也。則摯亦當從殷，而用麑。《白虎通》謂「卿大夫贄變，君與士贄不變」，則君圭、士雉，百王所同，惟卿大夫有麑鹿與羔鴈之異，故魯贄同殷者，惟卿大夫之麑鹿耳。春秋時，文敝久矣，魯卿見晉卿之執羔，因惡麑鹿之質，而改尚羔。不言尚鴈，則大夫或尚未改。春秋救文目質，方欲改羔爲麑，而魯反改麑爲羔，是目《左氏》謹志之，葢目見三正之循環，非謹爲區區器數録也。或曰：《曲禮》云：「野外軍中無贄，目纓拾矢可也。」是時齊伐我西鄙，晉來救我，公會晉師于瓦，則當用纓拾矢爲贄，魯乃效晉用羔，故譏其失禮也。不知軍中無贄，謂猝然難得耳，豈禁其執羔乎？其説失矣。

北京大學《儒藏》編纂與研究中心 編

《儒藏》精華編選刊

春秋左傳讀（下）

〔民國〕章炳麟 撰

田訪 吴冰妮 沙志利 校點

北京大學出版社
PEKING UNIVERSITY PRESS

續　編

昭十七年：❶「共工氏㠯水紀，故爲水師而水名。」《律厤志》述劉子駿説曰：「《祭典》曰：『共工氏伯九域。』言雖有水德，在火木之閒，非其序也。任知刑㠯彊，故伯而不王。秦㠯水德在周漢木火之閒，周人遷其行序，故《易》不載。」案《魯語》：「共工氏之伯九有也。」韋解：「共工氏，伯者，名戲，弘農之閒有城。」據明道本。攷《漢書·地理志》弘農郡弘農下云：「故秦函谷關。共工與秦同爲閏運，亦同據函谷而伯，若相應者。」據《尚書大傳》「降谷玄玉」注「降讀如厖降之降。或作函谷」，則「函」本作「降」。竊謂「降谷」即「共工」之音變。鄭注《禹貢》謂：「降國，惡言降，改謂之共。」是降、共聲通也。「容」字从谷聲，古文「㝐」从公聲。「訟」字从公聲，古文「䜰」从谷聲。而「公」字古多借爲「功」、爲「工」，如「㠯奏膚公」「矇瞍奏公」之類是也。是谷、公、工聲又三通也。共工氏所都即曰共工，猶唐所都後亦曰唐也。而共工之始實是官名，故堯時亦有共工也。古帝王多由羣司百辟上升天位者，即㠯爲號，如神農即司農也。《緐露》説五官，有司農、司馬、司營、司徒、司寇，是司農之官古矣。《月令》云：「毋發令而待，㠯妨神農之事也。」古神字原祇作申，司農之爲神農，猶司徒之

❶ 手稿於此條前原有「宣十一年經：納公孫寧儀行父于陳」條、「僖二十六年經：楚人滅夔，㠯夔子歸」條，皆已見於卷九，此不再録。此手稿之與正編重複者，皆以此手稿用作正編之校本，後皆倣此。

爲申徒，一聲之轉也。㚙司農之事，猶云㚙農官之事也。故知神農爲官名也。少昦者，亦官名。《逸周書・嘗麥》云：「赤帝分正二卿，命蚩尤宇于少昦，㠯臨四方。」《詩・桑柔》傳：「宇，居也。」謂居少昦之官也。或謂「宇于少昦」爲居于魯，不知魯稱少昦之虚，由少昦金天氏都之也，赤帝時未有金天氏，則魯安得稱少昦乎？下云：「乃命少昦清司馬鳥師，㠯正五帝之官。」是黄帝使名清者爲少昦，而兼司馬鳥師。據《律厤志》，少昦清即金天氏之祖。是少昦爲官名也。《越絶書・計倪内經》：「臣聞炎帝有天下，㠯傳黄帝。黄帝於是上事天，下治地。故少昦治西方，蚩尤佐之，使主金；玄冥治北方，白辯佐之，使主水；大暤治東方，袁何佐之，使主木；祝融治南方，僕程佐之，使主火；后土治中央，后稷佐之，使主土。」是知大暤亦與少昦、玄冥、祝融、后土同爲官號。宓羲㠯此官升爲天子也。《風俗通・皇霸》云：「三皇，《禮號謚記》説：伏羲、祝融、神農。」然則古皇有㠯火正祝融爲號者，亦始居是官也。又《明堂位》「伊耆氏之樂也」，注：「伊耆氏，古天子有天下之號。」而《秋官》有伊耆氏，葢本古官，此帝嘗爲此官也。《秋官・序官》注云：「後王識伊耆氏之舊德，而㠯名官。」此倒其先後之序也。豈有㠯古帝之號稱其下士者乎？故共工氏者，本大昦氏之臣爲共工者也。因思大昦㠯龍紀官，共工葢本云句龍，故其子亦曰句龍，葢氏也，非名也。何㠯言之？大昦時未有文字，㠯聲寓意，命其官曰句龍，而共工之聲寓焉。「共」本字作「龔」，从龍聲，故㠯龍寓龔聲。杜預《世族譜》云：「句吴，句或爲工。」是句、工雙聲通用，故㠯句寓工聲，特倒語耳。至倉頡造字，乃有共字、龔字、工字，而後正名之曰共工氏。然共工氏之子，猶稱句龍，則仍其舊也。又考《逸周書・史記》云：「昔有共工自賢，自㠯無臣，久空大官。下官交亂，民無所附。唐氏伐之，共工㠯亡。」所謂唐氏，即神農也。《潛夫論・五德志》云：「炎帝神農，代伏羲氏。後嗣，逗。慶都與龍合婚，生伊堯，代高辛氏，其眉八彩，世號唐。」則謂唐堯即炎帝之後，説雖與《律厤志》所述帝系謂堯爲嚳子者不同，而《逸周書》則同其説，葢古説之可兩存者也。唐堯與神農同火德，猶漢高與唐堯同火德也，因而即謂神農爲唐氏，猶后稷本邰君，而《祭法》亦謂之周棄，皆㠯子孫之號號其祖也。然則唐氏伐之，即神農伐之也。共工爲神農所伐而亡，是爲宓羲、神農閒之伯者明甚。而《五德志》謂顓頊即共工，固不能奪傳説矣。

桓八年經：❶「春正月己卯，烝。」十四年經：「乙亥，嘗。」《春秋》書祭事，有秋嘗、冬烝，而無春祠、夏礿。莊八年經「治兵」，《公羊》作「祠兵」。然即從《公羊》，亦謂祠五兵與蚩尤，非祠宗廟也。如此兩經書烝，爲五月復烝而書；書嘗，爲不害而書，雖各有取義，而亦因此示法。葢《春秋》之新法，爲秋冬之祭制名，而不爲春夏之祭制名也。《大戴禮·千乘》：「子曰：『司徒典春，方春三月，於時有事，享于皇祖皇考；司馬司夏，方夏三月，於時有事，享于皇祖皇考；司寇司秋，方秋三月，於時有事，嘗新于皇祖皇考；嘗新即嘗。司空司冬，方冬三月，於時有事，蒸于皇祖皇考。』」于秋、冬言嘗、蒸，于春、夏言享。案：《周語》言「日祭、月祀、時享、歲貢、終王」，則祠、礿、嘗、烝皆時享也。乃嘗、烝則箸其名，而祠、礿則但言享，是不爲制名也。此聖人闕魯禮㠯託新法也。葢春夏庶物未成，其祭不及秋冬之盛。《郊特牲》言「饗禘有樂而食嘗無樂」，特據歆食時言，其佗則春

---

❶ 手稿此條前原有「桓六年：謂民力之普存也」條已見於卷七，「昭二十九年：水官弃矣」條已見於卷八，此不再録。

夏自不如秋冬之盛，故雖祭而不必立名。殷曰礿、禘，周曰祠、礿，名已變更，至《春秋》則并没其名焉。《賈子·輔佐篇》「祧師典春」一節，與《大戴》大同小異，而夏秋冬三節奪佚，蓋原文本同《大戴》。據彼云「方春三月，是時有事于皇祖皇考」，而無「享」字，蓋目享爲大共之名，言「有事」則意已見，故不言享。夏亦當同。至秋、冬則必言嘗、烝矣。然則大傳亦傳先聖之微言，目釋《左氏春秋》也。此于經文聖訓皆有明據。若《公羊》言春苗、秋蒐、冬狩，而夏時不田，説雖有義，然求之經文，蒐狩有書，而春苗與夏時之田皆不書，則無目明獨夏時不田也。且夏田非直無名，竟廢其禮，固不如此之墝蠜矣。

補其處者爲劉氏數語移本條下❶

《尚書中候》曰：「堯之長子監明早死，不得立。監明之子封于劉。朱又不肖，而弗獲嗣。」亦目劉、貍爲二。《中候》之作，在戰國、秦、漢閒，其時二姓亦已分，故誤目劉爲國名，出于監明也。

桓五年經：❷「冬，州公如曹。」六年經：「春正月，寔來。」襄七年經：「春，郯子來朝。」昭十七年經：「秋，

---

❶ 「其處者爲劉氏」條見卷八第五一一頁。

❷ 手稿此條前原有「僖五年經：公及齊矦、宋公、陳矦、衛矦、鄭伯、許男、曹伯會王世子于首止」條已見於卷八，「文六年：賈季使續鞫居殺陽處父」條已見於卷三，此不再録。

郯子來朝。」麟案：《世本》云「州國，姜姓」，則神農之後也。郯子則少皞之後也。此兩帝之裔，皆來朝魯者。而傳云「書曰『實來』，不復其國也」，則與郯子之來朝有異也。郯子㠯卒葬不通之近夷小國而得再見來朝，于《春秋》書之重，辭之複，其中必有美者焉，吾于是知《春秋》主書二者之有深意也。《春秋緐露·三代改制質文》曰：「同時稱帝者五，稱王者三，所㠯昭五端、通三統也。是故周人之王，尚推神農爲九皇，旁注：九皇者，合五帝三王爲九也。而改號軒轅謂之黄帝，因存帝顓頊、帝嚳、帝堯之帝號，絀虞而號舜曰帝舜，録五帝㠯小國，下存禹之後於杞，存湯之後於宋，㠯方百里，爵稱公，皆使服其服，行其禮樂，稱先王客而朝。」又云：「聖王生則稱天子，崩遷則存爲三王，絀滅則爲五帝，下至附庸絀爲九皇，下極其爲民。旁注：《坊記》「先民有言」注「先民，謂上古之君也」，本此。雖絶也，廟號祝牲，猶列于郊號，宗于岱宗。」此《公羊》説也，于周時之五帝不數少皞，而《左氏訓詁》之説亦同。《祭法》曰：「大凡生於天地之閒者皆曰命，云云，此五代之所不變也。七代之所更立者，禘郊宗祖，其餘不變也。」注：「五代，謂黄帝、堯、舜、禹、湯，周之禮樂所存法也。七代，通數顓頊及嚳也。少皞氏修黄帝之法，後王無所取焉。」《祭法》前後述《魯語》，乃《左氏》家説禮之書，而不數少皞，此但據周言，非如鄭説通後世言也。如鄭説少皞修黄帝之法，不過如舜修堯之法，何㠯此記又取舜乎？賈子《訓詁》本《祭法》，見《脩政語》，敍次黄帝、帝顓頊、帝嚳、帝堯、帝舜、大禹、湯、周文王、周武王、周成王之言，而黄帝、顓頊閒無少皞，黄帝㠯下即周之五帝也，大禹㠯下即周之三王也。大傳之説五德，雖異于二劉，而如大皞、神農、黄帝、少皞、顓頊爲木、火、土、金、水之五帝，則《月令》已然，不當有異。然則大皞、神農、黄帝、少皞、顓頊配天之五帝，古今不易者也。如賈、董所謂黄帝、顓頊、帝嚳、帝堯、帝舜爲周之五帝者，則歷代遞易者也。此兩五帝，名同而實殊者也。㠯賈子不敘少皞同于董子，知其于黃帝之前不敘神農，亦㠯神農爲九皇也。《管子·侈靡》云：「故書之帝八，神農不與存，爲其無位，不能相用。」「用」當爲「周」之脱壞。相，助也。言其道不能相祐周室。是《管子》㠯黃帝、顓頊、帝嚳、堯、舜五帝及夏、商、周三王並稱爲八帝，而神農爲九皇，故云無位。其説由來甚古，即賈子所本也。《緐露》云：「《春秋》作新王之事，變周之制，當正黑統，而殷、周爲王者之後，絀夏改號禹謂之帝，録其後㠯小國。」然則《春秋》當推黃帝爲九皇，而神農極爲民矣。其時之五帝，當爲少皞、帝嚳、帝堯、帝舜、帝禹，而不列顓頊。蓋周之不列少皞于五帝，誼本難解，亦猶其前存黃帝之《雲門》，後存帝堯之《大咸》，而于少皞之《大淵》、顓頊之《六莖》、帝嚳之《五英》，必遷其樂而不序，亦不知何意也。然其遞廢則可知。故周不列少皞，則《春秋》當不列顓頊，而少皞轉爲五帝之首矣。夫神農爲民，則子孫無附庸之封矣。故書州公之不復其國，㠯見絀神農之後也。少皞爲五帝之首，則子孫爲小國之首矣，故再書「郯子來朝」，㠯見少皞之復得列于五帝也。傳載郯子之言，歷述古帝之稱號，其微意可知矣。此皆《春秋》之新法也。或難曰：「《春秋》㠯神農爲民，㠯次推之，則周㠯大皞爲民也。若《春秋》于神農之後當絶，則周何㠯有風姓之任、宿、須句、顓臾乎？」曰：非謂竟絶其後也，使守山川而已。故任、宿、須句、顓臾，皆司有濟之祀，又或爲東蒙主焉。《外傳》曰：「社稷之守者爲公矦，山川之守者爲神。」蓋祖爲皇、帝、王，子孫雖有附庸、小國、大國之異，而皆社稷之守爲公矦也。公矦，君也，五等之通稱。故州于周爲附庸矣，而終爲社稷之守，則亦公矦，故特書曰「州公」，非如服子慎所謂「春秋前㠯黜陟之法進爵爲公」也。祖爲六十四民，則子孫必守山川而後得封，是所謂山川之守爲神也。《論語》云：「是社稷之臣也？」邪、也古通用，謂非社稷之臣也。反言之。神則非公矦，是㠯等之于不封也。大抵其稱愈尊，則其列愈卑。所謂同時稱帝者五，稱王者三，非特謂其祖也，固亦兼其子孫。《書・梓材》：「㠯厥臣達王，惟邦君。」鄭㠯王爲二王後，是杞、宋固可言王也。旁注：言「天無二日，土無二王」者，據爵位實稱言之，與二王後稱王異也。《山海經》言帝丹朱，蓋丹朱在虞爲二王後，旁注：《尚書大傳》云：「維十有三祀，帝乃稱王而入唐郊。」是知唐虞實稱王也。《尚書》言帝者，猶五號通稱耳。自周言之，則帝者後，故改其文曰帝。又《賈子・修政語下》：「周成王見於粥子曰：昔者先王與帝脩道而道脩」，稱粥子爲帝，蓋《楚世家》云「楚之先祖出自帝顓頊，周封楚爲顓頊後」，故稱粥子爲帝。是知五帝後固可言帝也，則知九皇後固可言皇也。《莊子・達生》云：「齊士有皇子告敖者。」《廣韵》「子」字下云：「又漢複姓十一氏，《莊子》有皇子告敖。」案：皇子，蓋九皇後之國之子。其君稱皇，故子曰皇子，猶王子、公子之稱也。後㠯爲氏，猶王子、王孫、公孫之爲氏也。《詩・烈文》：「念茲戎功，繼序其皇之。」箋云：「皇，君也。念此大功，勤事不廢，謂卿大夫能守其職，得繼世在位，㠯其次序。其君之者，謂有大功，王則出而封之。」案：皇固爲君之通稱，雖至士庶，猶稱父母曰皇考、皇妣，即家人有嚴君之義。然此詩據王者之封諸矦，不應尊稱曰皇，猶《釋詁》帝、王亦訓君，然豈可稱一切封君爲帝、王乎？是知此皇爲九皇後之專稱。茲者，茲九皇也。言念此九皇有開物成務之大功，繼九皇之序者，我其皇之，謂封㠯國而號之曰皇也。此據存亡繼絶之㝡遠者，而五帝二王之後包捪其中矣。《毛傳》訓皇爲美，謂所㠯稱皇者，義取美也。是皆九皇後稱皇之證。惟民，則疑于庶民，爲至賤之稱，故六十四民之後不直言民，而㠯其守山川而稱之曰神也。然則神、皇、帝、王，同時並稱，特文告策書贊號之等則皆㠯爵稱耳。夫帝尊于王，皇尊于帝，而神爲天神，其名更尊于皇，是愈前者愈尊，而實則愈前者愈卑，君子于是益信後王之可法也。旁注：又案：皇，析言之則與帝、王爲三，此所説是已。合言之，皇亦與王爲一，《賈子·威不信》所謂「又加美焉，而後稱皇」也。葢皇、王本一，王者欲推尊古后，乃專謂之皇，㠯與王別耳。正如大子與世子，乃字隨聲轉，猶大叔與世叔耳，而後世遂㠯天子之子專爲大子，㠯别諸王之子爲世子也。

○又案：魏氏源《書古微》曰：「紂自稱帝，並追帝其父乙，故《書》有『自成湯至于帝乙』及《國語》有『商王帝辛』之語。自注：武王牧誓，數紂罪曰「怠棄其三正」，謂不守三統迭建之義，乃越王僭帝，並改元爲帝辛元年也。紂既已自帝，則㠯不甚惜之王號賜封西伯，其視王號亦猶後世吳楚之王，不過蠻夷大長，而己之臨其上，乃益尊如天。故《書大傳》謂文王受命，改元稱王，謂受殷紂之命，非自受天命也。」㠯上魏説。此則繆説。夫王爲天下共主之正號，而帝亦爲通稱，稱「商王帝辛」㠯王與帝連言者，猶《吕刑》之言「皇帝」㠯皇與帝連言耳。至文王之受命稱王，則自爲受天命而稱王，非受紂之命也。《乾元序制記》云：「文王比隆興始霸伐崇，作靈臺，受赤雀丹書，稱王制命示王意。」夫受赤雀丹書，非受天命而何？而謂其王非自稱乎？《大傳》云：「天之命文王，非啍啍然有聲音也。文王在位而天下大服，施政而物皆聽，命則行，禁則止，動摇而不逆天之道，故曰天乃大命文王。文王受命一年，斷虞芮之質，二年伐于，三年伐密須，四年伐畎夷，五年伐耆，六年伐崇，七年而崩。」又云：「五年之初，得散宜生等獻寶，而釋文王。文王出則克耆，六年伐崇，則稱王。」《大傳》謂四年伐畎夷，紂乃囚之，五年即出，與紂囚文王七年之説異。是雖謂稱王後于受命，而命固天命，王固自稱。此伏生明文，魏氏何亦忘之乎？要之，文王稱王在受命六年，故六年㠯前，雖三分天下有其二，猶服事不忒，而紂得逮而囚之于羑里。《吕氏春秋·順民》云：「文王處岐事紂，冤侮雅遜。朝夕必時，上貢必適，祭祀必敬。紂喜，命文王稱西伯，賜之千里之地。文王載拜稽首而辭曰：『願爲民請炮烙之刑。』」言處岐，則在伐崇、遷豐已前，未稱王也。及其稱王，則紂無所用其寃侮，而文王亦不必雅遜矣。如魏說，則文、武皆爲紂臣，而觀兵已後，猶當稽首商廷，回思前日之告天聲罪，亦何已處此乎？而宋儒之難觀兵者曰「一日天命未絶，猶是君臣」，真無言可解矣。附識于此。

補攝也一條移本條下❶

魏氏源《詩古微》曰：「問：『《周頌》多作於周公攝政制禮樂之後，故多與《召誥》《雒誥》相表裏，猶《豳風》之與《金縢》也。至周公攝政，則荀卿、《韓詩外傳》並有其說，而《書大傳》《逸周書》《淮南子》并有其年，非始於鄭氏也。願質其疑。』曰：鄭氏攝政之年非同於《逸書》《大傳》之年，而荀卿之說又大誖乎夫子之說。考《大傳》：『周公攝政，一年匡亂，二年克殷，三年踐奄，四年建侯衛，五年營成周，六年制禮樂，七年致政。』則是但言攝政，未嘗言踐阼受朝稱天子也。《逸周書·明堂解》曰：『既克殷六年，而武王崩，成王嗣，幼弱，未能踐天子位。周公攝政尹天下，尹，俗本作「君」，誤。弭亂六年，天下大治。乃會方國諸侯於宗周，大朝諸侯於明堂之位。天子負斧扆南面立，天子，成王。率公卿士侍於左右。周公率之。明堂，明諸侯之尊卑也，故周公建焉，而朝諸侯於明堂之位。制禮作樂，頒度量，而天下大服，萬國各致其方賄。七年，致政於成王。』此雖

❶「攝也」條見卷一第八頁。

稍遜《書大傳》之詞愨，而亦攝政於成王初年，即嗣君諒闇百官總己㠯聽於冢宰之事，而特久其任，非如鄭説不攝於初喪沖幼之時而攝於年長還朝之後也。至㠯攝政爲踐阼稱王，則不始於鄭氏而始於荀卿《儒效篇》，顯與《書序》及《周頌》《周誥》南轅北轍。信荀卿，則必不信聖人而後可。《書序》曰『周公相成王，將黜殷，作《大誥》』，又曰『召公爲保，周公爲師，相成王左右，作《君奭》』，曰『周公既得命禾，旅天子之命，作《嘉禾》』，曰『成周既成，遷殷頑民，周公㠯王命誥，作《多士》』，非荀卿所謂『履天子之籍，聽天子之斷，君臣易位』矣。《書序》曰『成王既黜殷命』，曰『成王伐管叔、蔡叔』，曰『成王使唐叔歸禾於東』，曰『成王在豐，欲宅雒邑，使召公先相宅』，曰『成王東伐淮夷，遂踐奄，作《成王征》』，曰『成王歸自奄，在宗周，告庶邦，作《多方》』，曰『成王既黜殷命，滅淮夷，還歸在豐，作《周官》』，非荀卿所謂『成王幼，周公屏成王而及武王，㠯枝代主』矣。孔子曰：『書之重，詞之復。烏乎！不可不察。其中必有美者焉。』《春秋繁露》。聖人固預知後世必有假託㠯行其僭、快其私者，故其敍《書》百篇，於成王、周公之際，别嫌明微，大書特書不一書，昭昭若揭日月。故孟子不復辭闢焉。不圖猶有藐思、孟爲亂道，儕子弓於仲尼，憪然誣周公君臣易位、㠯枝代主爲大儒之效者。不知大儒之效，則臣道之極也，子道之盡也。繼志述事，成文武之德，達孝是也，非君臣易位、㠯枝代主也。《周頌》周公所作，《清廟》祀文王，時成王未至雒，則稱『顯相』，不稱『天子』；《雝》詩禘大祖，時成王主祭，則『天子穆穆』而『相維辟公』。顯相、辟公，皆周公，詳後。周誥紀於史臣，而《酒誥》稱『成王若曰』，今古文本皆同；僞《孔傳》本始删去「成」字。召公取幣，『旅王若公』；又召公稱旦者一，成王稱公者十有三；《金縢》諸史及百執事則曰『公命，我勿敢言』。於此而猶㠯『王若曰』爲周公稱王，則誣矣愚矣。或又㠯成王襁褓之言，出《保傅篇》，尤繆之繆。《保傅篇》言：『古者大子始生，即舉吕禮，教之於赤子之時。故成王幼在襁褓之中，而召公爲大保，周公爲大傅，大公爲大師。又置三少吕道習之。故大子生而日見正事，聞正言。』此謂武王時教大子誦之法也。又曰：『及大子少長知妃色，則入於小學。及大子既冠成人，免於保傅之嚴，而後繼吕三代天子之禮。』引《明堂之位》曰：『道者，導天子吕道者也，常立於前，是周公也。充者，充天子之志者也，常立於左，是大公也。弼者，弼天子之過者也，常立於右，是召公也。承者，承天子之遺忘者也，常立於後，是史佚也。成王中立而聽朝，則四聖維之。』此則成王即位吕後周公夾輔之證也，故曰『殷、周所吕輔翼天子者如此』。後人誤吕《保傅》大子之年爲天子之年，吕周公在前之位爲周公負成王朝諸侯之圖，《漢書·霍光傳》。而荀卿至謂周公屏成王代天子，吕遂其放言高論、處士横議之習。漢儒傳授，類出於卿。馬融因删《保傅》所引古《明堂位》，别爲明堂踐阼朝諸侯之記，誣聖畔經，公相祖述。人知李斯吕卿學亡秦，不知歆、莽吕卿言代漢，蓋大儒之效如此也。灼然不惑者，伏生一人而已，親見百篇之《書》，傳百篇之序，引《保傅》之文，言攝政而不言稱王。故明乎《書序》《保傅》，而後可吕讀《雒誥》；明乎《雒誥》，而後可吕讀《周頌》；明乎《詩》《書》，而後知惟孔子能言周公。《保傅篇》蓋出於古之《禮經》，故漢時與《孝經》《論語》並教大子，見《漢昭帝紀》，而後人又吕賈子《新書》語攙入之耳。」《書古微》同。

曰：魏氏于《書》自命爲宗伏生，于《詩》自命爲宗齊、魯、韓，而實未得其意也。夫《書》稱周公、稱成王者，周公之攝位，猶舜之攝位也。堯爲天子而舜攝之，成王爲天子而周公攝之。堯、成不改王號而不居王位，舜、周不去公稱而實居王位，每遇大事，則公亦權時稱王。《公羊》家説妾母云：「上堂稱妾，屈于適也；

下堂稱夫人，尊于國也。」此于妾母之義雖失，而知此可㠯知舜、周公之上謁堯、成王而下令公卿矣。故周公可㠯言公、言相，可㠯言天子、言王，周公之事，可㠯屬周公，可㠯屬成王，雖逸《嘉禾篇》之假王涖政，不得㠯爲劉君僞造也。魏㠯伏生爲不惑于周公稱王之説，而不知《大傳·略説》云「帝命周公踐阼，朱草暘生」，又云「王者德下究地之厚，則朱草生」，皆見《御覽》八百七十三《休徵部》二。如是而謂伏生不㠯周公爲踐阼稱王，亦誣矣愚矣。且周公雖奉成王爲王，而亦㠯大子視之。《文王世子》云：「仲尼曰：『昔者周公攝政，踐阼而治，抗世子法於伯禽，所㠯善成王也。聞之曰「爲人臣者，殺其身有益於君則爲之」，況于其身㠯善其君乎？周公優爲之。』是故知爲人子，然後可㠯爲人父；知爲人臣，然後可㠯爲人君；知事人，然後能使人。成王幼，不能涖阼，㠯爲世子則無爲也。是故抗世子法於伯禽，使之與成王居，欲令成王之知父子、君臣、長幼之義也。」此據夫子之言而申暘其義，非《明堂位》爲馬氏羼入者比矣。即伏生《大傳·略説》亦云：「天子大子年十八曰孟侯。孟侯者，於四方諸侯來朝迎於郊者，問其所不知也。問之人民之所好惡，土地所生美珍怪異，山川之所有無。及父在時，皆知之。」此正釋《康誥》之「王若曰孟侯」，魏曰：「此《舜典》『賓于四門』之職，非正解《康誥》之文。《康誥》孟侯，蓋先呼諸侯而總告之。孟者，勉也，猶言『勉哉諸侯』，此訓見于《爾雅》。《爾雅》所㠯釋經，經所無則不虛設其訓，而六經自《康誥》而外，無可訓孟爲勉者，其爲此書專訓無疑。」案：此大繆也。舜賓四門，豈可㠯爲天子大子乎？惟成王有抗法一事，故㠯大子言之。言父在者，廣言大子之事也。伏意明是因《康誥》爲訓。魏自言宗伏，而盡變其義，使伏生有知，必啞然笑矣。至孟之訓勉，即「女乃是不蘉」之「蘉」，《説文》無「蘉」，知原文作「孟」也，豈孟侯之謂乎？況「勉哉諸侯」而但言「勉侯」，不詞甚矣。又《呂氏春秋》云：「齊湣王，周室之孟侯也。」此與大子名同實異，猶之宰夫之名，一爲冢宰之陪貳，一爲割亨之官也。是非成王而何？夫成王既可㠯大子稱，則周公非攝位而何？據《文王世子》「攝政踐阼」之文，則攝政非即攝位而何？且《康誥》《酒誥》《梓材》，皆周公㠯王命誥者也，而《酒誥》獨稱「成王若曰」，豈非㠯《康誥》「王若曰孟侯」王即指周公，故次篇必稱成王㠯爲别乎？然則王爲周公之權稱，孟侯爲權稱成王之詞，斷可識矣。

或疑：「周公既奉成王爲王，而已不過㠯公相攝位，乃又㠯世子稱成王者何？」曰：是又有《尚書大傳》之文可比例矣。傳曰：「舜爲賓客，而禹爲主人。鄭注：「舜既使禹攝天子之事，於祭祀避之，居賓客之位，獻酒則爲亞獻也。」樂正進贊曰：『尚考太室之義，唐爲虞賓。』」鄭注：「謂祭大室之禮，堯爲舜賓也。」夫禹之攝也，㠯舜爲帝；舜之攝也，㠯堯爲帝，而已㠯相臣攝位也。乃舜、堯固避爲賓客，而奉亞獻之儀，則周公之㠯世子稱成王，何足怪哉？蓋唐與虞、虞與夏，皆異姓也，故其君爲賓客；周公與成王，同姓也，故其君爲世子。且稱爲世子，則示踐阼之位，終必歸之，又豈志在篡奪者所能藉口哉？魏于《大傳》既不得不爲遁辭，而掩其踐阼之明文，而于《韓詩外傳》所云「周公踐天子之位七年」者，見卷三。又不置一辭，㠯此爲宗今文《尚書》與三家《詩》，夫又誰不能宗矣？若《逸周書·明堂解》「周公攝政君天下」，别無作「尹」之本，而魏鑿空肊改，㠯作「君」者爲俗本。旁注：定四年傳「周公相王室㠯尹天下」，魏蓋據此改《周書》也。不知彼「尹」字即「君」字，㠯尹氏、君氏例之可知。且疑冣初古文「君」祇作「尹」，蓋君父同尊，故君从又正持丨，父从又偏持丨，取義本同，特偏正其丨㠯爲字形之識别耳。在王室爲相，在天下爲君，此與舜攝位正同。「率公卿士侍于左右」，《玉海》明有作「羣」之本，而魏佯爲忽忘，而㠯「率」爲「周公率之」。㠯此自證，夫又何書不可證矣？《雒誥》之「復子明辟」，或可㠯「復」爲「復逆」之「復」，㠯「辟」爲法，而「王曰：公，予小子其退，即辟于周」，非初即君位，可云「即辟」乎？且《明堂解》既言成王未能踐天子之位矣，則必有能踐者踐之可知，不然，將如遺腹未生，朝委裘而無宗主乎？　然則天子之位，非周公而誰踐哉？然而《王會解》云：「成周之會，墠上張赤帟陰羽。　天子南面立，絻無繁露，朝服八十物，搢珽。　唐叔、荀叔、周公在左，大公望在右，皆絻，亦無繁露，朝服七十物，搢笏，旁天子而立於堂上。」魏氏謂：「此與《明堂位》爲一事。　天子居中，周公、大公旁侍，則未歸政前，成王已受朝於明堂，何有周公踐阼代受朝之事。」不知《王會解》與《明堂解》顯爲二事，《明堂解》本書㠯爲攝政六年之事，《王會解》則爲致政後事，《周書序》先序將致政之《明堂解》，而後及成王既即政之《嘗麥解》《本典解》《官人解》《王會解》，是先後明爲二事。《本典解》序云「周公爲大師」，代大公也，而《王會解》又有「大公在右」之文，葢大公就國于致政後，非已卒也。《春秋繁露》有大公誅營蕩之事，是大公就國之證，與周公使伯禽就國異矣。　至《王會解》又有郭叔，則朱亮甫謂文王弟虢叔之子若孫，允矣。　成王已滅唐封唐叔，而《王會解》有唐公，則繼絶之封也。　故《明堂解》云「乃會方國諸侯于宗周，大朝諸侯。　明堂之位：天子之位，負斧扆，南面立」，而《王會解》則張赤帟陰羽于墠上，而不在明堂，葢此即殷同之事，爲壇國外，《覲禮》所謂「諸侯覲于天子，爲宮方三百步，四門，壇十有二尋，深四尺」者，與此差同。　或疑：「壇祀方明，亦可稱明堂，何知《明堂解》之明堂，非即《王會解》之墠乎？」不知《明堂解》舊有脱文，《御覽》引「明堂方一百四十四尺」等語，有階室之度，應門、庫門、皋門、雉門、青陽、明堂、總章、玄堂、大廟之名，即《明堂解》文，其非墠審矣。　所㠯然者，《明堂解》之宗周即雒邑，旁注：《祭統》：「衛孔悝之鼎銘曰：即宮于宗周。」注云：「周既去鎬京，猶名王城爲宗周也。」實則天子所在，即曰宗周，成王時已㠯宗周稱王城矣。《王會解》之成周即下都，《逸周書》雒邑、下都，亦通稱成周，而《王會解》則專據下都言。　下都無明堂，是㠯爲壇㠯象明堂，如內臺、中臺、外臺，皆非明堂所有也。　其不同一也。《尚書大傳》云：「交阯之南有越裳國。　周公居攝六年，制禮作樂，天下和平，越裳㠯三象重譯而獻白雉。周公曰：『德不加焉，則君子不饗其質；政不施焉，則君子不臣其人。吾何㠯獲此賜也？』其使請曰：『吾受命吾國之黄耇，曰：「久矣天之無烈風澍雨，意者中國有聖人乎？有則盍往朝之？」』周公乃歸之於王，稱先王之神，致㠯薦於宗廟。」是則攝政六年，于越裳一雉，猶且讓再讓三，然後勉意受之，而《王會解》所陳，則白民黑齒，皆息爻閭；奇幹善芳，舉歸菉幣；聚數十百異言異服之國，而受其貢獻而不辭，其與六年明堂之朝不容合一明矣。然則彼所謂九夷、八蠻、六戎、五狄之國者，不過蠻夷二服，而非如《王會》之窮荒極遠。彼所謂「萬國各致其方賄」者，不過版圖所及，而非如《王會》之博采兼搜。其不同二也。然則《王會解》在致政後，周公自當旁侍，而《明堂解》負扆之天子，則即踐阼之周公，兩者豈相妨哉？又《史記·魯世家》云：「周公恐天下聞武王崩而畔，周公乃踐阼，代成王攝行政當國。」則史遷亦㠯周公爲踐阼矣。《周本紀》云：「周公行政七年，成王長，周公反政成王，北面就羣臣之位。」然則未反政時，未嘗北面就羣臣之位矣。魏于《書》又自謂用安國、史遷真古文説，而于此又何説也？要之，周公踐阼，古今同説，惟成王之年，或言十八，或言强葆，則不能畫一耳。且夫厲王流彘，共和行政，此亦攝天子之位者也。《吕覽·開春論》云：「共伯和修其行，好賢仁，而海内皆㠯來爲稽矣。周厲之難，天子曠絶，而天下皆來謂矣。」《莊子·讓王》云：「故許由娱于潁陽，而共伯得乎共首。」旁注：司馬注：「共伯名和，周厲王之難，諸矦皆請㠯爲天子。共伯不聽，即于王位。十四年，召公乃立宣王，共伯復歸于宗，逍遥得意共山之首。」魏氏據之，㠯爲共伯即作《板》詩之凡伯，杜預謂「共縣東南有凡城」，《郡國志》共「有汎亭」，即雅詩凡伯之國，故知共伯即凡伯。厲王奔彘，周召二公從民望而推之，㠯親賢鎮撫海内，此説是也。共伯當天子蒙塵，儲君幼弱，天下岌岌欲墜之際，不恤人言，㠯攝天子之位，而後世未有㠯一言議之者，豈非㠯乃心王室，可質昇蒼，故雖未有聖人之德，而可㠯行非常之事乎？夫霍光尚可㠯廢立，則伊尹可知矣；共伯尚可㠯攝位，則周公可知矣。且王莽之託《大誥》㠯討劉、翟，人知其姦矣；荀勖、馮紞之沮齊王攸而保惠帝，謂非惡直醜正乎？開創之初，立子立弟，唯賢是尚，不可爲典要，唯變所適，管、蔡，荀、馮也；周公，齊王也。《逸周書·度邑解》：「王曰：『乃今我兄弟相後，我筮龜其何所？即今用建庶建。』叔旦恐，泣涕共手。王曰：『烏呼，旦！我圖夷茲殷，其惟依天室。其有憲命，求茲無遠。天有求繹，相我不難。自雒汭延于伊汭，居易無固，其有夏之居。我南望過于三塗，我北望過于嶽鄙，顧瞻過于有河，宛瞻延于伊雒，無遠天室。其名茲曰度邑。』」從朱校本。是則武王末胙，殷民已懷蠢動之心，一旦宮車晏駕，小子隮位，匈匈之執，必不可當。此固兩聖所預籌者，王因㠯國賴長君，而欲行殷人兄終弟及之禮，㠯冀銷難于未萌。君子急病而讓夷，周公是時，從之不忍，辭之不可，震栗色變，不答一言，蓋已㠯攝位行政自任，而㠯卒授沖人默喻武王矣。是故《荀子·儒效》曰：「周公屏讀如「大邦維屏」之「屏」。成王而及武王，㠯屬天下，惡天下之倍周也。」《魯世家》曰：「周公乃告大公望、召公奭曰：『我之所㠯弗辟而攝行政者，恐天下畔周，無㠯告我先王。』」述聖人之言，逆聖人之志，皆若合符節者也。《荀子》又曰：「天子也者，不可㠯少當也，不可㠯假攝爲也。是故非其道，則簞食豆羹，取之猶爲非義；如其道，則周公㠯枝代主，君臣易位，易位者，即謂㠯成王爲世子。履天子之籍，聽天下之斷，而不㠯爲泰。天予則予，天棄則棄。聖人之於天道也，窮理盡性，㠯至於命。上帝命周公踐阼，㠯致朱草之端，夫周公又焉得而辭之？旁注：若曰三年聽于冢宰爲踐阼，則是常事，何言帝命？及其教誨開導成王，使諭於道而能揜迹於文武，然後周公歸周，反籍於成王，而天下不輟事周，而周公北面而朝之，明不滅主之義也。因天下之和，遂文武之業，明枝主之義，天下厭然猶一也。」皆《荀子》語。而後臣道之極盡矣，而後子道之極盡矣。然而孔子、荀子猶恐新莽、燕棣之流託其道㠯行篡奪，而箸之《書序》，一則曰成王，再則曰成王，而後見周公之心，皆㠯功歸于成王，而見地道之無成；箸之《正論》曰堯舜無擅讓，而後見一切盜賊前託于大麓之納，後託于斧扆之負者，皆天法所不容。一聖一賢，其憂世之心一也。是故不信荀子，亦必不信孔子而後可也。周公聖而無録，共伯賢而未聖，隱公讓而未賢，雖然，苟志于仁，無惡也。周公之事大矣哉！仰則天，俛則地，幽幽冥冥，德之所藏，紛紛沸沸，道之所行，如神龍變化，斐斐文章，馮馮翊翊，自東自西，自南自北，無思不服。隱公勉强之，思服之，悉心盡志，㠯入其中，則前有高岸，後有大谿，填填正立而已。而後世有駕言憂百姓、答天符㠯自濟其姦兆者，其亦將觸之而傷，入之而陷也。

〇又案：荀子爲亞聖大儒，神明千古，其《非十二子篇》，並詆思、孟。葢子思所箸有《子思子》二十三篇，今不可見，無由綜核，而荀子固見其全書，疵病自有不可掩者。至《表記》《坊記》《緇衣》《中庸》，皆非能吐辭爲經者。自宋儒溺于禪學，始傅合《中庸》㠯自立宗旨，于是極意推崇，加之六經之上，其實非《中庸》之旨也。《中庸》不過儒家緒言、禮經通論，非獨冠四十九篇也；子思不過七十子後學者，非顔、閔倫比也。孟子固大儒，然如性善之説，上與宓子賤、漆雕開、公孫尼子、世碩不合，下與董生不同，與荀子尤相牴牾，而于禮樂精言，尤未能鉅細畢舉，所謂審一二㠯知億萬，觀後王㠯知上世者，倜乎不及荀子矣。故于二子者，謂之「略法先王而不知其統」，誠定評也，非㠯子思、孟子與十子同論也。若夫㠯仲尼、子弓並稱，則尤無可議。

子弓即仲弓，在德行科，淑明清理，可使南面。稱仲尼子弓，猶後世稱孔顏，稱孔孟也。閒稱仲尼子游，亦猶是也。又其㠯田仲、史鰌並譏者，葢田仲效史鰌而失中，譏田仲遂并譏史鰌，猶今人譏莊子則並譏老聃曰老莊是也，譏老聃則並譏黄帝曰黄老是也。至于韓非、李斯，皆爲荀卿弟子，終㠯刑名禍天下，然不能歸咎荀卿者，亦猶孟孫何忌嘗事孔子，終與意如共逐昭公，豈可歸咎孔子邪？葢其始則隱括之旁固多曲木，其終則背師求異者亦多有之。今觀《議兵篇》云：「李斯問孫卿子曰：『秦四世有勝，兵强海内，威行諸矦，非㠯仁義爲之也，㠯便從事而已。』孫卿子曰：『非女所知也，云云，今女不求之於本，而索之於末，此世之所㠯亂也。』」是李斯之在師門，已不能率教矣。《鹽鐵論・毁學篇》曰：「方李斯之相秦也，始皇任之，人臣無二，然而荀卿爲之不食，覩其罹不測之禍也。」是李斯始終不從儒術，而㠯法家之學背其師矣。《賈誼傳》云：「文帝初立，聞河南守吴公治平爲天下第一，故與李斯同邑而嘗學事焉。」是李斯又有賢弟子，亦必不從李斯之術矣。旁注：此不得㠯鄭康成師馬融爲比，融行非而學是，斯行學皆非。荀子之有李斯，猶李斯之有吴公也。李斯如是，韓非可知。韓氏爲法家之學，而太史公㠯與老子同傳，則其學實道家之變，故有《解老》《喻老》二篇。兩人之學，固與荀子無涉，至于新都之禍，則尤不能牽涉矣。辨已見上。烏乎！天于《詩》《禮》《春秋》絶續之際，而特生一照鄰殆庶之荀卿，使之壽過期頤，年亞召奭，自齊宣王時始來游學，下逮暴秦兼并、李斯作相之時，凡壽一百五十五歲，汪容甫作《年表》，但及春申被刺之歲，而不及李斯相秦之歲，故云一百三十七歲，今更補入十八年。㠯傳大義微言于萬載，是豈偶然也哉？劉氏宗《公羊》，師董生，然董生固嘗作書美荀卿矣。旁注：見劉子政《荀子敍》。魏氏宗齊魯韓《詩》，然浮丘伯固爲荀卿弟子矣，《韓詩外傳》之述荀子，多至數十百條，則師授當亦出荀子矣，乃一概置之不道，而惟任私見㠯相攻。烏呼！其亦弗思而已矣。

昭元年：「有文在其手曰𠈌。」今本作「虞」。隱元年正義引石經古文作「𠈌」，此魏三體石經也。所存古文，或就當時所有者而書之，非必北平真本，而此字則甚塙，㠯手文佀之也。篆當作「𠈌」，從四人，此即「嗼」字。《說文》：「嗼，麇鹿羣口相聚皃。」俞先生謂「吳」本字，「嗼」後出字，本口相聚之通稱，非專指麇鹿。然則四人相聚猶口相聚矣。《詩·吉日》傳「麌麌，衆多也」，《韓奕》傳「嗼嗼然衆也」，是衆多則爲嗼，故或从口，或从人。「麌」則冣後出字。猶《說文》「品」從三口，訓衆庶，「㐺」從三人，訓衆立，誼亦同也。吳、虞本通，猶「不吳」作「不虞」也。

劉逢禄《尚書今古文集解》引莊曰：「古文虞作[illegible]，即小篆虍字，轉寫作𠈌。」❶

僖五年：「虞不臘矣。」麟案：《風俗通·祀典篇》：「大史丞鄧平說：『臘者，所㠯迎刑送德也。大寒至，常恐陰勝，故曰戌日臘。戌者，温氣也，用其氣日殺雞㠯謝刑德，雄箸門，雌箸户，㠯和陰陽調寒配水節風雨

❶ 此條章氏以筆圈刪，然與刪別條之塗抹至不可識者不同，或有過而存之之意。今爲慎重起見，予以保留。後並倣此。此條在另一手稿中章氏已另行改寫，存之亦可相互參照。又「劉逢禄」以下似是章氏圈刪後又旁注之資料，在手稿中不與前文接續。

也。』」據子駿三統術乃衍鄧平術而成者，則說此傳當取平語矣。《風俗通》又言：「漢家火行衰於戌，故臘戌日。」此則傳會，不如温氣勝寒之説爲塙。又案：《月令》孟冬臘門閭及先祖、五祀，而鄧説臘在大寒時。然此傳虞雖亡于亥月，亦自不及丑月之臘，臘固不必定在亥月矣。❶

閔二年：「初，惠公之即位也少，齊人使昭伯烝於宣姜。不可，强之。生齊子、戴公、文公、宋桓夫人、許穆夫人。」魏氏源《詩古微》曰：「考惠公爲子時已能愬兄奪適，其年必不甚少。及即位奔齊，八年始反，豈猶童昏不知宫闈内外之別者？且即如《左氏》説，宣公屬急於右公子，屬壽於左公子，後㠯公子朔之譖，使盜殺之，二公子故怨惠公。十一月，左公子泄、右公子職立公子黔牟，惠公奔齊。則是惠公母子與黔牟、昭伯葢不兩立之仇敵，且黔牟與昭伯皆伋同母弟也，若謂烝於奔齊之時，則惠公方爲黔牟迫逐，豈有反與昭伯偕行者？昭伯豈有舍其同母有國之兄而自投死地者？齊人方庇朔而怨黔牟兄弟，豈有反容仇黨且令烝宣姜者？若謂烝於惠公八年反衛之後，則朔之入也，放公子黔牟於周，放甯跪於秦，殺左公子泄、右公子職，乃即位。其後朔怨周之容黔牟，且與燕人伐周㠯立子穨而逐惠王，其怨仇之深很若此也，豈有反容黔牟母弟於宫中，縱其烝生數載者？且當時弟妹雁行何㠯序？母兄禰妣何㠯稱？宋桓、許穆，豈有取亂家女㠯奉祭祀？齊桓方申五命約諸矦，豈肯立兩淫孽㠯亂宗祊？」麟案：野人之子，雖幼，無不慕錢帛者；君子之

❶ 此條章氏以筆圈删。

子，雖幼，無不慕爵位者。衛國之君，榮㠯鷩衣，尊㠯金路，食㠯千乘，朝㠯百僚，朔雖孩稚，其欲亦逐逐矣。母主其謀，子與其構，雖少可也。旁注：婦人愛憐少子，姜之構伋，實爲朔謀。若《列女傳》言宣姜欲立壽，《新序》言欲殺大子伋而立壽，則童昏之朔，何所貪羡而與其構哉？及其嗣位爲君，童心未去，而于君母旁淫，則視前日夷姜之事，亦遂恬不知怪。且佻達性成，寍能防閑其母哉？昭伯之烝，當在惠公出奔㠯前，而延至出奔㠯後。《衛世家》㠯黔牟、昭伯爲伋母弟，未必合于《左氏》。就如其説，則同母兄弟固有異志者，如壽、朔可見矣。昭伯知黔牟之立，其本不固，終取敗亡，不如偕朔出奔，㠯俟其反，猶覬項伯歸漢之封，是㠯決計從朔，而棄黔牟如遺屣，此正狡滑之魁，非特淫亂之首也。至于上下行序，則鳥獸行者，豈有愧怍于其閒？且或飾詞掩葢，亦不可知。至宋、許聘女，先請女爲誰氏，則衛必㠯先君遺體爲言。齊桓之立戴文，則但取才能附衆，不誅求于所出矣。○謹案：《史記》多本《左傳》，然問《書》安國，兼習《魯詩》。《魯詩》説衛事，異于《左傳》，故史公亦舍傳不從。若《易林》云：「大椎破轂，長舌亂國，墻茨之言，三世不安。」此《齊詩》家陳禮堂謂《易林》用《齊詩》。㠯《墻有茨》爲宣姜構伋之事，并與㠯「中冓之言不可道」爲刺衛宣淫宣姜者異指，何論《毛傳》！若《鶉之賁賁篇》，《禮》引爲「君命逆則臣有逆命」之證，又㠯知宣姜是時，幾爲呂雉臨朝矣。

或疑：「齊人强昭伯烝於宣姜，事近不情。」曰：齊之縱淫，若習俗也。《列女傳》云：「衛寡夫人者，齊侯之女也，嫁於衛而衛君死。弟立，請同庖。夫人曰：『惟夫婦同庖。』終不聽。衛君使人愬於齊兄弟，齊兄弟皆欲與君，使人告女。女終不聽，乃作詩曰：『我心匪石，不可轉也；我心匪席，不可卷也。』」是則兄弟覯怒，羣小肆侮，劫迫亦云甚矣。一從後君之志，而强其女㠯同庖；一從其女之志，而强昭伯㠯烝報，其志同也。

然寡夫人不聽，而昭伯聽之，則昭伯焉所逃罪哉？

莊十四年：「蔡哀矦爲莘故，繩息嬀吕語楚子。楚子如息，吕食入享，遂滅息。吕息嬀歸，生堵敖及成王焉，未言。楚子問之，對曰：『吾一婦人而事二夫，縱弗能死，其又奚言？』楚子吕蔡矦滅息，遂伐蔡。秋七月，楚入蔡。」魏氏源《詩古微》曰：「《列女傳》曰：『楚伐息，破之，虜其君使守門，將妻其夫人而納之于宫。楚王出游，夫人遂見息君曰：「人生要一死而已，生離于地上，豈如死歸于地下哉？」乃作詩曰：「穀則異室，死則同穴。謂予不信，有如皦日。」遂自殺。息君亦自殺。楚王賢其夫人守節有義，乃吕諸矦之禮合而葬之。君子謂夫人説於行善，故序之於《詩》。』果如《左氏》説，不言而生二子，劉向豈肯揜其失節，列之貞順，吕誣聖經、誣《魯詩》？班固《古今人表》何吕與許夫人、釐負羈妻並列中品？《史記·楚蔡世家》敍楚滅息、蔡，何無一言及於納嬀？況隱十一年《左傳》『君子知息之將亡』正義云：『莊十四年，楚滅息。』考莊十四年經書：『秋七月，荆入蔡。』傳謂楚文王因息嬀生二子不言而伐蔡，既同是一年，即使息滅於春初，亦僅相去數月，豈能即生二子？事蹟無一合者。」麟案：近陶氏方琦曰：「息夫人非息嬀也。《列女傳》劉更生當作「劉歆」。頌云：『楚虜息君，納其適妃。夫人持固，彌久不衰。作詩同穴，思故忘新。遂死不顧，列於貞賢。』自注：夫人之位，亞于適妃，故更生吕息嬀爲適妃者，是也。知被虜者爲息嬀，當云「貳醮者爲息嬀」。殉死者爲息夫人，合而一之則誤也。故《左氏》言：『楚子滅息，吕息嬀歸。』先皆言『息嬀』，後乃言『文夫人』，而從無言『息夫人』者。《列女傳》曰『夫人，息君之夫人也』，則亦標而出之吕別於息嬀。」陶説是也。《十二諸矦年表》及

《蔡世家》皆稱息嬀爲息夫人。適妃實夫人也，而《左氏》因當時又有殉死之息夫人，故不㠯息夫人稱息嬀，㠯防殽惑。次妃亦稱夫人者，春秋時軼制然也。故齊桓公有三夫人，鄭文公亦有夫人姜氏、芈氏，息夫人亦其比耳。至于滅息之年，《十二諸侯年表》及《楚蔡世家》皆無明文，要在十年莘戰之後，十一年、十二年、十三年閒，其中得容生子二人。傳敘于十四年者，追述前事，爲是年伐蔡起本耳。隱十一年正義云「莊十四年傳：『楚文王滅息』」，未嘗云「莊十四年，楚滅息」，此謂滅息之文見于莊十四年，而非謂滅息之事即在莊十四年。魏氏删削數字，㠯就己説，欲㠯一人之筆掩天下之目，其可得乎？至楚、蔡《世家》，則非特不言納嬀，而并不言息夫人自殺之事，㠯此斷納嬀爲妄造，則亦可謂息夫人自殺爲妄造邪？且《史記》敘十年獻舞見獲之事，于《楚世家》則云：「文王六年伐蔡，虜蔡哀侯㠯歸，已而釋之。」于《蔡世家》則云：「哀侯十一年，楚文王虜蔡哀侯㠯歸。哀侯畱九歲，死於楚。凡立二十年，卒。」一言釋，一言畱，兩文已自相牴牾，而可據其文㠯爲斷乎？魏謂子駿改竄《左傳》㠯誣息夫人，吾謂幸有子駿《列女》之頌，而息嬀、息夫人兩人不至貞淫殽混也。至《大車篇》毛、魯異義，各有師授。然魏之駁毛申魯，㠯「大車毳衣」爲子男諸侯之車服，而曰：「毳冕朝祭之服，豈有服㠯聽訟者？」然則息夫人在楚子宮中，又安得見其毳冕而祭乎？又豈有㠯祭祀尊嚴之服游燕于宮闈私昵之地乎？又謂「大車檻檻」，或㠯息君與夫人皆載檻車也，然則「大車哼哼」又何説乎？又説「豈不爾思，畏子不奔」曰：「爾，息君也。子，楚子也。奔猶諸侯出奔之奔，謂久幽楚宮，不得遁出同死也。」夫急弦無愞響，亮節難爲音，烈婦之詞，率多峻厲，乃一則曰畏楚子，再則曰不敢奔出同死，咿嚘囁嚅，與摇尾乞憐者僅差一閒，豈烈婦語乎？此等訓説，豈浮丘伯、申公所有？是直㠯其鼠腊强冒爲古人之玉璞矣。

成八年：「三代之令王，皆數百年保天之禄。夫豈無辟王，賴前哲從《釋文》作。目免也。」按：《漢書・高惠高后文功臣表》杜業納説成帝曰：「昔唐目萬國致時雝之政，虞夏目之多羣后饗共己之治。湯法三聖，殷氏大平。周封八百，重譯來賀。是目内恕之君，樂繼絶世；隆名之主，安立亡國，至於不及下車，德念深矣。成王察牧野之克，顧羣后之勤，知其恩結於民心，功光於王府也，故追述先父之志，録遺老之策，高其位，大其寓，愛敬飭盡，命賜備厚。大孝之隆，於是爲至。至其没也，世主歎其功，無民而不思。所息之樹且猶不伐，況其廟乎？是目燕齊之祀，與周並傳；子繼弟及，歷載不墮。豈無刑辟，繇祖之竭力，故支庶賴焉。」尋杜業爲張子高外孫，得子高家書，此篇納説，葢引子高説《左傳》語目冠首，至「迹漢功臣」目下，乃爲業語。「豈無刑辟」即説傳文「夫豈無辟」。今傳文「辟」下衍「王」字，遂解爲邪辟之王，而《釋文》「辟」竟作「僻」，繆矣。天禄者，臣之天禄也。此言三代之令王，皆數百年保其臣之天禄而不誅絶，夏自禹至少康，周自文武成康至宣王，皆數百年而令王閒出。殷則賢君尤衆，五百年中，往往而是。夫豈無刑辟哉，彼皆賴前哲目免也。有前哲之功，故令王不加刑辟也。此韓厥爲晉侯言存趙氏，故意主王全其臣，不主王者自全，解者皆誤。❶

❶ 此條章氏以筆圈删。

補㠯害烏帑周楚惡之一條 移本條下❶

《詩緯》之説，較十二分壄爲古。《含神霧》曰：「邶、鄘、衛、王、鄭，此五國者，千里之城，處州之中，名曰地軸。齊地處孟春之位，海岱之閒，土地汙泥，流之所歸，利之所聚，律中大蔟，音中羽。魏地處季冬之位，土地平夷。唐地處孟冬之位，得常山、大岳之風，音中羽。秦地處仲秋之位，男懊弱，女高瞭，白色秀身，律中南吕，音中商，其言舌舉而仰，聲清㠯揚。陳地處季春之位，土地平夷，無有山谷，律中姑洗，音中宫徵。曹地處季夏之位，土地勁急，音中徵，其聲清㠯急。」《推度災》曰：「邶，結蝓之宿。鄘，天漢之宿。宋均注：「結蝓之宿，謂營室星；天漢之宿，謂天津也。」衛，天宿斗衡。王，天宿箕斗。鄭，天宿斗衡。魏，天宿牽牛。唐，天宿奎婁。秦，天宿白虎，氣主玄武。陳，天宿大角。檜，天宿招摇。曹，天宿弧張。」此一㠯地應四時，一㠯地應天宿，且所應不滿十二次，而又旁及斗衡，則知《詩·風》諸國外，凡中夏夷狄諸國，皆有分星。此真古星土之説也。是故鄭、檜因國，而上應斗衡與招摇，亦皆在北斗九星之中，明天宿地壤皆近，鄭兼有東虢等邑，故分星與檜稍有出入。其爲星土可知。惜其殘缺不全，又無如一行者爲解其方位所取也。又《春秋文燿鉤》云：「布度定紀，分州繫象。華、岐㠯北，龍門、積石，至三危之野，雝州，屬魁星。大行㠯東，至碣石，王屋、砥柱，冀州，屬樞星。三河、靁澤，東至海，岱㠯北，兖州、青州，屬機星。蒙山㠯東，至羽山，南至江，會稽、震澤，徐、楊之州，屬權星。大别㠯東，至富春，九江、衡山，荆州，屬衡星。荆山西南至岷山，北距鳥鼠，梁州，屬開星。外

---

❶「㠯害烏帑周楚惡之」條見卷七第四五四頁。

方、熊耳㠯東，至泗水，陪尾，豫州，屬摇光。」此與《詩緯》異説，要亦星土之説，非分壄之説也。《保章氏》疏引之，斯爲得矣。又《春秋元命苞》曰：「昴畢閒爲天街，散爲冀州，分爲趙國，立爲常山。牽牛流爲楊州，分爲越國，立爲楊山。❶軫星散爲荆州，分爲楚國。虚危之精，流爲青州，分爲齊國，立爲萊山。天弓星主司弓弩，流爲徐州，別爲魯國。五星流爲兖州，分爲鄭國。❷鉤鈐星別爲豫州。東井鬼星散爲雝州，❸分爲秦國。觜参流爲益州。箕星散爲幽州，分爲燕國。營室流爲并州，分爲衛國之鎮，立爲明山。」此立説更與三緯異，要㠯山爲表，則猶視乎地形，非全爲分壄之説矣。

補天王使家父來求車條數語移本條下❹

案：蔡邕《朱公叔謚議》：「周有仲山甫、伯陽父、嘉父，優老之稱也。」《古今人表》亦㠯嘉父與譚大夫、寺人孟子並列中上。是知《小雅》之「家父作頌」，三家《詩》有作「嘉父」者。旁注：陳恭甫説。故鄭知此經之「家父」，亦當作「嘉甫」。其人雖殊，其字之取誼同也。

---

❶ 「山」，原作「州」，據《藝文類聚》等書引《春秋元命苞》改。
❷ 「國」，原無，據《春秋元命苞》補。
❸ 「鬼」，原無，據《春秋元命苞》補。
❹ 「天王使家父來求車」條見卷八第五一一頁。

補衛侯燬滅邢條數語 移本條下❶

《管子・大匡》言：「公子開方，可游於衛。」《小匡》言：「開封處衛。」開封即開方。封爲封疆，義與辟疆尤近。又案杜氏《世族譜》曰：「齊子無子，戴公㠯其子惡爲之後。齊惡，齊子四世孫。此句與上文不合，兩者必有一誤。齊豹，齊子氏。」蓋開方雖仕齊，而尚游于衛，故爵禄有列于朝，出入有詔于國。《管子・小稱》言桓公卒時事云：「公子開方㠯書社七百下衛。」是開方後且還衛，有益地之功，而無子，故文公㠯戴公子爲之後也，因即㠯齊爲氏。此則春秋時賜氏不典之常耳。

又訂數語

「後遂仕齊，原本「不還」二字當削。故謂之齊子」，猶重耳奔狄，謂之狄公子也。

莊四年：「楚武王荆尸。」杜預注：「尸，陳也。荆，亦楚也。更爲楚陳兵之法。」正義曰：「楚本小國，雖時復出師，未自爲法式。武王初爲此楚國陳兵之法，名曰荆尸。」宣十二年：「荆尸而舉。」杜預注：「楚武王始更爲此陳法，遂㠯爲名。」俞先生曰：「武王始爲此法，則傳當如晉侯作三行之例，書曰『楚武王作荆尸』。且是時季梁已云『天方授楚』，鄧曼已云『楚師盡行』，稱楚久矣，武王創此陳法，何不曰楚尸而曰荆尸乎？荆既楚之舊號，則荆尸亦必楚之舊法。」麟案：荆雖已更名爲楚，而荆山固不曰楚山也。《禹貢》云：「導嶓冢

❶ 「衛侯燬滅邢」條見卷八第四九二頁。

至于荆山。」《漢・地理志》南郡臨沮下云：「《禹貢》南條荆山在東北。」昭十二年云：「先王熊繹，僻在荆山。」葢荆國因荆山得名，然荆國可更名楚國，而荆山不可更名楚山。是目昭十三年云：「遷許、胡、沈、道、房、申于荆。」預目荆爲荆山，則荆山之稱荆，固始終不改矣。然則荆尸者，荆山之陳法也。荆山之陳法何？曰：《吴越春秋・句踐陰謀外傳》云：「陳音曰：『楚有弧父。弧父者，生於楚之荆山，習用弓矢，所射無脱。目其道傳於羿，羿傳逢蒙，逢蒙傳於楚琴氏。琴氏乃横弓箸臂，施機設樞，加之目力。臣前人受之於楚，五世於臣矣。』越王乃使陳音教士習射於北郊之外。三月，軍士皆能用弓弩之巧。」是陳音之術，原于荆山之弧父，而越王使教軍士。則知所謂荆尸者，亦用荆山弧父之法目立陳也。然則傳下文言「授師孑焉」，是目孑爲陳，非目弓矢爲陳，其相異何？曰：不異也。《方言》云：「凡戟而無刃，秦晉之閒謂之釨，吴揚之閒謂之戈。」是孑即戈也。弧父善爲弓矢，亦善爲戈。《荀子・榮辱》云：「所謂目狐父之戈钃牛矢也。」狐父即弧父。狐父之戈，猶干將之劒。楊倞注引《史記》「吴王兵敗於狐父」，謂其地出名戈，而目《管子・地數篇》「蚩尤爲雝狐之戟」況之。案：狐父爲地名，亦見《列子・説符篇》，所云「狐父之盜曰丘」是也。然此「狐父之戈」則爲人名，亦猶《地數篇》「葛盧之山」與介葛盧之爲人名者各不相涉也。善于鑄戈，亦善于習用。故荆尸法之也，戈弓矢亦必並用，傳略道其一耳。至其文法，則「楚武王荆尸」，猶云「趙武靈王胡服」也。《蓺文志》兵形埶家有《楚兵法》七篇、圖四卷，葢非此荆尸。荆尸若有書，則當入《兵技巧家》。

閔二年：「其名曰友。」麟案：《管子・大匡》曰：「季友之爲人也，恭目精，博於糧，此字誤。多小信，可游於魯。」《小匡》則曰：「季勞處魯徐。」旁注：魯在徐州，魯徐猶荆楚也。季勞即季友。旁注：或謂與下文「審友處晉」句「友」字、「勞」字互譌，非也。勞蓋友之字，借爲僚。昭七年服注：「僚，勞也。」是僚、勞聲通。《曲禮》云：「僚友稱其弟也。」故名友字僚也。《穀梁》僖元年云：「公子友謂莒挐曰：『吾二人不相説，士卒何罪？』屏左右而相搏。公子友處下，左右曰：『孟勞！』孟勞者，魯之寶刀也。公子友㠯殺之。」案：孟勞當因季勞用㠯取勝而名。古庶長稱孟，季友適而幼者也，然爲三家大宗，故亦㠯孟言。孟、季通稱，其猶仲慶父之後仲孫兼稱孟孫歟！《小匡篇》又稱季友爲公子舉，疑嘗有二名，此猶《大匡》之游楚者爲蒙孫，而《小匡》之處楚者爲曹孫宿，亦一人也。

昭二十八年：「樂正后夔取之。」《列女・晉羊叔姬傳》作：「樂正夔娶之。」此與帝世之夔實爲二人。《古今人表》夔與柏益、龍同列上中等，在帝舜世。后夔與玄妻同列下上等，在大康、中康世。是《左氏》古説，明㠯兩夔非一人，猶大康、中康世之羲和非堯時之羲和也。蓋仍襲世職，名稱不改。湯後有亳王湯，見《秦本紀》。夔後有樂正后夔，其例同矣。即伯封，疑亦爲樂正而稱夔，故韓非誤㠯伯封之忿戾被之帝世之夔。余向者㠯帝世之夔爲伯封父，今當更正矣。又按：❶《墨子・非樂上》云：「於《武觀》曰：『啓乃淫溢康樂，野于歙食，將將銘莧磬㠯力，湛濁于酒，渝食于野，萬舞翼翼，章聞于天，天用弗式。』」《海外西經》云：「大樂之

❶「又按」以下至此條末，章氏以筆圈删。

野，夏后啓于此儛九代。」《大荒西經》云：「夏后開即啓。上三嬪于天，得《九辨》與《九歌》㠯下。」所謂啓，即大康也，亦父子通名，故《離騷》云：「啟《九辨》與《九歌》兮，夏康娛㠯自縱。」旁注：此與「日康娛㠯淫游」異讀。上言啓而下㠯夏康自注，明啓即夏康也。然則后夔，其于是時助作淫樂乎？

改辰嬴嬖於二君條數語移本條下❶

「辰」借爲「祇」。《獨斷》云：「治典不殺曰祇。」今本「祇」誤「祈」。一本「祇」作「震」。故「辰」得借爲「祇」矣。《史記正義》㠯「秉常不衰」說「治典不殺」。嬴所㠯得謚此者，則無得而知，春秋時謚號不皆與實應也。一曰：「辰」借爲「夷姜」之「夷」。宣十一年經「楚子、陳侯、鄭伯盟于辰陵」，《穀梁》「辰陵」作「夷陵」，此辰、夷通之證。克殺秉政曰夷，安民好静曰夷，此亦未知其取何義。

成十七年：「齊慶克通于聲孟子。」杜預注：「慶克，慶封父。」《通志·氏族略》曰：「慶氏，齊桓公之子公子無虧之後也。無虧生慶克，亦謂之慶父。其後爲慶氏。此㠯父字爲氏，而不㠯王父字爲氏也。」麟案：此不根之談也。尋襄二十八年稱慶舍之女爲盧蒲姜，是慶氏固姜姓，然其所自出則當爲仲山甫。《潛夫論·志氏姓》云：「慶姓，樊、尹、駱。昔仲山甫亦姓樊，謚穆仲，封於南陽。南陽者，在今河内。後有樊伯子。」是

❶ 「辰嬴嬖於二君」條見卷七第四二三頁。

仲山甫慶姓也。而張衡《司徒呂公誄》云：「四嶽在虞，傅土佐禹。克厭天心，姓姜氏呂。登是南邦，㠯家㠯處。降及于周，穆矦作輔。登受八命，袞職靡傾。」蔡邕《胡廣黄瓊頌》云：「巖巖山嶽，配天作輔。降神有周，生申及甫。」《薦大尉董卓表》云：「輔佐重臣，國之楹棟。生應期運，稟氣山岳。是故申伯、山甫，列于《大雅》。」此並㠯山甫爲姜姓，而㠯《崧高》之「惟嶽降神，生甫及申」爲申伯、山甫，與《毛詩·崧高》傳所云「堯之時，姜氏爲四伯，掌四嶽之祀，述諸矦之職。于周則有甫有申，有齊有許」義亦相合。陳禮堂《齊詩遺說攷》曰：「蔡邕《司空楊公碑》云：『昔在申、呂，匡佐周宣。《崧高》作誦，《大雅》揚言。』申、呂即《詩》之申、甫也。《尚書》『呂刑』，《禮記》引作『甫刑』，尤其明證。是張、蔡謂樊仲氏呂，而《詩》謂之甫，非謂甫即山甫之甫也。」此說極塙。故《蒸民》之「仲山甫徂齊」，杜欽曰：「仲山甫，異姓之臣，無親于宣，就封于齊，猶嘆息永懷。」鄧展注曰：「《韓詩》㠯爲封於齊。」葢惟其姜姓，爲齊之裔，故取齊之附庸閒田㠯封爲王室之通矦，亦猶郳之支屬封爲小郳子也。《毛傳》于「仲山甫徂齊」無訓，實大同三家。其于上章「仲山甫出祖」云：「言述職也。」未就封而先述職，猶周公未就魯封而已東征述職，《白虎通·巡狩篇》語。二伯之職固然也。于「王命仲山甫，城彼東方」云：「東方，齊也。古者諸矦之居逼隘，則王者遷其邑而定其居，葢去薄姑而遷於臨菑也。」據《史記·齊世家》云：「胡公徙都薄姑。哀公之同母少弟山怨胡公，乃殺胡公而自立，是爲獻公。獻公徙薄姑都治臨菑，則當夷王世。」葢共和㠯前，譜系殘缺，時有錯誤，實則山非獻公名，誤㠯仲山甫之字屬獻公，遂誤㠯仲山甫之徙薄姑遷臨菑屬獻公矣。若《毛傳》則謂王爲齊國遷邑定居，而即命其宗族山甫往城之。山甫後又封于齊，傳不明言耳。要之，仲山甫本㠯齊公族爲王官者，食采樊邑，㠯有大功，賜姓曰慶，而山甫實故姓姜，于是姜與慶如姚與嬀矣。㠯齊爲宗國，故子姓猶仕齊。此則慶克所自出矣。古男子稱氏不稱姓，而慶克、慶封皆稱姓者，慶猶嬀也，雖姓亦氏也。陳女稱某嬀，而慶舍之女不稱盧蒲慶而稱盧蒲姜者，猶王姚不稱王嬀，閒亦舉正姓也。故《潛夫論・志氏姓》後列慶姓，而先于姜姓中列慶氏，今本作「賀氏」，乃慶氏改稱賀氏㠯後所點竄耳。明慶固氏也。彼㠯慶克爲字慶父而屬之無虧之後者，真無據矣。《孟郁修堯廟碑》云：「仲氏祖所出，本姬周之遺苗。天生仲山甫，翼佐中興，受封于齊。」《元和姓纂》本之，云：「虞仲支孫，食采于樊。周有樊穆仲，字山甫。」《權德輿集》則云：「魯獻公仲子曰山甫。」按：山甫若爲姬姓，何得受封于齊？是《堯廟碑》先自相矛盾，而林、權襲之，誤矣。

僖六年：「楚子問諸逢伯。」麟案：逢伯，疑即《管子》所謂蒙孫也。《易・明夷・彖傳》：「㠯蒙大難。」鄭注：「蒙，遭也。」此讀蒙爲逢，是蒙、逢通之證也。《管子・大匡》曰：「蒙孫博於教，王懷祖曰：「教當作斅。斅與學同。」而文巧於辭，不好立大義，而好結小信，可游於楚。」下云：「游蒙孫於楚。」據彼文「開方㠯衛人游衛」「季友㠯魯人游魯」，則蒙孫爲楚人可知。《小匡》則云：「曹孫宿處楚。」孫淵如謂「曹」「蒙」聲近而字通，于音理固不合。王懷祖謂隸書「蒙」字或作「蒙」，其上半與「曹」相佀，故「曹」譌作「蒙」。然細案「蒙」「曹」上體，實不相類，況下體尤遠，無由譌誤。張氏文虎謂「曹」誤作「蓸」，「蓸」又㠯聲誤爲「蒙」，說亦紆回。竊謂此猶孟仲、士范之類，一人二氏者也。何㠯證之？《華陽國志》世祖與公孫述書曰：「漢家九百二十歲，㠯蒙孫亡。受㠯承相，其名當塗高。」蓋作讖者多爲廋辭，㠯蒙孫亦稱曹孫，故㠯蒙孫寓曹氏。旁注：當塗高其國名，蒙孫其姓，故兩言之。「受㠯承相」者，言㠯丞相受禪也。世祖時端兆未箸，故誤解爲漢帝之名蒙孫者，當亡漢室而受之者爲當塗高。此亦猶不知當塗高之象魏闕而巨爲人名，《公孫述傳》章懷注引《東觀記》曰：「光武與述書曰：『承赤者黄也，姓當塗，其名高也。』」誤亦同。皆由事非豫曉，讖又難讀，故誤解也。今蒙孫之讖，存于《易緯》，而鄭君亦多誤解。如《通卦驗》曰：「坎炁逆乎陽衡，晦象昧見，斗旬鬭雞，誰謀者，水宰之臣，冰妖效七九，摘亡名，合行之，蒙孫，其謀爭也，代者起東北，名有水。」鄭注云：「此謀者，土精之人也。」而不言蒙孫爲何人。《是類謀》曰：「蒙孫之名，生衆妖，非單斯亂，由横。」注云：「蒙孫，童蒙之孫也。由，從也。言此童之人生妖衆，非但盡於此亂，而縱横也。」則不知孝獻雖巨九歲即位，然謂之童蒙之孫，則泛稱，未有旳指。且孝獻何由生衆妖乎？明謂曹氏也。又曰：「網害之效，慎蒙孫，期防萌。萌之衛，攜幼千里，負老山逃。」注云：「當慎童蒙之孫，若巨爲名號，其至當期，防其萌，萌之始動，必先有兵中之。」則又誤巨蒙孫爲名號。漢末桓帝志、靈帝宏、少帝辯、獻帝協，其名之音義意理，皆不與蒙孫相涉。史侯、董侯之號，亦與蒙孫相遠。然則此正謂慎曹氏，其萌之動，與袁、高、荆、楊相持，故百姓攜幼負老而逃也。又曰：「倉世順即慎，下同。晲侹之聲，赤世順蒙孫之詳，觸名是工。」注云：「晲侹、蒙孫，倉、赤之孽。名，號；觸，推；工，官也。推求亡者之名，及其氏姓官號爲也。」而不知此正謂推求名號于百官，其中有曰蒙孫者也。此與下文黄世之「頓詐」、白世之「討吾」、黑世之「嘿沈」，皆謂受禪之臣，非謂孽君也。又曰：「赤世遭斯蒙孫，當衢，卒貴大嬉，道主之遊，災孽屢出，歸辜徙桀移陵。」注云：「嬉，咸。言赤世之末，有卒貴之人，道爲遊之人，黄門常侍者。屢，數。侍遊之人，見災孽數出，反歸罪於賢桀。後桀陵此三字有誤。蓋衍字。」此説則頗近之。魏武之祖曰曹騰，本巨閹豎亂政者，蒙孫之兆，實自此始。鄭君已明其理，惜未見魏之受禪，未由實指也。亡秦者胡，本謂孽君，而秦皇目爲匈奴；亡漢者蒙孫，本謂曹氏，而漢世目爲孽君，葢讖之難解易誤也久矣。且漢世讖緯預徵曹氏者，亦不止一蒙孫。如當塗高爲象魏，固彰明耳目閒矣。又《春秋保乾圖》曰：「漢賊臣，名孫登，大形小口，長七尺九寸，巧用法，多技方，《詩》《書》不用，賢人杜口。」《後漢書・翟酺傳》注引。賊臣非謂奸詉，正如田常、六卿之類耳。孫登即隱孟德，古鍾鼎「子孫」作「」，見商《父辛卣》。與「孟」古文「𡥀」、「保」古文「𡥀」同體，而稍變其筆勢。此疋正、臭澤通用之例，不能目古韵言。讖書喜隱，故目孫隱孟。《公羊》隱五年傳：「登來之也。」注：「登，讀言得。」《易・升》：「君子目順德。」姚信「德」作「得」。《樂記》：「德者，得也。」明古德、得聲通。故登亦可借爲德，讖書又目登隱德也。魏武任法不任儒，故言「巧用法」，「《詩》《書》不用」。彼翟酺忌孫懿而目其表相應讖誘之，固不足道，然亦由事難預測，故可欺人，與蒙孫同也。今由事後推測，則知蒙孫塙謂曹氏。作讖時去春秋近，人人知蒙孫之即曹孫，故目此寓意。旁注：或曰：《通卦驗》「胡誰之名」即謂胡亥，而文與蒙孫同，則作讖者自目蒙孫爲孽君。葢目五行推測，知亡漢者必目曹稱，而其爲孽君、爲代者，則瞀亂而不明也。今即可目此證《管子》。又案《潛夫論・志氏姓》，楚公族有門氏。門氏當即蒙氏，猶逢蒙之爲蠭門。

補獲其蠭旗條旁注移本條「晉灼説非」下❶

景祐本《漢書》，「泰一鏠」下無「旗」字。宋子京曰：「新本云『泰一鏠』，無『旗』字。」又《史記・封禪書》

❶「獲其蠭旗」條見卷六第三七五頁。

《續武紀》皆無「旗」字。王懷祖從之，云：「命之曰靈旗，不得謂之泰一鋒旗也。」今案：泰一鋒旗是本名，靈旗乃爲之美名耳。據宋時新本無「旗」字，則舊本固有之。蓋《史記》及諸本《漢書》皆脱，賴舊本存之，而今本轉與舊本合耳。

補藍尹亹涉其帑條旁注移本條末❶

王氏《襍志》曰《墨子》之「垂」爲「表」之誤，可通。其曰「藍」爲「鼓」之誤，則非也。又曰「月明」爲「瓦罌」之誤，亦失之。

---

❶「藍尹亹涉其帑」條見卷六第三七三頁。

再續編

又案：纖施儛者，即《咸池》儛也。《樂記》：「《咸池》備矣。」注：「黄帝所作樂名也，堯增修而用之。《周禮》曰《大咸》。」尋纖得聲于党，《説文》「党」下云：「讀若《詩》云『攕攕女手』。古文讀若咸。」是攕、咸聲相近。而「攕攕女手」，今《毛詩》作「摻摻」，傳云「猶纖纖也」。《韓詩》則直作「纖纖」。是纖、咸聲亦相近。又《食貨志》云：「古之治天下，至孅至悉也。」師古曰：「孅與纖同。」是纖與悉義近。而《説文》咸訓悉，是纖與咸聲義皆相近，故得借纖爲咸。《樂記》注云：「池之言施也，言德之無不施也。」故得借施爲池。羽籥爲其器，《咸池》爲其名，猶鍚爲其器，《萬》爲其名。四儛實止二儛，行列異耳。俞先生曰：「纖施舞，所謂旄舞也。《周官·樂師》有旄舞，鄭司農注曰：『旄舞者，氂牛之尾。』又《春官》序官『旄人』鄭注曰：『旄，旄牛尾，舞者所持㠯指麾。』此稱爲纖施者，據《周書·王會篇》『樓煩㠯星施』，孔晁注曰：『施，所㠯爲旄羽珥。』然則纖施舞之即旄舞明矣。魯公子尾字施父，亦可爲證。」㠯上俞先生説。此説亦通。其器㠯施，而樂即名《纖施》，因㠯寓施德之義，猶器㠯箾，而樂即名《象箾》，因㠯寓削去無道之義。是亦無妨于《咸池》之説也。然據孔晁説，是施已兼旄羽，則非僅旄舞矣。竊謂旄舞無羽，羽舞有旄，猶但㠯氂牛尾注竿者曰旄，至析羽爲旌，則又㠯羽注旄首也。劉子政《五經通義》云：「王者之樂有先後者，各尚其德也。㠯文得之，先文樂，衣繡衣，持羽毛而舞；㠯武得之，先武樂，持朱干玉戚而舞。」此羽舞有毛之證。干與戚則爲二物，而羽與毛則合爲一物。

何㠯明之？《吕覽·長攻》云：「趙襄子謁於代君而請觴之，先令舞者置兵其羽中數百人。」夫惟羽中有旄，旄形蒙茸而大，故易旄㠯兵，則代人不覺也。若但有雉羽數莖，則其形陋小，置兵其中，豈不令代人窺破乎？故知羽中有旄，施即羽舞。舞有羽籥而但㠯羽名者，舞㠯羽爲主也。《咸池》之舞久亡，賴董子存其梗概耳。至《離騷》「飲余馬於咸池」，注㠯爲「日浴處」，《淮南·天文訓》「咸池者，水魚之囿也」，則又爲星名，皆與樂之名義不相涉。接前第四册末隱五年經九月「考仲子之宫」條末，今具申明之，下另行抬寫。❶

又案：此傳言「將《萬》」，是羽舞亦有《萬》稱。黄元同㠯爲文舞亦有武，武舞亦有文，但分先後，是也。其説曰：「《五經通義》云：『王者之樂，各尚其德。㠯文得之，先文樂，持羽毛而舞；㠯武得之，先武樂，持朱干玉戚而舞。』云先必有後，是則文樂亦有武舞，武樂亦有文舞，特分先後而已。故舜樂曰《韶箾》，文王樂曰《象箾》。箾者，武舞也。㠯其先文樂，故曰韶、曰象耳。禹㠯文得，亦先文樂，故《大夏》爲文舞。而《大司樂》云『舞《大夏》㠯祭山川』，《舞師》則云『掌教兵舞，帥而舞山川之祭祀』，是《大夏》亦有武舞矣。《公羊傳》亦云『朱干玉戚，㠯舞《大夏》』。是則六樂皆文武舞備也。疏家言《萬》者干舞，籥者羽舞，文本《公羊傳》。而《詩·簡兮》曰『方將《萬》舞』，又曰『左手執籥，右手秉翟』，明《萬》雖武舞，亦用文舞也。故傳云『㠯干羽爲《萬》舞』，箋亦云『《萬》者干羽』，文武道備。是則《萬》者，干舞羽舞之總名也。宣八年《春秋》經『《萬》入，去籥』，正㠯《萬》兼羽籥，故别言之。隱五年傳『考仲子之宫，將《萬》焉，公問羽數于衆仲』，尤爲《萬》有羽舞

❶「考仲子之宫」條見卷八第四六九頁。

之顯證。」㠯上黄説。此説甚塙。《萬》舞自是先武後文。董子所述四舞，各據其本義言。至周乃通《萬》舞之名于《纖施》，故此傳云爾。接前條下，另行抬寫。

哀五年：「諸子鬻姒之子荼嬖。」服子慎注：「諸子，諸公子。鬻姒，景公妾也，湻于人所納女。荼，安孺子。」沈氏欽韓曰：「《晏子·内篇·諫上》：『湻于人内女于景公，生孺子荼。』《管子·戒篇》：『桓公外舍而不鼎饋，中婦諸子謂宫人：「盍不出從乎？」』注云：『中婦諸子，内官之號。』《晏子·問上》：『令諸子無外親謁，辟梁丘據無使受報。』言不使嬖臣與寵妾交通也。諸子有七子、八子之等，見《秦本紀》。」麟案：諸子之義，沈長于服。七子、八子，時或有之，而齊又有嬰子。《晏子·諫上》曰：「翟王子羨臣于景公，㠯重駕，公觀之而不説也。嬖人嬰子欲觀之。」下云：「晏子曰：是婦人爲制也。」《諫下》曰：「景公之嬖妾嬰子死，公守之，三日不食，膚箸于席不去。」嬰子蓋亦諸子之一等，名嬰子者，猶孺子也，《韓非子·八姦》云：「一曰在同牀，貴夫人，愛孺子。」《藝文志》詩賦家有《詔賜中山靖王孺子妾冰歌詩》，師古曰：「孺子，王妾之有品號者也。」嬰與孺皆幼稚之稱，夫人自稱小童亦斯義，故季桓子之妻亦曰南孺子。此諸子鬻姒，《齊世家》作芮姬，《田完世家》作芮子，芮者其氏，子即「諸」子之「子」。

閔二年：「先友爲右。」麟案：《管子·小匡》云：「審友處晉。」彼皆㠯其國人還處其國，疑審友即先友也。審與先雙聲，故通用。

文六年：「君子是㠯知秦之不復東征也。」《日知録》謂「秦至孝公，天子致伯，諸侯畢賀，其後始皇遂并天下」，《左氏》此言不驗。麟按：此正《左氏》之卓識也。東征即「秦始征晉河東」及「撫有蠻夷，奄征南海」之「征」，謂徧有關東而征其地，即爲天下共主也。襄二十九年：「爲之歌《秦》，曰：『此之謂夏聲。夫能夏則大，大之至也。其周之舊乎？』」《史記・老子傳》：「周大史儋見秦獻公，曰：『始秦與周合，合五百歲而離，離七十歲而霸王者出焉。』」是當時賢哲已預知秦有代周之兆，而不知其能取而不能凝，雖征猶不征也，惟《左氏》獨知之。其知之者，因穆公收其良㠯死而知之。其後秦果㠯坑儒亡，《左氏》言驗矣。《荀子・彊國篇》説秦事曰：「縣之㠯王者之功名，則倜倜然其不及遠矣。是何也？則其殆無儒邪！故曰粹而王，駁而霸，無一焉而亡。此亦秦之所短也。」《荀子》㠯無儒决秦之亡，其識正本《左氏》。然而見遠尤難于見近矣。

襄二十三年：「晉人克樂盈于曲沃，盡殺欒氏之族黨。欒魴出奔宋。」按：據此則晉國無欒氏之裔矣，然固有存者。《吕覽・驕恣》云：「趙簡子沈鸞徼於河，曰：『吾嘗好聲色矣，而鸞徼致之；吾嘗好宫室臺榭矣，而鸞徼爲之；吾嘗好良馬善御矣，而鸞徼來之；今吾好士六年矣，而鸞徼未嘗進一人也。是長吾過而絀善也。』」鸞即欒，故《説苑・君道篇》作欒激，是欒氏有後于晉。豈懷子好士，有如程嬰者，存其種類邪？昭三年：「叔向曰：欒、郤、胥、原、狐、續、慶、伯，降在皁隸。」是其族固達于有司，無所諱匿，猶愈末世之殘酷，使智必別輔而後得免者矣。

閔元年：「齊仲孫湫來省難。」案僖十三年云：「齊矦使仲孫湫聘于周，且言王子帶。」又云：「諸矦戍周，齊仲孫湫致之。」仲孫湫屢任大事，必齊之能臣，而《管子》書中所箸者，除管仲外，但有鮑叔、隰朋、賓胥無、甯戚、弦子旗、王子城父、東郭牙七人，而不見仲孫湫。疑仲孫湫即甯戚，古湫、戚爲平入。昭十三年「子服湫」，昭三年作「子服椒」；文九年「楚子使椒來聘」，《穀梁》「椒」作「萩」；《説文》「䳢」或作「鶖」，是秋聲、尗聲相通。且《緐露·陽尊陰卑》云：「湫者，悲憂之狀也。」此與《説文》慼訓悳、《廣雅·釋詁》慼訓悲正同，而戚亦多借爲慼。然則湫與戚皆得爲慼之借字，足明其相通矣。湫、戚一名而異書也，仲孫、甯則二氏，壬、隨、范之類也。案《吕覽·舉難》云：「桓公將任甯戚。羣臣爭之曰：『客，衛人也。衛之去齊不遠，君不若使人問之。』」是甯戚即衛甯俞之族。杜氏《世族譜·衛·甯氏》：「甯跪，文仲，武公曾孫。」㠯此爲甯氏始祖。然則甯氏出于文仲，其又氏仲孫宜也。至甯戚在齊，官爲大田，非大行，而膺出使之任者，臨事調遣，固無定也，存此㠯俟後儒論定。或曰：「僖二十六年經：『衛甯速。』《吕氏·勿躬》云：『臣不若甯遬。』注：『甯遬，甯戚。』遬即速字。然則甯速即甯戚歟？」曰：「此猶晉有兩士匄，漢有兩韓信也。閔二年言『與甯莊子矢』，是甯莊子速于齊桓在時已仕衛，必非甯戚明矣。」

莊十七年經：「齊人執鄭詹。」按：鄭詹，傳稱叔詹，《吕覽·務本》《上德》《務大》並稱被瞻。被，其氏也。《釋名》云：「皮，被也，被覆體也。」是被與皮可通。《逸周書·史記解》：「皮氏㠯亡。」孔鼂注：「皮氏，古諸矦也。」疑詹即其後。《詩・十月之交篇》「番維司徒」，《古今人表》作「司徒皮」，蓋亦一族。又按：❶李氏《春秋左傳異文釋》引梁氏曰：「齊人執鄭詹，孔疏謂即僖七年之叔詹，恐不可信。《公》《穀》稱鄭詹佞人，決非三良之一。且叔詹於晉能據鼎就烹，豈其先在齊反不能伏節守死而遁逃苟免乎？」竊謂《務大篇》云：「鄭君問於被瞻曰：『聞先生之義，不死君，不亡君，信有之乎？』被瞻對曰：『有之。夫言不聽，道不行，則固不事君也。若言聽道行，又何死亡哉？』」是詹之志固不在死節也。即其據鼎于晉，必疾號曰「自今㠯往，知忠㠯事君者與詹同」，此特逆料晉文必聞是言而赦之，故趨之不辭，其志固不欲死也。蓋鄭詹能㠯口辨免身，自齊逃來，宜亦㠯辨得之。實被釋而書「逃來」者，所㠯惡其詐僞，故《公羊》㠯佞人目之。詹固才智有餘而節行不足者也。觀其對鄭君言，真大臣之言矣。乃鄭君不聽其殺重耳，而詹亦卒不去，是其行固不能如其言，特㠯美詞自飾耳。謂之佞人，亦宜。

宣三年：「卜年七百。」案《律歷志》，周八百六十七歲。或疑子駿增益年數，與傳不合，非也。班氏《諸矦王表》云：「故曰周過其歷，秦不及期，國執然也。」已破此疑矣。即如此傳云「卜世三十」，而《律歷志》云「周凡三十六王」，此其世數明見本紀，豈亦子駿增之邪？又案《律歷志》云：「《春秋歷》：周文王四十二年十二月丁丑朔旦冬至，孟統之二會首也。後八歲而武王伐紂。武王，《書經・牧誓》，武王伐商紂。」又云：

❶「釋名云」至「又按」六十四字，章氏以筆圈删。

「文王受命九年而崩，再期，在大祥而伐紂，故《書序》曰：『惟十有一年，武王伐紂，大誓，八百諸矦會。』還歸二年，乃遂伐紂克殷，㠯箕子歸，十三年也。故《書序》曰：『武王克殷，㠯箕子歸，作《洪範》。』《洪範篇》曰：『惟十有三祀，王訪于箕子。』自文王受命而至此十三年，歲亦在鶉火，故傳曰：『歲在鶉火，則我有周之分壄也。』」尋十一年、十三年上統文王計之者，漢儒説皆然。惟文王受命七年、九年，諸家有異，無大乖剌，而武王上襲先君之年，後儒疑難紛紛。錢氏塘《述古録》辯之曰：「言武王事多異説。謂文王立國五十一年而終，武王立十二年而成甲子之事者，吕不韋也。謂詩人道西伯，葢受命之年稱王，後十年而崩；武王即位九年，東觀兵于盟津，還師歸，居二年，偏告諸矦東伐紂者，司馬遷也。謂文王受命九年而崩，再期，在大祥而伐紂，還歸二年，乃遂伐紂克殷者，劉歆也。自歆㠯前，莫言武王即位不改元，至歆始言之。然歆于克殷之年，援引傳記，推驗歷術，甚覈而詳。今依三統歲術推之，知在辛未。上溯文王，則戊午受命，己未改元也。《易緯乾鑿度》㠯三統通甲寅元，謂文王受命入戊午部二十九歲，則改元克殷，無一不與三統合。後儒據㠯釋經，遂爲定説。是武王洵不改元矣。獨不思三統丙子元用超辰法，故克殷在辛未；使歲不超辰，固庚戌元也，豈不在己卯乎？甲寅元不用超辰，曷爲而在辛未也？夫歲自有超辰，則克殷宜在辛未，特甲寅元不當傅合三統歲名，是入戊午部者非矣。按甲寅元即劉歆所云《殷歷》，㠯大甲元年爲甲子府首，終六府首當周公攝政五年者，然則克殷後十二年始入戊午部，安得㠯己卯部之文王受命年當之？此非甲寅元之誤而用甲寅元者之誤也。然歆謂受命至克殷十三年者，亦誤。歆㠯文王四十二年爲孟統二會首，後八年而伐紂，則文王享國止四十六年，何㠯《無逸》經言五十年也？歆欲使改元、克殷歲星同在鶉火，㠯應《外傳》『有周分壄』之文，故減文武之年㠯合之。然正有不待減而自合者，在知改元之即武王而已，然則文王四十二年本受命之歲，武王五年乃孟統二會首耳。夫歆所㠯誤者，由止推克殷年月日而不推文王時也。文王時之所㠯不推者，泥詩人舊説，㠯受命改元爲文王盛節，傳記雖有日月而棄之不顧也。豈知改元不爲盛節，而受命不必改元，傳記之文，宜有得其實者，棄而不考，曷由知其歲數哉？予所據傳記則《逸周書》是，是固漢世祕府所傳，不待晉初始出者也。厤則不暇用三統，用周丁巳元，即劉歆所云四分，㠯成湯伐桀後百二十七歲爲甲子府首者，氣朔與三統合，故用之。不用甲寅元者，少丁巳元三章，歲氣朔後一日故也。《逸周書·文傳解》曰『文王受命之九年，時維莫春，在鄗，召大子發』，蓋道揚末命也。史㠯大事紀年，猶《大匡解》之『維周王宅程三年』、《金縢》之『既克商二年』云爾，豈改元之謂乎？《柔武解》曰『維王元祀』，《大開武解》曰『維王一祀』，則武王改元之明文矣。武王㠯己卯克殷，入丁巳元戊午部四十七歲，于三統爲辛未，月日與劉歆所推同。其前二十一歲爲文王受命年，入戊午部二十六歲，歲在戊午，于三統爲庚戌。其月日，《酆保解》言『維王二十三祀庚子朔，九州諸矦咸格于周』者，文王二十年殷正月朔朝周也，入戊午部四歲，周正月大餘十二，殷正月大餘四十二，文有譌漏，故云『二十三祀』。《小開解》言『維三十有五祀正月丙子』者，是年周正月四日也，入戊午部十九歲，大餘十五，追書用周正。《寶典解》言『維王三祀二月丙辰朔』者，武王三年七月朔也，入戊午部三十七歲，正月大餘一，七月大餘五十八，月誤也。三者之中誤其二，皆據歷㠯正焉。弗正其誤，先後求之，一不可得矣。然則猶必正之而後得邪，曷不從劉歆與《易緯》？曰：從劉歆得克殷年，餘則否；從《易緯》并失克殷年。何也？歆㠯武王之年爲文王之年，《緯》更㠯成王之年爲文王之年也。然則豈徒月日之不合已哉？鄭康成言文王受命改元，至魯惠公末年三百六十歲，從《易緯》也。實則自武王元年數之，已四百一十二歲矣。若然，則文王受命不改元，武王即位則改元，信矣。顧説經家皆言武王即位時已八十二歲，至十三年而克殷，則《禮記》言文王年九十七、武王年九十三者非邪？曰：如《記》言，文王生武王何其少，武王生成王何其老！武王曰『自發未生，於今六十年』，克殷時語也。『文王受命惟中身』，豈八十八歲乎？明者可㠯悟矣。」㠯上錢説。此通人之論也，然其實未塙。攷《周本紀》云：「詩人道西伯蓋受命之年稱王而斷虞芮之訟，後十年而崩，謚爲文王。改法度，制正朔矣。追尊古公爲大王，公季爲王季，蓋王瑞自大王興。武王即位，大公望爲師，周公旦爲輔，召公、畢公之徒左右王師，脩文王緒業。九年，武王上祭于畢，東觀兵至于盟津。爲文王木主，載㠯車，中軍。武王自稱大子發，言奉文王㠯伐，不敢自專。」彼所謂「後十年而崩」，乃「後七年而崩」之誤。試㠯彼上文攷之：「虞芮有獄，俱讓而去。諸侯聞之曰：『西伯蓋受命之君。』明年伐犬戎。明年伐密須。明年敗耆國。明年伐邘。明年伐崇侯虎。明年西伯崩。」是受命至崩凡七年。而所謂「九年武王上祭于畢」者，九年即統上七年而言，非武王即位之九年也。故《伯夷傳》有「父死不葬，爰及干戈」之説，惟觀兵近在文王崩之二年故耳。《淮南·要略》亦云「武王治三年之喪，殯文王於兩楹之閒，㠯俟遠方」，是三年始葬也。若在武王九年，則不得有此説矣。史公説本同子駿，特文王受命至崩有七年、九年之異，武王觀兵有九年、十一年之異，武王克殷有十一年、十三年之異，而觀兵在武王二年、克殷在武王四年則同，九年、十一年、十三年，皆蒙文王受命年而計之則同。至子駿所引《春秋歷》云「周文王四十二年十二月丁丑朔旦冬至，孟統之二會首也」，此「四十二年」之「二」字，必「六」字之譌，或

「四十二年」下脱「受命四十六年」六字。如此，則所謂「後八歲而武王伐紂」者，無待詘文王在位五十年爲四十六年矣。然「二」字、「六」字之譌，一改便通，濉亭豈不知此？乃必據譌文而駁之者，㠯《逸周書》明言武王改元，而言即位而蒙先君之年爲年者，殊屬不近人情也。不知子駿亦但㠯十一年、十三年蒙文王受命改元之年計之，而並無武王不改元之説，其意特謂此㠯周興之年計數，猶司馬相如《難蜀父老》云「漢興七十有八載」，豈謂惠、文、景、武四主皆不改高帝之元邪？《尚書》本與《春秋》之編年者異，故得隨文爲稱。此事本無遠于人情，亦猶近世印度、西藏、蒙古㠯佛涅槃之歲後紀年，回部㠯穆罕默德辭世之歲紀年，歐羅巴、亞非利加、美利加三洲㠯邪穌降生之後紀年，皆稱千幾百年，而其君則自有即位之年。彼之㠯師長死生計數，猶此之㠯國家受命計數也，而新君則仍自改元。至朝鮮㠯開國爲紀，今歲甲午稱開國五百三年，則尤與武王事脗合，然其君亦仍有即位年數。自後儒誤㠯子駿説爲武王不改元，而事之不近人情也實甚，所謂差之豪氂，繆㠯千里矣。濉亭據《周書》謂武王改元，是也；而謂武王克殷在即位十三年，非也。試即㠯《周書》證之。《柔武》曰：「維王元祀一月既生魄，王召周公旦曰云云。見寇[缺]戚，靡適無[缺]，勝國若化，不動金鼓，善戰不鬬，故曰柔武。四方無拂，奄有天下。」《大開武》曰：「維王一祀二月，王在酆，密命，訪於周公旦曰：『烏乎！余夙夜維商密不顯，誰和告，歲之有秋，今余不獲，其落若何？』」又云：「周公拜曰：『茲順天，天降寤于程，程降因于商，商今生葛，葛右有周。維王其明用開和之言，言孰敢不格？』」此始謀觀兵于商在元年也。《小開武》曰：「維王二祀一月，既生魄，王召周公旦曰：『烏呼！余夙夜忌商。』」此觀兵于商將發時語，在二年也。《酆謀》曰：「維王三祀，王在酆，謀言告聞。王召周公旦曰：『烏乎！商其咸辜，維日望謀，建功謀言多信，今如其何？』周公曰：『時至矣。』乃興師循故。」此伐紂在四年，而《律歷志》言師初發㠯殷十一月戊子，則興師正在三年也。朱亮甫欲改年㠯就錢說，大繆。二年于文王受命爲十一年，四年于文王受命爲十三年，證據明塙，尚可易邪？又《逸周書·武儆》云：「惟十有二祀四月，王告夢，丙辰出金枝，郊寶開和細書命詔周公旦，立後嗣，屬小子誦，文及寶典。」此武王有疾而㠯小子誦屬周公也。何㠯明之？彼前篇爲《度邑》，武王言夢二神而自知死期，因欲傳位周公；彼後篇爲《五權》，言維王不豫，于五日召周公旦；又後篇爲《成開》，言成王元年，則《武儆》正爲武王崩年有疾時也，故《周書》序云：「武王有疾，下原缺十字。命周公輔小子，告㠯正要，作《五權》。」所缺正是「作《武儆》」等字。是武王十二年而崩也。《周書》出春秋時史官所襍記，非一人手筆，傳聞不同，故《明堂解》言既克紂六年而武王崩，《武儆解》則言十二祀而崩，㠯克殷在四年推之，則爲克殷八年而崩，非特與子駿所謂「克殷後七歲而崩」者不同，其與《明堂解》亦異。然崩在即位十二年，則克殷必不在即位十三年可知。《金縢》有「既克商二年」之文，則克殷必不在即位十一年可知。此《周書》可證武王無十三年之明文也。朱亮甫欲改「二」爲「六」，大繆。就如其說，與《明堂解》文亦仍不合。至溉亭所推日月本多改易，則不如闕之爲得。至《吕覽·首時》所謂「武王立十二年而成甲子之事」，「二」當爲「一」，或爲「三」，此見《書·大誓》序「惟十有一年武王伐殷」之文，而誤㠯爲武王即位所歷之年也。至文武之壽，《周書》《禮記》異說，子駿特據《禮記》言之，固非㠯爲定說，然亦無關于克殷之年之先後也。

隱三年經：「夏四月辛卯，君氏卒。」傳：「聲子也。」案傳首服注云：「聲子之謚，非禮也。」此非獨爲妾母立說，適夫人亦然。尋劉子政《五經通義》曰：「婦人吕隨從爲義，夫貴于朝，妻榮于室，故得蒙夫之謚。或曰文王之妃曰文母，宋共公妻共姬，是也。」又曰：「夫人無爵，故無謚。」《白虎通・謚》曰：「夫人無謚者何？無爵故無謚。」案：所謂無謚者，即蒙夫謚爲謚也。劉、班同義，皆《左氏》説也。《五經通義》又曰：「或曰夫人有謚。夫人一國之母，修閨門之内則下化之，故設謚吕章其善惡。《公羊》曰：『葬宋共姬，稱其謚，賢之也。』」《白虎通・謚篇》亦引是説，而又益之曰：「傳曰哀姜者何？莊公夫人也。」此則《公羊》説也。《五經通義》又曰：「妾無謚，亦吕卑賤，無所能與，猶士卑小不得謚也。」《白虎通・謚篇》亦同。此則《左氏》《公羊》之通義也。案襄十九年傳云：「婦人無刑。」《郊特牲》云：「婦人無爵，從夫之爵。」吕無爵，知不得列謚號；吕無刑，知不必章善惡。《左氏》義長。然子政作《列女傳》，子駿頌之，其稱號乃有衛宗二順、梁寡高行、陳寡孝婦、魯孝義保、魯義姑姊、齊義繼母、周主忠妾、魏節乳母、梁節姑姊、珠崖二義、京師節女，則皆錫吕嘉名，何邪？曰：誠有可取，則予之嘉名亦可。然此猶殷湯之稱武王，周文之稱寧王，非謚也。亦如士本無誄，而有美行則可誄，然終不得謚也。至妾之有謚，紊禮尤甚。《穆天子傳》言「爲盛姬謚曰哀淑人」，則此制已壞于西周矣。

桓十七年：「天子有日官，諸侯有日御。」服子慎注曰：「官曰御，典歷數者也。」麟案：日官于古爲羲和。《離騷》：「吾令羲和弭節兮。」注：「羲和，日御也。」葢日官、日御，古亦通稱。而《離騷》又吕日御之名而展轉爲御車之御，故吕弭節言之。又考《吕氏春秋・勿躬》云：「羲和作占日，尚儀作占月。」是古尚有占月之官。

然《堯典》言「乃命羲和，欽若昦天，歷象日月星辰」，則羲和亦掌月，葢月官統屬于日官也。羲和、尚儀，本皆人名，後爲官名。竊嘗謂《天問》云「羿焉彃日，烏焉解羽」，此事《淮南》亦載之，而㠯爲堯時羿。然事涉荒唐，必是傳譌之語。葢羿非射十日，射日官羲和耳。《大荒南經》曰：「東南海之外，甘水之閒，有羲和之國，有女子名曰羲和，方日浴于甘淵。羲和者，帝俊之妻生十日。」是古人固㠯十日屬羲和，故遂誤㠯征羲和爲彃十日矣。羿實夷羿，而誤係之堯時。羿亦猶《天問》言「帝降夷羿，封豨是射」，本是后夔之子封豕，而傳譌爲獸。《淮南》言「堯使羿斷修蛇，禽封豨」，則誤係之堯時羿矣。考《書序》言：「羲和湎淫，廢時亂日，胤往征之，作《胤征》。」據《夏本紀》㠯此係之帝中康時，故僞古文仍之。僞傳言羿廢大康，立其弟中康爲天子。正義言中康不能殺羿，必是羿握其權。此說甚允。然則羲和之征，羿挾天子命㠯使胤也。特羲和之湎淫，猶伯封之貪婪，罪實當誅，固不㠯夷羿主謀而廢其書。羿滅羲和而傳譌爲射日。于時月官尚儀之屬于日官羲和者亦從之廢時亂日可知，則亦同時見征可知，而後世遂有常娥奔月之說。尋古字尚、常同音，儀、娥皆從我聲，故尚儀亦作常娥。乃《淮南·覽冥》云：「譬若羿請不死之藥於西王母，恆娥竊㠯奔月。」高誘注：「恆娥，羿妻。羿請不死之藥於西王母，未及服之，恆娥盜食之，得仙，奔入月中爲月精。」恆娥，《選》注引作「常娥」。漢諱恆爲常，此則本是「常」字，後人疑其諱而改爲「恆」，遂又有誤作「姮娥」者。葢娥字从女，因譌傳爲羿妻，亦猶㠯羲和爲帝俊之妻也。常娥即尚儀，羿征之，而月官尚儀亡奔佗所，遂譌傳爲羿妻常娥奔月也。譌傳常娥爲月精，遂譌傳羲和爲日精，郭璞《游仙詩》「朱羲將由白」，㠯羲爲日。而羿征羲和爲彃日矣。

文八年：「書曰公子遂，珍之也。」杜預注：「珍，貴也。」案，遂得鄰國大援，㠯致跋扈弒嗣，何貴之有？珍借爲鎮。《春官・典瑞》：「珍圭㠯徵守，㠯恤凶荒。」注：「杜子春云：珍當爲鎮，書亦或爲鎮。」是古字通。《廣雅・釋詁》：「鎮，重也。」《春官・大司樂》「四鎮」，注：「山之重大者。」而《廣雅・釋詁》珍亦訓重，實借爲鎮。珍之者，重之也。遂權于是始大，弒嗣之兆始此，是㠯鄭重之，連書兩公子遂，不卒名也。《公羊》家每云「重之」「重録之」，即此義。

隱十一年：「不書葬，不成喪也。」賈侍中注：「君弒不書葬，賊不討也。」潁子嚴同。孔氏《公羊通義》云：「劉敞曰：《左氏》云，『不書葬，不成喪也』，非也。桓本潛謀弒君，欲人不知之，故歸罪寪氏，豈更令其喪禮不成，㠯自發露邪？此乃事之不然。」案：傳言「不成喪」有二義。一，臣子自不成其喪。如定十五年傳云：「姒氏卒，不稱夫人，不赴，且不祔也。」葬定姒不稱小君，不成喪也。夫既不赴不祔，則臣子自不成其喪矣。若此傳言不成喪者，則謂《春秋》不成其喪，非謂桓公不成其喪也。如《公羊》隱元年傳云：「公何㠯不言即位？成公意也。何成乎公之意？公將平國而反之桓。」乃謂《春秋》成之也。此不成喪亦同例。賊不討，則雖備翣蹕之禮，極杖絰之文，《春秋》亦不成其喪。今夫縗麻哭泣而爲主後者，乃死者之仇讎，是無主後也，于喪爲成乎？桓公㠯嗣君與弒，而羣臣與列國不討，當此例矣。若夫嗣君不與弒而别有弒賊者，亦然。居父之仇，寢苫枕干，弗與共天下，雖除喪猶㠯喪處之。今賊仕其朝，宴然不討者，固不必論也。賊遁逃而不㠯復仇爲念，終身寢苫，不已虚乎？于喪爲成乎？故賊不討，不成其喪。《公羊》此傳云：「《春秋》，君弒，賊不討，不書葬，吕爲無臣子也。子沈子曰：『君弒，臣不討賊，非臣也；子不復讎，非子也。葬，生者之事也。《春秋》「君弒，賊不討，不書葬」，吕爲不繫乎臣子也。』」何汼云：「明臣子不討賊，當絶君，喪無所繫也。」夫賊不討者，喪主自在君，喪豈真無所繫哉？《春秋》之意則云爾。曰「不成喪」，亦此例也。劉氏固昧昧，孔氏精于《公羊》，乃不能吕文法相比擬而繆襲劉説，則門户之見蔽之也。

昭八年：「自幕至于瞽瞍，無違命。」賈侍中注：「幕，舜後虞思也，至于瞽瞍，無聞違天命吕廢絶者。」鄭司農注：「幕，舜之先也。」韋解《魯語》幕、《鄭語》虞幕皆從賈，故《史記集解》曰：「案《國語》賈義爲長。」杜解《内傳》从鄭。馬氏《補注》曰：「《外傳》展禽曰：『幕，能帥顓頊者也，有虞氏報焉。』下言杼爲禹後，故云帥禹。推之上甲微爲契後，故云帥契；高圉、大王爲稷後，故云帥稷。如使幕爲舜後，當云帥舜，何吕言上帥顓頊？此幕在舜先之明證。賈説與《外傳》相背。《帝繫篇》『顓頊產窮蟬，窮蟬產敬康，敬康產句芒，句芒產蟜牛，蟜牛產瞽瞍』，未有幕在舜先，亦不足據。談泰云：『據漢劉耽《吕梁碑》言「顓頊生幕，幕生窮蟬」，與《外傳》合，不知何據。』然《大戴》《史記》皆無虞幕一代，未詳厥故。」沈氏欽韓因《吕梁碑》疑幕即窮蟬。麟案：傳先幕而瞽瞍，而舜，而遂，而胡公，然後結吕盛德必百世祀，皆是順數，非逆溯也。又傳上文云「陳，顓頊之族也」，今攷《世本》及《楚世家》云「高陽生稱，稱生卷章，卷章生犂」，是爲楚之先祖，則楚亦顓頊之族，祇吕犂爲火正，適與水德相克，故獨吕顓頊之族指陳，而不舉兩國並占。若幕爲舜後，則舜前惟瞽瞍一代無違命，而其人又頑嚚不足數，而舜乃吕明德特興，則占陳者當云舜之族，而不得上指顓頊矣。猶言殷、周者皆本之契、稷，不本帝嚳也。又《鄭語》歷言虞幕、夏禹、商契、周棄，而云其後皆爲王公矦伯，王謂舜及啓㠯下、湯武㠯下也，公矦伯謂虞公、夏公、宋、杞、陳等國也。若幕爲虞思，則其後寧有王者邪？《鄭語》言虞幕能聽協風，則是知樂者。《吕覽·古樂》云：「帝堯立，瞽叟乃拌五弦之瑟，作㠯爲十五弦之瑟，命之曰《大章》。」㠯瞽叟之頑而能制樂，非本其先祖傳業，何㠯至此？則幕爲瞽瞍之先明矣。惟幕究是何人，無文可證。《帝毄》《史記》皆無此一代，而《吕梁碑》獨云顓頊子，疑實本《左傳》説，非有它據，未可爲證。麟疑句芒一代㠯官箸而不㠯名箸，或幕即其名也。攷《鄭語》云：「虞幕，能聽協風㠯成樂物生者也。」《周語》云：「立春，瞽告有協風至。」協風即若飈之風，韋解云：「立春日融風也。」今《鄭語》于幕所能聽者，不云八風而單舉協風，則幕爲春官木正可知。句芒或作句望者，同音叚借耳。若然，昭二十九年言使重爲句芒，乃少皞四叔之一，今此乃爲顓頊後者，重爲句芒有功，故獨箸，㠯後自當有異人爲之者，猶后稷不止棄也。至其稱虞，則爲追稱，猶言周棄矣。

隱七年經：「滕矦卒。」傳：「不書名，未同盟也。凡諸矦同盟，於是稱名，故薨則赴㠯名，告終稱嗣也，㠯繼好息民，謂之禮經。」《穀梁傳》曰：「滕矦無名，少曰世子，長曰君，狄道也。其不正者名也。」《公羊傳》曰：「何㠯不名？微國也。微國則其稱矦何？不嫌也。」孔氏《公羊通義》曰：「所傳聞之世，未卒小國，獨卒滕矦、宿男、旁注：隱八年。邾婁子、旁注：莊十六年。薛伯，旁注：莊三十一年。是四國皆當隱之篇來接於我者，其爲慕賢親內，襃録甚明。説《左氏》者但㠯爲從赴，且如彼傳云，魯爲凡、蔣、邢、茅、胙、祭臨于周公之廟，是必嘗來赴矣。而六國之卒，壹不見於《春秋》，何也？周初，滕、薛皆矦，時降在伯子，《春秋》與其來朝賢君，襃稱故爵。但滕矦後旋事桓，慕義不終，不足書卒，故還從其父加録。若然，薛伯㠯伯卒，滕子之父㠯矦卒者，《春秋》之義，許人子者必使子也。自桓公㠯後，滕遂稱子，歷莊、閔、僖、文之篇，不復書卒。所㠯深箸此滕矦卒爲襃文，使與大國無嫌矣。」麟案：孔氏駁左，而不知三傳小異而大同。《左氏》雖不張三世，㠯荆吳漸進觀之，則自有畔埒甚明。自隱至莊，卒此四小國君，亦皆有義。案《穀梁》㠯滕爲狄道，滕非行狄道也，《春秋》狄道之也。曷爲狄道之？㠯未同盟故。未同盟者，未同盟于隱也。《穀梁》于宿男卒，傳云「宿，微國也，未能同盟，故男卒也」，義同《左氏》，亦謂未與隱同盟也。同盟者惟邾儀父，故卒稱克。宿則元年及宋人盟于宿，内外皆微者，非公親之，而宿君亦未必與焉。旁注：《公羊》宿男卒，何注云：「不名，不書葬者，與微者盟，功薄。」此義是也。其實宿亦使微者與盟，君不與盟，猶未盟也。《穀梁》㠯元年之宿爲邑名，故于宿男卒言未能同盟，與《左氏》稍異。《左氏》則兩宿是一。滕、薛則皆于十一年來朝于隱，來朝恩不如盟之固。周時巡守則盟于方岳。武王觀兵，八百諸矦盟于盟津。信不在盟，而盟所㠯箸其信之甚，是㠯恩固于朝也。故未同盟者卒皆不名，《左傳》箸周之禮經，㠯見《春秋》之意。因禮經而變之，其未同盟不書名者，爲未與隱盟而狄道之，非爲不赴㠯名也。曷爲未與隱同盟者獨狄道之？《春秋》之義，託王于魯，㠯隱公爲受命王。受命非妄託爾，因其有至孝謙讓之德，彉之固可㠯受命也。明王之制，使諸矦歲聘㠯志業，閒朝㠯講禮，再朝而會㠯示威，再會而盟㠯顯昭明，則十二年一盟。而蕃國世一見者，不能與此盟焉。世一見即朝，㠯巢伯來朝證之可知。鄭注《大行人》云：「夷服、鎮服、蕃服無朝貢之歲，父死子立及嗣王即位乃一來耳。」此謂無朝歲，非謂無朝禮也，特其朝與閒朝異耳。是故受命而撫諸矦，奉祀方明，方國咸涖，歃血結盟，固事王室，則諸夏與焉耳。其相接而不盟、入朝而不盟者，則蕃國也。《書序》：「巢伯來朝。」鄭注云：「巢伯，南方之國，世一見者，聞武王克商，慕義而來朝。」㠯上《書序》注。此則不與同盟者矣。是故未同盟猶若狄也。此《春秋》託文狄之，而非三國有可狄之罪，故與晉伐鮮虞、鄭棄其師異文。且真狄則雖同盟亦不録卒，隱二年書「公及戎盟于唐」而無「戎子卒」之文，況僅相接者乎？斯其所㠯異也，若曰託之狄道云爾。《公羊》于昭五年「秦伯卒」傳云：「何㠯不名？秦者夷也，匿適之名也。」注：「適子生不㠯名令于四竟，擇勇猛者而立之。」彼事與此相類，而一爲秦人自從狄道，一爲《春秋》託之狄道，則異也。《賈子·立後義》曰：「古之聖帝將立世子，大史曰世子名曰某者參，大史出㠯告大宰，大宰㠯告州伯，州伯命藏之州府，凡諸貴㠯下至於百姓男女，無敢與世子同名者。㠯此防民，百姓猶有爭爲君者。」此㠯世子之名當宣布于國中，則匿名者爲狄道明矣。是知賈子《左氏》之説，亦同于《公羊》《穀梁》也。狄滕侯、宿男、薛伯，正所㠯内邾子克也。至于滕侯、薛侯後稱滕子、薛伯，則固時王之貶黜，非《春秋》褒貶之也。與隱接未與隱盟者衆，而但託狄道于宿、薛、滕；與隱盟者亦衆，而但託褒文于邾子克，則㠯其爲小國，未當録卒而録之，㠯起問也。《荀子·王霸》云「百里之地，可㠯取天下」，是不虚云云。百里之地，足㠯竭埶矣。致忠信，箸仁義，足㠯竭人矣。兩者合而天下取，諸侯後同者先危。《詩》曰『自西自東，自南自北，無思不服』，一人之謂也。」此《荀子》説左氏、穀梁《春秋》，㠯王託于百里之魯，而諸侯後同者危。夫後同者危，則先同者有功。故《議兵》云：「仁人用國日明，諸侯先順者安，後順者危。」然則就先同之中，又必衰次其慕義之淺深，㠯爲功比，而邾儀父與三國殊焉，是荀子《春秋》大義也。若桓公㠯後，不必託受命，諸侯卒名不名，不㠯與魯公同盟不同盟爲例。

僖十九年經：「梁亡。」傳：「不書其主，自取之也。」案，《公羊》《穀梁》皆云「自亡也」，與傳同義。惟傳言好土功，《公羊》注言「梁君隆刑峻法」，《穀梁》傳言「湎於酒，淫於色，心昏耳目塞，上無正長之治，大臣背叛，民爲寇盜」。三家各不同，要亦互舉之耳。《説苑・敬慎》曰：「孔子存亡禍福，皆在己而已，」云云，故《大甲》曰：『天作孽，猶可違。自作孽，不可逭。』」㠯上一章。「石讎曰：《春秋》有忽然而足㠯亡者，國君不可㠯不慎也。妃妾不一，足㠯亡；公族不親，足㠯亡；大臣不任，足㠯亡；國爵不用，足㠯亡；親佞近讒，足㠯亡；舉百事不時，足㠯亡；使民不節，足㠯亡；刑罰不中，足㠯亡；內失衆心，足㠯亡；外嫚大國，足㠯亡。」㠯上一章。此兩章相連，一言亡由自取，一言《春秋》之書亡者，皆説此梁亡也。其亡者由此十端，《左傳》但言其舉百事不時、使民不節、內失衆心三端，二傳亦各偏舉數端，是此爲三家之通義也。石讎葢即仲尼弟子石作蜀。《史記》云「石作蜀，字子明」，《廣韵》㠯「石作」爲複姓。此但稱石者，石、作本疊韵，作乃石之餘聲也。蜀作讎者，一聲之轉，猶《孟子》顔讎由《史記》作顔濁鄒也。此弟子遝言而無異者。

襄五年：「君子是㠯知季文子之忠於公室也。」趙汸曰：「行父殺適立庶，專國政。傳舍大惡，録小善，亦當時流俗之論。」張照曰：「趙汸亦未悟《左氏》之意。《左氏》所記者，正當時流俗之論也。」麟案：二説皆非也。文十八年經書「季孫行父如齊」在「子卒」之後，傳不言其故。宣元年經：「夏，季孫行父如齊。」公會齊矦于平州。公子遂如齊。六月，齊人取濟西田。」傳云：「夏，季文子如齊，納賂㠯請會。會于平州，㠯定公位。東門襄仲如齊，拜成。六月，齊人取濟西之田，爲立公故，㠯賂齊也。」是則宣已盜位，文子就而爲之竭力，非弒惡之時先有同謀也。夫已篡而爲之定位，曹子臧猶不免，文子又其下者耳。其言「使我殺適立庶，㠯失大援」，我者，我魯國也，非自我也。若同謀大逆，人非喪心，孰肯自道？此理之易明者。特其與衆委蛇，不能死節，是可罪也。文子氣節不足言，而忠亮有足尚。明楊榮于成祖入京，迎謁馬首，爲畫謁陵之策，卒無愧爲名相。季文子，其斯人也。《公羊》成十六年「晉人執季孫行父，舍之于招丘」傳，何氏解詁云：「痛傷忠臣不得其所。」是《公羊》家亦㠯忠臣許文子也。後儒可㠯噤口矣。

桓三年經：「春正月。」賈侍中注：「不書王，弒君，易祊田，成宋亂，無王也。元年治桓，二年治督，十年正曹伯，十八年終始治桓。」案此注本《穀梁》。《穀梁》元年曰：「桓無王。其曰王何也？謹始也。其曰無王何也？桓弟弒兄，臣弒君，天子不能定，諸矦不能救，百姓不能去，㠯爲無王之道，遂可㠯至焉爾。元年有王，所㠯治桓也。」二年曰：「桓無王，其曰王何也？正與夷之卒也。」十年曰：「桓無王，其曰王何也？正終生之卒也。」十八年范甯注：「此年書王，㠯王法終治桓之事。」則又本于賈。惟二年賈曰「治督」，《穀梁》曰「正與夷之卒」，各據一偏，必相兼乃備。或疑與夷之弒，終生之卒，固在正月，而五年云「春正月甲戌、己丑，陳矦鮑卒」，事亦相同，何㠯不書王？曰：此《春秋》之精義，淺者惡得而知之？夫《春秋》，別嫌明微之書也。與夷之立，授位不由父而由叔，時穆公大子馮在，疑于國有兩適焉；終生使大子射姑攝而朝，㠯世子伉諸矦之禮，疑于國有兩君焉。是故于卒焉正之，見宜爲適、實爲君者乃與夷、終生也。若陳矦則無所疑，又何必書王㠯正之乎？《賈子·服疑》曰：「衣服疑者，是謂爭先；澤厚疑者，是謂爭賞；權力疑者，是謂爭彊；等級無限，是謂爭尊。彼人者近則冀幸，疑則比爭，是㠯等級分明，則下不得疑；權力絶尤，則臣無冀志。」㠯上《賈子》。嗟嗟！彼數者且當別其疑，而況兩適兩君之相疑乎？此大傳説《左氏春秋》別嫌明微之指也。

桓三年經：「有年。」賈侍中注：「桓惡而有年豐，異之也。言有非其所宜有。」宣十六年經：「冬，大有年。」劉、賈、許于此兩經皆云：「言有者，不宜有之辭也。」《公羊》桓三年傳云：「有年何㠯書？㠯喜書也。大有年何㠯書？亦㠯喜書也。此其曰有年何？僅有年也。彼其曰大有年何？大豐年也。僅有年亦足㠯當喜乎？恃有年也。」何注：「恃，賴也。若桓公之行，諸矦所當誅，百姓所當叛，而又元年大水，二年秏減，民人將去，國喪無日，賴得五穀皆有，使百姓安土樂業，故喜而書之。所㠯見不肖之君，爲國尤危。」案《公羊》之説，佀異《左氏》，而實相同。惟其異之，是㠯喜之。惠氏《公羊古義》冣精，其説曰：「朱新仲曰：『有年、大有年，桓、宣時也。有者，不宜有。二公行事不宜有年，此皆貶也。春秋二百四十二年之閒，豈止此二三年豐孰哉？㠯是知二公不宜有此也。昭元年秦后子奔晉云「國無道而年穀和孰，天贊之也」，與此意合。』」㠯上《公羊古義》。雖然，猶有至微之言焉。先師荀子《天論》云：「天行有常，不爲堯存，不爲桀亡，應之㠯治則吉，應之㠯亂則凶。彊本而節用，則天不能貧；養備而動時，則天不能病；修道而不貳，則天不能禍。故水旱不能使之飢渴，寒暑不能使之疾，祅怪不能使之凶。本荒而用侈，則天不能使之富；養略而動罕，則天不能使之全；倍道而妄行，則天不能使之吉。故水旱未至而飢，寒暑未薄而疾，祅怪未至而凶。受時與治世同，而殃禍與治世異，不可㠯怨天，其道然也。故明於天人之分，則可謂至人矣。」此《左氏春秋》微言也。夫天不能使之富，則有年亦貧，特少愈于水旱而已。是故田獵者，四時之正禮，而苟假典禮㠯快嬉游，而不與民同樂，則車馬之聲，羽旄之美，徒爲荒本侈用而已。故桓三年書「有年」，四年即繼書曰「春正月，公狩于郎」，而其年遂去秋冬。葢周之秋五穀漸成，周之冬五穀畢穫，而兩時皆兼夏正之秋。《說文》云：「秋，禾穀孰也。」「秊，穀孰也。」是秋與秊同義。故無秋冬者，有年之反也，㠯見其飢嗛也。若曰，爾㠯有年爲足恃，遂荒本侈用，㠯從游畋邪，天不能富爾，去年有年，今年飢嗛立見矣。非歲果飢嗛也，荒侈則難爲繼也。是故七年亦去秋冬，非有佗也，其春焚咸丘，火攻盡物，旁注：㠯焚咸丘爲火田，說本杜預。正義不別引先儒說，則是《左氏》相傳古義。其畋又甚於狩郎，如是則豈但天不能使富，乃水旱未至而飢矣。《春秋》之教，屬辭比事，兩去秋冬，皆在畋獵之後，其戒荒本侈用可知也。不于他荒侈事後去秋冬，而于焚咸丘後去秋冬，欲人比觀前事而易曉也。後事益㠯發明前事也。先師賈子《禮篇》曰：「國無九年之蓄，謂之不足；無六年之蓄，謂之急；無三年之蓄，國非其國也。民三年耕，必餘一年之食，九年而餘三年之食，三十歲相通而有十年之積，雖有凶旱水溢，民無饑饉。然後天子備味而食，日舉㠯樂；諸侯食珍，不失鍾鼓之縣，可使樂也者，上下同之。故禮，國有飢人，人主不飧；國有凍人，人主不裘；報囚之日，人主不舉樂；歲凶穀不登，臺扉不塗，榭徹干矦，馬不食穀，馳道不除，食減膳，饗祭有闕。故禮者，自行之義，養民之道也。受計之禮，主所親拜者二：聞生民之數則拜之，聞登穀則拜之。《詩》曰：『君子樂胥，受天之祜。』胥者，相也。祜，大福也。夫憂民之憂者，民必憂其憂；樂民之樂者，民亦樂其樂。與士民若此者，受天之福矣。禮，聖王之於禽獸也，見其生，不忍見其死；聞其聲，不嘗其肉：隱弗忍也。故遠庖廚，仁之至也。不合圍，不掩羣，不射宿，不涸澤。豺不祭獸，不田獵；獺不祭魚，不設網罟；鷹隼不鷙，眭而不逮，不出頴羅；草木不零落，斧斤不入山林；昆蟲不蟄，不㠯火田；不麛不卵，不刳胎，不夭，魚肉不入廟門；鳥獸不成豪毛，不登庖廚。取之有時，用之有節，則物蕃多。湯曰：『昔蛛蝥作罟，不高順，不用命者，寧丁我網。』其憚害物也如是。《詩》曰：『王在靈囿，麀鹿攸伏，麀鹿濯濯，白鳥皜皜。王在靈沼，於仞魚躍。』言德至也。聖主所在，魚鼈禽獸猶得其所，況於人民乎！故仁人行其禮，則天下安，而萬里得矣。逮至德渥澤洽，調和大暘，則天清徹，地富熅，物時孰，民心不挾詐賊，氣脈涫化，攫齧搏擊之獸鮮，毒蠚猛蚄之蟲密，毒山不蕃，草木少薄矣，鑠乎大仁之化也。」㠯上《賈子》。此特發明是經也。故先言重食之義，乃言田獵有節，能致物時孰，草木少薄之效，則禽荒無節，足㠯害歲可知也。至宣公則弒適自立，罪減于桓公之弒君，其荒侈亦較桓爲愈而有年又大于桓時，故其後不去秋冬，但㠯志異志喜而已。雖然，于羣公亦有有年而不書，而獨見于桓宣，則所謂受時與治世同，而殃禍與治世異者，一隅反之，則爲有年與羣公同而不足與羣公異，要㠯戒其荒侈而已矣。

昭四年：「夏啓有鈞臺之享。」杜預注：「啓，禹子也。河南陽翟縣南有鈞臺陂。」案《漢書・地理志》潁川郡下云「陽翟有工官」，孟康注「夏啓有鈞臺之饗，今鈞臺在南」，謂在陽翟南也，預本此。尋禹都一在陽翟，一在陽城。金氏鶚《禹都考》曰：「案《漢書・地理志》：『潁川郡陽翟，夏禹國。』應劭曰：『夏禹都也。』臣瓚曰：『《世本》言禹都陽城，汲郡古文亦云居之，不居陽翟也。』師古曰：『陽翟本禹所受封耳。』諸説不同。麟案：《水經・潁水注》：「潁水自堨東徑陽翟故城北，夏禹始封於此。」師古目陽翟爲禹所受封，本此。應、瓚之説皆非。洪氏頤煊謂：『陽城亦屬潁川郡，與陽翟之地相近，或當日禹所都陽城本在陽翟，故《漢志》云云。』鶚考《史記・夏本紀》『禹避舜子于陽城，諸矦皆去商均朝禹，于是即天子位』，知其遂都陽城，蓋即所避之處目爲都也。趙岐《孟子注》陽城在嵩山下，《括地志》嵩山在陽城縣西北二十三里，則陽城在嵩山之南，今河南府登封縣是也。《一統志》：「禹避陽城，即登封。」案：登封，東魏曰嵩陽，目其在嵩山之南也。若陽翟，今在開封府禹州，其地各異。《漢書・地理志》於偃師曰殷湯所都，於朝歌曰紂所都，於故矦國皆曰國。今陽翟不曰夏禹所都而曰夏禹國，可知禹不都陽翟矣。陽翟爲禹所封之國，而陽城則爲禹之都，此塙解也。」目上金説。麟則謂陽翟、陽城皆禹國都，而陽翟則鯀目前封國之都，陽城則鯀、禹封國之都。禹避舜子于陽城，歸本國也，即位，遂目陽城爲天子都。何目明之？陽城在嵩山下，嵩高見于《爾雅・釋山》，知非漢武時後起之號。唐虞時曰外方，明亦兼嵩高之稱，猶衡山亦曰霍山矣。「嵩」字古祇作「崇」，故《周語》稱鯀爲崇伯，目都崇高山下名其國也。旁注：《帝王世紀》謂鯀封崇伯，國在豐鎬之閒。此目文王所伐之崇當鯀國，是謐之誤。鯀殛而禹嗣位，亦稱崇伯。《逸周書・世俘》云「籥人奏《崇禹》《生開》三終」，此夏樂也，稱禹曰「崇禹」，目其爲崇伯也。《周語》云：「昔夏之興也，融降于崇山。」韋解：「崇，崇高山也。夏居陽城，崇高所近。」此禹都崇高山下之昀證，而又見崇高自古有此稱也。「生開」即生啓，漢人避諱改也。旁注：《白虎通・三軍》「此言開自出伐扈也」，諱啓爲開。又《世本》魯閔公名啓方,《魯世家》亦作「開」。禹之生啓,事有怪異,其詩葢與《生民》《玄鳥》相侶。《漢書·武帝紀》詔曰:「朕用事華山,至於中岳,見夏后啓母石。」旁注:師古曰:「景帝諱啓,今此詔云『啓母』,葢史追書之。」麟案:本文亦作「開」。應劭曰:「啓生而母化爲石。」文穎曰:「在嵩高山下。」師古曰:「禹治鴻水,通轘轅山,化爲熊。謂塗山氏曰:『欲餉,聞鼓聲乃來。』禹跳石,誤中鼓。塗山氏往見,禹方作熊,慙而去,至嵩高山下化爲石。方生啓,禹曰:『歸我子。』石破北方而啓生。事見《淮南子》。」《御覽》五十一引《隋巢子》曰:「禹産於硍石,啓生於石。」則並謂禹亦石生矣。此説固屬誕妄,而必因啓生有異而傅會之可知。至言塗山氏生啓于嵩高山下,則正是生啓于國都陽城也。譌傳者有化石之説,後人遂㠯嵩高山之石實之,而漢武信㠯爲真,則猶其于鼎湖升天、甘泉建都之説深信不疑也。然由譌㠯思其真,則塗山氏生啓于嵩高山下,正見禹都陽城也。至于陽翟,當爲其先世之都。古諸矦雖止百里,而閒田徧地,時得遷居。如周自后稷都邰,而豳而岐,而豐而鎬,遷徙至數百里外,則陽翟、陽城,雖非密邇,而得前後遷都明矣。然雖遷陽城,猶㠯陽翟爲舊都,大事常行于此,故啓享諸矦于鈞臺,猶成之蒐岐陽,康之朝酆宮,皆在故都也。至夏後又都晉陽,定四年謂唐叔「封於夏虛,啓㠯夏政」,是金氏亦有説,今不備述。

莊三年經:「秋,紀季㠯酅入于齊。」劉子駿注:「紀季㠯酅奔齊,不言叛,不能專酅也。」賈侍中同。侍中又曰:「紀季不能兄弟同心㠯守國,乃背兄歸讎,書㠯譏之。」麟案:《春秋》㠯邑出奔言叛者,襄二十六年「衛孫林父入于戚㠯叛」,是故此據當書叛而㠯不能專解之。劉、賈説三叛人不書叛,不能專也,則不能專非謂受君命可知。㠯鄫入齊，惟齊所處置，是曰不能專。此因衆志崩離而下齊，原情則輕于三叛，據實則李陵與中行説之較也。《緐露·玉英》曰：「難紀季曰：『《春秋》之法，大夫不得用地，又曰公子無去國之義，又曰君子不避外難。紀季犯此三者，何㠯爲賢？賢臣固盜地㠯下敵，棄君㠯避患乎？』曰：『賢者不爲是，是故託賢於紀季，㠯見季之弗爲也。紀季弗爲而紀侯使之可知矣。《春秋》之書事，時詭其實，㠯有避也；其書人，時易其名，㠯有諱也。然則説《春秋》者，入則詭辭，隨其委曲而後得之。今紀季受命乎君而經書專，無善一名而文見賢，此皆詭辭，不可不察。《春秋》之於所賢也，固順其志而一其辭，章其義而褒其美。今紀侯，《春秋》之所貴也，是㠯聽其入齊之志而詭其服罪之辭也，移之紀季。』難者曰：『有國家者，人欲立之，固盡不聽，國滅君死之，正也，何賢乎紀侯？』曰：『齊將復讎，紀侯自知力不加而志距之，故謂其弟曰：「我宗廟之主，不可㠯不死也。汝㠯鄫往服罪於齊，請㠯立五廟，使我先君歲時有所依歸。」率一國之衆㠯衛九世之主。襄公逐之不去，求之弗予，上下同心而俱死之，故爲之大去。《春秋》賢死義且得衆心也，故爲諱滅。㠯爲之諱，見其賢之也；此佀㠯紀侯爲賢而爲之諱，與《公羊》本傳謂賢齊襄而爲之諱者異。㠯其賢之也，見其中仁義也。』」㠯上《緐露》。此説佀可破劉、賈矣，不知《春秋》雖或詭辭避實，亦必如王狩河陽、璧假許田，其事佀是而非者，乃可假稱。若死與去，則相反者也。孟子曰：「效死弗去。」死、去二者，爲榮辱之大界，節窳之大域，賢否㠯是爲辨，其可混乎？今諱死而曰大去，則名實相背，眯人耳目，必不然矣。然則紀侯大去，果違齊難，安能上下同心而俱死哉？紀侯之去猶不可也，紀季之降齊則甚焉。《孟子》：「滕文公問曰：『滕小國也，閒於齊楚，事齊乎，事楚乎？』孟子對曰：『是謀非吾所能及也。無已，則有一焉。鑿斯池也，築斯城也，與民守之，效死而民弗去，則是可爲也。』」《章指》：「言事無禮之國，不若得民心，與之守死善道也。」「滕文公問曰：『滕小國也，竭力㠯事大國，則不得免焉，如之何則可？』孟子對曰：『昔者大王居邠，狄人侵之。事之㠯皮幣，不得免焉。事之㠯犬馬，不得免焉。事之㠯珠玉，不得免焉。乃屬其耆老而告之曰：「狄人之所欲者，吾土地也。吾聞之也，君子不㠯其所㠯養人者害人。二三子何患乎無君，我將去之。」去邠，踰梁山，邑于岐山之下，居焉。邠人曰：「仁人也，不可失也。」從之者如歸市。或曰：「世守也，非身之所能爲也，效死勿去。」君請擇於斯二者。』」《章指》：「言大王去邠，權也；效死而守業，義也。義權不並，故曰擇而處之也。」㠯上《孟子》。據此，則非如大王之去邠而終能有國者，不得行權。《異義》云：「《公羊》說：『國滅君死，正也。』故禮云，君死社稷，無去國之義。』《左氏》說：『昔太王居豳，狄人攻之，乃踰梁山，邑於岐山，故知有去國之義也。』」此《左氏》說亦謂能如太王乃可去國，非是則當死社稷矣。與《公羊》義佀異而實相備也。「許慎謹案：《易》曰：『係遯，有疾厲。畜臣妾，吉。』知諸矦無去國之義也。」此申《公羊》，據不能如大王遷岐者言，亦非駁《左氏》也。紀矦苟㠯大去行權，能如大王之復得國，可也。旁注：《穀梁》云：「大去者，不遺一人之辭也。言民之從者，四年而後畢也。」案：如是，則紀矦真與大王同矣。民既從之，必有所遷之地，是國不亡也。當書紀矦遷于某，何直云「大去其國」乎？若仍不免失國，則何如效死勿去？紀季苟㠯入齊行權，能如大王之復得國，雖背其兄，重社稷而輕君，可也。若仍不免失國，則何如與兄效死勿去？今按莊十二年雖書紀叔姬歸于酅，㠯見隱痛，然《齊語》言桓公「反侵地，正封疆，東至於紀酅」，旁注：紀即紀矦所與紀季之半，紀酅先嘗叛矣，故㠯爲二邑。則紀酅終爲齊邑，而不得在反侵之列。紀季不過㠯舊邑爲大夫，且未得爲附庸也，又況存國乎？惟然，故其背兄歸讎爲可譏也。且即使果能爲附庸，于《公羊》例猶有罪。莊十年經云：「宋人遷宿。」彼傳云：「遷之者何？不通也，㠯地還之也。子沈子曰：不通者，蓋因而臣之也。」彼注云：「宿不能死社稷，當絶也。」夫㠯酅入齊，則爲人所還繞也；爲附庸，則爲人所臣也。此與宿正同，君爲社稷死則死之，親公子非當死社稷者乎？乃絶宿男而賢紀季，何也？况并未能爲附庸也。若其稱紀季者，如許叔、蔡季，《穀梁》皆㠯爲貴者，此當同之。紀侯大去其國，不名者，閔其無罪而亡，且尚愈于囚虜辱身者，故使與出奔同文也。

昭十七年：「自顓頊㠯來，不能紀遠，乃紀於近。爲民師而命㠯民事，則不能故也。」服子慎注：「自少皞㠯上，天子之號㠯其德，百官之號㠯其徵。自顓頊㠯來，天子之號㠯其地，百官之紀㠯其事。」又云：「春官爲木正，夏官爲火正，秋官爲金正，冬官爲水正，中官爲土正，高辛氏因之，故傳曰遂濟窮桑。窮桑，顓頊所居。」麟案：《楚語》云：「及少皞之衰也，九黎亂德，民神雜糅，不可方物。顓頊受之，乃命南正重司天㠯屬神，命火正黎司地㠯屬民，使復舊常，無相侵瀆，是謂絶地天通。」然則顓頊欲殊絶民神之位，故不能不命㠯民事，不能不紀近，乃其大功，非可陜小之也，而天地陰陽之氣，則至此一變。《隋書·經籍志》醫方家有《郯子説陰陽經》一卷，蓋猶傳少皞㠯前移精變氣之術歟？

僖元年經：「夫人氏之喪至自齊。」傳：「夫人氏之喪至自齊。君子㠯齊人之殺哀姜也爲已甚矣，女子，從人者也。」麟案：《漢書·鄒陽傳》：「魯哀姜薨于夷。孔子曰『齊桓公法而不譎』，㠯爲過也。」即此傳之指。

蓋父爲子隱，子爲父隱，直在其中。不能用權㠯免其親，是爲過也，過即已甚也。若《公羊》則謂慶父弒君，季子緩追逸賊，得親親之道，此義，陽亦稱之。桓公行霸王誅，不阿親親，此其是非正相反。季子魯臣，賊子般、閔公者，則君仇，慶父不可不問也。旁注：猶石碏不得不誅石厚。桓公雖伯者，于魯不過鄰國之難，哀姜可㠯不問也。旁注：或疑叔魚之罪遠輕于哀姜，而孔子稱叔向殺親益榮，何于此過齊桓乎？曰：彼「殺」乃「減殺」之「殺」，與「益」對文，非「誅殺」之「殺」也。叔向于死後言之，故無害。若生時論㠯鬻獄之罪，而致之于死，則君子所不許。管叔之罪亦輕于姜，使不自經，則周公亦不過囚之郭淩而已。不問者，將使魯人全之乎？曰：「否。絶不使入，任魯人誅之而已。故曰『女子，從人者也』，明當誅于魯，不當誅于齊也。」魯人誅之者，僖公誅之乎？曰：「否。雖與弒，猶適母也，不可誅也。季友則誅之可也。」是故于齊侯誅之也，書夫人姜氏，明齊侯不當誅之也。于魯人迎其喪也，書夫人氏，明魯人當誅之也。《公羊傳》曰：「貶必於其重者，莫重乎其㠯喪至也。」注云：「刑人于市，與衆棄之，故必於臣子集迎之時貶之，所㠯明誅得其罪。按：齊桓殺姜爲已甚，誅則自得其罪也。因正王法所加，臣子不得㠯夫人禮治其喪也。」此說是也。女子從人，使其未死，魯臣當明正典刑㠯示顯戮矣。賈侍中注曰：「殺子輕，但貶姜。」此與文姜不稱姜氏相比爲輕。何曰：「貶置氏者，殺子差輕於殺夫，別逆順也。」義同。

隱六年經：「秋七月。」《律歷志》劉子駿說：「於四時雖無事必書時月，易四象之節也。」《公羊傳》：「《春秋》編年，四時具然後爲年。」何注：「明王者當奉順四時之正也，《尚書》曰『欽若昦天，歷象日月星辰，敬授民時』是也。有事不月者，人道正則天道定矣。」包氏慎言《時月日褒貶說》云：「《春秋》本天㠯治人。首書

『元年春王』，正君也。君正而國定，故㠯時月日治公卿大夫。《鴻範》曰：『王省惟歲，卿士惟月，庶尹惟日。』王不知省歲，則不知爲王；卿士不知省月，則無㠯爲卿士；庶尹不知省日，則無㠯爲庶尹。《春秋》㠯時月日進退王公卿大夫，非《春秋》之法，自古帝王相傳之法也。劉子駿爲《左氏》家之宗，其言曰：『歷《春秋》者，天時也，列人事而目㠯天時，㠯陰陽之中制其禮。』則名書之㠯《春秋》，取其㠯禮制中也。禮者，國之命，天之所爲，非人之所設也。子思子作《中庸》，㠯發明《春秋》之旨，言《春秋》㠯中爲用也。事背乎中，則貶責加焉。中者，元之所交會。乾元統天，坤元承天，而交于春秋，故曰時月㠯逮分至啓閉，易之八卦也。象事成敗，易吉凶之效也。朝聘會盟，易之大業也。吉凶生大業，鑒古知今，觀往察來，爲人君者，正身㠯正朝廷，正朝廷㠯正百官，正百官㠯正萬民，如時之繫歲，月之繫時，日之繫月，統之有宗，會之有要，則大業日新矣。《鴻範》曰：『日月歲時無易，百穀用成，乂用明，俊民用章，家用平康。』反是而不成、不明、不彰、不平康亦如之。然則時之缺、月之缺、日之缺，非史氏之缺，仲尼缺之，示教也。無王者，王之所誅。桓簒弑，無王也，天子不能誅，反下聘之，故於聘之年去秋冬二時，明刑罰之弛也。成十年去冬，曠時祭而遠如晉，藏令不行也。桓十七年五月無夏，夫人不知有公也。昭十年十二月無冬，欲倚吳而取吳孟子，失所庇也。僖二十八年冬下無月而有日，壬申丁丑，天子爲諸侯所致，無月者，諸侯不供職也。《易·繫辭》曰：『天地之道，貞觀者也。日月之道，貞明者也。』四時之序，天地之運，貞觀也。日月會合，有晦有朔，貞明也。貞之爲言正也，不正則無觀無明，而乾坤幾乎息矣。《春秋》之㠯時月日爲褒貶，示人㠯正傳而已。然則有事則不必月者，視乎事之是否㠯定詳略，爲褒貶。天道遠，人道邇，天視自我民視，天聽自我民聽，故㠯天道正人，仍㠯人道奉天，天之與人昭昭也，所㠯必奉四時之正也。」㠯上包說。案包氏發明《公羊》之義，而大旨取于《左氏》，其論頗精。《左氏》先師荀子《彊國篇》曰：「積微月不勝日，時不勝月，歲不勝時。凡人好敖慢小事，大事至然後興之務之，如是則常不勝夫敦比於小事者矣。是何也？則小事之至也數，其縣日也博，其爲積也大；大事之至也希，其縣日也淺，其爲積也小。故善日者王，善時者霸，補漏者危，大荒者亡。故王者敬日，霸者敬時。僅存之國危而後戚之，亡國至亡而後知亡，至死而後知死，亡國之禍敗不可勝悔也。霸者之善箸焉，可㠯時託也。王者之功名，不可勝日志也。財物貨寶㠯大爲重，政教功名反是，能積微者速成。《詩》曰『德輶如毛，民鮮克舉之』，此之謂也。」㠯上《荀子》。此發明《春秋》謹時月日之義，至深至切。荀子本兼治《左》《穀》，《穀梁》冣審日月，則此又二家通義也。賈、服之義：「若登臺而不視朔，則書時不書月；若視朔而不登臺，則書月不書時；若雖無事，視朔登臺，則空書時月。」《中庸》正義引。案賈、服獨不言時月皆不書者爲登臺視朔皆闕，則于桓公篇之兩去秋冬，成十年、定十四年之去冬十月，必有說可知也。其佗則皆㠯登臺視朔立義，與荀、劉異矣。今並如荀、劉說之。

「周之東遷，晉鄭焉依。」非二國之弘濟艱難，則東西二京皆鞠爲茂草矣。《春秋》嘉其庇王室，故于治人之始，不欲見其國之君臣相弒，骨肉相殘焉。桓十七年，鄭高渠彌弒昭公而立公子亹；十八年，齊人誅子亹；莊十四年，突使傅瑕弒鄭子：《春秋》皆不書。桓三年，曲沃武公獲翼侯；七年，曲沃伯誘晉小子侯殺之；八年，滅翼；莊十五年，曲沃武公滅晉侯緡：此見《史記・十二諸侯年表》，傳無明文。《春秋》皆不書。所㠯深没其文者，爲賢文矦、武公，不欲見其子孫失所也。《詩》之《緇衣》，其序曰：「美武公也。父子並爲周司徒，善於其職，國人宜之，故美其德，㠯明有國善善之功焉。」其詩曰：「緇衣之宜兮，敝予又改爲兮。適子之館兮，還予授子之粲兮。」奕世載德，愛及緇衣，況其子孫乎？子曰「好賢如《緇衣》」，《春秋》之義也。于文矦可㠯三隅反矣。

僖二十四年：「春王正月，秦伯納之。不書，不告入也。」又云：「戊申，使殺懷公于高梁。不書，亦不告也。」詆《左氏》者謂弒君盜國，罪莫此大，而可㠯不告之故摵殺其事乎，則筆削之權安在？麟謂：小國如郯、介、任、宿、須句等，豈二百四十年中無篡弒大事哉？然而地居辟陋，赴告鮮通，則《春秋》一切不書。蓋《春秋》所㠯示義，非曰起居，曰麻書。弒君二十六，王誅已伸，垂法已備，不係增此一事爲輕重也。晉自文公主盟㠯前，深山僻處，戎狄與鄰，一小國耳。武公㠯一軍爲晉矦，獻公雖作二軍，衹與大子分將上下。即滅耿、滅霍、滅魏、滅虞、滅虢，拓地數同，而與陝東諸矦，鮮通盟會，蓋僻陋與秦相等，轉不如楚人猶列鹿上之盟，與盂、薄之會，皆在僖二十一年。與中國常有行李往來也。故同列視之，特愈于郯、介、任、宿、須句而已。其在《春秋》，告則書，不告則不書也。告猶有不書者，不告則未有書者也。㠯爲無損益乎《春秋》之垂法也。雖然，文公之入晉殺懷也，僻陋之執于是終，而伯主之功于是始。文公一生之逆順邪正，于此定爰書焉，故没其文，不容没其實。移晉矦夷吾卒于是年之冬，而不書月日，又不書葬，㠯起其文。無月日者，見其卒實不在是時也。不書葬者，葬，臣子之事，見其無主後也。《周語》：「襄王使大宰文公及内史興賜晉文公命，及期，命于武公，❶設桑主，布几筵。」韋解：「主，獻公之主也。練主用栗，虞主用桑。禮，既葬而虞，虞而作主，天子於是爵命，世子即位，受命服也。獻公死已久，於此設之者，文公不欲繼惠、懷也。故立獻公之主，自㠯子繼父之位，行未踰年之禮也。」據此，是文公不冒爲惠公主後也，不書葬自㠯此，非㠯韓戰見獲當絶也。而文公之入晉殺懷，乃曉然矣。故曰「《春秋》之稱微而顯」。

隱十一年：「冬十月，鄭伯㠯虢師伐宋。壬戌，大敗宋師，㠯報其入鄭也。宋不告命，故不書。凡諸矦有命，告則書，不然則否。師出臧否亦如之。雖及滅國，滅不告敗，勝不告克，不書于策。」麟案：「宋不告命，故不書」，釋《春秋》之不書也。「凡諸矦有命，告則書」㠯下，述魯史之舊例也。觀下言「不書于策」，其爲史官之竹簡可知也。《春秋》則因舊例而變通之，凡小國若夷狄兩相滅入，不告則不書。故哀元年云：「吳入越，不書，吳不告慶、越不告敗也。」是夷狄兩相入者，不告則不書。小國亦同此例，皆略之也。若夫列國戰爭，師有勝敗而不至滅入者，告則書，不告則不書，㠯其無關國命也。其列國相滅入，及小國、夷狄與列國相滅入，雖不告亦多書者，此其分別等差，則與舊例稍殊矣。

文十四年：「春，頃王崩。周公閱與王孫蘇爭政，故不赴。凡崩薨，不赴則不書；禍福，不告亦不書：懲不敬也。」案：傳所發凡，魯史舊例也。禍福不告不書，所謂師出臧否與滅國等也，此《春秋》不盡仍之者也。

---

❶ 「公」，《國語·周語》作「宫」。

崩薨不赴不書，此《春秋》仍之者也。蓋崩薨非弒比，常事在可㠯不書之域也。使㠯不赴之故，書崩薨而去其葬，則嫌于貶絶；并不書崩薨，則無所嫌也，若無事而已。

僖二十九年經：「夏六月，會王人、晉人、宋人、齊人、陳人、蔡人、秦人盟于翟泉。」傳：「夏，公會王子虎、晉狐偃、宋公孫固、齊國歸父、陳轅濤塗、秦小子慭盟于翟泉，尋踐土之盟，且謀伐鄭也。卿不書，罪之也。在禮，卿不會公矦，會伯子男可也。」案：傳有公而經不書公，此與《公羊》《穀梁》經異者也。蓋公與王子虎皆公矦旁注：文三年經「王子虎卒」，傳「王叔文公卒」，是圻内矦也。又文元年經「叔服」，何休云「叔服，王子虎也」。按：此傳文十四年内史叔服猶在，知非王子虎也。而會卿，故于公則諱，于王子虎則書人，與列國之卿同貶，杜謂「王子虎下盟列國，㠯瀆大典」是也。而所㠯致此者，則由晉文不親至而遣狐偃，㠯致宋、齊等五國皆效之，霸業之衰，亦始于此。《說苑·敬慎》云：「大功之效，在於用賢積道，浸章浸明。衰滅之過，在於得意而怠，浸蹇浸亡。晉文公是其效也。晉文公出亡，修道不休，得至于饗國。饗國之時，上無明天子，下無賢方伯，强楚主會，諸矦背畔，天子失道，出居于鄭。文公於是閔中國之微，任咎犯、先軫、陽處父，畜愛百姓，厲養戎士，四年政治内定，則舉兵而伐衛，執曹伯，還敗强楚，威震天下。明王法，率諸矦而朝天子，莫敢不聽。天下曠然平定，周室尊顯，故曰大功之效，在於用賢積道，浸章浸明。文公於是霸功立，期至意得，湯武之心作而忘其衆。一年三用師，且弗休息，遂進而圍許，兵亟弊，不能服，罷諸矦而歸。自此而怠政事。爲狄泉之盟，不親至，信衰誼缺，如羅不補，威武詘折不信，則諸矦不朝。鄭遂叛，夷狄内侵，衛遷于帝丘。故曰衰滅之過，在於得意而怠，浸蹇浸亡。」㠯上《説苑》。案：劉子政此説，見識深遠，而言不親至之咎，與《左氏》適合，非《穀梁》義。

文二年經：「八月丁卯，大事于大廟，躋僖公。」傳：「逆祀也。」《五行志》引《左氏》説曰：「太廟，周公之廟，饗有禮義者也。祀，國之大事也。惡其亂國之大事於太廟，故言『大事』也。躋，登也。登釐公於愍公上，逆祀也。釐雖愍之庶兄，嘗爲愍臣，臣子一例，不得在愍上。又未三年而吉禘。前後亂賢父聖祖之大禮，内爲貌不恭而狂，外爲言不從而僭，故是歲自十二月不雨至於秋七月，後年若是者三，而大室屋壞矣。」《異義》：「《公羊》董仲舒説：躋僖公，逆祀，小惡也。《左氏》説爲大惡也。許君謹案：同《左氏》説。」鄭駁之云：「兄弟無相後之道，登僖公主於閔公主上，不順，爲小惡也。」麟案：傳云：「子雖齊聖，不先父食久矣。」《公羊傳》亦云：「先禰而後祖也。」是皆㠯兄弟嗣位，即爲父子，兩家無異説。而何注《公羊》云：「近取法《春秋》，惠公與莊公當同南面西上，隱、桓與閔、僖亦當同北面西上，繼閔者在下。文公緣僖公於閔公爲庶兄，置僖公於閔公上，失先後之義，故譏之。傳曰『後祖』者，僖公㠯臣繼閔公，猶子繼父，故閔公于文公亦猶祖也。自先君言之，隱、桓及閔、僖各當爲兄弟，顧有貴賤耳。自繼代言之，有父子君臣之道。此恩義逆順，各有所施也。」㠯上何説。夫據《魯語》云：「將躋僖公，宗有司曰：『非昭穆也。』曰：『明者爲昭，其次爲穆，何常之有？』」是閔、僖本異昭穆，而弗忌顛到之也。今如何説，則是閔、僖本同列而有上下，而弗忌顛倒之也。夫兄弟祫祭之昭穆既同，則廟制之昭穆亦必同而後可也。然則此文公世，當立惠、隱、桓、莊、閔、僖六廟，㠯隱、桓二廟同列，閔、僖二廟同列乎？則所謂五廟者安在乎？夫爲此説者，不過㠯天倫之親，一朝㠯爵位變之，有所不安，且兄弟異昭穆，則高祖已不得列廟，有所不忍耳。故徐邈曰：「若兄弟六人爲君，自爲昭穆，則後世當祀不及祖禰。」此據天子七廟言。殊不知無廟之主，天子則在二祧，諸侯則在大廟，未嘗不祀也。王者日祭於祖考，月薦於曾高，時享及二祧，然則礿祠烝嘗之祭，高曾祖父在祧者，固得享之。逸《禮》雖云「毁廟之昭共一牢，穆共一牢」，《禮運》疏引。嫌四親祧者與他毁廟主皆同一牢，不得如未遷之美備。然禮可㠯義起，雖因親屬未盡而特爲一主設一牢，如特祭者可也。尋《魏書·禮志》劉芳引《稽命徵》曰：「中下士一廟。一廟者，祖禰共廟。」又《祭法》：「官師一廟，曰考廟，王考無廟而祭之。」正義曰：「一廟，祖禰共之，又無壇也。」據此，則下士官師之祭祖則禰不與，祭禰則祖不與，雖同在一廟，而分祭不㠯爲嫌。然則天子諸侯爲親屬未盡之遷主特設一祭，不嫌與佗遷主同廟而殊祭也，特無日祭月薦耳。然此禮本小，雖因親屬未盡而特爲陳之，亦可㠯義起也。是故遷主雖同在一廟，而君子之于禮也，有所竭情盡慎，致其敬而誠若，有美而文而誠若，多少疏數，原自不同，而何必使兄弟同昭穆乎？淩曙《公羊禮説》曰：「若兄弟立廟而異昭穆，是非父子而爲父子，非祖孫而爲祖孫，於情不安，於禮得乎？設使陽甲、般庚、小辛、小乙兄弟四王各爲一代而異昭穆，則武丁之祭將上不及祖邪？」㠯上淩説。然如淩説推之，則㠯叔繼兄子者，亦必當立其高曾祖父之廟，將取已遷之主而復爲立廟邪？晉世穆帝、哀帝、海西相繼，潁川、京兆二府君之主已遷，及咸安之初，簡文皇帝上繼元皇，世秩登進，於是潁川、京兆二主復還昭穆之位。㠯上見《晉書·禮志》。烏乎！《禮》：「有其廢之，莫敢舉也。」今㠯世秩登進之故，遂使石室已遷之主乍進乍退，倏毁倏登，瀆亂廟制，幾同兒戲。然後知聖人制禮，立廟必視嗣位之父子，而不視天屬之父子者，其意至深遠也。若夫殷禮兄終弟及，本不㠯嗣位爲父子，其廟固仍及四親。定爲父死必㠯子繼者，自周公始。定爲君死而㠯伯叔兄弟繼者，與先君爲父子，亦自周公始。使後世有兄弟四人相繼嗣位者，則季弟之子固不得不從周制而廟不及祖矣。然則殷禮獨不可從與？曰：三統迭建，《春秋》亦多變周從殷，惟五服外得通婚姻與兄終弟及不爲父子此二者害義，周公改制㠯後，百世不得復也。後世人主有繼兄而㠯父爲禰廟者矣，緣飾其詞，曰此殷禮也。試問曰：從殷禮則當兄終而弟及，今人主能舍其子而立弟乎？則矛盾自陷矣。《春秋》之制，衛矦鄭出，其弟叔武攝之，踐土之盟，書曰「衛子」；齊矦諸兒弑，其弟糾當立，書曰「齊人取子糾殺之」；與繼父之孤，背殯而出，未成君而死者，同書曰「子」，則其㠯兄弟嗣位爲父子明矣，旁注：如衛矦鄭執而元晅立公子瑕，衛矦衎出而孫林父立剽，皆不得書子，㠯非當立，亦非君命也。嚴哉！又安得曰兄弟無相後之道乎？臣子一例之言，專爲嗣位者言，非爲服制言。若㠯服制言，則諸矦之弟亦爲其兄斬衰。然而母弟稱弟，宣十七年書「公弟叔肹卒」矣，是不嗣位不得曰臣子一例。惟嗣位，故可曰臣子一例，謂臣嗣位猶子嗣位也。吾故曰，㠯嗣位爲昭穆，而親屬未盡之遷主，其祭禮有異于遠親，則仁義兩盡矣。躋僖于愍，即躋子于父，誣鬼神者罪及二世，得不云大惡乎？董生雖云小惡，然《緐露·玉杯》云：「文公不能服喪，不時奉祭，㠯不三年，又㠯喪取，取於大夫㠯卑宗廟，亂其羣祖㠯逆先公，小善無一，而大惡四五，故諸矦弗與盟，命大夫弗爲使，是惡惡之徵、不臣之效也。」㠯上《緐露》。是亦㠯躋僖公爲大惡五之一。葢晚年見《左氏》家大惡之說，深知《公羊》之意實如《左氏》，旁注：嬰齊不可父歸父，僖公可父愍公者，諸矦奪宗，大夫不奪宗也。故改從之。而猶泥相傳小惡之說，故不直言「大惡五」，而言「大惡四五」也，然其趨向可知矣。用此知《異義》所引《左氏》說，必是賈、貫故言。

桓十五年經：「許叔入于許。」桓十七年經：「秋八月，蔡季自陳歸于蔡。」未即殯前位，故不得曰子。傳：「蔡人嘉之也。」莊三年經：「秋，紀季㠯酅入于齊。」按閔元年傳曰：「季子來歸，嘉之也。」又曰：「書曰仲孫，亦嘉之也。」此釋季友、仲孫湫不書名，皆爲嘉之，則蔡人嘉之，亦釋蔡季不名之故也。許叔、蔡季、紀季同是君之介弟，則傳于許叔、紀季之不名，亦謂國人嘉之可知也。但季友、仲孫湫㠯賢故嘉之，許叔、蔡季、紀季皆無可取。蔡桓卒而季歸，爲無臣子之辭；紀季則且背兄歸讎焉，其嘉之何也？曰：《攷工·栗氏》云：「嘉量既成。」《律厤志》述劉子駿曰：「而五量嘉矣。」《曲禮》云：「玉曰嘉玉，幣曰量幣。」然則嘉者，得其程度之謂也。如其程度㠯褒美之曰嘉，如其程度㠯尊貴之亦曰嘉。嘉季子、仲孫，褒美之如其程度也。嘉許叔、蔡季、紀季，尊貴之如其程度也。君無子而有母弟，攝位嗣終，與世子同。世子已誓，下君一等。母弟亦然，故貴之不名。蔡人之尊貴蔡季，得其程度矣，故如其分而不名。許叔、紀季亦然，皆㠯貴，非㠯賢也。天下達尊三：爵一，齒一，德一。

文十年經：「楚子、蔡侯次于厥貉。」傳：「陳侯、鄭伯會楚子于息。冬，遂及蔡侯次于厥貉，將㠯伐宋。宋華御事曰：『楚欲弱我也，先爲之弱乎？何必使誘我？我實不能，民何罪？』乃逆楚子，勞且聽命。遂道㠯田孟諸。宋公爲右盂，鄭伯爲左盂。」又云：「厥貉之會，麇子逃歸。」莊氏《春秋正辭》曰：「屈貉之役，《左氏》㠯爲陳侯、鄭伯在焉，而又有宋公後至，麇子逃歸。《春秋》一切不書，主書蔡侯者，甚惡蔡也。蔡，同姓之長，而世役于楚，自絶諸夏。商臣罪大惡極，犬彘將不食其餘，蓋竊位㠯來，諸侯尚未有與盟會者。蔡莊侯首道㠯摟上國，獨與同惡相濟，同氣相求，不再傳而蔡亦有弑父之禍。遂使通春秋，唯商臣與般相望于數十年之閒。麟案：此據弑父之賊見經者。若蔡侯者，所謂用夷變夏者也。」孔氏《公羊通義》曰：「三復斯言，誠《春秋》之微旨。昔衛州吁弑君自立，使公孫文仲平陳與宋，及宋殤公、陳桓公之身而馮弑佗簒之難作，魯翬會之，卒之弑隱者翬也。子夏有言曰：『《春秋》之記臣弑君、子弑父者㠯十數矣，皆非一日之積也，有漸而㠯至矣。』察於彼經曰『衛州吁弑其君完』，『翬率師會宋公、陳侯、蔡人、衛人伐鄭』，繼之㠯『壬辰公薨』，『宋督弑其君與夷』，『蔡人殺陳佗』，則知黨弑君之賊者，其國必有亂臣。觀於此經曰『楚世子商臣弑其君髡』，『楚子、蔡侯次于屈貉』，又至於『蔡世子般弑其君固』，則知黨弑父之賊者，其家必有逆子。烏乎！國有風，家有俗，久聞習見，風俗㠯成。白羽素絲，唯其所染，履霜乘火，寧可不慎？」麟案：二家皆說《公羊》。此經《公羊》無傳，遂借《左傳》㠯推極精深，實《左氏》之微言也。傳于莊十四年論蔡哀侯事云：「君子曰：《商書》所謂『惡之易也，易，延易也。如火之燎于原，不可鄉邇，其猶可撲滅』者，其如蔡哀侯乎。」噫！此豈僅爲繩息嬀㠯獲禍發哉？蔡之附從荆楚，生殺役使惟命者，實自哀侯是役始。繩嬀，暫事也；見入，可復也。染習夷風，惡俗延易，白沙在泥，與之俱黑，數百年不可復矣。君子之言，微乎微乎！

襄十六年：「見中行獻子，賦《圻父》。」案：《詩・小雅・祈父》傳云：「祈父，司馬也，職掌封圻之兵甲。」《書・酒誥》：「矧惟若疇圻父，薄違農父，若保宏父。」鄭注云：「順壽萬民之圻父，圻父謂主封畿之事。」又《逸周書・成開》云：「五典：一言父典祭，祭祀昭天，百姓若敬；二顯父登德，德降爲則，則信民寧；三正父登過，過慎於武，設備無盈；四機父登失，脩政戒官，官無不敬；五，闕文四字。制哀節用，政治民懷。」此即周初五官也。機父當借爲畿父，畿、圻古今字，旁注：《詩・祈父》箋云：「祈、圻、畿同。」畿父即圻父也。機父下之文當與正父下之文互易。正父當即司寇，正直爲正，正曲爲直，糾彈違失，㠯儆官刑，故曰「正父登失，脩政戒官，官無不敬」也。畿父爲司馬，掌九伐之法㠯征邦國，掌設險要㠯固封疆，故曰「畿父登過，過慎於武，設備無盈」也。旁注：盈借爲贏，《月令》「天地始肅，不可㠯贏」，即此義。足證圻父之名，其來自古。

成十年經：「冬十月。」《公羊》無。據《中庸》正義言「成十年不書冬十月」，下並引賈、服、杜義，則《左氏》經亦無。《公羊》何氏解詁云：「去冬者，惡成公前既怨懟不免牲，今復如晉，過郊乃反，遂怨懟無事天之意，當絕之。」案：《左氏》誼異是。傳云：「秋，公如晉。晉人止公，使送葬。於是糴茷未反。冬，葬晉景公，公送葬，諸侯莫在。魯人辱之，故不書，諱之也。」㠯上傳。據此，則晉景㠯是冬葬也。使㠯佗故不書「冬十月」，則晉景公之葬固無可書，不得云因諱而不書矣。然則傳意不書「冬十月」者，亦爲諱送葬故也。蓋晉侯殺趙同、趙括而無罪，固宜去葬矣。用何說。今若但去其葬，則嫌專爲景公有過，無㠯明諱公送葬而不書也。故并不書「冬十月」，㠯起爲公諱也。且夫魯，新王也，㠯天子而見逼送葬，孱已甚矣，何㠯承天？故因其可去而去之也。

昭十年經：「十有二月甲子，宋公成卒。」賈侍中、服子慎注：「無冬，刺不登臺觀氣。」案：賈、服異于荀、劉，前固言之矣，《公羊何氏解詁》目爲葢昭公取吳孟子之年，故貶之，然《公羊》固無明文。哀十二年：「孟子卒。」彼傳云：「孟子者何？昭公之夫人也。其稱孟子何？諱娶同姓，葢吳女也。」徐疏謂：「公羊子不受于師，故疑之。」夫經明書孟子，《公羊》猶作疑辭，況經所不言而能知其爲來歸之年乎？苟知之于此，則不當疑之于彼。是知劭公説非《公羊》師承之舊也。然則其去冬何？曰：宋公成于襄二十六年嘗殺其世子痤，當絶，故于其卒去冬也。《白虎通·誅伐》云：「父殺其子當誅何？目爲天地之性人爲貴，人皆天所生也，託父母氣而生耳。王者目養長而教之，故父不得專也。」是説雖害義，固知殺世子者，不當誅而當絶矣。然晉侯佹諸殺其世子申生，卒不書葬，而宋公成之殺痤，經書「葬宋平公」者，非謂痤有罪也。駁襄二十六年何氏解詁。葢諸侯之葬，天子爲作匶謚而賜之者也。義當黜絶，則《春秋》新王不賜之葬，故不書葬。若宋則二王之後也，于新王爲客，有事𤎚焉，有喪拜焉，不敢臣。不敢臣則不敢賜之葬，又安得曰不賜之葬乎？于是詞窮，不得不書「葬宋平公」，而于其卒也，推之天法，去冬目絶之焉。《元命苞》曰：「王不上奉天文目立號，則道術無原，故先陳春後言王。」是春夏秋冬皆天法也，故天法所絶，則去其冬焉。

桓十七年經：「五月丙午，及齊師戰于奚。」《公羊何氏解詁》：「夏者，陽也。月者，陰也。去夏者，明夫人不繫於公也，此戰葢由桓公曰『同非吾子』云爾。」《左氏》無説，義或然也。

僖二十八年經：「壬申，公朝于王所。」《公羊何氏解詁》：「不月而日者，自是諸侯不繫天子，若日不繫于月。」《左氏》無説，義或然也。

定十四年經：「城莒父及霄。」是年無冬十月。《公羊何氏解詁》：「去冬者，是歲蓋孔子由大司寇攝相事，政化大行，粥羔肫者不飾，男女異路，道無拾遺。齊懼，北面事魯，饋女樂㠯閒之。定公聽季桓子，受之，三日不朝。當坐淫，故貶之。歸女樂不書者，本㠯淫受之，故深諱其本。又三日不朝，孔子行，魯人皆知孔子所㠯去，附嫌近害，雖可書猶不書。或説無冬者，坐受女樂，令聖人去，冬陰，臣之象也。」鍾氏文烝曰：「《史記·孔子世家》云：『定公十四年，季桓子受齊女樂。子路曰：「夫子可㠯行矣。」孔子曰：「魯今且郊，如致膰乎大夫，則吾猶可㠯止。」』是受女樂之後即郊，郊膰不至，孔子即行，事皆相接。而明年郊在五月，知女樂事不在是冬矣。《史記·十二諸侯年表》《魯世家》皆於定十二年書女樂去魯事，《年表》《衛世家》皆于靈公三十八年書孔子來，當定之十三年。又《孔子世家》云：『孔子之去魯凡十四歲，而反乎魯。』江永據此諸文，㠯爲女樂事在十二、十三冬春之閒，去魯在十三年春郊時，冣得其實也。女樂事，史本無之，何氏説皆不可用。」麟案：《史記》于孔子之去，所㠯有十二年、十三年、十四年之參錯者，蓋逐臣待放，必俟三年，賜玦而後絶。女樂、郊燔之事自在十二年，賜玦自在十四年。於十二年去魯國都，於十四年去魯封域。後人糅雜不辨，故《史記》謂孔子于定十三年至衛，此後事而誤箸于前也。謂受女樂、不致郊膰在定十四年，此前事而誤箸于後也。實則孔子去官在十二年，至十四年遂絶魯而去。絶魯于是年始決，故去冬在是年，何氏説是。其于受女樂之年，尚未綜覈，是其疏也。孔子託郊膰㠯去，天亦因郊㠯箸戒，繼此十四年去冬者，十五年及哀元年鼷鼠遂頻食郊牛，劉子政皆目不用孔子爲說。

莊十年：「蒙皋比而先犯之。」杜豫注：「皋比，虎皮。」正義：「《樂記》曰：『倒載干戈，蒙之目虎皮，名之曰建櫜。』鄭玄目爲：『兵甲之衣曰櫜。』櫜，韜也。而其字或作『建皋』，故服虔引目解此。」是杜實本服。蓋皋者，臭之假字。《說文》：「臭，大白澤也。古文目爲澤字。」大白澤者，大皚白而悦澤也。因之物有大皚白而悦澤者，謂曰白澤，亦謂曰臭。白澤之獸，其得名也目西方金獸，色白爲主，而毛采潤澤也。《隋・經籍志》五行家有《白澤圖》一卷，其書吳諸葛恪已見之，則亦古矣。據《通典》六十一開元十一年敕：「驍衛大蟲文，武衛鷹文，威衛豹文，領軍衛白澤文，金吾衛辟邪文，監門衛師子文。」則白澤亦虎屬。古者或通稱虎曰白澤，故亦曰臭。其作皋者，同音之借。且臭訓大白澤，而藪澤乃所目潤澤萬物者，故澤亦曰臭，而臭亦用爲澤字。《詩・鶴鳴》傳：「皋，澤也。」《韓詩》曰：「九皋，九折之澤。」凡皋訓澤者，皆臭之借。吾友王正春曰：「《廣雅・釋草》：『虎蘭，澤蘭也。』《神農本草》云：『澤蘭，一名虎蘭，生大澤旁。』《楚辭・招魂》『皋蘭被徑兮』注：『皋，澤也。』皋蘭即澤蘭。因皋、澤同義，虎、皋又同義，故展轉變名。」此說是也。麟又謂：《說文》云：「皡，皓旰也。」皡實臭之後出字。皓旰者，白光皜燿之謂，即所謂大白澤也。虎既稱臭，故大皡亦曰虙羲。《說文》云：「虙，虎皃。」明謂其皮色白澤之皃矣。至少皡金天，固應白虎，目其佐蓐收之神，白毛虎爪，觀之可知也。此皆謂虎爲皋之證也。比者，虎之足也，鹿、能、㲋皆从比。《說文》云：「鳥鹿足相佀，从匕。」又云：「㲋足與鹿同。」又云：「能足佀鹿。」是比爲獸足之象，虎古文作䖒，字从鹿，明其足與鹿同，故稱曰比。

蒙馬虎皮，不止㠯足，今言皋比，但據虎足者，古人執皮必攝足。《聘禮》：「庭實，皮則攝之。」注：「皮，虎豹之皮。攝之者，右手并執前足，左手并執後足。」㠯上《聘禮》注。是執皮必攝其足，故言足㠯統皮也。

定八年經：「盜竊寶玉大弓。」劉子駿㠯來説《左氏》者，皆㠯爲夏后氏之璜，封父之繁弱，成王所㠯封魯公也。案《公羊傳》云：「寶者何？璋判白，弓繡質，龜青純。」所説雖與此異，然于玉弓之外，復出一龜。蓋魯有封父龜，見《明堂位》。青純者即此，與繁弱並出一國，故因弓而類言之，益見子駿所説之塙。

定八年：「主人焚衝，或濡馬褐㠯救之。」案《孫子·火攻》云：「凡火攻有五：一曰火人，二曰火積，三曰火輜，四曰火庫，五曰火隊。」彼無焚衝之法者，主攻不主守也。濡褐救焚者，李綱曰：「古人名車曰革車，蓋冒之㠯皮，防敵火攻耳。」今衝車，大鐵箸其轅端，馬被甲，車被兵，㠯衝於敵城，高誘《淮南》注。則冒鐵而不冒革也，故濡毛布救之。毛布與革皆獸皮，益見革車之足防火攻也。

哀十三年經：「公會晉侯及吳子于黄池。」吳得稱子者，《穀梁傳》曰：「黄池之會，吳子進乎哉，遂子矣。吳，夷狄之國也，祝髮文身。欲因魯之禮，因晉之權，而請冠端而襲，其藉于成周㠯尊天王。吳進矣。吳，東方之大國也，累累致小國，㠯會諸侯，㠯合乎中國。吳能爲之，則不臣乎？吳進矣。王，尊稱也。子，卑稱也。辭尊稱而居卑稱，㠯會乎諸侯，㠯尊天王。吳王夫差曰：『好冠來。』孔子曰：『大矣哉夫差！未能言冠而欲冠也。』」此説是也。《吴語》曰：「吴王夫差既退於黄池，乃使王孫苟告勞于周。」是藉于成周以尊天王之實。《穀梁》注：「藉謂貢獻。」則《左氏》義與《穀梁》同。惟是時夫差實稱吴公，非稱吴子，吴子乃《春秋》稱之。因其不僭稱王，故可與之以子。《穀梁》乃較略言之。

成十六年經：「九月，晉人執季孫行父，舍之于苕丘。」傳：「宣伯使告郤犨曰：『云云，若欲得志於魯，請止行父而殺之，我斃蔑也，而事晉，蔑有貳矣。魯不貳，小國必睦。不然，歸必叛矣。』九月，晉人執季文子于苕丘。」《漢書·朱博傳》：「諫大夫龔勝等十四人以爲，《春秋》之義，姦以事君，常刑不舍。魯大夫叔孫僑如欲顓公室，譖其族兄季孫行父於晉，晉執囚行父以亂魯國，《春秋》重而書之。」麟案：此經下書「冬十月乙亥，叔孫僑如出奔齊」，而季孫之執，《公羊》則謂會不當期，代公受辱，《穀梁》則并不言其故，義皆不涉僑如。惟《左氏》有僑如譖行父説。且「姦以事君」語又出《左氏》襄二十六年傳，則此條爲《左氏》義，彰明較箸矣。尋子駿移讓大常時，龔勝官光禄大夫。據勝本傳，則勝初徵爲諫大夫，後二歲餘，始遷丞相司直，徙光禄大夫。此奏上時，勝尚爲諫大夫。是子駿未移讓，而勝已引《左氏》爲《春秋》之義，孰謂稱傳自子駿始乎？據此又可知，其因子駿移讓，上疏深自罪責，願乞骸骨罷者，乃真自責其不能表章《左氏》，與師丹意大殊。

宣十五年經：「冬，蝝生，饑。」傳：「冬，蝝生，饑，幸之也。」案《公羊傳》云：「蝝生不書，此何以書？幸之也。幸之者何？猶曰受之云爾。受之云爾者何？上變古易常，應是而有天災，其諸則宜於此焉變矣。」

是二傳同義，《緐露》所演《公羊》義，亦可取之爲《左氏》義矣。《必仁且知篇》云：「知者見禍福遠，其知利害蚤。物動而知其化，事興而知其歸，見始而知其終。言之而無敢譁，立之而不可廢，取之而不可舍，前後不相悖，終始有類，思之而有復，及之而不可厭。其言寡而足，約而喻，簡而達，省而具，少而不可益，多而不可損。其動中倫，其言當務。如是者謂之知。其大略之類天地之物有不常之變者謂之異，小者謂之災，災常先至而異乃隨之。災者，天之譴也；異者，天之威也。譴之而不知，乃畏之㠯威。《詩》云『畏天之威』，殆此謂也。凡災異之本，盡生於國家之失。國家之失乃始萌芽，而天出災異㠯譴告之。譴告之而不知變，乃見怪異㠯驚駭之。驚駭之尚不知畏恐，其殃咎乃至。㠯此見天意之仁而不欲害人也。謹案災異㠯見天意。天意有欲也，有不欲也。所欲所不欲者，人内㠯自省，宜有懲於心；外㠯觀其事，宜有驗於國。故見天意者之於災異也，畏之而不惡也，㠯爲天欲振吾過，救吾失，故㠯此報我也。《春秋》之法，上變古易常，應是而有天災者，謂幸國。孔子曰：『天之所幸，有爲不善而屢極。』楚莊王㠯天不見災，地不見孽，則禱之於山川曰：『天其將亡予邪？不説吾過，極吾罪也。』㠯此觀之，天災之應過而至也，異之顯明可畏也。此乃天之所欲救也，《春秋》之所獨幸也，莊王所㠯禱而請也。聖主賢君尚樂受忠臣之諫，而況受天譴也。」㠯上《緐露》。善哉言乎！桓十四年云：「秋八月壬申，御廩災。乙亥，嘗。書，不害也。」傳㠯不害爲大憂，緣天災不甚，未知懲創也，與此幸之義正相發。有年之書，所㠯志異，惟見于桓、宣之世；幸災足㠯懲君，憂災不甚未足㠯懲君，亦惟見于桓、宣之世。

昭元年：「后子享晉侯，造舟于河，十里舍車，自雝及絳。歸取酬幣，終事八反。」服子慎注：「每於十里置幣車一乘，千里百乘，㠯次相授，車率皆日行一百六十里。」正義解之曰：「謂從絳向雝，去而復還，一享之閒八度至也。」又駮之曰：「千里之路，往還八反，車率日行一百六十里，計則一萬六千里。雖追風逐日之足，猶將不逮於此，后子之馬，一何駛乎？縱令如此，纔可㠯章馬疾，未足㠯明車多。司馬侯何㠯怪其車多而發問也？」麟按：服謂后子所舍之車往還八反，非謂后子身自八反也，正義誤解，因而誤駮。后子此事，即董搏霄轉般法所自始也。董搏霄法：「十步一人，負米四斗，三十六人一里，日五百反，爲二十七里九分里之七，輕行者半，重行者半，百里用三千六百人。」如董法，㠯三千六百人所行并計之，則日行十萬里矣。近世謝階樹更增董法，使一人日行千五百反，爲八十三里三分里之一，輕行者半，重行者半，㠯三千六百人所行并計之，則日行三十萬里矣。然事皆可行。此㠯一車行一百六十里，㠯百車所行并計之，日行一萬六千里，其理相同。每車自行一百六十里，并百車所行，自得一萬六千里，而並非待一車行畢，一車始發也。今試計其兩車相授之時，㠯得其進發回空之時，則第二車旁注：㠯最後爲第一，次前爲第二，次前爲第三，下準此。進發時，即第一車回空時也。凡兩車相接者皆然，則僅有行八千里之時刻矣。而第二次第一車進發時，又即第一次第三車進發時也。由此推之，第三次第一車進發時，即第一次第五車進發時也。第四次第一車進發時，即第一次第七車進發時也。第五次第一車進發時，即第一次第九車進發時也。第六次第一車進發時，即第一次第十一車進發時也。第七次第一車進發時，即第一次第十三車進發時也。第八次第一車進發時，即第一次第十五車進發時也。㠯此遞推，則第八次第十五車進發時，即第一次第二十九車進發時也。第八次第二十九車進發時，即第一次第四十三車進發時也。第八次第四十三車進發時，即第一次第五十七車進發時也。第八次第五十七車進發時，即第一次第七十一車進發時也。第八次第七十一車進發時，即第一次第八十五車進發時也。第八次第八十五車進發時，即第一次第九十九車進發時也。然則直至第八次第八十五車進發，猶在長行千里時刻之中矣。過此千里時限之外，第一百車須行七次，第九十九車亦須行七次，㠯下遞減，直至八十五車不須復行者而止。而此衆車所行之時刻，又皆歸并于第一百車行七次之中，七次則一百四十里也。此時更無在前之車，故回空時刻，無可銷減。加前千里計之，則一千一百四十里也。推此行一千一百四十里者，爲前後相接之時刻，其餘則皆㠯同時銷減。夫㠯一日而遠遞至一千一百四十里，但得每車有駿馬四匹，自足了此。今馳驛文書，亦㠯次相授，有日行八百里者。古尺僅得今尺八寸一分，用金誠齋説。則一千一百四十里，得今九百二十三里强，不患其遲不及事矣。正義不知而誤駁，過矣。同行減時之法，均輸之所必用，張北平《九章算術》曰：「『今有善行者，行一百步，不善行者，行六十步。今不善行者先行一百步，善行者追之，問幾何步及之？』答曰：『二百五十步。』」夫并此兩人行步，則善行者二百五十步，不善行者得一百五十步，共計四百步矣。然而善行者追之之時，即不善行者前進之時，則時刻固歸并于行三百五十步之中。解此而第一車行第二次與第三車行第一次同時，其理可知也。又曰：「『今有甲發長安，五日至齊，乙發齊，七日至長安。今乙發已先二日，甲乃發長安，問幾何日相逢？』答曰：『二日十二分日之一。』」夫使甲乙二人善走相同，則甲至齊五日，乙至長安亦五日也。設爲齊、長安相距三千里，相逢在齊、長安閒千五百里之地，則甲行一千五百里，乙行亦一千五百里，并之爲三千里也。而甲發長安而東之時，即乙發齊而西之時，則時刻固歸并于行一千五百里之中。解此而前後車相授者一回空一進發同時，其理可知也。蓋先師左氏之學如此，至司馬侯怪其車多者，出奔而從百乘，斯爲多矣。

《魯世家》云：「魯人共立昭公弟宋爲君，是爲定公。」《公羊》定元年「冬十月，霣霜殺菽」傳注：「是時定公喜於得位，而不念父黜逐之恥。」彼疏云：「何氏㠯爲定公者，昭公之子，與賈、服異。」近人或曰：「公爲是昭公之子，而《左傳》于哀十一年稱公叔務人，務人既爲哀公之叔父，則定公爲昭公子可知。」麟案：伯叔乃兄弟之差次，非尊長之定號。凡言叔父、叔舅，必施父、舅之稱，乃見其爲尊者。若叔姬則通乎姑、姊、妹、女子子矣。公爲本公衍之弟，故稱公叔，猶王叔陳生，亦兄弟之差次也。若專㠯天王之叔父立稱，再世㠯後，當稱王叔祖乎？蓋定爲哀子之説出于從祀。定八年：「從祀先公。」傳嘗云「子雖齊聖，不先父食，久矣」，則從祀者，正閔、僖父子之位也。于是㠯弟繼兄如定公者，亦與昭公爲父子。而説經者乃㠯爲天屬之父子，豈非郢書燕説邪？《感精符》云：「魯昭公時，雉還環入。」宋注：「雉之爲言弟也，喻昭公弟爲季氏入之爲君也。」則今文《春秋》説固㠯定爲昭弟矣。

昭二十年經：「盜殺衛侯之兄縶。」《公羊》《穀梁》「縶」皆作「輒」。《穀梁傳》曰：「兩足不能相過，齊謂之綦，楚謂之踂，衛謂之輒。」《釋文》：「輒，本亦作縶。」劉兆云：「如見絆縶也。」麟案：《説文》：「馽，絆馬也，从馬口其足，讀若輒，或作縶。」是聲相同。《莊子·秋水》：「東海之鼈，左足未入，而右厀已縶矣。」謂入于埳井，其地隘小，致兩足不能相過也。《大平御覽》六百七引《莊子》曰：「人而不學，命之曰視皮。學而不行，命之曰輒囊。」注：「輒，縶者也。」是借輒爲縶，故有縶誼。然衛矦之孫名輒，雖諸矦旁絶期功，而當輒生時，靈公與蒯聵皆在也，有適子者無適孫，則輒與庶孫同，靈公固不應使其孫與從祖同名矣。然則衛矦之兄其名本自作縶，而作輒者乃目叚借書之可知。此古文《春秋》之徵實勝于今文也。

昭九年：「蒲姑、商奄，吾東土也。」服子慎注：「蒲姑、商奄，濱東海者也。蒲姑，齊也。商奄，魯也。」二十年傳曰：「蒲姑氏因之。」定四年傳曰：「因商奄之民，命目伯禽。」麟案：蒲姑與奄異地，而《書序》云：「成王既踐奄，將遷其君於蒲姑，周公告召公，作《將蒲姑》。」則蒲姑後又爲安置奄君之地。乃據《尚書大傳》云：「奄君薄姑謂禄父曰：『武王既死矣，成王尚幼矣，周公見疑矣。此百世之時也，請舉事。』然後禄父及三監叛也。周公目成王之命殺禄父，遂踐奄。踐之云者，謂殺其身，執其家，豬其宮。」目上《大傳》。薄姑即蒲姑。馬本《書序》及《周本紀》「蒲姑」皆作「薄姑」。是蒲姑又爲奄君之名。且《大傳》所云「踐奄」，即本《書序》，而目殺其身爲説。夫既殺之矣，而又何遷？僞傳謂徙奄新立之君，亦因《大傳》所言而欲兩通之也。不知既殺身、執家、豬宮矣，豈有復立其弟之理？説尤穿鑿。種種糾紛，令人難解。竊謂奄君之在商時，葢兼并蒲姑而君之，雄據泰山南北齊魯之地，其勢甚盛，奄君即蒲姑君也。古者或目國號其君，如斟灌本國名，而哀元年傳言「殺斟灌目伐斟尋」，則目斟灌號其君矣。又襄四年言「棄武羅、伯因、熊髡、尨固」，杜預謂「四子皆羿之賢臣」，而《世本》云「夏時有武羅國，其後氏焉」，《廣韵》「武」字下引。此亦目國稱其君者。至漢猶然，《漢景武昭宣元成功臣表》隰陰定矦昆邪目匈奴昆邪王將衆十萬降矦，開陵矦建成目故東粵建成矦與繇王斬餘善矦，昆邪、建成皆國名也，而即㠯國名其人，即其理也。故蒲姑之君即稱曰蒲姑，亦或謂之蒲姑氏。此則《大傳》奄君蒲姑之義也。然《書序》言「將遷其君於蒲姑」，又何也？江氏聲據《周本紀》言「遷其君薄姑」，謂《書序》本無「於」字。余則謂伏生所見之本并無「遷」字，自史公用古文說，易「將」爲「遷」。後人遂重沓今古兩家「將」「遷」二字，又沾「於」字，馬、鄭所見已是誤本。其實今古文《書序》並作「將其君薄姑」，「將」即篇名「將蒲姑」之「將」，古文家訓之爲「遷」，葢依《釋言》訓「將」爲「送」，「送」「遷」同意故也。遷者，謂投之四裔㠯禦螭魅也，則于踐奄之義亦不得謂殺身、執家、豬宮矣。然終不如今文有據。今文當訓「將」爲「齊」。吾讀是書，始知漢時菹醢之刑，未始不原于古。案《詩・楚茨》云：「或剥或亨，或肆或將。」傳：「肆，陳；將，齊也。」或陳于互，或齊其肉。」王肅云：「分齊其肉所當用。」此言「將蒲姑」者，即《詩》所謂分齊其肉也。夫犧牲肆諸縣肉格，罪人肆諸市朝，古罪人既有肆者，則將亦何足怪？《漢・刑法志》云：「當三族者，皆先黥劓，斬左右止，笞殺之，梟其首，菹其骨肉於市。」又《英布傳》云：「漢誅梁王彭越，盛其醢㠯徧賜諸矦。」夫曰「菹其骨肉」，曰「盛其醢徧賜諸矦」，非即分齊其肉乎？然則將其君蒲姑者，正謂醢之㠯徧賜諸矦也。刑亂國用重典，紂之自燔也，武王復射之三發，擊㠯輕吕，斬㠯黄鉞，縣諸大白，見《逸周書・克殷解》。亦猶是耳。古今文雖異，其㠯蒲姑爲奄君所兼之地，而即地㠯號其君，則一也。若季長、鄭君之説，則支離矣。

宣四年：「凡弑君，稱君，君無道也；稱臣，臣之罪也。」是説久爲小儒抨擊。案《穀梁》成十八年傳云：「稱國㠯弑其君，君惡甚矣。」此即稱君君無道之説也。宣二年傳云：「書之曰『晉趙盾弑其君夷皋』者，過在下也。」此即稱臣臣之罪之説也。又《公羊》文十八年傳云：「稱國㠯弒者，衆弒君之辭。」注云：「一人弒君，國中人人盡喜，故舉國㠯明失衆，當坐絶也。」夫言失衆當絶，則無道明矣。是則㠯弒君稱君爲君無道者，乃三傳之通義，大史公曰：「爲臣君父而不通於《春秋》之義者，必蒙首惡之名；爲人臣子而不通於《春秋》之義者，必陷簒弒之誅，死罪之名。」稱國弒君，乃所謂被㠯首惡也。人君賞善而刑淫，養民如子，葢之如天，容之如地；民奉其君，愛之如父母，仰之如日月，敬之如神明，畏之如靁霆，其可弒乎？至于大阿倒授，下爲上雄，白龍見囚，高岸爲谷，律㠯溺職，罪已無辭，而况耽色淫聲，多行無禮，土芥其氓庶，僕隸其臣僚，㠯自取禍者乎？是故僖四年「蔡潰」，十四年「蔡矦肸卒」，《公羊》注曰：「不書葬，潰當絶也。」昭二十九年「鄆潰」，《公羊》注曰：「昭公居之，故從國言潰，明罪在公也。」夫通國叛君，且㠯失衆坐罪，况通國弒君者乎？㠯懦弱失衆者，罪且當絶，而况㠯淫暴見弒者乎？然則弒君稱臣，臣固有罪矣，非謂君有道也，無道不甚焉爾。弒君稱君，君固無道矣，非謂臣無罪也，首從無別焉爾。經傳之旨，彼此互見，而正本理物，則㠯責君爲先。君果知《春秋》而無失其道，則臣下何弒之敢行？若謂罪君而赦臣，則是莒僕之弒父，稱國。亦可㠯獲免焚如也，寧孔子、《左氏》而有斯旨乎？《外傳・魯語》曰：「晉人殺厲公，邊人㠯告，成公在朝。公曰：『臣殺其君，誰之過也？』大夫莫對。里革曰：『君之過也。夫君人者，其威大矣。失威而至於殺，其過多矣。且夫君也者，將牧民而正其邪者也。若君縱私回而棄民事，民旁有慝，無由省之，益邪多矣。若㠯邪臨民，陷而不振，用善不肯，專則不能使，至於殄滅，而莫之恤也，將安用之？桀奔南巢，紂踣于京，厲流于彘，幽滅于戲，皆是術也。夫君也者，民之川澤也，行而從之，美惡皆君之由，民何能爲焉？』」又曰：「莒大子僕弒紀公，曰其寶來奔。宣公使僕人㠯書命季文子，曰：『夫莒大子不憚㠯吾故殺其君而㠯其寶來，其愛我甚矣，爲我予之邑。今日必授，無逆命矣。』里革遇之而更其書，韋解：「里革，魯大史克也。」案，傳㠯此事屬季文子，而史克爲文子對辭，蓋史克乃文子之屬官也。曰：『夫莒大子殺其君而竊其寶來，不識窮固，又求自邇，爲我流之於夷。今日必通，無逆命矣。』明日有司復命，公詰之，僕人㠯里革對。公執之，曰：『違君命者，女亦聞之乎？』對曰：『臣㠯死奮筆，奚啻其聞之也？臣聞之曰：「毀則者爲賊，掩賊者爲藏，竊寶者爲宄，用宄之財者爲姦。」使君爲藏姦者，不可不去也。臣違君命者，亦不可不殺也。』公曰：『寡人實貪，非子之罪。』乃舍之。」夫晉厲公與莒紀公，《春秋》皆稱國㠯弒，此所謂稱君君無道者也，而里革之論厲公則罪君，其于紀公則罪僕。然則君雖無道，而賊臣㠯私意報復者，不㠯免臣之誅。知此而《左氏》之義無可抨擊矣。

金氏鶚《夏禮尚文辨》曰：「夏禮尚文之說，古所未有也，其說始於董子《春秋緐露·三代改制質文篇》云：『王者㠯制，一商一夏，一質一文。商質者主天，夏文者主地。』《白虎通》因之，遂有正朔三而改、文質再而復之說。蓋謂虞質而夏文，商質而周文也。夫謂商質周文，則誠然矣，而謂夏文則不然。《明堂位》云：『有虞氏服韍，夏后氏山，殷火，周龍章。』觀此可知四代之禮，遞趨於文，㠯夏、商校之，實夏質而商文也。更廣證之，『有虞氏之兩敦，夏后氏之四璉，殷之六瑚，周之八簋。俎，有虞氏㠯梡，夏后氏㠯嶡，殷㠯椇，周㠯房俎。夏后氏㠯楬豆，殷玉豆，周獻豆』，又如『夏后氏尚明水，殷尚醴，周尚酒。夏后氏官百，殷二百，周三百』，尤其顯然可見者也。又㠯《夏小正》考之，八月『玄校』，所校惟玄色之服，可見其不尚華麗之衣也。四月『取荼』，傳云：『㠯爲君薦蔣也。』十二月『納卵蒜』，傳云：『納之君也。』可見其器用食物之樸素也。又《考工記》云：『夏后氏世室』，『殷人重屋四阿』，此皆爲明堂，而重屋四阿始於殷，則夏無重屋四阿可知。墻用白盛，其無采畫可知。詳考諸書，未見夏之尚文也。《論語》云：『周監於二代，郁郁乎文哉。』歎周之文盛，而夏殷之不文可見也。《表記》云：『虞夏之質，殷周之文，至矣。虞夏之文，不勝其質。殷周之質，不勝其文。』此明㠯夏爲質也。殷人本質，而㠯夏校之，則見其文。是可知天地氣運漸趨於文明，聖人因時而制宜，非有意於尚質尚文也。豈有一質一文相爲循環之理哉？然則謂文質再而復，夏與周皆尚文者，真臆説也。近時孫淵如宗其説，引㠯解經，鶚故不可㠯無辨。」麟案：質文者，非徒謂宫室、輿服、器械之素樸與華靡也。禮樂緐則爲文，簡則爲質；政教緐則爲文，簡則爲質。器具厤代彌文，無反質理，而禮樂政教自有文質之異。如《士禮》十七篇，周人㠯爲日用之具，而漢後非徐生不能爲。上有通禮，下有書儀，皆徒費筆札，而不能强人效行矣。古《司馬法》揖讓進退，大史㠯爲少褒。至後世則務去緐苛，將軍士卒，㠯肇爲几而語矣。古者大事，惟祀與戎，故祭用數之仂，謂筭今年一歲經用之數，用其什一也。《王制》注。其費極重，由其禮極緐，非多不給。即宗廟一事，而古天子七廟，皆同宫異院，自漢明㠯後，則皆同堂異室，規摹㔷于古人矣。此皆古禮文而後世之禮質也。旁注：《通典》五十：「後魏宣武帝景明中，祕書丞孫惠蔚上言：『古之祭法，時祫並行，天子先祫後時，諸侯先時後祫。此施古爲當，在今則煩。且禮有升降，事有文質，適時之制，聖人弗違。當祫之月，宜減時祭。』」是則祭祀古文今質，昔人有言之者矣。周時比閭皆置官，漢則嗇夫亭長所統漸廣，隋㠯後遂無鄉官矣。周自民間貨物貿易，器用良楛，皆特爲設官平準，而漢時桑、孔行之，則爲擾民，後世莫道其術矣。周禮，巡守殷同，及期必舉，存覜省聘，使命鱗萃，今則巡守爲希見，而郡縣長吏必不能與天子通聘問矣。此皆古政文而後世之政質也。目周之禮樂政教文于後世，安見夏之禮樂政教不文于殷？即目刑言之，《周官·司刑》云「墨罪五百，劓罪五百，宫罪五百，刖罪五百，殺罪五百」，凡二千五百條，而「穆王訓夏贖刑」，則大辟二百，臏辟三百，宫辟五百，劓墨各千，凡三千條。是夏之刑且文于周，而況《文終》之九章哉？再而復則曰文質，夏當文；三而復則曰忠質文，夏亦當忠。蓋懼民陷辟，爲之家至户曉，則教令緐碎，與諸葛治蜀相侶，故可曰忠，亦可曰文。烏虖！文質者，緐簡之謂也。烹魚煩則碎，治民煩則散。周室文敝，詩人皆悲溉釜而思織組焉，非謂其器服之雕樸也。《緐露》目載鼓錫舞等明之，特謂下及器服，皆足目示文質之意耳。苟曰文質不過在器服之雕樸，則其于治天下何輕重，而古大儒必兢兢于三統邪？

成八年經：「天子使召伯來賜公命。」《通典》七十一：「《春秋左氏傳》説，諸侯踰年即位，天子賜目命珪。自注：「珪者，諸侯所執目朝覲之瑞也。」《公羊傳》『天王使毛伯來錫公命』，加魯目衮龍之服。傳曰：『錫者，賜也。命者，加我服也。』東晉羊元曰：❶『説者目《左氏》云，天子錫諸侯命珪，目爲符信，珪者，諸侯所執目朝覲之瑞也。按魯成公即位八年，乃得命珪。三年夏，公如晉，此朝也，未有珪，朝何執也？凡命者，謂方策之書也，猶今教令耳。《覲禮》曰：「諸侯奉篋服，加命書於其上。」《尚書·文侯之命》云：「平王錫晉文侯秬鬯珪

❶ 「元」，字當作「玄」。章氏所據《通典》當是清刻本，諱「玄」爲「元」。下「羊元」字同。

瓚，作《文侯之命》。」命者，王之教令，其事非一策而已。』」麟案：諸侯既卒，嗣君致命珪于王，踰年，王復賜之，禮也。春秋時，其能致命珪乎？然珪雖在國，而必得王命㠯賜之，乃爲己有。蓋雖取其實，猶重其名，《詩》所云「豈曰無衣七兮，不如子之衣安且吉兮」，即此意也。珪自在魯，何患朝晉無具哉？羊元之駁滯矣。

《漢書・張敞傳》：「敞上封事曰：臣聞公子季友有功於魯，大夫趙衰有功於晉，大夫田完有功於齊，皆疇其官邑，延及子孫。終後田氏篡齊，趙氏分晉，季氏顓魯。故仲尼作《春秋》，迹盛衰，譏世卿㝡甚。」據此，是《左氏》先師說，有譏世卿明文，而切指三氏，不涉崔氏、尹氏也。譏季氏柰何？襄十一年經：「作三軍。」傳曰：「三分公室，而各有其一。」昭五年經：「舍中軍。」傳曰：「卑公室也。四分公室，季氏擇二，二子各一。皆盡征之，而貢于公。」此譏世卿顓魯之明文也。譏陳氏柰何？《論語》言崔杼弒君，陳文子有馬十乘，棄而違之，仲尼稱其清節，而《春秋》不書。夫高風遠韵，聖哲所許，吳無大夫，猶書季札，況陳文在齊，特未比正卿乎？其不書者，㠯其後得木百車，可㠯慎守，化家爲國之基，即萌芽于此也。故先不予完，後不褎須無，終《春秋》未有一舉陳氏者，惟書齊陳乞弒其君荼㠯爲戒，此譏世卿篡齊之明文也。譏趙氏柰何？成季之勳，不後仲父，城穀一書，通管仲之邑爲附庸，趙衰于文二年佐中軍，至三命矣，而《春秋》未有褎辭及之，且并未見其名焉。其後盾、同、括、武雖皆見經，稍末減于陳氏，而晉陽之甲，非有異志，乃書晉趙鞅入于晉陽㠯叛。蓋深惡其分晉，故比之惡逆，而并揜其先祖之忠勳，㠯杜履霜之漸。此譏世卿分晉之明文也。篡甚于分，分甚于顓。故公子友屢書于經，且書季子來歸㠯嘉之，而子孫仍世不絕書，惟書作三軍、舍中軍，㠯見其卑公室，而未嘗明斥季氏也。衰不見褒，不得比季子，已不見經而子孫無功者則及焉，終書叛晉，明斥趙鞅矣，此分甚于顯也。完之功不書，須無之清不書，其子姓無一書者，而特書弒荼，此篡甚于分也。于禍輕者則㠯世見世而隱書其擅威，于禍重者則并㠯不世見世而明箸其行逆，輕之故志而晦，重之故微而顯，蓋意愈憯怛而文愈深曲矣。

桓五年經：「春正月甲戌、己丑，陳侯鮑卒。」傳：「再赴也。於是陳亂，文公子佗殺大子免而代之。公疾病而亂作，國人分散，故再赴。」麟案：《公羊》㠯爲怴，故甲戌亡、己丑死而得。蓋疾病即怴也。所㠯再赴者，即由先亡後得之故，然非亂則猶可綜覈事期，不至混殽妄赴也。案《通典》九十八《君父乖離不知死亡服議》：「魏劉德問田瓊曰：『失君父終身不得者，其臣子當得婚否？』瓊答曰：『昔許叔重作《五經異義》，已設此疑。鄭玄駁云：「若終身不除，是絶祖嗣也。除而成婚，違禮適權也。」』晉博士徐宣瑜云：『君亡宜從《公羊》，窮舟車人履所至不得者，按世子即位。鄭玄注云：「君父亡，令麟案：「令」當作「命」。臣子心喪終身，深所甚感，心喪是也，終身非也。」謂從玄心喪可也。』荀組云：『至父年及壽限，中壽百歲。行喪制服，立宗廟，於事爲長。禮無終身之制。』」又《父母乖離知死亡及不知死亡服議》：❶「晉蔡謨曰：『甲父爲散騎侍郎，在洛軍覆，奔城皋，病亡。一子相隨，殯葬如禮。甲先與母、弟避地江南，聞喪行服，三年而除。道險未得奔墓，而

❶ 下「知」字，原無，依《通典》（清武英殿刻本）補。

其弟成婚。或謂服可除，不宜曰婚者。謨謂凶哀之制除，則吉樂之事行矣。且男女之會，禮之所急。故小功卒哭，可曰娶妻；三年之喪，吉祭而復寢。魯文於祥月而納幣，晉文未葬，喪而納室。《春秋左氏傳》曰：「婦，養姑者也。」又曰：「娶元妃曰奉粢盛。」由此言，娶妻者所爲義大矣，所奉事重矣。又夫冠者，加己之服耳，非若婚娶有事親、奉宗廟、繼嗣之事，而冠有金石之樂，婚則三日不舉。金石之樂，孰若不舉之戚？加己之事，孰若奉親之重？今譏其婚而許其冠，斯何義也？不亦乖乎！』又曰：『或疑甲省墓稽留者。謨曰爲奔墓者，雖孝子罔極之情，然實無益之事，非亡身之所也。故禮，奔喪不可夜行，避危害也。今中州喪亂，道路險絶，墳墓毁發，名家人士皆有之，而無一人致身者，蓋曰路險體弱，有危亡之憂，非孝子之道故也。而曾無譏責，何至甲獨云不可乎！且甲尋已致身，非如不赴之人也。塋兆平安，非如毁發之難也。又是時甲母篤病，營醫藥，而不按：此字賸。可違闕侍養，投身危險，必貽老母憂勤哉？昔鄭有尉止之亂，子西、子産父死於朝，子西不儆而先赴，見譏於典籍；子産成列而後出，見善於《春秋》：此經典之明義也。按，吳書思進參方傳軍事，亡在新汲，爲賊焚燒失喪，其子不奔迎。禮云「久喪不葬，主人不變」者，停柩在殯者耳，不得施於所聞。』左丞熊遠啟云：『父母死河北賊中，如襄國、平陽，可依此制。若王化所被，人迹所及，可往而不往，非曰篤孝道也。詩人喪馬，猶求之林下，不得漫依東關。吳平之初，如此例皆詣東關尋求，唯桓陵不往求，宋岱不迎母，並加清議。其爲制且有準則。』又司徒李允祖父敏浮海避公孫度，❶不知存亡，尋求積年不

❶「允」，當作「胤」。章氏所據《通典》當是清刻本，諱「胤」爲「允」。下兩「允」字同。

得。允父見鄉里與父同年者亡，乃制服。徐景山勸娶而生允。劉智《釋疑》曰：『遇亂離析，計父母之年，已過百年，可終卒矣，而不得音問，計同邑里同年者，於其死日，便制喪服。或㠯爲終身，或不許者，如何？智答曰：父母死生未定，則凶服不宜在身，繼祀爲重。然則言不宜制服必繼世祀者，吾㠯爲得之矣。凡服喪而無哀容，得㠯不孝議之。處厭降不得服其親，而哀情至者，吾得㠯孝篤稱之。』雖虞喜《通疑》云：『或㠯當終身服喪，如是曾、閔所能僅行，非凡人所逮也。謂宜三年求之，不得，乃制服居廬，祥禫而除。』孔衍《乖離論》曰：『聖人制禮㠯爲經，常人之教，宜備有其文，㠯辨彰其義。即今世父子乖離，不知自處之宜，情至者哀過於有凶，情薄者禮習於無别。此人倫大事，禮所宜明。謂莫測存亡，則名不定，名不定不可爲制，孝子憂危在心，念至則然矣。自然之情，必有降殺。故五服之章，㠯期月爲節，況不聞凶，何得過之。雖終身不知存亡，無緣更重於三年之喪也。故聖人不别爲其制也。』御史中丞劉隗奏上：『諸軍敗亡失父母未知吉凶者，不得營宮歡樂，皆使心喪，有犯，君子廢，小人戮。』東晉元帝建武元年，征南大將軍王敦上言：『自頃中原喪亂，父子生乖，或喪靈客寄，奔迎阻隔。而皆制服，將向十載，終身行喪，非禮所許，稱之者難，空絶婚娶。昔東關之役，事同今日，三年之後，不廢婚宦。苟南北圮絶，非人力所及者，宜使三年喪畢，率由舊典也。』大常賀循上尚書：『二親生離，吉凶未分，服喪則凶事未據，從吉則疑於不存，心憂居素，蓋出人情，非官制所裁也。右丞蔡謨引《奔喪禮》，有除喪而後歸，則未有奔除服之文也。宜申明告下。若直據東關之事，非聖人所行，恐不足㠯釋疑也。』循重議：『禮奔喪除而後歸者，自謂喪葬如禮，限於君命者耳。若屍靈不收，葬禮不成，則在家與在遠俱不得除也。況或必須求覓，㠯其喪禮待己而成者邪！若别㠯爲義，未足㠯服人心也。直㠯禍難未銷，不可終身居服，故隨時立制，爲之義斷，使依東關故事，大將軍上事，謂可從也。』帝告下曰：『若亡於賊難，求索理絶者，皆依東關故事，行喪三年而除，不得從未葬之例也。唯親生離，吉凶未定，心憂居素，出自人情，如此者非官制所裁。普下奉行。』中郎李榦自上：『父母分迸，不知所在，今妻亡不婚，吉事不接。』丞相王導上：『榦情事難奪，可更選代。』詔曰：『前敦、循所奏，唯聞喪不得奔者作制。如李榦比，竟未決之，宜急議定。』荀組表曰：『有六親相失及不知父母没地者，㠯未指得死亡之問没地處所，情慮無異。然㠯未審指的，希萬一之存，未忍舉哀，則有終身之戚，不涉吉事。或推一身承一宗之重，傳祖考遺體，無心婚娶，遂令宗祀絶滅於一人，及犯不孝莫大無後之罪。此實難處，然臣㠯爲此非聖人不㠯死傷生之教也。兩路粗通，久無音問，殯可知矣，但不了死地耳。如此之徒，宜㠯王法斷之，令舉哀制，服勤三年，凶不過三年，此近亡於禮者之禮也。』詔曰：『組所陳，不知父母存亡者，令行服。此於有情，其尚有疑。然要當詳議此理，令可經通。不得㠯難安隱而直爾置之。皆一代事理，道所宜先明。』杜夷議曰：『荀組雖慮宗胤永絶，魂靈餒而莫祀，亦何可不念父母之或餬口於四方？或已死而不服，視死猶生也；或云死而服之，視生猶死也。恐視死猶生，賢於視生猶死也。且又死之與生，非意所度。《春秋》甲戌、己丑，陳矦鮑卒，信則傳信，疑則傳疑。謂此宜疑之，㠯避不敏。』博士江泉議：『流迸離隔，便令行喪，按舊事未覩其例。昔宰咺致賵，《春秋》譏其豫凶事。子路赴衛，仲尼雖知必死，須使者至而哭之。然則吉凶事大，存亡應審。方今正道始通，各令尋求之理盡，乃後行喪，於禮未失。』虞豫議曰：『子當越佗境㠯求，其舟楫所經，人迹所至，可前而進，見難而退。若山川之險，非身所涉，雖欲没命，則孝道不全。宜廢榮利之勢，居憔悴之慼，此慘怛之行表，德義之所先也。』征西司馬王愆期議：『今雖父子分乖，存亡不定，昔宋岱與母離隔，吳平，其母尚存，推此，安可必其無異乎？故先明授受不廢，謂宜使婚宦及時也。』孫綽議云：『三千之責，莫大於不祀之痛。必候清平而婚，或有絶嗣之門矣。』虞譚議曰：『諸失父母者，疑行服之制。㠯禮除喪而歸，未奔者，無不除之制。若廢祭絶嗣，皆不可行。宜詳條制，萬世可述。』蔡謨議：『父子流離，存亡未分，吉凶無問，人道不可終凶，宜制立權禮。其過盛年之女，可聽許嫁；其男宜尋求，理極道窮，乃得聘娶。魯文公㠯大祥之月納幣於齊，《春秋》善之，傳曰「孝也」。今乖離之子，不廢婚禮，而末俗多有歡宴之會，致貽譏議，㠯成疑惑。今慎行之士，莫知所從。求下禮官考詳，永爲典式。』博士環濟議云：『《春秋》之義，納室養姑，承繼宗祀。聘納事在可許，仕進須候清平。』」又《通典》一百三《父母死亡失屍柩服議》：「後漢桓翱問氾閣云：『久喪不除者，爲當衆子盡然邪？故質焉耳。』答云：『昔嘗送鄭君到代陵。代陵有人，其父死，不得其屍，其子行喪，隨制降殺。閣與亡者相知而往弔之。還問鄭君所駁《異義》之事，不孝莫大於無後，終身不除，此爲絶先人之統，無乃重乎？鄭君答云：「庶子自可攝祭。」閣覆云：「無庶子，當何㠯？」又云：「族人可㠯其倫代之。」閣又覆言云：「無族人云何？」則不復相答。推此而詳，但使一適子不除耳。』晉劉智《釋疑》云：『問者曰：「久而不葬，喪主不除。若其父遠征，軍敗死於戰場，亡失骸骨，無所葬，其服如何？」智云：「此禮文所不及也。㠯理推之，凡禮使爲主者不除，不謂衆子獨可無哀，誠㠯既變人情必殺，喪雖在殯，不爲主者可㠯無服。然則爲主者之服，何㠯哀獨多也？㠯喪柩在，不可無凶事之主故也。今無所葬，是無屍柩也，凶服無施，則爲後者宜與衆子同除矣。訖葬而變者，喪之大事畢也，若無屍柩，則不宜有葬變。寒暑一周，正服之終也，是目除首經而練冠也。亡失親之骸骨，孝子之情所欲崇也，可令因期練乃服變縗絰。雖無故事，而制之所安也。」』」目上《通典》。監兹行事，變亦備矣。揆度長義，大較二端：一曰尋求三年不得而制服，一曰至百年而制服。夫親逮百年，子多有八十者，人壽幾何，恐衰絰終無日被體也。惟求之三年，不得則遂服斬衰，會合道窮，呼天無告，既不嫌于豫凶事，亦非視生猶死矣。是尋求然後制服之義尤長。鄭君代陵之議，與《駁異義》相左。夫亡失屍柩，輕于亡失其身，彼除而成昏，非專謂庶子也，則失屍之適子亦可依準。劉智所議，允合中道。此甲戌至己丑，財十五日耳。使遂三年不獲，則制服當因之目起，而三年中則姑目嗣子攝位可也。求三年，服三年，然後婚宦，則已踰常限一倍，是亦可目無譏矣。《通典》諸議，又可與公子遂如齊納幣互證。圖昏可在喪末，而親迎必在服除，此又議禮者所當嚴守矣。

昭二十年：「七音。」《周語》曰：「昔武王伐殷，歲在鶉火，月在天駟，日在析木之津，辰在斗柄，星在天黿。星、日與辰之位皆在北維。我姬氏出自天黿，則我皇妣大姜之姪逢公之所馮神也。歲之所在，則我周之分野也。月之所在，辰馬農祥也。我大祖后稷之所經緯也，王欲合是五位三所而用之。自鶉及駟，七列也；南北之揆，七同也。凡神人，目數合之，目聲昭之。數合聲和，然後可同也。故目七同其數，而目律和其聲，於是乎有七律也。」賈侍中注《周語》云：「周有七音，七律謂七音器也。黄鍾爲宫，大蔟爲商，沽洗爲角，林鍾爲徵，南吕爲羽，應鍾爲變宫，蕤賓爲變徵。」麟案：七音雖始于武王，實自然之節族。《隋書·音樂志》：「開皇二年，詔求知音之士，集尚書，參定音樂。鄭譯云：『考尋樂府鍾石律吕，皆有宫、商、角、徵、羽、變宫、變徵之名。七聲之内，三聲乖應，每恆求訪，終莫能通。先是周武帝時，有龜茲人曰蘇祇婆，從突厥皇后入國，善胡琵琶。聽其所奏，一均之中，間有七聲。因而問之，答云：「父在西域，稱爲知音。世相傳習，調有七種。」㠯其七調勘校七聲，冥若合符。一曰娑《通典》一百四十三作「婆」。陁力，華言平聲，即宫聲也。二曰雞識，華言長聲，即南呂《通典》亦作「南呂」，佀當作「商」。南呂并寫作「䕬」，則佀「商」字。不然，則㠯林鍾均言之。聲也。三曰沙識，華言質直聲，即角聲也。四曰沙侯加濫，華言應聲，即變徵聲也。五曰沙臘，華言應和聲，即徵聲也。六曰般贍，華言五聲，即羽聲也。七曰俟《通典》作「矦」。利箑，華言斛牛聲，即變宫聲也。』譯因習而彈之，始得七聲之正。然其就此七調，又有五旦之名，旦作七調。㠯華言譯之，旦者則謂均也。其聲亦應黄鍾、大蔟、林鍾、南呂、姑洗五均，已外七律，更無調聲。譯遂因其所捻琵琶，弦柱相飲《通典》同，疑有誤。爲均，推演其聲，更立七均。合成十二，㠯應十二律。律有七音，音立一調，故成七調十二律，合八十四調，旋轉相交，盡皆和合。仍㠯其聲考校太樂所奏，林鍾之宫，應用林鍾爲宫，乃用黄鍾爲宫；應用南呂爲商，乃用大蔟爲商；應用應鍾爲角，乃取姑洗爲角。故林鍾一宫七聲，三聲並戾。其十一宫七十七音，例皆乖越，莫有通者。又㠯編懸有八，因作八音之樂。七音之外，更立一聲，謂之應聲。譯因作書二十餘篇，㠯明其指。至是譯㠯其書宣示朝廷，并立議正之。」㠯上《隋志》。夫龜茲胡人，豈知中國先有武王作七音哉？而所奏與之密合，則七音爲天地自然之音明矣。而《隋志》又云：「邳國公世子蘇夔亦稱明樂，駁譯曰：『《韓詩外傳》所載樂聲感人，及《月令》所載五音所中，並皆有五，不言變宫、變徵。又《春秋》左氏所云：「七音六律，㠯奉五聲。」準此而言，每宫應立五調，不聞更加變宫、變徵二調爲七調。七調之作，所出未詳。』譯答之曰：『周有七音之律，《漢書・律歷志》天地人及四時謂之七始。黄鍾爲天始，林鍾爲地始，大蔟爲人始，是爲三始。姑洗爲春，蕤賓爲夏，南吕爲秋，應鐘爲冬，是爲四時。四時三始，是㠯爲七。今若不㠯二變爲調曲，則是冬夏聲闕，四時不備。是故每宫須立七調。』衆從譯議。譯又與夔俱云：『案今樂府，黄鍾乃㠯林鍾爲調首，失君臣之義。清樂黄鍾宫㠯小吕爲變徵，乖相生之道。今請雅樂黄鍾宫㠯黄鍾爲調首，清樂去小吕，還用蕤賓爲變徵。』衆皆從之。夔又與譯議，欲絫黍立分，正定律吕。時㠯音律久不通，譯、夔等一朝能爲之，㠯爲樂聲可定。而何妥舊㠯學聞，雅爲高祖所信。高祖素不悦學，不知樂，妥又恥已宿儒，不逮譯等，欲沮壞其事。乃立議非十二律旋相爲宫，曰：『經文雖道旋相爲宫，恐是直言其理，亦不通隨月用調，是㠯古來不取。若依鄭玄及司馬彪，須用六十律方得和韻。今譯唯取黄鍾之正宫，兼得七始之妙義。非止金石諧韻，亦乃簨簴不繇，可㠯享百神，可㠯合萬舞矣。』而又非其七調之義曰：『近世書記所載縵樂鼓琴吹笛之人多云三調。三調之聲，其來久矣。請存三調而已。』自是譯等議寢。」㠯上《隋志》。案：蘇夔之駁鄭譯，亦㠯七音爲周家一代之樂，後世得與變革耳。不知七始之詠，見于《虞書》，是舜時已有七音。子駿所舉七律，即黄鍾宫之七音。是則武王特修明虞制，而必㠯七列七同言之者，樂舞由于功德，故舉㠯明所自也。仲尼曰「樂則《韶》《武》」，葢自《韶》樂而後，《大夏》《大濩》皆不用七音，至周始復重華之舊，故樂必㠯二者爲至。秦漢樂崩，惟存《韶》《武》。《韶》曰《文始》，《武》曰《五行》。惟其即乎天籟，厭乎人心，故不與灰衋俱泯。仲尼所言，固預策後世樂官之興廢而爲之制作焉，要亦斷㠯事理而已。

莊二十三年經：「秋，丹桓宮楹。」傳于二十四年刻桓宮桷發義云：「皆非禮也。」案《宋書・禮志》：「天子坐漆牀，居朱屋。史臣按《左傳》丹桓宮之楹，何休注《公羊》亦有朱屋㠯居，所從來久矣。漆牀亦當是漢代舊儀，而《漢儀》不載。尋所㠯必朱必漆者，其理有可言焉。夫珍木嘉樹，其品非一，莫不植根深岨，致之未易。藉地廣之資，因人多之力，則役苦費深，爲敝滋重。是㠯上古聖王，采椽不斲，斲之則懼刻桷彫楹，莫知其限也。哲人縣鑑微遠，杜漸防萌，知采椽不愜後代之心，不斲不爲將來之用，故加朱施漆，㠯傳厥後。散木凡材，皆可入用。遠探幽旨，將在斯乎？」㠯上《宋志》。麟案：此六朝人所傳古經説也。朱屋即朱户，爲九錫之一，而丹楹亦在朱屋之中，則所朱固不止户矣，㠯户形表見，故特舉言之。朱户爲禮所有，而御孫㠯丹楹爲大惡，傳㠯爲非禮者，葢九錫與九命少殊。凡錫命者，車馬、衣服、樂則，雖矦國卿大夫無不具；至朱户、納陛、虎賁、鈇鉞、弓矢、秬鬯，則雖杞宋上公，亦未能備。必有是功，乃有是器，非九命者必九錫也。而大抵並賜爲多，葢九命作伯，固未有不九錫者矣。莊元年經云：「王使榮叔來錫桓公命。」此錫㠯金路車、鷩冕服、軒縣樂也。其餘諸錫，當亦有之，而朱户則決其必無。何㠯明之？《白虎通・攷黜》云：「居處修治，房内節，男女時配，貴賤有别，則賜朱户㠯明其别。」而桓公于十八年與姜氏如齊，申繻謂其男女相瀆，其居處不修，房内不節也至矣，況又㠯此見戕？周室雖衰，未至㠯朱户錫行義相反之人也。莊公㠯丹楹刻桷夸夫人，其丹楹者，示先君夫婦有别，没後得天王之寵賜也。本未錫朱户而叚用之，是爲僭；先君閨房無善行，而㠯朱户褒揚之，則適箸其惡，是爲誣：皆大惡也。僭與誣不可言，故御孫婉言之曰侈。傳曰「非禮」，則本末兼該矣。

宣十四年：「楚子使申舟聘于齊。」案《潛夫論・志氏姓》曰：「楚公族有申氏。」今攷申驪、申無宇、申亥、申包胥皆是，其申叔時、申叔展、申叔跪、申叔豫亦宜爲一族，與申公鬬班、申公子儀、申公巫臣之稱㠯官邑者異。《楚語》韋解㠯申叔時爲申公，葢失之矣。尋楚莊王有弟曰春申君，見《韓非・姦劫弑臣篇》，非與黄歇同時，斷不至㠯比肩同列之人，指爲楚莊之弟。然則黄歇乃襲舊名，猶郭子儀之稱尚父也。申氏葢即春申君之裔，春申君者，不知即此傳之申舟與，抑宣十一年之申叔時、宣十二年之申叔展與？《荀子・成相》云：「世之愚，惡大儒，逆斥不通孔子拘，展禽三絀，春申道綴基畢輸。」楊注：「言春申爲李園所殺，其儒術政治道德基業盡傾覆委地。」盧召弓曰：「『春申』二字有誤，必非指黄歇，注非。」按：此春申亦莊王弟也。《韓子》曰：「楚莊王之弟春申君有愛妾曰余，春申君之正妻子曰甲，余欲君之棄其妻也，因自傷其身㠯視君而泣曰：『得爲君之妾甚幸。雖然，適夫人非所㠯事君也，適君非所㠯事夫人也。身故不肖，力不足㠯適二主。其勢不俱適，與其死夫人所者，不若賜死君前。妾㠯賜死，若復幸於左右，願君必察之，無爲人笑。』君因信妾余之詐，爲棄正妻。余又欲殺甲，而㠯其子爲後。因自裂其親身衣之裏㠯示君，而泣曰：『余之得幸君之日久矣，甲非弗知也，今乃欲强戲余。余與爭之，至裂余之衣，而此子之不孝莫大於此矣。』君怒而殺甲也。故妻㠯妾余之詐棄而子㠯之死。從是觀之，父之愛子也，猶可㠯而（「㠯」字衍，「而」即「㠯」義。）害也。君臣之相與也，非有父子之親也，而羣臣之毁言，非特一妾之口也，何怪夫賢聖之戮死哉？此商君之所㠯車裂於秦，而吴起之所㠯枝解於楚者也。」是韓非㠯春申之信讒，明賢聖之所㠯戮死。荀子亦㠯此諭世之惡大儒，孔子拘，展禽絀，指其事也；春申道綴基畢輸，則設諭也。王懷祖曰：「輸者墮也，言基業盡墮壞也。《公羊春秋》隱六年傳：『輸平，猶墮成也。』《穀梁傳》亦曰：『輸者，墮也。』《小雅・正月篇》：『載輸爾載。』箋：『輸，墮也。』」此説勝楊氏。「墮」義同「弛」，與下文「道古賢聖基必必即畢。張」爲對文。王訓彼「道」字爲「從」，此「道綴」亦當然。「綴」借爲「娺」。《説文》：「娺，疾悍也。」「疾悍」即「嫉悍」，指妾余讒妬言。春申道娺，謂從妾余也。㠯此喻世之從讒佞而惡大儒，葢從讒佞則基業畢墮壞矣，從古賢聖則基業畢張布矣，是爲對文。楚莊弟春申君，非此二書莫攷，故并其文義極論之。而申舟、申叔時、申叔展之孰爲春申君，則尚俟論定。

僖二十三年：「狐突之子毛及偃從重耳在秦。」麟案：下傳舉從亡五人，不及狐毛。葢毛亦如介之推祿賞不及，故傳不言。尋《吕氏春秋・當賞篇》曰：「晉文公反國，賞從亡者，而陶狐不與。左右曰：『君反國家，爵祿三出，而陶狐不與，敢問其説。』文公曰：『輔我㠯義，導我㠯禮者，吾㠯爲上賞；教我㠯善，彊我㠯賢者，吾㠯爲次賞；拂吾所欲，數舉吾過者，吾㠯爲末賞。三者所㠯賞有功之臣也。若賞唐國之勞徒，則陶狐將爲首矣。』」尋此事又見《韓詩外傳》《史記・晉世家》《説苑・復恩篇》。《韓傳》《説苑》皆作陶叔狐，《史記》作壺叔。「壺」本通「狐」，如哀十五年盂黶，《仲尼弟子列傳》作壺黶，《古今人表》作狐黶。言「陶叔狐」者，當作「陶狐叔」。言「陶狐」者，又脱「叔」字。「陶狐叔」當即狐毛。毛雖偃兄，其次容當是叔。言陶狐叔者，葢其後封于陶耳。至《晉世家》㠯壺叔爲賤臣，則辭之過也。狐毛本無智術，徒㠯柿附從亡，其功迴不及偃，故祿賞不及。

僖二十八年：「曹人兇懼。」麟案：《説文》：「兇，擾恐也。《春秋傳》曰：『曹人兇懼。』」《管子·五輔篇》曰：「朝廷兇而官府亂。」兇、亂並言，兇即擾義。

襄十年：「孟氏之臣秦堇父輦重如役。」麟案：秦氏爲孟孫世臣，《淮南·人閒訓》「孟孫獵而得麑，使秦西巴持歸烹之」可證。

昭十二年：「是能讀三墳、五典、八索、九丘。」賈侍中注：「三墳，三王從正義引。《文選·閒居賦》注作「皇」，非是，説見下。之書。墳，大也，言三王之大道。五典，五帝之典。八索，八王之法。孔子作《春秋》，素王之文也。九丘，九州亡國之戒。」目上參挍正義及《文選·閒居賦》注所引。麟案：《釋名·釋典藝》云：「八索，索，素也，著素王之法，若孔子者聖而不王，制此法者有八也。」此傳侍中義。然侍中目孔子素王之文擬八索，非謂有八人聖而不王者，成國小誤。八王即三王五帝之亂。《管子·侈靡》：「故書之帝八，神農不與存，爲其無位。」此因周時目神農爲九皇，故曰無位。所謂八帝，即三王五帝也。五帝子孫仍稱帝，二王後與新王並稱王，詳「州公如曹」下。帝、王通言則一，是爲八王。而五帝二王，皆擁虛名而非共主，是曰素王。東遷目後，王德齊于邦君，則周亦僅有畿甸矣，故并稱之爲八素王，其書曰八索。古所目尊先代後者，爲其圖籍猶存，足㠯觀禮，故八素王者，八守府之君，其書則八家天府之典籍也。三墳五典，八家之略說；八索，八家之掌故也。此侍中説獨得古義。若馬季長㠯八索爲八卦，乃因《説卦》得男得女爲義，此正可釋《鄭語》「平八索㠯成人」耳，與此不涉。或曰：「正義引賈，但云『三墳，三王之書』，而無『墳，大也』等語，墳或可别訓墳墓，與下九丘同意，謂三代亡國之虚也。《墨子·非命中篇》曰：『有於《三代不國》有之曰：「女毋崇天之有命也。」命，《三不國》亦言命之無也。』《三代不國》，乃古書名，言三王苗裔所居國已失其爲國而成虚墓矣。是即三墳也。」亦通。㠯九丘爲九州亡國之戒，侶異于三墳五典八索爲歷代史書者，不知未嘗異也。《史記·孟子荀卿列傳》云：「騶衍深觀陰陽消息，而作怪迂之變，《終始》《大聖》之篇，十餘萬言。其語閎大不經，必先驗小物，推而大之，至於無垠。先序今㠯上至黄帝，學者所共術，大並世盛衰，因載其禨祥度制，推而遠之，至天地未生，窈冥不可考而原也。先列中國名山大川，通谷禽獸，水土所殖，物類所珍，因而推之，及海外人之所不能睹。稱引天地剖判㠯來，五德轉移，治各有宜，而符應若兹。㠯爲儒者所謂中國者，於天下乃八十一分居其一分耳。中國名曰赤縣神州。赤縣神州内自有九州，禹之序九州是也，不得爲州數。中國外如赤縣神州者九，乃所謂九州也。於是有裨海環之，人民禽獸莫能相通者，如一區中者，乃爲一州。如此者九，乃有大瀛海環其外，天地之際焉。其術皆此類也。」是知言九州興亡者，必兼言並世盛衰，五德轉移，仍與三墳五典八索同也。李次白謂：「《周書·史記解》『乃取遂事之要戒，俾戎夫言之，朔望㠯聞』，下述皮氏至有洛亡國之由，當即九丘遺書。」説近之，而未爲塙據。按《海内經》云：「有九丘，㠯水絡之，名曰陶唐之丘、有此字衍。叔得之丘、孟盈之丘、昆吾之丘、黑白之丘、赤望之丘、參衛之丘、武夫之丘、神民之丘。」此爲九丘實事。倚相所讀，即其書也。惟賈言九州亡國之戒，而此九丘乃在一地者，蓋亡國之社，州取其一，駢列壝之㠯爲戒，猶薄社也。若其故封，則陶唐之丘在晉，昆吾之丘在衛，固非一處，其他可知，實散在九州矣。陶唐之丘亦爲亡國之一者，成王固滅唐矣。

此節張平子、馬季長説皆望文生義，無取焉。

定五年：「陽虎將㠯與璠斂。」《説文》：「璠與，魯之寶玉。」案《後漢書・朱穆傳》：「有宦者趙忠，喪父，歸葬安平，僭爲璵璠、玉匣、偶人。」則璵璠是玉佩名，猶言衝牙珩璜耳。若有美玉獨名與璠，其可復作乎？㠯爲魯之寶玉者，猶曰楚之白珩耳。珩自佩名，而楚珩之玉特美，與璠自佩名，而魯之與璠亦獨爲美玉也。高誘謂璠與爲君佩玉，得之。

成九年：「公曰：『君王何如？』對曰：『非小人之所得知也。』固問之，對曰：『其爲大子也，師保奉之，㠯朝于嬰齊而夕于側也。』」麟案：師保即《韓非・外儲説右上》所謂廷理，其文曰：「荆莊王有茅門之法，曰：『羣臣大夫諸公子入朝，馬蹏踐霤者，廷理斬其輈，戮其御。』於是大子入朝，馬蹏踐霤，廷理斬其輈，戮其御。太子怒，入爲王泣曰：『爲我誅戮廷理。』王曰：『法者，所㠯敬宗廟，尊社稷，故能立法從令尊敬社稷者，社稷之臣也，焉可誅也？夫犯法廢令不尊敬社稷者，是臣乘君而下尚校也。臣乘君則主失威，下尚校則上位危。威失位危，社稷不守，吾將何㠯遺子孫？』於是太子乃還走避舍，露宿三日，北面再拜請死罪。一曰：楚王急召太子。楚國之法，車不得至於茆門。天雨，廷中有潦，太子遂驅車至於茆門。廷理曰：『車不得至茆門，非法也。』太子曰：『王召急，不得須無潦。』遂驅之。廷理舉殳而擊其馬，敗其駕。太子入爲王泣曰：『廷中多潦，驅車至茆門。廷理曰非法也，舉殳擊臣馬，敗臣駕。王必誅之。』王曰：『前有老主而不踰，後有儲主而不屬，矜矣，是真吾守法之臣也。』乃益爵二級，而開後門出太子，勿復過。」韓非兩載其事者，傳聞異辭也。《説苑・至公篇》亦兩載，其載後事，曰廷理爲少師慶。然則少師慶即廷理。葢莊王㠯其奉法，因使爲少師耳。尋廷理即漢廷尉，《説苑・至公》云「楚令尹子文之族有干法者，廷理拘之」是也。于周爲士師。《楚語》云：「莊王使士亹傅大子箴。」士亹葢㠯官爲氏，宜即此廷理，亦即少師慶矣。亹之固辭傅職，㠯丹朱、商均、五觀、大甲、管、蔡爲辭，葢㠯大子嘗欲誅之也。及既就傅職，問於申叔時。叔時亦極陳不從不悛之説，且曰：「夫子踐位則退，自退則敬，否則赧。」正猶景帝踐位，釋之恐修司馬門之怨，而王生代爲畫計也。然恭王卒能從誨，則保傅之係于君德者誠重矣。

定元年經：「夏六月癸亥，公之喪至自乾侯。戊辰，公即位。」《公羊傳》：「癸亥，公之喪至自乾侯，則曷爲㠯戊辰之日然後即位？正棺於兩楹之閒，然後即位。」此在《左氏》説，則㠯爲朝委裘。先師賈子《五美篇》：「植遺腹，朝委裘，而天下不亂。」《漢書・賈誼傳》注：「應劭曰：『置遺腹，朝委裘，皆未有所知也。』孟康曰：『委裘，若容衣，天子未坐朝，事先帝裘衣也。』」是新君未即位，則事委裘，委非訓置。昭元年傳：「吾與子弁冕端委。」服注：「文德之衣尚褒長，故曰委。」是則臨朝㠯文德之衣，故曰委裘，委裘即綴衣。朝委裘事見《書・顧命》，彼云：「茲既受命還，出綴衣于庭。越翼日乙丑，王崩。」又云：「越七日癸酉，伯相命士須材，狄設黼扆綴衣。」鄭君釋前綴衣，謂連綴小斂大斂之衣于庭中。既嫌豫凶事，此江艮庭説。王鳳喈通之云：「人君即位爲椑，喪具固宜早辨，況疾已危殆，斂衣尤不可緩。」不知未崩而具斂衣，可也；未崩而陳斂衣，不可也。惟吕綴衣爲平日視朝之裘，至此出之，則無所嫌矣。且《立政》有綴衣與虎賁相連，固平日典司服御之官，豈掌斂衣者邪？僞孔釋綴衣，吕爲幄帳。幄帳更不可言衣。今釋綴衣爲委裘。委裘者，視朝之裘，本非吕凶事立名。其稱爲綴衣者，裘非聯綴不成。阮氏《揅經室集·釋郵表畷》曰：「《詩·長發》：『受小球大球，爲下國綴旒。』《禮記·郊特牲》曰：『饗農，及郵表畷、禽獸。』鄭注引三家《詩》作『爲下國畷郵』，乃本字古字也。《詩》之球即裘同音叚借字。吕裘爲標志，即吕表爲標志也。表者，裘衣也。自注：《説文》：「表，上衣也，从衣从毛。古者衣裘吕毛爲表。」❶旗、冕之旒，皆吕物相聯綴爲名。《詩·長發》之球，是乃表裘；《長發》之綴旒，是言受地於天子，爲諸侯之封疆樹立聯綴之裘吕定四界也。《春秋》襄十六年《公羊傳》：『君若贅旒然。』言臣專政，君不與國事，但若委裘於朝宁之上而已。」吕上阮説。由是説可知，委裘即綴衣。先出于庭者，待用也。雖待喪事，然固平日視朝之衣也，故不嫌豫凶事。至癸酉則爲大斂之明日，鄭注。時尚未御王册命，是新君尚未即位，故設委裘吕爲主。《司几筵》云「王位設黼依」，《明堂位》云「天子負斧依南鄉而立」，今設綴衣于黼扆前，是明吕綴衣代先君矣。委裘之在《周禮》，則《司裘》云：「大喪廞裘。」注：「故書廞爲淫。鄭司農云：淫裘，陳裘也。」《説文》本之，

❶「裘」，原作「裳」，據《揅經室集》（《文選樓叢書》本）改。

云：「廞，陳輿服於庭也。」案：陳服于庭，即出綴衣于庭，時猶未□□喪也。❶若斂後之設綴衣，則在牖閒。許君言庭者，由輿不上堂，故㠯此互見耳。然則廞裘即陳委裘也。《司服》云：「大喪共其復衣服，斂衣服，奠衣服，廞衣服。」廞衣服即廞裘之襲。故書「廞」亦爲「淫」，鄭司農云：「淫讀爲廞。廞，陳也。」是亦即陳委裘矣。《司裘》《司服》之「廞」，康成皆㠯爲明器，訓之爲興，不如先鄭之塙。《周禮》設委裘掌之司裘、司服，而《顧命》掌之狄者，猶黼依本設于司几筵，而《顧命》亦狄設之，蓋一出令而一趨役也。此戊辰公未即位㠯前，亦設委裘，而晉襄卒後，穆嬴日抱太子㠯嗁于朝，當亦設此。《春秋》箸之，爲後王法，而季氏無君，定公篡竊，則固彰明較箸，不煩論辨也已。

襄十年：「宋公享晉侯於楚丘，請㠯《桑林》。荀罃辭。荀偃、士匄曰：『諸侯宋、魯，於是觀禮。魯有禘樂，賓祭用之。宋㠯《桑林》享君，不亦可乎？』舞師題㠯旌夏，晉侯懼而退，入于房。去旌，卒享而還。」麟案：《呂氏春秋·順民》曰：「昔者湯克夏而正天下，天大旱，五年不收。湯乃㠯身禱於桑林，曰：『余一人有罪，無及萬夫。萬夫有罪，在余一人。無㠯一人之不敏，使上帝鬼神傷民之命。』於是翦其髮，鄜其手，「鄜」字仍從舊本。㠯身爲犧牲，用祈福於上帝。民乃甚説。雨乃大至。」《莊子·養生主》：「合於《桑林》之舞。」司馬彪云：「湯樂名。」此即因禱桑林而作者也。旌夏者，樂舞所用。然使旌爲析羽之旗，鹵簿常物，曾何足懼？

❶「□□」，原稿不易辨認，存疑。

案《地官·舞師》：「教皇舞，帥而舞旱暵之事。」注：「鄭司農云：皇舞，蒙羽舞。書或爲翌，或爲義。玄謂：皇，析五采羽爲之，亦如帗。」《春官·樂師》：「有皇舞。」注：「故書皇作翌。鄭司農云：皇舞者，㠯羽冒覆頭上，衣飾翡翠之羽，四方㠯皇。玄謂：皇，襍五采羽如鳳皇色，持㠯舞。旱暵㠯皇。」《説文》：「翌，樂舞㠯羽𦑞自翳其首㠯祀星辰也。」「翳，翳也，所㠯舞也。」是翌爲祀四方、祀星辰、禱旱暵之舞。此《桑林》爲禱旱樂，則旌夏即翌舞。後鄭㠯爲持㠯舞者，本《陳風·宛丘》「值其鷺羽」「值其鷺翿」傳「值，持也」爲説也。先鄭㠯爲冒覆頭上，叔重㠯爲自翳其首者，值亦可訓戴也。《喪大記》：「皆戴綏。」注：「戴之言值也。」《釋地》：「北戴斗極爲空桐。」注：「戴，值也。」是戴、值一聲之轉，互相叚借。此傳「題㠯旌夏」，當從先鄭、叔重説。《淮南·本經訓》：「橑檐榱題。」注：「題，頭也。」《鄭風·清人》箋：「喬，矛矜近上及室題。」《釋文》：「題，頭也。」葢題本訓頟，《説文》。因又訓頭，引申則頭上所戴亦謂之題。《莊子·馬蹏》：「齊之㠯月題。」《釋文》引司馬、崔云：「馬頟上當顱如月形者也。」此傳題字，義同月題。「舞師題㠯旌夏」，謂舞師頭上所戴之物用旌夏也。翌何㠯稱旌夏？曰：夏者，樂舞之大名，猶九夏矣。旌者，《説文》㠯翌爲羽𦑞，據《鄉射禮》記「㠯翿旌獲，白羽與朱羽糅」，析羽皆得稱旌，不必有縿。故翿旌但有白羽朱羽相糅，杠長三仞，㠯鴻脰韜上二尋，而無縿也。翌即翿旌而并無杠，㠯其析羽，故稱曰旌。且注人首與注旄首亦不異也。首蒙鳥羽，不見其面，其象非常，幾有方相氏蒙熊金目之形，故驟見而懼也。又案湯之翦髮鄽手，當有其事。鄽手即《禮器》之麾蚤。詳《菿漢閣札記》。至身爲犧牲，必是傳譌之説。《舞師》「皇舞」，書或爲「義」，《穆天子傳》「白義」，《列子·周穆王》作「白犧」，《説文》「犧」下云「賈侍中説此非古字」，則古字「犧」但作「義」。司農㠯皇舞爲衣飾翡翠，與其《司尊彝》注犧尊飾㠯翡翠相推校，明是讀故書「義舞」與「犧尊」之「犧」同。詳僖二十四年「下義其罪」下。《吕覽》所言，本《商書》舊文，其言「㠯身爲犧牲」者，葢本作「身犧旌」，或自作「身犧牲」而借「牲」爲「旌」，謂躬自翳翌題旌㠯舞，斯爲卹民之至耳。晚周先秦，古義漸失，誤仞犧旌爲豢養之犧牲，又不知上文所謂㠯身禱於桑林者，謂㠯一身任咎，而誤解爲身作肴臠，遂增衍其文曰「㠯身爲犧牲」。《三國・蜀志》注、《文選・與廣川長書》注、《御覽》二百七十三皆引作「自㠯爲犧牲」，然義亦不異。雖伏生《大傳》亦沿其誤，且有「史卜曰當㠯人爲禱」之文，《殷傳》。則是次睢用人，殷史亦同其妄。故訓不明，重紕貤繆，爲害至此。然亦正賴《吕覽》之文得㠯鉤攷古義，讀書其不貴自得邪？

襄十年：「卜桑林見。」麟案：《吕氏春秋・順民》注：「桑林，桑山之林，能興雲作雨也。」是其神甚霝異。《淮南・説林訓》：「黄帝生陰陽，上駢生耳目，桑林生臂手。」注：「上駢、桑林皆神名。」葢惟其爲神，故能見祟。

昭二十九年：「該爲蓐收。」麟案：《楚辭・天問》：「該秉季德，厥父是臧。胡終弊于有扈，牧夫牛羊？」柳宗元《天對》云：「該德胤攷，蓐收于西。爪虎手鉞，尸刑㠯司慝。」㠯該即此該，其説是也。洪興祖駁之曰：「恆秉季德，恆豈亦人名乎？」案下文言「恆秉季德，焉得夫朴牛」，何知恆非人名？其㠯「恆秉季德」屬湯者，王叔師馮臆之説，固無證據也。尋此下文言「世不失職，遂濟窮桑」，侍中㠯濟爲渡，則知顓頊㠯後，世職不廢，至夏猶存。《天問》之該，乃此該之後嗣耳。該之裔世稱該，猶重黎之裔世稱重黎也。王叔師云：「秉，持也。季，末也。臧，善也。」然則夏時之該能持先人之末德，修其祖父之善業，亦所謂世不失職者矣。而該于是時，爲有扈所侮，使爲牧圉。夏啟征扈，實即爲此，故《甘誓》曰：「有扈氏威侮五行，怠棄三正。」五行者，即此傳所謂五行之官也。三正者，即此傳所謂木正、金正、水正也。蓐收爲五行官之一，故曰威侮五行；就少皞四叔言能金木及水，惟有三正，蓐收爲其一，故曰怠棄三正：馬季長謂建子、建丑、建寅三正，鄭康成謂「三正，天地人之正道」，皆失之。棄與桓六年「隨張必弃小國」之「弃」同。並指有扈使該牧牛羊言。王、洪注《天問》亦皆失之。彼下文云：「有扈牧豎，云何而逢？擊牀先出，其命何從？」有扈之牧豎，即謂該也。叔師謂有扈氏本牧豎之人，大非。王莽令五威將授單于印，去璽曰章，單于大怒。後莽下詔曰：「降奴服于知，威侮五行，背畔四條。」《匈奴傳》云「班四條與單于」是也。〇巳上見《王莽傳》。彼巳五行指五威將，《莽傳》云：「五威將，每一將各置左右前後中帥凡五帥，衣冠、車服、駕馬各如其方面色數，將持節稱太一之使，帥持幢稱五帝之使。」是五威合于五行也。可知《甘誓》之義矣。

桓六年：「周人巳諱事神，名，終將諱之。」《三國・吳志・張昭傳》云：「從白矦子安受《左氏春秋》。」注：「時汝南主簿應劭議宜爲舊君諱，論者皆互有異同，事在《風俗通》。昭箸論曰：『客有見大國之議，士君子之論云，起元建武已來，舊君名諱五十六人，巳爲後生不得協也。取乎經論，譬諸行事，義高辭麗，甚可嘉羨。愚意褊淺，竊有疑焉。蓋乾坤剖分，萬物定形，肇有父子君臣之經。故聖人順天之性，制禮尚敬，在三之義，君實食之，在喪之哀，君親臨之，厚莫重焉，恩莫大焉，誠臣子所尊仰，萬夫所天恃，焉得而同之哉？

然親親有衰，尊尊有殺，故禮服上不盡高祖，下不盡玄孫。又傳記四世而緦麻，服之窮也；五世祖免，降殺同姓也；六世而親屬竭矣。又《曲禮》有不逮事之義則不諱，不諱者，蓋名之謂，屬絶之義，不拘於協，況乃古君五十六哉！邾子會盟，季友來歸，不稱其名，咸書字者，是時魯人嘉之也。何解臣子爲君父諱乎？周穆王諱滿，至定王時有王孫滿者，其爲大夫，是臣協君也。又厲王諱胡，及莊王之子名胡，其比衆多。夫類事建議，經有明據，傳有徵案，然後進攻退守，萬無奔北，垂示百世，永無咎失。今應劭雖上尊舊君之名，而下無所斷齊，猶歸之疑云。《曲禮》之篇，疑事無質，觀省上下，闕義自證，文辭可爲，倡而不法，將來何觀？言聲一放，猶拾瀋也，過辭在前，悔其何追？』」㠯上《吴志》及注。據子布此説，是亦謂父至高祖，不敢斥言，過此則舍故諱新也。子布《春秋左氏傳解》亦見本傳。今已亡佚，此條可補其義。

襄三十一年：「裨諶能謀，謀於野則獲，謀於邑則否。」《論語·憲問》：「裨諶草創之。」孔注曰：「裨諶，鄭大夫氏名也。謀於野則獲，謀於國則否。鄭國將有諸侯之事，則使乘車㠯適野，而謀作盟會之辭。」皇疏曰：「入於草野之中，㠯創之獲之。」案：孔注雖不詳何人所作，然㠯草創爲適野而謀，則漢末已有是説。《三國·吴志·虞翻傳》：「策好馳騁游獵，翻諫。策曰：『君言是也。然時有所思，端坐悒悒，有裨諶草創之計，是㠯行耳。』」是正㠯草創爲野謀也。

襄八年：「鄭人皆喜，唯子産不順，曰：『小國無文德而有武功，禍莫大焉。楚人來討，能勿從乎？從之，晉師必至。晉、楚伐鄭，自今鄭國不四五年，弗得寧矣。』子國怒之曰：『爾何知！國有大命，而有正卿。童子言焉，將爲戮矣。』」《韓非子・外儲説左》曰：「子産者，子國之子也。子産忠於鄭君，子國譙怒之曰：『夫介異於人臣，而獨忠於主，主賢明，能聽汝；不明，將不汝聽。聽與不聽，未可必知，而汝已離於羣臣。離於羣臣，則必危汝身矣。非徒危己也，又且危父矣。』」麟案：所説即此事。「介異於人臣」，即「不順」也。

隱十一年：「而與鄭人蘇忿生之田。」麟案：成十一年：「昔周克商，使諸侯撫封，蘇忿生㠯温爲司寇。」《風俗通》亦云：「蘇忿生爲周武王司寇。」則忿生即《立政》之司寇蘇公也。此在桓王時而言蘇忿生之田者，從其始受封者言之耳。近周氏壽昌作《漢書注校補》，誤謂此傳蘇忿生爲桓王時人，乃云《左氏》自相矛盾；又誤㠯「鄭人蘇忿生」連讀，而云「武王時尚無鄭，何㠯云鄭人蘇忿生」，可笑也。

莊十九年：「鬻拳可謂愛君矣。」何休《膏肓》曰：「人臣諫君，非有死亡之急而㠯兵臨君，開簒弒之路。《左氏》㠯爲愛君，於義《左氏》爲短。」鄭君箴之曰：「鬻拳，楚同姓，有不去之恩。」劉逢禄評曰：「㠯兵脇君，較之同姓臣㠯道去君，孰爲知權，必有能辨之者。」麟案：鬻拳所諫何事，傳不明言，何㠯知非死亡急事？至傳文「臨之㠯兵」，兵乃徒兵之兵，謂士卒，非兵刃也。《釋詁》：「臨，視也。」凡自視曰視，㠯物視人亦曰視。自視曰臨，則㠯物視人亦曰臨。何謂臨之㠯兵？臨之㠯兵何㠯懼？曰：《史記・留矦世家》云：「上在雒陽南宫，從復道望見諸將往往相與坐沙中語，上曰：『此何語？』留矦曰：『陛下不知乎？此謀反耳。』

上乃憂曰：『爲之柰何？』留侯曰：『急先封雍齒，㠯示羣臣。』」夫臨之㠯兵者，亦如從復道望見諸將而已，蓋始所强諫即兵事也。文王治下無狀，士卒離心，而彼昏不知，絶無戒懼，故鬻拳使王親自簡閱而見士卒不臣之狀，然後聳㠯危言，俾知警懼，遂不得不聽其言矣。然其心雖忠，其迹則近于恫猲要挾。馬嵬兵潰，陳玄禮因勢利導，使明皇不得不殺玉環。其知者㠯爲愛國，不知者㠯爲要君。衆口鑠金，誠難自解。且使愚者妄相師效，一變而爲擁兵向闕，則爲禍益深。故自刑㠯明意，且㠯示後也。可不謂愛君乎？何氏誤解傳。鄭㠯爲楚同姓者，蓋鬻熊之後，或氏熊，或氏鬻，本一姓也。《楚辭·天問》：「荆勳作師夫何長，悟過改更，我又何言。」孫氏詒讓《札迻》曰：「勳當讀如閽。《易·艮》九三爻辭『厲薰心』，李鼎祚《集解》本『薰』作『閽』，引『虞翻云：「古閽作熏字。艮爲閽。閽，守門人。」荀氏㠯熏爲勳』。《釋文》引荀本同。《續漢書·百官志》『光禄勳』，劉昭注引胡廣《漢官解詁》云：『勳猶閽也。《易》曰：「爲閽寺。」主宫殿之職。』《漢書·百官公卿表》注如淳引胡公説略同。荆勳即荆閽，蓋謂鬻拳也。莊十九年《左傳》：『初，鬻拳强諫楚子，楚子勿從，臨之㠯兵，懼而從之。鬻拳曰：「吾懼君㠯兵，罪莫大焉。」遂自刖也。楚人㠯爲大閽，謂之大伯，使其後掌之。』杜注云：『使其子孫常主此官。』此云『作師』，師即官也，言鬻拳之後世其官秩何久長也。『悟過改更』，亦蒙上文而言，謂楚王既從鬻拳之諫而改過，則鬻拳又何言乎。此假鬻拳之諫君㠯自寓其憂國之忱也。」麟案：此説是也。屈氏亦㠯鬻拳爲然，不獨《左氏》也。此又可㠯駁正劭公之説。

僖二十四年：「㠯叔隗爲内子而己下之。」《通典》六十八《二適妻議》：「魏征東長史吳綱亡入吳，妻子留在中國，於吳更娶。吳綱與後妻并子俱還，二婦并存。時人㠯爲，依典禮不宜有二適妻。袁準《正論》㠯爲：『並后匹適，禮之大忌。然此爲情愛所偏，無故而立之者耳。綱夫妻之絶，非犯宜出之罪，來還則復初，焉得而廢之？在異域則事勢絶，可㠯娶妻，後妻不害，焉得而遣之？按並后匹適，事不兩立，前適承統，後適不傳重可也。二母之服，則無疑於兩三年矣。』虞喜議曰：『法有大防，禮無二適。趙姬㠯君女之尊，降身翟婦，箸在《春秋》，此吳氏後妻所宜軌則。』庾蔚之謂袁準制之，得其衷矣。」麟案：袁、虞二説，立義不殊。此見《左氏》囊括大典，于禮無不該具，通變達權，人無疑志，故曰「《春秋》者，禮義之大宗也」。麟于《左氏》言禮者，必博徵詳説，不憚費辭㠯此。❶至趙盾之于君姬氏，傳不言其制服，然觀其因心則友，制服可知。《通典》八十九《後妻子爲前母服議》：「後漢末，長沙人王毖上計至京師，值吳魏分隔，毖妻子在吳，身留中國，爲魏黄門郎，更娶妻生昌及式。毖卒後，昌爲東平相。至晉太康元年吳平時，毖前妻已卒，昌聞喪，求去官行服。東平王楙上臺評議。博士謝衡云：『毖身不幸，去父母，遠妻子。妻於其家執義守節，奉宗祀，養舅姑，育稚子。後得歸還，則固爲己妻。父既爲妻，子豈不爲母？昌宜追服三年。』博士許猛云：『絶有三道。原注：有義絶者，爲犯七出也。有法絶者，㠯王法絶。有地絶者，㠯殊域而絶。且夫絶妻，如紀叔姬，其逼㠯王法，隔㠯殊域，而更聘適室者，亦爲絶矣。是㠯禮有繼母服制，無前母服制。是㠯前母非没則絶也。㠯昌前母雖在，猶不應服；若昌父在，則唯命矣，依《禮記》，昌唯宜追服其兄耳。』尚書都令史虞溥言：『臣㠯爲禮不二適，重正

❶「麟于」至「㠯此」，手稿於此十八字加方框。

也。苟正適不可㠯二，則昌父更娶之辰，即前婦義絕之日，固不待言而可知矣。議者㠯昌父無絕遣之言，尚爲正適。恐犯禮虧教，難㠯示後。按昌父既册名魏朝，更納後室，豈得懷舊君於江表，存外妻於讎國乎？非徒時政之所禁，乃臣道所宜絕。設使昌父尚存，今始會同，必不使兩妻專堂，二適執祭。㠯此驗之，故知後適立宜前適廢也。即使父有兩立之言，猶將㠯禮正之，況無遺命，可㠯服乎？溥㠯爲宜如猛議。』博士秦秀議云：『按議者㠯禮無前妻之名，依名絕之，不爲之服，斯乃是也。今兄弟不同居，而各㠯路人相遇其母，恐一體之愛，從此絕矣。古人之爲，未必按文，唯稱情耳。㠯爲二母之子，宜各相事皆如所生。雖無成典，期於相睦，得禮意也。若前妻之子不勝母之哀，來言曰「我母自盡禮於事夫，爲夫先祖所歆享，爲父志所嘉，爲人倫所欽敬」，便迎父喪歸於舊塋，㠯其母葬矣；則後妻之子，寧可㠯據儒者之言㠯距之邪？禮，二妾之子，父命令相慈，而三年之恩便同所生矣。昌父何義不令二適依此禮乎？然禮無明制，非末學者所敢用心。必不得已，與其意而絕之，不若意而事之。故㠯爲昌宜追前母三年，二母之祔，㠯先後爲敍。』侍中程咸言：『諸侯無更娶致夫人之制，大夫妻死改室，不拘立適。昌父前妻，守德約身，幸值闓通而固絕之，此禮不勝情而漸入於薄也。昌母後聘，本非庶賤，橫加抑黜，復不然矣。若令二母之子交相爲報，則並尊兩適，禮之大禁。昔舜不告而娶，婚禮蓋闕，傳記㠯二妃夫人稱之，明不足立正后也。聖人之弘，猶權事而變，而諸儒欲聽立兩適，並未前聞。且趙姬讓叔隗㠯爲内子，黃昌之告新妻使避正堂，皆欲㠯正家統而分適妾也。昌父已亡，無正之者，若追服前母，則自黜其親；交相爲報，則固非適。就使未達，追爲之服，猶宜刑貶，㠯匡失謬，況可報秝此字疑誤。施行，正爲通例，則兩適之禮，始於今矣，開爭長亂，不可㠯訓。臣㠯爲昌等當各服其母者。』箸作郎陳壽等議：『《春秋》之義，不㠯得寵而忘舊，是㠯趙姬請逆叔隗而己下之。若昌父及二母於今並存，則前母不廢，有明徵矣。設使昌父昔持前婦所生之子來入國中而尚在者，恐不謂母已黜遣，從出母之服。苟昌父無棄前妻之命，昌兄有服母之理，則昌無疑於不服。』司馬李苞議：『禮重統，所㠯正家，猶國不可二君。雖禮文殘缺，大事可知。昌父遇難，與妻隔絶，夫得更娶，妻當更嫁，此通理也。今之不去，此自執節之婦，不爲理所絶矣，適可嘉異其意，不得㠯私善羈縻已絶之夫。議者㠯趙姬爲比，愚㠯爲不同也。重耳適齊，志在必還，五年之閒，未爲離絶。衰納新寵，於禮爲廢適，於義爲棄舊，姬氏固讓，得禮之正，是㠯《春秋》善之，明不得並也。古無二適，宜如溥駮。』中書監荀勖議曰：『昔鄭子羣娶陳司空從妹，後隔呂布之亂，不知存亡，更娶蔡氏女。徐州平後，陳氏得還，遂二妃並存。蔡氏之子元疊爲陳氏服適母之服，族兄宗伯曾責元疊，謂抑其親，鄉里先達㠯元疊爲合宜。』」麟案：許猛、虞溥、李苞之議，皆徒知守經，不知達權。程咸㠯禮無二適，佀矣；而欲黜前妻而崇後婦，于義爲偵。且昌服前母，割私從正，豈得專徇所生，而㠯自黜其親尤之乎？秦秀于兩適太無分析，亦恐啟並后匹適之端。陳壽、荀勖持論冣允。總之，二妻若同時在室，則後婦當如趙姬之讓；後婦不讓而𣅜在，則當如黃昌之正。今兩不相遘，𣅜又前亡，則昌、式固應追崇前母。苟前母有子，亦當交服。至于兩適之中，辨其適庶，則如陳之元妃二妃可也。是故同、括、嬰當爲叔隗服，盾亦當爲姬氏服。

僖二十八年：「振旅愷㠯入于晉。」《宋書·樂志》：「鼓吹，蓋短簫鐃哥。蔡邕曰：『軍樂也，黃帝岐伯所作，㠯揚德建武，勸士諷敵也。』《周官》曰：『師有功則愷樂。』《左傳》曰：『晉文公勝楚，振旅凱而入。』《司馬法》曰：『得意則愷樂愷哥。』雝門周説孟嘗君：『鼓吹于不測之淵。』説者云，鼓自一物，吹自竽籟之屬，非簫鼓合奏，別爲一樂之名也。然則短簫鐃哥，此時未名鼓吹矣。應劭《漢鹵簿圖》唯有騎執箛。箛即笳，不云鼓吹。而漢世有黄門鼓吹。漢享宴食舉樂十三曲，與魏世鼓吹長簫同。長簫短簫，《伎録》並云，絲竹合作，執節者哥。又《建初録》云，《務成》《黄爵》《玄雲》《遠期》皆騎吹曲，非鼓吹曲。此則列於殿庭者爲鼓吹，今之從行鼓吹爲騎吹，二曲異也。又孫權觀魏武軍，作鼓吹而還，此又應是今之鼓吹。魏晉世又假諸將帥及牙門曲蓋鼓吹，斯則其時謂之鼓吹矣。」㠯上《宋志》。麟案：據此，則漢食舉樂十三曲用長簫，而謂之鼓吹。本志舉漢太樂食舉十三曲，「一曰《鹿鳴》，二曰《重來》，三曰《初造》，四曰《俠安》，五曰《歸來》，六曰《遠期》，七曰《有所思》，八曰《明星》，九曰《清涼》，十曰《涉大海》，十一曰《大置酒》，十二曰《承元氣》，十三曰《海淡淡》」，是即㠯長簫鼓吹者也。《魯語》言「今伶簫詠歌及《鹿鳴》之三」，是漢之㠯長簫奏《鹿鳴》者，本于古樂。然則愷樂之用短簫鐃哥，亦傳之自昔矣。若夫執笳從行，漢曰騎吹，則非古之愷樂也。

僖四年：「楚國方城㠯爲城，漢水㠯爲池。」服子慎注：「方城山在漢南。」又云：「方城，山也；漢，水名：皆楚之隘塞耳。」《水經注·汝水》：「又東得醴水。醴水又屈而東南流，逕葉縣故城北，《春秋》昭公十五年『許遷于葉』是也。楚盛周衰，控霸南土，欲爭强中國，多築列城于北方㠯逼華夏，故號此城爲萬城，或作『万』字。唐勒《奏土論》曰：『我是楚也，世霸南土。自越㠯至葉，垂境萬里，故號曰萬城也。』」麟案：「方城」

作「万城」，乃是形誤；又作「萬城」，則益失其真矣。唐勒所論，乃謂楚竟緜亙萬里，非指方城言，不得强合。《漢書・地理志》曰：「南陽郡，葉。楚葉公邑，有長城，號曰方城。」蓋方城猶方舟也。連舟曰方舟，連城曰方城。盛宏之謂：「葉東界有故城，始犨縣東，至瀙水，達比陽界，南北聯聯數百里，號爲方城，一謂之長城。」此説與班氏合。郭仲産謂「有小城名方城」，失之。尋楚方城有二，北則在葉，㠯備中國；南則在巫峽，㠯備秦人。《鹽鐵論・險固篇》曰：「楚自巫山起方城，屬巫、黔中，設扞關㠯拒秦。」是戰國時秦既得蜀，楚復起方城于巫山㠯拒之。其曰方城者，即襲北方舊名也。然則北方之方城乃㠯城名山，非㠯山名城。蓋方城袤延數百里，而其閒適有山在，因即名其山曰方城，猶晉時幕府山，㠯王導開幕府得名也。在今江甯府西北二十里。惟此傳之方城，則專指山言。蓋言「㠯爲城」，則本非城也。然是時方城已築，故山得受稱，則雖專指山言，而意中自該城言矣。若作「万城」，或謂方城㠯山名城，則無解于桓次公、班孟堅之書也。

僖二十四年：「鄭伯怨惠王之入而不與厲公爵也。」服子慎注：「惠王㠯后之鞶鑑與鄭厲公，而獨與虢公玉爵。」《史記・鄭世家》：「鄭文公怨惠王之亡在櫟，而文公父厲公入之，而惠王不賜厲公爵禄。」《索隱》：「此言爵禄，與《左氏》説異。《左傳》云：『鄭伯享王，王㠯后之鞶鑑與之。虢公請器，王予之爵。』則爵酒器，非爵禄也。」麟按：史公説非異也。禄借爲鹿，古禄、鹿聲通，如古文麓作禁，又簏或作箓，漉或作渌，可證。《漢韓勑造孔廟禮器碑》「爵鹿柤梪」，則鹿亦一器，與爵同類，今雖不詳何物，要其得名，或亦與鹿中之爲鹿形者可相比例。史公㠯爵鹿連言，必本《左傳》古説。蓋當時與虢公玉爵，兼與之鹿。此非曾、吳、鐸、虞、荀、張、賈目來積古相傳，不足目知此，豈謂爵位與禄秩邪？

昭二十年：「齊侯至自田」至「同之不可也如是」。《後漢書・文苑・劉梁傳》：「著《辯和同之論》，其辭曰：夫事有違而得道，有順而失義，有愛而爲害，有惡而爲美。其故何乎？蓋明智之所得，闇僞之所失也。是目君子之於事也，無適無莫，必考之目義焉。得由和興，失由同起，故目可濟否謂之和，好惡不殊謂之同。《春秋傳》曰：『和如羹焉，酸苦目劑其味，君子食之，目平其心。同如水焉，若目水濟水，誰能食之？琴瑟之專一，誰能聽之？』是目君子之行，周而不比，和而不同，目救過爲正，目匡惡爲忠。經曰：『將順其美，匡救其惡，則上下和睦，能相親也。』昔楚恭王有疾，召其大夫曰：『不穀不德，少主社稷。失先君之緒，覆楚國之師，不穀之罪也。若目宗廟之靈，得保首領目殁，請爲靈若厲。』大夫許諸。及其卒也，子囊曰：『不然。夫事君者，從其善，不從其過。赫赫楚國，而君臨之，撫正南海，訓及諸夏，其寵大矣。有是寵也，而知其過，可不謂恭乎？』大夫從之。此違而得道者也。及靈王驕淫，暴虐無度，芋尹申亥從王之欲，目殯於乾谿，殉之二女。此順而失義者也。鄢陵之役，晉楚對戰，陽穀獻酒，子反目斃。此愛而害之者也。臧武仲曰：『孟孫之惡我，藥石也；季孫之愛我，美疢也。疢毒滋厚，石猶生我。』此惡而爲美者也。孔子曰：『智之難也！有臧武仲之智，而不容於魯國。抑有由也，作而不順，施而不恕也。』蓋善其知義，譏其違道也。夫知而違之，僞也；不知而失之，闇也。闇與僞焉，其患一也。患之所在，非徒在智之不及，又在及而違之者矣。故曰：『智及之，仁不能守之，雖得之，必失之也。』《夏書》曰：『念茲在茲，庶事恕施。』忠智之謂矣。故君子之行，動則思義，不爲利回，不爲義疚，進退周旋，唯道是務。苟失其道，則兄弟不阿；苟得其義，雖仇讎不廢。故解狐蒙祁奚之薦，二叔被周公之害，勃鞮目逆文爲成，傅瑕目順厲爲敗，管蘇目憎忤取進，申侯目愛從見退，考之目義也。故曰：『不在逆順，目義爲斷；不在憎愛，目道爲貴。』《禮記》曰：『愛而知其惡，憎而知其善。』考義之謂也。」

自劉申受目來，皆謂《左氏》敘陳氏事，爲子駿附莽，張其世系也。按：莽之虛飾符命，自世系始。《漢書·元后傳》「莽自謂黃帝之後，其自本曰：師古曰：述其本系。黃帝姓姚氏，八世生虞舜，舜起嬀汭，目嬀爲姓」云云，而《左氏外傳·晉語》明云「唯青陽與蒼林氏同於黃帝，故皆爲姬姓」，又云「昔少典娶於有蟜氏，生黃帝、炎帝。黃帝目姬水成，炎帝目姜水成，成而異德，故黃帝爲姬，炎帝爲姜」，目上《晉語》。明箸其辭，與黃帝姚姓之說牴牾。夫託裔冑于神明，足目誑燿符命，其事大于推本陳完多矣。使子駿果因助莽而目陳氏事竄入《左傳》，何不于《國語》改姬爲姚？且《國語》有其父子政新分之五十四篇，尤可目定本欺人，而今顧與莽說牴牾。若是，然則陳氏之事，又何足增竄邪？彼將曰：是于《晉語》偶有不檢，自露罅漏也。按《莽傳》載莽詔曰：「自黃帝至于濟南伯王，❶而祖世氏姓有五矣。黃帝二十五子，分賜厥姓十有二氏。虞帝之先，受姓曰姚，其在陶唐曰嬀，在周曰陳，在齊曰田，在濟南曰王。」「夫黃帝二十五子，得姓者十四人，爲十二

❶「南」，原作「男」，據《漢書》改。

姓」，此文即出《晉語》，既已引入僞詔，是必嘗檢點及之矣，而猶自露罅漏，不爲彌縫，何邪？然則子駿之于經傳，必不爲附莽妄改可知。即黄帝姬姓之文，而傳中之敘陳氏，可爲一雪其冤矣。

至凡言陳氏符命者，則轉不爲莽作。《後漢書·李雲傳》：「雲上書曰：高祖受命，至今三百六十四歲，君期一周，當有黄精代見。姓陳、項、虞、田、許氏，不可令此人居太尉、太傅、典兵之官。」注：「陳、項、虞、田，並舜之後。」麟按：《墨子·魯問篇》「齊將伐魯，子墨子謂項子牛曰」，下云「子墨子見齊大王曰」，蘇氏時學曰：「大王即太公田和也。」據此，項子牛爲田和將。三晉、田齊篡竊之初，多用其宗族任事，項子牛葢亦田氏之族矣。太史公曰：「吾聞之周生曰，舜目葢重瞳子，又聞項羽亦重瞳子，羽豈其苗裔邪？」太史公作書，取法《世本》，豈無徵不信，而漫然以重瞳疑其爲苗裔哉？正以舜後本有項氏，故疑羽之形肖其祖耳。此所説亦圖讖之流。時莽亡久矣，豈作讖者猶爲莽陳説符命邪？若謂莽所僞作，至東漢猶存，則與三百六十四歲之數又相牴牾。然則言陳氏符命者，與莽何涉？夫箸文于莽前與箸文于莽後等耳，而必謂在前者爲莽而作。烏虖！是則讀書過少，未嘗曠覽古今之過也。

宣九年：「孔子曰：『《詩》云「民之多辟，無自立辟」，其泄冶之謂乎！』」按此語意，即班孟堅所謂「依世則廢道，違俗則危殆」，《何武王嘉師丹傳》贊。乃於褒予之中，寓歎悼之意，且惜其不能去官高蹈，以致危身也。妄者乃謂《左氏》不與泄冶，是何異眯目而道白黑邪？《説苑·正諫》云：「智者度君權時，調其緩急而處其宜。上不敢危君，下不以危身。故在國而國不危，在身而身不殆。昔陳靈公不聽泄冶之諫而殺之，曹羈三諫曹君不聽而去,《春秋》序義雖俱賢,而曹羈合禮。」此子政和合三傳爲説,曹羈用《公羊》義,泄冶用《左氏》《穀梁》義。是即孔子論泄冶之旨也。姚信《士緯》曰:「平議之士,若季札、趙武,逮于林宗,皆可盡爲則也。其泄冶、伯宗及末世史雲、子將之屬,皆美而未善也。聖人考功黜陟,猶㠯三載,而子將月旦之處,史雲睚眦廢人,其觀進者或飾虚,其怠沮者皆離叛,識誠可謂妙矣,然非洙泗之風,三千之宏化。」《御覽》四百四十七引。「美而未善」,冣得孔子意。泄冶固直而未聞道者,若《家語》因《左氏》所記而復引致其説,謂泄冶懷寵不去,死而無益,此正杜豫所本。邪説詖辭,君子必斥。

僖三十二年述蹇叔事。案:蹇叔忠謇亮直,爲社稷臣,而被辱之後,風骨不彰,豈載籍有闕邪,抑秦素輕士使然也?《左氏》雖義深君父,然大臣風節,無委蛇之義。吴張子布嘗從白矦子安受《左氏春秋》,又箸《春秋左氏傳解》,其所行事,足㠯明《左氏》義。其傳曰:「昭每朝見,辭氣壯厲,義形於色。曾㠯直言逆旨,中不進見。後蜀使來,稱蜀德美,而羣臣莫拒。權歎曰:『使張公在坐,彼不折自廢,安復自誇乎?』明日,遣中使勞問,因請見昭。昭避席謝,權跪止之。昭坐定,仰曰:『昔太后、桓王不㠯老臣屬陛下,而㠯陛下屬老臣,是㠯思盡臣節,㠯報厚恩,使泯没之後,有可稱述。而意慮淺短,違逆盛旨,自分幽淪,長棄溝壑。不圖復蒙引見,得奉帷幄。然臣愚心所㠯事國,志在忠益,畢命而已。若乃變心易慮,㠯偷榮取容,此臣所不能也。』權辭謝焉。權㠯公孫淵稱藩,遣張彌、許晏至遼東拜淵爲燕王。昭諫曰:『淵背魏懼討,遠來求援,非本志也。若淵改圖,欲自明於魏,兩使不反,不亦取笑於天下乎?』權與相反覆,昭意彌切。權不能堪,案刀而怒曰：『吴國士人，入宫則拜孤，出宫則拜君。孤之敬君，亦爲至矣，而數於衆中折孤，孤嘗恐失計。』昭熟視權曰：『臣雖知言不用，每竭愚忠者，誠㠯太后臨崩，呼老臣於牀下，遺詔顧命之言故在耳。』因涕泣横流。權擲刀致地，與昭對泣。然卒遣彌、晏往。昭忿言之不用，稱疾不朝。權恨之，土塞其門，昭又於内㠯土封之。淵果殺彌、晏。權數慰謝昭，昭固不起。權因出過其門呼昭，昭辭疾篤。權燒其門，欲㠯恐之，昭更閉户。權使人滅火，住門良久，昭諸子共扶昭起，權載㠯還宫，深自克責。昭不得已，然後朝會。」案：權之禮昭，仲父、博陸㠯後無聞焉。至乎按刀憑怒，則虐侮亦甚。昭之自處，有矜嚴之風，無驕奢之節，是又管、霍所不逮。達尊無貶，浩然英白，孟軻事齊而後一人而已。而習鑿齒評之曰：「張昭於是乎不臣矣。夫臣人者，三諫不從，則奉身而退，身苟不絶，何忿懟之有？且秦穆違諫，卒霸西戎；晉文暫怒，終成大業。遺誓㠯悔過見録，狐偃無怨絶之辭，君臣道泰，上下俱榮。今權悔往之非而求昭後益，迴慮降心，不遠而復，是其善也。昭爲人臣，不度權得道，匡其後失，夙夜匪懈，㠯延來譽，乃追忿不用，歸罪於君，閉户拒命，坐待焚滅，豈不悖哉？」㠯上《國志》注引習説。夫習氏身處孱晉，强臣擅權，故立論務于嚴持天澤。然㠯之論古，則可謂便嬖臧獲之見矣。子布稱「太后、桓王不㠯老臣屬陛下，而㠯陛下屬老臣」，師保之義，惟自尊其道，乃克盡臣節。權虐侮已甚，難與久處，雖悔過自艾，非不屑之教誨，其何能淑？慰謝不起，非務悖直，所㠯動其椎胸齧臂之悔而已。且箕子、伍胥，皆保傅舊臣，商辛、夫差，亦暴戾相若，二子之諫一也，爲胥靡則全身，矜勛望則賜劍，故明夷之士，不得不反經行權爾。秦穆雖賢，俗素輕士，故蹇叔亦優游處之，豈臣道必然乎？權雖失道，必無推刃耆碩之念，故子布得行其志，葢猶所謂「邦有道，危言危行」者邪。若夫狐偃從亡，勛業未就，豈㠯舉戈之辱，遂爲溝壑小諒？此又不可與並論者也。要之，子布所行，誠爲《春秋》臣道之則矣。

襄三十年經：「秋七月，叔弓如宋，葬宋共姬。」《通典》一百三：「孔衍《禁招魂葬議》云：『時有殁在寇賊，失亡屍喪，皆招魂而葬。吾㠯爲出於鄙陋之心，委巷之禮，非聖人之制，而爲愚淺所安，遂行於時，王者所宜禁也。何則？聖人制殯葬之意，本㠯藏形而已，不㠯安魂爲事，故既葬之日，迎神而返，不忍一日離也。況乃招其魂而葬之，反於人情而失其禮，虚造師事㠯亂聖典，宜可禁也。』李瑋《宜招魂葬論》難孔衍，引『禮祖祭是送神也。既葬三日，又祭於墓中，有靈座几筵歆燕之物，非唯藏形也』。引『周武尚祭於畢，季子復命於墓，成公夢康叔相奪余饗。既葬迎神而返，博求神之道，孝子未忍離其親耳。且宗廟是烝嘗之常宇，非爲仙靈尚止此廟也，猶圜丘是郊祀之常處，非爲天神尚居此丘也。《詩》曰「祖考來格」，知自外至也。又曰「神保聿歸」，歸其幽冥也。卜宅安厝，亦安神也。伯姬火死，而叔弓如宋葬共姬，皆其證也。宋玉先賢，光武明王，伏恭、范逡，並通義理，亦主招魂葬，豈皆委巷乎』。孔衍答曰：『祭必立壇，不可謂神必墓中也。若神必墓中，則成周雒邑之廟皆虚設也。又帝丘及《詩》來格、聿歸，皆所㠯明魂無不從耳。既葬三日祭墓，亦猶飯含不忍其虚耳。共姬之焚，㠯明窮而彌正，不必灰㶳也。就復灰㶳，骨肉雖灰，灰則其實，何緣舍䪥灰之實，而反當葬魂乎？此皆末世失禮之舉，非合聖人之舊也。』」

僖十五年：「公子耴曰。」今本「耴」作「縶」。《説文》「耴」下云：「耳朶也，从耳下朶，象形。《春秋傳》曰秦公子耴者，其耳下朶，故㠯爲名。」許君所稱《春秋傳》，皆謂《左氏》，而今《左傳》無秦公子耴。尋《説文》縶讀若輒，輒从耴聲，而鄭公孫輒字子耳，又借輒爲耴，明縶、輒、耴三字同音，故今本《左傳》《國語》皆㠯公子耴爲公子縶。許君所據，則冣初古本，其言公子耴耳下朶，故㠯爲名，亦必侍中所説。《檀弓》：「子顯㠯致命於穆公。」注：「使者公子縶也。」盧氏云：古者名字相配，顯當作韅。」尋《晉語》弔重耳者爲公子縶，故鄭君知子顯即縶。而盧君讀顯爲韅，則誤㠯縶爲本字，葢未檢作耴之古本也。不知顯借爲軒，《大雅·假樂》「顯顯令德」，《中庸》作「憲憲令德」，《樂記》「武坐，致右憲左」，注「憲讀爲軒」，然則顯、憲、軒三通，故顯得借爲軒。《説文》：「軒，曲輈藩車。」《羽獵賦》「俄軒冕」，注：「車有轓曰軒。」藩、轓皆即𨊻字。《説文》：「𨊻，車耳反出也。」段氏謂較反出處其圜角之衺倚向外者。《漢書·景帝紀》「令長吏二千石車朱兩轓」，應劭注：「車耳反出，所㠯爲之藩屏翳塵泥也。」《大玄·積》：「君子積善，至于車耳。」測曰：君子積善，至于蕃也。」則又㠯蕃爲𨊻。是車有耳反出者曰軒。車耳之反出，猶人耳之下垂，故輒从耴聲，字兼會意。《説文》曰：「輒，車兩輢也。輢，車旁也。較，車輢上曲鉤也。」从段校。曲鉤即車耳反出。葢車輒上有反出之耳，故輒字从耴。而車耳反出獨箸于軒，故名耴字子軒，葢㠯耴生而耳下垂，其形同于車耳反出也。標此爲讀《左氏》、讀《説文》之一快。

昭元年：「故有五節，遲速本末㠯相及，中聲㠯降，五降之後，不容彈矣。」麟案：《後漢書·律歷志》：

「京房㠯六十律檢攝羣音，考其高下，苟非草木之聲，則無不有所合。房又曰：『竹聲不可㠯度調，故作準㠯定數。準之狀如瑟，長丈而十三弦，隱閒九尺，㠯應黄鍾之律九寸；中央一弦，下有畫分寸，㠯爲六十律清濁之節。』」英吉利人田大里作《聲學》，言審音有準音叉及記音器，此與準異制而同意。㠯爲空氣傳聲，其勢同於海浪，故名曰聲浪。空氣冷至冰度，聲浪傳動之速，每秒一千零九十尺。㠯其動之遲速定音之高下，必㠯準音叉、記音器審之。其説曰：「諸樂器發音之理，俱使空氣之質點，平匀往復而動成多浪也。如第十八圖，用馬鬉作弓弦，鬉黏松香，切於準音叉之端而移動，如己，則叉動而生音。蓋馬鬉黏之松香，能將叉端句過而使彎，彎至其限，叉㠯簧力而返回，回至限時，又爲松香所句過，如此往復而成平匀之動，每動推空氣成一浪，多浪連續而成音。細視之，能見叉之摇動。將指近於叉而不相切，又能覺空氣之震動。若相切於叉，叉即停音即息矣。音叉之發音，初大而後漸小者，叉之動路初大而後漸小也。惟大小雖有不同，而高低無少改，因動路雖漸小，而同時中之動數未改也。音之有高低與大小迥不相同，大小在乎叉之動路，高低在乎叉之動數也。二者可自畫成曲線㠯顯之。如第十九圖，在音叉之端連銅殅，俗字作「尖」。如己，用波離片，如寅，覆於燭火之上熏黑之，㠯音叉端之銅殅輕切於波離之黑面而移過，即能畫成直線。若使音叉發音，而如法相切，平匀速移，即能畫成曲線。其曲初大而漸小，即叉之動路初大而漸小也。至末而成直線，叉動已停也。再㠯此波離片置於電氣鐙之前而觀其影，則曲線益明而易見。實測各音每秒之動數所用之器，名爲記音器，其發音之件，如第二十四圖，有銅筩丙，底連進氣管酉，口連銅圓板甲乙，內作多孔，列成四圈，內圈八孔，外圈十孔，再外十二孔，再外十四孔。別用銅板丁戊，其外徑與各孔並同甲乙圓板，中心有鋼軸巳巳'，其端殀銳而光滑。甲乙圓板中心有孔如天，能與鋼軸之下端已相配。二圓板之面極平極滑，相切而易於旋轉。其全形如第二十五圖，有贏釘丙，㠯接鋼軸之上端。圓板各孔，俱順圓圈而與板面斜交，上下二板之斜又相反。故吹氣於酉管，而上板自能旋轉，各孔或對或不對，而氣或吹或塞，則成孛孛之聲，轉速而連續成音矣。鋼軸之上端作贏絲如申，兩旁各接一齒輪，能與鋼軸同轉，輪心各有橫軸，端韜俗字作「套」。鍼指前面之度分，如第二十六圖，㠯顯圓板之轉數。兩旁各有柄如甲、乙，按入之，鍼即不轉。銅箭之旁有寅、卯、辰、巳四釘各制一圈之孔，按入何釘，其圈之孔即通；引出之，其圈之孔即塞。按入寅釘，而用風箱鼓氣入酉管，即自一圈之孔內吹出，而使丁戊圓板旋轉。其轉尚慢，聽有孛孛之聲；吹力稍大，則圓板之旋轉稍速，而成低音；吹力再漸大，旋轉漸速而音漸高；吹力極大，則音極高，耳不能聞。音極高而耳不聞者，如物極微而目不見也。欲知音叉所生音之動數，將氣吹入此器，又將弓切叉端而移過，二器同時出音，再㠯吹力之大小遷就之，使其音與音叉之音同高。觀時表之秒鍼指六十秒，急按左柄，則器面之鍼即動，待秒鍼轉一周仍至六十秒，急按右柄，則器面之鍼即停。觀鍼所指，若在一千四百四十而板之孔十六，則十六乘一千四百四十，得二萬三千零四十，即一分時叉之動數。㠯六十約之，得三百八十四，爲一秒時叉之動數。已知動數，即可求聲浪之長矣。空氣有百度表，十五度之熱，則傳聲之速，每秒一千一百二十尺，今有三百八十四動，即一千一百二十尺內有三百八十四聲浪也。故㠯三百八十四約一千一百二十尺，略得三尺，即一聲浪之長也。男人言語之音，聲浪之長八尺至十二尺；女人言語之音，聲浪之長二尺至四尺。可知女人之低音高於男人之高音一調，女人之高音高於男人之高音二調也。每聲浪傳過空氣，空氣各質點必成一往復，遇緊層而往前，遇鬆層即復後也。設聲浪長八尺，每秒聲行一千一百二十尺，則空氣質點每一往復，歷時一百四十分秒之一，即等於聲前行八尺所歷之時也。氣質之重率與坳朕力若各處相同，則各聲浪之長相同，而氣點之動速亦相同。重率與坳朕力若各處有不同，如自冷處至熱處，則聲浪必變長，而氣點之動亦加速，音之高低可不改。若氣質之重率減小，則聲浪之長雖同，而音則加高。故輕氣之聲浪若亦長八尺，音必高於空氣聲浪長八尺者二調，因輕氣之傳聲速於空氣四倍，故同時中傳之聲浪爲空氣之四倍也。試將記音器之八孔與十六孔同開，而使同出二音，其音相和而可分辨，十六孔所出之音高於八孔所出之音一調，因同時中八孔者出一浪，十六孔者出二浪，一爲一動，一爲二動也。凡音加高一調，其動數爲二倍；加高二調，動數爲四倍；加高三調，動數爲八倍；動數一百之音，若加高五調，得動數三千二百。音之極高者，耳不能聞；音之極低者，亦不能聞。西士測定冣低之音人耳能聞之限，每秒八動，但必甚大，否則不能連續；冣高之音人耳能聞之限，每秒二萬四千動。或云低限每秒十六動，高限每秒三萬八千動。設已每秒十六動起，音高一調，動數加倍，高至十一調，得三萬二千七百六十八動，即人耳能聞之音約有十一調也。然尋常樂器之音不有十一調而約僅七調，即每秒四十動至四千動也，然而冣低與冣高之音，能聞與否，各人不同，如風琴冣高之音，蝙蝠、蟋蟀、麻雀、小蟲之鳴，或能聞或不能聞也。」已上《聲學》。按聲之高下至十一調，而此言五降者，非止五調也。自周已來，有七調矣。何云五調？蓋傳明言「中聲已降，五降之後不容彈」，中聲者，謂正居十一調之中之調，即第六調一千二十四動者也。自中聲已下，其調有五，是謂五降。五降之後，則其聲孛孛不可聽，故不容彈矣。自中聲已上，其調亦有五，則曰五升。五升之後，則高至耳不能聞，亦不容彈矣。

然醫和但言中聲㠯降五降，而不言中聲㠯升五升者，互見其義也，且爲下文「於是有煩手淫聲」起本。葢服君説彼謂「鄭重其手而聲淫過」，《異義》引《左氏》説「煩手淫聲謂之鄭聲」，是即張機《傷寒論》所謂「鄭聲重語」者，即孛孛之聲也。此惟低聲至五降㠯後乃有之，而非高聲至五升㠯後所有也，故但言五降，不言五升也。旁注：當時作新聲者多喜低音，與後世喜高音者絶異。然先言「五節」，則降有五節，升有五節，舉該之矣。周㠯來有七調，而此必言十一調者，空論成音之理，推極至于十一調也。音本有十一調，而商㠯前惟有五調，周㠯後乃有七調，已不一致。七調雖至爲完善，然極乎音理，則有增至十一調者，特不適人耳矣，故衍極其理如此。

昭二十六年：「禮之可㠯爲國也久矣，與天地並。君令，臣共，父慈，子孝，兄愛，弟敬，夫和，妻柔，姑慈，婦聽，禮也。君令而不違，臣共而不貳，父慈而教，❶子孝而箴，兄愛而友，弟敬而順，夫和而義，妻柔而正，姑慈而從，婦聽而婉，禮之善物也。」賈大傅《禮篇》述此，多有㠯訓詁字代之者，已疏證如别。而《荀子·君道篇》亦有之，特無「姑慈」「婦聽」二者，其言曰：「請問爲人君。曰：㠯禮分施，均徧而不偏。❷請問爲人臣。曰：㠯禮待《韓詩外傳》四「待」作「事」，當從之。君，忠順而不懈。請問爲人父。曰：寛惠而有禮。請問爲人

❶「教」，原作「敬」，據《左傳》改。

❷「施」「均」二字，原誤乙，據《荀子》改。

子。曰：敬愛而致文。請問爲人兄。曰：慈愛而見友。請問爲人弟。曰：敬詘而不悖。請問爲人夫。曰：致功而不流，致臨而有辨。請問爲人妻。曰：夫有禮則柔從聽侍，夫無禮則恐懼而自竦也。此道也，偏立而亂，俱立而治，其足㠯稽矣。請問兼能之柰何。曰：審之禮也。古者先王審禮㠯方皇周浹於天下，動無不當也。」皆訓釋此節大義。傳言「臣共」，此言「忠順」，㠯忠訓共，正同賈子。傳言「兄愛而友」，此言「慈愛而見友」，見友者，謂見友于弟也，是「而」字當作「則」字解。則傳文十「而」字，此文八「而」字，皆當作「則」字解明矣，又與賈子十「而」字皆作「則」字者合。然則北平再傳，義如符契，顧不信邪？

隱三年：「對曰：羣臣願奉馮也。」案此，知孔父效忠儲后，故東方朔曰：「孔父爲詹事。」《百官公卿表》曰：「詹事，掌皇后太子家。」

宣十年經：「齊崔氏出奔衛。」傳曰：「書曰崔氏，非其罪也，且告㠯族，不㠯名。」昭二十三年經：「尹氏立王子朝。」二十六年經：「尹氏、召伯、毛伯㠯王子朝奔楚。」《公羊》于隱三年「君氏卒」亦作「尹氏」，與「崔氏」皆說爲譏世卿。世卿固不止崔、尹，其能殺君奪適者，亦非止此二氏，且權力或過之矣。《左氏》譏世卿，據張子高說，謂田氏、趙氏、季氏，與此不涉。此傳謂崔氏無罪，又謂因赴告，其義至淺，但謂舊史之意而已，而不言之旨，則謂因舊史非罪之文，㠯與尹氏屬辭比事，而加王心焉。然後知其旨趣華深，正言若反，非素臣莫能箸也。宣十年之崔氏，昭二十三年之尹氏，書氏者，皆罪其廢絶史官也。莊公之弒，太史書曰「崔杼弑其君」，崔子殺之。其弟嗣書，而死者二人。其弟又書，乃舍之。南史氏所聞，則云太史盡死，是齊史爲崔氏蕩盡矣。尹氏，故史官也。尹佚爲周史，子孫至于秉均而官守猶在，故《周書·克殷》尹佚策武王，王乃再拜稽首，膺受大命；其後命程伯休父，命晉侯重耳，事必㠯屬尹氏，是史職也。而乃騰舞豪剛，掍殽緇素，佐庶亂適，及奉典籍㠯奔楚，猶復飭文布告，㠯揜篡迹，則史氏之罪，幾于受財鬻筆矣。史者，天職也，《周書·武寤》尹氏八士先於大師三公，漢之太史令班列猶先丞相，蓋王道陵夷，天子失政，則主持憲命，㠯爲萬方之綱紀者，史官而已。崔氏滅之，尹氏身居其職而自敗之，使金匱之守泯焉無繼，繼之者亦不足㠯定褒貶，一則甚于焚書，一則過于發冢，故《春秋》因舊書崔氏、尹氏，而制㠯新義。氏也者，于《春秋》則夷狄之稱也，赤狄潞氏、赤狄甲氏是也。國無史則九法斁，天下無史則三統絶，幽蒙晦曀，三歲不覿，雖有藏粟，吾其被髮左衽矣。故書崔氏、尹氏㠯狄之，明其爲害不止于一時之殺君奪適已也。《春秋》有狄一國之文，有狄一人一家之文。狄一國之文，見者數矣；狄一人一家之文，惟于崔、尹見之。學者因其未他見而爲世卿之說，抑豈無義？較之于《左氏》殺太史奉典籍之文，而深淺殊矣。《御覽》四百七十引《襍鬼神志》曰：「昔周時，尹氏貴盛，數代不絶，食口數千。常遭飢荒，羅鼎鑊作糜，啜糜之聲聞數十里中。臨食，失三十人，入鑊中鑿取鑊底糜，鑊深大，故人不見也。」此說未知何本，要因世卿之說而傅會成之也。

又案《春秋緐露·郊祭》云：「傳曰：周國子多賢蕃殖，至于駢孕男者四，四産而得八男，皆君子俊雄也。此天之所㠯興周國也，非周國之所能爲也。」所謂八男，即尹氏八士。南宮适既與十亂，而七人者復爲俊雄，則其家賢才衆多，子孫遵率祖德，固當㠯令聞長世。至吉甫猶列方、召閒，《南山》之刺，豈謂尹氏與皇父等七子同罪哉？國之元老，民所瞻仰，斯責備恆多耳。其後尹氏諸子，亦不見如三家六卿之專横，正不得㠯世卿罪之也。至書「尹氏立王子朝」，乃正罪其廢絶史法，勿繩祖武，曷嘗有譏世卿之旨哉？

昭二十二年經：「王室亂。」二十三年經：「尹氏立王子朝。」二十六年經：「尹氏、召伯、毛伯㠯王子朝奔楚。」案：據二十二年傳「叔鞅至自京師，言王室之亂也」，二十六年傳「王子朝使告于諸矦曰，今王室亂」，是亦當時恆語。而聖人書之，則有深義。先師荀子《解蔽》云：「今諸矦異政，百家異説，則必或是或非，或治或亂。亂國之君，亂家之人，此其誠心莫不求正而㠯自爲也，妬繆於道而人誘其所迨也。私其所積，唯恐聞其惡也。倚其所私，㠯觀異術，唯恐聞其美也。是㠯與治離從注引或本。走而是己不輟也。」又云：「德道之人，亂國之君非之上，亂家之人非之下，豈不哀哉？」又云：「昔賓孟之蔽者，亂家是也。」所謂亂家，即王室亂。所謂賓孟，即二十二年傳之賓孟也。賓孟始謀立子朝，尹氏成之，㠯亂王家，而其後至于百家皆亂，浸成異術，故荀子繼賓孟而言之云：「墨子蔽於用而不知文，宋子蔽於欲而不知得，慎子蔽於法而不知賢，申子蔽於埶而不知知，惠子蔽於辭而不知實，莊子蔽於天而不知人。」此即所謂百家異説也。夫王家之亂，亂及百家者，何哉？先師賈太傅《立後義》曰：「今㠯爲知子莫如父，故疾死置後者，恣父之所㠯。比使親戚不相親，兄弟不相愛，亂天下之紀，使天下之俗失，明尊敬而不讓，其道莫經於此。王懷祖曰：「《荀子·脩身篇》：『治氣養心之術，莫徑由禮。』徑，疾也。莫經即莫徑。」疾死置後㠯適長子，如此則親戚相愛，而兄弟不爭，此天下之至義也。民之不爭，亦惟學王宮國君室也。」㠯上賈太傅言。然則百家之亂，亦學王宮國君室可知矣。當周東遷，舊法世傳猶在，官各分科，而不相攻，故九流未能自爲題表。及景王疾死置後，忞父所以，家亂於内，而百家亂於外。是以尹氏之先尹佚箸二篇，故在墨家，清廟之守，其世掌也。當春秋前，魯惠公使宰讓請郊廟之禮於天子，桓王使史角往，桓王在惠公後，此《吕覽》誤也。惠公止之，其後在於魯，墨子學焉。見《吕覽·當染篇》。方尹氏奔楚時，墨翟既生以否不可知，而其後遂有南方之墨者，苦獲、已齒、鄧陵子之屬，俱誦《墨經》，而倍譎不同，相謂別墨。見《莊子·天下篇》。蓋南方即楚地，尹氏所傳，又與史角所傳不同，是以倍譎。是則清廟之守，其家法已亂矣。自其奉典籍以奔楚，史記放絶，而楚苦縣厲鄉曲仁里人李耳，乘其衰歇，起爲周守藏史，于是有道家者流出於史官，而史佚之學，又判爲墨、道兩家。然自其初起也，王子朝因舊官百工之喪職秩者以作亂，則疇人分散而爲異術，又非特一史氏矣。《藝文志》云：「儒家者流出於司徒之官，道家者流出於史官，陰陽家者流出於羲和之官，法家者流出於理官，名家者流出於禮官，墨家者流出於清廟之守，從横家者流出於行人之官，襍家者流出於議官，農家者流出於農稷之官，小説家者流出於稗官。」又有兵家者，出古司馬之職，王官之武備也；數術者，皆明堂羲和、史卜之職也；方技者，皆生生之具，王官之一守也。是其事無不出於舊官百工。《藝文志》于一種之書言必稱家，《莊子》云「猶有家衆技也」，《天下篇》。蓋五世之廟可以觀怪，古者世官，非必私其一姓，惟官守所傳，必子孫乃受其家學，是以立一官而一家之學就焉。自舊官百工之亂，而九流百氏之家法，遂散無友紀，竄在殊方，王官不能統一。蓋至是則天子欲多言舉典，僅亦守府，而亦不可得。至於百家各私其學，以相攻伐，如炎、黄以異德相擠，則謂之亂家而已矣。由此觀之，各家道術之裂，其不自王宫國君室始哉？且夫三代之衰，其共主或遭禍敗，苟非甚無道，則聖人猶予其拯救者，非謂孱劬中主足巳光四表式九圍也，巳柱下徵藏之道術存焉，故深嶄其泯絶也。若其暴戾恣睢，甘爲獨夫，則守法者必不巳道術爲不肖主用，故夏太史令終古出其圖法執而泣之巳奔商，殷内史向摯載其圖法巳之周，其下者如晉太史屠黍見晉之亂，亦巳其圖法歸周，皆見《吕氏・先識覽》。其寶之神之，重于九鼎大吕矣。有聖王作，則尋其苗裔，巳圖法歸之，使之脩其禮物，是故不臣二王後者，巳典則所存也。今景王非甚無道，徒巳適庶不明，使二子自構家難，而太史官人，遂各淪胥巳盡，散爲九流，不復傳于六官之事守。是故尹氏可誅也，王室可哀也。雖然，周自此則蕩佚無守，匪直不足巳守王號，且幾等于用夷之杞矣。非有素王，綜九流而君之，則天地神明，不自是無主乎？是故仲尼學亂術巳成一家，亦取《解蔽篇》。楊注：「亂，襍也。」一家成，而後百家有宗子，故曰：「神何由降，明何由出，聖有所生，王有所成，皆原於一。」《莊子・天下篇》文。烏虖！頹事不書，帶事書而不箸，至子朝事乃特書王室亂，特書尹氏，夫豈爲周室之族姓胤冑悲哉？自九皇而降，學官政官之升降盡于此矣。非左氏之作傳與荀、賈二子之釋義，其孰能潛神演思于此哉？《公羊傳》云：「王室亂，言不及外。」此解文得之，而未知微言也。

又案《莊子・天運篇》：「孔子行年五十有一，而不聞道，乃南之沛，見老聃。曰：『吾求之於度數，五年而未得也；吾求之於陰陽，十有二年而未得。』」案《天下篇》云：「其明而在數度者，舊法世傳之史尚多有之。」則度數謂史官所傳也。進乎度數而求陰陽，則思窮其本矣。《史記》稱騶衍「深觀陰陽消息，先序今巳上至黃帝，大並世盛衰，因載其機祥度制」，此則陰陽消息即度制所自出。孔子所求，則《易》巳道陰陽，開物成務，行其等禮者也。此所言在五十一，則治《易》在五十巳前，自三十九至五十，凡十二年，故曰：「加我數年，五十㠯學《易》，可㠯無大過矣。」又逆推之，則自三十四至三十八，凡五年，求之度數，即治國史也。昭二十四年經賈侍中注「仲尼時年三十五矣」，則三十四歲正在昭二十三年。是年尹氏立朝，孔子始㠯修廢官、紬石室自任。愈徵書氏之旨，在此不在彼矣。

僖八年經：「用致夫人。」《公羊》㠯爲齊媵，《穀梁》㠯爲立妾，劉子政所謂成風也，皆與《左氏》言哀姜殊。沈欽韓曰：「僖公本非哀姜所生，犯淫昏之罪，被殊死之刑，不㠯令終，豈堪入廟？其殺之者，齊桓公也。桓公行伯，實爲義舉。豈可齊殺之，魯夫人之，配食先君？桓必不慊，僖斷不爲。若使僖公忘國危之恥，而媚已死之鬼，則請葬時固已並行，必不待八年之久，方憐其餒魂無主也。然則夫人者，洵成風也。」麟案：齊桓尊輔周室，其殺哀姜，豈無赴告？則周亦廢絶哀姜矣。僖必于是年始致哀姜者，乘七年惠王之崩也。傳云「不發喪」，故經在八年。《公羊》昭三十一年傳云：「誅顔之時，天子死，叔術起而致國于夏父。當此之時，邾婁人嘗被兵于周，曰：『何故死吾天子？』」然則誅哀姜之時，天子死，而後禘致之，亦此義也。周時方内難，齊又無暇問此，故不被兵耳。

僖十八年經：「冬，邢人、狄人伐衛。」二十年經：「秋，齊人、狄人盟于邢。」麟按：狄稱人者，趙鵬飛㠯吳人、鄫人爲例，謂之便文。不知吳固同類也，其曰吳者，㠯其有夷行耳，故可人則人之。狄本犬種，豈宜爲比？《穀梁》謂善狄救齊又能伐衛，故進稱人。又未知狄非楚莊比也。余謂邢、衛同受狄偪，齊桓拯而存之，遷邢夷儀，封衛楚丘。二國既同患難，其相親睦，宜過佗人。乃齊桓葢扇裁及一稔，而邢遽引仇讎之狄㠯伐兄弟，其可謂無人心之尤者矣。孝公不思光紹父績，而與其父所攘逐之狄同盟于邢，其言曰「爲邢謀衛難」，曾亦思衛之病邢，固由邢與狄共圍菟圃，而興報復之師乎？夫邢、狄伐衛，衛文至欲㠯國讓其父兄子弟，阽危甚矣，怨毒憯怛，激生報復，斯亦人情。終至二十五年而滅邢矣，積忿所致然也。孝公不能和衛于邢，而反與狄共搆閒之，弃親暱，近豺狼，㠯死其父，亦可謂無人心矣。是故㠯虞公伐虢比邢，邢之罪相萬也；㠯晉襄背殯比齊，齊之罪相萬也。《春秋》之法，當狄邢狄齊，今乃不㠯邢、齊從狄例，而顧㠯狄從人例者，何哉？葢邢、齊之謀衛固非，然衛之報復，即爲戕虐同姓之端，其後滅邢，燬亦生名，是其脩怨過甚，亦《春秋》所不予也。今若盡其文㠯誅邢、齊，則佀衛之滅邢，反爲義舉，真有如甯莊子之高擬克殷者，是故深隱其辭，軫曲其義，不狄邢、齊而反人狄。其貌則躋狄㠯儕邢、齊，其意乃黜邢、齊㠯儕狄也。狄，犬種也，可人乎？曰：自齊桓之没，中夏無伯，人有獸心，彼狄犯閒上國，戎夏交捽，中國亦駸駸乎人之矣。書狄人者，非狄之可人，罪邢、齊之與狄爲人也，然則果非人狄而實㠯狄邢、齊也明矣。是故前事曰「狄救齊」，亦十八年。後事曰「狄侵衛」，二十一年。不與邢、齊共師，則曰狄而已矣。非此進狄、彼退狄也，無邢、齊之教猱升木者在也。晉滅虞、虢不名，衛滅邢獨名者，亦㠯同患難之國，滅之更憯也。

文五年：「臧文仲聞六與蓼滅，曰：皋陶庭堅不祀忽諸。」《漢・地理志》：「六安國。六，故國，皋繇後，偃姓，爲楚所滅。蓼，故國，皋繇後，爲楚所滅。」《水經・沘水》：「東北過六縣東。」注：「縣故皋陶國也，夏禹封其少子奉其祀。今縣都陂中有大冢，民傳曰公琴者，即臯陶冢也。楚人謂冢爲琴矣。」案《汝水》注「葛陵城東北有楚武王冢，民謂之楚王琴」，從趙一清校。可證公琴之説。

莊二十二年：「有嬀之後。」《漢書·地理志》漢中郡西城下應劭引《世本》曰：「嬀虚在西北，舜之居。」此《左氏》自釋也。故《御覽》一百六十八山南道金州下引潁子嚴《釋例》曰：「舜居西域，本曰嬀汭。」「域」即「城」之譌。《續漢書·郡國志》：「漢中郡。成固，嬀墟在西北。」隸縣雖殊，土宇相屬，皆本《世本》也。余仲林、洪稚存引潁説，皆不能正「域」爲「城」，蓋㠯《漢·西域傳》大月氏國亦有嬀水，故不欲遽改，然其考訂實泰疏矣。《水經·沔水》注云「漢水又東逕嬀虚灘」，下引《世本》。《御覽》八百三十三引《公孫尼子》曰：「舜牧羊於潢陽，遇堯，舉爲天子。」「潢」必「漢」之誤，今形既近，又古文「菫」作「蓳」，則「漢」或作「漌」，而脱爲「潢」矣。此周世儒者所説，與《世本》合若符契。然則嬀汭與虞是二地，故《堯典》「釐降二女于嬀汭」「嬪于虞」必分別言之。若劉子駿《律歷志》曰「瞽叟生帝舜，處虞之嬀汭」，後人亦多謂嬀汭在虞，此異説也。

桓八年：「楚人上左，君必左，無與王遇。且攻其右，右無良焉，必敗。偏敗，衆乃攜矣。」案《老子》云：「吉事尚左，凶事尚右。偏將軍居左，上將軍居右，言㠯喪禮處之。」是楚制正與常法相反也。至其君與別將，各處一偏，則周初舊法。《樂記》説武樂云：「天子夾振之而駟伐，盛威於中國也。分夾而進，事蚤濟也。」注曰：「夾振之者，上與大將夾舞者振鐸㠯爲節也。分猶部曲也。舞者各有部曲之列，又夾振之者，象用兵務於早成也。」正義引皇侃謂：「伐紂時，王與大將親自執鐸邑夾軍衆，作武樂象之。」是君與別將分處左右，楚本周制也。

昭八年：「是宫也成，諸侯必叛，君必有咎，夫子知之矣。」按十年：「鄭裨竈言於子産曰：『七月戊子，晉君將死。』」是此事當時術士皆先知之，而師曠尤識其深，事見《説苑·辨物篇》，云：「晉平公出畋，見乳虎伏而不動，顧謂師曠曰：『吾聞之也，霸王之主出，則猛獸伏不敢起。今者寡人出見乳虎伏而不動，此其猛獸乎？』師曠曰：『鵲食猬，猬食鵔鸃，鵔鸃食豹，豹食駮，駮食虎。夫駮之狀有侶駮馬。今者君之出，必驂駮馬而出畋乎？』公曰：『然。』師曠曰：『臣聞之，一自誣者窮，再自誣者辱，三自誣者死。今夫虎所邑不動者，爲駮馬也，固非主君之德義也。君柰何一自誣乎？』平公異日出朝，有鳥環平公不去。平公顧謂師曠曰：『吾聞之也，霸王之主，鳳下之。今者出朝，有鳥環寡人，終朝不去，是其鳳鳥乎？』師曠曰：『東方有鳥名諫珂，其爲鳥也，文身而朱足，憎鳥而愛狐。今者吾君必衣狐裘邑出朝乎？』平公曰：『然。』師曠曰：『臣已嘗言之矣，一自誣者窮，再自誣者辱，三自誣者死。今鳥爲狐裘之故，非吾君之德義也。君柰何而再自誣乎？』平公不説。異日，置酒虒祁之臺，使郎中馬章布蒺藜於階上，令人召師曠。師曠至，履而上堂。平公曰：『安有人臣履而上人主堂者乎？』師曠解履刺足，伏刺膝，仰天而歎。公起引之曰：『今者與叟戲，叟遽憂乎？』對曰：『憂夫肉自生蟲而還自失也，木自生蠹而還自刻也，人自興妖而還自賊也。五鼎之具不當生藜藿，人主堂廟不當生蒺藜。』平公曰：『今爲之柰何？』師曠曰：『妖已在前，無可柰何。入來月八日，修百官，立大子，君將死矣。』至來月八日，平旦，謂師曠曰：『叟㠯今日爲期，寡人如何？』師曠不樂，謁歸。歸未幾而平公死。乃知師曠神明矣。」㠯上《説苑》。是師曠先知平公死期也。案：七月戊子，據杜預《長歷》爲四日，㠯《三統歷》推之爲五日，而《説苑》乃云八日者，葢當時歷紀譌舛，國各不同。據十年傳有「五月庚辰，戰于稷」之文，《三統歷》及《長歷》推五月皆無庚辰，庚辰爲四月二十五日，而齊歷乃在五月，即使㠯庚辰爲五月朔，其後天已五日。而七月戊子於齊當爲十日，今晉歷㠯爲八日，則尚先齊歷二日，然其後天則一也。《説苑》先紀石言章，此章正接石言章下，即爲「夫子知之」一語作詁，且又塙言戊子爲八月，其爲先秦儒者所傳《左氏》師説無疑。

僖二十六年：「夏，齊孝公伐我北鄙」至「齊侯乃還」。按《説苑·奉使篇》：「任座曰：『昔者齊無故起兵攻魯，魯君患之，召其相曰：「爲之柰何？」相對曰：「夫柳下惠少好學，長而嘉智，主君試召使於齊。」魯君曰：「吾千乘主也，身自使於齊，齊不聽。夫柳下惠特布衣韋帶之士也，使之又何益乎？」相對曰：「臣聞之，乞火不得，不望其炮矣。今使柳下惠於齊，縱不解於齊兵，終不愈益攻於魯矣。」魯君乃曰：「然乎。」相即使人召柳下惠，來，入門，袪衣不趨。魯君避席而立曰：「寡人所謂饑而求黍稷，渴而穿井者，未嘗能㠯歡喜見子。今國事急，百姓恐懼，願藉子大夫使齊。」柳下惠曰：「諾！」乃東見齊侯。齊侯曰：「魯君將懼乎？」柳下惠曰：「臣君不懼。」齊侯忿然怒曰：「吾望而魯城，芒若類失亡國，百姓發屋伐木㠯救城郭。吾視若魯君類吾國，《繹史》刪此八字，《羣書拾補》亦㠯爲衍，皆非也。此言吾視汝魯君如吾國所有，猶言在掌握中耳。子曰不懼，何也？」柳下惠曰：「臣之君所㠯不懼者，㠯其先人出周，封於魯；君之先君亦出周，封於齊。相與出周南門，刲羊而約曰：『自後子孫敢有相攻者，令其罪若此刲羊矣。』臣之君固㠯刲羊不懼矣。不然，百姓非不急也。」齊侯乃解兵三百里。夫柳下惠特布衣韋帶之士，至解齊釋魯之難，柰何無賢士聖人乎？』」㠯上《説苑》。所説即此事。惟言展禽親見齊侯，則措詞過略耳。服注「室如縣罄」云：「言宮室皆發撤，榱桷在，如懸罄。」夫齊侯尚未入竟，必不能發撤魯屋，此云百姓發屋伐木㠯救城郭，乃知魯自發之。先秦古義，可貴如是。

莊十一年：「秋，宋大水」至「有恤民之心」。《説苑・君道篇》：「宋大水，魯人弔之曰：『天降淫雨，谿谷滿盈，延及君地，㠯憂執政，使臣敬弔。』宋人應之曰：『寡人不佞，齋戒不謹，邑封不修，使人不時，天加㠯殃，又遺君憂，拜命之辱。』君子聞之曰：『宋國其庶幾乎！』問曰：『何謂也？』曰：『昔者夏桀殷紂不任其過，其亡也忽焉；成湯文武知任其過，其興也勃焉。夫過而改之，是猶不過也，故曰其庶幾乎。』宋人聞之，夙興夜寐，早朝晏退，弔死問疾，戮力宇内，三年，歲豐政平。嚮使宋人不聞君子之語，則年穀未豐，而國未寧。《詩》曰『佛時仔肩，示我顯德行』，此之謂也。」㠯上《説苑》。此蓋周秦經師説傳語，君子即臧文仲，㠯此見傳言君子者，自有當時君子。「宋人夙興夜寐」㠯下，蓋桓公即位後事，子政因傳有「是宜爲君」一語，而采入《君道篇》。

僖三十三年：「王孫滿尚幼，觀之。」《呂氏春秋・悔過》作：「王孫滿要門而窺之。」高注：「要，徼也。」洪氏《讀書叢録》曰：「此當讀作『王孫滿要』句，『門而窺之』句。《楚辭・湘君篇》：『美要眇兮宜修。』《漢書・元帝紀》：『窮極幼眇。』師古曰：『幼眇讀曰要眇。』要即幼假借字。」麟案：洪説極塙。呂氏所見《左傳》古文必作「要」，今本乃漢人目「幼」易故書也。「門而窺之」謂倚門窺之也。倚門即曰門者，猶《公羊》宣六年傳曰「勇士入其大門，則無人門焉者；入其閨，則無人閨焉者」，不言守門、守閨，而傳中攻城亦祇言門于某也。洪氏《叢録》穿鑿甚衆，獨此精塙不刊，故引用之。

隱元年：「秋七月，天王使宰咺來歸惠公仲子之賵。緩，且子氏未薨，故名。天子七月而葬，同軌畢至。諸侯五月，同盟至。大夫三月，同位至。士踰月，外姻至。贈死不及尸，弔生不及哀，豫凶事，非禮也。」麟按：杜豫卒哭除服之説誠繆，而古之處喪，固目葬期之内爲特重。背殯既譏，而漢律夫死未葬而嫁者，目不道論，罪至死。《春秋決事》曰：「甲夫乙將船，會海風盛，船没溺流，死亡不得葬。四月，甲母丙即嫁甲，欲當何論？❶或曰：甲夫死未葬，法無許嫁。目私爲人妻，當棄市。」見《御覽》六百四十引。嫁一也，既葬即無罪，而未葬至棄市，則卒哭前後，其輕重豈不縣絶哉？故傳言「弔生不及哀」，明未葬固至哀也。且三年之喪，古多異説。《尸子》謂「禹制三月之喪」，是即士喪卒哭而除服矣。《淮南・要略》云：「文王業之而不卒，武王繼文王之業，伐無道，討不義，誓師牧野目踐天子之位。天下未定，海内未輯，武王欲昭文王之令德，使

---

❶ 「當」，原作「皆」，據《太平御覽》（《四部叢刊三編》影宋本）改。

夷狄各㠯其賄來貢。遼遠未能至，故治三年之喪，殯文王於兩楹之閒，㠯俟遠方。」夫如是則三年不葬，故有三年之喪。然則三月而葬，斯五月卒哭除服矣；七月而葬，斯九月卒哭除服矣：是仍與禹制相同。乃後此葬期遠至七月，近衹踰月，而喪必三年，則何也？汪容甫駁《尸子》曰：「《士喪禮》自小斂奠、大斂奠、朔、月半薦、遣奠、大遣奠皆用夏祝，使夏后氏制喪三月，祝豈能習其禮㠯贊周人三年之喪哉？」麟謂此所用夏祝皆在卒哭前，則正足㠯明夏喪三月耳。然則三年之喪實自周始，而當時亦未能徧行。《史記·魯世家》曰：「伯禽三年而後報政周公，曰：『變其俗，革其禮，喪三年然後除之，故遲。』太公五月而報政周公，曰：『吾簡其君臣，禮從其俗爲也。』」是則太公于齊，固不制三年之喪矣。魯公雖行之于下，然㠯徐戎作難，卒哭而征，孔子曰爲伯禽有爲爲之，見《曾子問》。是伯禽之身固未能舉行斯禮。其後世衰，遂㠯卒哭除服爲常法，故滕人謂：「吾宗國魯先君莫之行，吾先君亦莫之行也。」用此知三年之喪實未施行。然所㠯不能行者，何也？蓋據《淮南》説，則武王、周公本因文王未葬而服三年，而其所頒行天下者，亦令三年之內皆如未葬居廬之法，則服無變除而毀必滅性，宜乎人之不能堪也。故當時服制，多相率㠯意行之。賢者或泣血終身，或如堯時之三年遏密，亦非成文理節族。中人㠯下，則皆既葬卒哭而除，或至練而除，亂越無紀，故《公羊》宣元年云「已練可㠯弁冕」，則宰我期喪之説所自出也。賢者喪無窮期，則《曾子問》「父母之喪弗除」之説所自出也。孔子㠯三年爲情文之至，而非有變除則勿能行，故特爲制法：既葬卒哭而練，而祥，而禫，皆爲之變除，使遞減其哀。于是賢者可㠯俛就，不肖者可㠯跂及矣。夫《士喪禮》自孺悲始傳，則爲孔子所創明甚，而喪服亦可知。乃先師荀子《禮論篇》㠯爲「三年之喪是百王之所同，古今之所一」，凡儒者亦多同此説，何哉？

蓋由其較略犆麤者言之，則堯時已有遏密之法，是爲古今一也；由其隆殺變除言之，則始于孔子，荀子所謂「順孰修爲之君子」也。乃《外傳·楚語》言屈到卒，「及祥，宗老將薦芰」，《魯語》云「烝，將躋僖公」，韋解謂「魯文公三年，喪畢，祫祭先君於太廟」。文公、子木所行，近遏密制，而祥名則傳家據已定言之也。其所㠯必三年者何？《荀子》曰：「創巨者其日久，痛甚者其愈遲。三年之喪，稱情而立文，所㠯爲至痛極也。三年之喪，二十五月而畢，哀痛未盡，思慕未忘，然而禮㠯是斷之者，豈不㠯送死有已，復生有節也哉？凡生乎天地之閒者，有血氣之屬必有知，有知之屬莫不愛其類。今夫大鳥獸，則失亡其羣匹，越月踰時，則必反；鉛過故鄉，則必徘徊焉，鳴號焉，躑躅焉，踟躕焉，然後能去之也。小者是燕爵，猶有啁噍之頃焉，然後能去之。故有血氣之屬莫知於人，故人之於其親也至死無窮。將由夫愚陋淫邪之人與，則彼朝死而夕忘之，然而縱之，則是曾鳥獸之不若也，彼安能相與羣居而無亂乎？將由夫修飾之君子與，則三年之喪，二十五月而畢，若駟之過隙，然而遂之，則是無窮也。故先王聖人安爲之立中制節，一使足㠯成文理，則舍之矣。然則何㠯分之？曰：至親㠯期斷。是何也？曰：天地則已易矣，四時則已徧矣，其在宇中者莫不更始矣，故先王案㠯此象之也。然則三年何也？曰：加隆焉。案使倍之，故再期也。」此則三年者，度數冥適，悲感自然，故上世雖喪期無數，而規橅已立。仲尼因而文之，而期功緦麻亦由是制其品節。《荀子》曰：「吉凶憂愉之情，人生固有端焉。若夫斷之繼之，博之淺之，益之損之，類之盡之，盛之美之，使本末終始，莫不順比，足㠯爲萬世則，則是禮也。非順孰修爲之君子，莫之能知也。故曰：性者，本始材朴也；僞者，文理隆盛也。無性則僞之無所加，無僞則性不能自美。性僞合，然後聖人之名一，天下之功於是就也。天能生物，不能辨物也；地能載人，不能治人也。宇中萬物生人之屬，待聖人然後分也。《詩》曰『懷柔百神，及河喬嶽』，此之謂也。」如斯言，則凡言喪服喪禮者，或推本于先王，衹謂有其本始材朴，而文理隆盛，則固不害爲仲尼所制矣。雖然，至哀莫如在殯，則春秋之時，多本夏禮而㠯卒哭爲期者，聖人固不㠯爲罪。惟于僖二十五年既葬而書衛子，㠯見新王之制；傳亦于烝嘗禘于廟見三年喪畢之祭，㠯明改定之法：此聖賢特筆也。《荀子》曰「至備情文俱盡」，則孔子所制五服變除是也；「其次情文代勝」，情勝文則遏音三年，文勝情則昭德倏遠是也；「其下復情㠯歸太一」，則夏禮三月卒哭之喪是也。吾觀今時三年之名雖在，而朝死夕忘，實無三日之喪。今有于三月之中，居廬扶杖，朝一溢米，夕一溢米者乎？夫非特哀毀不至，即喪禮亦不能持，所異平時者，惟衰麻耳。而過此則不過縞素，其細乃過于緦。非直無練祥，直夏后尚黑之服，抑與平人何異矣！果使于百日㠯內，復夏禮三月之節，起居饌食，各致其實，雖卒哭即除，猶不失復情歸一，愈于名存實喪者。噫！如預之説，于前世譏爲短喪，而今世又豈可復得哉？

《荀子·禮論》曰：「天子之喪，動四海，屬諸矦；諸矦之喪，動通國，屬大夫；大夫之喪，動一國，屬修士；修士之喪，動一鄉，屬朋友；庶人之喪，合族黨，動州里。禮者，謹於吉凶，不相厭者也。紸纊聽息之時，則夫忠臣孝子亦知其閔已，然而殯斂之具未有求也，垂涕恐懼，然而幸生之心未已，持生之事未輟也。卒矣，然後作具之。故雖備家，必踰日然後能殯，三日而成服，然後告遠者出矣，備物者作矣。故殯久不過七十日，速不損五十日，此據士禮，而大夫㠯上之遲緩，皆爲遠者可至，可㠯類知。是何也？曰：遠者可㠯至矣，百求可㠯得矣，百事可㠯成矣。其忠至矣，其節大矣，其文備矣。然後月朝卜日，月夕卜宅，然後葬也。當是時也，其義止，誰得行之？其義行，誰得止之？故三月之葬，其須㠯生設飾死者也，殆非直留死者㠯安生也。是致隆思慕之義也。」是説此傳義也。

僖二十四年經：「冬，天王出居于鄭。」傳：「天子無出，書曰『天王出居于鄭』，辟母弟之難也。」《公羊傳》曰：「王者無外，此其言出何？不能乎母也。魯子曰：是王也，不能乎母者，其諸此之謂與。」《漢書・杜鄴傳》鄴日食對曰：「臣聞陽尊陰卑，卑者隨尊，尊者兼卑，天之道也。是㠯男雖賤，各爲其家陽；女雖貴，猶爲其國陰，故禮明三從之義。雖有文母之德，必繫於子。《春秋》不書紀侯之母，陰義殺也。昔鄭伯隨姜氏之欲，終有叔段篡國之禍；周襄王内迫惠后之難，而遭居鄭之危。昔曾子問從令之義，孔子曰『是何言與』，善閔子騫守禮，不苟從親，所行無非理者，故無可閒也。」是杜子夏㠯爲天王不能制母，致見迫于母弟。據本傳言「鄴少孤，其母張敞女，鄴壯，從敞子吉學問，得其家書」，則此爲子高《左氏》説。而所引紀侯之母一條，又《公羊》説，是此爲《左氏》《公羊》通義。《公羊》言「不能乎母」，非謂不供養，謂不剛克也。康成《發墨守》云：「孟子曰：『夫人必自侮而後人侮之，家必自毁而後人毁之，國必自伐而後人伐之。』今襄王實不能孝道，稱惠后之心，令其寵專於子帶，失教而亂作，出居于鄭，自絶于周，故孔子因其自絶而書之。」此説書出之義，最爲明了。乃《鉤命決》誤解《公羊》，而云「周襄王不能事其母，彗入北斗」，《鹽鐵論・孝養》且云「周襄王之母，非無酒肉也，衣食非不如曾皙也，然而被不孝之名，㠯其不能事其父母也」。推其誤説，實始陸賈。《新語・無爲》云：「周襄王不能事後母，出居于鄭，而下多叛其親。」夫天子諸侯不再娶，何有後母？即使有如魯仲子者，固不得㠯不孝責之矣。然此數説，猶無母得廢子之義。自霍光廢昌邑王，可㠯上效伊尹，貴戚詢謀，定策高廟，乃不學無術，繫于金柅，必奏事太后，令其發詔。其奏則曰：「五辟之屬，莫大不孝。周襄王不能事母，《春秋》曰『天王出居于鄭』，繇不孝出之，絶之於天下也。」此雖謂《春秋》絶之，而必㠯太后之命廢昌邑。及昌邑㠯「天子有爭臣七人」爲解，又應之曰：「皇太后詔廢，安得天子？」則何邵公所謂「母得廢之，臣下得從母命」者，其説胚胎于是矣。曲學阿世，與褒、閻煽禍無異。然嚴、顔二家，㠯周王爲天囚，猶謂天廢而不謂母廢。天廢之者，《春秋》廢之也。葢嚴彭祖、顔安樂俱事眭孟，顔又眭孟姊子，而彭祖則嚴延年之弟，孟爲霍光所殺，延年又劾霍光廢立爲不道，故二家皆不傅會母得廢子之義，而僅曰天囚而已。説經之誤，每下愈況，當其初則不過㠯天王爲誓泉擁篲之徒，而其後乃謂共主廢興可㠯令由房闥，是則所謂「始于宫鄰，卒于金虎」者也。亦烏知陽尊陰卑之義，《左氏》《公羊》本無異説哉！

文二年經：「丁丑，作僖公主。」僖三十三年傳：「葬僖公，緩作主，非禮也。」按：僖公之主，何㠯緩作至二年？葢季孫行父請命于周，而史克作頌，欲得頌成乃行特祀於主之祭，是㠯緩作，正猶文王之三年在殯，欲㠯致遠昭德耳。

王菉友《肊説》曰：「《説苑・權謀篇》載涉佗、成何捘衛靈公之手，事同《左氏傳》，而爲衛謀者曰王孫商。然則王孫賈乃『商賈』之『賈』，名賈字商也。」麟按：是説可補傳文軼事。

僖七年：「知臣莫若君。」《管子・大匡》曰：「先人有言曰：知子莫若父，知臣莫若君。」屈原《惜誦》曰：「相臣莫若君，所㠯證之不遠。」

僖二十五年：「次于陽樊。」服子慎注：「陽樊，周地。陽，邑名也，樊仲山之所居，故曰陽樊。」麟案：太叔居温，而克後則王㠯温與陽樊並賜晉侯，葢陽樊亦必即狄者。莊二十九年云：「樊皮叛王。」知王之不能撫有陽樊也久矣。《後漢書・竇憲傳》：「南單于於漢北遺憲古鼎，容五斗，其傍銘曰：『仲山甫鼎，其萬年子子孫孫永保用。』」夫山甫之器而何㠯得之於匈奴？其必自狄師伐周時取之矣。

昭二十三年：「古者天子守在四夷，天子卑，守在諸侯。諸侯守在四鄰，諸侯卑，守在四竟。」《淮南・泰族訓》：「所謂有天下者，非謂其履勢位，受傳籍，稱尊號也，言運天下之力而得天下之心。紂之地左東海，右流沙，前交趾，後幽都，師起容關至浦水，士億有餘萬，然皆倒矢而射，傍戟而戰。武王左操黄鉞，右執白旄㠯麾之，則瓦解而走，遂土崩而下。紂有南面之名，而無一人之德，此失天下也。故桀紂不爲王，湯武不爲放。周處酆鎬之地，方不過百里，而誓紂牧之野，入據殷國，朝成湯之廟，表商容之閭，封比干之墓，解箕子之囚，乃折枹毁鼓，偃五兵，縱牛馬，搢笏而朝天下，百姓謌謳而樂之，諸侯執禽而朝之，得民心也。闔閭伐楚，五戰入郢，燒高府之粟，破九龍之鐘，鞭荆平王之墓，舍昭王之宫。昭王奔隨，百姓父兄攜幼扶老而隨之，乃相率而爲致勇之寇，皆方命奮臂而爲之鬭。當此之時，無將卒㠯行列之，各致其死，卻吴兵，復楚地。靈王作章華之臺，發乾谿之役，外内搔動，百姓罷敝。弃疾乘民之怨而立公子比，百姓放臂而去之，餓於乾谿，食莽飲水，枕塊而死。楚國山川不變，土地不易，民性不殊，昭王則相率而殉之，靈王則倍畔而去之，得民之與失民也。故天子得道，守在四夷；天子失道，守在諸侯。諸侯得道，守在四鄰；諸侯失道，守在四境。」按：此乃西漢儒者之説《左氏》，其述闔閭伐楚一事，與賈太傅《耳痺篇》略同，蓋《淮南》録太傅説也。

昭十五年：「及辛有之二子董之晉，於是乎有董史。」《御覽》四百四引太史公《素王妙論》曰：「計然者，蔡丘濮上人。其先晉國公子也，姓辛氏，字文當，南游越，范蠡師事之。」麟按：辛氏入晉，當云其先晉史，㠯爲晉國公子，是史公未諦，然益可證傳説矣。

哀十五年：「下石乞、盂黶敵子路。」《御覽》三百五十二引師覺授《孝子傳》曰：「仲子崔者，仲由之子也。子路仕衛，赴蒯聵之亂，衛人于黶遂殺之。子崔既長，欲報父讎。黶知之，曰：『夫君子不掩人之不備，須後日於城西決戰。』其日，黶持蒲弓木戟與崔戰而死。」按《隋・經籍志》有師覺授《孝子傳》，據《南史》則宋時人，其言尚足徵信。聊疏録之，于傳義無當也。

昭元年：「有文在其手曰㚢。」今本作「虞」。隱元年正義引石經古文作「㚢」，此魏三體石經也。虞字作㐺,于六書無所附麗。劉申受《尚書今古文集解》引莊曰「古文虞作乁,即小篆虍字,轉寫作㐺」,則石經不當譌誤至此。麟謂:㐺即古文牙字,叚借爲虞。褚先生補《滑稽列傳》:「於是朔乃肯言曰:所謂騶牙者也。」騶牙即《毛詩》騶虞,明古字牙、虞通。《說文》「齒」下云:「象口齒之形,止聲。」其實凵本口字,㐺象齒形,許君未明言何字,㠯今攷之,正當爲「牙」之古文矣。《孫子·用閒》曰:「周之興也,吕牙在殷。」名望字牙,此則借牙爲虞。《方言》:「虞,望也。」名字相應,又可互證也。三體石經多叚借,如傳中「朝」作「淖」、「莒」作「⿱麤土」之比,葢北平真本然也。然故書多或偶一用之,其佗未必盡同矣。

桓五年:「君子不欲多上人,況敢陵今本「淩」,洪稚存從《文選》注改正。天子乎?」《史記·鄭世家》曰:「犯長且難之,況敢陵天子乎?」麟案:上人者,陵轢平人耳,史公何得㠯犯長釋之?尋《說文》古文長作尢,然則史公所見古文傳本自作尢,故㠯今隸「長」字迻書。後人不識古文,見「尢」上體「上」佀隸書「上」字,下體「乁」即「人」字,乃分爲「上人」二字耳。「多」訓「犯」者,《方言》云:「僉,夥也。」又曰:「自關而西秦晉之閒,凡人語而過謂之過,或曰僉,東齊謂之劒,或謂之弩。弩,猶怒也。」又曰:「⿰多邑⿰多農,嘁多也。南楚凡大而多謂之⿰多邑,或謂之⿰多農,凡人語言過度及妄施行亦謂之⿰多農。」《廣雅·釋詁》⿰多邑⿰多農、僉、怒皆訓多也。語言過度及妄施行,即有陵犯之意,故「多」得引申訓「犯」。史公兩字,古文古誼,皆賴㠯存,是誠宜藏之金匱、儲之石室也。

昭二十三年:「吳大子諸樊入郹。」《史記·楚世家》曰:「吳使公子光伐楚。」《吳世家》同。又曰:「公子光者，王諸樊之子也。」則此太子諸樊即光。杜預乃曰：「諸樊，吳王僚之大子。」《釋文》謂：「吳子遏號諸樊，王僚是遏之弟子，先儒又以爲遏弟，何容僚子乃取遏號爲名？恐傳寫誤耳。」正義説同。麟案：預以爲王僚之子，固悖《史記》，然陸、孔以襲號爲疑，則非也。此正猶今歐洲人稱某某第一、第二、第三，以祖父之號施之子姓爾。夔後曰后夔，湯後曰亳王湯，説見昭二十八年「后夔」下。上古與裔夷之俗皆然。陸、孔不知此義，而律以周道，故生膠葛。公子光嘗自云「我王嗣也」，故稱大子，然《世本》云「夷昧生光」，昭二十七年服注亦同，《世本》即左氏作必無誤。而史公以光出諸樊者，正以襲號諸樊知之。葢諸樊本壽夢長子，大宗不絶，故夷昧以光嗣其兄。知此，則《世本》《史記》之異，渙然冰解矣。

僖二十七年：❶「於是乎蒐于被廬，作三軍。」《吳子·圖國》曰：「古之明王，必謹君臣之禮，飾旁注：即飭。上下之儀，安集吏民，順俗而教，簡募良材，以備不虞。昔齊桓募士五萬以霸諸侯，晉文召疑誤。爲前行四萬以獲其志，秦繆置陷陳三萬以服鄰敵，故强國之君必料其民。」麟案：因蒐作軍，則料民也。若然，宣王料民太原，而仲山父以爲民不可料者，以宣王無故而料民耳。其言曰：「王治農於籍，蒐于農隙，耨穫亦於籍，獮於既烝，狩於畢時，是皆習民數者也，又何料焉？」所言習民數，即吳子之料民。而所譏于宣王者，乃謂于農蒐等事之外而料之也。吳子善讀《左氏》，故得其意而不執其詞。又案：三軍爲三萬七千五百人，故

❶「僖」，原誤作「莊」，據《左傳》改。

吳子巳成數言四萬。齊桓募士五萬，校巳《齊語》云「萬人爲一軍」，三軍，故「有中軍之鼓，有國子之鼓，有高子之鼓」，其軍法異于周禮，「五」當爲「三」之誤。

宣十一年：「故書曰：『楚子入陳，納公孫寧、儀行父于陳。』書有禮也。」《陳世家》曰：「孔子讀史記，至楚復陳，曰：『賢哉楚莊王，輕千乘之國而重一言！』」

昭十三年經：「蔡侯廬歸于蔡，陳侯吳歸于陳。」《陳世家》曰：「惠公立，探續哀公卒時年而爲元，空籍五歲矣。」《十二諸侯年表》魯昭公九年即陳惠公吳元年，是巳哀公卒之次年爲元年，所謂探續也；魯昭公十二年，即蔡侯廬元年，亦探續滅蔡之次年也。此必張北平歷譜所傳如此。

哀十八年：「衞侯輒自齊復歸。」《衞世家》曰：「衞出公輒自齊復歸，立。初，出公立十二年亡，亡在外四年，復入。出公後元年，賞從亡者。」案：後元年之稱始此。

閔元年：「賜趙夙耿，賜畢萬魏，巳爲大夫。」案：三國同滅，霍獨不賜者，《趙世家》曰：「伐霍，霍公求奔齊。晉大旱，卜之，曰：『霍大山爲祟。』使趙夙召霍君於齊，復之，巳奉霍大山之祀。晉復穰。」

定十三年經：「秋，晉趙鞅入于晉陽㠯叛。」《趙世家》曰：「孔子聞趙簡子不請晉君而執邯鄲午，保晉陽，故書《春秋》曰：『趙鞅㠯晉陽畔。』」

莊二十三年經：「荆人來聘。」《十二諸矦年表》是年爲楚成王惲元年。《楚世家》曰：「成王惲元年，初即位，布德施惠，結舊好於諸矦。使人獻天子，天子賜胙，曰：『鎮爾南方夷越之亂，無侵中國。』於是楚地千里。」然則來聘者，結舊好也。

襄七年：「子駟使賊夜弒僖公。」《鄭世家》曰：「子駟怒，使廚人藥殺釐公。」然《十二諸矦年表》仍云「子駟使賊夜殺釐公」。麟謂作「夜」者仍《左傳》故書，作「藥」者乃㠯今字訓讀也。六朝唐人譯釋典，夜叉、藥叉錯出，蓋夜、藥本一聲之轉。古人有通用者，《漢書·禮樂志》：「俠嘉夜，茝蘭芳。」如淳曰：「嘉夜，芳草也。」㠯草訓夜，當亦借夜爲藥，嘉藥猶言嘉卉爾。然此「夜弒」文自可通，而史公必知爲「藥殺」之借，且㠯廚人實之，則張、賈授受，必有所本也。下言「㠯瘧疾赴」，情事與藥殺相合。

昭十七年：「鶌鳩氏，司馬也。」案《鶡冠子·王鈇篇》：「龐子問鶡冠子曰：泰上成鳩之道，一族用之萬八千歲，有天下兵强，世不可奪。」鳩，一作鶌。蓋即少皞之鶌鳩氏，故言「泰上」。其言有「天下兵强」，明爲司馬之職。彼書《近迭篇》云：「龐子問鶡冠子曰：『聖人之道何先？』鶡冠子曰：『先人。』龐子曰：『人道何先？』鶡冠子曰：『先兵。』」是鶡冠本㠯治兵爲至要，故推崇鴡鳩氏如此。

隱元年：「且子氏未薨。」或疑未薨歸賵，不近人情。案《漢書・文帝本紀》：「四年，作顧成廟。」應劭曰：「文帝自爲廟。」未崩而作廟，亦與此奚殊乎？

宣十一年：「牽牛㠯蹊者，信有罪矣，而奪之牛，罰已重矣。」張北平《九章算術・衰分》曰：「今有牛馬羊食人苗，苗主責之粟五斗。羊主曰：『我羊食半馬。』馬主曰：『我馬食半牛。』今欲衰償之，問各出幾何？答曰：『牛主出二斗八升七分升之四，馬主出一斗四升七分升之二，羊主出七升七分升之一。』」是食苗自有償法。蹊田亦與食苗同，故謂奪牛爲罰重。此可爲北平《左氏》說。

隱五年：「曲沃莊伯㠯鄭人、邢人伐翼，王使尹氏、武氏助之。翼侯奔隨。」六年：「翼九宗、五正、頃父之子嘉父逆晉侯于隨，納諸鄂。晉人謂之鄂侯。」《世本・居篇》曰：「唐叔虞居鄂。」宋忠曰：「鄂地今在大夏。」《史記・晉世家》集解引。案：鄂即翼地。《韓非・難言》云：「故文王説紂而紂囚之，翼侯炙，鬼侯腊，比干剖心，梅伯醢。」案《史記・殷本紀》《魯仲連傳》載此事，皆云「紂醢九侯，鄂侯爭之彊，辨之疾，并脯鄂侯」。鄂侯即《韓非》之翼侯，明鄂、翼是一地。商時之翼侯亦稱鄂侯，旁注：彼「鄂侯」又一作「邘侯」，則是形誤。《郡國志》河內郡野王有邘城，非翼地也。可證矣。《括地志》言「故鄂城在慈州昌寧縣東二里」，張守節已知其誤。

襄二十八年：「齊慶封好田而耆酒。」《蓺文類聚》七十三、《御覽》七百五十九皆引王逸《正部論》曰：「顔淵之簞瓢，則勝慶封之玉杯。」此慶封耆酒之事。玉杯鑑車，同斯奢靡也。

襄十四年：「師曠侍於晉矦。」王逸《楚辭章句》曰：「師曠聖人，字子野，生無目而善聽。」《蓺文志》有《雅琴師氏》八篇，《北堂書鈔》一百九引《七略別録》曰：「師氏雅琴者，名忠，東海下邳人，言師曠後，至今邳俗猶多好琴也。」《蓺文志》節引不如此詳。此則師曠世學，父子相疇，至漢不絶，子駿詳之矣。

隱八年：「公命㠯字爲展氏。」案《初學記》二十引《魯連子》：「展无所爲魯君使，遺齊襄君鴻。至澠而浴鴻，鴻失，其裝在。御者曰：『鴻之毛物，可使若一，能買鴻耳。』无所曰：『吾非不能買鴻也，是上隱君，下易幣，无所不敢。』」㠯上《御覽》九百十六所引略同。此展无所與無駭命名相類，疑其晜弟。襄君即諸兒，非田齊之襄王法章也。《韓詩外傳》説齊使使獻鴻於楚，《説苑·奉使篇》説魏文矦使舍人毋擇獻鵠於齊矦，事皆相佀，而人與國則皆殊。周秦西漢閒傳記如此類者固多，無足怪也。

襄二十五年：「蔿掩書土田，度山林，鳩藪澤，辨京陵，表湻鹵，數疆潦，規偃豬，町原防，牧隰皋，井衍沃。」賈侍中㠯爲賦税差品，注曰：「山林之地，九夫爲度，九度而當一井；藪澤之地，九夫爲鳩，八鳩而當一井；京陵之地，九夫爲辨，七辨而當一井；湻鹵之地，九夫爲表，六表而當一井；疆潦之地，九夫爲數，五數而當一井；偃豬之地，九夫爲規，四規而當一井；原防之地，九夫爲町，三町而當一井；隰皋之地，九夫爲牧，二牧而當一井；衍沃之地，畝百爲夫，九夫爲井。」麟案：《御覽》八百二十一引《范子計然》曰：「請問九田隨世盛衰，有水旱貴賤，願聞其旨。計然曰：『諸田各有名，其從一官起始㠯終九官，所㠯設諸田差高下始進退也。假令一值錢百金，案：錢是錢刀，金是黃金，無緣言「錢百金」，「金」字必羨。一值錢九百，此略可知。從一畝至百畝直，是大貴之極也。』」㠯上《范子計然》。此言九田差等起于值百，極于值九百，即侍中說所本，而又有隨世盛衰。此猶楊州之田，禹時下下，今爲陸海矣。

宣十一年：「令尹蔿艾獵城沂。」宣十二年：「蔿敖爲宰。」正義引《世本》：「艾獵爲叔敖之兄。」又引服子愼云：「艾獵，蔿賈之子，孫叔敖也。」杜解同服。孫淵如曰：「蔿敖字孫叔，古人名與字配，孫當讀爲遜，與敖相輔也。宣十二年『令尹孫叔敖弗欲』，加字于名上，猶稱孔父嘉之例。下文『孫叔爲無謀矣』『孫叔曰進之』，可證孫叔爲敖之字。高誘注《呂氏春秋》云『孫叔敖，楚大夫蔿賈之子』是也。蔿賈蓋有二子，一蔿艾獵，一蔿敖，字孫叔。敖既稱叔，宜尚有兄矣。服、杜㠯蔿敖、蔿艾獵爲一人，與《世本》異者，孔云：『此年令尹蔿艾獵，明年令尹孫叔敖，明一人也。』此徒據傳文推之。其實孫叔敖之爲令尹，《史記》有三去相而三爲相之說，何見二年必是一人？且敖字孫叔，既兩見傳文，何得又名艾獵？㠯此知《世本》之說最古，可從矣。漢碑㠯爲名饒，饒與敖音相近，當據古書有作孫叔饒者而言。碑云字叔敖，則誤。」麟案：孫說最塙。

《世本》乃左氏自著，何得有誤？襄十五年正義云：「《世本》蔿艾獵是孫叔敖之兄，馮是艾獵之子。」而杜譜亦目蔿子馮爲叔敖子，此皆當從《世本》者也。《潛夫論・志氏姓篇》云：「楚季者，王子敖之曾孫也。蚠冒生蔿章者，王子無鈞也。《廣韻》「鈞」字下：「又姓，《風俗通》云：『楚大夫元鈞之後，漢有侍中鈞喜。』」彼「元」乃「无」之誤。又「無」字下：「又有無鉤氏，出自楚姓。」彼「鉤」亦「鈞」之誤。《潛夫論》先言楚公族有無鈞氏矣。令尹孫叔敖者，蔿章之子也。」此當本《世本》，但敖又非賈子。然桓九年有「楚子使薳章讓于鄧」，計攷年代，敖不應爲蚠冒之孫、蔿章之子。或言子者，猶高陽才子通言孫曾，則賈本出于章也。今《世本》已亡，無目質言。

隱八年：「天子建德，因生目賜姓。」《晉語》曰：「凡黄帝之子二十五宗，其得姓者十四人，爲十二姓，姬、酉、祁、己、滕、葴、任、苟、今本作「荀」。段若膺曰：「《廣韻》『苟』字下云：『姓出河内、河南、河西三望。《國語》云：「本自黄帝之子。」古厚切。』十一真『荀』字下：『本姓郇，後去邑爲荀。』然則《國語》作『荀』，皆『苟』之誤也。《潛夫論》作『拘』。」今從段校《晉語》作「苟」。僖、姞、儇、依是也。」《潛夫論・志氏姓篇》引「滕」作「勝」，當從之。「葴」誤作「藏」，「任」誤作「伾」，則栞本之失也。「苟」作「拘」，「僖」作「釐」，「依」作「衣」，則是聲借。案十二姓中，酉、滕、葴、苟、儇、依，其後氏族無攷。《潛夫論》是篇，大致本諸《世本》，若目祁奚爲祁姓之屬，則臆説不可從。其箸大吉之姓曰，葴今本誤「藏」。姓滑、齊，掎姓棲、疏，媨姓白狄。尋僖三十三年孟明所滅之滑爲姬姓，莊三年有「公次于滑」，宣八年有「楚子及滑汭」，斯二者，或其一爲葴姓之國與？齊亦或是因國季萴之屬，《大荒北經》有北齊之國，亦姜姓，非此。則葴姓有徵矣。「掎」當爲「拘」之誤，「棲」即「西」字之或體，西有西乞術，《廣韻》目西乞爲複姓，已有駁。

疏有疏廣、疏受，則苟姓有徵矣。而《急就篇》有苟貞夫，師古言漢有苟賓，則直㠯姓著者也。媘即酉，因姓加女，如其書嫚姓鄧優，嫚亦曼字而加女也。變酉從酋者，酋、酉本一聲，如迺亦作遒也。赤狄隗姓，所在有徵，白狄酉姓，佗書未見而節信獨著之，則酉姓有徵矣。惟滕、儇、依三姓，則絕無明徵。鄭君注《中庸》云：「今姓有衣者，殷之胄與？」或謂衣即依姓，殊難質言。儇則六國之環淵，吳之環濟，亦未可傅合。滕則《大戴・帝繫》云「顓頊娶于滕隍氏，滕隍氏奔之子，謂之女禄氏」，宋本無「隍」，即此滕姓，而後世更無見端。然使酉、葴、苟三姓之裔幸而可見，節信之功博矣。

哀元年：「吳王夫差敗越于夫椒。」《鄭語》曰：「芈姓夔越不足命也。」《吳語》韋解曰：「《世本》亦云越芈姓也。」此《左氏》舊誼也。《越世家》云：「越王句踐，其先禹之苗裔而夏后帝少康之庶子也，封於會稽，㠯奉守禹之祀，文身斷髮，披草萊而邑焉。後二十餘世至於允常。允常之時，與吳王闔廬戰而相怨伐。」《地理志》云：「少康庶子封於會稽，後二十世，至句踐，稱王。」此皆㠯越爲姒姓。高氏《越史》謂：「夏自少康至桀十二世，少康至周敬王，凡一千五百餘年。吳伐越在昭三十二年，敬王十年也，越之傳國何止二十餘世耶？」麟謂：即此可徵《史》《漢》之誤。葢少康嘗封庶子于越，後爲芈姓所滅，傳至允常二十餘世者，本自芈姓開國數之，而史公、孟堅㠯誤承少康庶子也。此傳伍員舉少康㠯擬越者，自㠯情事相況，非謂句踐出于少康也。若必指爲一姓，則吳豈澆豷之胤乎？而魏絳嘗㠯此事戒晉侯，豈謂諸戎乃少康之後也？

昭二十一年：「天王將鑄無射。」《周語》：「二十三年，王將鑄無射而爲之大林。」「賈侍中云：『無射鍾名，律中無射也。大林，無射之覆也。作無射而爲大林㠯覆之，其律中林鍾也。』或説云：『鑄無射而㠯林鍾之數益之。』昭謂：『下言細抑大陵，又曰聽聲越遠，如此則賈言無射有覆，近之矣。唐尚書從賈。』」本傳正義曰：「此無射之鍾，在王城鑄之，敬王居雒陽，葢移就之也。秦滅周，其鍾徙於長安，歷漢魏晉常在長安。及劉裕滅姚泓，又移於江東，歷宋齊梁陳時鍾猶在。東魏使魏收聘梁，收作《聘游賦》云『珍是淫器，無射在縣』是也。及開皇九年平陳，又遷於西京，置大常寺，時人悉共見之。至十五年，勑毁之。」麟案：《隋・律歷志》：「梁武帝作《鍾律緯》云：『山謙之記云：「殿前三鍾，悉是周景王所鑄無射也。」遣樂官㠯今無射新笛飲，不相中。㠯夷則笛飲，則聲韵合和。端門外鍾，亦案其銘題，定皆夷則。其西箱一鍾，天監中移度東。㠯今笛飲，乃中南吕。驗其鐫刻，乃是大蔟，則下今笛二調。重勑太樂丞斯宣達令更推校，鍾定有鑿處，表裏皆然。借訪舊識，迺是宋泰始中使張永鑿之，去銅既多，故其調嘽下。㠯推求鍾律，便可得而見也。宋武平中原，使將軍陳傾致三鍾，小大中各一，則今之太極殿前二鍾，端門外一鍾是也。案西鍾銘則云「清廟撞鍾」，秦無清廟，此周制明矣。又一銘云「太蔟鍾徵」，則林鍾宮所施也。京房推用，佀有由也。檢題既無秦漢年代，直云夷則、太蔟，則非秦漢明矣。古人性質，故作「僮僕」字，麟案：此謂銘「鐘」字作「僮」也。則題而言，彌驗非近。』」㠯上《隋志》引梁武説。據此正義所言，本山謙之、魏收，不悟三鍾皆是周鍾，而非無射，梁時鍾律容未密合，然銘刻顯然，則非無射明甚，山、魏誤矣。然尋驗蹤迹，正可由誤得真。葢侍中謂覆㠯大林律中林鍾者，是别鑄林鍾也。然則當時葢用旋宮法，㠯林鍾爲宮，所鑄備十二鍾，固不止林鍾、無射二鍾矣，特㠯鑄無射發端，故《內》《外傳》皆云爾。觀梁武言又一銘云「太蔟鍾徵」，爲林鍾宮所施，是當時㠯林鍾爲宮明甚。故侍中言爲大林㠯覆之，覆者，言其㠯此爲宮幬覆衆律，非㠯一鍾覆冒一鍾之上可知也。弘嗣申賈，云無射有覆，㠯謂覆冒其上，于義不合。蓋自景王鑄鍾㠯後，歷至江左，所存但有兩夷則、一太蔟，而無射、大林皆已亡，故老相傳，但知景鑄無射，而不知三鍾因無射而鑄。因㠯誤説，至唐不悟。微梁武妙識音理，則《外傳》賈詁，孰知其精鑿邪？又案：周景三鍾，梁武㠯之比攷鍾律，其和可知。三鍾既和，則無射、大林之和明矣。而傳言「鍾摦」，《外傳》亦言「聽聲越遠」，何耶？蓋通論十二鍾，謂其旋宮立均之不和，非謂其鑄器分劑之不和也。單穆公曰：「若無射有林，耳不及也。」泠州鳩曰：「鍾尚羽。」又曰：「樂器重者從細。」明鍾聲當㠯黃鍾之羽爲宮，則南吕是也。林鍾爲黃鍾之徵，于鍾不應爲宮，故言耳不及。言「細抑大陵」，皆謂林鍾爲宮，則聲病摦大耳。韋解未得其義，董增齡解「無射有林」乃謂「㠯無射之四寸四分三分二覆㠯林鍾之五寸十分四，其律數且浮于八寸一分最尊之黃鍾，故耳不能容」，則益繆矣。若然，《大司樂》致神之樂，圜丘㠯圜鍾爲宮，方丘㠯函鍾爲宮，宗廟㠯黃鍾爲宮，函鍾即林鍾，黃鍾則更大于林鍾，而並得爲宮者，據彼文三禘皆但言鼓鼗管琴瑟而已，固不言鍾㠯此爲宮也。至其先序六樂，云「乃奏黃鍾，歌大吕，舞《雲門》，㠯祀天神」之等，後司農謂「㠯黃鍾之鍾、大吕之聲爲均」者，彼六樂《雲門》《咸池》《大磬》《大夏》《大濩》皆先代遺樂，非必鍾聲尚羽；至「奏無射，歌夾鍾，舞《大武》，㠯享先祖」，乃是周樂，後司農謂「無射，陽聲之下」，無射更短于南吕，則所謂尚羽近之矣。然則樂器重者從細，祇是周制，有短于南吕而爲宮者，未有長于南吕而爲宮者也。惟是周制，故州鳩言臣之守官。斯則上世民體，堅剛侗樸，故重器從大，情亦夷懌，而謂之正聲。古民體虛脃不貞，故重器從大，神必震眩，而謂之摦越，亦猶師曠言平公德薄，不可聽黃帝之清角，聽之有敗，身遂瘙病矣。見《韓非・十過篇》。故曰此謂不和在宮，而非謂不和在器也。

襄二十五年：「列國一同。」麟案：《大司徒》諸公土地方五百里，諸侯方四百里，諸伯方三百里，諸子方二百里，諸男方百里，此周制也，與《孟子》《王制》所云公侯方百里，伯七十里，子男五十里，爲夏殷制固殊。而周制亦參用夏殷，故孟説目爲周室班爵，亦自可通。乃陳蘭甫尚引《管》《墨》目駁《周禮》，此則巨謬。案《管子・輕重乙篇》曰：「請與之立壤列天下之旁，天子中立，地方千里，兼霸之壤三百有餘里，佌諸侯度百里，負海子男者度七十里。」陳謂「管子言兼霸之國尚不及四五百里，則周初必無四五百里之國」，不知《管子》此議，正足發明《周禮》。蓋霸本月霸，凡五霸字本作伯，謂方伯也，此霸亦即伯字，特非分陝之伯耳。康成釋僖四年「五侯九伯」云「周制每州目一侯爲牧，二伯佐之」，其説彼傳雖非，而周制則固如是。一州有二伯，故稱曰兼伯，佗伯國則不得比。是知《周禮》所言，專指周室分封且有勳勞者，其佗夏商舊國，則仍其故土，推恩懿戚亦準夏商，故惟佐牧之二伯，地始至三百里也。《史記・漢興目來諸侯年表》曰：「周封五等，公侯伯子男，然封伯禽、康叔於魯、衞，地各四百里，親親之義，褒有德也；太公於齊，兼五侯地，此説僖四年傳冣塙，不言九伯者，偶自遺之。《漢書・諸侯王表》補之曰：「大公於齊，亦五侯九伯之地。」尊勤勞也。武王成康所封數百，而同姓五十五，地上不過百里，下三十里，目輔衞王室。管、蔡、康叔、曹、鄭，或過或損。」據此，是有功則侯國四百，即《周禮》所述是也；無功則雖在宗室，爵至信躬，亦不過百里，如管、蔡及曹是也。此乃所謂佌諸侯者，仳，小也，《詩・正月》傳。仳諸侯即漢之猥諸侯。《續漢書・百官志》言漢有特進及朝廷侯、侍祠侯、猥諸侯，「其㠯肺附及公主子孫奉墳墓於京都者，亦隨時見會，位在博士議郎下」。胡廣制度曰：「是爲猥諸侯。」先師賈太傅《制不定篇》曰「特賴其尚幼倫猥之數也」，倫即《秦始皇本紀》之倫侯，猥即猥諸侯。唐仁壽説。仳仳蔌蔌，正是猥瑣意，周漢名義大同矣。然則唐叔本㠯肺附受封，非有魯衛之勳，雖受密須、闕鞏，其地亦無過百里，與武穆邘、應、韓等同爲仳諸侯而已，故子産得㠯列國一同折之，非謂公侯皆受一同，正謂仳諸侯則然也。若《墨子・非攻中篇》言「荆、吳、齊、晉始封未有數百里」，此㠯禁攻寢兵故有爲言之，猶孟子言「魯方百里者五，將在所損」，亦爲止其伐齊而言也，寧得㠯難《周禮》哉？

昭二十五年：「用其五行。」案：五行本于《鴻範》，自是古訓，而《易》陰陽氣無箕子，正㠯河雒殊塗，《易》言八卦，與五行絶異也。子産所傳，尚是舊法，至孔子憲章文武，乃撥去之。故先師荀子《非十二子》曰：「案往舊造説，謂之五行，子思唱之，孟軻和之。」尋孟言五行，佗無所見，若子思説則見于《中庸》《表記》，凡得二事。沈約曰：「《中庸》《表記》《坊記》《緇衣》，皆取《子思子》。」然則《表記》等三篇所稱子者，即子思也。《中庸》發端言「天命之謂性」，注曰：「木神則仁，金神則義，火神則禮，水神則信，土神則智。」《王制》正義引《孝經》説略同。此蓋子思舊義見于《中庸》説者，而鄭君取㠯爲注也。《表記》曰：「今父之親子也，親賢而下無能；母之親子也，賢則親之，無能則憐之。母親而不尊，父尊而不親。水之於民也，親而不尊，火尊而不親。土之於民也，親而不尊，天尊而不親。命之於民也，親而不尊，鬼尊而不親。」此言父母親子，而必㠯水火土傳合之。

其後董生作《五行對》《五行之義》等篇，㠯五行爲五行，德行之行。至謂「忠臣之義，孝子之行，皆取之土」。淮南王作《泰族訓》曰：「澄列金木水火土之性，故立父子之親而成家。」並本《表記》爲説。《蓺文志》有于長《天下忠臣》九篇，入陰陽家，前儒多所未達，王伯厚乃痛加詆毁，余意亦必㠯董説爲根柢，故不入《春秋》家、儒家、小説家，而入陰陽家也。《荀子》又曰：「溝猶瞀儒受而傳之，㠯爲仲尼、子游爲兹厚於後世。」案：《禮運》爲仲尼、子游問答，而曰「人者，五行之秀氣」，曰「五行之動，迭相竭也」，曰「五行㠯爲質」，是爲瞀儒所增竄可知。尋夫原本情性，附麗五行，其説本無大害，然其極也，燕齊怪迂之士，遂㠯此肆其妖妄；醫工用之，足㠯殺人；巫覡用之，足㠯惑世，乃至策免三公㠯塞天變，吹律定音㠯更姓氏，其誣兹甚。故荀子必摧陷廓清之。夫天生五材，民並用之，去穀則稱五行，兼穀則稱六府，此㠯利用厚生之具，非此不成，而非謂天地元氣，條列自然，必㠯五行爲極劑，一切事物皆統攝于是也。自箕子作《鴻範》，㠯穀就土，曰土爰稼穡，乃㠯五事五紀相比，殊多皮傅。而爲《左氏》學者，自荀子外，如北平、長沙，猶未能廢置弗道，此則㠯其持之有故，説本往舊，莫敢置駁耳。今試㠯《孔子三朝記·四代篇》爲折衷其説曰：水火金木土穀，此謂六府。廢一不可，進一不可，民並用之。使孔子亦㠯五行爲自然條列，則六府正當廢一㠯就五行耳，故知首駁五行者爲孔子，而子思弗能世守；嗣駁五行者爲荀子，而張北平弗能世守。萬喙同風，賢者猶惑，誠不足怪也。今于傳中言五行者，亦加疏證，誠㠯有其舉之，勿能遽廢，然學者當知爲先民禨祥之言，而非孔荀儒家之術。至比傳災異，如《五行志》所述，子駿諸説，則但録其注而不爲之疏，發例于此。

文元年：「楚國之舉，恆在少者。」賈侍中注：「舉，立也。」日本户水寬人箸《春秋時代楚國相續法》曰：「案楚熊渠卒，子熊摯紅立。摯紅卒，其弟弑而代立，曰熊延。又熊嚴有子四人，長子伯霜，次子仲雪，次子叔堪，少子季徇。熊嚴卒，長子伯霜代立。熊霜卒，三弟爭立。是亦未嘗立少，則此楚國民間之法也。那珂通世曰：蒙古人有少子嗣立之俗，凡少子名下，必加『斡赤斤』三字，譯言竈也，㠯少子世守父竈，故云爾。英、法古亦有此俗。蓋楚居南方，風教與齊魯特異，故語則鴃舌，詞則屈宋，學則老聃，隱則接輿，皆與中原殊塗，而立少亦其舊俗之一也。其故一㠯長男成立，與父分析異宮而處，惟少子尚依其父也；一㠯上世婚姻未正，民皆知母，少子之離懷抱，獨後諸兄，故承其母業也。」麟案：寬人㠯此爲楚國民俗，因㠯旁推一切戎裔之制，其説精鑿，可謂察微而知箸矣。獨所推異宮、知母兩説，尚未中的。余謂此俗正在母系初變父系之世。旁注：《秦本紀》：「秦之先帝，顓頊之苗裔，孫曰女脩。女脩織，玄鳥隕卵，女脩吞之，生子大業。」《索隱》曰：「秦、趙㠯母族而祖顓頊，非生人之義也。」然則中國上世猶有母系，非獨四裔也。《漢書・元后傳》：「王章對成帝曰：『羌胡尚殺首子，曰盪腸正世。』」師古曰：「言婦初來，所生子或它姓。」然則所㠯廢長立少者，正㠯父疑其母，猶桓公言「同非吾子」矣。《墨子・節葬下篇》：「昔者越之東有輆沭之國者，其長子生則解而食之，謂之宜弟。」尋夫尸鳩之愛，七子如一，斯實華裔之同情。愛憐少子，事固多有，然當少子未生而豫殺長子㠯規後利，則非人情矣。蓋亦初變父系，㠯此正世，夷德殘戾，果于噉人，遂有宜弟之説。楚雖迫近荆蠻，其民比于胡越固已進化，故但有立少而無解長，要其旨在正世則同矣。

襄二十五年：「太史書曰：『崔杼弑其君。』崔子殺之。其弟嗣書，而死者二人。其弟又書，乃舍之。南史氏聞太史盡死，執簡曰往。聞既書矣，乃還。」《新序·節士》曰：「齊崔杼者，齊之相也，弑莊公，止太史無書君弑及賊。太史不聽，遂書賊曰崔杼弑其君，崔子殺之。其弟又嗣書之，崔子又殺之，死者二人。其弟又嗣復書之，乃舍之。南史氏是其族也，聞太史盡死，執簡曰往，將復書之。聞既書矣，乃還。君子曰：『古之良史。』」此言崔杼止書，又言南史與太史一族，當本賈太傅《訓詁》。《後漢書·班彪傳》：「彪作後傳，其略論曰：『今此後篇，慎覈其事，整齊其文，不爲世家，唯紀傳而已。傳曰：「殺史見極，平易正直，《春秋》之義也。」』」尋殺史事，二傳皆無之，惟見《左氏》，則叔皮所引傳爲《春秋》之義者，當在《左氏微》《虞氏微傳》等書矣。世謂殺爲減殺，叔皮變世家爲傳，徒異其名，實未減殺也。或言殺史猶《七略》所言殺青，然殺青謂刮削青竹去其皮筠，若言殺史，則爲不辭，故知非也。殺史即此事。極即極鯀羽山之極。殺史見極謂崔杼稱崔氏爲狄之，說見宣十年。猶四凶之投四裔也。平易正直，即《鴻範》之「平康正直」，彼說曰：「安平之國，使中平守一之人治之，使不失舊職而已。」鄭君注。不失舊職，則《異義》引《左氏》說所謂「卿大夫得世祿不得世位，有賢才則復升父故位」是也。然則傳意謂：崔杼殺史，故當見極；若安平之國，則其卿士固有不失舊職者。正因《公羊》有譏崔氏世卿之義，而附箸此說，已明《春秋》書崔氏者，本不爲譏世卿也。然卿大夫非有賢才，則本不得世位，故叔皮引于「不爲世家」之下。

桓十八年：「秋，齊侯師于首止，子亹會之，高渠彌相。七月戊戌，齊人殺子亹而轘高渠彌，祭仲逆鄭子于陳而立之。是行也，祭仲知之，故稱疾不往。人曰：『祭仲目知免。』仲曰：『信也。』」《鄭世家》説之曰：「冬十月辛卯，渠彌與昭公出獵，射殺昭公於野。祭仲與渠彌不敢入厲公，乃更立昭公弟子亹爲君，是爲子亹也，無謚號。子亹元年七月，齊襄公會諸侯於首止，鄭子亹往會，高渠彌相，從，祭仲稱疾不行。所目然者，子亹自齊襄公爲公子之時，嘗會鬭，相仇，及會諸侯，祭仲請子亹無行。子亹曰：『齊彊，而厲公居櫟，即不往，是率諸侯伐我，内厲公。我不如往，往何遽必辱，且又何至是。』卒行。於是祭仲恐齊并殺之，故稱疾。子亹至，不謝齊侯，齊侯怒，遂伏甲而殺子亹。高渠彌亡歸，惟此句異傳。歸與祭仲謀，召子亹弟公子嬰於陳而立之，是爲鄭子。」據此，祭仲乃爲子亹謀臣，背昭公矣，與前日請内齊女之策心迹頓異。葢仲爲昭公，亦若里克爲申生，始則竭忠，終乃委蛇；至爲子亹代籌，則又里克所不爲者。然則先時立突，亦非爲行權可知，傳特箸「知免」之文，目明祭仲爲人心術狙詐，路人所知，而行權之説自破。此義例見于記事中者。侍中但言《左氏》義深於君父，未若史公能窺見隱微也。

襄十年：「子孔當國，爲載書目位序聽政辟。」服子慎注：「鄭舊世卿，父死子代。今子孔欲擅改之，使目次先爲士大夫，乃至卿也。」麟案：《韓非・顯學篇》曰：「明主之吏，宰相必起於州部，猛將必發於卒伍。」然則子孔所建，誠救時良法矣。而子産目貴族弗順，欲其焚書者，原子孔本意，特欲託于公義，排抑羣望，目濟其專制，故十九年經書「鄭殺其大夫公子嘉」，傳曰：「專也。」季逐東門，趙飲智伯，佗族之世卿盡，而一室之世卿成矣。是目鄭僑遏其未成，尼父誅其有漸。

宣十二年：「蔿敖爲宰。」《荀子・非相》曰：「楚之孫叔敖，期思之鄙人也，突禿長左，軒較之下而㠯楚霸。」麟案：《漢・地理志》汝南郡有期思，文十年「期思公復，遂爲右司馬」是也。郡又有寢，應劭曰：「孫叔敖子所邑之寢丘是也，世祖更名固始。」《郡國志》同。叔敖既蔿姓公族，而曰期思鄙人者，避越椒之難，遂徙邊境，降在皁隸，固不足怪矣。是年又有沈尹將中軍，杜謂即是叔敖，《呂覽・當染》曰「荆莊王染于孫叔敖、沈尹烝」，《説苑・襍言》曰「沈尹名聞天下，㠯爲令尹，而讓孫叔敖」，洪稚存據此斷爲兩人，可謂精塙。杜云：「沈尹，沈或作寢，寢縣也。」而杜《釋例・土地名》亦云：「宣十二年沈，汝陰固始縣。」是固㠯沈即是寢異文而非兩地矣。㠯《呂覽》《史記》有叔敖子封寢丘之文，遂誤謂沈尹即叔敖，不知沈尹擇賢而任，寢丘世守其封，故後復有沈尹戌，《潛夫論・志氏姓》曰：「左司馬戌者，莊王之曾孫也。」若沈尹亦是世授，豈叔敖爲莊王之子乎？《潛夫論》又曰：「葉公諸梁者，戌之第三弟也。」哀十八年，王曰「寢尹、工尹，勤先君者也」，乃使吴由于、薳固敗巴師於鄾。是由于實寢尹後，使其世授，是時葉公尚在，何不使葉公乎？是則沈、寢雖同，而尹與封固異。蓋沈地甚大，敖子所封僅有數分。《漢・地理志》汝南郡已有寢縣，而淮陽國復有固始縣，師古亦㠯爲寢丘，明其地連兩郡，土宇昄章，非封邑所能盡也。劉奉世于寢縣下曰：「淮陽國已有固始，此寢疑自別地。」趙校《水經注》引全謝山曰：「劉説非也。淮陽之固始，與寢本一地而分爲二縣。漢王追項羽至固陵。晉灼曰：『即固始也。』師古曰：『後改爲固始耳。』《地理志》屬淮陽，《續志》光武改寢爲固始，而淮陽之固始，則并省陳之陽夏，故陽夏有固陵聚，劉昭補注引晉灼云『汝南固始縣』㠯實之。則二縣本相接也，又何疑乎？寢之更是一地乎？」麟案：全説塙不可易矣。《淮南・人間訓》曰：「有寢丘者，其地确石而名醜。」《呂覽・異寶》曰：「楚越之閒有寢之丘者。」此越乃蠻夷之通名，如羣舒及吳皆是。是時越地未能至此也。然則巖疆錯成，犬牙斗入，既有封邑，復爲置尹，亦其宜矣。至叔敖始出，必由沈尹薦之者，固㠯期思近沈，鄉擧里選，就其所知。《孟子》言「孫叔敖擧于海」，自與《荀子》言「期思鄙人」異，毛大可謂蓼得稱海，繆甚。而叔敖之欲封于此，亦有首丘之志與？至所謂「軒較之下而㠯楚霸」者，傳言「令尹南轅反旆」，又言「孫叔曰：『進之。《詩》曰「元戎十乘，㠯先啟行」，先人也』」，是其指麾部曲，隨己進止，故云「軒較之下」矣。又案《史記・循吏・孫叔敖傳》：「楚民俗好庳車，王㠯爲庳車不便馬，欲下令使高之。叔敖教閭里，使高其梱。居半歲，民悉自高其車。」是叔敖固盡心車制者。而《說苑・襍言》乃謂「孫叔敖相楚三年，不知軶在衡後」，斯則反矣。

昭四年：「三塗。」服子慎注：「三塗，大行、轘轅、崤澠。塗，道也。」案《水經・伊水》曰：「東北過陸渾縣南。」注曰：「伊水歷崖口山峽，翼崖深高，壁立若闕，崖上有塢，伊水徑其下，歷峽北流，即古三塗山也。杜預《釋地》曰：『山在縣南。』闞駰《十三州志》云：『山在東南。』今是山在陸渾故城東南八十許里。《周書》武王問太公曰：『吾將因有夏之居，南望過于三塗，北瞻望于有河。』《春秋》昭公四年，司馬侯曰：『四嶽、三塗、陽城、大室、荆山、中南，九州之險也。』服虔曰：『三塗，大行、轘轅、崤澠。』非南望也。京相璠箸《春秋土地名》亦云：『山名也。』㠯服氏之說，塗，道也。準《周書》南望之文，或言宜爲轘轅、大谷、伊闕，皆爲非也。《春秋》晉伐陸渾，請有事于三塗，知是山明矣。」麟案：此言三塗，服說是也。《周書》與昭十七年所言三塗則專指轘轅一處，古者稱謂自有㠯大名代小名者。如《既夕禮》：「乃行禱于五祀。」鄭注曰：「五祀，博言之，士二祀，曰門、曰行。」《荀子·正論》：「雖而徹乎五祀。」劉端臨曰：「謂徹乎竈也。《周禮·膳夫》職云：『王卒食，㠯樂徹于造。』造、竈古字通，專言之則爲竈，連類言之則曰五祀，若謂丞相爲三公、左馮翊爲三輔也。」此則專指一處，亦得謂之三塗，即其例矣。《郡國志》河南尹緱氏有轘轅關，武王明言南望過之，則非㠯此爲極境也。屠蒯所有事，應即《郡國志》注所謂「緱氏有百坏山」是也，邇在轘轅，故亦得三塗之名矣。杜、京泥于滅陸渾之文，遂謂必在陸渾縣南，其説本《吕覽·精諭》高注，不知轘轅固與陸渾相近，何必其比如櫛乎。洪稚存、李次白但申服義，而不能理南望之文，則亦不足㠯服杜、京也。

文十八年：「天下之民謂之渾敦。」服子慎用《山海經》，㠯爲驩兜人面鳥喙，渾敦亦爲獸名。麟案：《西山經》云：「天山有神焉，其狀如黄囊，赤如丹火，六足四翼，渾敦無面目，是識歌舞，實爲帝江也。」此渾敦形又與人面鳥喙異，所謂無往而不化也。「帝江」之「江」，即「鴻」之省借，渾敦爲帝鴻氏不才子，而仍襲舊號曰帝鴻。此古人常法，余于后夔、諸樊並著其例。

僖四年：「昭王南征而不復。」《楚辭·天問》：「昭后成遊，南土爰底。厥利惟何，逢彼白雉。」注：「逢，迎也。越裳氏獻白雉，昭王德不能致，欲親往逢迎之。」然則南征之役，徵求無厭，故有膠船之禍矣。

昭二十九年：「顓頊氏有子曰犂，爲祝融。」《楚世家》曰：「高陽生稱，稱生卷章，卷章生重黎。重黎爲帝嚳高辛居火正，甚有功，能光融天下，帝嚳命曰祝融。共工氏作亂，帝嚳使重黎誅之而不盡，帝乃㠯庚寅日誅重黎，而㠯其弟吳回爲重黎，後復居火正，爲祝融。」案徐廣引《世本》云：「老童生重黎及吳回。」《大荒西經》郭注引《世本》則云：「老童娶于根水氏，謂之驕福，産重及黎。」據《楚語》，南正重、火正黎實爲二人。葢南正重即《世本》《史記》所謂重黎，火正黎即此犂與《世本》《史記》所謂吳回，通言則重亦曰重黎，㠯別少皞回叔之重，析言則黎乃吳回也。《楚語》曰：「重黎氏世叙天地，而別其分主者也。其在周，程伯休父其後也。當宣王時，失其官守而爲司馬氏，寵神其祖，㠯取威于民，曰重寔上天，黎寔下地。」《大荒西經》曰：「帝令重獻上天，令黎卬下地。」獻者，劉熙《孟子注》云：「獻猶軒軒在物上之稱也。」《文選・景福殿賦》注引。獻上天，謂軒舉而上之。卬乃印之誤，《楚語》韋解正云黎能抑下地也。《楚辭・天問》：「伯林雉經，維其何故？何感天抑墬，夫誰畏懼？皇天集命，惟何戒之？受禮天下，又使至代之？」感即今撼字。撼天抑地，正指重黎。説者泥于申生雉經之文，説之卒不可通。而叔師㠯伯林爲長君，訓固不誤，葢據吳回而言其兄，則曰長君。彼既雉經，今《史記》乃言帝誅者，猶《春秋》大夫自裁皆書殺也。代之者，謂吳回代兄爲火正也。

桓二年：「今君命大子曰仇，弟曰成師，始兆亂矣，兄其替乎。」案：仇爲惡名，説在上矣；成師美名，亦所共曉。乃《説苑・奉使篇》曰：「蔡使師强、王堅此是二人，故下文言發二使。使於楚。楚王聞之，曰：『人名多章章者，獨爲師强、王堅乎？』趣見之無㠯次。視其人狀，疑其名而醜其聲，又惡其形，楚王大怒。」彼强、堅皆美名，師强則尤與此成師相類，而楚王反惡其名者，蓋老子有云：「人之生也柔弱，其死也堅强。故堅强者，死之徒；柔弱者，生之徒。」老子楚人，斯蓋楚之遺言。彼俗目堅强爲死，今曰師强、王堅，是祝其王夷師熸矣，故楚王惡之。斯又方言國俗之殊，異乎恆理也。

宣八年：「盟吴越而還。」《世本・居篇》曰：「孰哉居藩籬，孰姑徙句吴。」宋忠曰：「孰哉，仲雝字。藩籬，今吴之餘暨也。解者云：雝是孰食，故曰雝字孰哉也。」《史記・吴世家》索隱引。蓋吴也，句吴也，本全部大名，故《吴世家》曰：「太伯之奔荆蠻，自號句吴。太史公曰：余讀《春秋》古文，乃知中國之虞，與荆蠻句吴兄弟也。」《地理志》河東郡大陽：「吴山在西，上有吴城，周武王封太伯後於此，是爲虞公。」虞公封于武王時，而已舉吴爲號，知其名不始孰姑矣。自孰姑徙居姑胥，乃專目句吴之名屬姑胥耳。《地理志》會稽郡餘暨：「蕭山，潘水所出。」潘與藩籬之藩同音，知宋忠注義塙矣。仲雝既居餘暨，太伯不應先在姑胥，《吴越春秋》言「太伯葬於梅里」，而《地理志》言「吴故國，周太伯所邑」，《皇覽》亦言「吴王太伯冢在吴縣北梅里聚，去城十里，太伯始所居地，名句吴」，《郡國志》無錫侯國注引。蓋皆誤目葬地爲都城也。夫仲雝宅于蕭山，則吴地遠及浙東矣。其後《越語》言「句踐之地，北至于禦兒，西至于姑蔑」，韋解：「禦兒，今嘉興禦兒鄉。姑蔑，今太湖。」則越地又及浙西矣。固由疆易之地，一彼一此，然吴越亦本通稱。《越絶外傳記吴地傳》曰「闔廬之時大霸，築吴越城」，是吴地亦兼越稱。《吕覽・異寶》曰：「楚越之閒有寢之丘者」，彼越亦指吴也。此傳蓼疆與越睽隔，所謂「盟吴越」者，亦吴之兼稱矣。

襄二十九年：「爲之歌小雅，爲之歌大雅，爲之歌頌。」鄭司農注：「孔子自衛反魯，然後樂正，雅頌各得其所。自衛反魯在哀公十一年，當此時雅頌未定，而云爲歌大雅、小雅、頌者，傳家據已定録之。言季札之於樂，與聖人同。」服解義同。《春官・太師》：「教六詩：曰風，曰賦，曰比，曰興，曰雅，曰頌。」鄭司農云：「古而自有風、雅、頌之名，故延陵季子觀樂於魯，時孔子尚幼，未定《詩》《書》，而曰爲之歌《邶》《鄘》《衛》，曰『是其《衛風》乎』，又爲之歌小雅、大雅，又爲之歌頌。《論語》曰：『吾自衛反魯，然後樂正，雅頌各得其所。』時禮樂自諸侯出，頗有謬亂不正，孔子正之。」賈疏謂：「先鄭兩解，據《周禮》，是周公時已有風、雅、頌，則《左傳》注非也。」麟案：《後漢書・鄭衆傳》云：「年十二，從父受《左氏春秋》，精力於學，明《三統歷》，作《春秋難記條例》，兼通《易》《詩》，知名於世。」下乃云：「建武中，皇太子及山陽王荆聘請衆欲爲通義。」是《難記條例》作于建武世也。賈《序周禮廢興》引馬融《周官傳》云：「河南緱氏杜子春，永平之初，年且九十，家于南山，能通其讀，頗識其説，鄭衆、賈逵往受業焉。衆、逵洪雅博聞，又㠯經書記轉相證明爲解。」是《周禮解詁》作于永平世也。然則《條例》先成，《解詁》後定。討論異同，後出者勝，是當取彼㠯更此矣。

哀六年：「楚子使問諸周太史。」《説苑・君道篇》曰：「昭王使人乘驛東而問諸太史州黎。」鄭司農注《春官・太史》曰：「大出師則太史主抱式㠯知天時，處吉凶。史官主知天道，故《國語》曰：『吾非瞽史，焉知天道？』《春秋傳》曰：『楚有雲如衆赤鳥，夾日㠯飛，楚子使問諸周太史。』太史主天道。」服子慎注：「諸侯皆有太史，主周所賜典籍，故曰周太史。一曰，是時往問周太史。」惠定宇謂：「齊、衛、晉、魯皆有分，楚獨無有，不當有周所賜典籍。蓋自王子鼂奉周之典籍㠯奔楚，是時當有掌典籍之太史從子鼂奔楚也。」麟案：周賜典籍，並其官賜之，是曰周太史，故辛有二子入晉，稱曰董史是也。晉太史屠黍見晉之亂，㠯其圖法歸周，見《呂氏・先識覽》。此則周太史又復歸王國之徵也。《莊子・則陽篇》曰：「仲尼問於太史大弢、伯常騫、狶韋。」此三人皆太史，依李氏說。而伯常騫則齊史，嘗爲景公禳梟者也。《晏子春秋・問下篇》曰：「柏常騫去周之齊，見晏子曰：『騫，周室之賤史也。』」則騫乃㠯周史爲齊史者。齊當本有周太史，而崔氏之亂，殄滅幾盡，故天子復賜之也。至戰國擾攘，史記放絶，然周太史猶尊于列國，《呂覽・不屈篇》曰：「惠子之治魏，其治不治。當惠王之時，五十戰而二十敗，大術之愚，爲天下笑，得舉其諱。乃請令周太史更箸其名。」高誘曰：「名，仲父之名也。」魏王不自㠯名尊惠施，而必令周太史箸之，蓋史權重矣。然定四年言分魯公㠯祝宗卜史，則㠯選建明德，錫賚特優爾。其佗偏國小矦，殆逾千數，不能皆有周史。案周官太史爲小史、內史、外史、御史之長，小史、外史掌邦國四方之志，御史掌邦國都鄙及萬民之治令，而御史所屬有史百二十人，其數特廣，知其分在列國。蓋在周則曰御史，在其國則曰周太史矣。《感精符》《考異郵》《說題辭》皆云：「孔子使子夏等十四人求周史記，得百二十國寶書，九月經立。」見《公羊》隱元年疏。此即《嚴氏春秋》所謂「與左丘明如周觀史」者，特異其人耳。蓋百二十人者，分布諸矦，既監書其國事，因㠯上計周室，其長官中士下士藏之，迭上太史，故史凡百二十人而寶書亦百二十國，其數相應也。《周官》乃周初之制，逮及定哀，百二十國迭相吞滅，存者亦鮮，所得寶書，必有前此亡國絶世而其史尚存于周室者，亦必有《春秋》見存之國，如郲、郯、鄫、莒僻陋在夷，周未賜史，而不在百二十國中者。《六國表》言史記獨藏周室，此國滅而史猶在周之徵也。孔子言「天子失官，學在四夷」，此郯國史職不達王朝之徵也。然周不賜史之國，小行人猶每國辨異目爲五物之書，反命于王，故天子得周知天下，特其文略耳。而其國則本自置史官，故楚先有左史倚相，其國志亦有《檮杌》，惟此周太史者，則子亹奔後所置。觀子亹偏告諸矦，猶儼然帝制自爲，則在楚亦未改王號，其太史宜即子亹所賜也。《說苑》稱州黎者，自周太史之人名，猶楚有伯州犂矣。或曰《古今人表》華周作華州證之，謂子政讀周爲州。夫周太史之見羣籍多矣，寧有未窺，而擅更其字者？二劉父子皆專精《左氏》，其名必曾、吳、鐸、虞目來所傳，非取之短書小記審矣。又周在楚北，不在其東，今言東問州黎，即此知子慎一說言往問周史者非是，前說乃卓然不易也。蓋時楚子西幸，故東問周太史于國都爾。

定元年：「天之所壞，不可支也。」《周語》衛彪傒論萇弘曰：「周詩有之曰：『天之所支，不可壞也。其所壞，亦不可支也。』昔武王克殷而作此詩也，目爲飫歌，名之曰《支》。」則知女寬斯語，即本飫歌。飫歌乃武王正雅，其辭尚存，而孔子不録。又《春官·樂師》：「凡射，諸矦目《貍首》爲節。」《大射》：「樂正命太師曰：奏《貍首》。」鄭云：「貍之言不來也。其詩有『射諸矦首不朝者』之言，因目名篇。」則《貍首》亦風雅正篇，《射義》具舉其詩，非亡逸者。鄭云：「後世失之，謂之《曾孫》。『曾孫』者，其章頭也。」賈謂：「目《曾孫》爲篇名，是失之。」則非失其詩也。《樂師》與《騶虞》《采蘋》《采蘩》並舉，當在二《南》，非如《九夏》載在《樂經》者，而孔子亦不録，蓋《封禪書》云：「萇弘目方事周靈王。諸矦莫朝周，周力少，萇弘乃明鬼神事，設射貍首。貍首者，諸矦之不來者。依物怪欲㠯致諸侯。諸侯不從，而晉人執殺萇弘。周人之言方怪者自萇弘。」是則貍首之射，本近巫蠱，如《六韜》所云「丁侯不朝，太公乃畫丁侯於策，三箭射之，丁侯病困」者《御覽》七百三十七引。是也。其後撥去神怪，而舉㠯人事，故其詩語皆雅馴。古之制禮樂者，導原誕異而歸之中和，大抵若是。萇弘乃欲本其初意，一㠯詛祝致人，則《貍首》一篇，爲妖妄之媒矣。夫一姓不再興，周自幽王失國，至敬王而重亡。孔子序《書》，不録少康征滅羿浞、復夏故物者，㠯太康失道，自取敗亡，不許其苗裔中興故也。況萇弘欲㠯物怪致之乎？是故删《貍首》㠯見義也。而詬誶弘者，輒引飫歌「壞不可支」㠯爲説，其詆弘則誠躂矣。乃若國無暴主，王略少衰，而有起廢扶危者出，則素王與之。《乾鑿度》：「孔子曰：《既濟》九三：『高宗伐鬼方，三年克之。』殷道中衰，王道陵遲。至于高宗，内理其國，㠯得民心，扶救衰微，伐征遠方，三年而惡消滅，成王道。殷人高而宗之。文王挺㠯校《易》，勸德也。」必盡從飫歌，則謨明弘濟，誰與任是？是故删《支》篇㠯見義也。又《燕禮》有「下管《新宫》」，昭二十五年宋公尚賦此詩，時孔子已三十六，習之夙矣，必非㠯亡佚不録。然今辭義皆失，無㠯言之。此亦正風正雅而見删者。然則古詩三千餘篇，孔子所剟，非獨變者。雖《周》《召》正雅，苟害于義，則皆從删削。而校録《禮經》，則固未嘗易其樂奏。世謂《禮經》皆仲尼刊定㠯從《春秋》之制，斯大惑矣。

隱三年經：「秋，武氏子來求賻。」傳：「王未葬也。」案：《春秋》書氏者，尹氏、崔氏而外，又有此武氏子，而義與彼二者不同。《公羊何氏解詁》云：「仍叔不稱氏，尹氏不稱子。」斯其所㠯異也。故在彼不曰「譏世卿」，在此不曰「誅絶史」矣。尋《唐宰相世系表》云：「武氏出自姬姓，周平王少子生而有文在手曰武，遂㠯爲氏。」有文之説，未必徵信；出於平王，斯蓋得之。《廣韻》「武」字下云：「亦姓。」引《風俗通》曰：「宋武公之後。」彼則宋之武氏，非周之武氏也。而《風俗通》㠯漢武臣系宋武氏，《唐表》㠯漢武臣系周武氏。此則應氏近古，較《唐表》爲可信也。此武氏子者，則平王孫也。王崩，子姓皆斬衰，未葬背殯，故狄之，比于潞甲而稱氏。嫌其同于崔、尹，故循本稱子。子者，明其家兒，非季子、高子之比也。

隱十一年：「鄭人囚諸尹氏，賂尹氏而禱于其主鍾巫。」賈侍中注：「鍾巫，祭名也。」麟案：尹氏本周室史官，鄭有尹氏，亦周太史之類也。《逸周書·克殷篇》云：「乃命南宫百達、史佚遷九鼎三巫。」尹佚本在墨家，尊天右鬼，鍾巫其即三巫之一歟？又《和寤》《武寤》皆言「尹氏八士」，而《和寤》云「王乃厲翼于尹氏八士，唯固允讓。德降爲則，振于四方。行有令問，成和不逆。加用禱巫，神人允順」，亦尹氏事巫之徵也。八士後出在佗國者亦多，《世本》曰：「晉有祁邑大夫季瓜忽，宋有季隨逢，周八士季隨、季騧之後。」《廣韻》「季」字下引，且云「騧或作瓜」。此則不必皆是史職，亦猶董史之後，安于秉筆；後從司馬，易其職守也。見《晉語》。且八士固嘗在虞官矣。

昭十二年：「昔我先王熊繹與吕伋、王孫牟、燮父、禽父並事康王，四國皆有分，我獨無有。」《楚世家》曰：「鬻熊子事文王，蚤卒，其子曰熊麗。熊麗生熊狂，熊狂生熊繹。熊繹當周成王之時，舉文武勤勞之後嗣，而封熊繹於楚蠻，封㠯子男之田，姓芈氏，居丹陽。楚子熊繹與魯公伯禽、衛康叔子牟、晉侯燮、齊太公子呂伋俱事成王。」案賈太傅《脩政語下》有「周文王問於鬻子」「周武王問於鬻子」「周成王親𠂤身見於鬻子之家而問」，則古《左氏》説鬻熊非蚤卒也。然歷事三王，皆處師保，而至曾孫熊繹始得受封，且居荆山蠻夷之地，又無分賜，何報功之薄也！尋《逸周書・作雒解》：「周公立相天子，三叔及殷東徐奄及熊盈𠂤略，二年作師旅臨衛政殷，殷大震潰。凡所征熊盈族十有七國，俘維九邑。」則熊氏嘗糾合同姓𠂤爲亂階，周公致討，創艾特甚。《魯世家》《蒙恬傳》皆言周公奔楚，覈實即東征事。稱諸熊爲楚，猶稱秦爲趙，𠂤同姓通言之也。然則當時懲甚熊族，故錫封既遲，賚賜亦薄。鬻熊逮事成王，其曾孫封楚，應在康世。史公皆係之成王時，或亦未諦。盈即嬴字。《秦本紀》：「太史公曰：秦之先爲嬴姓，其後分封，𠂤國爲姓，有徐氏、郯氏、莒氏、終黎氏、運奄氏、菟裘氏。」案：此本諸《世本》。嬴姓諸國在東方者甚盛如是，惜東方熊族無所表見矣。

僖十七年：「葛嬴。」案《潛夫論・志氏姓》曰：「梁、葛、江、黄、徐、莒、蓼、六、英，皆皋陶之後也。」此蓋本《世本》。《孟子・滕文公篇》趙注亦云：「葛，夏諸侯，嬴姓之國。」而《文選・陶徵士誄》注引葛龔《遂初賦》曰「承豢龍之洪族，睨高陽之休基」，佀葛氏出于豢龍者。尋《後漢・文苑傳》云「葛龔，梁國寧陵人也」，《郡國志》梁國寧陵「有葛鄉，故葛伯國」，則龔爲葛伯後無疑，而自云出于豢龍。余謂嬴姓之葛，春秋猶存，則湯所滅者必嬴姓之因國，儻出于豢龍歟？

昭二年：「見《易象》與《魯春秋》，曰：『周禮盡在魯矣。』」賈侍中注：「周禮盡在魯矣，史法冣備，故史記與《周禮》同名。」《御覽》六百九引王逸《正部論》曰：「《易》與《春秋》同經，總一機之織，經營天道，㠯成人事。」

桓九年：「巴子使韓服告于楚。」《後漢書・南蠻西南夷傳》巴郡南郡蠻下引《世本》曰：「本有五姓，巴氏、樊氏、瞫氏、相氏、鄭氏，皆出於武落鍾離山。注引《世本》曰：「廩君之先，故出巫誕也。」其山有赤、黑二穴，巴氏之子生於赤穴，四姓之子皆生黑穴。未有君長，俱事鬼神。乃共擲劍於石穴，約能中者，奉㠯爲君。巴氏子務相乃獨中之，衆皆歎。又令各乘土船，約能浮者當㠯爲君。餘姓悉沈，唯務相獨浮。因共立之，是爲廩君。乃乘土船從夷水至鹽陽。鹽水有神女，謂廩君曰：『此地廣大，魚鹽所出，願留共居。』廩君不許，鹽神莫輒來取宿，旦即化爲蟲，與諸蟲羣飛，掩蔽日光，天地晦冥。積十餘日，廩君思其便，因射殺之，天乃開明。注引《世本》曰：「廩君使人操青縷㠯遺鹽神，曰：『嬰此即相宜，云與女俱生，宜將去。』鹽神受縷而嬰之。廩君即立陽石上，應青縷而射之，中鹽神。鹽神死，天乃大開也。」廩君於是君乎夷城。」此已上章懷注謂並見《世本》。案《御覽》三十七、七百六十九、七百八十五並襍引《世本》此條，其爲舊文明矣。《世本》姓氏較然分別，而此言五姓，又言某氏者，則㠯蠻夷僻陋，本無姓氏之分也。昭十三年「巴姬」，賈侍中注云：「共王妾。」則巴本姬姓。乃又有五姓者，原夫姬姓之國非必皆出成周，《晉語》言黃帝二子青陽、蒼林皆爲姬姓，意其種族遷移，別錫土姓，楚人案其圖謚，乃知本出于姬耳。

僖二十二年：「楚人伐宋㠯救鄭」至「鼓儳可也」。大史公于《宋世家》贊則曰：「襄公既敗於泓，而君子或㠯爲多，傷中國闕禮義，褒之也，宋襄之有禮讓也。」此取《公羊》説。然于《宋世家》則述子魚語，于《自序》敘《宋世家》則云「襄公傷於泓，君子孰稱」，是又取《左氏》《穀梁》説。取《公羊》者一，取《左氏》《穀梁》者二，是其意明有軒輊矣。何休《膏肓》據《公羊》，㠯爲雖文王之戰亦不過此，㠯難《左氏》。鄭君箴之曰：「刺襄公不度德、不量力。《考異郵》曰：『襄公大辱，師敗于泓，徒信不知權譎之謀，不足㠯交鄰國、定遠疆也。』此是譏師敗也。《公羊》不譏，違《考異郵》矣。」劉逢禄評曰：「緯亦出於劉歆，固宜其坿《左氏》而違經意也。何君之於緯，擇善而從之；鄭則固矣。」麟案：劭公信緯，百倍康成。劉氏此説，是何言與！包慎言曰：「《易·比》之九五云：『顯比，王用三驅，失前禽，邑人不誡。』此王者征伐之禮也。周衰，司馬九伐之法不行於諸侯。然齊景之時，穰苴論司馬兵法，『不阻隘，不傷二毛，不逆奔，鼓而成列，然後戰』，猶能言之。則宋襄所云『君子不迫人於險，不鼓不成列』者，周之兵典也。周之正朔，改自文王；周之兵典，亦剏自文王。故《詩·頌·維清》奏《象》舞曰：『維清緝熙，文王之典。』春秋無義戰，守文王之典者，一人而已。故經書其戰之朔，傳曰：『雖文王之師，不是過也。』宋襄㠯守禮爲楚所傷，七月而死，㠯曹殺大夫之不死曹君者例之，則凡在師者，論罪皆當誅，故曰有君而無臣。齊桓、晉文之霸，皆先教其民而後用之；襄公㠯不教之民與强楚爭勝，殃民㠯殃身，其愚可責，其志可嘉。而《春秋》表而出之，㠯爲有王者起，行一不義、殺一不辜而得天下，不爲也；其行師也，則必爲襄公之所爲焉爾。楚邲之戰，還師而佚晉寇，《春秋》㠯其有王心而大之。莊王不㠯險陀既敗之寇，而襄公不㠯險陀遂師之寇，其心尤爲磊落光明矣。責襄公之不度德、不量力者，皆㠯成敗論人者也。」麟案：諸家議論紛如，請循其本。夫貴偏戰、惡詐戰者，㠯重民命，惡其掩覆殺之而已。㠯民命與佗事比，則民命爲重；㠯敵國之民命與己國之民命比，則己國之民命爲重。諸矦守土子民，㠯黎氓爲基趾，己與民有愷弟之恩，民與己有齊衰之服，豈得㠯己國之民與佗國之民一視齊觀乎？愛無差等而寧㠯磨頂放踵利天下者，墨翟之道也。今不忍㠯詐戰殺敵國之民，獨忍㠯偏戰喪己國之民，是不忍于敵國之民而忍于己國之民也，視墨翟尤甚焉。《禮》曰：「《康誥》曰：『若保赤子。』心誠求之，雖不中，不遠矣。」宋襄之意，固不欲自敗其民，然苟有恫瘝斯民之志，必將爲之誠求方略，而不致蹙之于死地。夫寡不敵衆，弱不敵强，野人所知。心誠求之，豈有身在軍中，猶復芒然不寤者乎？其致之死地者，由其矯飾仁義，冀㠯籠絡楚國之民，而徼幸其有時雨雲霓之慕，則一旦可㠯成霸，而于己國之民命漠然無念焉。利令智昏，禍敗至此，原其始，實由不愛其民而已。然則偏戰固可貴，偏戰而不至自喪其師，乃可貴也；詐戰殺人固可惡，不詐戰而自殺其民，尤可惡也。《左氏》《穀梁》並譏之，所㠯教人君有愛民之念，斯有慎戰之心，然後臨事而懼，好謀而成，我戰則克矣。旨在愛民，豈嘗㠯成敗論人哉？是故書朔者，非正宋襄也。傷股受痍，由是隕命，爲中國諱，不書，故必書朔㠯起其文，所㠯重大其事也。宋公茲父卒不書葬者，非㠯諱加微封也。駮何注。許人子者必使子，襄公背殯，故桓公不書葬。今若更葬襄公，則是揚子抑父，非教孝之道，故亦不書葬㠯足成其諱義。葵丘之會有宋子，而御說、茲父再世不書葬；温之會有陳子，而款、朔亦再世不葬：屬詞比事，無有灼箸于此者也。用孔氏《公羊通義》說。若夫王者之兵，先師荀子《議兵篇》曰：「不殺老弱，不獵禾稼，服者不禽，格者不舍，犇命者不獲。不屠城，不潛軍，不畱衆，師不越時。」宋襄之言，豈不合于古道哉？然而内政不修，而欲㠯色取仁，則徒爲徼幸嘗試而已。故《荀子》又曰：「湯之放桀也，非其逐之鳴條之時也；武王之誅紂也，非㠯甲子之朝而後勝之也：皆前行素修也。此所謂仁義之兵也。」然則不素修而徒㠯兵試者，詐則殘敵人，信則殘國人，其虐等而已矣，且增倍焉。《穀梁》此傳曰：「信而不道，何㠯爲信？」經曰「元年春王正月」，謂正其本而萬物理也。不揣其本而齊其末，陳餘之不用左車，其義可高于黄帝。《漢書・韓信傳》：「成安君儒者，常稱義兵，不用詐謀奇計，不聽廣武君策。信斬成安君泜水上。」

宣十二年：「見可而進，知難而退，軍之善政也。」《通典》一百五十《料敵制勝》：「戰國魏武矦問吴起曰：『兵㠯何勝？』對曰：『㠯治爲勝。』『不在衆乎？』起曰：『法令不明，賞罰不信，聞鼓不進，聞金不止，雖有百萬之師，何益於用？所爲治者，居則有禮，動則有威，進不可當，退不可追，前卻如節，左右應麾，雖絶成陳，雖散成行，投之無所往，天下莫當。』又曰：『凡敵，有不卜而與戰，有不占而避之。疾風大寒，早興冥遷，剖冰濟度；盛夏炎熱，興役無閒，行饑驅渴，務取於遠；師久無糧，士衆怨怒，妖祥疑惑，上不能止；軍資既竭，時多霖注，欲掠無便；師衆不多，地土不利，人馬疾疫；道遠日莫，士卒勞倦，饑未及食，解甲而息；將薄吏輕，士卒無固，三軍數驚，師徒無助；陳而未定，舍而未畢，行坂涉險，半隱半出：諸如此類，擊而勿疑。若土地廣大，人衆富盛；上愛其下，惠施流布；賞信刑察，發止得時；行陳居列，任賢使能；師徒習教，兵甲精鋭；四鄰有助，大國之援：凡如此類，憚而避之。故曰，見可而進，知難而退。』」麟案：此吴氏所傳《左氏》義。

章氏所輯後漢書等所載左氏説❶

《續漢書・禮儀志》注：盧植曰：「藉，耕也。《春秋傳》曰『鄅人藉稻』，故知藉爲耕也。」按：此蓋盧君《禮記》注。

《續漢書・禮儀志》注：《春秋釋痾》曰：「漢家郡守行大夫禮，鼎俎籩豆，工歌縣。」何休曰：「漢家法陳師，置守相，故行其樂也。」又云：服虔、應劭曰：「漢家郡縣，享射祭祀，皆假士禮而行之，樂縣笙磬，籩俎皆如士制。」

《續漢書・祭祀志》注：胡廣曰：「古之清廟，以茅蓋屋，所以示儉也。今之明堂，茅蓋之，乃加瓦其上，不忘古也。」又云：蔡邕《明堂論》曰：「《春秋》因魯取宋之姦賂，則顯之太廟，以明聖王建清廟明堂之義。經曰：『取郜大鼎于宋，納于太廟。』傳曰：『非禮也。君人者將昭德塞違，故昭令德以示子孫。是以清廟茅屋，昭其儉也。夫德儉而有度，升降有數，文物以紀之，聲明以發之，以照臨百官。百官於是戒懼，而不敢易紀律。』所以明大教也。以周清廟論，曰魯太廟，皆明堂也。魯禘祀周公於太廟明堂，猶周宗祀文王於清廟明堂也。」

❶ 此編原附於「再續編」之後，標題爲整理者所加。

《續漢書・祭祀志》：「永平二年正月辛未，初祀五帝於明堂，光武帝配。卒事，遂升靈臺，以望雲物。」《後漢書・和帝紀》亦云：「永元五年春正月乙亥，宗祀五帝於明堂，遂登靈臺，望雲物。」

《續漢書・律歷志》：太史令虞恭、治歷宗訢等議，引《文燿鉤》曰：「高辛受命，重黎説文。唐堯即位，羲和立禪。夏后制德，昆吾列神。成周改號，萇弘分官。」定元年傳。

《續漢書・百官志》注引應劭《漢官》曰：「蓋天生五材，民並用之，廢一不可。誰能去兵？兵之設尚矣。《易》稱『弦木爲弧，剡木爲矢。弧矢之利，以威天下』。《春秋》『三時務農，一時講武』。《詩》美公劉『匪居匪康，入耕出戰，乃裹餱糧，干戈載揚，四方莫當』。自郡國罷材官騎士之後，官無警備，實啓寇心。一方有難，三面救之。發興雷震，煙蒸電激，一切取辦，黔首囂然。不及講其射御，用其戒誓，一旦驅之以即強敵，猶鳩鵲捕鷹鸇，豚羊弋豺虎，是以每戰常負，王旅不振。張角懷挾妖僞，遐邇摇蕩，八州并發，煙炎絳天。牧守梟裂，流血成川。爾乃遠徵三邊殊俗之兵，非我族類，忿鷙縱横，多僵良善以爲己功，財貨糞土。哀夫民氓，遷流之咎，見出在兹，不教而戰，是謂棄之，跡其禍敗，豈虚也哉！《春秋》家不藏甲，所以一國威、抑私力也。今雖四海殘壞，王命未洽，可折衝壓難，若指以掌，故置右扶風。」襄二十七年傳。

《後漢書・章帝紀》：元和元年十二月壬子詔曰：「《書》云：『父不慈，子不祇，兄不友，弟不恭，不相及也。』往者妖言大獄，所及廣遠。一人犯罪，禁至三屬，莫得垂纓仕宦王朝。如有賢才，而没齒無用，朕甚憐之，非所謂與之更始也。諸以前妖惡禁錮者，一皆蠲除之，以明棄咎之路，但不得在宿衛而已。」僖三十三年傳。

《文選》嵇康《幽憤詩》注引劉歆荅父書曰：「誠思拾遺，冀以云補。」「昏姻孔云。」❶

《後漢書・劉玄傳》：豫章李淑上書諫曰：「方今賊寇始誅，王化未行，百官有司，宜慎其任。夫三公上應台宿，九卿下括河海，故天工人其代之。陛下定業，雖因下江、平林之埶，斯蓋臨時濟用，不可施之既安。宜釐改制度，更延英俊，因才授爵，以匡王國。今公卿大位，莫非戎陳，尚書顯官，皆出庸伍，資亭長賊捕之用，而當輔佐綱維之任。唯名與器，聖人所重。今以所重加非其人，望其毗益萬分，興化致理，譬猶緣木求魚，升山採珠。海内望此，有以闚度漢祚。臣非有憎疾以求進也，但爲陛下惜此舉厝，敗材傷錦，所宜至慮。惟割既往謬妄之失，思隆周文濟濟之美。」成二年傳。

《後漢書・隗囂傳》：方望以書辭謝而去曰：「范蠡收責句踐，乘偏舟於五湖；咎犯謝罪文公，亦逡巡於河上。夫以二子之賢，勒銘兩國，猶削跡歸愆，請命乞身，望之無勞，蓋其宜也。」僖二十四年傳。

《後漢書・來歙傳》：王元勸囂殺歙，囂將王遵諫曰：「愚聞爲國者慎器與名，爲家者畏怨重禍。俱慎名器，則下服其命；輕用怨禍，則家受其殃。今將軍遣子質漢，内懷它志，名器逆矣；外人有議，欲謀漢使，輕怨禍矣。古者列國兵交，使在其閒，所以重兵貴和而不任戰也，何況承王命籍重質而犯之哉？君叔雖單車遠使，而陛下之外兄也。害之無損於漢，而隨以族滅。昔宋執楚使，遂有析骸易子之禍。小國猶不可辱，況

❶ 此上八段資料原録於一紙上，且未寫滿，下文另起一頁。

於萬乘之主，重以伯春之命哉！」成二年傳，成九年傳，宣十四、十五年傳。

《後漢書・來歷傳》：江京、樊豐妄造虛無，構讒太子及東宮官屬，帝怒，召公卿以下會議廢立。歷與太常桓焉、廷尉張皓議曰：「經說，年未滿十五，過惡不在其身。」襄九年傳「國君十五而生子」下。引《詩》「借曰未知，亦既抱子」爲證。按，太子即順帝也。《張皓傳》又載皓疏曰：「今皇太子春秋方始十歲，未見保傅九德之義，宜簡賢輔就成聖質。」尋歷、皓所學，不知何經，惟桓焉則世習歐陽《尚書》。然張皓上疏有云「《春秋》採善書惡」，李賢引《左氏傳》「《春秋》之稱，懲惡而勸善」爲證，則皓亦治《左氏》矣。

《後漢書・寇榮傳》：榮上書曰：「國君不可讎匹夫，讎之則一國盡懼。」僖二十四年傳。

《後漢書・寇榮傳》：榮上書曰：「葢忠臣殺身以解君怒，孝子殞命以寧親怨。故大舜不避塗廩浚井之難，申生不辭姬氏讒邪之謗。」僖四年傳。

《後漢書・馮異傳》：異「通《左氏春秋》」。異遺李軼書曰：「昔微子去殷而入周。畏天知命，覩存亡之符，見廢興之事，故能成功於一時，垂業於萬世也。」僖六年傳。

《後漢書・馮異傳》：諸將勸光武即帝位，光武乃召異詣鄗，問四方動靜。異曰：「三王反畔，更始敗亡，天下無主。宗廟之憂，在於大王。宜從眾議，上爲社稷，下爲百姓。」

《後漢書・馮異傳》：異謝詔曰：「臣聞管仲謂桓公曰：『願君無忘射鉤，臣無忘檻車。』齊國賴之。臣今亦願國家無忘河北之難，小臣不敢忘巾車之恩。」莊九年傳。莽時，光武屯兵巾車鄉，異爲漢兵所執，光武召見之。

《後漢書・竇融傳》：隗囂內懷異心，使辯士張玄游說河西。融等於是召豪傑及諸太守計議，其中智者

皆曰：「漢承堯運。」文十三年傳。❶

《後漢書·伏湛傳》：湛上疏曰：「臣聞文王受命而征伐五國，必先詢之同姓，然後謀於羣臣，加占蓍龜，以定行事，故謀則成，卜則吉，戰則勝。其詩曰：『帝謂文王，詢爾仇方，同爾弟兄，以爾鉤援，與爾臨衝，以伐崇庸。』崇國城守，先退後伐，所以重人命，俟時而動，故參分天下而有其二。」僖十九年傳。

《後漢書·伏湛傳》：杜詩上疏曰：「古者選擢諸侯以爲公卿，是故四方回首，仰望京師。」注：「《左傳》曰：『鄭武公、莊公爲平王卿士。』《東觀記》曰：『詩上書：武公、莊公所以砥礪蕃屏，勸進忠信，令四方諸侯咸樂回首，仰望京師。』」隱三年傳。

《後漢書·蘇竟傳》：竟與劉龔書曰：「良醫不能救無命，彊梁不能與天爭。故天之所壞，人不得支。」定元年傳。

《後漢書·杜詩傳》：詩上疏曰：「師克在和不在衆。昔湯武善御衆，故無忿鷙之師。」桓十一年傳。

《後漢書·陸康傳》：康上疏曰：「夫什一而税，周謂之徹，徹者通也，言其法度可通萬世而行也。故魯宣税畝而蝝災自生，哀公增賦而孔子非之。」宣十五年經，哀十一年傳。 按：康疏又云「傳曰：君舉必書，書而不法，後世何述焉」，則亦以《左氏》爲傳也。

---

❶ 此上十段資料原録於一紙上，且未寫滿，下文另起一頁。

《後漢書・朱浮傳》：樊鯈言於帝曰：「唐堯大聖，兆人獲所，尚優游四凶之獄，厭服海内之心，使天下咸知，然後殛罰。」文十八年傳。按《鯈傳》云「受《公羊嚴氏春秋》」，然嚴氏本不以《左氏》爲非。

《後漢書・朱浮傳》：浮與彭寵書曰：「葢聞知者順時而謀，愚者逆理而動。常竊悲京城大叔，以不知足而無賢輔，卒自棄於鄭也。」隱元年傳。

《後漢書・朱浮傳》：浮上書曰：「語曰：中國失禮，求之於野。」昭十七年傳。

《後漢書・梁商傳》：商上疏曰：「《春秋》之義，功在元帥，罪止首惡。《公羊》「虞師、晉師滅下陽」傳表虞首惡也。《左傳》罪虞義亦同。故賞不僭溢，刑不淫濫，五帝三王所以同致康乂也。」宣十二年傳，僖二年經，襄二十六年傳。

《後漢書・班彪傳》：彪作《後傳》數十篇，其略論曰：「傳曰：殺史見極，平易正直，《春秋》之義也。」襄二十五年傳崔杼殺大史事。

《後漢書・班彪傳》：彪上言曰：「聖人審所與居，而戒慎所習。昔成王之爲孺子，出則周公、召公、太公、史佚，入則太顛、閎夭、南宫括、散宜生，左右前後，禮無違者，故成王一日即位，天下曠然太平。是以《春秋》『愛子教以義方，不納於邪。驕奢淫佚，所自邪也』。」

《後漢書・濟南安王康傳》：國傅何敞上疏諫康曰：「葢聞諸侯之義，制節謹度，然後能保其社稷，和其民人。大王以骨肉之親，享食茅土，當施張政令，明其典法，出入進止，宜有期度，輿馬臺隸，應爲科品。而今奴婢廐馬，皆有千餘，增無用之口，以自蠶食。宫婢閉隔，失其天性，感亂和氣。又多起内第，觸犯防禁，費以巨萬，而功猶未半。夫文緐者質荒，木勝者人亡，皆非所以奉禮承上，傳福無窮者也。故楚作章華以凶，吳興姑蘇而滅，景公千駟，民無稱焉。今數游諸第，晨夜無節，又非所以遠防未然，臨深履薄之法也。」昭七年傳。

《後漢書・朱穆傳》：穆作《崇厚論》曰：「人不敦厖，則道數不遠。」成十六年傳。

《後漢書・何敞傳》：京師及四方累有奇異鳥獸草木，言事者以爲祥瑞。敞通經傳，能爲天官，意甚惡之。乃言於宋由、袁安曰：「夫瑞應依德而至，災異緣政而生，故鸜鵒來巢，昭公有乾侯之戹；西狩獲麟，孔子有兩楹之殯。海鳥避風，臧文祀之，君子譏焉。今異鳥翔於殿屋，怪草生於庭際，不可不察。」昭二十五年傳，哀十四年經，文二年傳。

《後漢書・何敞傳》：敞上封事曰：「臣伏見往事，國之危亂，家之將凶，皆有所由，較然易知。昔鄭武姜之幸叔段，衛莊公之寵州吁，愛而不教，終至凶戾。由是觀之，愛子若此，猶飢而食之以毒，適所以害之也。」隱元年傳，隱三年傳。

《後漢書・應奉傳》：鄧皇后敗，田貴人見幸，桓帝有建立之議。奉以田氏微賤，不宜超登后位，上書諫曰：「臣聞周納狄女，襄王出居于鄭；漢立飛燕，成帝胤嗣泯絶。母后之重，興廢所因。宜思《關雎》之所求，遠五禁之所忌。」僖二十四年傳。

《後漢書・應劭傳》：劭《尹次、史玉獄議》曰：「夫刑罰威獄，以類天之震燿殺戮也；温慈和惠，以放天之生殖長育也。是故春一草枯則爲災，秋一木華亦爲異。」昭二十五年傳。

《後漢書・霍諝傳》：諝奏記梁商曰：「傳曰：『人心不同，譬若其面。』斯蓋謂大小窳隆醜美之形，至於鼻目衆竅毛髮之狀，未有不然者也。情之異者，剛柔舒急倨敬之閒。至於趨利避害，畏死樂生，亦復均也。」襄三十一年傳。

《後漢書·王符傳》：符箸《潛夫論·實貢篇》曰：「夫十步之閒，必有茂草；十室之邑，必有忠信。是故亂殷有三仁，小衛多君子。」襄二十九年傳。

《後漢書·龐參傳》：馬融上書曰：「昔荀林父敗績於邲，晉侯使復其位；孟明視喪師於崤，秦伯不替其官。故晉景并赤狄之土，秦穆遂霸西戎。」宣十二年傳，僖三十三年傳。

《後漢書·崔駰傳》：崔篆爲建新大尹，平理所出二千餘人。掾吏叩頭諫曰：「朝廷初政，州牧峻刻。宥過申枉，誠仁者之心，然獨爲君子，將有悔乎！」篆曰：「邾文公不以一人易其身，此句有誤。君子謂之知命。如殺一大尹贖二千人，葢所願也。」文十三年傳。

《後漢書·徐穉傳》：尚書令陳蕃、僕射胡廣等上疏薦穉等曰：「臣聞善人天地之紀，政之所由也。」成十五年傳。

《後漢書·楊秉傳》：秉上疏曰：「瑞由德至，災應事生。傳曰：『禍福無門，唯人所召。』」襄二十三年傳。按《儒林傳》，潁容善《春秋左氏》，師事太尉楊賜。《賜傳》云：「少傳家學。」秉，賜父也，則亦《左氏》先師矣。《秉傳》云「少傳父業」，則其父震亦《左氏》先師矣。

《後漢書·楊秉傳》：帝時微行，私過幸河南尹梁胤府舍，秉上疏曰：「王者至尊，出入有常，警蹕而行，靜室而止，自非郊廟之事，則鑾旗不駕。故《詩》稱『自郊徂宮』，《易》曰『王假有廟，致孝享也』。諸侯如臣之家，《春秋》尚列其誡，注：《左傳》：齊莊公如崔杼之家，爲杼所殺也。況以先王法服而私出槃游！降亂尊卑，等威無序，侍衛守空宮，紱璽委女妾。設有非常之變，任章之謀，上負先帝，下悔靡及。」襄二十五年傳。又《董卓傳》：李傕使兄子暹將數千人圍宮，以車三乘迎天子、皇后，太尉楊彪謂暹曰：「古今帝王無在人臣家者。諸君舉事，當上順天心，柰何如是？」按：彪語即本秉。

《後漢書・楊秉傳》：秉對曰：「《春秋》不誅黎比而魯多盜。」傳作「邾庶其」，此必有據。襄二十一年傳。

《後漢書・楊秉傳》：秉奏：「案中常侍侯覽弟參，貪殘元惡，自取禍滅，覽固知釁重，必有自疑之意，臣愚以爲不宜復見親近。昔懿公刑邴歜之父，奪閻職之妻，而使二人參乘，卒有竹中之難，《春秋》書之，以爲至戒。」文十八年傳。

《後漢書・楊賜傳》：賜書對曰：「臣聞之經傳，或得神以昌，或得神以亡。國家休明，則鑒其德；邪辟昏亂，則視其禍。」莊三十二年傳。

《後漢書・楊賜傳》：賜上疏曰：「天生蒸民，不能自理，故立君長使司牧之，是以唐、虞兢兢業業，周文日昃不暇，明慎庶官，俊乂在職，三載考績，以觀厥成。」襄十四年傳。

《後漢書・王暢傳》：功曹張敞奏記諫曰：「愚以爲懇懇用刑，不如行恩；孳孳求姦，未若禮賢。舜舉皋陶，不仁者遠。隨會爲政，晉盜奔秦。虞、芮入境，讓心自生。化人在德，不在用刑。」宣十六年傳。

《後漢書・傅燮傳》：燮上疏曰：「臣聞天下之禍，不由於外，皆興於內。是故虞舜升朝，先除四凶，然後用十六相。明惡人不去，則善人無由進也。今張角起於趙、魏，黃巾亂於六州。此皆釁發蕭牆，而禍延四海也。臣受戎任，奉辭伐罪，始到潁川，戰無不尅。黄巾雖盛，不足爲廟堂憂也。臣之所懼，在於治水不自其源，末流彌增其廣耳。陛下仁德寬容，多所不忍，故閹竪弄權，忠臣不進。誠使張角梟夷，黄巾變服，臣之所憂，甫益深耳。何者？夫邪正之人，不宜共國，亦猶冰炭，不可同器。彼知正人之功顯，而危亡之兆見，皆將巧辭飾説，共長虚僞。夫孝子疑於屢至，市虎成於三夫。若不詳察真僞，忠臣將復有杜郵之戮矣。陛下宜思虞舜四罪之舉，速行讒佞放殛之誅，則善人思進，姦凶自息。」文十八年傳。

《後漢書·傅燮傳》：出爲漢陽太守，賊進圍漢陽，城中兵少糧盡，燮猶固守。時北胡騎數千隨賊攻郡，皆夙懷燮恩，共於城外叩頭，求送燮歸鄉里。子幹年十三，從在官舍。知燮性剛，有高義，恐不能屈志以免，進諫曰：「國家昏亂，遂令大人不容於朝。今天下已叛，而兵不足自守，鄉里羌胡先被恩德，欲令棄郡而歸，願必許之。徐至鄉里，率厲義徒，見有道而輔之，以濟天下。」言未終，燮慨然而歎，呼幹小字曰：「别成，汝知吾必死邪？蓋『聖達節，次守節』。且殷紂之暴，伯夷不食周粟而死，仲尼稱其賢。今朝廷不甚殷紂，吾德亦豈絶伯夷？世亂不能養浩然之志，食禄又欲避其難乎？吾行何之，必死於此。汝有才智，勉之！」

按：據此，則國家昏亂，即當輔有道以濟天下。南容自謂不如伯夷，故未敢達節，然則過此者固可達節矣。自唐以下，黄髮耆儒，無此十三歲兒之識矣。哀哉！　成十五年傳兼哀十五年傳。

《後漢書·周舉傳》：舉謂李郃曰：「昔鄭武姜謀殺莊公，誓之黄泉；秦始皇怨母失行，久而隔絶。後感潁考叔、茅焦之言，循復子道，書傳美之。」隱元年傳。

《後漢書·荀爽傳》：爽對策曰：「夫喪親自盡，孝之終也。今之公卿及二千石，三年之喪，不得即去，殆非所以增崇孝道而克稱火德者也。往者孝文勞謙，行過乎儉，故有遺詔以日易月。此當時之宜，不可貫之萬世。古今之制雖有損益，而諒闇之禮未嘗改移，以示天下莫遺其親。今公卿羣寮皆政教所瞻，而父母之喪不得奔赴。夫仁義之行，自上而始；敦厚之俗，以應乎下。傳曰：『喪祭之禮闕，則人臣之恩薄，背死忘生者衆矣。』曾子曰：『人未有自致者，必也親喪乎！』《春秋傳》曰：『上之所爲，民之歸也。』夫上所不爲而民或爲之，故加刑罰；若上之所爲民亦爲之，又何誅焉？昔翟方進以自備宰相，而不敢踰制，至遭母憂，三十六日而除。夫失禮之源，自上而始。古者大喪三年，不呼其門，此《公羊》語。所以崇國厚俗篤化之道也。事失宜正，過勿憚改。天下通喪，可如舊禮。」昭十五年「三年之喪，雖貴遂服」下。後云「時人多不行妻服，爽引據大義正之」，于此尤切。　按傳云「年十二，能通《春秋》《論語》」，又云「箸《春秋條例》」，又作《公羊問》。所謂《春秋》者，不知何家。然慈明兩引《左氏》，皆稱「春秋傳」，則固是《左氏》學矣。《條例》蓋即説《左氏》者。《公羊問》則《隋·經籍志》云「《春秋公羊傳問荅》五卷，荀爽問，魏安平太守徐欽荅」，蓋荀問在前，徐荅在後，荀之問亦議難之屬耳。故今以荀爲《左氏》家。

《後漢書·荀爽傳》：爽對策曰：「孔子曰：『天尊地卑，乾坤定矣。』夫婦之道，所謂順也。《堯典》曰：『釐降二女於嬀汭，嬪于虞。』降者，下也。嬪者，婦也。言雖帝堯之女，下嫁於虞，猶屈體降下，勤脩婦道。《易》曰：『帝乙歸妹，以祉元吉。』婦人謂嫁曰歸，言湯以娶禮歸其妹於諸侯也。《春秋》之義，王姬嫁齊，使魯主之，不以天子之尊加於諸侯也。今漢承秦法，設尚主之儀，以妻制夫，以卑臨尊，違乾坤之道，失陽唱之義。」莊元年經。

《後漢書·荀爽傳》：爽對策曰：「昔者聖人建天地之中而謂之禮，禮者，所以興福祥之本，而止禍亂之源也。人能枉欲從禮者，則福歸之；順情廢禮者，則禍歸之。推禍福之所應，知興廢之所由來也。衆禮之中，婚禮爲首。故天子娶十二，天之數也；諸侯以下各有等差，事之降也。陽性純而能施，陰體順而能化，以禮濟樂，節宣其氣。故能豐子孫之祥，致老壽之福。及三代之季，淫而無節。瑶臺傾宫，陳妾數百。陽竭於上，陰隔於下。故周公之戒曰：『不知稼穡之艱難，不聞小人之勞，惟耽樂之從，時亦罔或克壽。』是其明戒。後世之人，好福不務其本，惡禍不易其軌。傳曰：『截趾適屨，孰云其愚？何與斯人，追欲喪軀？』誠可痛也。臣竊聞後宫采女五六千人，從官侍使復在其外。冬夏衣服，朝夕稟糧，耗費縑帛，空竭府藏，徵調增倍，十而税一，空賦不辜之民，以供無用之女，百姓窮困於外，陰陽隔塞於内。故感動和氣，災異屢臻。臣愚以爲，諸非禮聘未曾幸御者，一皆遣出，使成妃合。一曰通怨曠，和陰陽；二曰省財用，實府庫；三曰脩禮制，綏眉壽；四曰配陽施，祈螽斯；五曰寬役賦，安黎民。此誠國家之弘利，天人之大福也。」昭元年傳。

《後漢書·荀爽傳》：爽對策曰：「夫寒熱晦明，所以爲歲；尊卑奢儉，所以爲禮。故以晦明寒暑之氣、尊卑侈約之禮爲其節也。《易》曰：『天地節而四時成。』《春秋傳》曰：『唯器與名，不可以假人。』《孝經》曰：『安上治民，莫善於禮。』禮者，尊卑之差，上下之制也。昔季氏八佾舞於庭，非有傷害，困於人物，而孔子猶曰『是可忍也，孰不可忍』。《洪範》曰：『惟辟作威，惟辟作福，惟辟玉食。』凡此三者，君所獨行而臣不得同也。今臣僭君服，下食上珍，所謂害于而家，凶于而國者也。宜略依古禮尊卑之差，及董仲舒制度之别，嚴督有司，必行其命。此則禁亂善俗足用之要。」成二年傳。

《後漢書·荀悦傳》：悦言：「古者天子諸侯，有事必告于廟。朝有二史，左史記言，右史書事。事爲《春秋》，言爲《尚書》。君舉必記，善惡成敗，無不存焉。下及士庶，苟有茂異，咸在載籍。或欲顯而不得，或欲隱而名章。得失一朝，而榮辱千載。善人勸焉，淫人懼焉。」昭三十一年傳。按傳云「悦年十二，能説《春秋》」，又言「依《左氏傳》體以爲《漢紀》」，則所謂「説《春秋》」者，謂《左氏春秋》也。

《後漢書·陳紀傳》：董卓謂紀曰：「三輔平敞，四面險固，土地肥美，號爲陸海。今關東兵起，恐雒陽不可久居。長安猶有宫室，今欲西遷，何如？」紀曰：「天下有道，守在四夷。宜修德政，以懷不附。遷移至尊，誠計之末者。愚以公宜事委公卿，專精外任。其有違命，則威之以武。今關東兵起，民不堪命。若謙遠朝政，率師討伐，則塗炭之民，庶幾可全。若欲徙萬乘以自安，將有累卵之危，峥嶸之險也。」

《後漢書·史弼傳》：弼上封事曰：「臣聞帝王之於親戚，愛雖隆，必示之以威；體雖貴，必禁之以度。如是，和睦之道興，骨肉之恩遂。昔周襄王恣甘昭公，孝景皇帝驕梁孝王，而二弟階寵，終用教慢，卒周有播蕩之禍，漢有爰盎之變。」

《後漢書·盧植傳》：皇后父大將軍竇武，援立靈帝，初秉機政，朝議欲加封爵。植雖布衣，以武素有名譽，乃獻書以規之曰：「植聞嫠有不恤緯之事，漆室有倚楹之戚，憂深思遠，君子之情。夫士立争友，義貴切磋。《書》陳『謀及庶人』，《詩》詠『詢于芻蕘』。植誦先王之書久矣，敢愛其瞽言哉！今足下之於漢朝，猶旦、奭之在周室，建立聖主，四海有繫。論者以爲吾子之功，於斯爲重。天下聚目而視，攢耳而聽，謂準之前事，將有景風之祚。尋《春秋》之義，王后無嗣，擇立親長，年均以德，德均則决之卜筮。今同宗相後，披圖案牒，以次建之，何勳之有？豈横叨天功以爲己力乎！宜辭大賞，以全身名。又比世祚不競，仍外求嗣，可謂危矣。而四方未寧，盜賊伺隙，恆岳勃碣，特多姦盜，將有楚人脇比、尹氏立朝之變。宜依古禮，置諸子之官，徵王矦愛子，宗室賢才，外崇訓道之義，內息貪利之心，簡其良能，隨用爵之，彊榦弱枝之道也。」

《後漢書・盧植傳》：光和元年，有日食之異，植上封事諫曰：「《春秋傳》曰『天子避位移時』，言其相掩不過移時。而閒者日食自巳過午，既食之後，雲霧晻曖。」

《後漢書・皇甫規傳》：規上疏自訟曰：「臣雖汙穢，廉絜無聞，今見覆没，恥痛實深。傳稱『鹿死不擇音』，謹冒昧略上。」按：此以「音」爲「聲音」之「音」。

《後漢書・張奐傳》：光和四年卒，遺命曰：「幸有前窀，朝隕夕下，措屍靈牀，幅巾而已。奢非晉文，儉非王孫，推情從意，庶無咎吝。」按：此亦以晉文請隧爲葬也。

《後漢書・陳蕃傳》：蕃上疏曰：「周穆王欲肆車轍馬跡，祭公謀父爲誦《祈招》之詩，以止其心，誠惡逸遊之害人也。」

《後漢書・陳蕃傳》：蕃上疏曰：「昔禹巡狩蒼梧，見市殺人，下車而哭之曰：『萬方有罪，在予一人。』故其興也勃焉。」

《後漢書・陳蕃傳》：竇后詔曰：「夫民生樹君，使司牧之，必須良佐，以固王業。」

《後漢書・王允傳》：允以罪被捕，大將軍何進、太尉袁隗、司徒楊賜共上疏請之曰：「夫內視反聽，則忠臣竭誠；寬賢矜能，則義士厲節。是以孝文納馮唐之説，晉悼宥魏絳之罪。」

《後漢書・黨錮・李膺傳》：應奉上疏理膺等曰：「竊見左校弛刑徒前廷尉馮緄、大司農劉祐、河南尹李膺等，執法不撓，誅舉邪臣，肆之以法，衆庶稱宜。昔季孫行父親逆君命，逐出莒僕，於舜之功二十之一。今膺等投身彊禦，畢力致罪，陛下既不聽察，而猥受譖訴，遂令忠臣同愆元惡。自春迄冬，不蒙降恕，遐邇觀聽，爲之歎息。」

《後漢書·黨錮·李膺傳》：膺等案經三府，太尉陳蕃卻之曰：「今所考案，皆海內人譽，憂國忠公之臣。此等猶將十世宥也，豈有罪名不章而致收掠者乎？」

《後漢書·黨錮·李膺傳》：陳蕃免大尉，朝野屬意於膺，荀爽爲書貽曰：「頃聞上帝震怒，貶黜鼎臣，人鬼同謀，以爲夫子當貞觀二五，利見大人，不謂夷之初旦，明而未融，虹蜺揚煇，弃和取同。」

《後漢書·黨錮·李膺傳》：張儉事起，收捕鉤黨，鄉人謂膺曰：「可去矣。」對曰：「事不辭難，罪不逃刑，臣之節也。吾年已六十，死生有命，去將安之？」乃詣詔獄考死。

《後漢書·黨錮·劉祐傳》：延篤遺之書曰：「延陵高揖，華夏仰風。」

《後漢書·黨錮·巴肅傳》：曹節收肅，肅自載詣縣，縣令解印綬與俱去，肅曰：「爲人臣者，有謀不敢隱，有罪不逃刑。既不隱其謀矣，又敢逃其刑乎？」

《後漢書·黨錮·范滂傳》：初，滂等繫獄，尚書霍諝理之，及得免，到京師往候諝，而不爲謝。或有讓滂者，對曰：「昔叔向嬰罪，祁奚救之，未聞羊舌有謝恩之辭，祁老有自伐之色。」竟無所言。

《後漢書·黨錮·賈彪傳》：先是岑晊以黨事逃亡，親友多匿焉。彪獨閉門不納，時人望之。彪曰：「傳言：『相時而動，無累後人。』公孝以要君致釁，自遺其咎。吾以不能奮戈相待，反可容隱之乎？」於是咸服其裁正。

《後漢書·郭泰傳》：或勸林宗仕進者，對曰：「吾夜觀乾象，晝察人事，天之所廢，不可支也。」

《後漢書·孔融傳》：初，太傅馬日磾奉使山東，及至淮南，數有意於袁術。術輕侮之，遂奪取其節，求去又不聽，因欲逼爲軍帥。日磾深自恨，遂嘔血而斃。及喪還，朝廷議欲加禮。融乃獨議曰：「日磾以上公之尊，秉髦節之使，銜命直指，寧輯東夏，而曲媚姦臣，爲所牽率，章表署用，輒使首名，附下罔上，姦以事君。昔國佐當晉軍而不撓，宜僚臨白刃而正色。王室大臣，豈得以見脅爲辭？又袁術僭逆，非一朝一夕。日磾隨從，周旋歷歲。漢律，與罪人交關三日已上，皆應知情。《春秋》魯叔孫得臣卒，以不發揚襄仲之罪，貶不書日。鄭人討幽公之亂，斲子家之棺。聖上哀矜舊臣，未忍追案，不宜加禮。」

《後漢書·孔融傳》：時論者多欲復肉刑，融乃建議曰：「被刑之人，慮不念生，志在思死，類多趨惡，莫復歸正。夙沙亂齊，伊戾禍宋，趙高、英布，爲世大患。不能止人遂爲非也，適足絶人還爲善耳。」

又曰：「雖忠如鬻權，一離刀鋸，没世不齒。」

《後漢書·孔融傳》：是時荆州牧劉表不供職貢，多行僭僞，遂乃郊祀天地，擬斥乘輿。詔書班下其事，融上疏曰：「竊聞領荆州牧劉表，桀逆放恣，所爲不軌。至乃郊祭天地，擬儀社稷。雖昏僭惡極，罪不容誅。至於國體，宜且諱之。何者？萬乘至重，天王至尊，身爲聖躬，國爲神器，陛級縣遠，禄位限絶，猶天之不可階，日月之不可踰也。每有一豎臣，輒云圖之，若形之四方，非所以杜塞邪萌。愚謂雖有重戾，必宜隱忍。賈誼所謂『擲鼠忌器』，蓋謂此也。是以齊兵次楚，唯責苞茅；王師敗績，不書晉人。前以露袁術之罪，今復下劉表之事，是使跛牂欲闚高岸，天險可得而登也。案表跋扈，擅誅列侯，遏絶詔命，斷盜貢篚，招呼元惡，以自營衛，專爲羣逆，主萃淵藪。郜鼎在廟，章孰甚焉？桑落瓦解，其執可見。臣愚以爲，宜隱郊祀之事，以崇國防。」

《後漢書・荀彧傳》：彧曰：「昔晉文公納周襄王，而諸侯景從。」

《後漢書・荀彧傳》：操上書表彧，乞增疇户邑。彧深辭讓。操譬之曰：「昔介子推有言，竊人之財，猶謂之盜，況君奇謨拔出，興亡所係，可專有之邪？雖慕魯連沖高之迹，將爲聖人達節之義乎？」

《後漢書・董卓傳》：孫堅曰：「古之名將，杖鉞臨衆，未有不斷斬以示威武者也。故穰苴斬莊賈，魏絳戮楊干。」

《後漢書・公孫瓚傳》：瓚上疏曰：「昔姬周政弱，王道陵遲，天子遷徙，諸侯背畔。故齊桓立柯會之盟，晉文爲踐土之會，伐荊楚以致菁茅，誅曹衛以章無禮。」

《後漢書・袁紹傳》：子譚長而惠，尚少而美。紹欲使尚傳嗣，乃以譚繼兄後，出爲青州刺史。沮授諫曰：「世稱萬人逐兔，一人獲之，貪者悉止，分定故也。且年均以賢，德均則卜，古之制也。願上惟先代成則之誡，下思逐兔分定之議。若其不改，禍始此矣。」

《後漢書・袁紹傳》：紹上書曰：「臣非與瓚角戎馬之埶，爭戰陳之功者也。誠以賊臣不誅，《春秋》所貶；苟云利國，專之不疑。」又云：「若以臣今行權爲釁，則桓文當有誅絶之刑；若以衆不討賊爲賢，則趙盾可無書弒之貶矣。」

《後漢書・袁紹傳》：譚遣辛毗詣曹操請救，劉表以書諫譚曰：「齊襄公報九世之讎，士匄卒荀偃之事，是故《春秋》美其義，君子稱其信。夫伯游之恨於齊，未若太公之忿於曹也；宣子之承臣業，未若仁君之繼統也。且君子違難，不適讎國，交絕不出惡聲，況忘先人之讎，棄親戚之好，而爲萬世之戒，遺同盟之恥哉？」

又曰：「今仁君見憎於夫人，未若鄭莊之於姜氏；昆弟之嫌，未若重華之於象敖。然莊公卒崇大隧之樂，象敖終受有鼻之封。願捐棄百痾，追攝舊義，復爲母子昆弟如初。」

又《魏氏春秋》載表遺尚書曰：「昔軒轅有涿鹿之戰，周公有商奄之師，皆所以翦除穢害而定王業，非強弱之爭、喜怒之忿也。故雖滅親不尤，誅兄不傷。今二君初承洪業，纂繼前軌，進有國家傾危之慮，退有先公遺恨之負，當唯曹是務，唯國是康。何者？金木水火，剛柔相濟，然後克得其和，能爲人用。今青州天性峭急，迷於曲直；仁君度數弘廣，綽然有餘。當以大苞小，以優容劣，先除曹操，以平先公之恨；事定之後，乃議曲直之評。不亦善乎？」

《後漢書・袁紹傳》：審配獻書於譚曰：「蓋《春秋》之義，國君死社稷，忠臣死君命。苟圖危宗廟，剝亂國家，親疏一也。是以周公垂涕以斃管、蔡之獄，季友歔欷而行叔牙之誅。何則？義重人輕，事不獲已故也。」

《後漢書・劉表傳》：諸葛亮曰：「申生在内而危，重耳居外而安。」

《後漢書・酷吏・周紆傳》：諸竇雖誅，而夏陽侯瓌猶尚在朝，紆疾之，乃上疏曰：「臣聞臧文仲之事君也，見有禮於君者，事之如孝子之養父母；見無禮於君者，誅之如鷹鸇之逐鳥雀。按夏陽矦瓌，本出輕薄，志在邪僻，學無經術，而妄搆講舍，外招儒徒，實會姦桀。輕忽天威，侮慢王室。又造作巡狩封禪之書，惑衆不道，當伏誅戮。而主者營私，不爲國計。夫涓流雖寡，浸成江河；爝火雖微，卒能燎野。履霜有漸，可不懲革？宜尋呂産專竊之亂，永惟王莽篡逆之禍，上安社稷之計，下解萬夫之惑。」

《後漢書・酷吏・陽球傳》：球奏罷鴻都文學曰：「伏承有詔勑中尚方，爲鴻都文學樂松、江覽等三十二人圖象立贊，以勸學者。臣聞傳曰：『君舉必書。書而不法，後嗣何觀？』圖象之設，以昭勸戒，欲令人君動鑒得失，未聞豎子小人，詐作文頌，而可妄竊天官，垂象圖素者也。」

《後漢書・宦者・曹節傳》：梁人審忠上書曰：「昔秦信趙高，以危其國；吴使刑人，身遘其禍。」

《後漢書・文苑・趙壹傳》：壹貽書友人曰：「昔原大夫贖桑下絶氣，傳稱其仁。」

《後漢書・文苑・劉梁傳》：梁著《辨和同之論》，其辭曰：「夫事有違而得道，有順而失義，有愛而爲害，有惡而爲美。其故何乎？蓋明智之所得，闇僞之所失也。是以君子之於事也，無適無莫，必考之以義焉。得由和興，失由同起，故以可濟否謂之和，好惡不殊謂之同。《春秋傳》曰：『和如羹焉，酸苦以劑其味，君子食之以平其心。同如水焉，若以水濟水，誰能食之？琴瑟之專一，誰能聽之？』是以君子之行，周而不比，和而不同；以救過爲正，以匡惡爲忠。經曰：『將順其美，匡救其惡，則上下和睦，能相親也。』昔楚恭王有疾，召其大夫曰：『不穀不德，少主社稷。失先君之緒，覆楚國之師，不穀之罪也。若以宗廟之靈，得保首領以殁，請爲靈若厲。』大夫許諸。及其卒也，子囊曰：『不然。夫事君者，從其善，不從其過。赫赫楚國，而君臨之，撫正南海，訓及諸夏，其寵大矣。有是寵也，而知其過，可不謂恭乎！』大夫從之。此違而得道者也。及靈王驕淫，暴虐無度，芋尹申亥從王之欲，以殯於乾谿，殉之二女。此順而失義者也。鄢陵之役，晉楚對戰，陽穀獻酒，子反以斃。此愛而害之者也。臧武仲曰：『孟孫之惡我，藥石也；季孫之愛我，美疢也。疢毒滋厚，石猶生我。』此惡而爲美者也。孔子曰：『智之難也！有臧武仲之智，而不容於魯國，抑有由也。作而不順，施而不恕矣。』蓋善其知義，譏其違道也。夫知而違之，僞也；不知而失之，闇也。闇與僞也，其患一也。患之所在，非徒在智之不及，又在及而違之者矣。故曰：『智及之，仁不能守之，雖得之，必失之也。』《夏書》曰：『念兹在兹，庶事恕施。』忠智之謂矣。故君子之行，動則思義，不爲利回，不爲義疚，進退周旋，唯道是務。苟失其道，則兄弟不阿；苟得其義，雖仇讎不廢。故解狐蒙祁奚之薦，二叔被周公之害，勃鞮以逆文爲成，傅瑕以順厲爲敗，管蘇以憎忤取進，申矦以愛從見退：考之以義也。故曰：『不在逆順，以義爲斷；不在憎愛，以道爲貴。』《禮記》曰：『愛而知其惡，憎而知其善。』考義之謂也。」

《後漢書·逸民·野王二老傳》：二老曰：「昔湯即桀於鳴條，而大城於亳；武王亦即紂於牧野，而大城於郟鄏。彼二王者，其備非不深也。是以即人者，人亦即之，雖有其備，庸可忽乎？」

《後漢書·逸民·陳留老父傳》：桓帝世，黨錮事起，守外黄令陳留張升去官歸鄉里，道逢友人，共班草而言。升曰：「吾聞趙殺鳴犢，仲尼臨河而反；覆巢竭淵，龍鳳逝而不至。今宦豎日亂，陷害忠良，賢人君子，其去朝乎？夫德之不建，人之無援，將性命之不免，柰何？」因相抱而泣。

《後漢書·胡廣傳》：廣上書曰：「臣聞君以兼覽博照爲德，臣以獻可替否爲忠。」

陳元、馬嚴、馬融、二鄭、賈逵、張衡不著。

《東觀漢記》：杜林《請徙張步降兵疏》曰：「臣聞先王無二道，明聖用而治。見惡，如農夫之務去草焉，芟夷蘊崇之，此見前校，不具疏。絶其本根，勿使能殖，畏其易也。狼子野心，奔馬善驚。成王深知其終卒之患，故以殷民六族分伯禽，七族分康叔，懷姓九宗分唐叔，檢柙其姦宄。又遷其餘於成周，舊地雜俗，旦夕拘録。所以挫其強禦之力，詘其驕恣之節也。」定四年傳。

《東觀漢記》：杜林《請徙張步降兵疏》曰：「昔魯隱有賢行，將致國於桓公，乃流連貪位，不能早退。」隱十一年傳。

《御覽》三百十三　《穰苴兵法》曰：「以戰去戰，戰，雖戰可也。戰，春不東，秋不西，月食還師，所以止戰也。」

《御覽》三百三十八　《周髀》曰：「十人之長執銅，百人之師執鐸，千人之師執鼙，萬人之將執大鼓。」

《御覽》五百七十五　《慎子》曰：「魯莊公鑄大鍾，曹翽入見曰：『今國褊小而鍾大，君何不圖之？』」

《御覽》八百十一　孔融《聖人優劣論》曰：「金之優者名曰紫磨，猶人之有聖也。」❶

---

❶ 此上四條另紙書之，不知是否爲《左傳讀》材料，姑附於此備攷。

春秋左傳注疏舉例❶

舊作《左傳讀》九卷，爲作疏之權輿，祇申己見，不引舊誼，約三十萬言。近復新得數百條，益以先正故言，編昚櫽栝，用成斯疏。分卷六十，參用孔、徐。旁注：孔疏本三十六卷，栞本注疏乃作六十卷。徐書六十卷，見下。孔書合經、傳、正義都計壹佰肆萬壹阡伍百參拾字，今九卷字數已及十分之三，其在孔書約可分十八卷。餘所綜□，❷則皆證成己義也。壹

陸氏《釋文》，承學仰鏡，以其不没古本爾。《左傳》自賈、服以前，異文夥頤，都未辨𨐌。今依淵如《尚書注疏》例，不作音義。其文字異同，音訓合啎，皆録疏中。貳

周秦兩漢諸儒訓説《左氏》，或有專書，或見徵引，或自成一家言，今皆纂輯爲注。至當塗以降，下逮國朝，儒先雅詁，皆于疏中出之。輒下己意，亦不入注爾。參

左氏書《春秋傳》以古文，自征南作解，古字淪亡。宋世館閣猶有臧榮緒舊本，見《困學紀聞》。要出杜後，難可蹤迹，今則更勿論矣。僕作是書，網羅放失，凡先漢所引異文，有翔實可信，跨軼今本者，輒用訂正。其

---

❶ 此篇各條，原稿順序雜亂，今依其各條後所標數字調整。

❷ 「□」，此字手稿不可辨識。

有疑滯，仍從區蓋。若定宇之改《周易》，懋堂之更《説文》，則吾豈敢！肆

自今文學盛，毛《詩》、孔《書》、《周禮》、▨若土苴，❶文飾其詞則曰「學宗西漢」，然何邵公果西漢時人與？于許、鄭則棄，于邵公則取；于江都説《公羊》則重如球壁，于長沙傳《左氏》則誣爲鼠璞：斯實矛盾自窮，便僻給辨。今皆于《敘録》駁之，必摧絶廓清而後止。《敘録》已舉劉申受説，具駁于下。他説有助成劉義者，亦當録入，分條詰難。伍

《春秋》經世，非章句可了。若牽聯事類，蕝集嵬瑣，虞初九百，其何取焉！維綱六藝，方智圓神，抑亦游、夏之所難言矣。九變復貫，要歸簡練，先箸《要義》，次于《敘録》。陸

《左氏》《公羊》，分道僢馳，《穀梁》中立，匙所可否。然《左氏》首言攝位，與託王同斯微旨。子駿造厤，命曰三統，亦與齊學合契。至元始魯學，同符《左氏》，傳之荀卿，波瀾莫二，其足資證益多。旁引兩家，吾道愈廣，斯實賈、鄭家法，非曰調人。柒

諸子肇始，爰自周官，九流異言，亦六經之支裔，豈特鬻爲文友、李實孔師而已？或乃鉤章棘句，用相詮釋，涣然冰解。鄙見在兹，非爲博引。捌

《左氏》大義，非荀、賈二子，無所鉤攷。若夫詁訓精博，則大史公之《史記》，劉子政之《説苑》《新序》，厥功冣偉，故引此數種獨觮。玖

❶「▨」，此處手稿殘去三四字。

孔疏辨博，非可祧遷，畔道之言，杜實當罪，孔無與焉。先孔作者有徐文遠《左傳義疏》六十卷、《左傳音》三卷，見《唐書·藝文志》。惜其亡逸，無可蒐采。中唐以降，啖、趙横興，憑臆䟽非，都無格檢，雖文采葩流，枝葉横生，不以污楮。拾

素王制法，今古文無異詞。《春秋》典禮，異于《周官》，當時所行，又有增損。今兹考訂，各還其真，不相牽引。拾壹

初輯是書，未立凡目。論篹大體，《敘録》粗備。義有隱略，復作《舉例》。于文無埘，聊質君子。拾貳

附　録

春秋左傳讀敘録

《春秋左傳讀》者，章炳麟箸也。❶初名《襍記》，以所見輒録，不隨經文編次，效臧氏《經義襍記》而爲之也。後更曰《讀》，取發疑正讀爲義也。葢籀書爲讀，紬其大義曰讀，紬其微言亦曰讀。《左氏》古字古言，沈、惠、馬、李諸君子既宣之矣，然賈生《訓故》，惟見《新書》，而大史公與賈嘉通書，《世家》《列傳》諸所改字，又皆本賈生可知。鏐子政呻吟《左氏》，見《論衡》。又分《國語》，見《蓺文志》。寔先其子爲古學，故《說苑》《新序》《列女傳》三書，孤文犆字，多有存者。惠氏稍稍道及之，猶有不葴，故微言當紬，一矣。左氏既作《内傳》，復有《左氏微》說其義例。今雖亡逸，❷曾、吳、鐸、虞、荀、賈、三張之言，時有可見，謂張北平、張子高、張長

---

❶ 「章炳麟」，《國粹學報》本作「章絳」。《敘録》發表於《國粹學報》，署名章絳，故有此異。「箸」，《國粹學報》本皆作「著」。

❷ 「逸」下，《國粹學報》本有「鏐賈許潁固見其籍轉及」數字。

子。皆能理董疑義，闓圛雅言。故《說苑》述吳氏之說元年，可以見《左氏》有慎始也；❶《檀弓》述曾氏之說喪禮，可以見天子諸侯非卒哭除服也。而近儒如洪稚存、李次白，劣能徵引賈、服。臧伯宸雖上扳子駿，亦直捃摭其義，鮮所發明。夫《左氏》古義最微，非極引周、秦、西漢先師之說，則其術不崇；非極爲論難辨析，則其義不明。故以淺露分別之詞，申深迂優雅之旨，斯其道也。大義當紬，二矣。紬微言，紬大義，故謂之《春秋左傳讀》云。

懿《左氏》《公羊》之釁，起於劭公。其作《膏肓》，猶以發露短長爲趣。及鐂逢禄本《左氏》不傳《春秋》之說，謂條例皆子駿所竄入，授受皆子駿所構造，箸《左氏春秋考證》及《箴膏肓評》，自申其說。彼其摘發同異，盜憎主人。諸所駁難，散在《讀》中。昔丹徒柳賓叔駁《穀梁廢疾申何》，則逢禄之說瓦解。然《穀梁》見攻者，止於文義之間；《左氏》乃在其書與師法之真僞，故解釋闤闠，其道非一。先因逢禄《考證》，訂其得失，以爲《敘録》，箸於左方。

《史記・十二諸侯年表》：「是以孔子明王道，干七十餘君莫能用，故西觀周室，論史記舊聞，興於魯，而次《春秋》，上記隱，下至哀之獲麟。約其辭文，去其煩重，以制義法，王道備，人事浹。七十子之徒，口受其傳指，爲有所刺譏褒諱挹損之文辭不可以書見也。」

---

❶「有慎始也」，《國粹學報》本作「非無五始也」。

○駁曰：左氏、公羊氏皆不在七十子中。而左氏親見素王，則七十子之綱紀，公羊末師，非其比也。

○鐂曰：「此言夫子《春秋》，七十子之徒口受其傳指，今所傳者，惟公羊氏而已。」

「魯君子左丘明懼弟子人人異端，各安其意，失其真，故因孔子史記，具論其語，成《左氏春秋》。」

○鐂曰：「夫子之經，書于竹帛，微言大義不可以書見，則游、夏之徒傳之。丘明葢生魯悼之後，徒見夫子之經及史記、《晉乘》之類，而未聞口受微恉。當時口説多異，因具論其事實，不具者闕之。曰魯君子，則非弟子也；曰《左氏春秋》，與《鐸氏》《虞氏》《吕氏》並列，則非傳《春秋》也。故曰《左氏春秋》，舊名也；曰《春秋左氏傳》，則鐂歆所改也。」

○駁曰：名者實之賓。❶《左傳》自釋《春秋》，不在其名傳與否也。正如《論語》命名，❷亦非孔子及七十子所定。《論衡·正説篇》云：「初，孔子孫孔安國以教魯人扶卿，官至荆州刺史，始曰《論語》。」是《論語》乃扶卿所名。然則其先雖不曰《論語》，無害其爲孔子之語也。正使子駿以前，《左氏》未稱爲傳，❸亦何害其爲傳經乎？若《左氏》自爲一書，何用比坿孔子之《春秋》而同其年月爲？尋大史公言「因孔子史記，具

❶「名者實之賓」，《國粹學報》本無。

❷「正」，《國粹學報》本作「即」。

❸「正使子駿以前左氏未稱爲傳」，《國粹學報》本作「左氏傳之稱即使爲子駿以前所無」。

論其語，成《左氏春秋》」，因之云者，舊有所仍而敷暢其恉也。且曰「懼弟子人人異端，各安其意，失其真」，此謂口授多譌，故作書以爲簡別，固明《春秋》之義，非專塗坿其事矣。若以爲《吕氏春秋》之流，則《韓詩外傳》載荀子《謝春申君書》云：「故《春秋》之志曰：『楚王之子圍聘于鄭，未出境，聞王疾，返問疾。遂以冠纓絞王而殺之，因自立。齊崔杼之妻美，莊公通之。崔杼率其羣黨而攻莊公，莊公請與分國，崔杼不許；欲自刃于廟，崔杼又不許；莊公出走，踰于外墻。射中其股，遂殺而立其弟景公。』」此二事皆本《左傳》，稱爲《春秋》之志。若如《吕氏》書，可爲《春秋》之志邪？❶《韓非·姦劫弑臣》篇亦載是書，其前則云「《春秋》記之曰」，其後則云「上比於春秋，未至於絞頸墜股也；下比於近世，未至餓死擢筋也」。夫唯以《左氏春秋》與近世史書爲別，❷故分言之，不然，湣王擢筋，主父餓死，齊史、趙史亦載之矣，彼獨非百國春秋邪？夫六國之史且猶與《左氏》別言，況復《吕氏》所輯乎？又《吴大伯世家》贊云：「余讀《春秋》古文，乃知中國之虞與荆蠻、句吴兄弟也。」此本《左傳》「大伯、虞仲，大王之昭」爲說。若如《吕氏》書，得稱《春秋》古文否？如班孟堅自序其《漢書》曰：「起于高祖，終于孝平王莽之誅，十有二世，二百三十年。綜其行事，旁貫五經，上下洽通，爲春秋考紀、表、志、傳，凡百篇。」此其體裁之近《春秋》，更非《吕氏》比矣。然可稱爲《春秋》古文邪？使稱《漢書》曰「書古文」，稱《古詩十九首》曰「詩古文」，其可乎？又《歷書》云「周襄王二十六年閏三月，而《春秋》非之」。此本《左氏》文元年傳，

❶「可」下，《國粹學報》本有「稱」字。

❷「史書」，《國粹學報》本作「之史」。「爲」，《國粹學報》本作「有」。

若如《呂氏》書，可單稱《春秋》邪？必若拘牽題號，則《後漢書·樊儵傳》云：「受《公羊嚴氏春秋》。」又云：「儵删定《公羊嚴氏春秋》章句。」假令《左氏春秋》爲《呂氏》之類，則《公羊嚴氏春秋》何以非《呂氏》之類乎？鐸、虞二家乃演暘《左氏》書者，❶亦非《呂氏》可比。

案：《秋官》「冥氏」，鄭司農注曰：「冥，讀爲《冥氏春秋》之冥。」此《公羊》家冥都説經之書也。而賈公彦釋云：「《冥氏春秋》者，冥氏作《春秋》書名，若《晏子》《呂氏春秋》之類。」此乃公彦誤解。若如逢祿説《鐸氏》《虞氏》與《呂氏》同類，則雖謂《冥氏》與《呂氏》同類，亦不誤也。

至孔子言「與左同恥」，則是朋友而非弟子，易明也。❷何見必後孔子者乃稱魯君子乎？謂生魯悼後者，以傳有悼之四年，據《魯世家》言，悼公在位三十七年，去獲麟已五十年耳，然使左氏與曾子年齒相若，則終悼世尚未及八十也。又案：盧植、王接皆謂《左氏》囊捪古今，成一家之言，不主爲經發，説與逢祿同。然據《盧植傳》云：「植上書曰：今《毛詩》《左氏》《周禮》各有傳記，其與《春秋》共相表裏，此句專指《左氏》。❸宜置博士，爲立學官。」則所謂傳記者，非謂一家箸述不通于經者明矣。何者？《毛詩傳》與《周官傳》《藝文志》有《周官經》六篇、《周官傳》四篇。皆據經發義者也，彼亦謂之傳記，則豈謂《左氏》之爲傳記，獨異彼二書乎？且

---

❶ 「演暘」，《國粹學報》本作「發揮」。「書」，《國粹學報》本無。

❷ 「至孔子」至「易明也」，《國粹學報》本作「至孔子言與左氏同恥則是友而非弟子可知」。

❸ 「指」，《國粹學報》本作「據」。

非説經之書，而何爲欲置博士、立學官乎？ 又，子幹上封事，引「天子避位移時」，亦謂之《春秋傳》，則其意可知矣。 至夫「囊搭古今」云云，葢以《左氏》書中有説天官、律歷、禮樂、政教等事，非爲一事而發。 然彼此互明，不專於篇章之下，其實總爲釋經。 乃其所謂經者，時時旁及六蓺，❶非局于《春秋》一家，則有之矣。王接本治《公羊》，各于其黨，無足論也。

又案：以《左氏春秋》同《吕氏春秋》者，亦本《論衡》。《案書篇》云：「《左氏》言多怪，頗與孔子不語怪力相違返也，《吕氏春秋》亦如此焉。」然仲任固云：「《春秋左氏傳》者，葢出孔子壁中。」又云：「公羊高、穀梁寘、胡毋氏皆傳《春秋》，各門異户，獨《左氏傳》爲近得實。」又云：「《國語》，左氏之《外傳》也。 左氏傳經，辭語尚略，故復選録《國語》之辭以實。 然則《左氏》《國語》，世儒之實書也。」據此諸語，仲任固以《左氏》爲傳，且謂勝彼二家，則其與《吕氏春秋》並論者，特吐言之疵繆耳。

「漢相張蒼，歷譜五德。《索隱》按：張蒼著《終始五德傳》也。」

〇鐳曰：「歷譜五德，或捃摭及《左氏春秋》，不曰傳《左氏春秋》也。」

〇駁曰：古書籍非師莫得。 如鄭康成學於張恭祖，但見《韓詩》，至注《禮》時，猶未見《毛詩》是也。 北

---

❶ 「時時旁」，《國粹學報》本作「有時兼」。

平侯若捃摭《左氏》，則必受《左氏》于其師。不然，秦燒史記尤甚，柱下史獨得見邪？❶五德即數家隆于神運。上言大史公讀《春秋歷譜牒》，蓋即其書也。尋《左氏》記事，多有原始要終不記年月者，而此《十二諸侯年表》則具載之。如晉穆侯七年，以伐條生大子仇。宣王二十三年又四年，并言取齊女爲夫人。十年，以千畝戰，生仇弟成師。二子名反，君子譏之，後亂。宣王二十六年。○事見《左傳》桓二年，皆不書年。獻公五年伐驪戎，得姬。魯莊公二十二年。○事見《左傳》莊二十八年，不書年。鄭武公十年，取申侯女武姜，平王十年。十四年生莊公寤生，平王十四年。十七年生大叔段。平王十七年。○事見《左傳》隱元年，皆不書年。○又莊公元年，祭仲生，此事《左傳》無，當平王二十八年。莊公二十三年，公悔，思母不見，穿地相見。魯隱公二年。○事見《左傳》隱元年，然文不云何年見母，得此，乃知見母在隱二年，後於逐段一年也。文公二十四年，有妾夢天與之蘭，生穆公蘭。魯釐公十一年。○事見《左傳》宣三年，不書年。定公十一年，楚建作亂，殺之。魯昭公二十三年。○事見《左傳》哀十六年，不書年。宋武公十八年，生魯桓公母。平王二十三年。○事見《左傳》首，不書年。楚惠王二年，子西召建子勝於吳，爲白公。魯哀公八年。六年白公勝，數請子西伐鄭，以父怨故。魯哀公十二年。○事見《左傳》哀十六年，皆不書年。衛莊公十七年，愛妾子州吁，州吁好兵。平王三十年。○事見《左傳》隱三年，不書年。宣公十八年，大子伋弟壽爭死。魯桓公十一年。○事見《左傳》桓十六年，不書年。獻公十三年，師曹鞭公幸妾。魯襄公九年。○事見《左傳》襄十四年，不書年。齊釐公二年，同母弟

❶「獨」，《國粹學報》本作「其」。此句下，《國粹學報》本有「夫所謂歷譜五德者歷即歷人取其年月譜即譜牒獨記世謚」數字。

夷仲年生公孫毋知也。平王四十二年。三十二年，毋知，釐公令秩服如大子。魯桓公十三年。襄公元年貶毋知秩服，毋知怨。魯桓公十五年。〇事見《左傳》莊八年，皆不書年。陳文公元年生桓公鮑、厲公佗。佗母蔡女。平王十七年。厲公二年生敬仲完，魯桓公七年。三年周史卜完後世王齊。魯桓公八年。〇事見《左傳》莊二十二年，皆不書年。然厲公名躍，不名佗，佗字五父。此謂厲公即佗，即五父，誤。曹伯陽三年，國人有夢衆君子立社宮謀亡曹。振鐸請待公孫彊，許之。魯定公十一年。六年，公孫彊好射，獻鴈，君使爲司城，夢者之子亡去。魯定公十四年。〇事見《左傳》哀七年，皆不書年。按：傳言夢在伯陽即位之前，此似誤。其獻鴈之年則可信。以上皆傳事之無年者。舉其第次，粲然不謬。如寤生、叔段、桓母、毋知之生，則并《世家》亦不箸。乃至夢蘭、鞭妾，纖瑣小事，皆能徵舉其年，若陳几案，若閱簿領。苟無歷譜五德，史公豈能妄造？惟歷譜五德專釋《左氏》，故《表》亦特詳《左氏》事，而《左氏》外諸子百家所載，雖有關十二國存亡治亂之故者，亦略不一道。非史公專取釋傳之書，何故體裁若是？《十二諸侯年表》所載，其年月有明與《左氏》牴牾者，此蓋兼存異説。如《春秋》書崔氏奔衛，《左傳》以爲高國所逐，而《年表》于齊則云崔杼有寵，高國奔衛；于衛則云齊高國來奔。此非但異于《左氏》，并異于《春秋》經矣。蓋張氏書時有異聞。如《國語》《世本》，亦有異于《内傳》者也。惟此諸條，專見于《左氏》，而史公爲譜其年月者，則必張氏説傳無疑。烏呼，千載運往，遊魂已寂，賴此歷譜，轉相證明，遺文未亡，析符復合，而逢禄守其蓬心，誣汙往哲。欲以卷石蔽遮泰山。逢禄復死，今欲起斯朽骸，往反徵詰，又不可得，後之君子庶其無盲。

「上大夫董仲舒推《春秋》義，頗著文焉。」

○鐂曰：「上以類記《春秋》之書，此方云推《春秋》義，則以夫子所云『其義則丘竊取之』者，在漢獨有董生知其説也。」

○駁曰：《春秋》三家大義，《公羊》至董而備，《穀梁》至大鐂而備，《左氏》至小鐂而備。大史公時，二鐂未生，惟《公羊》義爲完具，故録董生一人，非謂董生所説《春秋》義果有内聖外王之道也。《史記·儒林列傳》云：「漢興至于五世之閒，唯董仲舒名爲明于《春秋》。」唯之云者，以是時《左氏》之學，張、賈、貫公等多傳訓故，而章句義理未備也。名爲云者，以董生治《公羊》，非真能明《春秋》也。《平津侯傳》云：「年四十餘，乃學《春秋》襍説。」則史公以《公羊》爲《春秋》襍説，其以《左氏》爲《春秋》正義明矣。

「大史公曰：『儒者斷其義。』」

○鐂曰：「此謂夫子《春秋》之義，惟胡毋生、董生於公羊師得之。『不務綜其終始』，以經自有始元終麟，非記事之史也。」

○駁曰：此謂臆斷之儒但斷其義，未詳其事也。如孟軻駁百里自鬻事，無文可證，而以不諫虞公爲推，此儒者之通弊。

「馳説者騁其辭，不務綜其終始。」

○鐂曰：「此謂《左氏春秋》之類惟務事實，或始於隱元年，而終於悼四年，事實不具，雖有經文累年缺載，亦不敢蹈不知而作之咎也。」

○駁曰：馳説者，謂諸子百家。時或摭拾《春秋》而略無年月，此所謂「不務綜其終始」也。儒者、馳説者，大史皆不敢蹈其失，是以詳事實箸年月而作《表》爾。觀下文言己作《表》爲成學治古文者要删，治古文者非治《左氏》者乎？古文或作國聞，要亦《左氏》《國語》之類。若謂《左氏》即馳説者，則己所作《表》與彼殊意，又何望於治古文者之要删乎？

又案：《魏略》：「魚豢嘗問隗禧《左氏傳》。禧曰：『《左氏》，相斫書耳，不足精意也。』」相斫無義。尋《抱朴子·明本》篇云：「儒者所講者，相研之簿領也。道家所習者，遣情之教戒也。」則相斫是相研之誤。禧以爲記事之書有如簿領，以細事相研覈者，此之詆諆正與《抱朴》同類，亦猶安石所云斷爛朝報者爾。宋後儒人多喜其説，顧欲以斷義勝之，其禍甚於秦皇之燒史。

「歷人取其年月。」

○鐳曰：「謂惟取經之年月。考諸家歷，如鐳歆《三統歷》亦是也。至《左氏》言占驗，乃其舊文，言歷則歆取佗書坿益之。」

○駁曰：欲説《春秋》，則治歷是其一事。史公但譏知歷不知經者，若云《左氏》言歷皆子駿所坿益，則文元年傳譏閏三月固見《歷書》所引矣。

「數家隆于神運。」

○鐳曰：「如鄒衍之儔推終始五德之運，張蒼歷譜五德亦是也。《左氏春秋》、《國語》五帝序少昊，與《易》、《春秋》、《禮》家言俱不合，蓋夫子所不序，至因晉范氏祁姓爲陶唐之後，而云其處者爲鐳氏，亦歆之徒坿益也。」

○駁曰：北平修《春秋》，非但歷譜五德也，《易·繫辭》言包犧之王天下，下繼以神農、黄帝、堯、舜，此五人者，世或言皇言帝，而《易》但言王天下，固無五帝定名。❶《周禮》六代之樂則始《雲門大卷》，黄帝之樂。不載少昊、顓頊之樂，而亦不載大昊之樂。亦本不論五帝也，何不合乎？若《春秋》者，❷謂何家《春秋》也？❸以爲《公羊》邪？則董仲舒并信女媧矣。《論衡·順鼓篇》曰：「雨不霽，祭女媧，於《禮》何見？伏羲、女媧俱聖者也。舍伏羲而祭女媧，《春秋》不言。董仲舒之議，其故何哉？」又曰：「俗圖畫女媧之象爲婦人之形，又其號曰女。仲舒之意殆謂女媧古婦人帝王者也？男陽而女陰，陰氣爲害，故祭女媧求福佑也。傳又言共工與顓頊爭爲天子，不勝，怒而觸不周之山，使天柱折，地維絶。女媧消鍊五色石以補蒼天，斷鼇之足以立四極。仲舒之祭女媧，殆見此傳也。本有補蒼天、立四極之神，天氣不和，陽道不勝。儻女媧

---

❶「者世或言」至「五帝定名」，《國粹學報》本作「皆帝而言王天下蓋惟恐人以五帝當之故不言帝天下也」。

❷「者」，《國粹學報》本無。

❸「謂」，《國粹學報》本作「即」。

以精神助聖王止雨湛乎？」以上《論衡》。夫以女媧之怪誕而董生猶稱道之，且議祭之以爲典禮，然則董生之言古帝王，無過依違短書從俗妄説而已，非能考證明審也。彼所定爲五帝者，豈可據依而以妄駁《左氏》？若夫鐂子駿者，坿新亡漢者也，而云鐂氏堯後之説出於子駿坿益，則愈妄矣。

「《譜牒》獨記世謚。」

○鐂曰：「葢史公所據《春秋歷譜牒》。自古治《春秋》者皆有此學，鐂杳所謂《周譜》，《蓺文志》有《古帝王譜》。至所云《世本》出於左氏，則誣也。」

○駁曰：《世本》出於左氏，而閒及戰國時人之世系及秦漢地名者，則荀、張諸君所增修耳。《隋·經籍志》有《世本王侯大夫譜》二卷；又有《世本》二卷，鐂向撰；又有《世本》四卷，宋衷撰。宋固注《世本》者，則大鐂可以例推，因知戰國世系、漢世地名，亦或出於大鐂注中，不得疑其爲誣。若夫《公羊》三世之説，以蹙蹙二百四十二年中，而見據亂、升平、大平之狀，則曷若上推黄、頊，下窮晚周，得見其本末哉？有《春秋》而無《世本》，則本經不過一代之書，穿穴三世，比於畫指爲丈，乃不得不言託文起義。若是，則《春秋》方爲史官之大蠹，與街談巷語何別？故知經傳相依，共爲表裏，傳非一書，《内傳》《國語》《世本》三者，皆《春秋》之傳也。不知《世本》而言《春秋》，猶擿埴而索塗也。《世本》有《居篇》《作篇》，見種族、權力、器械、質文之變。此於史書至重，大史獨舉世謚，略言之爾。

「其辭略，欲一觀諸要難，於是譜十二諸侯，自共和訖孔子，表見《春秋國語》，學者所譏盛衰大指箸於篇，爲成學治古文者要删焉。」

○鐳曰：「此《春秋國語》，史公所據古文舊本，非《蓺文志》所云『《春秋古經》十二篇、《左氏傳》三十卷』者也。以《年表》所載事實與今《左氏》多違，知今本非史公所見之書也。」

○駁曰：此言《春秋國語》，《五帝本紀》言：「予觀《春秋國語》。」若《左傳》本與《晏》《吕》同，而稱曰《左氏春秋》，則《國語》安得稱爲《春秋國語》邪？《國語》而冠以《春秋》，是明以爲《春秋》之《外傳》也。以《國語》爲《春秋》之《外傳》，是明以《左氏春秋》爲《春秋》之《内傳》也。至其《年表》所載事實，或與《國語》不同。亦時異於《内傳》，史公采摭既博，亦容兼及佗書。如班史稱遷作《史記》，本《左氏》《國語》《楚漢春秋》，而今所見漢事或與《楚漢春秋》不同者，絳灌一名，在《楚漢春秋》則謂自有别將絳氏灌名，而《史記》則謂是絳侯周勃與灌將軍。若謂今之《左氏》《國語》是子駿所妄改，非大史所親見者，則《楚漢春秋》復是何人妄改邪？又考《國語》，本有朝廷語與里閈語，二者不同。《墨子·公孟篇》曰：「子亦聞夫魯語乎？魯有昆弟五人者，其父死，其長子嗜酒而不葬。其四弟曰：『子與我葬，當爲子沽酒。』勸於善言而葬。已葬而責酒於其四弟。四弟曰：『吾末予子酒矣。子葬子父，我葬吾父，豈獨吾父哉？子不葬則人將笑子，故勸子葬也。』」此所引魯語，題名與左氏之魯語同，而所説家人細故，蓋當時各國自有稗官采民俗爲一書，如《臣壽周紀》《虞初周説》，皆是類也。然則左氏之作《國語》，删汰亦甚謹嚴矣。然里閈所説，容亦兼涉國事，所記不同，史公過而存之，故《年表》有異於傳，非爲無因。

《漢・藝文志》：「《春秋古經》十二篇，經十一卷。」

○鐳曰：「十一篇者，夫子手定。《公羊傳》所云「隱之篇」「僖之篇」是也。何邵公猶傳之，云：『繫閔公篇於莊公下者，❶子未三年，無改於父之道。』蓋西漢胡毋生、顔安樂以來舊本也。《古經》十二篇，蓋鐳歆以祕府古文書之，而小變博士所習。如紀子帛、杞侯、夏五月丙午宣榭火、陳災之屬。或析閔公自爲一篇，或坿續經爲一篇，俱不可知，總之非古本也。」

○駁曰：子駿之説見於《律歷志》者，曰「列十二公二百四十二年之事」，曰「自《春秋》盡哀十四年，凡二百四十二年。六國《春秋》哀公後十三年遜于邾」。而不曰二百四十四年，則獲麟以後，《左氏》原不以爲續經，特存《魯史》原文以記孔丘之卒耳，其不爲一篇可知。所多一篇，必閔公篇也。《藝文志》：「《古文尚書經》四十六卷，爲五十七篇。」又云：「經二十九卷，大小夏侯二家。歐陽經三十二卷。」此《書》古今文卷數異也。「《詩經》二十八卷，魯、齊、韓三家。」又云：「《毛詩》二十九卷，《毛詩故訓傳》三十卷。」此《詩》古今文卷數異也。「《禮古經》五十六卷。」又云：「經十七篇，后氏、戴氏。」此《禮》古今文卷數異也。「《論語》古二十一篇，出孔子壁中，兩《子張》。」又云：「齊二十二篇，多《問王》《知道》。魯二十篇。」此《論語》古今文篇數異也。何獨疑《春秋古經》與今文篇數異乎？《公羊》家就十一篇而坿會「子未三年，無改父道」之義，猶《今文

❶「莊公」下，《國粹學報》本有「篇」字。

尚書》家祇見二十九篇，而坿會二十八篇當列宿，一篇當北斗也。逢祿因之，妄疑古經僞造，所謂俗儒鄙夫，蔽所希聞，以古文爲鄉壁虛造不可知之書也。

「《左氏傳》三十卷。」

○鐳曰：「大史公時名《左氏春秋》，葢與晏子、鐸氏、虞氏、吕氏之書同名，非傳之體也。《左氏傳》之名，葢始於鐳歆《七略》。」

○駁曰：所謂傳體者如何？惟《穀梁傳》《禮喪服傳》《夏小正傳》與《公羊》同體耳。毛公作《詩傳》，則訓故多而說義少，體稍殊矣；伏生作《尚書大傳》，則敘事八而說義二，體更殊矣；《左氏》之爲傳，正與伏生同體。然諸家說義雖少，而宏遠精揩，實經所由明，❶豈必專尚裁辯乃得稱傳乎？❷孔子作「十翼」，皆《易》之傳也，而《彖》《象》《文言》《繫辭》《說卦》《序卦》《雜卦》，其體亦各不同。一人所述，尚有異端，況《左氏》與《公羊》，寧其能同體？

且言傳者，有傳記，有傳注，其字皆當作專。《論語》「傳不習乎」，魯讀傳爲專。《說文》：「專，六寸簿也。」此本手版，引申爲簿籍。漢時已有簿責之語。鄭君《論語序》云：「《春秋》二尺四寸書之，《孝經》一尺二寸書

---

❶「經」下，《國粹學報》本有「意」字。

❷「乃得」，《國粹學報》本作「然後」。

之，此孔氏《左傳》正義所引，與賈氏《儀禮》疏所引不同，此爲是。《論語》八寸。」案：《春秋》二尺四寸，六經同之，《孝經》《論語》愈謙愈短。然則釋經之書宜更短於《論語》八寸。若四寸則不容書，故降八寸，則不得不爲六寸。鄭注《尚書》謂三十字一簡，服注《左氏》謂古文篆書一簡八字，蓋《尚書》長二尺四寸，《左氏》傳六寸，正得四分之一。三十字四分之，則爲七字半，半字不可書，故稍促爲八字。此傳當稱專可知。原夫古者名書，非有佗義，就質言之而已。經緯皆以繩編竹簡得名，專以六寸簿得名；隨文生義，則以經緯爲經天緯地，而以專爲傳述經義。《公羊》乃有主人習其讀而問其傳之言，自是言傳注者謂與傳記有殊，究極本始，初無二義。《左傳》之爲左專，猶鄭氏説《詩》稱鄭箋。箋者，表識書也。同此傳名，❶得兼傳記、傳注二用，亦猶裴松之之注《三國志》，松之《表》云：「臣前被詔，使采三國異同，以注陳壽《國志》。」然則稱注自其本名。撰集事實，以見同異，閒有論事情之得失，訂舊史之韙非，無過百分之一，而解詁文義，千無二三。今因《左氏》多舉事實，謂之非傳，然則裴松之於《三國志》亦不得稱注邪？且《左氏》釋經之文，科條數百，固非專務事實者，而云非傳之體，則《尚書大傳》又將何説？且逢禄獨不讀《緐露》乎？《玉英篇》曰：「經曰『宋督弒其君與夷』。傳言『莊公馮殺之』，不可及於經。何也？曰：非不可及於經，其及之端眇，不足以類鉤之，故難知也。傳曰：『臧孫許與晉郤克同時而聘乎齊。』案經無有，豈不微哉？不書其往，而有避也。今此傳言莊公馮而於經不書，亦以

❶「名」，《國粹學報》本作「也」。

有避也。」以上《緐露》。據此則經無而傳有者，悉皆經之微言。❶ 仲舒之論《公羊》如此。使仲舒而治《左氏》，則當謂處處皆微言矣。逢禄專治《公羊》，何乃背其大師之説。❷

「《公羊傳》十一卷，《穀梁傳》十一卷，《鄒氏傳》十一卷，《夾氏傳》十一卷，《公羊顔氏記》十一篇。」

○鐂曰：「十一卷，皆依經分篇而不坿乎經者也，蔡邕石經《公羊》可見。《隋志》有吳士燮《春秋注》、晉王愆期《公羊傳注》，尚係十一卷。」

○駁曰：《經典釋文》以士燮注《春秋經》十一卷列賈逵《左氏解詁》三十卷之前，葢以其專注經文，故列最前。據《三國・吳志・士燮傳》云：「少遊學京師，事潁川鐂子奇，治《左氏春秋》。」又云：「耽玩《春秋》，爲之注解。袁徽與荀彧書曰：『士府君《春秋左氏傳》尤簡練精微，吾數以咨問傳中諸疑，皆有師説，意思甚密。今欲條《左氏》長義上之。』」則燮所注乃《左氏》經也。而衹有十一卷者，此取《公》、《穀》經分卷之數以合并《左氏》經耳。漢人説經自有合并之例。如《毛詩》本二十九卷，而鄭箋坿經衹二十卷，是亦康成并省之也。然《公》《穀》《鄒》《夾》皆十一卷，而《左氏》獨十二篇者，左氏就大史之故書，當公分目；四家就帛書之字數，以少合多。士氏并省，亦爲因陋就簡矣。逢禄所引，但見士燮改《左氏春秋》卷數以從《公羊》，然

---

❶「悉」，《國粹學報》本作「凡」。

❷「逢禄」至「之説」，《國粹學報》本作「逢禄治公羊而背董生何其妄也」。

《隋・經籍志》言《春秋公羊傳》十二卷，嚴彭祖撰，《舊唐書・經籍志》有《春秋公羊傳》五卷，公羊高傳，嚴彭祖述。《新唐書・藝文志》同。此或殘缺，或後人合并。要以《隋志》所存爲原本。不又改《公羊春秋》卷數以從《左氏》乎？《隋・經籍志》「《春秋經》十三卷，吴士燮注」，與《經典釋文》、兩《唐書》作十一卷異。逢禄以十一卷屬《隋志》，此誤記也。惟十三卷祇見《隋志》，餘皆作十一卷，自當從十一卷爲是。惟王愆期《公羊》注則《隋志》十三卷，兩《唐志》皆十二卷，未嘗言十一卷也。逢禄言十一卷，大誤。夫篇章分合，無關弘旨，漢世今文之學，所謂章句小儒，喜以篇目坿會律歷五行諸法，則安往而不可通？若云十二篇者，象天數十二也。十一篇者，象五六天地之中合也。十三篇者，象歲有閏月也。凡此種種，無不可穿鑿求合。鐂氏據此以明《左氏》《公羊》之真僞，且以爲分篇十一，有三年無改之義，此在發策决科之地言之可也，閉門説經，思極王道，安取此寱語乎？

「《左氏微》二篇。」

○鐂曰：「此書蓋非《左氏》之舊，或歆所造書法凡例之類也。」

○駁曰：此書惜不傳，然子駿之説蓋多取此，若云僞造，則《公羊傳》亦可云胡毋生、董仲舒所僞造。

「《張氏微》十篇。」

○鐂曰：「原注不言張蒼，而僞《别録》以爲荀卿授張蒼，則此及《别録》，皆歆所託也。」

○駁曰：《藝文志》皆《七略》原文，其與《别録》有異，捃合爲一，所謂盲人騎瞎馬也。原注不言張蒼，今知是蒼者，則臧在東始爲此説。

「《虞氏微傳》二篇。」注：趙相虞卿。

○鐳曰：「《志》於儒家有《虞氏春秋》十五篇，則即史公所見本也。別出此目，僞也。故知《別録》所云『鐸椒作《抄撮》八卷授虞卿，虞卿作《抄撮》九卷授荀卿』者，必非出於向，必歆僞託，故異其篇卷名目，以愚後世者也。」

○駁曰：《十二諸侯年表》云：「虞卿上采《春秋》，下觀近世，亦箸八篇，爲《虞氏春秋》。」則與《志》「十五篇」已異。鐸、虞所作之《抄撮》，又與所作之《春秋》不同，安得卷數同邪？《虞氏微傳》從可知。臧在東曰：「《虞氏微傳》，傳字疑衍。」

「《公羊外傳》五十篇，《穀梁外傳》二十篇，《公羊襍記》八十三篇。」

○鐳曰：「此書或因二傳詳於義例，略於事實，後人采摭佗書，如《春秋説》《左氏》《禮戴記》等爲之，其書雖亡，可補撰也。」

○駁曰：其書已亡，任臆爲説，❶是爲誣古。

---

❶「任」，《國粹學報》本作「馮」。

「古之王者，世有史官，左史記言，右史記事，事爲《春秋》，言爲《尚書》，帝王靡不同之。周室既微，載籍殘缺，仲尼思存先聖之業，以魯周公之國，禮文備物，史官有法，故與左丘明觀其史記。丘明論本事而作傳，明夫子不以空言説經也。《春秋》所貶損大人，當世君臣，有威權埶力，其事實皆形於傳，是以隱其書而不宣，所以免時難也。及末世口説流行，故有公羊、穀梁、鄒、夾之傳，四家之中，公羊、穀梁立於學官，鄒氏無師，夾氏未有書。」

○鐳曰：「《左氏》記事，在獲麟後五十年。丘明果與夫子同時共觀魯史，史公何不列於弟子？論本事而作傳，何史公不名爲傳，而曰《春秋》？且如鄫季姬、魯單伯、子叔姬事，何失實也？經所不及者，獨詳志之，又何説也？經本不待事而箸。夫子曰：『其義則丘竊取之矣。』何《左氏》所述君子之論多乖異也？」

○駁曰：傳稱「悼之四年」者，或左氏壽考，如子夏爲魏文侯師，或悼字乃弟子所改，俱不可知。左氏與孔子同時，而未嘗委質列籍，❶故《弟子傳》不見。❷且弟子名籍亦有異同，如《弟子傳》云「孔子之所嚴事：於周則老子，於衛蘧伯玉」云云，而《文翁圖》又以蘧伯玉在七十子中；《弟子傳》無林放，而《文翁圖》又有之。不得因《弟子傳》不列，而云蘧、林無所見聞於孔氏也。不名爲傳，名爲《左氏春秋》者，《左氏春秋》猶云

❶ 「列籍」，《國粹學報》本作「爲弟子」。

❷ 「見」，《國粹學報》本作「列」。

《毛詩》《齊詩》《魯詩》《韓詩》，非謂孔子删定之詩而外復有《毛詩》《齊詩》《魯詩》《韓詩》，如折楊皇華之流也。鄫季姬等，《公羊》自失實，轉謂《左氏》失實乎？詳經所不及者，或窮其源委，或言有可采，事有可觀，無非爲經義之旁證。觀裴松之之注《國志》，本傳不列其名而引以相稽者多矣。《左氏》説經豈有異是？❶經固重義，若謂不待事而箸，則何不空設條例，對置甲乙，以極其所欲言？而必取已成之事，加減損益，如削趾適屨者之所爲，既誣古人，又不能與意密合。今取《春秋》經以校《六典》《唐律》，❷其科條之疏密爲何如邪？述君子者多乖異，謂其乖異於孔子乎？❸將乖異於《公羊》也。❹孔子之旨本待傳見，未嘗自言，何以知其乖異？若乖異於佗經，論仁言政，《論語》尚數有異同，時有險易，語有進退，豈彼六經悉能斠如畫一？❺若乖異於《公羊》者，則《公羊》又乖異於《穀梁》。莊周稱齊諧，孟軻稱齊東野人之語，詐諼誣罔，詭更正文，齊學之所長如此。❻宜乎《左氏》《穀梁》皆與之乖異也。

---

❶「觀裴松之」至「豈有異是」，《國粹學報》本無。
❷「今」，《國粹學報》本作「試」。
❸「謂其」，《國粹學報》本作「以爲」。「乎」，《國粹學報》本作「耶」。
❹「將」，《國粹學報》本作「抑」。「也」，《國粹學報》本作「耶」。
❺「論仁言政」至「斠如畫一」，《國粹學報》本作「由也兼人故退之求也退故進之論人評事不妨互有異同」。
❻「齊學之所長如此」，《國粹學報》本作「是齊學之所長也」。

《鐂歆傳》：「歆校祕書，見古文《春秋左氏傳》，大好之。丞相史尹咸以能治《左氏》，與歆共校經、傳。歆略從咸及翟方進受，質問大義。初《左氏傳》多古字古言，學者傳訓故而已，及歆治《左氏》，引傳文以解經，轉相發明，由是章句義理備焉。」

○鐂曰：「班氏此篇，敘次最明，可爲《左氏》功臣矣。按《方進傳》：『年十三，失父，隨母之長安讀，經博士受《春秋》。積十餘年，經學明習，徒衆日廣，諸儒稱之。』又云：『本治《穀梁》，而好《左氏》，爲國師鐂歆師。』是方進所見《左氏》，尚非祕府古文，歆以其名位俱重，假以爲助耳。《左氏》所載事實，本非從聖門出，猶《周官》未經夫子論定，則游、夏之徒不傳也。歆引《左氏》解經，轉相發明，由是章句義理始具，則今本《左氏》書法及比年依經飾《左》、緣《左》、增《左》，非歆所坿益之明證乎？如《別録》經師傳授詳明如此，歆亦不待典校祕書而後見也。」

○駁曰：子駿與尹咸共校，則安能私有增損？至謂「方進名位俱重，假以爲助」，夫子駿果以《左氏》諂莽邪？則翟義討莽，敗後，莽下詔曰「義父故丞相方進險詖陰賊」，又發方進及先祖冢在汝南者，燒其棺柩。而子駿乃假以爲重，何與諂莽之意相反乎？若祇在漢時欲藉翟公名位以相誑燿，則《移讓博士書》中何以不舉方進也？夫在漢時則未見其假以爲助，在莽時又不能假以爲助，而逢禄輒以意見誣之，其讀書而未論世乎？又謂《左氏》所載事實，本非從聖門出，此尤可笑。十二諸侯之事，布在方策，非如覃思空理，以聖門所出爲貴。假令事非誠諦，雖游、夏盈千言之，亦安足信？孔子於夏、殷諸禮亦有耳聞，而文獻無徵，則不敢篹次其事，此所以爲史學之宗。若舍王官故府之書，而取決於聖門之一語，則苟率匈臆，妄造事狀者，皆得託其門户。戰國諸子、漢初經師所舉七十子之緒言多矣，其閒敷陳事實，能如《左氏》之豁然塙斯邪？是知孔門教授，上同周典，六蓺之中，惟取《詩》《書》《禮》《樂》。傳《易》者，惟有商瞿，佗無人焉。子夏《易傳》非卜子夏。《春秋》亦非常教，游、夏不言，復何多責？《世家》言身通六蓺者七十有二人。弟子受《春秋》，孔子曰：「後世知丘者以《春秋》，而罪丘者亦以《春秋》。」蓋所受者《春秋》經，傳指即知罪數語耳。❶自獲麟以訖負杖，財及二年。《蓺文志》言古之學者，三年而通一蓺，存其大體，玩經文而已。然則此二年中，玩文有餘，通其大體則未也。所云身通六蓺者，概略言之，寧若《詩》《書》《禮》《樂》之深通邪？左氏本是史官，《蓺文志》云：「左丘明，魯大史。」受學不需師保，《蓺文志》所謂「據行事，仍人道，因興以立功，就敗以成罰，假日月以定歷數，藉朝聘以正禮樂」者，親聞聖指，自能瞭如。至如游、夏之徒玩習經文，人人異端，豈以聖門之資望，遂能强人信受？言之不從，斷可知矣。《歆傳》云「引傳解經，章句義理備」者，言傳之凡例，始由子駿發揮，非謂自有所造。亦猶費氏説《易》，引「十翼」以解經，若其自造，何引之有？且杜預《釋例》所載子駿説經之大義尚數十條，此固出自匈臆，亦或旁采《公羊》，而與傳例不合。❷若傳例爲子駿自造，何不并此數十條入之傳文，顧留此以遺後人指摘乎？《説文序》言：「北平侯張蒼獻《春秋左氏傳》。」又言：「魯恭王壞壁，得《春秋》。」然則祕府所臧者，張所獻、魯所得也。民間所有者，則北平侯傳賈生，以至翟方進諸公者是也。亦猶

❶「傳指即知罪數語」，《國粹學報》本無。

❷「此固」至「不合」，《國粹學報》本作「杜不知其引伸傳例徒就其文謂與傳例不合」。

《古文尚書》已入祕府，而民閒又有庸生等傳之也。民閒，謂書不立學官者，非謂傳者皆不仕也。然當子駿時，民閒亦僅有尹咸、翟方進、胡常數人可從質問受書，其佗無有臧《左氏傳》書者，❶是以子駿不得見，而先見之於祕府，見已乃從尹、翟問義爾。

「歆以爲左丘明好惡與聖人同，親見夫子，而公羊、穀梁在七十子後，傳聞之與親見之，其詳略不同。」

○鐳曰：「《論語》之左丘明好惡與聖人同，其親見夫子，或在夫子前，俱不可知。若爲《左氏春秋》者，則當時夫子弟子傳説已異，且魯悼已稱謚，必非《論語》之左丘。其好惡亦大異聖人，知爲失明之丘明。猶光武諱秀，歆亦可更名秀，嘉新公爲鐳歆，祁烈伯亦爲鐳歆也。」又曰：「左氏僅見夫子之書及列國之史，公羊聞夫子之義。見夫子之書者盈天下矣，聞而知之者，孟子而下，其惟董生乎！」

○駁曰：以《論語》之左丘明非失明之左丘明，啖、趙輩始爲此説，而宋儒祖述之，非有明據。果如鐳秀、鐳歆之有二，何以《古今人表》但有一左丘明邪？縱令誤信子駿，仞爲一人，然佗書別見者，子駿不能盡改，豈孟堅皆未見乎？若佗書亦不言有二左丘明，則啖、趙之説爲馮臆妄造明矣。且異人同名者，未有相沿不辨之事。且舉《左氏》諸師言之：❷京兆尹張敞，人知其非造「緦」字之張敞與爲公孫康收集遺民之張敞

---

❶「書」，原爲空格，據《國粹學報》本補。
❷「且舉」，《國粹學報》本作「即以」。

也；侍御史張禹，人知其非成帝師張禹與光武大舅之孫張禹也；司農鄭衆，人知其非大長秋鄭衆也；侍中賈逵，人知其非字梁道之賈逵也。乃如子駿名歆，同時有祁烈伯鎦歆矣。而《後漢·鎦植傳》言「植有從兄歆」，據《東觀記》「字細君，爲世祖偏將軍，後爲驍騎將軍，封浮陽侯」，則又有一鎦歆矣。《桓彬傳》云：「彬厲志操，與左丞鎦歆、右丞杜希同好交善。」則東漢之末復有一鎦歆矣。然而名氏雖同，終無相溷之事。若左丘明果有二人，何以自漢至唐茫不訾省？❶啖、趙輩所據何書而能執此異解？爲問兩左丘明之説，❷能如三張敞、三張禹、兩鄭衆、兩賈逵、四鎦歆之證據明白乎？抑否乎？若欲馮虚妄斷者，古人已往，豈難支解一人分爲五六，❸雖云仲尼、顏回數不止一，亦奚不可？若漢末向栩有弟子名爲顏淵、子貢、季路、冉有之輩，亦可云《論語》之顏淵、子貢、季路、冉有非專指回、賜、由、求乎？若夫左氏書魯悼者，八十之年未爲大耋，何知不親見夫子？若謂僅見其書未知其義，則不悟《春秋》之作，乃與佗經絶異。《詩》《書》《禮》《樂》以及《周易》，傳自周初，義訓既詳，事實亦具，孔子删定，但有校訂編次之勞，後人聞知，自非難事。變風終於陳靈，《尚書》下逮秦穆，雖事在近世，而弦誦既周，解其義事，不必一師。若《春秋》則孔子自作，異於古書，欲求其義，非親炙則無所受，欲詳其事，非史官則不與知。蓋有覩其事而不知其義者矣，倚相、史儋之屬

❶「不訾」，《國粹學報》本作「然不」。

❷「爲」，《國粹學報》本作「試」。

❸「古人」至「五六」，《國粹學報》本作「則古人已往不難取一人而支解爲五六人」。

是也。若未覩其事而求解義，猶未鞫獄而先處斷，斯誠曠古之所未聞。❶ 難者曰：「誠如是説，寧知左氏非與倚相、史儋同類？」答曰：「偕觀史記，助成一經，造刱密談，自知其義，惜乎倚相、史儋之徒不遇孔子。若得參豫《春秋》之業，亦寧患其不知也？❷ 既有左氏，具論本事，爲之作傳，後世乃得聞而知之。舍此而欲聞知，雖有眇義，亦所謂郢書燕説者爾。讖書云：『董仲舒亂我書。』讀者以爲亂我書者，煩亂孔子之書也。見《論衡·案書篇》。由今觀之，誠哉其煩亂《春秋》矣。」

又案：如子駿説公羊、穀梁在七十子後，不云《公羊》出於子夏，《史記》《别録》《七略》《漢書》之屬皆無其文。《孝經説》云「《春秋》屬商」，亦未見其授公羊也。又《説題辭》云「傳我書者，公羊高也」，亦不云出自子夏。緯書既非塙據，其餘亦無文可知。徐彦引戴宏序云「子夏傳與公羊高，高傳與其子平，平傳與其子地，地傳與其子敢，敢傳與其子壽，至漢景帝時，壽乃共弟子齊人胡毋子都箸於竹帛，與董仲舒皆見於圖讖」，則子夏傳公羊高之説實自宏始。宏生桓靈之季，遠在劉子駿後，戴宏不見《後漢書·儒林傳》，惟《吴祐傳》云：「祐遷膠東侯相，時濟北戴宏父爲縣丞，宏年十六，從在丞舍。祐每行園，常聞諷誦之音，奇而厚之，亦與爲友，卒成儒宗，知名東夏，官至酒泉大守。」尋祐與梁冀、李固、馬融同時，則宏亦與陳蕃、何休同時也。❸ 欲雪傳聞之

---

❶ 「斯誠曠古之所未聞」，《國粹學報》本作「有是理乎」。

❷ 「寧」，《國粹學報》本作「無」。

❸ 「宏生桓靈之季」至小注「何休同時也」，《國粹學報》本作「宏在劉子駿後」。

恥，則託名於子夏，作僞可知。又《公羊》所引有子沈子、子司馬子、子女子、子北宫子、高子、魯子。何氏《解詁》："沈子稱子，冠氏上者，箸其爲師，其不冠子者，佗師也。"是則《公羊》本師凡有四人，而獨不及子夏，既證弟子異言之説，亦明子夏傳承之妄。桓譚《新論》曰："《左氏》傳世後百餘年，魯穀梁赤爲《春秋》，殘略多所遺失。又有齊人公羊高緣經文作傳，彌離其本事矣。《左氏》經之與傳，猶衣之表裏，相持而成，經而無傳，使聖人閉門思之十年不能知也。"《御覽》六百十引。據此則公羊不得受業子夏，較然可知。《漢書·董仲舒傳》贊曰："向子歆以爲仲舒下帷發憤，潛心大業，然考其師友淵源所漸，猶未及乎游、夏。"師之淵源未及游、夏，則公羊氏非承子夏矣。友之淵源未及游、夏，則胡毋生、公孫弘非承子夏矣。❶夫以高材七十，親見聖容，不詳本事，猶多曲説，況復遠在其後，逐景尋響者乎？雖然，《公羊》信讖，見《春秋》之屬商，故戴宏以此託庇，而《穀梁》先師，未有援坿子夏者，亦可見《穀梁》家之質直，勝於《公羊》習爲誇誕者矣。

"及歆親近，欲建《左氏春秋》及《毛詩》、逸《禮》、《古文尚書》皆列於學官。哀帝令歆與五經博士講論其義，諸博士或不肯置對，歆乃移書讓之。"

○麟曰："不肯置對者，以《尚書》爲備，《左氏》爲不傳《春秋》也。《古文尚書》逸十六篇，絶無師説，鄭

---

❶ "漢書董仲舒傳贊"至"非承子夏矣"，《國粹學報》本無。

氏載其目有《舜典》，則非百篇之舊，蓋夫子所删之餘。又有《棄稷》，周人諱始祖，故《堯典》曰：『讓于稷、契。』惟『帝曰：棄』則不諱，則《棄稷篇》亦僞託也。其餘如《史記》《三統歷》《王莽傳》所引，多戰國諸子所託，或有歆等改竄者，故博士抱殘守缺，恐失其真。若《左氏春秋》，非出孔壁，民閒亦有，但非引文解經，轉相發明，如歆所託之章句，義理淺陋，名爲《春秋左氏傳》者耳。故以爲不傳《春秋》，洵確論也。《毛詩》、逸《禮》，諸儒不辨，則固欲存之矣。」

○駁曰：《古文尚書》逸篇無師説者，與逸《禮》同，特以今文所無，無從校勘，括囊不言，是其慎也。因十六篇有《舜典》，而謂非百篇之舊，此何所據？百篇之序，其爲孔子自作以否，無以質言，然據《孔子世家》云「序《書傳》，上紀唐、虞之際，下至秦繆，編次其事」，則大史公固以序爲孔作，後人無容妄議也。「詩書不諱，臨文不諱」，其來舊矣。古所謂捨故諱新者，但禁其口語而已，于文初無變更，書契有諱始自漢室。逢禄以此爲疑，鄙陋亦甚。❶書名《棄稷》，傳自唐虞，豈以周家私諱而可妄改？《大雅》言「古公亶父」，彼所自造，猶不避忌，況於舊典可詭更邪？《大戴禮記·少閒篇》孔子對哀公曰：「乃有周昌霸，諸侯以佐之。紂不説諸侯之聽於周昌，則嫌於死。」此不諱文王之名也。《小戴禮記·儒行篇》孔子對哀公曰：「長居宋。」此不諱定公之名也。然則禮有諱，文亦多寬弛，❷「讓于稷契」一言，立文偶爾，如四嶽之書官爾，斷非周人諱祖而改千年之書也。

---

❶「古所謂」至「鄙陋亦甚」，《國粹學報》本無。

❷「大戴禮記」至「多寬弛」，《國粹學報》本無。

戰國諸子所載，或在百篇之外，或在逸十六篇外，並非僞託。《史記》以下，所引在十六篇，則箸其名。在諸子者，或箸或否，而亦不混諸十六篇。若子駿改竄，則建立時已恐博士發覺矣。顧若是其愚邪？《春秋》出孔壁，見《説文序》。而《論衡·案書篇》又謂《左氏》三十篇出孔子壁中。如逢禄言，叔重、仲任皆爲子駿所迷罔耳。抑不傳《春秋》云者，其説起于哀帝時之博士，而成帝以前尚無有也。尋《梅福傳》云：「匡衡議以爲《禮記》孔子曰：『丘，殷人也。』先師所共傳，宜以孔子世爲湯後，上以其語不經，遂見寢。至成帝時梅福復言宜封孔子後以奉湯祀。綏和元年，立二王後，推迹古文，以《左氏》《穀梁》《世本》《禮記》相明，遂下詔封孔子世爲殷紹嘉公。語在《成紀》。」今《成紀》無引《左氏》諸書語，以奏議所言不載於《紀》，故但録詔書耳。夫始以其不經而寢，後以《左氏》《穀梁》《世本》《禮記》相明而立之，則明以《左氏》爲經説矣。乃不信成帝時之議，而信哀帝時之議，何邪？且皮傳片語，以廢經傳，則亦何所不可？即如匡衡引《禮記》而上以爲不經，亦可據此單辭，謂《禮記》非經説邪？又據《華陽國志》引《春秋穀梁傳序》曰「成帝時議立三傳，博士巴郡胥君安獨駁《左傳》不祖聖人」，是成帝時固以《左傳》同于二傳，駁者亦獨有胥君安，而尚謂之《左傳》，則不傳《春秋》之説非起于哀帝時而何？

又案：漢世經典録在官府，其本不盡依據博士。胡廣《漢官解詁》云：「武帝以中大夫爲光禄大夫，與博士俱以儒雅之選，異官通職，《周官》所謂『官聯』者也。温故知新，率由舊章，與參國體，稽合同異，皆能分明古今，辨章舊聞。」故博士不以教人者，大夫、議郎之屬仍得引之，猶周時以《詩》《書》《禮》《樂》教士，而《易》《春秋》未嘗非周禮所定也。世人但欲取後漢所立十四博士爲宗，以爲漢制如是，昧於漢制甚矣。《七略》説漢家臧書，外有大常、大史、博士之臧，内有延閣、廣内、祕室之府，豈沾沾以博士所教授者爲準哉？哀帝以後博士見聞日陋，以其所知爲祕眇，而忘文學之官聯，若在周世，亦當云《易》《春秋》非周典矣。博士之官屬於大常，《漢官》云大常在九卿之首。古文，儒林舊蓺皆説，而哀帝博士獨庴《左氏》古文，又忘其所屬矣。後漢《禮經》博士惟立二戴，不立慶氏。而曹褒父子爲慶氏學，亦得居博士官，定禮又從慶氏之説，則知經術在官本不限於博士所守也。若夫近世公羊學者多以後漢立十四博士爲不可增減，然比于前漢已退《穀梁》而進京《易》矣。至于《樂》經，漢世未得其書，而河閒獻王所輯《樂記》始終未立，乃何邵公《公羊》隱五年《解詁》則曰：「夫樂薦之宗廟，足以享鬼神。用之朝庭，足以序羣臣。立之學官（舊誤作『宫』，佗書『立學宫』字並誤），足以協萬民。」是則漢所未立者，何邵公亦欲立之，而今之公羊家獨以漢所已立爲是，此又與何氏異旨矣。❶

「《春秋左氏》，丘明所修，皆古文舊書，多者二十餘通，臧於祕府，伏而未發。孝成皇帝閔學殘文缺，稍離其真，乃陳發祕臧，校理舊文，得以此三事，以考學官所傳。經或脱簡，傳或閒編。」

○鐳曰：「但以《春秋》論，則博士所見《左氏春秋》，即大史公所見古文《春秋國語》。東萊張霸亦見之，是真本也。歆欲立其坿益之本，乃託之祕府舊文，反以爲學殘文缺，稍離其真耳。經自公羊、胡毋生、董生

❶ 「又案」至「異旨矣」，《國粹學報》本無。

相傳，絶無脱簡。曰脱簡者，蓋如《尚書·梓材》經鐂向校補，歆乃欲增續《春秋》也。傳或閒編者，亦比坿《春秋》年月改竄《左氏》之故。」

○駁曰：經或脱簡，即謂如《梓材》等，非《春秋經》也。又學官無《左氏傳》，則所謂傳或閒編者，亦非《左氏》。或如《喪服傳》輩，今文編次有譌耳，逢禄以此污汙，是不尋文義之過也。鐂氏父子校祕書，乃以祕書校常行本，改常行本之字，而不改祕書之字。若子駿改竄祕書之《左氏春秋》以就己意，則自北平獻書、共王壞壁以至子駿，百有餘年，墨漆新故，執有不符，❶設博士求觀其書，寧不自敗？❷若張、魯二本，一改一否，以不改者示博士，則所建立者，仍非己所改本，則亦何苦勞心而爲此也？且《鐂歆傳》云「河平中，受詔與父向領校祕書，講六藝傳記」云云，如有改竄，又豈能欺其父邪？

「傳問民閒，則有魯國桓公、趙國貫公、膠東庸生之遺學與此同。」

○鐂曰：「《儒林傳》：膠東庸生爲孔安國再傳弟子。庸生授清河胡常，以明《穀梁春秋》爲博士、部刺史。又傳《左氏》，則非祕府古文伏而未發者也。言與此同者，援之以自重耳。或又傳《左氏》之語，亦出鐂歆。」

---

❶「執」，《國粹學報》本作「大」。

❷「敗」，《國粹學報》本作「露」。

○駁曰：民閒亦有《左傳》，見上。張霸盇亦嘗受之，而非專爲其學。惟其有二，所以言同。若祇祕府，何同之有。

「往者綴學之士，不思廢絶之闕，苟因陋就寡，分文析字，煩言碎辭，學者罷老且不能究其一蓺。信口説而背傳記，是末師而非往古，至於國家將有大事，若立辟雝、封禪、巡守之儀，則幽冥而莫知其原。猶欲保殘守缺，挾恐見破之私意，而無從善服義之公心。或懷妒嫉，不考情實，雷同相從，隨聲是非。抑此三學，以《尚書》爲備，謂《左氏》爲不傳《春秋》，豈不哀哉。」

○鐂曰：「聖人文約而旨博，歆畏其難于精究，欲以傳記事實易口説，則百家小説，賢於夫子《春秋》矣。辟雝、封禪、巡守之儀，《左氏》亦不具。或逸《禮》及佗傳記有之，要非聖人治天下之本。務貴其意，不尚其儀，玉帛鐘鼓，非禮樂之精也。若歆之誣蔑先聖，緣飾經術，以崇奸回，豈不哀哉。」

○駁曰：此本統論古文之善、今文之陋，❶非專論《左氏》也。子駿若畏其難于精究，則逸《書》、逸《禮》並有增多，其義訓未明者，獨不須精究邪？彼分文析字者，亦自以爲精究。屈中爲虫，馬頭人爲長，人持十爲斗，博士妄言見於緯書者，鄙莫甚焉。君子没身以學，豈患罷老。若恣爲誣罔，以欺承學，使槁項黄馘疲獘於塵曀之中，而不一寤，其害甚於毁瓦畫墁，則真子駿所厭也。王仲任云：「爲世用者，百篇無害，不爲用

---

❶「本」，《國粹學報》本作「一節」。

者，一章無補。」此之謂也。且《公羊》學者豈能精究？蓋雖本師之説，亦未能分別矣。吕步舒見仲舒言災異艸稿，不知其師書，以爲大愚。誠使精承師説，豈待知名而後定其然否哉？求物于肆，不能辨物，但計市門榜題以定美惡，不爲知物。主人烹猴以饗客，先言犬羹，則客飽食，及聞猴羹，則客大吐，不爲知味。公羊學者有似於此。乃若百家小説誠非君子所尚，❶然舉宋趼、尹文之言比於公羊，❷則一使人智，一使人愚。百家雖短，必勝于博士決科之書明矣。子駿所言傳記，固非此輩，大抵《曲臺》《禮記》《司馬法》《周官傳》《周政》《周法》《河閒周制》之屬。此之爲益，豈若公羊賣餅之流邪？大事諸儀如《外傳・周語》載周之秩官，❸王巡守之禮，其佗當在逸《禮》中。若云玉帛、鐘鼓非禮樂之精者，則《士禮》十七篇悉可覆瓿，豈獨逸《禮》而已。《禮記・曾子問》篇多大夫以上禮，若云非治天下之本，遂當廢棄，孔子亦不答曾參可也。若荅其一端則爲是，存其全袠則爲非，斯真顛倒之見矣。❹辟雍巡守，王事之大端，惟封禪爲近鬼道，然亦務其大者，以此爲末，而董仲舒之沾沾于求雨止雨，吁嗟舞蹈，舉國爲巫，此又何也？是皆膚論，不關弘指。今獨駁《左氏》不傳《春秋》之説，尋此證據，前已明言，今又以佗事比例。一如《史記・孔子世家》云「序《書傳》」，又云「《書傳》《禮記》自孔氏」，是孔

❶「且公羊學者」至「乃若」，《國粹學報》本無。
❷「然舉」，《國粹學報》本作「雖然若以」。
❸「大事」，《國粹學報》本作「辟雍」。
❹「禮記曾子問」至「顛倒之見矣」，《國粹學報》本無。

子自有《書傳》，及漢不立學官後遂亡佚，大史公猶得見之，然今文家但知有伏生《大傳》，古文家亦但知有孔安國故而已。鄭康成《書贊》亦獨推本于棘下生，誰信孔子自有《書傳》者乎？書由聖述，異于常師，猶在若存若亡之閒，豈況丘明財坿同恥，陋隘之徒卻之易矣。二如《史記・儒林傳》云：❶「申公獨以《詩經》爲訓以教，無傳疑。此疑字衍，《漢書》無。疑者則闕不傳。」《索隱》曰：「謂申公不作詩傳，但教授，有疑則闕耳。」《漢書》亦同。師古曰：「口說其指，不爲解說之傳。」而《漢書・楚元王傳》云：「申公始爲《詩》傳，號『魯詩』。元王亦次之《詩》傳，號曰『元王詩』，世或有之。」則申公自有《詩》傳，何邵公《公羊》隱五年《解詁》引《魯詩》傳「天子食日，舉樂」云云是也。然據《蓺文志》，惟有《魯故》二十五卷、《魯說》二十八卷，而無《魯傳》，是仍不謂《魯詩》有傳也。夫以學官所習、博士所誦，而有傳無傳尚有異同之詞，況《左氏》素非所習，其云不傳《春秋》，可據之以爲證哉？若謂傳是通稱，故《魯故》《魯說》亦得稱傳，不當專以題號爲徵，則《左氏春秋》寧獨異此？彼言《左氏》不傳《春秋》者，猶《史記》言申公無《詩》傳耳。馬遷閎通，不以題號介意，博士鄙倍，專以題號卻攻。後之學者，宜何則焉。三復徵公羊家，如定元年傳曰：「定、哀多微辭。主人習其讀而問其傳，則未知己之有罪焉爾。」此爲假設之詞。然何氏《解詁》亦云孔子畏時君，上以諱尊隆恩，下以辟害容身。夫哀公時經始成立，主人即時君，時君即哀公。此時若無《左氏傳》，所謂傳者何書？若謂口授義指，此可言說不可以言傳矣。據此則《公羊傳》亦以《春秋》始作即有傳文。若捨《左氏》即無傳之可言。彼以《左氏》

❶ 「一如史記」至「易矣二」，《國粹學報》本無。

不傳《春秋》者，又違《公羊》明文。❶至于子駿奸回之事，別自一說。❷雖不煩疏證，要當分別言之。尋子駿所以埘莽者，皆舉經傳師説，未嘗妄作。故《李尋傳》載夏賀良等言「漢歷中衰，當更受命」，歆以爲不合五經，不可施行。是雖爲王氏代興之兆，而子駿亦未嘗許之也。若云《金縢》《大誥》之書助成篡業，此則莊周固云「聖人不死，大盜不止」，一切經術無不可爲篡盜之階。今自宋儒以後，此風稍弭，而《春秋》進吳楚之言，復爲東胡所假。逢禄自審所處何地，大保鐳殷之在前趙，一門之内，七業俱興，未識比於嘉新公何如也。

「故下明詔，試《左氏》可立不。」

〇鐳曰：「獨舉《左氏》，不復言《詩》《禮》《書》者，歆所竄改，尤爲快意也。」

〇駁曰：子駿專治《左傳》，自宜獨急。然哀帝下詔亦遠紹孝成之志。成帝蓋嘗重《左氏》矣。孔子後殷既以《左氏》爲質，又《匡衡傳》載成帝詔云：「傳不云乎？『禮義不愆，何恤人之言？』」是亦援引《左氏》以爲經説也。❸

---

❶「三復」至「公羊明文」，《國粹學報》本無。
❷「別自」，《國粹學報》本作「則是」。
❸「然哀帝」至「經説也」，《國粹學報》本無。

「諸儒皆怨恨。是時名儒光禄大夫龔勝，以歆移書，上疏深自罪責，願乞骸骨罷。及儒者師丹爲大司空，亦大怒，奏歆改亂舊章，非毁先帝所立。上曰：『歆欲廣道術，亦何以爲非毁哉？』歆由是忤執政大臣，爲衆儒所訕。懼誅，求出補吏。」

○鐳曰：「改亂舊章，誅意之論，哀帝不知耳。龔勝節士，義不仕莽；師丹《魯詩》大儒，建議深合《春秋》經法，自不肯詭隨坿和，以《左氏》爲傳《春秋》也。」

○駁曰：勝自罪而不非子駿，其節概又如此，真可法矣。據《朱博傳》，勝引「《春秋》之義，姦以事君，常刑不舍。魯大夫叔孫僑如欲顓公室，譖其族兄季孫行父于晉。晉執囚行父，以亂魯國。《春秋》重而書之」，此事二傳無文，義本《左氏》，則勝固嘗治《左氏》者。其自罪責，意正與丹相反。丹雖大儒，耄荒喪志。據《丹傳》，丹上書曰「臣聞天威不違顔咫尺」，則固引用《左氏》語矣。此又大怒，何邪？蓋丹老人，忘其前語，見《丹傳》。即其議改幣事，始言可改，後忘之，而從公卿議。一議兩岐，豈足以定丹之取舍邪？丹本骨鯁輔拂之臣，而此乃以「非毁先帝所立」罪人，語近阿諛，不似其素所執守者，由其神志已衰，語無倫次也。案：言「變亂舊章，非毁先帝所立」，非獨妬真絶學，亦昧於漢家故事。據《百官公卿表》云：「武帝建元五年，初置五經博士，宣帝黃龍元年，稍增員十二人。」是武帝時一經但一博士而已。而韓嬰傳《詩》，不守浮丘之故；韋賢奏對，又稱《穀梁》之長，獨不曰「變亂舊章，非毁先帝」乎？❶

❶「案言變亂」至「先帝乎」，《國粹學報》本無。

《王莽傳》：「公孫禄議曰：『國師嘉新公顛倒五經，毁師法，令學士疑惑，宜誅以慰天下。』」

○鐳曰：「改亂舊章之禍，凶于而國，害于而家。公孫之議，天使之也。而數千載不悟，何哉？」

○駁曰：公孫禄但言「顛倒五經」，顛倒者，謂其義，非謂其文也。此亦不知子駿治古文之旨而妄論耳。若果有變更，則如《説文序》所稱亡新改定古文，及所載「疊」字下稱「亡新以爲疊從三日大盛，改爲三田」，未有不明箸於後者，何得于經文獨不知其異乎？要之，子駿所作，惟《律歷志》有删其僞辭之言。僞辭者，謂功德符命之類。此自當時官書，故有是語，顧未嘗以是變改古書也。如楊子雲作《劇秦美新》，並未以此意入《大玄》《法言》中，而謂子駿以此删改六經，誰其信之。

《儒林傳》：「《穀梁》議郎尹更始又受《左氏傳》，取其變理合者以爲章句，傳子咸及翟方進、琅邪房鳳。」

○鐳曰：「《歆傳》以章句出於歆，是也。尹更始先爲章句之説，當是歆所援而託之。」

○駁曰：尹更始名不重于子駿，若欲援託，何若援託己父？

《房鳳傳》：「時光禄勳王龔與奉車都尉鐳歆共校書。三人皆侍中，歆白《左氏春秋》可立，哀帝納之，以問諸儒，皆不對。歆於是數見丞相孔光，爲言《左氏》以求助，光卒不肯，惟鳳、龔許。」

〇鐳曰：「王龔，邛成大后之親，非經師也。房鳳，王根所薦，亦王氏之徒也。孔光雖依阿，❶尚能保位望哉。」

〇駁曰：王龔能校書，則非淺陋之士矣。鳳爲根所薦，其人未知如何。王章爲王鳳所薦，而章乃請誅鳳；王駿爲匡衡所薦，而駿又奏免衡。蓋西京士大夫猶輕視舉主也。❷以孔光之附莽，而其言經與子駿絶異，此又言行不可合一之明證也。《後漢·孔奮傳》云：「孔奮，字君魚，少從鐳歆受《春秋左氏傳》，歆稱之，謂門人曰：『吾已從君魚受道矣。』奮弟奇作《春秋左氏删》，奮子嘉作《左氏説》。」是三孔《左傳》學皆本子駿。而傳云：「奮見有美德，愛之如親，其無行者，忿之若仇。」是其行又不因子駿而汙也。若但以王氏之徒爲言，則馬宮治《春秋嚴氏》，爲莽所厚，宮仕漢已爲大師大司徒，及莽代漢，宮復爲大子師。❸公羊學者又何説焉？案：此所舉《房鳳傳》即《儒林傳》，逢禄誤分。

「漢興，北平侯張蒼及梁大傅賈誼、京兆尹張敞、大中大夫鐳公子，皆修《春秋左氏傳》。誼爲《左氏傳訓故》，授趙人貫公，爲河間獻王博士，子長卿爲蕩陰令。授清河張禹長子。如淳曰：「非成帝師張禹。」禹與蕭望之

---

❶「阿」，《國粹學報》本作「附」。

❷「王章爲」至「舉主也」，《國粹學報》本無。

❸「宮仕漢」至「大子師」，《國粹學報》本作「篡位後以宮爲大子師」。

同時爲御史，數爲望之言《左氏》。望之善之，上書數以稱說。後爲大子大傅，荐禹於宣帝，徵禹待詔。未及問，會疾死。授尹更始，更始傳子咸及翟方進、胡常。常授黎陽賈護、季君。哀帝時待詔爲郎，授蒼梧陳欽子佚，以《左氏》授王莽至將軍，而鐂歆從尹咸及翟方進受。由是言《左氏》者，本之賈護、鐂歆。」

○鐂曰：「《張蒼傳》曰『好書律歷』，曰『習天下圖書計籍，又善用算律歷』，曰『蒼尤好書，無所不觀，無所不曉，而尤邃律歷』，曰『箸書十八篇，言陰陽律歷事』而已，不聞其修《左氏傳》也。蓋歆以漢初博極羣書者，惟張丞相，而律歷及譜五德，可坿《左氏》，故首援之。《賈生傳》曰『能誦《詩》《書》屬文』，曰『頗通諸家之書』而已，亦未聞其修《左氏》也。蓋賈生之學，疏通知遠，得之《詩》《書》，修明制度，本之于《禮》，非章句訓故之學也。其所箸述，存者五十八篇，《大都篇》一事，《春秋篇》九事，《先醒篇》三事，《耳痺篇》一事，❶《諭誠篇》一事，《退讓篇》二事，皆與《左氏》不合。惟《禮容篇》一事似采《左氏》，二事似采《國語》耳。蓋歆見其偶有引用，即誣以爲『爲《左氏訓故》』，授趙人貫公。又曰：『當孝文時，漢朝之儒，惟賈生而已。』貫公當即毛公弟子貫長卿，歆所云貫公遺學與祕府古文同者也，曰賈生弟子則誣矣。《張敞傳》曰：『本治《春秋》，以經術自輔其政。』其所陳說，以《春秋》譏世卿最甚，君母下堂則從傅母，皆《公羊》義，非尹氏爲聲子、崔杼非其罪、宋共姬女而不婦之謬說也。《蕭望之傳》曰治《齊詩》；曰『從夏侯勝問《論語》《禮服》』；其雨雹，對以『季氏專權，卒逐昭公』；伐匈奴，對以『大夫匄不伐喪』，亦皆《公羊》義。石渠《禮論》精於《禮服》，未聞引

❶「痺」，原爲墨丁，據《國粹學報》本補。

《左氏》也。善《左氏》，荐張禹，亦歆坿會。要之，此數公者，於《春秋國語》未嘗不肄業及之，特不以爲孔子《春秋傳》耳。歆不託之名臣大儒，則其書不尊不信也。」

○駁曰：張、賈本傳不言修《左氏》，史文固有脱漏，亦得互見。古文家多説子夏作《詩序》《爾雅》《禮·喪服傳》，公羊家亦信《春秋》屬商之説，乃《史記·仲尼弟子列傳》之述子夏也，但云「孔子既没，子夏居西河教授，爲魏文侯師」，古今文家所指悉無明文，非其例歟？且賈生長於《禮》，其書中有《傅職篇》《保傅篇》《輔佐篇》《禮篇》《容經篇》、《禮容語》上下篇、《胎教篇》，其最者采入《大戴禮記》，而本傳亦不言賈生長於《禮》，但言「賈生以天下和洽，當興禮樂」耳，又將謂賈生不作《傅職》等篇乎？賈書之述《左傳》，《大都篇》楚靈王一事，正可訂杜本之譌；《春秋篇》惟衛懿公一事，亦合《左傳》；其佗楚惠王等八事，不知采自何書，各記别事，本與《左傳》絲毫無涉。其中有二世胡亥一事，在《左氏》後且二百年，其不相關通，明矣。而以篇名《春秋》，强謂與《左氏》不合，然則《楚漢春秋》《十六國春秋》之屬，有一與《左氏》合者乎？《耳痺篇》伍子胥一事，亦合《左傳》，但又有《左傳》所不載者，此正如《内》《外傳》可互相補闕耳。《先醒篇》楚莊王伐鄭事，亦與傳合，其稱邲爲兩棠，則地有異名，非不合也。其下述申禁事，又足補傳闕者也。宋昭公一事，此昭公見《宋世家》，即哀二十六年傳公孫周之子得，與爲王姬所弑者異。傳終哀二十七年，昭公此事當在傳後矣。虢君一事，與《左傳》陳轅頗事同，下言「枕塊」，又與《國語》楚靈王事同。自古人異事同者，傳記所載，何止一端？非必彼此有誤，自其情事同耳。《諭誠篇》楚昭王一事，亦足補傳之闕。《退讓篇》宋就一事，亦與《左傳》絲毫不涉。翟王一事，亦與《左傳》不涉，特可以證章華之高耳。《禮容語》下篇叔孫婼、叔向、三郤三事，固采《內》《外傳》矣。又《制不定篇》説炎帝、黄帝相攻事，合于《晉語》；《審微篇》説晉文公請隧事，又説叔孫傳作「仲叔」，當以《賈子》訂之。于奚請曲縣事，《淮難篇》説白公勝報仇事，皆合于《左傳》。《傳職篇》或稱《春秋》云云，又本《楚語》申叔時言。《禮篇》「君仁臣忠」云云，又本《左傳》晏子言。《容經篇》「明君在位可畏」云云，又本《左傳》北宫文子言。《君道篇》「紂作梏數千」云云，又合于《左傳》「紂囚文王七年」之説。《胎教篇》晉厲公見殺於匠麗之宫，齊簡公殺於檀臺，皆合《左傳》。而逢禄皆不舉，蓋以舉之，則賈生引用左氏《內》《外傳》極多，不得謂賈生不修《左傳》耳。賈書中《道術篇》《六術篇》《道德説篇》，正是訓故之學，有得于正名爲政之意者也。其作《左氏訓故》，又何疑乎？《論衡·佚文篇》云：「東海張霸，通《左氏春秋》。案百篇序以《左氏訓詁》造作百二篇。」夫霸之取《左氏訓詁》，猶枚頤之取周秦漢初諸子也。頤書僞而諸子非僞，霸書僞而《左氏訓詁》非僞。蓋作僞不能不取於真，是即誼作《左氏訓詁》之明證。

貫長卿者，即貫公之子，見《經典釋文》。治《毛詩》者，多治《左氏春秋》。如曾申、荀卿皆《左氏》之後師，亦毛公之初祖，同爲古文，故多兼治，非誣造也。張子高譏世卿、從傳二事，正見《左氏》舊學，兼二家之長而舍其短，蓋《左氏微》等書先有此説矣。❶又子高説世卿指魯季氏、晉趙氏、齊田氏，非尹氏、崔氏也。《五經異義》引《左氏》説「世禄不世位」蓋本此。共姬事，傳云：「女待人，婦義事。」此以聖者達節望共姬，即以賢者守節許共姬，不與從傳之説悖也。望之善禹言《左氏》，其上書數稱説之。《儒林傳》又云「望之平《公

---

❶「蓋」字上，《國粹學報》本有「其後鐂鄭許賈皆同此師法」數字。

羊》《穀梁》同異，多從《穀梁》」，此所對季氏專權一事，則與張子高説大義不殊。昭三十二年傳，史墨論季氏逐昭公事曰：「是以爲君慎器與名，不可以假人。」傳有明文，何與公羊事？❶ 要之，《漢書》列傳所録奏對書疏固非全具，所謂稱説《左氏》者，今亦不得滿證。❷ 若謂稱説《左氏》之語爲誣構，則多從《穀梁》之語亦誣構邪？逢禄又謂數公亦嘗肄業，則不得已而爲遁辭矣。

又言「歆不託之名臣大儒，則其書不尊不信」。案：《别録》曾申授吴起等語，彼亦以爲子駿所託。據《史記·孫子吴起列傳》云：「齊人攻魯，魯欲將吴起。吴起取齊女爲妻，而魯疑之。吴起於是欲就名，遂殺其妻，以明不與齊也。」又云：「魯人或惡吴起，曰：『起之爲人，猜忍人也。其少時家絫千金，游仕不遂，遂破其家。鄉黨笑之，吴起殺其謗己者三十餘人。』」又云：「其母死，起終不歸。曾子薄之，而與起絶。」然則欲託名臣大儒以使人尊信者，何又託此無行之吴起乎？逢禄爲人，情鍾埶曜，見包世臣《蓺舟雙楫·清故文學薛君之碑》。包氏傳食諸侯，其性行葢與逢禄不異，兩相鉤距，能得其真。輒疑前哲趨炎悉當如己。曾不悟子駿奸回之才高掌遠蹠，前無古人，猶不屑爲色厲内荏之穿窬也。又近人廖平《古學攷》云：「桓公、貫公、庸生皆傳《書》《禮》之學者，是《左傳》並無師也。鐂氏舍朝廷執政本師，不引以爲據，而遠及異學民閒之儒生乎？且云遺學與之同，不免坿會，何以不引翟方進等爲説哉？」以上廖説。此與逢禄葢有同好。言經術者寧有棄絶業之

---

❶ 「昭三十二年」至「公羊事」，《國粹學報》本無。

❷ 「不得滿證」，《國粹學報》本作「無文可證」。

大師，揭當時之顯宦，以此詆諆，適令子駿狂笑地下。三代直道，不在名德，則在大姦，彼奔走公卿、依坿門户者，未足與語此矣。

《後漢・鄭興傳》：「少學《公羊春秋》，晚善《左氏》。天鳳中，將門人從鐂歆講正大義。歆使撰條例、章句、訓詁，及校《三統歷》。世言《左氏》者，多祖於興。興子衆，作《春秋難記條例》。」

○鐂曰：「今《左氏》書法凡例之屬，興亦有所坿益矣。」

○駁曰：若有坿益，何須更撰《條例》？且據《興傳》，「少學《公羊春秋》，晚善《左氏傳》，遂積精深思，通達其旨，同學者皆師之」。注引《東觀記》曰：「興從博士金子嚴爲《左氏春秋》。」其下正文乃云：「天鳳中，將門人從鐂歆講正大義。歆美興材，使撰條例、章句、訓詁，及校《三統歷》。」若使少贛坿益凡例，是與金子嚴所授之本立異，何門人無泄漏其事者，而待逢禄證明之邪？漢人説經或爲利禄而變學矣，至于妄竄作僞，則雖爲利禄者亦不肯從。蘭臺漆書之妄改，當世悉知，獨於《左氏》一書如隔雲霧乎？

《范升傳》：「尚書令韓歆上疏，欲爲《左氏春秋》立博士。詔下其議。四年正月朝公卿大夫博士見于雲臺。帝曰：『范博士可前平説。』升起對曰：『《左氏》不祖孔子而出於丘明，師徒相傳，又無其人。』遂與韓歆、許淑等互相辯難，日中乃罷。升乃奏《左氏》之失凡十四事。時難者以大史公多引《左氏》，升又上大史公違戾五經謬孔子言，及《左氏春秋》不可録三十一事。詔以下博士。」

○鐳曰：「《春秋》非史文，言《左氏》者以史文視《春秋》，宜其失義也。范辯卿之論甚正，非陳元、賈逵之流曲學阿世所能勝也。」

○駁曰：孟軻言「其文則史」。《十二諸侯年表》亦云：「論史記舊聞，興於魯而次《春秋》。」然則《春秋》義經而體史，若以爲非史，則《詩》亦非樂章，《易》亦非筮辭邪？且《藝文志》，《大史公》百三十篇列于《春秋》家，古者經史本非異業。荀勖之分四部，不學無術，明哲所譏。案：唐宋以來《春秋》爲經，《左氏》爲史之説，强以經史分塗，不悟荀勖以前未有此別。自鐳子駿爲《七略》，而東漢校書東觀仁壽閣者，如班固、傅毅之徒皆依《七略》分次，此《隋・經籍志》之明文。今以經別于史，自俗儒言之可也。既欲上窮周法，下采漢師，曾謂嚴、顔博士亦豫知四部之分乎？不從鐳歆，則主荀勖，其于古文信違矣，而于今文居何等也？❶孔子《春秋》，丘明作傳，復有《國語》《世本》。《春秋》比於《史記》《漢書》，猶華山、熊耳，爲山則同，特有高下之殊爾。漢初遭秦滅學，書籍散亡，重以董生專固，廢庰諸子。學官既立，所見惟有六藝，以平易近人之簡書，而比之於天聲帝謂，固其所也。然經與傳記亦不竟分爲二，至于成哀，❷長夜向明，固知《春秋》之書猶夫史耳，稱之爲史無害麟筆之尊嚴。正如馬班二史與《宋史》《元

---

❶「案唐宋」至「何等也」，《國粹學報》本無。

❷「書籍散亡」至「至于成哀」，《國粹學報》本作「人心蔽朦專趨妖祥神怪之説以平易通達之簡書而比之於天聲帝謂遂若六經與他書隔絶然講習稍久德慧亦開至於東漢」。

史》並列，❶而體例崇卑，山頭井底，不足比喻。❷佔畢之士，靡不明之。今必謂《春秋》非史，是巫祝之躗言，非學者之平議也。尋升奏云：「陛下愍學微缺，勞心經蓺，情存博聞，故異端競進，近有司請置京氏《易》博士，羣下執事，莫能據正。《京氏》既立，《費氏》怨望，《左氏春秋》復以比類，亦希置立。《京》《費》已行，次復《高氏》。《春秋》之家，又有《騶》《夾》。如今《左氏》《費氏》得置博士，《高氏》《騶》《夾》，五經奇異，並復求立，各有所執，乖戾分爭，從之則失道，不從則失人，將恐陛下必有厭倦之聽。孔子曰：『博學約之，弗叛矣夫。』夫學而不約，必叛道也。老子曰：『學道日損。』損猶約也。又曰：『絶學無憂。』絶末學也。」以上升奏。是其意不問是非，特欲以一家之學，鉗塞民智，而又强引孔、老以助其説。博士之立本以爲學，未及爲道。孔言「博學于文，約之以禮」，而升于約禮之前，先絶博學。老言「爲學日益，爲道日損」，而升於于爲學之事，强引爲道。孔、老之旨，果如是邪？至云絶學無憂，則何若絶聖棄智？並《公羊》而亦庰之。升本以老子教授後生，見《升傳》。今奏言「正其本，❸萬事理，五經之本自孔子始」，以上升奏。若孔若老，意將何主？❹要之，升特頑冥瞀亂之人，其説不足以當一吷。至謂《左氏》無師徒傳授，則强爲不知以觝拒者，猶博士以《尚

❶「宋史」，《國粹學報》本無「史」字。

❷「山頭井底不足比喻」，《國粹學報》本作「有若星壤」。

❸「今奏言」上，《國粹學報》本有「孔老殊塗學者共曉」數字。

❹「若孔若老意將何主」，《國粹學報》本作「而復旁引老氏矛盾自陷莫此爲甚」。

書》爲備，彼非不讀《大傳》不知有《九共》《槀命》諸篇也，亦强以觝拒耳。逢禄謂其論甚正，異於曲學阿世，不知其專就立學之事言邪？抑有所謂生心害政者邪？升固曲學阿世之尤，徵之於《逸民・周黨傳》云：「光武引見，黨伏而不謁，自陳願守所志。博士范升奏毁黨曰：『臣聞堯不須許由、巢父，而建號天下，周不待伯夷、叔齊，而王道以成。黨等私竊虛名，誇上求高，皆大不敬。』書奏，天子以示公卿。詔曰：『自古明王聖主，必有不賓之士，伯夷、叔齊不食周粟，大原周黨不受朕禄，亦各有志焉。其賜帛四十匹。』」是升直不知光武爲何如主，而以獨夫暴君所忿疾者動之。愚邪？諂曲阿世莫甚。惜乎升仕莽朝，爲大司空王邑議曹史。又更建武，其術皆不能用。若處秦世，當與李斯、趙高爭烈矣。

《賈逵傳》：「九世祖誼，文帝時爲梁王大傅。曾祖父光爲常山大守。父徽，從鐂歆受《左氏春秋》，作《左氏條例》二十一篇。逵悉傳父業。」

○鐂曰：「誼之家世好學，誼果作《左氏訓故》，不應至徽始從歆受也。蓋歆因徽而誣誼耳。」

○駁曰：大傅作《訓故》，傳至孫嘉，此《經典釋文》所言。徵之《史記・屈原賈生列傳》云：「賈嘉最好學，世其家，與余通書。」則嘉實傳《訓故》，而史公《左氏》之學亦自嘉得之也。至徽必從學子駿者，則以誼作《訓故》，而章句義理未備也。昔歐陽和伯傳《書》兒寬，而和伯之子復從寬受。梁丘賀傳《易》子臨，而臨亦先從施讎受業。父子相接，猶事佗師，況徽之去嘉又數世邪？《漢・儒林傳》，賈嘉亦治《今文尚書》，然與史公通書無關。《尚書》之學，史公從孔安國受古文，非今文也。漢世荀爽本荀卿十二世孫，悅則十三世孫，而說《易》、說《春

秋》未嘗本之荀卿。晉時賀循本慶普之後，而説《禮》亦未嘗本之普也。誰謂學術必受自家庭乎？❶

「肅宗好《古文尚書》《左氏傳》，建初元年，詔逵入講北宮白虎觀、南宮雲臺。帝善逵説，使出《左氏傳》大義長於二傳者，逵於是具條奏之。帝令逵自選《公羊》嚴、顔諸生高才者二十人，教以《左氏》，與簡紙經傳各一通。」

○鐂曰：「賈逵阿世，以讖論學，本不足辨。今於《公羊答難》及《春秋比事》詳之。」

○駁曰：適會其時，謂之阿世，則董仲舒亦阿武帝而兼阿公孫弘者也。吾亦不謂侍中非曲學阿世者。❷觀其以圖讖求通，又謂《左氏》同《公羊》者什有七八，今案：侍中《左傳解詁》亦有同《公羊》者，然云什有七八，則去實遠矣。奏對之言違其本志，誠哉其學阿世也。雖然，真阿世者，孰有過於何邵公邪？今録俞氏正燮《癸巳存稿》一條如左：

《春秋左傳》經學也，説經之事與義，不能豫阿後世。《公羊傳》者，漢人所致用，所謂漢家自有法度，奈何言王道？《公羊》集酷吏佞臣之言坿之經義，漢人便之，❸謂之通經致用。至漢末何休，自大

---

❶ 「漢世荀爽」至「受自家庭乎」，《國粹學報》本無。

❷ 「吾亦不謂」，《國粹學報》本作「雖然吾不謂」。

❸ 「之」，《國粹學報》本無。

傳府辟後廢錮，乃以愚悖從逆之言託之孔子。《公羊》僖五年傳：「曷爲殊會王世子？世子貴也。」此古今通義，而何休云：「自王者言之，屈遠世子在三公下。《禮·喪服》斬衰曰『公士大夫之衆臣』是也。」疏云：「三公臣有斬衰，世子無也。是卑于三公。」然則大夫亦有衆臣斬衰，世子不因此在大夫下。其言悖謬。又出《公羊》意外，休陰險慘刻，又志趣卑下，見其時皇統屢絶，三公得翊戴封，則曲説三公在皇大子上，以己得公府掾，不豫作升朝望，比坿經義，以爲辟公府者致用，尤非《公羊》爲漢廷致用之旨。然則《春秋左傳》萬世之書也。《公羊傳》漢廷儒臣通經致用干禄之書也。何休所説，漢末公府掾致用干禄之書也。余謂何氏愚悖之言尚不止此。僖二十四年「天王出居于鄭」，《公羊傳》曰：「王者無外，此其言出何？不能乎母也。」此與左氏所云「辟母弟之難，凶服降名」，本無大異。《解詁》則曰：「罪莫大於不孝，故絶之言出。下無廢上之義，得絶之者，明母得廢之，臣下得從母命。」此又習見漢世大后稱制之事，而欲傅會經義以成之也。❶

「論曰：鄭、賈之學，行乎數百年中，遂爲諸儒宗，亦徒有以焉爾。言其比坿讖文，陋之也。章懷大子注誤。桓譚以不善讖流亡，鄭興以遜辭僅免，賈逵能坿會文致，最差貴顯。世主以此論學，悲矣哉。」

○鏐曰：「《穀梁》興而《公羊》義淆，《左氏》立而《穀梁》亦廢，蔚宗爲武子之孫，寄慨深矣。」

---

❶「余謂何氏」至「以成之也」，《國粹學報》本無。

○駁曰：以鄭、賈同取讖文，未知蔚宗意何如。賈實通讖，鄭固未也。❶賈於緯書素非所學，❷藉此以通其道，則誠所謂曲學阿世矣。而讖緯之本誰爲之邪？大史公稱燕齊怪迂之士，則齊學者實爲讖緯之魁。❸非仲舒、畦孟，讖緯必不殺亂經術。至于舉國若狂之世，雖卓拔者猶將自陷，子駿、景伯多不能免。然子駿《七略》固謂大公《金版》《玉匱》爲近世之書，夏賀良挾甘忠可所詐造《天官歷包元大平經》十二卷，而子駿以爲不合五經，不可施行，則亦有所去取矣。緯書豈無軼事緒言？而披沙求金，非至精者勿辨。比於《汲冢》《山經》等書，尤爲難讀，何者？彼爲無意之傳譌，此則有心之作僞。傳譌者可因譌以得實，作僞者乃以僞而掩真，非有善鑒，鮮不眯于黑白矣。若何劭公之用讖緯百倍鄭康成，則真膠滯不通者也。漢張衡疏有足平反鐳、賈之枉者，録于左：

臣聞聖人明審律歷以定吉凶，重之以卜筮，襍之以九宮，經天驗道，本盡于此。或觀星辰逆順，寒燠所由，或察龜策之占，巫覡之言，其所因者，非一術也。立言於前，有徵於後，故智者貴焉，謂之讖書。讖書始出，蓋知之者寡。自漢取秦，用兵力戰，功成業遂，可謂大事。當此之時，莫或稱讖。若夏侯勝、畦孟之徒，以道術立名，其所述箸，無讖一言。案：《畦孟傳》云：「有蟲食樹葉，成文字曰：『公孫病已立。』」孟推《春

---

❶「以鄭賈同取」至「鄭固未也」，《國粹學報》本無。

❷「賈」下，《國粹學報》本有「侍中」二字。「素」，《國粹學報》本作「本」。

❸「魁」，原作墨丁，據《國粹學報》本補。

秋》之意，以爲當有從匹夫爲天子者，漢帝宜誰差天下，求索賢人，禪以帝位而退，自封百里，以承順天命。」此實讖書之始，其後漸增飾耳。鐳向父子領校祕書，閲定九流，亦無讖録。成、哀之後，乃始聞之。《尚書》：堯使鯀理洪水，九載績用不成，鯀則殛死，禹乃嗣興。而《春秋讖》云「共工理水」。凡讖皆言黄帝伐蚩尤，而《詩讖》獨以爲「蚩尤敗，然後堯受命」。《春秋元命苞》中有公輸班與墨翟，事見戰國，非春秋時也。又言「别有益州」，益州之置，在于漢世。其名三輔諸陵，世數可知，至于圖中訖于成帝。一卷之書，互異數事，聖人之言，埶無若是，殆必虚僞之徒，以要世取資。往者侍中賈逵，摘讖互異三十餘事，諸言讖者皆不能説。至於王莽篡位，漢世大禍，八十篇何爲不戒？則知圖讖成於哀、平之際也。且《河洛》《六蓺》，篇録已定，後人皮傅，無所容篡。《衡集》上事云：「《河洛》五九，《六蓺》四九，謂八十一篇也。」永元中，清河宋景遂以歷紀推言水災，而僞稱洞視玉版。或者至于棄家業，入山林。後皆無效，而復采前世成事，以爲證驗。至於永建復統，則不能知。此皆欺世罔俗，以昧埶位，情僞較然，莫之糾禁。且律歷、卦候、九宫、風角，數有徵效，世莫肯學，而競稱不占之書。譬猶畫工惡圖犬馬而好作鬼魅，誠以實事難形，而虚僞不窮也。宜收臧圖讖，一禁絶之，則朱紫無所眩，典籍無瑕玷矣。

案：如平子之説「圖讖成於哀、平」，然其所謂「讖書始出，知之者寡」，竟何所指？尋《魏世家》云「秦讖於是出」，《淮南》言「六畜生多耳目不祥，讖書讖之」，是周秦漢初已有讖書，但哀、平時人足成之耳。鐳子駿領校祕書時已有讖，而鐳子駿不録，知其不信圖讖也。以爲雖有先儒之言，而增飾者多，非有明識之士不能去黑取白，必致受迷惘，不如不録也。或謂讖緯不得私習，不以示人，故不箸録。然漢時奏疏不諱舉讖，且如賀良等上書，當時亦不以爲犯禁，何獨于祕閣讖書必當容隱？且殺青箸目，其書仍未傳布，則知不箸讖録，非隱之也，不信故也。謂侍中信讖者，以其奏言：「臣以永平中上言《左氏》與圖讖合者。」又云：「五經家皆無以證圖讖明鐂氏爲堯後者，而《左氏》獨有明文。」又云：「《左氏》以爲少昊代黄帝，即圖讖所謂帝宣也。」又云：「光武皇帝興立《左氏》《穀梁》，會二家先師不曉圖讖，故令中道而廢。」據此則公羊家曉圖讖可知。執此數語，遂謂侍中篤信圖讖。乃觀平子所言，則侍中已摘圖讖之妄，然則其藉讖以通道也，誠爲曲學阿世矣。自武帝時方士用事，仲舒欲以其術爭勝於漢帝前，乃不惜屈己以就彼。據《抱朴子・論仙篇》，董仲舒撰《李少君家録》云：「少君有不死之方，而家貧無以市其藥物，故出于漢，以假途求其財，道成而去。」世多不信此説。然鐂子政亦嘗作金，無怪仲舒。《五行》《符瑞》《求雨》《止雨》諸篇，其術豈異於巫覡？三代質文，固屬人事，文以怪迂之説，則遂爲讖緯之萌芽。溝竇既開，後之經師欲通其道，不得不順此塗徑。故侍中所阿之世，非佗世也，《公羊》之世也，仲舒之世也。

又案：《後漢・儒林傳》：「尹敏，字幼季，善《左氏春秋》。世祖令校圖讖，使蠲去崔發所爲王莽箸録次比。敏對曰：『讖書非聖人所作，其中多近鄙别字，頗類世俗之辭，恐疑誤後生。』帝不納，敏因其闕文增之曰：『君無口，爲漢輔。』君無口者，尹也。帝見而怪之，召敏問其故。敏對曰：『臣見前人增損圖書，敢不自量，竊幸萬一。』帝深非之，雖竟不罪，❶而亦以此沈滯。」此等譎諫，不啻中射之奪神藥。然

❶「竟」，《國粹學報》本作「意」。

則《左氏》家能辨圖讖之僞者，不止少贛諸賢而已。

《李育傳》：「少學《公羊春秋》，沈思專精，博覽書傳，知名大學。常避地教授，門徒數百。頗涉獵古學，嘗讀《左氏》，雖樂文采，然謂不得聖人深意。以爲前世陳元、范升之徒，更相非折，而多引圖讖，不據理體，於是作《難左氏義》四十一事。後拜博士，詔與諸儒論五經于白虎觀。育以《公羊》義難賈逵，往返皆有理證，最爲通儒。」

○鐂曰：「何劭公與其師羊弼，追述李育意以難二傳。今《膏肓》《廢疾》尚存十一，《白虎通德論》亦多《公羊》家言，則李元春之書雖不傳，意未盡亡也。特未見其直指鐂歆轉相發明之謬耳。」

○駁曰：東漢之世，筆語始盛，欲善其辭，不得不取材于史。於是有以《左氏》助其文采者。後世有《春秋文苑》《春秋嘉語》等書，見《隋·經籍志》。蓋昉諸此，而育亦遂以文采視《左氏》。夫《詩》《書》之文辭閎雅，又過《左氏》，必如育言，《詩》《書》亦無深意邪？

《班彪傳》：「定、哀之閒，魯君子左丘明論集其文，作《左氏傳》三十篇，又撰異同，號曰《國語》，二十篇。由是《乘》《檮杌》之事遂闇，而《左氏》《國語》獨章。」

○鐂曰：「左氏生哀公之後，其書惟名《春秋》。班氏以史論《左氏》，知左氏者也。」

○駁曰：班作《漢書》而追本於《左氏》，亦猶楊雄作《大玄》追本於《易》，班固作《兩都賦》追本於成康頌聲。原流相因，自難强生分別。彼謂經自爲經，史自爲史者，尚有是非之心邪？

《説文解字·敘》：「宣王大史籀箸《大篆》十五篇，與古文或異。至孔子書六經，左丘明述《春秋傳》，皆以古文，厥意可得而説。」

○鐳曰：「六經及《左氏春秋》古文本，當叔重時蓋亡矣。或鐳歆以祕府古文書經及《左氏》坿益本，賈逵之徒奉詔，又以紙易竹帛，舊本古字古言亦變矣。歆以博甄毖緯之才，顛倒五經，後漢從而尚之，儒書日汩，可勝歎哉！然如《左氏》『癸夷』『舟鮁』『褱』『空祒』之類，自杜預出，而又變賈、許之舊矣。」

○駁曰：孔子所書六經，左氏所述《春秋傳》，皆出壁中者也。六經者，亦舉其大數。壁中不見有《樂經》，然孔子固當書之，特臧者遺之耳。《尚書》僅五十八篇，亦猶是也。六經、《左氏》出壁後，至許叔重時，財二百餘年。以近世所見，宋時書畫去今六七百年，尚有存者，況經、傳真本，寶貴莫逮，何至叔重時遂亡乎？逢禄言子駿以祕府古文書之，夫祕府何以有古文？即壞壁所得耳。其餘諸子百家，出六國者，即祕府有真本。然六國時已文字異形，非古文矣。然則子駿所書之本，非據舊文豈能妄作？經師傳授之本，雖用古文，然以隸書寫之，所謂隸古，非古文篆也。侍中紙易竹帛，仍作隸古，豈嘗變易哉？「癸夷」等字，叔重受之侍中，其後變古，蓋在王肅、董遇之閒。夫正名所以爲政，雅言以之執禮，説經者不重古文，而重齊人口授之鄙語乎？熹平時立大學石經，盧植欲刊正碑文，上書曰：「古文科斗近於爲實，而厭抑流俗，降在小學。」然則古文在周本小學所有事，其在漢世，即宜以高文典册相視，猶稱小學，故曰降矣。若夫陽球之詆鴻都文學曰：「或獻賦一篇，或鳥篆盈簡，而位升郎中，形圖丹青。」此自謂彫蟲刻畫者，則晚世吾丘衍之徒，不得因是譏古文也。❶ 逢祿謂後漢尚古，儒書日汩，不知其所謂儒書者，指儒家者流邪？ 抑六藝邪？ 儒家孟、荀之書，子駿未甚注意，亦豈因是而汩；若以六藝爲儒書，則不辨畛域矣。

孔穎達《春秋疏》：「賈逵：大史公《十二諸侯年表序》云：『魯君子左丘明作傳。』」

〇鐳曰：「《年表序》不云作傳，此或賈逵之説誣史公矣。」

〇駁曰：史公亦未嘗不以《左氏春秋》爲傳文。有異同自得汎引。若必以題署爲言，則漢人稱「公羊春秋」者正多，而《史記》亦無「公羊傳」三字。惟《儒林傳》云：「董仲舒名爲明於《春秋》，其傳公羊氏也。」由仲舒而謂之傳，韓大傳之徒恐未必許其名號矣。《漢書·儒林傳》：「嬰嘗與董仲舒論于上前，其人精悍，處事分明，仲舒不能難也。」

鐳向《别録》云：「左丘明授曾申，申授吴起，起授其子期，期授楚人鐸椒，鐸椒作《抄撮》八卷，授虞卿，虞卿作《抄撮》九卷，授荀卿，荀卿授張蒼。」

〇鐳曰：「向治《公羊》，後奉詔治《穀梁》，其書本《公羊》者十之九，本《穀梁》者十之一，未嘗言《左氏》

❶「熹平時」至「古文也」，《國粹學報》本無。

也。《説苑》：魏武侯問元年于吳子，吳子對曰：『言國君必謹始也。』『謹始奈何？』曰：『正之。』『正之奈何？』曰：『明智。』案：『謹始』之説，本《公羊》《穀梁》緒言，『明智』之説，兵家要旨，俱非《左氏》説也。《十二諸侯年表》云：『鐸椒爲楚威王傳，爲王不能盡觀《春秋》，采取成敗，卒四十章，爲《鐸氏微》。』此《春秋》當係《檮杌》，猶《晉語》『羊舌肸習于《春秋》』、《楚語》申叔時云『教之《春秋》』者也，必非《左氏》之書。《史記》言四十章，《藝文志》云三篇，此又云《抄撮》八卷，名不雅馴，歆所託也。《虞卿傳》云：『上采《春秋》，下觀近世，曰《節義》《稱號》《揣摩》《政謀》，凡八篇，以刺譏國家得失，世傳之，曰《虞氏春秋》。』《年表》同。蓋虞氏之書雖亡，其體例略同《吕覽》，非傳《左氏》者也。《史記》言八篇，《藝文志》於《儒家》云十五篇，於《春秋》家云《虞氏微傳》二篇，此又云《抄撮》九卷，亦歆假託也。荀卿之書多本《穀梁》，亦非傳《左氏》者。」

○駁曰：《五行志》載子政説皆釋《穀梁》義，何云本《公羊》十九？《説苑》《新序》《列女傳》載《左傳》者六七十條，而子公黿羹一事，載子夏語，又見弟子口説與《左氏》大義亦有相會者矣。《論衡》言「子政玩弄《左氏》，童僕皆呻吟之」，《御覽》卷六百十及六百十六並引桓譚《新論》曰「鐳子政、子駿、伯玉三人尤珍重《左氏》，下至婦女無不讀誦者」，而《漢志》又言「其分《國語》爲五十四篇」，《五行志》所載子政説《左傳》者亦近十條，然則所云「自持其《穀梁》義」者，特謂不背《穀梁》之學，非不治《左氏》也。《史通・申左》云：「案桓譚《新論》曰：『《左氏傳》於經，猶衣之表裏。』而《東觀漢記》陳元奏云：『光武興，立《左氏》，而桓譚、衛宏並共毁訾，故中道而廢。』班固《藝文志》云：『丘明與孔子觀魯史記而作《春秋》，有所貶損，事形於傳。懼罹時難，故隱其書。末世口説流行，遂有公羊、穀梁、鄒氏、夾氏諸傳。』而於《固集》復有《難左氏》九條三評等科。夫以一家之言，一人之説，而參差相背，前後不同，斯又不足觀也。」據此，則子政一身初治《穀梁》，終治《左氏》，又何足怪？況其奏上《别録》，籠絡百家，本不爲一經一師而作，何得不詳《左氏》之授受乎？「謹始」之説，《賈子·胎教》亦言之，正是《左氏》古義。其言明智，歸於不雝蔽、不權埶、不失民衆，與兵家之旨何涉？若謂「謹始」是《公》《穀》緒言者，案桓譚言《左氏》傳世後百餘年《穀梁》始作，《公羊》成書復在其後。校《六國表》，魯悼公卒後五年，爲魏文侯斯元年，是年生武侯擊，文侯在位三十八年，武侯嗣在位十六年，則吴起對武侯時，去魯悼卒不過六十年耳，即去哀公之季，亦尚不及百年，是時《穀梁》未作，《公羊》復不必論。若云采取緒言，正可二傳采自吴起，不得云吴起采自二傳也。《十二諸侯年表》云：「鐸椒爲楚威王傅，爲王不能盡觀《春秋》，采取成敗爲《鐸氏微》。」而此謂之《抄撮》，其即一書與否，無文可徵。虞氏所作或云《微傳》，或云《春秋》，或云《抄撮》。《微傳》《春秋》，自是二書，《抄撮》不知何屬。至其卷數不同，則同在一書，尚有分合，況所撰各異邪？據《戰國策》載虞卿説曰「《春秋》於安思危」，此可校今本《左傳》「居」字之誤。《荀子》書中載「賞不僭，刑不濫」等語，全本《左傳》。又説賓孟事及葉公事，又《報春申君書》引《春秋》楚圍、齊崔杼二事，亦與《左傳》合，何云不傳《左氏》之學？荀子亦兼治《穀梁》，如引「盟詛不及三王」等語。其傳《詩》則後復分毛、魯二家，亦其比矣。虞爲趙相，荀亦趙人，故所傳《左氏》，或云《趙左春秋》。《韓非子·備内篇》：「故《桃左春秋》曰：『人主之疾死者，不能處半，人主弗知，則亂多資。』」桃，即趙之假借。方言：「牀杠，南楚謂之趙。」郭注：「趙，當作桃。」《廣雅·釋器》作「⿰爿兆」，是桃、趙通。趙人所傳《左氏春秋》謂之《趙左春秋》，猶《藝文志》《易》有《淮南道訓》，《論語》有《燕傳説》，《異義》引《易下邳傳》甘容説，皆以其地目其書也。《左氏傳》授鐸椒後，惟有虞、荀，必以趙别之者，觀《吕覽》多引《左傳》，則或别有傳授，如漢儒鐳子駿外，復有陳子佚也。故必箇別言之，猶《公羊》之有嚴氏、顏氏，亦所以爲別也。韓非所引當在《抄撮》《微傳》等書，非受學於荀卿，故得見之。虞、荀授受之證于是鞏若金湯矣。至如鍾文烝云：「穀梁去左氏不遠，作傳授荀卿，而左氏七傳而至荀卿，可疑也。趙匡以爲僞妄。」以上鍾説。則不知《穀梁》後於《左氏》百有餘年，桓譚《新論》有其明徵，其説不足致辯。

「漢武帝時，河閒獻《左氏》及《周官》。」

○鐳曰：「《河閒獻王傳》言『獻雅樂』，不言獻《左氏》《周官》也。葢武帝時，祕府固有《周官》《左氏》，特武帝所不信，而大史公所見《左氏》，又非若今本耳。且因獻王好古，而以爲私立《毛詩》《左氏春秋》博士，顯與朝廷異學，當亦鐳歆所誣，而班氏誤采之。」

○駁曰：傳不言獻《左氏》《周官》，亦猶張、賈本傳不言修《春秋》也。漢初王國，事多擅制，若夫建立博士，本非帝者之上儀。漢有博士，近本於秦，秦始亦侯國耳。博士之設，自周季諸侯始。《史記·循吏列傳》：「公儀休者，魯博士也，以高弟爲魯相。」《龜策列傳》云：「宋元王召博士衛平而問之。」尋魯繆，周室藩臣，非吳、楚之僭擬；宋元王，《莊子》作元君，李頤以爲元公，即《春秋》之宋元公佐也。其時周禮未改，宋亦共命，而皆建置博士。故漢興之初，王國亦循此制。且漢家所以檢下者，惟有禮器、制度。《漢律》九章，不容異議。若夫周之六蓺其在漢世，猶夏、殷禮之在周代也。既非當王之法，習之惟以多識前事，❶任用何學，固容自便。❷河閒王亦嘗采《周官》及諸子言樂事者，以作《樂記》，而獻八佾之舞矣。其內史丞王定傳之，以授常山王禹，禹授宋鼂。夫《樂》亦六經之一，無以異于《詩》《春秋》。獻王自作《樂記》，其擅又甚於追述《毛》《左》，而萬乘不以爲疑，法吏不以爲辠，固知表章絶學非法令之所稽。❸必以朝廷所立爲是，❹則武帝爲繼周之聖邪？漢初諸子皆立學官，猶勝武帝之錮蔽。

「和帝元興十一年，鄭興父子及歆創通大義。奏上，《左氏》始得立學，❺遂行于世。至章帝時，賈逵上《春秋大義》四十條，以抵《公羊》《穀梁》，帝賜布五百匹。」

○鐳曰：「王應麟考和帝元興止一年，安得有十一年？一誤也。鄭興子衆，終於章帝建初八年，不及和帝時，二誤也。章帝之子爲和帝，先後失序，三誤也。《釋文·序録》亦云『元興十一年』，皆非也。今案：此疏前序光武於成帝前，此又混歆於和帝時，紕繆如此，安能别古書之真僞。」

○駁曰：此數事，齊召南亦言其謬，而疑爲刊本之誤。然此本與《左氏》真僞無涉，列之徒詞費耳。

❶「漢有博士」至「多識前事」，《國粹學報》本無。
❷「便」，《國粹學報》本作「恣」。
❸「河閒王亦嘗采」至「非法令之所稽」，《國粹學報》本無。
❹「所立」，《國粹學報》本無。
❺「立」，《國粹學報》本作「列」。

沈氏云：「《嚴氏春秋》引《觀周篇》云：『孔子將修《春秋》，與左丘明乘，如周，觀書於周史。歸而修《春秋》之經，丘明爲之傳，共爲表裏。』」

○鐳曰：「嚴彭祖《公羊》經師，妄語何也？或章帝令賈逵自選嚴、顏高才生二十人，教以《左氏》，禄利之途使然，必非彭祖之言也。《漢志》雖本有《家語》，然王肅僞撰者，乃有《觀周篇》。言南宫敬叔從夫子觀書於周。此言左丘明與夫子乘，緣鐳歆『親見夫子』之語坿會之，葢又出肅後。臧西成以此爲真《嚴氏》、真《家語》，不辨家法，失考甚矣。」

○駁曰：西漢重《公羊》，學者爲禄利，故治之。嚴氏本眭孟弟子，孟固誣妄，而稱漢家堯後，則亦窺見《左氏》。嚴承其學，故稱心而言此。《隋書·經籍志》：「《春秋左氏圖》十卷，漢大子大傅嚴彭祖撰。」《舊唐志》《新唐志》皆有嚴彭祖《春秋圖》七卷，即此。則嚴固兼通《左氏》。《漢書·儒林傳》云：「彭祖廉直，不事權貴，曰：『凡通經術，固當修行先王之道，何可委曲從俗、苟求富貴乎？』」由此觀之，即知其不肯專務《公羊》以趨當時之聲氣，所以異於黨同妬真者也。賈侍中明漢爲堯後，以立《左氏》，非獨坿會鐳宗，亦以《公羊》之學立學官者，惟有嚴、顏二氏。嚴、顏皆眭孟弟子，則漢爲堯後之説，彼所許可，無以强爭，亦所以關其口也。而何邵公獨取胡毋生條例，❶以嚴、顏之學爲「觀聽不決，多隨二創」者，亦以此。其引《觀周》，自是實事，王肅雖僞撰《家語》，改左丘明爲南宫敬叔，然亦仍襲

---

❶「獨取」，《國粹學報》本無。

篇目，不能事事妄改，猶枚頤僞造《古文尚書》，而篇目則仍《書序》所有，非妄作也。逢禄以此爲僞，傎矣。又案：《感精符》《考異郵》《説題辭》等皆云：「孔子使子夏等十四人求周史記，得百二十國寶書，九月經立。」見《公羊》隱元年疏。此亦即觀周事而誤以丘明爲子夏。其後戴宏之徒乃謂《公羊》傳自子夏，其誤亦原於此。尋丘明所以誤爲子夏者，凡有三因。一，子夏壽考，爲魏文侯師，而左氏亦卒於魯悼之後，遂致疑誤也。二，左氏失明，子夏亦失明，以此傳譌也。三，左氏之學後傳吳起，起實仕魏，爲西河守，而子夏亦老於西河，遂疑言《春秋》者出於子夏也。丘明名氏惟見《論語》及《觀周篇》，而子夏爲衆所箸聞，若人言《春秋》之學傳自魏之西河，其本師則耆壽而失明者，但不記其姓名，則鮮不臆定爲子夏矣。雖然，子夏求書，《春秋》屬商之説，猶是無意傳譌。至戴宏謂《公羊》出於子夏，則有心作僞者矣。

《經典釋文》云：「左丘明作傳以授曾申，申傳衛人吳起，起傳其子期，期傳楚人鐸椒，椒傳趙人虞卿，卿傳同郡荀況，況傳武威張蒼，蒼傳洛陽賈誼，誼傳至其孫嘉，嘉傳趙人貫公，貫公傳其少子長卿，長卿傳京兆尹張敞及侍御史張禹。」

○鐳曰：「此兼采僞《別録》及《漢·儒林傳》而爲之。然《左氏》傳授，不見《大史公書》，班固《別傳》亦無徵。當東漢初，范升廷爭，以爲師徒相傳又無其人，若果出於《別録》，鐳歆之徒及鄭興父子、賈逵、陳元、鄭玄諸人，欲申《左氏》者多矣，何無一言及之？曾申即曾西，曾子之子，羞稱管仲，必非爲《左氏》之學者。吳起曾事子夏，或《左氏》多采其文。姚姬傳以《左氏》言魏氏事，造飾尤甚，蓋吳起爲之以媚魏君者尤多，要非左氏再傳弟子也。張蒼非荀卿弟子，賈生亦非張蒼弟子，貫公《毛詩》之學，亦非賈嘉弟子。嘉果以《左氏》爲傳《春秋》，授受詳明如此，何不言諸朝，爲立博士？此又從《賈誼傳》增飾之。嘉與史公善，當武帝時，貫公爲獻王時人，必非嘉弟子。《史記》《漢書》具在，而歆之徒博采名儒，牽合佚書，妄造此文。元朗、沖遠，以江左以後文人獨尚《左氏》，不加深察，敘録如此，不可爲典要矣。」

○駁曰：子駿《移書》，嘗舉賈生、貫公，非不詳《左氏》授受也。《范升傳》載與韓歆、許淑等互相辨難，日中而罷。《陳元傳》載范升與元相辯難，凡十餘上，而皆不載其所辯之語。蓋往返徵詰，論議煩多，史固不暇具載，猶《鹽鐵論》蔚然成篇，而《漢書》不録其語也。鹽鐵之論，其書尚存，陳范之辯，其書竟絶，寧得從後臆測，謂其不舉傳授爲證乎？且元疏先言「丘明至賢，親受孔子，而公羊、穀梁傳聞於後世，今論者沈溺所習，翫守舊聞，固執虚言傳受之辭，以非親見實事之道」，以上元疏。則傳授固非所重，但明丘明親見，其證已足，何取多引後師，繁言無利。逢禄以此相稽，所謂「焦明已翔乎寥廓，而弋者猶視乎藪澤」也。若必以傳授爲徵者，自鐳子駿至陳長孫皆謂公羊傳聞於後世，升何不舉子夏親見夫子，傳之公羊以爲證乎？公羊高傳子平，平傳子地，地傳子敢，敢傳子壽。《史記》《别録》《七略》《漢書》皆無其文。至戴宏始爲引説，若有明文可據，升等又何以不言也？曾申羞管仲，可以破俗儒記管、晏則善之議。又《檀弓》載其對穆公云：「齊斬自天子達。」可以破杜預「既卒哭，則除」之言，信爲《左氏》功臣矣。《史記·吴起傳》云：「嘗學於曾子。」又云：「不復入衛，遂事曾子。」又云：「曾子薄之，而與起絶。」所謂曾子，即是曾申。《檀弓》：「穆公之母卒，使人問於曾子。」即稱曾申爲曾子，是其證也。然則起事曾申，從受《左傳》，有明徵矣。逢禄前以起説元年本諸二傳，此又引姚鼐説以爲吴起增飾《左氏》，何其自相牴牾也。鼐云飾魏事媚魏君者，徒舉畢萬之占爲證耳。案：《史記・樗里子傳》云：「樗里子卒，葬於渭南章臺之東，曰：『後百歲，是當有天子之宫夾我墓。』至漢興，長樂宫在其東，未央宫在其西，武庫正直其墓。」是則大史公亦僞造樗里子語以媚漢邪？魏既篡晉，媚魏則不當於晉有美辭，傳何以又舉箕子之言，謂唐叔之後必大邪？至其褒美魏絳，事實固然，何云虚媚？傳文又載魏舒干位之言，若欲媚魏，何以不削此語乎？或謂傳載陳完等事皆鐂子駿所以媚莽，然則陳恆弑君，孔子請討，事在獲麟之後，削之甚易，而子駿何以不删乎？王莽亦封司馬遷後爲史通子，則《史記・田敬仲世家》所載完事亦爲遷之後人媚莽而改其祖書乎？荀、張、賈之相傳，雖佗無明證，然據《玉海》引宋李淑《書目》云：「《春秋公子血脈譜》傳本曰荀卿撰，《秦譜》下及項滅子嬰之際，非荀卿作明矣。然枝分派别，如指諸掌，非殫見洽聞不能爲。」以上《玉海》。案：荀卿及見李斯之相，則固容下逮嬰、羽。姚寬亦云「用《世本》、荀況《譜》、杜預《公子譜》爲法」，則荀書與《世本》相類甚明。惟《血脈譜》之名，不似周秦，而《漢・藝文志》又無其目。然《隋書・經籍志》有《楊氏血脈譜》二卷，是《血脈譜》之稱起于隋前，或後人改題荀書而名此邪？荀既紹述《世本》，明其傳自左氏，一傳北平，而《歷譜五德》出焉。荀子非五行，而北平言五德，張以漢爲水德，賈又以漢爲土德。鐂子駿承其父説，以漢爲火德，此皆不關《左氏》授受者。五德者，荀張所異，歷譜者，荀張所同。其證據可見者如此。賈生之師，《史記》《漢書》皆無文。尋《新書・勸學篇》云：「今夫子之達，佚乎老聃，而諸子之材，不避榮跌，而無千里之遠，重繭之患，親與巨賢連席而坐，對膝相視，從容談語，無問不應。」此夫子必是北平，諸子者，指同學後生。老聃在周爲柱下史，北平在秦亦爲柱下史，博達墳籍，事有相同，故以比擬。《蒼傳》言「蒼尤好書，無所不觀，無所不通」，故此言無問不應矣。或疑《賈誼傳》云「河南守吳公召至置門下」，則夫子或指吳公。案郡縣曹掾之制，兩漢不異。據司馬彪《百官志》云：「郡大守正門有亭長一人，主記室史，主録記書，催期會。無令史。閤下及諸曹，各有書佐、幹主、文書。」則賈生之在門下充亭長、幹佐之職而已，其于吳公無師弟之道。由此推迹荀、張、賈之傳授，皆有文驗，惟蒼爲陽武人而《釋文》言武威。賈嘉雖傳家學，而貫公則由誼直授，見《漢書·儒林傳》。無繫於嘉，此皆《釋文》之誤。然不得因一事之譌遂疑諸師皆妄。以《漢書》《別録》明文具在也。至賈嘉之官不過九卿，河閒王尚不能言諸天子，立《毛詩》《周官》《左氏》諸博士，而謂嘉能乎？平津當路，瑕丘江公亦詘於仲舒，嘉縱能言，若迷陽之傷足何？至《史記·儒林列傳》不見《左氏》傳授者，自是文略。如《儒林列傳序》云「言《詩》於魯則申培公，於齊則轅固生，於燕則韓大傅」，而獨不言毛公。然不得因此以《毛詩》傳授爲誣，妄人魏源、康有爲輩皆謂毛公《詩》傳出自後人僞造，故於《史記》無徵。案：史公涉獵既廣，或有粗疏，不必爲諱。三家《詩》之先師，韓嬰於孝文時嘗爲博士，後至常山大傅，與董仲舒論於上前；申公嘗以弟子見高祖於魯南宮，至武帝時受聘爲大中大夫；轅固亦爲孝景博士，與黄生爭論上前，後復拜爲清河大傅。此三人皆顯名漢朝，而大毛公則素未仕宦，小毛公亦僅爲河閒博士。蹤迹既隱，漢廷未知其人，故史公箸三家而不箸毛公，直由隱顯使然，初無佗故。《史記》所不見而見於《漢書》者多矣。賈山陳《至言》，枚乘諫吳王，東方阻上林，鼂錯言兵事，此皆國家至計，於《史記》或無其傳，或有其傳而無其語，乃至仲舒對策，《史記》亦不入録，皆於《漢書》見之，悉可指爲班生妄造邪？鄙儒不攷，爲此寱語，無足致辨。《左氏》可知。總之，《左氏春秋》之名猶《毛詩》《齊詩》《魯詩》《韓詩》《孟氏易》《費氏易》《京氏易》《歐陽尚書》《夏侯尚書》《慶氏禮》《戴氏禮》，舉經以包傳也。以爲不傳孔書而自作《春秋》者，則諸家亦自作《詩》《書》《易》《禮》乎？《左氏》傳授之徵不見《史記》者，猶於《詩》家不言毛公，於申公雖嘗入録，而又不舉其出于浮丘伯以上溯荀卿之傳，於瑕丘江生言爲《穀梁春秋》，然不言穀梁子授荀卿，荀卿授申公，申公授瑕丘江生也。謂《左氏》傳授爲誣，則《魯詩》《穀梁》之傳授亦皆不可信乎？

後序曰：經師傳授之迹，徵諸《史記》《别録》《七略》《漢書》，事不悉具，則舉其一爲徵。《左氏》授受，翔實如此，戴宏妄言，無驗如彼，校練情僞，斷可識矣。尋桓譚《新論》以爲《左氏》傳世後百餘年，魯穀梁赤爲《春秋》，又有齊人公羊高緣經作傳。鄭《起廢疾》以穀梁爲近孔子，公羊六國時人，傳有先後。❶ 由今推之，穀梁子上接尸佼，下授荀卿，蓋與孟子、淳于髡輩同時。《公羊》之文，有曰「君親無將，將而誅焉」，秦博士稍引其文，有曰「撥亂世，反諸正」。漢羣臣爲高帝議謚，亦用其文。疑高蓋嘗入秦，或在博士諸生之列。何以明之？《公羊》以「伯于陽」爲「公子陽生」。伯舊或書作白，公舊或書作㕽，小篆白字從入從二，隸變作亼，則字近公。若古文白字作阜，與純爲小篆不從隸變者，形皆不得近公。隸書子字于字形近，小篆作[篆文]作亐，亦又無以譌變。明作此傳者，但覩隸書，不及知古文大小篆也。又《公羊》宣十五年傳曰：「上變古易常，應是而有天災。」《解詁》曰：「上謂宣公。」案：六國時，尚無直稱人君爲上者，以上之名庥人君，始于秦并天下

❶「鄭起廢疾」至「傳有先後」，《國粹學報》本無。

以後，《公羊》遂用之稱宣公。然則《穀梁》在六國，《公羊》起于秦末，爲得其情。❶

自仲尼作經，❷弟子既人人異端，故左氏具論本事以爲之傳，若隱括之正曲木，平地之須水準。自是以降，七十子或散在諸侯，猶以緒言教授，而亦略記《左氏》。若《春秋》莊三年經：「葬桓王。」《左氏》則曰：「緩也。」七年始葬，於禮已慢，卻尸則非人情。緩、爰聲通，《釋訓》：「爰爰，緩也。」舊有兩讀，讀爰則爲爰田、爰書、爰宅之義，說爲改葬。穀梁子聞其說，❸故其葬桓王傳，先引「傳曰『改葬也』」，次舉「或說爲卻尸，以求諸侯」。其所舉傳，宜即《左氏》，而爰、緩兩讀，未嘗箸其得失。公羊復聞穀梁之說，又不審此桓王即桓十五年所書「天王崩」者，故發傳云：「此未有言崩者，何以書葬？蓋改葬也。」言蓋云者，於改葬卻尸兩不能決，姑取改葬之說以傳疑。《左氏》稱孔丘聖人之後而滅于宋，穀梁子聞其說，故于「宋督弒其君與夷及其大夫孔父」傳曰：「其不稱名，蓋爲祖諱也。孔子故宋也。」《公羊》誤讀《穀梁》之文，復於成周宣謝災下，發新周之文以偶之，由是有黜周王魯之謬。《左氏》昭七年傳：「孟縶之足不良，能行。」穀梁子聞其說，故于「盜殺衛侯之兄輒」傳曰：「輒者，何也？曰：兩足不能相過。齊謂之綦，楚謂之踂，衛謂之輒。」公羊聞《穀梁》天疾之說，徒以惡疾解不立，尚不能知其疾在足也。《左氏》定三年傳說楚三年止蔡侯，蔡侯歸，及漢，執玉而沈，

---

❶「穀梁子上接」至「得其情」，《國粹學報》本無。

❷「自仲尼作經」，《國粹學報》作「仲尼作經之世」。

❸「聞」上，《國粹學報》本有「微」字。

曰：「余所有濟漢而南者，有若大川。」穀梁子聞其説，定四年傳説蔡侯被拘事，與《左氏》相應，其文曰：「拘昭公於南郢，數年然後得歸，歸乃用事乎漢曰：『苟諸侯有欲伐楚者，寡人請爲前列焉。』」《公羊》全録《穀梁傳》文，改其「用事乎漢」爲「用事乎河」，是不審楚、蔡閒地望。何氏《解詁》曰：「時北如晉請伐楚，因祭河。」此以《左傳》下有「蔡侯如晉」之文救之也，然不審《公羊》此傳悉襲《穀梁》，于《左氏》「如晉」之文何與？且既言歸時事，何得謂之「如晉」？❶此《左氏》《穀梁》《公羊》先後之序也。《穀梁》稱「正棺兩楹之閒，然後即位」，其説出於沈子。定元年傳。言沈子者，在朋友圈屬之際，與自舉穀梁子同。隱五年傳。《公羊》稱子沈子，箸其爲師，則不煩數數題其名號，是故正棺之説定元年傳。不舉其所由來。「晉人及姜戎敗秦師於殽」，僖三十三年經。《左氏》《穀梁》皆有「師」字，《穀梁》曰：「不言戰而言敗，何也？狄秦也。其狄之何也？秦越千里之險入虛國，進不能守，退敗其師徒，亂人子女之教，無男女之别，秦之爲狄，自殽之戰始也。」《公羊》見《穀梁》言「狄秦」，即改經文，去其「師」字，云：「其謂之秦何？夷狄之也。」然下復不舉亂男女事，所謂夷狄之者，竟無其徵，由習聞《穀梁》説，忘其義指。❷此《公羊》後於《穀梁》之徵也。

然自荀卿以及鐂向稱説《左氏》，亦往往與二傳出入。❸大抵七十子之異言，咎在遠離本事，而以空例

❶「左氏稱孔丘」至「謂之如晉」，《國粹學報》本無。

❷「晉人及姜戎」至「忘其義指」，《國粹學報》本無。

❸「入」下，《國粹學報》本有「劉賈許潁條例多承其法」數字。

相推，其義非與《左氏》絶僢。末師承之，稍益流衍。《穀梁》善自節制，《公羊》始縱恣，以其譎言佞諛暴君，舊義或什存一。今《左氏微》既佚，其合者無以舉契。總之，荀、賈所見近是，若夫《公羊》所説，或剽竊《左氏》，而失其真。見《左氏》言「治兵于廟」，則改「治兵」爲「祠兵」；見《左氏》言「卿可會伯子男」，則曰「春秋伯子男一也」。❶隱公狐壤之止，在春秋前，顧發諸鄭人輸平之下，以爲不書諱獲。長狄侵齊，是年爲叔孫得臣所敗，然王子成父獲榮如時，距此且八十歲，而二傳説爲同時。《穀梁》猶知僑如長壽，即以禽二毛爲解，❷《公羊》於此復茫昧不省。《穀梁》「叔孫得臣敗狄于鹹」傳：「傳曰：『長狄也。』」此所引傳，即是《左氏》。或言《公羊》本云「長狄也」，似《穀梁》據《公羊》，不知《穀梁》言重創者，謂既射其目，又斷其首。斷首爲春喉殺之，異于翏俘，故言重創，此豈《公羊》所有乎？❸故知《左氏》之義，或似二家，由後之襲前，非前之取後也。今第録曾、吳、虞、荀、賈、司馬、張、翟、鐳説，委細證明，爲如干卷。子駿以後，下及己説，調糅不分，卷目如別，庶有達者，理而董之。

---

❶「見左氏言治兵于廟」至「伯子男一也」，《國粹學報》本無。

❷「禽」上，《國粹學報》本有「不」字，當是。

❸「穀梁叔孫得臣」至「公羊所有乎」，《國粹學報》本無。

索引

隱公

元年

二年

三年

公子遂如齊納幣 四四八
狐鞫居爲右 二七八
及晉處父盟㠯厭之也 四三四
子雖齊聖 二三三
下展禽 四四五

三年

晉陽處父帥師伐楚㠯救江 四三二
舉人之周也 二六
「子桑之忠也」至「能舉善也」 四〇三

四年

君子是㠯知出姜之不允於魯也 一四八

五年

「王使榮叔來含且賵」至「禮也」 一〇八
「臧文仲聞」至「不祀忽諸」 七三一
沈漸剛克高明柔克 六四

六年

續常職 四二二
㠯子輿氏之三子奄息中行鍼虎爲殉 三五四
引之表儀 一四五
君子是㠯知秦之不復東征也 六三三
辰嬴嬖於二君 四二三、六二四
讓偪姞而上之 五八〇
賈季使續鞫居殺陽處父 二〇二

七年

華御事爲司寇 四九四
而縱尋斧焉 七六
且畏偪 二二八

宣公

十七年

十八年

襄公

二年

三年

四年

二十七年

二十八年

二十九年

二十六年

三年

五年

六年

七年

九年

十一年

《儒藏》精華編選刊即出書目（二〇二三）

白虎通德論
誠齋集
春秋本義
春秋集傳大全
春秋左氏傳賈服注輯述
春秋左氏傳舊注疏證
春秋左傳讀
道南源委
桴亭先生文集
復初齋文集
廣雅疏證
龜山先生語録
郭店楚墓竹簡十二種校釋
國語正義
涇野先生文集
康齋先生文集
孔子家語　曾子注釋
禮書通故
論語全解
毛詩後箋
毛詩稽古編
孟子正義
孟子注疏
閩中理學淵源考
木鐘集
群經平議

三魚堂文集　外集
上海博物館藏楚竹書十九種校釋
尚書集注音疏
詩本義
詩經世本古義
詩毛氏傳疏
詩三家義集疏
書疑　東坡書傳　尚書表注
書傳大全
四書集編
四書蒙引
四書纂疏
宋名臣言行録
孫明復先生小集　春秋尊王發微
文定集

五峰集　胡子知言
小學集註
孝經注解　温公易説　司馬氏書儀　家範
孽經室集
伊川擊壤集
儀禮圖
儀禮章句
易漢學
游定夫先生集
御選明臣奏議
周易口義　洪範口義
周易姚氏學